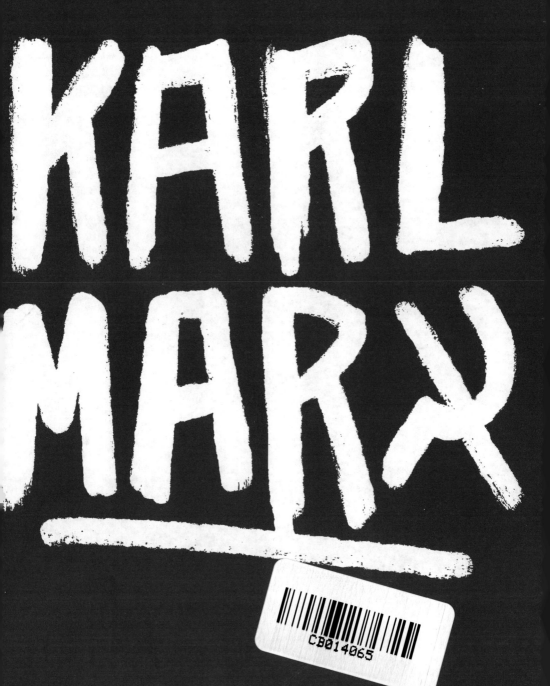

KARL MARX
UMA BIOGRAFIA

JOSÉ PAULO NETTO

© Boitempo, 2020
© José Paulo Netto, 2020

Todos os direitos reservados.

Direção-geral	Ivana Jinkings
Edição	Isabella Marcatti, Carolina Mercês e Thais Rimkus
Edição dos cadernos de imagens	Pedro Davoglio
Coordenação de produção	Livia Campos
Assistência editorial	Carolina Hidalgo Castelani
Assistência de produção	Camila Lie Nakazone
Preparação	Mariana Zanini
Revisão	Sílvia Balderama Nara
Diagramação	Antonio Kehl
Capa	Maikon Nery

Equipe de apoio Artur Renzo, Débora Rodrigues, Dharla Soares, Elaine Ramos, Frederico Indiani, Heleni Andrade, Higor Alves, Ivam Oliveira, Kim Doria, Luciana Capelli, Marina Valeriano, Marissol Robles, Marlene Baptista, Maurício Barbosa, Raí Alves, Tulio Candiotto

---

CIP-BRASIL. CATALOGAÇÃO NA PUBLICAÇÃO
SINDICATO NACIONAL DOS EDITORES DE LIVROS, RJ

N389k

Netto, José Paulo, 1947-
  Karl Marx : uma biografia / José Paulo Netto. - 1. ed. - São Paulo : Boitempo, 2020.

  Inclui bibliografia e índice
  ISBN 978-65-5717-033-5

  1. Marx, Karl, 1818-1883. 2. Comunistas - Biografia - Alemanha. 3. Filósofos - Biografia - Alemanha. I. Título.

20-66896
CDD: 920.93354
CDU: 929:330.85

Camila Donis Hartmann - Bibliotecária - CRB-7/6472

É vedada a reprodução de qualquer parte deste livro sem a expressa autorização da editora.

1ª edição: novembro de 2020
1ª reimpressão: abril de 2021

BOITEMPO
Jinkings Editores Associados Ltda.
Rua Pereira Leite, 373
05442-000 São Paulo SP
Tel.: (11) 3875-7250 | 3875-7285
editor@boitempoeditorial.com.br | www.boitempoeditorial.com.br
www.blogdaboitempo.com.br | www.facebook.com/boitempo
www.twitter.com/editoraboitempo | www.youtube.com/tvboitempo

Para Leila, lembrando o seu teórico predileto:

"Y ahora, que estás un poco marchita, un poco pálida, […] siento que la vida que te falta es la vida que me diste."
(José Carlos Mariátegui a Anna Chiappe, setembro de 1926)

O verdadeiro é o todo.
(G. W. F. Hegel)*

*No frio e no nevoeiro de Londres,
numa daquelas casas que são todas iguais,
debruça-se sobre todas as dores do mundo,
desde que no mundo houve escravos.
[...]
No frio inenarrável das eras e das gerações de escravos,
que nenhuma lareira aquece no seu coração,
escreve artigos, panfletos, lê interminavelmente,
e toma notas, historiando infatigavelmente
até à morte. Mas o coração, esmagado
pelo amor e pelos números, pelas censuras
e as perseguições, arde, arde luminoso
até à morte.
[...]
No frio e no nevoeiro de Londres, há, porém,
um lugar tão espesso, tão espesso,
que é impossível atravessá-lo, mesmo sendo
o vento que derrete a neve. Um lugar
ardente, porque todos os escravos, desde sempre todos
aqueles cuja poeira se perdeu – ó Spártacus –
lá se concentram invisíveis mas compactos,
um bastião do amor que nunca foi traído,
porque não há como desistir de compreender o
mundo. Os escravos sabem que só podem
transformá-lo.
Que mais precisamos de saber?*
(Jorge de Sena)**

---

* Esta determinação hegeliana abre o § 20 de *Fenomenologia do Espírito* (Petrópolis/Bragança Paulista, Vozes/Editora Universidade São Francisco, 2008), p. 36.
** O poema "Uma sepultura em Londres", de Jorge de Sena (1919-1978), escrito em 1962 – quando, no curso do seu exílio, viveu no Brasil – e peça do livro *Peregrinatio ad loca infecta* (publicado em Lisboa, em 1969), saiu à luz sem nomear aquele que repousa em Highgate: obviamente, Marx. A íntegra do texto encontra-se em *Obras de Jorge de Sena. Poesia III* (Lisboa, Edições 70, 1989), p. 60-1.

É certo que as armas da crítica não podem substituir a crítica das armas, que o poder material tem de ser derrubado pelo poder material – mas a teoria converte-se em força material quando penetra nas massas. A teoria é capaz de se apossar das massas ao demonstrar-se ad hominem *e demonstra-se* ad hominem *logo que se torna radical. Ser radical é agarrar as coisas pela raiz. Mas, para o homem, a raiz é o próprio homem.*
(Karl Marx, 1843-1844)

Nunca a ignorância ajudou a quem quer que fosse!
(Karl Marx, 1846)

Se não encontrássemos veladas na sociedade, tal como ela é, as condições materiais de produção e as correspondentes relações de intercâmbio para uma sociedade sem classes, todas as tentativas para explodi-la seriam quixotescas.
(Karl Marx, 1857)

As relações de produção burguesas são a última forma antagônica do processo de produção social, antagônica não no sentido de um antagonismo individual, mas de um antagonismo que nasce das condições de existência sociais dos indivíduos; as forças produtivas que se desenvolvem no seio da sociedade burguesa criam, ao mesmo tempo, as condições materiais para resolver esse antagonismo. Com essa formação social termina, pois, a pré-história da sociedade humana.
(Karl Marx, 1859)

Não existe uma estrada real para a ciência e somente aqueles que não temem a fadiga de galgar suas trilhas escarpadas têm chance de atingir seus cumes luminosos.
(Karl Marx, 1872)

Cada passo do movimento real é mais importante do que uma dúzia de programas.
(Karl Marx, 1875)

Sabes que poucos como eu suportam qualquer manifestação exagerada de sentimentos. Mas eu te mentiria se tentasse negar que meus pensamentos são quase todos absorvidos pela lembrança da minha mulher, personagem da melhor parte da minha vida.
(Karl Marx, 1882)

Sumário

Apresentação, João Antonio de Paula 11

Nota do autor 31

I – Adeus à *miséria alemã* (1818-1843) 37
    Os primeiros anos: Trier, 1818-1835 39
    Dois semestres de boêmia: Bonn, 1835-1836 43
    Os anos de Berlim: de 1836-1837 a meados de 1841 45
    A *Gazeta Renana*: de meados de 1841 a março de 1843 60
    Kreuznach: de maio a outubro-novembro de 1843 66

II – Paris: a descoberta do *grande mundo* (1843-1844) 77
    O primeiro trimestre em Paris e a crítica a Hegel 78
    O mundo dos trabalhadores e a polêmica com Ruge: de janeiro a agosto de 1844 .. 84
    Os *Cadernos de Paris* 88
    Os *Manuscritos econômico-filosóficos de 1844* 100
    O encontro histórico e *A sagrada família* 131

III – Bruxelas: a relação orgânica com a classe operária (1845-1848) 141
    Bruxelas: um exílio tranquilo 142
    As *Teses sobre Feuerbach* e a viagem à Inglaterra 144
    A ideologia alemã 153
    A relação orgânica com a classe operária e a produção teórica 171
    A primeira organização: o Comitê de Correspondência Comunista 172
    A ruptura com Proudhon e a *Miséria da filosofia* 175
    A Liga dos Comunistas 192
    O *Manifesto do Partido Comunista* 195
    De Bruxelas à revolução 203

IV – Colônia e Londres: revolução e exílio (1848/1849-1856) 225
    1848: complexidade, diferencialidade e significado da Primavera dos Povos 226
    Alemanha: as classes sociais e a explosão revolucionária 235
    Marx em Colônia: a *Nova Gazeta Renana* 239

Londres: os primeiros anos do último exílio (1849-1856) 249
A revista da *NGR* e a análise da revolução na França 251
A dissolução da Liga, o jornalismo e a continuidade das pesquisas 263

V – LONDRES: O APOGEU INTELECTUAL (1857-1867) 273
As condições de vida da família Marx 274
A crise de 1857, pesquisas e polêmicas (Lassalle e Vogt) 276
A fundação da Internacional e o debate com Weston 290
O laboratório teórico de Marx 302
Os *Grundrisse* (1857-1858) e a *Contribuição à crítica da economia política* (1859)... 304
Os manuscritos de 1861-1863 e de 1863-1865 348

VI – LONDRES: *O CAPITAL* (1867-1881/1882) 353
O Livro I 354
Doença e pesquisa: de meados dos anos 1860 a fins dos anos 1870 361
O Livro II 366
O Livro III 371
O Livro IV 390
A obra inconclusa e a teoria social 397

VII – LONDRES: O *DOUTOR TERRORISTA VERMELHO* E A CRÍTICA À SOCIAL-
-DEMOCRACIA (1865-1875) 401
O movimento operário, as projeções de Marx e a social-democracia 402
A unificação alemã e a Guerra Franco-Prussiana 409
A Comuna de Paris: *o assalto ao céu* 420
A Internacional e o confronto Marx-Bakunin 437
A crítica ao projeto do *Programa de Gotha* 452

VIII – OS ANOS DERRADEIROS (1876-1883) 461
Dores e alegrias na Maitland Park Road, n. 41 462
Novas questões, mais pesquisas: de 1876 a 1881-1882 467
Os últimos meses e o 14 de março de 1883 484

EPÍLOGO, PRÓLOGO 491

NOTAS 529
BIBLIOGRAFIA 735
ÍNDICE ONOMÁSTICO 807
SOBRE O AUTOR 815

Apresentação

*João Antonio de Paula**

Para avaliar a importância e o significado da biografia de Karl Marx que nos dá José Paulo Netto, não será ocioso lembrar as vicissitudes da recepção do marxismo no Brasil. É pelo contraste, pelo cotejo, entre os primeiros e precários tempos de marxismo entre nós e a excepcional qualidade do texto de José Paulo Netto que, ainda mais, se realça o grande livro que se está apresentando. Afinal, não é trivial que, aqui, nestes hoje muito tristes trópicos, venha à luz uma extraordinária biografia de um autor superlativamente estudado.

Entre os muitos méritos do livro de José Paulo Netto, não é de menor monta o duplo desafio que ele enfrentou e superou, a saber: de um lado, não ter incorrido numa sorte de literatura hagiográfica, panegírica e rebarbativa, e, de outro lado, tendo posição firme e consolidada sobre o tema, isto é, sendo "um marxista impenitente", como ele mesmo se define, ter sabido evitar sectarismos e disputas menores em nome da justa construção da biografia – e, por que não dizê-lo, para fazer jus ao seu notável biografado.

Os que se propõem a contribuir para a plena emancipação humana, para a realização da liberdade e da igualdade, reconhecem em Marx um pensador indispensável para a construção da humanidade humana, para a superação da vida danificada, para todos. Jean-Paul Sartre disse, sobre isso, algo como "o marxismo é a filosofia insuperável do nosso tempo"; antes de querer atribuir ao marxismo a perfeita impossibilidade de tudo explicar, a frase afirma sua inexcedível centralidade como instrumento decisivo na permanente busca tanto de compreender o capitalismo quanto de contribuir para a sua superação.

Pensar o marxismo como realidade monolítica, homogênea, perfeitamente pronta e acabada, contudo, está longe de expressá-lo no que ele tem de melhor.

---

* Professor do Cedeplar/Face/UFMG. (N. E.)

Tome-se, ao acaso, um balanço parcial dos marxismos, publicado em 1974 por J.-B. Fages: *Introduction à la diversité des marxismes* (Introdução à diversidade dos marxismos). Nele são discutidos movimentos e interpretações inspirados em Marx, em que aparecem, na perspectiva do autor: Lênin e a iniciativa revolucionária; Trótski e a revolução internacional; Stálin e o sistema burocrático; Rosa Luxemburgo e a paixão revolucionária; Lukács e a revolução cultural; Pannekoek e a ultraesquerda; Otto Bauer e a revolução lenta; Gramsci e o humanismo revolucionário; Wilhelm Reich e o freudomarxismo; Lefebvre e a renovação crítica; Althusser e a nova leitura de Marx; Mao Tsé-tung e a refundação do homem (Fages, 1974). Apesar de ampla, a listagem reportada omitiu vários nomes e tendências, como a Escola de Frankfurt e os marxistas da época da Segunda Internacional: Kautsky, Bernstein, Plekhánov, Labriola. De resto, à lista deveriam ser acrescidas outras correntes, como o marxismo analítico anglo-saxão, o marxismo italiano, inspirado em Galvano della Volpe, o marxismo latino-americano, o marxismo japonês, entre outros.

Não se está cobrando de Fages o que ele não buscou fazer, uma análise exaustiva dos marxismos. Sua estratégia, reunir grandes nomes e visões do pensamento de Marx, tomados como conformadores de tendências, de correntes, de escolas, não elimina uma questão importante e remanescente: o fato de existirem diferenças marcantes, às vezes inconciliáveis, entre os que se reclamam e se reclamaram, legítima ou ilegitimamente, marxistas. De todo modo – e é algo que espero que tenhamos aprendido –, divergências quanto à interpretação da obra de Marx-Engels ou quanto à aplicação política de suas ideias não têm aferição universal e infalível, não tem uma instância recursal absoluta capaz de estabelecer juízo irrecorrível sobre as divergências, seja pela mobilização de argumentos de autoatribuída autoridade, seja pela força da violência e da interdição. Logo, os marxismos estão condenados à pluralidade, e é preciso que vejamos nisso não uma fonte de problemas, mas um patrimônio a ser valorizado.

Nesse sentido, é com alegria que se confirma, com o livro de José Paulo Netto, a significativa força e maturidade dos marxismos no Brasil. Não é o caso, nesta apresentação, de estabelecer distinção entre marxismo, marxologia e marxianismo. É da ordem da honestidade intelectual e da boa prática historiográfica buscar entender autores, obras, ideias e movimentos em seus contextos, em suas possibilidades, evitando-se anacronismos que, em alguns casos, além de despropositados, traem preconceitos e sectarismos.

1. A recepção dos marxismos no Brasil

Já é relativamente longeva a presença dos marxismos no Brasil. Desde as primeiras e incidentais menções ao nome e às ideias de Marx, no fim do século XIX, feitas por Tobias Barreto e por Euclides da Cunha, até a publicação, entre 1991 e 2007, da *História do marxismo no Brasil* em seis volumes (Ridenti et al., orgs., 2007), muito andaram, enriqueceram-se, transformaram-se os marxismos entre nós. Numa sociedade ainda pouco urbanizada como o Brasil de fins do século XIX e primeiras décadas do século XX, com altos índices de analfabetismo e uma classe operária incipiente, em que a modernidade ainda não se livrara inteiramente de fortes resquícios do Antigo Regime, o marxismo demorou a aclimatar-se. Para ficar com um único exemplo dessa defasagem, lembre-se que a publicação da primeira tradução do Livro I de *O capital* para o espanhol, realizada por Juan B. Justo, deu-se em 1898, em Buenos Aires, enquanto a tradução para o português do mesmo livro só ocorreu em 1968, em trabalho de Reginaldo Sant'Anna.

Evaristo de Moraes Filho disse:

> Na verdade, apesar de alguns exemplos isolados, mormente depois de 1922, com a fundação do Partido Comunista, somente depois de 1930 é que a obra de Marx começou a ser realmente divulgada no Brasil, quer em línguas estrangeiras, quer em traduções que se multiplicavam. É somente nestes últimos trinta anos, com estudos de sua obra nas universidades, em seminários, em conferências, um debate sênior nos centros culturais é que se pode dizer que Marx é realmente estudado entre nós. O seu aprofundamento doutrinário é recente, com publicações de mérito a respeito de sua obra filosófica, econômica, sociológica ou histórica. Contra ou a favor, hoje ele é ponto obrigatório de qualquer programa universitário que se faça no campo dessas disciplinas. (Moraes Filho, em Reis et al., orgs., 1991, v. 1, p. 45)

Com efeito, a partir dos anos 1960, o marxismo penetrou nas universidades brasileiras, e Marx se instalou como autor clássico em variadas disciplinas de ciências sociais. Essa incorporação acadêmica de Marx contrasta, e muito, com seus primeiros tempos em solo brasileiro. João Quartim de Moraes é um dos nomes centrais dos estudiosos do marxismo no Brasil. É dele uma constatação que muito fala sobre as vicissitudes do marxismo no país: "Enquanto corrente política o comunismo precedeu o marxismo, em nosso país, ou, mais exatamente, já que ambos, embora estejam longe de se confundir, são inseparáveis, o marxismo penetrou na luta política por meio do comunismo" (ibidem, p. 72).

Sobre o comunismo no Brasil há que se lembrar de outra singularidade. Aqui ele foi, em grande medida, o resultado do extraordinário impacto da Revolução Russa de 1917 e seu poder de atração sobre importante núcleo de militantes anarquistas, como Astrojildo Pereira e Octávio Brandão, que vão participar da fundação, em 1922, do Partido Comunista do Brasil. Tais circunstâncias, a existência de uma considerável presença anarquista, sobretudo entre a emergente classe operária de São Paulo, explica tanto o vigor e a combatividade do movimento operário paulista, entre 1917 e 1919, quanto a relativamente tardia apropriação do marxismo como instrumento teórico e organizativo pelo PCB, em seus primeiros tempos. Desconhecido, visto com desconfiança pela direção da Terceira Internacional por suas origens anarquistas, o Partido buscou se legitimar mediante crescente e acrítica adesão à Internacional em momento de sua efetiva stalinização. Tendo que assimilar, às pressas e devotamente, o marxismo tal como exarado pelo comunismo oficial, parte considerável dos marxistas no Brasil acabou por tomar como idênticos o pensamento de Marx e Engels e a vulgata stalinista.

De todo modo, mesmo nesse contexto, houve espaço para visões independentes do marxismo, como a que vai perfilhar Caio Prado Júnior em *Evolução política do Brasil**, de 1933. Primeira interpretação de nossa história política, o livro se vale de um marxismo não dogmático, ao contrário da tentativa de Octávio Brandão, que, em 1926, publicara *Agrarismo e industrialismo*** – este, segundo Moraes Filho, "livro sectário, apaixonado, quase primário, que procura aplicar a dialética marxista à sociedade brasileira, girando em torno da dicotomia centralização-descentralização" (ibidem, p. 43).

Teve papel importante na divulgação do marxismo no Brasil a Editora Unitas, de São Paulo. Fundada em 1931 por Salvador Cosi Pintaúde, funcionou de 1931 a 1934.

> Além das obras de Trotsky, que foram efetivamente sua marca distintiva na produção editorial brasileira, a Unitas publicou pela primeira vez no Brasil textos marxistas básicos para a formação de militantes políticos. De G. Plekhanov foi publicado o texto *A concepção materialista da história*; de F. Engels, *Ludwig Feuerbach e o fim da filosofia clássica alemã*, *Princípios do comunismo* (duas edições) e *Socialismo utópico e socialismo científico*; de Marx e Engels, foram publicadas duas edições do *Manifesto Comunista*. [...] Sem dúvida, a iniciativa mais audaciosa da Unitas foi a coleção Biblioteca Socialista, infelizmente anunciada em 1934, já às vésperas da falência da editora. Do projeto inicial de 31 volumes, provavelmente ideado por Mário Pedrosa e Lívio Xavier, apenas dois foram publicados naquele ano, ambos de Lênin: *A revolução proletária e o renegado Kautsky* e *O Estado e a revolução*, traduzidos, possivelmente, por Mário Pedrosa. E, mais uma vez, pela primeira vez publicados no Brasil. (Karepovs, em Deaecto e Mollier, orgs., 2013, p. 78)

A partir de 1930, surgiram várias editoras no Brasil voltadas à publicação de literatura de esquerda. Mas com a repressão que se seguiu ao movimento de

---

* Caio Prado Júnior, *Evolução política do Brasil* (São Paulo, Companhia das Letras, 2012). (N. E.)
** Octávio Brandão, *Agrarismo e industrialismo* (São Paulo, Anita Garibaldi, 2006). (N. E.)

1935 e ao Estado Novo, em 1937, houve arrefecimento do movimento editorial, que só retomou expansão a partir de 1942.

> O que se dá depois de 1930, entretanto, é a multiplicação espantosa de livros marxistas e de editoras voltadas exclusivamente a esta linha de pensamento, ou de outras que publicam esse gênero por ser de venda garantida. A Pax, a Cultura Brasileira, a Calvino, a Unitas etc., surgem triunfalmente, com linhas editoriais definidas, traduzindo obras existentes entre as diversas casas publicadoras francesas. Uma ou outra, entretanto, são feitas de traduções espanholas. [...] Nunca, em obra alguma desta época, podemos afirmar que a edição brasileira fosse feita diretamente do original alemão ou russo. Assim, o manancial editorial francês, e secundariamente o espanhol, se viram não só como base de informação ao nosso leitor, como de texto para as edições brasileiras. (Carone, 1986, p. 65-6)

Ao fim da década de 1920, o PCB sofreu uma inflexão em sua linha e direção políticas. Afastados da direção sob acusações de buscar uma inaceitável política de colaboração de classes com a pequena burguesia, representada pelos *tenentes*, Astrogildo Pereira e Octávio Brandão assistem à conversão ultraesquerdista do Partido, que dá lugar, depois da ascensão do nazismo, à política das frentes populares.

Várias editoras ligadas direta ou indiretamente ao PCB surgem nas décadas de 1930 e 1940, destacando-se a Calvino Filho Editor, inaugurada em 1931 e que, depois de fechada, foi reaberta em 1942 com o nome Editorial Calvino Limitada. Em 1944, apareceu a Editorial Vitória, que teve decisivo papel em momento importante da história do PCB, entre 1944 e 1964.

> No começo de 1945, as três editoras comunistas [Leitura, Horizonte e Vitória] estão consolidadas. Pela primeira vez, o Partido terá seu próprio órgão de propaganda. Dentro de um critério de trabalho, a Leitura volta-se preferentemente para romances e é só depois de 1964 que ela edita Marx e Engels; a Horizonte dedica-se a difundir a obra de militantes do PCB, a tratar de temas políticos gerais e de teoria; a Vitória é a mais ampla de todas, com romances, literatura circunstancial de guerra, livros de ideologia. (Ibidem, p. 71)

Se era relativamente vigoroso o movimento editorial de esquerda no Brasil, a partir dos anos 1930 a produção intelectual de marxistas brasileiros ainda padecia dos males típicos do autodidatismo e do ambiente político-ideológico marcado pelo dogmatismo burocrático. Ainda assim houve obras ponderáveis, como as de Caio Prado Júnior e de Nelson Werneck Sodré. Em 1943, Prado Júnior fundou, em parceria com Monteiro Lobato, a Editora Brasiliense, que teve destaque na divulgação da literatura de esquerda no Brasil.

Foi decisivo o peso da União Soviética na luta contra a barbárie nazista, na consolidação do PCB como um dos polos decisivos da luta política e cultural no Brasil, a partir dos anos 1940. Ao atrair nomes como os de Otto Maria Carpeaux, Carlos Drummond de Andrade, Graciliano Ramos, Candido Portinari, Emiliano Di Cavalcanti, Mário Schenberg, Cláudio Santoro, Oscar Niemeyer, João Vilanova Artigas, Monteiro Lobato, Anibal Machado, Oswald de Andrade, Francisco Iglésias, Autran Dourado e Sábato Magaldi, o PCB ampliou sua influência na vida cultural brasileira, que já vinha de antes, dos anos 1930, com a adesão de nomes como Jorge Amado, Dyonélio Machado, Dalcídio Jurandir, Aparício Torelly, entre outros.

A transformação do PCB num efetivo polo da luta pela hegemonia política e cultural do Brasil foi incrementada a partir de 1945: "Com a redemocratização, em 1945, os comunistas iniciam a montagem de uma fantástica rede de comunicação, configurando, sem dúvida, a fase áurea de sua imprensa no Brasil" (Rubim, em Moraes et al., orgs., 1998, v. 3, p. 316). Entre as publicações do PCB que se destacaram a partir da década de 1930, algumas mostram vocação para o debate de ideias, como as revistas *Problemas*, órgão teórico de responsabilidade do Comitê Central, lançada em 1945; *Fundamentos*, "revista de cultura moderna" lançada pelos comunistas de São Paulo, em 1948; *Para Todos*, lançada em 1951; *Seiva*, que apareceu em Salvador, assim como *Horizonte*, em Porto Alegre, e *Orientação*, em Recife. Em 1958, já no âmbito das transformações do Partido depois do XX Congresso do PCUS (Partido Comunista da União Soviética) e da denúncia do stalinismo, foi lançada a importante revista teórica *Estudos Sociais*, que circulou até 1964.

É indispensável mencionar o lançamento, em 1955, da *Revista Brasiliense*, que circulou até 1964, dirigida por Caio Prado Júnior e Elias Chaves Neto (ambos ligados ao PCB). O periódico tornou-se espaço importante de arejamento do debate tanto de questões nacionais quanto de questões teóricas mais gerais do socialismo e do marxismo.

A partir do ano de 1960, há sinais importantes de renovação e aprimoramento dos estudos marxistas no Brasil, apesar da repressão instaurada em 1964-1968.

O fato é que mesmo a longa dominação do dogmatismo stalinista não significou um completo aplastamento de perspectivas críticas no campo do marxismo e da luta socialista no Brasil, seja a representada pelos que se ligaram às ideias de Trótski – como Mário Pedrosa, Lívio Xavier, Hermínio Sacchetta, Fúlvio Abramo e Florestan Fernandes, entre outros –, seja por aqueles que, no interior do PCB, mantiveram relativa independência com relação à linha majoritária do Partido – como Astrojildo Pereira, Caio Prado Júnior e toda uma geração de jovens comunistas. Tal ambiente de renovação crítica está exemplarmente registrado na "Apresentação" da revista *Estudos Sociais*: "Podemos dizer que o marxismo entre nós foi algo em si mesmo, fechado e dogmático, e não chegou a ser, ou foi em mínima proporção, um instrumento de investigação. Mas podemos também acrescentar que já começamos a superar as deficiências do passado" (*Estudos Sociais*, n. 1, maio-jun. 1958). Dirigida por Astrojildo Pereira, a revista juntou grandes nomes de militantes históricos – como Carlos Marighella, Jacob Gorender, Mário Alves e Maurício Vinhas – aos novos intelectuais do Partido – como Ferreira Gullar, Leandro Konder e Carlos Nelson Coutinho. *Estudos Sociais* refletiu o momento de renovação política e teórica do Partido, que foi ainda mais impulsionada, em processo algo paradoxal, depois de 1964, com o lançamento da *Revista Civilização Brasileira* (1965), editada por Ênio Silveira, importante quadro do PCB. Com efeito, a *Revista Civilização Brasileira* constituiu-se numa exitosa experiência de frente político-cultural de esquerda, ao reunir intelectuais ligados às universidades, como Octavio Ianni, Florestan Fernandes, Roberto Schwarz, Leôncio Martins Rodrigues, Francisco Weffort, Fernando de Azevedo, Marialice M. Foracchi e Luciano Martins; nomes do pensamento desenvolvimentista brasileiro, como Roland Corbusier, Francisco de Oliveira e Celso Furtado; jornalistas consagrados, como Paulo Francis, Jânio de Freitas e Franklin de Oliveira; poetas, dramaturgos e cineastas, como Sebastião Uchôa Leite, José Carlos Capinam, Dias Gomes, Gustavo Dahl e Jean-Claude Bernardet; além do melhor dos intelectuais ligados ao Partido, como Otto Maria Carpeaux, Nelson Werneck Sodré e os já citados Ferreira Gullar, Leandro Konder e Carlos Nelson Coutinho.

É difícil exagerar a importância da *Revista Civilização Brasileira* naqueles anos 1960, seja no combate à ditadura militar, seja na atualização do debate cultural no Brasil. Com o AI-5, de 13 de dezembro de 1968, o chumbo da repressão se abateu sobre tudo o que no país recusava-se a aderir ao atraso, ao obscurantismo, à barbárie, às forças antidemocráticas e antipopulares. Foi o início de uma guerra suja e desigual movida contra os opositores do regime. Muitos grupos, partidos, organizações políticas e militantes foram duramente golpeados. Mortes, torturas, censura e perseguições deram o tom daqueles tempos sombrios. De todo modo, a repressão não impediu a existência de importantes movimentos de resistência, entre os quais se destacaram a luta pela anistia, a organização de associações de moradores, as comunidades eclesiais de base, a reorganização do movimento estudantil, a expansão das oposições sindicais e um vigoroso movimento editorial, com o lançamento de jornais e revistas de esquerda. Também nesse momento, já não sendo mais a força hegemônica da esquerda brasileira, o PCB teve papel de destaque, com projetos editoriais relevantes nascidos de sua rede de militantes e simpatizantes, como as revistas *Temas de Ciências Humanas*, lançada em 1977; *Escrita Ensaio* (1977); *Encontros com a Civilização Brasileira* (1978) e *Presença* (1983).

No início dos anos 1960, o marxismo e a luta pelo socialismo no Brasil experimentaram importantes transformações, seja pela emergência ou pelo fortalecimento de outras referências político-filosóficas – Luxemburgo, Trótski, Lukács, Gramsci –, seja pelo surgimento de novos partidos e organizações políticas, como a Organização Revolucionária Marxista-Política Operária (ORM-Polop); o Partido Comunista do Brasil (PCdoB); a Ação Popular (AP); a Ação Libertadora Nacional (ALN); o Partido Comunista Brasileiro Revolucionário (PCBR); o Movimento Revolucionário Oito de Outubro (MR-8). Registre-se que PCdoB, ALN, PCBR e MR-8 são dissidências do PCB. Dissidências da ORM-Polop são: o Comando de Libertação Nacional (Colina); a Vanguarda Popular Revolucionária (VPR); a Vanguarda Armada Revolucionária Palmares (VAR-Palmares); o Partido Operário Comunista (POC); o Movimento pela Emancipação do Proletariado (MEP). Também a AP teve suas dissidências: o Partido Revolucionário dos Trabalhadores (PRT) e a Ação Popular Marxista-Leninista (APML). Uma dissidência do PCdoB constituiu-se como Ala Vermelha. As correntes trotskistas no Brasil estiveram presentes desde a década de 1930, expandindo sua influência a partir da criação do Partido Operário Revolucionário (POR), em 1953. Nos anos 1970, surgiram vários grupos trotskistas no Brasil ligados às principais correntes em que se dividiu a Quarta Internacional (Karepovs e Leal, em Ridenti et al., orgs., v. 6, 2007).

Se foi forte a influência do PCB na difusão do marxismo no Brasil, ela passou a ter dois importantes contrapontos a partir do fim dos anos 1950 e início dos anos 1960, com dois núcleos principais: o primeiro, composto de marxistas independentes ou ligados a partidos, mas que se mantiveram autônomos no modo como se apropriaram do marxismo; o outro núcleo, o dos estudos marxistas tais como praticados nas universidades e que ganham significativo avanço e diversificação a partir da consolidação da prática da pesquisa nas universidades, nos anos 1970. De resto, não é ocioso lembrar a duplicidade de condição de muitos marxistas brasileiros, ao mesmo tempo acadêmicos e militantes partidários.

Exemplo conspícuo de marxismo universitário de excelência é o grupo em torno do Seminário Marx, na Universidade de São Paulo (USP), surgido no fim dos anos 1950 e início dos 1960, que reuniu nomes como José Arthur Giannotti, Fernando Henrique Cardoso, Roberto Schwarz, Fernando Novais, Paul Singer e, em algum momento, Ruy Fausto, Michael Löwy e Bento Prado Júnior. O grupo deu mostras de acuidade e rigor analítico que nada deviam ao que se fazia de mais avançado em termos da leitura de *O capital*, antecipando-se ao que seria empreendido por Louis Althusser e seus companheiros na França.

Um resultado da imbricação entre os estudos marxistas conduzidos na universidade e a militância político-partidária revolucionária é a revista *Teoria e Prática*, lançada em 1967, que só teve três números e circulou entre agosto de 1964 e abril de 1968, juntando nomes importantes de marxistas abertos às influências de Luxemburgo, de Trótski, da Escola de Frankfurt, da teoria marxista da dependência.

Nos anos 1970, ao lado de dois importantes jornais que confrontaram a ditadura, o *Opinião*, lançado em 1972, e o *Movimento*, lançado em 1975, várias revistas vieram confirmar uma aliança importante entre a pesquisa marxista nas universidades e a luta política e social brasileira: a revista *Debate & Crítica*, lançada em 1973, em São Paulo; a *Contexto* (1976, São Paulo); a *Contraponto* (1976, Rio de Janeiro); a *Ensaio, Revista de Filosofia, Política e Ciência da História*, editada por José Chasin, a partir de 1985, a que seguiu o projeto *Ensaios Ad Hominem*, ideado por Chasin e efetivamente implementado, depois da morte dele, por Ester Vaisman, em 1999. Nos anos 1990 e no início dos 2000, outras revistas marxistas surgiram no Brasil: em 1994, *Práxis*; em 1995, *Crítica Marxista*; em 1996, *Praga*; em 1998, *Outubro*; em 2000, *Marxismo Vivo*.

Há balanços sistemáticos da recepção do marxismo no Brasil, como os que nos têm dado diversos estudiosos do tema: Daniel Aarão Reis, Emir Sader, João Quartim de Moraes, Michael Zaidan, Raimundo Santos, Marcos Del Roio, Marcelo Ridenti, Maurício Coutinho. Tudo considerado, é possível dizer que, apesar da ocorrência de vários constrangimentos, internos e externos, políticos e ideológicos, teóricos e práticos, individuais e coletivos, o marxismo que se tem praticado no Brasil não desonra suas melhores promessas e realizações.

2. O biógrafo de Marx

José Paulo Netto nasceu em Juiz de Fora, Minas Gerais, em 1947. Tal fato, ter nascido naquela cidade, não pode passar despercebido. É que Juiz de Fora deu à cultura brasileira, entre outros nomes significativos, dois que se destacam. Murilo Mendes, nascido em 1901, é não só dos maiores poetas brasileiros, mas, certamente, aquele mais sintonizado a uma poética visionária, surreal e disruptiva, que, em sucessivas camadas e tensões, é também erótica, libertária e mística. O outro nome que se quer destacar é o de Pedro Nava, nascido em 1903, que, tendo importante carreira como médico e pesquisador, mostrou invulgar talento como artista plástico e poeta, sendo consagrado, a partir da década de 1970, não só como um dos maiores memorialistas brasileiros, mas também um dos mais renomados prosadores de nossa literatura*.

Não sei se José Paulo Netto, homem que correu o mundo, "Oropa, França e Bahia", e muito a Latinoamérica, levou para os rios que conheceu a saudação que Murilo Mendes dirigia a todo rio que via: "O Paraibuna te saúda". Não sei se José Paulo Netto se vê, como Pedro Nava, como um "pobre homem do

---

* Murilo Mendes faleceu em 1975, em Lisboa; Pedro Nava, no Rio de Janeiro, em 1984. (N. E.)

Caminho Novo das Minas dos Matos Gerais". O que sei é que os três merecem, de todos os que se recusam a aceitar a vida danificada, a mesma admiração e o mesmo respeito.

Bacharel em serviço social pela Universidade Federal de Juiz de Fora, em 1969, José Paulo realizou estudos universitários em letras neolatinas naquela mesma universidade, entre 1970 e 1973, e cursou teoria literária e literatura comparada na Universidade de São Paulo, entre 1980 e 1981. Obteve doutorado em serviço social pela Pontifícia Universidade de São Paulo, em serviço social, em 1990. Desenvolveu intensa atividade como professor, no Brasil e no estrangeiro, lecionando em instituições de ensino superior em Juiz de Fora, São Paulo, Pernambuco, Santos, Rio de Janeiro, Piauí, Rio Grande do Sul, Maranhão, Paraná, Amazonas, Brasília, Santa Catarina, Lisboa (Portugal), La Plata (Argentina) e Montevidéu (Uruguai).

Ao lado da atuação docente, foi igualmente intensa a sua participação em órgãos e políticas voltados à formação político-profissional da comunidade do serviço social, na qual é reconhecido como uma das mais marcantes referências, tanto pelo amplo e diversificado saber quanto pela firme, lúcida e combativa atuação.

Militante do PCB desde a juventude, chegou à direção do Partido tendo enfrentado as duras condições do trabalho clandestino e da permanente repressão que a ditadura militar no Brasil moveu contra as organizações de esquerda. Ligado à geração de jovens militantes comunistas responsáveis pela superação da herança stalinista no PCB – a geração de Leandro Konder, Carlos Nelson Coutinho, Luiz Werneck Vianna, entre outros nomes –, José Paulo Netto viveu, com dignidade e coragem, o inerente à atividade política permanentemente ameaçada pela prisão, pela tortura, pela morte nas mãos da repressão. Tanto quanto outros militantes que buscaram o melhor da lição marxista, José Paulo combinou a teoria à prática; as altas abstrações teórico-filosóficas ao trabalho cotidiano de propaganda, de organização, de mobilização, de direção política das lutas; dedicou-se tanto ao estudo do marxismo quanto à teoria e à história das revoluções, não descurando da compreensão do Brasil em sua desconcertante complexidade.

Tais interesses e motivações estão permanentemente representados nos temas a que se dedicou e sobre os quais produziu muitos e significativos trabalhos. Com alguma arbitrariedade, é possível identificar quatro grandes blocos temáticos na produção intelectual de José Paulo Netto, a saber: I) questões referentes ao serviço social; II) questões referentes ao Brasil e à crise capitalista; III) questões referentes à obra de Lukács; IV) questões referentes ao pensamento de Marx e ao marxismo. A listagem que segue não tem pretensão de ser exaustiva, senão que busca organizar parte significativa da produção intelectual do autor.

*I. Serviço social**

1. Notas sobre marxismo e serviço social, suas relações no Brasil e a questão do seu ensino. *Cadernos Abess*. São Paulo, Cortez/Associação Brasileira de Ensino de Serviço Social, n. 4, maio 1991, p. 76-95.
2. *Ditadura e serviço social*. São Paulo, Cortez, 1991.
3. *Capitalismo monopolista e serviço social*. São Paulo, Cortez, 1992.

II. O Brasil e a crise capitalista

1. Notas sobre democracia e transição socialista. *Temas de Ciências Humanas*. São Paulo, Ciências Humanas, n. 3, 1979, p. 31-66.
2. *Capitalismo e reificação*. São Paulo, Ciências Humanas, 1981.
3. Respostas à *Presença*. *Presença. Revista de Política e Cultura*. Rio de Janeiro, n. 10, jul. 1987, p. 60-9.
4. *Democracia e transição socialista*. Ensaios de teoria e política. Belo Horizonte, Oficina de Livros, 1990.
5. *Crise do socialismo e ofensiva neoliberal*. São Paulo, Cortez, 1993.
6. Cinco notas a propósito da questão social. *Temporalis*. Revista da Abeps. Brasília, Abeps, n. 3, jan.-jun. 2001, p. 41-9.
7. Uma face contemporânea da barbárie. *Novos Rumos*. Marília, Unesp, v. 50, n. 1, jan.-jun. 2013, p. 12-51.
8. *Pequena história da ditadura brasileira (1964-1985)*. São Paulo, Cortez, 2014.

III. Lukács

1. Depois do modernismo. In: COUTINHO, Carlos Nelson et al. (orgs.) *Realismo & anti-realismo na literatura brasileira*. Rio de Janeiro, Paz e Terra, 1974, p. 105-38.
2. Possibilidades estéticas em *História e consciência de classe*. *Temas de Ciências Humanas*. São Paulo, Ciências Humanas, n. 3, 1978, p. 61-78.
3. Das obras de juventude de G. Lukács. *Encontros com a Civilização Brasileira*. Rio de Janeiro, n. 3, set. 1978, p. 225-51.
4. Lukács e a problemática cultural da era stalinista. *Temas de Ciências Humanas*. São Paulo, Ciências Humanas, n. 5, 1979, p. 17-53.
5. *Lukács, o guerreiro sem repouso*. São Paulo, Brasiliense, 1983.
6. Organização de *Lukács*: sociologia. São Paulo, Ática, 1992, coleção Grandes Cientistas Sociais.

---

* Nessa área específica, José Paulo Netto publicou, entre 1976 e 2014, dezenas de artigos em revistas profissionais brasileiras, latino-americanas e europeias. (N. E.)

7. Georg Lukács: um exílio na pós-modernidade. In: PINASSI, Maria Orlanda; LESSA, Sérgio (orgs.). *Lukács e a atualidade do marxismo.* São Paulo, Boitempo, 2002, p. 77-101.
8. Organização, apresentação e tradução de LUKÁCS, György. *O jovem Marx e outros escritos de filosofia.* Rio de Janeiro, Editora UFRJ, 2007 (em parceria com Carlos Nelson Coutinho).
9. Organização, introdução e tradução de LUKÁCS, György. *Socialismo e democratização.* Escritos políticos (1956-1971). Rio de Janeiro, Editora UFRJ, 2008 (em parceria com Carlos Nelson Coutinho).
10. Organização, introdução e tradução de LUKÁCS, György. *Arte e sociedade.* Escritos estéticos (1932-1967). Rio de Janeiro, Editora UFRJ, 2009 (em parceria com Carlos Nelson Coutinho).
11. Revisão técnica e notas da edição de LUKÁCS, György. *Marx e Engels como historiadores da literatura.* São Paulo, Boitempo, 2016, coleção Biblioteca Lukács (em parceria com Ronaldo Vielmi Fortes).
12. Revisão técnica e notas da edição de LUKÁCS, György. *O jovem Hegel e os problemas da sociedade capitalista.* São Paulo, Boitempo, 2018, coleção Biblioteca Lukács (em parceria com Ronaldo Vielmi Fortes).

IV. Pensamento de Marx e marxismo

1. Organização de *Engels*: política. São Paulo, Ática, 1981, coleção Grandes Cientistas Sociais.
2. Organização de *Stálin*: política. São Paulo, Ática, 1982, coleção Grandes Cientistas Sociais.
3. A propósito da Crítica de 1843. *Nova Escrita Ensaio.* São Paulo, 1983, p. 177-96.
4. O Marx de Souza Santos. Uma nota polêmica. *Praia Vermelha.* Estudos de Política e Teoria Social. Rio de Janeiro, Editora UFRJ, v. 1, n. 1, 1º sem. 1997, p. 123-43.
5. Edição e prólogo de MARX, Karl; ENGELS, Friedrich. *Manifesto do Partido Comunista.* São Paulo, Cortez, 1998.
6. *Marxismo impenitente.* Contribuição à história das ideias marxistas. São Paulo, Cortez, 2004.
7. *Economia política.* Uma introdução crítica. São Paulo, Cortez, 2007 (em parceria com Marcelo Braz).
8. *Introdução ao estudo do método de Marx.* São Paulo, Expressão Popular, 2011.
9. Organização e introdução de *O leitor de Marx.* Rio de Janeiro, Civilização Brasileira, 2012.
10. Nota sobre o marxismo na América Latina. *Novos Temas.* Revista do Instituto Caio Prado Jr. Salvador/São Paulo, Quarteto/ICP, n. 5/6, 2012, p. 43-60.

11. Breve nota sobre um marxista convicto e confesso. In: BRAZ, Marcelo (org.). *Carlos Nelson Coutinho e a renovação do marxismo no Brasil*. São Paulo, Expressão Popular, 2012, p. 51-84.
12. Carlos Nelson Coutinho. *Em Pauta*. Revista da Faculdade de Serviço Social da Universidade do Estado do Rio de Janeiro. Rio de Janeiro, Editora da Uerj, v. 10, n. 29, 1º sem. 2012, p. 181-4.
13. *Cotidiano*: conhecimento e crítica. 10. ed. São Paulo, Cortez, 2012 (em parceria com Maria do Carmo Brant de Carvalho).
14. Tradução e apresentação de MARX, Karl. *Cadernos de Paris & Manuscritos econômico-filosóficos de 1844*. São Paulo, Expressão Popular, 2015.
15. Tradução e apresentação de MARX, Karl. *Miséria da filosofia*. São Paulo, Boitempo, 2017.

Intelectual, militante e professor, José Paulo Netto tanto tem recebido merecido reconhecimento acadêmico (doutor *honoris causa* pela Universidad Nacional del Centro de la Província de Buenos Aires e pela Universidade Lusíada de Lisboa) como tem se dedicado à formação político-cultural de lutadores sociais no Brasil, como na função de professor da Escola Nacional Florestan Fernandes, ligada ao Movimento dos Trabalhadores Rurais Sem Terra. Em 2017, ao completar setenta anos, foi homenageado com o livro *José Paulo Netto. Ensaios de um marxista sem repouso**, organizado pelo professor Marcelo Braz, da UFRJ, e apresentado pela professora Elaine Rossetti Behring, da Uerj, que diz:

> Estes textos, até então dispersos em várias fontes, revelam, em cada linha, sua conexão com a história e a preocupação em compreender o contexto das lutas de classes, seja em análises mais gerais sobre a dinâmica contemporânea do capitalismo, seja de processos revolucionários particulares, seja acerca do Serviço Social, seja enfim da tradição marxista internacional e latino-americana. (Behring, em Braz, org., 2017)

Solidário, generoso, leal e desprovido das pequenas e grandes doenças da alma que são a matéria da mediocridade e da mesquinharia, José Paulo Netto é bem a síntese de íntegra saúde moral e viva inteligência para a emancipação humana. Na espécie de prefácio da biografia que se vai ler, ele diz que toda a sua vida, desde o início dos anos 1960, foi como que uma lenta preparação para o que,

---

* Na mesma ocasião, José Paulo Netto recebeu, da Câmara Municipal do Rio de Janeiro, a medalha de mérito Pedro Ernesto, e posteriormente se publicou *O marxismo impenitente de José Paulo Netto* (São Paulo, Outras Expressões, 2019), volume organizado pelas professoras Adrianyce Sousa e Mavi Rodrigues que reúne depoimentos de intelectuais de dois continentes sobre o autor. (N. E.)

agora, se realiza: uma efetiva biografia de Marx (e, em parte, de Engels), escrita com escrúpulos e funda mobilização de profusas fontes, acreditadas e atualizadas.

3. A biografia de Marx

Entre as biografias de Karl Marx, há as que buscaram fixar, sobretudo, a vida intelectual do alemão; é o caso de *Karl Marx. Essai de biographie intellectuelle* (Karl Marx. Ensaio de biografia intelectual), tese de doutorado defendida por Maximilien Rubel na Universidade Sorbonne, em 1954; é o caso também do livro de Armando Plebe publicado originalmente em italiano, em 1973, com o título *Che cosa ha veramente detto Marx* (O que de fato disse Marx).

Quando de sua morte, em 1883, Karl Marx já era nome conhecido na Europa em variados meios. Mesmo muitos dos que se opunham às suas ideias não podiam ignorá-lo; outros, ainda, temiam-no, chamando-o "doutor terrorista vermelho". Essa relativamente ampla presença de Marx (não só na Europa) afirmou-se, sobretudo, depois da Comuna de Paris, em 1871, quando seu nome foi associado àquele "assalto ao céu" que levou pânico às classes dominantes do mundo inteiro. Os três escritos de Marx sobre a Comuna – depois enfeixados em livro, *A guerra civil na França** – são uma raríssima combinação de análise criteriosa, lúcida e solidária, em que o exemplo heroico e generoso dos que diziam "estar ali pela humanidade" foi visto em sua grandeza e em suas limitações.

Em 1871, os 3 mil exemplares da primeira edição do Livro I de *O capital*, que saíra em 1867, ainda não haviam sido vendidos. Após a Comuna, a tiragem foi rapidamente esgotada, o que levou Marx a preparar, em 1872, uma segunda edição, com modificações substantivas, fazendo dessa versão o texto a ser considerado como definitivo do Livro I de *O capital* (Scaron, 1977). Também em 1872 foi lançada a tradução russa do Livro I e teve início a edição, em fascículos, da tradução francesa, finalizada em 1875. Completamente identificado com a construção do socialismo, com a revolução, o pensamento de Marx motivou manifestações de grandes nomes do pensamento burguês, como Eugen Bohm--Bawerk, Vilfredo Pareto, Max Weber, Benedetto Croce e Joseph Schumpeter. Eles estudaram-no, sendo que entre eles houve quem reconhecesse os inegáveis méritos analíticos, a prosa vigorosa e a espantosa erudição de Marx.

Em texto que apresenta a coletânea *Karl Marx. Homme, penseur et révolutionnaire* (Karl Marx. Homem, pensador e revolucionário), David Riazanov, organizador da obra, diz sobre Marx:

---

* Trad. Rubens Enderle, São Paulo, Boitempo, 2011. (N. E.)

Dificilmente existirá na história mundial outra figura que reúna, em uma unidade harmoniosa e genial, a concentração de pensamento teórico sobre a compreensão do mundo burguês, a fome inextinguível de superar esta forma de exploração do homem pelo homem, a permanente aspiração a destruir este mundo de exploração mediante a sua transformação revolucionária de alto a baixo. (Riazanov, 1928, p. 7)

Nesse volume, Riazanov reuniu as primeiras tentativas de biografia de Marx, respectivamente: um texto sobre Marx escrito por Engels para o *Almanaque Popular*, de W. Brocke, de 1878; uma carta de Engels a Friedrich Sorge, de 15 de março de 1883, sobre a morte de Marx; o discurso de Engels à beira da tumba do amigo, de 17 de março de 1883; um texto de Eleanor Marx, filha de Karl, cujo título é "Karl Marx". Além desses, o livro ainda traz outros textos que buscam fixar a imagem de Marx: de Plekhánov, Mehring, Luxemburgo, Lafargue, Lênin, Lessner, Wilhelm Liebknecht. Entre as primeiras tentativas, ainda válidas, de biografia de Marx, não se pode omitir a de Franz Mehring, de 1918, que, entre outros méritos, recebeu a explícita aprovação de Laura Lafargue, filha do biografado, de Rosa Luxemburgo e de Clara Zetkin, e buscou mostrar um Marx em tudo divergente "do mocinho modelo aborrecido venerado pelos sacerdotes do marxismo" (Mehring, 1965, p. 10).

Alguns dos primeiros trabalhos biográficos sobre Marx têm o privilégio de terem sido escritos por pessoas que de fato o conheceram, ou que privaram com conhecidos dele. Por outro lado, as primeiras biografias – lançadas antes do início do projeto da primeira Marx-Engels Gesamtausgabe (MEGA), dirigida por Riazanov a partir de 1927 – foram prejudicadas pelo desconhecimento de parte considerável da obra de Marx e de sua correspondência. Embora esse seja um problema objetivo que acabou por comprometer várias biografias antigas de Marx, obras contemporâneas, que tiveram acesso a muito do que foi publicado sobre o alemão a partir do projeto MEGA[2], padecem de outros (e, talvez, mais sérios) defeitos, que decorrem de interpretações perfeitamente equivocadas. Tome-se o livro de Jonathan Sperber, que escreveu uma copiosa biografia de Marx para concluir que ele era, na verdade, um autor do século XIX; ou seja, um historiador-economista-sociólogo da Inglaterra vitoriana (Sperber, 2014). Não é o caso de fazer, aqui, a crítica dessa platitude. A biografia de Marx escrita por Boris Nicolaievsky e Otto Maenchen-Helfen na década de 1930 argumenta que Marx, depois de 1873, teria sido acometido de progressiva incapacidade para o trabalho, cuja consequência maior teria sido a interrupção da conclusão dos livros II e III de *O capital*, por "paralisia de sua força criativa" (Nicolaievsky e Maenchen--Helfen, 1970, p. 417). Com efeito, essa tese, além de factualmente falsa – pois Marx manteve permanente e vigorosa atividade intelectual até pelo menos 1881 –, ainda ensejou outras igualmente equivocadas interpretações, como a de José Arthur Giannotti, que viu na "paralisia das forças criativas de Marx" a explicitação de um impasse: "Há indícios de que Marx chegara a um impasse teórico, pois a análise da gramática do capital caminhava num sentido que o obrigaria a rever sua antiga ideia de Revolução" (Giannotti, 2000, p. 88). Nesse caso, se está diante de uma raríssima operação intelectual. O professor Giannotti, que vê a si mesmo como marxólogo, quer nos convencer de que essa sua condição, a de reivindicar para si certa "herança marxista", o autoriza a um radical revisionismo, que é fazer de Marx um "lógico do capital", um "gramático do capital", completamente distante da (sabe-se lá o que isso significaria) "antiga ideia de Revolução"; isto é, Marx foi transformado de pensador e militante da revolução socialista, que sempre foi sua prioritária ocupação, em técnico, em filósofo analítico – o que desnatura não só a inextirpável dimensão ontológica da obra de Marx, mas, sobretudo, seus explícitos e permanentemente reafirmados compromissos revolucionários.

Recebida com grande expectativa por conta do prestígio do biógrafo, Gareth Stedman Jones, uma das lideranças da importante publicação *New Left Review*, a biografia publicada em inglês em 2016 acaba por não corresponder ao que dela se esperava, incorrendo em falha inesperada de alguém afeito à crítica de economia política, central no projeto teórico de Marx. Jones, surpreendentemente, dá mostras de precária, algo *naif*, compreensão da transformação operada por Marx na teoria do valor-trabalho, ignorando, de forma inepta, as implicações da exposição dialética de *O capital*, que determina a modulação dos níveis de abstração com que as categorias são apresentadas. Nesse sentido, é quase chocante que um autor prestigiado como conhecedor da obra de Marx produza a bisonha e equivocada frase:

> Nos *Grundrisse*, seu tratamento do problema do valor era obscuro. No primeiro volume d'*O capital*, ele evitou os aspectos mais difíceis do assunto, limitando-se a discutir a produção, enquanto seus relevantes esforços para atacar o problema nos inéditos segundo e terceiro volumes não tiveram êxito. (Jones, 2017, p. 425)

O que é espantoso nesse tipo de crítica é que, àquela altura, Marx já havia escrito o essencial dos quatro livros de *O capital*. Em particular, o Livro III foi o primeiro a ser desenvolvido, antes da publicação do Livro I, em 1867 – e tal informação já está disponível há tempo suficiente para que seja do conhecimento de Jones.

Outras duas biografias importantes foram lançadas recentemente e não padecem dos problemas apontados nos trabalhos de Sperber e Jones. São os livros de Marcello Musto, *O velho Marx. Uma biografia de seus últimos anos (1881-1883)*, de 2018, e de Michael Heinrich, *Karl Marx e o nascimento da sociedade moderna. Biografia e desenvolvimento de sua obra (1818-1841)*, também de 2018, primeiro dos três volumes previstos para essa obra.

A biografia de Marx de José Paulo Netto é, certamente, a mais ampla e informada das quantas foram publicadas por brasileiros. Citem-se: a de Leandro Konder, de 1981; a de Hans-Georg Flickinger, de 1985; a de Jacob Gorender, de 1983, como apresentação do Livro I de *O capital*, da coleção Os Economistas, da editora Abril; e as apresentações dos volumes da coleção Grandes Cientistas Sociais, da editora Ática, sobre Marx, que reúnem trabalhos de Octávio Ianni, Paul Singer e Florestan Fernandes.

Em José Paulo Netto há qualquer coisa da ambição daqueles cartógrafos sobre os quais Borges escreveu. Aqui, a tentativa, assombrosa, não é a de traçar um mapa com o tamanho do território em toda a sua inesgotável variedade, mas elaborar a biografia de um homem que marcou – e ainda marca – o mundo: Karl Marx, cujo bicentenário foi completado em 2018. Personagem várias vezes biografado e estudado, Marx ainda não se deixou inteiramente captar, seja pela complexidade e diversidade de sua obra, seja pela intrincada trama que liga sua vida pessoal e sua obra a decisivos acontecimentos do século XIX, como as revoluções de 1848-1849, a Comuna de Paris e as transformações econômicas, políticas, sociais, culturais e tecnológicas decorrentes da imposição do modo de produção especificamente capitalista, sobretudo sobre o proletariado.

Se há qualquer coisa em José Paulo Netto daqueles cartógrafos, também é forte nele o espírito de Funes, outro personagem de Borges, dotado de tão prodigiosa memória que, certa vez, lembrou-se dos acontecimentos do dia anterior e a lembrança durou 24 horas.

José Paulo Netto, misto de cartógrafo chinês e de Funes, o memorioso, nos deu uma biografia de Marx que parece não ter deixado nada de lado, nada: das grandes às pequenas coisas do cotidiano dos quase 65 anos de vida de Marx, do vastíssimo universo de sua obra aos acontecimentos e processos que marcaram a história do mundo comandado pelo capital.

A biografia de Marx de José Paulo Netto tem vários marcos distintivos. Impressiona pela permanente procura de precisão, pela fundamentação documental, pelo equilíbrio do juízo, que buscou ser sempre temperado pelo respeito às diferenças, sem que isso tenha apaziguado uma muito acesa vocação para a luta de ideias, para a disputa política e ideológica.

Realmente ciclópica, a presente obra tem oito capítulos, 462 páginas de texto, incluídos aí uma introdução e um epílogo – são 205 páginas de notas (totalizando 1.006 notas) e 75 páginas de bibliografia, descontadas as páginas ocupadas por material iconográfico e pelo índice onomástico. O primeiro capítulo tem 40 páginas e 102 notas; o segundo, 64 páginas e 141 notas; o terceiro, 68 páginas e 145 notas; o quarto, 48 páginas e 152 notas; o quinto, 80 páginas e 176 notas; o sexto, 48 páginas e 96 notas; o sétimo, 60 páginas e 128 notas; o oitavo, 30 páginas e 62 notas. O epílogo tem 4 páginas e 4 notas.

Se são fluviais as notas, não são menos copiosas as citações. Mesmo sabendo que talvez lhe increpem, pela abundância do aparato de notas e citações, José Paulo não hesitou em mantê-las, argumentando que a complexidade e a envergadura da empreitada assim o exigem. Lembrou, sobre isso, frase de Marx que fala do exigente caminho do conhecimento, que quase sempre só se deixa conquistar depois de árduos trabalhos, de paciência, de disponibilidade para se deixar surpreender pelo novo. José Paulo Netto homenageia seu leitor ao não subestimar sua inteligência e sua disposição para o contato com uma prosa poderosa, uma linguagem a contrapelo.

A biografia de Marx que nos dá José Paulo Netto tem três níveis narrativos: 1) há a história pessoal de Marx (e de Engels, em parte), suas relações familiares, o conjunto das pequenas e prosaicas coisas de que é feito o mundo privado, mesmo o de um grande homem; 2) há o capitalismo, as lutas de classes, em vários momentos cruciais (1848, 1857, 1866, 1871), seja nos países centrais – Inglaterra, França, Bélgica, Alemanha, Estados Unidos –, seja nos países periféricos – Índia, China, Rússia, Irlanda, América Latina; 3) e há a obra, extensa e complexa, que não se deixa apreender a partir de reducionismos. É no referente à apresentação e análise da obra de Marx que o livro de José Paulo mais se avulta. Com efeito, se está diante de uma biografia de Marx que também é uma rigorosa apresentação e interpretação do conjunto de sua obra, em suas diversas dimensões, como teoria crítica, como filosofia da práxis, como convocação para a política, para a organização, para a mobilização, para a revolução socialista.

Por tudo isso, saudemos José Paulo Netto.

Referências bibliográficas

BRAZ, Marcelo (org.) (2017). *José Paulo Netto*. Ensaios de um marxista sem repouso. São Paulo, Cortez.

CARONE, Edgard (1986). *O marxismo no Brasil (das origens a 1964)*. Rio de Janeiro, Dois Pontos.

FAGES, J. B (1974). *Introduction à la Diversité des Marxismes*. Toulouse, Privat.

GIANNOTTI, José Arthur (2000). *Marx*. Vida & obra. Porto Alegre, L&PM.

HEINRICH, Michael (2018). *Karl Marx e o nascimento da sociedade moderna*. Biografia e desenvolvimento de sua obra (1818-1841). Trad. Cláudio Cardinali. São Paulo, Boitempo, v. 1.

JONES, Gareth Stedmanc (2017). *Karl Marx*. Grandeza e ilusão. Trad. Berilo Vargas. São Paulo, Companhia das Letras.

KAREPOVS, Dainis (2013). A gráfico-editora Unitas e seu projeto editorial de difusão do marxismo. In: DEAECTO, Marisa Midori; MOLLIER, Jean-Yves (orgs.). *Edição e revolução*. Leituras comunistas no Brasil e na França. Cotia/Belo Horizonte, Ateliê Editorial/UFMG, p. 65-119.

_____; LEAL, Murilo (2007). Os trotskismos no Brasil: 1966-2000. In: RIDENTI, Marcelo et al. (orgs.) *História do marxismo no Brasil*. Campinas, Editora da Unicamp, v. 6, p. 153-237.

MEHRING, Franz (1965). *Carlos Marx*. El fundador del socialismo científico. Buenos Aires, Claridad.

MORAES, João Quartim de (1991). A influência do leninismo de Stálin no comunismo brasileiro. In: REIS, Daniel Aarão et al. (orgs.) *História do marxismo no Brasil*. Rio de Janeiro, Paz e Terra, v. 1, p. 47-88.

MORAES FILHO, Evaristo de (1991). A proto-história do marxismo no Brasil. In: REIS, Daniel Aarão et al. (orgs.) *História do marxismo no Brasil*. Rio de Janeiro, Paz e Terra, v. 1, p. 15-45.

MUSTO, Marcello (2018). *O velho Marx*. Uma biografia de seus últimos anos (1881-1883). Trad. Rubens Enderle. São Paulo, Boitempo.

NICOLAIEVSKY, Boris; MAENCHEN-HELFEN, Otto (1970). *La Vie de Karl Marx*. L'Homme et leur Lutte. Paris, Gallimard.

PEREIRA, Astrojildo (org.) (1958). *Estudos sociais*. Rio de Janeiro, n. 1, maio/jun. 1958.

RIAZANOV, David (org.) (1928). *Karl Marx*. Homme, penseur et révolutionnaire. Paris, Ed. Sociales Internationales.

RUBIM, Antônio Albino Canelas (1998). Marxismo, cultura e intelectuais no Brasil. In: MORAES, João Quartim et al. (orgs.) *História do marxismo no Brasil*. Campinas, Editora da Unicamp, v. 3, p. 305-82.

SCARON, Pedro (2017). Advertencia del Traductor. In: MARX, Karl. *El capital*. Libro I. México/Madri/Buenos Aires, Siglo XXI, p. 7-40.

SILVA, Antonio Ozaí da (1987). *História das tendências no Brasil* (origens, cisões e propostas). São Paulo, Editora do Autor.

SPERBER, Jonathan (2014). *Karl Marx*. Uma vida do século XIX. Barueri, Amarilys.

Nota do autor

Este livro é *uma* – não *a* – biografia de Karl Marx. Tão somente apresento ao leitor uma visão ampla e panorâmica da vida e da obra de Marx, sem a intenção de esgotá-las ou pronunciar sobre elas palavras conclusivas, por mais que alguns dos meus juízos possam parecer demasiado incisivos. Mas tenho a pretensão de garantir ao leitor que está aqui o *essencial* de Marx. E se eventualmente incorri em equívoco e até em erros no trato que ofereci ao meu biografado, asseguro que, em sendo eles apontados, não vacilarei em revisá-los e corrigi-los.

Este é um livro que procura ser *simples*, mas sem fazer qualquer concessão ao *simplismo*. Não foi escrito para intelectuais sofisticados e/ou especialistas – embora eu tenha a esperança de que possa ser útil também a eles. Meu objetivo não consistiu em oferecer uma obra didática, do tipo *Marx para apressados* (Misik, 2006), adequada à leitura rápida no ônibus ou no metrô. Pressuponho um leitor minimamente instruído, interessado numa aproximação séria a Marx e disposto a enfrentar as dificuldades próprias ao conhecimento de um intelectual e militante revolucionário que marcou decisivamente a cultura e a política do mundo moderno e contemporâneo.

E devo advertir, de partida, que, nas páginas deste livro, descontada a indescartável admiração que Marx desperta em todos os que o estudam sem preconceitos, *não se encontrará uma visão sacralizada, hagiográfica, de sua vida e obra*. Essa advertência torna-se tanto mais necessária porquanto, desde há muito, sou – para lembrar a autodefinição de Mariátegui – um marxista convicto e confesso, e precisamente o fato de sê-lo obrigou-me a um intensivo esforço de objetividade (que não se confunde com *neutralidade*, como é do conhecimento de todos os historiadores e teóricos sociais honestos).

Este livro foi, inicialmente, pensado para ser entregue ao público por ocasião do ducentésimo aniversário de nascimento de Marx, o que não ocorreu por razões de ordem estritamente pessoal. Contudo, mesmo se viesse à luz em 2018, *não seria um livro de ocasião*: resulta de um prolongado exame da obra marxiana, iniciado há mais de meio século. E tanto que um eventual leitor meu encontrará nestas páginas reflexões que já exarei noutras oportunidades – várias das quais revisadas, que peço sejam consideradas tal como aqui formuladas.

É sabido que muitos são os óbices que se enfrentam ao tratar a biografia de Marx, e o primeiro a ter realce refere-se à sua colaboração com Engels. Não é possível separar a vida e a obra de ambos a partir de 1844 e deve-se levar em conta que Engels, não se confundindo com Marx, tinha brilho próprio e sempre deu provas de grande autonomia intelectual. Neste livro, procurei não os dissociar, aludindo com frequência à presença engelsiana na trajetória de Marx – porém me concentrei, necessariamente, no cuidado com este. Demais óbices são de vária ordem, desde a divergência entre as fontes consultadas até interpretações discrepantes sobre dimensões substantivas da obra de Marx. No caso das fontes, registrei tanto quanto possível a contribuição de diferentes autores, de clássicos (como, por exemplo, Franz Mehring e Auguste Cornu) a estudiosos mais próximos de nós (como, por exemplo, Marcello Musto, Mary Gabriel, Jonathan Sperber, Michael Heinrich e Gareth Stedman Jones), de forma a que o leitor possa acessá-los mesmo quando seus juízos não são incorporados por mim. Tais fontes, de que me socorri no passar de décadas – e apenas parcialmente referidas à bibliografia com que se conclui este livro –, atestam o largo pluralismo documental de que se nutre a minha abordagem de Marx. Creio, também, que o repertório bibliográfico que apresento possa contribuir, subsidiariamente, para sugerir elementos de pesquisa relacionada à história do que se convencionou designar por marxismo. Quanto às interpretações a que aludi, penso que, para dirimir dúvidas sobre minha própria posição em face delas, seja útil explicitar sinteticamente, e antes de o leitor iniciar o exame deste livro, a minha visão da obra marxiana.

Compreendo a obra de Marx como a fundação da *teoria social revolucionária*, e não uma síntese enciclopédica de conhecimentos que, em época posterior, constituirão os saberes autônomos e próprios das ciências sociais, saberes configurados originariamente na academia europeia da segunda metade do século XIX e que, ainda hoje, desenvolvidos, hegemonizam o mundo universitário de modo geral. A teoria marxiana não se elaborou de um só golpe: penso que ela demandou pelo menos um decênio e meio, a partir de 1844, para se erguer e, nesse processo constituinte, implicou *giros e revisões, continuidades e mudanças*, todavia plasmando-se *unitariamente*; assim, estou longe de localizar qualquer "corte epistemológico" entre o *jovem Marx* e o *Marx da maturidade* e, também, *de equalizá-los*. Sustentando a *unidade* da obra marxiana a partir de 1844, recuso a dissolução dessa unidade numa qualquer invariância pleonástica ou tautológica. Tomo a concepção teórico-metodológica que Marx elaborou, ao alcançar a plenitude na sua madurez, como concepção radicalmente revolucionária, seja enquanto expressão ideal, seja enquanto diretriz prático-política. Em Marx, a teoria, produto do cérebro dos homens, constitui a *reprodução*, no plano das ideias, do *movimento real do objeto* de que se ocupa. O *núcleo duro* da obra que Marx nos legou é a teoria que *reproduz idealmente* o *movimento real do capital* no processo da gênese, da consolidação, do desenvolvimento e das condições de crise da sociedade embasada no modo de produção capitalista: a sociedade burguesa. E a *verdade* da teoria, assim posta, não depende apenas da sua coerência interna: a sua prova decisiva se faz no confronto com a dinâmica profunda dessa sociedade, faz-se na *prática social*. Enfim, não penso que Marx seja o teórico do socialismo e/ou do comunismo: penso-o como teórico do capitalismo.

Com toda a evidência, a teoria social revolucionária, fundada pela e na obra de Marx, não se concluiu com ele, nem poderia concluir-se: na medida em que deve reproduzir idealmente o movimento real do modo de produção capitalista e da sociedade nele assentada, é uma teoria também em movimento (ou, se se quiser, *em desenvolvimento*). No tocante à validez contemporânea da obra de Marx, penso que, nesta segunda década do século XXI, a teoria marxiana continua válida e absolutamente *necessária* para compreender o capitalismo dos nossos dias, mas, ao mesmo tempo, entendo que ela não é *suficiente*: para compreender o capitalismo contemporâneo, é preciso investigá-lo a partir não das *conclusões* marxianas, e sim da sua *concepção teórico-metodológica*.

Esta biografia não é somente um registro cronológico, ainda que o contenha; ela acompanha o processo de construção da teoria marxiana, ao mesmo tempo que o contextualiza historicamente e o inscreve na experiência sociopolítica de Marx. Parto da formação do jovem Marx, assinalo as tendências operantes no seu pensamento até à inflexão dos anos 1844-1845/1846 e sigo a sua trajetória dos fins da década de 1840 até seus últimos dias. A exposição faz-se em ordem cronológica, em capítulos de distinta e variada extensão – conforme, julgo, a diversidade/complexidade dos momentos constitutivos do movimento intelectual do próprio Marx.

Devo, ainda, duas palavras ao leitor:

1ª. recorri a citações sempre que as considerei necessárias; no caso das de Marx (e não se esqueça que uma citação é sempre uma *interpretação*, como nos ensinou Lukács), usei-as sem economia, mas também – penso – sem excesso; vali-me delas sempre que a palavra de Marx me deu a certeza de uma limpidez e de uma fidelidade que a mim, certamente, me faltariam. As traduções para o português de citações que estão originalmente em língua estrangeira são de minha autoria, salvo quando indicado em contrário (caso, por exemplo, de consulta a edições brasileiras);

2ª. o aparato de notas poderá parecer demasiado, mas vale a pena compulsá-las; elas têm características heterogêneas: ora apontam informações históricas e bibliográficas, às vezes algumas minudências e aspectos pontuais, ora retomam passagens marxianas mais desenvolvidas que no texto e/ou expressas noutros momentos da reflexão de Marx (e, aqui, umas poucas repetições foram inevitáveis). Mas também recuperam considerações de outros estudiosos, muitas das quais indispensáveis para o esclarecimento da construção da teoria marxiana – são o justo tributo que pago àqueles que se dedicaram a enfrentar os escritos marxianos. E devo dizer mais: uma das poucas coisas que aprendi lendo conhecido economista filiado ao Partido Democrata norte-americano foi que "as notas [...] são também um índice expressivo do cuidado posto no estudo de determinado assunto" (Galbraith, s.d., p. 29).

Bem sei que a leitura de muitas notas ao fim de um livro (no caso deste, em torno de um milhar) não é algo cômodo para o leitor apressado – mas já adverti que este *não* é um Marx para apressados. Conta-se que o líder trabalhista inglês Harold Wilson (1916-1995), duas vezes primeiro-ministro do Reino Unido, tendo nas mãos *O capital*, não passou da segunda página: "Não fui além da página dois – quase completamente tomada por uma nota de rodapé. Achei que uma página de nota para duas frases era demais" (citado em Wheen, 2007, p. 88). Espero que os meus eventuais leitores tenham mais paciência que Wilson – figura, aliás, enobrecida pela rainha (tornou-se *sir* e barão de Rievaulx) – e lhes peço a pachorra de ler as centenas de notas apostas ao fim desta biografia. Boa parte delas tem um objetivo central: deixar bem claro que as ideias marxianas são objeto de problematização e polêmica, que o seu legado intelectual estimula debates calorosos e que a sua exploração diferenciada demonstra que Marx não foi, como o qualificou certo biógrafo acadêmico, uma "vida *do* século XIX": antes, é um autor que atravessou todo o século XX e entra no século XXI mais vivo que nunca.

Carece este livro dos tradicionais agradecimentos que os autores sempre registram em obras do gênero. Se eu os listasse aqui, o rol seria extensíssimo. Muito mais que produto de um empenho individual, este livro resulta do estímulo que me foi oferecido, ao longo de mais de cinco décadas, por interlocutores e amigos das Américas (aí, obviamente, incluídos muitos brasileiros) e da Europa ocidental, camaradas de luta, operários, professores, estudantes, colegas de trabalho, militantes sociais, arquivistas e bibliotecários... Não seria possível sequer mencioná-los sem cometer omissões imperdoáveis.

Disse, no quarto parágrafo desta nota, que *este não é um livro de ocasião* – e tenho razões para dizê-lo. Ele é fruto de uma relação com a obra de Marx que começou há mais de cinquenta anos, quando a vida, com suas esquinas de acasos e de surpresas, me deu a oportunidade de aproximar-me do legado de Marx e de ingressar nas fileiras do movimento político inspirado por ele. Espero que a sua publicação seja de alguma valia para todos aqueles que, mesmo sem compartilhar das minhas ideias e interpretações, não deixam fenecer a esperança de uma humanidade emancipada da exploração, da opressão e da alienação – aliás, o ideário do meu biografado.

Diante dos ventos obscurantistas que agora sopram nas terras brasileiras, esta publicação expressa também um ato de resistência cultural e política. Quero registrar, enfim, que ela se deve a duas mulheres – belas, diga-se em nome da verdade. De um lado, àquela a quem é dedicado este livro; de outro, à minha editora. Sem o companheirismo de Leila Escorsim, suportando as minhas bizarrices por um quarto de século, sempre sorrindo diante dos meus desencontros com a vida cotidiana, e sem a amizade e o afeto, mais a cumplicidade e o apoio, de Ivana Jinkings, este livro estaria entre os muitos projetos que nunca saíram da minha cabeça*.

Recreio dos Bandeirantes-RJ,
verão de 2019/2020.

---

* Tenho o dever de expressar publicamente o meu agradecimento àqueles envolvidos diretamente na confecção deste livro – Isabella Marcatti, Carolina Mercês, Thais Rimkus, Pedro Davoglio, Livia Campos, Carolina Castelani, Mariana Zanini, Sílvia B. Nara, Antonio Kehl e Maicon Nery –, agradecimento que estendo também aos integrantes da equipe de apoio da Boitempo. Deve-se à competência profissional desses trabalhadores, sob a direção geral de Ivana Jinkings, o produto editorial que está nas mãos do eventual leitor.

I
Adeus à *miséria alemã* (1818-1843)

A Alemanha na qual Marx nasceu, passou a infância e a adolescência e chegou à vida adulta – e da qual partiu aos 25 anos – era um país que, no quadro da Europa ocidental da época, apresentava uma saliente particularidade.

Na transição do século XVIII ao século XIX, a revolução burguesa, concluindo o longo processo de erosão da ordem feudal, já se consolidara na Inglaterra, transformara profundamente a França e os Países Baixos e dava forma à América do Norte (os Estados Unidos); o país de Marx, porém, parecia impermeável a ela, tanto ou quase tanto como a Península Ibérica e a Itálica e o Império Austro-Húngaro. Mas as guerras napoleônicas e os seus desdobramentos logo começaram a afetar esses espaços geopolíticos e também a Alemanha, que, contudo, no primeiro quartel do século XIX, ainda era uma área na qual a revolução burguesa, à diferença da Inglaterra e da França, avançava muito lentamente. Nela, ao fim das guerras napoleônicas, à sombra do Congresso de Viena (1815) e da Restauração, duas características peculiares à revolução burguesa estavam longe de se concretizar: a constituição do Estado nacional e a emergência do processo de industrialização (a Revolução Industrial), com seu consequente fenômeno urbanizador.

Até a terceira década do século XIX, no tocante à vida econômica, a ordem feudal via-se pouco vulnerabilizada na Alemanha: as relações mercantis desenvolviam-se larvarmente, o artesanato prosseguia no seu movimento tradicional e a estrutura de classes polarizava-se entre o campesinato e a nobreza fundiária. O peso e a vigência dos traços próprios ao *Ancien Régime*, já derrotado na Inglaterra e na França, evidenciavam-se na ausência de um Estado nacional: do ponto de vista político-institucional, a Alemanha não era mais que a Confederação Germânica, frouxa articulação de 39 unidades (35 principados soberanos e 4 cidades livres) satelitizadas em torno de um reino poderoso (a Prússia), marcadas por sistemas de representação política diversificados e restritivos, ausência de laicização, burocracias de raiz feudal e submissão à dominação da nobreza fundiária.

A partir de inícios dos anos 1830, esse cenário começa a registrar mudanças muito desiguais no tempo e no espaço alemães, variando conforme as características das várias unidades da Confederação: emerge nalgumas áreas uma incipiente industrialização, com o surgimento de segmentos proletários; conforma-se um significativo estrato pequeno-burguês (funcionários de Estado, professores, jornalistas, pequenos proprietários urbanos) e configuram-se frações burguesas (capitalistas vinculados a atividades comerciais e industriais); constata-se, também, a tentativa de articular um mercado de âmbito nacional, com a criação, em 1834, da união aduaneira (*Zollverein*)[1]. Tais mudanças ganharão densidade na década seguinte e se expressarão no espectro ideopolítico, que passará a abrigar umas poucas correntes liberais e democráticas, inclusive com o aparecimento de débeis tendências socialistas. De qualquer forma, observando-se a "situação da Alemanha antes de 1848", ficava claro que essas transformações contrastavam com "uma estrutura política cristalizada [e] um imobilismo oficial" (Bottigelli, 1971, p. 45); ficava claro que a Alemanha não seguiria rumo similar ao das nações euro-ocidentais nas quais o modo de produção capitalista já se assentara.

A saliente particularidade referida linhas antes consistia em que a Alemanha, na qual Marx nasceu e viveu até chegar à idade adulta, estando muito atrasada em relação ao desenvolvimento econômico-social e político da Inglaterra, da França e dos Países Baixos, apresentava, no entanto, uma dinâmica filosófico-cultural de altíssimo nível, portadora de uma complexidade e riqueza relativamente incomparáveis às daqueles países em que a revolução burguesa (e seus fundamentos capitalistas) se consumara. De fato, a Alemanha não experimentou o processo da revolução burguesa à moda "clássica" (inglesa e, sobretudo, francesa): só na segunda metade do século XIX – portanto, tardiamente em comparação aos países da Europa ocidental – a industrialização se processará com vigor em espaços da Confederação Germânica e se assistirá à constituição do Estado nacional alemão, cuja unificação sobreveio em 1871 sob o tacão prussiano de Bismarck (ver Droz, 1970; Bogdan, 2003; Knopper e Mondot, orgs., 2008). Como Lênin assinalou, a particularidade do desenvolvimento histórico da formação da Alemanha moderna, capitalista, residiu em que este se operou sem a ocorrência de uma revolução democrático-burguesa, mediante o que ele designou como *via prussiana* (cf. Lênin, 1980, p. 29 e seg.); essa particularidade teria as mais extensas e profundas implicações no evolver histórico da Alemanha[2].

Carecendo das condições econômico-sociais e políticas próprias ao padrão "clássico" da revolução burguesa da Europa ocidental, a Alemanha registrou, na passagem do século XVIII ao século XIX, um admirável florescimento filosófico (pense-se em Kant, Fichte e nomeadamente em Hegel) e literário (basta evocar

Goethe e Schiller, o *classicismo de Weimar*, tão bem estudado por György Lukács, 1976, p. 15-115). Esse desenvolvimento cultural, em descompasso com a efetividade das instituições econômicas e sociopolíticas vigentes na Confederação Germânica, estava, porém, plenamente sintonizado com o processo da revolução burguesa que se desenrolava na Inglaterra e na França[3]; como Marx haveria de escrever mais tarde, "os alemães *pensaram* o que as outras nações *fizeram*" (Marx, 2005, p. 151): o processo histórico, para os alemães, ganhava realidade tomado tão somente enquanto movimento ideal.

O descompasso prosseguiu na primeira metade do século XIX, malgrado o avanço das relações capitalistas nos Estados alemães, acentuado pelo clima ideológico da Restauração: a integração da Prússia, o mais forte dentre aqueles Estados, na Santa Aliança agravou a dissonância entre as referências ideais e a vida sociopolítica da Confederação Germânica. Dada a ausência de uma revolução democrático-burguesa e em vista da manutenção de traços pertinentes ao *Ancien Régime* – absolutismo, clericalismo, censura à expressão do pensamento etc. –, formatou-se na Confederação uma organização social na qual os aparelhos estatais detinham praticamente todas as iniciativas em face de uma burguesia sem veleidades revolucionárias, de camadas médias urbanas dependentes de benesses monárquicas e favores burocráticos e de um proletariado em formação. Na entrada dos anos 1840, o jovem Marx referiu-se a essas condições da sociedade alemã (nas quais a defasagem entre a grandeza da herança filosófico-cultural e a estreiteza de horizontes da vida social via-se exponenciada pelas mesquinhas imposições ideopolíticas da dominação de oligarquias fundiárias) como *miséria alemã*[4].

A *miséria alemã* constituiu um dos problemas centrais da geração intelectual que ingressou na cena cultural alemã na passagem da terceira à quarta década do século XIX. Marx analisou o seu conteúdo anacrônico e a sua função restauradora (reacionária) em face do desenvolvimento da cultura euro-ocidental, indicou as suas implicações deletérias e combateu-a com frontalidade; quando não mais encontrou condições na Alemanha para travar a sua luta contra ela, decidiu-se, como veremos, por um autoexílio para enfrentá-la mais eficazmente[5]. Então, em 1843, aos 25 anos, Marx disse adeus à *miséria alemã*; ao fazê-lo, não tinha consciência do que o futuro imediato lhe reservava.

Os primeiros anos: Trier, 1818-1835

Casados em 1814, em Trier, na Renânia, Heinrich Marx (1782-1838)[6] e Henriette Pressburg (1787-1863) tiveram nove filhos, quatro homens e cinco mulheres; destas, só três passaram dos 25 anos: Sophia (1816-1883), Louise (1821-1865) e Emilie (1822-1888); dos quatro varões, somente um sobreviveu: Karl Marx (cf. Heinrich, 2018, p. 39). Ele nasceu a 5 de maio de 1818, no segundo andar de uma casa que seus pais haviam alugado na Brückengrasse, n. 664; ali, Marx viveu por pouco tempo: no ano seguinte, a família mudou-se para uma residência adquirida nas proximidades da Porta Nigra, um dos belos monumentos romanos que ainda se conservam até os dias correntes[7].

Trier, debruçada sobre o rio Mosela, fundada em 16 a.C. pelos romanos e por eles nominada *Augusta Treverorum* (daí, em português, a sua referência eventual como Tréveris), ao tempo do nascimento de Marx tinha aproximadamente 12 mil habitantes[8] e era rodeada por uma área rural em que a principal atividade dos camponeses era o cultivo da vinha. Centro administrativo da região do Mosela, cidade predominantemente católica (como, aliás, a própria Renânia, unidade da Confederação de que era parte), dispondo de um importante arcebispado e de uma catedral que pelo menos desde 1512 guarda o chamado Manto Sagrado[9], sua população nos anos 1820-1830 compunha-se fundamentalmente de servidores públicos, comerciantes e artesãos[10].

A Renânia foi das regiões germânicas que por mais tempo estiveram sob domínio francês: as tropas napoleônicas ali permaneceram por quase duas décadas. Trier foi ocupada em princípios de agosto de 1792, anexada ao território da República Francesa em 1797 e visitada por Napoleão em 1804. Somente após o Congresso de Viena Trier volta, como a Renânia, à comunidade germânica. A presença francesa (registrando-se inclusive a vigência do Código Napoleônico) foi marcante na Renânia e particularmente em Trier; não são poucos os historiadores que, sem desconsiderarem a evolução econômico-social interna àquela região nos anos seguintes, creditam aos influxos franceses o caráter particular do liberalismo que ali emergiu[11]. No que toca à comunidade judaica de Trier – influente, mas numericamente pouco significativa: cerca de 1% da população da cidade –, ela se beneficiou da igualdade de direitos de que gozou em anos da ocupação francesa (1806-1814) e foi extremamente favorável às medidas napoleônicas (Sperber, 2014, p. 29).

Essa referência à condição dos direitos dos judeus é pertinente porque o casal Marx era judeu[12]. Heinrich Marx provinha de uma família de judeus radicados na região desde os fins do século XVII, que dera à comunidade vários rabinos; Henriette Pressburg descendia de uma família judia originária da Hungria, que se estabeleceu na Holanda no século XVIII[13] e trouxe para o casamento um dote substancial. Os dois eram personalidades muito diferentes, e muito diferente foi a relação que Marx manteve com cada um: com a mãe, zelosa guardiã de valores (os financeiros também) familiares e domésticos, um trato distanciado e difícil; com o pai, que sempre estimulou seus interesses intelectuais, sem prejuízo de duras admoestações recebidas, um diálogo amistoso e fecundo, marcado por mútuo respeito e admiração[14].

Heinrich Marx não seguiu a tradição religiosa da família e, por volta de 1819-1820, converteu-se ao protestantismo[15] – decisão compatível com as suas características de racionalista, leitor atento dos iluministas franceses (sabia de cor trechos de Voltaire e Rousseau). Estudou direito em Koblenz e desde 1814 exerceu a advocacia em Trier, construindo uma carreira profissional sólida, que lhe permitiu assegurar à família uma vida material minimamente confortável, segundo os padrões à época vigentes entre as camadas urbanas médias e acomodadas[16]. Desfrutava de alto conceito em Trier, a ponto de, em 1831, o governo prussiano distingui-lo com o título, puramente honorífico, de "conselheiro jurídico" (*Justizrat*), embora ele não dissimulasse o seu discreto liberalismo: foi, inclusive, associado a um clube, o Cassino de Trier, dissolvido em 1834 por ser suspeitoso aos olhos das autoridades prussianas (Heinrich, 2018, p. 92-5).

No seu círculo de relações pessoais, Heinrich Marx prezava especialmente o barão Johann Ludwig von Westphalen (1770-1842). Westphalen, herdeiro de um título de nobreza recebido pelo pai, destacado combatente na Guerra dos Sete Anos, enviuvara em 1807 de seu primeiro casamento, com Elizabeth Veltheim (1778-1807). A união lhe deixara três filhos – um dos quais Ferdinand Otto Wilhelm von Westphalen (1799-1876), burocrata reacionário que nos anos 1850 se tornaria ministro de Estado prussiano. Em 1812, o barão voltou a casar-se; Caroline Heuben (1779-1856), a nova esposa, deu-lhe mais três filhos: Jenny (1814-1881), Laura (1817-1821) e Edgar (1819-1890)[17].

Havia claras diferenças entre as duas famílias. O nobre e ilustrado Ludwig von Westphalen, alta autoridade civil em Trier (conselheiro do governo distrital), dispunha de recursos financeiros bem maiores que Heinrich Marx, e a sua enorme casa, na região sul da cidade, era palco de animados saraus[18]. Aproximava-os, contudo, o racionalismo iluminista, centro das referências culturais de Heinrich Marx e de Westphalen – poliglota amante da boa literatura e da boa conversação –, além do moderado liberalismo de ambos (no caso de Westphalen, temperado pelo conhecimento da obra de Saint-Simon), que os levava a defender um regime monárquico-constitucional. Os dois, associados ao Cassino de Trier, uniram-se por laços de amizade, que se estreitaram pelo relacionamento que seus filhos estabeleceram: mais ou menos da mesma idade, Sophia e Jenny e Karl e Edgar[19] tornaram-se companheiros que se frequentavam assídua e mutuamente.

Curiosamente, o adolescente Karl não limitaria a sua vinculação aos jovens Westphalen (em especial a Jenny, como veremos), mas construiria com o pai deles uma relação particular: o barão admirava a inteligência e a curiosidade do rapazola e mantinha com ele longas conversas; a estas acresciam os estímulos intelectuais que Karl recebia de Heinrich Marx a novos e mais diversificados interesses literários (Homero, Dante e Shakespeare, mas ainda Schiller e Goethe)[20]. Durante a adolescência, ademais de Heinrich, Westphalen foi para Karl uma significativa influência – que, aliás, ele registrou explicitamente[21].

A incidência do racionalismo na formação inicial de Marx não se restringiu ao exemplo paterno e às conversações com Westphalen; completou-se com os seus estudos formais, realizados de 1830 a 1835, no Friedrich Wilhelm Gymnasium, escola pública de nível secundário que preparava jovens para o ingresso na universidade[22]. Nos anos 1830, o Gymnasium de Trier desfrutava da fama de ser um excelente educandário, então dirigido por Johann Hugo Wyttenbach (1767--1848), típico ilustrado alemão. Amigo e admirador de Goethe, em cuja leitura iniciava seus estudantes, Wyttenbach, pedagogo kantiano, liderava um corpo docente respeitado – e não por acaso alguns dos professores que lecionavam no colégio, abertamente racionalistas e discretamente liberais, eram suspeitos aos olhos das autoridades prussianas, que os mantinham sob vigilância (sobre a ambiência do Gymnasium, ver Heinrich, 2018, p. 114-20). A escola, exclusiva para alunos do sexo masculino[23], privilegiava a formação clássica, com ênfase no grego e no latim (e contemplava ainda um terceiro idioma estrangeiro – o que Marx estudou foi o francês).

Nos seus anos de frequência ao Gymnasium (período em que Edgar von Westphalen também estudou ali), Marx teve bom desempenho escolar, embora sem brilhantismo[24] e, em princípios de agosto de 1835, depositou as três dissertações exigidas para a sua graduação, com objetos propostos pelos examinadores e atendendo às disciplinas de latim, religião e alemão. A primeira, que tinha por questão "Foi o governo de Augusto um dos mais felizes da história romana?", constitui um exercício escolar que demonstra, por parte do examinando, um conhecimento regular de história antiga. A segunda, cujo tema era "A união dos fiéis com Cristo", foi desenvolvida por Marx a partir da concepção do cristianismo própria ao protestantismo iluminista. A terceira versava sobre "Reflexão de um jovem em face da escolha de uma profissão", e nela revelam-se traços de um adolescente que pensa o futuro com preocupações sociocêntricas e, ao mesmo tempo, vislumbra os condicionalismos sociais daquela escolha. Quanto a este aspecto, Marx escreveu: "Nem sempre podemos atingir a posição para a qual acreditamos que estamos vocacionados; nossas relações na sociedade estão, de certa forma, estabelecidas antes que tenhamos condições de fazê-lo" (OFME, 1982, v. 1, p. 2)[25]. No que toca àquelas preocupações, seu pensamento é ainda mais definido:

> Se [o homem] trabalha apenas para si mesmo, poderá talvez tornar-se um célebre erudito, um grande sábio ou um excelente poeta, mas nunca será um homem completo, verdadeiramente grande [...]. Se escolhermos uma profissão em que possamos trabalhar ao máximo pela humanidade [...] não fruiremos uma alegria pobre, limitada, egoísta, mas a nossa felicidade pertencerá a milhões [de pessoas].[26]

Nessas dissertações (às quais Heinrich, 2018, p. 120-30, dedicou especial atenção), o estudante Marx expressa o que Cornu, seu grande biógrafo, chamou de "essência da sua primeira cultura" (Cornu, 1975, v. I, p. 98), fruto de uma socialização que cruzou as influências do pai e de Westphalen com a formação propiciada pelo Gymnasium de Trier – em resumo, uma "primeira cultura" racionalista e liberal.

Ainda em agosto de 1835, a direção do Gymnasium avalia que Marx completou adequadamente o ciclo de estudos preparatórios necessários ao ingresso no nível universitário. Com o estímulo e o inteiro apoio do pai, que sonhava ter um filho advogado, Marx, semanas depois, segue para Bonn, a fim de matricular-se na universidade e seguir o curso de direito: a 15 de outubro toma uma barcaça que, descendo o Mosela, leva-o a Koblenz e ali embarca no vapor que, pelo Reno, vai deixá-lo em Bonn dois dias depois.

Dois semestres de boêmia: Bonn, 1835-1836

O jovem, com pouco mais de dezessete anos, encontrou-se numa cidade que tinha cerca do dobro da população de Trier e numa universidade que, criada no mesmo ano do seu nascimento, reunia, em meados dos anos 1830, setecentos estudantes. Caracterizava a Universidade de Bonn a orientação claramente romântica da formação que oferecia: um conhecido defensor dessa escola, August Wilhelm Schlegel (1767-1845), seguidor do filósofo Friedrich W. von Schelling (1775-1854), pontificava no seu quadro docente e exercia com êxito seu magistério. Marx assistiu a dois cursos ministrados por Schlegel nos semestres letivos de 1835-1836, aliás os únicos em que estudou direito em Bonn.

A intenção – mas é sabido que entre intenção e comportamento há frequentemente distância considerável – do jovem em assumir a mais séria condição de universitário evidenciou-se quando de sua matrícula: tratou de inscrever-se, para o primeiro semestre de 1835, em nove cursos (não só específicos de direito, mas ainda de literatura e estética). O pai, cauteloso e preocupado com uma eventual exaustão do filho, sugeriu que não os seguisse todos, e Marx reduziu suas pretensões, frequentando seis cursos; no segundo semestre (verão de 1836), assistiu a quatro outros[27]. Não foi, porém, apenas em decorrência de tarefas acadêmicas que a saúde do filho de Heinrich Marx viu-se de fato afetada.

Em Bonn, desde a abertura da universidade, os estudantes organizavam-se autonomamente segundo suas diversas inclinações políticas; em 1833, porém, um núcleo associativo de natureza liberal foi dissolvido pelas autoridades e, a partir daí, os universitários, sendo-lhes proibidas quaisquer atividades políticas, aglutinaram-se conforme as suas procedências, com frequentes conflitos entre os diversos grupamentos. Os filhos da aristocracia prussiana, por exemplo, criaram uma belicosa Korps Borussia, e estudantes de outras regiões se reuniram em clubes; Marx filiou-se àquele que juntava os oriundos da sua cidade, o Clube

Tabernário de Trier (designação autoexplicativa...), e logo ganhou destaque, acabando por ser um dos seus dirigentes. O destaque, Marx ganhou-o por várias razões, mas em especial por participar ativa e assiduamente das suas noitadas boêmias, nas quais corriam à solta bebidas alcoólicas e excessivo tabaco; contudo, as noitadas não eram somente as estudantis: havia também as literárias, promovidas por certo Clube de Jovens Poetas, a que Marx se vinculou e cujas reuniões se realizavam igualmente nas tabernas de Bonn. Desses meses de romântica boêmia, é emblemática "uma litografia da época [que] mostra Marx com os estudantes do seu clube no Hotel do Cavalo Branco. Ali se bebe e se dança alegremente, e, de um recanto, o jovem Marx contempla a cena com o ar um pouco sinistro de um gênio romântico" (Cornu, 1975, v. I, p. 104).

Já então Marx "deixou crescer uma barba rala, e o cabelo preto e encaracolado também cresceu até ficar comprido e desgrenhado" (Gabriel, 2013, p. 41). Teria sido por essa época que seus colegas lhe deram, "em virtude de sua tez morena, o apelido 'o Mouro', pelo qual seria conhecido entre os amigos e familiares pelo resto de sua vida" (Sperber, 2014, p. 54)[28]. Registram-se nesse período da vida de Marx experiências típicas de um fim de adolescência sem controle direto da família, seja a prisão por uma noite, devida a arruaças em meio a uma bebedeira coletiva, seja a disposição para um duelo de sabre, em agosto de 1836, com um aristocrata da Korps Borussia, sendo que "o resultado dessa disputa entre um caxias míope e um soldado bem treinado era perfeitamente previsível, e Marx teve a sorte de se safar apenas com um pequeno ferimento acima do olho esquerdo" (Wheen, 2001, p. 23)[29].

Seria de esperar que, com um estilo de vida como esse e mais os compromissos acadêmicos – seus professores atestaram que ele assistia às aulas "com muita atenção" (Sperber, 2014, p. 54) –, a saúde do jovem Marx cobrasse algum preço. Com efeito, em princípios de 1836, o irrequieto universitário adoece (Cornu, 1975, v. I, p. 103); mas a pouca informação documental de que se dispõe não detalha a natureza da enfermidade nem a sua duração. Está, porém, suficientemente registrada, no que se conservou da correspondência do pai a Marx, a preocupação que perseguiu Heinrich durante aquela passagem (e não só) do filho por Bonn: preocupação com a sua dispersão intelectual, a sua saúde e as suas despesas descontroladas.

Compreende-se, pois, que, ao fim de dois semestres em Bonn, Heinrich Marx tenha persuadido o filho a transferir-se para outro ambiente acadêmico, aquele que atrairá as atenções de estrangeiros tornados ilustres e distintos, como Søren Kierkegaard (1813-1855) e Jacob Burckhardt (1818-1897): a Universidade de Berlim. Para o filósofo Ludwig Feuerbach (1804-1872), que será objeto de referências mais adiante, em comparação à de Berlim, "as outras universidades são definitivamente tabernas" (citado em Mehring, 2013, p. 25)[30] – e Heinrich Marx queria precisamente afastar o filho das tabernas. Assim, em agosto de 1836, as autoridades administrativas da Universidade de Bonn atestaram os dois semestres de estudos de Karl Marx e liberaram a sua transferência para outra unidade acadêmica.

Os anos de Berlim: de 1836-1837 a meados de 1841

No verão de 1836, as semanas que, regressando de Bonn e antes de ir para Berlim, Marx passou em Trier junto à família, não se prestaram apenas ao reencontro face a face entre pai e filho. Heinrich, tendo exortado Karl a dedicar-se mais aos anfiteatros universitários que às tabernas, viu-se diante de um jovem que parecia disposto a uma entrega maior ao estudo: corrido quase um ano desde a sua partida, Karl dava todos os sinais de que a sua adolescência findara nas noitadas alegres de Bonn – o filho mudara, e naqueles pouco mais de dez meses se definiam nitidamente os traços do adulto em que ele estava se transformando[31]. E não foi só o pai que se defrontou com um Karl diferente do rapazola de cerca de um ano atrás: Jenny von Westphalen teve a mesma experiência.

Jenny, aos 22 anos (quatro a mais que Karl), era "inteligente e livre-pensadora" (Wheen, 2001, p. 24); ademais, era uma jovem belíssima[32] que, cortejada por muitos pretendentes, somente a um concedera a oportunidade de pedir-lhe a mão: o militar Karl von Pannewitz (1803-1856). Jenny anuíra, mas não tardou a perceber que nada tinha em comum com o segundo-tenente que prestava serviço em Trier, e logo o despachou gentil e docemente[33]. E, naquele verão de 1836, descobriu no adolescente que havia anos frequentava a sua casa o adulto que emergia: inteligência brilhante, humor cáustico e personalidade voluntariosa. Os amistosos contatos do passado recente converteram-se quase instantaneamente em laços de outra natureza: uma tórrida paixão explodiu entre Jenny e Karl Marx.

Os dois tinham consciência da singularidade dessa nova relação – na Renânia da época, raro era uma filha da nobreza aproximar-se do filho de um advogado judeu convertido, rara era uma mulher de (ainda que pouco) mais idade ligar-se a um homem mais jovem, sobretudo se este não passava de um estudante universitário que tinha pela frente um futuro nebuloso. No vórtice dessa paixão incomum, Karl e Jenny comprometeram-se romanticamente num noivado de que só teve notícia imediata a família dele, com a evidente satisfação de Heinrich Marx (que passou a ser intermediário e confidente dos enamorados, como se documenta na sua correspondência com o filho). Apenas no ano seguinte a família Westphalen foi informada, deixando feliz o velho barão e provocando censuras do seu filho do primeiro matrimônio, Ferdinand, o burocrata reacionário. O noivado arrastou-se por sete anos – com poucos encontros a sós entre os dois – e só resultou em casamento quando Marx acreditou reunir as condições financeiras mínimas para tanto[34].

A expressão *paixão tórrida* deve ser tomada ao pé da letra: nos primeiros tempos de Marx em Berlim, ela seria documentada pelos *cadernos de poesia* que Marx endereçou à amada[35] – poemas de escasso ou nulo valor literário, mencionáveis somente porque expressivos da paixão que se converteria em autêntico e duradouro amor. Ao longo de quase quatro décadas de vida conjugal, em que compartilharam alegrias e misérias de todo gênero (uma das quais, de natureza moral, referiremos na devida ocasião), Jenny em nada se pareceu à "grande mulher" que todo "grande homem" tem "atrás" de si: foi companheira em pé de igualdade, dividiu com Marx ideias e lutas e o auxiliou na preparação de seus textos, tornando-se respeitada, graças à sua luz própria, no círculo de relações do marido. Quanto a Marx, fascinado com a aristocrata que teve de renunciar a tudo de sua classe para construir com ele um projeto de vida, Marx sabia-a a mulher da sua vida[36].

Armado sobretudo com a paixão amorosa que o incendiava, Marx, em meados de outubro de 1836, tomou a diligência que, ao cabo de quatro dias de viagem, levou-o a Berlim e à sua universidade. Nesta, a 22 de outubro, matriculou-se na Faculdade de Direito (na qual se manteve inscrito durante todos os seus estudos acadêmicos, independentemente do seu giro na direção da filosofia). Em Berlim, Marx encontrou-se pela primeira vez numa grande cidade e teve a sua única experiência numa universidade de porte (Kliem, 1988).

Berlim era a capital da Prússia, residência oficial do imperador. No século anterior já fora construída por Frederico II, dito "o Grande" (1712-1786), a residência imperial de verão, com o seu belíssimo palácio Sanssouci, na limítrofe Potsdam. Berlim sediava a corte do reino mais poderoso e importante da Confederação Germânica; a Prússia, concluído o Congresso de Viena, era protagonista da articulação internacional reacionária da Santa Aliança (juntamente com os impérios austríaco e russo). Na segunda metade da década de 1830, a capital tinha uma população estimada em pouco mais de 300 mil habitantes. Embora fosse, sem dúvida, para os padrões da época, uma grande cidade, ainda distava muito de ser uma metrópole *capitalista*, em razão do nível de desenvolvimento econômico e político e da estrutura social da Prússia[37]; contudo, já oferecia às suas camadas médias letradas uma ponderável vida cultural (contava com vários teatros e tinha a sua Ópera, uma grande biblioteca pública e museus).

A sua universidade, austera e rigorosa, surgira em 1810, sob a orientação do linguista Wilhelm von Humboldt (1767-1835)[38], com diretrizes inovadoras que avançavam frente à tradição que vinha da Idade Média (a primeira universidade alemã, a de Heidelberg, data de 1386). Em meados dos anos 1830, contava com cerca de 2 mil alunos (Rüegg, org., 2004). Oferecia, de fato, um ambiente acadêmico sério, com docentes qualificados e estudantes dedicados. Marx logo se integrou nesse clima, deixando definitivamente para trás as esbórnias de Bonn:

nem o exercício lírico voltado para Jenny e para outros intentos literários o afastou do seguimento dos cursos jurídicos (e de outras disciplinas) convencionais e das tarefas a eles conexas, como o atesta a dedicação de que deu mostras nos semestres letivos até fins de 1838 (ver Cornu, 1975, v. I, p. 118, 144 e 184). Depois, como veremos, seu principal espaço de estudos e reflexões haverá de se deslocar.

Marx ingressa na Universidade de Berlim no período em que avança o processo de dissolução da *filosofia clássica alemã*, filosofia que encontra sua primeira grande expressão em Kant, passa por Fichte e alcança o ápice na obra de Hegel. Essa dissolução, que se inicia na sequência da morte de Hegel e se conclui no decênio seguinte com o trabalho crítico de Feuerbach, é uma expressão filosófico-cultural daquele processo sociopolítico maior que, na Alemanha, deságua na revolução que eclodirá em março de 1848 e se inscreve no que alguns estudiosos designam por *Vormärz* ("pré-março") (Farese, 1974; Hermand, org., 1976; Sperber, org., 2004). A dissolução mencionada – cujo epílogo significou o exaurimento do hegelianismo – foi objeto de um breve e antológico ensaio de Engels, de 1886, intitulado "Ludwig Feuerbach e o fim da filosofia clássica alemã" (incluído em Marx-Engels, 1963, v. 3 – é dessa edição que extrairemos as citações reproduzidas nos parágrafos seguintes, com as páginas indicadas entre colchetes)[39].

A monumental sombra de Hegel, espelho da magnitude da sua obra, pairava sobre a cultura alemã desde a sua morte e rebatia com força na Universidade de Berlim, instituição em que ele exerceu a docência a partir de 1818, da qual chegou a ser reitor e que era, então, o centro do hegelianismo[40]. Não é exagerado caracterizar a filosofia alemã, da morte de Hegel aos eventos de 1848, como o eixo de gravitação em torno do qual legatários e opositores desse filósofo travaram intensa batalha de ideias. De fato, como Engels lembrou no ensaio citado, uma espécie de *hegelomania* "reinou da maneira mais absoluta na Alemanha", "precisamente de 1830 a 1840" [176]. Duas ordens de razões contribuíram e se implicaram mutuamente para tanto: a grandeza do legado filosófico hegeliano e a sua funcionalidade nos confrontos ideopolíticos alemães da época.

Observemos, à partida, que é impossível tratar da biografia intelectual de Marx sem aludir minimamente ao pensamento de Hegel e àqueles confrontos; por isso, neste capítulo e no próximo, precisaremos deter-nos, ainda que de modo muito sumário, naquela batalha de ideias, que foi o caldo de cultura com que Marx se encharcou nos seus anos de Berlim e do qual participou. Mas a referência a Hegel, quando se trata de Marx, não é pertinente apenas à ambiência da cultura alemã nos anos 1830-1840: de fato, *a relação de Marx com o pensamento hegeliano foi uma relação profunda e duradoura*, concretizando o que o próprio Hegel designava por superação – para o filósofo, superação (*Aufhebung*, que se traduz também por *suprassunção*) denota um processo que "é ao mesmo tempo um *negar* e um *conservar*" (Hegel, 2008, p. 96). Marx, simultaneamente, negou e conservou de modo crítico (elevando-os a outro nível) elementos essenciais da elaboração hegeliana, e a sua própria obra não se torna plenamente inteligível se não se considerar a relevância que a ela ofereceu a incorporação crítica do contributo hegeliano[41].

Num primeiro momento do seu longo labor filosófico, Hegel – em empreitada teórica parcialmente compartilhada com Schelling – criticou o idealismo subjetivo de Kant-Fichte e estabeleceu, no curso dessa crítica, o moderno idealismo objetivo[42]. Foi no marco desse idealismo objetivo que ele, descobrindo e formulando no desenvolvimento ulterior das suas pesquisas um riquíssimo acervo categorial, ergueu um sistema filosófico compreensivo e inclusivo da história (da natureza e da sociedade)[43]. Essa história Hegel a (ex)pôs como um largo processo de (auto) desenvolvimento do Espírito, cuja efetividade se explicitava na sua demiúrgica atividade objetivada na natureza e na sociedade. Natureza e sociedade eram produtos da dinâmica constitutiva do Espírito e demonstravam a sua peculiaridade mais essencial: a de serem movimento perene, tensionadas e movidas (bem como o próprio Espírito) por contradições internas, endógenas. Ambos, o Espírito e o mundo, aparecem, assim, em Hegel, como *processualidade* – e processualidade *automobilizada*, uma vez que seu dínamo reside na contraditoriedade imanente que lhes é própria. Tudo é processo, movimento, transformações quantitativas imparáveis que redundam em transformações qualitativas – do que não resulta um conjunto caótico ou aleatório, regido pelo arbítrio ou o acaso. Ao contrário: o Espírito, no seu processo evolutivo imanente, obedecendo às suas próprias leis, contradiz-se a si mesmo e nessa contradição se desdobra noutra efetividade, o mundo, que também é dinamizado e se transforma pelo seu próprio movimento contraditório e, ao fim e ao cabo, ambos se reconciliam e instauram-se numa unidade que reconstitui não a configuração original do Espírito nem do mundo, mas numa nova totalidade articulada então por um Espírito que se sabe a si mesmo e se reconhece para si num mundo com inéditas qualidades, e ambos acabam por unir-se numa plena identidade. Todo esse processo perfaz a história, comandado por uma racionalidade (que se vale inclusive de "astúcias" que, porém, servem a tal racionalidade) cujo centro reside desde sempre no Espírito.

Analisando o *sistema* filosófico de Hegel, Engels, em seu ensaio de 1886, observa que ele "resume, da maneira mais grandiosa, todo o desenvolvimento filosófico" [175], embasando-se (esse sistema) num conhecimento minucioso da tradição ocidental, desde os gregos até os seus contemporâneos, e socorrendo-se de uma apreciação seletiva dos resultados científicos acumulados até a entrada do século XIX. Ao mesmo tempo, Engels salienta que com esse sistema se abre o passo ao "conhecimento positivo e real do mundo" [175] e que, mesmo limitado pelos supostos idealistas objetivos (a demiurgia do Espírito, compatível com o racionalismo luterano), "o sistema de Hegel, por seu método e por seu conteúdo" [181], permitiu ao filósofo apreender determinações fundantes da efetividade sociomaterial do mundo. E isso porque, segundo uma das verificações mais argutas de Engels, em Hegel, idealista objetivo, o que se tem "é um materialismo posto de cabeça para baixo" [181][44]. Paradigmática dessa inversão idealista que põe a realidade de cabeça para baixo é a concepção hegeliana da criação do homem: Hegel descobre-a como um *processo de autocriação* que resulta do *trabalho*, mas este é visto como trabalho *espiritual* – aqui se contém uma determinação material revolucionária (pelo trabalho, o homem se faz, se produz a si mesmo) mistificada por seu invólucro idealista (o trabalho espiritual)[45].

Engels, na sua análise de 1886, ressalta com ênfase especial *a contradição entre o método e o sistema de Hegel* [174]. A construção filosófica de Hegel se operou mediante uma elaborada *dialética* que, embora idealista, tomou o ser, a realidade, como *processualidade*: *ser é devir*, movimento imanente, constante (auto)transformação; entretanto, essa metodologia se consuma num sistema que encerra a história quando o Espírito se realiza no seu estágio final, o do Espírito absoluto. Trata-se mesmo de uma teoria do (a expressão não é de Engels) *fim da história*. A contradição da construção hegeliana é inequívoca: *se o método é revolucionário, o sistema é conservador*; ei-la, resumida por um historiador que se apoiou na análise engelsiana:

> A concepção hegeliana do desenvolvimento dialético da história implicava, de fato, um devir incessante, uma contínua transformação na qual não se pode tomar como limite e como fim uma forma determinada. Com efeito, pelo progresso dialético, toda realidade de ordem econômica, política ou social, tende a perder o caráter de necessidade, ao mesmo tempo histórica e lógica, que tem em determinado momento; torna-se, portanto, irracional e deve ceder lugar a uma nova realidade, destinada, por sua vez, a desaparecer um dia. Entretanto, contrariamente a essa concepção dialética, Hegel, inclinado cada vez mais ao conservadorismo, tendia a atribuir às instituições de seu tempo – especialmente à religião cristã e ao Estado prussiano – um valor absoluto e a deter nelas o curso da história. (Cornu, 1975, v. I, p. 185)

Compreende-se, dadas as inclinações do último Hegel[46], que as inferências políticas extraídas do seu sistema filosófico se mostrassem compatíveis com o regime prussiano. Porém, na sequência da morte do filósofo (1831), o seu legado monumental começa a ser objeto de interpretações colidentes, motivadas tanto pela crescente evidência da contradição assinalada quanto pelas suas implicações sociopolíticas numa Alemanha em que emergiam os sinais de próximos e profundos conflitos (a quadra histórica do *Vormärz*). O mesmo historiador que acabamos de citar esclarece as condições em que essa compatibilidade foi erodida:

O rápido desenvolvimento econômico e social, que pouco a pouco fazia emergir as contradições internas dessa filosofia [hegeliana], solaparia os fundamentos do monumental sistema erguido por Hegel e levaria à sua dissolução e derrubada. Apesar do esforço de Hegel para estabelecer um enlace entre seu sistema [...] e sua concepção do desenvolvimento orgânico e dialético do mundo, esse enlace teria que ser precário e momentâneo.

Já vulnerabilizada pela revolução de 1830, que assinalara o fim da Restauração e o sistema da Santa Aliança, a doutrina de Hegel não poderia resistir aos efeitos do despertar econômico, político e social da Alemanha depois de 1830. Enquanto os rápidos avanços da ciência da natureza derruíam as construções especulativas da sua filosofia da natureza, o desenvolvimento econômico que favorecia, além do progresso da burguesia, o do liberalismo, tornava impossível o enlace estabelecido por Hegel entre um sistema político conservador e um método dialético revolucionário. (Idem)

Nos anos 1830, desenham-se, em disputa, os vetores ideopolíticos do conservadorismo, que vão explorar sobretudo a afinidade/compatibilidade da conclusão do *sistema* hegeliano com o poder prussiano – que fez dele uma espécie de ideologia oficial – e os vetores oposicionistas que, conotados com um ideário liberal-burguês, se vincularão ao caráter crítico embutido no seu *método*. Na Universidade de Berlim, em especial no âmbito do direito, confrontar-se-ão claramente essas duas tendências, personificadas em docentes destacados, como Friedrich Carl von Savigny (1779-1861), teórico da "escola histórica do direito", que Marx criticará duramente nos anos 1840, e Eduard Gans (1798?-1839), hegeliano liberal com inclinações socialistas, que Marx respeitava sobremaneira[47]. Aliás, na universidade, de começos dos anos 1830 até 1840, os hegelianos (e não só os hegelianos ortodoxos) eram bem-vindos, uma vez que o ministro prussiano responsável pela educação, Karl vom Stein zum Altenstein (1770-1840), tinha simpatias pelo hegelianismo.

Uma passagem do ensaio de Engels a que até aqui recorremos permite clarificar o processo então em curso; escreve ele em 1886:

O conjunto da doutrina de Hegel dava bastante margem [...] a que nela se abrigassem as mais diversas ideias partidárias práticas. E na Alemanha teórica daquela época duas coisas, sobretudo, revestiam-se de caráter prático: a religião e a política, para que nela se abrigassem as mais diversas ideias prático-políticas. Quem fizesse finca-pé no *sistema* de Hegel podia ser bastante conservador em qualquer desses domínios; aquele que considerasse essencial o *método* dialético podia figurar, tanto no plano religioso como no político, na oposição extrema. [...] A cisão da escola hegeliana foi tornando-se, no final da década de 1830, cada vez mais patente. A ala esquerda, os chamados jovens hegelianos, abandonava pouco a pouco, na luta contra os ortodoxos pietistas e os reacionários feudais, aquela atitude filosófica de retraimento diante das questões candentes da atualidade, que valera até então às suas doutrinas a tolerância e inclusive a proteção do Estado. E quando em 1840 a beataria ortodoxa e a reação feudal-absolutista subiram ao trono, com Frederico Guilherme IV, já não havia mais remédio senão definir-se abertamente por um ou outro partido. A luta continuava a ser travada com armas filosóficas, mas já não se lutava por objetivos filosóficos abstratos; agora, tratava-se diretamente de acabar com a religião tradicional e com o Estado existente. [...] No entanto, a política era nessa época matéria muito espinhosa; daí porque a luta principal fosse dirigida contra a religião; esta luta, contudo, era também indiretamente uma luta política, particularmente depois de 1840. [176][48]

Ora, ainda em vida de Hegel, a sua concepção acerca da religião e da relação desta com a filosofia[49] já fora criticada por teólogos ortodoxos: em 1822 por H. F. W. Heinrichs (1794-1861) e em 1827 por Ernst Wilhelm Hengstenberg (1802-1869). Mas, agora, a crítica vinha de pensadores que, com uma perspectiva racionalista, acabariam por empreender um combate antirreligioso que daria corpo exatamente à "ala esquerda", aos *jovens hegelianos*[50]. Nessa direção, foi inaugural o trabalho de David Friedrich Strauss (1808-1874), que em 1835-1836 publicou a *Vida de Jesus*. Strauss infirmou a relação que Hegel estabelecera entre filosofia e religião (especificamente, o cristianismo) e deslocou o problema do campo simbólico, em que o colocara Hegel, para o campo histórico, sustentando que os Evangelhos eram mitos que expressavam as aspirações do povo judeu – com o que vinha ao debate a historicidade de Jesus. No fundo, segundo Cornu (1975, v. I, p. 191), Strauss abriu caminho para a crítica que os jovens hegelianos dirigiriam em seguida ao conjunto do sistema de Hegel.

A partir de 1837, a disputa pelo legado de Hegel, prenunciada nas diferenças entre Savigny e Gans, avança com a configuração de uma "ala direita", onde se alinharam os conservadores ("ortodoxos"), e da "ala esquerda" mencionada por Engels, na qual se encontravam os "jovens hegelianos"[51]. Estes, em Berlim, criam naquele ano o *Doktorklub* (Clube dos doutores), associação informal de intelectuais com formação acadêmica ou em vias de concluí-la, cuja liderança incontestada cabia a Bruno Bauer (1809-1882), secundado por Karl Friedrich Köppen (1808-1863), Adolf Rutenberg (1808-1869) e ainda Arnold Ruge (1802-1880). Este último, no ano seguinte, passaria a editar o periódico *Hallische Jahrbücher* (Anais de Halle), que daria à luz materiais que divulgavam as ideias da "ala esquerda", ideário no qual se expressavam interesses de franjas liberal-burguesas emergentes[52]. Tais ideias, inicial e frequentemente enunciadas em desenvoltas tertúlias num conhecido café da capital (Café Hippel), na Französiche Strasse (rua dos Franceses), giravam em torno de ataques à teologia e do empenho em liberar o hegelianismo do misticismo, defendendo – numa postura que seria potencializada pela obra de Feuerbach – a aproximação da filosofia à vida[53]. Os jovens pensadores reunidos no *Clube dos doutores* estavam longe de constituir um grupo intelectual homogêneo, mas suas diferenças, logo evidenciadas nos anos seguintes, não impediram seu saliente protagonismo na batalha alemã das ideias na transição dos anos 1830 aos 1840.

Vimos que o jovem Marx chega a Berlim (outubro de 1836) quando o cenário dessa batalha está ainda em vias de montagem. Vimos também que, diversamente do período de Bonn, ele está disposto a enfrentar com seriedade as suas tarefas acadêmicas. Dá claras e suficientes provas dessa disposição nos três primeiros semestres letivos de frequência à universidade. No primeiro deles, vive quase como um ermitão; no segundo, já em 1837, abre-se para uma vida social mais intensa (iniciando contatos com personalidades da cultura), mas dedicando-se mesmo a uma ambiciosa reflexão sobre a filosofia do direito, numa perspectiva assentada em Kant e Fichte; só depois de constatar dolorosamente o fracasso dessa empreitada é que inicia a leitura sistemática de Hegel e vai participar da batalha de ideias em curso.

De Trier, o pai, atento, continua acompanhando os passos do filho e na correspondência lhe faz admoestações, pois que muito preocupado com os seus interesses intelectuais, que lhe parecem dispersos, com seu futuro profissional, com sua relação com Jenny e com seus gastos financeiros[54]. Da parte do filho ausente – que, desde a partida para Berlim, só voltaria à casa uma vez, na Páscoa de 1838 –, apenas uma de suas cartas nos chegou (a de 10 de novembro de 1837)[55]. Nessa missiva, aliás, um importante documento, Marx, prestando contas da vida em Berlim, relata a sua realmente intensa atividade intelectual – leituras de autores clássicos e contemporâneos e o registro delas[56], traduções, estudo de línguas – e detalha a sua reflexão no campo da filosofia do direito. Entregou-se a ela exaustivamente e preparou um enorme manuscrito (uma "introdução à filosofia do direito" de cerca de trezentas páginas) que não concluiu, mas cujo esquema geral apresentou ao pai na carta mencionada, ao mesmo tempo que formulou uma rigorosa autocrítica daquele trabalho. Extratemos algumas passagens do documento marxiano:

> Manifestava-se aqui [no manuscrito], antes de tudo, de um modo muito perturbador, a mesma contradição entre a realidade e o dever-ser característica do idealismo e que seria a mãe da subsequente classificação, inepta e falsa. Preliminarmente, vinha algo que eu, com muita benevolência, chamava de metafísica do direito, isto é, princípios, reflexões, definições de conceitos à margem de todo direito real e de toda forma real de direito, como vemos em Fichte – só que, em mim, de um modo mais moderno e carente de conteúdo. [...]

Logo após, como segunda parte, vinha a filosofia do direito, isto é, de acordo com minha concepção de então, o modo de considerar o desenvolvimento do pensamento no direito positivo romano, como se o direito positivo, em seu desenvolvimento especulativo (não me refiro às suas normas puramente finitas), pudesse ser em geral algo real, diferente da articulação do conceito do direito que, no entanto, deveria ocupar toda a primeira parte.

Ademais, eu dividira a primeira parte em teoria do direito formal e do direito material: uma procurava descrever a forma pura do sistema em seu desenvolvimento e em sua estrutura, a outra – ao contrário – tentava expor o conteúdo e a condensação, nele, da forma. [...]

O erro estava no fato de eu acreditar que um poderia e deveria se desenvolver independente do outro. [...] Eu chegava, por este caminho, a uma divisão em que o sujeito só pode esboçar, no máximo, uma classificação superficial e ligeira – e na qual o espírito do direito e sua verdade desaparecem. [297-8]

Linhas antes, qualificamos essa carta de novembro de 1837 como documento importante. É-o, por uma parte, porque expressa, quando Marx sequer completara vinte anos, um traço peculiar da sua fisionomia intelectual, traço que vai acompanhá-lo até seus últimos dias: o rigor dos seus movimentos autocríticos, a objetividade na avaliação do próprio trabalho. Por outra parte, e sobretudo, porque mostra que um dos problemas centrais do idealismo subjetivo (Kant, Fichte) é claramente apreendido pelo jovem Marx – o que ele designa então por "contradição" entre o ser e o dever-ser; na sequência imediata do seu desenvolvimento, ele procurará a ultrapassagem dessa "contradição" e a encontrará na filosofia idealista objetiva de Hegel, que em 1837 ele não dominava e com a qual não simpatizava. Com efeito, escreve ao pai: "Eu havia lido alguns fragmentos da filosofia hegeliana, cuja bizarra e forte melodia não me agradava" [300]; entretanto, faz uma notação de natureza epistemológica significativa em extremo, ao questionar substantivamente os procedimentos – dogmáticos e abstratos – que adotara no manuscrito:

Em meu estudo, tudo assumia a forma acientífica do dogmatismo matemático, no qual o espírito gira em torno da coisa, tangenciando-a aqui e ali, sem que a própria coisa possa se desdobrar ela mesma em algo rico e vivo, mas se apresentando de antemão como um obstáculo para compreender a verdade. O triângulo deixa que o matemático o construa e o demonstre como uma mera representação dentro do espaço, sem chegar a desenvolver-se sob outras formas, pois, para que adquirisse outras posições, seria necessário relacioná-lo com outras coisas, e então veríamos como isto traz distintos resultados com relação ao já exposto e assume diferentes relações e verdades. Mas, na expressão concreta de um mundo de pensamentos vivos como o são o direito, o Estado, a natureza, toda a filosofia, é necessário se deter para escutar atentamente o próprio objeto em seu desenvolvimento, sem se empenhar em imputar-lhe classificações arbitrárias, e sim deixando que a própria razão da coisa siga seu curso contraditório e encontre em si mesma a sua própria unidade. [197][57]

Dessa notação não se depreende apenas que o jovem Marx faz exigências epistemológicas que não pode satisfazer plenamente no marco do idealismo subjetivo (Fichte-Kant); depreende-se que ele está buscando, como alternativa analítica, uma nova perspectiva teórico-metodológica, e a inclinação contida na notação aponta em direção a Hegel. Não será uma busca fácil, pois decorre imediatamente da admissão de um fracasso intelectual e mostra-se imperativa a Marx. Um texto menor que então escreve – pequeno "diálogo" filosófico de "umas 24 páginas" que ele menciona na mesma carta, *Cleanto ou o ponto de partida e o desenvolvimento necessário da filosofia* – mostra o resultado inesperado: enfim, Marx é obrigado a ver que acabava "por onde o sistema hegeliano começava" e a reconhecer-se jogado, "como uma traiçoeira sereia, nos braços do inimigo" [301], nos braços daquele Hegel do qual, como vimos, a "bizarra e forte" melodia dialética até pouco antes o desagradava.

Marx deparou-se com essa alternativa num quadro pessoal em que predominavam tintas verdadeiramente angustiantes. Ao estresse que lhe causou o esforço estampado nas trezentas páginas da sua disquisição sobre a filosofia do direito, mais a forçada constatação do fracasso de um projeto tão ambicioso, acompanhou-se uma infecção broncopulmonar – Marx viu-se numa situação de exaustão mental e esgotamento físico. A conselho médico, recolheu-se então a uma pequena casa que alugou no povoado de Straslau, às margens do Spree, nas vizinhanças de Berlim. Aproveitou ali a breve estância para recompor-se fisicamente e apaziguar-se espiritualmente; alimentou-se com regularidade, exercitou-se com caminhadas e redirecionou sua vida intelectual: liberou-se das pretensões artístico-literárias, expurgou-se de ranços românticos e deu início ao seu estudo sistemático de Hegel (um biógrafo, decerto apoiado por uma passagem da carta de Marx ao pai que viemos de citar, afirma que, durante a convalescência, "Marx leu Hegel do princípio ao fim" – Wheen, 2001, p. 33). Em resumo: no decurso do segundo semestre de 1837, ao cabo do seu primeiro ano em Berlim, Marx escolheu, para a ultrapassagem dos dilemas teóricos em que se enredara, uma alternativa que deixava para trás o idealismo subjetivo (com laivos românticos) e abria o passo para inscrever Hegel profunda e indelevelmente no seu universo intelectual.

Em conexão direta com esse passo, os interesses de Marx vão determinar uma guinada na sua vida estudantil, que se torna perceptível a partir do seu terceiro semestre na Universidade de Berlim e se acentua no decorrer do período que vai de 1838 a 1839: sua atenção desloca-se do direito para a filosofia, e sua experiência intelectual transfere-se dos cursos acadêmicos, do ambiente puramente universitário, para o *Clube dos doutores*, com o qual Marx teve o primeiro contato no fim do verão de 1837 (ver Sperber, 2014, p. 80) e do qual se torna, em poucos meses, ativo participante. Antes, todavia, de referir esse giro, cumpre registrar um fato que afetou profundamente o jovem Marx: o falecimento de seu pai.

Na Páscoa de 1838, Marx fez a sua única visita à família durante o período em que estudou em Berlim. Encontrou o pai (que lhe dirigira uma última carta em 10 de fevereiro) prostrado, muito abatido. Desde meados do ano anterior, Heinrich Marx vivia às voltas com uma tosse persistente, que os médicos viram como uma consequência do tratamento da gota que o atormentava; inutilmente buscou alívio nas águas de Bad Ems, estação termal à beira do Lahn, rio tributário do Reno. De fato, era a tuberculose que lhe roía os pulmões, num processo que se acelerou a partir de janeiro de 1838. Os poucos dias de Marx em Trier foram os últimos do pai: ele iniciou a viagem de regresso a Berlim em 7 de maio e, três dias depois, Heinrich Marx faleceu, aos 56 anos. O filho recebeu a notícia ao chegar à capital, e não lhe foi possível retornar a tempo para o funeral[58].

O pai era o vínculo essencial de Karl com a família; morto Heinrich, os laços do jovem com o núcleo familiar esbateram-se gradualmente[59]. Mas Heinrich Marx não era tão somente a grande referência afetiva do filho; era mais: a sua primeira referência intelectual (secundado pelo barão von Westphalen), síntese de autoridade e companheirismo, de orientador e cúmplice, de educador e confidente. A morte de Heinrich Marx foi um duro golpe para o jovem Karl. No afã de superar a grande perda, Marx retomou intensivamente as suas atividades intelectuais, a partir de então conduzidas sobretudo no espaço do *Clube dos doutores*, cuja liderança reconhecida cabia a Bruno Bauer, então professor auxiliar da Universidade de Bonn. Com Bauer, mais velho que ele nove anos, Marx estabeleceu uma forte relação pessoal que durou até 1842/1843; mas Bauer, desde o início dessa relação, deu a Marx o estatuto de companheiro: tratou-o como a um par, não como a um jovem seguidor. Tudo indica que foi Bauer quem mais contribuiu para que Marx se decidisse a deixar de lado o direito e a priorizar a filosofia, e parece não haver dúvidas de que se deve creditar à sua influência a declarada opção profissional de Marx em 1839: tornar-se professor, seguir a carreira acadêmica integrando-se ao magistério em nível universitário. Assim é que, no segundo semestre de 1839, ele abandona em definitivo os estudos jurídicos e dirige a atenção para a filosofia e a sua história, que será o tema da dissertação com que se habilitará formalmente como doutor, exigência institucional para ingressar na docência superior.

Entre fins de 1839 e todo o ano de 1840, Marx mergulha de maneira especial, mas não exclusiva[60], na história da filosofia grega pós-aristotélica (ele nutria já grande admiração por Aristóteles). Pesquisa sem descanso, percorre as fontes originais, devora textos clássicos e – consolidando o estilo de trabalho intelectual que relatara na carta ao pai de novembro de 1837 – colige suas anotações/reflexões em oito cadernos[61]. O exame desses materiais, de que só uma pequena parte serviria à elaboração da sua dissertação doutoral, demonstra que Marx então se movia com inteiro desembaraço no âmbito da concepção hegeliana da história da filosofia, já superando claramente os limites do idealismo subjetivo; sobretudo, movia-se com grande autonomia, formulando juízos e apreciações bem distintos dos que Hegel avançara na sua *História da filosofia*. O assombroso desenvolvimento de Marx, testemunhado pelos seus companheiros do *Clube dos doutores*, valeu-lhe um notável reconhecimento intelectual *inter pares*[62].

Apenas em janeiro de 1841 decidiu-se Marx pelo objeto da dissertação doutoral que logo redigiria: do largo campo histórico-filológico de que se apropriara sistematicamente em seus últimos estudos, elegeu um só aspecto – uma análise das filosofias da natureza de Demócrito (460-370 a.C.?) e Epicuro (341-270 a.C.?). Trabalhou exaustivamente no primeiro trimestre de 1841, pressionado pelos jovens hegelianos (açodados – nomeadamente Bauer – pelas mudanças políticas em curso, a que logo nos referiremos), e, em março, quando redige a apresentação, conclui a dissertação. Tomado em si mesmo, esse trabalho nada tem de um material preparado às pressas; ao contrário, é uma amostra qualificada e original de sóbria e refletida crítica textual, realmente surpreendente como elaboração de um pensador que nem sequer completara 23 anos.

Sob o título *Diferença entre a filosofia da natureza de Demócrito e a de Epicuro* (ver MEW, Ergänzungsband, Erster Teil, 1977, p. 257-305; ed. bras.: Marx, 2018), a dissertação – cujo texto não nos chegou integralmente – move-se na órbita de Hegel e do seu idealismo, mas vai além das posições hegelianas, sobretudo na recuperação positiva que opera do antigo materialismo, recuperação que contempla vieses ateístas. Ademais, mesmo compartilhando ideias próprias e comuns ao movimento jovem hegeliano[63], a dissertação avança com indicações bem determinadas da relação que Marx entrevê na conexão filosofia/realidade, indicações ignoradas pelos seus companheiros do *Clube dos doutores* e que, desenvolvidas nos anos seguintes, acabariam por separá-los definitivamente. A leitura atenta do que conhecemos da *Diferença* justifica a avaliação de muitos biógrafos de Marx (e formulada pioneiramente por Cornu, 1975, v. I, p. 277 e seg.), segundo a qual, na dissertação, esboçam-se traços de uma nova concepção do desenvolvimento histórico da filosofia, direcionados para a formulação materialista e com implicações políticas que apontavam para um posicionamento que, transcendendo parâmetros liberais, conduziam a um democratismo radical[64]. Vale dizer: o Marx que se habilitava agora para o magistério universitário já não era exatamente aquele Marx que, em 1839, Bauer estimulara a abraçar a carreira docente; Marx estava passando por ponderáveis mudanças, assim como o próprio Bauer: a esquerda hegeliana, em face da conjuntura política que estava prestes a emergir, começava a se diferenciar e a se dividir visivelmente[65].

Concluída a dissertação, Marx não a apresentou à Universidade de Berlim: na primeira semana de abril, enviou-a à Universidade de Jena; a 13 de abril, o decano da sua Faculdade de Filosofia, prof. dr. Carl Friedrich Bachmann (1785-
-1855), entregou ao Conselho Acadêmico um elogioso parecer que, aprovado pelo colegiado, concedeu a Marx, a 15 de abril de 1841 e *in absentia*, o título de doutor em filosofia[66].

Não eram só Marx e os jovens hegelianos, porém, que estavam vivenciando um momento de mudanças: nos últimos meses, o quadro político prussiano também registrava rápidas alterações. Frederico Guilherme III falecera em 7 de junho de 1840, aos setenta anos; seu primogênito, Frederico Guilherme IV (1795-1861), sucedera-o de imediato no verão do mesmo ano. Nas primeiras semanas de governo, travestiu-se hipocritamente de liberal: anunciou medidas que agradariam à oposição – inclusive uma nova lei de imprensa – e, mesmo sem implementá-las, ganhou alguma simpatia de segmentos burgueses. Muitos jovens hegelianos, como o irmão de Bauer (Edgar), iludiram-se com suas promessas e, num acelerado processo de radicalização, procuraram passar à ofensiva no domínio da política – Marx foi dos poucos que não se deixaram embair pela retórica do novo imperador, mas até mesmo ele, com Bauer, chegou a projetar, entre março e dezembro de 1841, o lançamento de uns combativos *Arquivos do ateísmo*. Configurada a nova conjuntura política, alguns jovens hegelianos arregaçaram as mangas para transitar da crítica filosófica à crítica política.

O verniz liberalizante de Frederico Guilherme IV foi artifício de pouca dura. Cerca de um decênio depois da Revolução de Julho, que abriu o ciclo descendente da Restauração europeia, era preciso mais que demagogia barata e promessas vazias para enquadrar até mesmo uma burguesia débil como a alemã – e Frederico Guilherme IV só se dispunha a oferecer a ela retórica e mais retórica. Em breves meses, a pele de cordeiro liberal foi desvestida, e o imperador, com sua formação romântica e reacionária e seu círculo pessoal de conselheiros belicistas e obscurantistas, mostrou sem qualquer nova maquiagem seu projeto governamental: nenhuma proposta seriamente mudancista, restauracionismo a pleno vapor. Os segmentos burgueses menos vacilantes em pouco tempo perceberam o logro: eles se moveram – tanto os liberais do Norte quanto os do Sul –, formularam suas demandas e em seguida viram-se obrigados a uma verdadeira hibernação. No Norte, criou-se o *Königsberg Literarische Zeitung* (Diário Literário de Königsberg) e, na Renânia, setores que se haviam desenvolvido no pós-1830[67] manifestaram-se com a pretensão de alguma autonomia: foi deles a iniciativa de criar um novo jornal em Colônia, a *Rheinische Zeitung für Politik, Handel und Gewerbe* (Gazeta Renana para a Política, o Comércio e a Indústria), a que se ligaram muitos jovens hegelianos; mas, como veremos, tratou-se de uma experiência efêmera. Já a partir de inícios de 1842, a "nova ordem" de Frederico Guilherme IV – uma ordem velhíssima – pareceu impor-se sem maiores problemas.

No campo das ideias, as primeiras vítimas do monarca foram os jovens hegelianos. Frederico Guilherme IV odiava pessoalmente a figura de Hegel, a filosofia hegeliana e, em particular, os jovens hegelianos. Toda a sua política cultural dirigiu-se contra eles. A benevolência com que Altenstein tratava os herdeiros de Hegel foi substituída pela burocrática intervenção de Johann Eichhorn (1779--1856), serventuário de Frederico Guilherme IV para o trato da cultura. Em fevereiro de 1841, o monarca trouxe de Munique para a Universidade de Berlim (o templo do hegelianismo, como vimos) o todavia vivo Schelling, disposto, ele mesmo, a encarnar o anti-Hegel por excelência. E o expurgo anti-hegeliano avançou até a decisão de excluir Bruno Bauer da vida universitária (março de 1842); esse foi o golpe de misericórdia.

Para os jovens hegelianos, a abertura da década de 1840 equivaleu a quase dois *anni horribiles*, pois em cerca de vinte meses a disposição de levar o seu combate filosófico ao terreno político saldou-se por uma derrota orgânica em toda a linha: projetos abortados, revistas e periódicos encerrados, perseguições e exclusões na universidade. Houve, para eles, apenas um episódio de grandeza e glória: em novembro de 1841, por um editor de Leipzig, Ludwig Feuerbach publicou *Das Wesen des Christentums* (A essência do cristianismo), obra em que elevava a um novo nível teórico a crítica a que, desde a segunda metade da década anterior, ele vinha submetendo o legado hegeliano. Com esse livro, a crítica materialista de Hegel ganhou carta de cidadania na cultura alemã e ascendeu a um plano teórico-filosófico mais alto.

Feuerbach, prosseguindo a inspiração dos materialistas franceses do século XVIII, formulou uma concepção crítica da religião, de base essencialmente antropológica, que subvertia por completo as linhas de análise que desde Strauss vinham colocando em questão as ideias hegelianas. Valendo-se a seu modo (materialista) da categoria de *alienação*, Feuerbach tomou a religião como a expressão alienada mediante a qual atributos especificamente humanos ganhavam falsa autonomia em face dos homens e de sua vida prático-material. Ele demonstrou que, na religião, uma criação humana conquistava uma pseudo-objetividade na qual a representação da vida se apresentava invertida – os sujeitos criadores, os homens, apareciam transfigurados em criaturas; a atividade criadora dos homens se lhes surgia como alienada, como produto dos deuses aos quais se transferia o poder pela inconsciência humana. Em resumidas contas, Feuerbach sustentava que são os homens que criam os deuses – representação que, na religião, comparece invertida: aí, o que é próprio do homem aparece-lhe como algo que lhe é estranho, como atributo dos deuses[68].

Substantivamente, com *A essência do cristianismo*, Feuerbach trouxe à luz a mistificação elementar do idealismo objetivo de Hegel: *a relação nele proposta entre o ser e o pensamento*. Numa obra logo posterior (*Teses provisórias para a reforma da filosofia*), Feuerbach esclareceu de forma lapidar: "Em Hegel, *o pensamento é o ser* – o pensamento é o sujeito, o ser é predicado"; e, em seguida, contrapõe materialisticamente: "A verdadeira relação entre pensamento e ser é apenas esta: o *ser* é o *sujeito*, o *pensamento* é o *predicado*" (Feuerbach, 2008, p. 15-6). Feuerbach infirmou o fundamento mesmo do idealismo hegeliano: situou como ponto de partida do conhecimento filosófico a existência de uma realidade objetiva, independente do espírito – uma realidade que consiste em natureza e humanidade. Com essa operação, o filósofo inscreveu explicitamente o materialismo como exigência para o desenvolvimento da reflexão teórica.

Sobre um expressivo segmento dos jovens hegelianos, o impacto de *A essência do cristianismo* foi decisivo – tornou cada vez menos justificadas elaborações especulativo-idealistas. Naquele texto engelsiano de 1886, que citamos reiteradamente, encontramos uma passagem que dá conta desse impacto. Eis as palavras de Engels:

> Foi então que apareceu *A essência do cristianismo*, de Feuerbach. De repente, essa obra pulverizou a contradição criada ao restaurar o materialismo em seu trono. A natureza existe independentemente de toda filosofia, ela constitui a base sobre a qual os homens cresceram e se desenvolveram, como produtos da natureza que são; nada existe fora da natureza e dos homens; e os entes superiores, criados por nossa imaginação religiosa, nada mais são que outros tantos reflexos fantásticos da nossa própria essência. Quebrara-se o encantamento: o "sistema" [idealista] salta em pedaços e era posto de lado [...]. Só tendo vivido [...] a força libertadora desse livro é que podemos imaginá-la. O entusiasmo foi geral – e momentaneamente todos nós nos transformamos em feuerbachianos. [177]

Marx participou desse "entusiasmo geral": saudou enfaticamente *A essência do cristianismo* e percebeu com clareza que a contribuição de Feuerbach introduzia no debate hegeliano componentes novos e originais. Viu em Feuerbach o notável representante de uma filosofia de vanguarda, a quintessência "das mais sutis, preciosas e invisíveis seivas" do seu povo e da sua época (citado em Fedosseiev, org., 1983, p. 33). Entretanto, a pouco e pouco, avançando a sua elaboração filosófica própria, foi tomando consciência dos limites do materialismo de Feuerbach e, na abertura da segunda metade dos anos 1840, ofereceu dele a crítica mais decisiva e abrangente.

A *Gazeta Renana*: de meados de 1841 a março de 1843

De posse de seu diploma de doutor em filosofia, Marx passou meses sem se fixar em cidade alguma: até meados de 1842, circulou por Berlim, Trier e Bonn, onde Bauer estava a viver e a preparar uma diatribe contra a ofensiva anti-hegeliana de Frederico Guilherme IV[69]. Duas questões imediatas, óbvia e estreitamente vinculadas, atormentavam o jovem doutor: de uma parte, Marx havia de encontrar uma forma de ganhar a vida, de se autonomizar do ponto de vista financeiro; doutra, o seu longo noivado com Jenny deveria consumar-se num casamento que já tardava, e ele se sentiu ainda mais pressionado nesse sentido a partir do momento em que a noiva perdeu o pai (o barão Westphalen morreu em 3 de março de 1842).

Já um pouco antes da exclusão formal de Bauer do sistema universitário, Marx teve clareza de que a conjuntura política aberta com a ascensão de Frederico Guilherme IV inviabilizava os seus projetos de inserir-se na academia. A alternativa que se lhe apresentava, bem como aos outros jovens hegelianos, era a intervenção na imprensa; mesmo sob os constrangimentos legais da censura, alguns de seus companheiros dentre os jovens hegelianos (em especial, o dinâmico Ruge) tinham alguma experiência editorial e movimentavam-se nesse sentido. O jornalismo da época, de natureza sobretudo doutrinária[70], parecia oferecer uma saída profissional conveniente, e foi para ela que o jovem Marx se dirigiu: assim, já no início de fevereiro de 1842, redigiu o seu primeiro texto expressamente político, "Observações sobre o mais recente decreto prussiano sobre a censura", que enviou para Ruge; este, entretanto, só o pôde publicar no ano seguinte, numa coletânea que conseguiu editar na Suíça. O artigo, assinado por "um renano", criticando duramente a falaciosa lei de imprensa apresentada por Frederico Guilherme IV, põe em questão a racionalidade da censura como instrumento estatal de controle da investigação sobre a verdade e sustenta uma posição que, nos meses seguintes, Marx vai desenvolver com o recurso a novos argumentos: a censura é uma instituição inequívoca e intrinsecamente deletéria; "a cura propriamente radical da censura seria a sua *supressão*, pois este instituto é mau" (citado em Lápine, 1983, p. 67)[71].

O primeiro passo para a inserção de Marx no jornalismo político foi dado em setembro de 1841 (Cornu, 1976, v. II, p. 18), quando – com outros jovens hegelianos – se incorporou no projeto da *Gazeta Renana*[72]. O jornal circulou de 1º de janeiro de 1842 a 31 de março de 1843, em Colônia, então dinâmico centro econômico e político da Renânia setentrional, com cerca de 70 mil habitantes e uma franja burguesa assumidamente liberal que pretendia fazer do periódico um órgão de defesa dos seus interesses industriais e comerciais "contra a política agrária e reacionária do governo prussiano" (ibidem, p. 12). Mas a colaboração regular de Marx para a *Gazeta Renana* começa efetivamente em meados de 1842:

de Bonn, a propósito dos debates da Sexta Dieta Renana, reunida de maio a julho de 1841 em Düsseldorf[73], Marx envia ao jornal uma longa matéria sobre os debates da dieta, utilizando as suas atas tão logo publicadas. A análise de Marx, centrada na questão da liberdade de imprensa, sai à luz em seis edições da *Gazeta Renana*, em maio de 1842 (Marx, 2001). A colaboração, nem sempre assinada, prosseguirá ao longo do ano, tematizando o conflito entre o arcebispado de Colônia e o governo, a legislação sobre o divórcio (estes artigos, como outros, foram objeto de cortes pela censura), a questão do furto de madeira pelos camponeses (de fato, a criminalização da sua coleta – Marx, 2017a) e outros textos, entre os quais um sobre a miséria dos vinhateiros do Mosela, que serão publicados até inícios de 1843[74].

A imediata repercussão positiva dos materiais de Marx publicados pela *Gazeta Renana* fez que os acionistas comanditários do periódico – procurando uma gestão mais eficiente (em apenas seis meses de existência do jornal, o déficit financeiro da empresa só crescia) e uma definição mais clara da sua linha editorial – oferecessem a ele um contrato de trabalho regular, "com uma boa renda anual" (Gabriel, 2013, p. 68), para que integrasse efetivamente a redação do jornal. Assim é que Marx, em outubro de 1842, fixa-se em Colônia e logo passa a exercer de fato o comando editorial da *Gazeta Renana*. Conforme um analista dos dias de hoje, "como editor do jornal, as melhores qualidades e aptidões de Karl [Marx] vieram à tona" (Jones, 2017, p. 139); e um profundo conhecedor da cultura alemã pontuou que "o breve período em que Marx trabalhou na *Gazeta Renana* constitui o momento mais alto do jornalismo democrático-burguês alemão" (Lukács, 2007, p. 135).

Na direção da *Gazeta Renana*, Marx tornou rigorosa a seleção de textos a serem publicados. De uma parte, recusava elucubrações filosóficas (o que agravou as suas tensões com os jovens hegelianos vinculados aos Livres de Berlim, que até então sobrecarregavam com elas o jornal) e valorizava matérias que diziam respeito a problemas locais e regionais – isso sem minimizar temas teórico-filosóficos pertinentes, nem limitar o foco da *Gazeta Renana* a questões provincianas. De outra parte, esse rigor de Marx determinou a sua exigência de que os temas a serem tratados dissessem respeito prioritariamente a problemas da *atualidade alemã* e resultassem de pesquisa e reflexão sérias (tal como ele mesmo fez no caso das condições de vida dos vinhateiros do Mosela), rechaçando incursões rasas e superficiais sobre questões que, em abstrato importantes, não passavam de tentativas de publicitar sem fundamentação ideias pertinentes a outros contextos[75].

Sob a liderança de Marx, a *Gazeta Renana* sustentou de forma corajosa e coerente uma política de clara oposição ao governo: mantendo-se irredutível na defesa do princípio da liberdade de imprensa, evitou com êxito uma postura de confronto aventureiro e irresponsável com o Estado prussiano; no entanto, denunciou e criticou suas medidas antidemocráticas e, simultaneamente, enfrentou e desmistificou o comportamento servil da imprensa oficialesca. Na verdade, Marx movia-se então num marco ideopolítico que correspondia a uma concepção democrático-burguesa que, *sem reduzir a componente democrática aos limites liberais ou identificá-la a eles – antes, radicalizando-a –*, permitiu-lhe inicial e momentaneamente compatibilizar a orientação que imprimiu ao jornal com os interesses dos liberais renanos. Dessa concepção derivou a sua tática na condução da *Gazeta Renana*, tática fundada

> na convicção de que era necessário utilizar todas as possibilidades de ação para desenvolver o movimento progressista e, contra ventos e marés, apesar das dificuldades impostas pelo governo e de todos os constrangimentos da censura, para manter a *Gazeta Renana* – na medida em que se conservasse o seu caráter de órgão de oposição. (Cornu, 1976, v. II, p. 129)

Essa orientação transformou rapidamente a *Gazeta Renana* num expressivo veículo da imprensa alemã: quando Marx assumiu o seu comando (outubro de 1842), o número de assinantes era de 800; em novembro, mais que dobrou (1.800) e, no fim de dezembro, as 3.400 assinaturas bastavam para garantir o equilíbrio financeiro da empresa. Não há exagero, pois, em afirmar que "a nova política editorial colocada em prática por Marx se mostrou extraordinariamente bem-sucedida" (Sperber, 2014, p. 107).

Compreensivelmente, o êxito da *Gazeta Renana* sob a liderança de Marx não só tornou muito conhecido o jovem articulista, como fez do jornal tanto uma referência para a oposição liberal na Alemanha quanto uma contínua dor de cabeça para o regime de Frederico Guilherme IV. Sustenta um analista insuspeito que a experiência de Marx no comando da *Gazeta Renana* fê-lo

> conhecido, de maneira admirável, em três ambientes diferentes. O primeiro foi o dos jovens hegelianos e, mais amplamente, dos intelectuais radicais de toda a Europa central. Para eles, Marx deveria deixar de ser apenas o protegido de Bruno Bauer para se converter em um autor e polemista por mérito próprio. Um segundo público era formado pelas autoridades prussianas, para quem Marx se tornaria um agitador subversivo e sujeito a perseguições e opressão. Marx e o reino da Prússia tornaram-se inimigos mútuos, um conflito que perdurou até a morte do pensador. Finalmente, Karl [Marx] viria a conquistar um sólido reconhecimento entre os influentes habitantes de Colônia, a metrópole da Renânia – não apenas dos nascentes comunistas da cidade ou de seus republicanos radicais, como também dos liberais moderados; não só dos marginalizados intelectuais boêmios, mas de profissionais, comerciantes, banqueiros e membros da Câmara de Comércio. (Ibidem, p. 92)[76]

Com efeito, desde que a *Gazeta Renana* passou a ser dirigida por Marx, o jornal converteu-se num objeto privilegiado da ação da censura, e o que antes era algo episódico tornou-se prática sistemática com Marx à frente do periódico: multiplicaram-se matérias proibidas ou publicadas com cortes, pressões governamentais da mais variada ordem e mesmo procedimentos judiciais; tais conflitos, quase diários, com os censores irritavam e estressavam Marx profundamente. Entre o fim de 1842 e inícios de 1843, quando Frederico Guilherme IV deflagrou uma vaga repressiva contra a imprensa oposicionista, chegou a hora da *Gazeta Renana*: em 21 de janeiro de 1843, as autoridades prussianas decidiram que o jornal não poderia circular a partir de abril[77]. De Colônia, uma petição, com mais de mil assinaturas, inclusive de notáveis da cidade, foi enviada a Berlim, solicitando a reversão da medida, mas isso não alterou a decisão governamental. Em 12 de fevereiro, foi convocada uma assembleia extraordinária dos acionistas a fim de se encontrarem alternativas para a sobrevivência do jornal; na tensa reunião, os comanditários defenderam uma postura de resistência, mantendo na *Gazeta Renana* a orientação de Marx, mas essa proposta não foi endossada pela maioria dos acionistas, atemorizados com a crescente pressão vinda de Berlim. A sorte do jornal estava selada: ele circularia somente até o último dia de março. Decepcionado com o posicionamento covarde da maior parte dos acionistas, Marx demitiu-se de suas funções e do seu público com uma breve declaração que a *Gazeta Renana* publicou a 18 de março de 1843: "O abaixo assinado declara que, dadas as condições em que atualmente se exerce a censura, retira-se no dia de hoje da redação da *Gazeta Renana*. Colônia, 17 de março de 1843. Dr. Marx" (MEW, 1958, v. 1, p. 200).

Em seguida, antes de fixar-se em Kreuznach, onde ficaria até outubro ou novembro[78], Marx fez a sua primeira (e curta) viagem ao exterior: partiu para a Holanda, onde viviam os seus avós maternos (Rubel, 1991, p. 24) e outros parentes e logo retornou à Renânia[79].

A experiência jornalística de Marx foi breve – iniciou-se em maio de 1842 como articulista da *Gazeta Renana*, em cuja direção esteve de outubro de 1842 ao primeiro bimestre de 1843. Ela constituiu, porém, um episódio essencial no seu processo de formação; como o próprio Marx reconheceu em 1859, foi só então que despertou para as "questões econômicas":

> Em 1842-1843, na qualidade de redator da *Gazeta Renana*, encontrei-me, pela primeira vez, na embaraçosa obrigação de opinar sobre os chamados interesses materiais. Os debates do *Landtag* [dieta] renano sobre os delitos florestais e o parcelamento da propriedade fundiária, a polêmica [...] sobre as condições de existência dos camponeses do Mosela, as discussões, por último, sobre o livre-câmbio e o protecionismo, proporcionaram-me os primeiros motivos para que eu começasse a me ocupar das questões econômicas. (Marx, 2008, p. 46)

Observe-se, nessa rememoração, a listagem dos temas que o conduziram ao trato das "questões econômicas": curiosamente, Marx não remete aos seus materiais sobre a liberdade de imprensa. A omissão é explicável: seu objetivo, nessa passagem, é reconstruir a sua evolução no rumo da crítica da economia política (até porque esse trecho é do prefácio a um livro de economia política, o primeiro doze anos depois da publicação, em 1847, da obra contra Pierre-Joseph Proudhon [1809-1865], *Miséria da filosofia*).

Entretanto, o substrato *político* com que enfrentou aqueles temas já estava posto nos seus materiais sobre a liberdade de imprensa (publicados na *Gazeta Renana* em maio de 1842, mas reiterados em textos subsequentes), substrato consistente numa concepção de Estado que derivava de Hegel e dava sustentação à supramencionada posição democrático-burguesa no interior da qual Marx então se movia. Assinalamos já que, nessa posição, Marx não se movia como um puro liberal, mas com exigências democráticas que desbordavam o limite do liberalismo burguês. Essa determinação é crucial para compreender a evolução de Marx na sequência imediata da sua atuação na *Gazeta Renana*. Não é por acaso que, estudando os momentos iniciais do desenvolvimento de Marx e de Engels, seu grande biógrafo destaca que

> o que essencialmente distinguia a ambos dos outros jovens hegelianos era que, à diferença destes, não eram simplesmente liberais, mas democratas, propondo-se a defesa não dos interesses específicos de classe da burguesia, mas sob forma geral os do povo. Dessa diferença resultaria uma divergência cada vez maior entre eles. (Cornu, 1976, v. II, p. 7)

É fato que a concepção de Estado que vinha de Hegel começa a ser afetada à medida que Marx, já na análise dos debates da dieta renana, inicia a apreensão, ainda que nebulosa, dos conflitos e contradições de classes; ao fim da sua intervenção na *Gazeta Renana*, essa concepção vê-se tão problematizada que, no segundo semestre de 1843, ele será obrigado a reexaminá-la, como logo veremos. O processo de erosão do substrato da posição de Marx que haverá de levar a tal reexame acentua-se pelo trato do conjunto de temas arrolados por ele no trecho de 1859, reproduzido linhas antes. A sua abordagem da legislação acerca do furto de madeira, em que se posicionou de forma decidida na defesa dos camponeses (posição igualmente cristalina na descrição das suas condições de vida), assim como a análise da questão dos vinhateiros do Mosela, carece de fundamentos econômicos e, por isso, mostra-se pouco consistente; ao mesmo tempo, também expressa problemas que vulnerabilizam o seu posicionamento, conduzindo-o a uma progressiva radicalização democrática: apenas no que toca às discussões sobre o livre-câmbio, recorrentes na trajetória da *Gazeta Renana*, a argumentação do jovem Marx em sua defesa não ultrapassa as aspirações liberais dos burgueses da Renânia[80]. E, para coroar o conjunto de elementos que o levariam a pôr em questão o substrato da política que orientara a sua intervenção na *Gazeta Renana* – e, num nível mais profundo, as limitações do liberalismo burguês –, estava o comportamento prático-político das franjas mais ativas da burguesia renana, explicitado cristalinamente quando recuaram covardemente no momento em que Frederico Guilherme IV decidiu liquidar o jornal.

Vê-se: a experiência na *Gazeta Renana* não colocou Marx apenas diante das "questões econômicas", frente às quais ele se encontrou desarmado teoricamente. Demonstrou-lhe na prática que ele, se quisesse prosseguir, de modo sério e responsável, operando como um intelectual disposto a participar das lutas sociais (desbordando, mediante a ação, os limites do estrito pensar filosófico), *teria de estudar intensivamente*: se a intervenção na *Gazeta Renana* descortinou-lhe a dimensão política da vida social, que até então só o interpelara de maneira indireta, também o pôs diante do seu despreparo para apreendê-la num registro teórico rigoroso e capaz de instrumentalizá-lo para agir de modo coerente e consequente.

Da sua experiência na *Gazeta Renana*, Marx tirou depressa, quase de imediato, uma lição fundamental: a necessidade urgente de qualificar-se teoricamente para compreender a vida social, sem o que qualquer projeto de mudança sociopolítica careceria de eficácia. Por isso mesmo, o fim da *Gazeta Renana* – que não o surpreendeu[81]– não foi visto por ele senão como estímulo à pesquisa e à reflexão, e como oportunidade de se dedicar a ambas. Conforme ele mesmo escreveu em 1859, o fechamento do jornal "ofereceu-me a ocasião, que me apressei em aproveitar, de deixar a cena pública e me recolher ao meu gabinete de estudos" (Marx, 2008, p. 46).

Assim, interditada a *Gazeta Renana*, logo depois de viajar à Holanda, Marx recolheu-se ao seu "gabinete de estudos": em maio de 1843, após contatar Ruge e o editor Julius Fröbel (1805-1893), em Dresden[82], fixou-se em Kreuznach, onde emissários do governo prussiano fizeram-lhe ofertas (obviamente recusadas) de emprego; lá haveria de ficar até outubro ou novembro[83]. Naquele elegante balneário, Marx se dedicaria aos estudos que julgava premente fazer e se reencontraria com Jenny, que passara a residir ali, com a mãe, após a morte do pai. Quanto a tais estudos, antecipemos desde já que eles derivarão para um redirecionamento profundo do seu pensamento, no seu trânsito do campo da democracia burguesa para o do radicalismo democrático e social, rumo a concepções materialistas[84].

Dados os acertos com Ruge e Fröbel, a segurança financeira de Marx afigurava-se-lhe garantida, o que, enfim, permitia pôr um ponto-final nos sete longos anos de noivado; o casamento realizou-se a 19 de junho de 1843, com uma cerimônia civil e, em seguida, um ato numa igreja protestante de Kreuznach. Com parte do pequeno dote oferecido pela mãe de Jenny (Gabriel, 2013, p. 72; Sperber, 2014, p. 121), os recém-casados tiveram uma breve lua de mel, navegaram pelo Reno e visitaram Rheinphalz, na fronteira sudoeste da Alemanha com a Suíça. De regresso a Kreuznach, ficaram vivendo com a mãe de Jenny até Marx despedir-se da Alemanha.

Kreuznach: de maio a outubro-novembro de 1843

O "gabinete de estudos" foi Kreuznach.

A pequena cidade, distante oitenta quilômetros de Trier, era uma estância termal frequentada por visitantes abastados e letrados; dispunha de uma excelente biblioteca pública, que oferecia à leitura até mesmo clássicos do pensamento político, mas o seu acervo de pouco complementou a documentação que Marx levara consigo; esta, segundo Mary Gabriel (2013, p. 73), continha 45 volumes que ele pretendia examinar no segundo semestre de 1843.

A tranquilidade propiciada pela vida calma numa estação de águas e a exoneração de qualquer obrigação, mais o sereno compartilhamento do cotidiano com a mulher amada, ofereceram a Marx as condições ideais para os seus estudos. Nesses poucos meses (de maio a outubro/novembro de 1843) em Kreuznach, ele pesquisou exaustivamente, realizando um trabalho intelectual intenso, mas experimentou um dos períodos mais gratificantes da sua existência, "talvez dos mais felizes na longa e penosa vida de Marx" (Fedosseiev, org., 1983, p. 47)[85].

Ademais dos estudos, o único envolvimento de Marx era com o projeto de um novo órgão de imprensa, que elaborava com Ruge. Na mesma medida em que se foi afastando de Bauer durante 1842, Marx se aproximava de Ruge, combativo intelectual que se movia no campo liberal[86]. Ao longo desse ano, trocaram impressões e ideias sobre aquilo que, com o apoio do editor Fröbel, haveria de resultar na revista *Deutsch-Französischen Jahrbücher* (Anais Franco-Alemães). Ambos se dispunham a combater a *miséria alemã* e o *status quo* conexo a ela mediante a conjunção do pensamento filosófico alemão com a crítica social francesa[87] e buscaram a colaboração de conhecidos intelectuais da França. Tanto Marx quanto Ruge estavam conscientes da impossibilidade de tal empreendimento sob a censura de Frederico Guilherme IV; por isso, desde o início das suas tratativas, os dois assentaram que a edição deveria ocorrer fora das fronteiras prussianas; acabaram decidindo sediá-la em Paris, para onde deveriam ambos se transferir. Seja dito de passagem que a alternativa de partir para o exterior começara a configurar-se para Marx logo que o governo avançou com o processo de interdição da *Gazeta Renana*; na referida carta a Ruge de 25 de janeiro de 1843 (ver, supra, neste capítulo, nota 81), ele escreveu: "Já não posso empreender mais nada na Alemanha".

Os *Anais Franco-Alemães* vieram à luz em fevereiro (Rubel, 1991, p. 26) ou março (Bruhat, 1973, p. 61) de 1844, num único número duplo[88], e sua vida curta se explica especialmente pela ruptura das relações entre Marx e Ruge, ocorrida logo depois do lançamento da revista (como adiante se verá). Poucas são as fontes que, sem maiores informações, asseguram ter a revista alcançado significativa ressonância (Bravo, em Marx-Ruge, 1970a, p. 21; Fedosseiev, org., 1983, p. 60-1); certo mesmo é que, independentemente da indiscutível relevância dos textos marx-engelsianos que veiculou, ela foi um fracasso "como negócio" – logo Fröbel deixou de bancá-la – "e, também, como intervenção política" (Sperber, 2014, p. 132): não repercutiu na França (McLellan, 1971, p. 53-4), deixando, assim, de relacionar seus pensadores sociais com os filósofos alemães, e não ressoou na Alemanha, onde chegou ao conhecimento de muito poucos.

Mas o envolvimento com o projeto dos *Anais Franco-Alemães*, naqueles meses em Kreuznach, não perturbou o trabalho intelectual que Marx se propusera no imediato seguimento da experiência na *Gazeta Renana*. Ele mergulhou em leituras que se centravam em história e no âmbito do que mais tarde se designaria por teoria política (ou filosofia política)[89]. A preeminência do estudo da história e da teoria/filosofia política é compreensível: subjacentes à problemática posta pelo primeiro confronto de Marx com os "chamados interesses materiais" (tal como rememorou em 1859), o que era central se nucleava no domínio da *política* – os "chamados interesses materiais" só começariam mesmo a ser tratados no ano seguinte, em Paris (quando de fato ele dirige a sua atenção para a economia política). Clarificar a sua própria posição e os seus fundamentos, no terreno da política, era uma exigência imperativa para a sua autocompreensão, e, como vimos, tais fundamentos estavam hipotecados ao pensamento filosófico-político de Hegel. É por isso que, em Kreuznach, um objeto privilegiado da investigação marxiana será a obra em que Hegel mais explicitamente se voltou para a política e o Estado modernos: a *Filosofia do direito* (Hegel, 2010).

Insistamos: o fato de Marx concentrar-se, em 1843, na perquirição dessa obra hegeliana – que, conforme um estudioso, tem má "reputação pela sua tendência restauradora" (Adorno, 1974, p. 47) – não foi nada acidental. Desde o primeiro trimestre de 1842, Marx pretendia empreender uma crítica às ideias de Hegel sobre a monarquia constitucional (carta a Ruge, 5 de março de 1842 – MEW, 1965, v. 27, p. 397); agora, após a experiência da *Gazeta Renana*, era-lhe imperiosa uma análise crítica e radical do pensamento político de Hegel para poder esclarecer os impasses e os limites do espaço democrático-burguês em que se movera na sua intervenção jornalística. Afinal, no seu enfrentamento com o Estado prussiano, ele mesmo não superara o quadro da teoria hegeliana do Estado.

A investigação marxiana agora referida está registrada em um manuscrito não concluído nem preparado para publicação; sendo, antes, um material de estudo de Marx, ao modo de incontáveis outros, foi redigido provavelmente entre março e agosto de 1843 (cf. Cornu, 1976, v. II, p. 291), que nos chegou incompleto (sem as quatro primeiras páginas); só foi dado à luz em 1927. O manuscrito é mais conhecido como *Crítica da filosofia do direito de Hegel* (Marx, 2005) e há sobre ele expressiva documentação histórica e analítica[90].

A análise a que Marx submete, em 1843, a *Filosofia do direito* de Hegel é nitidamente marcada pela influência que Feuerbach então exercia sobre ele[91], embora, após a leitura das *Teses provisórias para a reforma da filosofia*, já anotasse, em carta a Ruge de 13 de março de 1843, que o

> único ponto em que me afasto de Feuerbach, em seus aforismos, é que, na minha opinião, ele atribui demasiada importância à natureza e não a suficiente à política. Ora, só se aliando à política a filosofia atual pode realizar-se plenamente. (MEW, 1965, v. 27, p. 417)[92]

Essa reserva, que Marx expressa às vésperas do início do registro da sua crítica à hegeliana *Filosofia do direito,* não reduziu o peso dos influxos feuerbachianos no texto de 1843, que consiste no exame textual que Marx opera dos parágrafos 261-313 da obra de Hegel. Viu-o Godelier, ao sintetizar a argumentação expendida no manuscrito marxiano:

> Apoiando-se na concepção materialista da alienação de Feuerbach, generalizando a crítica feuerbachiana da filosofia especulativa aos domínios da política e do direito, Marx mostrava que Hegel, assim como fizera da Ideia Absoluta o sujeito criador do mundo, e do sujeito real, o homem, uma determinação do conceito, havia feito do Estado o sujeito e da sociedade o atributo. (Godelier, s.d., p. 138)

É essa inversão da relação real entre sujeito e predicado, própria da filosofia de Hegel e que Feuerbach trouxera à luz especialmente nas suas *Teses provisórias para a reforma da filosofia* (Feuerbach, 2008, p. 15-6), que Marx explorará no seu exame dos parágrafos estudados da *Filosofia do direito.* Já na sua glosa ao § 262, em que Hegel (2010, p. 238) diz que é "a Ideia efetiva, o espírito que se cinde a si mesmo nas duas esferas ideais do seu conceito, a família e a sociedade civil-burguesa [*bürgerlische Gesellschaft*]", Marx, pontuando que, na sua efetividade, a família e a sociedade civil-burguesa fazem-se Estado, "são a força motriz", escreve:

> Segundo Hegel, ao contrário, elas são *produzidas* pela Ideia real. Não é o seu próprio curso de vida que as une ao Estado, mas é o curso de vida da Ideia que as discerniu de si [...]. O Estado político não pode ser sem a base natural da família e a base artificial da sociedade civil; elas são, para ele, *conditio sine qua non.* Mas a condição torna-se o condicionado, o determinante torna-se o determinado, o produtor é posto como o produto do seu produto. [...] O *fato* é que o Estado se produz a partir da multidão, tal como ela existe na forma dos membros da família e dos membros da sociedade civil. A especulação [Hegel] enuncia esse *fato* como um ato da Ideia. (Marx, 2005, p. 31)

Linhas antes (ibidem, p. 30), a formulação marxiana fora mais contundente: "Família e sociedade civil são os pressupostos do Estado; elas são os elementos propriamente ativos; mas, na especulação [hegeliana], isso se inverte". Essa *inversão* leva Marx a afirmar que nesse § 262 está "resumido todo o mistério da filosofia do direito e da filosofia hegeliana em geral" (ibidem, p. 31); mas a mistificação contida nessa inversão percorre – e Marx o afirma ao tratar do § 267 e o reitera noutros passos – o conjunto da argumentação hegeliana: "O importante é que Hegel, por toda parte, faz da Ideia o sujeito e do sujeito propriamente dito [...] faz o predicado" (ibidem, p. 32).

No "Manuscrito de Kreuznach" não há uma crítica ao inteiro sistema filosófico de Hegel, mas na *Filosofia do direito* Marx já desvela traços do sistema como um todo – um desses traços é o *logicismo* (o "misticismo lógico" – ibidem, p. 29) de que ele enferma. Marx chega mesmo a assegurar que, na *Filosofia do direito*,

> o verdadeiro interesse não é a filosofia do direito, mas a lógica. O trabalho filosófico não consiste em que o pensamento se concretize nas determinações políticas, mas em que as determinações políticas existentes se volatilizem no pensamento abstrato. O movimento filosófico não é a lógica da coisa, mas a coisa da lógica. A lógica não serve à demonstração do Estado, mas o Estado serve à demonstração da lógica. (Ibidem, p. 39)[93]

Em 1843, o objeto de Marx não é o sistema hegeliano, mas a concepção hegeliana de Estado – que, como grande referência, estava presente na sua intervenção na *Gazeta Renana*. Por isso, no andamento de todo o manuscrito, o que Marx perquire é como Hegel concebe a relação Estado/sociedade e suas implicações na determinação dos poderes (soberano, governamental, legislativo), na natureza e na função da Constituição, na conexão entre o Estado e a organização social estamental (aí emerge o cuidado marxiano específico para com a *burocracia* – ver ibidem, p. 64-72[94]) e na representação política, assim como o seu enraizamento no sistema de propriedade privada (fundiária). Enfim, abordando a instituição monárquica, defendida por Hegel, Marx a confronta com a *democracia*, na qual o *povo* (ainda é estranha a Marx a categoria de *classe social*), enquanto tal, se autodetermina[95].

Uma leitura detalhada do "Manuscrito de Kreuznach" – que escapa aos nossos limites aqui (mas que encontra subsídios na bibliografia que indicamos sumariamente, supra, neste capítulo, nota 90) –, propiciando determinar o estágio em que se encontrava o pensamento de Marx, revela que: *a)* ele acertou as suas contas com a teoria hegeliana do Estado (à qual, veremos, ainda voltará) e avança *conscientemente* para assumir uma perspectiva de análise *materialista*, ao situar a supracitada "inversão" mistificadora não apenas como um procedimento metodológico de Hegel, mas como indicativa da sua (de Marx) recusa dos suportes ontológicos idealistas desse procedimento; *b)* na defesa do princípio democrático, sua reflexão se radicaliza, já apontando no sentido de levar a crítica *política* para além do terreno jurídico-político na direção de uma crítica *político-social*.

É essa passagem – o trânsito à crítica *social* – que Marx ainda não realiza no "Manuscrito de Kreuznach". É possível dizer que, nesse manuscrito, ele chegou até a um ponto crucial: ao considerar insuficiente e equivocada a concepção hegeliana do Estado (concepção que, como se viu, postulava o Estado como fundante da sociedade civil), *Marx hipotecou a compreensão do Estado à compreensão da sociedade civil*. Essa compreensão, todavia, demandava conhecimentos teóricos de que ele, quando redigia o "Manuscrito de Kreuznach", carecia por completo: só quando pudesse apreender o que depois (1859) chamaria de "anatomia da sociedade civil" – isto é, quando dominasse minimamente a crítica da economia política – poderia compreender o Estado, na sua estrutura, função e dinâmica. Ou seja: ao debruçar-se, em 1843, sobre a *Filosofia do direito*, para solucionar teoricamente os dilemas enfrentados na prática da condução da *Gazeta Renana*, ele não os resolveu: antes, colocou-os num novo patamar de análise, que ainda deveria ser determinado e no qual aqueles dilemas surgiriam sob outra luz. E, como constataremos logo, já nos meses seguintes ele fez progressos decisivos nessa direção.

Do outono de 1843 (provavelmente quando interrompeu o "Manuscrito de Kreuznach"), ainda na aprazível Kreuznach, até dezembro de 1843, já em Paris[96], Marx dedicou-se à redação de um texto, com vistas à sua publicação nos futuros *Anais Franco-Alemães* – nos quais foi, de fato, divulgado pela primeira vez. O ensaio, intitulado *Para a questão judaica* (Marx, 2009 – é dessa edição que extrairemos as passagens adiante reproduzidas, com as páginas indicadas entre colchetes), também traduzido como *Sobre a questão judaica* (Marx, 2010), abria uma polêmica com Bauer. Na sua primeira parte, Marx critica um artigo do ex-colega, de novembro de 1842, veiculado numa revista dirigida por Ruge em Leipzig e republicado como folheto independente no ano seguinte (*A questão judaica*); na segunda, Marx atém-se a um artigo complementar de Bauer ("A capacidade dos judeus e dos cristãos hodiernos para se tornarem livres"), publicado em 1843 na Suíça[97]. Importa observar que o texto de Marx, sinalizando o seu distanciamento das posições de Bauer, não mais que prenuncia a ruptura com o companheiro dos anos de Berlim, ruptura consumada em 1845/1846[98].

Nos seus respectivos ensaios, Bauer e Marx tematizaram a questão dos direitos dos judeus na Renânia da época – questão que, na entrada dos anos 1840, era objeto de grande debate[99]. É fato que, sob a ocupação francesa, ali os judeus experimentaram a igualdade civil. Mas, subsequentemente, o processo restaurador patrocinado pela Santa Aliança restabeleceu para a Confederação Germânica o conceito de Estado cristão, e, pelo édito de 4 de maio de 1816, aos judeus ficou vedado o exercício de funções públicas em toda a Confederação. Nas três décadas seguintes, os judeus se bateram contra as restrições e os constrangimentos decorrentes do édito e, na abertura dos anos 1840, a questão da sua *emancipação* – isto é, da extensão de direitos cívico-políticos a eles – entrou na ordem do dia e converteu-se numa reivindicação apoiada pelos liberais (ao longo de 1842, por exemplo, a *Gazeta Renana* publicou matérias relativas aos direitos dos judeus em pelo menos quinze das suas edições). Quando o interesse pelo tema estava no auge, Bauer divulgou os textos criticados por Marx; expressando a posição de muitos liberais, tais textos tiveram grande repercussão[100].

Sinalizemos, ainda, em três poucos e curtos parágrafos, as ideias que Bauer formula em *A questão judaica*. Ele começa por afirmar que num Estado cristão, como a Prússia, não é viável a emancipação política dos judeus, nem dos cristãos: e o que a impede é o caráter religioso (não laico ou não ateu) do Estado, que impossibilita a existência de verdadeiros cidadãos. Numa palavra: *num Estado cristão ninguém está efetivamente emancipado*. Em seguida, Bauer sustenta ser impertinente que os judeus, conservando-se como judeus (vale dizer, mantendo e exercitando as *suas* convicções religiosas), reivindiquem do Estado cristão que ele deixe de exigir convicções religiosas determinadas (cristãs) para o acesso a direitos. Bauer entende que a reivindicação dos judeus de que o Estado abra mão dessa exigência só teria legitimidade e sentido se eles, antes, abrissem mão da sua própria convicção religiosa. Ademais, considera Bauer que, na medida em que se conservam como judeus, eles se *autoexcluem* da comunidade, se autoisolam à proporção que se põem e identificam como um *povo eleito, privilegiado*.

É evidente que, com essa abordagem – que, no fim das contas, serve para, religiosa e politicamente, estabelecer uma *oposição* entre judeus e cristãos –, Bauer desqualifica a luta dos judeus em prol da sua emancipação e, querendo-o ou não, leva água aos moinhos da defesa do Estado prussiano. Entretanto, ele avança ainda mais na desqualificação dos judeus quando discute as suas possibilidades de emancipação. Fiel à concepção hegeliana, Bauer considera o cristianismo uma religião de *caráter universal*, a que se contrapõe expressamente o *caráter particular* do judaísmo, colado à lei mosaica; o universalismo cristão seria potencialmente muito mais apto que o judaísmo para acessar a emancipação. Resumindo: em função do seu particularismo religioso, o judeu está menos habilitado à emancipação que o cristão.

A solução proposta por Bauer, contudo, não implica que o judeu se converta ao cristianismo para demandar do Estado cristão a igualdade cívico-política (isto é, resumidamente, a emancipação política). Implica, antes, que judeus e cristãos renunciem à sua religião em favor de um racionalismo ilustrado e idealista; e, consequente com a sua argumentação, considera que essa renúncia é mais acessível ao cristão que ao judeu, amarrado ao seu particularismo e autoexcluído da comunidade.

Ora, o tratamento que Bauer dá à questão judaica, sem contar a sua significação política, é, pois, um tratamento religioso e não desborda o terreno da religião: ele enfrenta a questão como *questão religiosa*; de fato, para Bauer, *a emancipação religiosa condiciona a emancipação política*. Precisamente aí incide a crítica que Marx lhe dirige: a abordagem marxiana da questão judaica, no segundo semestre de 1843, *desloca a problemática do campo religioso para o campo político e social*.

Marx começa por assinalar a necessidade de qualificar a *emancipação* que está em jogo. Ele sustenta que a *emancipação política*, ao contrário do que afirma Bauer, não está diretamente condicionada pela emancipação religiosa (e o demonstra, recorrendo ao exemplo da história em curso, com referências à França e aos Estados Unidos da América); mais: a emancipação política, legitimada por um Estado laico – isto é, um Estado que não professa religião alguma, um Estado que não reconhece como oficial nenhuma religião –, não significa emancipação dos homens em relação à religião. Deslocando a problemática do campo religioso para o político e social, a análise de Marx se ergue na verificação do desdobramento fático da ordem social moderna (burguesa): o *Estado*, como expressão alienada dos interesses gerais (expressão da *vida genérica* dos homens), e a *sociedade civil*, espaço real dos particularismos (reino da vida *empírica* e *privada*). E diz:

> O Estado político comporta-se precisamente para com a sociedade civil de um modo tão espiritualista como o Céu para com a Terra. Está na mesma oposição a ela, triunfa dela do mesmo modo que a religião [triunfa] do constrangimento do mundo profano – i. e., na medida em que ele igualmente tem de a reconhecer, a estabelecer de novo, [tem igualmente] que se deixar ele próprio dominar por ela. O homem, na sua realidade *mais próxima*, na sociedade civil, é um ser profano. Aqui onde ele se [faz] valer a si próprio e aos outros como indivíduo real – é um fenômeno *não-verdadeiro*. No Estado, ao contrário – onde o homem vale como ser genérico –, ele é o membro imaginário de uma soberania imaginária, é roubado da sua vida individual real e repleto de uma universalidade irreal. [51]

Daí a distinção entre os *direitos do homem* e os *direitos do cidadão*; daí a configuração das *personae* do *burguês*, homem empiricamente existente, e do *homem*, cidadão abstrato. Ao primeiro remetem-se como direitos naturais os direitos do homem real na sua vida factual; ao segundo, pessoa moral abstrata, remetem-se os direitos do cidadão. E daí também a complementaridade entre Estado e religião:

> Os membros do Estado político são religiosos pelo dualismo entre a [vida] individual e a vida genérica, entre a vida da sociedade civil e a vida política; [são] religiosos, na medida em que a religião é aqui o espírito da sociedade civil, a expressão da separação e do afastamento do homem relativamente ao homem. [24-5]

Enquanto tem vigência essa cisão do homem em indivíduo e cidadão, a sua emancipação é parcial, incompleta e contraditória; a emancipação possível é tão somente a emancipação *política*: "*Toda* a emancipação política é a redução do homem, por um lado, a membro da sociedade civil, a indivíduo *egoísta independente*; por outro lado, a *cidadão*, a pessoa moral" [71]. Marx vê a emancipação política como um avanço, um progresso, uma conquista da revolução (burguesa) que destruiu o *Ancien Régime*. Mas não a identifica com a emancipação humana, só possível

> quando o homem individual retoma em si o cidadão abstrato e, como homem individual – na sua vida empírica, no seu trabalho individual, nas suas relações individuais –, se tornou *ser genérico*; só quando o homem reconheceu e organizou as suas *forces propres* como *forças sociais* e, portanto, não separa mais de si a força social na figura da força *política* – [é] só então [que] está consumada a emancipação humana. [71-2]

Decerto que, concebida nesses termos, a emancipação humana, transcendendo largamente a emancipação política, não é viável numa ordem social em que Estado e sociedade constituam esferas distintas e contrapostas nas suas idealidade e realidade, mas, por agora, Marx não tem como indicar as vias da sua realização. Entretanto, *no movimento pelo qual Marx deslocou a problemática da questão judaica do campo religioso para o campo político e social, contém-se um nítido embasamento materialista histórico*: ao contrário de Bauer, ele, metodologicamente, não pensa o judeu a partir de sua particularidade religiosa: pensa a realização da sua particularidade religiosa a partir das condições próprias da vida empírica dos indivíduos na sociedade civil. Ao situar a questão judaica no marco da "relação do Estado político com os seus pressupostos (sejam eles elementos materiais, como a propriedade privada etc. ou [elementos] espirituais, como cultura, religião)", isto é, com base na efetiva "cisão entre o *Estado político* e a *sociedade civil*" [52], Marx põe a análise do judaísmo no terreno histórico-concreto: não se trata mais de explicá-lo "a partir da sua religião, mas, antes, a partir do fundamento humano da sua religião" [81].

Deixemos claro que, em *Para a questão judaica*, Marx não tem as condições teóricas e políticas para analisar a "relação do Estado político com os seus pressupostos"; tais condições, ele começará a reuni-las no ano seguinte. Entretanto, já no segundo semestre de 1843, ao tratar do "fundamento humano" a que se referiu logo a seguir, Marx incorpora uma problematização nova: a do *dinheiro*, que constituía uma preocupação original de Moses Hess[101]. Assim, para Marx, tal fundamento radica na sociedade civil, reino do tráfico universal, da mercantilização universal, da comercialização universal, da *alienação* universal – até da "própria relação genérica, a relação do homem com a mulher" –, em que o *dinheiro* exerce o seu domínio. O poder do dinheiro, o "zeloso deus de Israel", a dinâmica da sociedade civil retirou-o dos limites do judaísmo: de fato, "o deus dos judeus mundanizou-se, tornou-se deus mundial" [78]; o fetichismo do dinheiro impõe-se na sociedade civil. Esse é o solo histórico que explica o judaísmo *tornado prática de judeus e não judeus.*

Na crítica frontal que faz do "judaísmo", esse não é para Marx um traço racial, étnico, e menos ainda exclusivo de um grupo social qualquer: ele o compreende como o *éthos* próprio da sociedade civil-burguesa (*bürgerliche Gesellschaft*) – ou, se se quiser, utilizando uma expressão que não pertence a Marx (de fato, ela procede de Max Weber), ele entende o judaísmo como o *espírito do capitalismo*.

Por tudo isso, a resposta de Marx aos judeus não é a de Bauer:

> Não dizemos, portanto, com Bauer, aos judeus: vós não podeis ser politicamente emancipados, sem vos emancipardes radicalmente do judaísmo. Nós dizemos-lhe antes: porque vós podeis ser politicamente emancipados sem vos verdes completamente livres e sem contradição do judaísmo, por isso [é que] a *emancipação política* não é propriamente a emancipação humana. Se vós, judeus, quereis ser politicamente emancipados sem vos emancipardes vós próprios humanamente, as meias-tintas e a contradição não residem apenas em vós, elas residem na *essência* e na *categoria* da emancipação política. Se vós estais presos nessa categoria, vós partilhais um constrangimento geral. [59-60]

Marx não hipoteca a conquista da emancipação política dos judeus à renúncia deles à sua religião e à sua cultura: afirma que podem se emancipar politicamente sem abdicar delas; mas a emancipação *política* (na medida em que não é a emancipação *humana*) não os tornará humanamente livres: eles continuarão submetidos a um constrangimento que não é só deles, é o *constrangimento geral* que pesa sobre todos os membros da sociedade civil e do seu Estado.

A leitura rigorosa, objetiva e sem preconceitos de *Para a questão judaica* demonstra que a peça marxiana é uma *defesa* dos judeus e de seus direitos cívico-políticos[102]. Mas, no que toca à evolução do pensamento marxiano, o que é mais relevante no texto não diz respeito a essa defesa, mas sim aos avanços teóricos e ideopolíticos nele registrados: 1) *a assunção de uma concepção materialista expressa e consciente;* 2) *a ultrapassagem de todo travo liberal em sua visão democrática* e, sobretudo, 3) *a centralidade crescente do campo político-social no seu horizonte analítico.*

É com esses traços teóricos e ideopolíticos, resultantes da sua experiência jornalística e dos seus estudos mais recentes, que, findo o outono de 1843, o Marx que terçava as armas da crítica contra a *miséria alemã* vai despedir-se temporariamente do seu país para de modo mais eficiente contrapor-se a ela; porém, já não como um democrata combativo: a sua evolução teórico-política, na sequência da interdição da *Gazeta Renana*, tornara-o um consumado democrata *radical*. Como ele reconheceu, já não havia mais o que empreender sob Frederico Guilherme IV: o seu radicalismo democrático não lhe abria qualquer alternativa de intervenção – legal, à luz do dia. Restava-lhe, se quisesse desenvolvê-lo segundo as suas exigências imanentes, tão somente o caminho do autoexílio. Em outubro/novembro, o casal Marx despede-se de Kreuznach e da *miséria alemã* e vai encontrar um novo mundo em Paris.

Os jovens Marx e Engels, em desenho do artista soviético Nikolai Júkov, 1930.

II
Paris: a descoberta do *grande mundo* (1843-1844)

"Abriu-se para mim um mundo novo, o mundo do amor" – assim Marx, na sua carta de Berlim (de 10 de novembro de 1837), a que tanto já nos referimos, narrou ao pai o seu estado anímico ao declarar-se a Jenny e ver a sua paixão correspondida. Mas o mundo que, para além da sua felicidade particular, haveria de permitir ao jovem democrata radical o mais pleno desenvolvimento existencial – não nos esqueçamos da sua redação da adolescência, ainda dos tempos do Gymnasium – num ritmo assombrosamente rápido abriu-se mesmo para ele (e para Jenny) em outubro e novembro de 1843 em Paris.

Começa então o processo do que se pode designar como a descoberta de Marx do *grande mundo*: o mundo problemático, fascinante e desafiador posto pelo capitalismo em florescimento e pela ordem burguesa em constituição – ou, se se quiser, o mundo da Modernidade. É em Paris que ele experimentará a notável inflexão cujas implicações pautarão todo o percurso da sua vida; com ela se inicia o processo ao cabo do qual, em Bruxelas, como veremos, se determinará todo o protagonismo teórico-prático de Marx e a partir do qual ele se constituirá como um referencial inarredável do pensamento social e das lutas sociais no marco da cultura do Ocidente (e não só). Nessa inflexão registra-se o deslocamento de Marx do campo da filosofia para o campo da economia política – ou, com mais exatidão, para o campo da *crítica* da economia política, a que subjazem necessariamente fundamentos filosóficos.

Tal inflexão sinaliza, de fato, a fronteira entre um *antes* e um *depois* na inteira trajetória de Marx. No princípio do outono de 1843, ele ainda considerava o comunismo "uma abstração dogmática" (citado em Cottret, 2010, p. 63); em março de 1844, ele enuncia a sua primeira profissão de fé comunista (Mandel, 1968, p. 16). Essa inflexão, operada em Paris, expressa a transformação mais decisiva de toda a vida de Marx: na capital francesa, o democrata radical torna-se *comunista*. Nesse sentido, estamos frente a uma guinada que inaugura a vida *revolucionária* de Marx: com ela, surge o teórico vinculado ao proletariado, que logo se conectará à classe no seu movimento prático-político. Mas não se entenda essa inflexão como uma simples ruptura, um mero corte, com o passado: ela deve ser entendida como a sua *superação* no mais genuíno sentido hegeliano da palavra (já aludido no capítulo anterior): preserva conquistas teóricas prévias, mas as integra criticamente num plano mais elevado, que se articulará de todo nos cinco anos seguintes (já no período de Bruxelas, tema do nosso capítulo III).

E tal viragem decisiva no processo evolutivo de Marx tornar-se-á compreensível se destacarmos, à partida, que ela se processou orgânica e simultaneamente com os *três encontros fundamentais* que Paris lhe propiciou: com o proletariado, com a economia política e com Friedrich Engels[1].

O primeiro trimestre em Paris e a crítica a Hegel

Ao chegarem a Paris, em outubro/novembro de 1843, os Marx, que se fixariam na cidade até os primeiros dias de fevereiro de 1845[2], alojaram-se na residência de Arnold Ruge (à margem esquerda do Sena, no 7º *arrondissement*, Rue Vaneau, n. 23) e depois se transferiram para um prédio próximo (n. 38), onde já morava o suíço-alemão German Maurer (1811-1883), membro da clandestina Liga dos Justos[3]. Os cerca de quinze meses que viveram em Paris, fizeram-no com tranquilidade: uma vez instalados na Rue Vaneau, puderam desfrutar de uma vida social, política e cultural intensa e da alegria que lhes propiciou a primeira filha (Jenny – que, em família, era a "Jennychen" – nasceu no primeiro dia de maio de 1844). E, sobretudo nos primeiros meses de 1844, viveram sem problemas financeiros[4].

Convém, todavia, antes de relatar aqueles meses, esboçar em grandes linhas, e de modo rápido, um quadro do país e da cidade que recebe os Marx no outono de 1843. A França que então os acolhe não conhece, ainda, o padrão de crescimento urbano-industrial que a Inglaterra já alcançara. Experimentando a Revolução Industrial poucas décadas depois da ilha, a França de então é um país predominantemente agrário, em que as atividades industriais se desenvolvem sobretudo em oficinas artesanais e estabelecimentos manufatureiros: se, no campo, vegetam o pequeno e o médio proprietário, dos 6 milhões de trabalhadores industriais (em uma população total de cerca de 35 milhões de habitantes) pouco mais de 1,3 milhão labutam na grande indústria[5].

Desde os anos 1820, contudo, o capitalismo avançara com rapidez na França, transformando a vida econômica; por exemplo, "de 1830 a 1840, mais que quadruplicou [...] o número de máquinas a vapor. De 1828 a 1847, mais que duplicou a produção de ferro fundido e triplicou a extração de carvão"[6]. Tal avanço se acentuara no marco da "monarquia de julho", emergente da Revolução de Julho de 1830, protagonizada pela pequena burguesia e pelos artesãos e trabalhadores, que destronou Carlos X, da "Casa de Bourbon", substituindo-o por Luís Filipe, o último rei francês, da "Casa de Orléans". O evento acabou por conferir poder, graças às manobras da grande burguesia, aos segmentos proprietários especialmente ligados às finanças, poder que só a Revolução de 1848 derrubaria[7]. Até a República proclamada em 1848, a pequena burguesia radicalizada e a massa trabalhadora urbana, sem falar no campesinato, continuaram excluídas do sistema político institucional (entre outras razões, pela vigência do voto censitário).

Em consequência das altas taxas de exploração do trabalho, verificou-se naqueles anos uma forte degradação das condições de vida da massa de artesãos e operários, donde uma generalizada atmosfera de insatisfação e explosões localizadas de insurgências, sinais explícitos de um novo tipo de luta de classes (de que uma primeira manifestação fora a revolta dos operários da seda – os *canuts* – de Lyon, em 1831; sobre o evento, ver Rude, 2007 e Pelz, 2016). Na primeira metade dos anos 1840, quando a memória do processo revolucionário de 1789-1794 ainda estava viva, artesãos e operários franceses dispunham de considerável experiência política e constituíam uma significativa audiência para as utópicas projeções do socialismo e as propostas do comunismo; ademais de, dadas a falta de liberdade para organizar sindicatos e a interdição do direito à greve[8], participarem de inúmeras sociedades secretas, das quais a mais expressiva do movimento operário era a Sociedade das Estações (fundada em 1837 por Auguste Blanqui [1805-1881] e Armand Barbès [1809-1870]). Inicialmente, tais sociedades – surgidas sobretudo na década de 1830 (cf. Sarane, 1979) – envolviam tanto pequeno-burgueses radicalizados quanto operários revolucionários; mas, gradualmente, operou-se uma diferenciação entre elas e também entre seus referenciais ideológicos, diferenciação já perceptível quando da chegada de Marx a Paris. Demarcam-se então duas vertentes: os doutrinários socialistas (Louis Blanc, Victor Prosper Considerant, Pierre-Joseph Proudhon) e os doutrinários comunistas (Etienne Cabet [1788-1856], Théodore Dézamy [1808-1850], Auguste Blanqui). Observa Cornu (1976, v. IV, p. 14):

> Enquanto os primeiros preconizam somente reformas, como a organização do trabalho, que consideram capazes de resolver por si mesmas a questão social no marco da sociedade burguesa, os outros têm como objetivo a destruição da própria sociedade burguesa através da abolição da propriedade e da instauração do comunismo.[9]

Paris, naqueles anos 1840, era a caixa de ressonância das lutas sociais que pipocavam por todo o país. Sua população, com fortes tradições associativas, tinha crescido muito na primeira metade do século XIX – passara de cerca de 600 mil habitantes, em 1800, para mais de 1 milhão em 1850 (em 1856, um censo contou na cidade 1.130.488 pessoas) –, e as notícias e informações, bem como os boatos, circulavam velozmente, graças à existência de incontáveis jornais, panfletos e pasquins de todos os tipos. Mas a capital era irradiadora de novas ideias, e não só para a França, mas também para a Europa, uma vez que a literatura político-social francesa influía à distância de milhares de quilômetros e Paris registrava a presença de imenso contingente de imigrantes (nele, a maior "colônia" era de alemães[10]), envolvendo dezenas de milhares de europeus continentais, desde artesãos e trabalhadores em busca de emprego até perseguidos políticos das mais diversas origens. É nessa Paris, que então dava mostras mais que suficientes de que seria "a capital do século XIX" – tal como Walter Benjamin (2007) a designaria num texto de 1935, levando em conta as transformações urbanas operadas logo depois por Haussmann (1809-1891), administrador da capital sob Luís Napoleão[11] –, que Marx, obviamente impactado pelo seu caráter de metrópole capitalista, descobre os *trabalhadores*. A essa descoberta voltaremos depois de um breve excurso exigido pelo texto marxiano em que novos personagens aparecem pela primeira vez como *sujeito coletivo*, como *classe*: o proletariado.

Da semana em que chegou a Paris até a entrada de fevereiro de 1844, Marx ocupou-se da preparação editorial dos *Anais Franco-Alemães* – o que não impediu seja a sua movimentação entre o que a cidade lhe oferecia de interesse cultural e político, seja o cuidado com os dois textos de sua própria lavra para a revista. Como vimos no capítulo I, *Para a questão judaica* foi finalizado em Paris; no que toca ao outro texto, "Contribuição à crítica da filosofia do direito de Hegel. Introdução" (em Marx, 2005, daqui em diante denominado *Contribuição*; as páginas dessa edição serão aqui indicadas entre colchetes), seguramente pensado havia muito, temos suficientes indícios – um deles, a *primeira menção ao proletariado* no conjunto da obra marxiana – para considerarmos que foi concluído na capital francesa[12]. Aliás, a *Contribuição* é um dos ensaios mais brilhantes, do ponto de vista estritamente literário, que Marx elaborou ao longo de sua vida; sob essa ótica, trata-se mesmo de uma obra-prima[13].

O "Manuscrito de Kreuznach", como vimos no capítulo I, não encaminha a crítica de Marx senão a aspectos determinados do pensamento político de Hegel, com o exame, sob a marcada influência de Feuerbach, de um segmento da *Filosofia do direito*. A *Contribuição*, na qual se esbate o peso das ideias feuerbachianas, tenta apanhar o conjunto das reflexões de Hegel acerca do Estado burguês, e o faz ao mesmo tempo que analisa a importância dessas reflexões como expressão máxima a que chegou o pensamento jurídico-político sob as condições da *miséria alemã*. Marx acentua aqui, até o limite, o deslocamento que registramos em *Para a questão judaica* no sentido da crítica político-social.

Marx abre o seu ensaio assinalando a importância da crítica da religião que, na Alemanha, "é o pressuposto de toda crítica" [145] e considera que, ali, essa crítica, conduzida no âmbito da filosofia, no essencial, chegou ao fim (não o diz expressamente, mas a referência é mesmo Feuerbach). Entretanto, com essa finalização, a tarefa da filosofia não se realizou plenamente:

> O homem é o *mundo do homem*, o Estado, a sociedade. Esse Estado e essa sociedade produzem a religião, uma *consciência invertida do mundo*, porque eles são um *mundo invertido*. [...]
> A miséria *religiosa* constitui ao mesmo tempo a *expressão* da miséria real e o *protesto* contra a miséria real. A religião é o suspiro da criatura oprimida, o ânimo de um mundo sem coração e a alma de situações sem alma. A religião é o ópio do povo. A abolição da religião enquanto felicidade *ilusória* dos homens é a exigência da sua felicidade *real*. O apelo para que abandonem as ilusões a respeito da sua condição *é o apelo para abandonarem uma condição que precisa de ilusões.*
> A crítica arrancou as flores imaginárias dos grilhões não para que o homem os suporte sem fantasias ou consolo, mas para que lance fora os grilhões e a flor viva brote. A crítica da religião liberta o homem da ilusão, de modo que pense, atue e configure a sua realidade como homem que perdeu as ilusões e reconquistou a razão, a fim de que ele gire em torno de si mesmo e, assim, em volta do seu verdadeiro sol. A religião é apenas o sol ilusório que gira em volta do homem enquanto ele não circula em torno de si mesmo.
> Consequentemente, *a tarefa da história*, depois que o *outro mundo* da verdade se desvaneceu, é estabelecer a *verdade deste mundo*. A *tarefa* imediata da *filosofia*, que está a serviço da história, é desmascarar a autoalienação humana nas suas *formas não sagradas*, agora que ela foi desmascarada na sua *forma sagrada*. A crítica do céu transforma-se deste modo em crítica da terra, a *crítica da religião em crítica do direito* e a *crítica da teologia em crítica da política*. [145-6]

Verifica-se, nesses parágrafos cristalinos, que Marx, tomando a religião como um "sol ilusório", não a pensa tão somente como falsidade e/ou bálsamo amenizador das misérias terrenas, mas compreende-a *também* como um protesto frente a estas. Ainda que sem se estender numa análise materialista da religião, vê-se que ele está longe do materialismo mecanicista do século XVIII (iluminista); ademais, a fórmula (depois tornada um chavão) que reduz a religião a ópio do povo não pode obscurecer que Marx não se limita a um só lado do fenômeno; a sua visão, já aqui, é "dialética, pois apreende o caráter *contraditório* do fenômeno religioso: às vezes, legitimando a sociedade existente, às vezes protestando contra ela" (Löwy, 1991, p. 12)[14]. Nem por isso a religião deixa de ser uma "forma sagrada" da autoalienação humana.

Na *Contribuição*, porém, Marx enfrenta justamente uma "forma não sagrada" com vistas a "estabelecer a verdade" do mundo real, procurando atingir nesse confronto um dos suportes da *miséria alemã*, invectivada ao longo do texto.

A palavra de ordem de Marx é "guerra à situação na Alemanha!" [147]. E, nesse quadro, "a crítica já não é *fim em si*, mas apenas um *meio*; a *indignação* é o seu modo essencial de sentimento e a *denúncia* a sua principal tarefa" [147][15]. A crítica é, pois, uma arma, mas uma arma que, insuficiente em si mesma, se potencializa quando ganha as *massas*:

> É certo que a arma da crítica não pode substituir a crítica das armas, que o poder material tem de ser derrubado pelo poder material, mas a teoria converte-se em força material quando penetra as massas. A teoria é capaz de se apossar das massas ao demonstrar-se *ad hominem* e demonstra-se *ad hominem* logo que se torna radical. Ser radical é agarrar as coisas pela raiz. Mas, para o homem, a raiz é o próprio homem. O que prova fora de toda a dúvida o radicalismo da teoria alemã, e deste modo a sua energia prática, é o fato de começar pela decidida abolição *positiva* da religião. A crítica da religião termina com a doutrina de que *o homem é o ser supremo para o homem*. Termina, por conseguinte, com o imperativo categórico de derrubar todas as condições em que o homem surge como um ser humilhado, escravizado, abandonado, desprezível. [151]

Nesse passo, que evidencia o materialismo marxiano (insista-se: que não se identifica com um materialismo de corte iluminista), reitera-se o traço presente desde as primeiras linhas do texto: o consistente *humanismo* que enforma a reflexão de Marx.

O tratamento da filosofia do direito de Hegel é o deflagrador da análise da *Contribuição* – e Marx credita-lhe o seu mérito efetivo no mesmo andamento em que mostra a sua limitação decisiva:

> A crítica da *filosofia alemã do direito e do Estado*, que teve a mais lógica, profunda e completa expressão em Hegel, surge ao mesmo tempo como a análise crítica do Estado moderno e da realidade a ele associada e como a negação definitiva de todas as anteriores *formas de consciência na jurisprudência e na política alemã*, cuja expressão mais distinta e mais geral, elevada ao nível de *ciência*, é precisamente a *filosofia especulativa do direito* [a de Hegel]. [Ela,] que não toma em conta o *homem real*, só foi possível porque e na medida em que o próprio Estado moderno não atribui importância ao *homem real* ou unicamente satisfaz o homem *total* de maneira ilusória. Em política, os alemães *pensaram* o que as outras nações *fizeram*. A Alemanha foi a sua *consciência teórica*. A abstração e a presunção da sua filosofia seguiam lado a lado com o caráter unilateral e atrofiado da sua realidade. [151]

Observemos: a crítica a Hegel, aqui, é o *deflagrador* da análise marxiana. Reconhecendo a relevância teórica da concepção de Estado (e de direito) de Hegel, o verdadeiro centro da análise de Marx é a *possibilidade da emancipação humana*, na Alemanha e fora dela, possibilidade que, *pela primeira vez em sua obra*, aparece como processo que se viabiliza através de uma *revolução*, que ele já tematiza com a referência às classes sociais e suas lutas. Ele distingue uma revolução parcial, "meramente política", de uma "revolução radical" – esta, sim, promotora da "emancipação humana universal" [154]. E formula o seu pensamento sobre uma "revolução radical" em passagem crucial: ela é função da

> formação de uma classe que tenha *cadeias radicais*, de uma classe na sociedade civil que não seja uma classe da sociedade civil, de um estamento que seja a dissolução de todos os estamentos, de uma esfera que possua caráter universal porque os seus sofrimentos são universais e que não exige uma *reparação particular* porque o mal que lhe é feito não é um *mal particular*, mas o *mal em geral*, que já não possa exigir um título *histórico*, mas apenas o título *humano*; de uma esfera que não se oponha a consequências particulares, mas que se oponha totalmente aos pressupostos do sistema político alemão; por fim, de uma esfera que não pode emancipar-se a si mesma nem se emancipar de todas as outras esferas da sociedade sem emancipá-las a todas – o que é, em suma, a *perda total* da humanidade, portanto, só pode redimir-se a si mesma por uma *redenção total* do homem. A dissolução da sociedade, como classe particular, é o *proletariado*. [155-6]

Foi exatamente nessa "*perda total* da humanidade" que Ernst Bloch viu "um ponto de comutação dialético", o ponto em que Marx "ensina a encontrar o nosso universo" (Bloch, 2006, v. 3, p. 444).

Mesmo com os olhos voltados para a realidade alemã, o pensamento de Marx transcende os limites da *miséria alemã*; suas reflexões vão muito além dela e dizem respeito à ordem social em que se insere o proletariado:

> Quando o proletariado anuncia a *dissolução da ordem social existente*, apenas declara o *mistério da sua própria existência*, uma vez que é a *efetiva* dissolução desta ordem. Quando o proletariado exige a *negação da propriedade privada*, apenas estabelece como *princípio da sociedade* o que a sociedade já elevara a princípio *do proletariado* e o que *este* já involuntariamente encarna enquanto resultado negativo da sociedade. [156]

Vemos aqui a dinâmica da ultrapassagem do radicalismo democrático do jovem Marx: o proletariado, *pondo em questão a propriedade privada*, é o sujeito ativo de uma "revolução social" que aponta "ao mundo que está ainda a surgir" [156]. E, nesse processo em que se vislumbra a *emancipação do homem*, "a *filosofia* é a *cabeça* desta emancipação e o *proletariado* é o seu *coração*. A filosofia não pode realizar-se sem a suprassunção do proletariado, o proletariado não pode suprassumir-se sem a realização da filosofia" [156][16].

Portanto, a suprassunção da filosofia ultrapassa largamente o plano teórico: Marx sublinha que "a crítica da filosofia especulativa do direito não se orienta em si mesma, mas em *tarefas* que só podem ser resolvidas por um único meio: a *atividade prática*" [151]. Nessa determinação aflora a problemática específica da relação entre *teoria* e *prática*, posteriormente desenvolvida por Marx[17].

Já sobre o "mundo que está ainda a surgir", salvo que se trata da "dissolução da ordem social existente", com a "negação da propriedade privada" pelo proletariado, Marx nada diz na *Crítica da filosofia do direito de Hegel*. O que nela explicitou, contudo, deixa inequivocamente clara sua ascensão a um outro patamar teórico e ideopolítico, que põe a sua reflexão num nível novo, mirando um horizonte que até então lhe era desconhecido: *deixa claro que Marx está cruzando a fronteira entre o seu radicalismo democrático e a sua opção comunista*. Nas justas palavras de Cornu (1976, v. II, p. 428), a *Crítica* "assinala o fim do seu período jovem hegeliano e o começo de um novo período, no curso do qual elaboraria rapidamente sua concepção do materialismo histórico e estabeleceria, sobre esta base, uma concepção já não utópica, mas científica, do socialismo".

Mas esse processo, para avançar, exigirá de Marx a intensificação e a ampliação de seus estudos, que lhe darão condições para superar duas debilidades visíveis na *Crítica*: de uma parte, o seu desconhecimento das relações econômicas; de outra, a sua visão ainda esquemática da luta de classes protagonizada pelo proletariado (ibidem, p. 430-1). Ambas as debilidades começam a ser solucionadas em Paris. Por isso, devemos encerrar este excurso sobre a *Crítica da filosofia do direito de Hegel* e voltar a nossa atenção à vida de Marx na capital francesa, entre janeiro e agosto de 1844.

O mundo dos trabalhadores e a polêmica com Ruge: de janeiro a agosto de 1844

O interesse de Marx pelo pensamento social francês, que veio se manifestando a partir de 1842, estimulou-o – desde a sua chegada a Paris – não só a buscar contatos com os representantes desse pensamento e com revolucionários estrangeiros[18], como também, muito especialmente, a observar a movimentação dos trabalhadores franceses envolvidos no ativismo político e a dela participar. Um estudioso de Marx relatou:

> A agitação política que conduzira várias vezes à luta armada e à tentativa da Sociedade das Estações de tomar a prefeitura [de Paris] em 12 de maio de 1839 estavam vivas em todas as memórias. Operários alemães tinham participado dela e Marx, que desde a sua chegada a Paris frequentou as reuniões dos emigrados na *Barrière du Trône*[19], sem dúvida os encontrou. E, a partir de março de 1844,

assistirá aos banquetes democráticos de que tomavam parte Pierre Leroux, Louis Blanc e Félix Pyat. Também participará dos círculos operários que discutiam as ideias de Cabet ou de Fourier. Paris lhe ofereceu o que em vão procurara na Alemanha: o contato vivo com um proletariado que pouco a pouco toma consciência dos seus interesses de classe e se organiza num movimento revolucionário. (Bottigelli, em Marx, 1969, p. xxix)

Até à data conhecedor apenas da sociabilidade de ambientes intelectuais e universitários, na relação com artesãos e operários que vai desenvolver a partir de então Marx vislumbra um *novo horizonte humano*: o horizonte instaurado pela *solidariedade de classe dos trabalhadores*. Trata-se de uma solidariedade que desconhece provincianismos e limitações nacionais; ao contrário, é dinamizada por um forte sentimento internacionalista[20]. O impacto que essa *outra* sociabilidade lhe causa é enorme; mostra-o um trecho de sua carta a Feuerbach datada de 11 de agosto de 1844: "O senhor teria que assistir a uma reunião de operários franceses para conhecer a paixão juvenil e a nobreza de caráter de que dão provas estes homens exauridos pelo trabalho". E acrescenta, logo depois de se referir também aos trabalhadores ingleses e aos alemães emigrados: "De qualquer maneira, a história vai fazendo desses 'bárbaros' da nossa sociedade civilizada o elemento prático que emancipará a humanidade" (MEW, 1965, v. 27, p. 426). Tal impacto logo se expressa na sua elaboração teórica[21], exatamente porque esta é simultânea e vinculada à inédita sociabilidade que se apresenta diante dele – sociabilidade que Engels (e este, à diferença de Marx, bem conhecia a sociabilidade dos burgueses alemães e ingleses) vivenciara intensamente pouco antes na sua profunda relação com o proletariado da Inglaterra e que, acentuando as suas convicções comunistas, rebateu também na sua elaboração (cf. Engels, 2010, p. 162-3).

No caso de Marx, a expressão dessa sociabilidade na elaboração teórica deve-se, antes de mais, à possibilidade que a estância em Paris – a partir daquele primeiro semestre de 1844 – lhe deu de começar uma relação político-prática (relação que, nos anos seguintes, se tornaria orgânica) com o proletariado. Isso coincidiu com a abertura dos seus estudos de economia política, para os quais a influência do ensaio de Engels publicado nos *Anais Franco-Alemães* foi decisiva. O "Esboço de uma crítica da economia política" (em Engels, 1981, p. 53-81), que Engels redigiu na Inglaterra entre fins de 1843 e janeiro de 1844 e logo enviou para os *Anais Franco-Alemães*, representou para Marx, inquestionavelmente, um estímulo essencial para dedicar-se aos estudos de economia política. Marx teve imediata consciência de que estava diante de um texto seminal, e a sua admiração por aquele ensaio engelsiano consolidou-se ao longo de algumas de suas pesquisas mais significativas[22]. Com plena razão, Frederico (2009, p. 128-9) afirmou que, "sem dúvida, Engels não só iniciou Marx no estudo da economia política, como também lhe forneceu elementos conceituais para a crítica dessa ciência". Sabemos que o "Esboço" engelsiano chegou às mãos de Marx em janeiro de 1844 – e sabemos, igualmente, que foi então que ele se concentrou no trato da economia política, em meio a uma atividade de pesquisa como sempre exaustiva[23]. Numa carta a Feuerbach (15 de maio de 1844), Ruge faz um comentário – azedo (ele e Marx já haviam rompido em março[24]), mas certamente expressivo – que é reproduzido por vários biógrafos e dá ideia do ritmo de trabalho intelectual de Marx em Paris:

> Ele tem uma personalidade peculiar – perfeito como erudito e escritor, mas completamente desastroso como jornalista. Lê muito, trabalha com uma intensidade incomum e tem um talento crítico que de vez em quando degenera numa dialética temerária. Mas não termina nada, interrompe tudo e volta a mergulhar num oceano de livros. [...] É irritadiço e exaltado, particularmente quando trabalha até adoecer e não vai para a cama por três, até quatro noites seguidas. (Citado em Jones, 2017, p. 178)

De fato, a estância francesa de Marx foi marcada por um mergulho "num oceano de livros". Para aprofundar seus conhecimentos sobre a Revolução Francesa (chegou mesmo a pensar em escrever um ensaio sobre a Convenção), ele leu os grandes historiadores – Thierry (1795-1856), Mignet (1796-1884) e Guizot (1787-1874) – e também Buchez (1796-1865) e Roux-Lavergne (1802-1874); consultou ainda Levasseur de la Sarthe (1747-1834), discursos de Robespierre (1758-1794) e Saint-Just (1767-1794) e materiais de Babeuf (1760-1797). Por outra parte, no seu esforço para conhecer as condições de vida dos trabalhadores, perscrutou, entre outros, os textos de Buret (1810-1842), Pécqueur (1808-1887) e C. London (1808-?). Entretanto, desde janeiro de 1844, o foco da sua atenção foi a economia política: percorreu milhares de páginas dos economistas; apenas entre janeiro e agosto, examinou cerca de uma vintena de autores, entre os quais Smith, Ricardo, Say, Mill, Boisguillebert e Law. Logo veremos o que resultou desse estudo, mas, antes, devemos mencionar uma polêmica importante, que já incorpora algo de seus frutos: a polêmica que Marx travou com Ruge em face da rebelião dos tecelões na Silésia, na primeira semana de junho de 1844[25]. Aquele despertar do proletariado alemão impressionou profundamente Marx e rebateu no desenvolvimento da sua reflexão teórica[26].

O veículo da polêmica foi o *Vorwärts!* (Avante!), periódico alemão que saía duas vezes por semana e era voltado aos emigrantes (e, eventualmente, a leitores no interior da Alemanha). Editado em Paris de janeiro a dezembro de 1844 (cf. Grandjonc, 1970), foi criado por Heinrich Börnstein (1805-1892) e dirigido inicialmente por Adalbert von Bornstedt (1807-1851), suspeito personagem conservador que saiu do seu comando em março, substituído por Karl Ludwig Bernays (1815-1879). Bernays, jornalista talentoso e opositor de Frederico Guilherme IV, colaborara com os *Anais Franco-Alemães* e deu um tom radical ao *Vorwärts!*, reunindo em torno dele figuras como Heine, Bakunin, Herwegh e Weerth – tom acentuado na sequência dos eventos insurrecionais da Silésia.

Na edição n. 60 do *Vorwärts!*, de julho de 1844, Ruge – sob o pseudônimo "Um prussiano", intencionalmente equívoco, uma vez que ele era natural da Saxônia – publicou o artigo "O rei da Prússia e a reforma social". Nele, sustentava que a insurreição na Silésia tinha um caráter puramente local, e que o pauperismo que a provocara poderia ser suprimido por meio da educação e de uma reorganização política; distinguiu entre uma "revolução política" e uma "revolução social", assegurando que esta última era inviável na Alemanha, dado que o espírito político dos alemães pobres não contemplava o "problema social". Marx replicou, com ironia e dureza, escrevendo *Glosas críticas marginais ao artigo "O rei da Prússia e a reforma social" de um prussiano*, texto publicado nas edições n. 63 e 64, de 7 e 10 de agosto de 1844, do mesmo *Vorwärts!* (ver Marx, 2010c)[27].

Marx, nesse artigo, reduz a pó as considerações de Ruge. Argumenta que o pauperismo não é algo localizado, restrito à "atrasada" Alemanha, mas é fenômeno generalizado, corrente também na "avançada" Inglaterra e na França, e que não pode ser compreendido a partir de um ponto de vista filosófico e/ou político, mas somente do ponto de vista *social*[28]. E ainda: que não pode ser solucionado se não se conhecem as suas causas (Marx recorre a exemplos de políticos e economistas ingleses), em especial através de providências tomadas pelo Estado (ele remete às *workhouses* da Inglaterra e às medidas da Convenção francesa e de Napoleão); com efeito, segundo Marx, quando o Estado burguês se propõe a enfrentar o pauperismo, não faz mais que se socorrer de paliativos administrativos e/ou da beneficência. Aí está o *limite do trato político que o Estado burguês pode dar ao pauperismo*: seria preciso ir além desse trato político para conhecer as causas do pauperismo, residentes na "vida civil". Em suma, seria preciso ter em conta que a "propriedade privada", que a "escravidão da sociedade civil é o fundamento natural em que se apoia o Estado moderno", e que "a existência do Estado e a existência da escravidão são inseparáveis" (ibidem, p. 60); por isso, o Marx que replica a Ruge credita o pauperismo ao que então já designa por *sistema da propriedade privada* (cf. Cornu, 1976, v. III, p. 109-10).

Tão decisiva quanto esta última determinação é a avaliação de Marx acerca do significado da revolta dos tecelões silesianos: se, para Ruge, tratava-se de um limitado evento de restrita incidência regional, para Marx ela era o sintoma e o prenúncio de um processo muito mais profundo e amplo e atestava a vocação dos trabalhadores alemães para uma revolução *social*. Desnudando a confusa teoria de Ruge acerca de uma "revolução política" com uma "alma social", Marx afirma: "Toda revolução dissolve a velha sociedade; neste sentido, é social. Toda revolução derruba o velho poder; neste sentido, é política" (Marx, 2010c, p. 77); e mais: demonstra a limitação inerente a uma revolução que se requer (como era a da visão de Ruge) puramente política: se "uma revolução social se situa do ponto de vista da totalidade porque [...] é um protesto do homem contra a vida desumanizada", se ela busca "a verdadeira comunidade do homem", que "é a essência humana", "a alma política de uma revolução", diferentemente, tem o ponto de vista "do Estado, de uma totalidade abstrata" e, por isto, organiza "um círculo dirigente na sociedade às custas da sociedade" (ibidem, p. 76-7); assim, "por mais parcial que seja uma revolta industrial, ela encerra em si uma alma universal; e por mais universal que seja a revolta política, ela esconde, sob as formas mais colossais, um espírito estreito" (ibidem, p. 76). Para o Marx que replica a Ruge, "nenhuma das revoltas dos operários franceses e ingleses teve um caráter tão teórico e consciente como a revolta dos tecelões silesianos" e "somente no socialismo pode um povo filosófico [como aquele cujo espírito se encarna em trabalhadores como os tecelões revoltosos] encontrar a sua práxis correspondente e, portanto, somente no proletariado o elemento ativo da sua libertação" (ibidem, p. 70)[29].

Em suma: o Marx que, ao fim do primeiro semestre de 1844 (mais precisamente: em 31 de julho de 1844, quando concluiu a redação das *Glosas*), publicita a sua ruptura com o "prussiano" Ruge, já fez a opção comunista e não tem dúvidas de que o sujeito da revolução é o proletariado. Tais avanços do pensamento de Marx resultam, em larguíssima medida, dos estudos econômicos que o ocuparam tão intensamente durante os seis meses anteriores. Portanto, temos de nos haver com os *Cadernos de Paris* (que, na sua totalidade, registram notas até janeiro de 1845; aqui levaremos em conta apenas aquelas redigidas no primeiro semestre de 1844) e com os *Manuscritos econômico-filosóficos de Paris*[30].

Os *Cadernos de Paris*

É ponto pacífico que ambos foram redigidos paralelamente, no curso do primeiro semestre de 1844: os *Cadernos* se abrem por volta de janeiro/fevereiro (uma página apensa a eles é um resumo do artigo que Engels enviou para os *Anais Franco-Alemães*), e os *Manuscritos* tomam corpo entre fevereiro/março e agosto (Cornu, 1976, v. III, p. 130; Bottigelli, em Marx, 1969, p. 3; Vázquez, em Marx, 1974, p. 15). É fato que a estrutura e a forma de ambos são diversas: os *Cadernos* certamente devem ser vistos como parte daquele "laboratório teórico" a que já aludimos: são anotações e extratos de leituras, glosas, pistas críticas e alguns desdobramentos analíticos, tudo sob uma forma que indica não ser material para publicação, mas para utilização futura; quanto aos

Manuscritos, contêm elaborações teóricas muito mais bem desenvolvidas, delineando o projeto de um livro nunca editado, embora carentes da atenção formal que Marx sempre conferiu aos escritos que oferecia à apreciação pública (sabe-se do capricho dele com os textos que destinava à publicação[31]). A íntegra desses dois conjuntos textuais só veio à luz postumamente, em 1932[32]. Há diferenças entre eles, mas nenhuma que expresse discrepâncias substantivas; de fato, os dois conjuntos se complementam.

Registrando o começo dos estudos econômico-políticos sistemáticos de Marx, os *Cadernos* são constituídos por centenas de apontamentos de leituras realizadas entre janeiro de 1844 e janeiro de 1845. Interessam-nos aqui os "nove cadernos escritos no primeiro semestre de 1844" (Jones, 2017, p. 198): cinco relacionam-se diretamente com a leitura de economistas; em três deles são raras as reflexões do próprio Marx, e é especialmente a partir do quarto caderno que o autor comenta os extratos que faz dos economistas. As notações que faremos seguem a organização do texto que se encontra disponível em Marx, 2015 (os números entre colchetes remetem às páginas dessa edição), p. 185-233[33].

Esses nove cadernos documentam os primeiros contatos de Marx com a economia política[34], disciplina emergente a partir do século XVII que, sobretudo no curso do século XVIII, ganhou componentes de cientificidade quando pensadores ilustrados, em boa parte vinculados à burguesia revolucionária, contribuíram para a sua consolidação. Trata-se mesmo do início da relação de Marx com aquela que Lukács (2016, p. 99) chamou de a "maior e mais típica das novas ciências da sociedade burguesa" – o que explica o fato de Marx, nos *Cadernos*, não discriminar, entre os economistas políticos, os "clássicos" dos "vulgares"[35]. No primeiro semestre de 1844, o Marx que começa a se apropriar do acervo da economia política, ainda que o faça com lampejos geniais, quase nada sabe dela, e as suas operações críticas tomam a disciplina de um ponto de vista inequivocamente filosófico.

Na primeira nota [186], ele cuida da conceituação – apresentada por Jean-Baptiste Say (1767-1832), economista que mais tarde ele caracterizaria como "vulgar" – da propriedade privada. Essa nota mostra o peso do ensaio de Engels ("Esboço de uma crítica da economia política") publicado nos *Anais Franco-Alemães*: é dele que Marx retira a determinação da economia política como "ciência do enriquecimento"; tal determinação se funda na propriedade privada, que a economia política não explica e, por isso, como ciência, "repousa sobre um fato carente de necessidade" [186]. É de salientar o fato de, desde os seus primeiros estudos econômicos, Marx colocar em destaque a questão da propriedade privada – destaque, aliás, que atravessa os *Manuscritos*. A segunda nota [187] refere-se a um passo de Adam Smith (1723-1790) (lido então na tradução francesa da *Riqueza das nações*, da lavra de Germain Garnier): trata-se da relação entre troca e divisão do trabalho, em que, segundo Marx, Smith "gira em círculo, de maneira divertida".

As sete notas seguintes (3 a 9), ainda que tangenciando ideias de outros economistas, cuidam basicamente de teses ricardianas. David Ricardo (1772--1823) é, aqui, o interlocutor a que Marx se remete, e fica claro que ele *recusa* a teoria do valor enunciada pelo teórico analisado (mas logo a evolução dos seus estudos vai levá-lo, em 1847, na *Miséria da filosofia*, a assumir a teoria do valor--trabalho[36]). Também aqui se percebe o influxo do ensaio de Engels publicado nos *Anais Franco-Alemães*: nele, o jovem Engels considera o princípio do valor uma abstração justificadora da ordem assentada na propriedade privada, situando a concorrência como o princípio que direciona efetivamente as relações econômicas; Marx o acompanha: "Os custos de produção são eles mesmos determinados pela concorrência e não pela produção" [191].

Os economistas clássicos voltam a atenção para a produção e abstraem a concorrência. O Marx de 1844 rechaça essa posição, que embasa a teoria do valor de Ricardo, vendo nela uma inversão entre abstração e realidade: a concorrência é posta aí como "momentânea ou acidental". Recrimina Marx: "A Economia Política, para dar mais consistência e precisão às suas leis, tem que supor a realidade como acidental e a abstração como real" [191]. E é a abstração de um elemento axial constitutivo da realidade – justamente a propriedade privada – que permite ao economista supor que, na troca, há equivalência e há coincidência entre o preço e o valor das mercadorias. Para o economista, o capitalista paga pelo trabalho (o que bem depois Marx designará por *força de trabalho*) o equivalente de seu valor em dinheiro (o salário); Marx nega que entre capitalista e operário se opere um tal intercâmbio equivalente e atribui a essa falsificação a condição de consequência da teoria do valor.

A recusa da teoria do valor por Marx resulta também do que o novel frequentador da bibliografia econômico-política considera a sua contraditoriedade. Ele cita aprobatoriamente Ricardo quando este "sublinha muito bem o fato de que o trabalhador nada ganha com o aumento da produtividade do trabalho" ([189]; nos *Manuscritos*, volta a esse ponto mais vigorosamente[37]) e logo a seguir retorna à concepção ricardiana do valor, segundo a qual "o trabalho [é] fonte de todo valor, e sua quantidade relativa [...] a medida que regula o valor relativo das mercadorias" [189]. Para Marx, contém-se aqui uma contradição flagrante, que ele registra com as próprias palavras de Ricardo e que Vázquez assinala: "Trata-se, em suma, do seguinte: se o trabalho é a fonte de todo valor, por que o operário não se eleva – e, pelo contrário, se empobrece material e espiritualmente – ao elevar-se a sua produtividade?" (Vázquez, em Marx, 1974, p. 37). Nos *Manuscritos* (presentes na mesma edição dos *Cadernos*, Marx, 2015, com os números das páginas também indicados entre colchetes), Marx retornará à mesmíssima questão: o economista diz-nos que, originariamente e segundo o conceito, *todo o produto* do trabalho pertence ao trabalhador. Mas diz-nos, simultaneamente, que na realidade cabe ao trabalhador a parte mínima e mais indispensável do produto; apenas tanto quanto for preciso para ele existir, não como homem, mas como trabalhador, não para ele propagar a humanidade, mas, antes, a classe de escravos [que é a] dos trabalhadores. [251]

Nos *Manuscritos*, Marx dará uma primeira (e insuficiente) solução àquela contradição, sob a qual se oculta a *exploração* do operário: o que o empobrece (desvaloriza) não é *o* trabalho, mas o trabalho *alienado*; dele trataremos adiante.

Relevante é o modo como Marx, na controvérsia entre Ricardo, Say e Jean de Sismondi (1773-1842) sobre a renda bruta e a renda líquida, toma posição a favor de Ricardo, vendo nessa distinção a contradição entre os interesses gerais e os particulares e extraindo a conclusão do possível direito dos trabalhadores de abolir os segundos em benefício dos primeiros. Afirma ele:

Negando qualquer importância à renda bruta – isto é: à quantidade da produção e do consumo que não constitui o excedente e, portanto, negando toda importância à vida mesma –, as abstrações próprias da Economia Política atingem o cúmulo da infâmia. Daí resulta: 1º) que a Economia Política não se preocupe absolutamente com o interesse nacional, com o homem, mas somente com a renda líquida, com o lucro, com a renda da terra, que nela aparece como o fim supremo da nação; 2º) que, nela, a vida de um homem não tenha nenhum valor; 3º) que o valor da classe operária limite-se aos custos de produção necessários e que os operários só existam em função da renda líquida – vale dizer, para o lucro do capitalista e para a renda do proprietário fundiário. [194-5]

Eis aqui, para o jovem Marx, um dos núcleos problemáticos mais densos – que ele qualifica como "infame" – da economia política: a consideração do trabalhador como simples instrumento de produção de lucros; nos *Manuscritos*, essa consideração é amplamente tematizada[38], mas já nos *Cadernos* Marx evidencia um dos traços pertinentes da economia política: "A humanidade se situa *fora* da economia política e a inumanidade *dentro* dela" [195]. Nos *Manuscritos* – e trataremos disso –, a contraposição marxiana a tal inumanidade será operada mediante a crítica filosófico-antropológica do trabalho alienado, com o recurso à sua concepção de essência humana para explicitar o horror dessa redução do trabalhador a máquina produtiva. Só na segunda metade dos anos 1850, Marx (sem renunciar à sua concepção filosófico-antropológica e à sua defesa de princípio do *humanismo*, antes determinando-as e concretizando-as) terá condições de clarificar inteira e radicalmente a problemática econômico-política aí embutida.

Ressalte-se, porém, que, na mesma controvérsia, Marx toma o partido de Ricardo contra Say e Sismondi: à sincera constatação daquele, segundo a qual o trabalhador é mero instrumento de produção de lucros, estes opõem uma retórica edulcorante. Marx se posiciona com nitidez: quando "combatem Ricardo, eles só visam à expressão *cínica* de uma verdade econômica. A tese de Ricardo é correta e lógica do ponto de vista econômico" [195]; Marx prefere o cinismo do economista clássico à demagogia untuosa dos menores[39].

À parte outras questões relevantes – como, por exemplo, a da renda fundiária, tangenciada nos *Cadernos* [189-90 e 223], à qual Marx voltará com atenção nos *Manuscritos* [283-302] –, essa primeira leitura de Ricardo por Marx revela a ambivalência do jovem pesquisador em face do grande economista político. De um lado, Marx reconhece-lhe méritos: sua teoria expressa a verdade da economia sob a vigência da propriedade privada burguesa; de outro, ao operar dando como suposta esta última e aceitando acriticamente a produção capitalista, a teoria de Ricardo está amarrada aos substratos ideológicos da ideologia burguesa (revolucionária), compartilhados pelo melhor da ciência (a economia política) que ela engendrou. Vázquez, a partir da constatação dessa duplicidade, sustenta que a crítica marxiana da economia política, tanto nos *Cadernos* quanto nos *Manuscritos*, incide

> sobre a dupla operação dos economistas, de revelação e ocultamento. Enunciam uma verdade acerca da produção ao considerá-la como produção para o lucro, na qual a remuneração do trabalho exclui as faculdades intelectuais [do trabalhador] e na qual, em suma, o valor do trabalhador se reduz a seus custos de subsistência. Mas o enunciado dessa verdade, ao referir-se à produção em geral, oculta a realidade histórico-concreta na qual o enunciado é verdadeiro. Pura e simplesmente: apresenta-se a verdade de uma forma histórica concreta de produção como a verdade da produção, com o que o enunciado dos economistas – mesmo reconhecendo-se a sua "verdade" – tem de ser problematizado. Mas o jovem Marx não o problematiza a partir de um ponto de vista econômico, já que desse ponto de vista ele contém uma "verdade econômica". Problematiza-o saindo da economia [...] e criticando a economia a partir de determinada concepção de homem. Visto que se trata de considerar o trabalhador como homem e o humano se encontra fora da economia, a filosofia com uma determinada concepção do homem é que permitirá essa crítica humanista da economia – nela, e a partir dela, a sua "verdade econômica" perde a validez. (Vázquez, em Marx, 1974, p. 48)

Essa ambivalência só será resolvida no curso de um largo projeto de investigação, cumprido por Marx ao fim de quase duas décadas e que redundará na *superação* – no mais rigoroso sentido hegeliano (isto é, a sua negação e a sua conservação num nível superior) – de Ricardo.

As notas subsequentes (10 a 23) são aquelas que, nos *Cadernos*, demonstram sobejamente que uma concepção filosófico-antropológica anima a perquirição que o jovem Marx dirige à economia política. Nelas, Marx não se limita a pontuar questões e problematizar teses. Nessas páginas brilhantes, a propósito de um autor menor que Ricardo, mas representante da sua escola já em dissolução (James Mill [1773-1836]), Marx revela que a filosofia funda e operacionaliza a sua crítica a uma ciência carente (e, pelos seus pressupostos, impossibilitada) de considerações *humanas*. Em Paris, lendo – na tradução francesa de Jacques--Théodore Parisot – e anotando os *Elementos de economia política*, de James Mill, pai de John Stuart Mill (1806-1873)[40], Marx dá mostras da sua genialidade e formula algumas das ideias-força que não só peculiarizam parte da sua *obra da juventude*, mas também comparecem (evidentemente reelaboradas) na sua *obra da maturidade*[41].

Nessas notas, Marx trata a economia política à luz da filosofia: mais exatamente, submete a economia política a um questionamento radical a partir de uma perspectiva filosófico-antropológica; aprofunda e sobretudo enriquece a determinação, já assinalada, segundo a qual "a humanidade se situa *fora* da economia política e a inumanidade, *dentro* dela". De fato, dessas catorze notas, apenas duas, a primeira (referente às "leis econômicas" [199-200]) e a última (respeitante à tributação da renda fundiária [223]) incidem exclusiva e especificamente em teses da economia política. Em todas as outras doze notas, as reflexões de Marx estão conectadas a uma problemática de fundo: *a alienação dos homens quando as suas relações sociais se desenvolvem sob o regime da propriedade privada*. Tal problemática – que marcará visceralmente os *Manuscritos* – vincula o conteúdo dessas doze notas.

Nelas, o *dinheiro* ocupará um espaço privilegiado[42]. O dinheiro, tomado como equivalente universal da existência humana alienada, já fora tematizado por Marx em *Para a questão judaica*[43] e agora constitui a matéria da primeira nota substantiva da sua leitura de Mill (Marx, 2015, p. 200 e seg.). Marx, contudo, não está basicamente interessado, aqui, no debate acerca do dinheiro tal como o situa a economia política; interessa-lhe esclarecer por que, quando o dinheiro "reina onipotentemente sobre as coisas para as quais ele [...] serve como intermediário", "o homem se empobrece tanto mais como homem separado deste mediador quanto mais este se torna rico" [201]. Para Marx, o que ocorre é que, quando o dinheiro se converte em mediador universal de todas as relações, a mediação que ele realiza se autonomiza da atividade dos homens e aparece a estes como algo alheio:

> A *atividade mediadora* é que se aliena nele [no dinheiro], é o movimento mediador, o ato humano, social, através do qual os produtos do homem se

complementam uns aos outros; este ato mediador torna-se a função de uma *coisa material*, externa ao homem – uma função do dinheiro. [200-1]

A similitude desse deslocamento (que configura uma *inversão* da relação sujeito-objeto, criticada já por Marx, sob a inspiração de Feuerbach, no "Manuscrito de Kreuznach") com aquela que o cristianismo opera, enquanto religião, é invocada por Marx: "Cristo é o Deus *alienado* e o homem alienado. Deus só tem valor na medida em que o representa Cristo; o homem só tem valor na medida em que o representa Cristo. O mesmo vale para o dinheiro" [202][44].

A resultante de tal deslocamento é a inversão em que "todos os caracteres que pertencem à atividade genérica da produção, próprios a esta atividade, são transferidos a este mediador [o dinheiro]" [201]; é por isso que – retomemos a frase já citada – "o homem se empobrece tanto mais como homem separado deste mediador quanto mais este se torna rico".

Porém, tudo o que o economista constata tem, segundo Marx, seu fundamento no que ele, o economista, aceita como *factum* indiscutível, naturalizado – a propriedade privada, como se viu, "um fato carente de necessidade". Marx aponta o processo de desenvolvimento que vai da propriedade ao dinheiro:

> Por que a propriedade privada deve chegar ao *dinheiro*? Porque o homem, ser social, deve chegar ao intercâmbio e porque o intercâmbio – suposta a propriedade privada – deve chegar ao valor. De fato, o movimento mediador do homem que intercambia não é um movimento social, humano. Não é uma relação humana, mas a relação abstrata da propriedade privada com a propriedade privada, e esta relação abstrata é o *valor*, que só existe como tal enquanto *dinheiro*. Pois, trocando, os homens não se comportam mutuamente como homens, o *objeto* perde a sua significação de propriedade humana, pessoal. [202]

Daí que

> a relação da propriedade privada com a propriedade privada é já uma relação em que a propriedade privada alienou-se de si mesma. O dinheiro, que encarna esta relação, é, consequentemente, a alienação da propriedade privada, a abstração da sua natureza *específica*, pessoal. [202]

O sistema de crédito, substituindo o sistema monetário (no qual domina o valor absoluto dos metais preciosos), recebe de Marx um tratamento (que não se encontra nos *Manuscritos*) crítico radical, do ponto de vista filosófico-antropológico. Nele, segundo Marx,

> é o próprio homem que se converte em dinheiro ou, noutra expressão, é o dinheiro que se *encarna* no homem. A *individualidade humana*, a *moral humana*,

transformam-se, simultaneamente, em artigo de comércio e na existência *material* do dinheiro. Em lugar do dinheiro, do papel, é a minha existência pessoal, a minha carne e o meu sangue, a minha virtude social e a minha reputação social que se tornam a matéria e o corpo do *espírito do dinheiro*. O crédito calcula o valor monetário não em dinheiro, mas em carne e coração humanos. Este é o ponto em que todos os progressos e todas as inconsequências ocorrentes no interior de um sistema falso constituem a suprema regressão e a suprema consequência da abjeção. [206]

Parece-me equivocado reduzir a crítica marxiana que se desenvolve nessas notas a uma dimensão puramente moral, mesmo que uma apreciação superficialmente formal pareça dar-lhe alguma sustentação. E por uma razão óbvia – para além, é claro, da sua correção *descritiva*: haverá quem duvide, por exemplo, de que "está subentendido que, *além das garantias morais*, o credor dispõe, em relação ao devedor, de garantias e coações jurídicas, sem falar de outras garantias reais" [205]? Marx sinaliza, nessas mesmas notas, a concepção filosófico-antropológica que lhe permite qualificar como "falso" o "sistema", "abjeta" uma "relação" etc. Não adiantarei aqui observações que serão mais pertinentes no trato dos próprios *Manuscritos*. Digamos, por agora, que ela envolve muito da influência de Feuerbach que então se fazia sentir sobre Marx (sobretudo a ideia de *ser genérico*), mas também elementos oriundos do pensamento de Hegel: a relevância da *necessidade* e sua conexão com o trabalho; neste caso, quando Marx menciona o *intercâmbio real* que os economistas descrevem, parece clara a concepção do "sistema de necessidades" (carecimentos) que, no fundo, encontra-se tanto na *sociedade de atividades comerciais* de Smith (1999, v. I, cap. IV) quanto na *sociedade civil-burguesa* de Hegel (2010, terceira parte, segunda seção, item A).

Marx identifica precisamente a concepção antropológica que subjaz à economia política: "A economia política [...] tem como ponto de partida *a relação do homem com o homem* como *relação de proprietário privado com proprietário privado*" [209]; assim,

> o homem é pressuposto [na economia política] como proprietário privado, ou seja, como possuidor exclusivo que afirma a sua personalidade, que se diferencia dos outros e se relaciona com eles através dessa posse exclusiva: a propriedade privada é o seu modo de existência pessoal, distintivo – logo, a sua vida essencial. [209]

Por consequência, "é sob a forma do intercâmbio e do comércio que a economia política concebe a comunidade dos homens" [209]. Justo é, pois, que Antoine Destutt de Tracy (1754-1836) veja a sociedade como "uma série de trocas mútuas" e que, conforme Smith, seja ela "uma sociedade de atividades comerciais – cada um de seus membros é um comerciante" [209]. E Marx resume: "Vê-se como a economia política fixa a forma alienada das relações sociais como o modo essencial e original do intercâmbio humano e o considera como adequado à vocação humana" [209]. Tal conclusão, Marx a baseia na concepção de homem (e de sociedade) que opõe àquela por ele criticada.

Ao homem egoísta ("Mais o poder da sociedade se apresenta maior e mais organizado no sistema da propriedade privada, mais o homem se torna egoísta" [213]) e à sociedade entronizados pela economia política ("uma sociedade de atividades comerciais", segundo Smith), Marx contrapõe: 1) o homem como *ser genérico* e 2) a sociedade como a *verdadeira comunidade dos homens*. A concepção do homem como ser genérico – ser autoconsciente e ser consciente do seu gênero –, Marx toma-a de Feuerbach (mais exatamente, do primeiro capítulo de *A essência do cristianismo*); ele já a referenciara em *Para a questão judaica* (Marx, 2009, p. 71-2), mas desenvolve-a intensivamente nos *Manuscritos*, como veremos adiante. Contudo, nesses *Cadernos*, embora enunciada [217-8, 220-2], a genericidade humana é menos conceptualizada do que oposta ao homem egoísta e animicamente mutilado pelo domínio da propriedade privada e do dinheiro. Ainda assim, Marx deixa claro que é ao ser genérico do homem que corresponde a verdadeira comunidade dos homens, comunidade que é impensável numa "sociedade de atividades comerciais". Essa sociedade, de fato, não constitui uma comunidade humana verdadeira: é a sua "caricatura", porque responde à mera agregação de homens alienados; dela, diz Marx:

> Esta comunidade são os homens, alienados não na abstração, mas enquanto indivíduos reais, vivos, particulares – tais homens, tal comunidade. Dizer que o homem está alienado de si mesmo é dizer que a sociedade deste homem alienado é a caricatura da sua comunidade real, da sua verdadeira vida genérica; que a sua atividade se lhe apresenta como um tormento, suas próprias criações como um poder alheio, sua riqueza como pobreza, o vínculo profundo que o liga aos outros homens como vínculo artificial, a separação em face dos outros homens como sua verdadeira existência; que a sua vida é o sacrifício da sua vida; que a realização do seu ser é a desrealização da sua vida; que, na sua produção, produz o seu nada; que o seu poder sobre o objeto é o poder do objeto sobre ele; que, senhor da sua produção, aparece como escravo dela. [208-9]

Nos *Manuscritos*, tais ideias ecoam nitidamente; por exemplo: "O trabalhador torna-se tanto mais pobre quanto mais riqueza produz, quanto mais a sua produção cresce em poder e volume" [304]; "A realização do trabalho aparece a tal ponto como desrealização que o trabalhador é desrealizado até à morte pela fome" [305]; "O seu trabalho se torna um objeto, uma existência *exterior*, mas também [...] um poder autônomo frente a ele" e "O que o produto do seu trabalho é, ele [o trabalhador] não é" [306].

Essas passagens, entre outras, demonstram que a problemática da *alienação*[45] é posta, nessas notas referentes a James Mill (provavelmente redigidas entre maio e junho de 1844), com extraordinária ênfase, antecipando a centralidade que será reiterada nos *Manuscritos*. Nelas, a alienação é o parâmetro distintivo entre uma comunidade humana verdadeira e uma comunidade humana falsa, porque falseia a vida própria ao homem tomado como ser genérico. Nessa comunidade humana caricata, a vida humana é a desrealização da vida do ser genérico; precisamente na 12ª nota [212-3], Marx formula uma reflexão seminal sobre o *trabalho alienado*, modo de ser do que aqui chama de "trabalho lucrativo". Para Marx, são implicações dessa forma histórica do trabalho:

> 1º) em relação ao sujeito, o trabalho é alienado e acidental; 2º) mesma situação do trabalho em relação ao objeto; 3º) o trabalhador submete-se a necessidades sociais que lhe são alheias e impostas – aceita-as pela sua necessidade egoísta e em desespero de causa; elas não têm para ele nenhum significado, salvo o de serem a fonte de satisfação das suas necessidades mais elementares; o trabalhador é o escravo das necessidades sociais; 4º) para o trabalhador, a finalidade da sua atividade é conservar a sua existência individual – tudo o que faz é realmente apenas um meio: vive para ganhar meios de vida. [213]

Ora, nos *Manuscritos*, temos claramente as mesmas ideias: [1º] o trabalho é *exterior* ao trabalhador, isto é, não pertence à sua essência [308]; [2º] a alienação mostra-se não só no resultado, mas também no ato da produção, no interior da própria atividade produtiva [...]; na alienação do objeto do trabalho resume-se apenas a alienação [...] na atividade do próprio trabalho [213]; [3º] ele [o trabalho] não é [...] a satisfação de uma necessidade, mas é apenas um *meio* para satisfazer necessidades exteriores a ele [309]; [4º] [para o trabalhador] a própria vida aparece apenas como *meio de vida* [312].

Se não temos aqui os densos desenvolvimentos dos *Manuscritos*, encontramos o núcleo das ideias neles aprofundadas; de fato, as reflexões sobre a alienação documentadas nessas notas contêm o embrião da teoria da alienação que se apresenta nos *Manuscritos* – o que, por si só, sinaliza a importância dos *Cadernos*. E nelas se reitera a raiz da crítica do jovem Marx à economia política: esta última toma *um* elemento efetivo da realidade econômica existente (portanto, determinado historicamente) – o trabalho que produz mercadorias e é, pois, "lucrativo" – como elemento supra-histórico (portanto, "natural"), eternizando-o.

Também a prioridade do *ter* sobre o *ser*[46] – motivo bastante expressivo nos/dos *Manuscritos*, amplamente tematizado por autores conhecidos (com destaque para Erich Fromm, entre outros) – comparece nos *Cadernos*, nas notas relativas a James Mill:

O homem – esta é a pressuposição fundamental da propriedade privada – só produz para ter. A finalidade da produção é a posse. E a produção não tem apenas esta finalidade útil; tem uma finalidade egoísta: o homem só produz para possuir para si mesmo. O objeto da sua produção é a materialização da sua necessidade imediata, egoísta. [216]

Portanto,

sob a propriedade privada, o trabalho é alienação de vida, porque trabalho para viver, para conseguir um meio de viver. Meu trabalho não é a minha vida [...]. Sob a propriedade privada, a minha individualidade está alienada a tal grau que esta atividade [o trabalho] me é detestável, motivo de tormento; é, antes, um simulacro de atividade, uma atividade puramente forçada, que me é imposta por um constrangimento exterior e contingente e não por uma exigência interna e necessária. [222]

Algo muito diverso dar-se-á quando os homens produzirem "como homens", isto é, quando a propriedade privada for suprimida:

Suponhamos que produzíssemos como seres humanos – cada um de nós haveria se afirmado duplamente na sua produção: a si mesmo e ao outro. 1º) Na minha produção, eu realizaria a minha individualidade, a minha particularidade; experimentaria, trabalhando, o gozo de uma manifestação individual da minha vida e, contemplando o objeto, a alegria individual de reconhecer a minha personalidade como um poder real, concretamente sensível e indubitável. 2º) No teu gozo ou na tua utilização do meu produto, eu desfrutaria da alegria espiritual imediata, através do meu trabalho, de satisfazer a uma necessidade humana, de realizar a essência humana e de oferecer à necessidade de outro o seu objeto. 3º) Eu teria a consciência de servir como mediador entre ti e o gênero humano, de ser reconhecido por ti como um complemento do teu próprio ser e como uma parte necessária de ti mesmo, de ser aceito em teu espírito e em teu amor. 4º) Eu teria, em minhas manifestações individuais, a alegria de criar a manifestação da tua vida, ou seja, de realizar e afirmar, na minha atividade individual, a minha verdadeira essência humana, a minha sociabilidade humana [*Gemeimwesen*]. [221-2]

A superação da propriedade privada, permitindo a instauração da *verdadeira* comunidade humana, propiciaria uma outra modalidade de produção, aquela liberada do trabalho "lucrativo", do trabalho alienado; então, o "trabalho seria uma livre manifestação de vida, um gozo de vida": "a minha individualidade particular, a minha vida individual, seria afirmada pelo trabalho" [222][47]. Nos *Manuscritos* ecoam as mesmas ideias; vejam-se, por exemplo, as seguintes notações:

> [sob a propriedade privada,] a sua [do homem] exteriorização de vida é o seu desapossamento de vida, a sua realização é a sua desrealização [...]; assim, a supressão positiva da propriedade privada [é] a apropriação *sensível* da essência e da vida humanas, do homem objetivo, da *obra* humana para e pelo homem, [...] não apenas no sentido da *posse*, no sentido do *ter*. [349]

E

> a propriedade privada fez-nos tão estúpidos e unilaterais que um objeto só é o *nosso* se o tivermos, [...] se existir para nós como capital ou se for imediatamente possuído, comido, bebido, trazido no corpo, habitado por nós etc., em resumo, *usado*. [...] Para o lugar de *todos* os sentidos físicos e espirituais entrou portanto a simples alienação de *todos* esses sentidos, o sentido do *ter*. [349-50]

Sob a propriedade privada, como "o trabalho é *exterior* ao trabalhador, i.e., não pertence à sua essência", "ele [o trabalhador] não se afirma, antes se nega, no seu trabalho, não se sente bem, mas infeliz [...]. O trabalho exterior [...] é um trabalho de autossacrifício, de mortificação" [308-9]. Superada a propriedade privada,

> o homem produz[indo] o homem, a si próprio e ao outro homem [...], não só o material da minha atividade [...] me é dado como produto social, a minha existência *própria* é atividade social; por isso, o que eu faço de mim, faço de mim para a sociedade e com a consciência de mim como um ser social. [346-7]

Desse substantivo conjunto de notas nos *Cadernos* a propósito de James Mill, extrai-se a compreensão de que o trabalho alienado é um fenômeno *histórico* (portanto, superável e suprimível), *vinculado à propriedade privada, à produção mercantil e à divisão do trabalho*, que, segundo Marx,

> faz do homem um ser abstrato, uma máquina-instrumento etc., reduzindo-o a um monstro físico e intelectual. Se a unidade do trabalho humano é concebida apenas sob o aspecto da *divisão*, isto significa que o ser social só existe sob a forma da alienação, como um ser que é o contrário de si mesmo. [214]

Nessas notas, entretanto, mesmo referindo a superação da propriedade privada, Marx – à diferença dos *Manuscritos*, como adiante veremos – não se aprofunda na alternativa de tal superação. E as notas seguintes (da 24ª à última) nada acrescentam de essencial à problemática da alienação: Marx apenas fará referências a questões que, entre outras, expressam as abstrações (anti-humanas) da economia política – como as "médias" ("verdadeiros ultrajes aos indivíduos reais" [223]) e os seus "sofismas infames" [226] –, além de alusões a economistas menores, alguns dos quais posteriormente retomará[48].

Os *Manuscritos econômico-filosóficos de 1844*

Sabemos que, paralelamente aos *Cadernos*, os *Manuscritos* foram elaborados entre março e agosto de 1844, e não é possível estabelecer a prioridade cronológica da redação de uns sobre os outros (Vázquez, em Marx, 1974, p. 13). Já assinalamos, nas páginas precedentes, que os dois conjuntos textuais formam uma unidade (diferenciada, sem dúvida), flagrante no trato do *trabalho alienado*, da problemática da *alienação*, componente este que acompanhará toda a constituição da crítica da economia política marxiana[49]. Ambos os materiais constituem o marco *unitário* da grande inflexão que estava em curso no universo intelectual de Marx, registrando o seu deslizamento da filosofia para a crítica da economia política; a unidade substantiva entre os dois textos, todavia, não os equaliza, seja formalmente, seja em termos de conteúdo.

Dos *Manuscritos*, o que nos chegou (com os originais autógrafos – a que Marx não apôs nenhum título geral[50] – conservados em Amsterdã no Internationaal Instituut voor Sociale Geschiedenis [Instituto Internacional de História Social]) compreende três textos, que naturalmente se tornaram conhecidos como o primeiro, o segundo e o terceiro manuscritos. O primeiro compõe-se de 36 páginas, numeradas originalmente em algarismos romanos (procedimento usado nos dois outros), mas de que foram utilizadas somente 27; até a de número 17, as páginas estão divididas verticalmente em três colunas ("salário", "ganho do capital" e "renda fundiária"); a partir da página 17, Marx só escreve na terceira coluna ("renda fundiária"); da página 22 em diante, Marx ignora as colunas e redige os parágrafos que foram depois intitulados "Trabalho alienado e propriedade privada". Do segundo manuscrito apenas se conservaram quatro páginas, numeradas de 40 a 43 – o material é, pois, tão só o fragmento de um texto do qual se perderam as 39 páginas anteriores. O terceiro manuscrito, de que era originalmente parte um segmento hoje editado como "prefácio" de todo o material, consta de 68 páginas, com as últimas 23 em branco; as primeiras treze páginas contêm dois complementos – editados como "Propriedade privada e trabalho" e "Propriedade privada e comunismo" – a páginas perdidas do segundo caderno; seguem-se, então, as notações relativas à crítica da dialética de Hegel, à propriedade privada e necessidades, produção e divisão do trabalho, e ao dinheiro.

Nos *Manuscritos*, o pensamento de Marx movimenta-se mais livremente e não se atém tanto às leituras e transcrições, ademais de tomar com ênfase distinta determinações de que se ocupa nos *Cadernos*; por outra parte, naqueles Marx se vale mais de autores apenas tangenciados nestes (por exemplo, Smith e Wilhelm Schulz [1797-1860][51]). Em especial, nos *Manuscritos* comparecem tratamentos categoriais intensivos apenas supostos, aflorados ou mencionados nos *Cadernos*; tais abordagens repõem em nível mais elaborado praticamente toda a problemática abordada nestes últimos.

As diferenças se evidenciam também no plano da forma: os *Manuscritos*, mesmo que não tenham recebido cuidados para publicação (o "acabamento final", o "polimento" tão louvado por Silva, 2012, p. 12), estão construídos de modo mais articulado e condensam elementos próprios do estilo literário de Marx. Responde sem dúvida por essa distinção o fato de o autor estar projetando a redação de um livro, conforme assinala no "prefácio" (originalmente proveniente do terceiro manuscrito) a que já aludimos. De fato, em inícios do ano seguinte (exatamente a 1º de fevereiro de 1845), Marx assina com o editor Karl Friedrich Julius Leske, de Darmstad, um contrato para a edição, em dois tomos, de um livro de "crítica da política e da economia política"; tudo indica que de tal publicação constariam textos elaborados com base em sua "Crítica da filosofia do direito de Hegel. Introdução" (a parte da "crítica da política") e conteúdos dos *Manuscritos* (a parte da "crítica da economia política")[52]. Já no segundo semestre de 1844, porém, a energia de Marx se concentrará também na crítica da filosofia alemã pós-hegeliana, e o projeto do livro, em termos imediatos, não seguirá adiante. Por agora, tratemos de acompanhar, sem a menor pretensão de exaustividade, o percurso intelectual de Marx registrado nas três peças dos *Manuscritos*.

No primeiro manuscrito, Marx realiza dois movimentos: um mergulho na economia política, perscrutando três das suas categorias nucleares – salário, ganho do capital (lucro) e renda fundiária –, após o qual oferece, num segundo movimento, a sua crítica desde um ponto de vista revolucionário, crítica fundada numa angulação filosófico-antropológica.

No movimento inicial, tratando aquelas três categorias econômico-políticas que remetem às classes sociais pertinentes à sociedade burguesa e expressam os conflitos próprios a ela (conflitos que, como salienta o jovem crítico, a economia política registra inconsequentemente)[53], Marx desenvolve reflexões a partir das próprias formulações dos economistas, expondo à luz as suas contradições (discursivas, mas igualmente fáticas):

> Coloquemo-nos [...] totalmente no ponto de vista do economista nacional e comparemos, segundo ele, as exigências teóricas e práticas do trabalhador.
> Ele diz-nos que, originariamente e segundo o conceito, *todo o produto* do trabalho pertence ao trabalhador. Mas diz-nos, simultaneamente, que na realidade cabe ao trabalhador a parte mínima e mais indispensável do produto; apenas tanto quanto for preciso para ele existir, não como homem mas como trabalhador, não para ele propagar a humanidade mas antes a classe de escravos [que é a] dos trabalhadores.
> O economista nacional diz-nos que tudo se compra com trabalho, e que o capital não é mais que trabalho acumulado; mas diz-nos, simultaneamente, que

o trabalhador, longe de poder comprar tudo, tem de vender-se a si próprio e à sua humanidade. [...]
Enquanto, segundo o economista, o trabalho é o preço unicamente invariável das coisas, nada é mais acidental, mais exposto a maiores oscilações do que o preço do trabalho[54]. [...]
Enquanto o interesse do trabalhador, segundo o economista nacional, nunca se contrapõe ao interesse da sociedade, a sociedade contrapõe-se ao interesse do trabalhador, sempre e necessariamente. (Marx, 2015, p. 250-1; daqui em diante as páginas dessa edição serão dadas entre colchetes.)

Esse procedimento crítico-confrontativo é reiterado ao longo do primeiro movimento constitutivo do primeiro manuscrito, no qual, como Marx diz, "partimos sempre dos pressupostos da economia nacional. Aceitamos a sua linguagem e as suas leis" [302]. Tal como o autor já registrara na primeira nota dos *Cadernos* [186], a economia política *não explica, não analisa nem põe à prova tais pressupostos*:

> A Economia Nacional parte do fato da propriedade privada. Ela não no-lo esclarece. Capta o processo *material* da propriedade privada, pelo qual ela passa na realidade, em fórmulas universais, abstratas, que valem então para ela como *leis*. Ela não *concebe* estas leis, i.e., depois não mostra como elas provêm da propriedade privada. A Economia Nacional não nos dá nenhum esclarecimento sobre o fundamento da divisão de trabalho e capital, de capital e terra. [302-3]

A economia política é unilateral, limitada; não nos fornece "nenhum esclarecimento" sobre seus pressupostos porque "supõe o que deve desenvolver" e "*não concebe a conexão do movimento*" [303 (itálicos meus – *JPN*)] porque carece de ponderar a dimensão histórica e termina por naturalizar a empiria. A visão que Marx tem da economia política nos *Manuscritos* é a mesma apresentada nos *Cadernos*: trata-se daquela "ciência do enriquecimento", articulação de cientificidade enviesada ideologicamente pela defesa da ordem burguesa, apreensão de componentes significativos da realidade da organização da produção capitalista e sua subordinação ao ponto de vista dos proprietários. Por isso mesmo, se Marx parte "de um fato nacional-econômico, de um fato *presente*" [304], daquela empiria refratada nos textos dos economistas políticos, a sua crítica impõe *elevar-se* acima dela [253].

Nos *Manuscritos*, pelas razões que já anotamos, Marx vai quase sempre muito além das glosas e comentários contidos nos *Cadernos*. No primeiro manuscrito, ao tratar da categoria *salário* (aqui, à diferença dos *Cadernos*, ele se refere sobretudo a Smith, recorre mais a Buret e a Schulz), Marx sustenta uma argumentação que assenta na ideia de um contínuo e inevitável processo de pauperização absoluta dos trabalhadores [247-8, 253, 261], ideia que, de fato, ele haverá de revisar e superar inteiramente nos anos 1860[55]. No trato do *ganho do capital* (lucro), em que a referencialidade passa sobretudo por Smith, Marx (que começa afirmando o capital como "propriedade privada dos produtos de *trabalho alheio*" [263; itálicos meus – *JPN*]) extrai dos economistas inferências sobre a natureza do capital (a começar pelo seu poder de *comprar*, "a que nada pode resistir" – [264]), as fontes e as variações das taxas de lucro, a concorrência e a acumulação...[56]; também aqui, Marx não se limita a extratar, para criticá-las, as formulações da economia política: entre outros avanços, ele dá um passo de extrema importância ao desvelar a tendência do capital a submeter o *universo* dos produtores diretos e dos apropriadores do excedente (vale dizer, operários e capitalistas)[57], operando como um poder objetivo e à primeira vista incontrolável pelos homens, poder que levou Ricardo a afirmar que "as leis econômicas regem cegamente o mundo" e que "os homens não são nada"; Marx também arranca de Smith o comentário sobre *o poder das coisas*[58] – é sintomático que, logo a seguir, ele encerre as suas considerações sobre o ganho do capital com a notação "Indiferença para com os homens" [283]. Na parte em que aborda a *renda fundiária*, estendendo-se mais no assunto do que o fizera nos *Cadernos*, Marx vale-se especialmente da leitura de Smith (ainda que se refira a Say); igualmente nesse passo, ele insiste em expor à luz as contradições internas da economia política [290 e seg.], mas é perceptível o seu avanço na compreensão do processo histórico da propriedade fundiária, indicando como a mercantilização da terra conduz à sua transformação capitalista, rumo à "derrocada final da velha aristocracia" (e ele salienta não partilhar "as lágrimas sentimentais que o romantismo chora sobre isto" [295])[59].

É com a tematização da renda fundiária que Marx conclui o primeiro movimento constitutivo do "Caderno I", no qual examinou as três categorias econômico-políticas referidas; nos manuscritos autógrafos, esse primeiro movimento ocupou até parte da página 22. As subsequentes (da 22 à 27, originalmente numeradas, como se viu, em algarismos romanos) expressarão o segundo movimento: a crítica da economia política, tal como a caracterizamos há pouco – uma crítica revolucionária, fundada numa angulação filosófico-antropológica ou, como logo percebeu o arguto Marcuse (1972, p. 10), "uma crítica filosófica da economia política". Então e agora, mesmo partindo "de um fato nacional-econômico, de um fato *presente*" [304], Marx vai dedicar-se à pesquisa dos *fundamentos* das categorias da economia política e, para isso, tem de *ir além* dos pressupostos, da linguagem e das leis da economia política; nos seus termos, é necessário "elev[armo-nos] agora acima do nível da economia nacional" [253]. Nessa pesquisa reside o conteúdo das páginas finais do primeiro manuscrito, sob o título "Trabalho alienado e propriedade privada" [302-21]. É nessas páginas que toma corpo – sendo ainda articulada e densificada no terceiro manuscrito, como veremos – a teoria da alienação do jovem Marx, teoria que, nunca abandonada, haverá de ganhar dimensão e concreção novas no processo do desenvolvimento da teoria social marxiana. O problema da alienação que, como assinalamos, já era tematizado por Marx desde antes de sua estada em Paris e, em especial nos *Cadernos*, fora abordado frontalmente, nas páginas dos *Manuscritos* ganhará um estatuto efetivo de centralidade, com a *categoria de alienação* constituindo-se, na determinação do *trabalho alienado*, como a categoria *fundamental*.

De fato, no Marx dos *Manuscritos*, a categoria de alienação tal como teorizada antes por Hegel e Feuerbach[60] é criticada, enriquecida e transformada. Nos *Manuscritos*, Marx avança para além de ambos os filósofos na formulação da *sua* teoria da alienação: nesses textos, está em processo a ultrapassagem dos influxos hegelianos (para Hegel, a objetivação do sujeito, a Ideia/Espírito, é universal e necessariamente alienação) e da inspiração basicamente feuerbachiana (na qual a alienação tem como sujeito o *homem abstrato* e é um processo que se opera na consciência de si desse homem *em geral*), e Marx caminha para a historicização materialista da alienação, determinando-lhe um novo sujeito nuclear (o produtor direto, o trabalhador) e precisando a sua processualidade sociomaterial e histórica: o ato e o processo da produção[61]. A *alienação* do sujeito recebe um novo trato: deixa de ser uma objetivação universal e necessária (como em Hegel, que identifica *objetivação* com *alienação*) e não se reduz a um *produto da consciência* (como em Feuerbach). Se em Hegel a supressão da alienação equivale à supressão da objetivação, nos *Manuscritos* a objetivação *só é alienação em condições históricas determinadas* – nas condições próprias à existência histórica da *propriedade privada* (com as suas conexões com a divisão do trabalho, a produção mercantil e o trabalho assalariado); se em Feuerbach ela se mostra privilegiadamente na consciência religiosa, nos *Manuscritos* esta é, antes, *uma* dentre várias resultantes de condições sócio-históricas muito determinadas.

Sejamos o mais claro possível. Nos *Manuscritos*, o cuidado que Marx vinha conferindo ao problema da alienação desde, pelo menos, o ano anterior, ganha um *tratamento novo* (prefigurado nas notas sobre James Mill): Marx funda a *sua* teoria da alienação, que estará presente, como temos salientado, ao longo de *toda* a sua obra posterior. Isso não equivale a dizer que, nos *Manuscritos*, a teoria marxiana da alienação se apresenta *conclusa*: desenvolvimentos inéditos, alguns determinantes, serão nela processados (inclusive a curto prazo, em *A ideologia alemã*), mas especialmente em função das descobertas de Marx no curso de sua crítica da economia política. Quando o essencial dessas descobertas estiver realizado (ao fim dos anos 1850 e no início do decênio seguinte), formulações que implicam uma teoria da alienação enriquecida, *sobretudo muito mais determinada e concretizada historicamente*, estarão na base da análise marxiana do *fetichismo* (tal como apresentada em *O capital*). Não é possível aqui detalhar o evolver da teoria marxiana da alienação que emerge nos *Manuscritos*, mas cumpre afirmar que o seu posterior desenvolvimento, de uma parte, *não colocou em questão os seus componentes nucleares explicitados em 1844* e, doutra parte, que a crítica marxiana da economia política, iniciada com uma angulação filosófico-antropológica, quando se consolidou (e, nesse caso, o marco decisivo são os *Grundrisse*), não cancelou tal angulação; *antes, lhe conferiu – num movimento dialético de simultânea negação e conservação noutro nível, superior – um renovado, rigoroso e sólido embasamento econômico-político e sócio-histórico*[62].

Voltemos, todavia, ao segundo movimento que Marx opera no primeiro manuscrito. O "fato nacional-econômico, [...] um fato *presente*", que a economia política meramente registra[63] e de que Marx parte, iluminado pelo foco da sua perspectiva filosófico-antropológica revolucionária, é desdobrado: "Quanto mais objetos o trabalhador produz tanto menos pode possuir e tanto mais cai sob a dominação do seu produto, do capital"; a "realização do trabalho" aparece como "*desrealização* do trabalhador"; "o trabalhador se relaciona com o *produto do seu trabalho* como com um objeto *estranho*" (ressalte-se que Marx não afirma que o "produto do trabalho" é "um objeto *estranho*", mas sim que o trabalhador se defronta com ele *como* se se defrontasse com "um objeto estranho"). Nesses desdobramentos, o que se expressa, para Marx, é a *alienação*, que assim se manifesta elementarmente: "O objeto que o trabalho produz [...] enfrenta-o [o trabalhador] como um *ser estranho*, como um *poder independente* do produtor". E, uma vez que o produto do trabalho é "a *objetivação* do trabalho", o trabalhador se *desrealiza* porquanto é dele *desapossado* – desapossamento que converte a *objetivação* em *alienação* (logo veremos que, para Marx, a objetivação é *constitutiva do ser do homem*). Assim, a questão primária é: "Se o produto do trabalho me é estranho, me confronta como poder estranho, a quem ele pertence então? Se a minha própria atividade não me pertence, é uma atividade estranha, a quem pertence ela então?" [315]. Não pertence nem aos deuses, nem à natureza:

> O ser *alienado*, a quem o trabalho e o produto do trabalho pertencem, a serviço do qual está o trabalho e para a fruição do qual o produto do trabalho é, só pode ser o próprio *homem*.
> Se o produto do trabalho não pertence ao trabalhador, é um poder alienado frente a ele, então isso só é possível porque ele pertence a um *outro homem que não o trabalhador*. Se a sua atividade é para ele tormento, então deve ser *fruição* para um outro e alegria de viver de um outro. Não a natureza, não os deuses, só o próprio homem pode ser este poder alienado sobre o homem. [315-6]

Marx já assinala aqui que esse desapossamento tem implicações sócio-humanas distintas: "tormento" para uns, "fruição" para outros[64]. Se logo na abertura de "Trabalho alienado e propriedade privada" ele constata a divisão da sociedade (burguesa) em duas classes – proprietários e trabalhadores desprovidos de propriedade [302][65] –, no andamento da sua reflexão *verificará que a alienação envolve essas duas classes, mas com decorrências muito distintas*. Tendo examinado no texto a alienação do operário, ele não deixará de apontar a sua expressão no não operário:

> Em primeiro lugar, é de observar que tudo que aparece no trabalhador como *atividade de exteriorização, de alienação*, aparece no não-trabalhador como *estado de exteriorização, de alienação*. Segundo, que o *comportamento real*, prático, do trabalhador na produção e para com o produto (como estado de espírito) aparece no não-trabalhador que o enfrenta como *comportamento teórico*. Terceiro [:] o não-trabalhador faz contra o trabalhador tudo o que o trabalhador faz contra si próprio, mas não faz contra si próprio o que faz contra o trabalhador. [321][66]

Marx também assinala que a despossessão do trabalhador não se restringe a objetos materiais: "Quanto mais o trabalhador se esforça, tanto mais poderoso se torna o mundo objetivo, alienado, que ele cria perante si próprio, tanto mais pobre ele próprio e *o seu mundo interior* se tornam" [305 (itálicos meus – *JPN*)]; para Marx, pois, trata-se de uma despossessão *objetiva e subjetiva*:

> A alienação do trabalhador no seu objeto exprime-se [...] em modo tal que quanto mais o trabalhador produz tanto menos tem para consumir, em que quanto mais valores ele cria tanto mais sem valor e indigno se torna, em que quanto mais formado o seu produto mais deformado o trabalhador, *em que quanto mais civilizado o seu objeto tanto mais bárbaro o trabalhador, em que quanto mais poderoso o trabalho tanto mais impotente o trabalhador, em que quanto mais pleno de espírito o trabalho tanto mais sem espírito e servo da natureza se torna o trabalhador*. [307 (itálicos meus – *JPN*)]

Contudo, argumenta Marx, não basta considerar "a alienação, a exteriorização do trabalhador sob um aspecto, a saber, o da sua *relação com os produtos do seu trabalho*". E isso porque, de fato,

> a alienação mostra-se não só no resultado mas também no *ato da produção*, no interior da própria *atividade produtiva*. Como poderia o produto da sua atividade enfrentar como algo de estranho o trabalhador se no próprio ato da produção ele próprio não se alienasse? O produto é apenas o resumo da atividade, da produção. Se, portanto, o produto do trabalho é a exteriorização, então a própria produção tem de ser a exteriorização ativa, a exteriorização da atividade, a atividade da exteriorização. *Na alienação do objeto do trabalho resume-se apenas a alienação, a exteriorização na atividade do próprio trabalho*. [308 (os itálicos da última frase são meus – *JPN*)]

É preciso, portanto, esclarecer a *exteriorização do trabalho*, a "relação essencial do trabalho", a saber, "a relação do trabalhador com a produção" – *o que a economia política não faz*, ocultando, assim, "a alienação na essência do trabalho" [308]. Tal operação analítica deve realizar-se para descobrir os fundamentos das categorias da economia política, em primeiro lugar a de propriedade privada. Ora, é justamente aqui que Marx põe em cena, expressamente, a sua perspectiva filosófico-antropológica. Embora, como vimos, na sua crítica aos economistas políticos formulada nos *Cadernos* Marx tenha identificado com exatidão a concepção antropológica que enforma a economia política e já ali lhe tenha contraposto uma outra concepção, esboçando seus traços principais, não nos detivemos neles; agora, ao tratar dos *Manuscritos*, cumpre fazê-lo, uma vez que é à luz da concepção filosófico-antropológica desenvolvida no primeiro semestre de 1844 que ele trata do substrato da propriedade privada, *a alienação do trabalhador*. Tal concepção, embora ainda marcada por influxos hegelianos e feuerbachianos, já evidencia componentes de clara ultrapassagem dessas duas fontes seminais, como viemos de indicar.

A concepção filosófico-antropológica de Marx[67] é explicitada nos parágrafos que compõem o segmento "Trabalho alienado e propriedade privada", mas é objeto de novas determinações no terceiro manuscrito; por isso, na exposição dela, já aqui recorreremos também a passagens deste último manuscrito. Clarificar essa concepção, num excurso necessariamente sumário, por certo contribui para a compreensão da concepção marxiana da alienação e dos próprios *Manuscritos*.

Tal concepção filosófico-antropológica[68], que Marx desenvolve em 1844, assenta na ideia de que o *ser do homem* se constitui enquanto *atividade vital consciente*, enquanto *atividade livre consciente*. A forma primária dessa atividade é o *trabalho*, a própria *vida produtiva* [311], traço distintivo do ser do homem em face do universo da vida animal. Lê-se nesse primeiro manuscrito:

> O animal é imediatamente um com a sua atividade vital. Não se diferencia dela. É *ela*. O homem faz a sua própria atividade vital objeto da sua vontade e da sua consciência. Não é uma determinidade com a qual ele se confunda imediatamente. A atividade vital consciente diferencia imediatamente o homem da atividade vital animal. [...] Decerto, o animal também produz. Constrói para si um ninho, habitações, como as abelhas, castores, formigas etc. Contudo, produz apenas o que necessita imediatamente para si ou para a sua cria; produz unilateralmente, enquanto o homem produz universalmente; produz apenas sob a dominação da necessidade física imediata, enquanto o homem produz mesmo livre da necessidade física e só produz verdadeiramente na liberdade da mesma. [...] O animal dá forma apenas segundo a medida e a necessidade da *species* a que pertence, enquanto o homem sabe produzir segundo a medida de cada

species e sabe aplicar em toda a parte a medida inerente ao objeto; por isto, o homem dá forma também segundo as leis da beleza. [312-3][69]

Mas o trabalho, atividade vital específica do homem – que o *distingue* da vida animal –, não suprime a sua *naturalidade*. Para Marx, "o homem (tal como o animal) vive da natureza",

> tanto na medida em que ela é 1) um meio de vida imediato, como na medida em que ela é 2) o objeto/matéria e o instrumento da sua atividade vital. A natureza é o *corpo inorgânico* do homem, quer dizer a natureza na medida em que não é ela própria corpo humano. O homem *vive* da natureza significa: a natureza é o seu *corpo*, com o qual ele tem de permanecer em constante processo para não morrer. Que a vida física e espiritual do homem esteja em conexão com a natureza não tem outro sentido senão que a natureza está em conexão com ela própria, pois o homem é uma parte da natureza. [311][70]

Sinalizamos linhas antes que a perspectiva filosófico-antropológica marxiana desenvolvida em 1844 ainda não se liberou de algumas hipotecas ao pensamento de Hegel e de Feuerbach; mas, ao mesmo tempo, dissemos que ela já patenteia vetores de superação de tais débitos. O lastro feuerbachiano é visível no trato, por Marx, da relação homem-natureza: por exemplo, com o expressivo apelo, no terceiro manuscrito, à *sensibilidade* tal como pensada por Feuerbach [355][71]. Nesse mesmo terceiro manuscrito, entretanto, Marx escreve que o homem é um *ser da natureza ativo*[72]; a qualificação do homem como ser da natureza *ativo* (ou, se se quiser, *produtivo*) colide abertamente com a antropologia de Feuerbach, na qual o caráter ativo (produtivo) do homem carece de ponderação – como Marx haveria de apontar cerca de um ano depois (na primavera de 1845), nas suas *Teses sobre Feuerbach*. É a gravitação dessa qualificação que permitirá a Marx, ainda no próprio terceiro manuscrito, formular o *núcleo duro* da sua compreensão do "ser da natureza ativo", que então aparece expressa e explicitamente: "Para o homem socialista, *toda a chamada história do mundo* não é senão a *geração do homem pelo trabalho humano*" [358 (os itálicos finais são meus – *JPN*)]. Eis aí o ponto arquimediano da concepção filosófico-antropológica de Marx: a emergência do *ser do homem* pela via da sua *atividade vital, o processo da autoconstituição (autoprodução) do homem mediante o trabalho*[73]. O homem é, viu-se linhas antes, "uma parte da natureza"; "o homem, porém, não é apenas ser da natureza, mas ser da natureza *humano*" [377]; o *ser do homem*, ao constituir-se pelo *trabalho*, é algo *específico*, diverso do ser natural: o seu desenvolvimento supõe sempre a insuprimível naturalidade do homem, mas implica a contínua *redução* dos condicionalismos postos por ela (em formulações ulteriores, é o que Marx vai caracterizar como o "afastamento" – ou "recuo" – das "barreiras naturais")[74].

No primeiro manuscrito (e, como se verá, também no segundo), a relação do homem com a natureza, que Marx continuará desenvolvendo ulteriormente na consideração do metabolismo sociedade-natureza, não é apreendida como apenas utilitária e/ou unilateral (nada casual é a notação, que registramos há pouco, de que *o homem dá forma também segundo as leis da beleza*)[75]. Bem diversamente: sendo a natureza "*corpo inorgânico* do homem", este se socorre dela (relaciona-se com ela) de *modo omnilateral*, à diferença do animal, que o faz unilateralmente. No mesmo passo, há pouco transcrito, em que caracteriza a "atividade vital consciente" – distintiva do trabalho humano –, Marx pontua:

> [O animal] produz unilateralmente, enquanto o homem produz universalmente [...]; [o animal] produz-se apenas a si próprio, enquanto o homem reproduz a natureza toda; o seu [do animal] produto pertence imediatamente ao seu corpo físico, enquanto o homem enfrenta livremente o seu produto. [312-3]

A produção *humana*, que tem na natureza *o objeto/matéria e o instrumento da sua atividade vital*, torna *a natureza o corpo inorgânico* do homem, provando a sua *universalidade* e a *genericidade do seu ser* (cf. Marx, 2015, p. 311). Para Marx,

> o homem é um ser genérico não apenas na medida em que prática e teoricamente torna objeto seu o gênero, tanto o seu próprio como o das restantes coisas, mas também – e isto é apenas uma outra expressão para a mesma coisa – na medida em que ele se comporta para consigo próprio como gênero vivo, presente, na medida em que ele se comporta para consigo próprio como um ser *universal*, por isso *livre*. [310 (itálicos meus – *JPN*)]

É sabido que procede de Feuerbach a ideia do homem como *ser genérico* e *consciente*[76]. Marx coincide com Feuerbach em determinar a genericidade e a consciência como especificidades humanas, mas, à diferença dele – diferença essencial –, em razão do caráter ativo (produtivo) que atribui ao homem, vê que este

> só na elaboração do mundo objetivo [...] se prova realmente como *ser genérico*. Esta produção é a sua vida genérica operativa. Por ela, a natureza aparece como obra *sua* e realidade sua. O objeto do trabalho é, portanto, a *objetivação da vida genérica do homem*, na medida em que ele se duplica não só intelectualmente, como na consciência, *mas também operativamente, realmente*, e contempla-se por isso num mundo criado por ele. [313 (itálicos meus – *JPN*)]

Daí porque, para Marx, o homem, nas suas genericidade e consciência, é um *ser objetivo*. No terceiro manuscrito, no excurso sobre Hegel, ele o afirma expressamente: referindo-se ao "homem *real*, corpóreo, de pé sobre a terra bem redonda e firme, expirando e inspirando todas as forças da natureza", registra que o ser objetivo opera objetivamente e não operaria objetivamente se o objeto não residisse na sua determinação essencial. [...] O seu produto *objetivo* apenas confirma a sua atividade *objetiva*, a sua atividade como a atividade de um ser natural objetivo. [...] Que o homem é um ser objetivo [...] significa que ele tem *objetos sensíveis, reais* por objeto da sua essência, da sua exteriorização de vida ou que só pode *exteriorizar* a sua vida em objetos sensíveis reais. [375]

E de forma conclusiva: "Um ser que não tenha nenhum objeto fora de si não é nenhum ser objetivo. [...] Um ser não-objetivo é um *não-ser*" [376].

Ora, a exteriorização (objetivação) básica do homem é o *trabalho*, que torna *real e objetiva* a sua atividade vital livre e consciente, pela qual se faz *ser genérico* – e a "vida produtiva é a vida genérica. É a vida que gera vida. No modo de atividade vital reside todo o caráter de uma *species*, o seu caráter genérico, e a atividade consciente e livre é o caráter genérico do homem" [311-2]. Sublinhe-se com a máxima ênfase: *o trabalho somente enquanto* "a atividade consciente e livre é o caráter genérico do homem"; *não o é*, por exemplo, na forma (histórica) do que Marx chamou, nos *Cadernos*, de "trabalho lucrativo" [*Erwerbsarbeit*] [212-3], claramente uma designação do *trabalho alienado*, de que se ocupa o primeiro dos *Manuscritos* e a que logo voltaremos[77]. Enfim, posto como essa atividade consciente e livre, "o gerar prático de um *mundo objetivo*, a *elaboração* da natureza inorgânica, é a prova do homem como um ser genérico consciente, i.e., um ser que se comporta para com o gênero como sua própria essência ou para consigo como ser genérico" [312].

Vê-se claramente que está desenhada a perspectiva filosófico-antropológica que Marx vem desenvolvendo nesse primeiro semestre de 1844, perspectiva em construção e, portanto, ainda em aberto: ela só adquirirá mais densidade teórico--filosófica no curso dos dois próximos anos, quando então tomará seus traços definitivos. Contudo, seu núcleo central – que já sinalizamos: *o ser do homem se autoproduz e se autoconstitui mediante o trabalho* – confere ao homem a especificidade que se expressa na sua *sociabilidade*, resultante processual da prática operativa que é o trabalho; especial, mas não exclusivamente, no terceiro manuscrito, o *humano*, colocado pelo trabalho, identifica-se expressamente com o *social* [346-8]. Quando for superada a propriedade privada, a sociabilidade humana revelar-se-á como tal: o *ser do homem* (o *ser humano* do homem) mostrar-se-á *ser social*, mesmo quando exercer uma atividade na aparência solitária e/ou puramente individual, por exemplo, a elaboração teórico-científica. Até nessa atividade,

> que eu raramente posso executar em comunidade imediata com outros, estou *socialmente* ativo, porque [ativo] como *homem*. Não só o material da minha atividade – como a própria língua na qual o pensador é ativo – me é dado como produto social, a minha existência *própria* é atividade social; por isso, o que eu

faço de mim, faço de mim para a sociedade e com a consciência de mim como um ser social. [347]

E é na continuidade dessa notação que Marx salienta ser preciso

sobretudo [...] evitar fixar de novo a "sociedade" como abstração face ao indivíduo. O indivíduo é o *ser social*. A sua exteriorização de vida – mesmo que ela não apareça na forma imediata de uma exteriorização de vida *comunitária*, levada a cabo simultaneamente com outros – é, por isso, uma exteriorização e uma confirmação da vida *social*. [...] O homem – por muito que seja portanto um indivíduo *particular* e, precisamente, a sua particularidade faz dele um indivíduo e uma comunidade [*Gemeinwesen*] *individual* real – é tanto a *totalidade*, a totalidade ideal, a existência subjetiva para si da sociedade sentida e pensada como também existe na realidade, quer como intuição e fruição real da existência social quer como uma totalidade de exteriorização humana de vida. [348][78]

Vê-se nessas reflexões – ulteriormente aprofundadas e redimensionadas – que, desde as primeiras elaborações da sua obra, Marx não contrapõe nem hipostasia indivíduo e sociedade, o que lhe permite sobrepassar os pseudoproblemas que marcariam depois, no curso de sua história, algumas expressivas obras da tradição sociológica acadêmica[79]. Nesse passo da reconstrução da sua biografia intelectual, interessa assinalar que salta à vista a gravitação da "exteriorização humana de vida" na "existência social": o "exteriorizar-se" é o "confirmar-se" da vida *social*. Ora, a reiterada insistência de Marx no processo do "gerar prático de um *mundo objetivo*" – vale dizer, no *trabalho* –, do qual natureza e homem são partes constituintes e constitutivas[80], põe o *ser do homem* como *prático e social*, ou, se se quiser, o homem como um *ser da práxis*[81].

Enquanto categoria, a práxis, tomada como *prática social produtiva, objetiva*, tendo por *sujeito* os homens e objeto a *natureza* – embora se direcionando também a outros homens, numa peculiar relação sujeitos-sujeitos –, está matrizada pela concepção marxiana de *trabalho* que tem seu primeiro desenho nos *Manuscritos* e, mais desenvolvida, *atravessa o conjunto da reflexão marxiana a partir de 1844*. Que a matriz da *práxis* em Marx resida no *trabalho* parece-me algo pouco discutível: os traços pertinentes deste são essenciais e constitutivos daquela; vê-se, pois, a razão de Lukács afirmar com propriedade e segurança que o trabalho é *o modelo da práxis*, ainda que essa categoria seja mais abrangente e o trabalho, como tal, não esgote, em absoluto, a práxis – ou, o que dá no mesmo, a práxis não se reduza ao trabalho (Lukács, 2013, v. II). Sendo assim, a práxis é constitutiva da *essência humana* [*menschliches Wesen*], núcleo da concepção filosófico-antropológica que Marx está articulando em 1844, conexa (mas não idêntica) à *natureza humana* [*menschliche Natur*], concepção que permeia os *Manuscritos* (e não só eles) e que haverá de tornar-se objeto de acesa polêmica na tradição marxista[82].

A primorosa análise de Márkus (2015) sobre a concepção marxiana de *essência humana* foi bem resumida por Agnes Heller, ao tempo em que era uma pensadora marxista. Após afirmar que "a 'essência humana' é também ela histórica" e que "a história é, entre outras coisas, história da explicitação da essência humana, mas sem identificar-se com esse processo", a autora húngara diz:

> As componentes da essência humana são, para Marx, o trabalho (a objetivação), a socialidade, a universalidade, a consciência e a liberdade. A essência humana, portanto, não é o que 'esteve sempre presente na humanidade' (para não falar mesmo de cada indivíduo), mas a realização gradual e contínua das *possibilidades* imanentes à humanidade, ao gênero humano. (Heller, 1972, p. 4)[83]

Está claro: a *essência humana*, assim tomada e assim posta em 1844 na concepção filosófico-antropológica de Marx, nada tem em comum com concepções essencialistas, supra-históricas ou a-históricas, que a pensam como algo dado, fixo e eterno. Trata-se de uma estrutura antropológica dinâmica, que dispõe de possibilidades *produzidas* pelos homens no processo de constituição do ser social deflagrado pelo *trabalho*, possibilidades mutáveis, portanto; possibilidades que se constituem, se explicitam e se transformam no curso da história. É fato que, em 1844, a concepção filosófico-antropológica marxiana carece de fundamentação histórico-concreta ampla e profunda, antes resultando, sobretudo, de uma reflexão ainda de base dominantemente filosófica; já em *A ideologia alemã* (1845-1846) explicita-se a recorrência econômico-política e histórica[84] que só ganhará inteira densidade no curso da década seguinte, quando então Marx esclarecerá como, expressando o desenvolvimento das capacidades do gênero humano, aquelas possibilidades objetivam-se mediante um processo, também ele, historicamente determinado e imanentemente contraditório[85].

Feito esse breve excurso sobre a concepção filosófico-antropológica marxiana que se constitui em 1844, podemos retornar à questão do *desapossamento do trabalho*, atentando para as suas implicações e resultantes, expressas no fenômeno e no processo da *alienação do trabalhador* (e não só dele). Marx constatou o fenômeno, vimo-lo páginas atrás, como um "fato nacional-econômico, [...] um fato *presente*", partindo "sempre dos pressupostos da economia nacional" e aceitando "a sua linguagem e as suas leis"; mas ele estabeleceu a sua crítica elevando-se "acima do nível da economia nacional", isto é, tratando-o como *fato e processo à luz da (nova) perspectiva propiciada pela sua concepção filosófico-antropológica*. Sob essa luz Marx, no primeiro manuscrito, relaciona diretamente o salariato, trabalho desapossado (isto é, trabalho alienado) e a propriedade privada: "Salário é uma consequência imediata do trabalho alienado e o trabalho alienado é a causa imediata da propriedade privada" [318][86]; por isso, a propriedade privada é vista "enquanto a expressão material, resumida, do trabalho exteriorizado" [320]. Linhas antes, todavia, Marx já desenvolvera com mais elementos tais relações:

> Através do *trabalho alienado, exteriorizado*, o trabalhador gera a relação de um homem alienado ao trabalho e postado fora deste trabalho. A relação do trabalhador com o trabalho gera a relação daquele para com o capitalista [...].
> A *propriedade privada* é, portanto, o produto, o resultado, a consequência necessária do *trabalho exteriorizado* [...]. A *propriedade privada* resulta, portanto, por análise, a partir do conceito de *trabalho exteriorizado*, i.e., do *homem exteriorizado*, do trabalho alienado, da vida alienada, do homem *alienado*.
> É certo que obtivemos o conceito de *trabalho exteriorizado* (da *vida exteriorizada*) a partir da economia nacional como resultado do *movimento da propriedade privada*. Mas a análise deste conceito mostra que, se a propriedade privada aparece como fundamento, como causa do trabalho exteriorizado, ela é antes uma consequência do mesmo, assim como também *originariamente* os deuses não são a causa, mas o efeito do extravio humano do entendimento. Mais tarde esta relação converte-se em ação recíproca.
> Unicamente no ponto culminante do desenvolvimento da propriedade privada se evidencia de novo o seu segredo, a saber: por um lado, que ela é o *produto* do trabalho exteriorizado e, em segundo lugar, que ela é o *meio* através do qual o trabalho se exterioriza, a *realização dessa exteriorização*. [317]

É fundamental observar que a relação entre trabalho alienado e propriedade privada é saturada pela *divisão do trabalho* (que, já nos *Cadernos*, fora também posta como expressão alienada). Num importante fragmento dedicado a ela nos *Manuscritos*, Marx registra:

> A *divisão do trabalho* é a expressão nacional-económica da *socialidade do trabalho* no interior da alienação. Ou, dado que o *trabalho* é apenas uma expressão da atividade humana no interior da exteriorização, da expressão de vida como exteriorização de vida, assim também a *divisão do trabalho* não é senão o pôr *alienado, exteriorizado*, da atividade humana como uma *atividade genérica real* ou como *atividade do homem como ser genérico*. [A divisão do trabalho é a] *figura alienada e desapossada* da *atividade humana como atividade genérica*. [407]

Divisão do trabalho que se conecta com a produção mercantil, que, de acordo com o segundo manuscrito, não apenas produz bens para a troca, como também é a produção que

> produz o homem não só como uma *mercadoria*, a *mercadoria-homem*, o homem na determinação de *mercadoria*, produ-lo, correspondendo a esta determinação,

como um ser *desumanizado* tanto *espiritual* como corporalmente – imoralidade, disformidade, imbecilidade dos trabalhadores e dos capitalistas. O seu produto é a *mercadoria autoconsciente* e *auto-ativa*. [325][87]

O *caráter crítico* de *todas* as reflexões formuladas por Marx a partir daquele "fato nacional-econômico, [daquele] fato *presente*" está *hipotecado à sua concepção filosófico-antropológica*: é a perspectiva posta por esta que possibilita a ele colocar--se efetivamente "acima" das "leis" e da "linguagem" da economia política. Para sermos diretos: a categoria *propriedade privada* só pôde ser *fundada* a partir da categoria *trabalho alienado, mas esta só pôde ser elaborada quando Marx, com base em sua concepção filosófico-antropológica – com a sua compreensão de essência humana –, apreendeu como a alienação trava o desenvolvimento dessa essência, como a compromete, fere, lesa, violenta e nulifica.* Vê-se que a crítica marxiana da alienação remete, pois, à distinção entre *existência humana* e *essência humana* que se inscreve na condição operária[88].

Essas considerações permitem compreender melhor as dimensões do *desapossamento* que constitui o *trabalho alienado* e, nas implicações que dele são apresentadas nos *Manuscritos*, a processualidade da alienação. Uma vez estabelecido que

• o *trabalho alienado* é tão somente *uma* forma de trabalho: está na base de uma relação interatuante que constitui a propriedade privada (e se constitui com ela), que implica a divisão do trabalho e a produção mercantil; ela é, porém, a única forma de trabalho que a economia política reconhece, hipostasiando-a e conferindo a ela um *caráter natural e eterno* (próprio de uma concepção de *natureza humana* supra-histórica, tal como aparece, por exemplo, em Smith[89]);

e que

• *nessa* forma *histórica* de trabalho se efetiva a *exteriorização* do trabalhador, efetivação esta que – posta a propriedade privada – converte a objetivação em *alienação*; essa conversão (que tem implicações contraditórias) tende à máxima hipertrofia quando o movimento da propriedade privada faz com "que a *essência universal* da riqueza seja reconhecida e por isso o *trabalho*, na sua absolutidade completa, i.e., na sua abstração, seja elevado a *princípio*" [339][90];

• Marx então pode examinar a alienação, determinando (nas passagens a seguir, quando algo aparecer entre aspas e sem referência, trata-se de texto marxiano já citado)

1. *a alienação do trabalhador do produto do seu trabalho:*
O "produto do trabalho" é algo que só existe como resultante da atividade do trabalhador sobre material posto primariamente pela natureza – "O trabalhador não pode criar nada sem a natureza, sem o *mundo exterior sensível*" [306].

Mas "o produto do trabalho não pertence ao trabalhador", "pertence a um *outro homem que não o trabalhador*" – o trabalhador é *desapossado* (alienado) do produto do seu trabalho e, pois, não exerce controle sobre ele. É por isso que "o objeto produzido pelo trabalho", autonomizado em face do trabalhador, apresenta-se a ele "como um *ser alienado*, como um *poder independente* do produtor" [304]. Assim, a realização do trabalho, "na situação nacional-econômica" (ou seja, como "trabalho lucrativo", nas condições da propriedade privada, da divisão social do trabalho e da produção mercantil), aparece "como *desrealização* do trabalhador, a objetivação como *perda do objeto e servidão ao objeto*, a apropriação como *alienação* [*Entfrendung*], como *desapossamento* [*Entäusserung*]". Em suma: para o trabalhador, o produto do seu trabalho "tem o significado não só de que o seu trabalho se torna um objeto, uma existência *exterior*, mas também de que ele existe *fora dele*, independente e *alienado* a ele e se torna um poder autônomo frente a ele, de que a vida, que ele emprestou ao objeto, o enfrenta de modo hostil e alienado" [306]. Vê-se: o *desapossamento* do produto do trabalho retira da atividade que é o trabalho a possibilidade de o trabalhador "contempla[r-se] [...] num mundo criado por ele" – o "mundo criado por ele" é-lhe "alienado" e "hostil". Na exata medida em que a concepção filosófico-antropológica de Marx considera que, pela atividade consciente e livre do trabalho, "o seu [do homem] produto *objetivo* apenas confirma a sua atividade *objetiva*" [375], ele não pode senão criticar radicalmente a alienação do produto da sua atividade de que, para o trabalhador, resulta na "perda do objeto" e na sua "servidão" a ele, pois que a produção do trabalhador seja também a produção de um poder alheio, *um poder do objeto criado sobre o trabalhador* (um poder da criação sobre o criador). Segundo Marx, o desapossamento – a alienação – do produto do trabalho "expressa a exteriorização de vida como desapossamento de vida". Entretanto, ele já notara que "na alienação do objeto do trabalho resume-se apenas a alienação, o desapossamento na atividade do próprio trabalho"; por isto, é preciso dilucidar;

2. *a alienação no processo da produção*[91]:
É na relação do operário com a sua própria atividade, *no ato e no processo da produção*, no interior da própria *atividade produtiva* que se engendra o resultado alienado que se manifesta na alienação no produto e do produto. Segundo Marx, o *desapossamento do trabalho consiste em* sua *exterioridade* em relação ao trabalhador, em seu caráter *involuntário* (coercitivo) e na *autoalienação* que impõe ao trabalhador. Consiste "em que o trabalho é *exterior* ao trabalhador, isto é, não pertence à sua essência, em que por isso ele não se afirma, antes se nega, no seu trabalho; não se sente bem, mas infeliz; não desenvolve qualquer energia livre física ou espiritual, antes mortifica o seu físico e arruína o seu espírito. Por isso, o trabalhador só se sente em si fora do trabalho e fora de si no trabalho. [...] O

seu trabalho não é portanto voluntário, mas forçado, trabalho *forçado*. Ele não é portanto a satisfação de uma necessidade, mas é apenas um *meio* para satisfazer necessidades exteriores a ele. [...] A exterioridade do trabalho para o trabalhador aparece no fato de que ele não é [trabalho] seu mas de um outro, em que ele não lhe pertence, em que nele não pertence a si próprio mas a um outro. [...] A atividade do trabalhador não é a sua autoatividade. Ela pertence a um outro, ela é a perda dele próprio" [308-9].

Nessas linhas de Marx se traduz perfeitamente a sua concepção filosófico-antropológica: é central, aqui, a determinação de que o trabalho desapossado *não pertence à sua [do trabalhador] essência*: não atende à necessidade do trabalhador como homem (a necessidade de objetivar-se) porque não é a "atividade livre consciente", específica do *ser do homem*[92], é tão somente atividade-meio para satisfazer necessidades alheias. No próprio processo do trabalho, assim, o trabalhador se *aliena de si*: daquilo que não é autoatividade resulta a perda de si mesmo (*autoalienação*);

3. *a alienação da vida genérica:*

Já se verificou a relevância da genericidade humana na concepção filosófico-antropológica de Marx: o homem é "um ser que se comporta para com o gênero como sua própria essência ou para consigo como ser genérico" [310, 312]. Ora, acabou-se de ver que, no trabalho desapossado, a atividade humana é a *perda do trabalhador*, a sua autoalienação: a alienação de si é, também e simultaneamente, a alienação do homem em relação ao seu *ser genérico*, pois, "na medida em que arranca ao homem o objeto da sua produção [que é a *objetivação da vida genérica do homem*], o trabalho alienado arranca-lhe a sua *vida genérica*, a sua real objetividade genérica" e "faz da vida genérica do homem um meio para a sua existência física"; realmente, "a consciência que o homem tem do seu gênero transforma-se, portanto, pela alienação, de modo que a vida genérica se torna um meio para ele". Em conclusão, para Marx, o trabalho alienado faz "do *ser genérico do homem* – tanto a natureza como a sua faculdade espiritual genérica – uma essência *alienada* a ele, um *meio* da sua *existência individual*" [313-4].

Sob a lente da concepção filosófico-antropológica de Marx, a alienação da vida genérica do homem também tem por implicação:

a. *A alienação do homem em face da natureza.* Transformada a "vida genérica do homem" num *meio* para a sua "existência física", perde-se a *unidade* homem-natureza e não se compreende que "a natureza que devém na história humana [...] é a natureza *real* do homem", nem que "a própria história é uma parte *real* da *história da natureza*, do devir da natureza até ao homem" [355]. A relação do trabalhador com a natureza também se torna uma "relação exterior", e, nessa

relação, a natureza não pode revelar-se como "obra *sua* e realidade sua" (do homem): assim, na alienação da natureza, aliena-se também a essência humana – o trabalho alienado "aliena do homem o seu corpo próprio, bem como a natureza fora dele, bem como a sua essência espiritual, a sua *essência humana*" [314];
b. *A alienação do homem em relação ao homem*. É consequência da alienação do seu ser genérico a "*alienação do homem* do *homem*". Marx clarifica: "A proposição de que ao homem está alienado o seu ser genérico significa que um homem está alienado do outro, tal como cada um está alienado da sua essência humana. [...] A alienação do homem [...] só se realiza, se exprime, na relação em que o homem está para com o outro homem" [314]. Posta a alienação do ser genérico, o trabalhador, ao produzir, não produz apenas objetos, produz também a *relação* alienada e hostil com os outros homens: a alienação não somente o envolve (autoalienação), como também envolve os outros homens e as suas relações recíprocas. Do trabalho alienado resulta não somente a alienação dos produtores diretos (os trabalhadores), mas também uma *sociedade alienada* ou, para retomar a expressão marxiana dos *Cadernos*, a *caricatura* de uma comunidade humana.

Ao modo de resumo das determinações marxianas da alienação, de 1844, até aqui salientadas[93], valem como sintetizadoras as pontuações do sagaz analista que foi Vázquez (2003, p. 96-7):

1. se se arranca ao homem o seu produto e se este se contrapõe ao homem porque pertence a outro, significa que o trabalhador, seu produtor, encontra-se numa relação de estranhamento com o *outro* a quem pertence o "seu" produto;
2. se o trabalhador se contrapõe a si mesmo, ao lhe ser alheia ou estranha a sua atividade, contrapõe-se também ao outro homem: àquele que se apropria dela ou do seu resultado;
3. se o homem aliena o seu ser genérico ao fazer dele um meio de existência para sobreviver, isso significa que a sua relação com os outros se torna alheia, estranha à sua vida individual.

Nesta altura da nossa exposição, importa apontar enfaticamente um *traço decisivo* da teoria marxiana da alienação – alienação que, para Marx, é processo especificamente humano, social –, traço que se configura cristalinamente nos *Manuscritos*: "No mundo real prático, a autoalienação só pode aparecer através da relação real prática com outros homens. O meio pelo qual a alienação procede é ele próprio um meio *prático*" [316]. À diferença do materialista Feuerbach (e também, obviamente, de Hegel, em função do seu idealismo), que centrou a sua elaboração sobre a alienação num fenômeno da consciência (o fenômeno religioso), o alvo da preocupação de Marx – impensável sem o seu cuidado crítico da economia política – foi a alienação na *vida real*, efetiva, dos homens.

Com os *Manuscritos*, o tratamento da alienação experimentou um giro radical: deslocou-se do nível das expressões ideais, anímicas, filosóficas e foi inscrito no *mundo prático, efetivo*, das relações econômico-sociais (e políticas) dos homens. Por isso mesmo, é inerente à (e indescartável da) perspectiva marxiana a ideia de que a superação da alienação *não* pode nem há de se realizar no domínio da consciência, incluído aí o mais elaborado conhecimento teórico que, evidentemente, é necessário para tal superação: *se ela procede por meios práticos, só meios igualmente práticos poderão superá-la*[94].

Claro que a problemática do dinheiro (num movimento que acompanha a reflexão de Marx desde *Para a questão judaica*) comparece nos *Manuscritos*, todavia, sem a riqueza da abordagem que dela se fez nos *Cadernos*. O fragmento sobre o dinheiro [414-20] nada acrescenta de substantivo à análise oferecida nas notas sobre James Mill[95]. De fato, no terceiro manuscrito, Marx reitera que o dinheiro tem por essência o ser genérico do homem "alienado, exteriorizado e vendendo-se. Ele é o poder [*Vermögen*] exteriorizado da *humanidade*" [418].

Mas se nesse terceiro manuscrito não há elementos mais expressivos sobre o dinheiro do que aqueles já formulados nos *Cadernos*, é fato que ele tematiza a questão das *necessidades* (já tangenciada nos comentários a James Mill [202-7]) e põe uma *nova* questão, a da superação da alienação, vale dizer: a questão do *comunismo*[96]. Antes de tratá-la, porém, devemos dizer algo acerca do segundo manuscrito.

Dos *Manuscritos*, como vimos, precisamente o segundo é aquele que nos chegou em tal estado – apenas quatro páginas, fragmento que recebeu, quando da sua publicação, o título de "A relação da propriedade privada" [324-33] – que não é possível senão levantar hipóteses sobre a maior parte do seu conteúdo[97]. Das poucas páginas que conhecemos, porém, resulta claro que Marx está perseguindo o *movimento da propriedade privada*, movimento a que ele aludira no primeiro manuscrito (já citamos o passo em que ele anota: "É certo que obtivemos o conceito de *trabalho alienado* [...] a partir da economia nacional como resultado do *movimento da propriedade privada*"). Ele detém-se sobre esse movimento em duas passagens do segundo manuscrito e na abertura do terceiro (lembre-se que o fragmento "Propriedade privada e trabalho" é um *complemento* ao segundo manuscrito). A primeira dessas passagens é a seguinte:

> A relação da propriedade privada contém em si latente a relação da propriedade privada como *trabalho*, assim como a relação da mesma como *capital* e a *ligação* de ambas estas expressões uma com a outra. [Por um lado] a produção da atividade humana como *trabalho*, portanto como uma atividade totalmente estranha a si, ao homem e à natureza, portanto também estranha à consciência e à exteriorização da vida; a existência *abstrata* do homem como um mero *homem de*

trabalho que portanto pode precipitar-se diariamente do seu nada preenchido para nada absoluto, para a sua não-existência social e por isso a sua não-existência real[98]. Assim como, por outro lado, a produção do objeto da atividade humana como *capital*, em que toda a determinidade natural e social do objeto está *apagada*, em que a propriedade privada perdeu a sua qualidade natural e social (portanto perdeu todas as ilusões políticas e gregárias [*geselligen*] e não se mistura com quaisquer relações *aparentemente* humanas), em que também o *mesmo* capital permanece o *mesmo* na mais diversificada existência natural e social, é completamente indiferente perante o conteúdo *real* desta – *esta oposição levada ao extremo é necessariamente o extremo, o cume e a decadência da relação toda*. [326 (os itálicos da última frase são meus – *JPN*)]

A frase final diz respeito, exatamente, ao *movimento* da propriedade privada, cuja natureza *alienada* fora posta de manifesto no primeiro manuscrito; aqui, ela é relacionada não só ao trabalho, obviamente trabalho *alienado* ("atividade totalmente estranha a si, ao homem e à natureza"), mas ao *capital*, igualmente um produto alienado (que "não se mistura com quaisquer relações *aparentemente* humanas") e agora se põe em questão a conexão (a *ligação*) "de ambas estas expressões uma com a outra" – conexão que constitui uma *oposição em movimento*, que experimenta diferentes estágios ("cume", "decadência"). E, avançando para determinar essa conexão, Marx escreve, na segunda passagem que nos interessa:

A relação da *propriedade privada* é trabalho, capital e a ligação de ambos.
O movimento que estes membros têm de percorrer são:
Primeiro: unidade imediata ou *mediata de ambos*.
Capital e trabalho primeiro ainda unidos; depois, com efeito separados e alienados, mas erguendo-se e estimulando-se reciprocamente como condições *positivas*.
Oposição de ambos. Excluem-se reciprocamente e o trabalhador sabe que o capitalista é a sua não-existência e inversamente; cada um procura arrancar ao outro a sua existência.
Oposição de cada um *contra* si próprio. Capital = trabalho acumulado = trabalho.
[...] *Oposição recíproca hostil*. [333]

Tanto no que restou do segundo manuscrito como no fragmento que é seu complemento no terceiro manuscrito, Marx procura sustentação histórica para a sua argumentação; isso porque ele põe o movimento da propriedade privada como um movimento *real*: daí o recurso marxiano, nessas páginas, ao confronto entre a propriedade fundiária (territorial) e a propriedade industrial capitalista [327 e seg.]. Nessa altura do seu desenvolvimento crítico-teórico, compreende-se que ele ainda esteja longe de fundamentar suficientemente a sua apreensão do movimento da propriedade privada, que expressa igualmente – como bem percebeu Lápine –

as "etapas da evolução do trabalho alienado"[99]. Trata-se de um movimento *necessário*, porque é o curso que leva de uma forma histórica de propriedade privada *menos desenvolvida* (a propriedade fundiária) para a que lhe é superior, porque moderna e *mais desenvolvida*[100]: movimento necessário à propriedade privada para que ela se desenvolva plenamente, alcançando, na forma do capital industrial, a sua "figura objetiva consumada", mediante a qual "a propriedade privada pode consumar a sua dominação sobre o homem e tornar-se, em forma mais universal, um poder histórico-mundial" [340]. O esforço de Marx procura se calçar, no segundo manuscrito e no seu complemento, na transição histórica que vai marcar, "no curso *real* do desenvolvimento" da propriedade privada, "a necessária vitória do *capitalista*, isto é, da propriedade privada desenvolvida sobre o *proprietário da terra* não desenvolvido" [332][101]. O curso desse processo, Marx verifica-o como *contraditório*, quer no seu andamento ("a *essência subjetiva* da indústria constituindo-se em oposição à propriedade fundiária" [339-40]), quer na sua conclusão, quando a propriedade privada consuma a sua dominação; é então que a *contradição* pode emergir nitidamente: até aqui, a "oposição de *sem propriedade* e *propriedade* é ainda uma oposição indiferente, ainda não apreendida na sua *ligação ativa*, na sua relação *interna*, ainda não apreendida como *contradição*, enquanto não for concebida como a oposição do *trabalho* e do *capital*" [340-1]. Mas consumada a dominação da propriedade privada – o seu "poder histórico-mundial" – e já apreendido o trabalho "como a essência subjetiva da propriedade privada como exclusão da propriedade" e o capital, "o trabalho objetivo como exclusão do trabalho", então a propriedade privada se põe na "sua relação desenvolvida da contradição, *por isso uma relação enérgica que impele à resolução*" [341 (os itálicos finais são meus – *JPN*)]. Voltaremos, logo adiante, a esse ponto fundamental (um *ponto de comutação*, como diria Ernst Bloch).

Nesse mesmo segundo manuscrito e em seu complemento, Marx observa como o movimento *real* da propriedade privada se refrata na sua *reprodução ideal* pela economia política – daí as suas notações sobre o mercantilismo, a fisiocracia e a "recente economia nacional inglesa" (a designação é dele mesmo [338-40]). É notável como Marx, já nos seus primeiros estudos, relaciona o evolver da teoria econômica à dinâmica histórica da economia: ele apanha a fisiocracia de Quesnay como transição do mercantilismo para Smith [338]. O *fetichismo* dos mercantilistas, que viam a riqueza nos elementos naturais (metais e pedras preciosas), é deslocado pelos fisiocratas, que viam a riqueza como produto do trabalho, ainda que só reconhecessem como trabalho produtor de riqueza o que se operava sobre a terra; com os fisiocratas, pois,

> a essência da riqueza é já transferida para o trabalho. Mas ao mesmo tempo a agricultura é o trabalho *unicamente produtivo*. Assim, o trabalho ainda não é

compreendido na sua universalidade e abstração, ainda está vinculado a um *elemento natural* particular *como sua matéria*, por isso ele é ainda reconhecido apenas também num *particular modo de existência determinado pela natureza.* [338-9]

Ora, o mérito de Smith – só viável pela dinâmica histórica real das relações econômicas, pela emersão da *indústria moderna* (resultado, pois, do que Engels, pioneiramente, designará por "revolução industrial"[102]) – consistiu na descoberta da "*essência* subjetiva da riqueza", suprimindo "a riqueza que se encontra fora do homem e independente dele"[103]. A economia política, a partir de Smith, pode assestar seus últimos golpes na fisiocracia e conceber o *trabalho*, "na sua universalidade e abstração", como "a única *essência da riqueza*"; esse "imenso progresso" (como, mais de dez anos depois, dirá Marx[104]), dados os vieses ideológicos dos economistas que posteriormente Marx reconhecerá como "clássicos", tem como contrapartida o *cinismo* que se desenvolverá na economia política, aquele cinismo que, como se viu, não cancela a "probidade" de um Ricardo. O "imenso progresso" refrata, na consciência teórica dos "clássicos", a tendência real à consumação do movimento da propriedade privada: na *realidade* da economia contemporânea de Marx, na sua *atualidade* (forçando-se a mão, dir-se-ia: na efetividade do já posto *capitalismo*[105]), essa tendência já era notável para o jovem Marx:

> Toda a riqueza se tornou riqueza *industrial*, *riqueza* do trabalho, e a *indústria* é o trabalho explicitado, tal como o *sistema fabril* é a essência desenvolvida da *indústria*, i.e., do trabalho, e o *capital industrial* é a figura objetiva explicitada da propriedade privada. Vemos também como só agora a propriedade privada pode explicitar a sua dominação sobre o homem e tornar-se, em forma mais universal, um poder histórico-mundial. [340][106]

A esta altura, será esclarecedor recorrer, num brevíssimo resumo, à análise de Lápine (1983, p. 270-6), que associa a passagem dos *Manuscritos* que transcrevemos aqui (e cuja frase final é "Oposição recíproca hostil") às notas dos *Cadernos* sobre James Mill e identifica o que considera serem as *etapas da evolução do trabalho alienado*. Na segura interpretação de Lápine, daquele movimento da propriedade privada pode-se apreender o processo diferenciado de constituição do trabalho alienado:

> 1. inicialmente, num estágio bárbaro, selvagem, não há alienação; o trabalho e seus produtos servem apenas para atender às necessidades do homem em meios de subsistência; então, todo o trabalho acumulado pertence ao próprio produtor (diz Marx: "Capital e trabalho primeiro ainda unidos" [333][107]);
> 2. etapa em que surge a troca direta: o produtor dispõe da posse de um excedente que ele produz, mas tem necessidade de bens produzidos por outrem. Agora, diz

Marx, trabalho e capital separam-se, "mas erguendo-se e estimulando-se reciprocamente como condições *positivas*" [333]. Desenvolvendo-se a troca e a divisão do trabalho, o produto aliena-se do seu produtor e as relações sociais tornam-se também um ato genérico exterior e alienado[108];

3. etapa na qual, ademais da *alienação do produto*, que já ocorria na anterior, opera-se *a alienação da atividade de trabalho*, marcada pelo surgimento do equivalente cujo papel não para de crescer e substitui tudo: o *dinheiro*. Então, mais desenvolvida ainda a divisão do trabalho, a troca e o trabalho tornam-se meros meios para o ganho (o que então Marx chamava de *trabalho lucrativo*) e a alienação passa a envolver as forças essenciais do homem[109];

4. os efeitos das etapas anteriores determinam – conforme Lápine – a acumulação do *trabalho* de outrem, ou seja, "do *capital no sentido próprio do termo* e a sua oposição ao trabalho direto. [...] A oposição entre o trabalho e o capital aparece aqui sob a forma de oposição entre o trabalho agrícola e a renda da terra", mas a essência dessa oposição é mascarada por uma série de circunstâncias[110];

5. enfim, na última etapa, tais circunstâncias são suprimidas, nas palavras de Marx, quando "o desenvolvimento *necessário* do trabalho" põe "a *indústria* liberta e constituída como tal para si própria e o *capital* liberto" [327] – quadro que é instaurado com as realidades da Revolução Industrial e suas implicações, quando o capital tornado "liberto", tornado capital "puro"[111], se coloca *factualmente* no controle da *produção* da riqueza social. Só então é possível apreender o trabalho "como a essência subjetiva da propriedade privada como exclusão da propriedade" e o capital como "o trabalho objetivo como exclusão do trabalho" – só então (como reproduzimos em passagem fundamental) a propriedade privada se põe na "sua relação desenvolvida da contradição, *por isso uma relação enérgica que impele à resolução*"; só então se chega ao "ponto de comutação" que abre a via à "resolução", que não é outra senão a *superação da propriedade privada e da alienação*.

O eixo dos *Manuscritos*, que exploramos até agora no exame dos dois primeiros cadernos e parte do terceiro, gira em torno da fundamental categoria de *trabalho alienado*; até aqui a *alienação* constitui o cerne da emergente crítica marxiana da economia política. Cuidamos de assinalar que Marx apreendeu o movimento da propriedade privada (expresso no movimento do trabalho alienado – vide o resumo da argumentação de Lápine) como um processo *contraditório*; como tal, o seu desenlace *necessário e possível* é uma solução, *resultante do seu próprio movimento imanente*, que, mediante a *negação da negação*, implica a sua *superação* (*suprassunção*). Na sua percuciente análise dos *Manuscritos* (dos quais salienta as proporções modestas: "apenas cerca de 50 mil palavras"), Mészáros introduz uma notação essencial: sustenta o pensador húngaro que *o núcleo que estrutura a totalidade desses manuscritos* não é a categoria, neles fundamental, de *trabalho alienado*; antes, é o conceito de *transcendência da autoalienação do trabalho* – Mészáros (2006, p. 25) afirma expressamente que "a chave para o entendimento da teoria da alienação de Marx é o seu conceito de *Aufhebung*". Em sendo correta essa notação, como tudo indica que o seja, dela decorre que, na problemática da *alienação*, a questão central para Marx é a sua *superação* (evidentemente, só possível de colocar-se com o tratamento da própria alienação e das suas raízes na propriedade privada, na divisão social do trabalho e na produção mercantil). Por isso, Marx precisa acertar definitivamente as contas com a dialética do velho Hegel, mediante a qual a alienação do espírito encontra uma específica resolução. Já não lhe bastava a crítica que fizera a ela em Kreuznach nem no texto publicado nos *Anais Franco-Alemães*.

É exatamente o que Marx se propõe no excurso de pouco mais de cerca de três dezenas de páginas dedicadas à "Crítica da dialética e da filosofia de Hegel em geral" [359-91]. Naturalmente que tal excurso seria adequado como uma primeira redação de parte do capítulo do livro que projetava e comprometeu-se a editar através de Leske, reunindo a "crítica da política e da economia política"; mas, certamente, não foi essa a única razão que o levou a redigir essas páginas de extraordinária riqueza analítica – que, para Mészáros (2006, p. 23), configuram um "acerto crítico de contas" *com a filosofia hegeliana como um todo*[112]. De fato, os estudos da economia política e a interação com o mundo dos trabalhadores, que Marx desenvolveu no curso daquele primeiro semestre em Paris, ampliavam as bases teóricas e ideopolíticas da crítica a Hegel que ele já operava, pelo menos, desde 1843 e inícios de 1844 – ademais de jogar mais luz sobre as suas divergências com os (ex-)companheiros de Berlim. Se, por uma parte, o texto respondia ao projeto do livro, por outra – tão importante ou mais – *atendia a exigências internas do pensamento de Marx no novo nível de desenvolvimento a que se alçava a sua reflexão*: precisamente aquele em que a sua concepção filosófico-antropológica partia do *ser do homem* como ser prático e social (ou, se se quiser, um *ser da práxis*).

No texto, Marx antecipa que pretende cuidar da dialética hegeliana considerando a sua exposição na *Fenomenologia do Espírito* e na *Ciência da lógica*, mas nele desenvolve especialmente a sua crítica em relação à primeira dessas obras, na qual vê "o verdadeiro lugar de nascimento [...] da filosofia de Hegel" [365]. Ele precede a sua análise com o elogio de Feuerbach, "o único [dentre os sucessores de Hegel] que tem uma relação *crítica*, *séria*, com a dialética de Hegel e que fez verdadeiras descobertas neste domínio" [363], e sustenta essa afirmação sintetizando tais descobertas[113]. É só a seguir que Marx interpela os momentos decisivos da dialética hegeliana na exposição da *Fenomenologia*, com o seu interesse voltado para a problemática da alienação (mas não limitado a ela). Não é possível, aqui, sumariar o movimento crítico de Marx (estão indicadas, supra, neste capítulo, nota 112, fontes básicas para essa operação); interessa-nos tão somente colocar de manifesto o que de essencial Marx recolhe do filósofo e a sua fundamental discrepância em relação a ele. O substancial da recolha está condensado no parágrafo que já citamos em nota:

> A grandeza da *Phänomenologie* de Hegel e do seu resultado final – da dialética, da negatividade como princípio motor e gerador – é [...] que Hegel apreende a autogeração do homem como um processo [...], apreende a essência do *trabalho* e concebe o homem objetivo, verdadeiro, porque homem real, como resultado do seu *próprio trabalho*. [369-70][114]

Nenhuma das reservas críticas que Marx expende em seguida reduz a importância (a "grandeza") da *Fenomenologia*; por exemplo, que Hegel, compartilhando do "ponto de vista dos modernos economistas nacionais", só leva em conta as dimensões positivas, não as negativas, do trabalho [370]. A questão de fundo reside no *idealismo objetivo* que funda a construção filosófica de Hegel, idealismo do qual decorre o conhecimento e o reconhecimento tão somente do "trabalho *abstratamente espiritual*" [371], idealismo que, enfim, leva Hegel às "ilusões da especulação" [379]. Marx reconhece que Feuerbach já pusera de manifesto o caráter especulativo da dialética de Hegel no trato da alienação, mas, resumindo em poucos parágrafos a crítica de Feuerbach, a assinala como limitada e unilateral, consistente em conceber "a negação da negação *unicamente* como *contradição da filosofia consigo própria*" [364 (os itálicos finais são meus – *JPN*)]; para Marx, à diferença de Feuerbach, mesmo no registro enviesado de Hegel, a *negação da negação* permitiu a este filósofo encontrar "a expressão *abstrata, lógica, especulativa* para o movimento da história" [364][115].

Para o que aqui nos interessa, também em poucas linhas podemos condensar a discrepância essencial de Marx em face de Hegel. Depois de mostrar que *a supressão da alienação acaba por ser, para Hegel, a supressão da objetivação* (o que equivale a fazer do homem um ser *não objetivo, espiritualista* [371]), ele afirma:

> A *essência humana*, o *homem* passa por ser para Hegel = *autoconsciência*. Toda a alienação da essência humana *nada* é, portanto, senão a *alienação da autoconsciência*. [...] A alienação efetivamente *real* [*wirkliche*], que aparece como real [*real*], antes não é segundo a sua *mais íntima* essência ocultada [...] senão o *fenômeno* da alienação da essência humana real, da *autoconsciência*. [372]

Uma vez que Hegel põe só "o *espírito*" como "a *verdadeira* essência do homem" [368], está claro nele e para ele que *tanto a alienação quanto, por decorrência, a sua superação não são mais que puros processos ideais*. A alienação hegeliana – que, de acordo com uma fórmula precisa, "é o espírito tornado estranho a si" (Garaudy, 1966, p. 76) – e a sua superação, consequentemente, consistem, segundo Marx, em que "a apropriação das forças essenciais do homem tornadas objetos e objetos alienados" seja, "portanto, em primeiro lugar apenas uma *apropriação* que se processa na *consciência*, no *pensar puro*, isto é, na *abstração*" [368].

Por tudo o que se viu até aqui do processo de desenvolvimento teórico-filosófico de Marx, essa concepção da alienação e, necessariamente, da sua superação, que Hegel embasa numa "crítica mistificadora" [369][116], é inaceitável para Marx porquanto supõe um realizar-se tão somente no campo do pensamento, no âmbito (para Hegel) do saber absoluto (é aí que se dá a superação, através da "reassunção da alienação no sujeito" – Lukács, 1963, p. 502); "o movimento todo termina", diz Marx, "com o saber absoluto" [367]. Marx já assentara suficientemente, no primeiro manuscrito, que "o meio pelo qual a alienação procede é ele próprio um meio *prático*" [316] e, no complemento ao segundo manuscrito, que "a superação da autoalienação faz o mesmo caminho que a autoalienação" [341]; assentara mais: as contraposições teóricas só são solucionáveis praticamente[117]. Vale dizer: a compreensão da superação da alienação como só realizável através de meios prático-sociais já se constituía como uma conquista do pensamento marxiano.

A possibilidade *dessa* modalidade prático-social de superação (nas palavras de Mészáros, da *transcendência da autoalienação do trabalho*) é colocada pelo movimento real da propriedade privada (cuja essência subjetiva é o *trabalho* e a objetiva é o *capital* [341]) a partir do momento em que ela alcança, como vimos, a "relação desenvolvida da contradição" entre trabalho e capital, "uma relação enérgica que impele à resolução" (eis o "ponto de comutação", nos termos de Bloch). Tal resolução é a supressão de *toda* a "relação desenvolvida na contradição", isto é, a supressão prático-social da propriedade privada com o *comunismo*, objeto da reflexão de Marx imediatamente antes da exposição da crítica à dialética hegeliana – e é aqui que, na sua elaboração teórica, *ele fundamenta pela primeira vez uma posição favorável ao comunismo*.

O comunismo – perspectivado por Marx como uma formação societária que, suprimindo a propriedade privada, propicia a supressão da alienação – é tanto *possível* pelo movimento da propriedade privada quanto *necessário* para a resolução da "relação desenvolvida na contradição", que, "*levada ao extremo, é necessariamente o extremo, o cume e a decadência da relação toda*" [326 (itálicos meus – *JPN*)]. Assim é que, para Marx, o comunismo não se constitui nem se propõe, liminarmente, como um ideal ou um projeto: ele afirma expressamente que "no movimento da *propriedade privada*, precisamente [no] da economia, todo o movimento revolucionário encontra tanto a sua base empírica como teórica" [345][118]. A fundamentação da possibilidade da supressão da propriedade privada – e da sua necessidade para a emancipação humana, com a superação da alienação –, tal como Marx a formula nos *Manuscritos*, está muito aquém da concreção que ele alcança em escritos posteriores; já nos *Manuscritos*, contudo, está posto que é no movimento da propriedade privada, quando chegado a seu extremo, que se abriga a alternativa da sua supressão mesma.

Quando cuidamos da interação de Marx com o movimento operário, no primeiro semestre de 1844, consignamos que artesãos e proletários moviam-se no espaço de uma cultura revolucionária sob forte influência de doutrinários socialistas e comunistas. Marx estudou-os e, nessa que é a sua primeira confrontação significativa com a literatura socialista e comunista da época, sua atenção se dirige para os doutrinários comunistas [341-4], distinguindo as vertentes que designa "*comunismo rude*" e "*comunismo de natureza política*"[119]. No caso do primeiro, a crítica de Marx aponta que, em vez de *suprimir* a propriedade privada, pretende-se de fato *universalizá-la*; por isso, "a determinação do *trabalhador* não é superada, mas estendida a todos os homens; a relação da propriedade privada permanece a relação da comunidade com o mundo das coisas" [342]. Nesse "comunismo rude", o *ter* alienado continua vigendo sobre o *ser* ("a *posse* imediata, física, vale [...] como o único objetivo da vida e da existência" [342]) e verifica-se "a negação abstrata de todo o mundo da cultura e da civilização" [342-3], com "o regresso à simplicidade *antinatural* do homem *pobre* e desprovido de necessidades" [342-3][120]. O "*comunismo de natureza política*" ("despótico" ou "democrático", "com supressão do Estado"), trata-o Marx muito sumariamente: em pouco mais de uma dezena de linhas, reconhece que ele se sabe "como reintegração ou regresso do homem a si, como supressão da autoalienação humana"; todavia, Marx o critica porque não apreendeu a "essência positiva da propriedade privada" e "está ainda preso e infectado pela mesma" [344].

Marx não tem dúvida alguma de que a supressão da propriedade privada é função de uma *revolução*. Sua apreensão dessa relação começa na "Crítica da filosofia do direito de Hegel. Introdução" e vai reafirmar-se na sequência dos *Manuscritos*, seja em *A sagrada família*, seja em *A ideologia alemã*. Ele já sabe, também, qual o sujeito social que pode conduzi-la, o proletariado, mas só terá condições de iniciar a elaboração da sua processualidade não só ao avançar mais em seus estudos, mas também quando estreitar ainda mais os vínculos com o movimento operário, o que vai se evidenciar sobretudo após 1847[121]. Nos *Manuscritos*, a revolução, sempre pressuposta como condição para a "supressão positiva da propriedade privada", não é expressamente tematizada; neles, a dominância da abordagem filosófico-antropológica não abre espaço para uma aproximação sociopolítica explícita ao processo revolucionário.

É assim que, uma vez criticados os comunismos "rude" e de "natureza política" ("democrático" ou "despótico"), Marx passa ao comunismo que situa como "supressão *positiva* da *propriedade privada* (enquanto *autoalienação humana*) e por isso como *apropriação* real da essência *humana* pelo e para o homem" [344]:

o comunismo como *transcendência da autoalienação do trabalho* (Mészáros). Sustenta Marx que, assim posto, o comunismo é o

> regresso completo, consciente e advindo dentro de toda a riqueza do desenvolvimento até agora, do homem a si próprio como um homem *social*, i.e., humano. Este comunismo é, como naturalismo consumado = humanismo, como humanismo consumado = naturalismo, ele é a verdadeira resolução do conflito do homem com a natureza e com o homem, a *verdadeira* resolução da luta entre existência e essência, entre objetivação e autoconfirmação, entre liberdade e necessidade, entre indivíduo e gênero. Ele é o enigma da história resolvido e sabe-se como essa solução. [344-5]

A riqueza e a complexidade da formulação exigiriam um tratamento analítico, desenvolvido na bibliografia já referenciada, que aqui mal pode ser sugerido. Sinalizemos, entretanto, umas poucas trilhas para explorá-la, indicando os seus pontos nodais. Em primeiro lugar, a formulação aponta para um processo *consciente*: não se trata de uma (re)conquista da "riqueza do desenvolvimento", como mera e necessariamente resultante da contradição máxima posta pelo movimento da propriedade privada; trata-se de resultante que *se sabe* a superação daquela contradição. Em segundo lugar, situa a importância do "desenvolvimento [operado] até agora", da sua "riqueza" – o que permite compreender que a propriedade privada, no seu movimento, não foi casual e/ou apenas pura negatividade; ela expressou também uma *necessidade* do movimento macroscópico da história e da sociedade, engendrando não só a alienação, mas *também* a produção (ainda que alienada) de riqueza humana (mais adiante, Marx refere-se ao "movimento da propriedade privada e da sua riqueza, bem como da sua miséria" [353]); o comunismo, como "supressão positiva da propriedade privada", é *negação da negação* [359] – portanto, recupera e *repõe* a sua riqueza social sob novas condições. Em terceiro lugar, o comunismo é simultaneamente a realização do humanismo – apropriação da essência humana pelo homem – e a realização do naturalismo, porque o humanismo realizado não implica somente uma nova relação entre os homens, mas uma nova relação dos homens com a natureza, na qual esta deixa de ser simples objeto de manipulação ou de contemplação; nessa nova relação, a natureza (cuja existência objetiva em si Marx não questiona) ganha um sentido humanizado para o homem, que, uma vez apropriada a sua essência humana, é um homem *social*[122]. Enfim, o comunismo tal como posto por Marx é medularmente *humanismo*, é um "humanismo consumado". Trata-se de um humanismo que já dispõe de nítido *enraizamento de classe* (um humanismo *proletário* – ver Lápine, 1983, p. 244-6): um honesto crítico de Marx, aliás um religioso, analisando a relação entre comunismo e humanismo em 1844, reconhece que o humanismo ateu marxiano de nenhum modo sacrifica os indivíduos [...]. É a realização do homem concreto e só dele. [...] Não se trata de qualquer humanismo abstrato [...]. [Nele] o que há é o homem que revela a sua essência – essência que atinge, atingindo-se a si mesmo e levando ao último acabamento a mediação entre si mesmo e o seu ser genérico, isto é, entre si mesmo e a natureza ou o objeto. (Calvez, 1962, v. II, p. 306-7)

Acerca das bases econômicas do comunismo, Marx, nos *Manuscritos*, quase nada nos pode dizer. Ele tem claro que a propriedade privada material, imediatamente sensível,

> é a expressão material sensível da vida *humana alienada*. O seu movimento – a produção e o consumo – é a revelação *sensível* do movimento de toda a produção até aqui, i.e., realização ou realidade do homem. Religião, família, Estado, direito, moral, ciência, arte etc. são apenas modos *particulares* da produção e caem sob a sua lei universal. [345]

Por isso, ele sabe que a sua supressão positiva (isto é, o comunismo) implica uma *outra e nova* forma de *produção*. Aquela que a história conhece "até aqui", que engendra a alienação, ele constatou já nos *Cadernos* que "não é uma produção do homem para os homens enquanto tais, não é uma produção social" e "não pode sê-lo porque não é a *essência humana* que vincula mutuamente [as] produções [dos homens]", mas o "egoísmo" [217-8]. Seus conhecimentos teóricos econômico-políticos, porém, ainda são bastante incipientes para permitir-lhe caracterizar minimamente como se constituirá, posta a supressão positiva da propriedade privada, a produção na qual os homens *produzam como seres humanos*[123]; o máximo que ele pode nos indicar é, nos *Cadernos*, uma síntese das implicações decisivas de uma produção verdadeiramente *humana*, que supere a produção vigente sob o reino da propriedade privada e a ela se contraponha:

> • meu trabalho seria uma livre manifestação de vida, um gozo de vida. Sob a propriedade privada, o trabalho é alienação de vida, porque trabalho para viver, para conseguir um meio de viver. Meu trabalho não é a minha vida;
> • em segundo lugar, a minha individualidade particular, a minha vida individual, seria afirmada pelo trabalho. O trabalho seria, então, uma verdadeira propriedade, uma propriedade ativa. Sob a propriedade privada, a minha individualidade está alienada a tal grau que esta atividade me é detestável, motivo de tormento; é, antes, um simulacro de atividade, uma atividade puramente forçada, que me é imposta por um constrangimento exterior e contingente e não por uma exigência interna e necessária. [222]

Uma produção verdadeiramente humana e social, capaz dessas implicações, só é pensável no comunismo: "A superação positiva da *propriedade privada* como apropriação da vida *humana* [é], por isso [...] o regresso do homem [...] à sua existência *humana*, i.e., *social*" [344]. Está claro que a *revolução* que viabiliza essa produção humana é de tal magnitude que instaura um período histórico radicalmente novo na vida dos homens; esse período se põe não como um pretenso "fim da história", mas, ao contrário, inaugura (como Marx dirá ulteriormente) a *verdadeira* história da humanidade, deixando para trás a sua *pré-história*[124].

Ora, um tal *regresso do homem à sua existência humana*, que afeta profundamente a sua relação com a natureza e com os outros homens, de igual modo afeta as *necessidades* do homem – já abordadas nos *Cadernos* [217-22] e retomadas em *A ideologia alemã* (Marx-Engels, 2007, p. 33-4, 67-8, 79) – e também os *sentidos* pelos quais as necessidades transitam e são satisfeitas. À questão das necessidades Marx voltará inúmeras vezes ao longo de sua obra[125]: nos *Manuscritos*, ela comparece sobretudo, mas não só, no fragmento "Propriedade privada e necessidades" [391-9]. Nessas passagens do terceiro manuscrito, Marx mostra que a economia política, "ciência do enriquecimento", tem como princípio "a falta de necessidades" [398], que se exibe na sua *teoria da população*[126]. O economista "reduz a necessidade do trabalhador ao mais necessário e lastimável sustento da vida física" e "*calcula* a vida (existência) mais *indigente* possível como [...] padrão universal", tomando essa vida e essa existência como *humanas*. Em resumo: para o trabalhador, "tudo o que vai além da mais abstrata de todas as necessidades – seja como fruição passiva ou como exteriorização de atividade – aparece-lhe [ao economista] como um *luxo*" [394][127]. A "ciência do enriquecimento", para o trabalhador, e não só para ele, é a ciência da ascese e da poupança, "a mais moral das ciências", que prega "a renúncia à vida" [395], mas, é óbvio, as suas lições incidem diferenciadamente sobre ricos e pobres[128]. A economia política, quando pensa as necessidades do homem, só pode pensá-las como algo *rentável*; "a necessidade do dinheiro é, por isso, a verdadeira necessidade produzida pela economia nacional e a única necessidade que ela produz" [391][129]; sob a propriedade privada e com a mediação do dinheiro, ocorre que

> cada homem especula sobre como criar no outro uma necessidade *nova* para o forçar a um novo sacrifício [...] e induzi-lo a um novo modo de *fruição* [...]. Cada um procura criar uma força essencial *alienada* sobre o outro, para aí encontrar a satisfação da sua própria necessidade egoísta. Com a massa dos objetos cresce, por isso, o domínio do ser alienado ao qual o homem está subjugado e cada novo produto é uma nova *potência* do engano mútuo e do mútuo saque. [391]

Nos *Manuscritos*, o que interessa a Marx são as necessidades *humanas*, nas quais ele não vê tão só as necessidades materiais vitais (necessidades *naturais*: comer, beber, abrigar-se – se se quiser, necessidades *animais*). Importam-lhe as necessidades (é claro que, entre elas, as materiais vitais) que se *tornaram humanas*, constituídas e formadas por todo "um trabalho de toda a história do mundo até hoje". Os exemplos de que ele se socorre aqui são esclarecedores:

> A *formação* dos cinco sentidos é um trabalho de toda a história do mundo até hoje. O *sentido* preso na necessidade prática rude tem também somente um sentido tacanho. Para o homem esfomeado não existe a forma humana da comida, mas apenas a sua existência abstrata como comida; ela também podia estar aí na forma mais rude – e não se pode dizer em que é que esta atividade de nutrição se distingue da atividade de nutrição *animal*. O homem necessitado, cheio de preocupações, não tem nenhum *sentido* para o espetáculo mais belo; o comerciante de minerais vê apenas o valor mercantil, não a beleza nem a natureza peculiar do mineral [...]. Portanto, a objetivação da essência humana, tanto do ponto de vista teórico quanto do prático, é necessária tanto para fazer *humanos os sentidos* do homem como para criar *sentido humano* correspondente a toda a riqueza do ser humano e natural. [352-3][130]

O interesse de Marx não é a "necessidade rude", que "a propriedade privada não sabe tornar [...] necessidade *humana*" [392], mas a *riqueza* das necessidades *humanas* que podem constituir o *homem rico* que, para Marx, é "o homem *necessitado* de uma totalidade da exteriorização de vida humana" [356]. A passagem seguinte é seminal:

> Tal como a *propriedade privada* é apenas a expressão sensível de que o homem se torna simultaneamente *objetivo* para si e simultaneamente se torna antes um objeto alienado e inumano, de que a sua expressão de vida é a sua exteriorização de vida, a sua realização é a sua desrealização, assim a superação positiva da propriedade privada, i.e., a apropriação *sensível* da essência e da vida humanas, do homem objetivo, da *obra* humana para e pelo homem, não é de apreender apenas no sentido da *fruição* unilateral, *imediata*, não apenas no sentido da *posse*, no sentido do *ter*. O homem apropria-se da sua essência omnilateral de uma maneira omnilateral, portanto como um homem total. Cada uma das suas relações *humanas* com o mundo, ver, ouvir, cheirar, saborear, tatear, pensar, intuir, sentir, querer, ser ativo, amar, em suma, todos os órgãos da sua individualidade, bem como os órgãos que são imediatamente na sua forma órgãos comunitários, são no seu comportamento *objetivo* ou no seu *comportamento para com o objeto* a apropriação da realidade *humana*. [349]

As necessidades humanas, porque sensíveis, implicam *objetos* para a sua satisfação; estão vinculadas aos *sentidos* humanos, que se apropriam desses objetos, que não são *naturais*: as necessidades e as condições da fruição alcançada pelo atendimento delas resultam de "um trabalho de toda a história do mundo até hoje". Sob a propriedade privada, as necessidades e os sentidos do homem estão alienados; ambos, necessidades e sentidos, só se tornam *verdadeiramente humanos* quando o homem pode neles reconhecer a sua *obra* e pode apreender-se (como homem *social*) e apreendê-los como *emancipados da dominação do ter*; *os sentidos e as qualidades do homem* só se tornam *humanos* quando os homens

> comportam-se para com a *coisa* por causa da coisa, mas a própria coisa é um comportamento *humano objetivo* para consigo própria e para o homem – e inversamente. Eu só posso praticamente comportar-me para com a coisa humanamente quando a coisa se comporta para com o homem humanamente. [350]

Esse comportamento humano de "mão dupla" (da *coisa* ao homem e do *homem* à coisa) exige tanto "um *modo novo da produção* como também um *objeto* novo da produção" e resulta numa "nova confirmação da força *humana* essencial e novo enriquecimento da essência *humana*"; mas ambos se situam fora do reino da propriedade privada: já são um pressuposto do *socialismo* [391].

A superação positiva da propriedade privada como necessidade histórica para a *emancipação humana*, tendo a sua base numa nova organização da produção social, envolve a inteira emancipação dos sentidos, da sensibilidade e da racionalidade dos indivíduos. É nessa perspectiva filosófico-antropológica, desenvolvida por Marx no primeiro semestre de 1844 e formulada especialmente nos *Manuscritos*, que ele fundamenta o comunismo, posto como

> o momento *real*, necessário para o próximo desenvolvimento histórico, da emancipação e recuperação humanas. O *comunismo* é a figura necessária e o princípio energético do futuro próximo, mas o comunismo não é, como tal, o final do desenvolvimento humano – a figura da sociedade humana. [359]

Vê-se como o Marx da primavera-verão de 1844 avançou, se comparado ao Marx do outono de 1843; notam-se o significado e a magnitude da inflexão operada no pensamento daquele que ajuizava o comunismo uma "abstração dogmática" e deste que o fundamenta filosófico-antropologicamente como condição para o resgate e a "apropriação da vida *humana*".

O encontro histórico e *A sagrada família*

Em Paris, no fim do verão de 1844, os caminhos de Marx e de Engels, jovens de respectivamente 26 anos e 24 anos incompletos, se cruzaram para o compartilhamento de vida, lutas e obras, numa relação que se estendeu por praticamente quatro décadas, até a morte do primeiro.

Vincularam-se de começo por razões políticas e logo construíram uma duradoura amizade, estabelecendo rara e fecunda colaboração intelectual.

Amadureceram estimulando-se mutuamente e desenvolvendo as suas personalidades muito diferentes: Marx, um gênio obcecado pela pesquisa filosófica e em seguida pela teoria social, algumas vezes irritadiço e outras tantas impaciente, a cada dia mais preferindo o exame rigoroso de problemas e documentos a quaisquer mundanismos; Engels, uma inteligência brilhante e uma invejável capacidade de trabalho, coladas a uma generosidade pessoal ímpar e a um gosto refinado pelas boas coisas da vida[131]. A mais alta estatura intelectual de Marx nunca foi posta em questão por Engels, que, por seu turno, era um pensador com luz própria e interesses autônomos; Marx sempre foi profundamente grato ao amigo, quer pelo contributo que Engels deu à sua obra, quer pelo suporte material decisivo que dele recebeu[132]. O fundamento objetivo dessa amizade, para além da solidariedade fraterna própria a ela, residiu na enérgica paixão revolucionária que os animava e na inquebrantável confiança no protagonismo histórico do proletariado. Não por acaso, na história do movimento socialista revolucionário, a relação entre Marx e Engels tornou-se reverenciada desde Lênin, para quem "as lendas da Antiguidade contam exemplos comoventes de amizade. O proletariado da Europa pode dizer que a sua ciência foi criada por dois sábios, dois lutadores, cuja amizade ultrapassa tudo o que de mais comovente oferecem as lendas dos antigos" (Lênin, 1977, v. I, p. 33).

O histórico encontro de Marx e Engels aconteceu entre 28 de agosto e 6 de setembro[133]: Engels retornava para a Alemanha da sua primeira estância inglesa (Manchester, 1842-1844) e passou por Paris especialmente para conversar com Marx, que então estava sozinho (Jenny viajara à Alemanha para que seus parentes conhecessem a filha recém-nascida). De fato, não foi a primeira vez que os dois se viram pessoalmente: isso ocorrera em novembro de 1842, quando Engels, rumando para a Inglaterra, deteve-se em Colônia e procurou Marx na redação da *Gazeta Renana*. O jovem Engels dispunha-se a enviar da ilha materiais para o jornal e Marx aceitou formalmente a colaboração dele, numa entrevista apática e fria. O encontro foi recordado por Engels, mais de meio século depois (em carta a Mehring de abril de 1895 – MEW, 1968, v. 39, p. 473), como pouco amistoso, com Marx fazendo críticas aos irmãos Bauer e ao seu círculo de Berlim (os Livres), a quem supunha que ele estivesse vinculado.

Agora em Paris, o encontro começou com conversações no Café de La Régence (célebre por ter sido frequentado por figuras como Voltaire e Benjamin Franklin) e prosseguiu no apartamento de Marx, varando noites e madrugadas. Naqueles dias finais do verão parisiense, os dois jovens intelectuais, portadores de experiências muito diversas, cotejaram os caminhos que até então tinham percorrido e constataram que, por vias diferentes[134], tinham chegado a um terreno comum – assentado numa perspectiva revolucionária cujo sujeito era o proletariado – percebendo a semelhança da orientação teórica de ambos naquele momento. O sexagenário Engels resumiu, em outubro de 1885, o resultado daquelas conversas longas e acaloradas: "Quando, no verão de 1844, visitei Marx em Paris, ficou patente nosso acordo em todos os terrenos teóricos e data dessa época a nossa colaboração" ("Contribuição à história da Liga dos Comunistas", em Marx-Engels, 1963, v. 3, p. 157). O primeiro fruto dessa colaboração foi *A sagrada família ou A crítica da Crítica crítica. Contra Bruno Bauer e consortes*, que seria publicado em Frankfurt, em fevereiro de 1845, quando Engels já se encontrava na Alemanha (Barmen), desde o passado mês de setembro, fazendo agitação socialista com Moses Hess entre os trabalhadores (na vizinha Elberfeld) e ocupando-se da redação de *A situação da classe trabalhadora na Inglaterra*, que veria a luz em finais de maio de 1845, em Leipzig.

A sagrada família[135] (daqui em diante nos referiremos ao título reduzido; as citações aqui reproduzidas foram extraídas de Marx-Engels, 2003, com as devidas páginas indicadas entre colchetes) não se apresenta como obra de corpo orgânico; é, antes de mais, um conjunto de ensaios de Marx e Engels centrados na crítica às mais recentes posições de Bruno Bauer (e outros autores menores, como Max Stirner, que, em outubro de 1844, publicara *O único e sua propriedade*) – posições defendidas por ele e alguns "Livres de Berlim" no mensário *Allgemeine Literatur-Zeitung* (Gazeta Geral Literária), editado entre fins de 1843 e outubro de 1844, em Charlottenburg (Berlim). O objeto de *A sagrada família* é claramente circunscrito no "prólogo" firmado pelos dois autores, que também explicita o fio condutor de todos os textos que a compõem:

> O *humanismo real* não tem, na Alemanha, inimigo mais perigoso do que o *espiritualismo* – ou *idealismo especulativo* –, que, no lugar do *ser humano individual e verdadeiro*, coloca a "*autoconsciência*" ou o "*espírito*" [...]. O que nós combatemos na Crítica *baueriana* é justamente a *especulação* que se reproduz à maneira de *caricatura*. Ela representa, para nós, a expressão mais acabada do princípio *cristão-germânico*, que faz sua derradeira tentativa ao transformar *a crítica* em si numa força transcendental. [15]

Vale dizer: o alvo é a posição filosófica mais recente de Bauer, e o eixo em torno do qual se desenvolve a argumentação dos dois autores é a crítica ao caráter especulativo dessa posição. A preocupação de Marx e Engels é denunciar os fundamentos da "Crítica crítica" assumida então pelo ex-companheiro dos tempos de Berlim. Com *A sagrada família*, torna-se pública a definitiva ruptura de Marx e Engels com Bauer e os Livres – que, em 1845-1846, alcançaria o ponto máximo, no marco da articulação filosófico-textual de *A ideologia alemã*.

Observe-se que, nessa primeira obra conjunta, cada autor responsabilizou-se individualmente por sua contribuição, e o contributo de Engels foi, do ponto de vista quantitativo, muito menor que o de Marx (sem embargo, na edição original, de 1845, o nome daquele antecedia o deste, que se decidiu por tal ordem sem consultar o companheiro). À diferença do que fariam em *A ideologia alemã*, cujos textos eles trabalharam lado a lado e passo a passo, em *A sagrada família*, na sequência do que concertaram nas suas conversações em Paris, os autores redigiram e prepararam isoladamente os materiais, que foram reunidos em volume por Marx.

Cabe dizer que o livro é, de toda a produção marx-engelsiana, aquele que, com o tempo, mais perdeu em legibilidade e atualidade. De uma parte porque, no sempre severo juízo de Lefebvre (1966, p. 105), "o conjunto é mal construído, sem um plano bem definido, difuso e pesado"; de outra, porque a polêmica se trava com um segmento intelectual muito limitado que, nos anos seguintes, perdeu relevância no próprio cenário cultural alemão e só teve ressonância (através de Stirner) em poucas seitas anarquistas e/ou anarcoides. Aliás, outro crítico arguto, escrevendo em meados dos anos 1960, observou que a maior parte do livro só é acessível a leitores especialistas (Bottigelli, 1971, p. 147). O próprio Engels, ao receber o livro, surpreendeu-se com as suas dimensões (imaginava que não seria mais que um panfleto) e com a importância que Marx conferira a um debate de reduzido interesse público[136]. Entretanto, do ponto de vista da clarificação da posição de Marx (e, indiretamente, também da de Engels), não há dúvidas de que, no confronto aberto com Bauer e com aqueles sobre os quais ele influía, *A sagrada família* tem destaque. Com efeito, a polêmica com a "Crítica crítica" não apenas reduz a pó os seus fundamentos especulativos como, enfrentando algumas das suas inferências teóricas e políticas, possibilitou especialmente a Marx consolidar ideias e posições já elaboradas nos *Manuscritos,* tudo isso denunciando "a fraseologia" e o "caráter reacionário" da "Crítica crítica", "sublinhado pelos seus ataques à 'massa', ou seja, a classe operária, e ao liberalismo e ao comunismo, ocultos sob um tom pseudorrevolucionário" (Cornu, 1976, v. III, p. 287). E o indispensável biógrafo acrescenta: "O essencial para Engels, e sobretudo para Marx, era expor com essa crítica [a Bauer] suas próprias concepções – o que explica a importância de *A sagrada família* na formação do pensamento de ambos" (ibidem, p. 288).

A "Crítica crítica" postulada e praticada por Bauer, mormente a partir de finais de 1842, e formulada de modo inequívoco nos textos que o mensário de Charlottenburg veiculava, é uma caricatura da especulação que se pode encontrar em Hegel. Neste, a especulação, mesmo mistificando a realidade objetiva, apreende dela determinações clarificadoras. Nas mãos de Bauer (e dos Livres), há a inteira dissolução dessa realidade objetiva. Com ironia[137], Marx ilustra o procedimento "Crítico crítico" desses neo-hegelianos, para indicar "o mistério da construção especulativa" [72-5]. A especulação, na "Crítica crítica", reduz as várias expressões da realidade a conceitos abstratos arbitrariamente construídos pelo filósofo: "Objetos concretos [...] perdem seu caráter próprio, não têm mais existência real e se convertem em simples manifestações de conceitos. [...] Sua qualidade essencial [...] é serem realizações, graus de desenvolvimento de conceitos" (ibidem, p. 297-8).

Com esse procedimento, a realidade é tomada como criação da atividade autônoma do sujeito filosófico; diz Marx, a propósito de uma passagem de Edgar Bauer, que a "Crítica crítica" proclama-se a si mesma "o elemento criador exclusivo da história" [49]. Por esse estatuto atribuído a si mesma, a "Crítica crítica" reduz os homens reais a algo que se encontra "demasiado abaixo dela", reduz a "humanidade a uma massa carente de espírito" [52]. Por isso, no pensamento dos "Críticos críticos", a história "torna-se, assim, uma persona à parte, um sujeito metafísico, do qual os indivíduos humanos reais não são mais do que simples suportes" [97]. Mais: radica aí a reiteração especulativa – deformada caricaturalmente – da concepção hegeliana da história, reiteração

> do dogma *cristão-germânico* da antítese entre o *espírito* e a *matéria* [...], expressa por si mesma dentro da História, dentro do mundo dos homens, de tal modo que alguns *indivíduos* eleitos se contrapõem, como espírito *ativo*, ao resto da humanidade, que é a *massa carente de espírito* [...]. A História da humanidade se transforma na História do *espírito abstrato* da humanidade que, por ser *abstrato*, fica *além* das possibilidades do homem real. [...] *A* Crítica não se mostra encarnada na *massa*, portanto, mas exclusivamente em um *punhado* de homens eleitos, no senhor *Bauer* e em seus discípulos. [102-3]

Ao longo de mais de duas centenas de páginas, a argumentação marx(-engelsiana) funciona como uma espécie de metralhadora giratória contra a especulação e o elitismo da "Crítica crítica": vai da denúncia da "tradução" das ideias de Proudhon[138], descaradamente distorcidas por parte dos "críticos" aninhados em Charlottenburg (nomeadamente Edgar Bauer), às enfadonhas páginas que Marx dedica à "interpretação" do medíocre romancista Eugène Sue (1804-1857), que procura declará-lo um "Crítico crítico". É possível, no entanto, joeirar passagens teórico-políticas significativas, precisamente aquelas nas quais se inscrevem pontos de vista substantivos expendidos por Marx e Engels. Mencionemos muito brevemente duas delas[139].

A primeira refere-se ao *materialismo* [143-53]. Refutando as tolices conceituais expressas nos últimos escritos de Bauer, Marx apresenta uma análise histórica do desenvolvimento do materialismo, indicando como, depois de Descartes e Locke, o evolver do pensamento materialista incidiu no domínio das ciências da natureza e das ideias sobre a sociedade, e como, por fim, essas duas tendências se entrecruzaram e se transformaram, delineando o relevo do materialismo mecanicista e o papel do Iluminismo francês do século XVIII no enfrentamento da forte e resistente tradição metafísica. Na dezena de páginas que dedica a essa questão, Marx demonstra um fino e detalhado conhecimento do processo filosófico dos séculos XVII e XVIII, rastreando influências e contribuições de pensadores do passado recente e tecendo considerações originais sobre vários deles (por exemplo, Pierre Bayle). E nelas avança, de forma explícita, o nexo entre derrota da metafísica/materialismo e socialismo/comunismo, ao aludir às bases materialistas do pensamento socialista-comunista francês [150] – mas não só, uma vez que tal nexo é antecipado também para a Inglaterra e para a Alemanha (vide que é explícita a referência a Feuerbach): com o ataque à metafísica especulativa, esta

> haverá de sucumbir, de uma vez para sempre, à ação do *materialismo*, agora levado a seu termo [...] e coincidente com o *humanismo*. [...] Assim como Feuerbach representava, no domínio da *teoria*, o *materialismo* coincidente com o *humanismo*, o *socialismo* e o *comunismo* francês e inglês o representam no domínio da *prática*. [144]

A segunda passagem diz respeito à questão da revolução e seu sujeito, o proletariado – questão conexa com a desqualificação da "massa" reiteradamente operada pela "Crítica crítica" e nitidamente vinculada ao seu elitismo antidemocrático e objetivamente reacionário. Nesse caso, a posição de Marx é de frontal e contundente recusa do pensamento de Bauer e consortes: Marx nega qualquer validez e legitimidade à contraposição baueriana (e tagarelada pelos Livres) entre a "massa" e os "eleitos", os "Críticos críticos" [esp. 165-6, 170-3]. E, ao fazê-lo, formula (desenvolvendo determinações já expressas nos *Manuscritos*) duas ideias fundamentais, pilares da *nova* concepção a que se alçara naquele 1844 e que agora orienta suas análises e projeções sociopolíticas. Aqui, duas longas citações (uma delas já reproduzida parcialmente, supra, neste capítulo, nota 66) bastam porque suficientemente autoexplicativas; a primeira responde à questão da relação entre as classes sociais e a supressão da propriedade privada; depois de assinalar como a "Crítica crítica" vincula num "todo" a conexão entre propriedade privada e pobreza [47], Marx escreve:

> Proletariado e riqueza são antíteses. E nessa condição formam um todo. Ambos são formas do mundo da propriedade privada. Do que aqui se trata é da posição determinada que um e outra ocupam na antítese. Não basta esclarecê-los como os dois lados – ou extremos – de um todo.
> A propriedade privada na condição de propriedade privada, enquanto riqueza, é obrigada a manter *sua própria existência* e com ela a existência da sua antítese, o proletariado. Esse é o lado *positivo* da antítese, a propriedade privada que se satisfaz a si mesma.

O proletariado na condição de proletariado, de outra parte, é obrigado a suprassumir a si mesmo e com isso à sua antítese condicionante, aquela que o transforma em proletariado: a propriedade privada. Esse é o lado *negativo* da antítese [...], a propriedade privada que dissolve e se dissolve.

A classe possuinte e a classe do proletariado representam a mesma autoalienação humana. Mas a primeira das classes se sente bem e aprovada nessa autoalienação, sabe que a alienação é seu próprio poder e nela possui a *aparência* de uma existência humana; a segunda, por sua vez, sente-se aniquilada nessa alienação, vislumbra nela sua impotência e a realidade de uma existência desumana. Ela é, para fazer uso de uma expressão de Hegel, no interior da abjeção, a *revolta* contra essa abjeção, uma revolta que se vê impulsionada necessariamente pela contradição entre sua *natureza* humana e sua situação de vida, que é a negação franca e aberta, resoluta e ampla dessa mesma natureza.

Dentro dessa antítese o proprietário privado é, portanto, o partido *conservador*, e o proletário o partido *destruidor*. Daquele parte a ação que visa a manter a antítese, desse a ação de seu aniquilamento.

Em seu movimento econômico-político, a propriedade privada se impulsiona a si mesma, em todo caso, à sua própria dissolução; contudo, apenas através de um desenvolvimento independente dela, inconsciente, contrário a sua vontade, condicionado pela própria natureza da coisa: apenas enquanto engendra o proletariado *enquanto* proletariado, enquanto engendra a miséria consciente de sua miséria espiritual e física, enquanto engendra a desumanização consciente – e portanto suprassunsora – de sua própria desumanização. O proletariado executa a sentença que a propriedade privada pronuncia sobre si mesma ao engendrar o proletariado, do mesmo modo que executa a sentença que o trabalho assalariado pronuncia sobre si mesmo ao engendrar a riqueza alheia e a miséria própria. Se o proletariado vence, nem por isso se converte, de modo nenhum, no lado absoluto da sociedade, pois ele vence de fato apenas quando suprassume a si mesmo e à sua antítese. Aí sim tanto o proletariado quanto sua antítese condicionante, a propriedade privada, terão desaparecido. [47-9]

E a segunda é igualmente esclarecedora: refere-se à "missão histórica do proletariado".

Se os escritores socialistas atribuem ao proletariado esse papel histórico-mundial, isso não acontece, de nenhuma maneira, conforme a Crítica crítica pretexta dizer que acontece, ou seja, pelo fato de eles terem os proletários na condição de *deuses*. Muito pelo contrário. Porque a abstração de toda humanidade, até mesmo da *aparência* de humanidade, praticamente já é completa entre o proletariado instruído; porque nas condições de vida do proletariado estão resumidas as condições de vida da sociedade de hoje, agudizadas do modo mais desumano; porque o homem se perdeu a si mesmo no proletariado, mas ao mesmo tempo ganhou com isso não apenas a consciência teórica dessa perda, como também, sob a ação de uma *penúria* absolutamente imperiosa – a expressão prática da *necessidade* –, que já não pode mais ser evitada nem embelezada, foi obrigado à revolta contra essas desumanidades; por causa disso o proletariado pode e deve libertar-se a si mesmo. Mas ele não pode libertar-se a si mesmo sem suprassumir suas próprias condições de vida. Ele não pode suprassumir suas próprias condições de vida sem suprassumir *todas* as condições de vida desumana da sociedade atual, que se resumem em sua própria situação. Não é por acaso que ele passa pela escola do *trabalho*, que é dura mas forja resistência. Não se trata do que este ou aquele proletário, ou até mesmo do que o proletariado inteiro pode *imaginar* de quando em vez como sua meta. Trata-se do que o proletariado é e do que ele será obrigado a fazer historicamente de acordo com o seu *ser*. Sua meta e sua ação histórica se acham clara e irrevogavelmente predeterminadas por sua própria situação de vida e por toda a organização da sociedade burguesa atual. E nem sequer é necessário deter-se aqui a expor como grande parte do proletariado inglês e francês já está *consciente* de sua missão histórica e trabalha com constância no sentido de elevar essa consciência à clareza completa. [49]

 Essas palavras de Marx resumem a perspectiva em que ele se inscreve no segundo semestre de 1844: uma perspectiva *materialista* (em *A sagrada família*, Feuerbach ainda é, apesar das ressalvas já anteriormente aludidas, objeto de – segundo Engels, como vimos – um "culto") e *revolucionário-proletária*. Os avanços teóricos que continuará realizando, graças ao aprofundamento dos seus estudos econômico-políticos, revelarão, ainda no curto prazo, como o seu materialismo se desenvolverá muito para além de Feuerbach e como se consolidará a sua perspectiva revolucionário-proletária num sentido que também ultrapassará (mais precisamente, *superará*, negando e conservando em outro nível) formulações basicamente filosófico-antropológicas. Esses avanços, porém, não se operarão em Paris, mas em Bruxelas.

 Na sequência de suas conversações com Engels (que em seguida regressou à Alemanha) e simultaneamente à redação do essencial de *A sagrada família*, Marx não só prosseguiu em seu trato com a economia política, como também deu continuidade a seus contatos políticos com emigrados e com intelectuais franceses. Entre estes, destaque-se Proudhon (ver, supra, neste capítulo, nota 18), a quem defendeu, conforme observamos em *A sagrada família*, das "traduções" feitas pelos "Críticos críticos". Em setembro de 1844, um Marx ainda mal conhecido visitou Proudhon, socialista já célebre, no apartamento deste à Rue Mazarine, n. 36. O encontro foi o primeiro de uma série que se estendeu até janeiro de 1845. Depois, nunca mais se viram frente a frente; não chegaram a ser amigos, mas estabeleceram uma relação que, enquanto durou, foi cordial. Em janeiro, uma ordem de expulsão dirigida a Marx interrompeu os contatos pessoais entre ambos.

Com efeito, a edição dos *Anais Franco-Alemães*, a intervenção de Marx no *Vorwärts!* e suas relações com os emigrados políticos continuaram a preocupar as autoridades prussianas, que, desde a chegada de Marx à capital francesa, mantinham-no (como a outros intelectuais democratas) sob vigilância. E, por pressão direta da diplomacia prussiana, o governo francês – com Guizot à cabeça – cedeu: a 25 de janeiro de 1845, ordenou a expulsão dos redatores e colaboradores do *Vorwärts!*, obrigando-os a sair do país imediatamente, numa medida que provocou grandes protestos[140]; em seguida (14 de abril), o governo prussiano completou o processo persecutório, ordenando a prisão dos expulsos de Paris que se atrevessem a cruzar as fronteiras alemãs.

Assim, nos primeiros dias de fevereiro de 1845, Marx partiu de Paris, acompanhado apenas de Heinrich Bürgers (1820-1878), jovem jornalista; passou pela fronteira belga e, após uma curtíssima estada em Liège, chegou a Bruxelas a 5 de fevereiro. Jenny, que estava grávida de um segundo filho, só se juntou a ele no fim do mês[141].

A criação do Comitê de Correspondência Comunista, em pintura de Ma Gang, 2018.

III
Bruxelas: a relação orgânica com a classe operária (1845-1848)

É durante o exílio belga (1845-1848) que a inflexão intelectual e teórica iniciada por Marx em Paris se conclui: o deslizamento da filosofia para a crítica da economia política completa-se em Bruxelas, e também é na capital belga que se estabelece a relação orgânica de Marx com a classe e o movimento operários. Nesses anos, o jovem filósofo afirma-se como intelectual e dirigente revolucionário, numa vinculação teórico-prática que terá a sua primeira prova no processo da Revolução de 1848[1].

No plano teórico, Marx acerta definitivamente as suas contas com a filosofia alemã pós-hegeliana, formulando as *Teses sobre Feuerbach* e, com a colaboração de Engels, redigindo *A ideologia alemã*. Nos materiais desta obra, prossegue e vai além da crítica que expusera em *A sagrada família*: apresenta então as suas próprias concepções teórico-metodológicas relativas à história, à sociedade e à cultura (concepções que configuram o "materialismo histórico" – ver Cornu, 1976, v. IV, p. 53)[2]. No mesmo plano, dá continuidade – com a intensidade já conhecida[3] – aos estudos de economia política, de que seu primeiro produto acabado é a obra contra Proudhon, a *Miséria da filosofia*; nela, o aludido deslizamento da filosofia para a crítica da economia política é concretamente efetivado[4].

No plano prático-político, a intervenção marxiana se desenvolve, em meio a polêmicas, mediante esforços de divulgação das ideias de Marx para variadas audiências e um denodado empenho de articular trabalhadores e militantes socialistas e comunistas em associações, organizando-as e promovendo-as. É desse empenho que resultará a sua aproximação a dirigentes artesãos e operários, coroada com a sua atuação junto à Liga dos Justos, que, sob a sua influência (e a de Engels), haverá de transformar-se na Liga dos Comunistas.

Ao cabo desses anos passados na Bélgica, um Marx ainda não muito conhecido terá percorrido o caminho que o converterá em personagem relevante da efervescência político-social que fez tremer os tronos europeus: a Revolução de 1848 tornou-o um referencial para as emergentes vanguardas operárias.

Bruxelas: um exílio tranquilo

Quando Marx, em outubro/novembro de 1843, despediu-se da Alemanha e da sua *miséria* e dirigiu-se para a França, fê-lo por uma *escolha pessoal* – chegou a Paris optando por um *auto*exílio. Situação diversa foi aquela em que se encontrou em janeiro/fevereiro de 1845: a expulsão da França *obrigou-o ao exílio*; sob pressão de Frederico Guilherme IV, o governo encabeçado por François Guizot o pôs a correr pela força – abandonou Paris compulsoriamente, às pressas. Esse foi o primeiro, não o único, exílio de fato que Marx experimentou na vida.

Decerto que a perseguição prussiana ao inimigo não foi interrompida: havia em Bruxelas espiões a serviço de Berlim (bem como informações de fontes francesas), e a vigilância deles sobre Marx, assim como sobre outros exilados, continuou, com policiais alemães (e franceses) alertando o governo belga dos riscos de abrigar figura tão suspeita de atividades subversivas. Procurando reduzir os embaraços que lhe causava a ação dos agentes de Berlim, Marx decidiu renunciar, em dezembro de 1845, à sua nacionalidade, tornando-se, desde então, formalmente, um "apátrida"[5]. Aliás, um pequeno embaraço já surgiu à sua chegada: a 7 de fevereiro, Marx requereu permissão de residência ao rei Leopoldo I, mas só a obteve na última semana de março, depois de se comprometer por escrito, a 22 do mesmo mês, a nada publicar sobre temas políticos[6]. Outros e maiores embaraços viriam quando a Europa fosse agitada pelos eventos de 1848. Mas, até lá, "a minúscula Bélgica era uma ilha de benevolência principesca num mar de monarcas repressores. [...] Embora tivesse rei, tinha também uma Constituição, considerada a mais liberal da Europa continental" (Gabriel, 2013, p. 112).

A Bélgica tornara-se um Estado independente e uma monarquia constitucional como resultado da sublevação de Bruxelas contra o domínio holandês, em outubro de 1830[7]. Em 1846, o país contava com uma população estimada em 4 milhões de habitantes, 2,2 milhões dos quais viviam da agricultura e 1,2 milhão da indústria. Apesar do grande contingente dedicado a atividades agrícolas, para os padrões da época a Bélgica apresentava um ponderável desenvolvimento capitalista industrial, com unidades produtivas nos ramos têxtil, siderúrgico e metalúrgico: entre 1830 e 1838, a potência das suas máquinas a vapor foi triplicada; entre 1835 e 1847, a extração de hulha igualmente foi triplicada, e quintuplicada a produção metalúrgica; também se expandiram bancos e sociedades por ações. Os expressivos passos do capitalismo na Bélgica foram imediatamente acompanhados de uma massiva degradação das condições de vida dos artesãos e do emergente proletariado[8] – não por acaso, os trabalhadores começaram a mover-se no plano político: em 1833, Jan Pellering (1817-1877) anima uma Sociedade para a Educação Operária; cerca de dez anos depois, Jacob Kats (1804-1886) reivindica, no seu *Almanaque popular da Bélgica*, a organização da produção pelo Estado para suprimir a exploração capitalista; em 1845, divulga-se um progressista "Apelo a todos os verdadeiros belgas pelos amigos do povo de Flandres", que alcança a assombrosa tiragem de 100 mil exemplares. De fato, os trabalhadores agitam-se para participar da vida política num quadro de democracia restrita: em razão do sistema censitário, à época não mais que 10% da população do país tem direito a voto. No Parlamento, expressam-se apenas representantes da burguesia (arautos liberais da indústria e do comércio), contrapostos aos conservadores católicos (porta-vozes dos proprietários de terras); por conta disso, em 1845, um apelo da associação dos tipógrafos belgas exige a instituição do sufrágio universal. Pouco antes, em 1840, franjas das camadas médias urbanas organizam-se numa Associação Democrática, que logo se cinde, com um segmento constituindo a Associação Liberal, que se aproxima dos trabalhadores. Apesar da ausência de direito universal ao voto, o país experimenta efetiva liberdade no tocante aos direitos de expressão do pensamento e de associação.

Bruxelas, com uma população estimada, em meados dos anos 1840, em 250 mil habitantes (Sperber, 2014, p. 160), estava longe do cosmopolitismo de Paris e, embora não registrasse a agitação operária socialista-comunista dos meios parisienses, oferecia condições relativamente favoráveis (inclusive intelectuais: sua Biblioteca Real, pública e com grande acervo[9]) a refugiados políticos provindos de diferentes partes da Europa (basicamente alemães, italianos e poloneses). Sem constituir "colônias" quantitativamente significativas, esses exilados desfrutavam na capital belga de ampla liberdade de movimentos e de associação. Ademais, a posição geográfica de Bruxelas, pouco distanciada das fronteiras com a França e a Alemanha e próxima à Inglaterra, facilitava contatos entre os núcleos de militantes que atuavam nesses três países – o que, para Marx, foi de valia singular[10].

Em Bruxelas, Marx continuou em contato com democratas e revolucionários alemães que permaneciam em Paris e na Alemanha (sobretudo em Colônia) e de pronto se relacionou com aqueles que se encontravam na cidade (o advogado Karl Maynz, o poeta Ferdinand Freiligrath) e, em seguida, com outros que ali chegaram (Karl Heinzen, Hermann Kriege e Wilhelm Weitling). Entre outros estrangeiros refugiados, conheceu o suíço Sebastian Seiler (1810-1890) e logo se aproximou de dirigentes da Associação Democrática, como L. Joltrand (1804--1877) e Philippe Gigot (1820-1860).

O exílio de Marx em Bruxelas transcorreu sem sobressaltos até 1848. Por algumas semanas, ele alojou-se em hotéis e numa pensão (Bois Sauvage, na Place St. Gudule) no centro da cidade. Alugou, depois, um apartamento na Rue d'Alliance, n. 5, no bairro flamengo e operário da zona leste; posteriormente, residiu na

Rue d'Orléans, n. 42 (onde foi redigido o *Manifesto do Partido Comunista*). No primeiro ano, não viveu os apertos financeiros que futuramente haveriam de atormentá-lo – o adiantamento que recebeu do editor Leske (recorde-se o contrato firmado com ele ainda em Paris, pouco antes da sua expulsão), mais a ajuda de Colônia providenciada por Engels, asseguraram uma existência decente para a família Marx; porém, a partir do outono de 1846, dificuldades econômicas começaram a afetá-la[11].

A família Marx, aliás, cresceu em Bruxelas: nasceram ali a segunda filha, Laura (26 de setembro de 1845), apelidada "Kakadou", e o primeiro filho, Edgar (3 de fevereiro de 1847), apelidado "Musch", que morreu aos oito anos, em Londres, em 1855. E agregou-se à família Helene Demuth (1820-1890), apelidada "Lenchen": camponesa desde adolescente criada na casa do barão von Westphalen, a partir de 1845 tornar-se-á personagem que vai acompanhar toda a saga dos Marx[12]. Além de Lenchen, o irmão de Jenny, Edgar, passou bons meses vivendo com o casal Marx. Resultado: em 1847, Marx viu-se obrigado a recorrer a amigos para dar conta das despesas familiares[13].

As *Teses sobre Feuerbach* e a viagem à Inglaterra

Gozando da tranquilidade que Bruxelas então lhe ofereceu, uma vez ali estabelecido Marx continuou mergulhando em diversas leituras e pesquisas e escrevendo muito, inclusive materiais de valor apenas ocasional. Dois deles foram redigidos em 1845: a sua inconclusa crítica a Friedrich List (1789-1846) e um texto sobre o suicídio[14]. E é nesse clima tranquilo que prepara um documento da mais alta importância: as *Teses sobre Feuerbach* (presentes em Marx-Engels, 2007, p. 533-9 e daqui em diante referidas apenas como *Teses*; daremos, entre colchetes, as páginas respectivas.). Para erudito marxólogo, essas teses

> são como a ata de fundação da sociologia e da ética marxistas – assinalam o fim de uma etapa no itinerário intelectual de Marx e o começo de uma nova fase que cobrirá toda a sua futura carreira, científica e política. *Graças a essas teses*, que não estavam de nenhum modo destinadas à publicação, *toda a obra marxista adquire sua verdadeira significação* e se coloca na vanguarda do pensamento sociológico moderno. (Rubel, 1970, p. 135 [itálicos meus – *JPN*])

E me parece útil retomar a caracterização delas por um dos mais cuidadosos biógrafos marxistas do jovem autor, segundo o qual tais teses

> não constituem, em sua forma aforística, uma exposição coerente e completa do materialismo dialético e histórico. São a expressão do desenvolvimento e do aprofundamento dos resultados fundamentais a que Marx fora conduzido nos

Manuscritos econômico-filosóficos e em *A sagrada família*, em que começara a elaborar os princípios da sua nova concepção materialista do mundo e formam, em certo sentido, o elo que une essas obras a *A ideologia alemã*. (Cornu, 1976, v. IV, p. 187)[15]

Outro marxista, este nosso contemporâneo, anota que as *Teses* representam, na evolução de Marx, um *começo* que

> corresponde ao *ponto de chegada* de um atribulado processo de buscas que a montante se desenvolveu, no mesmo passo que se constitui como *cais de amarração* para todo um vasto programa de ulteriores expedições.
> Nas *Teses* deparamos [...] com um esboço de questões *centrais* para o enfoque e a determinação daquilo que doravante assumirá o viso (e a dinâmica) de um materialismo *novo*. (Barata-Moura, 2018, p. 34)

As *Teses*, formuladas na primavera de 1845 (discrepam os vários biógrafos: provavelmente em março/abril ou entre maio e junho), permaneceram inéditas até 1888, quando Engels – cinco anos após a morte de Marx – anexou-as à edição do opúsculo *Ludwig Feuerbach e o fim da filosofia clássica alemã*[16]. A relevância das *Teses* foi destacada por um dos seus mais competentes analistas ao afirmar que, "simplesmente intitulado" *Ad Feuerbach* por Marx e "doravante conhecido pelo nome que lhe deu Engels de *Teses sobre Feuerbach*", o documento –

> exceção feita a alguns fragmentos dos pré-socráticos [...] – é o menor [...] de nossa tradição filosófica ocidental: duas páginas e meia impressas, 65 linhas distribuídas em 11 notas ou "teses", das quais a mais longa, a primeira, conta com 13 linhas, e a mais curta, a última, com uma linha e meia. *Com tal dimensão, ele é igualmente o mais célebre, o mais citado e o mais sobrecarregado de comentários contraditórios.* (Labica, 1990, p. 9 [itálicos meus – *JPN*])

Já vimos, em páginas precedentes, a importância concedida a Feuerbach por Marx, mas vimos que, lateralmente, mesmo no reconhecimento do papel desempenhado por Feuerbach no processo de passagem do idealismo objetivo de Hegel ao materialismo, Marx não deixa de expressar reservas ao pensamento daquele (em especial, mas não exclusivamente, nos *Manuscritos econômico-filosóficos de 1844*). Nas *Teses*, Marx explicita o fundamento de tais reservas – ainda que o faça de forma aforística (desdobramentos virão em *A ideologia alemã*) – e vai à raiz dos limites do materialismo feuerbachiano. Mesmo que se deva ler as *Teses*[17] como um todo (isto é, buscando a sua articulação interna, não necessariamente segundo a sua ordem formal), é na tese 1 que se condensa o essencial de todo o seu argumento, com algumas de suas implicações assinaladas nas teses subsequentes:

O principal defeito de todo o materialismo existente até agora (o de Feuerbach incluído) é que o objeto [*Gegenstand*], a realidade, o sensível, só é apreendido sob a forma do *objeto* [*Objekt*] ou da *contemplação*, mas não como *atividade humana sensível*, como *prática*; não subjetivamente[18]. Daí o lado *ativo*, em oposição ao materialismo, [ter sido] abstratamente desenvolvido pelo idealismo – que, naturalmente, não conhece a atividade real, sensível, como tal. Feuerbach quer objetos sensíveis [*sinnliche Objekte*], efetivamente diferenciados dos objetos do pensamento: mas ele não apreende a própria atividade humana como atividade objetiva [*gegenständliche Tätigkeit*]. Razão pela qual ele enxerga, n'*A essência do cristianismo*, apenas o comportamento teórico como o autenticamente humano, enquanto a prática é apreendida e fixada apenas em sua forma de manifestação judaica, suja. Ele não entende, por isso, o significado da atividade "revolucionária", "prático-crítica". [533][19]

Vê-se, como bem observou Labica (1990, p. 42), a extrema gravitação do conceito de *atividade* (*Tätigkeit*) na fundamentação da crítica ao materialismo feuerbachiano; por isso, aliás, Sève afirmou, polêmica e conscientemente "contra toda uma tradição", que "o pensamento marxiano não é uma filosofia da práxis, mas um materialismo da *Tätigkeit*" (Sève, em Marx, 2011, p. 83).

A partir da formulação da tese 1, resta claríssimo que Marx, tratando especificamente de Feuerbach, considera também insuficiente a herança dos materialismos antigo (que tematizara ao preparar a sua dissertação de doutorado) e mais recente (o iluminista, a que se referira em *A sagrada família*). A sua consideração deriva de que "todo o materialismo existente até agora" deixa de mão o que, na concepção filosófico-antropológica desenvolvida nos *Manuscritos econômico-filosóficos de 1844*, constitui o núcleo central da concepção marxiana de homem: um "ser da natureza ativo" (cuja atividade, se foi contemplada pelas correntes filosóficas idealistas, o foi de modo unilateral e equivocado, pois que o idealismo, "naturalmente, não conhece a atividade real, sensível, como tal"; cf. Marx, 2015, p. 375; e Marx-Engels, 2007, p. 533, respectivamente).

Essa abstração da *Tätigkeit* torna inepto o materialismo de Feuerbach (e inepta toda a tradição materialista anterior) para a apreensão do caráter essencial da vida humana, *impedindo que a dimensão da práxis seja sequer vislumbrada* – com tal abstração, não é possível tomar a atividade dos homens como "atividade objetiva", donde decorre o traço *contemplativo* do seu materialismo, que o leva a reduzir o especificamente humano à atividade *teórica*, desprezando a prática, que "é apreendida e fixada apenas em sua forma de manifestação judaica, suja"[20]. Abstraída assim a atividade prática e criativa dos homens, fica inteiramente comprometida a compreensão da conexão entre teoria e prática, entre pensamento e realidade – e sua primeira implicação é logo determinada por Marx na tese 2:

A questão de saber se ao pensamento humano cabe alguma verdade objetiva [*gegenständliche Wahrheit*] não é uma questão da teoria, mas uma questão *prática*. É na prática que o homem tem de provar a verdade, isto é, a realidade e o poder, a natureza citerior [*Diesseitigkeit*] de seu pensamento. A disputa acerca da realidade ou não realidade do pensamento – que é isolado da prática – é uma questão puramente *escolástica*. [533]

Aquilo que fora avançado nos *Manuscritos econômico-filosóficos de 1844*, como vimos no capítulo precedente (ver, supra, cap. II, nota 117), aparece aqui de modo consolidado: é a práxis, a *prática social*, que pode oferecer um *critério de verdade* para o pensamento[21].

Mas retomemos o fio da meada: a abstração da *Tätigkeit* vulnerabiliza tanto a compreensão feuerbachiana da relação dos homens com a natureza quanto a compreensão da interação humana, da sociedade. No que toca à relação com a natureza sensível, tão reivindicada e presente em Feuerbach, a mencionada abstração – que Feuerbach quer superar – permanece operante; por não apanhar a intervenção efetiva do homem sobre a natureza, não se pode aproximar corretamente a ela e, assim, acaba por fazê-lo à moda metafísica do velho materialismo[22]. Decerto que Marx reconhece o intento do autor de evitar a especulação abstrata; porém, o intento não se cumpre em razão do limite da sua perspectiva, como Marx assinala expressamente na tese 5 [534]: "Feuerbach, não satisfeito com o pensamento abstrato, quer a contemplação [*Anschauung*]; mas ele não compreende o sensível [*die Sinnlichkeit*] como atividade prática, humano-sensível".

Daí, entre outras resultantes, que a relação dos homens com a natureza tal como a pensa Feuerbach, reduzida a um trato abstrato-contemplativo[23], não pode esclarecer fecundamente nenhum problema relacionado ao *trabalho*, como a questão da alienação (posta por Feuerbach sem referências a ele).

No tocante à interação dos homens, à sociedade – e, logo, à política e à história –, as limitações do pensamento de Feuerbach (para as quais Marx já apontara em carta a Ruge de 13 de março de 1843, que citamos no capítulo I) tornam-se agora decisivas e patentes na crítica marxiana. Ignorada inteiramente por Feuerbach a práxis (e obviamente ignorado o trabalho), essas limitações evidenciam-se em dois níveis interligados. O primeiro, mais evidente, diz respeito à *educação*, que, no fundo, põe os dilemas da *autotransformação dos homens*. É na tese 3 [533-4] que Marx o destaca:

> A doutrina materialista sobre a modificação das circunstâncias e da educação esquece que as circunstâncias são modificadas pelos homens e que o próprio educador tem de ser educado. Ela tem, por isso, que dividir a sociedade em duas partes – a primeira das quais está colocada acima da sociedade.

A coincidência entre a altera[ção] das circunstâncias e a atividade ou a automodificação humanas só pode ser apreendida e racionalmente entendida como *prática revolucionária*.

Também aqui, a crítica marxiana não tem por objeto só o pensamento de Feuerbach; dirige-se igualmente à tradição iluminista (Helvétius, d'Holbach), cujos procedimentos Feuerbach reproduz. Tanto este quanto aquela supõem um educando passivo diante de um educador misteriosamente iluminado, ou seja, dois lados: "Em cima, a teoria [...], em baixo, a prática ou os indivíduos presos às superstições e às desigualdades" (Labica, 1990, p. 83)[24]. Numa apreciação que talvez não seja a mais precisa, um biógrafo dos mais qualificados força a mão e chega a afirmar que a divisão da sociedade em duas categorias de indivíduos (a aristocracia dos educadores e a massa dos indivíduos a educar) "é indiretamente a justificação da divisão da sociedade em classes antagônicas" (Cornu, 1976, v. IV, p. 195). Assinale-se, por outra parte, que um pouco antes e um pouco depois da redação das *Teses*, a relação homens/circunstâncias foi tema de digressões de Marx[25].

O segundo nível sobre o qual incidem as limitações do materialismo feuerbachiano diz respeito à interação humana *tout court*, o mais decisivo e determinante: trata-se da incompreensão de Feuerbach da essência mesma da vida social. Diz Marx, na tese 8 [534], que "toda vida social é essencialmente *prática*. Todos os mistérios que conduzem a teoria ao misticismo encontram sua solução racional na prática humana e na compreensão dessa prática", ou seja, que a atividade "*prática*, humano-sensível", *constitutiva da vida social*, só pode ser esclarecida precisamente mediante a análise do que a perspectiva de Feuerbach despreza: a intervenção prática e operativa dos homens na produção das condições materiais da sua vida social. Já nos *Manuscritos econômico-filosóficos de 1844* Marx apontava que "a solução dos enigmas teóricos é uma tarefa da prática e está mediada praticamente" e, sobretudo, que a "*indústria* constitui o livro *aberto* das *forças humanas essenciais*" (ver, supra, cap. II, notas 117 e 130); ora, é exatamente isso o que a "abstração da *Tätigkeit*" exclui da perspectiva teórica de Feuerbach. Apenas em *A ideologia alemã* Marx (e Engels) desenvolverá (desenvolverão) com mais cuidado a ponderação da produção material para a compreensão da vida social. Entre os manuscritos de 1844 e *A ideologia alemã*, contudo, Marx avançou na sua reflexão de modo a conduzir a crítica expressa nas *Teses* em termos cristalinos: a inépcia da concepção de Feuerbach (e seu traço mais óbvio é o caráter contemplativo) resulta da sua incapacidade de apreender *concretamente* os homens e a sociedade em que vivem; por isso, o homem de que ele trata não é mais que um *indivíduo abstrato*. Deriva daí o caráter estreito e infecundo do seu materialismo, sinalizado na incompletude *prática* da sua crítica à religião[26]: para Marx, na tese 4 [534], o trabalho de Feuerbach consiste em dissolver o mundo religioso em seu fundamento mundano. [...] [Esse fundamento mundano], portanto, tem de ser tanto compreendido em sua contradição quanto revolucionado na prática. Assim, por exemplo, depois que a terrena família é revelada como o mistério da sagrada família, é a primeira que tem, então, de ser teórica e praticamente eliminada.

Tal incompletude é indubitável porque Feuerbach não se coloca *teoricamente* essa exigência *prática*. Efetivamente, a crítica da religião – e não só: toda a concepção materialista – conduzida pelo filósofo que Marx tanto prezou é comprometida, como ele pontua na tese 7 [534], na medida em que Feuerbach não vê que o próprio "sentimento religioso" é um produto social e que o indivíduo abstrato que ele analisa pertence a uma determinada forma de sociedade.

O fulcro da crítica especificamente dirigida a Feuerbach contém-se na tese 6 [534][27]:

> Feuerbach dissolve a essência religiosa na essência *humana*. Mas a essência humana não é uma abstração intrínseca ao indivíduo isolado. Em sua realidade, ela é o conjunto das relações sociais.
> Feuerbach, que não penetra na crítica dessa essência real, é forçado, por isso:
> 1. a fazer abstração do curso da história, fixando o sentimento religioso para si mesmo, e a pressupor um indivíduo humano abstrato – *isolado*;
> 2. por isso, a essência só pode ser apreendida como "gênero", como generalidade interna, muda, que une muitos indivíduos *de modo natural*.

Mais do que em qualquer outra passagem de documentos anteriores, Marx explicita nessa tese 6 o seu inteiro e irreversível afastamento em face da concepção de homem de Feuerbach – precisamente por se tratar da problemática relativa à essência humana. Num esquema apresentado por Labica (1990, p. 114), a tese 6 mostra o confronto entre a concepção de Feuerbach e a do Marx das *Teses*: à "essência humana" do primeiro, o segundo contrapõe uma "essência real (efetiva)"; em vez do "indivíduo" isolado de Feuerbach, Marx recorre às "relações sociais"; se Feuerbach atém-se ao "gênero", Marx remete-se à "história". O rigoroso analista mostra que a questão de fundo, aqui, está em que, em Feuerbach, a

> essência humana [...] permanece prisioneira de uma antropologia de fundamento naturalista. Ela é o resultado de um duplo processo de abstração que conduz, por um lado, a supor de antemão um *indivíduo isolado* e, por outro lado, a recusa a levar a *história* em consideração. (Ibidem, p. 115)

Esse "duplo processo de abstração" é, em si mesmo e nas suas implicações, absolutamente inaceitável para Marx. Com as *Teses*, ele recusa tanto a antropologia naturalista de Feuerbach[28] quanto a sua implicação nuclear, que é desvelada na tese 9 [535]: "O máximo a que chega o materialismo contemplativo, isto é, o materialismo que não concebe o sensível como atividade prática, é a contemplação dos indivíduos singulares e da sociedade burguesa".

Se, no verão de 1844 (quando provavelmente ainda redigia os *Manuscritos econômico-filosóficos*), Marx escrevia a Feuerbach dizendo que seus trabalhos "deram ao socialismo uma base filosófica" e que "os comunistas assim os entenderam" (carta de 11 de agosto de 1844 – MEW, 1965, v. 27, p. 425), o Marx dessa tese 9 tem outra avaliação, muito diversa, da perspectiva sócio-histórica que sustenta um materialismo contemplativo, como o materialismo antigo e o próprio materialismo de Feuerbach. E Marx o diz com meridiana clareza na tese 10 [535]: "O ponto de vista do velho materialismo é a sociedade burguesa; o ponto de vista do novo é a sociedade humana, ou a humanidade socializada".

O novo materialismo e a sua perspectiva sócio-histórica (o seu "ponto de vista") ainda não estão constituídos, embora ambos já estejam em processo de fundação. E a derradeira das *Teses*, a de número 11 [535], afirma o ponto de partida para tal: "Os filósofos apenas *interpretaram* o mundo de diferentes maneiras; o que importa é transformá-lo". Tese tornada célebre, que não pode ser tomada como indicativa de que Marx contrapõe a atividade prático-transformadora à compreensão teórica. De fato, a 11ª tese "absolutamente não opõe a transformação do mundo à sua *inteligência teórica*" (Sève, em Marx, 2011, p. 25); ao contrário, supõe-na visceralmente articulada à inteligência teórica que o novo materialismo, com a sua própria (e nova) perspectiva sócio-histórica, permitiria elaborar.

É bem provável que as *Teses* já estivessem redigidas quando Engels, na primavera de 1845, decide transferir-se da Alemanha para estabelecer-se em Bruxelas, aonde chega em meados de abril (Mayer, 1979, p. 894); em maio aluga uma residência junto à de Marx, na mesma Rue d'Alliance, n. 7 (Vv. Aa., 1986a, p. 72)[29]. Essa vizinhança porta a porta faz de Engels um visitante quase diário da casa de Marx e de Jenny (que só então Engels encontra pessoalmente), num convívio em que a relação cooperativa e cordial entre os dois homens, iniciada em Paris no outono do ano anterior, passa a consolidar-se como profunda amizade. Foi então que

> Marx e ele, no trato diário, aprenderam a conhecer-se e respeitar-se mutuamente em seu valor intelectual. [...] Nunca a sua comunidade de trabalho voltaria a ser tão completa nem tão favorecida pelas circunstâncias como durante aqueles anos anteriores à revolução [de 1848], nos quais, inseparavelmente juntos, assentaram definitivamente, na teoria e na prática, os fundamentos da sua posição histórica. (Mayer, 1979, p. 221-2)

No início do verão, resolveram viajar à Inglaterra, onde estiveram, entre julho e agosto, por cerca de seis semanas (provavelmente de 12 de julho a 21 de agosto – cf. Vv. Aa., 1986a, p. 73). Marx, que não conhecia a ilha e à época tinha pouca familiaridade com o idioma inglês (parece que só então começou a ler diretamente nessa língua), teve em Engels um guia perfeito. "A motivação principal da viagem [era] a realização de uma pesquisa para a planejada crítica de economia política [a constituir parte do livro contratado com Leske] e, portanto, a maior parte do tempo foi passada em Manchester" (Sperber, 2014, p. 162).

De fato, passaram a maior parte do tempo em Manchester, vasculhando o excelente acervo da Biblioteca de Chetham – a mais antiga biblioteca pública da Inglaterra, criada em 1653. Nas suas instalações, examinaram fontes e documentos a que até então não haviam tido acesso (em especial, Marx) e deles extraíram apontamentos a que no futuro recorreriam; com efeito, os dois trabalharam febrilmente[30]. Não foram diminutos, a curto prazo, a partir do conhecimento e da análise de novas fontes, os efeitos resultantes da pesquisa de Marx na riquíssima biblioteca; foram, antes, efeitos profundos: avança então a revisão de um dos fundamentos da sua crítica da economia política iniciada no ano anterior, a saber, a teoria do *valor* assumida nos *Cadernos de Paris* e nos *Manuscritos econômico--filosóficos de 1844*. Como vimos no capítulo precedente, nesses dois textos, Marx (na trilha do Engels do "Esboço de uma crítica da economia política") recusava a teoria do valor-trabalho – ora, a mencionada revisão da teoria aparecerá incorporada em *A ideologia alemã* (1845-1846) e, mais explicitamente, na *Miséria da filosofia* (1847). É por isso que, cuidando da evolução do pensamento de Marx nesses anos, Mandel vê-se autorizado a escrever:

> Estamos convencidos de que ele [Marx] voltou de Manchester a Bruxelas com visões muito mais favoráveis a respeito da teoria do valor-trabalho. [...] A conclusão parece, pois, se impor: *foi depois de julho de 1845* [...] *que Marx e Engels foram definitivamente tomados pela teoria do valor-trabalho.* (Mandel, 1968, p. 48 [itálicos meus – *JPN*])

Em Manchester, contudo, a estadia de Marx e Engels não se restringiu às longas horas passadas na Biblioteca de Chetham. Engels, profundo conhecedor da cidade (foi da sua vivência nela, de cerca de 22 meses, entre 1842 e 1844, que extraíra o material básico para a elaboração do seu clássico *A situação da classe trabalhadora na Inglaterra*, publicado no fim de maio de 1845), conduziu Marx à realidade da vida dos trabalhadores no mais importante centro industrial do capitalismo triunfante. Acompanhados ambos por Mary Burns[31], percorreram bairros operários e estiveram nas feiras e tabernas frequentadas pelos trabalhadores pobres. Foi o primeiro contato factual de Marx com as miseráveis condições de vida dos escravos do capital, reiterado, logo a seguir, pelos dias passados em

Londres, nos quais Engels, que conhecia a cidade, levou o amigo a constatar o novo pauperismo que se mostrava o acólito necessário do desenvolvimento capitalista. É supérfluo observar que, para Marx, aquela experiência em Manchester foi impactante, como assinalado brevemente por Gabriel (2013, p. 124-8). Eis um parágrafo das considerações da biógrafa:

> Se era realidade o que Marx estava procurando, ele a encontrou em Manchester. Antes dessa viagem, jamais conhecera efetivamente a vida proletária e era improvável que já tivesse experimentado alguma coisa que pudesse prepará-lo para a degradação da humanidade que viu ali. Ele havia encontrado trabalhadores de Paris, mas apenas para ouvir suas histórias. Agora estava afundado até os joelhos em detrito industrial, físico e espiritual. As visões, os cheiros e os sons angustiados daquele lugar devem ter sido chocantes. Marx era, afinal, um intelectual da classe média casado com uma aristocrata, que viajava percorrendo círculos de cultura. (Ibidem, p. 126)

No retorno a Bruxelas, Marx e Engels passaram em Londres pouco mais de uma semana. Na capital inglesa, ademais de percorrerem juntos cortiços e áreas mergulhadas no pauperismo, Engels apresentou-o a dirigentes e emigrados políticos com quem já travara conhecimento. Entre os dirigentes ingleses, Marx conheceu George Julian Harney (1817-1899), líder cartista[32] e editor do *Northern Star* (Estrela do Norte), jornal com o qual Engels colaborou, e ainda Ernest Jones (1819-1869), líder radical com quem Marx estabeleceu boas relações.

Dentre os emigrados, Marx e Engels articularam-se sobretudo com os alemães: o sapateiro Heinrich Bauer (1813?-?), o relojoeiro Joseph Moll (1813-1849) e Karl Schapper (1812-1870) – este, segundo Sperber (2014, p. 131), "um tipo social bastante diferente que ganhara espaço na Europa durante a primeira metade do século XIX: o revolucionário profissional"[33]. Os três eram dirigentes de uma sociedade secreta, a Liga dos Justos, que, apesar de então atravessar uma crise interna, operava com uma frente legal, a Associação Cultural dos Trabalhadores Alemães, criada para facilitar o recrutamento de novos membros para a associação secreta[34]. Tanto os radicais ingleses quanto Schapper sustentavam a necessidade de organizar e unificar a ação dos trabalhadores e dos emigrados políticos que viviam na Inglaterra e noutros países da Europa ocidental – nas discussões de que então participaram, Marx e Engels também debateram a questão. Quando ambos já tinham regressado à Bélgica, em setembro fundou-se em Londres a sociedade *Fraternal Democrats* (Democratas Fraternais), que funcionou até 1853.

Aqueles encontros em Londres foram importantes: Marx e Engels extraíram das conversações, especialmente com o trio de dirigentes da Liga dos Justos, elementos da ainda breve experiência organizativa do movimento operário –

elementos que lhes seriam muito úteis nas tarefas prático-políticas a que se entregariam na sequência do regresso a Bruxelas.

A ideologia alemã

As tarefas prático-políticas de Marx (e Engels) a que acabamos de nos referir vão ocupá-lo(s) especialmente a partir de inícios de 1846 – sem prejuízo, como veremos, mormente no caso de Marx, de elaborações teóricas.

No seu regresso da Inglaterra, o principal empenho de Marx, no segundo semestre de 1845, será ainda basicamente teórico-crítico: em setembro, com Engels, ele se dedicará a escrever *A ideologia alemã*, num trabalho que se prolongará até agosto de 1846[35]. *A ideologia alemã* é a segunda obra em coautoria de Marx e Engels; mas, à diferença da anterior *A sagrada família*, foi praticamente toda escrita a quatro mãos, com os dois trabalhando *face to face*, discutindo juntos as passagens decisivas[36]. Desde a sua primeira publicação, em 1932, o material foi tomado por marxistas de diferentes gerações como a primeira exposição da "concepção materialista da história"[37].

Mesmo sem completar o manuscrito e sem dar a ele o necessário acabamento/polimento, sabe-se que, já a partir de abril/maio de 1846, Marx e Engels iniciaram gestões para a sua publicação, que prosseguiram até o ano seguinte. Posto o fracasso dessas iniciativas, eles as abandonaram. Diz Marx, recordando o episódio em 1859, no prefácio a *Contribuição à crítica da economia política*:

> Quando, na primavera de 1845, ele [Engels] também veio domiciliar-se em Bruxelas, resolvemos trabalhar em comum para salientar o contraste de nossa maneira de ver com a ideologia da filosofia alemã, visando, de fato, acertar as contas com a nossa antiga consciência filosófica. O propósito se realizou sob a forma de uma crítica da filosofia pós-hegeliana. O manuscrito [*A ideologia alemã*], dois grossos volumes em oitavo, já se encontrava há muito tempo em mãos do editor na Westfália quando nos advertiram que uma mudança de circunstâncias criava obstáculos à impressão. Abandonamos o manuscrito à crítica roedora dos ratos, tanto mais a gosto quanto já havíamos alcançado nosso fim principal, que era nos esclarecer. (Marx, 2008, p. 49)

Cinco anos depois do falecimento de Marx, o manuscrito foi reexaminado por Engels quando ultimava (fevereiro de 1888) a impressão do seu ensaio sobre Feuerbach – e eis o juízo que emitiu:

> Antes de enviar estas linhas ao prelo, procurei e reli o velho manuscrito de 1845--1846. A parte dedicada a Feuerbach não está terminada. A parte elaborada integralmente compreende uma exposição da concepção materialista da história,

que apenas demonstra quanto ainda eram incompletos nossos conhecimentos de história econômica. ("Nota preliminar" a *Ludwig Feuerbach e o fim da filosofia clássica alemã* – em Marx-Engels, 1963, v. 3, p. 170)

Nessas linhas de caráter público, vê-se que Engels reconhece no manuscrito quer uma debilidade teórica (os conhecimentos econômicos "incompletos"), quer o seu caráter inconcluso. Há, contudo, um depoimento de Eduard Bernstein lembrando que, poucos meses depois da morte de Marx (isto é, no verão de 1883), Engels cogitou dar à luz *A ideologia alemã*, ou pelo menos parte dela; desistiu por razões *políticas*[38].

As observações feitas nestes dois últimos parágrafos parecem importantes porque, nos anos mais recentes, a partir da nova orientação editorial da MEGA², generalizou-se uma desqualificação da edição de 1932 – a ponto de um acadêmico sério escrever, conforme a tradução brasileira da sua biografia de Marx, o seguinte absurdo:

> O segundo mais importante trabalho teórico de Marx durante o tempo em que ele viveu em Bruxelas é conhecido pelo título *A ideologia alemã*, muito embora, como demonstraram meticulosamente os pesquisadores da nova MEGA, *tal trabalho não existe e nunca existiu*. (Sperber, 2014, p. 170 [itálicos meus – *JPN*])

É indiscutível que a nova orientação editorial da MEGA²[39], ao aplicar-se sobre os manuscritos marx-engelsianos de 1845-1846, resultou num redimensionamento da obra em face da edição de 1932 (reproduzida na MEW, 1959, v. 3), como se verifica na sua pré-publicação (*Marx-Engels-Jahrbuch*. Amsterdã, Akademie, 2003). O esforço dos "pesquisadores da nova MEGA" – envolvendo cuidados filológicos, esclarecimentos textuais importantes, distribuição do material segundo a ordem dos originais, determinação precisa dos autores etc. – demonstrou "meticulosamente", ao contrário da afirmação absurdamente peremptória de Sperber, a *existência* de *A ideologia alemã*. Demonstrou *objetivamente*, em suma, que o redimensionamento de uma obra, tal como resultou daquele esforço, não equivale de forma alguma à negação da sua existência. Aquilo que, essencial e substantivamente, a MEGA² desconstruiu não foi *A ideologia alemã* nem suas teses fundamentais, mas *uma* edição (a primeira, de 1932) que a apresentava ao público – aliás, a contrapelo do juízo do próprio Engels e, ao que tudo indica, também do idealizador e primeiro editor da MEGA, David Riazanov[40] – como textualidade conclusa e cerrada de Marx e Engels[41]. Independentemente das discussões em curso, que já se acumulam nos últimos anos e que não podem ser minimamente sumariadas aqui[42], o que a seguir for citado de *A ideologia alemã* (daqui em diante nominada apenas *Ideologia*) extrai-se da tradução brasileira, feita a partir do texto que já se apoia na MEGA² (Marx-Engels, 2007; as respectivas páginas serão indicadas entre colchetes).

Tudo indica que a motivação imediata de redigir o que seria a *Ideologia* foi a leitura, por Marx, logo que retornou da Inglaterra, de novos artigos de Bruno Bauer e Max Stirner publicados no periódico *Wigands Vierteljahrsschrift* (Revista Trimestral de Wigand, mantida pela editora que levava o nome do seu proprietário, Otto Wigand). Neles, havia críticas a Feuerbach, a Moses Hess, a *A sagrada família* e a algumas formulações comunistas. Inicialmente, parece que o projeto de Marx era, seguindo a linha de *A sagrada família*, colocar a nu com nova ênfase os absurdos e as mistificações a que estava conduzindo ao extremo a especulação filosófica dos Livres – mais inflada, agora, sobretudo nos materiais de Bauer, mas também alvejando com força o já criticado Stirner. E haveriam, ele e Engels, de fazê-lo elevando o tom humorístico, ridicularizando ao limite as ideias dos próceres da Crítica crítica. Para tanto, divertiram-se[43] ficcionando um "concílio", à moda clerical, em Leipzig (sede da editora de Wigand), no qual os corifeus da crítica Crítica (Bauer, o "São Bruno", Stirner, o "São Max", entre outros "santos") promoviam um inquisitorial aos seus adversários. A conclusão do processo culminaria na expulsão dos acusados do "Reino do Espírito"[44].

A peça satírica alonga-se demasiado (equivale a cerca de 65% da *Ideologia*) e inúmeras e pesadas passagens (tal como em *A sagrada família*) apresentam-se hoje como enfadonhas, apesar da permanente e corrosiva ironia – boa parte do seu conjunto, lida atualmente, carece de interesse para os não especialistas, dadas as referências a textos e figuras que só dizem respeito a círculos acadêmicos. É preciso percorrer dezenas de páginas para, em meio a uma enorme ganga, encontrar algumas pepitas de ouro; por exemplo, a crítica ao individualismo burguês, dirigida especialmente contra Stirner[45]. Mas essa parte da *Ideologia* não é uma simples extensão de argumentos já expendidos em *A sagrada família*, até mesmo porque incorpora elementos propiciados pelas recentes pesquisas de Marx na Inglaterra.

No trato da crítica de Bauer a Feuerbach – melhor: da sua "campanha contra Feuerbach" [99 e seg.] –, Marx-Engels mostram que, nos seus novos textos, Bauer nada aduz de relevante ao que já dissera sobre o filósofo; nesse passo, observa-se que ele tão somente expressa o típico comportamento que vai caracterizar a especulação pós-hegeliana, exprimindo "o quão firme é a sua crença no poder dos filósofos e a que ponto ele partilha de sua ilusão de que uma consciência modificada, uma nova orientação na interpretação das relações existentes, poderia revolucionar todo o mundo até aqui existente" [102].

No entanto, quando Marx-Engels examinam a crítica que Bauer faz de *A sagrada família* [108-14], fica evidente que as afirmações bauerianas, falaciosas, não são apenas produto de uma "ilusão": há nelas, também, conteúdos de "mentira deliberada" [111]. Nessa contracrítica, Marx assinala: "Ao buscar refúgio na mais desajeitada *escamoteação*, no mais deprimente truque de prestidigitação,

Bruno Bauer acaba por confirmar, em última instância, a sentença de morte que *Engels* e *Marx* lançaram sobre ele n'*A sagrada família*" [27].

À diferença da crítica marx-engelsiana em *A sagrada família*, em que o principal alvo, dentre os Livres de Berlim, fora Bauer, agora, na *Ideologia*, é Stirner aquele que recebe uma exagerada atenção[46] – designado "São Max", Stirner é seguido (dir-se-ia melhor: perseguido) capítulo a capítulo do seu livro, desqualificado página a página, ridicularizado linha a linha. Toda a arrogante construção de ideias de Stirner é reduzida a pó; todo o seu andamento repousa sobre "a concepção filosófica alemã da história", de que é "um brilhante exemplo":

> A ideia especulativa, a representação abstrata, é feita a força motriz da história e, desse modo, a história é transformada em mera história da filosofia. Mas mesmo esta última não é de forma alguma concebida tal como realmente acontece de acordo com as fontes existentes, e muito menos tal como se desenvolveu a partir da influência das relações históricas reais [*realen*], mas sim como foi concebida e descrita pelos novos filósofos alemães, Hegel e Feuerbach em particular. E dessas descrições, por sua vez, selecionou-se apenas aquilo que podia ser adaptado ao objetivo proposto e que tradicionalmente estava reservado ao nosso santo [São Max]. A história se torna, assim, uma mera história de ideias ilusórias, uma história de espíritos e fantasmas, enquanto a história real, empírica, que constitui o fundamento dessa história de fantasmas, só é explorada a fim de produzir os corpos para esses fantasmas; dela são tomados de empréstimo os nomes necessários para vestir os fantasmas com a aparência da realidade [*Reälitat*] [...] Nele [São Max] encontramos esse modo de fazer história em sua mais inocente, mais clássica simplicidade. [134]

Esse parágrafo contém o núcleo essencial da crítica marx-engelsiana a Stirner, desdobrada em dezenas e dezenas de páginas, que percorrem minutenmente a escritura de *O único e sua propriedade*. Seguir o exaustivo percurso que Marx e Engels realizam em tais páginas, esquadrinhando passo a passo o inacreditável, mas efetivo, *nonsense* dessa obra, não caberia neste espaço[47] – ademais, porque embora o alvo seja a disparatada construção filosófica de Stirner, o que se fere de morte aqui, na *Ideologia*, é a *filosofia idealista pós-hegeliana*. Stirner é apenas a expressão mais caricata de tal filosofia, caricatura configurada na centralidade do Eu-mônada por ele concebido:

> Contrariamente a Hegel, que fazia da história a criação da Ideia absoluta, que reúne em si, como sujeito-objeto, o espírito e o ser – o que conferia ao desenvolvimento dialético um caráter objetivo –, Stirner vê nela o produto da atividade do Eu que se desenvolve à maneira do Eu de Fichte e da Consciência de Si de Bruno Bauer por uma oposição constante ao mundo, o que dá à dialética um caráter subjetivo.

Pela redução do homem a um Eu absoluto, e da história à atividade desse Eu, e pela subjetivação da dialética separada totalmente do mundo real, este se converte num reino de abstrações. (Cornu, 1976, v. IV, p. 327)

Como adiante abordaremos a crítica marx-engelsiana do idealismo, podemos nos dispensar, nesta altura, de tematizá-la aqui. Contudo, ainda nos marcos da consideração de *O único e sua propriedade*, há pelo menos duas passagens que recebem um trato que sinaliza a recentíssima evolução teórico-política de Marx. A primeira refere-se à questão do liberalismo alemão, em cujo enfrentamento são visíveis avanços em relação a textos anteriores de Marx e Engels. Dissolvendo inteiramente as tolices da crítica de "São Max" ao liberalismo, na *Ideologia* [192 e seg.] os autores tomam-no com a referência concreta à história da burguesia na Alemanha e à Revolução Francesa; concluem que "São Max" não compreende

> que o discurso liberal é a expressão idealista dos interesses reais [*realen*] da burguesia – mas pensa, ao contrário, que o propósito último do burguês é tornar-se um liberal consumado, um cidadão do Estado [*Staatsbürger*]. Para ele, não é o *bourgeois* a expressão verdadeira do *citoyen*, mas sim o *citoyen* é a expressão verdadeira do *bourgeois*. [196]

A mistificação especulativa de Stirner desrealiza por completo as classes sociais em presença ("burgueses e trabalhadores") e o conduz à diluição mais rasteira de todas as determinações sociais. Veja-se um exemplo do seu procedimento analítico:

> ele identifica o "ter" como proprietário privado com o "ter" em si. Em vez de analisar as relações determinadas entre a propriedade privada e a produção, em vez de analisar o "ter" do proprietário de terras, do capitalista, do *commerçant*, do fabricante, dos trabalhadores – onde o "ter" se mostra como um ter absolutamente determinado, como comando do trabalho alheio –, ele transforma todas essas relações em "teres". [202]

Esperavelmente, nada de sólido e pertinente pode resultar de procedimentos reflexivos desse quilate, especulativos e arbitrários. Deles se nutrem todas as disquisições de Stirner relativas ao dinheiro, trabalho, direito etc. – mas, de modo especial, ao Estado: para ele, "o Estado repousa sobre a *escravidão do trabalho*. Ao libertar-se o trabalho, o Estado é derrotado"[48]; ora, contrapõem Marx e Engels:

> O Estado *moderno*, o domínio da burguesia, repousa sobre a *liberdade do trabalho* [...]. Com a liberdade do *trabalho*, não sou Eu que me torno livre, mas apenas um dos meus capatazes. A liberdade do trabalho consiste na livre concorrência dos trabalhadores entre si. Também na economia política, assim como em

todas as outras esferas, São Max é bastante infeliz. O trabalho é livre em todos os países civilizados; não se trata de libertar o trabalho, mas de suprassumi-lo [*aufheben*]. [201-2]

A outra passagem está relacionada ao comunismo, ou, mais exatamente, à "refutação do comunismo" própria a *O único e sua propriedade*. Às suas cansativas e ineptas digressões sobre o tema, carregadas de moralismo[49], contraposições esclarecedoras comparecem na *Ideologia* (p. 202-27 e em várias páginas seguintes; sobre o comunismo, voltaremos adiante). Nelas, há elementos que sinalizam que o componente crítico do pensamento econômico-político de Marx vai adiante em relação aos *Manuscritos econômico-filosóficos de 1844* – agora, por exemplo, a determinação da propriedade privada implica já o traço decisivo de ela propiciar "um qualquer poder sobre a mais ínfima quantidade de trabalho alheio" [225][50]. E é de notar, na contra-argumentação marx-engelsiana, a retomada de reflexões já postas em *A sagrada família*, porém desenvolvidas de forma mais precisa; é o caso específico da *missão histórica* das classes e dos indivíduos que as compõem. Asseveram Marx e Engels:

> Particularmente nas condições até aqui dadas, sempre que uma classe exerceu o domínio, sempre que as condições de vida de um indivíduo coincidiram com as de uma classe, ou seja, sempre que a missão prática de cada nova classe ascendente necessariamente se apresentou a cada indivíduo dessa mesma classe como uma missão *universal* e que cada classe realmente só conseguiu derrubar a precedente libertando os indivíduos de *todas* as classes de algumas amarras que até ali os prendiam – particularmente sob estas circunstâncias se fez necessário apresentar a missão dos indivíduos de uma classe que almejava tomar o poder como a missão humana universal. [280][51]

Decerto que uma leitura rente ao texto da *Ideologia* – tal como a exercitada por autores tão diversos como Cornu e Rubel – localizaria, na crítica marx-engelsiana a Bauer e Stiner, um elenco temático que extrapola amplamente o que arrolamos nas linhas precedentes[52]. Entretanto, mesmo com uma leitura pouco abrangente, não há que fazer esforços analíticos para inferir que as implicações políticas dos materiais analisados, tanto de "São Bruno" quanto de "São Max", colidem frontalmente com as ideias e posições de Marx e Engels (e, obviamente, com seus pressupostos). Tratando de Bauer e Stirner, contudo, Marx e Engels não exploraram de forma explícita e particular tais implicações. Deixaram para fazê-lo em materiais reservados para o que seria o segundo volume da *Ideologia*: neles, puseram em discussão o chamado "socialismo verdadeiro"[53], tendência política emergente na Alemanha que, mesmo não tendo direta vinculação com Bauer e Stirner, compartilhava dos traços gerais constitutivos das suas concepções filosóficas e, não por acaso, revelava os mesmos enquadramento e condicionalismo de classe, expressando o limitado horizonte do pequeno-burguês alemão e a ele dizendo respeito.

Logo na abertura das críticas de Marx e Engels ao "socialismo verdadeiro", lê-se que a literatura de propaganda produzida por este, despida de "toda a paixão revolucionária" e proclamando "a filantropia generalizada",

> não se dirige aos proletários, mas às duas classes mais numerosas da Alemanha, aos pequeno-burgueses e suas ilusões filantrópicas e aos ideólogos desses mesmos pequeno-burgueses, aos filósofos e discípulos de filósofos [...].
> Em vista das condições factuais existentes na Alemanha, era necessário que se formasse essa seita intermediária, que fosse tentada uma mediação entre o comunismo e as concepções dominantes. [...]
> A falta de lutas partidárias *reais*, apaixonadas e práticas na Alemanha fez que, em seu início, o movimento social fosse um movimento *meramente* literário. O "socialismo verdadeiro" é o mais perfeito movimento literário social, que surgiu sem interesses partidários reais [...]. A partir do surgimento de um partido comunista real na Alemanha, é evidente que os socialistas verdadeiros se restringirão cada vez mais a um público de pequeno-burgueses e a assumir o papel de literatos impotentes e decaídos como representantes desse público. [438-9][54]

Tais materiais compõem a seção "Crítica do socialismo alemão em seus diferentes profetas" [437-519] e são, na verdade, três recensões de textos dados à luz em 1845, que Marx e Engels consideraram representativos do "socialismo verdadeiro": "A filosofia do socialismo verdadeiro", resenhando artigos de Hermann Semmig (1820-1897) e Rudolph Matthäi (1798-1872) publicados no periódico, de vida curta, *Die Rheinische Jahrbücher zur gesellschaflichen Reform* (Anais Renanos para a Reforma Social); uma segunda, de título enorme, tendo por objeto um livro de Karl Grün[55]; e a terceira, de título também extenso [511], referida a outro livro, este de Georg Kuhlmann von Holstein (que será designado "Santo Georg").

Também o material da "Crítica do socialismo alemão em seus diferentes profetas" configura uma polêmica de significado conjuntural que, para o leitor não especialista, seguramente aparece hoje como muito pouco interessante. Todavia, há aspectos nele que devem ser ressaltados[56]; o mais importante é o que aponta para um traço que o "socialismo verdadeiro" compartilha com as criticadas concepções de Bauer e Stirner, a saber: os "socialistas verdadeiros" operam ignorando de fato o conteúdo da literatura socialista e comunista[57] e, sobretudo, carecendo da mínima análise histórica.

> Os sistemas, os críticos e os escritos polêmicos comunistas são abstraídos por eles do movimento real, do qual são pura expressão, e postos numa conexão arbitrária

com a filosofia alemã. Eles separam a consciência de determinadas esferas de vida historicamente condicionadas dessas mesmas esferas de vida e a medem pela consciência verdadeira, absoluta, isto é, pela consciência filosófica alemã. De modo bem coerente, eles transformam as relações desses indivíduos determinados em relações "*do* homem", explicam para si mesmos as ideias que esses indivíduos bem determinados têm sobre suas próprias relações como sendo ideias sobre "*o* homem". [...] Esse "socialismo verdadeiro" nada mais é [...] que a transfiguração do comunismo proletário e dos partidos e seitas da França e da Inglaterra que têm maior ou menor afinidade com ele no céu do espírito alemão e, como igualmente veremos, da mentalidade alemã. [438]

Marx e Engels assinalam que, ao modo dos filósofos especulativos (Bauer e Stirner), mas também de Feuerbach e ainda de Hess[58], os "socialistas verdadeiros" constroem suas "teorias" a partir de categorias e conceitos cujo movimento é por eles identificado como o movimento da própria realidade [450]. Mas o idealismo – apontado seja em Semmig [450], seja em Grün [495], seja em von Holstein [512-3] – que subjaz a essa identificação enforma o conjunto do "socialismo verdadeiro", derivando para o utopismo [443] e o sentimentalismo [453-4]. Também nesses textos, a prosa marx-engelsiana é de talhe marcadamente satírico, ridicularizando a registrável (e registrada) ignorância dos autores que ela explora como se utilizasse uma lupa.

Após havermos passado em revista materiais constitutivos da *Ideologia* cujas características, com muita probabilidade, não exercem sobre o leitor contemporâneo (salvo no caso de um especialista, acadêmico ou não) prazer ou atração, podemos nos concentrar agora no núcleo textual da obra que Sperber considerou, como vimos, um trabalho que "não existe e nunca existiu". Esse núcleo textual, que originalmente deveria abrir o primeiro dos "dois grossos volumes em oitavo" (Marx, 2008, p. 49) e que na edição da *Ideologia* a que estamos recorrendo (Marx-Engels, 2007) encontra-se entre as páginas 29 e 95, decerto interessa, instiga e interpela as inteligências inquietas dos dias de hoje. Visceralmente conectado às *Teses sobre Feuerbach* e ainda que formalmente inacabado e fragmentado, é nele que Marx e Engels formulam pela primeira vez, como dissemos, as suas próprias concepções teórico-metodológicas relativas à história, à sociedade e à cultura.

Indicamos, há pouco, que a crítica a Feuerbach surge na seção que Marx e Engels dedicam ao "socialismo verdadeiro". Mas é em outras páginas da *Ideologia* que ela se explicita em termos cristalinos. Nelas se diz que Feuerbach

> não concebe os homens em sua conexão social dada, em suas condições de vida existentes, que fizeram deles o que eles são, ele não chega nunca até os homens ativos, realmente existentes, mas permanece na abstração "o homem" e não vai além de reconhecer no plano sentimental o "homem real, individual, corporal",

isto é, não conhece quaisquer outras "relações humanas" "do homem com o homem" que não sejam as do amor e da amizade, e ainda assim idealizadas. Não nos dá nenhuma crítica das condições de vida atuais. Não consegue nunca, portanto, conceber o mundo sensível como a *atividade* sensível, viva e conjunta dos indivíduos que o constituem [...]; é obrigado, por conseguinte, a recair no idealismo justamente lá onde o materialista comunista vê a necessidade e simultaneamente a condição de uma transformação, tanto da indústria como da estrutura social. Na medida em que Feuerbach é materialista, nele não se encontra a história, e na medida em que toma em consideração a história ele não é materialista. Nele, materialismo e história divergem completamente. [32]

Está claro: o materialismo de Feuerbach, visto agora por um "materialista comunista" [32], está hipotecado a uma concepção abstrata do "homem", que não tem condições de apreendê-lo concreta e historicamente. Essa reserva já repontara em 1843 (recorde-se a carta de Marx a Ruge de 13 de março de 1843) e se expressa aforismaticamente nas *Teses sobre Feuerbach*. Mas na *Ideologia, pela primeira vez*, à posição de Feuerbach Marx e Engels contrapõem expressa e explicitamente a condição para ultrapassá-la: a determinação dos *pressupostos históricos* que permitem superar as concepções idealistas abstratas da existência humana e da história; contrapõem a sua *perspectiva teórico-metodológica*, no marco da qual desenvolverão as suas investigações. Recorramos aos próprios autores, numa passagem cuja limpidez dispensa comentários:

> Devemos começar por constatar o primeiro pressuposto de toda a existência humana e também, portanto, de toda a história, a saber, o pressuposto de que os homens têm de estar em condições de viver para poder "fazer história". Mas, para viver, precisa-se, antes de tudo, de comida, bebida, moradia, vestimenta e algumas coisas mais. O primeiro ato histórico é, pois, a produção dos meios para a satisfação dessas necessidades, a produção da própria vida material, e este é, sem dúvida, um ato histórico, uma condição fundamental de toda a história, que ainda hoje, assim como há milênios, tem de ser cumprida diariamente [...] simplesmente para manter os homens vivos. [...] A primeira coisa a fazer em qualquer concepção histórica é, portanto, observar esse fato fundamental em toda a sua significação e em todo o seu alcance [...].
>
> O segundo ponto é que a satisfação dessa primeira necessidade, a ação de satisfazê-la e o instrumento de satisfação já adquirido conduzem a novas necessidades [...].
>
> A terceira condição que já de início intervém no desenvolvimento histórico é que os homens, que renovam diariamente a sua própria vida, começam a criar outros homens, a procriar – a relação entre homem e mulher, entre pais e filhos, a *família*. Essa família [...] deve, portanto, ser tratada e desenvolvida segundo os dados empíricos existentes e não segundo o "conceito de família" [...].

Ademais, esses três aspectos da atividade social não devem ser considerados como três estágios distintos, mas sim apenas como três aspectos ou [...] como três "momentos" que coexistiram desde os primórdios da história e desde os primeiros homens, e que ainda hoje se fazem valer na história. [32-4]

E complementam:

A produção da vida, tanto da própria, no trabalho, quanto da alheia, na procriação, aparece desde já como uma relação dupla – de um lado, como relação natural, de outro como relação social –, social no sentido de que por ela se entende a cooperação de vários indivíduos, sejam quais forem as condições, o modo e a finalidade. Segue-se daí que um determinado modo de produção ou uma determinada fase industrial estão sempre ligados a um determinado modo de cooperação ou a uma determinada fase social – modo de cooperação que é, ele próprio, uma "força produtiva" –, que a soma das forças produtivas acessíveis ao homem condiciona o estado social e que, portanto, a "história da humanidade" deve ser estudada e elaborada sempre em conexão com a história da indústria e das trocas. [...] Mostra-se, portanto, desde o princípio, uma conexão materialista dos homens entre si, conexão que depende das necessidades e do modo de produção e que é tão antiga quanto os próprios homens – uma conexão que assume sempre novas formas e que apresenta, assim, uma "história", sem que precise existir qualquer absurdo político ou religioso que também mantenha os homens unidos. [34]

É essa perspectiva teórico-metodológica e analítica que torna possível superar as abstrações das concepções (incluída aí a de Feuerbach[59]) do homem e da sua história. Tais concepções, para irem além do idealismo e da especulação, não podem assentar em pressupostos imaginários ou arbitrários, em dogmas; devem sustentar-se em

pressupostos reais, de que só se pode abstrair na imaginação. [Esses pressupostos] são os indivíduos reais, sua ação e suas condições materiais de vida, tanto aquelas por eles já encontradas como as produzidas por sua própria ação. Esses pressupostos são, portanto, constatáveis por via puramente empírica. [86-7]

A base desses "pressupostos reais"

são os homens, não em quaisquer isolamento ou fixação fantásticos, mas em seu processo de desenvolvimento real, empiricamente observável, sob determinadas condições. [94]

É desses "pressupostos reais" que Marx e Engels partem – partem, portanto, do "primeiro ato histórico", a "produção", pelos homens, da sua "própria vida material", "condição fundamental de toda a história". Produção que se opera primariamente pela *atividade* humana do *trabalho*, seja pelo *trabalho dos homens sobre a natureza*, seja pelo *trabalho dos homens sobre os homens* [39][60]. E produção que não se limita às condições materiais desses mesmos homens, pois que eles também criam um mundo simbólico:

> Os homens são os produtores de suas representações, de suas ideias e assim por diante, mas os homens reais, ativos, tal como são condicionados por um determinado desenvolvimento de suas forças produtivas e pelo intercâmbio que a ele corresponde [...]. A consciência [*Bewusstsein*] não pode jamais ser outra coisa do que o ser consciente [*bewusste Sein*], e o ser dos homens é o seu processo de vida real. Se, em toda ideologia, os homens e suas relações aparecem de cabeça para baixo como numa câmara escura, este fenômeno resulta do seu processo histórico de vida, da mesma forma como a inversão dos objetos na retina resulta de seu processo de vida imediatamente físico. [94]

Detenhamo-nos por um momento nessa passagem, que deixa claro que a *atividade produtiva* dos homens não se reduz à produção material, mas implica também produção ideal-simbólica (por exemplo, consciência e linguagem[61]) e, sobretudo, sinaliza o que Marx e Engels compreendem, então, por *ideologia*[62]. É em 1845-1846 que os autores utilizam pela primeira vez o conceito e o fazem com uma carga semântica indiscutivelmente *crítico-negativa*: consideram eles que é própria da operação ideológica a *inversão* pela qual "os homens e suas relações aparecem de cabeça para baixo". Trata-se da típica operação intelectiva realizada pela filosofia especulativa alemã, de que são exemplares os trabalhos de "São Bruno" e "São Max" criticados na obra de 1845-1846. O idealismo filosófico (ainda que não só ele[63]) nutre-se dessa inversão mistificadora, que não constitui, em si mesma, uma falsificação *intencional*, uma "mentira" – antes, é decorrente de condições sociais muito determinadas, que permitem aos idealistas a explicação da realidade material e objetiva não a partir dela mesma, mas a partir de formas da consciência (moral, religião), derivando nas mais diversas especulações. Contra a "filosofia alemã, que desce do céu à terra", Marx e Engels contrapõem a sua perspectiva de análise, que "se eleva da terra ao céu" [94]; contra a "especulação", eles sustentam a necessidade da "ciência real, positiva, a exposição da atividade prática, do processo prático de desenvolvimento dos homens" [95][64].

A mistificação específica da ideologia reside no processo de *inversão* que realiza: ela confere tal autonomia às representações (ideal-simbólicas) dos homens que a realidade em que vivem *parece* processar-se *a partir daquelas representações* – o *mundo dos homens* mostra-se, nas várias expressões ideológicas ("a moral, a religião, a metafísica e qualquer outra ideologia" [94]), como o produto das representações humanas. Marx e Engels, sustentando que esse procedimento mistificaria a realidade, argumentam:

Também as formações nebulosas na cabeça dos homens são sublimações necessárias de seu processo de vida material, processo empiricamente constatável e ligado a pressupostos materiais. [...] Os homens, ao desenvolverem sua produção e seu intercâmbio materiais, transformam também, com esta sua realidade, seu pensar e os produtos de seu pensar. *Não é a consciência que determina a vida, mas a vida que determina a consciência*. [94 (itálicos meus – *JPN*)]

A última frase da citação é uma pedra angular do materialismo de Marx e Engels. Daí a absoluta importância da "ciência real", que, com sua exposição "do processo prático de desenvolvimento dos homens", pode levar à superação das construções especulativas que constituem as expressões ideológicas. Dizem eles:

Ali onde termina a especulação, na vida real, começa também, portanto, a ciência real [...]. As fraseologias sobre a consciência acabam e o saber real tem de tomar o seu lugar. A filosofia autônoma perde, com a exposição da realidade, seu meio de existência. Em seu lugar pode aparecer, no máximo, um compêndio dos resultados mais gerais, que se deixam abstrair da observação do desenvolvimento histórico dos homens. Se separadas da história real, essas abstrações não têm nenhum valor. Elas podem servir apenas para facilitar a ordenação do material histórico, para indicar a sucessão dos seus estratos singulares. Mas de forma alguma oferecem, como a filosofia o faz, uma receita ou um esquema com base no qual as épocas históricas possam ser classificadas. A dificuldade começa, ao contrário, somente quando se passa à consideração e à ordenação do material, seja de uma época passada ou do presente, quando se passa à exposição real. [95]

Logo adiante voltaremos à *função social* da ideologia, tal como se pode inferir do modo como Marx e Engels a concebem em 1845-1846. Por agora, recordando que já aludimos ao deslizamento de Marx da filosofia para a crítica da economia política (ver, supra, cap. II, nota 62), que vai avançar ainda em Bruxelas poucos meses depois, na *Miséria da filosofia*, vemos no passo reproduzido aqui que a superação da filosofia enquanto *especulação*, autonomizada do processo histórico efetivo, faz-se mediante a reconstituição deste último através da *ciência real*. Essa reconstituição supõe aqueles "pressupostos reais", e sua "dificuldade começa [...] quando se passa à consideração e à ordenação" do material histórico. É o que se verifica nos esboços presentes em 1845-1846.

Com efeito, na *Ideologia*, tais consideração e ordenação são esboçadas em várias passagens do material reunido no livro, demonstrando o quanto os autores já avançaram nos seus estudos históricos – ainda que inúmeras formulações distem bastante (inclusive em termos de precisão conceitual) daquelas que serão elaboradas por Marx na segunda metade dos anos 1850, nos *Grundrisse*. Porém, encontram-se nelas notações essenciais sobre a incidência da *divisão social do trabalho* no desenvolvimento da produção e da vida sociais, a sua relação com a *propriedade* e as modalidades de estratificação social (estamentos, classes) e a conexão Estado/sociedade civil/direito [35-61, 64-74, 75-8, 89-92]. Embora naturalmente não seja possível, nos limites deste livro, examinar a riqueza conteudística desses apontamentos e suas implicações, são notáveis, nos textos reunidos na *Ideologia*:

> a) a centralidade (desenhada já em *A sagrada família*) da tese segundo a qual "todas as colisões na história têm sua origem na contradição entre as forças produtivas e a forma de intercâmbio" [61] – tese que satura a *Ideologia*[65] e que, em 1845-1846, é tomada no seu sentido mais largo e se manterá, aprofundada e enriquecida, ao longo da obra marxiana;
> b) a compreensão da relevância da divisão social do trabalho não apenas como vetor de acréscimo da produtividade do trabalho (o que a economia política inglesa – lembre-se Smith – já registrara), mas sobretudo na apreensão das suas relações com o desenvolvimento sociocultural, com as formas de propriedade e com – e este ponto é da maior importância – a problemática da *alienação*[66];
> c) um nítido avanço no trato da economia política. Mesmo que a crítica dela não tenha destaque na *Ideologia*, nesta fica claro o passo para a superação da *teoria do valor* esposada por Marx (e Engels) até então e, muito especialmente, uma original aproximação à importância da constituição do *mercado mundial* para a compreensão do mundo burguês[67].

A consideração da cultura, na *Ideologia*, aparece de modo efetivo tão somente no trato específico da problemática ideológica. À diferença do que ulteriormente ofereceria, a reflexão marx-engelsiana de 1845-1846 acerca da ideologia não aborda mais que as construções filosóficas pós-hegelianas[68]; todavia, quando Marx e Engels, na *Ideologia*, referem-se à *produção espiritual*, podem-se colher elementos importantes para fecundas aproximações analíticas ao universo cultural visto como o espaço próprio da produção ideal-simbólica. Dizem eles em passo tornado antológico:

> As ideias da classe dominante são, em cada época, as ideias dominantes, isto é, a classe que é a força *material* dominante da sociedade é, ao mesmo tempo, sua força *espiritual* dominante. A classe que tem à sua disposição os meios da produção material dispõe também dos meios da produção espiritual, de modo que a ela estão submetidos aproximadamente ao mesmo tempo os pensamentos daqueles aos quais faltam os meios da produção espiritual. As ideias dominantes não são nada mais do que a expressão ideal das relações materiais dominantes, são as relações materiais dominantes apreendidas como ideias; portanto, são a expressão das relações que fazem de uma classe a classe dominante, são as ideias

de sua dominação. Os indivíduos que compõem a classe dominante possuem, entre outras coisas, também consciência e, por isso, pensam; na medida em que dominam como classe e determinam todo o âmbito de uma época histórica, é evidente que eles o fazem em toda a sua extensão, portanto, entre outras coisas, que eles dominam também como pensadores, como produtores de ideias, que regulam a produção e a distribuição das ideias de seu tempo; e, por conseguinte, que suas ideias são as ideias dominantes da época. [...]

A divisão do trabalho [...] se expressa também na classe dominante como divisão entre trabalho espiritual e trabalho material, de maneira que, no interior dessa classe, uma parte aparece como os pensadores dessa classe, como seus ideólogos ativos, criadores de conceitos, que fazem da atividade de formação da ilusão dessa classe sobre si mesma o seu meio principal de subsistência, enquanto os outros se comportam diante dessas ideias e ilusões de forma mais passiva e receptiva [...]. No interior dessa classe, essa cisão pode evoluir para uma certa oposição e hostilidade entre as duas partes, a qual, no entanto, desaparece por si mesma a cada colisão prática em que a própria classe se vê ameaçada, momento no qual se desfaz também a aparência de que as ideias dominantes não seriam as ideias da classe dominante e de que elas teriam uma força distinta dessa classe. A existência de ideias revolucionárias numa determinada época pressupõe desde já a existência de uma classe revolucionária. [47-8]

Essa passagem da *Ideologia* é absolutamente relevante porque situa de modo claro as bases sociomateriais da produção espiritual, da cultura em sentido amplo, produção no interior da qual se inscreve também, entre outras formas expressivas[69], a ideologia na acepção em que é concebida por Marx e Engels em 1845-1846. Mas é sobretudo relevante porque vincula tal produção – e, decerto, seus produtos – expressamente (o que não significa imediatamente) às classes sociais e suas lutas.

Já se sabe, pelo que antes se explicitou, que a ideologia não é uma mistificação *intencional*, uma "mentira" – ainda que, sob determinadas condições sócio--históricas, *produtos ideológicos possam se converter efetivamente em mentiras*[70]. Independentemente de tal conversão, a ideologia, operando a *inversão* referida páginas atrás, *sempre mistifica* as concepções dos homens acerca da realidade. Porém, não a mistifica de um modo neutro ou imparcial: mistifica-a *unilateralmente*, expressando como *universais*, e *naturalizando*, ideias que não são mais que a consagração, franca ou dissimulada, das relações sociais estabelecidas e convenientes à ordem vigente. Assim, nos enfrentamentos ideais próprios (dir-se-ia hoje: na batalha das ideias) à sociedade de classes (e, na *Ideologia*, a sociedade burguesa é claramente pensada como uma sociedade polarizada por classes portadoras de interesses não só contraditórios, mas antagônicos), a ideologia torna-se, necessariamente, mais *um* instrumento a serviço da manutenção da *dominação* da maioria pela minoria detentora dos meios da produção material e espiritual. Ela passa a exercer, pois, uma específica *função social* – que não lhe é exclusiva, mas, no seu caso, é fundamental: *a ideologia opera no sentido de legitimar a ordem social vigente, coonestando, tácita ou explicitamente, os valores e as práticas sociais a partir dos quais (valores e práticas) essa ordem se funda e se reproduz*. Na Ideologia [75-8], as poucas linhas que Marx e Engels dedicam à "ilusão jurídica" demonstram de forma cristalina essa função social da ideologia. Ademais, a última frase da citação anterior aponta que, em todo caso, quaisquer representações ideais, mesmo aquelas explicitamente não conservadoras, pressupõem uma base social determinada: por isso mesmo, *ideias revolucionárias também pressupõem o suporte de uma classe revolucionária*.

Na consideração dessa dimensão – a existência de uma classe revolucionária e o suporte que ela pode oferecer como base social para ideias revolucionárias –, a reflexão de Marx-Engels é reconduzida à tematização do proletariado e seu papel como sujeito revolucionário, bem como do próprio objetivo da sua revolução, o comunismo. Também aqui, a argumentação expendida na *Ideologia* mostra relevantes avanços teóricos em relação à posição de ambos expressa em *A sagrada família* e nos trabalhos anteriores de cada um dos autores ("Contribuição à crítica da filosofia do direito de Hegel. Introdução", *Manuscritos econômico-filosóficos de 1844* e *A situação da classe trabalhadora na Inglaterra*).

No capítulo II, tivemos oportunidade de verificar que, já no decurso do segundo semestre de 1844, Marx assumira claramente uma perspectiva materialista e revolucionário-proletária no trato da história e da sociedade. Vimos ali como ele abraçou a sua posição de comunista e que, em *A sagrada família*, essa posição vinca profundamente o seu pensamento. Agora, na *Ideologia*, tal perspectiva é concretizada em razão dos avanços que fez no trato da economia política: sem prejuízo da concepção filosófico-antropológica que desenvolveu e resultou na sua apreensão da práxis, a fundamentação que oferece em 1845-1846 para o projeto comunista é distinta, deslocando-se teórico-metodologicamente das considerações filosófico-antropológicas para a análise sócio-histórica; agora, a alternativa comunista é posta por ele (e por Engels) sobre outras bases, partindo da "contradição entre as forças produtivas e a forma de intercâmbio". A possibilidade (e, no caso do proletariado, a própria *necessidade*) do comunismo, o protagonismo proletário e o caráter da revolução ganham fundamentos mais objetivos e concretos. Tratemos de resumir, de modo forçosamente esquemático e cedendo a palavra aos próprios autores, a argumentação pertinente que comparece na *Ideologia*.

O protagonismo do proletariado como sujeito revolucionário não radica em valorações éticas e/ou na pauperização a que a ordem estabelecida pela burguesia dominante o condena – nem se deve a uma teleologia posta necessariamente por um mecanismo histórico[71]. São o desenvolvimento das forças produtivas e o intercâmbio universal a ele correspondente que exigem objetivamente dos trabalhadores, para assegurar a eles a vinculação imprescindível entre a sua atividade (o trabalho) e as forças produtivas (de que estão desapossados), que se apropriem das forças produtivas [72-3]. E

> somente os proletários atuais, inteiramente excluídos de toda autoatividade, estão em condições de impor sua autoatividade plena, não mais limitada, que consiste na sua apropriação de uma totalidade de forças produtivas e no decorrente desenvolvimento de uma totalidade de capacidades. *Todas as apropriações revolucionárias anteriores foram limitadas*; os indivíduos, cuja autoatividade estava limitada por um instrumento de produção e por um intercâmbio limitados, apropriavam-se desse instrumento de produção limitado e chegavam, com isso, apenas a uma nova limitação. [...] Na apropriação pelos proletários, uma massa de instrumentos de produção tem de ser subsumida a cada indivíduo, e a propriedade subsumida a todos. O moderno intercâmbio universal não pode ser subsumido aos indivíduos senão na condição de ser subsumido a todos. [73 (itálicos meus – *JPN*)]

Em páginas anteriores, registrando a constituição do mercado mundial e suas implicações, Marx e Engels já tinham assinalado que

> no desenvolvimento das forças produtivas advém uma fase em que surgem forças produtivas e meios de intercâmbio que, no marco das relações existentes, causam somente malefícios e não são mais forças de produção, mas forças de destruição (maquinaria e dinheiro) – e, ligada a isso, surge uma classe que tem de suportar todos os fardos da sociedade sem desfrutar das suas vantagens e que, expulsa da sociedade, é forçada à mais decidida oposição a todas as outras classes; uma classe que configura a maioria dos membros da sociedade e da qual emana a consciência da necessidade de uma revolução radical, a consciência comunista, que também pode se formar, naturalmente, entre as outras classes, graças à percepção da situação dessa classe; [...] em todas as revoluções anteriores a forma da atividade permaneceu intocada, e tratava-se apenas de instaurar uma outra forma de distribuição dessa atividade, uma nova distribuição do trabalho entre outras pessoas, enquanto a revolução comunista volta-se contra a *forma* da atividade existente até então, suprime o *trabalho*[72] e supera [*aufhebt*] a dominação de todas as classes ao superar as próprias classes [...]; tanto para a criação em massa dessa consciência comunista quanto para o êxito da própria causa faz-se necessária uma transformação massiva dos homens, o que só se pode realizar por um movimento prático, por uma *revolução*; [...] [a revolução] é necessária não apenas porque a

classe dominante não pode ser derrubada de nenhuma outra forma, mas também porque somente com uma revolução a classe *que derruba* detém o poder de desembaraçar-se de toda a antiga imundície e de se tornar capaz de uma *nova fundação da sociedade*. [41-2 (os últimos itálicos são meus – *JPN*)]

Eis por que a revolução proletária, comunista, tem de possuir um caráter universal:

> A apropriação [da totalidade das forças produtivas pelo proletariado] é, ainda, condicionada pelo modo como tem de ser realizada. Ela só pode ser realizada por meio de uma união que, devido ao caráter do próprio proletariado, pode apenas ser uma união universal, e por meio de uma revolução na qual, por um lado, sejam derrubados o poder do modo de produção e de intercâmbio anterior e o poder da estrutura social e que, por outro, desenvolva o caráter universal e a energia do proletariado necessária para a realização da apropriação; uma revolução na qual, além disso, o proletariado se despoje de tudo o que ainda restava de sua precedente posição social. [...] Com a apropriação das forças produtivas totais pelos indivíduos unidos, acaba a propriedade privada. [73-4][73]

E a revolução que promove "uma nova fundação da sociedade", derrubando "o poder do modo de produção e de intercâmbio anterior e o poder da estrutura social" e, com isso, "a superação da propriedade privada", garante

> então a libertação de cada indivíduo singular, [que é] atingida na mesma medida em que a história transforma-se plenamente em história mundial. [...] É claro que a efetiva riqueza espiritual do indivíduo depende inteiramente da riqueza de suas relações reais. Somente assim os indivíduos singulares são libertados das diversas limitações nacionais e locais, são postos em contato prático com a produção (incluindo a produção espiritual) do mundo inteiro e em condições de adquirir a capacidade de fruição dessa multifacetada produção de toda a terra (criações dos homens). A dependência *multifacetada*, essa forma natural da cooperação *histórico-mundial* dos indivíduos, é transformada, por obra dessa revolução comunista, no controle e domínio consciente desses poderes, que, criados pela atuação recíproca dos homens, a eles se impuseram como poderes completamente estranhos e os dominaram. [41]

A *emancipação* de todos os indivíduos, a sua *liberdade*, só é real e concreta quando a sociedade instaurada pela revolução proletária constitui uma comunidade real e concreta:

> Nos sucedâneos da comunidade existentes até aqui, no Estado etc., a liberdade pessoal existia apenas para os indivíduos desenvolvidos nas condições da classe

dominante e somente na medida em que eram indivíduos dessa classe. A comunidade aparente, em que se associaram até agora os indivíduos, sempre se autonomizou em relação a eles e, ao mesmo tempo, porque era uma associação de uma classe contra outra classe, era, para a classe dominada, não apenas uma comunidade totalmente ilusória, como também um novo entrave. Na comunidade real, os indivíduos obtêm simultaneamente sua liberdade na e por meio de sua associação. [64]

A *liberdade dos indivíduos* – que, vê-se aqui, aparece como um objetivo central a ser colimado na "comunidade real", pensada por Marx e Engels como resultante da revolução proletária – não se contrapõe ou se efetiva à margem da livre associação dos homens, ao contrário: "É somente na comunidade [com outros que cada] indivíduo tem os meios de desenvolver suas faculdades em todos os sentidos; *somente na comunidade, portanto, a liberdade pessoal torna-se possível*" [64 (itálicos meus – *JPN*)][74].

Na comunidade ilusória existente sob o domínio de classe da burguesia,

> a relação coletiva em que entraram os indivíduos de uma classe e que era condicionada por seus interesses comuns diante de um terceiro foi sempre uma coletividade à qual os indivíduos pertenciam [...] somente enquanto viviam nas condições de existência de sua classe; uma relação na qual participavam não como indivíduos, mas como membros de uma classe. Ao contrário, com a coletividade dos proletários revolucionários, que tomam sob seu controle suas condições de existência e as de todos os membros da sociedade, dá-se exatamente o inverso: nela os indivíduos participam como indivíduos. [66]

Da prospecção dessa comunidade – que, ao abolir as classes sociais, possibilitaria o fim da divisão social do trabalho, da propriedade privada dos instrumentos e meios de produção, do Estado – pouco cuidaram Marx e Engels, ainda que alguns de seus traços tenham sido indicados[75]; de fato, ambos escreveram pouco sobre a sociedade comunista, evitando profecias e, sobretudo, o utopismo a que eram tão avessos (cf. Barata-Moura, 2015). Uma anotação de Marx à margem dos originais explicita cristalinamente a recusa a socorrer-se de futurologias:

> O comunismo não é para nós um *estado de coisas* [*Zustand*] que deve ser instaurado, um *Ideal* para o qual a realidade deverá se direcionar. Chamamos de comunismo o movimento *real* que supera o estado de coisas atual. As condições desse movimento [...] resultam dos pressupostos atualmente existentes. [38n]

Tais pressupostos atualmente existentes (forças produtivas e intercâmbio desenvolvidos no marco do mercado mundial, bem como a formação de uma classe objetivamente revolucionária) são empiricamente verificáveis, e não constructos puramente ideais (e, menos ainda, expressões ideológicas e/ou especulativas: como construções teóricas, exprimem conteúdos da *ciência real*). Sobre eles se desenrolam as *lutas de classes* que apontam para a *revolução proletária*, de que pode resultar a *nova fundação da sociedade*: a fundação da sociedade comunista. Tal como seus pressupostos, essa fundação é um processo *histórico-prático*; nas precisas palavras de Marx e Engels, como vimos páginas atrás, ela opera-se "por um movimento prático, por uma *revolução*", que se distingue

> de todos os movimentos anteriores porque revoluciona os fundamentos de todas as relações de produção e de intercâmbio precedentes e porque pela primeira vez aborda conscientemente todos os pressupostos naturais como criação dos homens que existiram anteriormente, despojando-os de seu caráter natural e submetendo-os ao poder dos indivíduos associados. *Sua organização* [o comunismo] *é, por isso, essencialmente econômica, a produção material das condições da associação; ele faz das condições existentes as condições da associação.* [67 (itálicos meus – *JPN*)]

Essa concepção marx-engelsiana do comunismo arranca, como ambos insistem ao largo da *Ideologia*, de condições históricas factuais e verificáveis; o que cabe à consequência da revolução proletária é garantir, sobre tais condições, as que são imprescindíveis ao desenvolvimento da sociedade que com ela se vê fundada.

Pelo que expusemos nestas últimas páginas, parece que não podem pairar dúvidas de que, ao fim do trabalho intelectual objetivado nos materiais da *Ideologia*, Marx (mas também Engels) passa(m) a dispor de um aparato teórico-metodológico próprio e original que, despido de quaisquer hipotecas do lastro neo-hegeliano – inclusive aquelas provenientes da anterior recepção de Feuerbach –, permitirá a Marx, como veremos adiante, avançar nos anos seguintes nas suas primeiras análises do modo de produção capitalista, simultaneamente à sua vinculação orgânica com o movimento dos trabalhadores (em específico, com o movimento da classe operária).

A relação orgânica com a classe operária e a produção teórica

Sublinhemos: é no exílio belga que *Marx tornará orgânica a sua relação com os trabalhadores*. Se, em Paris, Marx descobriu o mundo dos trabalhadores e as dimensões essenciais da condição inerente a ele, só na Bélgica essa descoberta experimentará desdobramentos prático-organizacionais, pois, *até o período de Bruxelas, Marx e Engels tinham se recusado a participar de organizações políticas (ou político-partidárias)*[76]. A *prática política* de Marx, a partir dos anos em Bruxelas, articular-se-á a uma *elaboração teórica* centrada na crítica da economia política, constituindo a tensa e peculiar unidade teoria/prática que marcará toda a trajetória posterior do autor.

É na Bélgica que, em 1846-1847/1848, ele (junto com Engels) estabelecerá (estabelecerão) vínculos sólidos e regulares com organizações de trabalhadores, participando de suas criações e refundações e, ao mesmo tempo, produzindo os textos nos quais ambos oferecem, conforme Mandel (1968, p. 54 e seg.), a sua *primeira análise crítica do conjunto do modo de produção capitalista*: *Miséria da filosofia* (Marx), *Princípios do comunismo* (Engels), *Trabalho assalariado e capital* (Marx) e *Manifesto do Partido Comunista* (Marx-Engels)[77].

A primeira organização: o Comitê de Correspondência Comunista

Decerto que a troca de ideias entre Marx e Engels e os dirigentes operários que contataram em sua viagem à Inglaterra, em julho-agosto de 1845, estimulou ambos a investir diretamente na organização dos trabalhadores. Mas foram os progressos teórico-políticos – sobretudo a concepção de revolução comunista desenvolvida na *Ideologia* – alcançados pelos autores em 1845-1846 que evidenciaram que as tarefas de divulgação comunista que exerciam por meio da propaganda (e, no caso de Engels, também da agitação, que exercitava em sua cidade natal já desde o seu regresso da Inglaterra[78]) exigiam a inserção deles em quadros organizacionais para atingir e mobilizar o público ao qual visavam: os trabalhadores. Ademais, tanto quanto o progresso verificado no movimento operário inglês, também as derrotas sofridas à época pelos trabalhadores em levantes europeus – sobretudo na Alemanha (Silésia, 1844; Saxônia, 1845), mas também na Polônia (Insurreição Camponesa, 1846) –, cujos desdobramentos Marx e Engels acompanhavam atentamente, mostravam-lhes a oportunidade e a necessidade de promover a organização dos trabalhadores. Por outra parte, a ordem constitucional belga[79] e a própria localização de Bruxelas, conforme já vimos, bem como a presença, ali, de exilados políticos de várias regiões da Europa continental, favoreciam a propaganda e o associacionismo socialistas. Enfim, o movimento operário euro-ocidental já desenvolvia, autonomamente, tendências socialistas e comunistas nas suas emergentes organizações.

O fato é que, entre 1846 e 1848, Marx e Engels fizeram enormes esforços organizativos. O primeiro passo foi a criação, talvez nas primeiras semanas de 1846, por Marx, Engels e Gigot, do Comitê de Correspondência Comunista, cujo núcleo reunia-se inicialmente na própria casa de Marx. No começo, o Comitê era pouco mais que um grupo de "amigos de Marx", composto por Engels, Jenny e seu irmão Edgar, Joseph Weydemeyer (1818-1886), Wilhelm Wolff (1809-1864), Ferdinand Wolff (1812-1895) e Sebastian Seiler (1810-1890), e ainda, por pouco tempo, Wilhelm Weitling (1808-1871). Não havia uma estrutura formal de direção no Comitê; secretariadas por Jenny, as principais iniciativas cabiam a Marx, Engels e Gigot. O Comitê ocupava-se dos problemas colocados pela propaganda comunista. Por vezes, assistiam às reuniões simpatizantes do movimento de emancipação, mas que não professavam o comunismo [...]. O Comitê correspondia-se com militantes e organizações socialistas e operárias de diferentes países. Para todas as questões importantes eram publicadas circulares litografadas. Tentou-se organizar recolhas de fundos para cobrir os custos da propaganda revolucionária e da correspondência. (Fedosseiev, org., 1983, p. 125)

Logo as reuniões do Comitê foram se ampliando, realizando-se em locais públicos e envolvendo uma audiência não restrita a comunistas. Aliás, foi numa dessas reuniões que se deu um confronto entre Marx e Weitling – confronto tornado conhecido nos meios socialistas, com Marx perdendo a paciência com o antiteoricismo (ou, em linguagem de hoje, o *obreirismo*) de Weitling e socando a mesa ao pronunciar, em altos brados, a frase que ficou célebre: "Nunca a ignorância ajudou a quem quer que fosse!"[80].

Marx e Engels, ao longo de 1846, procuraram dar ao Comitê uma dimensão internacional, buscando correspondentes na Inglaterra e no continente. Estabeleceram-se contatos na ilha e relações com a Liga dos Justos. Os dois camaradas jogaram pesado na criação de núcleos vinculados ao Comitê, especialmente na Alemanha e na França; em dezembro, o esforço de Marx e Engels (que, por algum tempo, esteve em Paris nesse empenho) concretizou-se com núcleos/comitês implantados "em diversas regiões da Alemanha, em Paris e Londres" (Rubel, 1991, p. 31). E, na própria Bélgica, em 1846-1847, os dois criaram novas associações (como a Sociedade dos Operários Alemães de Bruxelas), participaram de outras (como a Associação Democrática de Bruxelas) e estreitaram relações com organismos de trabalhadores belgas.

No curso de todo esse processo, a orientação política de Marx, que era hegemônica no Comitê em Bruxelas, mas não na totalidade dos núcleos da Alemanha e da França, enfrentou-se com distintas tendências; ele então desdobrou-se em polêmicas de natureza política e teórica. Há que mencionar rapidamente duas delas: as que manteve, junto com Engels, contra as posições de Hermann Kriege (primavera de 1846) e Karl Heinzen (outono de 1847). Nos dois casos, a polêmica possuía significado apenas no interior do debate alemão, ainda que Kriege e Heinzen, em tempos diferentes, tenham vivido como emigrados nos Estados Unidos[81].

Kriege (1820-1850), jovem jornalista de orientação feuerbachiana, esteve com Marx em Bruxelas em 1845 e, no outono daquele ano, mudou-se para Nova York. Ali, com apoio de operários alemães emigrados, criou o semanário *Der Volks-Tribun* (O Tribuno do Povo) e, através desse jornal, passava-se por representante do comunismo alemão. Na verdade, as ideias de Kriege não eram mais que um eco do "socialismo verdadeiro" fulminado por Marx e Engels na *Ideologia* – e confusamente mescladas com o programa de reforma agrária da Associação Nacional da Reforma, entidade norte-americana "que agrupava operários e pequeno-burgueses e reivindicava a proibição da venda da terra e a sua distribuição gratuita em lotes para os trabalhadores" (Fedosseiev, org., 1983, p. 130). Kriege apresentava esse programa como passo inicial para a transformação comunista da sociedade, viável com o "amor" e a "fraternidade" próprios da retórica "socialista verdadeira". Marx e Engels, com a aprovação do Comitê, em maio de 1846 redigiram e divulgaram a "Zirkular gegen Kriege" (Circular contra Kriege) (ver MEW, 1959, v. 4, p. 3-17). Sem discutir o caráter progressista da reforma agrária proposta em face do monopólio fundiário nos Estados Unidos, Marx e Engels centram a sua crítica no caráter "amoroso" e religioso do "comunismo" de Kriege e afirmam que ele "prega *em nome do comunismo* a velha fantasia religiosa e filosófica alemã, que *contradiz diretamente o comunismo*" (ibidem, p. 12). A "Circular..." foi mais importante no contexto europeu que no quadro das ideias socialistas na América do Norte: ela repercutiu entre os revolucionários alemães, contribuindo efetivamente para a ultrapassagem dos equívocos e ilusões de que era pródigo o "socialismo verdadeiro".

A polêmica com Heinzen (1809-1880) decorreu em outubro-novembro de 1847, com duas intervenções decisivas: uma de Engels e outra de Marx, ambas veiculadas em várias edições do *Deutscher-Brüsseler-Zeitung* (Jornal Alemão de Bruxelas)[82]. Heinzen, um democrata que colaborara com a *Gazeta Renana*, tivera problemas com as autoridades prussianas e viu-se obrigado ao exílio. Esteve em Bruxelas em 1845 e depois mudou-se para a Suíça; daí lançou-se – em meio a arbitrárias censuras aos comunistas – numa cruzada democrática que supunha bastarem ações revolucionárias contra os monarcas alemães para estabelecer a justiça social. Na sua intervenção, que refuta aquelas censuras, Engels demonstra que a luta dos comunistas contempla as demandas democráticas, mas esclarece que os seus objetivos finais ultrapassam largamente tais demandas[83]. Marx, ademais de ridicularizar o moralismo pequeno-burguês oculto na retórica da "indignação moral" de Heinzen, recorre a experiências históricas para ilustrar a justeza da orientação política defendida então pelos comunistas, que consideravam a revolução democrático-burguesa uma etapa intermediária da luta revolucionária[84]. Na ótica marxiana, imaginar – como o fazia Heinzen – que o atendimento das demandas políticas democráticas haveria de implicar a solução das questões sociais não passava de uma utopia vulgar. Todavia, as limitações das demandas puramente democráticas não implicavam, segundo Marx, que o proletariado se abstivesse de lutar por elas; ao contrário, insistia na tese de acordo com a qual os proletários "podem e têm de participar na *revolução burguesa* como uma condição da *revolução operária*" (ibidem, p. 352).

Se mencionamos rapidamente essas duas polêmicas, devemos nos ater com menos brevidade ao principal confronto público que Marx protagonizou nos anos de Bruxelas: o confronto com Proudhon. É desse embate que sairá a obra que constitui o primeiro pilar daquela "análise de conjunto do modo de produção capitalista" (Mandel, 1968, p. 54 e seg.), a *Miséria da filosofia* (referida apenas, daqui em diante, na maioria das vezes, como *Miséria*). Detenhamo-nos, então, em capítulo tão relevante da biografia de Marx – que, enfim, conclui o seu deslizamento da filosofia para a crítica da economia política – para logo retornarmos à atividade organizativa de Marx e Engels.

A ruptura com Proudhon e a *Miséria da filosofia*

Recordemos que, como apontamos no fim do capítulo II, se as relações pessoais entre Marx e Proudhon se estabeleceram no segundo semestre de 1844, é fato que Marx já travara contato com textos proudhonianos antes de se deslocar a Paris (Haubtmann, 1947). Nisso, nada de extraordinário: no primeiro terço da década de 1840, Proudhon já era nome conhecido, em especial graças a seu ensaio, tornado célebre, *O que é a propriedade?*, de 1840 (Proudhon, 1997)[85]. E realmente Marx, à sua chegada a Paris, em outubro/novembro de 1843 – em estância que se prolongaria até fevereiro de 1845 –, tem Proudhon na conta de "o maior socialista francês de então" (Cornu, 1976, v. III, p. 76).

Ainda em outubro de 1842, quando liderava a redação da *Gazeta Renana*, Marx elogia Proudhon (OFME, 1982, v. 1, p. 247) e, menos de um ano depois, volta a citá-lo com simpatia numa carta a Ruge (reproduzida em Marx, 2010). Durante o primeiro semestre de 1844, quando a sua pesquisa da economia política contava só com seis meses de avanço, continua a citá-lo: em pelo menos duas anotações dos seus *Cadernos de Paris*, a alusão a Proudhon, em passagens importantes, é dominantemente aprobatória (Marx, 2015, p. 189, 191); nos *Manuscritos econômico-filosóficos de 1844* são pelo menos seis as referências explícitas a Proudhon – todas respeitosas, embora já com a discreta sinalização da necessidade de uma apreciação capaz de, ao mesmo tempo, "reconhecer e criticar Proudhon" (ibidem, p. 254, 318, 341, 400, 405 e 406). E cita-o com respeito no texto que publica, em agosto de 1844, no *Vorwärts!* (*Glosas críticas marginais*, Marx, 2010c).

O espírito de "reconhecer e criticar Proudhon" está presente e explicitado no texto do qual Marx se ocupa no segundo semestre de 1844 e que constituirá o livro que, com a modesta contribuição de Engels, sairá no ano seguinte: *A sagrada família*. Nessa obra, há mais de três dezenas de referências a Proudhon, que cuidam de restituir o sentido verdadeiro das suas ideias. Umas poucas passagens são emblemáticas do tratamento aí oferecido a Proudhon, nas quais é cristalino o espírito mencionado. Numa delas, a meu juízo a mais significativa, o *reconhecimento* é franco, mas permeado por um matiz *crítico*. Diz Marx que,

> assim como a primeira crítica de toda ciência está necessariamente implícita nas premissas da ciência por ela combatida, assim também a obra de Proudhon "Qu'est-ce que la propriété?" é a crítica da *economia política* a partir do ponto de vista da economia política. [...] A obra proudhoniana é, portanto, cientificamente superada pela crítica da *economia política*, inclusive pela economia política conforme aparece na versão proudhoniana. [...] Proudhon [...] submete a base da economia política, a *propriedade privada*, a uma análise crítica e, seja dito, à primeira análise decisiva de verdade, implacável e ao mesmo tempo científica. Esse é, aliás, o grande progresso científico feito por Proudhon, um progresso que revolucionou a economia política e tornou possível uma verdadeira ciência da economia política. O escrito de Proudhon "Qu'est-ce que la propriété?" tem o mesmo significado para a economia política moderna que o escrito de Sieyès "Qu'est-ce que le tiers État?" tem para a política moderna. (Marx-Engels, 2003, p. 43-4)

O matiz crítico sinaliza que, mesmo pondo em questão o suposto da economia política, Proudhon *não transcende o espaço da própria economia política*: a *crítica* da economia política significa a ultrapassagem da obra de Proudhon. Noutro passo, mais adiante, Marx patenteia ainda mais nitidamente o limite da relevância do texto proudhoniano de 1840, que então considera como "um manifesto científico do proletariado francês": porque ainda preso "às premissas da economia política", Proudhon não é capaz de romper com elas de todo e não consegue dar ao seu pensamento "a elaboração que lhe seria adequada"; em suma, "Proudhon supera a alienação econômico-política *no interior* da alienação econômico-política" (ibidem, p. 54-5). Vê-se: em *A sagrada família*, Marx tem Proudhon em alta conta e valoriza sua contribuição, sempre citando *O que é a propriedade?*; porém, discretamente, pontua essa limitação elementar na concepção teórica do autor analisado. Marx, contudo, não vai além dessa pontuação e tampouco o fará na *Ideologia*.

Na *Ideologia*, as referências a Proudhon são menos numerosas, mas são expressivas. E é de assinalar que, nesta última obra, as alusões a Proudhon excedem a citação do texto célebre de 1840: a argumentação leva em consideração *De la création de l'ordre dans l'humanité* (Sobre a criação da ordem na humanidade), publicado em 1843; para Marx, nessa obra proudhoniana o aspecto mais importante é "a tentativa de propor um método de pensar em que as ideias independentes são substituídas pelo *processo do pensar*" – tem-se a proposta proudhoniana da *dialética serial* e nas poucas linhas que a ela dedica Marx não aduz qualificações dignas de nota (Marx-Engels, 2007, p. 510)[86]. Numa observação em pé de página, que acabou riscada, diz-se de Proudhon que dele, "excelente escritor", "os comunistas nada aceitaram além de sua crítica à propriedade" (ibidem, p. 211). Adiante, contra Stirner ("São Sancho"), desmonta-se a acusação de que Proudhon "enrola" no seu trato (jurídico) da propriedade e não se admite que a ele se impute um qualquer "sentimentalismo" (ibidem, p. 352). Entretanto, é na crítica a Grün, representante do "socialismo alemão" ou "verdadeiro socialismo", como vimos, que Marx faz – entre observações várias, nas quais reconhece a superioridade de Proudhon sobre essa figura menor, que inclusive posava de "professor" daquele – uma reflexão que assinala a dominância da sua posição agora abertamente crítica ao autor que vinha admirando:

> O senhor Grün procura safar-se de abordar os argumentos econômico-políticos desenvolvidos por Proudhon e, ao mesmo tempo, procura se elevar acima deles. *Todas as provas apresentadas por Proudhon* são falsas, o que o senhor Grün descobrirá assim que algum outro autor vier a demonstrar isso. (Ibidem, p. 509-10 [itálicos meus – *JPN*])

E, de relevante, mais não se diz sobre Proudhon na *Ideologia*. Cerca de apenas um ano depois a *Miséria* viria a fornecer elementos para demonstrar o que, no trecho anterior, Marx tão somente pontua. Antes, porém, de passar à *Miséria*, é necessária uma breve alusão a Grün, personagem que já foi objeto de comentários quando tratamos da *Ideologia*.

Karl Grün (1817-1887) era um jornalista alemão que, obrigado ao exílio (1844), viveu primeiro na França e depois na Bélgica, países nos quais frequentou os círculos alemães de esquerda, propagandeando neles o ideário próprio ao "socialismo verdadeiro". Em 1845, em Paris, estabeleceu amistosa relação com Proudhon (de quem, aliás, traduziu ao alemão a *Filosofia da miséria*)[87] e, na sequência, procurou ganhar adeptos nos meios operários da capital francesa. Estando ali em meados de 1846 para fazer avançar a criação de um núcleo do Comitê de Correspondência Comunista, Engels se enfrentou com a influência de Grün e, em outubro, numa conferência parisiense dos membros da Liga dos Justos, arrancou deles uma moção de expressa rejeição às propostas de Grün – e de Proudhon (ver Fedosseiev, org., 1983, p. 133-4).

Por isso, não é de surpreender que, em meio às divergências teóricas e prático-políticas que então envolviam Marx e Engels contra Grün, fosse agregado à conhecida carta de 5 de maio de 1846 de Marx a Proudhon (em que este é convidado a participar do Comitê de Correspondência Comunista) um *pós-escrito* levantando suspeitas sobre Grün: o personagem era denunciado como "uma espécie de charlatão" e, além de tudo, dado como "perigoso"[88]. Na sua quase imediata resposta a Marx (carta de 17 de maio), Proudhon rechaça com firmeza as acusações feitas a Grün; o essencial da carta, contudo, está na razão de princípio ali enunciada, a causa efetiva da ruptura que será explicitada na *Miséria*: nessa razão de princípio reside a base do rompimento Marx-Proudhon e não nas distintas avaliações da figura de Grün (mais adiante, voltarei à razão de princípio de Proudhon). Ao deixar-se de lado essa razão de princípio ou secundarizá-la, acaba-se por debitar a ruptura a motivações subjetivas: ao prender-se aos juízos pessoais tão contrapostos dos dois homens sobre Grün, corre-se o risco de tomar como centrais do mútuo afastamento motivos pessoais e/ou imaginários (uma eventual pretensão de Marx de tirar do seu caminho um "concorrente" como Grün ou, de ambos os lados, impulsos narcisísticos e expressões de vaidade). Interpretações desse gênero da ruptura Marx-Proudhon[89] são pouco sustentáveis e credíveis à luz dos fatos: se depois da publicação da *Miséria* os dois não mais dialogaram, realmente foi a carta de Proudhon que por fim os separou definitivamente; a ruptura não se deveu aos juízos sobre Grün, que, se tiveram algum peso, não passaram de mero detonador do rompimento.

Tal ruptura só se compreende adequadamente no marco das polêmicas que permearam as correntes ideopolíticas que, na primeira metade do século XIX, expressavam de formas diversas o protesto e as aspirações dos trabalhadores na Europa ocidental, espaço geopolítico em que a ordem burguesa pós-1789 se afirmava – protesto e aspirações eles mesmos só compreensíveis com o recurso ao contexto histórico-social e econômico-político das quatro primeiras décadas daquele século. Se se abandona esse terreno histórico-concreto e objetivo, pouco se apreende da natureza e do significado da ruptura Marx-Proudhon.

Nas primeiras quatro décadas do século XIX, os movimentos dos trabalhadores, no curso de um desenvolvimento que tem raízes no fim do século XVIII, configuram uma curva ascendente. Conquistada a legalidade da organização dos trabalhadores na Inglaterra (1824), manifesta-se, na ilha, a tendência operária à associação: multiplicam-se as uniões, federações etc., que serão catalisadas, entre 1838 ("Carta do povo") e 1848, pelo *movimento cartista*, em cuja experiência reside o primeiro legado para os futuros sindicatos e partidos políticos operários. No continente, em troca, respira-se desde o Congresso de Viena (1815) a era de Metternich: repressão e censura. É isso que, acrescido da defasagem dos ritmos de crescimento industrial na ilha e no continente, explica o baixo nível de organização do protesto operário neste último. A única exceção é a França, sobretudo (mas não só) Paris, onde eram mais amplos os espaços para a tematização política. Mas aí vigia a interdição da associação de trabalhadores[90]; assim constrangido, e ainda com a persistência da tradição jacobina, o movimento operário francês – cujo componente de destemor demonstrara-se tanto em julho de 1830 quanto, especialmente, nas revoltas lionesas de 1831 e 1834 – toma uma feição conspirativa: as "sociedades secretas" multiplicam-se e tenta-se o golpismo (1839). Na Alemanha, a repressão mais brutal reduz o protesto operário a níveis mínimos (a sua organização se efetivará, realmente, no exílio), mas não consegue impedir a eclosão de choques violentos (Silésia, 1844; Saxônia, 1845).

A ambiência ideopolítica desses anos sinaliza bem a evolução do movimento operário na sua curva ascendente – de que é contemporânea a larga bibliografia sobre a "questão social" e as formulações típicas do que ulteriormente se denominou "socialismo utópico". Na década de 1840, todavia, o movimento dos trabalhadores experimenta uma inflexão. A consolidação do novo modo de vida do mundo burguês põe à luz do dia a dilaceração medular desse mundo: inseparável acólito da burguesia, o proletariado (aproximando-se o fim da primeira fase da Revolução Industrial) já não se contrapõe simplesmente a ela, mas instaura a possibilidade da articulação de um projeto societário autônomo que implique a sua supressão. Numa palavra: consolidando-se o mundo burguês, o proletariado, núcleo duro do contingente dos trabalhadores, converte-se em *classe para si*[91]. Esta é a inflexão testemunhada pelos anos 1840: ao iniciar-se o esgotamento do padrão industrialista da primeira Revolução Industrial e definida a dominação de classe da burguesia, o *proletariado começa a se inserir na prática política como um agente autônomo* – eis o que, em nível histórico-universal, se verifica no processo revolucionário de 1848 (e que, documental e programaticamente, se registra no *Manifesto do Partido Comunista*[92]).

A ruptura entre Marx e Proudhon ocorre exatamente nesse estágio do processo de qualitativa transformação do movimento operário. Em si mesmo, tal rompimento como que antecipa o problema central colocado historicamente no pós-1848 e que se manteve como tal até o século XX: reforma ou revolução – proletariado como classe que *participa* do processo sociopolítico na ordem burguesa ou proletariado que pretende *dirigi-lo para superá-la*. Essa então irredutível contraposição manifesta-se na polêmica e na ruptura Marx-Proudhon – manifesta-se quando os dois teóricos cruzam os seus caminhos, percursos muito diferentes, no preciso momento em que formulavam, naquela conjuntura histórica, propostas sociopolíticas frontalmente opostas e excludentes. Vejamos, sumariamente, o ponto em que eles se encontram quando seus caminhos se cruzam.

Entre 1838 e 1846, decorre a primeira fase da reflexão de Proudhon (Gurvitch, s.d. e 1983; Haupt, 1982-1987), que cobre a evolução desde as *Investigações sobre as categorias gramaticais* (ensaio de gramática comparada que lhe propiciou, com o Prêmio Suard, da Academia de Bensançon, uma bolsa de estudos em Paris, em 1838) à publicação, em 15 de outubro de 1846, da *Filosofia da miséria*. Trata-se de uma evolução que, em resumidas contas, configura uma trajetória *que conduz de uma perspectiva abertamente revolucionária a um termo reformista (utópico-reformista)*. A primeira obra de Proudhon destinada ao grande público é *Sobre a celebração do domingo*, redigida e publicada em 1839 (uma edição em tiragem comercial maior saiu em 1841); é nela que se lê o que Proudhon então tem a dizer aos proprietários: "Apelamos para a força. Proprietários, defendei-vos! Haverá combates e massacres" (citado em Gurvitch, s.d., v. I, p. 37). Mas é o opúsculo de 1840, *O que é a propriedade?* (que responde "A propriedade é um roubo" e que custou a Proudhon a perda da bolsa de estudos), que tornará famoso o autor; ali está a tese segundo a qual "o proprietário não produz nem por si nem por seus instrumentos e, recebendo os produtos em troca de nada, é um parasita ou um ladrão" (ibidem, p. 52). Um ano depois, na *Segunda memória sobre a propriedade*, a proposição política de Proudhon é inequívoca: "Conclamo à revolução por todos os meios ao meu alcance" (citado em Löwy, 1978, p. 199). E o tônus revolucionário mantém-se na obra de 1843, *Sobre a criação da ordem na humanidade*: ainda ali, ele evoca a "força criadora revolucionária" (citado em Gurvitch, s.d., v. I, p. 68). Mas esse tônus, nos dois anos seguintes, vai se diluindo e termina por dar lugar ao seu expresso abandono: a *Filosofia da miséria* assinala o trânsito de Proudhon (que, seja dito *en passant*, sempre foi um pensador subjetivamente honesto) ao reformismo utópico[93]. No decurso desses poucos anos, o seu pensamento evolui: as concepções do Proudhon de 1846 já não são as mesmas que se objetivaram nos seus textos até 1843 (lembre-se: o Proudhon admirado por Marx era o dos textos de 1840-1843).

Em troca, como vimos, naqueles mesmos anos, também Marx evoluiu e suas concepções se transformaram – mas em sentido inverso ao de Proudhon. O democrata radical de 1842-1843 é em 1844-1845 um comunista e, em 1846-1847, um comunista inserido no emergente processo de organização do proletariado. E a passagem do democratismo radical ao comunismo operou-se simultânea e articuladamente ao movimento intelectual que levou Marx a descobrir, na crítica da economia política, o fundamento para a análise e a crítica sociais[94]. O Marx que Proudhon conheceu em Paris é já agora, em 1846, antes de completar trinta anos, um teórico (e) revolucionário bem preparado, que começa a desempenhar funções dirigentes em organizações políticas.

Nas suas trajetórias distintas, os dois homens refiguram, assim, a própria diferenciação que o movimento dos trabalhadores experimentava: o corte entre tendências reformistas e tendências revolucionárias. E o confronto Marx-Proudhon, que se efetiva em 1846 e se torna público com a edição, em 1847, de *Miséria da filosofia*, refrata aquela diferenciação.

Voltemos às cartas de maio de 1846 (Marx, 2017b, p. 181-6). Marx convida Proudhon a participar de uma rede de correspondência com vistas a informar os militantes socialistas e comunistas da Inglaterra, da França e da Alemanha dos progressos dos seus respectivos movimentos e clarificar os seus pontos de vista através de uma troca de ideias e de uma crítica objetiva, de forma a prepará-los para o *momento da ação*. Proudhon percebe com clareza a que Marx, de modo elíptico, se refere ao mencionar o "momento da ação" – e o diz: trata-se mesmo da *revolução*; sem diplomacia, mas cortês e firmemente, *não aceita o convite de Marx porque rechaça a alternativa revolucionária*. A resposta de Proudhon à carta de Marx é inequívoca:

> Talvez o senhor ainda conserve a opinião de que nenhuma reforma é possível hoje sem um golpe de mão, sem o que outrora se chamava revolução e que, na verdade, é apenas um abalo. Essa opinião, que compreendo, que desculpo, que discutirei com prazer porque compartilhei dela por muito tempo, confesso-lhe que meus últimos estudos revisaram-na completamente. [...] Não devemos colocar a ação *revolucionária* como meio de reforma social. (Proudhon, em Marx, 2017b, p. 185)

Aí está o problema de fundo, a *questão de princípio* que responde pela ruptura entre Marx e Proudhon: é a posição em face da revolução (identificada agora, por Proudhon, a "golpe de mão", a "*abalo*") *que os separa*; o Proudhon de 1846 renega a proclamação do Proudhon de 1841: "Conclamo à revolução por todos os meios ao meu alcance"[95]. Por isso, ainda que julguemos pertinentes as notações de Proudhon no que toca aos cuidados para evitar "uma nova intolerância", para não considerar, "jamais, uma questão como esgotada" etc., é uma questão de princípio que o afasta de Marx – e, é claro e por via de consequência, a sua decisão de, agora, preferir "queimar a propriedade em fogo lento" (idem).

Na sua carta, Proudhon esclarece que revisou suas anteriores formulações teóricas e políticas em razão de seus "últimos estudos" e anuncia já a sua "próxima obra" – que haveria de ser a *Filosofia da miséria* –, dispondo-se, se estivesse em engano, "a receber a férula da sua [de Marx] crítica [...] reservando-me a resposta"[96]. De fato, na *Filosofia da miséria* está a concepção teórica que embasa a proposição política do Proudhon que ingressa num novo estágio da sua trajetória de pensador e de político. É nessa concepção teórica (precisamente: a concepção econômico-política proudhoniana) apresentada na obra de 1846 que se apoia o utopismo reformista de Proudhon, expressão de uma das tendências do movimento operário – tendência que, operante no interior do movimento dos trabalhadores, não permitia apreender a dinâmica necessária das lutas de classes nem preconizava a emancipação do proletariado mediante a sua intervenção política organizada nas lutas de classes.

Marx, colocando-se a tarefa de combater esse utopismo reformista e a programática que dele derivava, viu-se obrigado a enfrentar os seus supostos teóricos e históricos e, sem qualquer dúvida, a meu juízo, fê-lo com êxito; mas são cabíveis dúvidas no que tange ao resultado desse combate no plano prático-político[97]. Vejamos, pois, como Marx se desincumbiu dessa tarefa (observe-se que os números entre colchetes referem-se às páginas da edição da *Miséria* que estamos utilizando: Marx, 2017b).

Marx lê a *Filosofia da miséria* rapidamente, logo que a recebe: já a 28 de dezembro de 1846 pronuncia-se sobre o livro, respondendo à carta que lhe enviara, quase dois meses antes, Pavel Visalyevitch Annenkov[98]. Nessa missiva – escrita em "francês bárbaro", segundo o próprio Marx –, desenha-se em grandes linhas não só o eixo da crítica que a *Miséria* desenvolveria com implacável rigor, como também se antecipa muito do andamento da argumentação que será exposta no livro. Não é necessário deter-nos nessa importante carta, em que Marx confere a Proudhon "o mérito de ser o intérprete científico da pequena burguesia francesa, o que é um mérito real, pois a pequena burguesia será parte integrante de todas as revoluções sociais que se preparam" [196]; e não é necessário pois que nada há nela que não seja objeto de elaboração no livro – inclusive a recorrente ironia marxiana, que começa no título, aparece antologicamente no "prólogo" (firmado em Bruxelas, a 15 de junho de 1847[99]) e flui ao longo dos desdobramentos da argumentação que enfrenta os supostos – melhor: os fundamentos – teóricos e históricos da obra proudhoniana de 1846 e a programática política que a eles se articulava.

O primeiro capítulo da *Miséria* é todo ele dedicado à crítica da concepção econômico-política de Proudhon e é uma inequívoca prova da evolução de Marx no trato, iniciado em janeiro de 1844, da economia política: se, naquele ano, Marx recusava (explicitamente, nos *Cadernos de Paris* e nos *Manuscritos econômico-filosóficos de 1844*) a teoria do valor de Ricardo, agora ele reconhece que "Ricardo nos apresenta o movimento real da produção burguesa" [57] e considera que "a teoria dos valores de Ricardo é a interpretação científica da vida econômica atual" [58]. A radical mudança de Marx na compreensão teórica da categoria *valor*, que possui implicações de enorme peso na análise marxiana do modo de produção capitalista – análise que tem na *Miséria* o seu marco inicial[100] –, decerto não surge de modo abrupto em 1847 (ver, supra, neste capítulo, nota 67), mas é então que Marx a assume publicamente de forma expressa[101]. E é essa nova compreensão um dos pilares da crítica desenvolvida por Marx no capítulo de abertura (e não só) da *Miséria*.

De fato, a crítica marxiana a Proudhon arranca precisamente do modo pelo qual a *Filosofia da miséria* procura explicar, "antes de tudo, a dupla natureza do valor", "*a distinção no interior do valor*" [45]. Tal tentativa de explicação é necessária para que Proudhon possa chegar à determinação do "valor constituído", "pedra angular do sistema de contradições econômicas" que ele (Proudhon) constrói e no qual residiria a sua "descoberta" [53]. Para essa explicação, Proudhon recorre ao seu "método histórico e descritivo", que se revela de uma notável inépcia: Marx demonstra a sua serventia ilimitada ("serve para tudo, responde a tudo, explica tudo" [47]) e a sua mistificação de processos econômico-sociais (com ele, por exemplo, Proudhon converte a oferta e a demanda em "formas cerimoniais" e a troca em "fenômeno de afinidade" [53] e vê a relação trabalho-mercadoria como "uma elipse gramatical" [63]); Marx demonstra que, operada à base de tal "método", a explicação proudhoniana só pode ser desastrosa. Ademais, no seu intento explicativo, o movimento intelectual de Proudhon, que apresenta equívocos palmares, inclusive erros de cálculo [89-90], evidencia que ele ignora mais que importantes e determinados processos históricos[102]: ignora mesmo os avanços então consignados na obra dos economistas que haviam elaborado (e estavam elaborando) o acervo dos estudos sobre a sociedade burguesa – para dizer o mínimo, Proudhon sabe pouco, e mal o pouco que sabe, de economia política[103]. Esse duplo desconhecimento (histórico-factual e teórico) de Proudhon responde largamente pela sua incapacidade de dar conta da realidade e/ou da articulação efetiva de fenômenos/processos basilares constitutivos da vida econômica da sociedade capitalista[104] e, por via de consequência, pela elementar limitação da sua programática política.

Esclareçamos: Proudhon, em 1846, precisava encontrar um ponto arquimédico para erguer a sua proposta de transformação social, que tinha por objetivo a instauração de uma sociedade igualitária; para tanto, seria necessário considerar equivalente o valor dos produtos trocados em seu interior – tratava-se, antes de mais, de fazer que o valor das mercadorias se "constituísse" de modo a que o produto do trabalho de um trabalhador fosse trocado por um de outro que contivesse igual quantidade de trabalho; como bem observou Mehring, essa seria a base econômico-política para a transformação social (o que Marx, na *Miséria*, designa como sendo a proudhoniana "ideia regeneradora" [58]): "A sociedade deveria ser reformada para tornar todos os seus membros trabalhadores trocando quantidades similares de trabalho" (Mehring, 2013, p. 134). É então no "valor constituído", que Proudhon julgava ter descoberto, que haveria de se encontrar a base objetiva para essa troca equivalente; isto é, no "valor constituído" de Proudhon estaria o suporte econômico para a construção da almejada sociedade igualitária.

Pois bem: o capítulo 1 da *Miséria* desconstrói teoricamente (e também recorrendo a elementos históricos) a argumentação de Proudhon. Marx mostra que o "valor constituído" não é nenhuma "descoberta": antes, tomado como "o valor [de um produto] que se constitui pelo tempo de trabalho nele cristalizado" [54], já era conhecido havia muito pela economia política – em poucas palavras: a "descoberta" de Proudhon não é, em absoluto, nem original, nem "científica"[105]. Tampouco é original a ideia de que, a partir mesmo de uma concepção científica (e este não é o caso de Proudhon) da teoria do valor, como a de Ricardo, pode-se sustentar a proposta de uma sociedade igualitária. Numa passagem em que se expressa limpidamente, diz Marx:

> Ricardo nos apresenta o movimento real da produção burguesa que constitui o valor. Abstraindo desse movimento real, o sr. Proudhon "se esforça" na invenção

de novos procedimentos, a fim de ordenar o mundo segundo uma fórmula pretensamente original, que, na verdade, é apenas a expressão teórica do movimento real existente e tão bem exposto por Ricardo. Este toma a sociedade atual como ponto de partida para demonstrar como ela constitui o valor; o sr. Proudhon toma o valor constituído como ponto de partida para constituir um novo mundo social. [...] A teoria dos valores de Ricardo é a interpretação científica da vida econômica atual; a teoria dos valores do sr. Proudhon é a interpretação utópica da teoria de Ricardo. Ele constata a verdade de sua fórmula derivando-a de todas as relações econômicas e explicando desse modo todos os fenômenos, mesmo aqueles que, à primeira vista, parecem contradizê-la [...] e é isso, precisamente, o que faz de sua doutrina um sistema científico. O sr. Proudhon, que chegou a essa fórmula de Ricardo através de hipóteses inteiramente arbitrárias, é obrigado a procurar fatos econômicos isolados, os quais ele violenta e falsifica para fazê-los passar por exemplos, aplicações já existentes e realizações iniciais de sua ideia regeneradora. [57-8]

Proudhon pretende extrair da teoria ricardiana inferências igualitárias; todavia, Marx afirma que

todas as consequências 'igualitárias' que o sr. Proudhon extrai da doutrina de Ricardo baseiam-se num erro fundamental. Ele confunde o valor das mercadorias medido pela quantidade de trabalho nelas fixada com o valor das mercadorias medido pelo "*valor do trabalho*". [62]

Nessa pretensão, Proudhon tampouco pode reclamar originalidade ou pioneirismo: desde a década de 1820, ricardianos já trilhavam esse caminho – aqui, Marx se vale do exemplo fornecido pela obra de Bray[106], que critica brevemente. Essa crítica [72-9] vai substantivamente no mesmo sentido da que desenvolve em relação a Proudhon[107], com um traço distinto e decisivo: "O sr. Bray, longe de querer ter a última palavra da humanidade, apenas propõe as medidas que lhe parecem corretas para uma época de transição entre a sociedade atual e o regime da comunidade" [76], ao passo que a "fórmula" de Proudhon se apresenta como "a fórmula regeneradora do futuro" [72].

O andamento da crítica de Marx parte do que avalia como inservível nas formulações econômico-políticas do autor da *Filosofia da miséria*: uma vez que o "valor constituído", tal como o concebe Proudhon, não pode fundar nenhum desenvolvimento teórico válido, à base dele estão comprometidas praticamente todas as subsequentes considerações econômicas de Proudhon; Marx se ocupa, no primeiro capítulo da *Miséria* (sem prejuízo de outras notações no capítulo 2), da demonstração delas. A leitura desse capítulo 1 mostra a já percuciente análise de Marx acerca do trabalho tornado mercadoria [58-63], a desmontagem das falácias acerca da "relação de proporcionalidade" dos produtos da riqueza social [65-72], do ouro e da prata como agentes universais da troca [79-86]. E, nas últimas páginas desse capítulo, tratando de uma mistificação de Proudhon – o recurso à ficção de uma "sociedade-pessoa", um Prometeu que Marx qualifica como sendo "um personagem cômico" [92] –, Marx ridiculariza a mítica visão proudhoniana do ser da sociedade. Contra a mitologia da "sociedade-pessoa", ele sustenta que a sociedade burguesa se constitui de

> relações sociais fundadas no antagonismo das classes. Essas relações não são relações do indivíduo com o indivíduo, mas do operário com o capitalista, do arrendatário com o proprietário fundiário etc. Suprimidas essas relações, estará suprimida a sociedade. [93-4]

Aliás, na carta a Annenkov (28 de dezembro de 1846), anunciando-lhe o que seria a *Miséria*, Marx já avança a sua concepção de sociedade:

> O que é a sociedade, qualquer que seja a sua forma? O produto da ação recíproca dos homens. Os homens podem escolher, livremente, esta ou aquela forma social? Nada disso. Pegue determinado estágio de desenvolvimento das faculdades produtivas dos homens e terá determinada forma de comércio e de consumo. Pegue determinados graus de desenvolvimento da produção, do comércio e do consumo e terá determinada forma de constituição social, determinada organização da família, das ordens ou das classes; numa palavra, determinada sociedade civil. Pegue determinada sociedade civil e terá determinado Estado político, que não é mais que a expressão oficial da sociedade civil. E isso é o que o sr. Proudhon jamais compreenderá, pois acredita que faz uma grande coisa remetendo-se do Estado à sociedade civil, isto é, do resumo oficial da sociedade à sociedade oficial. (Marx, 2017a, p. 188)

No exame da *Miséria*, há que se observar dois aspectos:

1º) em quase todos os passos críticos de Marx, ele expõe, em contraposição às formulações de Proudhon, as concepções que vinha elaborando (com a colaboração de Engels) desde 1845-1846; vale dizer: o complexo de ideias que emerge em *A ideologia alemã*, que a tradição marxista acabou por designar como materialismo histórico, não só embasa a obra, mas nela ganha corpo, amplia-se e se densifica. Nesse sentido, a *Miséria da filosofia* é parte integrante, constitutiva e inarredável da elaboração da crítica da economia política que culminará em *O capital*[108];

2º) todavia, o desenvolvimento das ideias econômico-políticas marxianas – ou, mais exatamente, a crítica marxiana à economia política – ainda estava longe de alcançar a abrangência, a concreção e o rigor que o pensamento de Marx alcançará uma década depois, quando a experiência prático-política e o acúmulo de exaustivas pesquisas lhe permitirão consolidar plenamente (inclusive mediante a correção/revisão de algumas formulações anteriores), nos *Grundrisse* e, depois, nos manuscritos de 1861-1863 e de 1863-1865, a sua concepção teórico-metodológica e o seu instrumental analítico. Em resumo e afirmando uma obviedade: o Marx da *Miséria da filosofia* ainda não é o Marx de *O capital*.

Quanto a esse segundo aspecto, Engels, no seu prefácio (1884) à primeira edição alemã da *Miséria* (1885), chamou a atenção para o fato de ser diferente a terminologia empregada por Marx na polêmica contra Proudhon daquela utilizada em *O capital* (Marx, 2017b, p. 162); mas o próprio Engels indicou, em nota àquela edição, que as diferenças não se limitavam ao plano terminológico quando assinalou a correção/revisão a que Marx submeteu a tese sobre o salário exposta no livro de 1847 (ibidem, p. 59)[109]. No entanto, não só as formulações sobre o salário serão corrigidas/revisadas em outro momento por Marx: também o serão, por exemplo, as referidas à teoria monetária e às relações preço/valor/concorrência; em especial, a própria teoria do valor, então publicamente assumida, será mais bem precisada quando, ulteriormente, ele examinar o complexo de mediações socioeconômicas que viabiliza a sua concretização[110]. E não se pode deixar de destacar, dentre tais correções/revisões, outra ideia que, presente na *Miséria*, também se encontrará no *Manifesto do Partido Comunista*: a ideia de uma pauperização progressiva do proletariado[111].

Tais aspectos devem, como sugerimos linhas antes, ser considerados também na leitura do capítulo 2 da *Miséria*, ainda que neste as suas incidências sejam de menor gravitação. Ele se abre com páginas que, exprimindo reservas à dialética hegeliana (aos seus idealismo e logicismo), demonstram que "a dialética do sr. Proudhon falta ao compromisso com a de Hegel" [105], que é reduzida por Proudhon "às mais mesquinhas proporções" [101]. Diante dos simplórios procedimentos de Proudhon, segundo os quais

> toda categoria econômica tem dois lados – um bom, outro mau. [...] O *lado bom* e o *lado mau*, a *vantagem* e o *inconveniente*, tomados em conjunto, constituem, para o sr. Proudhon, a *contradição* em cada categoria econômica. Problema a ser resolvido: conservar o lado bom, eliminando o mau [103] –,

Marx fulmina: "Da dialética de Hegel, o sr. Proudhon só tem a linguagem. Seu movimento dialético é a distinção dogmática entre o bom e o mau" [104]. E esclarece: "O que constitui o movimento dialético é a coexistência de dois lados contraditórios, sua luta e sua fusão numa categoria nova. É suficiente colocar o problema da eliminação do lado mau para liquidar o movimento dialético" [104][112].

Nessas páginas de abertura do capítulo 2 (elas compõem o §1), Marx desvela o quão tosco é o trato que Proudhon dá à dialética com que constrói a sua *metafísica da economia política*, diverte-se com as referências proudhonianas ao *gênio social* (o Prometeu antes mencionado), com os equívocos históricos que ele comete. *Mas o essencial, o substantivo, dessas páginas são as determinações teórico--metodológicas que Marx avança e que serão constituintes nucleares da sua reflexão até seus últimos dias.* É nelas que Marx explicita que "as categorias econômicas são apenas expressões teóricas, abstrações das relações sociais da produção" [101], sublinhando que "essas categorias são tão pouco eternas quanto as relações que exprimem. Elas são *produtos históricos e transitórios*" e que "as relações de produção de qualquer sociedade constituem um todo" [102][113]. Por seu turno, Proudhon, à moda filosófico-especulativa, vê as abstrações econômico-categoriais como que "adormecidas no seio da 'razão impessoal da humanidade'" e as relações reais como "encarnações" delas. E mais:

> O sr. Proudhon, economista, compreendeu muito bem que os homens fazem os tecidos de lã, algodão e seda em relações determinadas de produção. Mas o que não compreendeu é que essas relações sociais determinadas são produzidas tanto pelos homens quanto pelo tecido, pelo linho etc. [125]

Ao fim desse § 1 do capítulo 2 da *Miséria* [110-4], Marx verifica – a partir da consideração da emergência histórica da burguesia e do antagonismo que se desenvolve entre ela e o proletariado – a sucessão das teorias econômicas, das "escolas" (fatalista, romântica, humanitária, filantrópica), que ele vê conectada à evolução do confronto de classes: "Quanto mais se evidencia este caráter antagônico [da sociedade burguesa], mais os economistas, os representantes científicos da produção burguesa, embaralham-se em sua própria teoria e formam diferentes escolas" [111].

Em troca, "os socialistas e os comunistas são os teóricos da classe proletária" e, enquanto o proletariado ainda não está suficientemente desenvolvido como classe para lutar politicamente contra a burguesia, eles "são apenas utopistas"; quando se objetiva o caráter "revolucionário", "subversivo" do proletariado, "a ciência produzida pelo movimento histórico, e associando-se a ele com pleno conhecimento de causa, deixa de ser doutrinária e se torna revolucionária" [113]. Parece claro que Marx está se referindo mesmo ao *momento presente* e situando Proudhon como doutrinário[114] que, ademais, se demarca tanto de economistas quanto de comunistas: muito claramente em 1846, Proudhon, "como homem de ciência, quer pairar acima de burgueses e proletários, mas não passa de um pequeno-burguês que oscila constantemente entre o capital e o trabalho, entre a economia política e o comunismo" [114].

Na continuidade da sua argumentação, Marx mostra como o método de Proudhon – suportado pela espécie particular de "dialética" do autor, método que Marx, no § 1 do capítulo 2, designara como "método econômico-metafísico" [98] – é implementado a serviço de inúteis e vazias especulações. E, passo a passo,

Marx vai dissolvendo cada uma delas (a propósito da divisão do trabalho, das máquinas, da fábrica e da manufatura, da concentração dos instrumentos de produção, da concorrência e do monopólio, da propriedade e da renda), com o recurso à história e à análise teórica e, frequentemente, com a sua crítica facilitada pelas incongruências de Proudhon. Ao cabo dessa argumentação, da arquitetura da *Filosofia da miséria* não restam mais que destroços; não por acaso, o livro de Marx ficou conhecido como o *Anti-Proudhon*.

É, contudo, no último parágrafo do capítulo 2 – o § 5 – que a crítica marxiana transita explicitamente das infirmações teóricas para o nível expressamente prático-político. Em face do agravamento das condições gerais de vida experimentado pelos trabalhadores da Europa ocidental em consequência da crise que se abre em 1845/1846, conjugado às más colheitas de 1846-1847, Marx verifica que o movimento operário se vitaliza no continente e na Inglaterra: não só se avoluma o número de greves e protestos, mas o associacionismo operário (expresso nas coalizões, já de caráter visivelmente sindical) vai num crescendo. O movimento operário encontra, em economistas e em socialistas, por razões diferentes, a mesma oposição: economistas e socialistas pregam o absenteísmo político. E é nessa conjuntura ideopolítica que se dinamiza a diferenciação e o confronto de tendências distintas que tensionam o movimento operário – nomeadamente, entre os reformistas utópicos e os comunistas.

É sobretudo nas últimas páginas desse capítulo 2 [145-7] que Marx vai registrar e saudar a gestação objetiva das condições para a ação revolucionária: às vésperas do *momento da ação* (às vésperas de 1848), com a qual cerca de um ano antes Proudhon já se dessolidarizara, Marx vislumbra a possibilidade de o proletariado constituir-se em *classe para si*. Assim, enquanto Proudhon considera as greves ilegais e teme que os trabalhadores, através das coalizões, violentem o monopólio [144] e defende processos evolucionistas (para "queimar a propriedade em fogo lento"), Marx afirma que, numa sociedade dilacerada por antagonismos, dividida em classes, não haverá evolução social sem *revolução política*. Duas posições à época excludentes, irreconciliáveis, mas coerentes com as concepções que cada um deles, a seu modo, sustentava na segunda metade dos anos 1840.

A *Miséria* encerra o capítulo da relação entre Marx e Proudhon: dela, o livro de 1847 é o ponto-final. Isso não significa, contudo, que Marx ignorou trabalhos ulteriores de Proudhon e/ou deixou de referir-se a ele; na verdade, podem-se respigar inúmeras remissões a Proudhon na obra marxiana posterior – a esmagadora maioria, de franco cariz crítico-negativo. Como nesta biografia praticamente não mais trataremos de Proudhon, vejamos, *de modo breve e sem qualquer compromisso com a exaustividade*, apenas e tão somente algumas daquelas remissões. Comecemos por textos elaborados na quase imediata sequência da publicação da *Miséria*.

No *Manifesto do Partido Comunista*, redigido meses depois da publicação da *Miséria da filosofia*, Proudhon e seu livro de 1846 são apenas citados como exemplos do "socialismo conservador ou burguês" (Marx-Engels, 1998, p. 40). Entre os materiais divulgados pela *Nova Gazeta Renana* – o "órgão da democracia" a que nos referiremos no próximo capítulo –, Proudhon é mencionado pelo menos uma vez (n. 66, de 5 de agosto de 1848): a matéria dá conta do seu discurso (31 de julho de 1848) na Assembleia Nacional, contra Thiers, quando se discutia a instituição de um Banco Nacional. O texto relata que Proudhon, frente a uma câmara dominada pelo conservadorismo, afirmou-se expressando "o ponto de vista proletário", mas recorda a sua debilidade teórica (Marx, 2010a, p. 195, 197). Na *Nova Gazeta Renana. Revista Político-Econômica* – que também mencionaremos no capítulo IV –, Marx publicou *As lutas de classes na França de 1848 a 1850*, brilhante ensaio de análise da conjuntura francesa; nele, uma única alusão a Proudhon aparece quando Marx evoca os decretos de 1848-1849, que interfeririam no sistema bancário e na sistemática das emissões – alusão em que se aponta a ingenuidade político-econômica de Proudhon (Marx, 2012a, p. 147). Dois anos depois, Marx dá à luz o seu notável estudo sobre o golpe de Estado de Luís Napoleão, *O 18 de brumário de Luís Bonaparte*, preparado entre dezembro de 1851 e fevereiro de 1852 – nesse ensaio há apenas uma observação anódina relativa a Proudhon[115].

Em 1857-1858, quando se abre o período mais criativo e fecundo da maturidade intelectual de Marx – numa década extremamente produtiva que culminará em 1867, com a publicação do Livro I de *O capital* –, não são raras as referências a Proudhon. Mencionemos umas poucas dentre elas.

Nos *Grundrisse*, diz Marx que "a história descritiva e filosófica" de Proudhon "dificilmente chega ao nível da do seu adversário Bastiat" (Marx, 2011, p. 34)[116]; comentando a polêmica entre ambos, Marx é impiedoso para com os equívocos de Proudhon – com a ironia de sempre, não poupa o "bravo Proudhon", que não compreende como o lucro e o juro "se originam da lei de troca de valores" e, ademais, "confunde o dinheiro como meio de circulação com o capital" (ibidem, p. 718-9). A propósito da referida polêmica entre Proudhon e Bastiat, Marx, numa passagem essencial, afirma que "nada é mais falso do que o modo pelo qual a *sociedade* é considerada tanto por economistas como por socialistas em relação às condições econômicas" e toma Proudhon como *exemplo da inépcia de economistas e socialistas para apreender a especificidade da sociedade burguesa*: a abordagem que operam os leva a "perder de vista as *diferenças*, justamente as diferenças que expressam a *relação social* (relação da sociedade burguesa)" (ibidem, p. 205)[117]. Quando se refere ao fenômeno da superprodução, Marx, observando que Proudhon "ouve o galo cantar, mas jamais sabe onde", assevera que "ele nada entende de determinação do valor" (ibidem, p. 347) – aliás, numa nota sobre o *valor*, já antes Marx remetera à *Miséria* para assinalar a ignorância ("platitude") de Proudhon (ibidem, p. 208).

No livro que Marx, em 1859, publica a partir das suas investigações de 1857--1858 – *Para a crítica da economia política* (ou, conforme diferentes traduções, *Contribuição à crítica da economia política*) –, a referência mais significativa a Proudhon, formulada no trecho em que ele aponta os problemas das propostas de John Gray, tem o seguinte conteúdo:

> Estava reservado ao sr. Proudhon e à sua escola o "sermão" mais sério sobre a degradação do *dinheiro* e a apoteose da *mercadoria* como sendo o núcleo do socialismo, reduzindo assim o socialismo a um desconhecimento da necessária conexão entre a mercadoria e o dinheiro. (Marx, 1982, p. 69)

No Livro I de *O capital* (1867), cuja publicação marca o fecho da década extremamente produtiva a que há pouco me referi, a primeira referência a Proudhon surge já numa nota do capítulo 1, em que o "socialismo de Proudhon" é qualificado como expressão de uma "utopia filisteia" que sequer dispõe do "mérito da originalidade" (Marx, 2013, p. 144[118]). No capítulo 2, outra nota relaciona o "ideal de justiça" de Proudhon ao filistinismo (ibidem, p. 159). Mais adiante, cuidando da *fábrica*, Marx assinala – sempre com a sua ironia corrosiva – "a fabulosa intuição" de Proudhon, que impede a apreensão da maquinaria como síntese dos meios de trabalho (ibidem, p. 494). No capítulo 17, ainda em nota, Marx (retomando novamente a sua *Miséria da filosofia*) lembra a passagem em que Proudhon afirmara que "o valor do trabalho é uma expressão figurada" e pontua que, mais cômodo que mudanças em dicionários, só é "entender por valor absolutamente nada" (ibidem, p. 608). Já no Livro II, publicado por Engels em 1885, as remissões a Proudhon são irrelevantes; uma delas inscreve-se no capítulo 19: mencionando a "solução fácil" de Say para a relação produto bruto e líquido, Marx afirma que Proudhon se apropriou dela (Marx, 2014, p. 492). No Livro III, editado por Engels em 1894, logo no capítulo 1, lê-se que Proudhon, "com seu habitual charlatanismo travestido de cientificidade", alardeou a ideia "de que as mercadorias são vendidas por seus valores quando seu preço de venda é igual a seu preço de custo, isto é, igual ao preço dos meios de produção nelas consumidos mais o salário" [...] "como o segredo recém-descoberto do socialismo" (Marx, 2017, p. 65); no capítulo 21, Marx sublinha em detalhe que Proudhon tem "uma concepção extravagante do papel do capital monetário", "não conseguiu desvendar o segredo de que o capitalista produtivo possa vender mercadorias a seu valor [...] e [...] obter um lucro sobre o capital que ele lança na troca", considera "um absurdo" o entendimento de Proudhon acerca da valorização do capital a juros e acentua "o quão deficiente é a compreensão de Proudhon acerca da natureza do capital" (ibidem, p. 392-4); no capítulo 36, tratando do capital portador de juros como a base do sistema creditício capitalista, Marx ataca pela raiz a proposta proudhoniana do crédito gratuito (ibidem, p. 667); enfim, no capítulo 49, aludindo ao "dogma absolutamente falso, segundo o qual o valor das mercadorias pode, em última instância, ser decomposto em salário + lucro + renda fundiária", Marx aponta a posição inteiramente equivocada de Proudhon (e de seu crítico Eugène Forcade) acerca da problemática aí contida (ibidem, p. 905-6). Também no Livro IV, numa edição confiável da segunda metade do século XX[119], as referências a Proudhon comparecem – mas pouquíssimas são significativas: no volume I, Marx retorna à incompreensão proudhoniana sobre o circuito monetário (Marx, 1980, v. I, p. 308-10); no volume II, não há nenhuma que mereça menção; no volume III, Marx volta a pontuar como no "bizarro Proudhon" confunde-se "até dinheiro com capital" (Marx, 1985, *Teorias da mais-valia. História crítica do pensamento econômico. Livro 4 de O capital*, v. III, p. 1.558-62).

Nos dois últimos textos políticos relevantes de Marx – *A guerra civil na França* (1871), uma defesa da Comuna de Paris analisando o seu significado histórico, e o que ficou conhecido como *Crítica do Programa de Gotha* (1875) – não há referências diretas a Proudhon. Mesmo nos materiais produzidos por Marx no marco das polêmicas intestinas da Associação Internacional dos Trabalhadores (conhecida depois como Primeira Internacional), não se registram diretamente menções a Proudhon[120] – nem sequer na "circular privada" *As supostas cisões na Internacional* (redigida entre janeiro e março de 1872), voltada contra os anarquistas (Bakunin), ele é citado[121]. Mas há menções no artigo "O apoliticismo", redigido por Marx entre fins de 1872 e janeiro de 1873 (OFME, 1988, v. 17, p. 332-6 – ver, infra, cap. VI, nota 64), no qual ele se refere ao livro póstumo de Proudhon, *Da capacidade política das classes operárias* (São Paulo, CCS/Intermezzo, 2019); nesse breve artigo, depois de lembrar que o *mutualismo* de Proudhon já fora anteriormente enunciado por Bray, discípulo inglês de Robert Owen que também recusava a intervenção política dos trabalhadores, Marx critica não só a postura de Proudhon contra o movimento político, mas ainda os "princípios eternos" que a fundam, e mostra que a posição de Proudhon é instrumentalizada pela burguesia.

Como se constata nessas referências, o *núcleo duro* da crítica contido na *Miséria* conservou-se substantivamente ao longo da vida de Marx. Ao largo desse percurso, as contundentes críticas teóricas da *Miséria* não apenas se mantiveram, mas foram mesmo aprofundadas e radicalizadas (sobretudo pelo desenvolvimento da pesquisa de Marx, que também implicou mudanças em algumas de suas concepções econômico-políticas de 1847). A crítica à posição política (essencialmente, o reformismo utópico) de Proudhon também se expressou continuamente. Isso significa, parece-me que de forma cristalina, que a *Miséria* nada tem de um livro ocasional, nem se trata apenas de obra que documenta uma polêmica episódica – não por acaso, Marx remeteu-se reiteradamente a esse livro e teria mesmo afirmado, ao fim de sua vida, que "a leitura da *Miséria da filosofia* e do *Manifesto do Partido Comunista* [...] poderão servir de introdução ao estudo de *O capital*"[122].

Falecido Proudhon a 19 de janeiro de 1865, os editores do jornal *Der Socialdemokrat* (O Social-Democrata), de Berlim, solicitaram a Marx um necrológio, solicitação a que ele atendeu de pronto[123]. Nessa nota necrológica, Marx sintetiza a sua avaliação do conjunto da atividade de Proudhon. Reafirma a crítica teórica e política ao seu adversário de 1847, põe enfaticamente em relevo as suas debilidades, mas não esquece as suas qualidades (a uma amostra delas, a "grande coragem" na difícil situação do pós-junho de 1848, Marx dá especial destaque): reconhecendo-lhe o talento de escritor quando jovem e identificando no homem maduro "uma pessoa de espírito", verificou, não obstante e mais uma vez, que Proudhon foi, em tudo, "a contradição personificada". Tentado a atingir outro alvo (Lassalle), talvez tenha forçado a mão nas últimas linhas do seu juízo público sobre Proudhon – certo é, porém, que Marx não transigiu e não concedeu, quer em teoria, quer no tocante a princípios políticos, nem mesmo em uma hora na qual a leniência é frequentemente o adorno de generosidades equívocas.

A Liga dos Comunistas

É especialmente no curso de 1846 que Marx e Engels começam a se tornar conhecidos nos círculos revolucionários. É fato que, já ao fim de 1845, na França, Alemanha e Inglaterra, seus nomes encontram ali alguma ressonância nos meios socialistas e comunistas. Mas é a intensa atividade organizativa e publicística desenvolvida por ambos desde Bruxelas que levará dirigentes da Liga dos Justos (cisão de uma anterior Liga dos Proscritos, criada nos anos 1830 em Paris por emigrados alemães) a reiterar seus contatos com eles para integrá-los na organização que logo a seguir passará a designar-se Liga dos Comunistas[124].

Líderes da Liga dos Justos, que se estruturou clandestinamente em 1843, em Paris, deslocaram o seu núcleo dirigente para Londres em 1845/1846, quando as autoridades francesas os ameaçaram de expulsão. Por volta de 1846, tais líderes se aperceberam da urgência de promover mudanças na sua organização – que, aliás, contava com poucas dezenas de militantes, dispersos em pequenos grupamentos na Alemanha, França e Inglaterra. Então, efetivamente, a direção da Liga sentiu a necessidade de operar um giro no seu horizonte ideopolítico e alterar o seu *modus operandi*. Esse giro e essa alteração foram provavelmente motivados pela interação com correntes operárias de outros países, pela evidência do fracasso de intentonas de cariz blanquista e dos limites do utopismo socialista; porém, é certo que para eles foram determinantes o conhecimento da ação de massas e da política de alianças do cartismo na Inglaterra, assim como a crítica que, de Bruxelas, Marx e Engels empreendiam dos vários utopismos e das associações orientadas pelo secretismo e pelo conspirativismo e cultivadoras de ritualismos sectários (que até aí tinham marcado a atividade da própria Liga – ver, neste capítulo, nota 124, supra, e nota 126, infra).

Compreende-se, pois, que dirigentes da Liga voltassem a contatar Marx e Engels que, procurados anteriormente (ver, supra, neste capítulo, nota 76), não tinham aderido à organização. Frente à expressa decisão desses dirigentes no sentido de transformar a Liga, Marx e Engels aceitaram a proposta para ingressar nela. Eis como o primeiro, em 1860, recordou a posição que ambos assumiram: diz Marx que, em Bruxelas,

> publicamos uma série de opúsculos [...], onde a mistura de socialismo ou comunismo anglo-francês e de filosofia alemã que constituía então a doutrina secreta da "Liga" era submetida a uma crítica desapiedada [...]. No prosseguimento dessa atividade, o Comitê Central [da Liga] de Londres pôs-se em correspondência conosco, e em fins de 1846 mandou a Bruxelas um de seus membros, o relojoeiro Joseph Moll [...], para nos convidar a entrar na "Liga". As suspeitas surgidas diante de tal oferta foram por ele combatidas com a notificação de que o Comitê Central preparava a realização de um Congresso da "Liga" em Londres, onde as opiniões sustentadas por nós viriam a ser proclamadas doutrina da "Liga" em manifesto público e que [...] a nossa colaboração estava condicionada ao nosso ingresso na "Liga". Assim entramos nela. (Marx, 1976, *Sr. Vogt*, v. I, p. 85-6)

O congresso anunciado por Moll, que entrou para a história como o I Congresso da Liga dos Comunistas – nele decidiu-se a mudança do nome da organização[125] –, realizou-se em Londres, entre 2 e 9 de junho de 1847. Tratou-se, de fato, de "uma assembleia constituinte [que] marcou o início de uma organização totalmente diferente, com princípios ideológicos novos e uma estrutura nova" (Fedosseiev, org., 1983, p. 143). O congresso, cujos participantes (umas poucas dezenas: segundo um ex-policial a serviço das autoridades alemãs, 84 homens – Gabriel, 2013, p. 153) foram delegados eleitos pelos então núcleos dispersos da Liga, deliberou uma ampla discussão preparatória do congresso seguinte, marcado para o fim daquele ano, de forma a definir os novos estatuto e programa da Liga, e também decidiu pela edição de um periódico oficial da organização[126]. Para subsidiar a discussão então aberta, a Liga divulgou um pequeno texto ("Profissão de fé comunista"); nos debates que se desenrolaram a seguir outros textos circularam, inclusive um produzido por Hess, mas entre eles destacou-se o material elaborado por Engels ("Princípios do comunismo" – ver, supra, neste capítulo, nota 77).

Marx não compareceu ao I Congresso, simplesmente por falta de dinheiro[127]. Porém, acompanhou atento as discussões que se lhe seguiram de imediato e apreciou positivamente os "Princípios" de Engels, texto formulado à moda de "catecismo", com perguntas e respostas. Mas o material era apenas um esboço do documento que pretendiam fosse adotado oficialmente pela Liga – e que, segundo Engels, deveria tomar a forma de um *manifesto comunista* (carta a Marx, 23-24 de novembro de 1847 – MEW, 1965, v. 27, p. 107). A sugestão de Engels foi logo aceita por Marx.

O cuidado com que Marx seguiu os debates entre os membros da Liga até a abertura do II Congresso não desviou a sua atenção das mais recentes colisões econômicas que se registravam nos círculos da burguesia. Em setembro de 1847, promoveu-se em Bruxelas um evento de que Marx pretendia participar[128]; não lhe tendo sido dada a palavra, ele entregou o texto do pronunciamento que preparara à imprensa belga, que o divulgou, e Engels fez dele um fiel resumo para o jornal cartista *Estrela do Norte*[129]. Conforme o relato engelsiano, Marx diria que

> somos pelo livre-comércio porque, sob ele, todas as leis econômicas, com as suas mais desconcertantes contradições, operarão numa medida maior e num domínio maior, na Terra inteira, e porque da reunião de todas essas contradições num grupo de contradições que imediatamente se confrontam nascerá a luta que termina pela emancipação do proletariado. (MEW, 1959, v. 4, p. 308)

Pouco tempo depois, Marx voltaria à questão do livre-comércio – em 9 de janeiro de 1848, numa alocução em ato público da Associação Democrática de Bruxelas, logo editada (em fevereiro) em panfleto sob o título "Discurso sobre o problema do livre-câmbio" (Marx, 2017b, p. 168-80). Nele, Marx desenvolve didática argumentação acerca do livre-cambismo, seu impacto sobre os salários operários e seu papel na luta da burguesia contra os trabalhadores. E a conclusão resultante mostra que o resumo de Engels do que teria sido a sua intervenção no congresso de setembro foi mesmo fiel ao seu pensamento. Eis as últimas palavras da sua alocução:

> Nos dias atuais, o sistema protecionista é conservador, ao passo que o sistema de livre-câmbio é destruidor. Ele dissolve as velhas nacionalidades e leva ao extremo o antagonismo entre a burguesia e o proletariado. Numa palavra, o sistema da liberdade do comércio acelera a revolução social. E só nesse sentido revolucionário [...] é que voto a favor do livre-câmbio. (Marx, 2017b, p. 180)

Mas o empenho de Marx, nesse segundo semestre de 1847, concentrou-se mesmo no que seria o II Congresso da Liga. Como dissemos, ele acompanhou as discussões que foram registradas nos seus diversos núcleos, o que lhe possibilitou chegar a Londres com um quadro bastante aproximado das ideias dos delegados – quadro que se determinaria melhor durante os debates ocorridos nas sessões congressuais, realizadas entre 29 de novembro e 8 de dezembro e nas quais Marx teve contínuo destaque. Os dias que esteve em Londres – Marx embarcou com Engels em Ostende (Flandres Ocidental), então porto de passagem para a Inglaterra, no dia 27 de novembro, e retornou à Bélgica a 13 de dezembro – foram de atividade febril[130].

O congresso teve as suas sessões presididas por Karl Schapper e secretariadas por Engels; os debates foram apaixonados e vigorosos, reunindo delegados da França, Alemanha, Suíça, Bélgica e Inglaterra (inclusive os influentes líderes cartistas George Julian Harney e Ernest Jones) e também emigrados poloneses revolucionários. O congresso aprovou o novo estatuto e definiu de modo inequívoco o objetivo da organização: "O objetivo da Liga é a derrubada da burguesia, a dominação do proletariado, a superação da velha sociedade burguesa que repousa sobre oposições de classes e a fundação de uma nova sociedade sem classes e sem propriedade privada"[131]. E o congresso deliberou mais: encarregou Marx e Engels da redação do programa da Liga, a partir do que se consensuou nos debates das sessões plenárias[132]; os dois saíram de Londres com a tarefa expressa de prepará-lo o mais rapidamente possível[133].

Marx e Engels não foram tão rápidos quanto esperavam os dirigentes da Liga: a 25 ou 26 de janeiro de 1848, escreveram a Marx dizendo-lhe que, se o texto não chegasse a Londres até 2 de fevereiro, seriam "tomadas medidas drásticas contra ele" (Mayer, 1979, p. 286; Nicolaievski e Maenchen-Helfen, 1976, p. 136). Só em fins de janeiro/inícios de fevereiro Marx enviou o manuscrito a Londres; depois de aprovado pela direção da Liga (Vv. Aa., 1986a, p. 126), o material foi levado pelo alfaiate Friedrich Lessner (1825-1910) à pequena tipografia de J. E. Burghard, que funcionava na sede da Associação Cultural dos Trabalhadores Alemães (Liverpool Street, n. 46). Provavelmente entre os dias 23 e 24 de fevereiro – quase simultaneamente à explosão da Revolução de 1848 em Paris – concluiu-se a impressão do panfleto de 23 páginas[134].

O *Manifesto do Partido Comunista*

Nas 23 páginas originais do *Manifesto*, Marx e Engels articulam uma argumentação que se desenvolve de modo cristalino, didático e linear. Não nos preocupemos em detalhar essa argumentação – tratemos tão só de aludir a ela (situando as páginas referentes entre colchetes, sempre remetendo a Marx-Engels, 1998) para observar sobretudo aspectos que consideramos mais relevantes na apreciação do seu texto.

Na abertura, os autores esclarecem que a razão de ser do panfleto é expor abertamente as concepções e os objetivos assumidos pelos comunistas [3].

Seu primeiro capítulo [4-20] apresenta uma notável síntese histórica do papel revolucionário da burguesia na construção de um novo mundo; depois de sumariar a grandiosidade do protagonismo burguês, Marx e Engels assinalam as contradições da ordem social por ele constituída e a necessidade da sua superação, postas as novas lutas de classes que nela emergem. No segundo capítulo [20-31], abordam a relação dos comunistas com a força social que opera mais consequentemente no sentido dessa superação, a classe operária, formulando uma *teoria do partido* dos comunistas, concebido não como uma organização à parte ou como um segmento especial ao lado de outros partidos operários, e sim como a fração mais decidida deles, peculiarizada por compreender teoricamente as condições do movimento proletário e representar sempre o interesse desse movimento na sua totalidade [20-1]); fazem a crítica das instituições da sociedade burguesa e apontam como alternativa a revolução do proletariado, que concretiza "a conquista da democracia pela luta" [29], e aí formulam, em dez tópicos [30-1], as medidas que configuram o programa econômico-social dos comunistas. O terceiro capítulo [31-44] discute e critica as tendências que, à época, incidiam no movimento operário. O último capítulo [44-6] trata da relação dos comunistas com os outros partidos e agrupamentos políticos de oposição ao *status quo*.

Note-se que o *Manifesto* se inscreve numa tradição histórica e política: a própria forma *manifesto* não era original em 1848. Se, no plano político, ele não aparece como um raio em céu sereno – de fato, o movimento dos trabalhadores já realizara grandes mobilizações (por exemplo, na Inglaterra, das ações *luddistas* às greves organizadas pelos cartistas; na França, a insurreição dos trabalhadores da seda em Lyon, em 1831; na Alemanha, a rebelião dos tecelões da Silésia, em 1844) –, no plano programático ele recolhe reivindicações que já estavam generalizadas entre os operários (por exemplo, a demanda da educação pública e gratuita). Por outro lado, muitas das críticas à sociedade burguesa apresentadas no *Manifesto* já tinham sido avançadas por representantes do chamado socialismo utópico (por exemplo, Fourier).

O *Manifesto*, todavia, conjuga a sua vinculação à tradição do movimento dos trabalhadores e dos precursores do socialismo com dimensões e características realmente inéditas – *ele é, em realidade, tanto um coroamento e uma continuidade daquela tradição quanto uma ruptura em relação a ela*. São tais dimensões/características inéditas que, subordinando os componentes de continuidade, fazem dele um documento – teórico e político – objetivamente revolucionário.

A primeira inovação do *Manifesto*, a meu juízo, é a *consideração das lutas de classes como força motriz da dinâmica sociopolítica da sociedade burguesa*[135]. Se os historiadores românticos da revolução francesa já a haviam interpretado à luz do confronto entre classes, é no *Manifesto* que elas são tomadas como *centrais* nos processos de transformação social [4-5, 11-2, 15-7, 19]. Inscrito na tradição dos manifestos, que vinha pelo menos de Babeuf (Molon, 2002), o documento de 1848 foi o primeiro elaborado a partir da perspectiva de classe do proletariado como dinamizadora da *ação política de massas* vocacionada a promover transformações revolucionárias – a revolução não é projetada como resultante de golpes de mão de heróis conspiradores (tradição que vinha de Babeuf e encontrava um sucessor da importância de Blanqui): resultante da intervenção sociopolítica das massas, a revolução proletária não é um movimento de minorias, mas da *imensa maioria* [18].

A segunda inovação introduzida é que, pela primeira vez, o programa anticapitalista da classe revolucionária é proposto não como a expressão de vontades e desejos generosos e, menos ainda, como um receituário formulado por visionários ou profetas. O programa da Liga dos Comunistas, resumido nos dez pontos apresentados no *Manifesto* [30-1], vem embasado nas tendências de desenvolvimento inferíveis da realidade da sociedade burguesa: é da análise dessa sociedade que Marx e Engels extraem a viabilidade do programa que propõem[136]. Não há na sua proposição o lastro voluntarista/subjetivista que até então marcava as propostas dos grandes reformadores sociais; a inspiração e o espírito utópicos são deslocados pela investigação teórica de tendências reais e pela prospecção das alternativas concretas nelas contidas – muitos anos depois, Engels observará que esse deslocamento corresponde ao trânsito do "socialismo utópico ao socialismo científico". Essa concepção, já expressa em momentos anteriores das suas pesquisas[137], é inequivocamente retomada no *Manifesto*:

> As proposições teóricas dos comunistas não se baseiam, de modo nenhum, em ideias ou em princípios inventados ou descobertos por este ou aquele reformador do mundo. São apenas expressões gerais de relações efetivas de uma luta de classes que existe, de um movimento histórico que se processa diante de nossos olhos. [21]

De fato, até seus últimos anos de vida, Marx e Engels recusaram claramente qualquer veleidade utópica, antes ancorando-se no mais profundo *senso de realidade*. Estreitamente vinculada ao *realismo* político próprio do pensamento de Marx e Engels – mas realismo que contempla *o papel ativo e criador dos sujeitos sociais concretos* – está também uma terceira inovação que faz do *Manifesto* um texto verdadeiramente revolucionário. Antes do documento de 1848, os reformadores sociais e os revolucionários procuravam sustentar as suas propostas ou num *determinismo histórico* que imaginava a humanidade em marcha inexorável no rumo do *progresso*, ou numa concepção *voluntarista* que supunha que a vontade dos homens atuaria livremente, sem quaisquer limites objetivos. Marx e Engels superaram esses dois pontos de partida tradicionais. De um lado, no documento de 1848, rechaçaram o "determinismo do progresso": recusaram nitidamente a ideia de que a revolução proletária e/ou a nova sociedade (comunista) seriam necessariamente vitoriosas — basta ler, logo nos primeiros parágrafos do capítulo I do *Manifesto*, o que escreveram: as lutas de classes terminaram sempre "*ou* com uma transformação revolucionária de toda a sociedade *ou* com a destruição das classes em luta" [5 (itálicos meus — *JPN*)]. Mais claro, impossível: a resultante das lutas de classes *pode* ser um avanço social, mas igualmente *pode* redundar na mútua destruição dos antagonistas. De outro lado, também abandonaram qualquer concepção apoiada na ideia da onipotência da vontade humana: é visível no texto de 1848, sobretudo no seu primeiro capítulo, que o movimento operário e a sua fração revolucionária atuam a partir do desenvolvimento objetivo do modo de produção capitalista (o nível alcançado pelas forças produtivas, a constituição do mercado mundial etc. nos marcos da propriedade privada burguesa[138]). A *vontade revolucionária* se constitui nos marcos e limites *reais* postos pelas *condições vigentes* na sociedade capitalista (seus coveiros são também produto da burguesia [20]); mas a vontade *organizada* dos trabalhadores, conhecendo aqueles marcos e limites, pode conceber um factível projeto de transformação social radical e estrutural. Alguns anos depois da publicação do *Manifesto*, num texto de 1852 (*O 18 de brumário de Luís Bonaparte*), Marx sintetizou em fórmula célebre as ideias subjacentes a essa concepção da relação entre os limites e as possibilidades dos sujeitos políticos:

> Os homens fazem a sua própria história; contudo, não a fazem de livre e espontânea vontade, pois não são eles quem escolhem as circunstâncias sob as quais ela é feita, mas estas lhes foram transmitidas assim como se encontram. (Marx, 2011b, p. 25)

A relação determinada que o *Manifesto* atribui aos homens e suas circunstâncias (na sua posição de autores/atores) tem direta conexão com o caráter do documento: simultaneamente, é *expressão teórica* do movimento operário e a *convocação para a sua organização política*; é tanto construção de natureza cognitiva quanto apelo à ação revolucionária.

Enfim, cumpre destacar outro traço pertinente e definidor do *Manifesto*: a concepção *internacionalista* que satura a sua teoria revolucionária[139]. Com Marx e Engels, a demanda da revolução transcende os espaços nacionais — emerge das contradições postas na sociedade burguesa pelo modo de produção capitalista em macroescala. É evidente que essa concepção não desonera os revolucionários das suas tarefas nacionais: no documento, lê-se que "o proletariado de cada país tem, naturalmente, que começar por resolver os problemas com a sua própria burguesia" [18-9]; entretanto, a própria dinâmica capitalista promove o desaparecimento "[d]os isolamentos e [d]as oposições nacionais dos povos" e "o domínio do proletariado fá-los-á desaparecer ainda mais depressa", porque, mediante a revolução que liquidará o antagonismo das classes no interior das nações, desaparecerá "a hostilidade entre as nações" [27]. Por isso, o *Manifesto* insiste em que a "unidade de ação do proletariado, pelo menos dos países civilizados, é uma das primeiras condições da sua libertação" [27-8].

Escrito por dois pensadores que ainda estavam longe do seu inteiro desenvolvimento e da sua plena maturidade intelectuais (Marx ainda não completara 30 anos e Engels tinha menos de 28), o *Manifesto* apresenta formulações que seus autores haveriam de retificar e/ou revisar ulteriormente. Indiquemos, para ilustrar, duas delas.

A primeira diz respeito a uma tese muito importante que aparece explícita no documento de 1848: segundo os seus autores, a situação operária, sob o modo de produção capitalista, tende necessariamente a *piorar*, aprisionando o proletário na rede da degradação das suas condições de trabalho e de vida (leiam-se frases do penúltimo parágrafo do capítulo I do *Manifesto*, onde se afirma que o "operário moderno", com o desenvolvimento da indústria, "longe de elevar-se", "afunda-se cada vez mais, indo abaixo das condições de sua própria classe", passando a "indigente" [19]). Essa tese, assumida, como já vimos, por Marx na *Miséria da filosofia*, e conforme a qual o proletário estaria submetido a um inevitável processo de *pauperização absoluta*, apoia-se numa teoria dos salários que não é consistente; ora, como o mesmo Marx mostrou posteriormente, a *pauperização absoluta* não é uma tendência irrecorrível do desenvolvimento do modo de produção capitalista. Marx revisa e retifica essa concepção da pauperização absoluta no Livro I de *O capital* (1867), operando com uma teoria dos salários mais adequada e elaborada e introduzindo a ideia de *pauperização relativa*.

A segunda relaciona-se à determinação da própria classe proletária. No *Manifesto*, essa determinação não se concretiza com uma clara concepção da *essência exploradora da relação entre capital e trabalho*; embora seja mencionada a posição do proletariado como classe explorada, ele aparece sobretudo como classe *oprimida*. Marx, ainda sem extrair da teoria do valor que acolhera havia pouco (ele a incorporara, expressa e publicamente, na já citada *Miséria da filosofia*) as suas implicações basilares, não tem condições de precisar e determinar com rigor a natureza da *exploração* capitalista – faltam-lhe os instrumentos analíticos e a suficiente crítica da economia política para compreender uma categoria nuclear, a categoria de *mais-valia*. Só depois, em especial a partir de 1857-1858, ele se qualifica para operar com essa categoria, que em *O capital* comparece plenamente elaborada.

Questões de outro tipo podem se colocar no que tange ao programa econômico-social dos comunistas proposto no documento de 1848. É certo que a sua formulação/aplicação prática é evidentemente conjuntural. É isso, aliás, que Marx e Engels reconhecem e admitem mal passados 25 anos da publicação do *Manifesto*: com efeito, para a sua reedição alemã de 1872, os dois escreveram um prefácio no qual afirmam que aquela parte do fim do capítulo II deveria ser "redigida de modo diferente" e justificam tal verificação da seguinte maneira:

> Em face do imenso desenvolvimento da grande indústria nos últimos vinte e cinco anos e, com ele, do progresso da organização do partido da classe operária [...], este programa está hoje, num passo ou noutro, antiquado. [lxxxi]

Vê-se: Marx e Engels não pensavam que as suas proposições prático-políticas fossem independentes do desenvolvimento das forças produtivas e dos avanços do movimento operário. O fato – por eles consignado nesse prefácio – de considerarem que os "princípios gerais" do *Manifesto* se conservavam válidos também não deve ser visto como indicador de que seriam intocáveis: na verdade, *e isto não diz respeito somente ao documento de 1848*, Marx e Engels sempre estiveram abertos e sensíveis a críticas e nunca patrocinaram a sacralização das suas concepções, teses e formulações. Qualquer leitura que se fizesse delas com espírito talmúdico ou fundamentalista lhes era estranha (mormente em sua correspondência dos anos 1880-1890, são inúmeras as passagens em que Engels insiste em que a sua – de Marx e dele – teoria não pode ser tomada "de um modo dogmático, como uma doutrina", como um "credo", mas deve ser pensada como um "guia de estudo"[140]). Com efeito, Marx e Engels estiveram dispostos a revisar concepções e teses sempre que o aprofundamento da sua teoria, a prática social, fenômenos e processos emergentes ou novas análises e pesquisas o exigissem.

Precisamente uma tal atitude parece-me dever ser a do leitor contemporâneo do *Manifesto*, que se aproxima do documento 170 anos depois da sua redação. Ao longo de mais de um século e meio, a sociedade burguesa experimentou grandes transformações (sobre as quais o movimento operário, em suas várias vertentes, incidiu ponderavelmente e que igualmente o modificaram); algumas dessas transformações evidenciam que o *Manifesto* apresenta, em face da contemporaneidade, limites e insuficiências – vejamos, apenas para sinalizá-los, duas ordens de fenômenos. Em primeiro lugar, o desenvolvimento capitalista desses mais de 170 anos operou uma profunda diferenciação no universo do sujeito revolucionário considerado no *Manifesto*; embora Marx e Engels, quer no documento de 1848, quer em suas obras posteriores, nunca tenham suposto aquele sujeito, o proletariado, como algo homogêneo, tudo indica que subestimaram a sua heterogeneidade e a sua diferenciação interna. Ora, é certo que a diferenciação hoje existente no interior do proletariado acarreta substantivas implicações no seu comportamento sociopolítico; torna-se necessário, pois, conhecer a estrutura do proletariado contemporâneo para determinar com alguma precisão o seu potencial revolucionário (está fora de questão, aqui, a enganosa retórica do "fim do trabalho", do "fim da classe operária" etc.). Por outra parte, de acordo com o *Manifesto*, como se lê no primeiro capítulo, "a nossa época, a época da burguesia, caracteriza-se [...] por ter simplificado os antagonismos de classe" [5] – e é fato que a sociedade, como os autores afirmam em seguida, continua polarizada por dois campos hostis (burguesia/proletariado); a prática social contemporânea, no entanto, indica que os "antagonismos de classe" não se verificam como "simplificados" – ao contrário, têm-se tornado muito mais complexos e pluridimensionais.

Não são apenas essas duas alusões, contudo, que sinalizam que o *Manifesto* tem limites e insuficiências. Pense-se, por exemplo, que se o *Manifesto* antecipa, premonitoriamente, a explosão revolucionária de 1848, não menciona, em absoluto, a possibilidade do seu fracasso; aliás, a expectativa da revolução a curto prazo marca os escritos de Marx e Engels daquele tempo (só na *Contribuição à crítica da economia política*, de 1859, Marx compreenderia as razões pelas quais a revolução social cobre o espaço de toda uma "época histórica"). Ou, também, esta outra indicação: o *Manifesto* dá como que por suposto o *internacionalismo* do proletariado – e já tivemos suficientes provas de que a constituição de uma consciência política capaz de superar as limitações e os efeitos deletérios das ideologias nacionalistas é, ainda hoje, mais um projeto que um processo[141].

Decisivo, porém, na apreciação do *Manifesto*, é algo que vai muito além da listagem dos seus limites e eventuais anacronismos: é a verificação de que ele, na sua substancialidade, resistiu vigorosamente às provas da história e do tempo.

É mesmo assombrosa a atualidade desse documento, inteiramente perceptível na sua primorosa antecipação, com precisão cirúrgica, dos principais traços pertinentes à sociedade burguesa *madura, nossa contemporânea*, que Marx e Engels oferecem ao leitor no primeiro capítulo do *Manifesto*. Atente-se: nessas páginas, escritas entre dezembro de 1847 e janeiro de 1848, *não* está a descrição da sociedade burguesa da época, mas a configuração que ela haveria de possuir mais de um século depois, na plenitude do seu desenvolvimento; portanto, a palavra "descrição" não é a mais adequada para denotar a extraordinária (ante) visão de Marx e Engels sobre a sociedade burguesa tardia. Com efeito, vacinados desde jovens contra o empirismo rasteiro e o positivismo medíocre, os dois autores não se restringem a "fotografar" a realidade burguesa – seu método de pesquisa (que, em 1848, ainda não estava suficientemente elaborado) aprende e detecta *tendências estruturais*, donde a capacidade de antecipar, no plano teórico, elementos que a realidade imediata estava longe de evidenciar. Em 1848, a caracterização que Marx e Engels fazem da sociedade burguesa aparece quase como um exercício de ficção científica, mas, um século e tanto depois, refigura admiravelmente o *nosso* mundo: como anotou Hobsbawm (1998, p. 300), "o mundo transformado pelo capitalismo que ele [o *Manifesto*] descrevia em 1848 [...] é reconhecidamente o mundo no qual vivemos 150 anos depois".

Que a apreensão da realidade profunda da *dinâmica* da sociedade burguesa já é patente no *Manifesto* demonstram-no cabalmente as notações referentes ao movimento da economia capitalista [5-12]. Ainda que sem o embasamento de um pleno domínio da crítica da economia política (pleno domínio que Marx só adquiriria a partir da segunda metade dos anos 1850), aquelas notações – relativas à constituição do mercado mundial, à centralização dos meios de produção e à concentração do capital e da propriedade, ao revolucionário acúmulo das forças produtivas com a incorporação das ciências, à recorrência das crises – desvelam/ revelam processos que permanecem ativamente operantes e acentuados na sociedade contemporânea.

A densidade e a solidez teóricas do *Manifesto* são (ainda que os desenvolvimentos posteriores da pesquisa de Marx e de Engels viessem a lhes oferecer novos fundamentos e revisar outros) elementos que respondem pela resistente atualidade do documento. E a elas também se deve creditar a sua *atual* relevância política, expressa, por exemplo, numa questão absolutamente crucial: a da concentração/ centralização do poder econômico e político. Esta não se restringe tão somente à concepção de Estado que o *Manifesto* formula (segundo a qual o Executivo do Estado moderno opera como "um comitê para administrar os negócios coletivos de toda a classe burguesa" [7]), mas se complementa com a indicação de que a dinâmica capitalista conduz à *centralização política* [10][142]. A referida relevância mostra-se, inclusive, como imprescindível *orientadora* para o posicionamento e a ação políticos na quadra contemporânea, em que, na sequência da crise terminal do "socialismo real", amplos setores (outrora) comunistas parecem perder-se na perplexidade, na capitulação ou no imobilismo – leiam-se, para verificar a clareza e a contundência dessa orientação, os três parágrafos [46] que precedem imediatamente o último do *Manifesto*.

Enfim, a relevância *atual* do documento de 1848 contém-se inclusive nas problemáticas que, sem resolvê-las, ele levanta. Talvez a mais importante delas seja a do caráter *democrático* dos desdobramentos da revolução que, para o *Manifesto*, é obra de um "movimento autônomo da imensa maioria no interesse da imensa maioria" [18]; o problema subjacente é o de como articular as necessárias (para a revolução) "intervenções despóticas no direito de propriedade e nas relações de produção burguesas" [30] à democracia, que se deverá erguer com "a passagem do proletariado a classe dominante" [29]. Em termos que não os do *Manifesto*, aqui aflora *o problema de como sincronizar a socialização da economia com a socialização do poder político*; o documento tem o mérito de instigar à pesquisa do problema, mas não o soluciona, como, aliás, também não o fizeram as experiências pós-revolucionárias do século XX (Cerroni, 1976; Netto, 1990).

Haveria muito mais a analisar, explorar e questionar no texto de 1848; nos limites deste ensaio biográfico, depois do que expusemos, basta-nos uma avaliação sumária: sem subestimar seus limites e seus eventuais anacronismos, o *Manifesto* é o documento teórico-político mais importante do pensamento social moderno; é a peça basilar para a compreensão do *mundo em que vivemos hoje* e, por isso, para todos os homens e todas as mulheres que pretendem transformar este mundo, com a paixão humanista de suprimir a "velha sociedade burguesa, com as suas classes e antagonismos de classes" [31] e substituí-la por "uma associação em que o livre desenvolvimento de cada um é a condição para o livre desenvolvimento de todos" [31] – para todos esses homens e essas mulheres, o conhecimento do *Manifesto é necessário e indispensável*, mas não é *suficiente*. É preciso partir dele para ir além dele.

De Bruxelas à revolução

Em dezembro de 1847, quando já estava a braços com a redação do *Manifesto*, Marx pronunciou, na Sociedade dos Operários Alemães de Bruxelas, uma série de conferências, abertas ao público, só parcialmente divulgadas em 1849 sob o título *Trabalho assalariado e capital* (ver, supra, neste capítulo, nota 77). É a primeira reflexão de Marx tornada pública na qual ele aborda expressamente duas das relações econômicas que subjazem às lutas de classes contemporâneas e que sustentam a dominação de classe da burguesia. O material que veio à luz dois anos depois mostra não só os progressos do pensamento *econômico* de Marx (citaremos a versão disponível em Marx, 2010a, p. 531-58 – os números entre colchetes remetem às páginas dessa edição)[143], se o comparamos com as reflexões de 1844, em especial as dos *Cadernos* e dos *Manuscritos econômico-filosóficos*, mas ainda também uma inequívoca preocupação didático-pedagógica. De modo bastante simples, Marx formula a sua argumentação adequando seus termos a uma audiência de trabalhadores:

> Procuraremos apresentar o assunto do modo mais simples e popular possível, sem dar como sabidos nem os mais elementares conceitos da economia política. Queremos ser compreensíveis para os trabalhadores. [532]

Cabe observar, todavia, que os progressos mencionados não foram de molde a permitir a Marx uma compreensão adequada e suficiente da *especificidade* da *exploração* do trabalho pelo capital – ele ainda continua operando sem alcançar a necessária precisão conceitual e categorial[144] que lhe propiciaria, na década seguinte, a elaboração da teoria da mais-valia e, igualmente, sem superar a ideia de uma pauperização absoluta do proletariado como implicação irrecorrível da dinâmica capitalista.

A abordagem marxiana do tema das suas conferências orienta-se pela *desnaturaliza*ção da aparência dos fenômenos de que parte: Marx argumenta persuasivamente que salário e capital configuram *relações sociais* historicamente situadas e determinadas – elas se estabelecem a partir da relação de compra e venda viabilizada pelo trabalho tornado mercadoria. Contudo, explica Marx, "o trabalho nem sempre foi uma *mercadoria*"; é-o apenas o "trabalho *livre*", que distingue o operário do escravo e do servo e é próprio da sociedade burguesa [535]. Mas "também o *capital* é uma relação social de produção. É uma relação de produção burguesa, uma relação de produção da sociedade burguesa" [543].

Marx sublinha que essas relações sociais não só vinculam os homens entre si – "eles só produzem cooperando de uma forma determinada e trocando reciprocamente suas atividades" –, mas ainda *os homens e a natureza* [542]. Trata-se de relações mutáveis e cambiantes que configuram a sociedade:

> Estas relações que os produtores estabelecem entre si, as condições sob as quais trocam suas atividades e participam da atividade geral da produção, serão naturalmente diferentes conforme o caráter dos meios de produção [...].
> Portanto, as relações sociais nas quais os indivíduos produzem, *as relações sociais de produção, mudam, transformam-se com a transformação e desenvolvimento dos meios materiais de produção, das forças produtivas. As relações de produção em sua totalidade constituem o que chamamos de relações sociais, de sociedade,* e na verdade uma sociedade em um *determinado nível de desenvolvimento histórico,* uma sociedade com caráter peculiar, distintivo. A sociedade antiga, a sociedade feudal, a sociedade burguesa são tais totalidades de relações de produção, cada uma das quais designa igualmente um nível específico de desenvolvimento na história da humanidade. [542-3]

Caracterizando o trabalho assalariado como categoria da sociedade burguesa, Marx retoma noutro registro reflexões que ecoam aquelas de que tratamos no capítulo II:

> O trabalho é, pois, uma mercadoria que seu proprietário, o trabalhador, vende ao capital. Por que a vende? Para viver.
> Mas o trabalho é a atividade vital peculiar do trabalhador, sua peculiar exteriorização de vida. E ele vende esta *atividade vital* a um terceiro para assegurar-se os necessários *meios de vida*. Sua atividade vital é, pois, para ele somente um *meio* para poder existir. Trabalha para viver. O próprio trabalho não faz parte de sua vida, é antes um sacrifício de sua vida. É uma mercadoria que adjudicou a um terceiro. Por consequência, o produto de sua atividade também não é o objetivo de sua atividade. O que ele produz para si mesmo não é a seda que tece, nem o ouro que extrai das minas, nem o palácio que constrói. O que produz para si mesmo é o salário, e seda, ouro, palácio se reduzem para ele a um determinado quantum de meios de subsistência, talvez um casaco de algodão, moedas de cobre e uma moradia no porão. E para o trabalhador que por doze horas tece,

fia, perfura, torneia, constrói, escava, brita pedras, transporta etc. – para ele as doze horas de tecelagem, fiação, perfuração, torneamento, construção, escavação, britagem etc. significam exteriorização de sua vida, significam vida? Ao contrário. Para ele, a vida começa quando essa atividade cessa, à mesa, na taberna, na cama. Em contrapartida, para ele, as doze horas de trabalho não têm sentido como tecelagem, fiação, perfuração etc., mas sim como *ganho* que lhe assegura mesa, taberna, cama. Se o bicho-da-seda fiasse para prolongar sua existência como lagarta, seria um trabalhador assalariado consumado. [534-5]

Compreender o trabalho assalariado, próprio da sociedade burguesa, supõe compreendê-lo, na totalidade constituída por essa sociedade, na relação que estabelece com o capital, outra categoria da sociedade burguesa [543]. Segundo Marx, "capital e trabalho assalariado são dois lados de uma única e mesma relação. Um condiciona o outro" [546]. E eis como ele caracteriza o primeiro:

> O capital consiste em matérias-primas, instrumentos de trabalho e meios de subsistência de todo tipo, que são utilizados para fabricar novas matérias-primas, novos instrumentos de trabalho e novos meios de subsistência. Todas estas suas partes constitutivas são criações do trabalho, produtos do trabalho, *trabalho acumulado*. Trabalho acumulado que serve como meio para uma nova produção é capital. [542]
> O capital não consiste apenas em meios de subsistência, instrumentos de trabalho e matérias-primas, apenas em produtos materiais, consiste igualmente em *valores de troca*. Todos os produtos que o constituem são *mercadorias*. O capital não é, portanto, somente uma soma de produtos materiais, é uma soma de mercadorias, de valores de troca, de *grandezas sociais*. [...] Mas se todo capital é uma soma de mercadorias, isto é, de valores de troca, nem toda soma de mercadorias, de valores de troca, é capital. [543]

A questão, pois, é compreender como uma "soma de mercadorias" transforma-se em "capital". Conforme Marx, a transformação opera-se quando tal "soma de mercadorias",

> conservando-se e multiplicando-se como poder social autônomo, isto é, como o poder de *uma parte da sociedade*, [...] [troca-se] *com o trabalho imediato, vivo*. A existência de uma classe que nada possui além da capacidade de trabalho é um pressuposto necessário do capital.
> É exclusivamente o domínio do trabalho acumulado, passado, objetivado sobre o trabalho imediato, vivo, que converte trabalho acumulado em capital.
> O capital não consiste em que o trabalho acumulado sirva ao trabalho vivo como meio para nova produção. Consiste em que o trabalho vivo sirva ao trabalho acumulado como meio para conservar e multiplicar seu valor de troca. [544]

Estas últimas transcrições evidenciam que o trato de Marx da dimensão econômica (e social) da relação salário/capital em 1847 (ainda carente da riqueza categorial que a sua pesquisa apresentará a partir da segunda metade da década de 1850) é bastante revelador. Deixam claro que ele toma a relação considerando os seus dois termos mutuamente condicionantes, que os compreende a ambos como vetores alienados (o salário como pertinente a uma atividade vital sem outro sentido que o *ganho*, mero *meio* de sobrevivência de uma classe despossuída que só dispõe da sua capacidade de trabalhar, e o capital "como poder social autônomo").

Na sua argumentação, Marx sustentará que

> as mesmas leis gerais que regulam o preço das mercadorias em geral regulam naturalmente *também o salário, o preço do trabalho*.
> A remuneração do trabalho ora subirá, ora cairá, conforme se configure a relação entre a oferta e a procura, conforme se configure a concorrência entre os compradores de trabalho, os capitalistas, e os vendedores de trabalho, os trabalhadores. As oscilações dos preços das mercadorias correspondem, em geral, às oscilações do salário. *Mas no interior dessas oscilações, o preço do trabalho será determinado pelos custos de produção, pelo tempo de trabalho necessário para produzir essa mercadoria, o trabalho.* [540]

É essa tese, fundada na teoria do valor assumida publicamente na *Miséria da filosofia*, que Marx desdobrará nas conferências de que se guardou registro. Assinalará o papel da concorrência entre vendedores e compradores de trabalho e seus impactos sobre o salário [537-8], deixará clara a interdependência desses dois agentes [545], distinguirá o salário real do salário nominal [548], mostrará a "relação inversa" entre o salário do operário e o lucro do capitalista [549] e concluirá que

> *os interesses do capital e os interesses do trabalho assalariado se contrapõem diretamente.* [...] Quanto mais rapidamente a classe trabalhadora multiplica e aumenta o poder que lhe é hostil, a riqueza estranha que a comanda, tanto mais favoráveis serão as condições sob as quais lhe será concedido trabalhar novamente para a multiplicação da riqueza burguesa, para o aumento do poder do capital, satisfeita em forjar ela mesma os grilhões dourados com os quais a burguesia a arrasta atrás de si. [550-1]

As inferências *políticas* de conferências como essas pronunciadas em sessões públicas da Sociedade dos Operários Alemães de Bruxelas (e mais outras atividades desenvolvidas na entidade) eram, obviamente, do conhecimento das autoridades belgas, como também eram conhecidas pela polícia de Bruxelas as movimentações de figuras politicamente suspeitas e seus contatos com Marx. Entretanto, até inícios de 1848 – isto é, decorrido pouco mais de um mês desde as conferências de Marx –, o ambiente da capital belga permanecia tranquilo; de fato, desde a sua chegada a Bruxelas, Marx não fora incomodado pelas autoridades.

No fim de janeiro e nos inícios de fevereiro, as coisas começaram a mudar rapidamente. O clima político europeu esquentou naquele inverno: já antes, no outono do ano anterior, grandes agitações movimentaram a Suíça e a Áustria e chegaram à península itálica (Palermo); em janeiro de 1848, fizeram tremer a Sicília. Em finais daquele mesmo mês, correram boatos de próximas disrupções na França, e ali o processo revolucionário explodiria na última semana de fevereiro. O governo belga ficou em alerta e logo entrou em ação: a 26 de fevereiro, registrou os emigrados que poderiam ser expulsos; na lista foram nomeados Marx e outros dirigentes da Sociedade dos Operários Alemães de Bruxelas. No dia seguinte, uma enorme manifestação popular pacífica – na qual ouviu-se a massa cantar a "Marselhesa" e bradar "Viva a República!" – teve como resposta a ação policial: houve repressão e prisões, entre as quais a de Wilhelm Wolff (apelidado "Lupus"), que foi obrigado a deixar o país[145].

Naqueles dias, a polícia belga passou a manter Marx sob estrita vigilância. Seus contatos políticos foram seguidos e, no dia 28, agentes policiais registraram um encontro seu no qual ele entregava uma soma de dinheiro a militantes belgas – o montante seria parte dos 6 mil francos que recebera de sua mãe (ver, supra, neste capítulo, nota 127). Não se sabe exatamente a razão da entrega monetária, mas, segundo historiadores soviéticos, Marx doou recursos aos belgas "para a compra de armas" (Fedosseiev, org., 1983, p. 178) – tal foi a conclusão da polícia, e o governo belga encontrou uma justificativa formal para a ordem de expulsão de Marx, emitida a 2 de março e entregue a ele no dia seguinte; deram-lhe 24 horas para deixar o país. A habitação dos Marx na pensão Bois Sauvage (para onde a família se mudara havia pouco, buscando um alojamento melhor) foi invadida e vasculhada de madrugada, a 3 de março, e ele foi preso; Jenny, que saíra para contatar outros emigrados, também foi levada para o cárcere.

No dia seguinte, 4 de março de 1848, toda a família viu-se embarcada para Paris com a roupa do corpo. Marx, expulso de Bruxelas, estava a caminho do epicentro da revolução que começava.

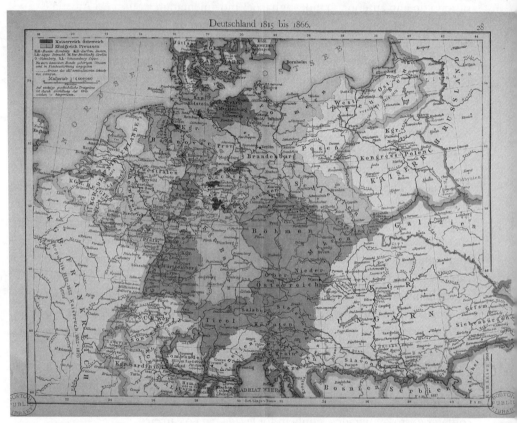
Mapa da Confederação Germânica, estabelecida pelo Congresso de Viena em 1815 e vigente até 1866.

IV
Colônia e Londres: revolução e exílio
(1848/1849-1856)

O complexo e diferenciado processo das insurreições que configuraram a Revolução de 1848, iniciado em Paris e abrindo a efêmera Primavera dos Povos, a rigor ocorrente entre fevereiro de 1848 e o segundo semestre de 1849, sinalizou um esgotamento do ciclo restaurador subsequente ao Congresso de Viena (1815)[1].

O quadro político inaugurado na Europa com a derrota de Napoleão e bancado pela Santa Aliança (Rússia, Áustria e Prússia, com o suporte da Inglaterra e da França) viu-se então bastante afetado. É fato que a derrota no curto prazo da Revolução de 1848, consumada no fim do ano seguinte – derrota devida, em última análise, tanto aos seus inimigos internos (caso típico da França) quanto à intervenção estrangeira (caso exemplar da Hungria, mas também da Península Itálica) –, pareceu garantir o *statu quo*, como o atesta o bonapartismo instaurado na França com o golpe de Estado de Luís Napoleão (Napoleão III, 1808-1873), a 2 de dezembro de 1851. Suas incidências, contudo, haveriam de prolongar-se, inscrevendo-se fundamente na história europeia graças a um traço que peculiarizou os eventos de 1848: em Paris e noutros centros, um novo personagem fez seu ingresso na cena política moderna – o *proletariado*.

Marx e Engels intervieram energicamente no desenrolar da Revolução Alemã[2], que explodiu em meados de março de 1848, com a insurreição berlinense que obrigou Frederico Guilherme IV a fazer concessões e promessas liberais. Tal explosão não os surpreendeu: no *Manifesto do Partido Comunista*, publicado na mesma semana em que a revolução eclodiu em Paris (as jornadas de 22 a 24 de fevereiro), os autores previram que "a Alemanha está às vésperas de uma revolução burguesa" (Marx-Engels, 1998, p. 46)[3].

Marx e sua família chegaram a Paris em 5 de março[4]; três semanas depois, Engels juntou-se a eles. Permaneceram, entretanto, pouco tempo na capital francesa – nos primeiros dias de abril, deslocaram-se para a Alemanha. Marx haveria de fixar-se em Colônia, cidade que se tornaria o centro da sua atividade até a sua saída do país, em princípios de junho de 1849[5].

Os meses que Marx permaneceu no olho do furacão revolucionário na Alemanha foram extraordinariamente ricos em experiências político-práticas que, analisadas por ele sobretudo no curso dos dois anos seguintes (análise que levava em conta o processo europeu de 1848-1849), puseram à prova suas concepções estratégicas e táticas – algumas confirmadas, outras infirmadas. Essas experiências revolucionárias, vividas com intensidade e pensadas com radicalidade, constituíram a base do desenvolvimento teórico-político ulterior de Marx. Da derrota das forças revolucionárias (que Marx só avaliou adequadamente na entrada dos anos 1850), reprimidas com inaudita violência[6], decorreu um imediato refluxo do movimento dos trabalhadores – o que fez Marx emergir como uma respeitada, embora polêmica, liderança política e teórica da esquerda alemã.

O revés obrigou-o (assim como a Engels) a um novo e derradeiro exílio: a Inglaterra. Em Londres, Marx viveria de agosto de 1849 até o seu falecimento, em março de 1883[7] – só a partir de meados dos anos 1860 retornaria algumas vezes e por poucos dias à Alemanha. E é na capital inglesa que, nos dois primeiros terços da década de 1850, em condições de vida extremamente difíceis, Marx fará o balanço crítico das lutas de 1848-1849 e suas consequências, tornar-se-á correspondente de jornais europeus e norte-americanos e, sobretudo, prosseguindo em suas pesquisas teóricas, avançará na elaboração da sua crítica da economia política.

1848: complexidade, diferencialidade e significado da Primavera dos Povos

Abrimos este capítulo assinalando a complexidade e a diferencialidade que caracterizaram o processo revolucionário de 1848. Esses dois traços, presentes em todas as suas irrupções, envolvem as suas causalidades, os seus desenvolvimentos e as suas implicações.

Marx, logo que a tempestade revolucionária amainou, resumiu a complexidade das causas do processo de 1848 na sua expressão mais radical, o 1848 francês. Em uma análise publicada em 1850 (Marx, 2012a, p. 37 e seg.), ele detecta, considerando as relações de classes existentes, as causas *internas* da Revolução de Fevereiro e as articula com dois vetores ("dois acontecimentos econômicos mundiais") que intensificaram a efervescência popular: 1) a "doença da batata-inglesa e as quebras de safra de 1845 e 1846" e 2) a repercussão, sobre o continente, da "crise geral do comércio e da indústria na Inglaterra, anunciada já no outono de 1845" (ver ibidem, p. 41-2). A análise marxiana foi tomada como paradigmática (e ratificada) por Hobsbawm, de acordo com o qual uma grande depressão [...] varreu o continente a partir da metade da década de 1840. As colheitas – e em especial a safra de batatas – fracassaram. [...] Os preços dos gêneros alimentícios subiam. A depressão industrial multiplicava o desemprego e as massas urbanas de trabalhadores pobres eram privadas de seus modestos rendimentos no exato momento em que o custo de vida atingia proporções gigantescas. [...] Tomando-se a Europa Ocidental e Central como um todo, a catástrofe [econômica] de 1846/1848 foi universal e o estado de ânimo das massas, sempre dependente do nível de vida, era tenso e apaixonado. (Hobsbawm, 1988, p. 331-2)

Importa notar que praticamente toda a documentação mais qualificada hoje disponível (produzida por autores marxistas e não marxistas) – de que são exemplos títulos citados neste capítulo, nota 1, supra – corrobora a perspectiva analítica aberta por Marx.

No que tange à diferencialidade a que nos referimos, ela pode ser inferida da leitura de outro parágrafo do mesmo Hobsbawm:

A revolução triunfou através de todo o centro do continente europeu, mas não na sua periferia. Isto inclui países demasiadamente remotos ou isolados em sua história para serem diretamente atingidos de alguma maneira (por exemplo, a Península Ibérica, Suécia e Grécia), demasiadamente atrasados para possuir a estratificação social politicamente explosiva da zona revolucionária (por exemplo, Rússia e o Império Otomano), mas também os únicos países já industrializados [...] a Inglaterra e a Bélgica. Mesmo assim, a zona revolucionária, consistindo essencialmente da França e da Confederação Alemã, do Império Austríaco com seus limites no sudeste europeu e da Itália, era suficientemente heterogênea para incluir regiões tão atrasadas e diferentes como Calábria e Transilvânia, tão desenvolvidas como a Uhr e a Saxônia, tão alfabetizadas como a Prússia e iletradas como a Sicília, tão remotas uma para a outra como Kiel e Palermo, Perpignan e Bucarest. [...] Os Estados atingidos pela revolução variam em tamanho dos 35 milhões da França para os poucos milhares em principados de ópera bufa da Alemanha central; em *status* de poderosos Estados do mundo a províncias ou satélites dirigidos por estrangeiros; em estruturas de Estados uniformemente centralizados a conglomerados perdidos. (Hobsbawm, 1982, p. 31)[8]

O processo revolucionário iniciado em Paris, em fevereiro de 1848, desenvolveu-se rapidamente. Um arguto analista assim o mapeou:

Iniciada em Paris, a revolução se propaga como rastilho de pólvora à maior parte da Europa continental, entre o Atlântico e as fronteiras russas. Num primeiro momento, parece que vai estender-se à Inglaterra. Além da França, o torvelinho envolve a Prússia, a Áustria, a Baviera, a Saxônia e outros estados da

Confederação Germânica; os territórios poloneses ocupados pela Prússia; a Boêmia e a Hungria, que tentavam livrar-se do jugo austríaco, em particular a segunda, cuja guerra nacional democrática se prolongará por um ano; a Itália do norte (Lombardia) ocupada pelos austríacos e todos os estados italianos: o reino da Sardenha (e o Piemonte), os estados pontifícios, o reino de Nápoles etc. Trata-se da revolução mais europeia de toda a história da Europa. Dirigida, em primeiro lugar, contra as monarquias absolutas ou reacionárias, contra o sistema da Santa Aliança e contra todas as sobrevivências feudais, em geral e ao mesmo tempo teve uma dimensão antiburguesa reconhecida por todos os protagonistas. O medo das "potências da velha Europa" em face do "espectro do comunismo", que Marx evoca nas primeiras linhas do *Manifesto [do Partido Comunista]*, torna--se virulento, porque o espectro parece tomar corpo. Os proletários estão na linha de frente dos insurretos de Paris e Berlim, de Viena e de Milão, exigindo algo mais que o sufrágio universal. Em junho de 1848, Paris é o palco do primeiro grande combate da história entre a burguesia e o proletariado pelo poder político. A luta de classes se desenvolve nitidamente e se combina com as lutas de libertação nacional e os conflitos entre as potências, resultando num processo revolucionário internacional de extrema complexidade. (Claudín, 1975, p. ix-x)[9]

E outro historiador a que já recorremos detalha:

Na França [...] a república foi proclamada a 24 de fevereiro. Por volta de 2 de março, a revolução havia ganho o sudoeste alemão; em 6 de março, a Bavária, 11 de março Berlim, 13 de março Viena e quase imediatamente a Hungria; em 18 de março Milão e, em seguida, a Itália (onde uma revolta independente havia tomado a Sicília). [...] Em poucas semanas nenhum governo ficou de pé numa área da Europa que hoje é ocupada completa ou parcialmente por dez Estados[10], sem contar as repercussões em um bom número de outros. [...] No breve período de seis meses da sua explosão, sua derrota universal era seguramente previsível; dezoito meses depois, todos os regimes que derrubara foram restaurados, com a exceção da República Francesa que, por seu lado, estava mantendo todas as distâncias possíveis em relação à revolução à qual devia sua própria existência. (Hobsbawm, 1982, p. 30)

As duas últimas frases desse parágrafo de Hobsbawm revelam tanto a aceleração do tempo histórico, operada com a veloz extensão do processo revolucionário, quanto a grande reversão que a sua derrota assinalou ao cabo de três semestres – salvo na França, onde somente com o golpe de Estado de dezembro de 1851 as forças reacionárias se recuperaram do impacto revolucionário[11]. O processo se estendeu como um furacão pela Europa, fazendo convergir no seu turbilhão aspirações e demandas muito diversas – como Claudín assinalou no trecho que transcrevemos antes –, acumuladas e insatisfeitas por décadas. Mantidas em nível tolerável para o *statu quo* mediante a coerção imperante desde o Congresso de Viena, tais demandas (colidentes com o quadro político imposto à maioria dos povos europeus desde a derrota napoleônica) vieram explosivamente à tona na sequência imediata da insurreição parisiense: dado o êxito revolucionário na capital francesa, a alternativa emancipatória pareceu ao alcance da mão de um largo contingente popular europeu. Pronunciadas no contexto da proclamação da República em Paris, as palavras de Dussardier – o revolucionário que Flaubert recriou em *A educação sentimental* – expressaram o estado anímico das massas insurretas:

> Tudo vai bem! O povo triunfa! Os operários e os burgueses confraternizam-se. Ah, se tivessem visto o que eu vi! Que valentes! Como é belo! [...] Está proclamada a República! Agora vamos ser felizes! Uns jornalistas que ouvi conversar, há pouco, diziam que se vai libertar a Polônia e a Itália! Acabaram-se os reis! Compreendem? Toda a terra livre! Toda a terra livre! Viva a República! (Flaubert, 2015, p. 307)[12]

Muito depressa se generalizou a ideia de que a primavera boreal que se aproximava traria consigo, igualmente, uma Primavera dos Povos[13]. As grandes e generosas revoluções também engendram grandes e generosas ilusões.

Voltemos, todavia, a uma passagem fundamental do fragmento de Claudín que já reproduzimos. Afirma o ensaísta que, "em junho de 1848, Paris é o palco do primeiro grande combate da história entre a burguesia e o proletariado pelo poder político"[14]. Com efeito, é nas jornadas de 23 a 26 de junho de 1848 que o proletariado parisiense, provocado pelas forças burguesas (Marx, 2012a, p. 54-65), avança combativamente para defender as suas reivindicações específicas (a "república social") – e então a sua vanguarda tem condições de compreender que já não basta lutar, como em fevereiro, *ao lado* da burguesia, mas que se faz necessário lutar *contra* a burguesia. Na sua análise já citada de 1850, Marx escreve:

> A Revolução de Fevereiro foi ganha pela luta dos trabalhadores com o apoio passivo da burguesia. Os proletários se consideraram com razão os vitoriosos do mês de fevereiro e fizeram as reivindicações altivas de quem obteve a vitória. Eles precisavam ser vencidos nas ruas; era preciso mostrar-lhes que seriam derrotados assim que deixassem de lutar *com* a burguesia e passassem a lutar *contra* a burguesia. Assim como a república de fevereiro [...] exigira uma batalha do proletariado unido com a burguesia contra o reinado, uma segunda batalha se fazia necessária [...] para talhar a *república burguesa* oficialmente como dominante. A burguesia foi obrigada a contestar as exigências do proletariado de armas nas mãos. E o verdadeiro local de nascimento da república burguesa não é a *vitória de fevereiro*, é a *derrota de junho*. (Ibidem, p. 61)[15]

Em páginas precedentes à citada, Marx esclarece que

> o governo provisório, erigido sobre as barricadas de fevereiro, necessariamente refletiu em sua composição os diversos partidos entre os quais se dividiu a vitória. Ele nada podia ser além de um *compromisso entre as muitas classes* que haviam se unido para derrubar o trono de julho[16]; seus interesses, no entanto, contrapunham-se hostilmente. (Ibidem, p. 43)

Ora, essa *contraposição hostil* se explicita e se põe à luz em junho de 1848: explode nas jornadas dos dias 23 a 26 com a ação de um sujeito coletivo que escapa ao controle burguês e coloca em questão a sua ordem social – um sujeito coletivo, uma classe, o proletariado, que se insurge contra a tutela burguesa. O conjunto da burguesia francesa responde com extrema violência ao emergir desse proletariado que persegue fins situados para além do horizonte burguês. A burguesia compreendeu claramente qual era, então, o seu verdadeiro antagonista e, para enfrentá-lo, a partir daquele momento "voltou a refugiar-se nos braços da reação monárquico-feudal que acabara de derrubar" (Engels, em Marx, 2012a, p. 13). Ou, nas palavras do próprio Marx: "A Insurreição de Junho elevou a autoestima da burguesia em todo o continente e fez com que ela entrasse abertamente em uma aliança com o reinado feudal contra o povo" (ibidem, p. 64); essa inflexão no posicionamento burguês era, como Marx anotaria em 1851-1852, completamente inteligível porque

> a burguesia tinha a noção correta de que todas as armas que ela havia forjado contra o feudalismo começavam a ser apontadas contra ela própria, que todos os recursos de formação que ela havia produzido se rebelavam contra a sua própria civilização, que todos os deuses que ela havia criado apostataram dela. (Marx, 2011b, p. 80)

O inteiro processo de 1848 não foi encerrado pelo resultado imediato da reprimida ação proletária em Paris, ainda teve fôlego para prosseguir por mais alguns meses, porém, sem dúvidas, o nítido deslocamento político da burguesia francesa para o campo da reação indicou para toda a Europa possibilidades contrarrevolucionárias: autores marxistas, no século XX, consideraram reiteradamente que "a derrota da Insurreição de Junho serviu de sinal para a contrarrevolução em toda a Europa" (Vv. Aa., 1986a, p. 153). Essas possibilidades logo se converteriam em realidade; a marcha da contrarrevolução foi claramente assinalada por Marx, num texto de fins de novembro de 1848, quando ele ainda vislumbrava triunfos democráticos:

> Londres, 10 de abril; Paris, 15 de maio e 25 de junho; Milão, 6 de agosto; Viena, 1º de novembro – eis as quatro grandes datas da contrarrevolução europeia [...].

Em Londres, a 10 de abril, não foi vencido somente o poder revolucionário dos cartistas, mas sobretudo também foi *vencida a propaganda revolucionária da vitória de fevereiro*. Quem apreende corretamente a Inglaterra e sua posição global na história moderna não pode se admirar de que no momento as revoluções do continente passem por ela sem deixar vestígio. [...] A Inglaterra tem, mais que qualquer outro país, seu próprio desenvolvimento autônomo. A Inglaterra não aceita a revolução do continente, a Inglaterra, quando a sua hora chegar, *ditará a revolução ao continente*. [...] Por isso a vitória da "ordem" em 10 de abril foi perfeitamente compreensível. Mas quem não se lembra como esta vitória da "ordem", o primeiro contragolpe contra os golpes de fevereiro e março, deu por toda parte à contrarrevolução um novo apoio, como os assim chamados conservadores encheram o peito com audazes esperanças! [...]
Paris, em 15 de maio, ofereceu imediatamente a contrapartida da vitória do partido do imobilismo inglês. O 10 de abril opusera um dique à onda externa da inundação revolucionária; o 15 de maio barrou sua força em seu próprio ponto de irrupção. O 10 de abril demonstrara que o movimento de fevereiro não era irresistível; o 15 de maio demonstrou que o movimento insurrecional em Paris poderia ser detido. A revolução, vencida em seu centro, devia naturalmente sucumbir na periferia. E isso aconteceu a cada dia mais na Prússia e nos pequenos estados alemães. Mas a correnteza revolucionária era ainda suficientemente forte [...]. Ainda faltava algo; não apenas o movimento revolucionário devia ser vencido em Paris, mas o fascínio da invencibilidade da insurreição armada precisava ser desfeito na própria Paris; só então a contrarrevolução poderia ter paz.
Foi o que aconteceu em Paris na batalha de quatro dias de 23 a 26 de junho. Quatro dias de canhoneio – e a inexpugnabilidade das barricadas, a invencibilidade do povo armado se esfumou. [...] Nos 40 mil trabalhadores os 300 mil de Cavaignac não venceram somente os trabalhadores, eles venceram, sem o saber, a revolução europeia. [...] O poder conservador venceu o povo de Paris com granadas e metralhas, e o que era possível em Paris poderia ser reproduzido em outros lugares. Depois dessa decisiva derrota, nada mais restou à democracia além de empreender a retirada o mais honrosamente possível e pelo menos defender centímetro a centímetro na imprensa, assembleias populares e parlamento o terreno impossível de manter. (Marx, 2010a, p. 308-10)[17]

Depois da fúria genocida de Cavaignac (1802-1857), na primavera de 1849 registrou-se uma modesta retomada da ação revolucionária – porém, com a capitulação dos húngaros e dos venezianos, "em agosto de 1849, a revolução estava morta" (Hobsbawm, 1982, p. 34): a contrarrevolução vencera.

Mas o significado do deslocamento político da burguesia francesa transcendeu os marcos nacionais da França e a própria conjuntura imediata do processo de 1848. Ao trazer à luz do dia, nas jornadas de junho de 1848, o inarredável antagonismo entre burguesia e proletariado e implicar uma profunda mudança no posicionamento político da burguesia francesa, a inflexão aí operada afetou a partir de então toda *a atividade teórica e prática da burguesia em nível histórico--mundial*: posto o proletariado como o seu verdadeiro antagonista, a burguesia – *como classe* – renega o seu anterior protagonismo revolucionário e progressista e assume-se como sujeito social *conservador*. *1848 encerra o ciclo histórico revolucionário da burguesia como classe*; a partir de 1848, explicitado o novo caráter das lutas de classes pela intervenção proletária, a burguesia desvincula-se da herança cultural por ela mesma sustentada em seu período ascensional e a cultura a ela conexa experimenta, necessariamente, o seu evolver naquele espaço do mundo das ideias que Lukács haveria de explorar e qualificar como o da *decadência ideológica*[18].

No estrito campo da economia política, Marx – no posfácio (1873) à segunda edição de *O capital*, que mencionamos no cap. III, nota 70, supra – ofereceu a pista para a abordagem desse mundo das ideias ao anotar que "a economia política burguesa, isto é, a que vê na ordem capitalista a configuração definitiva e última da produção social, só pode assumir caráter científico enquanto a luta de classes permaneça latente ou se revele apenas em manifestações esporádicas"; uma vez superado esse estágio de latência ou de expressões pontuais das lutas de classes, tudo se transforma. Na Inglaterra e na França, com a conquista do poder político pela burguesia e o desenvolvimento capitalista, "a luta de classes adquiriu, prática e teoricamente, formas mais definidas e ameaçadoras". Com "a revolução continental de 1848", que "repercutiu também na Inglaterra", "soou o dobre de finados da ciência econômica burguesa" e sobreveio a "fase decadente da economia burguesa" (Marx, 1968, v. I, p. 10, 11-2)[19]. No campo da cultura – da literatura e da filosofia e seus desenvolvimentos, da ideologia na sua acepção mais larga –, foi Lukács quem melhor explorou e desenvolveu, sistemática e rigorosamente, a pista marxiana[20]. Com as elaborações lukácsianas, verifica-se que a "ciência econômica burguesa" não foi a única a se amesquinhar na domesticada *economia vulgar* que floresceu especialmente no pós-1848, como Marx constatou; foi mesmo a cultura produzida pelos intelectuais que não conseguiram (ou não quiseram) se desvencilhar dos limites do mundo burguês (ou criticá-los) que veio a se degradar no pós-1848.

O significado histórico-universal dos eventos de 1848 só depois seria objeto de reflexão mais cuidadosa de Marx: quando ele e sua família chegaram a Paris, em 5 de março, seu interesse exclusivo era participar do processo deflagrado dias antes, mas com os olhos postos na Alemanha[21]; Marx tinha a mais firme convicção de que o processo logo empolgaria o seu país e que era necessário preparar e organizar o retorno dos revolucionários exilados[22].

Na Paris agitada e fervilhante, em que saltavam à vista os sinais das jornadas de fevereiro (restos de barricadas, ruínas de instalações incendiadas, prédios e veículos destruídos), os Marx conseguiram alojar-se numa pequena pensão à margem direita do Sena, no 3º *arrondissement* (Rue Neuve-Ménilmontant, designada depois Rue Commines), e ali viveram pelas quatro semanas em que estiveram na capital francesa.

O mês passado em Paris foi exaustivo para Marx. Havia que estabelecer contatos com os líderes democratas e revolucionários franceses – muitos dos quais atuavam no governo provisório constituído no seguimento das jornadas de fevereiro –, tomar providências relativas à organização da Liga dos Comunistas e, sobretudo, preparar o retorno à Alemanha dos revolucionários emigrados.

Na imediata sequência de sua chegada, Marx começou a contatar os líderes franceses: seus primeiros encontros foram com Barbès, experiente revolucionário inicialmente vinculado a Blanqui em sociedades secretas e que estava na prisão, sendo libertado pelo governo provisório, e com Ferdinand Flocon (1800-1866), democrata radical pequeno-burguês, membro do governo provisório – este, inclusive, conhecendo a atividade jornalística de Marx, ofereceu-lhe apoio financeiro para a criação de um periódico (apoio que Marx recusou[23]). Também esteve com Alexandre-Auguste Ledru-Rollin (1807-1874), republicano e democrata radical, outro membro do governo provisório.

A questão organizacional da Liga dos Comunistas demandou muito da atividade de Marx. Logo que as primeiras notícias da revolução em Paris chegaram a Londres, os membros da direção central que ali se encontravam (entre os quais Karl Schapper, Heinrich Bauer e Joseph Moll) decidiram transferi-la para o continente – para onde, aliás, eles mesmos pretendiam rumar. A ideia era sediá-la em Bruxelas; porém, Marx, junto com Wilhelm Wolff, não teve tempo de tomar qualquer medida nesse sentido, já que as mudanças políticas ocorrentes na Bélgica inviabilizavam a decisão tomada em Londres. Mandatado para constituir uma nova direção em Paris, Marx dedicou-se intensivamente à tarefa: reunindo os militantes da Liga que estavam na cidade, levou-a a cabo em poucos dias[24].

Bem mais complicada seria a preparação do retorno dos revolucionários emigrados. Desde as jornadas de fevereiro, ativistas que faziam parte da imensa população estrangeira radicada em Paris entusiasmaram-se com a possibilidade de regressar aos seus países na maré montante da Primavera dos Povos. E o governo provisório francês passou a estimular – inclusive mediante ajuda financeira – os vários projetos de formação de legiões dispostas a levar a revolução para os países onde ela ainda tardava. Quando Marx chegou a Paris, já estava em andamento a formação de uma legião alemã para organizar um ataque contra Estados alemães fronteiriços[25]. Figuras conhecidas de Marx, como o poeta Herwegh e o jornalista Bornstedt, à frente de uma Sociedade Democrática, propagavam a ideia entre a enorme colônia alemã e encontravam eco para o projeto; num primeiro momento, até mesmo Schapper chegou a apoiar a criação de uma legião armada para invadir territórios alemães (Fedosseiev, org., 1983, p. 180).

Desde a primeira hora em que tomou conhecimento do projeto, Marx opôs-se firmemente a ele: a ideia de "exportar a revolução" parecia-lhe aventureira e inepta. Para combater a propaganda levada a cabo por Herwegh e Bornstedt, Marx tomou a iniciativa de fundar um Clube dos Operários Alemães; criado a 9 de março e tendo por local de referência o Café Picard (Rue Saint-Denis), o clube envolveu cerca de quatrocentos ativistas[26]. A orientação de Marx aos membros da Liga dos Comunistas radicados na capital francesa – reforçada por Engels, quando de sua chegada a Paris –, estendida a todos os exilados que desejavam retornar à Alemanha, era que regressassem discretamente, em pequenos grupos ou sozinhos, se estabelecessem nas suas cidades de origem ou naquelas em que já tinham atuado e ali organizassem a propaganda revolucionária, preparando ações de massa e delas participando[27]. Esse direcionamento foi seguido pelos membros da direção da Liga[28], seus militantes e outros ativistas, quando começaram a deixar Paris no começo de abril (estima-se que entre trezentos a quatrocentos trabalhadores atenderam à orientação, apoiada pelo governo provisório francês; ver Mehring, 2013, p. 163, e Gabriel, 2013, p. 191).

A orientação proposta por Marx e Engels, porém, não se limitou a organizar o regresso dos membros da Liga e de outros ativistas à Confederação Germânica. Eles elaboraram, ainda, num texto enxuto (que pôde ser impresso como folha volante, adequada a panfletagens), as "Reivindicações do Partido Comunista da Alemanha": de fato, Marx e Engels formularam em dezessete pontos o programa concreto para a ação coletiva do proletariado na revolução democrática burguesa[29]. Tal programa, a ser implementado pelo proletariado e seus aliados mais próximos (a pequena burguesia e o pequeno campesinato), pontuava o máximo horizonte possível numa revolução democrática *burguesa* – e abriria o passo para transformações ulteriores que transcendessem tal horizonte. Como foi observado, "as Reivindicações abarcam as transformações mais radicais que se podiam conceber naquela Alemanha a partir do ponto de vista do desenvolvimento burguês e, ao mesmo tempo, superavam esse marco: implicavam o começo da revolução proletária" (Claudín, 1975, p. 84).

Tendo nas mãos o *Manifesto do Partido Comunista* e as "Reivindicações", a direção da Liga e seus militantes retornaram à Alemanha nos primeiros dias de abril[30] – menos de um mês após a chegada ao poder, na Prússia, de um governo formado por dirigentes da oposição burguesa.

Antes de tratar da intervenção de Marx no processo revolucionário alemão, porém, é preciso situar resumidamente, quase como num parêntese, o cenário em que ele atuou energicamente.

Alemanha: as classes sociais e a explosão revolucionária

As notícias sobre as jornadas de fevereiro de 1848 em Paris contribuíram significativamente para a eclosão insurrecional na Confederação Germânica, da mesma forma que a cruel repressão aos trabalhadores parisienses em junho desatou o processo contrarrevolucionário na Europa e, logo, na Alemanha. Mas ambos os processos, a revolução e a contrarrevolução alemãs, expressaram as particulares condições das lutas de classes na Confederação: condições estreitamente relacionadas ao baixo nível do desenvolvimento urbano-industrial (o que equivale a dizer: à ainda limitada expansão das relações capitalistas na Confederação) até então alcançado pelos Estados alemães – mesmo os mais importantes dentre eles, o Império Austríaco e a Prússia (cf. Droz, 1957 e 1999; Hamerow, 1972; Landes, 1994).

A população total da Confederação era de cerca de 33 milhões de habitantes, dos quais apenas um quarto vivia nas cidades. A estrutura de classes dessa população quando a revolução entrou na ordem do dia era "mais complicada do que em qualquer outro país": "enquanto, na Inglaterra e na França, o feudalismo havia sido inteiramente destruído ou, pelo menos, reduzido a umas poucas formas insignificantes", "a nobreza feudal na Alemanha tinha conservado uma grande porção dos seus antigos privilégios". Estamos citando Engels, que prossegue: "O feudalismo era mais florescente em algumas localidades do que em outras, mas em parte alguma, a não ser na margem esquerda do Reno, estava inteiramente destruído". A nobreza feudal,

> então extremamentre numerosa e em parte muito rica [...] fornecia os funcionários superiores do governo, comandava de forma quase exclusiva o Exército. [Quanto à] burguesia da Alemanha não era, de longe, tão rica e concentrada como a da França ou da Inglaterra [...]. Os distritos manufatureiros [...] eram poucos e muito disseminados; situados muito no interior e utilizando, na maior parte, portos estrangeiros, holandeses e belgas, para as suas importações e exportações [...] eram, acima de tudo, incapazes de criar grandes centros manufatureiros e de negócios [...]. Foi essa carência de número e, particularmente, de algo como um número concentrado, que impediu as classes médias alemãs de atingir aquela supremacia política de que o burguês inglês gozava desde 1688 e que o francês conquistou em 1789. E, contudo, desde 1815, a riqueza, e com a riqueza a importância política, da classe média na Alemanha estava em contínuo crescimento. [...] Assim, com a riqueza crescente e o comércio em expansão, a burguesia cedo chegou a um estágio em que achou o desenvolvimento dos seus mais importantes interesses cerceado pela constituição política do país, pela sua divisão fortuita entre 36 príncipes com tendências e caprichos em confronto; pelos grilhões feudais à

volta da agricultura e do comércio com ela relacionado; pela superintendência bisbilhoteira a que uma burocracia ignorante e presunçosa submetia todas as suas transações. [...] A consequência natural foi a sua passagem em massa para o campo da oposição liberal [...]. Essa mudança pode ser datada de 1840, do momento em que a burguesia da Prússia assumiu a liderança do movimento da classe média da Alemanha. (Marx-Engels, 2008, v. I, p. 169-71)[31]

Prossegue o camarada de Marx:

A grande massa da nação, que não pertencia nem à nobreza nem à burguesia, consistia, nas cidades, na classe do pequeno comércio e dos lojistas e dos operários e, no campo, no campesinato.

A classe do pequeno comércio e dos lojistas é excessivamente numerosa na Alemanha [...] Nas maiores cidades, ela forma quase a maioria dos habitantes; nas menores, predomina inteiramente, dada a ausência de concorrentes mais ricos ou sua influência. [...] A sua posição intermédia entre a classe dos grandes capitalistas, comerciantes e manufatureiros, a burguesia propriamente dita, e a classe proletária ou industrial determina o seu caráter. Aspirando à posição da primeira, o menor golpe adverso da fortuna deita abaixo os indivíduos dessa para as fileiras da segunda. [...] Desse modo, eternamente sacudida entre a esperança de entrar nas fileiras da classe mais rica e o medo de ser reduzida à condição de proletários ou mesmo de pobres; entre a esperança de promover os seus interesses [...] e o receio de [...] desencadear a ira de um governo [...], essa classe é extremamente vacilante [...]. Humilde e rasteiramente submissa perante um governo feudal ou monárquico poderoso, passa para o lado do liberalismo quando a classe média assegurou a sua própria supremacia, mas volta a cair no abjeto desânimo do medo assim que a classe abaixo dela, os proletários, intenta um movimento independente. (Ibidem, p. 171-2)

Do proletariado, diz Engels:

A classe operária na Alemanha, no seu desenvolvimento social e político, está tão atrás da Inglaterra e da França como a burguesia alemã está atrás da burguesia desses países. Tal patrão, tal empregado. A evolução das condições de existência de um proletariado numeroso, forte, concentrado e inteligente vai de mãos dadas com o desenvolvimento das condições de existência de uma classe média numerosa, rica, concentrada e poderosa. [...] Ora, na Alemanha, a massa da classe operária é empregada não por [...] senhores da manufatura moderna [...], mas por pequenos negociantes cujo inteiro sistema de manufatura é uma mera relíquia da Idade Média. [...] Todavia, a partir dos distritos manufatureiros onde predominava o sistema de produção moderno [...], formou-se um forte núcleo [de operários] cujas ideias acerca da emancipação da sua classe eram muito mais claras e estavam mais de acordo com os fatos existentes e as necessidades históricas; *mas era uma simples minoria*. (Ibidem, p. 172-3)[32]

Enfim, Engels se detém no trato da "grande classe dos pequenos lavradores, o campesinato, que, com o seu apêndice de trabalhadores rurais, constitui a maioria considerável de toda a nação" – "grande classe" muito fracionada:

> Havia, em primeiro lugar, os lavradores mais ricos, aquilo a que se chama na Alemanha *gross* [grandes] e *mittel-bauern* [médios camponeses], proprietários de fazendas mais ou menos extensas e dirigindo cada um deles os serviços de vários trabalhadores agrícolas. Essa classe, colocada entre os grandes detentores feudais da terra isentos de impostos, e o campesinato mais pobre e os trabalhadores rurais, encontrou, por razões óbvias, numa aliança com a classe antifeudal das cidades, o seu curso político mais natural. Havia, depois, em segundo lugar, os pequenos camponeses livres, que predominavam na região do Reno, onde o feudalismo tinha sucumbido ante os abalos poderosos da grande Revolução Francesa. Pequenos camponeses livres e independentes desse tipo existiam também aqui e ali em outras províncias [...]. Esta classe, contudo, era uma classe de camponeses livres apenas de nome, uma vez que a sua propriedade estava geralmente hipotecada, a tal ponto [...] que não era o camponês, mas o usurário [...] o real proprietário da terra. Em terceiro lugar, os rendeiros feudais [...]. Finalmente, os trabalhadores agrícolas [...] que, em todos os casos, viviam e morriam pobres, mal alimentados e escravos dos seus patrões. Essas três últimas classes da população agrícola, os pequenos camponeses livres, os rendeiros e os trabalhadores agrícolas, nunca se preocuparam muito com a política antes da revolução, mas é evidente que este acontecimento teve de lhes abrir uma nova via, cheia de brilhantes perspectivas. [...] Mas, ao mesmo tempo, é também evidente e igualmente testemunhado pela história de todos os países modernos que a população agrícola, em consequência da sua dispersão por um grande espaço e da dificuldade em conseguir um entendimento entre qualquer parte considerável dos seus membros, nunca pode tentar um movimento independente com sucesso; requer o impulso iniciador da gente das cidades, mais concentrada, mais esclarecida, mais facilmente posta em movimento. (Ibidem, p. 173-5)

Se o movimento político da burguesia, como Engels observou em linhas anteriores, torna-se ponderável na oposição liberal a partir de 1840, o movimento ativo do proletariado "começa [...] com as insurreições dos operários fabris da Silésia e da Boêmia de 1844" (ibidem, p. 173), mas ambos carentes de tradições organizativas; delas também careciam os camponeses. É só com o início do processo revolucionário, a partir de meados de março de 1848, que surgem claramente grupamentos burgueses e associações operárias (estas dinamizadas sobretudo por membros da Liga dos Comunistas) em vários pontos do país, configurando o que serão os "partidos" a intervir nos eventos dos meses seguintes – casos dos "partidos" *democrata, democrata radical, católico*... a que Marx se refere em artigos da *Nova Gazeta Renana*[33].

Ao cabo dessas considerações, formuladas na entrada da década de 1850 (que, todavia, retomam muito do que foi apreendido por Marx e por ele mesmo nos seus materiais publicados na *Nova Gazeta Renana*), Engels constata que o movimento alemão de 1848 enfermou de "incoerência, incongruência e manifesta contradição" e escreve:

> Quando interesses tão variados, tão em conflito, entrecruzando-se tão estranhamente, são levados a uma colisão violenta; quando esses interesses em conflito se misturam, em cada distrito, em cada província, em diferentes proporções; quando, acima de tudo, não há um grande centro no país, não há uma Londres, não há uma Paris, cujas decisões, pelo seu peso, possam dispensar a necessidade de lutar pela mesma questão repetidamente em cada localidade, que outra coisa será de esperar senão que a contenda se dissolverá ela própria numa massa de lutas desconexas, nas quais se gasta uma quantidade enorme de sangue, de energia e de capital, mas que apesar de tudo permanece sem quaisquer resultados decisivos? (Ibidem, p. 175)

Nessas últimas linhas contam-se elementos que fizeram boa parte da peculiaridade do processo revolucionário de 1848 na Alemanha em face do que ocorreu na França (e, antes, na Inglaterra) – peculiaridade que tanto Engels quanto Marx apontaram em suas intervenções na *Nova Gazeta Renana* e retomaram nos textos que prepararam nos primeiros anos do exílio londrino.

Podemos fechar o pequeno parêntese que abrimos páginas atrás anotando que a explosão revolucionária de 1848 em Berlim surpreendeu a muitos, embora ela tivesse sido prenunciada pela revolta que grassava nos campos (ver, supra, neste capítulo, nota 22) e que, acumulada havia muito, veio em força à tona na primeira quinzena de março no sul da Alemanha, em Baden e demais estados – em Württemberg, o ataque ao Castelo de Weiler tornou-se emblemático, e mobilizações camponesas com ponderações e orientações diversas emergiram nos meses seguintes. E fora anunciada também nas cidades, onde o pauperismo se agravava entre os trabalhadores, particularmente a partir da crise que em 1847 golpeou as atividades industriais – a 3 de março de 1848, em Colônia, só a força repressiva mais brutal conseguiu dispersar a multidão que exigia "proteção ao trabalho".

A Revolução Alemã, em Berlim, começou efetivamente a 18 de março. Notícias e boatos da insurreição em Viena[34] amedrontaram Frederico Guilherme IV, que, no dia 17, anunciou medidas liberalizantes (abolição da censura, reconvocação da *Dieta* dissolvida por ele em junho de 1847 e promessa da conversão da Prússia num Estado constitucional). No dia seguinte, em comemoração às concessões imperiais, estudantes e trabalhadores puseram-se à frente dos milhares de pessoas que tomaram as ruas da cidade. Mas tropas governamentais abriram fogo contra os populares – parece que a ordem para disparar contra o povo foi dada pelo príncipe herdeiro Guilherme (1797-1888), irmão do rei (Frederico Guilherme IV não tinha filhos), que dirigiu a repressão juntamente com o comandante militar Karl Ludwig von Prittwitz (1790-1871). A resposta das massas berlinenses foi imediata: montaram-se barricadas, arsenais foram assaltados e, segundo uma testemunha ocular, "toda a cidade se levantou como um só homem" (Efímov, 1986, p. 155). Foram catorze horas seguidas de intensos combates (ver, supra, neste capítulo, nota 6) – mais realistas que o rei, Guilherme e Prittwitz propuseram a ele sitiar a cidade e bombardeá-la. Temeroso com as consequências da proposta, Frederico Guilherme IV recusou-a, ordenou a evacuação militar e nomeou um novo ministério, com o burguês Camphausen (ver, supra, cap. I, nota 67) à cabeça.

Marx em Colônia: a *Nova Gazeta Renana*[35]

Marx chegou a Colônia entre 10 e 11 de abril, quando o ministério Camphausen dava curso às suas primeiras medidas – todas já expressivas de que os liberais burgueses, acovardados com o ativismo demonstrado pelos trabalhadores na insurreição de Berlim, não enfrentariam verdadeiramente a monarquia prussiana e os seus beneficiários feudais, mas, ao contrário, procurariam um acordo com eles.

Marx voltava, cinco anos depois, à cidade em que iniciara sua atividade jornalística (na *Gazeta Renana*, como vimos no capítulo I) e na qual estabelecera relações políticas com liberais burgueses (inclusive Camphausen), à época na oposição. Em princípios de 1848, Colônia "era uma cidade de 90 mil habitantes, com uma considerável população operária concentrada em indústrias portuárias e ribeirinhas em declínio, com índices de desemprego de 25%; [...] um terço da sua população vivia da assistência aos pobres" (Jones, 2017, p. 282-3)[36].

Na cidade, Marx tinha dois problemas práticos a resolver imediatamente: a sua condição cívica e o alojamento para a sua família. Quanto ao primeiro, lembremos (como notamos na entrada do capítulo III) que ele, desde dezembro de 1845, para livrar-se da perseguição de agentes alemães na Bélgica, renunciara à cidadania prussiana, tornando-se formalmente um "apátrida"; logo que chegou a Colônia, Marx procurou a autoridade judicial competente e apresentou-lhe um pedido para recuperar a sua cidadania, sem a qual, "mesmo com a liberação [propiciada pela insurreição de março], ele estaria sob constante ameaça de expulsão" (Gabriel, 2013, p. 195). O pedido foi aceito em primeira instância, porém, jamais aprovado pelas autoridades governamentais superiores (Fedosseiev, org., 1983, p. 183)[37]. O segundo problema – o da habitação para ele e sua família – foi resolvido com a ajuda de Roland Daniels (1819-1855), um médico que Marx conhecera em Paris e que desde então ligou-se a ele por laços de amizade e vínculos políticos (Daniels aderirá depois à Liga dos Comunistas): Marx alugou um apartamento no n. 7 da Cecilienstrasse, onde ele, Jenny, os três filhos e Helene Demuth (que estavam em Trier desde o regresso à Alemanha) se instalaram em junho. A nova morada tinha a vantagem de situar-se bem perto do local onde ficaria a redação da *Nova Gazeta Renana* e a desvantagem da vizinhança de uma grande unidade militar prussiana[38].

Marx voltava a Colônia – cidade das mais importantes da Confederação Germânica, em que não apenas a burguesia liderava a oposição liberal desde os anos 1840, mas na qual também havia um recente e significativo núcleo da Liga dos Comunistas – com uma projeção muito clara do processo revolucionário alemão, projeção que não se confirmou inteiramente e que seria revisada no exílio, na entrada dos anos 1850. Ele (e Engels) trabalhava(m) com a hipótese de que o caráter da Revolução Alemã era, à partida, o de uma *revolução democrático--burguesa*, capaz de extirpar as instituições da feudalidade e do absolutismo e de promover a unidade nacional da Alemanha, mediante a proclamação de uma república laica; tinha(m) em mente, no marco desse processo democrático--burguês, a condução de amplas reformas (agrária, eleitoral, judicial, educacional e tributária) e a implementação de mínimas medidas de proteção aos trabalhadores (cf. as "Reivindicações do Partido Comunista na Alemanha").

Entretanto, Marx (e Engels) estava(m) convencido(s) de que as condições sócio-históricas e econômico-políticas nas quais se desenvolvia a burguesia liberal alemã não lhe propiciavam a vontade política necessária para levar a cabo as tarefas democráticas ao limite do próprio horizonte burguês. Somente a presença e a pressão de fortes movimentos das classes exploradas e subalternas – "do proletariado alemão, da pequena burguesia e dos pequenos camponeses" (Marx, 2010a, p. 590) – poderiam compelir a burguesia a realizar as *suas* tarefas históricas; deixada a seu próprio movimento, a burguesia liberal alemã não iria muito longe. Por isso, ao proletariado caberia apoiar os conteúdos democratizantes e progressistas do estágio democrático burguês da Revolução Alemã – ao mesmo tempo criticando os seus limites e mantendo a independência de classe, mas organizando-se para, esgotadas as tarefas democrático-burguesas, liderar e conduzir o momento seguinte da Revolução Alemã, que instauraria os suportes para mover-se no sentido da supressão dos fundamentos da sociedade burguesa. Nesse segundo momento (ou estágio, se se quiser), a dinâmica e a direção do processo revolucionário se deslocariam para as mãos do proletariado. Vale dizer que a Revolução Alemã reservaria ao proletariado um *protagonismo permanente* –

de início, compelindo a burguesia a realizar a missão histórica *dela* (noutras palavras, que o leitor conhece desde o fim do capítulo I, a emancipação *política*) e, *na continuidade*, realizando a missão histórica específica dele mesmo (noutras palavras, também já conhecidas, a emancipação *humana*). Numa fórmula sintética: na Alemanha de 1848, *a revolução burguesa era o prelúdio da revolução proletária* – fórmula já adiantada no *Manifesto do Partido Comunista* (ver, supra, neste capítulo, nota 21). Essa concepção/projeção da Revolução Alemã, e não só dela, está patente em textos de Marx (e de Engels) de 1847-1848, como suficientemente o comprovou Claudín (1975, em especial o cap. III).

Os eventos alemães demonstraram que tal projeção de Marx (e de Engels), condensando o seu pensamento econômico-social e político especialmente do último terço dos anos 1840, não resistiu à prova histórica da Revolução de 1848, salvo (aspecto da maior relevância) no que se referia à inépcia objetiva da burguesia liberal alemã para conduzir consequentemente a revolução democrática burguesa. Ademais da hipótese central subjacente a ela – segundo a qual, no plano histórico-universal, as relações sociais da sociedade burguesa já obstaculizavam/travavam/impediam o desenvolvimento das forças produtivas, hipótese que se revelou, no mínimo, precipitada[39] –, aquela projeção se apoiava numa evidente e equivocada analogia com o processo francês pelo menos de 1789 a 1830[40].

Fato é que, para Marx, no "prelúdio da revolução proletária", a questão posta aos revolucionários comunistas exigia uma orientação prático-política complexa e delicada: exigia simultaneamente uma intervenção firmemente ancorada em princípios teórico-políticos (explicitados no *Manifesto do Partido Comunista*), que continham a necessidade de estimular e desenvolver a ação independente da classe operária, e uma atuação imediata que apoiasse todas as eventuais iniciativas democratizantes da burguesia liberal e das franjas da pequena burguesia radical – ao mesmo tempo que operava a crítica dos seus limites e vacilações. Formular e implementar uma tal orientação prático-política constituía um imenso desafio: o de articular a firmeza na defesa de objetivos estratégicos com a maior flexibilidade tática[41]. Desafio tanto mais difícil de superar se se levam em conta tanto as condições objetivas do proletariado alemão à época – "uma simples minoria" (recordem-se as palavras de Engels, que reproduzimos antes, e ver ainda neste capítulo, nota 32, supra) – quanto a experiência recente do seu "movimento ativo" (datando de pouco mais de quatro anos, ainda segundo Engels).

No interior mesmo da Liga dos Comunistas, a referida orientação, defendida por Marx (e Engels), encontrou fortes resistências. No decurso de abril-maio de 1848, Marx enfrentou-se com as posições defendidas por Andreas Gottschalk (1815-1849) e Stephen Born (1824-1898), membros da Liga que, na sequência de polêmicas com Marx, dela se afastaram (ver, sobre essas figuras tão diferentes, as informações oferecidas por Bleiber et al., orgs., 1987-1988).

Gottschalk, além de médico querido entre a população pobre de Colônia pelos cuidados gratuitos que generosamente lhe prestava, era um respeitado líder dos trabalhadores (fora um dos organizadores da já referida manifestação de 3 de março) e dirigia a recém-fundada Associação Operária de Colônia. Dissentia da palavra de ordem, formulada pela Liga, por uma "república una e indivisível", propondo primeiro uma "monarquia democrática" e depois uma vaga "república operária"; pregava a abstenção nas eleições que seriam realizadas em breve e, sobretudo, defendia posições estreitas e sectárias, subestimando a necessidade de alianças em face das tarefas democráticas postas na ordem do dia. Marx – que não alinhara com a Associação Operária[42], mas com a Sociedade Democrática, diversa daquela criada por Herwegh e Bornstedt em Paris, fundada nos começos de abril com uma concepção tática mais flexível, muito próxima da sua – criticou com dureza a orientação de Gottschalk e saiu a campo para conquistar adeptos entre os operários a ele vinculados[43]. A posição de Born, outro membro da Liga dos Comunistas que atuava em Berlim, era diferente da de Gottschalk: afastando-se também da orientação proposta pela Liga, Born deu vida a uma "Fraternidade Operária" que diluía a autonomia do movimento operário numa aliança conciliadora e acrítica com frações da burguesia – embora a sua atividade contribuísse para o surgimento de associações de trabalhadores na Prússia Oriental e na Saxônia.

Essas divergências mostravam com clareza as dificuldades da atuação orgânica da Liga dos Comunistas na conjuntura própria e particular da Confederação Germânica em 1848. Na Liga ainda persistiam ranços do conspirativismo/ secretismo herdados da Liga dos Justos e emergiam posturas ora sectárias, ora conciliadoras diante das posições dúbias e hesitantes dos líderes burgueses. Em pouco tempo, Marx percebeu que não seria possível implementar a orientação prático-política formulada nas "Reivindicações" através do funcionamento regular da Autoridade Central (ver, supra, neste capítulo, nota 24)[44].

Assim é que, a partir de junho de 1848, Marx tornou a *Nova Gazeta Renana* o centro diretivo político-ideológico da sua intervenção revolucionária na Alemanha; somente após a derrota da revolução, e por pouco tempo, a Liga dos Comunistas voltaria ao cerne das suas preocupações[45]. A *Neue Rheinische Zeitung* (*Nova Gazeta Renana*, daqui em diante, referenciada apenas pela sigla *NGR*) constituiu de fato o veículo através do qual Marx e seus camaradas intervieram decisivamente na Revolução Alemã – ele e Engels tiveram papel protagônico no diário editado em Colônia entre 1º de junho de 1848 e 19 de maio de 1849. Segundo a avaliação de Lênin em 1914, a *NGR* foi o periódico "melhor e insuperável do proletariado revolucionário"[46]; conforme um historiador dos nossos dias, "se firmou como o mais importante jornal radical da Alemanha e fonte fidedigna de notícias políticas do exterior" (Jones, 2017, p. 287).

Na criação da *NGR*, foi crucial o empenho de Marx e Engels para assegurar condições materiais para o aparecimento do jornal. Na sua cidade natal, Engels fez o possível e o impossível para vender ações do que seria a sociedade mantenedora do periódico (ver Vv. Aa, 1986a, p. 142). E Marx, que nos tempos da *Gazeta Renana* estabelecera relações com líderes burgueses liberais de Colônia, recorreu a eles para recolher fundos – mas a sua iniciativa foi praticamente vã e, afora uma pequena venda de ações, não conseguiu levantar a soma necessária[47]. A sustentabilidade financeira do empreendimento, aliás, foi sempre precária; por vezes, Marx viajou a outras partes da Confederação Germânica em busca de apoio[48] e, por fim, investiu nele o que lhe restava da parte de sua herança recebida em Bruxelas (ver, supra, cap. III, nota 127) – e isso apesar do indiscutível êxito editorial da *NGR* para os padrões e condições da época: suas 301 edições (afora alguns números especiais) alcançaram uma tiragem média de 6 mil exemplares[49]. Também foi Marx quem providenciou as condições técnicas para a composição/impressão do jornal (maquinaria, fornecimento de papel etc.), bem como as organizacionais (corpo de redação e de correspondentes fora de Colônia, distribuição do diário).

Mas o protagonismo de Marx e de Engels foi, é óbvio, muito além da viabilização financeira e organizativa da *NGR* – os dois, mas essencialmente Marx, responderam pela sua direção política, que dava corpo, diuturnamente, àquela complexa e delicada orientação prático-política do processo revolucionário alemão a que nos referimos na abertura desta seção. Através da *NGR*, Marx e Engels analisaram passo a passo o evolver da Revolução Alemã, considerando o seu andamento no dia a dia dos confrontos sociais no conjunto da Confederação Germânica, os seus rebatimentos nos âmbitos político-institucionais e, especialmente, oferecendo a mais segura orientação tática para as forças trabalhadoras, de modo a priorizar os avanços democráticos – mantendo, porém, a autonomia política da classe operária. Não por acaso a *NGR* trazia por subtítulo a autocaracterização de órgão da democracia; num texto publicado em 1884, Engels recorda a criação do periódico lembrando que, "quando fundamos um grande jornal na Alemanha, a sua bandeira logo nos foi dada. Só poderia ser a da democracia, mas a de uma democracia que por todas as partes enfatizava o seu caráter especificamente proletário" (MEW, 1962, v. 21, p. 18)[50].

A prioridade concedida pela *NGR* à temática da democracia, como questão de princípio para o jornal, motivava a crítica dura e irônica dirigida aos representantes burgueses que buscavam um pacto político com Frederico Guilherme IV – a *NGR* insistia sistematicamente na ideia de que, acumpliciados com o monarca e sua camarilha feudal-aristocrática, eles só dariam uns poucos passos democratizantes se fortemente pressionados pelos trabalhadores (operários e camponeses pobres). Também a pequena burguesia radical avançaria apenas se imantada pela ação dos trabalhadores. Uma das temáticas mais reiteradas pela *NGR* era justamente a necessidade de destruir as ilusões burguesas e pequeno-burguesas acerca de uma democracia palatável a todas as classes (ilusões que também se encontravam entre os trabalhadores).

O tratamento das questões candentes e imediatas da Revolução Alemã[51] jamais levou a *NGR* a subestimar a sua contextualidade europeia – o *internacionalismo* de Marx e Engels evitou que o diário descaísse em qualquer tipo de provincianismo. A problemática das políticas externas europeias, articulada às lutas nacionais, sempre se viu destacada na *NGR* e tratada especialmente em suas páginas por Marx e Engels. Se a atenção de ambos esteve constantemente voltada para os eventos franceses, seus cuidados eram abrangentes e inclusivos[52], de acordo com o princípio explicitado num texto engelsiano de julho de 1848 (*NGR*, n. 33): "A Alemanha torna-se livre na mesma medida em que deixa livres os povos vizinhos" (MEW, 1959, v. 5, p. 155); esse princípio sinalizava nitidamente a conexão que Marx (e Engels) estabelecia(m) entre a libertação dos povos e nações oprimidos e o próprio destino da Revolução Alemã[53]. Eis por que a *NGR*, também informando sobre os avanços do movimento operário e socialista na Inglaterra e na França, deu sistemático apoio às lutas de emancipação dos povos italiano, polonês, tcheco, húngaro – e viu sempre, e sempre denunciou enfaticamente, *o tsarismo russo como um inimigo fundamental das revoluções democráticas e de libertação nacional*. Não é pertinente, nos limites desta biografia, fazer uma análise detalhada da profícua e prolífica produção jornalística de Marx (e de Engels) veiculada pela *NGR*; o leitor dispõe, para tanto, de títulos significativos, arrolados na bibliografia do presente volume[54].

Decerto que a breve existência da *NGR* esteve longe de ser tranquila. Na medida em que os liberais burgueses, logo que chegados ao poder em março de 1848, trataram de objetivamente pactuar com a monarquia, sem nada transformar nas estruturas fundamentais do regime de Frederico Guilherme IV (permaneceram intocados a burocracia, o Exército e os operadores da justiça[55]), esses liberais se divorciaram dos movimentos populares e instaurou-se uma conflituosa dissincronia entre estes e aqueles. A dinâmica da Revolução Alemã viu-se, pois, problematizada desde o seu início, seguindo um curso irregular e sinuoso, alternando fluxos democratizantes e refluxos que os travavam e/ou revertiam. A existência da *NGR*, no espaço de pouco menos de um ano, refletiu tal realidade: o diário enfrentou com galhardia tanto a oposição dos segmentos burgueses vacilantes quanto a perseguição de que foi objeto pelas forças reacionárias que conduziam a contrarrevolução. Um dos episódios mais conhecidos da história da *NGR* foi a suspensão das suas edições entre 26 de setembro e 12 de outubro de 1848, quando se impôs em Colônia o estado de sítio[56].

Foram vários os episódios que, a partir de julho de 1848, levaram Marx e vários outros membros da redação da *NGR* à barra dos tribunais[57] (num texto de 1876, Engels recordou que contra os redatores do diário havia, em 1849, 23 processos pendentes; MECW, 1989, v. 24, p. 164). Contudo, o furor persecutório das autoridades prussianas não se concentrou sobre Marx tão somente em função da sua destemida atividade jornalística; concentrou-se sobre ele na escala em que essa atividade se desenvolvia diretamente imbricada com o seu protagonismo cívico como líder e dirigente político que, também intervindo em manifestações de massa (cf. Becker, 1963 e Fedosseiev, org., 1983), tornava-se cada vez mais conhecido e, constituindo a maior referência revolucionária na Renânia, irradiava desde Colônia a sua influência para além dos limites da província. De fato, impressiona a participação de Marx, no decurso de poucos meses, em associações e organismos democráticos e populares[58], de tal modo que razão assistia ao comandante militar de Colônia, para quem de Marx "provinham as perturbações na província da Renânia" (citado em Becker, 1963, p. 206). Melhor que ninguém, o militar levou em conta a popularidade crescente da *NGR* e do seu editor[59]: haveria que retirar ambos de circulação.

Se as jornadas de junho de 1848 em Paris deram o primeiro sinal para o avanço da contrarrevolução na Europa, a derrota dos trabalhadores em Viena, em outubro do mesmo ano[60], prenunciou a vitória contrarrevolucionária na Alemanha. Logo depois da tragédia de Viena, a 2 de novembro, Frederico Guilherme IV delegou ao reacionaríssimo general Brandenburg (1792-1850) – aliás, seu próprio tio – a tarefa de formar um novo governo. Na edição de 12 de novembro (*NGR*, n. 141), Marx avaliou corretamente que com Brandenburg se abria o processo de um golpe de Estado restauracionista na Prússia. Não por azar, ao longo de dezembro, Marx publicou (*NGR*, n. 165, 169, 170 e 183) a série de artigos "A burguesia e a contrarrevolução" – uma análise brilhante da Revolução Alemã de março a dezembro daquele ano, mais uma vez destacando a particularidade da burguesia alemã:

> A burguesia alemã tinha se desenvolvido com tanta indolência, covardia e lentidão que, no momento em que se ergueu ameaçadora em face do feudalismo e do absolutismo, percebeu diante dela o proletariado ameaçador, bem como todas as frações da burguesia cujas ideias e interesses são aparentados aos do proletariado. E tinha não apenas uma classe *detrás* de si, *diante* dela toda a Europa a olhava com hostilidade. A burguesia prussiana não era, como a burguesia francesa de 1789, a classe que, diante dos representantes da antiga sociedade, da monarquia e da nobreza, encarnava *toda* a sociedade moderna. Ela havia decaído ao nível de uma espécie de *casta,* tanto hostil à Coroa como ao povo, querelando contra ambos, mas indecisa contra cada adversário seu tomado singularmente, pois sempre via ambos diante ou detrás de si; estava disposta desde o início a trair o povo e ao compromisso com o representante coroado da velha sociedade, pois ela mesma

já pertencia à velha sociedade; representando não os interesses de uma sociedade nova contra uma velha sociedade, mas interesses renovados no interior de uma sociedade envelhecida; ao leme da revolução não porque o povo estava atrás dela, mas porque o povo a empurrava à sua frente; na ponta não porque representava a iniciativa de uma nova época social, mas o rancor de uma época social velha; não era um estrato social do velho Estado que havia irrompido, mas tinha sido projetada por um terremoto à superfície do novo Estado; sem fé em si mesma, sem fé no povo, rosnando para os de cima, tremendo diante dos de baixo, egoísta em relação aos dois lados e consciente de seu egoísmo, revolucionária contra os conservadores, conservadora contra os revolucionários, desconfiada de suas próprias palavras de ordem, frases em lugar de ideias, intimidada pela tempestade mundial, mas dela desfrutando – sem energia em nenhum sentido, plagiária em todos os sentidos, vulgar porque não era original e original na vulgaridade – traficando com seus próprios desejos, sem iniciativa, sem fé em si mesma, sem fé no povo, sem missão histórico-universal – um ancião maldito que se via condenado a dirigir e a desviar, em seu próprio interesse decrépito, as primeiras manifestações de juventude de um povo robusto – sem olhos! sem ouvidos! sem dentes! sem nada![61]; assim se encontrou a *burguesia prussiana*, depois da revolução de março, ao leme do Estado prussiano. (Marx, 2010a, p. 324-5)[62]

Todavia, tendo constatado, em novembro, que a delegação a Brandenburg era a antessala de um golpe em favor de Frederico Guilherme IV, Marx acreditava que 1849 seria um ano favorável às lutas populares – entre outras razões, pelos avanços realizados no campo democrático (nas eleições parlamentares de janeiro em Colônia, preparatórias das que se seguiriam em fevereiro, dois terços dos eleitos eram democratas) e, particularmente, entre os trabalhadores, como se verificou na movimentação unitária pela passagem do primeiro aniversário da Revolução de Março; um banquete cívico organizado a 19 de março pela Associação Operária e pela Sociedade Democrática reuniu mais de 6 mil pessoas (a imprensa caracterizou o banquete como "festa proletária").

Uma aparente acalmia se verificou no primeiro trimestre de 1849, mas foi fenômeno de superfície. Para além da aparência, correram três meses de um claro realinhamento de posições e das forças políticas, todas vislumbrando confrontos no curtíssimo prazo. O governo prussiano, com Brandenburg à cabeça, deslocava unidades militares e as concentrava na fronteira saxônica e no Reno, enquanto Frederico Guilherme IV pressionava e ameaçava acintosamente as várias instâncias legislativas operantes desde março de 1848, em especial a Assembleia de Frankfurt, que preparava a Constituição imperial (Fedosseiev, org., 1983, p. 238; Jones, 2017, p. 309-11). Quanto ao campo democrático, os avanços eleitorais não sinalizaram um efetivo fortalecimento da necessária unidade, travada pela sua heterogeneidade – e a esquerda democrática continuou a revelar divisões profundas, o que levou Marx e alguns camaradas a se retirarem, em 15 de abril, do Comitê Regional dos Democratas da Renânia e a proporem uma "organização fechada de associações de trabalhadores" (Mehring, 2013, p. 191). Em seguida, junto com os dirigentes das sociedades operárias de Colônia, Marx e Engels programaram para maio um congresso das associações proletárias da Renânia e da Vestfália, de modo a fundar uma organização única. De fato, Marx e Engels visavam então à criação de um partido operário pangermânico, "um partido revolucionário de massas, cujo núcleo seriam os revolucionários proletários educados pela Liga dos Comunistas" (Vv. Aa., 1986a, p. 167).

Diante da Constituição que saiu de Frankfurt, Frederico Guilherme IV não tomou, imediatamente, uma posição clara:

> Ele queria negoci[á-la] em segredo com os príncipes alemães [...], esperando que eles concordassem com a hegemonia prussiana nas questões militares para destruir o que ainda restava das conquistas da revolução nos Estados pequenos e médios. Esta era uma óbvia provocação [... já que a] constituição encarnava, apesar de tudo, a soberania da nação, que era o que se queria estrangular [...] para erigir de novo a soberania dos príncipes. (Mehring, 2013, p. 191-2)

Sobreveio então a reação popular. A 3 de maio, em Dresden, irrompe uma revolta, sufocada ao cabo de seis dias de luta, com tropas saxônicas e prussianas reprimindo operários e estudantes. Em Elberfeld, na Renânia, a 9 de maio, levantaram-se barricadas (Engels dirigiu-se à sua cidade natal para organizá-las), mas a insurreição foi abortada pela burguesia local; outros levantes foram esmagados em Düsseldorf, Solingen e Iserlohn. Apenas nos Estados meridionais – Baden e Palatinado – as rebeliões tiveram algum êxito.

Desde março-abril, a *NGR* vinha acentuando os seus ataques às autoridades prussianas; estas, uma vez derrotados os recentes levantes populares, julgaram que chegara o momento adequado para silenciar o jornal e livrar-se do "indivíduo perigoso", o *estrangeiro* (posto que carente da cidadania prussiana) que o dirigia e que "vergonhosamente" violara o "direito de hospitalidade". Na sequência de várias tratativas, as autoridades se puseram de acordo e então, a 11 de maio, emitiu-se a ordem de expulsão de Marx, que foi informado dela cinco dias depois[63]. Os principais companheiros de Marx na redação da *NGR* viram-se igualmente atingidos: Dronke e Weerth, também carentes da cidadania prussiana, receberam a mesma ordem de abandonar a Prússia, e Engels foi novamente compelido a deixar Colônia, sendo agora alvo de um novo processo por sua participação nas barricadas de Elberfeld. A repressão prussiana conseguiu calar o diário, mas ele saiu da cena revolucionária com altivez e combatividade[64]. Na evocação engelsiana, diante da disposição de Frederico Guilherme IV de levar a extremos o seu ódio à *NGR*, a tudo o que ela simbolizava e ao seu líder[65], e com o imperador tendo "atrás de si todo um corpo de Exército", "nada se podia fazer": "O único remédio foi entregar a nossa fortaleza, mas fizemos nossa retirada com armas e bagagens, com música e com a bandeira desfraldada do último número, impresso em tinta vermelha" (Marx-Engels, 1963, v. 3, p. 151).

Marx, diante da iminência de serem conduzidos (ele e sua família) coercitivamente a qualquer fronteira, encerrou o quanto antes as contas e as instalações da *NGR* e providenciou a saída de Colônia[66] – o que logo se efetivou, com os Marx (marido e mulher, as três crianças e Helene Demuth) e Engels embarcando e, pelo Reno, passando por Bingen rumo a Frankfurt. Dali a família dirigiu-se para Trier (eles só se reencontrariam com Marx a 7 de julho, em Paris), enquanto Marx e Engels tratavam de animar a revolução agonizante noutras cidades – Marx, expulso da Prússia, podia circular por outros Estados alemães.

Em Frankfurt, os dois contataram deputados da Assembleia Nacional, apelando à sua solidariedade com as insurreições locais ainda em curso. Em seguida, dirigiram-se a Baden e ao Palatinado, que ainda resistiam, mas constataram um quadro carente de boas perspectivas. Depois, deslocaram-se para Bingen, entretanto, foram detidos e libertados somente quando levados para Frankfurt. Alcançando Bingen, os dois se separaram: Marx rumaria para a França e Engels voltaria ao Palatinado para juntar-se aos voluntários que combatiam ali sob o comando de August Willich – e apenas a 12 de julho abandonaria a Alemanha, cruzando a fronteira suíça (Engels participou de algumas batalhas, inclusive a de Rastatt)[67]. Os dois amigos só se veriam novamente em Londres, em novembro. Quanto a Marx, ele chegou a Paris na primeira semana de junho de 1849, alojando-se num apartamento na Rue de Lille, n. 45.

Portando ainda uma credencial do Comitê Regional dos Democratas da Renânia, Marx tratou de retomar os contatos com representantes políticos da esquerda e do campo democrático que já conhecia. Mas as mudanças ocorridas na França, desde os eventos de junho do ano anterior, criaram um clima político – e não só político: Paris padecia, no verão de 1849, sob um calor excessivo, de uma epidemia de cólera que estava ceifando a vida de milhares de pessoas – bem diferente daquele de junho passado e muito adverso para a esquerda: nas eleições de dezembro de 1848, Luís Napoleão ganhara a presidência da República e já dava os primeiros passos para a restauração imperial que consumaria em 1851--1852 (processo que Marx estudaria cuidadosamente). Os dirigentes socialistas e liberais com que Marx travara relações anteriormente agora lideravam a oposição a Luís Napoleão – e tinham programado, para 13 de junho, uma grande manifestação contra a política (em particular, a política externa) do presidente. A manifestação, de que Marx participou e sobre a qual escreveu um pequeno texto ("O 13 de junho" – MEW, 1959, v. 6, p. 527-8), foi dispersada com violência pela cavalaria. Luís Napoleão decretou estado de sítio em Paris e desatou-se uma repressão generalizada; exilados políticos de várias nacionalidades (os que tinham permanecido na França e os que estavam chegando) foram postos sob estrita vigilância. Marx não constituiu uma exceção e até aventou a hipótese de ser preso.

Poucos dias depois da chegada (7 de julho) de Jenny, grávida novamente, das crianças e de Helene Demuth, além das dificuldades financeiras para manter a família[68], Marx defrontou-se com a questão da sua permanência na França: as autoridades, em comunicação de 19 de julho, admitiam-na, desde que ele estivesse disposto a fixar-se no departamento de Morbihan, então uma área inóspita, insalubre e isolada da Bretanha, a quase quinhentos quilômetros de Paris. Tal condição pareceu-lhe uma "disfarçada tentativa de assassinato" (carta a Engels, 23 de agosto de 1849 – MEW, 1965, v. 27, p. 142). Marx protestou ao ministro do Interior e, por algumas semanas, ele e a família não foram incomodados – até que, a 23 de agosto, um agente policial foi à sua casa com uma decisão governamental que o obrigava a deixar Paris dentro de 24 horas. Ademais, as autoridades francesas negavam-se a fornecer a Marx um passaporte para a Suíça, país para o qual ele pensou em deslocar-se. A escolha possível era a Inglaterra, "na qual vigorava uma política liberal no tratamento aos refugiados políticos" (Sperber, 2014, p. 243); à ilha, Marx chegou a 26 de agosto[69]. Começava então o seu exílio derradeiro – e definitivo.

Londres: os primeiros anos do último exílio (1849-1856)

Londres, a cidade a que Marx aportava na última semana de agosto de 1849, era a mais populosa do mundo: em 1850, tinha 2,5 milhões de habitantes (cifra que estaria duplicada em 1883, ano da morte de Marx), dos quais cerca de 20 mil a 30 mil (ou até bem mais) eram imigrantes alemães (Lattek, 2006, p. 9-10). Capital do país à época o mais desenvolvido do ponto de vista urbano--industrial e potência política no concerto das nações, ademais de ser o coração de um imenso império colonial e centro financeiro do sistema capitalista que emergia, Londres propiciava um posto de observação – um *mirante* – privilegiado e único para qualquer analista que buscasse investigar o processo de constituição e de consolidação da nova sociedade burguesa, que se erguia sobre o modo de produção capitalista em desenvolvimento. O país oferecia – e igualmente o fazia a cidade, em escala menor, porém absolutamente fiel – as provas empíricas de que da sociedade que se gestara nas entranhas do feudalismo surgia uma nova sociabilidade, que criava, por meios bárbaros, condições para superar a barbárie maior do *Ancien Régime*[70]. Mas Londres não o fazia apenas no plano de uma factualidade imediata: oferecia também recursos documentais de rara valia para quaisquer pesquisadores diligentes que estivessem dispostos a investigações rigorosas; recursos (inclusive as publicações oficiais do governo) acessíveis na Biblioteca do Museu Britânico, que contava também com excelente hemeroteca[71].

As dificuldades experimentadas por Marx nos primeiros anos desse exílio foram de vária ordem, inclusive o seu inicial e insuficiente domínio do idioma (mas já em fevereiro de 1853 ele redigia em inglês – cf. Jones, 2017, p. 351)[72]. Mas, de fato, durante os anos 1850, as mais óbvias estiveram ligadas à sua condição financeira: Marx e sua família foram afetados, nesses anos iniciais, pelas consequências da má alimentação (debilidade física, enfermidades), e passaram por agruras e mesmo vexames pela falta, por vezes absoluta, de dinheiro[73]. Nem mesmo a solidariedade de Engels, que chegou a Londres em novembro de 1849, aliviou a miserabilidade da existência dos Marx[74] – miséria a que se somaram tristezas marcantes e prováveis dores ocultadas.

A motivos objetivos e evidentes deveram-se as tristezas. Naqueles primeiros anos em Londres, Marx e Jenny perderam três crianças: o quarto filho, que nasceu a 5 de novembro de 1849, Heinrich Guido, pouco passou do primeiro ano de vida (faleceu a 19 de novembro de 1850); Franziska, nascida a 28 de março de 1851, acabou por morrer, num grave ataque de bronquite, a 14 de abril de 1852[75]; e em 6 de abril de 1855, Edgar ("Musch"), com oito anos, vítima de uma tuberculose intestinal, faleceu nos braços de Marx, deixando-o e a Jenny literalmente desesperados e abalando a saúde de ambos[76]. A família Marx só se completou mesmo em janeiro de 1855, quando nasceu, no dia 16, a filha mais nova: Eleanor, depois apelidada "Tussy"[77]. A forte e positiva relação de Marx com seus filhos é largamente atestada pela documentação familiar recolhida (Meier e Evans, orgs., 1984) e, ainda, por uma série de depoimentos dos seus contemporâneos mais próximos (ver Enzensberger, 1974; McLellan, org., 1981), ratificados por pesquisadores acadêmicos e outros biógrafos[78].

Dentre as prováveis dores ocultadas, uma é objeto de dissenso entre biógrafos e historiadores. Há um *fato* e há uma *hipótese* concernente a ele. O fato: a 23 de junho de 1851, Lenchen deu à luz um menino, registrado como Henry Frederick Demuth (apelidado "Freddy", que depois modificou seu nome para Henry Lewis Demuth). Lenchen, de quem não se conhecem relações amorosas, jamais revelou a identidade do pai do bebê, que ela entregou a uma família residente no leste de Londres, mas que foi assumido legalmente por Engels (que, todavia, não o arrolou como herdeiro no seu testamento). Após a morte da mãe, bem como da de Jenny e de Marx, Freddy estabeleceu relações estreitas com Eleanor; ganhando modestamente a vida como torneiro mecânico, aderiu ao Partido Trabalhista e faleceu em Londres a 28 de janeiro de 1929, ao que tudo indica convencido de que era filho de Marx.

Parece que, às vésperas de sua morte (1895), Engels teria dado indicações a pouquíssimas pessoas, eventualmente à própria Eleanor, de que o pai da criança era mesmo Marx. Contudo, na correspondência familiar, bem como na de Marx e sua esposa e na de Engels, inexiste qualquer passagem expressa que mencione o fato[79]. Em alguns meios socialistas surgiram boatos e controvérsias sobre a paternidade do filho de Lenchen, mas elas não eram significativas; porém, a partir de 1962, quando se descobriu, no acervo de Marx-Engels reunido em Amsterdã, um documento de uma personagem secundária (uma carta de Louise Freyberg, datada de 2-4 de setembro de 1898) segundo a qual Engels teria admitido ser Marx o pai de Freddy, a questão saltou a público. Levando em conta esse documento, pesquisadores rastrearam a correspondência Marx-Engels e escritos de Jenny, relacionaram a gravidez de Lenchen a uma viagem de Jenny e outra de Marx[80] e buscaram indícios para atribuir a paternidade a este. Resultou de tal rastreamento e da recolha de pistas e alusões a hipótese, aceita por vários estudiosos e a favor da qual se inclina o signatário desta biografia, de que Marx era realmente o pai biológico de Freddy[81] – e mais: cogita-se que Jenny logo teve conhecimento do que se passara[82]. A autora que estamos citando conclui que

> o triste episódio da gravidez de Lenchen terminou com tão pouca clareza como começou. [...] Provavelmente Lenchen, Jenny e Marx chegaram a um acordo tácito, de que a interdependência entre eles era grande demais para ser interrompida pela gravidez da primeira. O acordo tornou tolerável a vida deles, mas não curou as feridas. (Gabriel, 2013, p. 292)

A revista da *NGR* e a análise da revolução na França

O "triste episódio" passou-se quando os Marx, depois de transitarem rapidamente por alguns alojamentos de que tinham sido despejados, se estabeleceram no Soho, bairro pobre, de habitações baratas e, por isso, o preferido por emigrantes sem dinheiro – ali viveriam de março de 1850 a 1856, na Dean Street, primeiro no n. 64 e, meses depois, graças a uma ajuda monetária da mãe de Jenny, no n. 24 da mesma rua (espaço menos desagradável e maior que o anterior, era, com dois cômodos, uma moradia horrível – cf. Bruhat, 1973, p. 138). Enquanto Jenny se ocupava com desculpas por pagamentos atrasados a senhorios e merceeiros e com idas a casas de penhor, Marx, que participara da organização de um comitê de ajuda aos refugiados alemães (Fedosseiev, org., 1983, p. 249-50; Sperber, 2014, p. 246-7), jogava-se de corpo e alma num novo empreendimento: a *Neue Rheinische Zeitung. Politisch-ökonomische Revue* (*Nova Gazeta Renana. Revista político-econômica*, que referiremos como *NGR-R*), anunciada publicamente em dezembro de 1849 (MEW, 1960, v. 7, p. 5-6).

A escolha do nome do periódico a ser lançado revelava a intenção de manter bem viva a presença do jornal de Colônia, uma vez que, em 1849-1850, Marx considerava uma nova eclosão revolucionária como algo a ocorrer no curtíssimo prazo e que exigiria o relançamento do diário. A *NGR-R*, sob a direção de Marx, deveria ser um periódico político-ideológico que veiculasse ideias voltadas basicamente a militantes proletários, à diferença da *NGR* ("órgão da democracia"), dirigida a um público mais amplo. Depois de complicadas tratativas, acertou-se que seria impressa e distribuída por um editor (J. E. M. Köhler) e um livreiro (G. Schubert), ambos de Hamburgo. Com o apoio de uns poucos amigos de Marx e de Engels, os únicos que compraram ações do empreendimento, só em fins de fevereiro reuniram-se os recursos necessários para a edição do primeiro número – recursos, aliás, insuficientes (a vida breve da revista deveu-se mais à falta de fundos que a razões políticas). A *NGR-R* saiu cinco vezes, durante o ano de 1850, entre março e novembro, numa periodicidade irregular, com a última tiragem constituída por um número duplo (5-6). O essencial do seu conteúdo eram textos e recensões de Marx e de Engels, com poucas matérias de outros colaboradores (entre eles, Wilhelm Wolff e Georg Eccarius)[83].

O texto mais importante de Marx publicado nos números 1, 2 e 3 da *NGR-R* foi redigido entre janeiro e março de 1850: é considerado por um acadêmico norte-americano "uma história genial e brilhante da derrota das forças revolucionárias na França" (Sperber, 2014, p. 252), e notável cientista social brasileiro toma-o como "o mais vigoroso estudo histórico produzido por K. Marx" (Fernandes, em Marx-Engels, 1983, p. 57). Originalmente composto por três partes e intitulado "De 1848 a 1849", foi reeditado por Engels em 1895 – sob outra titulação: *As lutas de classes na França de 1848 a 1850* –, acrescido de uma quarta parte e enriquecido por um autocrítico e polêmico prefácio/introdução do próprio Engels (Marx, 2012a – daremos, entre colchetes, as páginas referentes às passagens dessa edição)[84]. Nessa pequena obra, Marx realiza a sua primeira avaliação rigorosa de um processo revolucionário bem determinado, e o faz desenvolvendo os avanços analíticos já esboçados em textos que publicara na *NGR*.

Na primeira parte, que busca explicitar as razões da derrota do proletariado francês em junho de 1848, Marx acompanha a dinâmica da revolução na França entre fevereiro e junho daquele ano. Esclarecendo o significado econômico-social do regime instaurado pela monarquia de julho (ver, supra, cap. II, nota 7, e neste capítulo, nota 16) mediante uma fina análise dos mecanismos econômico-financeiros por ele implementados e por seus efeitos na estrutura de classes da sociedade francesa, Marx revela a multicausalidade interna que conduziu, catalisada pela crise econômica internacional, o movimento social à explosão de fevereiro [37-42]. Mas esta e seu imediato evolver não são reduzidos por Marx a simples resultados da conjuntura econômica: o protagonismo político das classes e frações de classes em presença (a aristocracia financeira, a burguesia e suas facções, a pequena burguesia, o proletariado) levou ao governo provisório de Lamartine –

que, com a imposição da República pelo proletariado, "fez de tudo para se tornar aceitável à burguesia e às províncias" [49], como o demonstraram as suas medidas econômicas [51 e seg.]. A Assembleia Nacional Constituinte, produto das eleições gerais, conferiu poder à burguesia republicana que, na Assembleia Nacional, deu curso rápido às provocações contra os trabalhadores [59 e seg.]. Estes responderam com a Insurreição de Junho[85], cuja derrota e implicações nacionais e internacionais são apontadas a seguir [64-5].

Na segunda parte, Marx desenvolve a análise do processo revolucionário entre junho de 1848 e junho de 1849, começando pela repressão aos insurretos do primeiro junho e avançando pela exclusão, do núcleo de poder decisório, do segmento pequeno-burguês democrático [67-72]. A vitória de Cavaignac "não representava a ditadura da espada sobre a sociedade burguesa, mas a ditadura da burguesia por meio da espada" [74]. Na sequência, a Assembleia Nacional Constituinte "não sancionou uma revolução social; o que ela sancionou foi a vitória momentânea da velha sociedade sobre a revolução" [76]. Mas seu produto, a Constituição, albergava uma "contradição abrangente": "mediante o sufrágio universal, ela dotou de poder político as classes cuja escravidão social visa[va] eternizar, ou seja, o proletariado, os agricultores e os pequeno-burgueses" [77]. Daí, em dezembro, a vitória eleitoral de Luís Napoleão sobre Cavaignac – com a qual os camponeses entraram na dança. Numa síntese contundente, Marx [78-81] disseca o movimento das classes sociais que se concluiu com a eleição presidencial: "Odilon Barrot (1791-1873), o último ministro de Luís Filipe (1773-1850), tornou-se o primeiro-ministro de Luís Napoleão" [81]. Nas dez páginas seguintes [82-93], Marx detém-se no realinhamento das forças políticas envolvidas nas disputas pelo poder em mãos da grande burguesia e no embaralhamento das funções das instâncias legislativas e executivas. Em seguida [93 e seg.], examina a relação entre a política externa do governo (em especial, a intervenção na Itália) e a articula com a movimentação interna, analisando como se conectam as várias facções ("partidos"); enfim, constata a derrota da pequena burguesia democrática, com Ledru-Rollin à frente, e a sua tentativa de união com os trabalhadores e registra, em fins de 1849, a vitória do Partido da Ordem.

A terceira parte detalha o processo de junho de 1849 a março de 1850 (mês em que foi concluída a redação do texto). Marx retorna aos eventos de junho, a que logo sucederam medidas repressivas (estado de sítio, restrições à liberdade de imprensa, supressão do direito de associação [105-14]), para evidenciar o caminho da vitória do Partido da Ordem. Depois de junho de 1849, esse tornou-se o caminho de Luís Napoleão. Marx, então, passa à análise da orientação econômica governamental, discutindo o orçamento do Estado, o seu endividamento e o sistema fiscal, relacionando-a às classes e aos grupos sociais beneficiados ou onerados [123-9]; nessa análise, aborda o impacto de tal orientação sobre "mais de dois terços de toda a população francesa": recorrendo a dados quantitativos, mostra o ônus que recaiu sobre os camponeses e a sua reação política [129-34]. A dinâmica política que se desenvolveu no quadro dessa orientação econômica realinhou, segundo Marx, a polarização social: de uma parte, a aristocracia financeira; doutra, o agrupamento de "agricultores, pequeno-burgueses e todos os demais estratos médios" em torno do proletariado, "impelidos ao antagonismo aberto contra a república oficial" [136]. Então surge uma "fraseologia socialista *genérica*", mescla de socialismo burguês, socialismo pequeno-burguês e socialismo doutrinário; mas o proletariado "passa a agrupar-se cada vez mais em torno do *socialismo revolucionário*, em torno do *comunismo*, para o qual a própria burguesia inventou o nome de *Blanqui*" [137-8][86]. Nesse quadro, ao governo, para sustentar-se, só se oferece uma alternativa: provocar os trabalhadores, levá-los à *revolta* e, à base da repressão, criar as condições para comandar o processo eleitoral complementar [138]. "O proletariado não se deixou levar a nenhuma *revolta* pelas provocações, porque ele próprio se encontrava na iminência de fazer uma *revolução*" [140]. E o governo não pôde evitar o processo eleitoral de março de 1850: através do sufrágio universal, o Partido da Ordem foi derrotado [141]; este imediatamente reagiu, exigindo mais repressão e a supressão do sufrágio universal – abriu-se, então, a fase da dissolução da república constitucional[87]. Sentencia Marx que, rejeitando o sufrágio universal, a burguesia deu à nova revolução (que ele supunha em gestação avançada) um *pretexto geral*[88]. Vê-se que Marx vislumbra ainda um novo afluxo revolucionário no curtíssimo prazo: a penúltima frase desse escrito, sobre a república constitucional burguesa, assevera que ela "teve um único mérito: o de *ser o viveiro da revolução*" [144].

A quarta parte de *As lutas de classes na França de 1848 a 1850* (referido daqui em diante apenas como *As lutas de classes na França*) constitui-se da justaposição de dois fragmentos textuais publicados também na *NGR-R* e editada por Engels (ver, supra, neste capítulo, nota 84). O segundo deles [149-61] retoma, em detalhes, a movimentação política, resumida no trato da dissolução da república constitucional, que levou à rejeição do sufrágio universal; é uma descrição minuciosa do comportamento dos sujeitos políticos no quadro que fora traçado no fim da terceira parte de "De 1848 a 1849" [esp. 139-44]; de fato, não introduz nenhum elemento substantivo na análise marxiana ali apresentada. Já o primeiro fragmento [145-9], redigido por Marx e Engels, é uma notável síntese da conjuntura econômica que serviu de solo histórico para a Revolução de 1848 na França, demonstrando – com dados estatísticos e importantes referências ao quadro internacional, sobretudo ao papel da economia inglesa – que Marx, junto com Engels, compreendeu, melhor que pouco antes (o texto foi redigido no verão de 1850), a relação entre crises econômicas e processos revolucionários. Os autores reconhecem que, visivelmente no primeiro semestre de 1850, a economia francesa (assim como a inglesa) saíra da crise de 1846-1847; eles constatam, mesmo, uma "prosperidade restaurada" [146]. Depois dessa constatação, escrevem, numa passagem decisiva, referindo-se expressamente ao continente (logo, à França):

> No caso dessa prosperidade geral, na qual as forças produtivas da sociedade burguesa se desenvolvem de modo tão exuberante quanto possível no âmbito das relações burguesas, *não se pode falar de uma verdadeira revolução* [itálicos meus – *JPN*]. Tal revolução só se torna possível onde estes *dois fatores*, as *forças produtivas modernas* e as *formas de produção burguesas*, entram em *contradição* umas com as outras. As diversas rixas que os representantes das facções individuais do Partido da Ordem continental estão protagonizando e por meio das quais incorrem em compromissos mútuos, *longe de propiciar o ensejo para novas revoluções* [itálicos meus – *JPN*], são, pelo contrário, possíveis somente porque, no momento, a base das relações está muito bem assegurada e, o que a reação ignora, é bem *burguesa*. Nessa base, ricochetearão todas as tentativas de reação que visam deter o desenvolvimento burguês, assim como toda a indignação moral e todas as proclamações entusiásticas dos democratas. *Uma nova revolução só será possível na esteira de uma nova crise. Contudo, aquela é tão certa quanto esta.* [148-9]

A leitura dessa passagem mostra que Marx, juntamente com Engels, estabelecera uma clara relação entre crise econômica e processo revolucionário – relação que, num quadro de "prosperidade geral", inviabiliza "uma verdadeira revolução" (adiante voltaremos a essa passagem).

Dispensamos alguma atenção a *As lutas de classes na França*[89] porque, a nosso juízo, nesse texto breve, Marx ofereceu a sua *primeira análise sistemática de uma conjuntura histórica determinada*; nele, a modalidade histórico-analítica do procedimento de Marx, perceptível em páginas anteriormente publicadas (sobretudo em artigos da *NGR*), objetiva-se de forma plena: a concepção teórica marxiana até então desenvolvida não é formulada abstratamente, mas constitui o *instrumento para a análise concreta de uma situação concreta*[90]. No ensaio de que nos ocupamos nos últimos quatro parágrafos, como notaram outros analistas,

> o reconhecimento da importância decisiva da economia não o levava [a Marx] de modo nenhum a ignorar o papel da superestrutura política e ideológica, do Estado, dos partidos políticos, das correntes ideológicas, das personalidades históricas. Pelo contrário, ajudava-o a revelar as formas concretas sob que se manifesta a ação da superestrutura – política e ideológica – sobre o processo histórico. (Fedosseiev, org., 1983, p. 253)

Pois é bem essa modalidade histórico-analítica que vai enformar o outro ensaio extremamente importante que Marx redigirá no ano seguinte: *O 18 de brumário de Luís Bonaparte*, referido daqui em diante apenas como *O 18 de brumário*[91] (Marx, 2011b; é dessa edição que extrairemos as passagens adiante reproduzidas, com as páginas indicadas entre colchetes). De fato, ambos os textos compõem o esforço de Marx para a explicação/compreensão dos eventos de 1848 e suas implicações – esforço que expressa, no domínio da ensaística, o balanço que Marx apresenta, na abertura dos anos 1850, dos processos revolucionários no calor da hora.

O 18 de brumário foi escrito entre dezembro de 1851 e março de 1852, atendendo a uma demanda de Joseph Weydemeyer, amigo de Marx desde os tempos de Bruxelas e que, após a derrota da Revolução Alemã, emigrara para Nova York (Obermann, 1947). Ali, Weydemeyer – que editou em Frankfurt, entre 1848 e 1849, um combativo jornal democrata – decidira publicar um periódico, em princípio um semanário, sob o título *Die Revolution* (A Revolução). Os planos iniciais do jornalista viram-se problematizados (cf. Mehring, 2013, p. 218, 219--30) e a ideia do semanário reduziu-se a uma revista mensal logo desaparecida; em uma separata dela, de maio de 1852, com mil exemplares de tiragem, veio à luz *O 18 de brumário*, que teve uma segunda edição em 1869, sob as vistas do próprio Marx. Escrito em poucas semanas, em meio a penosas condições de vida[92], *O 18 de brumário* é, talvez, dentre as peças ensaísticas que Marx dedica a uma conjuntura determinada, a mais bem realizada em termos formais e em termos de rigor analítico[93].

O objeto imediato de *O 18 de brumário* – que Engels considerou um "trabalho genial" [21] – é o golpe de Estado de 2 de dezembro de 1851, mediante o qual Luís Napoleão instaurou a ditadura que lhe permitiria, no ano seguinte, restaurar a monarquia, tornando-se o imperador Napoleão III[94]. De fato, o texto, centrado no golpe de dezembro de 1851, com suas sete seções expositivas, situa o evento tanto como um desfecho provisório dos antagonismos de classes que saturaram a sociedade francesa a partir de 1848 quanto como a resultante das lutas de classes do período, que são destrinçadas cuidadosamente ao longo do ensaio; nesse trabalho, a estrutura social francesa recebe acurada atenção[95]. Por isso mesmo, em *O 18 de brumário* vários passos retomam pontos e aspectos já tematizados em *As lutas de classes na França*; todavia, nessa retomada, o tratamento que a eles confere Marx é mais afinado e completo – afinal, outras luzes são possíveis porque o desfecho de dezembro de 1851 permite clarificar ainda mais processos antes inconclusos ou apenas esboçados[96].

Um novo elemento é a distinção entre diferentes processos revolucionários. Já na abertura da obra, Marx relembra a formulação de Hegel segundo a qual os grandes fatos e os grandes personagens da história são "encenados, por assim dizer, duas vezes. Ele se esqueceu de acrescentar: a primeira vez como tragédia, a segunda como farsa" [25]. E pontua que, se "os homens fazem a sua própria história", não a fazem de livre e espontânea vontade, pois não são eles que escolhem as circunstâncias sob as quais ela é feita, mas estas lhes foram transmitidas assim como se encontram. A tradição de todas as gerações passadas é como um pesadelo que comprime o cérebro dos vivos. [25]

Essa tradição pesou demasiado sobre os eventos franceses de 1848 a 1851: "Enquanto faziam a revolução, os franceses não conseguiam deixar de pensar em Napoleão, como ficou comprovado na eleição de 10 de dezembro" [28][97]. A referência a essa hipoteca abre a Marx uma via nova para distinguir a revolução burguesa da revolução proletária:

Não é do passado, mas unicamente do futuro, que a revolução social do século XIX pode colher a sua poesia. Ela não pode começar a dedicar-se a si mesma antes de ter despido toda a superstição que a prende ao passado. As revoluções anteriores tiveram de recorrer a memórias históricas para se insensibilizar em relação ao seu próprio conteúdo. A revolução do século XIX precisa deixar que os mortos enterrem os seus mortos para chegar ao seu próprio conteúdo, Naquelas, a fraseologia superou o conteúdo, nesta, o conteúdo supera a fraseologia. [...] As revoluções burguesas como as do século XVIII precipitam-se rapidamente de sucesso em sucesso, um efeito dramático é suplantado pelo próximo, pessoas e coisas parecem refulgir como brilhantes, respira-se diariamente o êxtase; porém, elas têm vida curta, logo atingem o seu ponto alto e uma longa ressaca toma conta da sociedade antes que, novamente sóbria, aprenda a apropriar-se dos resultados do seu período impetuoso e combativo. Em contrapartida, as revoluções proletárias como as do século XIX encontram-se em constante autocrítica, interrompem continuamente a sua própria marcha, retornam ao que aparentemente conseguiram realizar para começar tudo de novo, zombam de modo cruel e minucioso de todas as meias medidas, das debilidades e dos aspectos deploráveis das suas primeiras tentativas [...], recuam repetidamente ante a enormidade ainda difusa dos seus próprios objetivos até que se produza a situação que inviabiliza qualquer retorno. [28-30][98]

Vejamos outro elemento que tem saliência em *O 18 de brumário*. Se, de modo ainda mais rigoroso do que fez em *As lutas de classes na França*, Marx funda em *O 18 de brumário* toda a sua análise na relação das classes sociais em presença, no texto de 1851-1852 ele se volta com muita precisão para aspectos que antes não havia enfatizado como tais[99]. Ele pondera tais aspectos e os valoriza adequadamente:

Sobre as diferentes formas da propriedade, sobre as condições sociais da existência se eleva toda uma superestrutura de sentimentos, ilusões, modos de pensar e visões da vida distintos e configurados de modo peculiar. Toda classe os cria e molda a partir do seu fundamento material e a partir das relações sociais correspondentes. O indivíduo isolado, para o qual eles fluem mediante a tradição e a educação, pode até imaginar que eles constituem as razões que propriamente o determinam e o ponto de partida da sua atuação. [...] E, assim como na vida privada se costuma diferenciar entre o que uma pessoa pensa e diz de si mesma e o que ela realmente é e faz, nas lutas históricas deve-se diferenciar tanto mais as fraseologias e ilusões nutridas pelos partidos do seu verdadeiro organismo e dos seus reais interesses, deve-se diferenciar as suas concepções da sua realidade. [60-1][100]

Está claro que a referida "superestrutura de sentimentos" etc. situa-se no universo da *ideologia* numa acepção ampla, que Marx tematizará na segunda metade da década de 1850 (ver, supra, cap. III, notas 62 e 69); mas é muito significativo que, já agora, em *O 18 de brumário*, ele advirta contra qualquer concepção vulgar ou mecanicista da relação entre uma classe e seus representantes, mormente intelectuais. Criticando os limites dos pequeno-burgueses, sejam os "*shopkeepers* [lojistas] ou os seus defensores entusiásticos" que se coligaram com os trabalhadores, reivindicando instituições republicanas democráticas "não como meio de suprimir [...] o capital e o trabalho assalariado, mas como meio de atenuar a sua contradição e transformá-la em harmonia" [63-4], Marx chama a atenção para que *não se equalize* a condição dos *representantes* de uma classe social com a condição da *massa* dessa classe. Os ideólogos que expressam os interesses dos *shopkeepers* não são necessariamente *shopkeepers*:

> Por sua formação e situação individual, mundos podem estar separando os dois. O que os transforma [aos ideólogos] em representantes do pequeno-burguês é o fato de não conseguirem transpor em suas cabeças os limites que este não consegue ultrapassar na vida real e, em consequência, serem impelidos teoricamente para as mesmas tarefas e soluções para as quais ele é impelido na prática pelo interesse material e pela condição social. Essa é, em termos gerais, a relação entre os *representantes políticos e literários* de uma classe e a classe que representam. [64]

Vimos há pouco, ao tangenciar a segunda parte de *As lutas de classes na França*, que os camponeses entram na dança dessa conjuntura política francesa quando da eleição presidencial de Luís Napoleão. Em *O 18 de brumário*, Marx, em páginas enxutas e acutilantes [142-7], esclarece como e por que Luís Napoleão galvanizou a massa dos *camponeses parceleiros*, maioria da população da França. Obviamente, a intervenção da Sociedade 10 de Dezembro também aqui foi de grande valia, mas essa malta vil, escória do lumpemproletariado, não bastava para aquela galvanização[101]; para tanto, eram necessárias características do campesinato como classe. Conforme Marx, os camponeses parceleiros constituem uma gigantesca massa, cujos membros vivem na mesma situação, mas não estabelecem relações diversificadas entre si. O seu modo de produção os isola uns dos outros, em vez de levá-los a um intercâmbio recíproco. O isolamento é favorecido pelos péssimos meios de comunicação franceses e pela pobreza dos camponeses. A sua unidade de produção, a parcela, não permite nenhuma divisão de trabalho no seu cultivo, nenhuma aplicação da ciência, portanto, nenhuma multiplicidade no seu desenvolvimento, nenhuma diversidade de talentos, nenhuma profusão de condições sociais. Cada família camponesa é praticamente autossuficiente, produzindo diretamente a maior parte do que consome e obtendo, assim, os seus meios de subsistência mais da troca com a natureza do que do intercâmbio com a sociedade. Há a parcela, o camponês e a família; mais adiante, outra parcela, outro camponês e outra família. Sessenta conjuntos desse tipo constituem um povoado; e sessenta povoados, um departamento. Assim, a grande massa da nação francesa se compõe por simples adição de grandezas homônimas, como batatas dentro de um saco constituem um saco de batatas. Milhões de famílias existindo sob as mesmas condições econômicas que separam o seu modo de vida, os seus interesses e a sua cultura do modo de vida, dos interesses e da cultura das demais classes, contrapondo-se a elas como inimigas, formam uma classe. Mas na medida em que existe um vínculo apenas local entre os parceleiros, na medida em que a identidade dos seus interesses não gera entre eles nenhum fator comum, nenhuma união nacional e nenhuma organização política, eles não constituem classe nenhuma. Por conseguinte, são incapazes de fazer valer os interesses de sua classe no seu próprio nome, seja por meio de um parlamento, seja por meio de uma convenção. Eles não são capazes de representar a si mesmos, necessitando, portanto, ser representados. O seu representante precisa entrar em cena ao mesmo tempo como o seu senhor, como uma autoridade acima deles, como um poder governamental irrestrito, que os proteja das demais classes e lhes mande chuva e sol lá de cima. [142-3]

Vê-se que *esse* campesinato é a torrente que flui diretamente para sustentar o projeto restaurador de Luís Napoleão mediante o golpismo; como lembra Marx, "o golpe de Estado sempre foi ideia fixa de Bonaparte" [129]. Mas tal massa camponesa não é *toda* a classe camponesa – porque não trabalha com generalizações indevidas, Marx reconhece distinções entre os camponeses e, por isso, afirma:

A dinastia Bonaparte não representa o camponês revolucionário, mas o camponês conservador; não o camponês que se projeta para além da condição social que garante a sua subsistência, ou seja, que se projeta para além da parcela, mas, antes, aquele que quer consolidá-la; não o povo do campo que quer subverter a velha ordem com a sua própria energia em aliança com as cidades, mas, pelo contrário, aquele que, apaticamente encerrado nessa velha ordem, quer ver a si mesmo posto a salvo e favorecido junto com a sua parcela pelo fantasma do Império. Essa dinastia não representa o esclarecimento, mas a superstição do camponês, não o seu parecer, mas o seu preconceito, não o seu futuro, mas o seu passado, não a sua moderna Cévennes, mas a sua moderna Vendée. [144][102]

E esse campesinato conservador é um produto recente da história francesa: o primeiro Napoleão "libertou os camponeses da semisservidão e os transformou em proprietários de terras livres", e essas condições materiais "transformaram o camponês feudal francês em camponês parceleiro e [o primeiro] Napoleão em imperador"; no entanto, "bastaram duas gerações para produzir o resultado inevitável: deterioração progressiva da agricultura, endividamento progressivo do agricultor" [145]. E é analisando o desenvolvimento econômico da propriedade parcelar que Marx mostra a mudança da relação dos camponeses com as demais classes sociais; ao fim e ao cabo, "o lugar do senhor feudal foi ocupado pelo agiota citadino, a propriedade rural aristocrática foi substituída pelo capital burguês":

> A ordem burguesa, que no início do século [XIX] colocou o Estado como sentinela para guardar a parcela recém-criada [...], transformou-se no vampiro que suga o sangue do seu coração e a medula do seu cérebro e os joga [os camponeses] no caldeirão alquímico do capital. [146-7]

Em suma: nos anos 1840,

> o interesse dos camponeses [...] não se encontra mais, como sob [o primeiro] Napoleão, em consonância com os interesses da burguesia e do capital, mas em contradição com eles. Ou seja, eles [os camponeses] descobrem o seu aliado e líder natural no *proletariado citadino*, cuja missão é a subversão da ordem burguesa. [147]

É na conjuntura precisa da segunda metade da década de 1840 que, procurando clarificar a base social do projeto golpista restaurador de Luís Napoleão, Marx se detém nessa apreciação do campesinato – apreciação que corrobora a tese de que é o proletariado urbano o sujeito privilegiado do processo revolucionário que enfrenta a ordem burguesa. E parece claro que tal tratamento do campesinato só tem plenos sentido e validade para o contexto francês da aventura de Luís Napoleão.

Em *O 18 de brumário*, entretanto, o tratamento marxiano mais inovador, em relação aos seus textos precedentes, é o que se confere ao Estado. Desde o *Manifesto do Partido Comunista* restou claro, para Marx (e Engels), a função classista do Estado: ali, como vimos na devida altura, o Executivo do Estado moderno opera como "um comitê para administrar os negócios coletivos de toda a classe burguesa". Em 1851-1852, todavia, na análise concreta da situação concreta configurada no golpe de Luís Napoleão, Marx avança na compreensão do moderno fenômeno estatal. Ele retraça a sua gênese e o seu desenvolvimento na França (sublinhando a sua organização burocrática e militar) da monarquia absoluta à década de 1840 [140-1] e faz, pela primeira vez, uma notação de especial importância: "Todas as revoluções somente aperfeiçoaram a máquina [do Estado] em vez de quebrá-la. Os partidos que lutaram alternadamente pelo poder consideraram a tomada de posse desse monstruoso edifício estatal como a parte do leão dos despojos do vencedor" [141].

Um parágrafo antes de escrever essas linhas, Marx observa que a Revolução de 1848 chegara, até o golpe de Luís Napoleão, ao seu "purgatório", cumprindo apenas a metade dos preparativos do seu trajeto radical; só agora, então, põe-se-lhe a outra metade dos seus preparativos: trata-se de "fazer com que o *Poder Executivo* chegue ao seu auge, reduzindo-o à sua expressão mais pura, isolando-o, colocando-o diante dos seus olhos como pura acusação *para concentrar nele todas as suas forças de destruição*" [140 (os últimos itálicos são meus – *JPN*)].

O conteúdo dessas duas passagens pode ser resumido legitimamente se se disser que, para Marx, em 1851-1852, não cabe a uma *revolução radical* apoderar-se da "máquina" – o Estado e seu aparato – e aperfeiçoá-la: à revolução cumpre *destruí-la*[103]. Ora, no processo revolucionário de 1848 o aparato estatal foi empalmado pelos segmentos burgueses, que logo se associaram, amedrontados com o avanço dos trabalhadores, aos derrotados, como Marx já notara em vários passos do seu primeiro balanço da revolução[104]. E a república parlamentar, "na sua luta contra a revolução, viu-se obrigada a reforçar os meios e a centralização do poder do governo para implementar as medidas repressivas" [141]. Na sequência da eleição presidencial de 1848, Luís Napoleão inicia abertamente a sua movimentação golpista [128-9], confrontam-se Executivo e Parlamento [130-1] e em pouco tempo a massa extraparlamentar da burguesia rompe com seus representantes no Parlamento [131] – enquanto isso o presidente, jogando de modo hábil com os interesses desencontrados e contraditórios das várias classes, foi instrumentalizando para seu projeto pessoal os postos-chave da estrutura estatal. Pareceu então que

> o Estado se tornou completamente independente. A máquina estatal consolidou-se de tal forma face à sociedade civil que como líder lhe basta o chefe da Sociedade 10 de Dezembro, um aventureiro [...] posto no comando pela soldadesca embriagada que ele subornara com cachaça e linguiça. [141]

É óbvio que "o poder estatal não paira no ar", pois, como já vimos, Luís Napoleão representava "a classe mais numerosa da sociedade francesa: os *camponeses parceleiros*" [142]. Entretanto, o sentido do golpe de Luís Napoleão nunca esteve no atendimento aos camponeses: o seu processo, de fato, *consistiu em fomentar, num ritmo rápido, a crescente autonomização da burocracia civil e militar em face das demandas imediatas das classes sociais* – o que se tornou possível, de uma parte, pela repressão ao movimento dos trabalhadores e, de outra, pela urgência burguesa (em especial da aristocracia financeira[105]) de preservar a *ordem*. Por isso, "a burguesia francesa sublevou-se contra o domínio do proletariado trabalhador e colocou no poder o lumpemproletariado e, no seu topo, o líder da Sociedade 10 de Dezembro" [137]. Luís Napoleão, assim, "na condição de Poder Executivo que se tornou independente, [...] [sentiu-se] chamado a assegurar a 'ordem burguesa'", "cujo segmento forte [...] é a classe média", de que também "ele se percebe como representante" [150]. O *governo forte e irrestrito* prometido, instaurado e logo conduzido por Luís Napoleão – sustentado por uma burocracia civil e militar onipotente e corrupta e com lastro religioso-confessional[106] [147] – dá a impressão

> de que a França apenas escapou do despotismo de uma classe para voltar a cair sob o despotismo de um indivíduo, mais precisamente sob a autoridade de um indivíduo sem autoridade. A luta parece ter sido conciliada de tal modo que todas as classes se encontram de joelhos diante da culatra do fuzil, igualmente impotentes e caladas. [139-40]

A análise de Marx revela que o golpe de Luís Napoleão e o regime político que dele derivou só foram viáveis porque, na inconclusão do processo revolucionário que eclodiu em fevereiro de 1848 com a derrota do proletariado, a burguesia vitoriosa e *dominante* não reuniu as condições para exercer *diretamente* o seu poder como classe *dirigente*[107]. A garantia da ordem burguesa viu-se então nas mãos despóticas e corruptas de uma figura insignificante que só circunstancialmente revestiu-se de aparência providencial – e, como tal, foi a princípio saudada pelas frações burguesas mais ativas. A águia emblemática de Napoleão converteu-se no *corvo* do sobrinho [152], mas também a burguesia de 1848-1850 já não exibia a veleidade revolucionária dos tempos do primeiro Napoleão. Cada burguesia tem o Napoleão que faz por merecer, cada uma produz o *bonapartismo* que está à sua altura histórica.

Marx escreve *O 18 de brumário*, como vimos, entre dezembro de 1851 e março de 1852 e, compreende-se, restringe as suas apreciações de Luís Napoleão até o golpe, sem detalhar seus desdobramentos então em curso[108]. Avesso a profecias, Marx, entretanto, infere da sua análise desenvolvimentos imediatos que logo se revelarão notáveis antecipações do que seriam os passos iniciais da ditadura burguesa de Napoleão, *o pequeno*, e do seu ritualismo cênico; ademais, oferece uma premonitória visão do seu desfecho, como o testemunha a sóbria eloquência do último parágrafo de *O 18 de brumário*. Diante da contraditoriedade da conjuntura que lhe permitiu chegar ao poder e, ao mesmo tempo, como um ilusionista sentindo-se na obrigação de apresentar constantes surpresas para manter os olhos do público fixos nele, ou seja, de realizar todo dia um novo golpe de Estado *en miniature*, Bonaparte, o suplente de Napoleão, esculhamba toda a economia burguesa, toca em tudo que parecia intocável para a revolução de 1848, deixa uns aguardando a revolução com paciência e outros com vontade de fazer a revolução e gera a pura anarquia em nome da ordem, enquanto simultaneamente despe toda a máquina do Estado da sua aura de santidade, profanando-a, tornando-a ao mesmo tempo asquerosa e ridícula. O culto à túnica sagrada de Trier[109] é reeditado por ele em Paris na forma do culto ao manto imperial de Napoleão. Porém, quando o manto imperial finalmente cair sobre os ombros de Luís Bonaparte, a estátua de bronze de Napoleão despencará do alto da coluna de Vendôme.[110] [153-4]

A dissolução da Liga, o jornalismo e a continuidade das pesquisas

Da chegada a Londres a 1852, período em que elaborou as análises sobre a Revolução de 1848 que acabamos de sumariar, Marx – a despeito das grandes dificuldades financeiras e dos problemas familiares já mencionados – viveu num intenso ativismo político.

Nesse intervalo, além de constituir a direção do aludido comitê de ajuda aos refugiados alemães e de estabelecer contatos com dirigentes da esquerda inglesa e líderes e personalidades obrigados ao exílio[111], ele se dedicou à reconstituição da Liga dos Comunistas, depois dissolvida com sua decisiva participação. Os fatos são conhecidos (Obermann, 1955; Claudín, 1975; Hundt, 1993): em 1850, Marx se movimentou para dar nova vida à Liga, de que foram marcos as *Mensagens* [ou *circulares*] *do Comitê Central* aos membros do grupo, de março e junho de 1850, cuja redação se lhe atribui[112]; em novembro de 1852, contudo, por sua própria iniciativa, foi decidida a dissolução da Liga londrina, o que significou o fim da organização[113]. Esse *volte-face* de Marx, operado em cerca de dois anos, causou perplexidade e críticas entre muitos dos membros da Liga – alguns biógrafos chegam a mencionar então um zigue-zague político de Marx[114].

Com efeito, da sua partida de Colônia até o fim do verão de 1850, Marx expressou firmemente a convicção (aliás, presente na linha editorial da *NGR* e compartilhada pela maioria dos membros da Liga) de que o processo aberto em 1848 teria direta e imediata continuidade na década que se iniciava: as derrotas de 1849 tão somente lhe pareciam abrir um breve interregno de acalmia, ao cabo do qual a revolução seguramente retomaria seu curso ascendente – o que haveria de ocorrer no curtíssimo prazo[115]. Vimos também, quando tratamos da *NGR*, que a partir de junho de 1848, dadas as circunstâncias particulares da Alemanha, Marx desenvolveu sua atividade revolucionária marginalizando a

Liga. No entanto, nas condições iniciais do exílio londrino, e sobretudo em função das perspectivas imediatas que então visualizava para o processo revolucionário, Marx voltou a colocar em pauta a existência da Liga. Tais condições engendravam o quadro compreensível de uma situação de derrota: a confusão, a tendência à desmoralização do movimento revolucionário, uma atmosfera de suspeitas e acusações mútuas em busca de culpados pelo fracasso, uma tagarelice ora desmobilizadora, ora aventureira; todo esse clima era agravado pela presença de provocadores, espiões e policiais (prussianos e franceses)[116] infiltrados nos meios exilados. Refigurando esse microcosmo, Marx e Engels, em maio-junho de 1852, redigiram uma ácida e expressiva sátira política, dirigida sobretudo a criticar o comportamento da emigração pequeno-burguesa (*Os grandes homens do exílio*[117]). Essa convicção marxiana acerca da iminência de um novo e rápido afluxo do processo revolucionário se apoiava na projeção precipitada, assinalada páginas atrás, de que as relações sociais da sociedade burguesa já obstaculizavam/travavam/impediam o desenvolvimento das forças produtivas. É imerso num tal quadro que, ao se estabelecer em Londres, Marx se movimenta entre os que pretendem reconstituir a Liga dos Comunistas. Ao que se deduz das *Mensagens*, ele julgava a organização necessária para que o proletariado assumisse a direção das forças revolucionárias, assegurando a sua centralidade política e a sua autonomia em face das posições dos segmentos radicalizados da pequena burguesia.

Nesses meses (entre fins de 1849 e começos de 1850) chegam a Londres vários dirigentes alemães, que vão se agregando ao comitê central da Liga que ainda subsiste, entre os quais Marx e Engels. A eles se junta Willich, que se destacara como comandante militar do Palatinado, sob cujas ordens Engels combateu; o último dirigente histórico a integrar-se ao comitê central em ampliação é Schapper, que aporta na Inglaterra em junho de 1850. A reconstituição da Liga se inicia e se desenvolve baseada naquela ideia – compartilhada por praticamente todos os membros do comitê central renovado (também designado Autoridade Central) – de que se está às vésperas da eclosão de uma vaga revolucionária, ou, como refere a *Mensagem do Comitê Central* de março de 1850, "quando é iminente uma nova revolução" (MEW, 1960, v. 7, p. 245). Marx, porém, partilhando dessa ideia, assinala algo que poucos levam em consideração: o fato de os trabalhadores alemães não poderem "alcançar o poder ou ver realizados seus interesses de classes *sem terem experimentado integralmente um desenvolvimento revolucionário mais prolongado*" (ibidem, p. 253-4 [itálicos meus – *JPN*]).

No curso dessa iminente "nova revolução", segundo a *Mensagem*, os democratas pequeno-burgueses seguramente desempenharão um papel similar àquele dos liberais burgueses no processo de 1848-1849 e, por isso, na nova conjuntura, são mais perigosos para os trabalhadores que seus antecessores (ibidem, p. 246).

Pretenderão, para travar a luta revolucionária nos limites que lhes convêm, corromper os trabalhadores de forma a debilitar as forças proletárias mediante melhorias pontuais da sua situação, o que não pode "satisfazer o partido do proletariado"[118] – se aos pequeno-burgueses democratas interessará "concluir a revolução o mais depressa possível", "a nós interessa e é tarefa nossa tornar a revolução permanente"[119]. Aliás, *a revolução permanente* deve ser "o grito de guerra" da Liga (ibidem, p. 254), entendida como a condução da revolução

> até que o proletariado conquiste o poder do Estado, até que a associação do proletariado se desenvolva [...] em todos os países mais importantes [...] e até que ao menos as forças produtivas decisivas estejam concentradas em mãos do proletariado. Para nós, não se trata somente de uma mudança na propriedade privada, mas da sua destruição; não se trata de reduzir os antagonismos de classe, mas de abolir as classes; não se trata de aperfeiçoar a sociedade existente, mas de criar uma nova. (Ibidem, p. 248)

Por isso, o problema que logo se põe à Liga consiste em determinar a sua posição em face da democracia pequeno-burguesa, quer em termos orgânicos, quer em termos programáticos. No caso destes últimos, a *Mensagem* dá exemplos bem determinados (ver, por exemplo, ibidem, p. 253) e, no geral, a pauta programática reitera muito do consignado nas já referidas "Reivindicações do Partido Comunista da Alemanha", de março de 1848; ao mesmo tempo, a *Mensagem* formula uma diretriz elementar: "A posição do partido dos trabalhadores revolucionários, diante da democracia pequeno-burguesa, é: marchar com ela contra a facção cuja derrota é objetivo do partido [dos trabalhadores]; marchar contra ela sempre que ela se proponha algo em proveito próprio" (ibidem, p. 246-7).

Em termos orgânicos (que, em larga medida, condicionam a implementação programática), o que é determinante, segundo a *Mensagem*, é a estruturação da atividade da Liga em dois planos, o público e o clandestino, mantendo a sua autonomia em face da democracia pequeno-burguesa, rechaçando a condição de seu apêndice; trata-se de tornar a Liga

> uma organização autônoma [...] do partido dos trabalhadores, ao mesmo tempo secreta e pública, e fazer de cada comunidade dela o ponto central e o núcleo das uniões de trabalhadores, nas quais a posição e os interesses do proletariado possam ser discutidos independentemente das influências burguesas. (Ibidem, p. 248-9)

Ademais, prevendo "conflitos iminentes e sangrentos" (ibidem, p. 249), a *Mensagem* detalha inclusive a questão do armamento dos trabalhadores[120].

Antes de prosseguir, cabe aqui uma breve notação que também diz respeito à *Mensagem*: a relação de Marx, ao tempo em que a redige, com o blanquismo.

No livro de 1899 *As premissas do socialismo e as tarefas da social-democracia*, um dos pilares do chamado *revisionismo*, Eduard Bernstein (1850-1932) tematiza criticamente "marxismo e blanquismo", apontando o que avalia ser a contaminação blanquista no pensamento de Marx (*As lutas de classes na França, O 18 de brumário*) e afirmando expressamente "que a mentalidade blanquista nunca se pôs com tanta clareza e sem travas como na circular [*Mensagem*] da Liga dos Comunistas de março de 1850" (Bernstein, 1982, p. 135)[121]. Bernstein não foi o primeiro, nem seria o último, a sustentar que no pensamento político marxiano havia componentes blanquistas; em geral, aqueles que acompanharam a sua crítica de 1899 estenderam-na à ideia de *ditadura do proletariado*[122]. Ora, não há dúvida de que, nos anos 1849-1852, *do ponto de vista político imediato*, Marx esteve muito próximo dos blanquistas – como o prova, entre outros elementos, a sua participação já aludida (ainda que efêmera) na Sociedade Mundial dos Comunistas Revolucionários (ver, supra, neste capítulo, nota 111). Mas o suposto blanquismo de Marx não me parece derivar dessa relação política que, à época, foi expressiva; deriva, antes, do peso que a tradição jacobina (é fato que Blanqui é dela herdeiro) ainda exercia sobre Marx, refratado na analogia ainda insuperada entre o "modelo de 1793" e o processo revolucionário de 1848-1849 (ver, supra, neste capítulo, nota 40). Não por acaso me refiro, aqui, ao *suposto* blanquismo de Marx: o nervo político do blanquismo – que, a meu juízo, reside na *revolução identificada a um golpe de mão de uma minoria* – já fora ultrapassado por Marx-Engels desde o *Manifesto do Partido Comunista*[123], e disso Marx dera suficientes provas na sua visão política desde 1848 e continuaria a fornecê-las pelo resto da vida. Com efeito, como o demonstra a análise de Claudín dos mesmos materiais em que Bernstein encontra blanquismo, "a posição de Marx e Engels [em relação] a tudo o que cheire a *putsch*, e em geral a todo aventureirismo 'revolucionário', é intransigente, terminante" (Claudín, 1975, p. 303)[124].

Quanto à ideia da ditadura do proletariado (ou ditadura da classe operária)[125], que igualmente comparece em textos marxianos desse período, tampouco se me afigura provinda de Blanqui (aliás, houve especialistas a questionar o seu emprego pelo grande revolucionário; Dommanget, 1957). Decerto que a ideia – que surgiu, salvo erro, pela primeira vez no léxico marxiano em *As lutas de classes na França* – não pareceu a Marx algo de ocasional em sua elaboração teórica; numa conhecida carta a Weydemeyer de 5 de março de 1852, ele escreveu:

> Não me cabe o mérito de ter descoberto nem a existência das classes na sociedade moderna nem a sua luta entre si. Muito antes de mim, historiadores burgueses tinham exposto o desenvolvimento histórico dessa luta de classes e economistas burgueses a anatomia econômica delas. O que eu fiz de novo foi: 1. demonstrar que *a existência das classes está apenas ligada a determinadas fases do*

desenvolvimento histórico da produção; 2. que a luta das classes conduz necessariamente à *ditadura do proletariado*; 3. que essa ditadura só constitui a transição para a *superação de todas as classes* e para uma *sociedade sem classes*. (MEW, 1963, v. 28, p. 507-8)

Que a ideia não repontou como ocasional prova-o a sua retomada, por Marx e por Engels, no trato da Comuna de Paris e na *Crítica do Programa de Gotha* (em materiais que examinaremos em momento oportuno). E ideia que só tem restituído o seu significado original – profundamente adulterado, na teoria e na prática, ao longo do século XX, seja por continuadores de Marx, seja por seus inimigos[126] – se levarmos em conta que, na entrada dos anos 1850, para Marx todo controle do Estado por uma classe (ou por frações de classes) constitui sempre e realmente uma *ditadura*, que opera (ou pode operar) mediante meios que contemplem mecanismos formalmente democráticos. Numa palavra, Marx está longe de designar como ditadura apenas formas de dominação política que desbordem quadros constitucionais ou se apresentem como juridicamente excepcionais: ele compreende *qualquer dominação de classe* como ditadura – logo, sob essa óptica, a república burguesa, mesmo operando a emancipação política, conquista relevante, é indiscutivelmente uma ditadura. Portanto, no seu quadro de referência, a noção de ditadura não se identifica àquela do pensamento liberal ou, mesmo, com o senso comum desse mesmo pensamento. É em tal medida que ele pode projetar, com Engels, a passagem do proletariado à condição de classe dominante (vale dizer: a sua ditadura) como *conquista democrática*[127] que, espraiando-se nos domínios econômicos e sociais, abre a possibilidade de descortinar uma sociedade *mais livre*, pensada como aquela "em que o livre desenvolvimento de cada um é a condição para o livre desenvolvimento de todos" (Marx-Engels, 1998, p. 31). Enfim, tal como a pensa Marx, a *ditadura do proletariado*, ainda que seja um momento histórico muito determinado[128], cria as condições para que os trabalhadores, enquanto *classe* e enquanto sujeitos singulares (indivíduos), desfrutem de *mais liberdade* real que sob o ordenamento burguês.

Postas essas sumárias notações, devemos retornar ao processo de reconstituição da Liga. As tratativas e articulações pertinentes a ele avançam sobretudo a partir de março de 1850 (mês em que se redige a primeira *Mensagem*). Em fins daquele mês, Heinrich Bauer é enviado à Alemanha com a missão de difundir as diretrizes da *Mensagem* – e, segundo o balanço apresentado na segunda *Mensagem*, a de junho, a reconstituição da Liga apresenta resultados animadores (MEW, 1960, v. 7, p. 309-11)[129]. Todavia, logo a reconstituição ver-se-á problematizada por duas ordens de razões: as divergências profundas que então se manifestam entre os dirigentes da Liga e, em seguida, pela repressão que se abate sobre o movimento operário alemão.

No verão de 1850, a análise de Marx e de Engels sobre a conjuntura econômica internacional (datada de 1º de novembro, mas seguramente elaborada ao longo daquele verão e publicada como extensa recensão no n. 5-6 da *NGR-R* – MEW, 1960, v. 7, p. 421-63) leva-os a abandonar a ideia segundo a qual "é iminente uma nova revolução". No ensaio, eles demonstram, com base em dados factuais, a emergência de um ascenso econômico nos principais Estados capitalistas, mediante o qual a crise econômica de 1846-1847, que desempenhara papel central para a explosão revolucionária de 1848-1849, já se vê ultrapassada. E da análise que operam fazem a seguinte inferência, na passagem que o leitor já conhece desde o nosso comentário à quarta parte de *As lutas de classes na França*: "No caso dessa prosperidade geral, na qual as forças produtivas da sociedade burguesa se desenvolvem de modo tão exuberante quanto possível no âmbito das relações burguesas, *não se pode falar de uma verdadeira revolução*" (MEW, 1960, v. 7, p. 440 [itálicos meus – *JPN*])[130].

É evidente que dessa inferência a consequência necessária era a *inteira revisão* do suposto que motivara a reconstituição da Liga, questionando o essencial do conteúdo da primeira *Mensagem*. É então que vêm à tona divergências substantivas no comitê central da Liga.

Divergências, aliás, já tinham aflorado no inverno de 1849-1850: Willich dissentira das considerações que Marx, em uma série de palestras na Associação Cultural dos Operários Alemães de Londres, fizera a propósito do *Manifesto do Partido Comunista*; no curso de tais palestras, Marx argumentara que o comunismo só era alcançável através de várias fases de desenvolvimento revolucionário, implicando a prévia solução de tarefas próprias à revolução democrático-burguesa – do que Willich discrepava francamente, negando "a necessidade de determinadas premissas materiais para instaurar o comunismo e [propondo-se] fundá-lo de um só golpe pela vontade de uma pequena minoria" (Fedosseiev, org., 1983, p. 269). De qualquer modo, essas e outras divergências no interior da direção da Liga em Londres mantiveram-se travadas até o fim do verão de 1850, apenas o bastante para evitar que levassem à ruptura da sua cúpula dirigente.

Antes que se publicasse a recensão do n. 5-6 da *NGR-R*, Marx expôs, numa reunião do comitê central da Liga, a 15 de setembro de 1850, a razão da necessidade e da urgência de redimensionar a sua orientação levando em conta a análise que vinha elaborando com Engels e que demonstrava que a "nova revolução" já não era mais "iminente" – essa era, para Marx, a questão de fundo que a direção da Liga tinha agora de enfrentar claramente. Posta a questão, o comitê central, composto por dez membros, se fraturou, num confronto de altíssima tensão[131]: de um lado, a maioria (Marx, acompanhado por Engels, Heinrich Bauer, Eccarius, Konrad Schramm [1822-1858] e Karl Pfänder [1818-1876]); de outro, a minoria (Willich, Schapper, Leo Frankel e Albert Lehmann)[132]. Eis como Marx, naquela reunião decisiva, se pronunciou, dirigindo-se aos seus oponentes e marcando de forma contundente a divisão do comitê central:

> A minoria substituiu a observação crítica por dogmatismo, uma atitude materialista por uma idealista. Olha seus próprios desejos como a força motora da revolução, em vez dos fatos reais da situação. Enquanto nós dizemos aos trabalhadores que deverão passar por quinze, vinte e até cinquenta anos de guerras e guerras civis, não apenas para alterar as condições existentes, mas também para se preparar para tomar o poder político[133], vocês dizem para eles o contrário, que eles devem tomar o poder político de imediato ou abandonar qualquer esperança. Enquanto apontamos o quão pouco desenvolvido está o proletariado alemão, vocês usam as ilusões nacionalistas e preconceitos do artesão alemão da forma mais grosseira, e isto é naturalmente mais popular. Assim como os democratas fizeram um tipo de entidade sagrada da palavra povo, vocês estão fazendo o mesmo com a palavra proletariado. (Citado em Mehring, 2013, p. 210)

Nas semanas seguintes[134], a cisão se aprofundou. A maioria liderada por Marx propôs transferir o comitê central para Colônia, onde se elegeria uma nova direção, e dividir o distrito de Londres em dois distritos independentes, vinculados diretamente à direção de Colônia. Mas a fração de Willich-Schapper, que detinha a maioria no distrito de Londres, recusou a proposta e se organizou autonomamente numa nova Liga, da qual expulsou o grupo de Marx. A direção da Liga em Colônia, que a 22 de outubro se constituiu como o novo comitê central, não convalidou a expulsão de Marx e seus camaradas e apontou para a convocação de um congresso – que não haveria de se realizar, dada a repressão que se abateu sobre seus membros no início do segundo quadrimestre de 1851. Essa ação repressiva do governo prussiano, que abaixo referiremos, potenciou o quadro crítico (conexo às suas tensões internas) que levou a Liga a perder a capacidade de incidir de forma prática no processo político; donde a decisão (tomada por iniciativa de Marx e aprovada a 17 de novembro de 1852) de encerrar as atividades da organização em Londres e mesmo no continente[135].

Já indicamos que a dissolução da Liga não se processou somente por razões conexas às divergências na sua direção – na crise da organização, conjugaram-se tais razões com a escalada repressiva que a atingiu no espaço que ela priorizava e no qual mais tentava se rearticular: a Alemanha[136]. Entre maio e junho de 1851, a polícia prussiana lançou-se sobre os mais ativos militantes da Liga no país e praticamente decapitou a direção da organização clandestina em Colônia[137]. Valendo-se da atividade de espiões instalados em Londres (com o apoio, inclusive, de Greif, um adido da embaixada da Prússia) e de infiltrados no meio dos exilados, e em associação com a polícia francesa, os policiais prussianos procuraram dar uma dimensão internacional à repressão, forjando uma pretensa "conjuração franco-alemã"[138] na qual envolveram Marx e Willich – atribuindo igualmente a ambos projetos conspirativos que só diziam respeito a este último.

Marx, secundado por Engels, acompanhou passo a passo o andamento dos operativos policiais do evento, procurando denunciar na imprensa (que permaneceu surda) as arbitrariedades, falsificações e ilegalidades promovidas pelas autoridades prussianas. À base de documentação policial sem nenhum valor probatório, a 4 de outubro de 1852 iniciou-se formalmente em Colônia o processo contra onze comunistas, diante de um júri obviamente parcial: seis nobres reacionários, quatro figuras da aristocracia financeira e dois funcionários do Estado. Ao fim do mês, Marx conseguiu publicar, em cinco jornais ingleses, uma declaração (assinada por ele, Engels, Wolff e Freiligrath) caracterizando o processo como uma série de "maquinações da polícia, perjúrios, falsificações de documentos, datas falsificadas, roubos, etc. que nem nos anais da polícia prussiana encontram igual" (citado em Fedosseiev, org., 1983, p. 285). Durante as cinco semanas que durou o processo, a casa de Marx transformou-se num escritório coletivo[139], que enviava pelos meios mais secretos e inventivos as contraprovas necessárias à defesa dos acusados, conduzida pelo advogado Karl Schneider II (1813-1885). Contudo, mesmo com a inépcia das "provas" apresentadas, a 12 de novembro sete dos réus viram-se condenados a penas desiguais e quatro deles foram absolvidos[140]. Com tal desfecho, a intervenção política da Liga na Alemanha entrou em estágio terminal.

Em Londres, Marx e seus camaradas logo ativaram um comitê de solidariedade aos condenados, providenciando a recolha de fundos para auxiliar seus familiares. E Marx exauriu-se para concluir em dezembro um panfleto que provavelmente vinha concebendo desde outubro: *Revelações sobre o processo dos comunistas em Colônia*. Num texto duro, denunciou o regime policial e burocrático imperante na Prússia, as ações ilegais contra os comunistas e o caráter de classe da justiça prussiana – aparelho punitivo que, no processo contra os comunistas, se desmascarou como um instrumento das classes privilegiadas, criado "para preencher as lacunas da lei com a amplitude da consciência burguesa"[141].

Ao cabo do processo de dissolução da Liga, Marx se afastará de qualquer militância vinculada a agrupamentos ou "partidos"; como tal, só retornará à cena pública doze anos depois, em 1864, quando da organização da Associação Internacional dos Trabalhadores[142] (de que cuidaremos em outro capítulo). Apesar disso, a sua relação orgânica com a classe operária, aludida no capítulo III, não será interrompida: será deslocada para outros planos, diversos do da prática política direta – sobretudo o da elaboração teórica, mas também o do exercício do jornalismo.

Desde a experiência vivida na *Gazeta Renana*, na entrada dos anos 1840, Marx valeu-se sempre de periódicos (revistas e jornais) para veicular suas ideias e formular análises de eventos, instituições e figuras públicas. O jornalismo tal como se apresentou no seu tempo foi uma área constante da sua intervenção – e não se esqueça que essa área, sobretudo nos anos 1850-1870, período em que nela Marx esteve muito ativo, foi profundamente modificada[143]. Naqueles anos, também o ofício jornalístico de Marx se alterou: depois da Revolução de 1848-1849, se prosseguiu sua participação em periódicos colados ao movimento operário ou dirigidos primordialmente a ele, Marx passou a atuar na condição de *jornalista profissional*, isto é, como assalariado de empresas nas quais não dispunha de qualquer posição de comando. É no primeiro caso que se enquadra a sua colaboração ao jornal cartista *The People's Paper* (O Jornal do Povo), que se iniciou com a criação do periódico em 1852 e continuou por mais de um lustro; Marx não recebia nada pelos artigos que publicava, ademais de contribuir diretamente com a orientação editorial do periódico – no qual veio à luz, entre outubro e dezembro de 1853, a série de artigos sobre lorde Palmerston (1784-1865), que teve expressiva repercussão (MEW, 1960, v. 9, p. 353-418)[144].

Diversa foi a sua participação, durante o ano de 1855, na *Neue Oder-Zeitung* (*NOZ*) (Nova Gazeta do Oder), jornal democrata criado em Breslau, em 1849, ainda durante a revolução, e que conseguiu sobreviver aos constrangimentos do regime prussiano até o fim de 1855. Lassalle, preocupado em minorar as dificuldades financeiras da família Marx, no fim de 1854 indicou Karl para atuar como seu correspondente em Londres. Durante todo o ano de 1855, Marx enviou, semanalmente, matérias para o jornal, demonstrando uma produtividade profissional impressionante[145].

Já o trabalho jornalístico profissional de Marx, regularmente remunerado, decorreu entre 1852 e 1862[146] – nesta década, ele se tornou o correspondente londrino do *New York Daily Tribune* (Tribuna Diária de Nova York), criado em 1841 e veículo dos ideais econômicos e políticos da burguesia progressista norte-americana. O jornal, popularmente conhecido como *Trib*, tirava cerca de 200 mil exemplares, a maior circulação entre todos os jornais do mundo à época[147]. Foi Charles Dana (1819-1897), um dos mais influentes editores do periódico, quem convidou Marx para escrever no *Trib*; Dana, que fora influenciado por ideias de Fourier, conheceu Marx em Colônia e logo se impressionou com o seu brilhantismo e sua erudição[148]. Durante aqueles dez anos, a atividade de Marx, vigorosamente apoiado por Engels, foi notável: contam-se 487 artigos, 350 escritos de próprio punho, 125 redigidos por Engels e 12 pelos dois camaradas (Jones, 2017, p. 369)[149].

Não é possível, numa biografia como esta que o leitor tem em mãos, esboçar sequer uma breve resenha da produção marxiana para o *Trib* (para uma visão geral dela, ver Ledbetter, org., 2007). Todavia, para oferecer uma ideia aproximada do universo temático aberto para e por essa produção, vale arrolar – como, com referências precisas, já se fez em Fedosseiev (org., 1983, p. 324 e seg.), considerando ainda matérias publicadas na *Neue Oder-Zeitung* – alguns dos principais objetos nela abordados: o regime político da Inglaterra; a denúncia dos regimes reacionários da Europa continental e da política colonial dos Estados capitalistas (com ênfase na situação da Índia e da China); a crítica da política externa das classes dominantes; o papel nefasto do tsarismo nas relações internacionais (com Marx desenvolvendo, então, segundo Buey, 2004, uma verdadeira *russofobia*); o colonialismo interno inglês em face da Irlanda; a tática revolucionária na Questão Oriental; a atenção ao Extremo Oriente; a Guerra da Crimeia; a Revolução Espanhola[150]; a crise econômico-financeira de 1857... Evidentemente, o trato responsável de um rol temático tão amplo impunha pesquisa cuidadosa, para a qual Marx tinha o suporte documental na biblioteca e na hemeroteca do Museu Britânico[151] e contava com a contribuição dos estudos que Engels seguia realizando em Manchester. Importa sobretudo destacar que, nas investigações que efetuou para atender às demandas das suas tarefas jornalísticas, Marx ampliou significativamente o seu conhecimento do mundo extraeuropeu – como anotou Tible (2014), tais pesquisas transformaram a percepção de Marx acerca de distintas formas sociais, ao lhe abrirem a via a conhecimentos que transcendiam os limites do horizonte europeu.

As investigações a que Marx estava obrigado pelo exigente ofício de jornalista se conjugaram com as pesquisas sistemáticas que ele continuou a desenvolver, passada a tormenta revolucionária de 1848-1849, desde sua chegada a Londres. Em meio às atividades políticas que o mobilizaram até 1852 e depois delas, e sob a vida de verdadeira e dolorosa penúria dos primeiros anos londrinos (que será amenizada transitoriamente, como veremos, em 1856), Marx prosseguiu em seus estudos. Sua atividade intelectual, registrada em dezenas de cadernos que se conservaram, manteve-se intensa[152].

Vê-se: nos primeiros anos do exílio londrino de Marx, a análise do processo revolucionário de 1848-1849 e da vitória da contrarrevolução, a revisão dos seus prognósticos sobre uma nova revolução a curtíssimo prazo, as polêmicas no interior da Liga dos Comunistas, as exigências do seu ofício de jornalista – nada disso foi impeditivo para a continuidade dos seus estudos e das suas pesquisas; ao contrário, tais fatores o estimularam e lhe permitiram um acúmulo de conhecimentos que, processados criticamente, nos próximos dez anos, elevarão as suas concepções teóricas a um novo nível. De fato, nesse novo nível, Marx viverá o seu apogeu intelectual.

V
LONDRES: O APOGEU INTELECTUAL (1857-1867)

Entre 1857 e 1867 – decênio que vai do início da elaboração dos manuscritos que, desde a sua primeira publicação integral (em 1939-1941, na então União Soviética), ficaram conhecidos como *Grundrisse der Kritik der politischen Ökonomie* (Esboços da crítica da economia política), aqui designados simplesmente como *Grundrisse*, até a publicação do Livro I de *Das Kapital. Kritik der politischen Ökonomie* (O capital. Crítica da economia política), referido aqui apenas como *O capital* –, Marx alcançou o seu apogeu intelectual. E é no âmbito desse apogeu que se inscreve a sua reinserção na cena pública, com a fundação da Associação Internacional dos Trabalhadores.

Nesse decênio, Marx, entre os quarenta e os cinquenta anos de idade, ascendeu à plena maturidade teórica e política. Nos seus escritos do período (em parte só publicados postumamente), verificam-se tanto a consolidação da *perspectiva teórico-metodológica* que inaugurou para a análise sócio-histórica quanto as *suas descobertas econômico-políticas mais essenciais* relativas aos fundamentos, à estrutura e à dinâmica do modo de produção capitalista – vale dizer que registra-se, nos escritos de 1857-1867 (incluídos, entre eles, o Livro I de *O capital*), a consumação da complexa e rica formulação/articulação básica da sua teoria social, a teoria da sociedade burguesa.

Entendamo-nos bem: o estágio de desenvolvimento intelectual e teórico-político que Marx alcança nos anos que agora são o objeto desta biografia só se torna inteiramente inteligível e adequadamente compreensível como resultante crítica do acúmulo da reflexão teórica e das experiências sociopolíticas que marcaram a sua evolução pelo menos desde os primeiros contatos com a economia política. Nos textos de 1857 a 1867, encontram-se, ao mesmo tempo, revisões de ideias anteriormente expendidas e interpretações novas e fecundas do processo constitutivo do modo de produção capitalista e da sua incidência nas formas da sociabilidade própria da ordem burguesa; nesses textos, pode-se apreender com rigor a dialética de *mudança e continuidade* que orienta o pensamento marxiano. Na mesma escala, tais textos não assinalam o fecho das pesquisas fundamentais de Marx, que, como haveremos de ver adiante, prosseguirão até a transição dos anos 1870 aos 1880.

O decênio sobre o qual nos deteremos em seguida condensa, na verdade, o caminho decisivo de Marx no rumo de *O capital*, projeto anunciado (o da crítica da economia política) desde a segunda metade dos anos 1840. Condensa, de fato e com a incorporação de novos componentes e determinações, mais de três lustros de pesquisas e, simultaneamente, abre um lapso temporal de pelo menos uma década durante a qual suas pesquisas se aprofundaram e se consolidaram.

As condições de vida da família Marx

Os anos que aqui nos interessam (1857-1867) são vincados por uma notável instabilidade nas finanças dos Marx. Como vimos ao tratar dos primeiros tempos do exílio londrino, a penúria foi a constante da vida familiar deles até 1855-1856. A partir de então, o que os Marx conhecem é uma condição financeira muito instável, em que breves meses sem ter de se esconder de credores ou recorrer a casas de penhor se alternam com outros, mais numerosos e longos, em que a rotina da pobreza volta a se instalar entre eles.

Já o Natal de 1855 foi vivido pelos Marx com grande desafogo: em dezembro, com o falecimento de um tio de Jenny, ela recebeu uma herança de cerca de cem libras. No ano seguinte, com a morte de sua mãe (23 de julho), pouco mais de outra centena de libras chegou-lhe às mãos em outubro[1]. A primeira e mais rápida providência foi deixar a miserável moradia do Soho: ainda em outubro de 1856, a família mudou-se para a casa de número 9 de Grafton Terrace, onde viveu até abril de 1864; depois disso, se estabeleceu em Modena Villas, Maitland Park Road, n. 1, aí ficando por onze anos[2].

Mas a possibilidade ocasional de alugar uma habitação melhor, ainda que modesta – caso da residência de Grafton Terrace, oficialmente classificada como de "terceira classe" pela secretaria londrina de Obras Metropolitanas (Wheen, 2001, p. 205) –, não significava condições financeiras para mobiliá-la e mantê--la; por isso, três meses depois de deixar o Soho (ou seja, em fins de janeiro de 1857), os Marx estavam de novo sem um tostão.

A instabilidade financeira da família Marx, na segunda metade dos anos 1850 e na entrada dos anos 1860[3], deveu-se especialmente aos efeitos imediatos da crise econômica então em curso e da Guerra Civil Norte-Americana – de fato, diminuíram tanto a contribuição de Engels quanto as entradas provindas dos artigos para o *Trib*[4]. Decerto que, no decorrer daqueles anos, Marx contou com aportes monetários significativos: entre fevereiro e março de 1861, em viagem à Holanda e à Alemanha (com um passaporte falso), obteve do tio Lion Philips um adiantamento de 160 libras sobre a herança familiar que lhe era devida[5]; na Alemanha, esteve em Berlim (hospedado por Lassalle) e Trier e reviu a mãe depois de muitos anos – mas a questão da sua herança só seria inteiramente equacionada após a morte de Henriette Pressburg, a 30 de novembro de 1863[6]. No ano seguinte, em maio, faleceu em Manchester o velho companheiro Wilhelm Wolff ("Lupus"), que deixou para Marx um substantivo legado[7].

Na verdade, os (poucos) altos e (frequentes) baixos das finanças da família Marx naqueles anos explicam-se sobretudo pela crise econômica aberta na segunda metade dos anos 1850, mas também pela incapacidade de Marx e Jenny programarem minimamente seus gastos – agora acrescidos pelos custos da educação das filhas, que ambos faziam questão de garantir da melhor maneira possível[8]. Somente a partir da segunda metade dos anos 1860, quando a empresa a que Engels estava associado começou a recuperar-se da crise econômica, as agruras financeiras da família Marx viram-se amenizadas[9]. De fato, elas só foram mesmo superadas na passagem dos anos 1860 aos 1870, quando Engels se encontrou em condições de assegurar, sistemática e regularmente, uma renda anual à família Marx[10].

Cumpre notar que, no decênio 1857-1867, a vida dos Marx não foi afetada apenas pela instabilidade financeira, de quando em quando acentuada por gastos extras, involuntários, ocasionados por eventos episódicos – como nas semanas (referidas mais adiante) em que Lassalle, em julho de 1862, hospedou-se com os Marx, ou a temporada, em maio-junho de 1865, em que, de volta dos Estados Unidos (onde inexplicavelmente combatera do lado dos confederados), o cunhado Edgar von Westphalen viveu com eles. É que, entre 1857-1867, a saúde de Marx começou a apresentar nítidos sinais de deterioração. A doença do fígado e os carbúnculos de que vinha sofrendo desde os primeiros anos do exílio inglês (ver, supra, cap. IV, nota 76) se agravaram: os carbúnculos não lhe deram trégua, sendo que alguns engendraram tumores, e os problemas hepáticos se agudizaram a partir de 1857, derivando em crises que chegaram a imobilizá-lo (a pior delas em abril de 1863); intermitentemente, ele sofreu com inflamações nos brônquios, em consequência do tabagismo, e com hemorroidas. Também a saúde de Jenny se fragilizou naqueles anos: no verão de 1857, uma depressão grave a acometeu (depressões menos significativas seriam experimentadas nos anos seguintes); em novembro de 1859, ela adoeceu vítima de varíola (para não serem contagiadas, as filhas foram alojadas na casa de Liebknecht) e, em abril de 1863, viu-se acamada e com uma surdez temporária (provável sequela da varíola)[11].

Por outra parte, a mudança para a residência de Grafton Terrace coincidiu com a sensível redução da frequência das visitas – quase todas de natureza política – à casa dos Marx; até mesmo pela distância da nova morada, a presença de amigos e de eventuais admiradores rareou[12] e só voltou a ser costumeira a partir do período em que Marx se reinseriu publicamente na cena política quando da movimentação de que resultou a constituição da Associação Internacional dos Trabalhadores (AIT), em 1864. Naqueles tempos de relativo isolamento, a relação intelectual de Marx com Engels se aprofundou ainda mais, em especial – mas não exclusivamente –, por via da copiosa correspondência que mantiveram[13]. Compensaram o isolamento pessoal de Marx o estreitamento de suas relações com Lassalle (ver infra) e, em finais de 1862, o início da sua relação epistolar com o médico Ludwig Kugelmann (1828-1902), de Hanover, logo convertida em uma amizade que se interrompeu doze anos depois[14]; em 1866, entraram no círculo de relações dos Marx dois novos personagens, que se integrariam à família nos anos seguintes: Paul Lafargue e Charles Longuet[15].

A crise de 1857, pesquisas e polêmicas (Lassalle e Vogt)

No decênio de que agora nos ocupamos, o trabalho jornalístico de Marx prosseguiu. Mesmo reduzindo-se a demanda do *Trib* por seus textos, ele entregou ao jornal nova-iorquino materiais de relevo, como aqueles referentes à crise econômica aberta em 1857[16]. De fato, naqueles anos, Marx continuou empenhado em contribuir com a imprensa progressista[17] – favorecida porque tanto a ultrapassagem dos efeitos da crise econômica de 1846-1847 quanto a recuperação que a ela sobreveio (antecipada por Marx e Engels na longa recensão publicada no n. 5-6 da *NGR-R*, como vimos no capítulo IV) configuraram na Europa ocidental um novo quadro sociopolítico que acabou por ser favorável às forças progressistas. Se os primeiros anos da década de 1850 foram *anos de reação*, subsequentes à derrota histórica da Revolução de 1848 e marcados por uma vaga profundamente reacionária, a crise de 1857 abriu uma conjuntura propícia à retomada das lutas sociais.

A recuperação econômica dos anos 1850 fora muito expressiva:

> No decurso de um período muito breve, as forças produtivas tiveram um crescimento sensível. O sistema fabril alcançou importantes êxitos. Foram postas a funcionar centenas de fábricas, unindo sob o mesmo teto massas de operários até então nunca vistas. Nas grandes empresas, o vapor e as máquinas-ferramenta eliminavam o trabalho manual na indústria. Ao mesmo tempo, verificavam-se modificações que afetavam os transportes e as comunicações. A rede ferroviária do mundo passou de 25.000 km, em 1847, para 83.000 km, em 1857.
> Só de 1850 a 1860, o volume de trocas no mercado mundial quase duplicou. A atividade bancária e de crédito assumiu uma envergadura excepcional.

O número de bancos de todas as espécies aumentou rapidamente e as suas operações adquiriram uma amplitude sem precedentes. Na bolsa, a agiotagem permanente era a regra. (Fedosseiev, org., 1983, p. 353)

Panorama da referida recuperação comparece nas palavras de Hobsbawm (1982, p. 50-1): segundo o grande historiador, o que ocorreu naqueles anos

> foi tão extraordinário que não foi possível detectar um precedente. Nunca, por exemplo, as exportações inglesas cresceram tão rapidamente quanto nos primeiros sete anos de 1850. O algodão inglês aumentou sua taxa de crescimento sobre as décadas anteriores. Entre 1850 e 1860 a taxa duplicou. [...] Entre 1820 e 1850, estas exportações cresceram em 1.100 milhões de jardas, mas na década entre 1850 e 1860 elas cresceram consideravelmente mais que 1.300 milhões. [...] Para onde olharmos, evidências similares da grande expansão podem ser encontradas. A exportação de ferro da Bélgica mais que dobrou entre 1851 e 1857. Na Prússia, um quarto de século antes de 1850, 67 companhias tinham sido fundadas com um capital total de 45 milhões de táleres, mas em 1851-1857, 115 companhias similares tinham-se estabelecido – excluindo companhias de estradas de ferro – com um capital total de 114,5 milhões [...].
> Num certo momento deste período inacreditável, a taxa de lucro do *Crédit Mobilier* de Paris, a companhia financeira que era o símbolo da expansão capitalista [...] chegou a 50%.[18]

As transformações econômicas, científicas e tecnológicas experimentadas pelos principais países capitalistas europeus nos anos 1850 foram detalhadas por vários especialistas (entre os quais Landes, 1994, p. 131 e seg., Hobsbawm, 1982, p. 261-70 e Bernal, 1989, v. I, p. 418-30) e, ademais, verificavam-se também na América do Norte[19]. Tais transformações – próprias à recuperação da economia capitalista que Marx-Engels já apontavam na recensão de 1850 – estiveram na base dos *anos de reação*: seu resultado imediato, no plano político, foi proporcionar "aos governos sacudidos pela revolução um espaço para respirar de valor inestimável" e, doutro lado, destroçar "os ânimos dos revolucionários". Constata Hobsbawm: "Numa palavra, a política estava em estado de hibernação" (1982, p. 51)[20].

Esse estado, porém, não tardaria a ser revertido: a "hibernação" foi posta em questão pela crise de 1857. Reconhece-o o próprio Hobsbawm: a calmaria

> chegou ao fim com a depressão de 1857. [...] A política reanimou-se. Em pouco tempo, todas as velhas questões da política liberal voltaram à agenda – a unificação nacional da Alemanha e da Itália, a reforma constitucional, liberdades civis e o resto. *Onde a expansão econômica de 1851-1857 havia tomado lugar num vácuo político, prolongando a derrota e a exaustão de 1848-1849, depois de 1859 ela coincidiu com uma intensa e crescente atividade política.* (Ibidem, p. 52 [itálicos meus – *JPN*])

Vê-se: a análise marx-engelsiana do verão de 1850 demonstrava-se parcialmente verdadeira e inteiramente justa no tocante à recuperação econômica e ao seu caráter transitório (mesmo que de largas consequências); nos anos precedentes à emersão da crise, Marx reiterou a sua avaliação sobre a iminência dela[21]. Em 1855, afirmou que "após poucos meses a crise atingirá o nível mais elevado que já se observou na Inglaterra desde 1846" (citado em Sperber, 2014, p. 316). E às vésperas da crise, em outubro de 1856, ele sustentou, em artigo para o *Trib*, que estava em curso "um movimento no mercado monetário europeu análogo ao pânico de 1847" (MEW, 1961, v. 12, p. 53); escrevendo para o mesmo jornal, em artigo publicado a 6 de dezembro de 1856, confrontou-se com os generalizados juízos que asseguravam uma melhoria da situação econômica e pontuou o seu agravamento (ibidem, p. 80)[22].

Contudo, se a prospecção marx-engelsiana de 1850 revelou-se verdadeira e justa no que toca à recuperação econômica, no que se relaciona à dinâmica política ela enfermou da reiteração do equívoco de supor uma retomada para breve do movimento revolucionário: na segunda metade da década de 1850, Marx avaliou a crise como prenunciadora de um "dilúvio" (ele usa o termo em carta a Engels de 8 de dezembro de 1857 – MEW, 1963, v. 29, p. 225), sustentando a possibilidade de um ascenso *revolucionário*[23]. A suposição de que "a crise devia preceder um agravamento imediato da situação política nos países capitalistas mais avançados" (Fedosseiev, org., 1983, p. 354) mantém-se pelo menos até o fim dos anos 1850, como se registra numa carta a Engels de 8 de outubro de 1858, quando considera que, "no continente [europeu], a revolução é iminente e imediatamente assumirá um caráter socialista" (MEW, 1963, v. 29, p. 360). Só a partir da década de 1860 Marx abandonará essa suposição equivocada.

É fato, como reconhecem analistas situados em diferentes espaços do espectro teórico e político[24], que foram significativas as implicações políticas da crise de 1857. Parece claro que, na passagem dos anos 1850 aos 1860,

> na Alemanha e na Itália, onde as tarefas essenciais da revolução democrática burguesa ainda não tinham encontrado uma solução, desenvolveu-se de novo o movimento pela unificação nacional. Estava-se a criar uma situação revolucionária na Rússia e nos Estados Unidos. A luta contra a opressão nacional entrara numa nova fase na Polônia e na Irlanda. A efervescência aumentava entre as massas populares da França bonapartista e do Império Austríaco. Na Alemanha, na Inglaterra, em França, nos Estados Unidos e noutros países cresceu a atividade política da classe operária. (Fedosseiev, org., 1983, p. 375)

Outro analista do período observa que,

no final da década de 1850, uma nova política tinha começado a surgir, na qual as ideias radicais e socialistas reapareceram numa forma mais modesta e prática. Ideais de cooperação tinham sido reformulados; o sindicalismo se expandia e buscava uma base legal mais firme. Liberais e radicais tinham começado a colaborar em movimentos sufragistas reformistas e havia sinais da renovação de um movimento feminista que aparecera primeiramente na Grã-Bretanha e na França na década de 1830. (Jones, 2017, p. 425)[25]

Porém, a emergência de uma "nova política" – ou da possibilidade de exercitar a política rompendo com a "hibernação" que respondeu pela transitória "calmaria" referida por Hobsbawm –, ainda que carregada de relevantes implicações, não resultou na criação de uma ambiência política revolucionária. Vale dizer, lembrando os termos da carta de Marx a Engels citada há pouco: a revolução *não* se pôs como "iminente", nem, por isso mesmo, pôde revelar "imediatamente" o seu "caráter socialista". Marxistas de diferentes gerações, aliás, não hesitaram em concluir que a prospecção *política* marxiana demonstrou-se então falha: Mehring (2013, p. 265) constatou honesta e francamente que "a crise de 1857 não se desenvolveu no sentido de uma revolução proletária, como Marx e Engels esperavam" e Hobsbawm (1982, p. 52) registrou que, na sequência da crise de 1857, "a política ganhou novo ânimo num período de expansão, mas não era mais a política da revolução".

Na Alemanha, objeto constante das preocupações de Marx, mudanças políticas importantes sobrevieram na passagem dos anos 1850 aos 1860. Desde 1858, quando Frederico Guilherme IV apresentara sinais de insanidade, seu irmão, Guilherme, assumira a regência da Prússia; em 1861, foi coroado rei (Guilherme I). Conhecido como um dos grandes repressores do movimento de 1848 em Berlim, Guilherme I compreendeu que os *anos de reação* já se tinham esgotado: demitiu os quadros políticos responsáveis pela repressão dos anos 1850 (inclusive Ferdinand, o meio-irmão de Jenny), tratou de afrouxar a censura e decretou uma anistia em 1861. Em 1862, incorporou ao governo aquele que seria uma figura paradigmática da política conservadora pós-1848: Otto von Bismarck (1815-1898), que conduziu ("pelo alto") a unificação da Alemanha. As mudanças operadas sob Guilherme I, mesmo limitadas e controladas[26], abriram espaço para as forças de oposição ao absolutismo, do que resultou, na primeira metade dos anos 1860, a renovação do movimento operário alemão (Hamerow, 1972; Sperber, org., 2004; Deffarges, 2013; Mehring, 2013a). Foi no contexto dessas mudanças que, uma década depois da dissolução da Liga dos Comunistas, Marx pôde retomar contatos diretos com as lutas sociais alemãs.

Essas mudanças estimularam a prossecução das pesquisas que Marx empreendera a partir de 1851 (ver, supra, cap. IV, nota 152). Tais pesquisas, fomentadas pela crise de 1857, avançaram no período que agora nos interessa – apesar de intermitentemente interrompidas, seja por razões políticas (como em 1860, quando o autor se dedicou a preparar o contra-ataque a Karl Vogt – ver infra), seja por razões de saúde (como em abril de 1863). A documentação conservada, substantivo conjunto de *cadernos* relativos aos anos 1857-1867[27], não apenas lista um enorme rol de autores que Marx examina, perquire e critica, mas ainda registra de notações pontuais a reflexões seminais a serem desenvolvidas adiante; sobretudo, acumula *manuscritos de importância crucial para o desenvolvimento posterior da crítica de Marx da economia política*. Partes extremamente significativas desses materiais não foram redigidas de forma conclusiva; antes, expressam a dinâmica do "laboratório teórico" de Marx, elementos básicos que, posteriormente reelaborados para vir à luz pública, haveriam de fundamentar e constituir a sua crítica da economia política.

No decênio de que nos ocupamos neste capítulo, Marx dirigirá suas investigações especialmente para o âmbito da economia política que se ergueu dos pensadores dos séculos XVII e XVIII aos seus contemporâneos: nelas, colocará em questão as suas principais teses teóricas, seus fundamentos metodológicos e suas conexões com as correntes políticas e ideológicas, considerando tanto as ideias/concepções dos seus formuladores quanto as críticas que despertaram. Nesse trabalho investigativo, Marx articulará a *leitura imanente* dos textos que perscruta à sua *contextualidade histórica*, em operações crítico-analíticas no curso das quais extrairá – confrontando a textualidade com o exame da realidade e da atualidade econômico-política do modo de produção capitalista que vinha acompanhando havia cerca de uma década e meia – os eixos da crítica da economia política a que dedicou o melhor dos seus esforços e empenhos e que concretizou em *O capital*. No seguimento deste capítulo, teremos oportunidade de tematizar o que nos parece ser o essencial dessas investigações.

No entanto, há que sinalizar que, também no período que agora nos interessa, o conjunto desses estudos não se limitou estreita nem estritamente a questões pertinentes à economia política. A autoformação de Marx, sempre operante e nunca conclusa, o seu projeto/processo de um desenvolvimento individual omnilateral[28] e a sua fáustica sede de saber marcaram também esse período da sua vida: prosseguiu no seu cultivo dos clássicos da literatura ocidental (Homero, Dante, Shakespeare, Goethe), dedicou-se aos problemas da estética pós-hegeliana[29], repassou suas leituras de Vico (1668-1744) e Hegel, discutiu Boécio (*De aritmética*), revisitou a Antiguidade (Apiano de Alexandria, *As guerras civis em Roma*)... A deriva da leitura de Marx (para além da economia política, mas conexa a ela) dirigiu-se então mais regularmente para o pensamento científico-natural, num movimento que se registraria até o fim de sua vida, como se verá mais adiante.

Na década de 1860, Marx acompanhou atentamente os trabalhos do físico John Tyndall (1820-1893), assistindo às suas conferências na Universidade de

Londres, bem como as que Thomas Huxley (1825-1895) proferia para um público não acadêmico; à mesma época, leu textos do fisiologista Theodor Schwann (1810-1882). O interesse continuado de Marx pelas ciências da natureza facilitou o seu contato com o mundo científico da época, de que foi mostra o posterior e profundo relacionamento que, por volta de 1880, estabeleceu-se entre ele e o pesquisador Edwin Ray Lankester (1847-1929)[30]. É quase consensual entre os estudiosos de Marx é que, das leituras científicas que desbordaram o campo da economia política, nos anos que aqui nos interessam, a que lhe causou mais forte impacto foi a de Charles Darwin (1809-1882), realizada na sequência imediata da publicação de *A origem das espécies*, de 1859 – mesmo ano em que, como veremos, saiu a *Contribuição à crítica da economia política*[31].

Após examinar *A origem das espécies*, Marx escreveu a Engels, em carta de 19 de dezembro de 1860, que o livro, "apesar de desenvolvido de maneira grosseiramente inglesa, contém a base histórico-natural da nossa concepção" (MEW, 1964, v. 30, p. 131)[32]; corretamente, um estudioso lembra que, nesse passo, "nossa concepção" se refere ao que se designa como "filosofia materialista da história" (Cottret, 2010, p. 306). Considerando o mérito histórico de Darwin ter ferido de morte "a interpretação idealista e teleológica da natureza, cujo sentido racional explicava de forma científica" (Fedosseiev, org., 1983, p. 373), Marx manteve em face dele, de 1860 em diante, uma relação de grande respeito[33]. Entretanto, nunca perdeu de vista a debilidade da concepção de mundo de Darwin, consistente na "tendência para estabelecer uma analogia simplista entre as leis que operam no mundo animal e vegetal e a luta da concorrência, 'a guerra de todos contra todos' que se desenrolava diante dos seus olhos na sociedade capitalista da sua época" (idem). Essa debilidade – que, independentemente da vontade de Darwin, se expressaria de forma crua no "darwinismo social" de muitos ideólogos que exploraram com vulgaridade o legado do autor de *A origem das espécies* – fez que Marx jamais identificasse as ideias de Darwin com as suas e, consequentemente, nunca tenha cogitado unificá-las (Cottret, 2010, p. 306)[34].

Cuidemos agora de dois debates importantes que Marx protagonizou entre finais dos anos 1850 e inícios dos anos 1860: o certame literário com Ferdinand Lassalle e o áspero enfrentamento a que o obrigou Karl Vogt (1817-1895). Comecemos pelo debate literário, que não conheceu imediatamente a luz pública, com Lassalle, um personagem histórico tão importante quanto contraditório.

Logo que publicada em francês a correspondência Marx-Lassalle (Dayan--Herzbrun, org., 1977), o filósofo Jean-Michel Palmier (1944-1998), numa recensão do volume para o *Monde des livres* (Mundo dos livros) (do parisiense *Le Monde*, edição de 22 de julho de 1977), caracterizou a complexa relação de Marx com Lassalle como sendo *uma amizade sem confiança* – foi uma feliz caracterização. De fato, entre ambos houve afeto e respeito, sinceridade e cooperação, porém paradoxalmente mesclados com suspeitas, dissimulação e competição. Eram dois homens muito diferentes: de um lado, uma personalidade firme e corajosa na política, pensador rigoroso e teórico sistemático, consciente do seu valor sem ostentar pretensões descabidas, franco com seus amigos, discreto junto aos seus auditórios, orador medíocre – Marx; doutro, um indivíduo brilhante, agitador incansável, orador apaixonado e fluente, aventureiro temerário na política e na vida privada, polígrafo fecundo e intelectualmente talentoso, porém afetado pelo diletantismo, incapaz de controlar uma vaidade exorbitante e uma gestualidade teatralizada – Lassalle[35].

Marx e Lassalle aproximaram-se durante o processo revolucionário de 1848-1849; Lassalle chegou a colaborar, desde Düsseldorf, com a *Nova Gazeta Renana* (Mayer, 1979, p. 444). Os contatos entre eles foram interrompidos com a partida de Marx para o exílio, com Lassalle permanecendo na Alemanha e fazendo uma carreira advocatícia de sucesso, garantindo-se inclusive uma boa situação financeira – assegurada pela relação que estabeleceu, e que manteve por toda a vida, com uma antiga cliente, a condessa Sophie von Hatzfeldt (ver Gebhardt, 1991). Nos anos 1850, Lassalle desenvolveu atividades literárias e, na medida do possível, políticas; neste âmbito, posicionou-se como uma liderança ligada aos trabalhadores e, na segunda metade da década, reativou seus contatos com Marx e Engels através de cartas, que se tornaram mais frequentes a partir de 1858.

Dentre as missivas trocadas entre ambos[36], uma das mais expressivas é aquela em que Marx, a 19 de abril de 1859 (MEW, 1963, v. 29, p. 590-3), a instâncias de Lassalle, discute a peça dramática *Franz von Sickingen*, que o próprio lhe enviara em princípios de março. Na carta que acompanhou o envio do *Franz von Sickingen*, Lassalle formula o que diz ser um "pedido óbvio": "Que me escrevas uma avaliação detida e totalmente sincera do que achas da coisa" (ver o apêndice a Lukács, 2016, p. 206). O "pedido óbvio" foi satisfeito por Marx na carta acima referida[37].

Refigurando dramaticamente um episódio da Rebelião dos Cavaleiros (1521-1522), evento histórico em que o nobre Sickingen, protagonista central, é derrotado, Lassalle, com os olhos em verdade postos no desfecho do movimento revolucionário de 1848-1849, propôs-se de fato a plasmar o que a seu ver constituiria o *drama da revolução* – revolução que, na peça, nunca é concretamente determinada e, vale dizer, constituiria o drama de *toda* revolução (também, obviamente, da Revolução de 1848-1849). O caráter abstrato desse drama, que Marx vê inclusive no Sickingen personagem de Lassalle [592] e tacitamente reconhecido por ele na correspondência que trocam, haverá de ser um ponto de arranque da crítica marxiana à pretensão de Lassalle de constituir com ele a fundação de uma moderna dramaturgia alemã. Aliás, na sua longa réplica, de 27 de maio de 1859, dirigida tanto a Marx quanto a Engels[38], tal pretensão transparece com clareza, bem como o objetivo de elaborar um drama sobre o *"caráter eterno-dual"* do conflito apresentado no *Franz von Sickingen* (ver apêndice a Lukács, 2016, p. 239)[39].

Na carta de 19 de abril de 1859, Marx começa afirmando que, no *Franz von Sickingen*, "tenho de elogiar a composição e a ação, e isso já é mais do que se pode dizer de qualquer drama alemão moderno" [590]. Todavia, logo assinala uma "questão puramente formal": "Já que escreveste em versos, poderias ter dado um acabamento mais artístico aos iambos" [590]; noutros passos, Marx tangencia questões formais e enaltece algumas soluções de Lassalle [592-3]. Entretanto, examinando o *estilo* do *Franz von Sickingen*, Marx não se situa numa angulação formalista: se identifica nele relações com o estilo de Schiller (e, conforme a erudita análise de Lukács, 2016, também com os supostos schillerianos, teórico--filosóficos e históricos), Marx indica que a *colisão trágica* plasmada por Lassalle não alcança a densidade – *histórica e estética* – exigida para a constituição de uma "tragédia moderna". Eis o cerne da crítica de Marx: ele reconhece que "o conflito pretendido não só é trágico, mas é o conflito trágico no qual sucumbiu, com razão, o partido democrático de 1848-1849. Por isso, só posso manifestar a minha máxima aprovação ao intento de fazer dele o pivô de uma tragédia moderna" [590-1], mas logo indaga "se o tema tratado foi adequado à exposição desse conflito" [591]. A resposta marxiana, formulada de maneira serena, mas firme, é inequivocamente negativa. Mencionando um outro personagem do drama, Balthasar, Marx aponta que este "pôde imaginar que Sickingen teria saído vitorioso caso tivesse levantado a bandeira do anticlericalismo e da guerra aberta aos príncipes, em vez de camuflar sua revolta como disputa cavalheiresca". Mas tal *ilusão* de Balthasar não pode ser compartilhada, já que Sickingen não foi derrotado por sua esperteza: "Ele sucumbiu por ter se sublevado contra o existente ou, antes, contra a nova forma do existente e por tê-lo feito *na condição de cavaleiro e de representante de uma classe em declínio*" [591]. E acrescenta:

> Dizer que ele começa a revolta sob a aparência de uma luta cavalheiresca nada significa, além de que ele a inicia *ao estilo da cavalaria*. Se quisesse começá-la de outro modo, ele teria de apelar diretamente e logo de início às cidades e aos camponeses, isto é, exatamente às classes cujo desenvolvimento = negação da cavalaria. [591]

Está claro que, para Marx, o tema tratado – tomemos a sua expressão – *não* foi adequado à exposição do conflito porque

> os representantes da *nobreza* na revolução [...] não devem, então, absorver todo o interesse, como fazem no teu [de Lassalle] caso, mas os representantes dos camponeses (principalmente estes) e dos elementos revolucionários nas cidades deveriam compor um pano de fundo ativo bastante significativo. [591-2]

A falta desse *pano de fundo ativo* compromete a colisão trágica antes referida, debilitando-a ao colocar "a oposição cavalheiresca luterana acima da oposição plebeia münzeriana"[40]; ora, a ausência do dito *pano de fundo ativo* resulta da própria concepção que Lassalle tem da revolução e incide necessariamente na *elaboração estilística* – Marx assim o expressa: "Deverias, então, por tua conta, ter *shakespearizado* mais, ao passo que deposito em tua conta, como teu equívoco mais significativo, o *schillerizar*, ou seja, a transformação de indivíduos em meros alto-falantes do espírito da época" [592]. As reservas de Marx e de Engels ao *Franz von Sickingen*, na segura interpretação de Lukács, se conectam ao

> fato de que aquilo que eles exigem do drama – a narração forte e realista das lutas de classes históricas como elas aconteceram, a configuração concreta [*sinnfällige*] das forças motrizes reais, dos conflitos objetivos reais nelas presentes – só é possível com os meios poéticos designados por Marx aqui com a expressão "shakespearizar". (Lukács, 2016, p. 44)[41]

Vale dizer: se a forma estilística conferida ao *Franz von Sickingen* tem supostos extraliterários, não deriva deles mecanicamente nem é uma resultante sem mediações específicas; *meios poéticos* respondem por ela.

A brevidade do juízo de Marx sobre o *Franz von Sickingen* (na edição das MEW, duas páginas e meia) e do comentário aqui exarado não devem levar o leitor a considerar superficial e apressadamente a sua importância. A avaliação *literária* de Marx, no caso de Lassalle, analisada em profundidade, contém elementos seminais próprios às concepções estéticas marxianas[42] e, sobretudo, já demonstra que, na apreciação da literatura (e, mais amplamente, da arte), Marx *não* secundariza o *valor estético* nem o subordina arbitrariamente a critérios estranhos a ele – do que, por outra parte, é prova inquestionável a admiração de Marx por Honoré de Balzac (1799-1850)[43].

O debate sobre o *Franz von Sickingen*, desenrolando-se entre os três (Marx, Engels e Lassalle), esgotou-se quando o primeiro decidiu não contestar a réplica de Lassalle contida na carta de 27 de junho de 1859. Marx entendeu que uma divergência sobre literatura, mesmo séria, não tinha por que levar a um afastamento entre companheiros. Ademais, pesou na decisão de Marx o fato de ser Lassalle, no marco da restrita liberação iniciada por Guilherme I, o vínculo que lhe permitia influir na Alemanha, uma vez que o amigo, que publicamente afirmava a sua relação (inclusive teórica) com ele, despontava então como uma liderança com prestígio entre os trabalhadores. Sob todos os títulos, havia que preservar a posição de Lassalle no interior do "partido", tomado por Marx "no grande sentido histórico do termo" (ver, supra, cap. IV, nota 118)[44].

Entretanto, foi justo no campo da política que a relação de Marx com Lassalle começou a carecer do necessário componente da confiança aludido por Palmier.

Enquanto Marx debatia com Lassalle o *Franz von Sickingen*, a Guerra Italiana de 1859, iniciada em abril pela França e pelo Piemonte contra a Áustria[45] – recolocando a questão da unidade nacional da Itália –, fazia emergir entre eles uma discrepância política muito relevante, até porque incidia diretamente na condução política dos trabalhadores alemães. À posição de Marx e de Engels, que foi expressa por este no panfleto *O Pó e o Reno*, de abril de 1859 (MEW, 1961, v. 13, p. 227-68), Lassalle contrapôs a sua, divulgada noutro panfleto, *A Guerra Italiana e as tarefas da Prússia*, editado no mês seguinte. A divergência era flagrante: não dizia respeito apenas aos Estados abertamente envolvidos, mas rebatia no problema da unificação alemã, questão central para Marx e Engels. As teses de ambos, claramente retomadas e explicitadas na ocasião através do panfleto de Engels, material que Lassalle logo conheceu,

> exigiam a intervenção dos Estados do norte da Alemanha ao lado da Áustria contra a França bonapartista, [...] exortavam à luta por uma república democrática una [na Alemanha] e pronunciavam-se resolutamente contra a política dos governos austríaco e francês em relação à Alemanha. (Vv. Aa., 1986a, p. 233, 237)

Já Lassalle defendia, contrariamente, "a neutralidade dos Estados da Confederação Germânica na Guerra Italiana, declarava progressista a política italiana de Luís Napoleão e apresentava o imperador francês como benfeitor não só da Itália, mas também da Alemanha" (ibidem, p. 237). Eram posições irreconciliáveis e Marx fê-lo notar privadamente ao próprio Lassalle, assinalando que "a polêmica pública no interior de um partido tão pequeno [...] não é de nenhum modo vantajosa" (carta a Lassalle de 22 de novembro de 1859 – MEW, 1963, v. 29, p. 630). Também nesse caso, Marx manteve inteira discrição; mas a decisão de Lassalle de publicar o seu panfleto sem qualquer informação a ele e a Engels levou Marx, a partir de então, a manter crescentes reservas políticas em relação ao oponente (reservas só comunicadas a Engels[46]). Quebrara-se a confiança que depositava no autor do *Franz von Sickingen*.

A relação pessoal entre Marx e Lassalle, contudo, não foi interrompida: prosseguiu, por meio de cartas, até pouco após os dois encontros pessoais que se sucederam. Quando da primeira viagem de Marx à Alemanha desde o fim dos anos 1840, Lassalle hospedou-o, entre 16 de março e 13 de abril de 1861, na sua luxuosa casa na Belevuestrasse, uma das ruas mais elegantes de Berlim. Foram dias de intensa vida mundana[47], que Marx suportou com estoicismo, e não apenas pelo seu ainda vivo afeto para com o anfitrião, mas também por motivos de ordem política: de uma parte, discutiram longamente sobre o lançamento de um novo jornal na Alemanha, a ser financiado pela condessa von Hatzfeldt, projeto que não avançou; doutra, ficaram na expectativa da resposta oficial a um requerimento (que Marx apresentou a instâncias de Lassalle) para readquirir a nacionalidade prussiana – como já vimos (ver, supra, neste capítulo, nota 26), a autoridade competente negou a pretensão.

O segundo encontro entre eles deu-se no ano seguinte: retribuindo a visita de Marx, Lassalle e a condessa foram a Londres e se hospedaram na casa dos Marx, que os receberam a 9 de julho e hospedaram até a primeira semana de agosto. Lassalle chegou num momento em que os Marx viviam mais um período de penúria, "mas Marx sentiu-se no dever de dar alguma mostra de retribuição pela hospitalidade que havia aceitado (mesmo sem se comprazer com ela) em Berlim no ano anterior" (Wheen, 2001, p. 232); Lassalle só se apercebeu da situação financeira do anfitrião quase à hora de partir[48]. E apercebeu-se quando, constrangido por uma fila de credores à porta de casa e à vista de Lassalle, Marx revelou-lhe o estado de suas finanças e acabou por pedir um empréstimo, que não se efetivou, derivando numa mal-humorada troca de cartas nos meses seguintes – só então a relação entre os dois teve fim.

É claro, todavia, que o rompimento teve *razões políticas*: no decorrer das conversas em Londres, ficou explícito que a projeção política de Lassalle era a de promover uma espécie de "socialismo pelo alto", fundado nas "associações de produção com a ajuda do Estado e sobre o sufrágio universal como panaceia política", com a consideração do campesinato como uma "classe reacionária" – o que deixava "inteiramente de lado a ideia de associar as massas camponesas à luta" (Fedosseiev, org., 1983, p. 418). Ao fim da estadia de Lassalle em Londres, Marx concluiu que "politicamente não concordamos em nada, exceto em alguns objetivos finais muito remotos" (carta a Engels, 7 de agosto de 1862 – MEW, 1964, v. 30, p. 270). Poucos anos depois, em carta a Kugelmann, Marx sumariou a sua ruptura com Lassalle: disse que ela ocorrera

> (1) em virtude das fanfarronadas e autoelogios, aos quais ele aduzia o mais desavergonhado plagiato de meus escritos etc.;
> (2) porque *eu condenava sua tática política*;
> (3) porque, mesmo *antes* que ele começasse sua agitação, expliquei longamente e provei a ele [...] que neste país a ação *socialista* direta pelo "Estado da Prússia" era um absurdo.
> Em suas cartas dirigidas a mim (de 1848 a 1863), como em nossos encontros pessoais, ele sempre se declarou um aderente do partido que eu represento. Tão logo convenceu-se, em Londres [...], de que não podia jogar seus jogos *comigo*, ele decidiu colocar-se à frente como o ditador "dos trabalhadores" *contra* mim e o velho partido.
> Apesar de tudo isso, reconheci seus serviços como agitador, embora, na altura do fim da sua curta vida, mesmo essa agitação me parecesse ter um caráter cada vez mais ambíguo.

[...] Lassalle se perdeu porque era um praticante da *Realpolitik*. (Carta de 23 de fevereiro de 1865 – MEW, 1965, v. 31, p. 451)[49]

Ao mencionar o "caráter cada vez mais ambíguo" do protagonismo de Lassalle, Marx referia-se à sua (e também de Engels) convicção de que Lassalle estava buscando contatos com Bismarck (designado primeiro-ministro em 1862) para um pacto político entre a classe operária e segmentos da oligarquia fundiária, os *junkers*. Em janeiro de 1865, a partir de seguras informações de Liebknecht, comprovou-se que a convicção marxiana era verdadeira[50].

Em vida de Lassalle, Marx nunca deu a público suas divergências. Levava em conta e respeitava o papel importante que Lassalle desempenhava entre os trabalhadores alemães, papel que se evidenciou em maio de 1863, quando ele animou a criação da Associação Geral dos Trabalhadores Alemães, à frente da qual esteve até sua morte (em agosto de 1864, aos 39 anos de idade). Tal associação foi um primeiro passo na mobilização/organização dos trabalhadores alemães na sequência do fim dos *anos de reação*, e tanto Marx quanto Engels esperavam que, no seu avanço, as teses políticas equivocadas de Lassalle seriam superadas[51]. Mas o fato é que o *lassalleanismo* influiu forte e negativamente no movimento operário alemão; quando este se unificou, em 1875, no Congresso de Gotha, que deu origem ao Partido Social-Democrata alemão, Marx o combateu severamente (como haveremos de ver no capítulo VII), com críticas dirigidas às ideias de Lassalle – na economia, a sua "lei de bronze" dos salários; na política, a sua concepção de Estado[52] – e às de seus discípulos, que conduziram a associação criada por ele até meados dos anos 1870.

De natureza completamente diversa foi o duro enfrentamento de Marx com Karl Vogt, designado pela maioria dos biógrafos como "o caso Vogt"[53] – do qual resultou o livro *Herr Vogt* (Senhor Vogt) (MEW, 1961, v. 14, p. 381-686, publicado em português em Marx, 1976, v. I-II). Sobre a obra, o juízo de Engels, formulado em carta a Marx de 19 de dezembro de 1860, é reproduzido largamente: o *Senhor Vogt* "é certamente o melhor texto polêmico que já escreveste" (MEW, 1964, v. 30, p. 129); também conhecida é a avaliação de Lassalle, para quem o livro é "um trabalho de mestre em todos os aspectos" (citado em Mehring, 2013, p. 292). A preparação do livro, publicado em Londres em dezembro de 1860, ocupou Marx durante quase todo o ano, reduzindo ao limite o ritmo dos estudos econômico-políticos retomados em 1857-1858.

Vogt, que participou significativamente dos eventos de 1848-1849 em Frankfurt, acabou por exilar-se na Suíça e aí fez exitosa carreira universitária como cientista (ver Pont et al., orgs., 1998), ganhando prestígio como naturalista, articulando materialismo e evolucionismo. Mesmo ocupado em importantes atividades acadêmicas, não deixou de lado pretensões políticas: na segunda metade dos anos 1850, divulgou um programa político para os democratas alemães (1857) e, em seguida (1859), uma brochura tematizando a situação política contemporânea da Europa (*Studien zur gegenwärtigen Lage Europas* [Estudos sobre a situação atual na Europa]). Esses dois textos tiveram alguma ressonância na Alemanha e em especial entre os revolucionários de 1848-1849 que estavam no exílio. Marx, advertido sobre as intervenções políticas de Vogt, inicialmente não lhes deu maior importância – teria dito a Freiligrath que não eram mais que "muito barulho" (Mehring, 2013, p. 279). Um barulho que acabou por envolvê-lo.

Na brochura de 1859, sustentando que a posição de Luís Napoleão diante da questão da unificação italiana não afetava a segurança dos Estados alemães nem a possível unificação da Alemanha, Vogt incorporou claramente a retórica da propaganda oficial bonapartista. Logo surgiram rumores de suas possíveis vinculações com o imperador francês. Um exilado alemão, Karl Blind (1829-1907), que não tinha ligações estreitas com Marx, informou-o de que havia indicações de que Vogt seria financiado por Luís Napoleão; Marx comentou a informação com Elard Biskamp (1820-1882), editor do *Das Volk* (O Povo) (ver, supra, neste capítulo, nota 17), e este, sem a anuência de Marx, publicou um artigo satírico denunciando o "regente do reino" como um "traidor do reino"[54]. Vogt respondeu em um artigo de jornal, sustentando que tal acusação era produto da maquinação de exilados que, em Londres, obedeciam às ordens do "chefe Marx" e tentavam induzir trabalhadores a "conspirações que eram conhecidas desde o início pela polícia continental [...]. Marx não achou oportuno responder a este 'artigozinho imundo'" (Mehring, 2013, p. 280).

O "caso Vogt" ganhou sua verdadeira dimensão quando (cf. Rubel, 1991, p. 81) o *Das Volk* publicou um artigo anônimo ("Zur Warnung" [Uma advertência]), logo reproduzido pelo *Allgemeine Zeitung* [Gazeta Geral], jornal de Augsburg, atacando Vogt e reiterando acusações de que ele seria um agente a serviço de Luís Napoleão. O texto não era da lavra de Marx (verificou-se depois que o artigo fora escrito por um amigo de Blind, Karl Schaible). Mas Vogt contra-atacou, primeiro abrindo um processo legal contra o *Allgemeine Zeitung*, em seguida dando a público, em dezembro de 1859, um livro – *Mein Prozess gegen die Allgemeine Zeitung* [Meu processo contra a *Gazeta Geral*] – no qual arrolava documentos e intencionalmente misturava meias-verdades sobre a emigração (desde 1850, caluniando sobretudo a Liga dos Comunistas) com mentiras inteiras sobre "a rede de comunistas de Londres" e o "chefe Marx". Só então Marx se moveu: em janeiro de 1860, contratou o jurista alemão Julius Weber e ingressou em tribunal contra dois jornais (*National Zeitung* [Jornal Nacional], de Berlim, e *Daily Telegraph* [Telégrafo Diário], de Londres) que haviam reproduzido as mentiras de Vogt; as ações legais, todavia, em nada resultaram.

Entrementes, o vogtiano *Meu processo contra a Gazeta Geral* fazia sucesso na Alemanha (favoravelmente acolhido e amplamente divulgado pela imprensa, tanto a reacionária quanto a liberal) e, no exterior, dividia emigrados: em Londres, por exemplo, de um lado "exilados radicais [...] prontamente se afastaram de Marx" (Sperber, 2014, p. 327) e, doutro, "uma votação chegou a ser feita durante um encontro de trabalhadores [...] condenando Vogt e apoiando Marx" (Gabriel, 2013, p. 379).

Decerto que o alvo maior de Vogt era Marx, apresentado absurdamente por ele como chantagista e traidor (Jones, 2017, p. 395). Mas o significado e o objetivo do seu livro, ademais da apologia do bonapartismo e da prussofilia, era desmoralizar, mediante calúnias e falsificações, a atividade dos exilados revolucionários nos anos 1850, em especial os comunistas: além da honra pessoal de Marx, o que Vogt buscava atingir era o movimento de que a Liga dos Comunistas fora a expressão mais articulada[55]. Por isso, o enfrentamento com Vogt não se afigurou a Marx tão somente como a necessária defesa da sua honorabilidade revolucionária: como ele escreveu a Freiligrath em 23 de fevereiro de 1860, tratava-se de uma exigência "decisiva para a *justificação histórica* do partido e para o seu futuro na Alemanha" (MEW, 1964, v. 30, p. 459).

Entre fevereiro e novembro de 1860, Marx trabalhou obsessivamente no seu contra-ataque a Vogt. Examinou incontáveis documentos, perscrutou páginas e páginas de periódicos, reuniu depoimentos e testemunhos recolhidos nas respostas às dezenas e dezenas de cartas enviadas a antigos militantes de vários países (muitos dos quais não via há muito) – seja desmontando as mentiras e falsidades em torno da Liga dos Comunistas, seja contestando as calúnias apregoadas contra a sua pessoa. Todo o contra-ataque de Marx é perpassado pela certeza de que Vogt, financiado por Luís Napoleão, fazia parte da ramificada rede de agentes a serviço do imperador francês em muitos países e era um de seus recrutadores. Certeza que se comprovou historicamente:

> Os documentos dos arquivos das Tulherias, publicados depois da queda do Segundo Império [1870] pelo governo de defesa nacional, incluem um recibo assinado por Vogt em agosto de 1859 no valor de trinta peças de prata, neste caso, 40 mil francos dos fundos secretos do falso Bonaparte. (Mehring, 2013, p. 292)[56]

Resultante de quase um ano de trabalho, *Senhor Vogt*, o livro de Marx, com o prefácio datado de 17 de novembro de 1859, saiu a público no mês seguinte[57]. Não chegou a um número significativo de leitores e, até 1918, não teve nova edição (como se depreende de ibidem, p. 291); mesmo posteriormente, mereceu poucas reedições. Uma avaliação recente do *Senhor Vogt* assinala que o livro

> não é um notável trabalho teórico. Ele padece de dois crônicos problemas literários de Marx: sua evidente tendência acadêmica a se alongar em detalhes, reunindo material e não o comentando [...] e a sua incapacidade para se conter

quando envolvido em discussões de caráter político. O furor dos ataques pessoais feitos no panfleto era uma reminiscência do não publicado *Os grandes homens do exílio* [ver, supra, cap. IV, nota 117 – *JPN*], do princípio da década de 1850. (Sperber, 2014, p. 328-9)

Não me parece que os dois "problemas literários" apontados pelo professor norte-americano fossem "crônicos" em Marx, nem que nele houvesse qualquer "tendência acadêmica"; porém, não restam dúvidas de que, no *Senhor Vogt*, a documentação reunida é demasiada e pouco comentada, tornando-se mesmo enfadonha para o leitor contemporâneo. Compreende-se, contudo, a demasia de Marx: havia que, em face das falsificações de Vogt, coligir o mais extensivo rol de contraprovas, e boa parte delas era quase autoexplicativa para o público a que então Marx se dirigia. Mas Sperber tem razão ao afirmar que, no *livro* (não um "panfleto": doze capítulos e trezentas páginas de texto – ver MEW, 1961, v. 14, p. 385-686), o "furor" de Marx evoca a prosa verrinária de *Os grandes homens do exílio* – o que se explica, em minha ótica, de um lado porque a obra de Vogt em questão revive parcialmente o clima reinante na emigração àquela época; de outro e sobretudo, porque a gravidade das calúnias com que Marx fora pessoalmente ofendido exigia mesmo a defesa dura e vigorosa da sua honra.

Decerto que, para o leitor dos dias correntes, em largas passagens o exame do *Senhor Vogt* será maçante. Em várias outras, porém, o mesmo leitor percorrerá suas páginas com grande proveito: como aquelas em que Marx resgata um pouco da história da Liga dos Comunistas, sinaliza o nível a que chegou a espionagem no continente, analisa o jogo manipulador do bonapartismo nas relações internacionais e, em especial, revela as maquinações políticas das grandes potências no marco dessas relações. Enfim, para a biografia de Marx, é importante referir que a retomada do seu diálogo com antigos militantes e intelectuais das lutas de 1848-1849 (propiciada pela larga correspondência a que o obrigou a necessidade de reunir documentos e testemunhos)[58] também contribuiu para abrir o caminho para a sua reinserção na cena política, da qual estava afastado desde a dissolução da Liga dos Comunistas.

A fundação da Internacional e o debate com Weston

Foi em 1864, com a fundação, em Londres, da Associação Internacional dos Trabalhadores (AIT) – depois conhecida como Primeira Internacional e nestas páginas referida apenas como a Internacional[59] –, que Marx efetivamente se reinseriu na cena política.

Mencionamos, há pouco, o fim da "hibernação" política (Hobsbawm, 1982) dos *anos de reação* como resultante da crise de 1857 e das transformações econômico-sociais e tecnológicas próprias da transição dos anos 1850 aos 1860. É consensual entre os historiadores que essa transição afetou os trabalhadores: a classe operária europeia experimentou tanto um aumento numérico quanto modificações na sua própria composição.

> Os progressos da Revolução Industrial tinham feito crescer significativamente o peso dos operários da grande indústria em comparação com o proletariado semiartesanal que predominava no tempo da Liga dos Comunistas. O papel da classe operária crescia em numerosos países onde ela há pouco tempo estava ainda a nascer. (Fedosseiev, org., 1983, p. 420)

Como já observamos, ao fim dos *anos de reação* instaurou-se uma conjuntura política favorável a um maior dinamismo das lutas sociais. Nelas intervieram protagonistas diversos: ademais de outros movimentos cívicos progressistas, como o sufragista e o feminista, também um proletariado que não só vinha organizando associações de natureza vária (sindicatos, entidades de ajuda mútua e mesmo de escopo mais amplo, como a lassalleana Associação Geral dos Trabalhadores Alemães) como dispunha de possibilidades interventivo-sociais de que careciam as suas gerações precedentes.

Essa movimentação dos trabalhadores europeus rebateu também nos seus processos organizativos, que encontraram promotores – além dos líderes tradicionais, como os velhos cartistas, na Inglaterra – em uma geração de jovens ativistas que renovaram amplamente as práticas herdadas do passado imediato (Jones, 2017, p. 484-5)[60]. Decerto que eventos ocorrentes fora do continente europeu (a Guerra Civil nos Estados Unidos, a campanha antiescravagista lá exitosa) ou na sua periferia (as lutas italianas pela unificação nacional, a sublevação polonesa de 1863, a fermentação nacionalista na Irlanda) também incidiram no ascenso da luta dos trabalhadores na Europa ocidental, que retomaram massivos processos grevistas (de que foram amostras as grandes greves dos operários da construção civil de Londres, em 1859 e 1862) e generalizaram demandas como a limitação legal da jornada de trabalho e restrições ao trabalho infantojuvenil.

Compreende-se que tenha sido Londres o centro irradiador da ideia de um espaço supranacional para a discussão de problemas afetos ao movimento dos trabalhadores. A cidade tornou-se exatamente esse espaço não apenas por ser a metrópole capitalista mais importante à época a abrigar experimentados líderes e militantes sociais de vários países compelidos ao exílio, nem pela sua fama de garantir a livre circulação de ideias – nem mesmo pela tradição da sua cultura política operária (recordem-se o cartismo, os Democratas Fraternais e a Sociedade Mundial dos Comunistas Revolucionários[61]). Tudo isso contribuiu, é certo, para fazer de Londres o berço da Internacional; para o seu nascimento, porém, *decisivo* foi o desenvolvimento do próprio movimento dos trabalhadores ingleses, que no período experimentou um florescimento rápido e profundo.

Entre 1863 e 1864, as lideranças trabalhadoras inglesas (com o destacado apoio do Conselho de Artes e Ofícios de Londres, fundado em 1860) promoveram em Londres grandes manifestações populares de solidariedade internacional. O movimento insurrecional dos poloneses, nos inícios de 1863, e a visita de Giuseppe Garibaldi (1807-1882) à capital inglesa, na primavera de 1864, foram os principais motivos dessas manifestações (ver, supra, neste capítulo, nota 25): a solidariedade aos poloneses e a recepção multitudinária a Garibaldi constituíram os passos mais visíveis no rumo da criação do que seria a Internacional. Estreitadas as relações entre os operários ingleses e os trabalhadores franceses[62], em julho de 1863, após um comício em defesa da Polônia insurreta, criou-se um comitê de operários ingleses e franceses a fim de instituir um organismo para debater as relações de trabalho e o papel social dos trabalhadores numa escala mais ampla.

Na sequência das tratativas que então se levaram a cabo sob a liderança dos ingleses, foi convocada uma reunião pública, de que dá conta Musto:

> No dia 28 de setembro de 1864, o salão do St. Martin's Hall, edifício situado no centro de Londres, estava lotado. Ali encontravam-se cerca de 2 mil trabalhadoras e trabalhadores para assistir ao comício de alguns dirigentes sindicais ingleses e de um pequeno grupo de operários vindos do continente.
>
> [...] Os organizadores da assembleia não imaginavam [...] o que essa iniciativa geraria dali a pouco. O que ambicionavam era a construção de um fórum internacional de discussão, no qual pudessem examinar os principais problemas relacionados aos trabalhadores. Mas não consideravam a hipótese de fundar uma verdadeira organização, um instrumento de coordenação da iniciativa sindical e política da classe operária. Do mesmo modo, sua ideologia fora inicialmente marcada por lemas gerais de caráter ético-humanitário, tais como a fraternidade entre os povos e a paz mundial, muito mais do que pelo conflito de classes e por objetivos políticos concretos. Em razão desses limites, a assembleia do St. Martin's Hall poderia ter sido mais uma das muitas iniciativas de caráter vagamente democrático já realizadas naqueles anos, mas que não deram qualquer resultado. Em vez disso, por meio dela constituiu-se o protótipo de todas as futuras organizações do movimento operário, um modelo que tanto reformistas quanto revolucionários tomariam, a partir de então, como ponto de referência: a Associação Internacional dos Trabalhadores. ("Introdução", em Musto, org., 2014, p. 19-20)

Pois bem: foi a assembleia do St. Martin's Hall que, formalmente, deliberou pela criação da organização que haveria de ser a Internacional.

A participação de Marx no evento, a que compareceu na discreta condição de observador, respondeu à solicitação dos seus promotores, feita no convite que lhe foi levado por Victor Le Lubez (1824-1896), um trabalhador francês que o visitara, em meados de setembro, na sua nova casa (Maitland Park Road, n. 1), para a qual se havia mudado em abril. Todavia, na mesma noite de 28 de setembro, quando os líderes do encontro decidiram escolher um Comitê Diretor Provisório para conduzir a constituição e a organização da associação que nascia, o nome de Marx foi indicado para compô-lo (2 alemães – ele e Eccarius –, 2 italianos, 3 franceses, 27 ingleses)[63]. Esse comitê, no seguimento, definiu a formação de um subcomitê encarregado de redigir as normas e os princípios da organização, e Marx viu-se designado também a fazer parte dele.

Já vimos (supra, cap. IV, nota 142) que, desde 1852, Marx se afastara da cena pública. Agora, em setembro de 1864, aceitou a indicação para o Comitê Diretor Provisório porque compreendeu rapidamente que a Internacional, que surgia do *movimento real* dos trabalhadores, trazia em si possibilidades objetivas para dinamizar tal movimento real e influir sobre ele[64]. Ademais, do ponto de vista pessoal, ela lhe oferecia a chance de atualizar *praticamente* a sua relação orgânica com o proletariado. A convocação para participar do referido subcomitê foi aceita de imediato.

Adoentado, Marx não compareceu às suas duas primeiras reuniões, até que, a 18 de outubro, Eccarius avisou-o de que se estava prestes a aprovar, na sua ausência, "uma declaração lastimavelmente insípida e confusa de objetivos" (Wheen, 2001, p. 261) – o que não seria de espantar, dada a heterogeneidade das forças que se aglutinaram em torno da Internacional. Segundo Musto, o seu principal dinamizador foi o

> sindicalismo inglês. Seus dirigentes, quase todos reformistas, interessavam-se sobretudo por questões de caráter econômico. Lutavam pela melhoria das condições dos trabalhadores, sem, contudo, colocar o capitalismo em discussão. [...] Outro ramo significativo da organização, por muito tempo dominante na França e forte também na Bélgica e na Suíça francesa, foi o dos mutualistas. Seguidores das teorias de Pierre-Joseph Proudhon [...], opunham-se a qualquer tipo de envolvimento político dos trabalhadores, eram contrários à greve como instrumento de luta e exprimiam posições conservadoras em relação à emancipação feminina. Defensores de um sistema cooperativo sobre uma base federalista, sustentavam ser possível modificar o capitalismo mediante o acesso igualitário ao crédito. Por essas razões, constituíram a ala direita da Internacional.
> Ao lado desses dois componentes, numericamente majoritários, o terceiro grupo, por ordem de importância, foi o dos comunistas, reunidos em torno da figura de Karl Marx [...] e ativos – com pequenos grupos, dotados de uma esfera de influência muito circunscrita – em algumas cidades alemãs e suíças, assim como em Londres. Anticapitalistas, os comunistas se opunham ao sistema de produção existente, reivindicando a necessidade da ação política para sua derrubada.

Nas fileiras da Internacional, à época de sua fundação, também havia componentes sem qualquer relação com a tradição socialista e inspirados por concepções vagamente democráticas, como alguns grupos de exilados dos países do Leste Europeu. Entre esses, podem ser citados os seguidores de Giuseppe Mazzini [...], expoente de um pensamento interclassista, orientado principalmente às reivindicações nacionais e que concebia a Internacional como uma associação útil para a difusão de apelos de libertação dos povos oprimidos da Europa.

A completar o quadro da organização, tornando ainda mais complexo o equilíbrio de forças, havia vários grupos de trabalhadores franceses, belgas e suíços, que aderiram à Internacional trazendo consigo as teorias mais diversas e confusas, entre as quais algumas inspiradas no utopismo. Por fim, jamais associada à Internacional, embora sempre girando em sua órbita, estava também a Associação Geral dos Trabalhadores Alemães, partido dirigido pelos seguidores de Ferdinand Lassalle [...], que ostentava uma nítida posição antissindical e concebia a ação política exclusivamente nos estreitos limites nacionais. (Em Musto, org., 2014, p. 21-2)

Considerada essa heterogeneidade real, compreende-se a justeza da afirmação de Wheen (2001, p. 261): "sem seus [de Marx] esforços, é provável que a Internacional se houvesse desintegrado em menos de um ano". Todo o empenho de Marx dirigiu-se no sentido de garantir a afirmação da Internacional em meio à existência das forças dispersivas que ela, dada a sua composição, necessariamente abrigava[65]. Reiterados em todo o período de vida da Internacional, tais esforços foram intensivamente postos em ação a partir daquele 18 de outubro: levantou-se do seu leito de enfermo, dirigiu-se ao local onde se reunia o subcomitê (uma modestíssima sala no Soho, na Greek Street), ouviu pacientemente um relatório confuso e argumentou pela necessidade de refazê-lo. Convenceu os membros do subcomitê a prosseguir o debate em novas reuniões e em lugar menos desconfortável e mais tranquilo; dois dias depois, na Maitland Park Road, n. 1, recomeçou a discussão, logo solucionada com a elaboração, por Marx, dos documentos de fato *fundantes* da Internacional: o *Manifesto inaugural da Associação Internacional dos Trabalhadores* e os *Estatutos provisórios da Associação Internacional dos Trabalhadores* (daqui em diante nomeados apenas *Manifesto inaugural* e *Estatutos provisórios*), aprovados pelo Comitê Provisório em novembro de 1864[66].

A partir daí, Marx foi conquistando um indiscutível protagonismo no coletivo dirigente, constituindo-se na liderança que garantiu a *unidade de ação* sem a qual a Internacional teria morrido no nascedouro – e isso sem prejuízo da *diversidade político-ideológica* dos seus membros. Não admitindo personalismos[67], Marx mostrou-se capaz de orientá-la e dirigi-la com firmeza por mais de um lustro, enfrentando as diferenças mediante a discussão democrática e evitando que elas cristalizassem posições sectárias; quando não foi mais possível a unidade de ação, na sequência da Comuna de Paris, ele preferiu desativá-la a torná-la instrumento de um grupo de doutrinários e conspiradores.

O *Manifesto inaugural* é uma expressão privilegiada da intervenção política de Marx na Internacional. Vazado em linguagem comedida e simples, dispensa referências teóricas e sobretudo doutrinárias[68]. Traça um quadro realista das condições de vida dos trabalhadores, verificando a sua pobreza em contraposição ao enriquecimento das classes possuidoras com o recurso a dados recentes extraídos de documentos governamentais e oficiais ingleses, e mostra que o panorama inglês não configura uma exceção: de fato, em toda a Europa, "a grande massa do operariado caía cada vez mais baixo, pelo menos na mesma proporção em que os que se encontravam acima dela subiam na escala social". A conclusão a ser retirada dos dados recolhidos, Marx a expõe sem meias-palavras:

> Em todos os países da Europa tornou-se agora uma verdade comprovada por todo espírito imparcial – e só negada por aqueles cujo interesse é manter os outros num paraíso ilusório – que não havia aperfeiçoamento de maquinaria, aplicação da ciência à produção, inovação nos meios de comunicação, novas colônias, emigração, abertura de mercados, comércio livre, nem tudo isso somado, que pudesse acabar com a miséria das massas trabalhadoras [...] – e que, sobre as bases que hoje existem, todo novo desenvolvimento das forças produtivas do trabalho tem forçosamente que tender a aprofundar os contrastes sociais e aguçar os antagonismos sociais. (Em Marx-Engels, 1961, v. 1, p. 317)

Em seguida, Marx evoca as dificuldades vividas pelo movimento operário no período imediatamente posterior ao fracasso das revoluções de 1848-1849 (ibidem, p. 318). Mas constata que esse período está superado por duas "vitórias da economia política do proletariado sobre a economia política dos proprietários": a aprovação da lei que limita a jornada de trabalho a dez horas e o avanço do movimento cooperativo (ibidem, p. 318-9). A primeira pôs a nu a falsidade da tese (burguesa) de que qualquer restrição legal da jornada de trabalho arruinaria a indústria; o segundo, especialmente com as fábricas cooperativas, comprovou que a produção poderia ser conduzida sem a existência de patrões, apesar de o trabalho cooperativo, restrito ao esforço de operários isolados, jamais ter conseguido libertar as massas – donde o apoio de porta-vozes filantrópicos da burguesia e de economistas que antes o criticavam; para ter efeitos expressivos, "o trabalho cooperativo deveria ser desenvolvido em dimensões nacionais e [...] incrementado por meios nacionais" (ibidem, p. 318-20). Mas

> os senhores da terra e os senhores do capital usarão sempre seus privilégios políticos para a defesa e perpetuação dos seus monopólios econômicos. Em vez de

promoverem, continuarão a colocar todos os obstáculos possíveis no caminho da emancipação do operariado. (Ibidem, p. 320)

Precisamente por isso, para realizar a sua emancipação, "conquistar o poder político tornou-se [...] a tarefa principal da classe operária" (idem). Os trabalhadores sabem que são fortes porque são a maioria, "mas os números só pesam na balança quando unidos pela associação e encabeçados pelo conhecimento". E

> a experiência passada demonstrou como a negligência desse laço de fraternidade que deve existir entre os operários de diferentes países e incitá-los a manter-se firmemente unidos em todas as suas lutas pela emancipação será castigada com o fracasso comum de seus esforços isolados. Este pensamento levou os operários de diferentes países, reunidos a 28 de setembro de 1864, em ato público realizado no St. Martin's Hall, a fundarem a Associação Internacional. (Idem)

Contudo, se a união fraternal dos trabalhadores é necessária para a sua emancipação, como realizá-la

> com uma política exterior voltada para propósitos criminosos, tirando partido dos preconceitos nacionais e malbaratando o sangue e a riqueza do povo em guerras de pirataria? Não foi a prudência das classes dominantes, e sim a resistência heroica à sua loucura criminosa por parte do operariado da Inglaterra o que salvou a Europa ocidental de ser lançada em uma cruzada infame para a perpetuação e propagação da escravidão do outro lado do Atlântico. A aprovação descarada, a compaixão fingida ou a indiferença idiota com que as classes superiores da Europa têm presenciado a fortaleza montanhosa do Cáucaso ser subjugada e a heroica Polônia ser assassinada pela Rússia [...] – ensinaram aos operários o dever de dominarem eles próprios os mistérios da política internacional. [...] A luta por uma política externa [que afirme] as leis simples da moral e da justiça, que devem governar as relações dos indivíduos como as regras principais do intercâmbio entre as nações [...] faz parte da luta geral pela emancipação do proletariado. (Marx-Engels, 1961, v. 1, p. 320-1)

Depois dessa última frase, o documento se encerra com a palavra de ordem final, em itálico:

Proletários de todos os países, uni-vos!

Marx, mesmo fazendo alusão ao "conhecimento" ligado à "associação", não recorreu, no *Manifesto inaugural*, senão a processos experimentados pelo público a que se dirigia e não apelou mais que ao movimento recente que levara os trabalhadores à reunião do 28 de setembro. Se rendeu preito a valores humanitários ("as simples leis da moral e da justiça") prezados por aquele público, não deixou de colocar a questão crucial: a da *conquista do poder político*.

A recusa do doutrinarismo não foi oportunista ou episódica. Ela está presente nos *Estatutos provisórios*, que são o complemento do *Manifesto inaugural*, e caracterizará a intervenção de Marx no interior da Internacional. Ele nunca identificou a Internacional como expressão de um qualquer *partido-classe*, considerando-a de fato somente enquanto *partido no grande sentido histórico do termo*, conforme se verifica no artigo 7A dos *Estatutos provisórios* (ibidem, p. 324; para a distinção entre as duas espécies de partido, ver, supra, cap. IV, nota 118)[69]. Porque assim a considera desde sempre é que se compreende que, em fins de agosto de 1866, Marx, em documento dirigido aos delegados do Conselho Geral, sublinhe que "a Associação Internacional dos Trabalhadores tem como tarefa combinar e generalizar os *movimentos espontâneos* das classes trabalhadoras, *mas não ditar ou impor um sistema doutrinário, seja ele qual for*" (MEW, 1962, v. 16, p. 195 [os últimos itálicos são meus – *JPN*])[70].

Porque Marx *não* concebia a Internacional como um *partido-classe*, ele a pensava como um *espaço político aberto* a *todas* as correntes comprometidas com o movimento operário[71]. O primeiro artigo dos *Estatutos provisórios* já afirmava:

> Esta Associação [Internacional dos Trabalhadores] é criada com o objetivo de servir como centro de relações e cooperação entre as sociedades operárias existentes nos diversos países e que perseguem o mesmo fim, a saber: a proteção, o progresso e a total emancipação da classe operária. (MEW, 1962, v. 36, p. 15)

O exame dos *Estatutos provisórios* – redigidos por Marx a partir da ideia central de "que *a emancipação da classe operária deve ser conquistada pela própria classe operária*" (ibidem, p. 14 [itálicos meus – *JPN*]) – mostra a concepção organizacional assumida por ele, aliás, determinada pelo objetivo posto no artigo primeiro recém-citado: uma associação plural, com uma estrutura mundial federalista respeitosa da iniciativa e da autonomia das suas seções particulares (ver os artigos 8 e 11 dos *Estatutos provisórios* – Marx-Engels, 1961, v. 1, p. 324); acerca dessa autonomia, Marx recordou mais tarde que, como

> o Conselho Geral não era o papa, permitimos que cada seção tivesse suas *próprias visões teóricas do movimento real*, sempre pressupondo que nada seria aprovado se *contrariasse diretamente* os nossos estatutos. (Carta a Lafargue, 19 de abril de 1870 – MECW, 1998, v. 43, p. 491 [itálicos meus – *JPN*])

Pelo que expusemos até aqui, torna-se claro que Marx jamais visualizou na Internacional um centro de estudos e pesquisas; como vimos, pensava-a como um espaço aberto, capaz de *unificar prática e politicamente* o diferenciado espectro constituinte do movimento operário – donde, também como vimos, os seus cuidados (até na linguagem utilizada) para não fomentar a resistência de distintas sensibilidades políticas e ideológicas[72]. Aludindo ao *conhecimento* no *Manifesto inaugural*, seguramente se referia ao conhecimento teórico-científico disponível a que os trabalhadores e a sua Internacional poderiam, e deveriam, recorrer para fundamentar e qualificar as suas iniciativas prático-políticas. Decerto que Marx não desconsiderava o conhecimento que poderia ser elaborado sobre essas iniciativas e a partir delas, mas descartava que a Internacional fosse *um espaço de produção teórica*: a sua função era operar como *instrumento de ação política*, socializando informações e debates[73]. Nesse sentido, estava claro que debates teóricos entrariam na agenda da Internacional – e, no domínio teórico, no juízo e na prática de Marx, não havia que cuidar diplomaticamente para enfrentar questões e problemas: em teoria não se faz qualquer concessão. Ele deu o exemplo logo no primeiro ano de existência da Internacional, debatendo com John Weston.

Weston, carpinteiro de profissão, experimentado cartista provindo da tradição de Owen e à época muito próximo de John Stuart Mill, era membro do Conselho Geral e, como outros socialistas – em especial os proudhonianos franceses, belgas e suíços – vinculados à Internacional, tinha uma posição muito negativa em relação a movimentos grevistas. Militante sério, que sempre explicitou as suas ideias (inclusive em artigos no jornal *The Bee-Hive* [A Colmeia])[74], Weston, na reunião do Conselho Geral de 4 de abril de 1865, pôs em discussão a problemática sindical (com foco em greves e disputas salariais), formulando duas questões: 1) as perspectivas sociais e materiais dos trabalhadores podem, em geral, ser melhoradas por aumentos salariais?; e 2) os esforços sindicais para garantir aumentos não prejudicam outros ramos da indústria? Abriu-se no conselho um caloroso debate, com Weston sustentando, para a sua primeira questão, uma resposta negativa e, para a segunda, uma resposta positiva.

Nas reuniões de 20 e 27 de junho, Marx interveio longamente, examinando em detalhe a posição de Weston. A intervenção de Marx – uma crítica rigorosa e firme, mas respeitosa – foi publicada pela primeira vez em inglês, sob o título *Wages, Price and Profit* (Salário, preço e lucro), e editada postumamente (1898) por Eleanor Marx[75]. Ela é importante não só pela argumentação expendida por Marx, mas pelo fato de que, antecipando o pensamento marxiano que pouco depois seria apresentado no Livro I de *O capital*, expressa, "de maneira completa, a sua teoria dos salários" (Mandel, 1968, p. 150).

Marx abalou-se a replicar a Weston porque, reconhecendo a sua "coragem moral", estava convencido de que as suas teses – compartilhadas por outros militantes da Internacional – eram "teoricamente falsas e perigosas na prática" (Marx, 1982, p. 135): as indagações de Weston constituíam questões *prático-políticas* e eram "perigosas na prática" precisamente porque derivadas de concepções *teoricamente* falsas. Uma crítica radical das implicações políticas das teses de Weston demandava, portanto, uma crítica teórica das suas bases. Marx tratará as duas questões postas por Weston *ao mesmo tempo* ou *depois* de sumariar o quadro teórico e histórico a partir do qual se torna possível respondê-las fundada e adequadamente – o documento que apresenta divide-se em catorze itens[76].

A segunda questão levantada por Weston, por ele respondida positivamente, foi objeto da fácil contestação – dado inclusive o seu caráter simplório – de Marx, logo na abertura da sua intervenção (o item II: produção, salários e lucros). Essencialmente, Weston sustenta que salários mais altos num ramo industrial afetam negativamente outros ramos industriais. Marx concorda que aumentos salariais aqui e acolá introduzem diferenças nas taxas de lucro de diferentes capitais, mas indaga e argumenta:

> Qual seria a consequência *dessa diferença entre as taxas de lucro* dos capitais colocados nos diversos ramos da indústria? Ora, a mesma que se produz sempre que, seja qual for a causa, se verificam diferenças nas *taxas médias de lucro* dos diversos ramos da produção. O capital e o trabalho deslocar-se-iam dos ramos menos remunerativos para os que fossem mais; e esse processo de deslocamento iria durar até que a oferta em um ramo industrial aumentasse a ponto de se nivelar com a maior procura e nos demais ramos industriais diminuísse proporcionalmente à menor procura. Uma vez operada essa mudança, a *taxa geral de lucro* voltaria a igualar-se nos diferentes ramos da indústria. [...] A *redução da taxa de lucro*, por efeito dos aumentos salariais, em vez de limitar-se a uns quantos ramos da indústria, tornar-se-ia *geral*. (Ibidem, p. 140-1)

No mesmo passo – e valendo-se, em seguida, de comparações históricas factuais –, Marx mostra que, "depois de transtornar temporariamente os preços do mercado, a alta geral da taxa de salários só conduziria a uma baixa geral da taxa de lucro, sem introduzir nenhuma alteração permanente nos preços das mercadorias" (ibidem, p. 141). A posição defendida por Weston, que objetiva travar a luta dos trabalhadores por melhores salários (e praticamente conduz a isso), não pode ser sustentada teoricamente.

A primeira questão posta por Weston é confrontada depois por Marx, no último item da sua intervenção (o XIV: a luta entre o capital e o trabalho e seus resultados). Esse item é aberto com uma determinação geral:

> O *preço* do trabalho no *mercado*, da mesma forma que o das demais mercadorias, tem que se adaptar, no decorrer do tempo, ao seu *valor*; que, portanto, a despeito de todas as altas e baixas e do que possa fazer, o operário acabará recebendo sempre, em média, somente o valor de seu trabalho, que se reduz ao valor da sua força de trabalho, a qual, por sua vez, é determinada pelo valor dos meios de subsistência

necessários à sua manutenção e reprodução, valor esse regulado, em última análise, pela quantidade de trabalho necessário para produzi-los. (Ibidem, p. 181)

Essa determinação geral é importante na medida em que estabelece a conexão entre o *valor da força de trabalho* e o *valor* na sociedade capitalista – de que se ocupou Marx em itens precedentes, em especial quando trouxe ao debate a *problemática da produção da mais-valia* (itens VIII e XI, nos quais procede a importantes precisões categoriais). Em seguida, ele trata de concretizar aquela determinação:

> Mas há certos traços peculiares que distinguem o *valor* da *força de trabalho* dos valores de todas as demais mercadorias. O valor da força de trabalho é formado por dois elementos, um dos quais puramente físico, o outro de caráter histórico e social. Seu *limite mínimo* é determinado pelo *elemento físico* [...] – para poder manter-se e se reproduzir, para perpetuar a sua existência física, a classe operária precisa obter os artigos de primeira necessidade absolutamente indispensáveis à vida e à sua multiplicação. O *valor* desses meios de subsistência indispensáveis constitui, pois, o limite mínimo do *valor do trabalho*. Por outra parte, a extensão da jornada de trabalho também tem seus limites máximos, se bem que sejam muito elásticos [...].
> Além desse mero elemento físico, na determinação do valor do trabalho entra o *padrão de vida tradicional em cada país*. Não se trata somente da vida física, mas também da satisfação de certas necessidades que emanam das condições sociais em que vivem e se criam os homens [...]. Esse elemento histórico ou social, que entra no valor do trabalho, pode acentuar-se ou debilitar-se e, até mesmo, extinguir-se de todo, de tal modo que só fique de pé o limite físico. (Ibidem, p. 181-2)

Está aí uma peculiaridade do salário em face do lucro, posto que não exista nenhuma lei que fixe o limite do segundo termo. Diz Marx:

> No que se refere ao lucro, não existe nenhuma lei que lhe fixe o *mínimo*. Não podemos dizer qual seja o limite extremo de sua baixa. E por que não podemos estabelecer esse limite? Porque, embora possamos fixar o salário *mínimo*, não podemos fixar o salário *máximo*. Só podemos dizer que, dados os limites da jornada de trabalho, o máximo de lucro corresponde ao *mínimo físico dos salários* e que, partindo de dados salários, o *máximo de lucro* corresponde ao prolongamento da jornada de trabalho na medida em que seja compatível com as forças físicas do operário. Portanto, o máximo de lucro só se acha limitado pelo mínimo físico dos salários e pelo máximo físico da jornada de trabalho. (Ibidem, p. 182)

Marx sabe que, entre os "dois limites extremos da *taxa máxima de lucro*, cabe uma escala imensa de variantes" – e aqui ele já avança na oposição a Weston, ao remeter à "luta incessante entre o capital e o trabalho":

A determinação do seu grau efetivo [dessa escala de variantes] só fica assente pela luta incessante entre o capital e o trabalho; o capitalista, tentando constantemente reduzir os salários ao seu mínimo físico e a prolongar a jornada de trabalho ao seu máximo físico, enquanto o operário exerce constantemente uma pressão no sentido contrário.
A questão se reduz ao problema da relação de força dos combatentes. (Idem [itálicos meus – *JPN*])

Para Marx, a limitação da jornada de trabalho exemplifica a importância da *organização e da ação política* dos trabalhadores. Ele recorda que, no

> que concerne à *limitação da jornada de trabalho* [...], nunca ela foi regulamentada senão por *intervenção legislativa*. E sem a constante pressão dos operários agindo por fora, nunca essa intervenção dar-se-ia. Em todo caso, esse resultado não teria sido alcançado por meio de convênios privados entre os operários e os capitalistas. E essa necessidade mesma de uma *ação política geral* é precisamente o que demonstra que, na luta puramente econômica, o capital é a parte mais forte. (Marx, 1982, p. 182-3)

A mencionada *ação política geral*, no marco da qual as lutas sindicais dispõem de real efetividade, é exigida porque a relação que determina concretamente o valor e o preço da força de trabalho é muito complexa: envolve a oferta e a procura de trabalho e de força de trabalho, o desenvolvimento das forças produtivas e da produtividade, o papel das colônias etc. (elementos tematizados em vários passos dessa intervenção de Marx). Marx não duvida que o preço da força de trabalho em determinadas conjunturas (crise econômica, desemprego massivo) possa *descer abaixo do seu valor* (ibidem, p. 175, 178); diante desse processo, é o protagonismo *político* dos trabalhadores e suas organizações que podem obter algum êxito no sentido de travá-lo.

Contra o absenteísmo político a que a resposta de Weston à sua própria questão induz, Marx faz uma vigorosa defesa da ação política do proletariado. Sobretudo porque, na sua análise, "a tendência geral da produção capitalista não é para elevar o nível médio normal do salário, mas, ao contrário, para fazê-lo baixar, empurrando o *valor do trabalho*[77] mais ou menos até seu *limite mínimo*" (ibidem, p. 184).

Na referência a essa "*tendência* geral da produção capitalista" já não se contém, à diferença de textos marxianos dos anos 1840 e dos primeiros anos 1850, nenhuma concepção de uma pauperização *absoluta* da classe operária, mas sim a de uma pauperização *relativa* – expressa por Marx ao salientar que, mesmo quando os salários aumentam, aumentam bem menos do que as riquezas do capital (Mandel, 1968, p. 154).

A *ação política* do proletariado, ao contrário do que pensa Weston, é *indispensável* na luta cotidiana contra "os abusos do capital", e renunciar a essa luta é degradar-se ao nível de "uma massa informe de homens famintos e arrasados, sem probabilidade de salvação [...], desclassificados para empreender outros movimentos de maior envergadura" (Marx, 1982, p. 184). A classe operária, porém, não se deve iludir: a sua luta em defesa do salário, em defesa do valor da força de trabalho, buscando travar os "abusos incessantes do capital" e enfrentando as "flutuações do mercado", é uma "luta contra os efeitos, mas não contra as causas desses efeitos"; por isso, a classe não se deve deixar absorver exclusivamente por ela. Combatendo as consequências do sistema do salariato, o proletariado

> deve saber que o sistema atual, mesmo com todas as misérias que lhe impõe, engendra simultaneamente as *condições materiais* e as *formas sociais necessárias* para uma reconstrução econômica da sociedade. Em vez do lema conservador: *Um salário justo para uma jornada de trabalho justa!*, deverá inscrever na sua bandeira esta divisa *revolucionária: Abolição do sistema de trabalho assalariado!* (Idem)

Segundo registram as atas das reuniões do Conselho Geral de 20 e 27 de junho de 1865[78], o secretário-geral, Randal Cremer (1828-1908), ao fim de debate, informou que "o cidadão Marx ofereceu duas ou três ilustrações práticas, ou melhor, fatos que destruíam completamente as posições afirmadas pelo cidadão Weston" e que, apesar das solicitações para imprimir os documentos pertinentes, não havia verbas para fazê-lo.

A relevância do debate com Weston, no plano político, é inequívoca. Contudo, vale ressaltar que, na sua fundamentação teórica, a argumentação marxiana recorre – também inequivocamente – a elementos emergentes nas fecundas pesquisas que Marx registrou nos seus cadernos manuscritos a partir de 1857 e cujos primeiros resultados, publicados na *Contribuição à crítica da economia política* (1859), apontam para a objetivação maior da sua teoria, *O capital*. Vê-se que, em Marx, a plena madurez política está articulada à plena madurez teórica. Cuidemos, então, de tais pesquisas, cujo produto mais desenvolvido será tratado no próximo capítulo.

O laboratório teórico de Marx

Entre 1857 e 1865-1867, o *laboratório teórico* de Marx experimentou autêntica efervescência criativa, de que resultaram descobertas teóricas realmente revolucionárias. As pesquisas que Marx levou a cabo naqueles anos, incorporando as mudanças emergentes na dinâmica econômica efetiva e contemporânea[79], foram registradas em três conjuntos de manuscritos que, impressos, resultaram em milhares de páginas. Observe-se:

a. os manuscritos de 1857-1858, conhecidos como *Grundrisse*, redigidos entre julho de 1857 e agosto de 1858, já na casa de Grafton Terrace, compreendem sete cadernos, mais um, inicial, designado "caderno M" – na edição brasileira (Marx, 2011), apresentam-se num volume de quase oitocentas páginas;
b. os manuscritos de 1861-1863, redigidos entre agosto de 1861 e julho de 1863, compreendem 23 cadernos que resultaram em mais de 2.300 páginas impressas – Marx, MEGA², v. II/3 (1, 1975-1976, 1982); parte deles (os cadernos I a V) está vertida ao português em cerca de quatrocentas páginas (Marx, 2010b);
c. os manuscritos de 1863-1865 (entre os quais se encontra o célebre "cap. VI/ inédito" de *O capital*, publicado pela primeira vez em 1933 pelo Instituto Marx- -Engels-Lenin/Imel, de Moscou, e vertido ao português em Marx, 1978), redigidos provavelmente entre julho de 1863 e o segundo semestre de 1865 (alguns, pois, na nova casa de Maitland Park), reúnem cerca de 1.200 páginas manuscritas – numa publicação parcial, chegam a quase mil páginas impressas (Marx, 2016).

Boa parte desses manuscritos tem de fato o caráter de *rascunhos*, contendo elementos nucleares do riquíssimo universo categorial que se articulará intensivamente em *O capital*. A sua análise, desenvolvida sobretudo a partir dos anos 1960[80], mostra que *O capital* – cujo Livro I, o único concluído por Marx, com a sua redação empreendida de inícios de 1866 a abril de 1867 – é produto de uma exaustiva, longa e diligente operação intelectual nada linear; os livros subsequentes da grande obra, que não foram publicados pelo próprio Marx, também resultaram de pesquisas que se estenderam da década de 1870 à entrada do decênio seguinte. Note-se que mesmo autores que se detiveram na análise dos manuscritos que agora nos interessam chegam a considerá-los redações provisórias e sucessivas de *O capital*[81].

Recordemos que a ideia de um trabalho dirigido à crítica da economia política acompanha Marx desde meados dos anos 1840 – evoque-se o contrato editorial firmado (e não cumprido) com Leske (ver, supra, cap. II, nota 52 e, no corpo do texto, o que a ela se refere). Se elementos de uma tal crítica subjazem a escritos de Marx da segunda metade dos anos 1840, é certo que os eventos relativos às revoluções de 1848-1849 e suas implicações diretas travaram a concretização do projeto esboçado em meados daquela década; mas já nos primeiros anos do exílio londrino Marx retomou os estudos pertinentes a ele (ver, supra, cap. IV, nota 152). E diga-se, ainda, que o projeto marxiano *nunca* contemplou a elaboração de uma *nova* economia política: como pontuou um dos seus melhores conhecedores, Marx *não* tinha por objetivo "retificar ou melhorar a economia política, senão que pretendeu ser a sua 'suprassunção', ser uma *crítica da economia política*" (Paula, em Paula, org., 2010, p. 103).

O estímulo imediato para voltar-se à elaboração sistemática da crítica da economia política veio com a crise de 1857 e a hipótese marxiana de que a ela se seguiria o "dilúvio": em meio às difíceis condições de vida que sumariamos na abertura deste capítulo, Marx tratou de organizar seus "estudos econômicos" e, para tanto, confidenciou a Engels que estava trabalhando "como um louco pelas noites afora" (carta de 8 de dezembro de 1857 – MEW, 1963, v. 29, p. 225). Parece-me assistir razão aos que avaliam esse empenho assinalando que, então,

> Marx considerava que a sua tarefa essencial era terminar o mais depressa possível a sua obra sobre a economia política, que deveria armar a classe operária com o conhecimento das leis econômicas do desenvolvimento da sociedade. Pensava que essa obra ajudaria os combatentes proletários a tomar consciência das suas tarefas revolucionárias, contribuiria para desenvolver a consciência de classe e a coesão do proletariado. No ponto mais alto da crise [de 1857], [Marx] empreende[u] a síntese das suas pesquisas econômicas realizadas até este momento. (Fedosseiev, org., 1983, p. 355-6)[82]

Este é um aspecto crucial que não pode ser minimizado: o *laboratório teórico* de Marx, do qual resultará *O capital*, não operou de modo asséptico – nele, as mais rigorosas exigências científicas não carregavam qualquer ranço de uma eventual "neutralidade": era um laboratório no qual a busca incansável da *verdade teórica* vinculava-se estreitamente à *perspectiva revolucionária* de que o proletariado era o portador e a garantia. A relação orgânica que Marx estabeleceu com a classe operária, desde os tempos do exílio belga, tem plena vigência na sua obra da maturidade. As conquistas teóricas que emergem no conjunto de manuscritos de 1857 a 1865 e se consolidam em *O capital* não se devem tão somente à inegável qualificação alcançada pelo pesquisador Marx no seu apogeu intelectual – estão indissoluvelmente ligadas à *perspectiva revolucionária de classe* assumida por ele em meados dos anos 1840 e agora, na passagem dos anos 1850 aos anos 1860, concretizada, atualizada e enriquecida. Descobertas essenciais, como a da mais--valia, não se podem creditar apenas à genialidade de um cientista; são suportadas e saturadas pelo ponto de vista de classe que ele compartilha (que constitui o "mirante" em que se situa)[83].

Os *Grundrisse* (1857-1858) e a *Contribuição à crítica da economia política* (1859)

O primeiro dos conjuntos de manuscritos que devemos abordar, provavelmente o mais seminal de todos[84], constitui o volume a que seus editores póstumos intitularam *Grundrisse* e que só viu integralmente a luz pública em 1939-1941 (considere-se que, adiante, todas as remissões aos *Grundrisse* são extraídas de Marx, 2011, com as respectivas páginas indicadas entre colchetes). Redigidos entre julho de 1857 e agosto de 1858, os *Grundrisse* compreendem uma pequena nota sobre Bastiat e Carey (de julho de 1857), uma introdução (de fins de agosto/princípios de setembro de 1857, conhecida como "Introdução de 1857" ou "Introdução à crítica da economia política") e rascunhos de dois densos capítulos (um sobre o dinheiro, outro sobre o capital, este mais desenvolvido, iniciados a partir de outubro de 1857 e finalizados provavelmente entre junho e agosto de 1858)[85].

Nenhum desses materiais – assim como os que compõem os outros dois conjuntos de manuscritos que examinaremos adiante – recebeu o "polimento" que Marx conferia aos textos que considerava prontos para serem editados; eram mesmo *rascunhos*, com as características que lhes são próprias: passagens obscuras, incontáveis digressões, transições interrompidas, argumentações nem sempre levadas a termo. Em suma: tais manuscritos exprimem o movimento da sua pesquisa, o *processamento teórico-analítico* a que Marx submetia os objetos da sua perquirição, mas ainda não os seus resultados conclusivos, os produtos consolidados da sua elaboração. Para eles, vale inteiramente a ideia de que revelam a dinâmica do *laboratório teórico* de Marx, espaço e momento de aproximações, hipóteses, verificações, tentativas e vias de explicação/compreensão. E ao retomar aqueles objetos da sua reflexão para expô-los em textos destinados à publicação, Marx, quando o fazia, não se limitava ao seu "polimento" formal[86]: frequentemente procedia a reformulações determinadas pelo domínio alcançado sobre os objetos durante a pesquisa[87].

Na abordagem dos *Grundrisse*, duas notações prévias parecem-me relevantes. A primeira, indispensável, é que eles

> são uma grande remissão a Hegel, especialmente à sua *Ciência da lógica,* e mostram a radical inversão materialista de Hegel [por Marx]. Depois da publicação dos *Grundrisse*, não será mais possível que os críticos acadêmicos de Marx escrevam sobre a sua obra econômica sem que antes tenham estudado seu método e sua relação com Hegel. Os *Grundrisse* serão um osso muito duro de roer tanto para os adversários quanto para os partidários do marxismo. (Rosdolsky, 2001, p. 17; a primeira edição dessa obra é de 1968)[88]

A segunda, que o leitor deve ter presente em especial quando tratar da sua introdução e dos dois capítulos subsequentes, é que, no curso da redação dos *Grundrisse* (e também dos outros manuscritos que agora nos interessam), Marx foi elaborando e refinando o plano do que acabará por ser, em 1867, *O capital*, resultante da maturação e do desenvolvimento das investigações registradas nesses escritos preparatórios (como dissemos, há mesmo estudiosos que consideram os *Grundrisse* uma "primeira redação" de *O capital* – ver Dussel, 2012, p. 12). Está claro que já em 1857-1858 ele tinha em mente um esquema geral da exposição da sua crítica da economia política que, nos anos imediatamente seguintes, sofreu modificações[89]. Sobre tais modificações, um conhecedor da obra marxiana, estudioso erudito e membro da equipe editorial responsável pela MEGA², resume:

> Uma breve panorâmica do desenvolvimento da crítica econômica de Marx mostrará, em primeiro lugar, que após 1857 estamos perante dois projetos diferentes. Entre 1857 e 1863, a obra de Marx é concebida, na *Contribuição à crítica da economia política*, em seis livros (Capital, Propriedade fundiária, Trabalho assalariado, Estado, Comércio externo e Mercado mundial); do ponto de vista metodológico, este plano de seis livros assenta na separação entre "capital em geral" e "concorrência". É apenas a partir de 1863 que passamos a ter *O capital* em quatro livros, deixando então de ser utilizado o conceito de "capital em geral". Tal panorâmica mostrará, em segundo lugar, que os três livros de *O capital*, tal como foram apresentados na edição de Engels, são bastante menos uniformes do que habitualmente se presume. (Heinrich, 2018a, p. 133-4)[90]

Isto posto, abordemos os *Grundrisse*, advertindo ao leitor que, também nesse caso, a nossa aproximação a eles não faz justiça às suas complexidade e riqueza.

O esboço sobre Frédéric Bastiat (1801-1850) e Henry Charles Carey (1793-1879) só recentemente atraiu mais a atenção dos estudiosos. Um deles, Alejandro González Jiménez, professor da Universidad Nacional Autónoma de México (Unam), sustenta a hipótese de que o pequeno texto [27-36] tem importância na medida em que a concisa nota de Marx acerca desses dois economistas vulgares – o francês, um liberal conservador, o outro um norte-americano que desfrutou de grande prestígio em seu país – deflagra e condensa o eixo da crítica que, especialmente a partir dos *Grundrisse*, Marx exercita da economia política posterior a Ricardo e Sismondi. Segundo o professor, que sobretudo considera estreita a conexão entre o esboço e a introdução que se lhe segue, na abertura propiciada pela crítica a Bastiat e Carey

> colocam-se dois tipos de problemas com que nos defrontaremos ao longo da "Introdução" de 1857. Por uma parte, encontra-se o caráter apologético e acrítico da "ciência econômica moderna" [...], que nos obriga a revisar problemas teóricos e metodológicos, pois a maneira desses economistas de combater as ideias socialistas é defender o caráter harmônico da produção capitalista (ou seja, de uma produção determinada, histórica) ao confundi-la (Marx dirá: "mistificando-a") com a "produção em geral" (abstrata, indeterminada, comum a todo momento histórico) – daí a necessidade de revisar a questão do "método da economia política". Em segundo lugar, encontra-se o nó problemático no qual, por um movimento antitético (isto é, negativo em face do discurso burguês dominante), se constitui o discurso socialista e comunista (ou seja, quais são as

suas categorias, de onde se enuncia e como se enuncia o discurso que se pretende revolucionário?). Daí, pensamos, toda a produção categorial dos *Grundrisse*. (González Jiménez, 2017, p. 169-70)

É um pouco exagerada a conclusão de González Jiménez ("*toda* a produção categorial"), mas basta um rápido exame da "Introdução de 1857" [39-64] para assinalar a pertinência das suas preocupações: de fato, e a despeito das diferenças entre Bastiat e Carey – assinaladas por Marx e bem determinadas por González Jiménez –, é flagrante que a "Introdução de 1857" e, de alguma forma, os outros dois capítulos enfrentam os traços paradigmáticos da economia vulgar que Marx viu reproduzidos e sintetizados na obra de ambos. Para o autor mexicano, o esboço, que é um "comentário crítico, em grandes pinceladas, *de todo o pensamento econômico burguês*", operou mesmo para sinalizar a "trilha inicial por que avançará a Introdução de 1857" (González Jiménez, 2017, p. 167).

Pois bem: a "Introdução de 1857", designada a partir daqui apenas como "Introdução", é um dos textos mais importantes e decisivos para a compreensão da obra marxiana expressamente voltada à crítica da economia política – ainda que seja um material que Marx *optou por não publicar, nem sequer considerando a alternativa de submetê-lo a um "polimento"*[91]. Ela constitui a chave teórico-metodológica que funda todo o desenvolvimento da reflexão crítico-econômica (e, pois, das bases da *teoria social*) do Marx que chegou ao seu apogeu intelectual na segunda metade da década de 1850 – e se apresenta [37-64] em quatro itens desenvolvidos desigualmente: 1) "A produção em geral"; 2) "A relação geral entre produção, distribuição, troca e consumo"; 3) "O método da economia política"; e 4) "Meios (forças) de produção e relações de produção, relações de produção e relações de intercâmbio etc.".

No item 1 ("A produção em geral"), Marx circunscreve o que será *primeiramente* [39] o seu objeto no trato (crítico) da economia política: a produção *material* [39]. Esse é seu *ponto de partida*, mas com a fundamental precisão conforme a qual essa questão só se coloca corretamente se a produção for tomada como "produção dos indivíduos socialmente determinada" [39]. É preciso, pois, superar as "robinsonadas" ilusórias (que incidem mesmo em Smith e Ricardo) que levam a pensar a produção a partir de indivíduos singulares tomados isoladamente. Uma tal ilusão, argumenta Marx, tem raízes na inversão do processo histórico real: na "sociedade da livre concorrência, o indivíduo aparece desprendido dos laços naturais etc. que, em épocas históricas anteriores, o faziam um acessório de um conglomerado humano determinado e limitado" [39]; esse indivíduo isolado é um *produto histórico*, resultante, "por um lado, da dissolução das formas feudais de sociedade e, por outro, das novas forças produtivas desenvolvidas desde o século XVI" [39-40]. A inversão é clara: esse indivíduo, "produto histórico", é tomado "como ponto de partida da história" [40]. A argumentação de Marx esclarece que ilusão semelhante é comum a toda nova época histórica [40], donde a sua resiliência "no centro da mais moderna economia". Ele revela a falácia embutida nesse "ponto de partida":

> Quanto mais fundo voltamos na história, mais o indivíduo, e por isso também o indivíduo que produz, aparece como dependente, como membro de um todo maior: de início, e de maneira totalmente natural, na família e na família ampliada em tribo [*Stamm*]; mais tarde, nas diversas formas de comunidade resultantes do conflito e da fusão das tribos[92]. Somente no século XVIII, com a "sociedade burguesa", as diversas formas de conexão social confrontam o indivíduo como simples meio para seus fins privados, como necessidade exterior. Mas a época que produz esse ponto de vista, o ponto de vista do indivíduo isolado, é justamente a época das relações sociais (universais desde esse ponto de vista) mais desenvolvidas até o presente. O ser humano é, no sentido mais literal, um ζώον πολιτικόν [animal político/ser social], não apenas um animal social, mas também um animal que somente pode isolar-se em sociedade. A produção do [indivíduo] singular isolado fora da sociedade – um caso excepcional que decerto pode muito bem ocorrer a um civilizado, já potencialmente dotado das capacidades da sociedade, por acaso perdido na selva – é tão absurda quanto o desenvolvimento da linguagem sem indivíduos vivendo *juntos* e falando uns com os outros. [40]

Vê-se a inversão do processo histórico-social real: precisamente quando o sujeito singular (o indivíduo) está mais imerso em relações sociais inclusivas, universais, criam-se condições que instauram o ponto de vista do sujeito isolado, que se expressa na economia política com a perspectivação da atividade produtiva como ação de sujeitos singulares (e, no quadro da teoria política, no que foi designado como "individualismo possessivo" – Macpherson, 1979). Daí a necessária e prévia determinação de Marx: "quando se fala de produção, sempre se está falando de produção em um determinado estágio de desenvolvimento social – da produção de *indivíduos sociais*" [41 (itálicos meus – *JPN*)]. Ele admite que a consideração da "produção em geral" é uma "abstração razoável", "na medida em que todas as épocas da produção têm certas características em comum, determinações em comum" – por exemplo, o fato de que, *em qualquer forma de produção*, "o sujeito, a humanidade, e o objeto, a natureza, são os mesmos" [41]. O decisivo, todavia, não são esses traços gerais, essas "determinações em comum", mas as *determinações específicas* que fazem a "diferença essencial" entre as épocas de produção – e, no caso de Marx, o seu objeto é a "moderna produção burguesa" [41]. Quando se abandonam essas *determinações específicas*, chega-se a uma falsificação, a uma mistificação histórica que acaba por eternizar, naturalizar, as relações sociais existentes, e Marx exemplifica com o procedimento dos "economistas modernos" (aqui, ele cita expressamente Carey): partindo da constatação de que

> nenhuma produção é possível sem um instrumento de produção, mesmo sendo este instrumento apenas a mão. [De que] nenhuma produção é possível sem trabalho passado, acumulado, mesmo sendo este trabalho apenas a destreza acumulada e concentrada na mão do selvagem pelo exercício repetido. [De que] o capital, entre outras coisas, é também instrumento de produção, também trabalho passado, objetivado [...],

os "economistas modernos", deixando "de fora justamente o específico" (isto é: as condições históricas que fazem do "instrumento de trabalho", do "trabalho acumulado", o capital), tornam

> o capital [...] uma relação natural, universal e eterna.

É nisso que consiste "toda a sabedoria dos economistas modernos": a demonstração "[d]a eternidade e [d]a harmonia das relações sociais existentes" [41]. Trata-se da mesma "sabedoria" própria à inserção, nas obras de economia, das preliminares constantes da sua parte geral introdutória (aqui, Marx exemplifica com Stuart Mill, que ele, aliás, não situa expressamente entre os "economistas vulgares"), nas quais a produção

> deve ser representada [...], à diferença da distribuição etc., como enquadrada em leis naturais eternas, independentes da história, oportunidade em que as relações *burguesas* são furtivamente contrabandeadas como irrevogáveis leis naturais da sociedade *in abstracto*. Esse é o objetivo mais ou menos consciente de todo o procedimento. Na distribuição, em troca, a humanidade deve ter-se permitido de fato toda espécie de arbítrio. [42]

Na sequência dessa corrosiva crítica da economia vulgar (cuja validez, *mutatis mutandis*, mostra-se pertinente de modo inteiro à economia acadêmico-burguesa atual), Marx passa ao segundo item da sua "Introdução", que trata da "relação geral entre produção, distribuição, troca e consumo".

Nesse item 2, Marx resume a "representação superficial" que os economistas têm dessa relação geral:

> A produção cria os objetos correspondentes às necessidades; a distribuição os reparte segundo leis sociais; a troca reparte outra vez o já repartido, segundo a necessidade singular; finalmente, no consumo, o produto sai desse movimento social, devém diretamente objeto e serviçal da necessidade singular e a satisfaz no desfrute. A produção aparece assim como o ponto de partida; o consumo como o ponto final; a distribuição e a troca, como o meio-termo, o qual, por sua vez, é

ele próprio dúplice, uma vez que a distribuição é o momento determinado pela sociedade e a troca, o momento determinado pelos indivíduos.

[...] Produção, distribuição, troca e consumo constituem assim um autêntico silogismo; a produção é a universalidade, a distribuição e a troca, a particularidade, e o consumo, a singularidade na qual o todo se unifica. [44][93]

Ora, assevera Marx, nessa representação se apreende "certamente uma conexão, mas uma *conexão superficial*" [44]. Para ir além dessa superficialidade, todo o item 2 haverá de ser dedicado às relações entre produção, consumo, distribuição e troca, de modo a capturar as suas codeterminações. Não é necessário reproduzir aqui, em sua extensão [44-53], o andamento analítico desse item 2; baste-nos indicar a sua modulação no que tange à relação produção/consumo, tomando um longo excerto, expressivo da modalidade de reflexão que Marx exercita nessas páginas.

A produção é imediatamente consumo e o consumo é imediatamente produção. Cada um é imediatamente seu contrário. Mas tem lugar simultaneamente um movimento mediador entre ambos. A produção medeia o consumo, cujo material cria, consumo sem o qual faltar-lhe-ia o objeto. Mas o consumo também medeia a produção ao criar para os produtos o sujeito para o qual são produtos. [...] Sem produção, nenhum consumo; mas, também, sem consumo, nenhuma produção, pois nesse caso a produção seria inútil. O consumo produz a produção duplamente: 1) na medida em que apenas no consumo o produto devém efetivamente produto [...] porque o produto é a produção não só como atividade coisificada, mas também como objeto para o sujeito ativo; 2) na medida em que o consumo cria a necessidade de *nova* produção, é assim o fundamento ideal internamente impulsor da produção, que é o seu pressuposto. O consumo cria o estímulo da produção; cria também o objeto que funciona na produção como determinante da finalidade. [...] o consumo *põe idealmente* o objeto da produção como imagem interior, como necessidade, como impulso e como finalidade. Cria os objetos da produção em uma forma ainda subjetiva. Sem necessidade, nenhuma produção. Mas o consumo reproduz a necessidade.

A isso corresponde, do lado da produção, que ela 1) fornece ao consumo o material, o objeto. Um consumo sem objeto não é consumo; portanto, sob esse aspecto, a produção cria, produz o consumo. 2) Mas não é somente o objeto que a produção cria para o consumo. Ela também dá ao consumo sua determinabilidade, seu caráter, seu fim. Assim como o consumo deu ao produto seu fim como produto, a produção dá o fim do consumo. *Primeiro*, o objeto não é um objeto em geral, mas um objeto determinado que deve ser consumido de um modo determinado, por sua vez mediado pela própria produção. Fome é fome, mas fome que se sacia com carne cozida, comida com garfo e faca, é uma fome diversa da fome que devora carne crua com mão, unha e dente. Por essa razão, não é somente o objeto do consumo que é produzido pela produção, mas também o modo do consumo, não apenas objetiva, mas também subjetivamente. A produção cria, portanto, os consumidores. 3) A produção não apenas fornece à necessidade um material, mas também uma necessidade ao material. O próprio consumo, quando sai de sua rudeza e imediaticidade originais [...], é mediado, enquanto impulso, pelo objeto. A necessidade que o consumo sente do objeto é criada pela própria percepção do objeto. O objeto de arte – como qualquer outro produto – cria um público capaz de apreciar a arte e de sentir prazer com a beleza. A produção, por conseguinte, produz não somente um objeto para o sujeito, mas também um sujeito para o objeto. [...] Produz, assim, o objeto do consumo, o modo do consumo e o impulso do consumo. [46-7]

Desse trato meticuloso das relações produção/consumo – e Marx procederá similarmente com a distribuição e a troca [50-3][94] – *não* se deduz que produção e consumo sejam idênticos. A conclusão de Marx, pensador rigorosamente *dialético*, é outra:

O resultado a que chegamos não é que produção, distribuição, troca e consumo são idênticos, mas que todos eles são momentos de uma totalidade, diferenças dentro de uma unidade. A produção estende-se tanto para além de si mesma na determinação antitética da produção, como sobrepõe-se sobre os outros momentos. É a partir dela que o processo sempre recomeça. [...] Uma produção determinada, portanto, determina um consumo, uma troca e uma distribuição determinados, bem como *relações determinadas desses diferentes momentos entre si*. A produção, por sua vez, certamente é também determinada [...] pelos outros momentos. [...] Há uma interação entre os diferentes momentos. Esse é o caso em qualquer todo orgânico. [53]

Uma categoria teórica que já foi tangenciada nesta biografia, a de *totalidade* (ver a passagem, no capítulo III, em que Marx assinala que "as relações de produção de qualquer sociedade constituem um todo"), a que logo voltaremos, reponta nesse item 2 da "Introdução": produção, consumo, distribuição e troca são tomados por Marx como "momentos de uma totalidade" [49][95]. Constitutivos da "atividade produtiva", são mutuamente interativos e codeterminados; todavia, na totalidade que constituem, precisamente porque a análise não os identificou e/ou equalizou (antes, os colocou como "diferenças dentro de uma unidade"), há um deles que dispõe de uma ponderação específica: a produção material – todos são "momentos de um processo", mas neste "*a produção é o ponto de partida efetivo* e, por isso, também *o momento predominante [übergreifende Moment]*" [49 (itálicos meus – *JPN*]. Para dizê-lo diretamente e em poucas palavras: o que

Marx afirma nesse passo é que a *análise da produção material* é *o ponto de partida efetivo e necessário* da crítica da economia política[96].

Tal afirmação põe em relevo o que há de ser um princípio heurístico central da crítica marxiana da economia política e da teoria social a ela conexa: *a análise teórico-crítica das condições da produção material constitui o fundamento necessário para a análise da vida social que sobre ela se articula*. Marx, é óbvio, *não* reduz a vida social à produção material, uma vez que *tem a plena clareza de que a vida social é muito mais complexa que a produção material*[97]: o que ele sustenta é que, sem a análise do modo como os homens se organizam para a (e na) produção das condições materiais da sua existência, a análise da sua vida social vê-se à partida comprometida em suas possibilidades explicativas e compreensivas[98]. E eis que se colocam as questões relativas ao método que essa crítica exige.

Tais questões são tratadas no item 3 da "Introdução", provavelmente um dos textos mais conhecidos e citados de Marx, não só por ter sido o fragmento dos *Grundrisse* que primeiro veio a público, ainda nos anos iniciais do século XX, mas também pela sua reconhecida relevância. Nenhuma interpretação substitui, também aqui, a textualidade do próprio Marx – donde a extensa, mas indispensável, citação que se segue. É com ela que o autor abre o item "O método da economia política".

> Se consideramos um dado país de um ponto de vista político-econômico, começamos com sua população, sua divisão em classes, a cidade, o campo, o mar, os diferentes ramos de produção, a importação e a exportação, a produção e o consumo anuais, os preços das mercadorias etc.
> Parece ser correto começarmos pelo real e pelo concreto, pelo pressuposto efetivo, e, portanto, no caso da economia, por exemplo, começarmos pela população, que é o fundamento e o sujeito do ato social de produção como um todo. Considerado de maneira mais rigorosa, entretanto, isso se mostra falso. A população é uma abstração quando deixo de fora, por exemplo, as classes das quais é constituída. Essas classes, por sua vez, são uma palavra vazia se desconheço os elementos nos quais se baseiam. P. ex., trabalho assalariado, capital etc. Estes supõem troca, divisão do trabalho, preço etc. O capital, p. ex., não é nada sem o trabalho assalariado, sem o valor, sem o dinheiro, sem o preço etc. Por isso, se eu começasse pela população, esta seria uma representação caótica do todo e, por meio de uma determinação mais precisa, chegaria analiticamente a conceitos cada vez mais simples; do concreto representado [chegaria] a conceitos abstratos [*Abstrakta*] cada vez mais finos, até que tivesse chegado às determinações mais simples. Daí teria de dar início à viagem de retorno até que finalmente chegasse de novo à população, mas desta vez não como a representação caótica de um todo, mas como uma rica totalidade de muitas determinações e relações. A primeira via

foi a que tomou historicamente a Economia em sua gênese. Os economistas do século XVII, p. ex., começam sempre com o todo vivente, a população, a nação, o Estado, muitos Estados etc.; mas sempre terminam com algumas relações determinantes, abstratas e gerais, tais como divisão do trabalho, dinheiro, valor etc., que descobrem por meio da análise. Tão logo esses momentos singulares foram mais ou menos fixados e abstraídos, começaram os sistemas econômicos, que se elevaram do simples, como trabalho, divisão do trabalho, necessidade, valor de troca, até o Estado, a troca entre as nações e o mercado mundial. O último é manifestamente o método cientificamente correto. O concreto é concreto porque é a síntese de múltiplas determinações, portanto, unidade da diversidade. Por essa razão, o concreto aparece no pensamento como processo da síntese, como resultado, não como ponto de partida, não obstante seja o ponto de partida efetivo e, em consequência, também o ponto de partida da intuição e da representação. Na primeira via, a representação plena foi volatilizada em uma determinação abstrata; na segunda, as determinações abstratas levam à reprodução do concreto por meio do pensamento. Por isso, Hegel caiu na ilusão de conceber o real como resultado do pensamento que sintetiza-se em si, aprofunda-se em si e movimenta-se a partir de si mesmo, enquanto o método de ascender do abstrato ao concreto é somente o modo do pensamento de apropriar-se do concreto, de reproduzi-lo como um concreto mental. Mas de forma alguma é o processo de gênese do próprio concreto. [...] a totalidade concreta como totalidade de pensamento, como um concreto de pensamento, é de fato um produto do pensar, do conceituar; mas de forma alguma é um produto do conceito que pensa fora e acima da intuição e da representação, e gera a si próprio, sendo antes produto da elaboração da intuição e da representação em conceitos. O todo como um todo de pensamentos, tal como aparece na cabeça, é um produto da cabeça pensante que se apropria do mundo do único modo que lhe é possível, um modo que é diferente de sua apropriação artística, religiosa e prático-mental. O sujeito real, como antes, continua a existir em sua autonomia fora da cabeça; isso, claro, enquanto a cabeça se comportar apenas de forma especulativa, apenas teoricamente. Por isso, também no método teórico o sujeito, a sociedade, tem de estar continuamente presente como pressuposto da representação. [54-5]

Nesses dois parágrafos se contêm traços absolutamente axiais da concepção teórico-metodológica de Marx, a serem complementados na sua sequência textual. Porém, antes de tecer umas poucas considerações necessárias sobre os dois parágrafos, cabe prevenir o leitor do fato de que esse item da "Introdução" com que agora deparamos pode seguramente causar-lhe alguma *estranheza* se, mesmo letrado, carecer de uma formação filosófica mais apurada – e que não lhe foi exigida para percorrer as páginas do *Manifesto do Partido Comunista*, de

O 18 de brumário de Luís Bonaparte e de outras obras mencionadas até aqui. Seja nos manuscritos desse período e no próprio *O capital*, a estranheza a que aludimos deve-se a que muitas das referências expressas de Marx – ao *abstrato* e ao *concreto*, ao *imediato* e ao *mediato*, às *determinações*, às *categorias* e à *totalidade* – remetem sobretudo à *Lógica* hegeliana, de que Marx foi um legatário crítico. Ora, há fortes indicações, recolhidas a partir de práticas pedagógicas contemporâneas em meios acadêmicos, de que muito provavelmente leitores dos dias atuais não dominem a carga semântica específica de tais referências. Decerto que as expectativas favoráveis desse leitor podem ver-se obstaculizadas por uma nomenclatura filosófica específica e frente a um trato de "método", como o marxiano, que *não* lhe fornece definições cerradas nem um rol de regras intelectivas formais para conduzir a sua análise de determinado objeto – ou seja, que *não* lhe oferece uma pauta à moda das conhecidas regras durkeimianas do "método sociológico" ou de seus sucedâneos (Giddens, 1996) e de incontáveis textos destinados a introduzir os jovens universitários à "metodologia" própria às ciências sociais[99]. É impensável, nos limites de uma biografia como esta, o equacionamento mínimo dos principais problemas de que deriva a mencionada estranheza, embora seja possível sugerir vias para equacioná-los[100] e, ao mesmo tempo, advertir que essa impressão é compreensível: ao leitor habituado a formulações que obedecem à lógica formal, aquelas que se desenvolvem segundo parâmetros dialéticos impõem novos desafios intelectuais. Nesse sentido, Marx é "difícil", como é "difícil" percorrer as páginas de *O capital*, que também exigem um leitor capaz de ultrapassar as formas expositivas consagradas pelas exposições tradicionais; a "prosa convencional", definitivamente, não é o território de Marx[101]. Se o leitor do Marx de 1857--1867 sentir-se tomado por essa estranheza, que recorde a advertência marxiana de que "*Todo começo é difícil, e isso vale para toda ciência*" (Marx, 2013, p. 77) e avance para dominar novas concepções teórico-metodológicas, acessíveis a todos pela via do estudo sistemático e da análise racional. Isto posto, passemos àqueles parágrafos da "Introdução".

Uma primeira observação a fazer acerca deles é sublinhar, à partida, que Marx distingue enfaticamente o que é da ordem da realidade – do seu *objeto* que, já vimos, é "a moderna produção burguesa" – e o que é da ordem do pensamento, produto da atividade cognitiva do *sujeito*. Materialista que é, à diferença de Hegel, Marx *não* concebe a atividade cognitiva do sujeito (a ordem do pensar) como instauradora do real e do concreto: estes são e permanecem o *pressuposto efetivo* da intuição e da representação que, processadas pela cognição, podem conduzir a um conhecimento mais alto e veraz, o conhecimento teórico-conceitual[102]. Em si, o real e o concreto não são um *todo caótico*, arbitrário e/ou aletório: constituem uma *totalidade articulada e concreta* (um "todo orgânico") *que só se revela como tal ao pensamento na síntese a que este se alça mediante a atividade cognitiva*. É essa atividade cognitiva que, na sua síntese, *reproduz* o concreto real como *concreto pensado* ("concreto mental"), e o faz como *uma* modalidade de "apropriação do mundo" (mundo = pressuposto efetivo). Há várias modalidades (artística, religiosa etc.) de o cérebro humano (a "cabeça pensante") apropriar-se do mundo; aqui, Marx está interessado na apropriação conceitual, a apropriação *teórica* – especificamente, a apropriação teórica realizada pela economia política e sua crítica.

Segundo Marx, quando da gênese e do desenvolvimento inicial da economia política, no século XVII, os seus estudiosos avançaram analiticamente do "real e do concreto" até encontrar abstrações que, fixadas intelectivamente e levadas a determinações as mais simples, permitiram a configuração reflexiva de sistemas econômicos (mercantilismo, fisiocratismo etc.). Marx entende que esse procedimento não se coaduna com a economia política tornada ciência ao longo do século XVIII e na entrada do século XIX – para a apropriação teórica que lhe é própria, o movimento deve ser outro: é o da "viagem de retorno", consistente em *elevar-se das abstrações simples, das determinações gerais ao "todo orgânico"*. O "método cientificamente correto" não é aquele, da nascente economia política, que conduz da "representação plena" à sua volatilização em uma "determinação abstrata"; é o que *ascende* do "abstrato ao concreto", compreendido este como "síntese de múltiplas determinações, portanto, unidade da diversidade". É a "viagem de retorno" que permite ao pesquisador (sujeito da pesquisa) reproduzir (idealmente, na sua "cabeça pensante", no seu cérebro) o dinamismo do real e do concreto (objeto da pesquisa). Tal reprodução configura exatamente a elaboração teórica: *teoria*, nesse Marx maduro, consiste na *reprodução ideal do movimento real do objeto* (repitamos: o *objeto* da pesquisa marxiana é "a moderna produção burguesa"). E trata-se mesmo de *elaboração*: a "cabeça pensante", o cérebro do sujeito que pesquisa, não é uma espécie de "espelho" que se limita a *refletir* passivamente o objeto que se lhe apresenta imediatamente (parte de um todo a que caberia *atribuir* uma lógica ou um sentido plausível): um sujeito intelectualmente *ativo* deve operar indo além da *aparência* do objeto para encontrar a sua *dinâmica imanente*, a sua *essência* e suas relações com a totalidade de que é parte[103].

Dessa concepção de teoria do Marx em plena maturidade decorre que o papel do sujeito que pesquisa é efetivamente *ativo e criativo*: a *objetividade do objeto* (permita-se-me a aparente tautologia) só é desvendada/penetrada mediante uma intensa atividade cognitiva, que vai muito além de procedimentos de observação sistemática e de comparações históricas: ela convoca inclusive a *imaginação criadora* do sujeito para avançar na descoberta e na prospecção das suas *tendências de desenvolvimento* a partir da descoberta da sua dinâmica estrutural. À *verdade teórica* a que aqui nós aludimos – e que, em Marx, não se dissocia das dimensões da práxis e é, por isso, concebida de molde a romper simultaneamente com os polos antitéticos do *relativismo* e do *dogmatismo* – chega o sujeito capaz de tomar o seu objeto mantendo para com ele *a máxima fidelidade*; de fato, para Marx, a atividade cognitiva do sujeito deve submeter-se aos imperativos postos pelo objeto: são a estrutura e a dinâmica do objeto que comandam os procedimentos do sujeito. O conhecimento teórico verdadeiro, sempre aproximativo, aperfeiçoável e verificável na prática social, implica precisamente que a função do sujeito consiste em *nada acrescentar ao objeto*, mas em *extrair* dele os traços essenciais que o constituem. Ao sujeito que pesquisa, o objeto pesquisado exige, para a reprodução ideal dos seus traços essenciais, para além da honestidade científica de não lhe imprimir ou atribuir o que lhe é alheio, uma alta qualificação intelectual e cultural: só um *sujeito intelectualmente rico pode apreender a riqueza imanente ao seu objeto*[104].

Uma segunda observação diz respeito ao *abstrato*, isto é, ao que é despido ou paupérrimo de/em determinações, entendidas estas como traços constitutivos da realidade – como precisa um estudioso, a determinação é um "momento constitutivo essencial da coisa [objeto]" (Dussel, 2012, p. 34-5). Determinações abstratas, as mais simples (por exemplo, "a produção em geral"), obtêm-se mediante operações intelectivas de caráter analítico: um dado elemento é isolado da sua contextualidade (da totalidade de que é parte) e examinado enquanto tal; esse procedimento só é possível porque o sujeito que pesquisa (com a sua "cabeça pensante") dispõe da capacidade intelectiva da *abstração*, que viabiliza precisamente a *análise* do dado elemento[105]. Sem a capacidade da abstração, seria impossível ao sujeito que pesquisa chegar "às determinações mais simples" [54]. A "viagem de retorno" consiste no movimento que supera o isolamento em que a abstração situou o elemento examinado, inserindo-o na totalidade de que foi retirado. Trata-se de um movimento "inverso ao efetuado pela abstração analítica" (Dussel, 2012, p. 53); essa inserção, porém, implica uma nova *operação de síntese* que supõe que outros elementos da totalidade em questão foram igualmente abstraídos e submetidos a análise. Nos dois movimentos, tanto o que precede a "viagem de retorno" quanto nesta, a abstração, *como procedimento analítico do sujeito que pesquisa*, está presente.

Prossigamos para além daqueles dois parágrafos iniciais da "Introdução". O objetivo explícito da pesquisa marxiana, tomado como ponto de partida o modo de organização da produção material que embasa a vida social, é *conhecer as categorias que constituem e exprimem "a articulação interna da sociedade burguesa"* [61] (propriedade, trabalho, valor, capital...). Para Marx, as categorias "expressam formas de ser, determinações de existência" [59] – isto é: as categorias são *objetivas*, *reais* (pertencem à ordem da realidade, do ser – são categorias *ontológicas*); mediante procedimentos analíticos, como o recurso à abstração, o pesquisador as reproduz idealmente (pertencem, *enquanto produto da elaboração mental*, à ordem do pensamento – são, assim, categorias *reflexivas*). Tanto real quanto teoricamente, elas são *históricas* e *mutáveis* – como Marx o demonstra no trato do *dinheiro* [56] e, com mais detalhe, do *trabalho* [57-8]. Em páginas anteriores [55-6], Marx assinalara a complexa relação entre "categorias simples" e "categorias complexas"[106]; no trato da categoria *trabalho*, ele indica que

> as próprias categorias mais abstratas, apesar de sua validade para todas as épocas – *justamente por causa de sua abstração* –, na determinabilidade dessa própria abstração, são igualmente produto de relações históricas e têm sua *plena validade só para essas relações e no interior delas*. [58 (itálicos meus – *JPN*)]

Está posto nesses passos um problema teórico-metodológico da maior relevância: o da disposição/ordenamento das categorias na análise histórica das diferentes organizações societárias. Novamente aqui, uma longa citação pode situar com clareza tal problema:

> A sociedade burguesa é a mais desenvolvida e diversificada organização histórica da produção. Por essa razão, as categorias que expressam suas relações e a compreensão de sua estrutura permitem simultaneamente compreender a organização e as relações de produção de todas as formas de sociedades desaparecidas, com cujos escombros e elementos edificou-se, parte dos quais ainda carrega consigo como resíduos não superados, parte [que] nela se desenvolvem de meros indícios em significações plenas etc. A anatomia do ser humano é uma chave para a anatomia do macaco. Por outro lado, os indícios de formas superiores nas espécies animais inferiores só podem ser compreendidos quando a própria forma superior já é conhecida. Do mesmo modo, a economia burguesa fornece a chave da economia antiga etc. Mas de modo algum à moda dos economistas, que apagam todas as diferenças históricas e veem a sociedade burguesa em todas as formas de sociedade. [...] Como [...] a própria sociedade burguesa é só uma forma antagônica do desenvolvimento, nela são encontradas com frequência relações de formas precedentes inteiramente atrofiadas ou mesmo dissimuladas. [...] Por conseguinte, se é verdade que as categorias da economia burguesa têm uma verdade para todas as outras formas de sociedade, isso deve ser tomado *cum grano salis* [com um grão de sal; com reservas]. Elas podem conter tais categorias de modo desenvolvido, atrofiado, caricato etc., mas sempre com diferença essencial. [58-9]

Dessas linhas, há que ressaltar com ênfase:

a. a determinação da sociedade burguesa como aquela que se articula sobre a mais complexa ("desenvolvida e diversificada") organização histórica da produção. Donde, por uma parte, a infinita e efetiva riqueza categorial que apresenta e que deve ser reproduzida idealmente na sua teoria[107] e, por outra, a peculiaridade histórica (a "diferença essencial") que marca mesmo aquelas categorias também pertinentes a sociedades precedentes;

b. a peremptória infirmação da matriz explicativo-positivista (a cuja recusa por Marx já aludimos – ver, supra, cap. III, nota 64) do desenvolvimento histórico[108]: não são as formas inferiores (menos complexas) que esclarecem as superiores (mais complexas) – *não* se compreende a anatomia humana a partir da anatomia do símio; em Marx, são as formas mais desenvolvidas (mais complexas) que esclarecem as menos desenvolvidas (menos complexas).

Detenhamo-nos, nem que seja muito brevemente, sobre o sentido substantivo do que acabamos de ressaltar, sentido que *inverte e infirma* a vulgar proposição positivista de que "o mais simples explica o mais complexo". Só quando uma forma mais complexa se desenvolve e é conhecida pode-se compreender inteiramente a menos complexa; ou poder-se-ia dizer: é o presente que esclarece o passado.

Na moderna sociedade burguesa, a categoria *dinheiro*, por exemplo, encontra-se sob todos os aspectos muito mais desenvolvida do que na Antiguidade – ali, o dinheiro operava basicamente como medida de valor. Se o analisássemos apenas como tal, na sua emersão histórica, não teríamos condições de prospectar teórico-cientificamente as suas outras possíveis funções; são estas (*equivalente geral, medida de valor, meio de troca, meio de acumulação, meio de pagamento universal e capital*)[109] que expressam o seu pleno evolver e somente então propiciam o inteiro esclarecimento do seu processo de gênese e desenvolvimento.

É supérfluo levar em conta que, afirmando-se que o presente ilumina o passado (noutras palavras: que a forma mais complexa permite compreender aquilo que, numa forma menos complexa, mal indica potencialidades de ulterior desenvolvimento), não se descura a necessidade de conhecer a gênese histórica de uma categoria – *tal conhecimento é absolutamente necessário*. Mas dele *não* decorre o conhecimento da sua relevância no presente – sua estrutura e sua funcionalidade atuais. Ambas, estrutura e funções, podem apresentar características inexistentes ou atrofiadas no momento da sua emergência histórica. Assim, as condições da gênese histórica não propiciam a determinação do ulterior desenvolvimento de uma categoria. Por isso mesmo, o estudo das categorias deve articular a análise diacrônica (da gênese e do desenvolvimento) com a análise sincrônica (sua estrutura e funções na organização social atual).

É à base de todas essas considerações que, na continuidade das suas reflexões, Marx equacionará o problema teórico-metodológico acima mencionado (o da disposição/ordenamento das categorias na análise histórica das diferentes organizações societárias). Dirá ele, referindo-se ao estudo da sociedade burguesa:

> Seria impraticável e falso, portanto, deixar as categorias econômicas sucederem-se umas às outras na sequência em que foram determinantes historicamente.

A sua ordem é determinada, ao contrário, pela relação que têm entre si na moderna sociedade burguesa, e que é exatamente o inverso do que aparece como sua ordem natural ou da ordem que corresponde ao desenvolvimento histórico. Não se trata da relação que as relações econômicas assumem historicamente na sucessão de diferentes formas de sociedade. Muito menos de sua ordem "na ideia" ([como em] Proudhon). [...] Trata-se, ao contrário, de sua estruturação no interior da moderna sociedade burguesa. [60]

É por isso – já pensando no desenvolvimento imediato da sua pesquisa e na sua posterior exposição[110] – que ele se recusa a começar o seu estudo da sociedade burguesa discutindo a "propriedade da terra", "primeira forma de produção de todas as sociedades mais ou menos estabilizadas – a agricultura" [59]: na "moderna sociedade burguesa",

> a agricultura devém mais e mais um simples ramo da indústria, e é inteiramente dominada pelo capital. O mesmo se dá com a renda da terra. Em todas as formas em que domina a propriedade da terra, a relação natural ainda é predominante. Naquelas em que domina o capital, predomina o elemento social, historicamente criado. A renda da terra não pode ser compreendida sem o capital. Mas o capital é perfeitamente compreensível sem a renda da terra. O capital é a potência econômica da sociedade burguesa que tudo domina. Tem de constituir tanto o ponto de partida quanto o ponto de chegada, e tem de ser desenvolvido antes da renda da terra. Após o exame particular de cada um, é necessário examinar sua relação recíproca. [60]

É então que Marx passa ao quarto e último item da "Introdução", "Meios (forças) de produção e relações de produção, relações de produção e relações de intercâmbio etc.", o menos detalhado do escrito[111]. Nele, Marx limita-se (salvo em cinco parágrafos, que abaixo destacaremos) a arrolar os pontos sobre os quais há que atentar. Refere-se à questão da *guerra* e como, em função dela, se desenvolveram nos exércitos relações econômicas (por exemplo, o trabalho assalariado) antes da constituição da sociedade burguesa [61][112]; em seguida, lista tópicos distintos (como as relações internacionais) e anota o problema da "relação desigual" entre o desenvolvimento da produção material e o desenvolvimento jurídico e artístico [61].

É este último que merece de Marx cinco concisos – mas importantíssimos – parágrafos[113]. Nos mais decisivos deles, escreve:

> Na arte, é sabido que determinadas épocas de florescimento não guardam nenhuma relação com o desenvolvimento geral da sociedade, nem, portanto, com o da base material, que é, por assim dizer, a ossatura de sua organização. P. ex., os gregos comparados com os modernos, ou mesmo Shakespeare. Para certas formas

de arte, a epopeia, por exemplo, é até mesmo reconhecido que não podem ser produzidas em sua forma clássica, que fez época, tão logo entra em cena a produção artística enquanto tal; que, portanto, no domínio da própria arte, certas formas significativas da arte só são possíveis em um estágio pouco desenvolvido do desenvolvimento artístico. Se esse é o caso na relação dos diferentes gêneros artísticos no domínio da arte, não surpreende que seja também o caso na relação do domínio da arte como um todo com o desenvolvimento geral da sociedade. [...] Consideremos, p. ex., a relação da arte grega e, depois, a de Shakespeare, com a atualidade. Sabe-se que a mitologia grega foi não apenas o arsenal da arte grega, mas seu solo. A concepção da natureza e das relações sociais, que é a base da imaginação grega e, por isso, da [mitologia] grega, é possível com máquinas de fiar automáticas, ferrovias, locomotivas e telégrafos elétricos? Como fica Vulcano diante de Roberts et Co., Júpiter diante do para-raios e Hermes diante do Crédit Mobilier? Toda mitologia supera, domina e plasma as forças da natureza na imaginação e pela imaginação; desaparece, por conseguinte, com o domínio efetivo daquelas forças. Em que se converte a Fama ao lado da Printing House Square [praça de Londres onde se localizavam a redação e as oficinas do jornal *The Times*]? A arte grega pressupõe a mitologia grega, *i. e.*, a natureza e as próprias formas sociais já elaboradas pela imaginação popular de maneira inconscientemente artística. Esse é seu material. Não uma mitologia qualquer, *i. e.*, não qualquer elaboração artística inconsciente da natureza (incluído aqui tudo o que é objetivo, também a sociedade). A mitologia egípcia jamais poderia ser o solo ou o seio materno da arte grega. Mas, de todo modo, [pressupõe] *uma* mitologia. Por conseguinte, de modo algum um desenvolvimento social que exclua toda relação mitológica com a natureza, toda uma relação mitologizante com ela; que, por isso, exige do artista uma imaginação independente da mitologia.

De outro lado: é possível Aquiles com pólvora e chumbo? Ou mesmo a *Ilíada* com a imprensa ou, mais ainda, com a máquina de imprimir? Com a alavanca da prensa, não desaparecem necessariamente a canção, as lendas e a musa, não desaparecem, portanto, as condições necessárias da poesia épica?

Mas a dificuldade não está em compreender que a arte e o epos gregos estão ligados a certas formas de desenvolvimento social. A dificuldade é que ainda nos proporcionam prazer artístico e, em certo sentido, valem como norma e modelo inalcançável. [62-3]

Os cinco parágrafos [62-4] dessa passagem da "Introdução" levantam questões – que não foram suficientemente respondidas pelo próprio Marx – e que permanecem como objeto de polêmica até nossos dias, embora tenham encontrado tratamento esclarecedor em marxistas do século XX[114]. Tais parágrafos demonstram a concepção marxiana de que *o condicionamento histórico-social da arte*, operante e sempre efetivo, *não esgota o caráter próprio e específico da arte* – a arte dispõe do que depois seria designado como a sua *autonomia relativa*, que responde pela *legalidade peculiar* do curso do seu desenvolvimento, que não pode ser inferido direta e exclusivamente das condições sociais da sua gênese. E mais: é nessa autonomia relativa que residiria também a chave para a compreensão do *valor estético* perduravelmente transistórico (nunca *a-histórico* ou *supra-histórico*) das grandes obras de arte[115]. Decerto que as formulações marxianas desse item 4 da "Introdução" são inconclusas e, em si mesmas, não solucionam todas as questões que propõem; nelas, contudo, é legítimo detectar a exigência de uma *análise estética* que ultrapasse uma abordagem sociológica ou histórico-sociológica do fenômeno artístico, ainda que ambas se conduzam sob forte influência de Marx (como a de Goldmann, 1967 e 1970 e as notáveis pesquisas de Hauser, 1969, 1969a e 1969b).

Precisamente nesses parágrafos finais da "Introdução", a ideia da autonomia relativa da arte (pertinente não só a ela) abre no horizonte analítico uma problemática central da inteira concepção teórico-metodológica do Marx maduro: a da *análise concreta* da relação entre as várias totalidades articuladas na sociedade burguesa (uma "totalidade constituída de totalidades", um "complexo de complexos" – Lukács, 2010a, 2012-2013). Para lançar alguma luz sobre essa problemática, consideremos, rápida e novamente, a centralidade da "Introdução", sobretudo do seu item 3, reiterando algumas ideias já expendidas nas páginas precedentes e mais uma vez tangenciando a questão das categorias.

Na "Introdução", o que se verifica é que os pressupostos teórico-metodológicos desenvolvidos desde a segunda metade dos anos 1840 são redimensionados à base de experiências políticas inéditas e novos estudos. As formulações da "Introdução de 1857" são simultaneamente, no evolver do pensamento marxiano, um ponto de chegada e um ponto de partida: um ponto de chegada na medida em que resultam de todo o cuidado teórico anterior conferido ao objeto (repita-se: a moderna sociedade burguesa); um ponto de partida porque anunciam o tratamento teórico-metodológico que, desenvolvido nos anos seguintes nos manuscritos de todo esse período (1857-1865), constituirá a crítica da economia política que fundará *O capital* (a partir do Livro I, de 1867). É no evolver desses anos que, no seu laboratório teórico, Marx apreenderá conclusivamente que a moderna sociedade burguesa é uma *totalidade concreta* muito específica.

A moderna sociedade burguesa não é simplesmente um "todo" formado por "partes" funcionalmente integradas. Antes, é uma totalidade concreta macroscópica e inclusiva, de máxima complexidade, constituída por totalidades de menor complexidade. Nenhuma dessas totalidades é "simples"; o que as distingue é o seu *grau* de complexidade e a modalidade das suas *articulações* e interações com o "momento predominante", de que podem resultar relações subordinantes e/ou subordinadas. Essas articulações e relações, que só podem ser conhecidas mediante a pesquisa mais rigorosa, partem da hipótese – que não é arbitrária, mas ela mesma decorrente de investigações marxianas prévias e daquelas em processo – que levará à compreensão de que a totalidade concreta (no caso, a moderna sociedade burguesa) não é uma totalidade amorfa, mas *estruturada*. O caráter diverso das totalidades que compõem a sociedade burguesa – ou seja, o *caráter específico de cada uma delas* – determina a natureza da sua conexão com a produção material da vida social (o "momento predominante") e a peculiaridade das tendências/leis que nelas operam e as regulam, isto é: determina a *legalidade* de cada uma delas (ver, supra, cap. II, segundo parágrafo da nota 58). A legalidade do "momento predominante" não pode ser sumariamente transladada às outras totalidades para além daquela que constitui a atividade produtiva material: cada totalidade dispõe de características próprias tais que a sua própria legalidade deve ser investigada juntamente com a sua interação com as demais totalidades – donde, em se tratando do curso histórico da cultura e da arte, a sua "autonomia relativa" e o seu "desenvolvimento desigual". Enfim, a totalidade concreta que é a moderna sociedade burguesa é uma *totalidade dinâmica*: seu movimento resulta do caráter contraditório de *todas* as totalidades que a constituem – sem as contradições, todas as totalidades seriam mortas, seriam *totalidades inertes*; tais contradições, suas implicações, seus ritmos, seus limites, controles e soluções variam conforme a estrutura de cada totalidade e não há formas/fórmulas apriorísticas para determiná-las: só a pesquisa concreta é capaz de descobri-las.

Vê-se que a questão crucial consiste em descobrir as *relações* entre os processos ocorrentes em cada totalidade constitutiva da sociedade na sua pluralidade/diversidade, entre elas e entre a totalidade inclusiva e macroscópica que é a sociedade burguesa. Tais relações, como indica a pesquisa de Marx, *nunca são diretas e unilineares*: elas são sempre *mediadas* quer pelos distintos níveis de complexidade de cada totalidade, quer pelo caráter específico de cada uma. Sem considerar os *sistemas de mediações* (os imanentes a cada totalidade e os postos na/pela sua interação com as outras), a articulação concreta do que é a moderna sociedade burguesa não se revelaria senão como uma *totalidade indiferenciada* – indiferenciação que cancelaria a sua concreticidade (já vimos que o concreto é "unidade do diverso").

Dessas notações resulta que, na aludida questão crucial, o universo de categorias em jogo é larguíssimo e sempre aberto: sejam aquelas já elaboradas/acumuladas no acervo teórico (e cuja vigência e validez precisam ser verificadas *nas* análises atuais do objeto de pesquisa), sejam aquelas a serem extraídas *das* análises em curso. Noutras palavras: para a análise do objeto da pesquisa, o sujeito recorre às categorias já conhecidas, verifica a sua pertinência atual e, aprofundando e determinando o exame do objeto na sua dinâmica contemporânea, dele extrai novas categorias. Para tanto, o sujeito deve conhecer as categorias já elaboradas e ser capaz de extrair do objeto as categorias nele existentes e (ainda) não processadas pela "cabeça pensante". Ora, o que os manuscritos de 1857-1865 documentam é precisamente esse movimento, que constitui a pesquisa de Marx: situando-se numa perspectiva de classe determinada (a do proletariado), ele parte do elenco de categorias já estabelecidas pela economia política e as examina criticamente à luz tanto de um referencial teórico-filosófico (a dialética hegeliana "invertida", despida do seu "invólucro místico", recuperada em seu "núcleo racional") quanto da efetiva dinâmica do modo de produção capitalista – e é desse exame que resulta a sua crítica radical. Nesse complexo movimento, *em que consiste a sua pesquisa e no qual se constituem simultaneamente a sua teoria e o seu método*, Marx não só redimensiona profundamente categorias já existentes, mas sobretudo descobre *novas* categorias (reais) e processa o seu tratamento racional-intelectivo. E é aí que se pode verificar que a elaboração teórico-metodológica de Marx está fundada na articulação dialética de três categorias nucleares: a de *totalidade*, a de *contradição* e a de *mediação*.

Um eventual leitor destas páginas concluirá, novamente, que é difícil, árduo e complicado o caminho da pesquisa que leva à teoria (tal como a pensa o Marx maduro). Conclusão corretíssima, até mesmo acaciana, óbvia, que põe em discussão, mais uma vez, o tema da formação/preparação dos pesquisadores sociais, em especial quando se trata – e este é precisamente o caso de Marx e da sua crítica da economia política – de elaborar uma *nova teoria social* que, mesmo recolhendo o melhor da herança cultural, *revoluciona* as modalidades explicativas e compreensivas existentes da vida social. Não por casualidade Marx, no decênio de que nos ocupamos aqui, trabalhou tão extensa e intensivamente antes de empreender a redação do que seria o Livro I de *O capital*.

Recordemos o objetivo da pesquisa marxiana: *conhecer as categorias que constituem e exprimem a articulação interna da sociedade burguesa*; em suma, descobrir as *relações* entre os processos ocorrentes nas totalidades constitutivas (tomadas nas suas especificidades e interações mútuas) da totalidade inclusiva e mais complexa que é a moderna sociedade burguesa. É evidente que um objetivo dessa magnitude ultrapassa largamente as possibilidades de um pesquisador individual e de uma (senão bem mais que uma) geração de pesquisadores, demandando esforços coletivos – e Marx não alcançou tal objetivo, como o comprova a inquestionável *incompletude* de *O capital*, a que retornaremos no próximo capítulo. Mas é nos manuscritos de 1857-1865 que estão, de uma parte, as suas mais fundamentais *formulações teórico-metodológicas* (como a "Introdução" as registra) e, de outra, as investigações/análises mediante as quais se construiu o arcabouço teórico de *O capital* e, pois, da sua teoria social. Por essa razão dedicamos tantas páginas à "Introdução", que parametrou tais investigações/análises; passemos, agora, a estas, começando pelas que imediatamente (1857-1858) tomaram corpo nos manuscritos que se seguem à "Introdução". Trata-se, como já referimos, de dois capítulos: o primeiro é o "Capítulo do dinheiro" [67-181]; o segundo, o "Capítulo do capital", riquíssimo do ponto de vista teórico e tão extenso que ocupa quase seis dos sete cadernos dos *Grundrisse* [183-759]. Num caso como noutro (e, igualmente, na abordagem seguinte da *Contribuição à crítica da economia política*), esperamos que o leitor se mostre compreensivo diante da necessária brevidade das nossas observações.

O conteúdo do "Capítulo do dinheiro", no qual é visível o exaustivo exame de fontes, antigas e modernas, a que Marx recorreu, justifica seu título: a investigação está centrada no resgate teórico da constituição histórica do dinheiro. Mas ele conduz esse resgate a partir de uma dura crítica à teoria do dinheiro inspirada por Proudhon: Marx começa ocupando-se do livro que o economista Alfred Darimon (1819-1902) acabara de publicar (1856), a propósito das medidas tomadas pelo Banco da França para remediar a diminuição progressiva de suas reservas[116]. De fato, o interesse real do autor era a questão da *reforma dos bancos*, tema de que se ocuparam vários socialistas da primeira metade do século XIX – com destaque para Proudhon, que, em 1848-1849, propusera um *banco do povo*, de que logo se fez na França pelo menos uma experiência falhada[117]; Darimon, como fiel proudhoniano, retoma a ideia em 1856. O exame a que Marx submete a argumentação de Darimon conjuga elementos de natureza histórico-econômica à crítica da inépcia sociopolítica das soluções propostas pelos proudhonianos (mormente o "crédito gratuito"[118] e a ideia do "bônus horário") para a *reforma dos bancos*.

Na ótica proudhoniana, tal reforma, incidindo na organização da circulação e dos seus meios (as distintas formas de dinheiro: metálico, papel etc.) visava a criar "condições de produção e de intercâmbio inteiramente novas" [74]. Ora, segundo Marx, essa pretensão é desprovida de qualquer sentido, na medida em que a efetiva relação entre *produção* e *circulação* é ignorada; para ele, a questão fundamental é:

> As relações de produção existentes e suas correspondentes relações de distribuição podem ser revolucionadas pela mudança no instrumento de circulação – na organização da circulação? Pergunta-se ainda: uma tal transformação da circulação pode ser implementada sem tocar nas relações de produção existentes e nas relações sociais nelas baseadas? [74]

À base da concepção teórico-metodológica explicitada na "Introdução", a resposta de Marx a tais indagações é uma rotunda negativa: a pretensão proudhoniana de "condições de produção e de intercâmbio inteiramente novas" a partir de "mudanças" na circulação (na sua organização e no seu principal instrumento, o dinheiro) é infirmada à partida. A intenção político-revolucionária da solução proudhoniana é simples e inteiramente vã – tem os limites próprios da *reforma social*, como Marx alude claramente:

> As distintas formas de dinheiro podem corresponder melhor à produção social em diferentes etapas, uma elimina inconvenientes contra os quais a outra não está à altura; mas nenhuma delas, enquanto permanecerem formas do dinheiro e enquanto o dinheiro permanecer uma relação social essencial, pode abolir as contradições inerentes à relação do dinheiro, podendo tão somente representá-las em uma ou outra forma. *Nenhuma forma do trabalho assalariado, embora uma possa superar os abusos da outra, pode superar os abusos do próprio trabalho assalariado.* [75 (itálicos meus – JPN)]

Importante, porém, é que no trato histórico-econômico do curso e das funções do dinheiro, contestando as formulações de Darimon, Marx desenvolve a *sua* teoria do dinheiro – em 1857-1858, modifica a interpretação com que operara em 1847: na *Miséria da filosofia*, nas pegadas de Ricardo, admitira que o ouro e a prata enquanto moedas eram mercadorias cujo valor *não* se determinava pelos seus custos de produção (Marx, 2017b, p. 84-5)[119]; agora, sustenta que "o *valor* [...] de todas as mercadorias (incluído o trabalho) é determinado pelo seu custo de produção, em outras palavras, pelo tempo de trabalho requerido para a sua produção" [87] – "o próprio ouro ou prata [...] é um determinado *quantum* de trabalho acumulado, uma determinada quantidade de tempo de trabalho materializado" [88]. Com essa compreensão, no "Capítulo do dinheiro", que se apoia na verificação de que "a circulação de mercadorias é o pressuposto original da circulação de dinheiro" [134], Marx indica que não é a *quantidade* dos metais preciosos em circulação, mas sim os seus *custos de produção* que determinam os preços das mercadorias medidas no valor do metal: "Se sobem os custos de produção dos metais preciosos, caem os preços de todas as mercadorias; se caem os custos de produção dos metais preciosos, sobem os preços de todas as mercadorias" [140]. A investigação marxiana avança procurando estabelecer o processo de constituição e desenvolvimento do dinheiro, pensado como "um signo de valor" [85], *valor que tem por fundamento o trabalho*: "O determinante do valor não é o tempo de trabalho incorporado nos produtos, mas o tempo de trabalho necessário num determinado momento" [85]. E avança sempre levando em conta a distinção entre o *valor* e o *preço* das mercadorias: "O *valor* (o valor de troca real) de todas as mercadorias (incluído o trabalho) é determinado pelo seu custo de produção, em outras palavras, pelo tempo de trabalho requerido para sua produção. O seu *preço* é esse valor de troca expresso em dinheiro" [87][120].

É claro que o leitor desta biografia compreende a impossibilidade de seguir aqui a argumentação marxiana referente ao evolver das trocas e do dinheiro e suas formas, na sua visão panorâmica do processo histórico da Antiguidade à emergência da moderna sociedade burguesa, do escambo ao comércio desenvolvido [esp. 92, 113-4, 118-9, 127-33]. Mas cumpre pontuar, rapidamente e sem nos alongarmos além da conta, alguns traços da argumentação marxiana que são de notar pela sua intrínseca relevância. Observe-se, de saída, que Marx sinaliza sempre que a circulação se articula continuamente à *divisão do trabalho* e nunca perde de vista que a *circulação*, seja das mercadorias, seja do dinheiro, não se compreende se tomada em si mesma – ele afirma expressamente: "O caráter global do modo de produção determinará ambas, e mais diretamente a circulação de mercadorias" [134]. Note-se também que as aproximações marxianas à efetividade do dinheiro capturam a sua malha de contradições imanentes e a sua relação, também contraditória, com a mercadoria [176 e seg.].

Atente-se, ademais, aos estágios que Marx distingue (tão sumária quanto fecundamente) ao pesquisar a conexão que, no curso da história, vincula a forma social da atividade dos homens e dos seus produtos ao conjunto social. O primeiro deles se caracteriza pelo fato de o meio de troca estar "ainda ligado à natureza do produto imediato do trabalho e às necessidades imediatas dos trocadores", situação própria à vigência de relações de dependência pessoal ("relação patriarcal, comunidade antiga, feudalismo e sistema corporativo" [106]). O segundo estágio é aquele em que se constitui "pela primeira vez um sistema de metabolismo social universal, de relações universais, de necessidades múltiplas e de capacidades universais" [106]: o estágio específico da moderna sociedade burguesa. Nele,

> o caráter social da atividade, assim como a forma social do produto e a participação do indivíduo na produção, aparece [...] diante dos indivíduos como algo estranho, como coisa; não como sua conduta recíproca, mas como sua subordinação a relações que existem independentemente deles e que nascem do entrechoque de indivíduos indiferentes entre si. A troca universal de atividades e produtos, que deveio condição vital para todo indivíduo singular, sua conexão recíproca, aparece para eles mesmos como algo estranho, autônomo, como uma coisa. No valor de troca, a conexão social entre as pessoas é transformada em um comportamento social das coisas; o poder [*Vermögen*] pessoal, em poder coisificado. [105][121]

Vê-se que, nesse "segundo estágio", "os indivíduos estão subsumidos à produção social que existe fora deles como uma fatalidade; mas a produção social não está subsumida aos indivíduos que a utilizam como seu poder comum" [106-7]. É esse "segundo estágio", porém, que "cria as condições do terceiro", aquele em que pode emergir "a livre individualidade fundada sobre o desenvolvimento universal dos indivíduos e a subordinação de sua produtividade coletiva, social, como seu poder social" [106] – seguramente o passo histórico-universal da pré-história humana à história humana (noutras palavras, a passagem ao *comunismo*). E é no interior do "segundo estágio" que, para Marx, se constituem "as condições materiais de produção e as correspondentes relações de intercâmbio" que abrem a via a "uma sociedade sem classes" [107][122].

Enfim, se na sua projeção do "terceiro estágio" Marx continua privilegiando o horizonte do "desenvolvimento universal" dos indivíduos[123], ele é necessariamente obrigado a aflorar a questão do *tempo* (a que voltará no "Capítulo do capital"). Mesmo no marco de uma produção social subsumida ao poder social dos indivíduos, tal como será a produção nesse "terceiro estágio", a determinação do tempo "permanece naturalmente essencial". Tanto para a sociedade como para os indivíduos, "economia é economia de tempo": "Para o indivíduo singular, a universalidade de seu desenvolvimento, de seu prazer e de sua atividade depende da economia de tempo. Economia de tempo, a isso se reduz afinal toda economia" [119]. Marx sublinha:

> Da mesma forma [que] a sociedade tem de distribuir apropriadamente seu tempo para obter uma produção em conformidade com a totalidade de suas necessidades; do mesmo modo [...] o indivíduo singular tem de distribuir o seu tempo de forma correta para adquirir conhecimentos em proporções apropriadas ou para desempenhar suficientemente as variadas exigências de sua atividade. Economia de tempo, bem como distribuição planificada do tempo de trabalho entre os diferentes ramos de produção, continua sendo também a primeira lei econômica sobre a base da produção coletiva. [119-20]

Se a aproximação ao "Capítulo do dinheiro" – com questões e problemas que, noutro nível, seriam retomados no seguimento do manuscrito – exige uma abordagem muito mais ampla que os poucos comentários que aqui lhe oferecemos[124], considere o leitor como nos será difícil tratar o "Capítulo do capital", menos pela sua extensão [183-759] do que pela sua complexidade. A nosso juízo, é nessas páginas que se encontram as reflexões mais decisivas, fecundas e criativas de Marx que precedem a elaboração do Livro I de *O capital*, em formulações cujo caráter de *esboços* não pode ser minimizado pelos que se acercam delas. Advertimos o leitor, desde já, da nossa plena consciência de que os parágrafos seguintes não passam de uma tentativa de sugerir a extraordinária riqueza do conteúdo do "Capítulo do capital", a fim de estimulá-lo a empreender a difícil, mas gratificante, experiência intelectual de apropriar-se pessoal e diretamente dessa preciosa joia do laboratório teórico de Marx.

O objetivo expresso de Marx, nesse capítulo, é compreender a "transformação do dinheiro em capital" – mais exatamente, "o processo de produção do capital" [183]. Seu primeiro passo, contudo, consiste em indicar uma limitação elementar da economia política (em especial daquela que qualificará como *vulgar* – ver, supra, cap. II, nota 35); e não percamos nunca de vista que o projeto teórico de Marx é a *crítica* da economia política. Marx detém-se, de início, na superficialidade com que ela enfrenta a relação que os homens estabelecem pela mediação do dinheiro, de que decorre a mistificação político-ideológica da vida social. As primeiras páginas do "Capítulo do capital" se ocupam, pois, de como essa economia trata da *relação monetária* entre os sujeitos sociais *sem referência a relações de produção mais desenvolvidas* [184]. Nesse procedimento analítico, que se atém à "relação monetária [...] sem referência a relações de produção mais desenvolvidas, está implícito que todas as antíteses imanentes da sociedade burguesa parecem apagadas nas relações monetárias concebidas de modo simples", donde a sua resultante: uma "apologia das relações econômicas existentes" [184]. Marx detalha: os economistas tomam os indivíduos (sujeitos) da relação monetária como se fossem determinados "simplesmente como trocadores" [184]; assim,

> cada um dos sujeitos é um trocador, *i.e.*, cada um tem a mesma relação social com o outro que o outro tem com ele. A sua relação como trocadores é, por isso, a relação da *igualdade*. É impossível detectar qualquer diferença ou mesmo antagonismo entre eles, nem sequer uma dissimilaridade. Além disso, as mercadorias que trocam são, como valores de troca, equivalentes ou ao menos valem enquanto tais (poderia ocorrer apenas um erro subjetivo na avaliação recíproca, e caso um indivíduo lograsse o outro, isso se daria *não pela função social na qual se confrontam*, pois esta é a *mesma*; nela, os dois são *iguais*; mas somente devido à astúcia natural, à arte da persuasão etc., em suma, unicamente devido à pura superioridade de um indivíduo sobre o outro. A diferença seria uma diferença natural, que não diria respeito à natureza da relação enquanto tal e que [...] é até mesmo atenuada pela concorrência etc. e privada de sua força original). [185]

Prosseguindo, Marx demonstra que os indivíduos, postos nessa "relação social em que são *pressupostos* e se *afirmam* como iguais, à determinação da igualdade soma-se a da *liberdade*" [187] – já que "nenhum deles se apodera [da mercadoria do outro] pela força", acabam por "reconhece[r]-se mutuamente como proprietários, como pessoas cuja vontade impregna suas mercadorias" [187]. Dado que a troca se faz como "transação voluntária" e sem "nenhuma violência de parte a parte", "está posta a completa liberdade do indivíduo" [187]. Com esse procedimento, a "forma econômica, a troca, põe a igualdade dos sujeitos em todos os sentidos", tornando "a troca de valores de troca" "a base produtiva, real, de toda *igualdade* e *liberdade*" [188][125].

Marx desmonta esse procedimento analítico, desvelando a sua superficialidade mistificadora [190-3]: mostra precisamente que, em relações econômicas mais desenvolvidas, os indivíduos não se apresentam mais simplesmente como trocadores ou compradores e vendedores, mas aparecem em relações determinadas entre si, relações em que todos não são mais postos na mesma determinabilidade. [...] No conjunto da sociedade burguesa existente, esse pôr como preços e sua circulação etc. aparece como o processo superficial sob o qual, no entanto, na profundidade, *sucedem processos inteiramente diferentes, nos quais desaparece essa aparente igualdade e liberdade dos indivíduos*. [190 (itálicos meus – *JPN*)]

Para Marx, nesse procedimento – mediante o qual "não se vê que na determinação simples do valor de troca e do dinheiro já está contida de forma latente a oposição entre salário e capital etc." [191] –, o que se tem é a "sabedoria" que consiste apenas em "parar nas relações econômicas mais simples, as quais, tomadas autonomamente, são puras abstrações; abstrações que na realidade são mediadas pelas mais profundas antíteses e só mostram um lado, aquele em que a expressão das antíteses está apagada" [191].

Essa redução unilateral das relações econômicas às suas formas mais elementares, que são tomadas isoladamente, faz com que meras abstrações se substituam falseadoramente à efetividade da vida econômica e social. Ao reducionismo interessado da economia vulgar (que sequer "é uma redução pelo menos formalmente científica" [192]), evidenciado na abertura do "Capítulo do capital", Marx voltará em passagens ulteriores dos *Grundrisse*. Não será possível nos ocupar particularmente delas, mas vale advertir o leitor sobre a importância que têm na fundamentação da crítica da debilidade teórica e do compromisso ideopolítico da economia vulgar. Isto posto, comecemos a cuidar do movimento marxiano para compreender o processo de produção do capital.

Esse movimento da pesquisa marxiana – que, cerca de uma década depois, terá a sua exposição exaustiva publicada como conteúdo do Livro I de *O capital* (justamente subtitulado *O processo de produção do capital*) – operar-se-á de forma complexa, mediante sucessivas aproximações ao seu objeto, nem sempre suficientemente esclarecidas; no seu registro, nesse "Capítulo do capital", haverá saltos, descontinuidades e reiterações. Trata-se, insistimos, de um *esboço*, ainda distante da formal exposição de 1867[126].

Marx observa *in limine* que "o capital provém inicialmente da circulação, na verdade, do dinheiro como seu ponto de partida" [195]:

O dinheiro é a primeira forma em que aparece o capital enquanto tal. D-M-M-D; quer dizer, o dinheiro é trocado por mercadoria e a mercadoria por dinheiro; *esse movimento do comprar para vender, que constitui a determinação formal do comércio, o capital como capital comercial*, verifica-se nas condições mais incipientes do desenvolvimento econômico [...]. O capital comercial é simplesmente capital circulante, e o capital circulante é a primeira forma do capital; forma na qual o capital *ainda não deveio de forma alguma o fundamento da produção*. Uma forma mais desenvolvida é o *capital dinheiro* e o *juro do dinheiro*, a usura, cuja aparição autônoma pertence igualmente a uma fase anterior. Finalmente, a forma M-D-D-M, na qual o dinheiro e a circulação em geral aparecem como simples meio para a *mercadoria circulante*, que, por sua vez, sai novamente da circulação e satisfaz diretamente a necessidade, essa própria circulação é o pressuposto desse aparecimento originário do capital comercial. [195]

Através do desenvolvimento da economia mercantil, das trocas comerciais, da circulação de mercadorias, no dinheiro *aparece* a primeira forma do capital (capital comercial). Porém, "*a circulação é o fenômeno de um processo transcorrendo por trás dela*" [196 (itálicos do original)]: de fato, a circulação, que surge "na superfície da sociedade burguesa como o imediatamente dado, existe somente à medida que é incessantemente mediada. Considerada em si mesma, a circulação é a mediação de extremos pressupostos. Mas [ela] não põe esses extremos" [196]:

> O que lhe é pressuposto são mercadorias [...], que são a efetivação de um certo tempo de trabalho e, enquanto tais, são valores; logo, seu pressuposto é tanto a produção de mercadorias pelo trabalho quanto sua produção como valores de troca. [...] Portanto, chegamos novamente ao ponto de partida, na *produção* que põe, cria valores de troca. [197]

Aqui, o argumento marxiano é claríssimo: o "processo" que transcorre "por trás" da circulação é aquele "que põe, cria valores de troca": reside na *produção*. E Marx logo esclarece: "Para desenvolver o conceito de capital, é necessário partir não do trabalho, mas do valor e, de fato, do valor de troca já desenvolvido no movimento da circulação" [200]. É do valor de troca[127] realizado na circulação que procede originariamente o capital [200], *mas essa procedência nada diz de substancial acerca da sua produção*. No curso de sintéticas, porém acuradas, notações sobre o complexo de relações entre circulação, dinheiro e valor de troca [199-206][128], Marx verifica que "a única determinabilidade em que o capital é posto, à diferença do valor de troca imediato e do dinheiro, é *a determinabilidade do valor de troca que se conserva e se perpetua na circulação e pela circulação*" [203]. Entretanto, se o capital "provém da circulação, portanto, a pressupõe", ao "mesmo tempo parte de si mesmo como pressuposto em relação à circulação" [203].

Vimos, em palavras de Marx transcritas linhas acima, que "o dinheiro é a primeira forma em que aparece o capital enquanto tal" (capital comercial), mas uma forma na qual "o capital *ainda não deveio de forma alguma o fundamento da produção*" [195]. Vale dizer: o capital ainda não subordinou e elevou a outro nível, no curso da sua história efetiva, o conjunto das relações econômicas (aí incluídas, obviamente, as relações monetárias) – a categoria teórico-filosófica marxiana para designar precisamente essa subordinação/elevação a outro nível é a de *subsunção*, que comparecerá repetidas vezes no "Capítulo do capital"[129]. A constituição do modo de produção capitalista, sendo o processo histórico real pelo qual o capital devém "o fundamento da produção", é mesmo o processo pelo qual ele subsume a totalidade das relações econômicas da sociedade, tanto desenvolvendo todas as suas potencialidades quanto instaurando uma forma societária nova (a moderna sociedade burguesa). Ao longo do "Capítulo do capital", Marx examina detidamente os passos decisivos dos processos de subsunção operados pelo capital e as transformações sociais neles implicadas[130].

Voltemos à questão central do processo de produção do capital. Marx afirma que, "pela apropriação, incorporação do trabalho ao capital [...], o capital entra em fermentação e devém processo, *processo de produção*" [234]; este, enquanto processo *de produção material*, "não é diferente do processo de produção material em geral" – capturado o *processo de trabalho* em sua "abstratividade", em sua "pura materialidade", "*posto antes do valor, como ponto de partida*", vê-se que ele "é comum a todas as formas de produção" e, enquanto tal, "de forma alguma pressupõe o capital", "é próprio de todos os modos de produção" [237][131]. Mas o que resulta do processo de trabalho subsumido ao capital no seu devir é algo específico: "fermentado" pela "apropriação do trabalho", o capital transforma o processo de produção no seu *processo de valorização*; o trabalho produtivo torna-se "o trabalho que produz o *capital*" [238][132] – o trabalho subsumido ao capital é "a atividade mediadora" pela qual o capital se *valoriza* [239]. As reflexões contidas nas páginas que agora percorremos são absolutamente centrais na medida em que o pensamento de Marx se aproxima da *descoberta essencial*: a *mais-valia*. O recurso às suas palavras é aqui insubstituível[133]:

> Como *valor de uso*, o trabalho só existe *para o capital* e é *o valor de uso* do próprio capital, *i.e.*, a atividade mediadora pela qual ele se *valoriza*. O capital, enquanto reproduz e aumenta seu valor, é o valor de troca autônomo (o dinheiro) como processo, como *processo da valorização*. Em consequência, o trabalho não existe como valor de uso para o trabalhador; por isso, não existe *para ele* como *força produtiva* da riqueza, como meio ou como atividade de enriquecimento. [...] O trabalho, valor de uso para o capital, é para o trabalhador *simples valor de troca*; *valor de troca* disponível. [...] Para o próprio trabalhador, o trabalho só tem valor de uso na medida em que é valor de troca, não porque produz valores de troca. Para o capital, o trabalho só tem valor de troca na medida em que é valor de uso. O trabalho é valor de uso, diferente de seu valor de troca, não para o próprio trabalhador, mas somente para o capital. O trabalhador troca, portanto, o trabalho como valor de troca simples, predeterminado, determinado por um processo passado – ele troca o trabalho [...] somente na medida em que o trabalho

já objetiva um determinado *quantum* de trabalho [...]; o capital o compra como trabalho vivo, como a força produtiva universal da riqueza; a atividade que aumenta a riqueza. É claro, portanto, que o trabalhador não pode *enriquecer* por meio dessa troca, uma vez que ele cede [...] sua *força criativa* [...]. Ao contrário, ele tem mais de empobrecer [...] porque a força criativa de seu trabalho se estabelece perante ele como a força do capital, como *poder estranho*. Ele *aliena* o trabalho como força produtiva da riqueza; o capital apropria-se dele enquanto tal. A separação de trabalho e propriedade no produto do trabalho, de trabalho e riqueza, é posta [...] nesse próprio ato da troca. [...] Perante o trabalhador, [...] a produtividade de seu trabalho, seu trabalho, enfim, *devém um poder estranho*, na medida em que não é *capacidade*, mas movimento, trabalho *efetivo*; o capital, inversamente, valoriza-se a si mesmo pela *apropriação de trabalho alheio*. ([...] A relação só é realizada no próprio ato de produção, em que o capital efetivamente consome o trabalho alheio). [239-40]

Nessas linhas há, nitidamente, óbvias ressonâncias de passagens próprias aos *Manuscritos econômico-filosóficos de 1844* – que, mais uma vez, indicam a inépcia das teses que promovem um divórcio entre o *jovem* Marx e o Marx da maturidade e atestam que, de fato, é legítimo tomar os *Grundrisse* como o profundo elo de continuidade entre os "dois" Marx[134]. Há, porém, muito mais: *há a clara distinção entre os valores trocados pelo trabalho e o capital e sua implicação*. Na relação capital/trabalho, o que o operário vende ao capitalista é o trabalho enquanto *valor de troca* (recebendo, por ele, o salário) e, nessa venda, propicia ao capitalista *o valor de uso* desse mesmo trabalho – o valor de uso do trabalho pelo capitalista produz *mais* valor que aquele expresso no valor de troca obtido pelo operário. Entre a venda do trabalho pelo operário e o que é obtido com o uso do trabalho que o capitalista faz desse trabalho há uma *diferença para mais*. A troca que relaciona numa igualdade aparente os dois sujeitos da atividade econômica é de fato *essencialmente desigual*: o operário cede ao capitalista a sua *força criativa*, que o capitalista utiliza (e *somente* a utiliza) para obter *mais* valores de troca que aqueles que cede ao operário. No fundo, eis em que o problema consiste:

> Se o valor de troca de um produto é igual ao trabalho que ele contém, medido pelo tempo de trabalho, como o valor de troca numa jornada de trabalho pode ser diferente do produto dessa jornada de trabalho, como o produto de uma jornada de trabalho pode ser superior ao salário ganho pelo operário por essa jornada de trabalho? (Mandel, 1968, p. 88)

No equacionamento/solução desse problema reside a *descoberta essencial* de Marx: a *mais-valia*. Já vimos, páginas atrás, que, para o Marx dos *Grundrisse*, "o determinante do valor não é o tempo de trabalho incorporado nos produtos, mas o tempo de trabalho necessário num determinado momento" [85]. Assim, quando se defronta com a questão do trabalho que o operário vende ao capitalista, Marx, coerentemente, considerará que o valor desse trabalho vendido é determinado pelos seus "custos de produção", ou seja, pelo *"quantum* de trabalho objetivado por meio do qual a capacidade do trabalhador foi produzida" [240] – vale dizer, o conjunto do que é necessário (víveres, alojamento etc.) para assegurar a capacidade de trabalho do operário[135]. Ora, se o valor do trabalho *necessário* (expresso no salário) para a manutenção da capacidade de trabalho do operário coincidisse com o valor do que ele produz na sua jornada de trabalho e cede ao capitalista; se houvesse essa coincidência, o capital não obteria nenhum acréscimo e a atividade do capitalista não lhe propiciaria nada em termos de valor. Vejamos como Marx enfrenta o problema resumido por Mandel e tomemos as suas formulações nos seus próprios termos, com o recurso a algumas citações (em face delas, leve o leitor em conta o terceiro parágrafo da nota 84, supra, neste capítulo – mais-valor = mais-valia). Escreve Marx em um parágrafo:

> *O mais-valor que o capital tem ao final do processo de produção* – um mais-valor que, como preço mais elevado do produto, só é realizado na circulação [...] –, tal mais-valor significa [...] que o tempo de trabalho objetivado no produto [...] é maior do que o tempo de trabalho presente nos componentes originais do capital. Agora, isso somente é possível se o trabalho objetivado no preço do trabalho é menor que o tempo de trabalho vivo que é comprado com ele. O tempo de trabalho objetivado no capital aparece [...] como uma soma composta de três partes: a) o tempo de trabalho objetivado na matéria-prima; b) o tempo de trabalho objetivado no instrumento; c) o tempo de trabalho objetivado no preço do trabalho. Agora, as partes a) e b) permanecem inalteradas como componentes do capital; muito embora alterem sua figura no processo, seus modos de existência material, permanecem inalteradas como valores. É só c) que o capital troca por alguma coisa qualitativamente diferente: um *quantum* de trabalho objetivado por um *quantum* de trabalho vivo. Na medida em que o tempo de trabalho vivo só reproduzisse o tempo de trabalho objetivado no preço do trabalho, tal reprodução também seria puramente formal [...]. Caso o capitalista tivesse pago ao trabalhador um preço = um dia de trabalho, e o dia de trabalho do trabalhador só tivesse acrescentado um dia de trabalho à matéria-prima e ao instrumento, o capitalista teria simplesmente trocado o valor de troca em uma forma pelo valor de troca em uma outra. Não teria atuado como capital. [...] O capitalista tem de obter mais valor do que deu. Considerada do ponto de vista do capital, a troca tem de ser somente uma troca *aparente, i. e.*, tem de fazer parte de uma determinação formal econômica distinta da correspondente à

troca, caso contrário seriam impossíveis o capital como capital e o trabalho como trabalho em oposição ao capital. [251-2]

Vê-se como Marx começa a responder à questão que Mandel formulou resumidamente: a troca entre capital e trabalho é uma troca essencialmente *desigual, não é uma troca entre equivalentes reais*. Para que o capital opere como capital, o capitalista *tem* que obter *mais valor* do que cede ao operário. Ao cabo do processo de produção subsumido ao capital, das três partes componentes do tempo de trabalho, *duas* permanecem com valor inalterado: (a) a matéria-prima e (b) o instrumento de trabalho; nelas, o trabalho objetivado (trabalho materializado precedentemente, já realizado, passado, "morto") modifica tão somente a sua forma de existência material. O acréscimo de valor que se registra no produto surge precisamente em função de algo "qualitativamente diferente" representado por (c): o *quantum* de trabalho *vivo*, posto pela atividade do operário. No processo de produção, utilizando o *valor de uso* da capacidade de trabalho do operário – que comprou, mediante o salário, pelo seu *valor de troca* –, o capitalista apropria-se do *novo valor* que ela acrescentou ao modificar a forma material da matéria-prima com o emprego do instrumento. Assim e de fato, "o tempo de trabalho objetivado no produto [...] é maior que o tempo de trabalho presente nos componentes originais do capital". (Observe-se que, ao assinalar que os componentes (a) e (b) – matéria-prima e instrumento – permanecem com seu valor *inalterado*, Marx já está avançando no que, em 1867, determinará precisamente como *capital constante*, e o que indica como algo "qualitativamente diferente", (c), o *trabalho vivo*, responsável pelo acréscimo de valor na produção, que, também em 1867, determinará, com igual precisão, como *capital variável*[136].) Em suma: é o *trabalho vivo* do operário que cria o *mais-valor* do produto que ele entrega ao capitalista.

Veja-se como Marx detalha ainda mais a inteira resposta à questão resumida por Mandel:

> Se fosse necessária uma jornada de trabalho para manter vivo um trabalhador, o capital não existiria, porque a jornada de trabalho seria trocada por seu próprio produto e, portanto, o capital como capital não se valorizaria e, por isso, também não poderia se conservar. *A autoconservação do capital é a sua autovalorização* [aqui, os itálicos são meus – *JPN*]. Se o capital também tivesse de trabalhar para viver, ele se conservaria não como capital, mas como trabalho. A propriedade de matérias-primas e instrumentos de trabalho seria apenas *nominal*; eles pertenceriam economicamente ao trabalhador da mesma maneira que pertenceriam ao capitalista, já que somente criariam *valor* para o capitalista na medida em que ele próprio fosse trabalhador. O capitalista não se relacionaria com as matérias-primas e os instrumentos de trabalho como capital, mas como simples matéria e meio de trabalho, como o faz o próprio trabalhador no processo de trabalho. Se, pelo

contrário, é necessária, por exemplo, somente meia jornada de trabalho para conservar vivo um trabalhador por uma jornada de trabalho inteira, o mais-valor do produto resulta evidente, visto que, no preço, o capitalista pagou só meia jornada de trabalho e recebe, no produto, uma jornada de trabalho inteira em forma objetivada; por conseguinte, não deu *nada* em troca da segunda metade da jornada de trabalho. Não é a troca, mas unicamente um processo em que recebe, sem troca, *tempo de trabalho objetivado, i. e., valor*, que pode fazer dele um capitalista. A meia jornada de trabalho *nada* custa ao capital; em consequência, ele recebe um valor pelo qual não deu nenhum equivalente. E o aumento dos valores só pode se dar porque é obtido um valor acima do equivalente, portanto, porque um valor *é criado*.

O mais-valor é, no fundo, valor para além do equivalente [itálicos meus – JPN]. O equivalente, segundo sua determinação, é somente a identidade do valor consigo mesmo. O mais-valor, consequentemente, jamais pode brotar do equivalente; portanto, tampouco pode brotar originariamente da circulação; tem de brotar do próprio processo de produção do capital. A coisa também pode ser expressa da seguinte maneira: se o trabalhador precisa de somente meia jornada de trabalho para viver uma jornada inteira, então só precisa trabalhar meia jornada para perpetuar sua existência como trabalhador. *A segunda metade da jornada de trabalho é trabalho forçado, trabalho excedente* [itálicos meus – JPN]. O que aparece do ponto de vista do capital como mais-valor, aparece do ponto de vista do trabalhador exatamente como mais-trabalho acima de sua necessidade como trabalhador, acima, portanto, de sua necessidade imediata para a conservação de sua vitalidade. O grande papel histórico do capital é o de *criar* esse *trabalho excedente*, trabalho supérfluo do ponto de vista do simples valor de uso, da mera subsistência, e seu destino histórico está consumado tão logo, por um lado, as necessidades são desenvolvidas a tal ponto que o próprio trabalho excedente acima do necessário é necessidade universal derivada das próprias necessidades individuais; por outro, a laboriosidade universal mediante a estrita disciplina do capital, pela qual passaram sucessivas gerações, é desenvolvida como propriedade universal da nova geração; tão logo, finalmente, o desenvolvimento das forças produtivas do trabalho, que o capital incita continuamente em sua ilimitada mania de enriquecimento e nas condições em que exclusivamente ele pode realizá-lo, avançou a tal ponto que a posse e a conservação da riqueza universal, por um lado, só requer um tempo de trabalho mínimo de toda a sociedade e, por outro lado, a sociedade que trabalha se comporta cientificamente com o processo de sua reprodução progressiva, com sua reprodução em uma abundância constantemente maior; que deixou de existir, por conseguinte, o trabalho no qual o ser humano faz o que pode deixar as coisas fazerem por ele. Consequentemente, capital e trabalho comportam-se aqui como dinheiro e mercadoria; o primeiro é a forma universal da riqueza, a segunda é só a substância que visa o consumo imediato. Todavia, como aspiração incansável pela forma universal da riqueza, o capital impele o trabalho para além dos limites de sua necessidade natural e cria assim os elementos materiais para o desenvolvimento da rica individualidade, que é tão universal em sua produção quanto em seu consumo, e cujo trabalho, em virtude disso, também não aparece mais como trabalho, mas como desenvolvimento pleno da própria atividade, na qual desapareceu a necessidade natural em sua forma imediata; porque uma necessidade historicamente produzida tomou o lugar da necessidade natural. Por isso *o capital é produtivo, i. e.,* uma *relação essencial para o desenvolvimento das forças produtivas sociais*. Só deixa de sê-lo quando o desenvolvimento dessas próprias forças produtivas encontra um limite no próprio capital. [254-6]

A teoria da mais-valia (mais-valor) está claramente posta nesses dois decisivos parágrafos e será intensivamente tematizada ao longo das páginas subsequentes dos *Grundrisse*. Ela assenta na *teoria do valor* assumida por Marx – que, como se verificou em referências anteriores, *tem no trabalho como criador de valor o seu fundamento* – e põe a mais-valia como resultante da *exploração do trabalho pelo capital*[137]. À pergunta de como o valor de troca de uma jornada de trabalho pode ser diferente do produto dessa jornada de trabalho, a resposta de Marx é cristalina: o valor do produto da jornada de trabalho do operário *nunca* lhe é pago integralmente – da sua jornada, a ele cabe o valor que cobre a sua reprodução como operário, e o valor que é produzido para além dessa cobertura é embolsado, *apropriado sem retribuição*, pelo capital; a diferença entre o valor que o operário produz para assegurar a sua reprodução e o valor que a ultrapassa (vale dizer: a diferença entre o valor produzido pelo seu *trabalho necessário* e o valor produzido pelo seu *trabalho excedente*) constitui o *plus* de valor de que se apossa o capital no processo de produção, constitui a mais-valia. *Mais-valia*, portanto, é *trabalho não pago*, sem a apropriação do qual a existência e o desenvolvimento do capital seriam inviáveis. A mais-valia é condição vital necessária ao capital para que este se conserve e se valorize.

A categoria teórica de mais-valia, que nos *Grundrisse* recebe os primeiros tratamentos explícitos de Marx, é, como advertiu um exegeta,

> uma categoria sumamente complexa, já que inclui muitas outras categorias mais simples [...], tais como "dinheiro", "mercadoria", "trabalho", como determinações do capital e, além disso, outras tais como "trabalho necessário", que devem ser constituídas para produzir o conceito de "mais-valia". (Dussel, 2012, p. 159)

Nas pontuações necessariamente sucintas cabíveis nesta biografia, não é possível analisar as articulações/relações dessa categoria (e de tantas outras) com o complexo categorial que Marx vai elaborando, nem minimamente conectá-las com a problemática das classes sociais – que perpassa e permeia todas as reflexões constitutivas dos *Grundrisse*, das primeiras às últimas páginas. Já desde a determinação do objeto da sua pesquisa (a moderna sociedade burguesa), Marx sabe que a "população" é uma "abstração" sem "as classes das quais é constituída" e que essas classes são "uma palavra vazia se desconheço os elementos nas quais se baseiam" ("trabalho assalariado, capital") [54]; por isso mesmo, ao prospectar os temas a serem contemplados na sua crítica da economia política, destaca expressamente as *classes sociais*[138]. Assim, não se engane o leitor ao deparar, no "Capítulo do capital", com as figuras do "capitalista" e do "trabalhador": *não se trata de figuras individuais*, mas de portadores do capital e do trabalho, exatamente "elementos" em que as classes "se baseiam". Ainda que não ofereça uma "definição" de classe social nos *Grundrisse*, a sua efetividade e os seus confrontos estão sempre supostos nos manuscritos do período que estamos abordando[139].

Cumpre apenas alertar o leitor que, nos desdobramentos registrados ao longo do "Capítulo do capital" (e também presentes nos outros dois conjuntos de manuscritos que tangenciaremos adiante), a categoria de mais-valia é amplamente explorada e desenvolvida. Em tais desdobramentos, fica patente o extraordinário significado teórico-revolucionário, bem como as dificuldades, da sua descoberta e formulação. Não bastou a Marx situar-se na perspectiva de classe do proletariado para chegar à mais-valia: foi-lhe indispensável a pesquisa teórica, rigorosa e árdua, capaz de transcender tanto a economia política que o precedeu quanto, também retomando palavras suas, a "experiência de todos os dias, a qual somente capta a aparência enganadora das coisas"[140].

A longa passagem marxiana que citamos há pouco não se restringe, como o leitor seguramente constatou, a evidenciar que, posta a produção comandada pelo capital, no trabalho excedente reside a fonte da mais-valia – isto é, a produção do valor de que o capitalista se apropria sem nada ceder ao trabalhador e que configura a inequívoca exploração de que este é objeto. Marx, no andamento do segundo parágrafo daquela citação, registra que o capital, criando o trabalho excedente (e apropriando-se unilateralmente do valor por ele produzido), desempenha *simultânea e contraditoriamente* uma função histórica progressista, civilizadora: propicia, implementando intensiva e extensivamente as forças produtivas sociais, a criação de condições materiais para que se constitua "o desenvolvimento da rica individualidade"[141]. Tal desenvolvimento é uma possibilidade que decerto vai *além* do domínio do capital e instaura uma relação nova entre "tempo de trabalho" e "tempo livre" – que Marx não explorou, mas que recebeu de Mandel (1968, p. 108-4) tratamento inicial instigante e que, noutra perspectiva, levou a fecundas indicações de Sève (1974, esp. p. 407-35) no sentido de uma teoria da personalidade. E mais: implicação desse desenvolvimento, o "trabalho [...] também não aparece mais como trabalho, mas como desenvolvimento pleno da própria atividade, na qual desapareceu a necessidade natural em sua forma imediata; porque uma necessidade historicamente produzida tomou o lugar da necessidade natural" [256].

Nessa frase, a que subjaz a ideia do "recuo das barreiras naturais" (ver, supra, cap. II, nota 74 e, no corpo do texto, o que a ela se refere), não há qualquer dimensão que possa sugerir um qualquer "fim do trabalho", equívoco que acolitou a vaga cultural pós-moderna[142]. Antes, aqui ressoa a transformação histórico--estrutural à base da qual torna-se possível, mediante a supressão do comando do capital sobre o trabalho (e, pois, do sistema do trabalho *assalariado*), construir uma sociabilidade *emancipada*, cujo marco contemple o trabalho como o "desenvolvimento pleno da própria atividade" (nos termos marxianos de 1844 – ver o capítulo II deste livro) – aquela modalidade de trabalho "que torna *real e objetiva* a sua [do homem] atividade vital livre e consciente, pela qual se faz *ser genérico*".

No seguimento da sua reflexão – nada linear, com as idas e vindas de um pensamento que avança categorias e determinações *in status nascendi*, próprias de esboços e rascunhos –, Marx tematizará, no tratamento da contraditória relação capital/trabalho e da produção e circulação do capital, dimensões, aspectos e tópicos que, em grande parte, ganharão formulações desenvolvidas na tessitura de *O capital*. Indiquemos uns poucos deles: os primeiros *insights* sobre o trabalho abstrato [230]; a apreensão da tendência do capital a gerar um excedente de população trabalhadora [322-5] e do processo de valorização do capital como sendo, igualmente, um processo de desvalorização constante [327 e seg.]; a notação sobre a dissociação de propriedade e trabalho [371-2]; os primeiros passos para a compreensão das crises [364-7] e para a distinção entre a acumulação capitalista e as formas de acumulação que a precederam [377-82]; as conexões entre mais-valia e lucro [623-43] – e dois que, dentre vários, portariam questões que se tornariam posteriores objetos de polêmicas e interpretações alternativas: a questão do *modo de produção asiático*, posta nas referências à "sociedade asiática" que aparecem na digressão sobre as formas que precederam a produção capitalista [388-414] e a do *intelecto geral* na produção do valor, emergente na argumentação marxiana acerca da relação capital fixo/desenvolvimento das forças produtivas ([578-96] – a expressão *general intellect* surge à p. 589)[143].

Já vimos, com Rosdolsky (2001, p. 57), que "a posição metodológica fundamental de *O capital* não se diferencia da que aparece nos *Grundrisse*"; vimos também, com Mandel, que nem toda a riqueza temática destes últimos comparece em *O capital* (ver, supra, neste capítulo, nota 126). Notadamente no "Capítulo do capital", o leitor aprecia a maturação do pensamento de Marx e a formulação progressiva de suas categorias, que se consumam em *O capital*, e as observa "ao correr das páginas" do manuscrito. Como verificou justamente Dussel (2012, p. 117): no começo, as questões se colocam de modo geral; há imprecisões; as categorias e determinações se vão construindo lentamente. A clareza aparece posteriormente no tratamento do objeto, porque estamos diante de um discurso que investiga pela primeira vez, não diante de um discurso que expõe (como em *O capital*) o já conhecido. Esta evolução lenta e até contraditória se evidencia nos diversos planos da obra.

Entretanto, ao longo das passagens fundamentais dos *Grundrisse*, está posta a *contraditoriedade objetiva* dos fenômenos e processos que Marx estuda: ele os submete a um tratamento teórico-analítico que delineia a compreensão da sua gênese, do seu desenvolvimento e das contradições imanentes que portam seus limites e respondem por eles – em suma, ele aponta para a sua *historicidade*. Numa ótica dialética[144], ele os apresenta como contendo a sua própria *negação*: já o vimos quando, por exemplo, sublinhando a função histórica civilizatória do capital mediante o desenvolvimento das forças produtivas, afirma que ela se esgota quando "*o desenvolvimento dessas próprias forças produtivas encontra um limite no próprio capital*" [256 (itálicos meus – *JPN*)]. Só é possível, aqui, arrolar umas poucas passagens em que Marx alude ao *caráter contraditório* dos fenômenos/processos que aborda: no trato do dinheiro, por exemplo, ele afirma que "é imanente ao dinheiro realizar suas finalidades à medida que simultaneamente as nega" [100]; na circulação, o valor de troca põe-se na dupla determinação de mercadoria e dinheiro e conserva-se "em cada uma delas como seu contrário" [206] e, nas determinações do dinheiro ora como expressão de valor de uso, ora como expressão de valor de troca, "as determinações [...] coincidem imediatamente e, da mesma forma, imediatamente divergem" [208]; cuidando da troca entre capital e trabalho, escreve: "O *valor de uso* que confronta o capital como o valor de troca posto é o *trabalho*. O capital se troca ou está nessa determinabilidade só em relação com o não *capital*, a negação do capital, e só é capital relativamente a esta última; o não capital efetivo é o *trabalho*" [213]; mais adiante, quando vai estudar o processo de circulação do capital, ele é levado a constatar que "o *processo* de valorização do capital [...] aparece ao mesmo tempo como seu *processo de desvalorização*" [327]. Por fim, chegará a uma formulação que avança sobre a que já referimos há pouco ("função histórica civilizatória do capital mediante o desenvolvimento das forças produtivas"), formulação que merece ser reproduzida não só porque é como um resumo da historicidade própria do capital, mas também porque assinala – mesmo em meio às já apontadas idas e vindas do pensamento marxiano nos *Grundrisse* – a sua coerência em face de outras determinações essenciais que se encontram tanto na abertura desses manuscritos[145] quanto na sequência dos seus estudos posteriores:

> É só o capital que cria a sociedade burguesa e a apropriação universal da natureza, bem como da própria conexão social pelos membros da sociedade. Daí a

grande influência civilizadora do capital; sua produção de um nível de sociedade em comparação com o qual todos os anteriores aparecem somente como desenvolvimentos locais da humanidade e como idolatria da natureza. Só então a natureza torna-se puro objeto para o homem, pura coisa da utilidade; deixa de ser reconhecida como poder em si; e o próprio conhecimento teórico das suas leis autônomas aparece unicamente como ardil para submetê-la às necessidades humanas, seja como objeto do consumo, seja como meio da produção. O capital, de acordo com essa sua tendência, move-se para além tanto das fronteiras e dos preconceitos nacionais quanto da divinização da natureza, bem como da satisfação tradicional das necessidades correntes, complacentemente circunscrita a certos limites, e da reprodução do modo de vida anterior. O capital é destrutivo disso tudo e revoluciona constantemente, derruba todas as barreiras que impedem o desenvolvimento das forças produtivas, a ampliação das necessidades, a diversidade da produção e a exploração e a troca das forças naturais e espirituais.

Porém, do fato de que o capital põe todo limite desse gênero como barreira e, em consequência, a supere *idealmente*, não se segue de maneira nenhuma que a superou *realmente*, e como toda barreira desse tipo contradiz sua determinação, sua produção se move em contradições que constantemente têm de ser superadas, mas que são também constantemente postas. Mais ainda. *A universalidade para a qual o capital tende irresistivelmente encontra barreiras em sua própria natureza, barreiras que, em um determinado nível de seu desenvolvimento, permitirão reconhecer o próprio capital como a maior barreira a essa tendência e, por isso, tenderão à sua superação por ele mesmo.* [334 (os itálicos da última frase são meus – *JPN*)]

Nesses dois parágrafos parece-me conter-se a síntese do *núcleo duro* da elaboração teórico-crítica referida ao capital, parte da empreitada a que Marx dedicou-se rigorosa e integralmente por cerca de treze meses, num formidável e autêntico *tour de force* intelectual (lembremo-nos que os *Grundrisse* foram redigidos entre julho de 1857 e agosto de 1858). O exame dos esboços de 1857-1858, com a sua estrutura intrínseca (intrinsecamente dialética), demonstra que Marx apreendeu o capital como relação social fundamental da ordem capitalista – donde a pletórica acumulação de conhecimentos relativos ao complexo constituinte da produção/circulação da riqueza social própria da sociedade burguesa (e o que de essencial a essa sociedade não foi investigado especificamente – como o crédito, o Estado, o mercado mundial etc. – recebeu incontáveis e fecundas alusões). Nos esboços dos *Grundrisse* reúne-se a fundamentalidade da riqueza categorial posta pelo modo de produção material que funda a sociedade burguesa, e, pois, a base necessária para a sua crítica radical, que não se esgota no nível material-produtivo. Os manuscritos de 1857-1858, porém, não apenas abrem a via ao esclarecimento teórico da efetividade da relação capital/trabalho: abrem-na, simultaneamente, ao esclarecimento do *nó das contradições cuja dinâmica revela os antagonismos subjacentes a ela*. A pesquisa registrada nos *Grundrisse* mostra-se o vestíbulo necessário para o conhecimento veraz do reino do capital e da possibilidade da sua negação, da sua ultrapassagem – pesquisa que haveria de ser prosseguida por Marx nos anos seguintes. Ademais, nos *Grundrisse* há passagens nas quais, sem qualquer matiz utópico, antes apoiando-se em projeções econômico-políticas, Marx delineia antevisões da ordem societária que pode vir a superar a sociedade burguesa (ver, por exemplo, esp. p. 109-10, 118-20, 255-6). Mesmo na sua inconclusão, as pesquisas consignadas nos *Grundrisse* já permitiam a Marx avançar numa primeira divulgação dos seus resultados.

Com efeito, entre o fim do trabalho nos *Grundrisse* e novembro de 1858, ele preparou um texto para a publicação dos frutos iniciais da sua pesquisa: em dois de seus *cadernos* daqueles meses, Marx redigiu uma primeira versão – um rascunho que ficou conhecido como "Urtext" (ver Marx, 1977; para breve informação sobre o texto, ver o prefácio de Jacques Camatte a Marx, 1977 e Dussel, 2012, p. 312-6) – do que seria a *Contribuição à crítica da economia política*, designada daqui por diante como *Contribuição*. Pressionado pelos companheiros mais próximos, nomeadamente Engels e Lassalle, para dar à luz a sua tão esperada crítica da economia política (como se documenta na sua correspondência da época), Marx dedicou-se a redigi-la e, em fins de janeiro de 1859, pôde enviar a uma editora de Berlim os originais da *Contribuição* (Marx, 2008 – é dessa edição que extrairemos as passagens adiante reproduzidas, com as páginas indicadas entre colchetes). O livro foi publicado em junho de 1859 por Franz Dunker, em Berlim[146]: um magro volume de 178 páginas, numa tiragem de mil exemplares, que não passava, em comparação com a amplitude dos *Grundrisse*, de uma breve amostra da elaboração marxiana e que não teve, à época, a repercussão que Marx esperava[147].

A *Contribuição*, de fato, expressa apenas minimamente a magnitude da reflexão desenvolvida por Marx em 1857-1858. Isso se explica porque, quando redigiu o livro, Marx tinha a intenção de oferecer a sua crítica da economia política numa série de fascículos, à partida sem prazos para sequência; assim, a *Contribuição* foi pensada como o primeiro de tais fascículos. No entanto, a intenção não se efetivou e a série reduziu-se à publicação do primeiro deles – embora Marx tivesse se preparado, a partir de fevereiro-março de 1859, para redigir o que seria o segundo, em que trataria do capital (ver, na edição da Siglo XXI dos *Grundrisse* [*Elementos fundamentales*], citada na bibliografia deste livro, 1976, v. 3, p. 221 e seg.). Suas pesquisas, porém, seriam interrompidas em 1860, quando se dedicou, ao longo de todo o ano, quase exclusivamente à réplica das calúnias divulgadas por Vogt; apenas em 1861 voltaria às suas investigações de modo sistemático. De fato, após o lançamento da *Contribuição*, Marx só regressaria à crítica pública da economia política com o Livro I de *O capital*, que, sabe-se, retoma a argumentação expendida no texto de 1859 (ver, supra, o último parágrafo da nota 127, neste capítulo)[148].

A *Contribuição* compõe-se de um prefácio e dois capítulos. O prefácio é, do livro, a parte mais conhecida e citada. Ele se abre com Marx sumariando o esquema geral do seu tratamento da economia burguesa e circunscrevendo, como convinha ao projeto de uma publicação em fascículos, o conteúdo do que o leitor teria diante de si[149]. Em seguida, depois de uma breve (mas expressiva) sinopse da sua carreira intelectual, ele sintetiza o fio condutor das suas pesquisas – e aqui reside precisamente o que converteu o prefácio da *Contribuição*, datado de janeiro de 1859, em texto célebre: após lembrar que há muito concluíra que "a anatomia da sociedade burguesa deve ser procurada na economia política", argumenta que,

> na produção social da própria existência, os homens entram em relações determinadas, necessárias, independentes de sua vontade; essas relações de produção correspondem a um grau determinado de desenvolvimento de suas forças produtivas materiais. A totalidade dessas relações de produção constitui a estrutura econômica da sociedade, a base real sobre a qual se eleva uma superestrutura jurídica e política e à qual correspondem formas sociais determinadas de consciência. O modo de produção da vida material condiciona o processo de vida social, política e intelectual. Não é a consciência dos homens que determina o seu ser; ao contrário, é o seu ser social que determina sua consciência. Em uma certa etapa de seu desenvolvimento, as forças produtivas materiais da sociedade entram em contradição com as relações de produção existentes, ou, o que não é mais que sua expressão jurídica, com as relações de propriedade no seio das quais elas se haviam desenvolvido até então. De formas evolutivas das forças produtivas que eram, essas relações convertem-se em entraves. Abre-se, então, uma época de revolução social. [47]

É supérfluo anotar que, nessa passagem, está claríssima a evicção de qualquer vestígio idealista. Com a mesma evidência, a passagem aponta na contradição *forças produtivas materiais/relações de produção existentes* o centro irradiador da dinâmica social estrutural e patenteia que a revolução *social* não se trata de uma eversão pontual, mas de um *processo epocal*. E, na sequência imediata, precisa:

> A transformação que se produziu na base econômica transforma mais ou menos lenta ou rapidamente toda a colossal superestrutura. Quando se consideram tais transformações, convém distinguir sempre a transformação material das condições econômicas de produção – que podem ser verificadas fielmente com ajuda das ciências físicas e naturais – e as formas jurídicas, políticas, religiosas, artísticas ou

filosóficas, em resumo, *as formas ideológicas sob as quais os homens adquirem consciência desse conflito e o levam até o fim*. [47-8 (itálicos meus – *JPN*)]

No capítulo III deste livro, quando abordamos *A ideologia alemã*, assinalamos que a concepção de ideologia de Marx (e de Engels) em 1845-1846 haveria de ser ampliada na segunda metade dos anos 1850, a partir das reflexões objetivadas nos *Grundrisse*. Ora, aqui essa ampliação aparece sem deixar qualquer dúvida: as "formas ideológicas" ganham um âmbito bem mais largo que aquele que lhe foi conferido em *A ideologia alemã*[150]. Mas o avanço em relação a esta é mais substantivo: na *Contribuição* – que resulta, segura e obviamente, dos fundamentos teóricos postos nos *Grundrisse* – ele aparece na nova funcionalidade que se atribui à ideologia; é também pelas suas formas que os homens adquirem *consciência* da contraditoriedade das transformações ocorrentes na sociedade burguesa. Tal consciência, por seu turno, deve ser explicada "pelas contradições da vida material, pelo conflito que existe entre as forças produtivas sociais e as relações de produção" [48][151].

Prosseguindo, diz Marx:

> Uma sociedade jamais desaparece antes que estejam desenvolvidas todas as forças produtivas que possa conter, e as relações de produção novas e superiores não tomam jamais seu lugar antes que as condições materiais de existência dessas relações tenham sido incubadas no próprio seio da velha sociedade. Eis por que a humanidade não se propõe nunca senão os problemas que ela pode resolver, pois, aprofundando a análise, ver-se-á sempre que o próprio problema só se apresenta quando as condições materiais para resolvê-lo existem ou estão em vias de existir. Em grandes traços, podem ser os modos de produção asiático, antigo, feudal e burguês moderno designados como outras tantas épocas progressivas da formação da sociedade econômica. As relações de produção burguesas são a última forma antagônica do processo de produção social, antagônica não no sentido de um antagonismo individual, mas de um antagonismo que nasce das condições de existência sociais dos indivíduos; as forças produtivas que se desenvolvem no seio da sociedade burguesa criam, ao mesmo tempo, as condições materiais para resolver esse antagonismo. Com essa formação social termina, pois, a pré-história da sociedade humana. [48]

Esse trecho – que envolve também um esquema do processo de *progressão* das formas societárias que já tangenciamos (ver, supra, neste capítulo, nota 108) – tem como cerne a ideia central já adiantada com nitidez nos *Grundrisse*: a de que a superação da ordem burguesa, ultrapassagem com a qual se inicia a história da sociedade em que emergirão as condições para a emancipação humana, é uma das resultantes das contradições a ela imanentes e nela operantes, que a configuram como a "última forma antagônica do processo de produção social".

Nas citações que acabamos de fazer reside o segmento mais divulgado do prefácio da *Contribuição* – que Marx utilizou para substituir, no fascículo que inauguraria a sua crítica da economia política, a introdução original dos *Grundrisse* (ver, supra, neste capítulo, nota 91). Se compararmos o texto desse prefácio com o que se expressa em boa parte da "Introdução", fica evidente o didatismo do primeiro em face do segundo; mas também fica patente que, se considerado em si mesmo e isoladamente, o prefácio, pelo modo metafórico como põe a relação entre *base* e *superestrutura*, abre a via para simplificações redutoras, seja na apresentação da obra marxiana, seja na análise da sociedade burguesa[152] – e, é preciso dizê-lo enfaticamente, *tais simplificações são estranhas ao pensamento de Marx*, como se pode documentar amplamente[153]. Entretanto, esse reducionismo (que o velho Engels não deixou passar em branco[154]) comprometeu não poucas produções que se pretendiam inspiradas em Marx.

O primeiro capítulo da *Contribuição* começa pela análise da mercadoria (aliás, seu título é precisamente "A mercadoria"). Diz Marx que, "à primeira vista, a riqueza da sociedade burguesa aparece como uma imensa acumulação de mercadorias, sendo a mercadoria isolada a forma elementar dessa riqueza. [...] cada mercadoria se manifesta sob o duplo aspecto de valor de uso e de valor de troca" [51][155]. Em seguida, o autor disseca esse "duplo aspecto" da mercadoria [52-4], concluindo ao fim que a mercadoria "é imediatamente unidade de valor de uso e de valor de troca" [68]. Antes, porém, tematizará o que subjaz a ambos, o *trabalho*[156]: na mercadoria que dele resulta, o valor de uso é, diretamente, "a base material com que se manifesta uma relação determinada: o valor de troca" [53]. A prática social demonstra que,

> sem se considerar a natureza específica da necessidade para a qual são valores de uso, as mercadorias, em quantidades determinadas, superpõem-se, suprem-se na troca, reputam-se como equivalentes e representam, assim, a despeito de sua variada aparência, a mesma unidade. [53]

É então que Marx avança, partindo do que já alcançara nos *Grundrisse*, para explicitar uma *distinção teórico-analítica* de importância crucial na sua crítica da economia política, a distinção *trabalho concreto/trabalho abstrato*, e sobretudo para trazer à exposição a *sua* teoria do valor-trabalho[157]. Deixemos a palavra com o próprio, novamente mediante uma citação mais longa – imprescindível, aqui, pela relevância da fundamentalidade teórica da teoria do valor de Marx. Levando em conta a diversidade dos valores de uso portados pelas mercadorias, ele escreve:

> Efetivamente, o que parece ser materialmente uma diferença dos valores de uso surge no processo de produção como uma diferença da atividade que produz os

valores de uso. Indiferente à substância particular dos valores de uso, o trabalho, criador do valor de troca, é indiferente à forma particular do próprio trabalho. Os diferentes valores de uso são [...] produtos da atividade de distintos indivíduos; quer dizer, o resultado de trabalhos que diferem individualmente. Como valores de troca, não obstante, representam trabalho homogêneo não diferenciado, isto é, trabalho no qual desaparece a individualidade dos trabalhadores. O trabalho que cria o valor de troca é, pois, trabalho geral-abstrato[158]. [...]
As diferenças de magnitude das mercadorias como valores de troca não são mais que as diferenças de magnitude de trabalho nelas realizado. Da mesma maneira que o tempo é a expressão quantitativa do movimento, o tempo de trabalho é a expressão quantitativa do trabalho. Conhecida sua qualidade, a única diferença de que o trabalho se torna suscetível é a diferença de sua própria duração. [...]
O tempo de trabalho é a substância vital do trabalho, indiferente à sua forma, conteúdo, individualidade; é sua expressão viva quantitativa, ao mesmo tempo que sua medida imanente. O tempo de trabalho realizado nos valores de uso das mercadorias é não somente a substância que faz delas valores de troca, e, por conseguinte, mercadorias, mas é também a medida de seu valor determinado. As quantidades correlativas dos diferentes valores de uso, nas quais se realiza idêntico tempo de trabalho, são equivalentes, ou, dito de outro modo: todos os valores de uso são equivalentes nas proporções em que contêm o mesmo tempo de trabalho concreto, realizado. Consideradas como valores de troca, as mercadorias não são mais que medidas determinadas de tempos de trabalho cristalizado.
Para melhor compreender o fato de que o valor de troca está determinado pelo tempo de trabalho, importa estabelecer os seguintes pontos principais: a redução de trabalho a trabalho simples, sem qualidade, por assim dizer; o modo de ser específico pelo qual o trabalho criador de valor de troca, e, por conseguinte, produtor de mercadorias, é trabalho social; e, por fim, a diferença entre o trabalho enquanto produz valores de uso e o trabalho enquanto produz valores de troca. Para medir os valores de troca das mercadorias mediante o tempo de trabalho a elas incorporado, é necessário que os diferentes trabalhos sejam reduzidos a trabalho não diferenciado, uniforme, simples; em síntese: a trabalho que é idêntico pela qualidade e não se distingue senão pela quantidade. [54-5]

Claro está, pois, que mercadoria não é qualquer bem resultante do trabalho humano; só o é quando, portando valor de uso, porta também valor de troca, ou seja, quando o bem é produzido para ir além do autoconsumo e, mediante a sua permutabilidade, servir de valor de uso a outrem[159]. E claro fica que o valor das mercadorias é "determinado pelo tempo de trabalho" (para a formulação completa dessa ideia, ver, supra, neste capítulo, nota 120), que "todos os valores de uso são equivalentes nas proporções em que contêm o mesmo tempo de trabalho concreto, realizado"[160]: assim, "consideradas como valores de troca, as mercadorias não são mais que medidas determinadas de tempos de trabalho cristalizado". No seguimento da sua argumentação, Marx, verificando a dinâmica que afeta a variação dos valores cristalizados nas mercadorias[161], detém-se nos procedimentos necessários para operar a redução dos diferentes trabalhos a um padrão que lhes seja comum, padrão que acaba por assegurar que, "para criar valor de troca, é preciso que o trabalho esteja determinado socialmente, que seja trabalho social [...] de um modo particular. *É um modo específico da socialidade*" [57 (itálicos meus – *JPN*)]. Nesse "modo específico de socialidade", o

> tempo de trabalho do indivíduo isolado aparece diretamente como tempo de trabalho geral, e esse caráter geral de trabalho isolado reveste um caráter social. O tempo de trabalho representado no valor de troca é o tempo de trabalho do indivíduo, mas do indivíduo que não se distingue dos demais indivíduos, enquanto realizam um trabalho igual, de tal maneira que o tempo de trabalho gasto por um em produzir uma mercadoria determinada é o tempo de trabalho necessário que qualquer outro empregaria em produzir a mesma mercadoria. É o tempo de trabalho do indivíduo, mas não é seu tempo de trabalho, posto que é o tempo de trabalho comum a todos [...]. O tempo de trabalho do indivíduo é, desse modo, em realidade, o tempo de trabalho que a sociedade deve gastar para produzir um valor de uso determinado, isto é, para satisfazer uma necessidade determinada. Mas agora não se trata mais senão da forma específica sob a qual o trabalho adquire um caráter social. [57-8]

Essa "forma específica" não se encontra nas formas primitivas do trabalho, na "indústria patriarcal rural" nem nas corveias e tributos da feudalidade [59]. Ela é própria da produção capitalista, *que, sendo essencialmente produção de mercadorias* (ver, infra, neste capítulo, nota 164), é aquela na qual essa "forma específica" ganha uma gravitação peculiar; é em função dela que

> as relações sociais das pessoas aparecem, por assim dizer, invertidas, como a relação social das coisas. [...] Unicamente o hábito da vida cotidiana pode fazer aparecer como coisa banal e corrente o fato de que uma relação de produção revista a forma de um objeto, de maneira que as relações das pessoas em seu trabalho se manifestem como uma relação em que as coisas entrem em relações entre si e com as pessoas. Na mercadoria, essa confusão é ainda muito simples. Mais ou menos vagamente, todo o mundo suspeita que as relações entre as mercadorias, como valores de troca, são antes uma relação entre as pessoas em sua atividade produtora recíproca. Nas relações de produção mais elevadas, essa aparência de simplicidade desaparece. [60-1]

A perda dessa "aparência de simplicidade" nas "relações de produção mais elevadas", próprias da produção mercantil *capitalista*, torna a mercadoria algo enigmático – e Marx tratará lapidarmente esse fenômeno em 1867, e de um modo tal que dissolve o "caráter misterioso da forma-mercadoria"[162].

Precisadas essas determinações fundamentais, Marx mostra rapidamente como surge o dinheiro – resultante da gradual extensão das trocas entre comunidades humanas –, que haverá de tornar-se um *equivalente universal*, e dedica as páginas subsequentes do primeiro capítulo da *Contribuição* a uma "Resenha histórica da análise da mercadoria" [81-92], na qual evidencia sua erudição no domínio da economia política – erudição já demonstrada em largas passagens dos *Grundrisse*. Só então avança para o segundo e derradeiro capítulo da *Contribuição*, que tem por tema "O dinheiro ou a circulação simples" [93-233].

A rápida alusão, no primeiro capítulo do livro, ao surgimento do dinheiro será seguida, nesse segundo capítulo, de uma demorada e minuciosa análise do processo histórico-evolutivo do próprio dinheiro, igualmente com eruditas referências à documentação produzida por outros pensadores – de clássicos da Antiguidade a autores menores do tempo do próprio Marx, mas ainda a figuras como David Hume (1711-1776), Locke[163], Boisguillebert, James Steuart (1712-1780), Thomas Tooke (1774-1858) et al. e aos grandes Smith e Ricardo. A análise marxiana, contudo, não avança para além da circulação simples e, assim, não cuida do processo pelo qual o dinheiro se transforma em capital[164]. Mesmo que a *Contribuição* se encerre sem tematizar essa transformação (cujo tratamento substantivo se encontra nos *Grundrisse* e comparecerá em *O capital*), o seu segundo capítulo mostra-se um texto que merece leitura atenta, trazendo a debate temas e ideias que se tornaram aquisições intelectuais de Marx – ainda que não tenham sido, de todo, retomados explícita e posteriormente por ele.

Esse segundo capítulo começa por analisar a medida dos valores e passa à problemática histórica do dinheiro, cobrindo o seu curso, a sua relação com a moeda e o papel dos metais preciosos (ouro e prata) e centrando-se nas funções do dinheiro (medida de valor, meio de circulação, meio de entesouramento, meio de pagamento, dinheiro universal); por fim, oferece um ensaio que, dialogando criticamente com Ricardo, conclui pela fecunda indicação do *quantum* de dinheiro necessário para a circulação – aí residindo especialmente a sua contribuição teórica. Na base da argumentação marxiana encontram-se, obviamente, ideias já presentes nos *Grundrisse*, como a de que o dinheiro é engendrado na/ pela própria circulação, possui um valor real, não apenas convencional etc., com críticas pontuais a Proudhon e seus sucessores. Cumpre notar, contudo, que a argumentação de Marx avança não só recorrendo à documentação teórica acumulada no campo da economia política, mas também envolvendo eventos e processos históricos de natureza monetária e financeira, alguns remotos, outros contemporâneos. Aliás, uma competente síntese desse capítulo nos é oferecida por uma equipe de historiadores soviéticos[165].

Há algo de peculiar na fortuna crítica da *Contribuição*: salvo uns poucos autores que se debruçaram especificamente sobre o livro (por exemplo, Mehring, 2013, p. 258-63, Mandel, 1968, p. 85-94 e, num breve ensaio, Skambraks, 1982)[166], a bibliografia, quando se refere a ele, geralmente se limita ao seu prefácio, privilegiando-o em detrimento dos seus dois capítulos[167]. É incontável o rol de textos que aborda seja a relação base/superestrutura, seja a passagem acerca dos modos de produção, sendo bem menos frequente o exame integral da *Contribuição*. Decerto que, ao tratar de *O capital*, exegetas e estudiosos de Marx acabam por discutir parcial e indiretamente o livro de 1859, uma vez que o seu conteúdo (sobretudo o expresso no capítulo "A mercadoria") foi resgatado, como já dissemos, no capítulo inicial da obra que sai à luz em 1867. Com esse procedimento, todavia, fica na sombra a relevância própria do segundo capítulo da *Contribuição*, que, ao apresentar "uma exposição perfeitamente madura e muito pormenorizada da teoria marxista do dinheiro e da circulação monetária", faz com que o livro de 1859 "tenha uma significação científica autônoma como obra destacada do pensamento marxista" (Fedosseiev, org., 1983, p. 370).

É fato que a plena compreensão da *Contribuição* foi prejudicada pela ausência do que seria a sua continuidade, a parte referente ao capital, prevista para o projetado segundo fascículo. Marx, concluído o primeiro fascículo, iniciou os trabalhos para a publicação do segundo, mas logo deu-se conta de que as reflexões que desenvolvera e os resultados a que chegara nos *Grundrisse* não eram suficientes para uma análise rigorosa do capital. Então iniciou novas pesquisas para dar continuidade à sua crítica da economia política[168] – elas, porém, viram-se interrompidas pela urgência de responder às calúnias de Vogt. De fato, só em 1861 pôde voltar ao seu trabalho teórico: retomou assim investigações para aprofundar o tratamento do capital, registradas nos manuscritos já mencionados, os de 1861-1863 e de 1863-1865.

Os manuscritos de 1861-1863 e de 1863-1865

Se nos detivemos minimamente na abordagem dos *Grundrisse* – posto o seu *caráter fundante* da crítica marxiana da economia política –, nas últimas páginas deste capítulo a nossa referência aos manuscritos de 1861-1863 e de 1863-1865 será necessariamente, dados os compulsórios limites desta biografia, ainda mais sumária que aquela que fizemos aos materiais de 1857-1858. Agora, sem explorar a referência textual a esses manuscritos, nosso procedimento vai privilegiar uma apertada *sinopse* do seu conteúdo e indicar a sua *inserção* ulterior na arquitetura de *O capital*, sinalizando a continuidade e o aprofundamento do processo teórico-crítico registrado nos *Grundrisse*. Leitores exigentes e desejosos de se apropriar de modo mais amplo desses movimentos operados no "laboratório teórico" de Marx encontrarão na bibliografia que encerra este livro dezenas de títulos (ademais dos citados supra, neste capítulo, nota 80) que, em boa medida, satisfarão a sua vontade de saber e lhes propiciarão condições adequadas para entrar diretamente em contato com a textualidade marxiana.

É preciso deixar claro, à partida, que não subestimamos a riqueza nem a complexidade de ambos os manuscritos, em especial dos textos de 1861-1863 – dentre todos os materiais do período de 1857-1858 a 1865, o conjunto mais extenso, com os 23 cadernos que o compõem. A relevância deles é notável, inclusive porque foi no curso da sua redação que Marx, trabalhando "como um cavalo" (bilhete a Engels de 11 de julho de 1862 – MEW, 1964, v. 30, p. 252), enterrou a ideia da publicação dos fascículos[169]. Em fins de 1862, ele resolveu abandonar o que seria a continuidade da *Contribuição* e preparar uma "obra autônoma", cujo título e subtítulo já antecipa: *Das Kapital. Zur Kritik der politischen* Ökonomie (literalmente: *O capital. Para a crítica da economia política*; ver a carta de Marx a Kugelmann de 28 de dezembro de 1862 – MEW, 1964, v. 30, p. 639)[170].

Também é necessário salientar que nos textos de 1861-1863, mas igualmente nos de 1863-1865, não há apenas continuidade e aprofundamento do que Marx alcançou nos *Grundrisse*. Nos desdobramentos da pesquisa aí registrada, nos seus avanços temáticos e categoriais, há ainda *a revisão de soluções antes esboçadas* e se apresentam alguns *impasses teóricos não inteiramente resolvidos*. De fato, os manuscritos de 1861-1863 constituem "um estudo muito mais avançado que os *Grundrisse* [...], mas ainda não tão desenvolvido como [em] *O capital*" (Dussel, 1988, p. 20) – e é legítimo considerá-los como outro "rascunho" deste último (como os qualificaram Jahn e Müller, orgs., 1983). As pesquisas realizadas diariamente na biblioteca do Museu Britânico e o seu trato analítico exaustivo em noites e madrugadas londrinas (mais as sugestões de Engels[171]) refratam-se claramente nesses manuscritos: o elenco de autores e documentos consultados ampliou-se ao extremo, alargou-se o horizonte temático e as frequentes retomadas de reflexões objetivadas nos *Grundrisse* e na *Contribuição*, quando não apenas revisadas, viram-se continuamente enriquecidas. E, em relação aos *Grundrisse*, verifica-se nas elaborações de 1861-1863 um cuidado com a articulação categorial que não se efetivara nos materiais de 1857-1858; um estudioso anotou com pertinência:

> Embora constituam material extremamente rico, nos *Grundrisse* Marx não se preocupa com a articulação categorial de sua obra, com a forma de exposição

adequada, o que seria impossível naquele momento, já que a lógica de exposição é dada pelo próprio objeto e suas categorias, não podendo ser estabelecida *a priori*. Com o desenvolvimento da reflexão, ao longo do texto [de 1861-1863], porém, Marx pôde formular diversos planos para a futura sistematização. (De Deus, em Marx, 2010b, p. 11)

Vejamos então os manuscritos de 1861-1863. Entre agosto de 1861 e julho de 1863, em meio às já consabidas dificuldades financeiras e a problemas de saúde, Marx dedicou-se a redigir o que seria a continuação do fascículo editado em 1859, sem o que a sua plena compreensão estava comprometida: tratava-se de expor o conteúdo do segundo fascículo, que teria o *capital* como objeto. Foi com essa intenção, abandonada, como vimos há pouco, no curso da sua redação, que Marx iniciou a sua nova rodada de pesquisas.

Os exames de estudiosos do manuscrito de 1861-1863 permitiram estabelecer tanto a datação como a discriminação do conteúdo dos 23 cadernos que o constituem. Em síntese, o quadro que se pode apresentar desse manuscrito é o seguinte[172]:

- os cadernos I a V foram redigidos entre agosto de 1861 e março de 1862, centrados no "processo de produção do capital": "transformação do dinheiro em capital", "mais-valia absoluta" e "mais-valia relativa";
- os cadernos VI a XV (parcialmente) datam de março a novembro/dezembro de 1862, problematizando tratamentos históricos distintos da questão da mais-valia;
- os cadernos XV (parcialmente) a XXIII, escritos entre novembro/dezembro de 1862 e julho de 1863, desenvolvem melhor temas já tratados em cadernos anteriores ou apenas tangenciados (por exemplo, a mais-valia relativa e a questão da maquinaria), sinalizando ainda outras problemáticas (por exemplo, avanços na distinção entre subsunção formal e subsunção real, a reprodução e a acumulação de capital)[173].

A *produção do capital* domina o conjunto dos 23 cadernos – quase *todos* os temas arrolados no parágrafo acima comparecem em *O capital*, mas não tomados linearmente. E nem todo o conjunto do material aparece com a mesma densidade teórica: alguns esboços surgem a par de temáticas bem desenvolvidas. Verificam-se também reiterações e nem sempre há vínculos lógicos relacionando explicitamente o rol dos processos analisados:

> Movimento do dinheiro e processo de reprodução capitalista, reprodução (principalmente a reprodução simples), mais-valia e lucro, transformação do lucro em lucro médio, capital de empréstimo e capital comercial, lucro comercial, tendência da taxa de lucro para baixar com o progresso da produção capitalista. (Fedosseiev, org., 1983, p. 424-5)

Não é difícil, contudo, indicar a *inserção* desses temas (isto é, a sua incorporação/aproveitamento) na inteira arquitetura de *O capital*. O conteúdo dos

a. cadernos I a V e XIX a XXIII (parcialmente): comparece no Livro I. Engels, em 1885, considerava que neles se oferece uma primeira redação do Livro I (ver o seu prefácio à primeira edição do Livro II, em Marx, 2014, v. II, p. 80);
b. cadernos VI a XV, talvez a parte mais elaborada dos manuscritos de 1861--1863 – e ainda fragmentos dos cadernos XX a XXIII: comparece no que depois será conhecido como o Livro IV[174];
c. cadernos XVI e XVII: comparece, desenvolvido, no Livro III;
d. cadernos XXI a XXIII: comparece, com ampliações, no Livro II.

O acúmulo teórico-crítico propiciado pelas investigações realizadas a partir de agosto de 1861 pareceu dar a Marx plenas condições para jogar-se na redação conclusiva da análise da produção do capital – sobretudo, durante a pesquisa desde então realizada, foi nascendo a ideia de que a "obra autônoma" a que se referira na mencionada carta a Kugelmann (28 de dezembro de 1862) deveria ser organizada em três livros. Antes de empenhar-se naquela redação, contudo, Marx considerou necessário enfrentar algumas questões que, nos manuscritos de 1861-1863, não estavam suficientemente aclaradas. Por isso, no verão de 1863, dedicou-se a um novo ciclo de pesquisas que se estendeu até o segundo semestre de 1865, de que resultaram os manuscritos de 1863-1865. Tais textos (com exceção de um deles, extremamente significativo[175]) foram, dentre os escritos do período que estamos abordando, os mais tardiamente divulgados: sua publicação integral veio à luz apenas em 1988.

Examinando-se o conteúdo desses manuscritos, verifica-se a retomada de temas tratados no grande manuscrito de 1861-1863 – desta vez, porém, mais bem desenvolvidos (produção capitalista como produção e reprodução; processo de trabalho/processo de valorização; subsunção formal e subsunção real do trabalho ao capital; acumulação). Mas há neles, sobretudo, a introdução de novas problemáticas (por exemplo, um esquema geral da circulação do capital) e o recurso a fontes ainda não referidas (por exemplo, a atenção aos trabalhos dos agroquímicos alemães Justus von Liebig e Christian Schönbein[176]). O exame desse conteúdo revela que os resultados a que Marx então chegou levaram-no ao esclarecimento *essencial* das questões relativas à circulação do capital e das formas transformadas da mais-valia. Esse mesmo conteúdo rebateria tanto no Livro I como nos futuros livros II e III de *O capital*.

Nos manuscritos de 1861-1863 e de 1863-1865, Marx prosseguiu e aprofundou as investigações registradas nos *Grundrisse* e considerou esclarecidas as questões teóricas fundamentais para embasar a sua crítica da economia política. Avaliou que tinha, pois, as condições para avançar na organização/sistematização dos materiais que elaborara. Assim, em janeiro de 1866, iniciou uma rigorosa e cuidada revisão daqueles materiais, incorporando a eles, inclusive, novos elementos, recorrendo a mais fontes (por exemplo, James Watt e James Rogers) e a mais uma infinidade de documentos oficiais (como os "livros azuis" do Parlamento, relatórios sobre a utilização do trabalho feminino e infantil na indústria inglesa e sobre as condições habitacionais do proletariado inglês).

De janeiro de 1866 a abril do ano seguinte, dedicou-se à redação do Livro I de *O capital*, polindo o escrito com o esmero necessário para fazer do texto a ser publicado "um todo artístico" (como já houvera dito em carta a Engels de 31 de julho de 1865 – MEW, 1965, v. 31, p. 132). Concluiu a redação no último dia do mês de abril de 1867; enfim, a *opus magnum* ganhara forma. Comunicou o término do trabalho a Engels em carta de 2 de abril de 1867 e o amigo, dois dias depois, respondeu com uma exclamação – entre aliviado e entusiasmado: "*Hurra!*" (ibidem, p. 281 e 283).

VI
Londres: *O capital* (1867-1881/1882)

No dia 29 de abril de 1867, na tipografia de Otto Wigand, em Leipzig, por encomenda do editor Otto Meissner, de Hamburgo, começaram a ser impressos os mil exemplares da primeira edição do Livro I de *O capital*. O volume foi dado a público no dia 14 de setembro[1] – com as suas vendas, Marx não auferiu sequer o equivalente ao que gastara com o tabaco consumido durante a redação da obra pela qual, como confessou, "sacrificara saúde, felicidade e família" (carta a Sigfrid Meyer, 30 de abril de 1867 – MEW, 1965, v. 31, p. 542)[2].

À diferença do que ocorrera em 1859 com *Contribuição à crítica da economia política*, porém, o lançamento do primeiro livro de *O capital* não passou em branco: teve alguma repercussão entre intelectuais e vanguardas trabalhadoras. Na sequência imediata da publicação, Ludwig Feuerbach e o acadêmico Eugen Dühring (o mesmo com o qual Engels polemizaria anos depois) manifestaram-se favoravelmente sobre o livro[3]; o jornal lassalleano de Schweitzer (ver, supra, cap. V, nota 51) publicou uma série de artigos sobre o volume e noutros periódicos alemães Engels o divulgou em matérias anônimas; além disso, comentários saíram em periódicos de língua inglesa (Wheen, 2007, p. 91). A imprensa ligada à Internacional (por exemplo, o suíço *Der Vorbote* [O Precursor]) fez propaganda do texto e uma conferência da organização, em setembro de 1867, em Bruxelas, recomendou a sua leitura pelos operários (Fedosseiev, org., 1983, p. 431). Ainda assim, a primeira edição alemã do Livro I de *O capital* nada teve de um sucesso imediato de vendas: ela só se esgotou quatro anos depois.

Decerto que, ao fim do último quartel do século XIX, com Engels tendo providenciado a publicação dos livros II e III, a obra de Marx já se divulgava pela Europa e começava a ser conhecida nos Estados Unidos; à mesma época, surgiam os primeiros "resumos" de *O capital*[4]. Já no decurso do século XX, as edições de *O capital*, vertidas em dezenas de idiomas, circularam por todos os continentes, alcançando tiragens contadas em vários milhões de exemplares – fenômeno para o qual foi decisiva a atividade editorial desenvolvida, a partir da Revolução Russa de outubro de 1917, pelo partido bolchevique (depois Partido Comunista da União Soviética) e em seguida replicada por partidos comunistas e socialistas nos seus respectivos países[5].

Também é fato que, quando iniciou a redação do Livro I, em janeiro de 1866, Marx já tinha muito clara a projeção da sua continuidade e chegou mesmo a anunciar para breve a conclusão dos trabalhos para efetivá-la. Anúncio que não cumpriu: até os fins da década de 1870 e a entrada dos anos 1880 (Krätke, 2005), ele seguiu pesquisando, a despeito das importantes atividades políticas desenvolvidas na primeira metade dos anos 1870, que reportaremos no próximo capítulo. Tais pesquisas só viriam à luz, parcialmente, com a publicação póstuma dos livros II (1885) e III (1894)[6].

Tomados em seu conjunto, os três livros de *O capital* (utilizamos, aqui, os volumes editados pela Boitempo: Livro I, 2013; II, 2014; III, 2017; discorreremos brevemente, ao fim deste capítulo, sobre o Livro IV) constituem uma arquitetura teórica monumental que revela, com notável rigor, no que toca à estruturação econômica, o que Marx disse ser *a articulação interna da sociedade burguesa*. Porém, na sua monumentalidade, *O capital* é uma obra inacabada, inconclusa – e ainda aludiremos às razões de fundo dessa incompletude. Antes, cuidemos do que Marx entregou ao público: o Livro I[7].

O Livro I

A 10 de abril, Marx toma um barco à beira do Tâmisa para Hamburgo, aonde chega dois dias depois de navegação em mar revolto. Encontra-se com Meissner, que haveria de editar todos os três livros de *O capital*, entrega-lhe os originais e acerta com ele os detalhes da impressão em Leipzig. De Hamburgo, Marx dirige-se a Hanover; ali fica por cerca de um mês, na casa de seu correspondente desde 1862, o médico Kugelmann – nesse primeiro encontro pessoal, Marx é calorosamente recebido pelos Kugelmann, uma família deveras hospitaleira[8]. É nos últimos dias de sua estada entre eles que Marx recebe, para revisão, as primeiras provas tipográficas do Livro I, trabalho que prossegue no seu retorno a Londres[9]. Essa revisão, feita parcialmente com a ajuda de Engels, conclui-se em 16 de agosto de 1867 (ver o primeiro parágrafo da nota 132, cap. II, supra); pouco antes, a 25 de julho, Marx escreve o prefácio da obra.

O Livro I só teve a sua primeira edição esgotada no outono de 1871. A segunda edição alemã, lançada em fascículos (ver, supra, cap. V, nota 169), o primeiro circulando em meados de julho de 1872, não foi uma simples reedição:

A própria estrutura da obra foi profundamente modificada. Em lugar dos seis capítulos da primeira edição, o conjunto do livro passou a ser dividido em sete seções e vinte e cinco capítulos. Por sua vez, quase todos os capítulos foram divididos em parágrafos ou partes mais pequenas. Ao melhorar a estrutura do livro, Marx teve em conta as observações feitas por Engels em 1867. (Fedosseiev, org., 1983, p. 434)[10]

De fato, Marx continuou trabalhando por anos no seu texto; ao prefaciar a terceira edição alemã, póstuma, em 7 de novembro de 1883, Engels informou que o amigo

> planejava reelaborar extensamente o texto do volume [Livro] I, formular de modo mais preciso diversos pontos teóricos, acrescentar outros novos e complementar o material histórico e estatístico com dados atualizados. Seu estado precário de saúde e a ânsia de concluir a redação definitiva do volume [Livro] II obrigaram-no a renunciar a esse plano. Devia-se modificar apenas o estritamente necessário e incorporar tão somente os acréscimos já contidos na edição francesa (*Le capital. Par Karl Marx*, Paris, Lachâtre, 1873), publicada nesse ínterim. (Engels, em Marx, 2013, p. 97)

Na sequência desse esclarecimento (ibidem, p. 97-8), Engels discorre sobre as suas intervenções no texto, concluindo que "nesta terceira edição [...] nenhuma palavra foi alterada sem que eu não tivesse a certeza de que o próprio autor o faria".

O texto do Livro I que, enfim, foi tomado pelos pesquisadores como referência última é o da quarta edição alemã, de 1890, cuidadosamente revisado por Engels com a ajuda da filha mais jovem de Marx, Eleanor. No prefácio (datado de 23 de junho de 1890), Engels declara que se valeu inclusive de notas manuscritas de Marx, mas preocupou-se sobretudo em clarificar as fontes das citações marxianas, à época objeto de debate e polêmica; em suma, diz ele que "quem quer que compare esta quarta edição com as anteriores verá que [...] nada [se] modificou no livro que valha a pena mencionar" (ibidem, p. 106)[11].

No Livro I, que se abre com a análise da mercadoria, na qual replica basicamente o que alcançara na *Contribuição* (1859), Marx continua – em sua operação heurística – interessado na *forma* do valor; mas agora, em 1867, ele avança substantivamente, recorrendo a elaborações próprias dos manuscritos dos anos 1857-1865 e que não foram expostas no livro de 1859. A argumentação marxiana, tomando a mercadoria como unidade sintética do valor de uso e do valor de troca, privilegia a apreensão do valor enquanto tempo de trabalho incorporado na mercadoria: nela, simultaneamente, se exprime o processo de trabalho (isto é, processo de criação de valor de uso) e o processo de valorização (isto é, processo de criação do valor). É em função deste último que opera a produção capitalista, uma vez que nela se efetiva a produção de um *excedente*, um *plus* que é a mais-valia: o capitalista

> quer produzir uma mercadoria cujo valor seja maior do que a soma do valor das mercadorias requeridas para sua produção, os meios de produção e a força de trabalho, para cuja compra ele adiantou seu dinheiro no mercado. Ele quer produzir não só um valor de uso, mas uma mercadoria; não só valor de uso, mas valor, e não só valor, mas também mais-valor. (Marx, 2013, p. 263; lembre-se ao leitor: mais-valor = mais-valia – ver, supra, cap. V, nota 84)

Ao distinguir *capacidade de trabalho* (mais precisamente: *força de trabalho*) de *trabalho*, Marx ultrapassa a noção equivocada segundo a qual o operário vende ao capitalista o seu trabalho; não: o operário vende a ele a sua força de trabalho. Ora, a força de trabalho, tornada mercadoria, como qualquer mercadoria tem valor de uso e valor de troca; seu valor de troca tem expressão monetária, o salário, que é sempre (mesmo em escala variável) inferior ao valor total produzido pelo seu uso por parte do capitalista. Marx desvela a fronteira, imediatamente imperceptível, entre a parte da jornada de trabalho em que se produz o *quantum* de valor preciso para cobrir o valor de troca da força de trabalho (tempo de trabalho socialmente necessário) e a parte em que se dá a criação de um *quantum* de valor suplementar (tempo de trabalho excedente).

Assim Marx pode trazer à luz pública o movimento de cuja explicitação careceu o livro publicado em 1859: *a transformação do dinheiro e dos meios de produção em capital*. Ultrapassando (sem abandoná-la) a diferenciação que a economia política já assinalara entre capital fixo e capital circulante, Marx alcança a distinção entre *capital constante* e *capital variável*. No desenvolvimento do trato teórico dessa distinção, ele demonstra que os meios de produção não *criam* valor – em operação, *transferem* o seu valor; o valor novo, acrescentado ao produto (mercadoria), tem sua fonte no *trabalho vivo*. Nessa perspectivação, o capital deixa de apreender-se enquanto categoria "coisal", eterna e/ou natural: é tomado como *relação social* historicamente determinada, constituída no processo mediante o qual os meios de produção, *detidos pelos capitalistas*, empregam-se na interação estabelecida com os trabalhadores assalariados para expropriar desses produtores o excedente (mais-valia) que resulta do seu trabalho executado no tempo de trabalho que vai além do tempo de trabalho necessário. Então, e só então, torna-se possível uma análise teórica, profunda e veraz do *processo de exploração do trabalho assalariado pelo capital*. Tal análise permite a Marx encontrar uma expressão quantitativa do grau de exploração dos trabalhadores: a relação entre o *excedente* (mais-valia) e o *capital variável* (não todo o capital investido); Marx denominou-a *taxa de exploração* (ou taxa de mais-valia) e a sua elevação é o objetivo primordial do capitalista.

No longo e exaustivo exame da produção de mais-valia, Marx identifica duas vias, *que não se excluem*, para a elevação da taxa de exploração, ambas implementadas graças ao comando do capital – comando que se exerce na organização do trabalho, na base técnica da produção e no seu espaço físico. Uma via é aquela em que o capitalista se vale do *aumento* do tempo de trabalho excedente, mantendo-se *constante* o tempo de trabalho necessário, via que recorre especialmente ao prolongamento da jornada de trabalho, permitindo a extração do que Marx denomina de mais-valia na sua forma *absoluta*. Se os trabalhadores dispõem de força política para levar a uma intervenção estatal que impeça o prolongamento da jornada de trabalho ou que a limite legalmente, o capitalista pode aumentar a taxa dessa mais-valia – mantendo a mesma base técnica da produção e sem estender a jornada – com a intensificação do ritmo do trabalho. A outra via, de que resulta o que Marx designará como mais-valia na sua forma *relativa*, é aquela em que, com a jornada de trabalho limitada legalmente e valendo-se de inovações na base técnica da produção e de modificações na divisão do trabalho, o capitalista reduz o tempo de trabalho necessário e altera em seu proveito a relação deste com o tempo de trabalho excedente; vê-se como, nesse caso, o desenvolvimento das forças produtivas sem dúvida joga a favor dos interesses capitalistas. Marx verifica que, historicamente, a produção da mais-valia absoluta foi preponderante no estágio em que a subsunção do trabalho ao capital era basicamente formal; com a maquinaria e a grande indústria mecanizada, tal subsunção torna-se real e emerge a tendência à predominância da produção de mais-valia relativa. Também historicamente, constata-se que o predomínio de uma ou outra forma da mais-valia extraída dos trabalhadores tem impactos diferentes na sua existência: quando prevalece a produção de mais-valia absoluta, a *tendência* é que os trabalhadores padeçam um processo de pauperização absoluta; predominando a produção de mais-valia relativa, a *tendência* é que eles experimentem um processo de pauperização também relativa (mantém-se a exploração, inclusive com a sua taxa aumentada, mas os seus padrões de vida não são aviltados, registrando-se até mesmo ganhos em vários dos itens que configuram o seu nível de vida).

Analisada em detalhe a essência da exploração capitalista, Marx enfrenta a complexa problemática da *acumulação do capital*. Ao renovar-se continuamente, a produção capitalista é igualmente um processo de reprodução[12]. Nele, o trabalhador reproduz no valor da mercadoria o capital investido e cria a mais-valia. Se esta fosse inteiramente consumida pelo capitalista, a repetição do processo de produção se daria numa escala invariável, o que Marx designa como *reprodução simples*. Mas o sistema comandado pelo capital caracteriza-se mesmo pelo que Marx chama de *reprodução ampliada*: uma parte da mais-valia é utilizada para alargar a escala da produção – é, pois, transformada em capital, opera para acumulá-lo. Diz o autor: "A aplicação de mais-valor [mais-valia] como capital ou a reconversão de mais-valor [mais-valia] em capital se chama acumulação de capital" (ibidem, p. 655).

Nesse alargamento, altera-se a relação entre a magnitude do capital constante e a do capital variável – relação que, para Marx, constitui a *composição orgânica do capital*. O capital constante aumenta mais rapidamente (graças ao desenvolvimento científico-tecnológico e das forças produtivas) que o capital variável, num processo em que se *eleva* aquela composição orgânica. Dessa elevação deriva uma tendência que conduz à redução da demanda, pelo capital, da força de trabalho vivo, ou seja, cresce a massa de trabalhadores que não são incorporados pelo capital no processo produtivo; cresce, pois, o contingente da população excedentária em face das necessidades do capital. A essa massa, que apresenta diferenciações analisadas por Marx, ele chamará de *exército industrial de reserva*.

É no marco da sua análise da acumulação de capital que Marx descobrirá a "lei geral da acumulação":

> Quanto maiores forem a riqueza social, o capital em funcionamento, o volume e o vigor de seu crescimento e, portanto, também a grandeza absoluta do proletariado e a força produtiva de seu trabalho, tanto maior será o exército industrial de reserva. A força de trabalho disponível se desenvolve pelas mesmas causas que a força expansiva do capital. A grandeza proporcional do exército industrial de reserva acompanha, pois, o aumento das potências da riqueza. Mas quanto maior for esse exército de reserva em relação ao exército ativo de trabalhadores, tanto maior será a massa da superpopulação consolidada, cuja miséria está na razão inversa do martírio de seu trabalho. Por fim, quanto maior forem as camadas lazarentas da classe trabalhadora e o exército industrial de reserva, tanto maior será o pauperismo oficial. *Essa é a lei geral, absoluta, da acumulação capitalista.* Como todas as outras leis, ela é modificada, em sua aplicação, por múltiplas circunstâncias. (Ibidem, p. 719-20)[13]

Na sequência, Marx ver-se-á levado a examinar o processo histórico da "acumulação primitiva" – com o que culmina o Livro I de *O capital* (o capítulo seguinte, dedicado à "moderna teoria da colonização", é de fato o que fecha o livro).

Uma vez sumariado o conteúdo do Livro I, vejamos rapidamente a sua estrutura expositiva (sem dúvidas modelar do que Marx pretendia como "todo artístico") que, nas sete seções, compostas por 25 capítulos, atende rigorosamente ao seu objeto, determinado no subtítulo: o processo de produção do capital.

A seção I, começando com a análise da mercadoria e a constituição do dinheiro (a partir de elementos extraídos da *Contribuição*, de 1859), é aquela que contém a análise do fetichismo da mercadoria. É nessa seção que comparece inteiramente formulada a teoria marxiana do valor (ver, supra, cap. V, nota 120), sobre cujas bases Marx constrói a inteira arquitetura da sua crítica da economia política – e não é por acaso que a explicitação da sua teoria do valor preceda à seção II, em que Marx oferece exatamente o que faltara à *Contribuição*: a análise da transformação do dinheiro em capital. *Todas as vigas que sustentam a crítica da economia política marxiana se fundam na teoria do valor que a embasa* – donde a sua sistemática e reiterada recusa pelas vertentes do pensamento econômico que se compatibiliza com a ordem do capital[14].

É na seção III do livro que Marx avança no desenvolvimento do que decorre da sua teoria do valor, a *teoria da mais-valia*. Nessa seção encontram-se as essenciais distinções entre processo de trabalho e processo de valorização e capital constante e capital variável, além da crucial determinação do processo de exploração a que o trabalho é submetido pelo capital (com o esclarecimento da taxa e da massa de mais-valia).

A seção IV abriga a análise da produção da mais-valia relativa, com o trato da divisão do trabalho, das formas fundamentais da manufatura e da constituição da grande indústria (expressa no espaço fabril, suportado pela maquinaria) e mesmo a sua incidência na agricultura. Há uma atenção especial à subversão que a grande indústria opera na manufatura, no artesanato e no trabalho domiciliar.

Na seção V, Marx prossegue e detalha a análise aberta nas duas seções precedentes: cuida da produção de mais-valia nas formas absoluta e relativa, detém-se no exame da grandeza da jornada de trabalho e sua intensidade e tematiza diferentes fórmulas para a taxa de mais-valia[15].

A seção VI centra-se no salário. Estudando a transformação do valor da força de trabalho em salário, Marx confere especial atenção ao salário por tempo e ao salário por peça.

Na sétima e derradeira seção do Livro I, seguramente um conjunto de capítulos de significado extremamente relevante para a compreensão do *processo de acumulação do capital*, Marx elabora a distinção entre reprodução simples e reprodução ampliada do capital (implicando a conversão de mais-valia em capital) e alcança uma formulação teórica de importância máxima: a da "lei geral da acumulação capitalista", sem a qual toda consideração sobre a chamada *questão social* e toda diagnose do desemprego (sob quaisquer de suas formas) carecem de substancialidade teórica[16]. No penúltimo capítulo dessa derradeira seção – o último, já o assinalamos, refere-se à "teoria moderna da colonização" –, Marx atém-se ao processo histórico da acumulação capitalista.

Um excerto desse penúltimo capítulo (na verdade, os seus quatro parágrafos finais), que sucede à análise das transformações socioeconômicas derivadas da liquidação e da expropriação da propriedade privada fundada no trabalho pessoal, precedente do comando do capital sobre a produção, contribui para a inteira compreensão do pensamento marxiano:

Tão logo esse processo de transformação tenha decomposto suficientemente, em profundidade e extensão, a velha sociedade; tão logo os trabalhadores se tenham convertido em proletários, e suas condições de trabalho em capital; tão logo o modo de produção capitalista tenha condições de caminhar com suas próprias pernas, a socialização ulterior do trabalho e a transformação ulterior da terra e de outros meios de produção em meios de produção socialmente explorados – e, por conseguinte, em meios de produção coletivos –, assim como a expropriação ulterior dos proprietários privados assumem uma nova forma. Quem será expropriado, agora, não é mais o trabalhador que trabalha para si próprio, mas o capitalista que explora muitos trabalhadores.

Essa expropriação se consuma por meio do jogo das leis imanentes da própria produção capitalista, por meio da centralização dos capitais. Cada capitalista liquida muitos outros. Paralelamente a essa centralização, ou à expropriação de muitos capitalistas por poucos, desenvolve-se a forma cooperativa do processo de trabalho em escala cada vez maior, a aplicação técnica consciente da ciência, a exploração planejada da terra, a transformação dos meios de trabalho em meios de trabalho que só podem ser utilizados coletivamente, a economia de todos os meios de produção graças a seu uso como meios de produção do trabalho social e combinado, o entrelaçamento de todos os povos na rede do mercado mundial e, com isso, o caráter internacional do regime capitalista. Com a diminuição constante do número de magnatas do capital, que usurpam e monopolizam todas as vantagens desse processo de transformação, aumenta a massa de miséria, opressão, servidão, degeneração, exploração, mas também a revolta da classe trabalhadora, que, cada vez mais numerosa, é instruída, unida e organizada pelo próprio mecanismo do processo de produção capitalista. O monopólio do capital se converte num entrave para o modo de produção que floresceu com ele e sob ele. A centralização dos meios de produção e a socialização do trabalho atingem um grau em que se tornam incompatíveis com seu invólucro capitalista. Arrebenta-se o entrave. Soa a hora derradeira da propriedade privada capitalista, e os expropriadores são expropriados.

O modo de apropriação capitalista, que deriva do modo de produção capitalista, ou seja, a propriedade privada capitalista, é a primeira negação da propriedade privada individual, fundada no trabalho próprio. Todavia, a produção capitalista produz, com a mesma necessidade de um processo natural, sua própria negação. É a negação da negação. Ela não restabelece a propriedade privada, mas a propriedade individual sobre a base daquilo que foi conquistado na era capitalista, isto é, sobre a base da cooperação e da posse comum da terra e dos meios de produção produzidos pelo próprio trabalho.

Naturalmente, o processo pelo qual a propriedade privada fragmentária, baseada no trabalho dos indivíduos, transforma-se em propriedade capitalista, é incomparavelmente mais prolongado, duro e dificultoso que o processo de transformação da propriedade capitalista – já fundada, de fato, na organização social da produção – em propriedade social. No primeiro, tratava-se da expropriação da massa do povo por poucos usurpadores; no segundo, trata-se da expropriação de poucos usurpadores pela massa do povo. (Marx, 2013, p. 832-3)

Vê-se que a ordem do capital, com a sua dinâmica contraditória, põe ela mesma as condições históricas, material-objetivas e sociais para a sua ultrapassagem. Determinando a "negação da negação" portada pela produção capitalista, Marx descortina o processo que – para retomar a sua formulação do prefácio (1859) à *Contribuição* – inaugura *uma época de revolução social*. Com a constante preocupação de evitar projeções utópicas, entretanto, Marx mantém, em todo *O capital*, o cuidado de não ir além da análise da *articulação interna da sociedade burguesa*[17].

Doença e pesquisa: de meados dos anos 1860 a fins dos anos 1870

Uma vez dado a público o Livro I, Marx pretendia lançar-se de pronto ao trabalho de preparação do Livro II, mas só pôde fazê-lo vários meses depois[18]. Embora estimasse concluí-lo logo, em carta de 7 de outubro de 1868 a Nikolai Danielson (1844-1918), que seria um dos tradutores do Livro I ao russo, Marx pedia que não esperasse *imediatamente* pelo volume seguinte: a sua publicação seria "retardada ainda talvez por *seis meses*" (MEW, 1965, v. 32, p. 563 [itálicos meus – *JPN*]).

Na verdade, *Marx nunca concluiu o livro II nem o III*, embora se tenha dedicado a ambos até por volta de 1880-1881. Com efeito, por todos aqueles anos, ele trabalhou *simultaneamente*, com interrupções e em ritmos diferentes, na preparação dos dois livros, como o provam os milhares de páginas manuscritas de que Engels extrairia o material constitutivo do que editou em 1885 e 1894[19].

As interrupções e os ritmos diversos registrados no curso da preparação dos livros II e III a partir de 1867 devem-se, em primeiro lugar, à dificuldade de conjugar a reflexão teórica e a pesquisa com os imperativos da intervenção político-dirigente de Marx à frente da Internacional (que examinaremos no próximo capítulo). Essa intervenção sempre envolveu a sua solidariedade pessoal e militante a ativistas sociais injustiçados e perseguidos[20]. Devem-se também aos apertos financeiros que Marx experimentou até fins dos anos 1860, efetivamente superados, como vimos (ver, supra, cap. V, nota 10), com o fundamental apoio de Engels. Entretanto, nem mesmo a estabilidade econômica da vida que Marx pôde desfrutar a partir dos anos 1870 – especialmente quando se mudou, em março de 1875, para a sua última residência, a confortável casa de Maitland Park, n. 41 – o poupou de atribulações. Apesar das enfermidades, ele prosseguiu, a duras penas, em seus estudos e pesquisas[21].

O estado de saúde de Marx, nos anos 1870, apresentou uma progressiva deterioração, inclusive compelindo-o a inúmeras (e, dado o seu quadro clínico, desconfortáveis) viagens em busca de alívio aos vários sintomas e efeitos de suas moléstias[22]. Em agosto de 1871, exaurido pelo trabalho de apoio aos revolucionários da Comuna parisiense e de solidariedade a eles na sequência da derrota e da perseguição de que foram vítimas (ver o próximo capítulo), Marx viu-se obrigado a repousar por alguns dias em Brighton. No retorno a Londres, esgotou-se nos esforços que dispendeu para preparar a segunda edição alemã do Livro I e revisar a sua tradução francesa (revisão que lhe deu, segundo suas palavras, um "trabalho do próprio diabo" – citado em Mehring, 2013, p. 376[23]); estafado, voltou a Brighton, em março de 1872, para mais dias de descanso. Três meses depois, em junho, padecendo de insuportáveis dores de cabeça e apresentando uma grave e perigosa hipertensão, foi a Manchester para consultar-se com um médico de competência notória (o experiente especialista alemão Eduard Gumpert); ouviu dele várias recomendações (inclusive a de passar uma temporada em Karlsbad), das quais a mais importante era a de reduzir/limitar seu trabalho e não realizá-lo noite adentro[24]. A única providência de Marx foi, acompanhado da filha Tussy, passar parte do outono em Harrogate. Só uma das viagens realizadas naqueles anos pode ser caracterizada como um pequeno período de férias: uma temporada, no verão de 1874, na (segundo Marx, paradisíaca) ilha de Wight, ao sul da costa inglesa. Foram dias felizes ao lado da esposa: ele então se sentiu bem, dispensando mesmo o uso de medicamentos e confessando a Engels, em carta de 15 de julho de 1874, estar absolutamente ocioso (MEW, 1966, v. 33, p. 103).

O clima político viu-se anuviado com a repressão à Comuna parisiense e a Internacional foi posta como inimigo número um pelas potências europeias: os impérios austro-húngaro, alemão e inglês articularam-se numa "Liga dos Três Impérios" para combater expressamente a organização (Taylor, 1971, p. 219; Bruhat, 1973, p. 188-9; Hobsbawm, 1982, p. 185). Na tentativa de evitar problemas durante seus deslocamentos, Marx procurou obter a documentação necessária para não ter dissabores nas fronteiras – dissabores que envolveram alguns de seus familiares (ver, por exemplo, Gabriel, 2013, p. 548-58) –, mas não alcançou nenhum resultado[25]. Entretanto, as viagens prosseguiam à medida que as enfermidades se tornavam crônicas; em 1874, enfim, ele pôde passar as recomendadas temporadas em Karlsbad: ali esteve pela primeira vez, com Eleanor, por cerca de um mês, entre agosto e setembro[26], e a Karlsbad retornaria ainda nos dois anos seguintes. Em 1877, o lugar escolhido para consultas médicas e terapias foi junto à Floresta Negra, no balneário de Neuenahr, onde passou alguns dias com Jenny e Eleanor. Em 1879, também acompanhado de Eleanor, ele deixou-se ficar um tempo na ilha de Jersey.

Numa carta a Engels de 7 de maio de 1867, quando ainda vivia prementes dificuldades financeiras, com credores fazendo filas à sua porta, Marx observou que, "além disso", perturbando o seu trabalho intelectual, havia "os tormentos da vida familiar, os conflitos domésticos" (MEW, 1965, v. 31, p. 297). A segunda metade dos anos 1870, para Marx, foi mesmo marcada por tormentos e um conflito doméstico. Os tormentos familiares relacionavam-se ao afastamento de entes queridos (as filhas que se casaram e se foram da casa, a perda, recente ou não, do contato próximo, em vários casos verdadeiramente doméstico, de amigos e companheiros da "velha guarda"[27]) e à piora da saúde de Jenny[28]. O conflito doméstico, vivido com discrição, derivou da incompreensível oposição de Marx ao relacionamento de Eleanor com Lissagaray (ver, supra, cap. IV, nota 77) – conflito que, aliás, não afetou unicamente ao pai e à filha[29].

Mas não se creia que os anos 1870 só trouxeram dissabores a Marx. A mudança de Engels para Londres ofereceu-lhe a proximidade do ombro do amigo e uma convivência quase cotidiana com seu mais qualificado interlocutor. A recepção positiva e fecunda do seu trabalho teórico em meios antes inimagináveis (como na Rússia tsarista), o reconhecimento do seu protagonismo político (seja por representantes dos trabalhadores, seja por seus inimigos de classe) e, sobretudo, os progressos alcançados pela classe operária organizada no plano político-social deram-lhe a energia necessária para superar as dificuldades e prosseguir com a sua obra. E não subestimemos também, nessa superação, a importância das novas relações pessoais e, ainda, a de relevantes alegrias familiares[30].

Linhas antes, dissemos que, em meio às suas atribuições, Marx prosseguiu suas pesquisas; com interrupções e em ritmos diversos, mas prosseguiu-as. Mencionemos, rapidamente, algumas delas.

A partir de 1869, ele iniciou estudos da língua russa, para apropriar-se da documentação referente, em especial, à questão fundiária na Rússia tsarista, a que se dedicaria nos seus últimos anos. Contudo, o seu interesse por essa problemática, com vistas a temas que enfrentaria particularmente no Livro III de *O capital*, não se limitaria à Rússia: pretendeu informar-se também da realidade belga e norte-americana, como se verifica na correspondência com César de Paepe (24 de janeiro de 1870 – MEW, 1965, v. 32, p. 641) e com Friedrich Sorge (4 de abril de 1876 – MEW, 1966, v. 34, p. 179). Ademais, algumas de suas relevantes pesquisas cobriram a área da matemática.

A matemática esteve no horizonte intelectual de Marx já a partir da segunda metade dos anos 1850. Desde então, há no espólio marxiano anotações matemáticas significativas, mas a maioria delas foi formulada entre 1873 e 1881, quando Marx – lembre-se: preparando materiais para os livros II e III de *O capital* – se defrontou com determinadas questões de *cálculo*. Os registros manuscritos que ele deixou foram publicados na antiga União Soviética em 1968; há uma edição inglesa do início da década de 1980 (Marx, 1983) e outra, também em inglês, mas indiana (Marx, 1994), ambas com elementos bibliográficos e críticos para apreciá-los. Em um balanço desses apontamentos marxianos, asseguram autores soviéticos que

> Marx estudou as obras dos clássicos da matemática – Descartes, Leibniz, Newton, Euler, MacLaurin. [...] Nos seus trabalhos, Marx procura mostrar a ligação dialética entre os conceitos e métodos fundamentais do cálculo diferencial e da álgebra elementar [...]. Quanto à história da matemática, define o papel de Newton [1643-1727], de Leibniz, de Euler [1707-1783], de d'Alembert [1717--1783] e de Lagrange [1736-1813] na criação e na elaboração do cálculo diferencial. (Fedosseiev, org., 1983, p. 635)

Percorrendo esses escritos de Marx, bem como trabalhos de alguns especialistas (Struik, 1948 e Kennedy, 1977, além das contribuições de estudiosos recolhidas nas edições citadas), constatei a minha completa falta de qualificação para dizer qualquer palavra responsável tanto sobre os textos matemáticos de Marx quanto sobre os juízos de seus analistas[31]. Eis por que rogo ao leitor que se contente com essa rápida alusão a eles. E o que aqui está dito também vale em relação aos estudos que, no fim dos anos 1870 e prolongando aproximações ainda dos anos 1850, Marx realizou no campo da geologia, da mineralogia e da química agrícola, em apontamentos manuscritos que só vieram a ser publicados em 2011[32].

Independentemente da avaliação técnica específica dos procedimentos que Marx empregou ou desenvolveu nos seus estudos matemáticos e geológicos e de seus resultados – avaliação que deve ser conduzida por cientistas dessas áreas –, o que importa sublinhar é que ele não levou a cabo tantas reflexões motivado por qualquer gênero de diletantismo intelectual. Ao dedicar tempo e esforço a tais estudos, movia-o o empenho de, na continuidade do trabalho em *O capital*, valer-se do mais amplo suporte científico para enfrentar com rigor problemáticas que teria de abordar nos livros subsequentes da sua obra[33].

No decurso dos anos 1870, como veremos no próximo capítulo, Marx elaborou importantes textos de caráter teórico-político, não necessariamente vinculados às suas pesquisas para os livros II e III de *O capital*. Mas há que mencionar, por agora, um material relevante que ele produziu para subsidiar uma polêmica conduzida por Engels – material que tem por objeto um tema conexo a *O capital*: a história da economia política.

Em fins de maio de 1876, Engels, recolhido em Ramsgate, iniciou o exame dos escritos de Eugen Dühring (1833-1921), *privatdozent* da Universidade de Berlim que, em 1872, proclamara sua opção pelo socialismo. Desde então, Dühring passou a influir sobre vertentes do pensamento socialista na Alemanha, especialmente aquelas cujas lideranças se reclamavam vinculadas a Marx-Engels.

O material que Engels elaborou a partir de maio de 1876 foi publicado como uma série de artigos no *Vorwärts* (Avante)[34], entre janeiro de 1877 e julho de 1878; logo a seguir, em agosto, os artigos saíram coligidos em um livro que se tornaria uma referência para gerações de marxistas: *A revolução da ciência segundo o Senhor Eugen Dühring*, depois conhecido como *Anti-Dühring*[35].

O objetivo dos textos publicados no *Vorwärts* e reunidos no *Anti-Dühring* era oferecer uma crítica de fundo às ideias (ao "sistema") de Dühring, ecléticas e confusas, e, ao mesmo tempo, divulgar, de forma didática, as posições marx--engelsianas no domínio da filosofia, da economia política e das condições históricas (econômico-sociais) que podem viabilizar a transição a uma nova sociedade, não mais assentada no modo de produção capitalista. Em suma, como se lê na "apresentação" à edição brasileira do *Anti-Dühring*, o livro "é o marco de um capítulo da batalha das ideias no período da emergência da social-democracia alemã [...], um episódio da disputa travada por Marx e Engels pela hegemonia teórica e ideopolítica do movimento socialista revolucionário na Alemanha" (em Engels, 2015, p. 15). Não há dúvidas de que a obra alcançou o seu escopo: no segmento social-democrata que se reclamava vinculado a Marx-Engels, as ideias do professor de Berlim perderam credibilidade e vigência; simultaneamente, as concepções marx-engelsianas foram ampla e acessivelmente divulgadas.

Marx acompanhou todo o andamento do trabalho de Engels e atendeu ao pedido que este lhe fez: contribuir com a redação de um capítulo, exatamente o que fecha a seção II ("Economia política") do livro: trata-se do capítulo X ("Da *História crítica*" – ver ibidem, p. 252-85). A seção II era particularmente importante na crítica ao "sistema" de Dühring e, também, na exposição das ideias econômico-políticas marx-engelsianas: nela, Engels discute o objeto e o método da economia política, desmonta a concepção de Dühring a propósito da relação entre poder e desenvolvimento histórico-econômico e desenvolve a análise da produção moderna (capitalista) da riqueza social. Todos esses passos são efetivados na direta contraposição às respectivas formulações de Dühring; Engels esclarece os fundamentos da sua crítica explicitando as categorias de valor, de trabalho, de capital e mais-valia e tematiza a questão da renda fundiária. O capítulo X, aquele redigido por Marx, centra-se no exame da obra de Dühring *Kritische Geschichte der Nationalökonomie und des Sozialismus (História crítica da economia política e do socialismo)*, publicada em 1872.

O capítulo de autoria de Marx é importante na medida em que esta obra de Dühring procurava fundamentar, mediante uma tosca erudição, vazia e arbitrária (que vai de Aristóteles a Smith), a concepção do autor sobre a constituição/evolução da economia política e das ideias-força que, segundo ele, surgiram nessa área do conhecimento ao longo do seu processo histórico. Assim, a crítica radical dessa concepção vulnerabilizaria pela base o "sistema" pedantemente enciclopédico de Dühring – e é precisamente uma tal crítica que Marx elabora em uma trintena de páginas.

Denunciando os erros e as barbaridades "eruditas" de Dühring, Marx contrapõe-lhe de fato uma autêntica erudição, vasta e pertinente, relativa à história do que se pode considerar pensamento econômico – com um rol de autores e obras cujo domínio, até então, ele não expusera inteiramente ao público (parte deles trabalhados nos manuscritos de 1861-1863). Marx, porém, não se limita a trazer à luz do sol a flagrante inépcia *histórico-analítica* de Dühring: vai adiante e demonstra como *problemas teóricos* decisivos são tratados por este de modo vulgar, raso e eclético – e o demonstra cabalmente, por exemplo, no modo como Dühring tematiza o problema do valor ou interpreta o *Tableau économique* (Quadro econômico) de François Quesnay (1694-1774)[36]. Nessas três dezenas de páginas extremamente informadas, Marx desenha um panorama crítico irretocável do desenvolvimento histórico da economia política e pontua com precisão problemas e questões que Dühring ladeia ou ignora, mostrando ainda que a retórica inflada do acadêmico nada acrescenta ao acervo econômico então conhecido.

A crítica marxiana cumpriu exemplarmente, na arquitetura do *Anti-Dühring*, a tarefa de que Engels incumbira o amigo: oferecer um contributo à definitiva desqualificação teórica de Dühring.

Tudo isto posto, voltemos a *O capital*.

O Livro II

Com o subtítulo de "O processo de circulação do capital", o Livro II foi editado por Engels – que contou com a ajuda de Oscar Eisengarten (1857-1906), um tipógrafo exilado que vivia em Londres – dois anos depois da morte de Marx. Saiu em julho de 1885, com um prefácio de Engels, e teve uma segunda edição em 1893; no prefácio desta última, firmado em 15 de julho de 1893, diz Engels que ela "é fundamentalmente uma reimpressão fiel da primeira. Os erros de impressão foram corrigidos, alguns deslizes estilísticos, remediados e frases curtas, contendo apenas repetições, foram eliminadas" (em Marx, 2014, p. 101).

No prefácio da primeira edição, datado de 5 de maio de 1885 – e do qual a maior parte é a defesa de Marx em face das (documentadamente falsas) acusações de que teria plagiado Johann Rodbertus (1805-1875)[37] –, Engels dá conta dos problemas que enfrentou na edição do texto e dos princípios que orientaram seu trabalho. E afirma que "preparar para a impressão o segundo livro de *O capital*, e de maneira que, de um lado, ele aparecesse numa forma coerente e o mais acabada possível e, de outro, como obra exclusiva do autor, e não do editor, não foi um trabalho fácil" (em ibidem, p. 79). Eis o que ele diz dos textos de que se valeu para editar o Livro II:

Parte do material, embora acabada quanto ao conteúdo, não o estava com relação à forma; fora redigida na linguagem em que Marx costumava elaborar suas anotações: num estilo descuidado, repleto de expressões coloquiais, frequentemente sarcásticas, além de termos técnicos ingleses e franceses e, muitas vezes, frases e até páginas inteiras em inglês; as ideias pousavam sobre o papel da forma como iam se desenvolvendo no cérebro do autor. Se boa parte do conteúdo fora exposta em detalhes, outra parte, de igual importância, estava apenas esboçada; os fatos que servem de ilustração ao material estavam reunidos, mas pouco ordenados, e muito menos elaborados; muitas vezes, no fim de um capítulo, na pressa do autor de passar ao capítulo seguinte, não havia mais do que algumas sentenças fragmentárias, a indicar o desenvolvimento ali deixado incompleto; por fim, havia a notória caligrafia, que às vezes nem o próprio autor lograva decifrar. (Idem)

No seguimento desse prefácio, Engels esclarece a procedência e a datação dos originais marxianos a que recorreu (ibidem, p. 80-3), e fica claro que eles foram escritos num arco temporal considerável: Engels laborou sobre textos redigidos, com interrupções, entre meados dos anos 1860 e fins da década de 1870 até inícios de 1881[38]. Acurada pesquisa levada a cabo mais de um século depois da edição de Engels possibilitou uma visão adequada do conjunto textual de que ele extraiu o Livro II, ao mesmo tempo que trouxe à luz a magnitude do seu trabalho e os limites/problemas com que então deparou[39].

Comecemos, tomando as palavras de Mandel, por sinalizar a diferença entre o Livro II e o que o antecedeu:

O Livro I centra-se sobre a fábrica, o lugar de trabalho. Explica o caráter da produção de mercadorias no capitalismo como um processo de produção material e de valorização (ou seja, de produção de mais-valia). O Livro II, em contraste, centra-se sobre o mercado. Não explica como se produzem o valor e a mais-valia, mas como se realizam. Aí, *dramatis personae* não são tanto o trabalhador e o capitalista, mas o proprietário do dinheiro (e o que o empresta), o atacadista, o comerciante. (Mandel, 1998, p. 94)[40]

O tratamento rigoroso da circulação constituía um imperativo para a continuidade da pesquisa marxiana: se o Livro I centrou-se na produção das mercadorias, haveria que tratar com atenção a *realização dos seus valores*, que se concretiza na circulação; não é casual, portanto, que as contradições da mercadoria, já apreendidas nos *Grundrisse*, assinaladas na *Contribuição* e retomadas no Livro I, sejam amplamente desenvolvidas no Livro II; de fato, é no Livro II que a análise marxiana da mercadoria se conclui. Ademais, Marx operava expressamente, desde 1857, com a ideia de que produção e circulação conformavam uma unidade processual e contraditória. Por isso mesmo, a apreensão do movimento do capital exigia, necessariamente, a sua análise também no nível da circulação.

No Livro II, o que interessa a Marx é o capital assumindo as suas formas diferenciadas e as suas interações – o capital *monetário*, o capital *produtivo* e o capital-*mercadoria*; ele distingue tais formas funcionais e detém-se nos seus respectivos circuitos (ciclos). A análise marxiana arranca do capital monetário: é a partir dele que o capitalista obtém a propriedade dos meios de produção (terrenos e instalações, máquinas, instrumentos, matérias brutas ou primas etc.) que serão utilizados pelos trabalhadores para produzir determinadas mercadorias[41]. Convertido em meios de produção e posto em operação pela força de trabalho, o capital monetário se metamorfoseia em capital produtivo e este, ao cabo do processo de produção, toma a forma de capital-mercadoria; realizadas (vendidas) as mercadorias produzidas, ele retorna, acrescido, à forma de capital monetário. A realização (venda) das mercadorias deve permitir ao capitalista a recuperação, na forma desse capital monetário, de todo o capital investido e aumentado pela mais-valia gerada pelo uso da força de trabalho dos seus trabalhadores assalariados.

A análise marxiana apreende os ciclos de cada uma dessas três formas funcionais do capital e, sintetizando-os, propicia a reconstrução teórica do *movimento real do capital no nível da circulação*; trata-se de uma análise fina e cuidadosa, que agarra a complexidade desse movimento. A complexidade real se reflete na complexidade analítica: diz Marx que um inteiro ciclo de produção

> é, na realidade, a unidade dos três ciclos, que são as diferentes formas nas quais se expressa a continuidade do processo. O ciclo inteiro se apresenta para cada forma funcional do capital como seu ciclo específico, e cada um desses ciclos condiciona a continuidade do processo em seu conjunto; o processo cíclico de uma forma funcional condiciona o da outra. É uma condição necessária ao processo total de produção [...] que ele seja simultaneamente processo de reprodução e, assim, ciclo de cada um de seus momentos. Diferentes frações do capital percorrem sucessivamente os diversos estágios e formas funcionais. Cada forma funcional, embora nela se expresse sempre outra parte do capital, percorre seu próprio ciclo ao mesmo tempo que as outras. Uma parte do capital, que muda e se reproduz sem cessar, existe como capital-mercadoria, que se converte em dinheiro; outra parte existe como capital monetário, que se converte em capital produtivo; a terceira, capital produtivo, se converte em capital-mercadoria. [...]
> Como totalidade, o capital se encontra, então, simultaneamente e em justaposição espacial em suas diferentes fases. Mas cada parte passa constantemente, por turnos, de uma forma funcional a outra, e assim funciona sucessivamente em todas as formas. As formas são, portanto, fluidas, e sua simultaneidade é mediada por sua sucessão. Cada forma segue a outra e a antecede, de modo que

o retorno de uma parte do capital a uma forma é condicionado pelo retorno de outra parte a outra forma. Cada parte percorre continuamente seu próprio curso, mas é sempre outra parte do capital que se encontra nessa forma, e esses percursos especiais formam apenas momentos simultâneos e sucessivos do percurso total. É apenas na unidade dos três ciclos que se realiza a continuidade do processo total [...]. *O capital social total possui sempre essa continuidade e seu processo possui sempre a unidade dos três ciclos.* (Marx, 2014, p. 182-3 [itálicos meus – *JPN*])

Ao longo do Livro II, no curso de dezenas e dezenas de páginas, explicita--se a modalidade analítica exercitada por Marx para deslindar cada ciclo dessas formas funcionais do capital (seus tempos e custos específicos, suas rotações etc.) até alcançar a exposição mais clara de todo o processo da circulação, enfatizada a circulação da mais-valia. É então que Marx pode retomar a problemática, já tratada no Livro I, da reprodução simples e ampliada do capital – e, logo, da acumulação. Assim, esta volta a ser objeto da análise de Marx, mas agora apreendida considerando-se o marco da *circulação do capital social total*; novas luzes se lançam sobre a reprodução do capital social total e sua específica modalidade de acumulação[42]. No âmbito da economia política, a primeira tentativa de fazê--lo fora a de Quesnay, com o seu *Tableau économique* (ver, supra, neste capítulo, nota 36), e ela será considerada por Marx, que, como Quesnay, partirá da totalidade das mercadorias produzidas anualmente numa sociedade determinada (o produto anual).

Para tanto, Marx distinguirá a totalidade das mercadorias que constituem o produto anual em duas grandes partes: aquela que compreende *meios de produção*, que podem/devem entrar no novo ciclo produtivo, e aquela que compreende *meios de consumo*. Assim, segundo Marx (2014, p. 598), toda a produção social se opera no setor (ou departamento) I/produção de meios de produção e no setor (ou departamento) II/produção de meios de consumo.

A análise marxiana da dinâmica desses dois setores distintos, mas interagentes e imbricados, é fundamental para apreender a especificidade da acumulação operante neles – especificidade que deriva da dinâmica própria da composição do capital neles alocado e que Marx investigará nos seus dois *esquemas de reprodução*, referidos precisamente àqueles setores[43]. Da articulação da acumulação realizada nos dois setores dependem as condições e a proporcionalidade que podem propiciar o movimento exigido pelo capital para a realização do produto social – e, pois, para a sua reprodução contínua e ampliada[44]. A resultante de toda a operação analítica de Marx é a verificação de que, sob a produção capitalista e no marco da circulação a ela conexa, a reprodução social *não* tende a se operar de modo proporcional e equilibrado. *Na análise de Marx, no Livro II, fica patenteado que a acumulação própria ao modo de produção capitalista se efetiva num processo que, por uma multicausalidade imanente, faz emergir desproporções e crises de todas as naturezas (parciais e gerais, financeiras e de superprodução)*[45]. Em suma, segundo Marx, não é possível pensar, no modo de produção capitalista, em qualquer hipótese de um crescimento econômico "harmônico" ou de uma "prosperidade perpétua".

É supérfluo observar que uma rapidíssima vista de olhos sobre o Livro II – tal qual a que se lançou nestes três últimos parágrafos – nem de longe dá conta do que se pode extrair das suas mais de quinhentas páginas de texto. Um exame dessas páginas, mesmo que não exaustivo, mas que seja atento e vá além de uma leitura superficial, propicia elementos substantivos para a problematização de questões que remetem a outras temáticas obrigatórias na análise da dinâmica do modo de produção capitalista: o trabalho produtivo/trabalho improdutivo; a situação de classe dos trabalhadores improdutivos; a produção suntuária e de armas; as crises de superprodução (Mandel, 1998, p. 91-162, itens 6, 7, 8 e 11; às crises, voltaremos adiante). E quando não o fazem explicitamente, têm como implicação necessária o estudo dessas questões; é o caso, como observou Harvey, do sistema de crédito[46].

Passemos então à estrutura expositiva do Livro II, tal como se apresenta na versão que utilizamos aqui e que, como vimos (ver, supra, neste capítulo, nota 39), deve ser tomada como a definitiva. O livro está composto por três seções, compreendendo 21 capítulos, boa parte deles com subdivisões internas[47].

A seção I tem por objeto "as metamorfoses do capital e seu ciclo". Em três capítulos, desvelam-se os ciclos do capital monetário, do capital produtivo e do capital-mercadoria. Noutros três capítulos, Marx discute as figuras do processo cíclico, o seu tempo de curso e os custos de circulação.

A seção II (capítulos 7 a 17) cuida da "rotação do capital". Há tratos detalhados dos capitais fixo e circulante (com remissões a Smith, aos fisiocratas e a Ricardo), determinam-se o período de trabalho e os tempos de produção e de curso e efeitos de variação de preços.

A seção III, composta por quatro capítulos, tematiza "a reprodução e a circulação do capital social total". Nela, Marx regressa aos fisiocratas e a Smith, mas com remissões ainda a Heinrich Storch (1766-1835), George Ramsay (1800--1871) e Destutt de Tracy, centra-se na reprodução simples e apresenta os seus esquemas de reprodução (capítulo 20); o último capítulo (o 21) é dedicado à "acumulação e reprodução ampliada", quer no setor I, quer no II, finalizando com uma exposição sistemática da acumulação – estes dois capítulos foram, inicialmente, o *leitmotiv* da acesa polêmica a que há pouco se referiu (ver, supra, neste capítulo, nota 44).

Como reconhece parcela considerável dos estudiosos, o Livro II de *O capital* parece mesmo ser, dos três que compõem a obra, aquele que menos galvaniza o interesse dos leitores: "O livro II [...] é o menos lido e o menos estudado dos três livros de *O capital*" (Harvey, 2014, p. 17) – como Engels, de certa maneira, já previra em sua correspondência (ver, neste capítulo, nota 40, supra)[48]. Nenhuma razão *teórica* explica ou justifica a sua minimização; ainda que nele vários dos problemas enfrentados por Marx não encontrem soluções inteiramente satisfatórias, o Livro II constitui a transição necessária ao Livro III: sem ele, torna-se problemática uma plena compreensão de *O capital*.

O Livro III

Considerando a edição dos livros II e III de *O capital*, Lênin (1977, p. 33) fez notar que eles "são, com efeito, obra de ambos": de Marx e de Engels. A notação lenineana cabe especialmente ao Livro III; de fato, cumpre afirmar que, no caso desse livro, Engels interveio como um verdadeiro coautor: não apenas deu forma à estrutura expositiva com que o volume foi publicado, em 1894, mas respondeu pela inserção de acréscimos e notas que lhe conferiram tanto organicidade quanto legibilidade (ver o prefácio de Engels de 4 de outubro de 1894 em Marx, 2017, p. 31-49[49]). E um coautor que, possuindo luz própria e conhecendo melhor que ninguém o pensamento do parceiro, trabalhou sobre a sua textualidade com uma fidelidade ímpar – sobre a qual, como se verá mais abaixo, alguns poucos analistas têm dúvidas.

O trabalho de Engels estendeu-se de fevereiro de 1885 a finais de 1893. Um pouco antes de iniciá-lo e logo em seguida, ele esperava concluir a preparação do Livro III em meses (cartas a Johann Philipp Becker, 20 de junho de 1884 e 2 de abril de 1885 – MEW, 1967, v. 36, p. 162 e 290), mas enganou-se redondamente: postas as condições em que recebeu os materiais que Marx destinava ao livro, foi-lhe necessária quase uma década para poder enviá-lo à tipografia (janeiro de 1894)[50]. É de ressaltar um fato que causa perplexidade: apesar da contínua e sistemática interlocução que Marx mantinha com ele, o estágio real em que se encontrava a elaboração dos materiais que haveriam de constituir *O capital* não era conhecido por Engels. Somente na sequência imediata da morte do camarada ele pôde constatar – aliás, surpreso – o grau do inacabamento textual e o caráter de pouco mais de esboços presentes em muitos deles[51].

Para o Livro III, Engels pôde valer-se de um manuscrito marxiano (dentre os de 1863-1865) e de rascunhos e notas esparsas redigidos posteriormente. Tomemos três parágrafos do seu prefácio de 4 de outubro de 1894, nos quais ele expõe o seu procedimento geral na edição do Livro III. Diz ele que, para este livro,

> dispunha-se apenas de uma primeira versão, ainda por cima repleta de lacunas. Em regra, o início de cada seção [das que compunham o texto] estava elaborado

de forma bastante cuidadosa e, na maior parte, estilisticamente acabada. Mas, ao avançar, maiores eram o caráter de esboço da elaboração e as lacunas que esta apresentava, bem como o número de digressões sobre pontos secundários que surgiam no curso da investigação e cujo lugar definitivo ficava dependente de um ordenamento ulterior; tanto mais longos e intricados se tornavam os períodos em que se expressavam as ideias anotadas *in statu nascendi* [em estado nascente]. Em numerosas passagens, tanto a grafia como a exposição denotam nitidamente a irrupção e os progressos graduais de alguma daquelas enfermidades originadas do excesso de trabalho, que começaram por dificultar cada vez mais o trabalho autônomo do autor, até que, por fim, acabaram impossibilitando-o completamente a intervalos cada vez menores. Não é de se admirar. Entre 1863 e 1867, Marx não só escreveu a primeira versão dos dois últimos livros d'*O capital* e completou o manuscrito definitivo do Livro I, como desenvolveu também o enorme trabalho de fundação e difusão da Associação Internacional de Trabalhadores. Isso fez com que em 1864 e 1865 já se apresentassem os primeiros sintomas dos transtornos de saúde que o impossibilitariam de dar o último acabamento aos Livros II e III. Comecei meu trabalho ditando, para obter uma cópia legível, todo o manuscrito a partir do original, que mesmo para mim era muito difícil de decifrar, e essa tarefa me tomou bastante tempo. Só então pude começar a redação propriamente dita. Limitei-a ao mínimo necessário e, na medida do possível, tentei conservar o caráter da primeira versão, sempre que a clareza o permitia; decidi não suprimir certas repetições quando elas enfocam o objeto sob outro ângulo, como é comum em Marx, ou mesmo o expressam de maneira diferente. Onde minhas alterações ou acréscimos não são meras correções estilísticas ou onde tive de reelaborar o material fático fornecido por Marx, para dele extrair conclusões próprias, ainda que, o mais possível, dentro do espírito marxiano, toda a passagem foi colocada entre chaves e assinalada com minhas iniciais. Em minhas notas de rodapé, as chaves se encontram ocasionalmente ausentes, mas, quando nelas se veem minhas iniciais, sou eu o responsável por toda a nota.

Como é natural num primeiro esboço, encontram-se no manuscrito numerosas indicações de pontos a ser desenvolvidos posteriormente, sem que tais promessas se tenham cumprido em todos os casos. Decidi mantê-las, porque expõem as intenções do autor em relação a uma futura elaboração. (Engels, em Marx, 2017, p. 32-3. Na sequência ele detalha esse procedimento.)

Devemos ao trabalho editorial de Engels, no caso do Livro III, a obra estruturada tal como se a conhece desde 1894 – um trabalho que enfrentou dificuldades só vencidas graças a um cuidadoso exame de textos que apresentavam, à partida, um problema aparentemente menor: a decifração da caligrafia do autor[52]. Os grandes problemas, no entanto, haveriam de residir, na verdade, na (re)elaboração textual efetuada por Engels, sendo acesa a polêmica mais recente (ainda que não a primeira) sobre a sua fidelidade ou não ao pensamento de Marx[53].

Para uma adequada apreciação do Livro III, parece-me necessário fazer desde logo uma observação de caráter restritivo. Nesse livro, Marx tem por objetivo compreender, como está expresso no seu subtítulo, o processo global da produção capitalista. Nos livros I e II, ele avançara justamente nessa direção, ao realizar a análise do processo de produção e de circulação do capital, mas não articulara explícita e integramente (nem era ali seu fim imediato) esses dois níveis analíticos. Caberia ao Livro III efetivar, em sua plena complexidade e concreção, esta síntese: a produção capitalista como unidade indissolúvel de produção e circulação – com o que se alcançaria plenamente *a articulação interna da sociedade burguesa*, ou, noutros termos, a compreensão do "modo de produção capitalista e correspondentes relações de produção e de circulação" (Marx, 2013, p. 78).

Todavia, essa análise do processo global da produção capitalista tal como se apresenta no Livro III mostra-se um passo *necessário, mas não suficiente*, para a análise do *sistema* capitalista – que implicaria o tratamento do comércio exterior, das crises, do mercado mundial e do Estado, tal como o próprio Marx fizera ver nos seus planos originais de *O capital* (ver, supra, o capítulo V). Ora, nem no Livro III nem nos anteriores ele concluiu tal tratamento. Eis como Mandel coloca a questão aqui referida: ao situar como propósito do terceiro livro a "explicação da economia capitalista *em sua totalidade*", ele considera que, no Livro III, "esse tipo de explicação",

> no entanto, não está completa. Em primeiro lugar, Marx não deixou um manuscrito terminado do livro, de maneira que faltam seções importantes. É indubitável que a inconclusa seção VII, que termina com o apenas iniciado capítulo 52 sobre as classes sociais, teria oferecido um nexo fundamental entre o conteúdo econômico da luta de classes entre o capital e o trabalho, desenvolvido extensamente no Livro I, e seu desenlace econômico geral, parcialmente esboçado nos capítulos 11 e 15 do Livro III. Em segundo lugar, o Livro III leva o subtítulo de "O processo global da *produção* capitalista". Porém, como já sabemos pelo Livro II, a totalidade do *sistema* capitalista inclui a circulação, além da produção. Para completar um exame do sistema capitalista global, *O capital* teria que incluir, ademais, outros volumes referentes ao mercado mundial, à concorrência, ao ciclo industrial e ao Estado. *Tudo isso estava previsto no plano de Marx para* O capital, *e não há nenhuma indicação de que ele o tenha abandonado; pelo contrário, há aqui [no Livro III] passagens que confirmam que pospôs o exame detalhado desses problemas para volumes posteriores que, lamentavelmente, não chegou a escrever.* O Livro III oferece valiosos indícios de como Marx teria planejado a integração dessas questões em uma visão geral do sistema capitalista – *contudo, não contém uma teoria do mercado mundial plenamente desenvolvida, da concorrência (nacional*

e internacional), nem, especialmente, das crises industriais. Muitas das controvérsias referentes ao Livro III de *O capital* se devem justamente à forma incompleta [...] de algumas das teorias que contém. (Mandel, 1998, p. 164-5 [salvo o primeiro itálico em "produção", todos os outros são meus – *JPN*])

Vê-se que a incompletude da obra máxima de Marx manifesta-se em particular no Livro III – e a ela voltaremos adiante. Agora, interessa-nos apenas caracterizar sumariamente o conteúdo geral desse terceiro livro: trata-se da análise de como, transformado o valor das mercadorias em preços de mercado, a mais-valia criada pelos trabalhadores se converte em lucro disputado e dividido em partes entre os diversos capitalistas (da indústria, dos transportes, da agricultura, do comércio e dos bancos); vale dizer, entre as várias frações da diferenciada classe proprietária. No andamento dessa análise, Marx tematiza os tipos e as formas concretas do capital e a sua operação nas diversas esferas da produção e da circulação – como ele mesmo anota, nesse Livro III,

> trata-se [...] de descobrir e expor as formas concretas que brotam do *processo de movimento do capital considerado como um todo*. Em seu movimento real, os capitais se confrontam em formas concretas, para as quais a configuração do capital no processo direto de produção, do mesmo modo que sua configuração no processo de circulação, aparece apenas como momento particular. Assim, as configurações do capital, tal como as desenvolvemos neste livro, aproximam-se passo a passo da forma em que se apresentam na superfície da sociedade, na ação recíproca dos diferentes capitais, na concorrência e no senso comum dos próprios agentes da produção. (Marx, 2017, p. 53)

É no curso da análise desse todo extremamente complexo que Marx desenvolverá a sua compreensão do mecanismo interno da *concorrência capitalista*, indicará a formação de uma *taxa média de lucro* para aplicações diferentes de capital, formulará a tese da tendência à *queda da taxa geral de lucro*, buscará a explicação da *transformação dos valores em preços de produção*, tratará do *crédito* e do *capital portador de juros*[54], enfrentará a questão das *crises* e explicitará a problemática da *renda da terra*. Desse largo elenco temático, muito ficou, no Livro III, em estado de esboço, com aproximações brilhantes, fecundas e originais, mas insuficientemente desdobradas e aprofundadas. No estrito plano econômico-político, esse passo da obra marxiana propiciou, no interior da tradição marxista e fora dela, muitas polêmicas e parte substantiva das críticas que foram dirigidas ao pensamento de Marx – e algum destaque pode aqui ser conferido à questão das crises econômicas[55].

Mandel afirma que Marx não nos legou uma teoria da crise inteiramente elaborada; todavia, conforme corretamente assinala o marxista belga, componentes dela não se encontram apenas em *O capital*, mas ainda em textos jornalísticos de Marx (da *Nova Gazeta Renana* àqueles do *New York Daily Tribune*) e na correspondência trocada com Engels (Mandel, 1998, p. 191) – e, podemos acrescentar, também nos *Grundrisse*. Se nos ativermos somente à leitura de *O capital*, parece-nos indiscutível que a questão da crise econômica perpassa *todos* os livros constitutivos da obra, do Livro I ao Livro III[56]. Ao longo de *O capital*, Marx esboçou distintas abordagens genéticas da crise, enfatizando ora a desproporcionalidade na dinâmica dos setores I e II da economia, ora a tendência à queda da taxa de lucro, ora o subconsumo das massas, ora a superacumulação. No desenvolvimento da tradição marxista, foram frequentes interpretações que privilegiaram tão forte ou exclusivamente uma ou outra abordagem marxiana que acabaram por configurar verdadeiras *teorias monocausais* da crise – todas contendo, *parcialmente*, elementos explicativos válidos[57].

Entendo que as distintas aproximações marxianas, *tomadas em conjunto*, apontam de fato para uma *análise pluricausal da crise*, embora o próprio Marx não tenha apresentado um quadro plenamente articulado e integrado das abordagens que avançou em diferentes passos da elaboração de *O capital*. Uma tal articulação/integração não só pode ser perfeitamente compatível com o pensamento de Marx, como é viável e sobretudo necessária para a compreensão do capitalismo contemporâneo, dos séculos XX-XXI, que revela traços característicos que Marx obviamente não trabalhou; diferentes estudiosos, aliás, já avançaram importantes indicações nesse sentido[58]. A base teórico-analítica para essa articulação/integração está posta na concepção de fundo que subjaz a *todas* as aproximações marxianas à crise: a de que ela, resultante das *contradi*ções imanentes *ao modo de produção capitalista*[59], é componente constitutivo indescartável da dinâmica desse modo de produção. No seu evolver, o modo de produção capitalista é *necessariamente* pontuado por crises que, de fato, são *funcionais* a ele; Marx sublinha que a crise opera no sentido de promover a *superação transitória* de contradições da dinâmica capitalista – por exemplo, a contradição entre o desenvolvimento da força produtiva do trabalho e a queda da taxa de lucro "tem de ser constantemente superada por meio de crises" (Marx, 2017, p. 297).

Estudiosos da obra marxiana parecem ter consenso no trato da concepção do autor acerca do padrão da produção capitalista; ela se desenvolveria segundo um ciclo recorrente de crescimento, aceleração do crescimento (*boom*), supercrescimento, crise e depressão[60]. A *funcionalidade* da crise é perceptível nesse ciclo: ela opera fomentando a desvalorização do capital, a destruição geral dos capitais mais débeis ou menores e o aumento da centralização/concentração de capital. Explica um analista:

> As crises permitem adaptar periodicamente a quantidade de trabalho efetivamente aplicada na produção de mercadorias à quantidade de trabalho *socialmente*

necessário, o valor individual das mercadorias ao valor determinado socialmente, a mais-valia contida nessas mercadorias à taxa média de lucro. Porque a produção capitalista não é uma produção conscientemente planificada e organizada, tais adaptações não se produzem *a priori,* mas *a posteriori.* Por essa razão, elas exigem abalos violentos, a destruição de milhares de existências e de enormes massas de valores e riquezas criadas. (Mandel, 1969, v. 3, p. 15)

Em suma, a crise é um *mecanismo capitalista* que, *a posteriori,* restaura a dinâmica padrão da produção capitalista. Recorrer aqui a parágrafos do próprio Marx é imperativo – depois de sinalizar algumas das contradições que saturam o processo de produção e acumulação capitalistas, ele escreve:

Essas diversas influências se fazem sentir, ora de maneira mais justaposta no espaço, ora de maneira mais sucessiva no tempo; *o conflito entre as forças antagônicas desemboca periodicamente em crises. Estas são sempre apenas violentas soluções momentâneas das contradições existentes, erupções violentas que restabelecem por um momento o equilíbrio perturbado* [itálicos meus – *JPN*].

A contradição, expressa de maneira bem genérica, consiste no fato de que o modo de produção capitalista implica uma tendência ao desenvolvimento absoluto das forças produtivas, abstraindo do valor – e do mais-valor [mais-valia] nele incorporado – e também das relações sociais no interior das quais se dá a produção capitalista; por outro lado, esse modo de produção tem como objetivo a conservação do valor de capital existente e sua valorização na máxima medida possível (isto é, o incremento cada vez mais acelerado desse valor). Seu caráter específico orienta-se para o valor de capital existente como meio para a maior valorização possível desse valor. Os métodos pelos quais ela atinge esse objetivo incluem: o decréscimo da taxa de lucro, a desvalorização do capital existente e o desenvolvimento das forças produtivas do trabalho à custa das forças produtivas já produzidas.

A desvalorização periódica do capital existente, que é um meio imanente ao modo de produção capitalista para conter a queda da taxa de lucro e acelerar a acumulação do valor de capital mediante a formação de capital novo, *perturba as condições dadas nas quais se consuma o processo de circulação e reprodução do capital e é, por isso, acompanhada de paralisações súbitas e crises do processo de produção* [itálicos meus – *JPN*].

O decréscimo relativo do capital variável em relação ao constante, que ocorre paralelamente ao desenvolvimento das forças produtivas, incentiva o crescimento da população trabalhadora, enquanto cria de modo permanente uma superpopulação artificial. A acumulação do capital, considerada em relação ao valor, é desacelerada pela queda da taxa de lucro a fim de acelerar ainda mais a acumulação do valor de uso, enquanto esta, por sua vez, imprime um movimento acelerado à acumulação em relação ao valor. *A produção capitalista tende constantemente a superar esses limites que lhes são imanentes, porém consegue isso apenas em virtude de meios que voltam a elevar diante dela esses mesmos limites, em escala ainda mais formidável* [itálicos meus – JPN]. O *verdadeiro obstáculo* à produção capitalista é *o próprio capital*, isto é, o fato de que o capital e sua autovalorização aparecem como ponto de partida e ponto de chegada, como mola propulsora e escopo da produção; o fato de que a produção é produção apenas para o *capital*, em vez de, ao contrário, os meios de produção serem simples meios para um desenvolvimento cada vez mais amplo do processo vital, em benefício da sociedade dos produtores. Os limites nos quais unicamente se podem mover a conservação e a valorização do valor de capital, as quais se baseiam na expropriação e no empobrecimento da grande massa dos produtores, entram assim constantemente em contradição com os métodos de produção que o capital tem de empregar para seu objetivo e que apontam para um aumento ilimitado da produção, para a produção como fim em si mesmo, para um desenvolvimento incondicional das forças produtivas sociais do trabalho. O meio – o desenvolvimento incondicional das forças produtivas sociais – entra em conflito constante com o objetivo limitado, que é a valorização do capital existente. *Assim, se o modo de produção capitalista é um meio histórico para desenvolver a força produtiva material e criar o mercado mundial que lhe corresponde, ele é, ao mesmo tempo, a constante contradição entre essa sua missão histórica e as relações sociais de produção correspondentes a tal modo de produção* [os itálicos da última frase são meus – JPN]. (Marx, 2017, p. 288-90)[61]

Em vários passos da sua análise da dinâmica do capital, Marx explicitou a ideia fundamental de que o seu limite imanente reside nessa mesma dinâmica, instaurando a possibilidade da sua ultrapassagem. Aqui, no Livro III, a ideia é retomada e reafirmada em inúmeras passagens; vejamos umas poucas:

O desenvolvimento das forças produtivas do trabalho social é a missão histórica e a justificação do capital. É precisamente com esse desenvolvimento que o capital cria inconscientemente as condições materiais para uma forma superior de produção. [...] Aqui se mostra de maneira puramente econômica [...], do ponto de vista da própria produção capitalista, sua limitação, sua relatividade, o fato de não ser um modo de produção absoluto, *mas apenas um modo de produção histórico, correspondente a certa época de desenvolvimento limitado das condições materiais de produção.* (Ibidem, p. 298-9 [itálicos meus – JPN])

Para o capital [...], a lei do aumento da força produtiva do trabalho não vale incondicionalmente. Para ele, essa força produtiva aumenta não quando se economiza trabalho vivo em geral, mas somente quando a parte de trabalho *pago*

que se economiza é maior que a parte de trabalho pretérito que se acrescenta [...]. O modo de produção capitalista cai aqui numa nova contradição. Sua missão histórica é o desenvolvimento implacável, em progressão geométrica, da produtividade do trabalho humano. Mas ele trai essa missão histórica quando, como ocorre nesse caso, opõe-se ao desenvolvimento da produtividade, freando-a. *Com isso, ele só demonstra que esse modo de produção está decrépito e cada vez mais próximo de desaparecer.* (Ibidem, p. 301-2 [o itálico da última frase é meu – *JPN*])[62] A limitação da produção capitalista é o tempo excedente dos trabalhadores. O tempo excedente absoluto que a sociedade ganha não lhe importa de modo nenhum. O desenvolvimento da força produtiva só é importante para ela na medida em que aumenta o tempo de mais-trabalho da classe trabalhadora, e não na medida em que reduz em geral o tempo de trabalho para a produção material; a produção capitalista se move, assim, no interior de uma antítese. [...]
A contradição entre o poder social geral em que se converte o capital e o poder privado dos capitalistas individuais sobre essas condições sociais [burguesas] de produção desenvolve-se de maneira cada vez mais gritante e implica a dissolução dessa relação, na medida em que implica ao mesmo tempo a transformação das condições de produção em gerais, coletivas, sociais. *Essa transformação está dada pelo desenvolvimento das forças produtivas sob a produção capitalista e pela maneira como se opera esse desenvolvimento.* (Ibidem, p. 303 [itálicos meus – *JPN*])

Em todas essas passagens significativas do Livro III (e, também, nas do Livro IV) pertinentes às contradições e aos limites da regência econômica do capital está subjacente uma formulação que já tomamos dos *Grundrisse*:

> A universalidade para a qual o capital tende irresistivelmente encontra barreiras em sua própria natureza, barreiras que, em um determinado nível de seu desenvolvimento, permitirão reconhecer o próprio capital como a maior barreira a essa tendência e, por isso, tenderão à sua superação por ele mesmo. (Marx, 2011, p. 334)

Há que ler e interpretar essas passagens marxianas sem abstraí-las do conjunto da obra de Marx: é absolutamente compulsório, para não deformar o seu pensamento, tomá-las considerando *toda a obra e toda a atividade teórica e política* de Marx. E o conjunto dessa obra, a sua atividade teórica e política *infirmam* a ideia de que a superação do domínio do capital derivará, *necessária e automaticamente*, das barreiras econômicas que ele porta em si.

Se a crise, retomando literalmente a afirmação feita aqui, é um *mecanismo capitalista* que, *a posteriori*, restaura a dinâmica padrão da produção capitalista, seus efeitos só podem configurar a continuidade da acumulação e da reprodução capitalistas, mesmo que em circunstâncias diversas e mais contraditórias.

Em resumo: *da crise capitalista resulta apenas mais capitalismo*, ainda que com/sob novas dimensões econômico-políticas, decerto mais onerosas para os trabalhadores. *Tomadas em si mesmas*, crises econômicas de dimensões até catastróficas *não* resultam na destruição do modo de produção capitalista: *se objetivamente abrem a possibilidade da sua superação, abrem igualmente a possibilidade da destruição dos avanços civilizatórios conquistados pela humanidade*. As duas alternativas (o)postas pelo desenvolvimento capitalista – uma crise catastrófica de que deriva a sua própria reciclagem ou a de uma que abre a possibilidade da emersão de uma nova e emancipada ordem societária – dependem da interveniência de inúmeras variáveis e condições, em particular da correlação de forças sociais organizadas politicamente no quadro maior das lutas de classes. Se é fato que Marx via em conjunturas de crise elementos objetivamente possibilitadores de processos revolucionários[63], é também verdadeiro que ele jamais supôs um *necessário automatismo entre crise e superação do domínio do capital*: demonstra--o suficientemente, na teoria, o seu trato dos vetores que concorrem nas crises como *tendências* que engendram *contratendências*, com as quais aqueles se confrontam, e na prática, o seu empenho/esforço sistemático na *organização política* dos proletários – da Liga dos Comunistas à Associação Internacional dos Trabalhadores. Tal empenho/esforço seria, lógica e historicamente, desnecessário e incompreensível se Marx concebesse a transição à nova sociedade (comunista) como resultado automático da crise. Tanto do ponto de vista teórico quanto do prático, inferências diretas e imediatamente pressupostas entre crise e revolução são estranhas ao *conjunto* do pensamento marxiano, violam e desnaturam o seu sentido profundo. Ademais, de uma parte, *teorias catastrofistas* (conexas a um "colapso" do capitalismo) já foram suficientemente criticadas por diferentes pensadores marxistas; de outra, a importância da *intervenção política organizada* dos trabalhadores sempre foi salientada e promovida pelo próprio Marx, de 1847-1848 até 1880[64]. A pura determinação econômico-política da dinâmica do capital *não* leva à sua superação: pode, com efeito, levar à alternativa excludente (*ou/ou*) que foi expressa antologicamente por Rosa Luxemburgo (1871-1919) em 1916 – e Marx sem dúvida estaria de acordo com ela –, dramaticamente atual e plenamente válida para os dias correntes (Mandel, 1998, p. 241-2; Mészáros, 2003): *socialismo ou barbárie*[65].

Ainda no Livro III há que destacar duas tematizações substantivas de problemáticas que, nos livros precedentes, não receberam maiores cuidados: as questões do *crédito* e da *renda fundiária* – mencionemos ambas, de forma necessariamente breve[66].

É na seção V do Livro III, a mais extensa desse volume – intitulada "Cisão do lucro em juros e ganho empresarial. O capital portador de juros" –, que Marx (2017, p. 385 e seg.) vai se estender, como em nenhum passo anterior de

O capital, sobre o papel do crédito na produção/acumulação capitalista (bem como do meio de circulação no sistema de crédito), seja explorando categorias teóricas extremamente relevantes (por exemplo, a de *capital portador de juros*), seja avançando outras igualmente específicas do movimento do capital (por exemplo, a de *capital fictício*[67]). Além disso, ali Marx detalha questões como a relação entre metais preciosos e taxas de câmbio e oferece elementos interpretativos de crises econômicas europeias.

Nessa seção V, o ponto de partida da exposição marxiana (tal como Engels a organizou) é a conversão do capital em *mercadoria*:

> Com base na produção capitalista, o dinheiro [...] pode ser convertido em capital e, mediante essa conversão, deixar de ser um valor dado para se transformar num valor que valoriza a si mesmo, incrementa a si mesmo. Ele produz lucro, isto é, permite ao capitalista extrair dos trabalhadores determinada quantidade de trabalho não pago, de mais-produto e mais-valor [mais-valia], e de apropriar-se desse trabalho. Com isso, ele obtém, além do valor de uso que já possui como dinheiro, um valor de uso adicional, a saber, aquele de funcionar como capital. [...] Nessa qualidade de capital possível, de meio para a produção do lucro, ele se torna mercadoria, mas uma mercadoria *sui generis*. Em outras palavras, o capital como tal torna-se mercadoria. (Ibidem, p. 385-6)

Vale dizer: o dinheiro, atuando inicialmente como capital (capital monetário) e operando *diretamente* na produção enquanto meio para produzir mais-valia, pode assumir um novo valor de uso, um "valor adicional", posto pela sua qualidade de "capital possível", e converte-se numa mercadoria *sui generis*, que tem seu valor de troca expresso num preço: o *juro*. Esse capital tornado mercadoria (*o capital portador de juros*) é agora objeto de Marx, que, num fecundo percurso analítico, investiga a sua natureza, a procedência da sua remuneração (o juro) e sua relação com o lucro (capitalista) empresarial[68]. A riqueza da análise marxiana não pode sequer ser aludida aqui – trataremos apenas de uma dimensão que Marx põe admiravelmente de manifesto: o fato de, no capital portador de juros, a relação capitalista assumir "a sua forma mais exterior e mais fetichista" (ibidem, p. 441); caracteriza o capital portador de juros o fato de ele ser "o capital *como propriedade* diante do capital *como função*"[69].

No Livro I, seção II (mas desenvolvendo-a nas seções III a V), Marx se detivera com cuidado na transformação do dinheiro em capital, mostrando os diferentes momentos do processo de produção específico do modo de produção capitalista[70]. Ora, no capital portador de juros, esse processo aparece *completamente mistificado*: aparece com a sua *processualidade apagada*, reduzida aos seus dois extremos, **D – D'**, condensado "de modo absurdo". Na fórmula **D – D'**, específica do capital portador de juros, o que se tem é a *falsa* determinação de que, sem qualquer mediação, dinheiro "gera mais dinheiro". Diz Marx, em três parágrafos tão sintéticos quanto decisivos:

> Sob a forma do capital portador de juros, isso [o acréscimo deste capital] aparece de maneira direta, sem a mediação do processo de produção e de circulação. O capital aparece como fonte misteriosa e autocriadora de juros, de seu próprio incremento. A *coisa* (dinheiro, mercadoria, valor) é, por si só, capital, e o capital aparece como simples coisa; o resultado do processo inteiro de reprodução aparece como uma qualidade inerente a uma coisa material; depende da vontade do possuidor do dinheiro, isto é, da mercadoria em sua forma constantemente mutável, se ele irá desembolsá-lo como dinheiro ou alugá-lo como capital. No capital portador de juros, portanto, produz-se em toda a sua pureza esse fetiche automático do valor que se valoriza a si mesmo, do dinheiro que gera dinheiro, mas que, ao assumir essa forma, não traz mais nenhuma cicatriz de seu nascimento. A relação social é consumada como relação de uma coisa, o dinheiro, consigo mesma. Em vez da transformação real do dinheiro em capital, aqui se mostra apenas sua forma vazia de conteúdo. [...] Criar valor torna-se uma qualidade do dinheiro tanto quanto dar peras é uma qualidade da pereira. E é como uma coisa que dá juros que o prestamista vende seu dinheiro. Mas isso não é tudo. [...] O capital realmente ativo se apresenta de tal modo que rende juros não como capital ativo, mas como capital em si mesmo, como capital monetário.
>
> Também isso aparece invertido aqui: enquanto os juros são somente uma parte do lucro, isto é, do mais-valor [mais-valia] que o capitalista ativo arranca do trabalhador, agora os juros aparecem, ao contrário, como o verdadeiro fruto do capital, como o originário, ao passo que o lucro, transfigurado em ganho empresarial, aparece como simples acessório e ingrediente adicionado no processo de reprodução. Aqui se completam a forma fetichista do capital e a ideia do fetichismo do capital. Em D-D', temos a forma mais sem conceito [*begriffslose*] do capital, a inversão e a coisificação das relações de produção elevadas à máxima potência: a forma simples do capital, como capital portador de juros, na qual ele é pressuposto a seu próprio processo de reprodução; a capacidade do dinheiro ou, conforme o caso, da mercadoria, de valorizar seu próprio valor, independentemente da reprodução – eis a mistificação capitalista em sua forma mais descarada. Para a economia vulgar, que pretende apresentar o capital como fonte independente de valor, de criação de valor, essa forma é naturalmente um achado magnífico, uma forma em que a fonte do lucro não pode mais ser identificada e em que o resultado do processo de produção capitalista – apartado do processo mesmo – assume uma existência independente. (Ibidem, p. 441-3)

Desborda os marcos desta biografia a exploração do notável tratamento que Marx confere ao capital portador de juros. Cumpre tão somente assinalar que, nesse tratamento, ele antecipa a (e avança na) apreensão do "mundo da finança" que haveria de hipertrofiar-se no tardo-capitalismo do último terço do século XX: um mundo que, reificado ao extremo, joga com a espúria associação entre laureados sujeitos de aparentes comunidades "científicas" – de fato, corifeus acadêmicos da economia vulgar contemporânea – e poderosos sujeitos que manejam os cordéis de tentaculares instituições financeiras e agências transnacionais de crédito (para uma descrição dessa associação, ver Louçã e Ash, 2017).

O trato do capital portador de juros é parte da abordagem mais ampla que, nessa mesma seção V do Livro III, Marx faz do sistema do crédito no modo de produção capitalista. É importante recordar (como o notou Engels em suas intervenções no texto marxiano da seção V – ver, por exemplo, Marx, 2017, p. 495-6, 497) que Marx desenvolve suas análises numa conjuntura histórica em que o papel do crédito – e, naturalmente, a função dos bancos – está experimentando grandes transformações; apesar disso, as concepções marxianas não se viram substantivamente afetadas por tais transformações[71].

Após as suas reflexões sobre o capital portador de juros e uma série de considerações técnico-econômicas (inclusive criticando formulações da economia política) sobre o crédito, Marx tematiza a questão da dívida pública e se concentra nas partes constitutivas do capital bancário (ibidem, p. 521-32) – é então que ele passa ao estudo do crédito comercial, que "forma a base do sistema de crédito" (ibidem, p. 536). Marx, que não o confunde com "o crédito monetário propriamente dito" (a que voltará adiante – ibidem, p. 542-50, 551-77), analisa-o com atenção (ibidem, p. 536 e seg.) e conclui, considerando a existência do mercado mundial:

> Com o desenvolvimento da força produtiva do trabalho e, portanto, da produção em grande escala, 1) os mercados se expandem e se distanciam dos centros de produção; 2) por isso, os créditos têm de prolongar-se; e 3) o elemento especulativo tende a dominar cada vez mais as transações[72]. A produção em grande escala e com destino a mercados mais remotos lança o produto total nas mãos do comércio, mas é impossível que o capital da nação se duplique, fazendo com que o comércio por si só seja capaz de comprar e revender, com seu próprio capital, todo o produto nacional. Nesses casos, portanto, o crédito é indispensável; crédito cujo volume cresce ao crescer o montante de valor da produção e cuja duração se prolonga ao aumentar a distância dos mercados. *Tem-se aqui um efeito recíproco. O desenvolvimento do processo de produção expande o crédito, e este último leva à expansão das operações industriais e comerciais.* (Ibidem, p. 538 [itálicos meus – *JPN*])

As duas frases anteriores, em itálico, indicam com clareza que *o crédito*, em toda a sua complexidade, *remete-se à produção e à reprodução capitalistas*[73] – e, por isso, ao longo de praticamente toda a seção V, a referência às crises é frequente (ver, neste capítulo, nota 56, supra). Marx distingue com precisão o moderno sistema de crédito de formas pré-capitalistas do comércio de dinheiro (Marx, 2017, seção V, cap. 36), abordando-o na consideração da sua *funcionalidade* nas esferas da produção e da circulação; ele é requerido "para efetuar a compensação da taxa de lucro ou o movimento dessa equalização, sobre a qual repousa toda a produção capitalista" e para viabilizar a "redução dos custos de circulação" e "todos os métodos para poupar meios de circulação se baseiam no crédito" (ibidem, p. 439 e 579). Mediante o crédito, opera-se a aceleração "das diferentes fases da circulação ou da metamorfose das mercadorias e também da metamorfose do capital – portanto, aceleração do processo de reprodução em geral" (ibidem, p. 494)[74].

Entretanto, Marx não se limita à consideração do crédito em sua funcionalidade relativa ao capital; ele vai bem mais adiante: considera que no sistema do crédito que se desenvolve no modo de produção capitalista opera uma contradição que lhe é inerente – insanável no interior desse modo de produção, mas que, através da criação de condições econômico-organizacionais, contempla a *possibilidade* de uma solução que supere os próprios quadros sociais do modo de produção capitalista. A contradição em tela é nítida: a ampliação/expansão da produção, das empresas e do crédito (e do sistema bancário) – mais a emergência das sociedades por ações – faz com que o capital adquira a *forma de capital social sob controle privado*, daí se configurando uma "suprassunção [*Aufhebung*] do capital como propriedade privada *dentro dos limites do próprio modo de produção capitalista*" (ibidem, p. 494 [itálicos meus – *JPN*]). O sistema bancário, "por sua organização formal e sua centralização, é o produto mais artificial e mais refinado que pode resultar do modo de produção capitalista" e, com ele, "está certamente dada a forma de uma contabilidade e uma distribuição gerais dos meios de produção em escala social, *mas somente a forma*" (ibidem, p. 666 [itálicos meus – *JPN*]). Verifica-se que Marx está longe de subestimar o papel erosivo da contradição que constata; porém, a sua suprassunção (superação) *real* demanda "outras grandes revoluções orgânicas do próprio modo de produção" (ibidem, p. 667). Encerremos essa rápida consideração sobre a questão do crédito com palavras do próprio Marx: referindo-se ao *caráter social* a que se vê alçado o capital, afirma que ele

> só se consuma e se realiza integralmente mediante o desenvolvimento pleno dos sistemas de crédito e bancário. Por outro lado, esse sistema segue seu próprio desenvolvimento. Oferece aos capitalistas industriais e comerciais todo o capital disponível da sociedade, inclusive o capital potencial, ainda não ativamente comprometido, de modo que nem o prestamista nem quem emprega esse capital é seu proprietário ou seu produtor. Com isso, ele suprime o caráter privado do capital e, assim, contém em si, somente em si, a supressão do próprio capital. Por meio

do sistema bancário, a distribuição do capital é retirada das mãos dos capitalistas particulares e dos usurários como um negócio especial, como função social. Ao mesmo tempo, porém, o banco e o crédito se convertem no meio mais poderoso de impulsionar a produção capitalista para além dos seus próprios limites e um dos mais eficazes promotores das crises e da fraude.

[...]

Finalmente, não resta a menor dúvida de que o sistema de crédito servirá *como uma poderosa alavanca durante a transição do modo de produção capitalista para o modo de produção do trabalho associado; mas somente como um elemento em conexão com outras grandes revoluções orgânicas do próprio modo de produção.* [...] Assim que os meios de produção deixarem de se transformar em capital [...], o crédito como tal perderá todo sentido [...]. *Em contrapartida, enquanto o modo de produção capitalista continuar a existir, perdurará também, como uma de suas formas, o capital portador de juros.* (Ibidem, p. 666-7 [itálicos meus – *JPN*])[75]

Passemos agora – também como num *vol d'oiseau* – à questão da renda fundiária. Se, em 1844, Marx já se defrontara inicialmente com ela (como vimos, no capítulo II, ao nos referirmos aos *Cadernos de Paris* e aos *Manuscritos de 1844*), ele de fato começou o seu tratamento detido nos *Grundrisse*, num exame que comparece nos livros III e IV de *O capital*[76]. A nosso juízo, parece claro que as determinações do trato proposto nos *Grundrisse* (ver, supra, cap. V, nota 130) forneceram a Marx uma chave analítica da qual ele não se afastou. Essa chave subjaz à seção VI do Livro III, a segunda mais extensa desse volume, intitulada "Transformação do lucro extra em renda fundiária" (Marx, 2017, p. 675-873), que apresenta a síntese das ideias marxianas no que tange à renda fundiária – das suas formas e da sua gênese. A atenção de Marx está imantada, na discussão sobre a renda fundiária, pelos impactos dos custos/preços das mercadorias agrícolas (especialmente dos gêneros alimentícios básicos) nos custos/preços da (re)produção da força de trabalho.

A renda fundiária foi uma daquelas questões que acompanharam praticamente toda a história da economia política, encontrando inúmeros e contraditórios equacionamentos (Guigou, 1982). Erudito conhecedor do acervo acumulado, como se constata no Livro IV, Marx passa em revista crítica vários desses equacionamentos; no Livro III, seu objeto é claramente delimitado:

A forma de propriedade fundiária que aqui consideramos é uma forma histórica específica, a forma *transformada* mediante a influência do capital e do modo de produção capitalista, seja da propriedade fundiária feudal, seja da agricultura de pequenos camponeses voltada à subsistência. (Marx, 2017, p. 675)[77]

E é nesta condição que ele trata da renda da terra:

O pré-requisito para o modo de produção capitalista é [...] o seguinte: os verdadeiros cultivadores do solo são assalariados, empregados por um capitalista, o arrendatário, que só se dedica à agricultura como campo de exploração específico do capital, como investimento de seu capital numa esfera particular da produção. Esse capitalista-arrendatário paga ao proprietário fundiário, ao proprietário da terra por ele explorada, em prazos determinados, digamos anualmente, uma soma em dinheiro fixada por contrato (exatamente do mesmo modo que o mutuário de capital monetário paga por ele juros determinados) em troca da permissão de aplicar seu capital nesse campo particular da produção. Essa soma de dinheiro se chama renda fundiária, não importando se é paga por terra cultivável, terreno para construções, minas, pesqueiros, bosques etc. Ela é paga por todo o tempo durante o qual o proprietário da terra emprestou, alugou por contrato, o solo ao arrendatário. Nesse caso, a renda do solo é a forma na qual se realiza economicamente a propriedade fundiária, a forma na qual ela se valoriza. Além disso, aqui estão, reunidas e confrontadas, as três classes – o trabalhador assalariado, o capitalista industrial e o proprietário fundiário – que constituem o marco da sociedade moderna. (Ibidem, p. 679)[78]

As quase duzentas páginas que Marx confere ao tratamento da propriedade e da renda fundiárias atestam inequivocamente que seu objetivo, tal como Mandel (1998, p. 216) observou com precisão, era *trazer à luz a especificidade da agricultura no modo de produção capitalista* – e de forma a integrá-la na sua teoria do valor. Para tanto, impressiona a pletora de informações científicas e técnicas a que Marx recorreu, bem como as referências a diferentes regiões (países europeus, América do Norte, áreas coloniais) e inclusive notações para além da agricultura (pecuária, mineração, terrenos para construção). Não podemos aqui senão apontar, e de modo sumário, a transformação substantiva que a elaboração marxiana introduziu no trato teórico da renda fundiária, nem é possível aludir à riqueza e à diversidade das inferências que delas Marx extrai[79].

Marx toma, da economia política inglesa (especialmente, mas não exclusivamente), a concepção de Ricardo e a submete a uma análise cirúrgica: a teoria da *renda diferencial* (a única modalidade de renda fundiária considerada pelo economista britânico) é esquadrinhada por Marx[80]. É no quadro dessa análise e a partir dela – beneficiando-se, obviamente, da sua própria análise do modo de produção capitalista num estágio de desenvolvimento que Ricardo não conheceu – que Marx formula a *sua* teoria da renda fundiária. Nela, como o autor alemão observa noutro contexto, a "propriedade fundiária não guarda nenhuma relação com o processo efetivo de produção. Seu papel se limita a fazer com que parte do mais-valor [mais-valia] produzido [no cultivo da terra] passe do bolso do capital para o seu próprio"[81].

Para Marx, assim como para Ricardo, a renda fundiária, como diz acertadamente Harvey (2013, p. 428), "é simplesmente um pagamento feito aos proprietários [da terra] pelo direito de usar a terra e seus pertences (os recursos nela incorporados, os prédios nela construídos etc.)". À diferença da análise de Ricardo, porém, a análise marxiana da renda fundiária vai muito mais fundo e identifica nela quatro tipos: o que em Ricardo é a renda diferencial, resultante da diversa fertilidade das terras cultivadas, em Marx vê-se desdobrada em dois tipos (*renda fundiária I* e *renda fundiária II*, sendo que a segunda pressupõe a primeira – Marx, 2017, p. 713-807); e Marx discrimina ainda a *renda fundiária absoluta* e a *renda fundiária de monopólio*. No caso da renda fundiária I, Marx basicamente segue Ricardo: considera-a dependente da fertilidade do solo, mas não se detém nesta que seria uma conexão direta com a natureza – ao considerar os investimentos de capital na terra, ele alcança a determinação da renda fundiária II; tal determinação é central para compreender a função real do capital na agricultura. A renda fundiária absoluta, que não tem lugar na teoria ricardiana, é uma inovação teórica de Marx (explicitada no capítulo 45 do Livro III – ver Marx, 2017, p. 809-32): trata-se de renda que não provém de quaisquer diferenças de fertilidade dos solos cultivados – antes, *deve-se exclusivamente ao instituto da propriedade privada*[82]. Já a renda fundiária de monopólio emerge quando os proprietários fundiários, que competem entre si pela renda, encontram-se em circunstâncias nas quais não se verifica a concorrência. Sobre a renda fundiária monopolista e as situações em que ela se realiza, diz Harvey, que a estudou com rigor a partir da textualidade marxiana:

> Em primeiro lugar, os donos de propriedade que controlam uma terra de qualidade ou localização tão especial em relação a algum tipo de atividade podem ser capazes de extrair rendas monopolistas daqueles que desejam usar a terra. [...] Nessa circunstância, "o preço de monopólio cria a renda". [...] Em segundo lugar, os proprietários de terra podem se recusar a liberar a terra improdutiva sob o seu controle, a menos que lhes seja pago um aluguel alto que os preços do mercado das mercadorias produziram sobre aquela terra e estão pressionados acima do valor. Nesse momento, que depende da escassez de terra e do poder e da posição coletivos do interesse fundiário, o aluguel cobrado cria o preço de monopólio. Isso forma uma renda monopolista que pode ser importante em todos os setores e afeta o custo dos grãos comestíveis e também todo o custo habitacional da classe trabalhadora.
> Evidentemente, em ambos os casos a renda monopolista depende da capacidade de realizar um preço de monopólio para o produto [...]. Além disso, em ambos os casos, a renda monopolista é uma dedução do valor excedente produzido na sociedade como um todo. (Harvey, 2013, p. 450-1)

A análise marxiana da renda fundiária demonstra cabalmente que a renda que flui para o proprietário é uma dedução da mais-valia que o trabalhador do campo produz e que é apropriada pelo capitalista que explora produtivamente a terra – e, no caso da renda fundiária monopolista, como assinala a frase derradeira da citação de Harvey que acabamos de fazer, a dedução penaliza a "sociedade como um todo". No seu detalhamento, que obviamente não se reproduziu aqui[83], a análise de Marx revela a relação específica que o capitalista entretém com o proprietário fundiário, assim como a conflitualidade que perpassa essa relação, configurando as *contradições de classe* aí ocorrentes, engendrando lutas – mas, também, formas de coalizão classista (afinal, as lutas envolvem frações de *classes possidentes*).

Na última seção, a VII do Livro III ("Os rendimentos e suas fontes"), numa operação radicalmente crítica, com Marx desmontando a ficção mistificadora que sustenta "a fórmula trinitária" da economia burguesa (vulgar) – *capital, terra e trabalho* –, a renda fundiária permanece em cena: aparece aqui como forma social historicamente determinada do "globo terrestre monopolizado" (Marx, 2017, p. 879). E nas páginas finais do Livro III – a última é aquela em que Marx deixa sem "definir" as classes sociais[84] –, além de tratar da questão relativa aos rendimentos, fulminar as interessadas superficialidades da economia vulgar e cuidar novamente da relação produção/distribuição[85], Marx faz uma apertada sinopse do percurso da sua investigação. Reproduzi-la parcialmente é um bom recurso para finalizar uma primeira aproximação ao Livro III:

> Vimos que o processo de produção capitalista é uma forma historicamente determinada do processo social de produção em geral. Este último é tanto um processo de produção das condições materiais de existência da vida humana como um processo que, operando-se em condições histórico-econômicas de produção específicas, produz e reproduz essas mesmas relações de produção e, com elas, os portadores desse processo, suas condições materiais de existência e suas relações mútuas, isto é, sua determinada formação socioeconômica. A totalidade dessas relações que os portadores dessa produção estabelecem com a natureza e entre si, relações nas quais eles produzem, é justamente a sociedade, considerada em sua estrutura econômica. Como todos os processos de produção antecedentes, a produção capitalista está submetida a determinadas condições materiais que, no entanto, contêm em si relações sociais determinadas que os indivíduos estabelecem no processo de reprodução da vida. Aquelas condições, assim como essas relações, são, por um lado, pressupostos e, por outro, resultados e criações do processo de produção capitalista, que os produz e reproduz. Vimos, além disso, que o capital – e o capitalista não é mais do que o capital personificado, que funciona no processo de produção apenas

como portador do capital –, logo, o capital durante o processo social de produção que lhe corresponde, extrai determinada quantidade de mais-trabalho dos produtores diretos ou dos trabalhadores, mais-trabalho que o capitalista recebe sem equivalente e que, conforme a sua essência, continua sempre a ser trabalho forçado, por mais que possa aparecer como resultado de um contrato livremente consentido. Esse mais-trabalho se representa num mais-valor, e esse mais-valor existe num mais-produto. Mais-trabalho em geral, como trabalho que vai além das necessidades dadas, tem de continuar a existir sempre. No sistema capitalista, porém, assim como no sistema escravista etc., ele assume uma forma antagônica e recebe um complemento no puro ócio de uma parte da sociedade. A necessidade de assegurar-se contra fatos acidentais e a indispensável e progressiva expansão do processo de reprodução – expansão que corresponde ao desenvolvimento das necessidades e ao progresso da população, o que, do ponto de vista capitalista, se chama acumulação – exigem determinada quantidade de mais-trabalho. O capital tem como um de seus aspectos civilizadores o fato de extrair esse mais-trabalho de maneira e sob condições mais favoráveis ao desenvolvimento das forças produtivas, das relações sociais e à criação dos elementos para uma nova formação, superior às formas anteriores da escravidão, da servidão etc. Isso conduz, por um lado, a uma fase em que desaparecem a coerção e a monopolização do desenvolvimento social (inclusive de suas vantagens materiais e intelectuais) por uma parte da sociedade à custa da outra; por outro lado, cria os meios materiais e o germe de relações que, numa forma superior da sociedade, permitirão unir esse mais-trabalho a uma redução maior do tempo dedicado ao trabalho material em geral, pois, na medida do desenvolvimento da força produtiva do trabalho, o mais-trabalho pode ser grande com uma breve jornada total de trabalho e relativamente pequeno com uma grande jornada total de trabalho. Digamos que o tempo de trabalho necessário seja = 3 e o mais-trabalho = 3; a jornada total de trabalho será, então, = 6 e a taxa do mais-trabalho = 100%. Se o trabalho necessário for = 9 e o mais-trabalho for = 3, então a jornada total de trabalho será = 12 e a taxa de mais-trabalho será apenas = $33^1/_3$%. Assim, da produtividade do trabalho depende quanto valor de uso se produz em determinado tempo e, portanto, também em certo tempo de mais-trabalho. A riqueza efetiva da sociedade e a possibilidade de ampliar constantemente seu processo de produção não dependem, desse modo, da duração do mais-trabalho, mas de sua produtividade e das condições mais ou menos abundantes de produção em que ela tem lugar. Com efeito, o reino da liberdade só começa onde cessa o trabalho determinado pela necessidade e pela adequação a finalidades externas; pela própria natureza das coisas, portanto, é algo que transcende a esfera da produção material propriamente dita. (Ibidem, p. 881-3)

A continuidade imediata dessas linhas o leitor já conhece: está reproduzida parcialmente na longa nota 17, neste capítulo, supra.

Vejamos, enfim, como Engels pôde organizar a estrutura expositiva do Livro III, mais longo que os dois que o antecederam. O texto apresenta-se dividido em sete seções, compreendendo 52 capítulos, alguns com subdivisões internas. Reiteramos ao leitor que a versão de que nos valemos (da Boitempo) verteu sempre *Mehrwert* por *mais-valor*.

A seção I ("A transformação do mais-valor em lucro e da taxa de mais-valor em taxa de lucro") compõe-se de sete capítulos. Seu conteúdo parte da distinção categorial entre preço de custo e lucro e busca as relações entre taxa de lucro e taxa de mais-valor, considerando variações devidas à composição orgânica dos capitais empregados; examina ainda o efeito da rotação de capital sobre a taxa de lucro e a economia no emprego do capital constante e aborda, levando em conta impactos do preço de matérias-primas na taxa de lucro, a crise algodoeira dos anos 1860.

A seção II ("A transformação do lucro em lucro médio"), nos seus cinco capítulos, incorporando questões relativas às diferentes taxas de lucro dadas pelas diversas composições dos capitais em distintos ramos de produção e à concorrência, centra-se na formação da taxa média de lucro.

A seção III ("A lei da queda tendencial da taxa de lucro") desenvolve, nos seus três capítulos, uma das teses fundamentais de *O capital*, detendo-se sobre as contratendências operantes à lei enunciada na abertura da seção e sobre o desenvolvimento das suas contradições imanentes. Junto com as seções V e VI, que abaixo sumariamos, constitui o que se pode avaliar como um dos *núcleos duros e seminais* da concepção teórica, econômico-política, elaborada por Marx.

A seção IV ("Transformação de capital-mercadoria e de capital monetário em capital de comércio de mercadorias e capital de comércio de dinheiro [capital comercial]") apreende, nos seus cinco capítulos, as metamorfoses dos capitais de comércio de mercadoria e de dinheiro, abordando especialmente o capital comercial (a natureza do seu lucro, a sua rotação e um pouco da sua história, que precede largamente a história da sociedade capitalista).

A seção V ("Cisão do lucro em juros e ganho empresarial. O capital portador de juros") é a mais extensa do Livro III e conta com dezesseis capítulos. É, substantivamente, a rigorosa análise marxiana do papel do crédito na produção capitalista, com seus rebatimentos na circulação e no processo macroscópico da acumulação/reprodução. Apresenta o tratamento do capital portador de juros e da natureza do capital bancário, as distinções categoriais próprias ao complexo do capital (por exemplo, capital monetário, capital real), a função e o comportamento dos metais preciosos no quadro das reservas monetárias e da taxa de câmbio – ademais de referências específicas à legislação bancária inglesa nos anos 1840 e 1850. Nesta seção se contêm elementos absolutamente indispensáveis à compreensão do desenvolvimento do capitalismo posterior ao momento histórico analisado por Marx.

A seção VI ("Transformação do lucro extra em renda fundiária"), composta por onze capítulos, aborda de modo sistemático as questões da renda fundiária, do preço da terra e da gênese da renda fundiária capitalista. Essa seção, com a similar relevância das suas precedentes III e V, constitui um núcleo teórico substantivo para a explicação/compreensão tanto da especificidade da agricultura capitalista quanto da dinâmica global da ordem do capital.

A derradeira seção do Livro III, a seção VII ("Os rendimentos e suas fontes"), com seu conteúdo distribuído por cinco capítulos de desigual extensão, o último deles inconcluso ("As classes"), desconstrói a mistificação da "fórmula trinitária" apresentada pela economia burguesa (vulgar), debate a "ilusão da concorrência" e retoma passos relativos à análise do processo de produção e às conexões distribuição/produção.

O Livro IV

Em carta a Engels de 31 de julho de 1865, Marx refere-se expressamente ao Livro IV de *O capital*. Dando conta ao amigo do andamento dos seus trabalhos, Marx afirma que avançou bem na parte teórica e que a ela se seguirá "um quarto livro, dedicado à história e às fontes – o que será algo bastante fácil para mim, já que todas as questões são resolvidas nos três primeiros livros; este último será basicamente uma repetição, sob forma histórica" (MEW, 1965, v. 31, p. 132).

Sabemos já que Engels ignorava o estado em que se encontravam os manuscritos elaborados por Marx para *O capital* (ver, supra, neste capítulo, nota 51). Quando pôde examinar os materiais de 1861-1863, ele decidiu publicar o mencionado "quarto livro" como continuidade dos anteriores – em carta à filha de Marx, Laura, Engels ainda reafirmava, pouco antes de morrer, a sua disposição de fazê-lo (carta de 17 de dezembro de 1894 – MEW, 1968, v. 39, p. 347). Também já sabemos que, após o falecimento de Engels, materiais do manuscrito de 1861-1863 – de que nos ocupamos no último item do capítulo V e que permaneceram, desde a sua redação, intocados pelo próprio Marx – foram coligidos por Kautsky, que os editou em três volumes. E sabemos, enfim, que na transição dos anos 1950 aos 1960 o Livro IV de *O capital* acabou por ter uma edição credível e que a sua versão brasileira, utilizada aqui, tem por base exatamente essa edição confiável[86]. Tratemos então, rapidamente, desse seguimento de *O capital* (referido de agora em diante apenas como *Teorias*, abreviação de *Teorias da mais-valia. História crítica do pensamento econômico*), deixando claro ao leitor, à partida, que, com ele, Marx não nos legou um texto acabado e preparado para a exposição pública – antes, é mais um daqueles manuscritos notáveis, mais um rascunho brilhante que, trazido à luz postumamente, registra o incessante trabalho de pesquisa teórica do seu autor[87].

Devemos fazer, de início, duas observações acerca das *Teorias*: a primeira muito óbvia e quase acaciana e a segunda já sinalizada numa passagem anterior (ver, supra, neste capítulo, nota 76), mas que julgamos ser pertinente reiterar aqui.

A primeira observação refere-se ao título do Livro IV. É indiscutível que foi Marx quem descobriu a categoria *mais-valia* (ver, supra, no capítulo V, as páginas dedicadas aos *Grundrisse*) e cunhou a sua designação – *Mehrwert* –, que o germanista Jean-Pierre Lefebvre considera "uma criação conceitual e terminológica própria de Marx", "uma nova noção" que "resume e organiza num dispositivo teórico global a problemática do excedente de riqueza e do valor trabalho" (em Labica e Bensussan, orgs., 1985, p. 1.113). Evidentemente, pois, *antes de Marx ninguém teorizou sobre a mais-valia* – não se elaborou na economia política antes dele qualquer teoria da mais-valia *stricto sensu*; os economistas políticos não estudaram a mais-valia enquanto tal: tiveram por objeto, como se constata nas *Teorias*, algumas das suas *formas derivadas* (renda, lucro)[88]. Com essa observação precisa-se o efetivo teor dos materiais reunidos nas *Teorias*, que, segundo o próprio Marx, não seriam mais que uma "*história da economia política a partir de meados do século XVII*" (carta a Sigfrid Meyer, 30 de abril de 1867 – MEW, 1965, v. 31, p. 543 [itálicos meus – *JPN*])[89].

A segunda notação relaciona-se ao fato de o manuscrito de 1861-1863, base textual das *Teorias*, não ter sido modificado posteriormente e, portanto, conter formulações que *precedem* a redação do Livro I de *O capital*, bem como de várias que foram exaradas nos dois livros subsequentes. O desenvolvimento das investigações marxianas depois dos anos 1861-1863 alterou a visão de Marx sobre aspectos das questões tratadas nas *Teorias*, efeito compreensível na escala em que o aprofundamento e o avanço das pesquisas derivaram em conhecimento mais amplo. Por isso mesmo, a nosso juízo, quando se constatarem diferenças *teóricas* significativas entre formulações atinentes ao mesmo objeto, a análise deve privilegiar aquelas cronologicamente ulteriores[90]. Decerto que, no exame das *Teorias*, o leitor – percorrendo as reflexões marxianas sobre textos de grandes e de menores economistas políticos – não encontrará tão somente os comentários, as glosas, as notas críticas que Marx lhes dirigiu; igualmente expressivas são as *notações teóricas* que ele desenvolveu, nas quais apresentou o *seu* equacionamento e/ou a *sua* solução para as questões tratadas naqueles textos. Mas se, nas *Teorias*, Marx oferece seguidamente a *sua* alternativa (ou o esboço dela) aos encaminhamentos propostos pelos autores que examina (tarefa *a que tinha se alçado em 1861-1863*), nada garante – salvo o estudo rigoroso de tais alternativas em cotejo com o que ele desenvolveu depois – que os conteúdos teóricos de 1861-1863 sejam, à partida e necessariamente, idênticos aos que alcançaria ulteriormente. Nesse sentido, parece-nos – e este parecer é com certeza polêmico – que, nas *Teorias*, mais relevante que as soluções ali aventadas é o registro preciso do estágio atingido então pelo pensamento marxiano no trato da problemática circunscrita pela sua categoria de mais-valia[91].

Ao longo das *Teorias*, Marx, ancorando-se na *sua* teoria do valor, discorrerá reiteradamente sobre questões cruciais (mas não só) da economia política: a do *trabalho produtivo/trabalho improdutivo*, a das *crises* e a da *renda fundiária*. E um tema também recorrente nas *Teorias* é o da degradação da economia política na *economia vulgar*, emergente na sequência da dissolução da escola de Ricardo.

Uma síntese da exposição das *Teorias* pode indicar ao leitor o andamento de toda a argumentação do Livro IV. A edição brasileira que é a nossa referência (Marx, 1980-1985 – três volumes, 1.616 páginas, incluindo úteis índices onomástico e analítico) compõe-se de 24 capítulos e vários aditamentos, alguns dos quais listaremos após resumir o conteúdo dos capítulos de cada volume. Seguindo a edição alemã, a brasileira apresenta um sumário muito detalhado da obra, cuja reprodução integral nos tomaria demasiado espaço; optamos, então, por apenas transcrever o título dos capítulos e sinalizar o seu conteúdo e, ao fim de cada um deles, nominar os principais autores neles mencionados por Marx. Vejamos, pois, a distribuição dos capítulos.

O breve capítulo I – "Sir James Steuart" – é dedicado a Steuart e sublinha a sua distinção entre lucro *positivo* e lucro *relativo*. Nominam-se Anne Robert Jacques Turgot (1727-1781) e Smith.

O capítulo II – "Os fisiocratas" – trata dos fisiocratas, que Marx considera "os verdadeiros pais da economia moderna". Ele valoriza nos fisiocratas o passo que dão ao transferir a origem da mais-valia da esfera da circulação para a da produção direta, ainda que só a reconheçam na renda fundiária. Nominam-se Quesnay, Turgot, Ferdinando Paoletti (1717-1801), Smith, Adolphe Blanqui (1798-1854; não confundir com o seu irmão, o histórico revolucionário), Mercier de la Rivière (1720-1793), Theodor Schmalz (1760-1831) e Pietro Verri (1728-1797).

O capítulo III – "A. Smith" – gira todo à volta de Smith, saudando especialmente o fato de ele estender a produção da mais-valia a todas as esferas do trabalho social. Marx, contudo, critica várias de suas ideias, por exemplo, a sua incompreensão da intervenção da lei do valor na relação entre capital e trabalho assalariado; também põe de manifesto a sua errônea concepção do lucro, da renda fundiária e do salário como fontes de valor. Nominam-se Say, Storch e Ramsay.

O capítulo IV – "Teorias sobre trabalho produtivo e improdutivo" – atende ao seu título: Marx faz passar pelo seu crivo crítico as ideias dos mercantilistas e dos fisiocratas sobre trabalho produtivo e improdutivo, destaca a ambiguidade da concepção smithiana sobre o tema e discute as visões de ambas as correntes acerca de renda e capital. Nominam-se Garnier, Charles Ganilh (1758-1836),

Ricardo, Lauderdale (1759-1839), Say, Destutt de Tracy, Storch, Nassau Senior (1790-1864), Pellegrino Rossi (1787-1848) e Thomas Chalmers (1780-1847).

O capítulo V – "Necker" (Jacques Necker, 1732-1804) – foca a transmutação do antagonismo de classes na sociedade capitalista em contradição entre pobres e ricos.

O capítulo VI – "Digressão. Quadro econômico de Quesnay" – ocupa-se do *Quadro econômico* e da sua significação na história da economia política.

O capítulo VII – "Linguet" (Simon-Nicolas-Henri Linguet, 1736-1794) – põe em discussão a concepção liberal burguesa da liberdade do trabalhador.

Os sete capítulos referidos (I a VII) compõem o volume I. Entre os aditamentos, figuram anotações referentes a Thomas Hobbes (1588-1679), William Petty (1623-1687), Locke, George Berkeley (1685-1753), Hume, Joseph Massie (?-1784), Buat-Nançay (1731-1787) e John Gray; destaque-se aquele que, sob o título "Produtividade do capital. Trabalho produtivo e improdutivo", retorna, com novas angulações, ao tema abordado no capítulo IV.

O capítulo VIII – "Rodbertus. Digressão. Nova teoria da renda fundiária" – discorre, expondo determinações categoriais do próprio Marx (mais-valia, taxa de lucro e taxa de mais-valia na agricultura, renda absoluta), sobre as teses de Rodbertus, numa dura avaliação crítica. Nominam-se Smith e Ricardo.

O capítulo IX – "Observações sobre a história da descoberta da chamada Lei Ricardiana. Observações complementares sobre Rodbertus (Digressão)" – cuida de alguns dos princípios analíticos de Ricardo (sua compreensão do desenvolvimento das forças produtivas) e critica a sua negação de uma renda fundiária absoluta. Marx volta a indicar fragilidades das concepções de Rodbertus. Nominam-se James Anderson (1739-1808), Thomas Malthus (1766-1834), Darwin, Wilhelm Roscher (1817-1894) e Thomas Hopkins (?-1864).

O capítulo X – "Teoria de Ricardo e de A. Smith sobre preço de custo. (Refutação)" – analisa com cuidado as ideias de Ricardo sobre valor, lucro, taxa de lucro, preços e as suposições de Smith sobre preço de custo (bem como a sua teoria da "taxa natural" de salário, lucro e renda).

O capítulo XI – "Teoria da renda de Ricardo" – centra-se nas condições históricas para a formação da teoria ricardiana da renda (e também da de Anderson) e na deficiência da sua definição de renda. Marx atém-se à incidência da errônea explicação de Ricardo sobre os preços de custo na sua teoria da renda.

O capítulo XII – "Quadros e comentários referentes à renda diferencial" – tem como objeto as variações no montante e na taxa de renda, as diversas combinações da renda diferencial e da absoluta e o nexo da teoria ricardiana com a concepção da produtividade cadente da agricultura. Marx tematiza ainda a influência da variação do valor dos meios de subsistência e das matérias-primas na composição orgânica do capital.

O capítulo XIII – "Teoria ricardiana da renda (conclusão)" – aborda pressuposições de Ricardo e sua concepção do preço natural do produto agrícola, bem como a relação que estabelece entre melhoramentos na agricultura e renda fundiária. Nominam-se Smith e Malthus.

O capítulo XIV – "Teoria da renda de Adam Smith" – volta-se exclusivamente para a teoria da renda fundiária de Smith: sinaliza a influência fisiocrática sobre ela, estuda a explicação smithiana da relação oferta/procura entre os diferentes produtos da terra e a variação dos seus preços. Marx observa ainda como Smith relaciona o movimento da renda com os interesses das classes sociais.

O capítulo XV – "Teoria da mais-valia de Ricardo" – discute, em duas alíneas, as teorias ricardianas do lucro e da renda (alínea A) e da mais-valia (alínea B). Segundo Marx, Ricardo confunde as leis da mais-valia com as do lucro e preço de custo com valor; uma atenção particular merece a questão valor da força de trabalho/valor do trabalho.

O capítulo XVI – "Teoria ricardiana do lucro" – dá continuidade à problematização das ideias ricardianas tematizadas no capítulo precedente. Cuidado especial é o de Marx com os casos em que Ricardo distingue mais-valia de lucro e a conexão por ele proposta entre a queda da taxa de lucro e a sua teoria da renda.

O capítulo XVII – "Teoria ricardiana da acumulação. Sua crítica. Desenvolvimento das crises em decorrência da forma fundamental do capital" – prossegue no trato das ideias de Ricardo: num primeiro movimento, a atenção de Marx volta-se para a questão da acumulação; em seguida, o foco dirige-se à questão das crises – especialmente nesse passo, Marx exercita uma crítica vigorosa ao grande economista.

O capítulo XVIII – "Ricardo: temas diversos e conclusão (John Barton)" – divide-se em duas alíneas: a primeira (alínea A) é uma nota breve sobre renda bruta e renda líquida. A segunda (alínea B) é uma percuciente análise das notações de Ricardo (e também de Barton) sobre a influência das máquinas na situação da classe trabalhadora; aqui, mais uma vez em sua obra, Marx louva a "probidade de Ricardo". Nominam-se nesse capítulo Smith, Malthus e Ramsay.

Os onze capítulos referidos (VIII a XVIII) constituem o volume II. Os seis aditamentos que os seguem são breves anotações referentes a Rodbertus, Nathaniel Forster (1726--1790), Hopkins, Carey, Malthus, Hume, Hodgskin e Anderson.

O capítulo XIX – "T. R. Malthus" – é uma crítica minuciosa e ácida das concepções de Malthus, suas confusões categoriais e suas deturpações/interpretações errôneas de Smith e Sismondi; no texto, Marx não deixa de anotar os traços apologéticos dos escritos de Malthus.

O capítulo XX – "Desagregação da escola ricardiana" – constitui uma densa panorâmica da desintegração teórica da escola ricardiana, com o exame de materiais de Robert Torrens (1780-1864), James Mill, Guillaume Prévost (1799--1883), Thomas De Quincey (1785-1859), Samuel Bailey (1791-1870), John Ramsay McCulloch (1789-1864), Edward Gibbon Wakefield (1796-1862), Patrick James Stirling (1809-1891) e John Stuart Mill.

O capítulo XXI – "Oposição aos economistas (baseada na teoria ricardiana)" – ocupa-se de folhetos anônimos e de contribuições de Piercy Ravenstone (?-1830), Hodgskin (em relação ao qual Marx é bastante minucioso) e Bray.

O capítulo XXII – "Ramsay" – trata especialmente das teses desse economista inglês sobre mais-valia e valor, com Marx também sinalizando elementos apologéticos em seus pontos de vista.

O capítulo XXIII – "Cherbuliez" (1797-1869) – explora as teses de Antoine Cherbuliez, sublinhando as suas inclinações sismondianas e o seu esforço para harmonizar os pontos de vista (incompatíveis) de Ricardo e Sismondi.

O capítulo final, o XXIV – "Richard Jones" (1790-1855) –, gravita em torno dos escritos desse autor, sobretudo destacando sua concepção de trabalho produtivo e trabalho improdutivo e a relação acumulação/taxa de lucro.

Os seis capítulos referidos (XIX a XXIV) formam o volume III. Segue-se-lhes um único aditamento, intitulado "A renda (revenue) e suas fontes. A economia vulgar", e é ilustrativo comparar esse aditamento com o capítulo 48 do Livro III (Marx, 2017, p. 877-94).

Nas *Teorias*, os estudiosos quase sempre destacam e valorizam especialmente a crítica à economia vulgar e as determinações referentes ao trabalho produtivo/ trabalho improdutivo, à renda fundiária e à representação matemática dos esquemas de reprodução (ver, p. ex., supra, neste capítulo, nota 91). A maioria dos biógrafos e historiadores da economia, levando ao pé da letra o fato de o próprio Marx qualificar as *Teorias* como uma "história da economia política" (ver, supra, a citada carta a Sigfrid Meyer), comenta breve e particularmente, de uma maneira ou de outra, esses traços econômico-políticos pertinentes ao manuscrito de 1861--1863. A nós nos interessa chamar a atenção para outro aspecto das *Teorias*: a *concepção teórico-metodológica* que subjaz à sua elaboração (mesmo considerando que as *Teorias* não receberam o "acabamento final", o "polimento" que Marx fazia questão de dar aos textos destinados à publicação).

Retomemos aqui a apreciação, feita por Lukács, do específico *modo de exposição* que Marx inaugura na *Miséria da filosofia* e que recupera plenamente nas *Teorias*:

o trato dos problemas *teóricos* a partir da investigação *histórica* sobre eles – *modo de exposição que é peculiar ao método dialético*. Com essa modalidade expositiva, diz o pensador húngaro,

> *o tratamento histórico-problemático se converte efetivamente em uma história dos problemas reais*. A expressão literária, científica, de um problema aparece como expressão de uma totalidade social, como expressão de suas possibilidades, seus limites e seus problemas. O tratamento histórico-literário dos problemas pode assim expressar do modo mais puro a problemática do processo histórico. (Lukács, 1923, p. 47)

De acordo ainda com Lukács (idem), em face do marxismo vulgar dominante ao tempo da Segunda Internacional,

> não é nada casual que as duas obras que [...] marcam teoricamente o renascimento do marxismo, *A acumulação de capital*, de Rosa Luxemburgo, e *O Estado e a revolução*, de Lênin, tenham recorrido, sob o ponto de vista literário,

à forma que Marx herdara de Hegel[92]. Segundo Lukács, com o recurso a essa forma,

> para nos apresentar dialeticamente o problema material de suas obras, os dois autores nos dão [...] uma exposição histórico-literária da origem dos seus problemas. E ao analisar os encaminhamentos e mutações das concepções que precederam a sua formulação, ao considerar cada uma dessas etapas de clarificação ou de confusão intelectual na totalidade das suas condições e das suas consequências, conseguem apreender, com uma intensidade de vida inalcançável de outro modo, o *processo histórico mesmo*, de que as suas próprias formulação e solução constituem o fruto. (Idem)

A leitura das *Teorias* corrobora inteiramente a apreciação lukacsiana. Na exposição histórico-literária de Marx, acompanhando o processo discursivo dos economistas políticos, apreende-se, no movimento textual neles registrado, o *processo histórico* real subjacente às suas reflexões – e é a partir dele que as *formulações teóricas do próprio Marx* se constroem e articulam: também da *história* da economia política arranca a *teoria* marxiana. Vista sob a perspectiva analítica explicitada por Lukács, bem se compreende que a modalidade expositiva dos manuscritos de que se extraíram as páginas das *Teorias* "não é nada casual"; antes, obedece a precisas determinações teórico-metodológicas que frutificam na crítica da economia política operada por Marx.

A obra inconclusa e a teoria social

É claro que temos plena consciência dos limites da sinopse que, nos itens precedentes, apresentamos de *O capital* – a imensa riqueza teórico-categorial dessa obra não pode sequer ser entrevista nas nossas precedentes considerações. Com algum otimismo, entretanto, esperamos que elas sirvam como um convite para que o leitor se aproxime da inesgotável fonte de reflexões que é a textualidade marxiana para avaliá-la com seus próprios critérios e parâmetros. Mais limitado ainda será, seguramente, qualquer balanço que da obra se ofereça numa biografia; porém, é possível esboçar um quadro mínimo e extremamente sintético dos cinco traços mais essenciais que se extraem dos milhares de páginas da *opus magnum* de Marx. O modo de produção capitalista,

> 1. fundado na exploração do trabalho pelo capital, *não* é a expressão de uma pretensa "ordem natural", menos ainda marca o *fim da história*: é uma forma social contraditória, temporária, transitória e substituível de organização da produção e distribuição das riquezas sociais;
> 2. dispondo de extraordinário dinamismo para a produção de riquezas sociais, exerceu, historicamente, um papel civilizador;
> 3. a partir da sua plena maturação, engendra fortes tendências à travagem da sua própria dinâmica econômica;
> 4. também nesse processo de maturação, tem o seu papel civilizador atrofiado, o que acaba por convertê-lo em vetor de barbarização da vida social, consequência da sua contraditoriedade imanente e da lei geral da acumulação;
> 5. consolidado, tanto revela as suas insolúveis contradições (explicitadas nas suas ineliminável crises periódicas, que por si sós não o suprimem, mas criam condições para que a intervenção consciente e organizada dos trabalhadores o faça) quanto torna efetivas as bases materiais necessárias para a constituição de uma nova e superior ordem social, liberada da exploração do trabalho pelo capital.

O objetivo central a que Marx se propôs, como vimos, quando se dedicou expressamente a *O capital*, foi o de *conhecer as categorias que constituem e exprimem a articulação interna da sociedade burguesa*, forma societária embasada no modo de produção capitalista. Trata-se, à partida, de objetivo inalcançável para um pesquisador individual; mais: é seguramente tarefa para *gerações de pesquisadores*. Em *O capital*, obra inacabada, Marx nos ofereceu a descoberta/o conhecimento das *leis tendenciais e fundamentais* da dinâmica do modo de produção capitalista, sobre o qual assenta a nossa sociedade[93]. Mesmo inconcluso, esse legado (ver, supra, no item referente ao Livro III, a incompletude da análise marxiana apontada por Mandel) é, de fato, *imprescindível* para o conhecimento das categorias constitutivas da articulação interna da sociedade burguesa; por outro lado, não é mais que o *momento fundante da teoria social revolucionária*. Que fique claro: mesmo ao deixar um legado *imprescindível*, *O capital* não esgotou o conhecimento do modo de produção capitalista; contudo, entregou-nos os fundamentos da teoria social de Marx.

O inacabamento de *O capital* não se deve tão somente aos constrangimentos que afetaram a vida de Marx (suas dificuldades financeiras até o fim dos anos 1860, seus estados de saúde, seus compromissos com a Internacional etc.). Compreende-se pela própria concepção que Marx tem de teoria, concepção segundo a qual essa é a reprodução ideal (no cérebro do pesquisador) do movimento real (histórico) do objeto pesquisado. Uma reprodução teórica conclusa do movimento da sociedade capitalista só pode ser pensada quando ela for historicamente superada. Se Marx vivesse mais cem anos, a incompletude de *O capital* haveria de manter-se. *Nesse caso*, a notação hegeliana acerca do voo da coruja de Minerva no crepúsculo mostra-se efetivamente correta[94].

As descobertas marxianas no domínio econômico-político – como formuladas a partir de 1857-1858 e consignadas em *O capital* –, sendo verdadeiras e comprovadas na prática social, não podem nos dar inteira conta das transformações experimentadas pelo capitalismo a partir do fim do século XIX. Tais transformações viram-se analisadas ao longo do século XX por pesquisadores que, reclamando-se legatários da herança marxiana e da sua concepção teórico-metodológica e inscritos na tradição marxista, trataram de examinar cuidadosa e atentamente o evolver do capitalismo e extraíram dele as suas novas determinações e categorias – assegurando a renovação/ampliação/atualização dos conhecimentos alcançados por Marx em *O capital*. Já o dissemos em páginas precedentes: *O capital* é absolutamente *necessário* para a compreensão do capitalismo contemporâneo, mas não é *suficiente*. Os avanços verificados na pesquisa marxista ao longo dos últimos cento e tantos anos são inegáveis e realmente alargaram a massa crítica relativa ao sistema capitalista, porém, ainda longe de esgotá-lo[95]. Para resumir: *O capital* de Marx não é somente uma obra *inacabada*. Posta a efetiva história – ou, se se quiser, o devir histórico – da sociedade capitalista, tal obra haveria (e haverá) mesmo de ser *inacabável*; só com o fecho da vigência histórica da sociedade capitalista, só com a cessação do seu devir, poder-se-á concluir a sua análise. Por outra parte, essa incompletude e a relatividade histórica (dada pelo contexto determinado da sua elaboração) da análise oferecida em *O capital* não afetam a sua solidez estrutural nem o seu arcabouço teórico, que há quase um século e meio têm resistido substantivamente às provas da prática social e às críticas mais qualificadas.

No capítulo III desta biografia, quando tratamos de *A ideologia alemã*, observamos que Marx (e Engels) formulou (formularam), pela primeira vez, as suas concepções teórico-metodológicas relativas à história, à sociedade e à cultura – ou seja, os lineamentos da sua teoria social –, verificando que o primeiro ato histórico, a condição fundamental de toda a história dos homens, residia na "produção da própria vida material". Vimos, no mesmo capítulo, que tais concepções sustentam a polêmica de Marx contra Proudhon e subjazem ao *Manifesto do Partido Comunista*. No capítulo IV, quando examinamos especialmente, mas não só, o golpe de Estado de Luís Napoleão, registramos que a análise de Marx avança, com base na experiência revolucionária de 1848-1849 e naquelas concepções, tomando de forma mais concreta elementos que certamente compõem o corpo de uma teoria social (por exemplo, uma estrutura de classes bem determinada, suas relações com o Estado). Porém, é nos *Grundrisse*, como vimos no capítulo V, que as concepções teórico-metodológicas de Marx amadurecem e se consolidam na sua plenitude. É então que, sem colidir com as formulações de *A ideologia alemã* e menos ainda infirmá-las (antes, conferindo-lhes os alicerces mais firmes extraídos por ele da crítica da economia política que então aprofunda), Marx explicita cristalinamente o princípio heurístico que deve fundar a sua teoria social – princípio segundo o qual *a análise teórico-crítica das condições da produção material constitui o fundamento necessário para a análise da vida social que sobre ela se articula*.

Marx bem sabe que dessa análise teórico-crítica não deriva, como resultante direta, a compreensão da vida social: sabe-a ainda mais complexa que a complexa estrutura da produção material que a embasa, regida por legalidades próprias, operantes através de sistemas específicos de mediações; quanto a isso, a "Introdução de 1857" aos *Grundrisse* não deixa lugar a dúvidas (ver, por exemplo, o seu último item). E desde então, no seu "laboratório teórico", Marx fez a opção de *priorizar* a análise da totalidade complexa constituída pela produção material no sentido mais amplo. Opção inteiramente compreensível desde o ponto de vista ontológico com que aborda a vida social, mas que o conduziu, dada tal priorização, a pouco mais que tematizar problemáticas próprias da teoria social, sem desenvolvê-las nas suas especificidades.

Fica claro, no exame da obra marxiana, que a mencionada priorização não excluiu tematizações expressivas a serem contempladas na sua teoria social – esparsas nos *Grundrisse*, na *Contribuição à crítica da economia política* e ao longo de *O capital*. Como ainda veremos nos dois próximos capítulos, Marx ocupou-se de objetos aos quais a sua teoria social deveria conceder tratamento rigoroso e sistemático – a política (o poder político, o Estado), o direito, a família...; objetos que foram assumidos, noutros registros, pelos saberes de disciplinas particulares e autônomas, institucionalizadas na forma acadêmica da sociologia, antropologia, teoria do direito, psicologia, estética etc.

Em resumidas contas, Marx (desde *A ideologia alemã*) legou-nos, com os *Grundrisse* e especialmente com *O capital*, o essencial para constituir a teoria social revolucionária: os fundamentos econômico-políticos que ela necessariamente supõe e sem os quais não se pode elaborá-la de modo adequado ao espírito geral da sua obra. Todavia, ele mesmo não pôde ir muito além do passo necessário para constituí-la, ainda que oferecendo fecundas pistas na sua direção. Marxistas que o sucederam, em diálogo expresso com ele (e em diálogo nem sempre explícito com pensadores de outros quadrantes do espectro teórico), contribuíram, ao longo do século XX, para o acúmulo – diferenciado e plural – da massa crítica que hoje possibilita e reclama o desenvolvimento sistemático dessa teoria social[96].

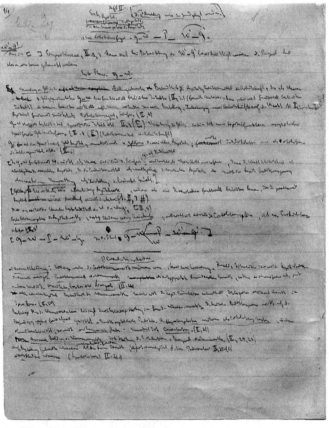

Manuscrito do Livro II de *O capital*.

VII
Londres: o *doutor terrorista vermelho* e a crítica à social-democracia (1865-1875)

A 18 de junho de 1871, em carta a Kugelmann, Marx, em tom irônico, escreveu: "Neste momento, tenho a honra de ser o mais caluniado e o mais ameaçado homem de Londres. Isso me faz realmente bem, depois de entediantes vinte anos de idílio no meu canto" (MEW, 1966, v. 33, p. 238).

O "momento" era mesmo singular e paradoxal: derrotada a Comuna de Paris, chacinados covardemente os seus defensores e perseguidos implacavelmente os seus sobreviventes, a burguesia francesa e seus serviçais – com o apoio histórico de toda a reação europeia e abençoados pela Igreja católica – exibiram, sem qualquer pudor, à luz do sol, o seu ódio de classe aos trabalhadores[1].

Todas as instituições da ordem burguesa, mediante *todos* os meios disponíveis, com o uso mais cínico da mentira e da calúnia, foram instrumentalizadas para a demonização da Comuna; quanto aos jornais, principais veículos de comunicação da época, diz um historiador que toda "a imprensa dominante ladrou como uma matilha de cães sedenta do sangue da Internacional" (Pelz, 2016, p. 147)[2]. A Internacional, falsa e absurdamente responsabilizada pela Comuna, que de fato fora uma iniciativa autônoma dos trabalhadores parisienses, viu-se criminalizada e converteu-se no alvo central dos ataques das classes possidentes e dos seus governos: salvo na Inglaterra, em todos os países europeus as suas seções foram objeto de repressão. Quanto a Marx, até então conhecido apenas nos meios revolucionários, ele ganhou súbita notoriedade: enquanto a sua defesa da Comuna[3], divulgada em documento oficial da associação, repercutia favorável e enormemente entre milhares de trabalhadores, os porta-vozes da reação apresentavam-no como o "chefe da associação criminosa" e o "inspirador" dos eventos parisienses. Anota Gabriel (2013):

> Um dos primeiros biógrafos de Marx comentou que antes da Comuna nem 1% dos membros da Internacional, muito menos o público geral, tinha ouvido falar no nome de Marx. Em Londres, ele era quase inteiramente desconhecido. *Mas*

depois da Comuna, seus anos de obscuridade acabaram. Karl Marx ficou conhecido no mundo: era o arquiteto maligno da Comuna, o pai da revolução. (Gabriel, 2013, p. 547 [itálicos meus – *JPN*; omitimos nesta transcrição as fontes citadas pela autora])

Eis o paradoxo do "momento": a demonização da Comuna pelos seus sanguinários inimigos, acompanhada das mentiras e calúnias orquestradas contra a Internacional e seu "chefe"[4], contribuiu também para consagrar a importância de ambos e destacar (nem sempre do modo mais veraz) a relevância de Marx como um líder político de influência internacional, para além da sua atividade teórica. Com efeito, durante a Comuna e na sequência imediata dela, a criminalização da Internacional pelos poderes vigentes, se levou alguns personagens políticos destacados a criticá-la e uns poucos líderes sindicais a dela se afastar, não reduziu a sua força entre os trabalhadores europeus e de outras partes do mundo[5]; quanto a Marx, ele se converteu, tanto para massas trabalhadoras quanto para outros estratos sociais e políticos, numa "personalidade"[6]. Evidentemente, o prestígio político internacional favoreceu a extensão da sua influência teórica: como registrou recentemente um historiador, "durante a década de 1870, a reputação intelectual de Marx [...] não parou de crescer" (Jones, 2017, p. 580). Ele, que já tinha contatos com a *intelligentsia* radical russa, viu a primeira edição (1872) do Livro I de *O capital* esgotar-se na Rússia em dois meses – à diferença da primeira edição alemã, que, com a mesma tiragem de mil exemplares, só se vendeu inteiramente ao cabo de quatro anos.

Entre os fins dos anos 1860 e a primeira metade da década seguinte (lapso temporal que nos interessa neste capítulo), a atividade política de Marx, que a chamada opinião pública (burguesa) da época identificou então como "o doutor terrorista vermelho", esteve polarizada por três eventos que, intimamente vinculados, marcaram indelevelmente a história da Europa: a unificação nacional da Alemanha, a Guerra Franco-Prussiana e a Comuna de Paris. Essa atividade política desenvolveu-se sobretudo no âmbito da Internacional – daí a necessária menção aos seus congressos e à polêmica que Marx (com a colaboração de Engels) travou com Bakunin. Também lembraremos que Marx, nesses anos, sem interromper as pesquisas relacionadas a *O capital*, modificou a sua visão estratégica da revolução na Europa ocidental e elaborou textos políticos nos quais comparecem dimensões fortemente teóricas: *A guerra civil na França* e a *Crítica do Programa de Gotha*.

O movimento operário, as projeções de Marx e a social-democracia

Ao longo dos anos 1860 e na transição à década de 1870, aprofundaram-se as transformações societárias que emergiram nos desdobramentos da crise econômica aberta em 1857 (como vimos no capítulo V) e que serão impactadas, a partir de 1873, por outra crise, esta de maior envergadura e que somente vinte anos depois daria sinais de reversão[7]. É no espaço balizado por essas transformações que se processam os três eventos a que vamos nos referir adiante – e, uma vez que as derivações do aprofundamento aludido foram suficientemente analisadas por vários estudiosos (por exemplo, Postan et al., orgs., 1965, Hobsbawm, 1982 e Landes, 1994), podemos nos limitar aqui à evocação de umas poucas informações gerais concernentes ao movimento operário na Inglaterra, na França e na Alemanha.

Com efeito, a recuperação da economia capitalista, profundamente abalada com a crise de 1857, fez-se sentir já no primeiro lustro da década de 1860. Então iniciou-se um ciclo de desenvolvimento que findaria espetacularmente com o "grande pânico de 1873": os colapsos que, entre maio e setembro daquele ano, derrubaram as bolsas de Viena e Nova York, deflagrando dois decênios de depressão/estagnação. Mas a recuperação capitalista subsequente à crise de 1857 fora muito expressiva: a Inglaterra e a França registraram altas taxas de crescimento econômico e esta última e a Alemanha viram criadas as condições para superar o seu atraso industrial em relação à Inglaterra (sobre a Alemanha, ver as páginas iniciais do ensaio de José Carlos de Souza Braga, em Fiori, org., 1999); duas periferias também se incorporaram, em ritmos e lapsos temporais distintos, a esse processo: os Estados Unidos e o Japão (ver, ademais das fontes já citadas, o útil e didático texto de Cury, 2006 e, para o Japão da *restauração Meiji*, também as distintas sugestões de Baran, 1986 e Moore Jr., 1966). No que diz respeito particularmente à Europa ocidental, essa quadra histórica marcou com nitidez a inteira subordinação da agricultura à dinâmica industrial que se renovava e deu as primeiras indicações da concentração/centralização de capital que logo conduziriam à articulação orgânica entre poderosos capitais industriais e grandes capitais bancários[8].

Naqueles anos prévios ao "grande pânico de 1873", na Europa ocidental – mas também nos Estados Unidos e em seguida, sob outros condicionantes, no Japão –, o desenvolvimento capitalista implicou num enorme salto no sistema de transportes e nas comunicações. A mobilidade de mercadorias e de pessoas avançou num ritmo antes impensável, graças aos progressos proporcionados pela extensão das redes ferroviárias e pela ampliação do uso do vapor na navegação transoceânica (recorde-se, em 1869, a abertura do canal de Suez), propiciando novas condições para o intensificado comércio internacional[9]. Igualmente as comunicações postais cresceram em ritmo acelerado (é de 1874 a criação da Universal Post Union) e a circulação impressa de informações/notícias ganhou uma escala inédita, instaurando o marco adequado ao surgimento da imprensa de massas e do jornalismo moderno[10].

É supérfluo assinalar que todas essas transformações tiveram ponderáveis incidências na vida social da Europa ocidental, espaço geopolítico que aqui nos importa, afetando a composição e a distribuição territorial da sua população, em especial com o aumento do fenômeno da urbanização[11]. Tais incidências se explicitaram nitidamente nos países euro-ocidentais mais decisivos no tocante ao desenvolvimento capitalista e ao movimento operário, porém, com implicações distintas e diretamente relacionadas às suas conjunturas particulares – apenas vamos tangenciá-las aqui, reportando-nos somente à Inglaterra, à França e à Alemanha. Viu-se, também no mesmo capítulo V deste livro, que a "nova política" engendrada por elas não apontou em direção à revolução esperada por Marx e Engels: no dizer de Hobsbawm (1982), que transcrevemos no citado capítulo, da "hibernação" reinante no pós-1848-1849 não emergiu uma política dinamizada por uma perspectiva revolucionária.

Foi o que se verificou particularmente na Inglaterra. Na ilha, a década de 1860 mostrou-se atravessada por uma movimentação operário-sindical intensa (conforme o sublinharam Benson, 1989, August, 2007 e Jones, 2017), mas sem recepcionar de modo significativo ideias socialistas revolucionárias. É certo que tal movimentação envolveu muitas forças sociais, criou a ambiência favorável à fundação da Internacional e propiciou conquistas sociopolíticas – como a extensão, a mais categorias de trabalhadores, da limitação legal da jornada de trabalho (ver Marx, 2013, no Livro I de *O capital*, itens 6-7 do capítulo 8) e como a reforma eleitoral de 1867 (ver, supra, cap. V, nota 25) –, além de assegurar a manutenção da solidariedade às lutas nacionais italianas, polacas e irlandesas[12]. Entretanto, a partir de meados dos anos 1860, o crescente peso da organização sindical dos trabalhadores ingleses no movimento social caminhou *pari passu* à minimização, no seu interior, de componentes de viés socialista, enquanto se adensava um *reformismo pragmático* – fatores que, especialmente entre 1869 e 1871, levaram a polêmicas e divisões que rebateram na Internacional (com óticas diversas, registraram o fato Fedosseiev, org., 1983, p. 508-9, Mehring, 2013, p. 444-7 e Jones, 2017, p. 516-7). Efetivamente, pelo menos até o fim do século XIX, o grosso do sindicalismo inglês permaneceu infenso a influxos revolucionários. E deve ser conectada a esse crescente reformismo pragmático a audiência do palatável socialismo da *Fabian Society* (Sociedade Fabiana), surgida no ano seguinte (1884) à morte de Marx e animada pelas melhores intenções dos Webb[13].

Registre-se que a visível redução do potencial revolucionário do movimento operário na Inglaterra, apesar das condições materiais objetivas amadurecidas na ilha (ver, infra, neste capítulo, nota 19), levou Marx (e Engels) a modificar as suas projeções políticas para o país; isso afetaria, como veremos também ao tratar da conjuntura alemã, a sua projeção estratégica da revolução europeia. A verdade é que, durante os anos 1850, até às vésperas da crise de 1857, Marx tinha claramente como hipótese a retomada do processo revolucionário a partir da Inglaterra – e uma tal retomada teria, entre outras implicações, a supressão da dominação inglesa sobre a Irlanda. O processo sociopolítico euro-ocidental mostrou o falhanço das projeções de Marx: a "nova política" saída da "hibernação", como se viu no capítulo V, não pôs na ordem do dia a política da revolução, mas a da reforma; prova factual disso veio a ser o reformismo pragmático do movimento operário inglês. Ora, o desenvolvimento das pesquisas teóricas de Marx, o acompanhamento atento e crítico dos processos políticos que se seguiram à crise de 1857 e a reinserção na prática política (propiciada pela sua intervenção na Internacional) criaram as condições que permitiram a ele (ou, se se quiser, exigiram dele) revisar aquela prospecção falhada – e a sua apreciação do movimento do sindicalismo inglês, que sumariamos no parágrafo anterior, deflagrou o que seria uma significativa modificação na sua concepção estratégica[14]. Com efeito, na entrada dos anos 1870, Marx passou a visualizar no movimento independentista, revolucionário, da Irlanda um vetor de impulsão essencial para levar a uma ação mais combativa o sindicalismo inglês[15], que, até mesmo nos anos 1880, mostrar-se-ia incapaz de sensibilizar e atingir as camadas trabalhadoras mais pobres (Hobsbawm, 1982a, p. 126). Não é de surpreender, pois, que, em 1885, Engels (2010, p. 354, 356-357) tenha reconhecido a existência, no mundo sindical inglês, de uma *aristocracia operária* e hipotecado a possibilidade de um despertar socialista aos paupérrimos trabalhadores do East End londrino.

Deixemos a ilha e passemos à França, na qual o regime imposto pelo golpe do *pequeno* Napoleão (o seu *18 de brumário*) logo decapitou as lideranças mais avançadas do proletariado. Mas a postura governamental, à medida que a restauração do império revestiu-se de alguma aparência de legitimidade graças a manipulações plebiscitárias, combinou o seu caráter antioperário e repressivo com uma política de cooptação em face dos segmentos trabalhadores mais vacilantes e débeis – este foi um traço próprio do bonapartismo: já em meados da década de 1850, o regime acabou por tolerar e mesmo favorecer a criação das "sociedades de socorro mútuo", mantendo-as sob vigilância policial. Entrados os anos 1860, com a recuperação capitalista em curso, a nau econômica do Segundo Império ganhou velocidade: sucederam-se a corrupção e os escândalos financeiros e banqueiros e industriais experimentaram uma orgia de lucros. A Paris resultante da urbanização conduzida por Haussmann e a malha ferroviária que mudou a face do país[16] foram o legado visível de um regime que nunca reconheceu o direito de os trabalhadores constituírem os seus sindicatos (a interdição posta pela velha Lei Le Chapelier, de 1791, foi levantada somente em 1884, já na Terceira República), que só deixou de usar regularmente a violência contra grevistas depois de 1864 e que, em 1867, tentou destruir a seção francesa da Internacional (ver Mehring, 2013, p. 383). Entende-se assim por que a França, à diferença da Inglaterra, desconheceu, até os anos 1880, um movimento sindical expressivo. Apesar disso, as tradições combativas dos trabalhadores não foram liquidadas: notadamente na segunda metade da década de 1860, e em Paris, mas não só na capital, desatou-se uma imensa onda de greves que assustou o regime bonapartista; como registrou Mehring (ibidem, p. 382), "o movimento grevista" que se seguiu a 1866 "ganhou proporções alarmantes". Fermentava o espírito de luta que explodiria em 1871.

Quadro bem diverso encontramos, naqueles anos, na Alemanha – diversidade que se deve, sobretudo, à rota peculiar do seu tardio processo de unificação nacional. Sem ter experimentado a revolução burguesa e o processo industrializante à moda da Inglaterra e da França, é na década de 1860 que a Alemanha avançará na *via prussiana* (aludida por Lênin) que fará dela, sob o tacão de Bismarck, superando em pouco tempo a sua defasagem histórica em relação àqueles países, uma potência capitalista. Já a partir de 1862 (sob Guilherme I, como registramos no capítulo V), mudanças políticas propiciaram a ativação das forças democráticas, instaurando um contexto em que o movimento operário, erguendo-se com o ascenso do setor industrial, ganhou a organicidade de que até então carecia (ver Hahn, 2005); é o que comprovam, ademais do surgimento de várias associações com feição sindical, a criação (Leipzig, maio de 1863), por Lassalle, da *Allgemeiner Deutscher Arbeiterverein* – Adav (Associação Geral dos Trabalhadores Alemães), que logo passou a operar como um partido político, e a fundação (Eisenach, agosto de 1869), graças ao ativismo de Liebknecht e Bebel, do *Sozialdemokratische Arbeiterpartei Deutschlands* – Sdap (Partido Operário Social-Democrata da Alemanha)[17]. Em maio de 1875, efetivou-se, num encontro na pequena Gotha, cidade da Turíngia, a fusão entre os seguidores de Lassalle e os *eisenachianos*, constituindo o *Sozialistische Arbeiterpartei Deutschlands* – Sapd (Partido Socialista dos Trabalhadores da Alemanha), logo conhecido como Partido Social-Democrata, embora só em 1890 tenha tomado formalmente seu nome definitivo, *Sozialdemokratische Partei Deutschlands* – SPD (Partido Social--Democrata da Alemanha).

Esse foi um diferencial que peculiarizou a evolução sociopolítica do movimento operário alemão no período seguinte à fundação da Internacional e, de fato, em todo o último quartel do século XIX (com grande ressonância inclusive no século XX). Somente na Alemanha construiu-se um partido político expressamente socialista que se tornou um *partido de massas* – aliás, o primeiro e mais importante dentre todos os que surgiram na Europa –, com uma enorme gravitação social que se fez sentir tanto em relação ao movimento sindical quanto sobre o conjunto da sociedade (Wurm, 1969; Dayan-Herzbrun, 1990a; Grebing, 2007; Deffarges, 2013; Mehring, 2013a). O seu crescimento, apesar de todas as restrições que sofreu sob a legislação antissocialista de Bismarck (vigente entre 1878 e 1890), situou-o, na última década do século XIX, como uma virtual alternativa de governo[18].

É indispensável, uma vez assinalado esse diferencial, indicar dois aspectos muito importantes a ele conexos. O primeiro diz respeito à especial atenção que, desde meados da década de 1860, Marx (assim como Engels) dedicou à Alemanha – e dizemos *especial* porque, como já vimos em passagens anteriores desta biografia, Marx jamais perdeu de vista a problemática alemã. Entretanto, particularmente no decurso dos anos 1870, ele passou a avaliar que na Alemanha se configuravam possibilidades de transformações sociais que a repressão aos *communards* tornava, em termos de curto prazo, improváveis na França e que o reformismo pragmático de que enfermava o movimento operário e sindical inglês postergava na Inglaterra (que, no entanto, a juízo de Marx, em 1870 reunia *condições materiais* para a revolução[19]). Em poucas palavras: *Marx transladou as suas expectativas de substanciais avanços políticos e sociais, que mantinha havia muito em relação à Inglaterra, da ilha para o continente*, precipuamente para a Alemanha[20]. Pareceu-lhe, então, que a velha *miséria alemã* encontrava agora condições para a sua superação – expectativas que, nas duas décadas seguintes, Engels visualizaria mais claramente que ele (e de que a longa citação que fizemos neste capítulo, nota 18, supra, é eloquente); daí, pois, os seus maiores cuidados com a movimentação daqueles que, na Alemanha, reclamavam-se seguidores de suas ideias – cuidados verificáveis na correspondência dos anos 1870 de Marx com os camaradas alemães e (conforme veremos em páginas mais à frente) na sua enérgica tomada de posição em face dos procedimentos dos *eisenachianos* no processo de unificação partidária de 1875, consagrado no programa político resultante do encontro de Gotha.

O segundo aspecto que devemos salientar é que foi precisamente o conjunto das atividades desenvolvidas no último quartel do século XIX pelo partido oriundo da unificação selada em Gotha que respondeu pela difusão de ideias marxianas entre os trabalhadores alemães e depois, dado o protagonismo do partido no interior da Internacional Socialista, entre o movimento operário internacional[21]. Através dessas duas agências, o partido social-democrata alemão e a Internacional Socialista, a relação orgânica (já aludida nesta biografia) do pensamento de Marx com a classe operária realizou-se plena e praticamente: as ações políticas e pedagógicas da social-democracia alemã inscreveram concepções e ideias marxianas – não necessariamente como formuladas por Marx, mas *como as interpretavam então alguns dos principais líderes e teóricos das duas agências* – na consciência de amplas massas trabalhadoras e orientaram largamente as suas intervenções[22]. É levando em conta essa conjuntura determinada que se torna compreensível a vinculação estabelecida, a partir dos anos 1880, entre a social--democracia e Marx, que ressoa, curiosamente, como uma ironia: *a designação social-democracia nunca agradou ou se afigurou como adequada a Marx*, até porque a primeira facção assim nominada surgiu na França nos desdobramentos da Revolução de 1848 e foi brindada por ele com comentários nada favoráveis (ver Marx, 2011b, p. 62-4 e 2012a, p. 100-5). Aliás, prefaciando em 1894 uma antologia de textos seus e do camarada de ideias e de lutas, redigidos nos anos 1870, Engels não perdeu a oportunidade de precisar:

> Em todos esses escritos, eu não me qualifico como social-democrata, mas como comunista [...]. *Para Marx e para mim, era absolutamente impossível usar uma designação tão elástica para designar a nossa própria concepção.* Hoje [isto é, janeiro de 1894], tal designação pode passar, *embora seja imprópria para um partido que não é simplesmente socialista em geral, mas claramente comunista* e cujo objetivo na política é a superação de todo Estado, portanto também da democracia. (MEW, 1963, v. 22, p. 417-8 [itálicos meus – *JPN*])[23]

Em relação ao que aqui assinalamos, cumpre fazer notar que é nos anos 1880 e 1890, que assistem à consolidação do partido social-democrata e à afirmação da Segunda Internacional, que o substantivo *marxismo* se generaliza na cultura política da esquerda europeia (ver Haupt, 1980, capítulo 3). Especialmente a partir de 1883, a palavra ganha o curso que logo a tornaria largamente utilizada, remetendo a um conjunto de ideias e concepções que pensadores vinculados àquelas duas agências começaram a difundir de modo acessível entre trabalhadores e militantes sociais, apresentando a obra de Marx (da qual muitos textos relevantes permaneciam ainda inéditos) como um sistema de saber concluso, abrangente da história da sociedade e da natureza. No seu pioneiro e meritório trabalho de divulgação da obra marxiana, alguns desses pensadores – de que foram exemplos maiores Karl Kautsky (1854-1938) e Georgi Plekhánov (1856-1918) –, interpretando-a à luz de tendências teóricas próprias aos ambientes científicos da época (marcadamente positivistas e naturalistas, evolucionistas e deterministas) e minimizando os substratos dialéticos provindos da conexão Marx-Hegel, acabaram por contribuir na criação de uma específica *cultura marxista*, muito influente e peculiar.

Essa criação – que se operou num lapso temporal realmente breve: não mais que duas décadas – constituiu um processo contraditório, simultaneamente exitoso e oneroso para o legado de Marx. Exitoso enquanto *influente*: foi ela que promoveu, como assinalamos, o encontro de ideias de Marx com amplas massas trabalhadoras; porém oneroso enquanto *peculiar*: a pretendida e alcançada *divulgação* revelou-se uma *vulgarização* das ideias marxianas, o que redundou numa concepção redutora e simplista dos fundamentos da teoria social revolucionária e da complexidade da própria teoria, convertida, enfim, em algo como uma *doutrina*. Naquelas duas décadas, nasceu uma vertente interpretativa da obra de Marx que logo seria sistematizada como sendo *o marxismo*: espécie de suma enciclopédica que terminou por ser identificada sumariamente (e equivocamente) como *o marxismo da Segunda Internacional* e, com frequência, caracterizada (erroneamente) como o *marxismo ortodoxo*[24].

Isto posto, cuidemos brevemente das condições históricas que propiciaram a constituição da Alemanha em que ideias marxianas foram recepcionadas por largos contingentes de trabalhadores: a Alemanha unificada na qual vicejaram a social-democracia e o *seu* respectivo *marxismo*.

A unificação alemã e a Guerra Franco-Prussiana[25]

Na Europa ocidental, a constituição do Estado nacional moderno, sabe-se, resultou do longo, multissecular, processo da revolução burguesa, e já vimos no capítulo I que a Alemanha, por razões e motivos conhecidos, não participou desse processo como a Inglaterra e a França. Foi tardia a emergência do Estado moderno na Alemanha, implicando a unificação das dezenas de unidades da velha Confederação Germânica – unificação que vai se operar somente no decurso da segunda metade do século XIX, ainda que um dos seus passos preliminares já viesse da criação da união aduaneira (*Zollverein*), em 1834.

Dada a ausência de uma burguesia revolucionária na Alemanha, a unificação, bem como a construção do seu Estado, não se realizou à base de transformações capazes de erradicar os fundamentos do *Ancien Régime*: nos Estados germânicos, durante a primeira metade do século XIX, a grande propriedade fundiária da nobreza permaneceu intocada, o aparato burocrático-feudal não se modificou, a laicização não avançou etc. O desenvolvimento sociopolítico mais compatível e adequado à expansão das relações capitalistas – aliás, muito desigualmente inscritas no conjunto da Confederação Germânica – não foi dinamizado por uma burguesia empreendedora, movida por intentos de emancipação política; os estratos burgueses alemães se constituíram sempre temendo as ameaças das massas populares (camponeses, artesãos e operários) e, por isso, inclinando-se sempre diante do poder da força da nobreza fundiária (tipificada nos *junkers*). A via para a modernização econômico-social exigida pelo desenvolvimento capitalista não resultou, na Alemanha, do movimento dos "de baixo": foi dirigida "pelo alto". Assim é que, na segunda metade do século XIX, o processo da unificação alemã e a conformação do seu Estado nacional não se operam mediante o protagonismo burguês verificado na Inglaterra e na França – antes, recepcionando as exigências do desenvolvimento capitalista "sob a égide política do domínio agrário dos *junkers* da Prússia" (Anderson, 1989, p. 237). O grande implementador da *via prussiana* caracterizada por Lênin foi o emblemático Bismarck, que, entre 1862 e 1890, desfrutou dos mais amplos poderes concedidos a ele por Guilherme I, que reinou até 1888 e que apenas discrepava do seu homem-forte no tocante ao anticatolicismo assumido por este (Kott, 2003; Gerwarth, 2005).

Bismarck articulou e levou a cabo com sucesso a estratégia que interessava aos *junkers*: a criação de uma Alemanha unida sob um duro regime monárquico-parlamentar, com forte viés militarista e dispondo de meios rigorosos para combater seus inimigos – na impossibilidade de aniquilá-los, para integrá-los subordinadamente a seu poder político. Pragmático que nunca se afastou do exercício sistemático da *Realpolitik*[26], movido pela ética jesuítica segundo a qual os fins justificam os meios e valendo-se da intriga, da vigilância policial e da espionagem (combinadas a cedências adjetivas e a intentos de cooptação – de que foram objeto, por exemplo, tanto Lassalle quanto Marx, como vimos no capítulo V), Bismarck foi o arquiteto da Alemanha imperial que ingressou no concerto internacional na abertura do estágio monopolista do sistema capitalista.

Seu projeto monárquico de uma "grande Alemanha" implicava, no plano externo, a convivência cordial com a autocracia tsarista, um rearranjo da relação entre as casas Hohenzollern e Habsburgo e a redivisão das áreas de influência dos impérios austro-húngaro e francês em proveito da Prússia; no plano interno, a manutenção da subalternidade da burguesia em face dos *junkers* e a domesticação do movimento dos trabalhadores. Na frente externa, o essencial da política de Bismarck dependia menos de manobras diplomáticas – cujos artifícios ele bem dominava – que do belicismo próprio ao seu nacionalismo militarista (e ele conduziu três guerras). Na frente interna, o projeto supunha a contenção de quaisquer veleidades políticas burguesas e o enquadramento dos trabalhadores, mediante repressão e cedências (das quais a mais importante foi a sua "legislação social"). Dentre os sujeitos coletivos que expressavam os interesses das classes sociais fundamentais alemães com que se defrontou, somente o segmento operário orientado pelos social-democratas de Eisenach opôs a Bismarck e seu projeto uma resistência que ele não foi capaz de liquidar. Já a covarde burguesia alemã e os monarcas dos pequenos Estados germânicos dobraram-se às suas iniciativas. E muito do seu êxito dependeu da articulação entre as suas políticas interna e externa; quando o crescimento da oposição social-democrata se revelou imparável, no fim da década de 1880, Guilherme II, tornado imperador pela morte do pai em 1888, logo dispensou seus préstimos.

A unificação alemã vinculou-se estreitamente às guerras conduzidas por Bismarck. A primeira, contra a Dinamarca, foi dirigida em aliança com a Áustria em 1864: o conflito durou pouco tempo e a derrota dinamarquesa redundou na entrega dos ducados de Holstein e Schleswig aos dois vencedores. Preparando-se para os seus próximos passos, Bismarck, diante da reconhecida superioridade numérica das forças militares austríacas, promoveu uma reforma do Exército prussiano e a modernização do seu armamento (providências sobre as quais, a instâncias de Marx, Engels redigiu um estudo em fevereiro de 1865, que se mostrou muito relevante para Marx aprofundar o seu conhecimento da questão[27]). A segunda guerra veio em

1866, quando a Prússia decidiu apropriar-se daqueles dois territórios: em junho, Berlim declarou-a ao seu aliado da véspera; nas operações bélicas, que duraram poucas semanas, as tropas austríacas foram rapidamente destroçadas (Sadova foi o palco, a 3 de julho, da batalha decisiva). A fragorosa derrota da Áustria não lhe custou apenas a perda dos dois ducados e uma pesada indenização pelos custos do conflito: *custou-lhe a exclusão do processo de unificação da Alemanha* – os prussianos, deixando à margem a Áustria, criaram em 1867 a Confederação da Alemanha do Norte, em substituição à antiga Confederação Germânica. A nova Confederação, envolvendo dezenove Estados e três cidades livres da velha Confederação e inteiramente controlada pela Prússia, era o primeiro passo efetivo, o ato prático inicial do que se consumaria no ato formal de 1871[28], para a unificação do país sob a tutela de Berlim, abrindo um processo de implicações gravíssimas para a massa do povo alemão. Uma equipe de historiadores soviéticos resumiu:

> A vitória da Prússia teve consequências de longo alcance. A Confederação Germânica foi dissolvida e a Áustria foi afastada da resolução da questão da unificação nacional da Alemanha. Com a anexação de diversos pequenos Estados alemães e a criação da Confederação da Alemanha do Norte, onde dominava a monarquia prussiana, a Prússia submeteu a si de fato toda a Alemanha. [...] A unificação da Alemanha estava feita *a partir de cima*, na sua pior variante. A influência da camarilha militar e dos *junkers* prussianos reforçou-se na Alemanha. No centro da Europa, ao lado da França bonapartista, surgiu um foco de novas aventuras militares. (Fedosseiev, org., 1983, p. 503)

Com a sua afinada apreensão da essência dos processos históricos[29], Engels reconheceu que a vitória bismarckiana na guerra de 1866 e o que imediatamente se lhe seguiu inviabilizava a possibilidade de uma via democrática para a unificação da Alemanha. Logo que se tornou evidente a inquestionável derrota austríaca, admitiu que a questão da unificação estava resolvida *de facto* – e indicou a posição a ser adotada por ele, por Marx e por seus camaradas: "Não nos resta senão aceitar simplesmente o fato, sem aprová-lo – e aproveitar tanto quanto pudermos as facilidades maiores que agora [...] têm que se oferecer para a organização e a unificação *nacionais* do proletariado alemão" (carta a Marx, de 25 de julho de 1866 – MEW, 1965, v. 31, p. 241).

Para Marx, assim como para Engels, a unificação realizada *a partir de cima*, se obviamente problematizava a resolução das questões democráticas na Alemanha, também abrigava, contraditoriamente, possibilidades de intervenção dos comunistas no espaço nacional que se constituía: dois dias depois da carta que acabamos de citar, Marx respondia a Engels concordando com a ideia de que, em qualquer espaço nacional, a *centralização* política oferecia outras e melhores condições para a *organização nacional do proletariado* (carta de 27 de julho de 1866 – MEW,

1965, v. 31, p. 243). Confirma essa ideia, de uma parte, a evolução do movimento sindical europeu no último quartel do século XIX (ver, supra, neste capítulo, nota 21); de outra, indica-o o fato de, nas primeiras eleições (1867) para o Reichstag da recém-criada Confederação da Alemanha do Norte, Liebknecht e Bebel terem sido eleitos – justamente dois representantes da classe operária que, em 1869, contribuiriam com a "organização nacional" mencionada por Marx e Engels por meio da criação do Partido Operário Social-Democrata da Alemanha.

A vitoriosa campanha de Bismarck contra a Áustria – revelando aos olhos de todos a surpreendente capacidade de fogo das forças prussianas, graças à sua recente reforma/modernização – tensionou as relações entre Estados europeus, numa conjuntura em que muitos deles experimentavam dificuldades políticas significativas[30]. Na segunda metade dos anos 1860, em especial o regime de Luís Napoleão (que até então mantivera relações sem problemas relevantes com a Prússia) dava iniludíveis sinais de que seu ciclo reacionário estava prestes a exaurir-se; além disso, o fato de o Segundo Império francês ter se mostrado pródigo em aventuras bélicas e intervenções político-militares, nunca ocultando sua propensão expansionista (Guerra da Crimeia, Segunda Guerra do Ópio na China, apropriação da Cochinchina, conquista da Savoia e de Nice, intervenção e ocupação do México), preocupava outros governos. A maré montante militarista e nacionalista que se adensara no continente com os êxitos bélicos prussianos pôs para todas as forças com algum compromisso democrático a questão da guerra e da paz – mesmo segmentos burgueses levaram-na em conta, como se constatou com a criação da Liga da Paz e da Liberdade (verão de 1867).

A Internacional, desde a sua fundação, apontou a necessidade de as organizações dos trabalhadores considerarem com atenção as relações internacionais, sublinhando a questão da guerra e da paz, como se expõe já no penúltimo parágrafo do seu *Manifesto inaugural*, com a referência às "guerras de pirataria" (ver Musto, org., 2014, p. 99). Logo que eclodiu a guerra entre a Prússia e a Áustria, o Conselho Geral da Internacional ocupou-se do conflito e aprovou, em 17 de julho de 1866, expressando as posições defendidas por Marx, uma resolução responsabilizando os dois governos pelo conflito militar e exortando os trabalhadores a manter uma posição de independência, recusando-se a apoiar qualquer um deles (Fedosseiev, org., 1983, p. 517). Nos congressos que realizará nos anos seguintes, a Internacional enfrentará a questão da guerra e da paz, acompanhando a precipitação dos acontecimentos: no seu III Congresso, por exemplo, realizado em Bruxelas (6-13 de setembro de 1868), afirma que a supressão das guerras só é viável numa sociedade radicalmente reorganizada, mas que,

> mesmo dentro da situação existente, a quantidade de guerras e a dimensão dos seus males podiam ser reduzidos se os povos e, em primeiro lugar, os operários

dos diversos países, se opusessem aos governos, denunciando a sua política de conquista, utilizando para este fim todos os meios ao seu dispor. (Citado em ibidem, 1983, p. 519)[31]

Em inúmeras outras manifestações institucionais da Internacional, a defesa da paz compareceu com vigor e ênfase[32]. Como veremos em seguida, ela será fortemente reiterada por ocasião da Guerra Franco-Prussiana, que eclodiu em 1870 por iniciativa formal de Luís Napoleão.

Como sinalizamos linhas antes, na segunda metade dos anos 1860 o regime bonapartista francês experimentava uma profunda erosão das suas bases sociais e políticas; nas eleições legislativas de 1869, ficou claro que o apoio urbano ao regime se reduzia drasticamente. E ao crescente isolamento no plano interno somou-se, em meses, na frente externa, uma rápida deterioração das suas alianças internacionais: Luís Napoleão, que se imiscuíra até na sucessão do trono espanhol, em 1870 viu-se enredado pelas intrigas diplomáticas arquitetadas por Bismarck e abandonado pelas principais monarquias europeias (Ferro, 2011, p. 313). O histriônico imperador convocou, em maio, mais um de seus manipulados plebiscitos e obteve um resultado tão favorável quanto ilusório[33]. Em seguida, a 19 de julho, procurando uma recomposição de forças favorável à manutenção de seu regime, avançou com uma aventureira declaração de guerra à Prússia – exatamente o que atendia às intenções ocultas de Bismarck, tão interessado quanto o falso Napoleão em instrumentalizar o militarismo chauvinista para legitimar nacionalisticamente seus próprios fins. Historiadores assinalam a ambiência que favoreceu a guerra:

> O permanente arrastar de espadas dos círculos bonapartistas franceses, as suas pretensões à margem esquerda do Reno, o apoio que eles davam às tendências separatistas de alguns Estados alemães, levantavam sérias dificuldades à conclusão da unificação da Alemanha. Por outro lado, a existência do agressivo império bonapartista, esse foco permanente de guerras, reforçava as tendências militaristas dos *junkers* prussianos e dos meios belicistas da burguesia alemã que, sob a bandeira da defesa dos interesses nacionais da Alemanha, pretendiam realizar os seus próprios planos dinásticos e de conquista: estender o poder dos Hohenzollern aos Estados da Alemanha do sul. Bismarck utilizou habilmente as atitudes chauvinistas de Napoleão III e da sua clique para paralisar as tendências antiprussianas dentro do país e provocar um conflito militar em que a França assumiria o papel de agressor. A guerra, que objetivamente começou com o fim de impedir Napoleão III de eternizar a divisão da Alemanha, ameaçava, nessas condições, transformar-se numa campanha de conquista contra a França. (Fedosseiev, org., 1983, p. 543)

Como logo veremos, Marx apontará, nas suas *mensagens* sobre o conflito (ver infra), como uma guerra inicialmente de caráter defensivo se converteu numa guerra de conquista.

As operações militares começaram ainda em julho de 1870. De desastre em desastre (Metz, Vionville, Gravelotte, Beaumont), Luís Napoleão, com parte significativa de suas forças, chega a Sedan, em 1º de setembro, para a batalha que decidiria a sorte da guerra: rapidamente derrotados, o imperador e o grande contingente militar (cerca de 100 mil homens) que o acompanhava renderam-se aos prussianos no dia seguinte. A bandeira branca levantada pelo farsante do *18 de brumário* fez soar o dobre de finados do Segundo Império.

Em Paris, a 4 de setembro, proclama-se a República e uma compósita frente política (de republicanos a oportunistas monárquicos) constitui um provisório governo de defesa nacional, majoritariamente conservador, que se dispõe a negociar a paz. Bismarck nega-se a um armistício e prossegue a guerra, sitiando Paris a partir de 19 de setembro – a capital francesa resiste bravamente aos assaltos prussianos, que passam a bombardeá-la em janeiro de 1871. Em fevereiro, o governo provisório (que os trabalhadores parisienses já designam como "governo de traição nacional") organiza eleições para uma assembleia nacional, na qual o voto da massa da população rural elege novamente uma maioria conservadora, com Adolphe Thiers (1797-1877) à cabeça; começam então negociações com os prussianos, que fazem de Versalhes sua base e impõem condições para o armistício. Thiers formaliza a capitulação de Paris a 28 de janeiro. Duramente castigada, a cidade (com suas lideranças populares perseguidas pelas autoridades do governo provisório) é obrigada a assistir, a 1º de março, sob um silêncio sepulcral, ao desfile dos vitoriosos pela secular avenida dos Champs-Élysées. A capitulação de Paris, porém, é rechaçada pela população, que toma em suas mãos, na manhã do dia 18 de março, toda a atividade defensiva e proclama a Comuna: à noite, uma bandeira vermelha é içada no Hôtel de Ville. Próceres do governo provisório fogem secretamente da capital para Versalhes e são abrigados pelos prussianos.

A tutela que Bismarck passa então a exercer sobre Thiers e o governo que este encabeça é apenas parte da série de humilhações a que foi submetido o povo francês pelos vitoriosos. É verdade que elas culminarão com a assinatura, a 10 de maio de 1871, do documento que firmou uma paz ominosa, com a França entregando ao Império Alemão a Alsácia e parte da Lorena, indenizando-o pela guerra com 5 bilhões de francos-ouro e assumindo os custos da ocupação das províncias do norte pelas tropas prussianas, em troca da liberação de milhares de prisioneiros de guerra (que foram entregues para que Thiers operasse em seguida, a partir de Versalhes, a repressão – apoiada pelos prussianos – à Comuna). Mas na fieira das humilhações que Bismarck fez pender no colo dos franceses brilha com fulgor especial a joia a eles reservada no dia 18 de janeiro de 1871: reunindo as múltiplas adesões que extraiu dos Estados do sul da Alemanha, o representante dos *junkers* celebra, na Galeria dos Espelhos do Palácio de Versalhes, o fecho da unificação da Alemanha – Guilherme I, a poucos quilômetros da Paris bombardeada, é coroado imperador do nascente Segundo Reich e o próprio Bismarck aparece como o seu chanceler.

A declaração de guerra de Luís Napoleão, em julho de 1870, não surpreendeu Marx. Acompanhando detalhadamente a conjuntura europeia na segunda metade da década de 1860, dispondo das informações que eram coletivizadas e debatidas nas reuniões do Conselho Geral da Internacional e da contínua troca de ideias com vários dos seus correspondentes – beneficiando-se em especial da contribuição de Engels –, Marx, naqueles anos, não tinha dúvidas de que, no curtíssimo prazo, a França de Luís Napoleão entraria em conflito aberto com a Prússia de Bismarck[34]. Todavia, é nas duas concisas *mensagens* elaboradas por ele em nome do Conselho Geral que expõe com clareza a orientação que lhe parece a mais adequada para balizar o comportamento dos militantes proletários e o seu juízo sobre os eventos imediatamente seguintes à rendição de Sedan (citaremos aqui segundo os textos reunidos em Marx-Engels, 2008, v. II, com os números entre colchetes indicando as páginas dessa edição)[35].

Declarada formalmente a guerra, o Conselho Geral da Internacional logo se reuniu para manifestar-se sobre ela e oferecer aos membros da organização as diretrizes que lhe cabia formular; o coletivo dirigente determinou ainda que Marx se encarregasse da elaboração do documento pertinente. Marx redigiu-o entre 19 e 23 de julho e submeteu-o ao exame do Conselho Geral na reunião do dia 26. O texto foi aprovado por todos os presentes e ainda em julho foi divulgado num panfleto em inglês; em agosto-setembro, foi publicado em alemão, francês e russo.

Marx começa essa primeira mensagem retomando o princípio exarado no *Manifesto inaugural* fundante da Internacional, que definia com clareza o repúdio da organização a políticas externas conducentes a guerras de pirataria, dissipadoras do sangue do povo. E afirma que, precisamente por causa da defesa desse princípio, é compreensível que Luís Napoleão, "que usurpou o poder pela exploração da guerra de classes na França e o perpetuou através de guerras externas periódicas, tenha tratado a Internacional, desde o começo, como um perigoso inimigo" – referindo-se à perseguição que ele moveu contra os militantes da associação às vésperas do plebiscito de maio de 1870 [357-8].

Marx considera, dada a iniciativa belicosa de Luís Napoleão, que, "do lado alemão, a guerra é uma guerra de defesa". Entretanto, imediatamente acrescenta:

> Mas quem colocou a Alemanha na necessidade de se defender? Quem habilitou Luís Bonaparte a conduzir a guerra contra ela? A Prússia! Foi Bismarck quem conspirou com esse mesmo Luís Bonaparte no propósito de esmagar a oposição

popular interna e anexar a Alemanha à dinastia dos Hohenzollern. Se a Batalha de Sadova tivesse sido perdida em vez de ganha, os batalhões franceses teriam inundado a Alemanha como aliados da Prússia. [...] O regime bonapartista, que até então só florescia num lado do Reno, teria conseguido assim o seu equivalente no outro. [361]

Linhas antes, Marx já antevia o colapso do império do *pequeno* Napoleão: "Quaisquer que possam ser os incidentes da guerra de Luís Bonaparte com a Prússia, o dobre de finados do Segundo Império já soou em Paris. Ele acabará como começou, por uma paródia" [360] – afinal, "a conspiração de guerra, de julho de 1870, é apenas uma edição corrigida do *coup de État* de dezembro de 1851" [359]. A paródia, contudo, não teve a cumplicidade apenas de Bismarck: "Não nos esqueçamos de que foram os governos e as classes dominantes da Europa que habilitaram Luís Bonaparte a representar, durante 18 anos, a farsa feroz do império restaurado" [360-1].

Avaliando que a guerra inicialmente se põe aos alemães como uma ação de defesa, Marx – que conhece bem a natureza belicista e expansionista dos interesses de classe representados por Bismarck – não descarta a possibilidade da mudança desse caráter defensivo. Diz ele, ao considerar essa alternativa: "Se a classe operária alemã permitir que a presente guerra perca o seu caráter estritamente defensivo e degenere numa guerra contra o povo francês, então a vitória ou a derrota serão igualmente desastrosas" [361]. E não deixando de levar em conta também a possibilidade de alianças funestas, Marx adverte severamente aos alemães:

> No pano de fundo dessa luta suicida espreita a figura tenebrosa da Rússia. [...] Qualquer simpatia que os alemães pudessem reclamar, com razão, numa guerra de defesa contra a agressão bonapartista, perdê-la-iam imediatamente se permitissem que o governo prussiano apelasse para a ajuda dos cossacos ou a aceitassem. Lembrem-se eles de que após a sua guerra de independência contra o primeiro Napoleão, a Alemanha ficou prostrada, por gerações, aos pés do czar. [362-3]

Em resumo, a mensagem, redigida antes de completar-se uma semana das primeiras ações bélicas e rapidamente publicitada, afirma sem ambiguidades a posição da Internacional contra guerras de agressão e de conquista, denuncia não só o bonapartismo francês e aqueles governos que até então o apoiaram, mas também o regime prussiano, e previne os trabalhadores para o risco de possibilidades mais negativas se realizarem. Paralelamente, relaciona as várias manifestações em curso de organizações operárias ligadas à Internacional contra o belicismo e convocadoras de atos e posições em defesa da paz (manifestações provenientes de distintas regiões da França, da Alemanha e da Inglaterra [360-3]). É considerando tais expressões de fraternidade entre os trabalhadores que o documento mostra-se otimista, porém, sem estimular ilusões; é, acima de tudo, uma mensagem de esperança: a Internacional diz-se "profundamente convencida de que, seja qual for o curso que a monstruosa guerra iminente venha a tomar, a aliança das classes operárias de todos os países acabará por liquidar a guerra" [363]. Seu parágrafo final é inequivocamente assertivo, como convém a um comunicado dessa natureza:

> O próprio fato de que, enquanto a França oficial e a Alemanha oficial se precipitam numa luta fratricida, os operários trocam mensagens de paz e boa vontade – esse grande fato, sem paralelo na história do passado, abre a perspectiva de um futuro mais luminoso. Ele prova que, em contraste com a velha sociedade, com as suas desgraças econômicas e o seu delírio político, vai nascendo uma sociedade nova, cujo governo internacional será a paz, porque o seu governante nacional será por toda parte o mesmo – o trabalho! A pioneira desta nova sociedade é a Associação Internacional dos Trabalhadores. [363]

Na primeira semana de setembro, a direção da Internacional decide-se pela preparação de mais um documento referente à guerra, uma vez que os últimos acontecimentos – a derrota francesa em Sedan (dias 1 e 2) e a sua consequência mais imediata (dia 4: a proclamação da República e a constituição do governo provisório) – demandam orientações mais atualizadas para o movimento operário; novamente Marx encarrega-se da redação, realizada entre os dias 6 e 9. Examinado e aprovado pelo Conselho Geral no dia 9, o texto – a *segunda mensagem* – sairá num panfleto em inglês, editado entre os dias 11 e 13, e em alemão e francês, nas semanas seguintes.

Marx começa por afirmar que a capitulação de Sedan abriu o passo à *transformação do caráter da guerra*. A possibilidade aventada na primeira mensagem converte-se em efetividade: o que se iniciou como a resposta prussiana a um ataque de Luís Napoleão – como tal apresentado publicamente por Guilherme I[36] – e, pois, como uma guerra *defensiva*, torna-se agora uma guerra de *conquista*, que obedece aos objetivos e planos até então inconfessados da "camarilha militar prussiana" [365]. Marx dedicará vários parágrafos [366-71] à consideração multifacética dessa transformação para compreendê-la em profundidade: argumentará com elementos históricos da política europeia dos séculos anteriores, articulando componentes de estratégia militar (aqui seguramente influiu a colaboração que, nessa área, sempre lhe ofereceu Engels) com a contínua ameaça representada pelo tsarismo russo e mostrando como as covardes camadas burguesas alemãs se entusiasmaram para "entrar na cena europeia como o leão rugidor do patriotismo alemão". Demonstrará, em suma, como os objetivos e planos da "camarilha militar prussiana" foram a tal ponto mistificados que aparecem como "imposição irresistível da nação alemã".

Mediante essa abordagem multilateral pôde Marx identificar e salientar (e observe-se que ele está escrevendo bem *antes* das cedências que Thiers fará a Bismarck no acordo de paz de maio de 1871), entre os fins inconfessados dos prussianos, a centralidade específica da conquista da Alsácia e da Lorena. Com a sua análise assentada nessa abordagem, Marx logo compreendeu o quão necessário era combater os planos prussianos da anexação dessas duas regiões, posto que, na geopolítica eurocontinental, converteriam a Alemanha num instrumento da expansão do tsarismo ou num protagonista não mais de guerras defensivas e localizadas, mas de conflitos alargados contra coligações de países eslavos e latinos [371] – e a história posterior comprovou a procedência dessa prospecção marxiana.

A perspectiva analítica com que Marx opera a defesa da paz distingue-o do pacifismo burguês-abstrato, que aborda a questão da guerra *em geral*, combatendo as guerras *em geral* como se tivessem o mesmo caráter e as mesmas implicações reais. Porque pensa também a questão da paz e da guerra considerando seus conteúdos de classe e incidências nas lutas dessas classes, Marx não a trata senão a partir de "uma abordagem histórica concreta dos acontecimentos", capaz de apreender "o caráter de uma guerra determinada, concreta – as suas causas e os seus resultados prováveis" (Fedosseiev, org., 1983, p. 543). É esse tratamento que pode garantir a elaboração de uma estratégia de luta pela paz consequente com o projeto revolucionário do proletariado.

Nessa segunda mensagem destinada a orientar os trabalhadores diante da realidade posta pela transformação da guerra deflagrada em 1870 em guerra de conquista por parte dos prussianos, Marx não se limita a recorrer aos princípios norteadores gerais da política da Internacional; como já fizera na primeira mensagem, ele se vale também de manifestações expressas por organizações operárias que explicitam posicionamentos que lhe parecem exemplares, especialmente uma que considera modelar por provir do movimento operário alemão. Marx destaca [371-2] o comunicado de 5 de setembro do Partido Operário Social--Democrata da Alemanha (criado em 1869, como vimos há pouco, sob a liderança de Liebknecht e Bebel), que exige tanto o reconhecimento da República Francesa recém-fundada como poder legítimo quanto uma paz honrosa para a França. E sublinha, extraindo-a do comunicado, a passagem mais relevante para que essa paz honrosa seja viável:

> Protestamos contra a anexação da Alsácia-Lorena. E estamos conscientes de que falamos em nome da classe operária alemã. No interesse comum da França e da Alemanha, no interesse da paz e da liberdade, no interesse da civilização ocidental contra a barbárie oriental [leia-se: o tsarismo – *JPN*], os operários alemães não suportarão passivamente a anexação da Alsácia-Lorena. [...] Estaremos

lealmente com os nossos camaradas operários de todos os países pela causa internacional comum do proletariado! [372]

À diferença do tom otimista da primeira mensagem, no entanto, Marx reconhece que a gravidade da situação põe especialmente aos trabalhadores alemães e franceses enormes dificuldades, cuja superação lhe parece muito problemática. No que toca às proclamações do comunicado alemão, ele adverte que, "infelizmente, não podemos ter grandes esperanças no seu êxito imediato": "Se os operários franceses, em plena paz, não conseguiram parar o agressor, os operários alemães terão alguma chance de parar o vencedor em pleno clamor das armas?". Mas não deixa de afirmar a sua convicção de que, "seja como for, a história provará que a classe operária alemã não é feita do mesmo material maleável da burguesia alemã. Ela cumprirá o seu dever" [372].

Suas maiores preocupações, contudo, dizem respeito à França e aos trabalhadores franceses. Saudando a proclamação da República Francesa, Marx escreve que,

> ao mesmo tempo, experimentamos apreensões que, esperamos, se mostrarão sem fundamento. Esta República não subverteu o trono, apenas tomou o seu lugar deixado vago. Foi proclamada não como uma conquista social, mas como uma medida nacional de defesa. Ela está nas mãos de um governo provisório, composto, em parte, por orleanistas notórios, em parte por republicanos burgueses, nalguns dos quais a insurreição de junho de 1848 deixou o seu estigma indelével. A divisão de funções desse governo parece desastrosa. Os orleanistas apanharam as fortalezas do exército e da polícia, enquanto aos pretensos republicanos couberam departamentos puramente retóricos. Bastaram alguns dos seus primeiros atos para mostrar que herdaram do império não apenas ruínas, mas também o seu pavor da classe operária. [...] Não estará a República destinada, por alguns dos seus dirigentes burgueses, a servir como mero tapa-buraco e ponte para uma restauração orleanista? [373]

A curtíssimo prazo, boa parte das "apreensões" de Marx revelar-se-iam fundadas. Todavia, no momento da redação dessa segunda mensagem, a República Francesa, sem prejuízo das reservas que Marx expende acerca do seu futuro próximo, merecia o respaldo das forças democráticas e progressistas – tanto que a mensagem se conclui exatamente com a saudação da Internacional à República, fraternalmente expressa em francês: "*Vive la République!*". Mas a simpatia que a sua proclamação despertava entre os que combateram o regime bonapartista não devia turvar a compreensão realista das dificuldades que a complexa conjuntura colocava para a intervenção política dos trabalhadores. Marx não as subestima e escreve:

> A classe operária francesa move-se, pois, em circunstâncias de extrema dificuldade. *Qualquer tentativa de derrubada do novo governo, na presente crise, quando*

> *o inimigo quase bate às portas de Paris, seria uma loucura desesperada* [itálicos meus – *JPN*][37]. Os operários franceses têm de cumprir os seus deveres como cidadãos; mas, ao mesmo tempo, não devem se deixar iludir pelos *souvenirs* nacionais de 1792, como os camponeses se deixaram iludir pelos *souvenirs* nacionais do primeiro Império. Não têm de recapitular o passado, mas construir o futuro. Que aproveitem, calma e resolutamente, as oportunidades da liberdade republicana para o trabalho da sua própria organização de classe. Isso dotá-los-á de novas forças hercúleas para a regeneração da França e a nossa tarefa comum – a emancipação do trabalho. Das suas energias e sabedoria depende a sorte da república. [373]

Também a curtíssimo prazo, como veremos no próximo item, o que Marx qualifica aqui como *loucura desesperada* deixou de ser uma possibilidade e converteu-se numa experiência histórica dramática e grandiosa, que ele mesmo defendeu, com talento e paixão ímpares, como um capítulo extraordinariamente heroico da luta dos trabalhadores. E o fez tendo a gentileza de não evocar, em nenhum passo da sua defesa, a advertência explícita que consignou nesta página da segunda mensagem.

Marx registra ainda [373-4] que os trabalhadores ingleses estão se mobilizando para quebrar a resistência do seu governo em reconhecer a República Francesa, pressionando-o também para que se oponha a qualquer violação da integridade territorial da França. Marx, diga-se de passagem, participou ativamente dessa movimentação, contando, desde o fim de setembro, com a ajuda de Engels, que, naqueles dias, como vimos (supra, cap. V, nota 63), já se transferira para Londres[38].

O fecho da mensagem só poderia ser a convocação dos membros da Internacional para dinamizar a atividade política dos trabalhadores – e é assim que Marx o finaliza:

> Que as seções da Associação Internacional dos Trabalhadores em todos os países chamem as classes operárias à ação. Se elas esquecerem o seu dever, se permanecerem passivas, a terrível guerra atual apenas será a precursora de conflitos internacionais ainda mais mortíferos, e levará, em cada nação, a um triunfo renovado, sobre o operário, dos senhores da espada, da terra e do capital. [374]

A Comuna de Paris: *o assalto ao céu*

Aquilo que Marx, na *segunda mensagem* que acabamos de considerar, julgava constituir uma *loucura desesperada* tomou forma real e concreta a 18 de março de 1871, quando a massa trabalhadora de Paris proclamou a Comuna. A história da Comuna é conhecida[39] e vamos evocá-la muito brevemente em poucos parágrafos, pois aqui o que nos interessa é o tratamento que Marx lhe conferiu naquele que foi um de seus textos estilisticamente mais perfeitos e impactantes – redigido também como mensagem da Internacional (por isso designado, ainda, como uma *terceira mensagem* da organização) –, que se tornou famoso sob o título de *A guerra civil na França*. Como fizemos ao tratar das duas *mensagens* anteriores, aqui as citações de Marx serão extraídas da versão de *A guerra civil na França*[40] que se encontra em Marx-Engels, 2008, v. II (as páginas correspondentes serão dadas entre colchetes).

Com a proclamação da República e a aproximação das forças prussianas à capital, o governo provisório conservador dominado por Thiers – cuja política consistia em buscar a qualquer preço negociações com Bismarck – tratou de reduzir as condições da defesa militar de Paris e, enquanto pôde exercer o poder na capital, perseguiu a imprensa e as lideranças operárias. Thiers, bem como a aristocracia, a burguesia e a Igreja francesas, tinha todas as razões para temer a população trabalhadora parisiense, notoriamente anticlerical, que desde 1863 votava contra Luís Napoleão e nos últimos anos protagonizara amplos movimentos grevistas e de contestação ao Segundo Império. *Thiers, seus prepostos, os ricos e os padres temiam muito mais a massa trabalhadora de Paris do que a expressa determinação de Bismarck de meter-lhes a sela e cavalgá-los*. Interessava, pois, a Thiers e a todos os que ele representava uma rápida rendição de Paris – mas ele não conseguiu liquidar o corpo armado mais relevante para a defesa da capital, a Guarda Nacional. Formada predominantemente por trabalhadores e homens das classes médias baixas, a Guarda, que desde os anos 1860 se tornara ativamente republicana, dispunha realmente de força: eram, em 1870, centenas de batalhões e cerca de 300 mil homens. No curso veloz da guerra, o respeito à Guarda entre o povo de Paris crescia na mesma proporção em que aumentava o descrédito dos exércitos bonapartistas por suas retumbantes derrotas.

Ao fugir de Paris para Versalhes, em março de 1871, Thiers não irá só: ele e os seus ministros logo se verão acompanhados por um verdadeiro êxodo de todos os que temiam, desprezavam e odiavam a *arraia-miúda*, o *populacho*. Às pressas, burgueses, altas patentes militares do Segundo Império, aristocratas, monarquistas e figuras do clero, com suas famílias e seus serviçais, também trocarão a capital por Versalhes (e alguns aglomerados urbanos próximos), onde, ao lado do governo provisório, abrigar-se-ão sob a proteção dos ocupantes prussianos; naturalmente, serão seguidos pelos que gravitavam na sua órbita. Na plástica narração de Marx, logo surgiriam dois mundos, a Paris operária e a Paris que correra para Versalhes e adjacências:

> As *cocottes* tinham reencontrado o rastro dos seus protetores – os homens de família, de religião e, acima de tudo, de propriedade, em fuga. Em vez daquelas, as

verdadeiras mulheres de Paris apareceram de novo à superfície, nobres e dedicadas, como as mulheres da Antiguidade[41]. A Paris operária, pensante, combatente, a sangrar – quase esquecida, na sua incubação de uma sociedade nova, dos canibais às suas portas –, radiante no entusiasmo da sua iniciativa histórica!

Oposto a esse mundo novo em Paris, observe-se o mundo velho em Versalhes – essa assembleia dos vampiros de todos os regimes defuntos, legitimistas e orleanistas, ávidos de se alimentarem da carcaça da nação. [...] Ali estava ela, essa assembleia, a representante de tudo o que estava morto na França, mantida numa aparência de vida só pelos sabres dos generais de Luís Bonaparte. Paris toda ela verdade, Versalhes toda ela mentira – e essa mentira exalada pela boca de Thiers. [...]

A Paris do sr. Thiers não era a Paris real da "vil multidão", mas uma Paris fantasma, a Paris dos *franc-fileurs* [franco fugitivos], [...] a Paris rica, capitalista, dourada, preguiçosa, que se apinhava agora em Versalhes [...] com seus lacaios, os seus fura-greves, a sua *bohême* literária e as suas *cocottes*; que considerava a guerra civil só como uma diversão agradável, que olhava o desenrolar da batalha através de telescópios, que contava os tiros de canhão e jurava pela sua própria honra e pela das suas prostitutas que o espetáculo estava de longe mais bem montado do que o que costumava ser à Porte-Saint-Martin. [...]

É essa a Paris do sr. Thiers como a emigração de Koblenz era a França do sr. de Calonne. [416, 417-8][42]

A guerra civil haverá de contrapor esses dois mundos – a 4 de setembro de 1870, contudo, ela ainda não estava declarada. Mas desde então fica evidente o antagonismo entre a Paris dos trabalhadores e a Paris de Thiers.

É a Paris dos trabalhadores que se constitui no impeditivo da capitulação, tal como a exige Bismarck; por isso, ainda em setembro, ele sitia a capital para isolá-la do resto do país e levá-la à rendição – e o isolamento de Paris será, de fato, uma das causas da derrota da Comuna[43]. O sítio é rigoroso: a capital subsistirá praticamente sozinha, sem relações e comunicações com o exterior dos seus muros. Todavia, o povo trabalhador, suportando sob o sítio fome e frio inauditos, não cede. E, em janeiro de 1871, os prussianos, baseados em Versalhes, iniciam o bombardeio da cidade.

É também nesse janeiro, a 28, que Jules Favre (1809-1880), homem de Thiers, firma com Bismarck, à revelia do povo de Paris, o acordo inicial para a capitulação da França. Todas as exigências prussianas são servilmente atendidas, inclusive a cessão de fortalezas situadas na capital, bem como da artilharia e das munições nelas alocadas. Agora já não é mais possível ocultar que o governo de Thiers, um governo formalmente de defesa nacional, é de fato um governo de traição nacional, subordinado a Bismarck. O problema real e imediato de Thiers e seus cúmplices, logo identificados como *versalheses*, consiste em como operar o efetivo desarmamento de Paris contra o seu povo e a Guarda Nacional – esta, para resistir ao desarmamento, já contando com um Comitê Central, reestrutura--se como Federação Republicana e passa a ter comandantes de batalhões eleitos pelos seus membros.

Hábeis artimanhas e ameaças, em geral veladas, todas inúteis, são empregadas por autoridades governamentais e tomam semanas. Até que Thiers, já seguro de que Bismarck lhe oferecerá contingentes que estavam na condição de prisioneiros de guerra para organizar tropas destinadas ao assalto de Paris, decide-se por uma ação ousada e aventureira para mensurar o seu potencial de força na capital: na madrugada de 18 de março de 1871, uma desordenada investida de unidades militares obedientes a Thiers tenta apossar-se de fortalezas e da artilharia (concentrada especialmente em Montmartre) da capital sitiada. O assalto, porém, fracassa: a mobilização autônoma dos trabalhadores desbarata a intentona. A efervescência toma conta da cidade e seu resultado aparece no início da noite: uma bandeira vermelha passa a tremular no Hôtel de Ville – está nascendo a Comuna. Thiers, seus ministros e prepostos (enfim, a sua *claque*) fogem, matilha atemorizada correndo de Paris para Versalhes. E a Guarda Nacional não impede que unidades militares fiéis a Thiers se retirem da cidade, com suas armas e munições.

A bandeira vermelha erguida na noite de 18 de março de 1871 recebe a sua consagração formal a 26 de março: realizam-se, sob clima da mais inteira liberdade política, eleições para o Conselho Municipal de que participam todas as forças políticas existentes. Votam 287 mil eleitores e não se elege uma só figura vinculada diretamente a Thiers, que se vê fragorosamente derrotado: dos 85 eleitos, 19, por diferentes motivos, renunciaram; "dos 66 restantes, 11, embora revolucionários, não tinham clara conotação política; 14 provinham do Comitê da Guarda Nacional; 15 eram radicais-republicanos e socialistas; 9, blanquistas e 17 eram membros da Internacional" (Musto, em Musto, org., 2014, p. 51)[44]. Na posse dos eleitos, cerca de 200 mil pessoas juntaram-se diante do Hôtel de Ville para aclamá-los; um deles gritou: "Em nome do povo, está proclamada a Comuna!", e a massa presente bradou em uníssono: "*Vive la Commune!*". À consagração formal seguiu-se a consagração real, preito à honestidade dos servidores da Comuna e ao denodado esforço para implementar o seu programa, cujo conteúdo revolucionário expressava as aspirações dos trabalhadores[45]; a prova mais eloquente dessa consagração real a massa dos trabalhadores de Paris haveria de oferecer no curso do confronto que Thiers, instalado o seu governo em Versalhes, deflagrou com a decisão (1º de abril) de atacar a cidade e com a declaração oficial da guerra civil (10 de abril).

Conhece-se o curso das lutas até 21 de maio, com os trabalhadores resistindo sem esmorecer – sob o cerco, suportando a fome e os bombardeios – e inscrevendo na história moderna a saga do heroísmo que levou Marx a referir-se a um prometeico *assalto ao céu*[46]. Na tarde de 21 de maio, as tropas que Thiers entregou ao conde de Mac-Mahon (1808-1893), arregimentadas em Versalhes com o apoio de Bismarck, invadem Paris pela porta de Saint-Cloud. Nos dias seguintes – a *semana sangrenta* –, uma vaga de indescritível horror varre a cidade, literalmente massacrando milhares de homens, mulheres e crianças (ver, supra, neste capítulo, nota 1) e pondo fim à Comuna. A derrota da Comuna, consumada a 28 de maio, não impediu a continuidade da matança: ainda foram necessárias novas jornadas de chacinas, estendidas até junho, para que o vitorioso Mac-Mahon – já antes promovido a marechal por Luís Napoleão, humilhado pelos prussianos em Sedan, aprisionado e logo libertado para servir como carniceiro de Paris e depois presidente da República Francesa – devolvesse a Thiers e a sua gente, às classes dominantes europeias e à Igreja de Roma uma capital "em ordem"[47].

Tendo as mãos encharcadas com o sangue dos parisienses, Thiers, seus patrões e seus cúmplices incrementam a cruzada ideológica deflagrada nos meses anteriores: a partir de maio de 1871, com mais calúnias e novas mentiras absurdas, continuam intoxicando a opinião pública (burguesa), infamando os *communards* e atribuindo à Internacional a responsabilidade pela Comuna[48]. Thiers impõe à organização a clandestinidade no território francês e Favre, seu ministro do Exterior, em 6 de junho, distribui uma circular a governos estrangeiros afirmando que a Comuna havia sido obra da Internacional e apelando a todos para colaborar com sua liquidação (Jones, 2017, p. 538). Ele é secundado por autoridades de alguns Estados e, como seria de esperar, pelo papa Pio IX, que recomenda que se deixe de "tolerar essa seita da Internacional", cujos dirigentes "devem ser temidos porquanto trabalham em nome dos eternos inimigos de Deus e da humanidade" (Musto, em Musto, org., 2014, p. 52-3)[49]. A desinformação mais grosseira, em escala exponenciada, criminaliza a organização dos trabalhadores; as mentiras são tão absurdas que Marx as ironiza: "Depois do grande incêndio de Chicago [verão de 1871], o telégrafo espalhou pelo mundo que se tratava de um ato da Internacional; e é realmente surpreendente que ela não tenha sido culpada também pelo furacão que devastou as Índias Ocidentais" (citado em Musto, org., ibidem, p. 52).

Era imprescindível, em tais circunstâncias, que a Internacional, seus dirigentes e suas figuras mais conhecidas respondessem vigorosamente à campanha caluniosa de que a organização era alvo. Desde que a Comuna se constituiu e no curso da sua breve existência, tais respostas foram veiculadas pelas suas seções nacionais, pela imprensa a elas afeta e por homens públicos que a representavam (por exemplo, na Alemanha, as intervenções de Liebknecht e de Bebel). No interior do Conselho Geral, a partir de março de 1871, acompanhou-se atentamente a situação francesa e foram calorosos os debates sobre a Comuna – até porque o apoio da Internacional à causa dos *communards* provocou divergências no coletivo dirigente[50]. No entanto, a resposta mais contundente da Internacional, que se publicou como a expressão oficial do seu posicionamento, foi editada poucos dias depois da derrota da Comuna: trata-se de *A guerra civil na França*.

Já observamos que, na *segunda mensagem* comentada há pouco, Marx frisou a complexidade da situação dos trabalhadores franceses e os advertiu de que evitassem ações extemporâneas e intempestivas – e, na sua correspondência daqueles dias agitados, bem como nas suas intervenções no Conselho Geral, reiterou tais advertências. Naquela correspondência (coligida em MEW, 1966, v. 33), Marx não deixou de pontuar o que lhe parecia equivocado e/ou problemático no processo da Comuna; suas reservas estarão consignadas, como veremos, em *A guerra civil na França*. Entretanto, a partir de abril, quando os inimigos da Comuna puseram em marcha a sua mais intensa mobilização contra ela, a voz de Marx imediata e incondicionalmente se fez ouvir em defesa dos trabalhadores franceses e na denúncia das inverdades que começaram a circular sobre os eventos de Paris. No seu empenho para desmontar as falsidades propaladas sobre a Comuna, Marx tentou valer-se – aliás, com resultados paupérrimos – até da própria imprensa que as veiculava[51].

Desde os primeiros dias de vida da Comuna, quando seus inimigos logo a inquinaram como uma conspiração patrocinada por uma agência de origem forânea (a Internacional), Marx preocupou-se em demonstrar a *autonomia* do protagonismo revolucionário dos *communards*, intérpretes legítimos das aspirações e demandas dos trabalhadores parisienses, que não obedeciam a comandos do exterior – preocupou-se em salientar que não eram "agentes" teleguiados da Internacional. Em todos os momentos e passos da sua intervenção em defesa da Comuna, insistiu em que o papel (mais: o *dever*) da Internacional, enquanto organização, era o de apoiar a sua ação política, decidida exclusivamente segundo as exigências da luta em Paris e livre de qualquer orientação que não proviesse da vontade das suas próprias bases. Realçou que a solidariedade da Internacional com os trabalhadores parisienses em face dos seus inimigos decorria dos princípios mesmos que haviam dado origem à organização – princípios nada secretos ou ocultos, posto que a Internacional, uma associação legal, publicitara-os nos documentos que dera à luz quando de sua fundação (o que nunca deixou de fazer, como o provava a divulgação recente das suas *mensagens* de julho e setembro de 1870). Reiterou sempre que a participação de membros da Internacional na Comuna, compartilhada com distintos setores do movimento operário (atestada, inclusive, na composição do Conselho Municipal eleito em 26 de março – como vimos antes, dos seus 66 membros ativos, apenas 17 eram vinculados à Internacional), expressava tão somente o seu compromisso com os interesses dos trabalhadores parisienses[52]. A preocupação marxiana em esclarecer a relação entre a Internacional e eventos revolucionários como a Comuna perpassa as páginas de

A guerra civil na França e comparece, cristalinamente, num dos seus parágrafos finais. Nele, Marx afirma que é o espírito burguês de viés policial que imagina

> a Associação Internacional dos Trabalhadores agindo à maneira de uma conspiração secreta, com o seu organismo central ordenando, de tempos em tempos, explosões em diferentes países. [Ora,] a nossa Associação não é, de fato, senão o elo internacional entre os operários mais avançados dos vários países do mundo civilizado. Onde quer que seja, sob que forma e sob que condições forem que a luta de classes ganhe qualquer consistência, é natural que membros da nossa Associação estejam na primeira linha. [432-3]

A guerra civil na França é um primoroso ensaio que opõe, em passagens apaixonadas, a infinita superioridade moral e o heroísmo dos que intentaram *assaltar o céu*, de um lado, à mesquinha pequenez humana dos seus assassinos, de outro. O opúsculo, todavia, não se limita à indignada denúncia da barbárie (Marx tem à vista a *semana sangrenta*) a que é levada a *defesa da ordem* quando as lutas de classes põem em questão o seu fundamento e valor maior: a *propriedade privada* em que assenta o exercício do poder político. Vai muito além dessa necessária denúncia: articula a análise histórico-concreta de um processo político determinado para extrair dele elementos essenciais para uma prospecção teórica que o transcende largamente. Tentemos apanhar essa dinâmica analítica no andamento da argumentação marxiana, exposta em quatro seções.

Na primeira seção, Marx começa por situar a questão imediata levantada pela proclamação da República: o governo provisório só foi aceito pelo povo de Paris na condição de ser um governo para a defesa nacional, e exatamente essa condição era inaceitável para este governo, tal como se articulou e compôs. O governo provisório foi constituído enquanto as lideranças populares ainda estavam nas prisões bonapartistas, e só por isso foi possível a Thiers tomar a sua direção. Na medida em que a defesa nacional passava então necessariamente pela defesa de Paris, com os prussianos às portas da capital e com as exigências de capitulação de Bismarck, Thiers – por sua biografia e seu caráter, por sua trajetória política e seu oportunismo visceral, pelas suas condição e posição de classe –, justamente Thiers seria o último dos homens talhado para liderar um autêntico governo de defesa nacional[53]. Para o governo provisório com Thiers à cabeça, *a resistência de Paris era inadmissível, porque ela supunha armado o povo parisiense*. Thiers e tudo o que representava – a burguesia, o clero, os latifundiários (que Marx designa como *rurais*) e os monárquicos franceses – temiam muito mais o povo de Paris que as forças prussianas, com as quais desejavam um acordo qualquer. Diz Marx:

> Paris [...] não tinha defesa sem armar a sua classe operária, sem organizá-la numa força efetiva e sem treiná-la na própria guerra. Mas Paris armada era a

revolução armada. Uma vitória dela sobre o agressor prussiano teria sido uma vitória do operário francês sobre o capitalista francês e os seus parasitas de Estado. Nesse conflito entre dever nacional e interesse de classe, o Governo de Defesa Nacional não hesitou um momento sequer em se tornar um governo de traição nacional. [375-6]

Por isso, o dilema de Thiers era o de impedir na *prática* que Paris resistisse, ao mesmo tempo que chefiava um governo *formalmente* comprometido com a resistência. Só uma política hipócrita, mentirosa, corrupta e corruptora, tecida e saturada de intrigas e dilações, poderia manter de pé, ainda que por um lapso temporal certamente breve, um governo dessa natureza. E por cinco meses essa foi a política de Thiers: ele usou a *máscara da impostura* [377] de 4 setembro de 1870 (a emergência da República) a 28 de janeiro de 1871 (a assinatura do acordo inicial da capitulação); afirmava e negava, dizia uma coisa e fazia outra, acenava falsamente com hipóteses de diálogo, prometia e não cumpria. Simulava preparar a luta para prosseguir a guerra contra os prussianos e conspirava para a capitulação da vergonha e da desonra. A *máscara da impostura* só foi abandonada por Thiers quando ele se assegurou de que tinha reunido as condições para assaltar Paris e destruir a resistência: de uma parte, a erosão das forças dos trabalhadores pelo sítio de meses; doutra, a garantia (oferecida de fato por Bismarck) de contar com um exército dirigido por quadros militares rendidos aos prussianos e formado por prisioneiros destes últimos.

Salientemos, desde já, que a falha em oferecer respostas rápidas e tempestivas às dilações e aos diversionismos de Thiers foi uma das críticas centrais que Marx formulou aos defensores de Paris. Assinalou-a francamente na sua correspondência na primeira quinzena de abril[54] e repetiu-a com clareza em passos de *A guerra civil na França* – por exemplo, diante da intentona de Thiers para retirar material de artilharia da cidade, Marx reprovou explicitamente a "relutância" do Comitê Central da Guarda Nacional "em continuar a guerra civil desencadeada pela tentativa de efração noturna [o assalto fracassado da madrugada de 18 de março de 1871, mencionado supra] por Thiers" e censurou diretamente o Comitê Central pelo "erro decisivo" de "não avançar logo sobre Versalhes, então completamente desguarnecida, o que teria posto termo às conspirações de Thiers" [396-7]. *A questão do tempo afigurava-se crucial a Marx* – numa carta de 13 de maio de 1871, ele reclamou, preocupado, com dois *communards*, Leo Frankel (1844-1896) e Louis Eugène Varlin (1839-1871): "A Comuna parece perder muito tempo com bagatelas e querelas pessoais" (MEW, 1966, v. 33, p. 226).

A maior parte das páginas da primeira seção [376-88] de *A guerra civil na França*, entretanto, como que resume a folha corrida do círculo próximo a Thiers (Louis Trochu, Favre, Ernest Picard, Jules Ferry), destacando as principais características dos seus sequazes: a incompetência, a inescrupulosidade, a ladroagem. O objeto maior delas, porém, é mesmo o *capo*: a trajetória política de Thiers vê-se esquadrinhada da Revolução de 1830 à ominosa genuflexão diante de Bismarck, pactuada ao preço do massacre da Comuna. Marx colige os elementos probatórios de que "a crônica da sua [de Thiers] vida pública é o registro das desgraças da França" [380] e expõe à luz solar as intrigas cortesãs, as traições escancaradas, o desavergonhado oportunismo, a demagogia cínica, a mentira e a corrupção de que Thiers valeu-se sistemática e repetidamente ao longo da sua intervenção na vida da França.

Mas nessas páginas de prosa escaldante nada há de psicologismo vulgar ou moralismo abstrato: Marx relaciona e articula o que à primeira vista parecem meras idiossincrasias pessoais ou inclinações egocêntricas às exigências e demandas que processos macrossociais, próprios de momentos de extrema tensão das lutas de classes, põem ao exercício direto do poder. Assim, Thiers, se não reunia quaisquer atributos para conduzir um governo de defesa nacional, condensava todos os traços necessários – construídos socialmente na França, da Revolução de 1830, passando pelo fracasso da Revolução de 1848, à crise do Segundo Império – para produzir o chefe de um governo de traição nacional: ele protagonizou à risca essa função histórica por ser a síntese da burguesia francesa pós-1848. Enfim, o homem certo para a hora certa, do ponto de vista das classes dominantes: nas palavras de Marx, um "gnomo monstruoso [que] seduziu a burguesia francesa durante cerca de meio século *porque é a expressão intelectual mais acabada da sua própria corrupção de classe*" [380 (itálicos meus – *JPN*)].

E Marx, ao mencionar a *corrupção de classe*[55], refere-se a ela tanto em sentido estrito quanto lato. A primeira seção de *A guerra civil na França* lança, no seu penúltimo parágrafo, o desafio a Thiers:

> E temos agora uma questão a pôr ao sr. Thiers e aos homens da defesa nacional, seus subordinados. É sabido que através do sr. Pouyer-Quertier [1820-1891], seu ministro das Finanças, Thiers contraiu um empréstimo de dois bilhões de francos. É então verdade ou não:
> 1. que o negócio estava arranjado de tal maneira que uma recompensa de várias centenas de milhões estava assegurada para benefício privado de Thiers, Jules Favre, Ernest Picard, Pouyer-Quertier e Jules Simon [1814-1896]?
> 2. e que nenhum pagamento havia de ser efetuado senão depois da "pacificação" de Paris? [388]

A segunda seção do texto, menos extensa que a precedente, ocupa-se das manobras de Thiers e seu governo para promover a "pacificação" de Paris – ou, em português claro, a rendição da capital. Dois foram os movimentos mais evidentes que Thiers operou nesse sentido, ambos frustrados: o primeiro (com o qual, segundo Marx, de fato "Thiers desencadeou a guerra civil" [391]) consistiu na intentona da madrugada de 18 de março de 1871, que visava a expropriar da capital o grosso da sua artilharia – empreitada cujo falhanço, como vimos, precipitou o içamento da bandeira vermelha no Hôtel de Ville. O segundo movimento decorreu dessa fracassada tentativa: sem conseguir extrair de Paris o seu armamento pesado, Thiers procurou imediatamente incorporar segmentos da Guarda Nacional às suas "forças de defesa". Também aí nada de significativo obteve, conforme Marx: "De 300.000 guardas nacionais, apenas 300 responderam a essa intimação de passarem para o pequeno Thiers" [391]. Não restou a Thiers mais que abandonar a capital em fuga e, de Versalhes, como chefe político, dirigir as operações bélicas contra Paris.

É certo que dois episódios de violência dentro da cidade marcaram os dias do içamento da bandeira vermelha[56] – um na praça Pigalle, outro na praça Vendôme; episódios que, em seguida, a propaganda reacionária explorou mentirosamente e que Marx trata de esclarecer e contextualizar devidamente. Na praça Pigalle, o general Lecomte (1817-1871), um oficial bonapartista envolvido na frustrada tentativa de apoderar-se da artilharia parisiense, diante de uma multidão desarmada, ordenou repetidamente a seus homens que fizessem fogo sobre o povo; frente à desobediência de seus comandados, ele os insultou publicamente e de forma ameaçadora. Então, relata Marx,

> em vez de atirarem sobre mulheres e crianças, os seus próprios homens atiraram sobre ele. Não é provável, obviamente, que hábitos inveterados, adquiridos pelos soldados sob a instrução dos inimigos da classe operária, mudem no preciso momento em que esses soldados mudavam de campo. Os mesmos homens executaram Clément Thomas. [391-2][57]

Na praça Vendôme, a 22 de março, a Guarda Nacional enfrentou um bando de arruaceiros, formado por familiares de notórias figuras do Segundo Império, moradores dos bairros luxuosos de Paris que ainda não haviam fugido para Versalhes. Eles pretendiam tomar de assalto o seu quartel-general e impedir pela força o seu avanço; o confronto, com alguns mortos e feridos, terminou com a dispersão dos assaltantes [294-5]. Até a instauração da Comuna, esses foram os episódios significativos de violência envolvendo a população e a Guarda Nacional – Marx, a propósito, comenta:

> Do 18 de março até a entrada das tropas de Versalhes em Paris, a revolução proletária permaneceu tão livre dos atos de violência em que as revoluções abundam – e mais ainda as contra-revoluções das "classes superiores" – que aos seus adversários não restaram fatos para vociferar contra ela, a não ser a execução dos generais Lecomte e Clément Thomas e o caso da Place Vendôme. [391]

Somente a partir de 5 de abril a Comuna ordenou represálias às medidas criminosas de Thiers[58], que, desde a fuga para Versalhes, vinha promovendo ataques a destacamentos da Comuna, determinando "logo a execução de prisioneiros em massa", submetidos "a atrocidades revoltantes" em chacinas "a sangue frio" [396-7, 398].

As duas primeiras seções de *A guerra civil na França* apresentam a movimentação (além dos perfis políticos) de Thiers e seu círculo, bem como do andamento geral da sua relação com os prussianos entre setembro de 1870 e março de 1871, sem as principais considerações de Marx sobre a Comuna. Na apertada sinopse que fizemos dessas seções, não destacamos as referências históricas e políticas de que o autor se socorre no seu relato – o leitor que acessar o texto marxiano certamente verificará a sua pertinência (ver, por exemplo, já na terceira seção, a síntese da evolução histórica do Estado francês [399-401]). É somente na terceira seção [398-418] de *A guerra civil na França* que Marx tratará especificamente da Comuna; nessa seção, referências igualmente pertinentes, porém mais abundantes e ricas, também mereceriam uma atenção que não podemos dedicar-lhes neste espaço [esp. 399-402, 409, 411]. E a terceira seção é, sem dúvidas, a mais importante do opúsculo. Ela se desenvolve em dois níveis plenamente integrados e articulados, mas que aqui distinguiremos por meras razões de clareza expositiva: um nível especialmente informativo e um nível nitidamente teórico-político.

Contrapondo-se às versões/visões infamantes que Thiers e os seus divulgavam e que a imprensa reproduzia larga e amplamente sobre a Comuna[59], Marx procura resgatar dela a verdadeira face. Valoriza as suas providências mais simples, próprias de "um governo do povo pelo povo":

> A abolição do trabalho noturno dos oficiais de padaria; a proibição, com penalização, da prática dos patrões que consistia em reduzir salários cobrando multas, sob variados pretextos, dos seus trabalhadores – processo em que o patrão combina na sua própria pessoa os papéis de legislador, de juiz e de executor e surrupia o dinheiro para o seu bolso. Outra medida dessa espécie foi a entrega a associações de operários, sob reserva de compensação, de todas as oficinas e fábricas fechadas, quer os capitalistas respectivos tivessem fugido, quer tivessem preferido parar o trabalho. [413]

Ao mesmo tempo que salienta e louva providências desse gênero, Marx tem consciência de que "as medidas financeiras da Comuna, notáveis pela sua sagacidade e moderação, só podiam ser as que eram compatíveis com o estado de uma cidade cercada". Por levar em consideração o "estado de uma cidade cercada" – e também o brevíssimo lapso temporal em que decorreu a experiência dos *communards* –, Marx mostra-se muito sóbrio nessa questão e afirma sem mais que "a grande medida social da Comuna foi a sua própria existência atuante" [413].

Suas reservas à Comuna (resumidas neste capítulo, nota 54, supra: não ter avançado a tempo sobre Versalhes e a pressa do Comitê Central da Guarda Nacional em passar seu poder aos eleitos em 26 de março de 1871), tornadas públicas, não incidem sobre o terreno econômico-financeiro. Quanto a Engels, só vinte anos mais tarde, na sua introdução (1891) a *A guerra civil na França*, ele viria a ressaltar o "grave erro político" que foi o "sagrado respeito" com que a Comuna se deteve diante das "portas do Banco da França" [350]; Marx também haveria de se referir ao que poderia ter sido feito se a Comuna expropriasse o Banco da França (ver, infra, neste capítulo, nota 64).

Vejamos como Marx sumariou as informações que julgava importantes para resgatar a verdade sobre a Comuna:

> Paris apenas pôde resistir porque, em consequência do cerco, tinha se livrado do exército e o tinha substituído por uma Guarda Nacional que era, na sua massa, composta por operários. Esse fato tinha agora de ser transformado numa instituição. O primeiro decreto da Comuna, por isso, foi a supressão do exército permanente e a sua substituição pelo povo armado.
>
> A Comuna foi formada por conselheiros municipais, eleitos por sufrágio universal nos vários bairros da cidade, responsáveis e revogáveis em qualquer momento. A maioria dos seus membros eram naturalmente operários ou representantes reconhecidos da classe operária. A Comuna havia de ser não um corpo parlamentar, mas operante, executivo e legislativo ao mesmo tempo. Em vez de continuar a ser o instrumento do governo central, a polícia foi logo despojada dos seus atributos políticos e transformada no instrumento da Comuna, responsável e revogável em qualquer momento. O mesmo aconteceu com os funcionários de todos os outros ramos da administração. Dos membros da Comuna para baixo, o serviço público tinha de ser feito em troca de salários operários. Os direitos adquiridos e os subsídios de representação dos altos dignatários do Estado desapareceram com os próprios dignatários do Estado. As funções públicas deixaram de ser a propriedade privada dos testas de ferro do governo central. Não só a administração municipal, mas também toda a iniciativa até então exercida pelo Estado foram entregues na mão da Comuna.
>
> Uma vez livre do exército permanente e da polícia, elementos da força física do antigo governo, a Comuna estava desejosa de quebrar a força espiritual de repressão, o "poder dos padres", pelo desmantelamento e expropriação de todas as igrejas enquanto corpos proprietários. Os padres foram devolvidos aos retiros da vida privada, para terem aí o sustento das esmolas dos fiéis, à imitação dos seus predecessores, os apóstolos. Todas as instituições de ensino foram abertas ao povo gratuitamente e ao mesmo tempo libertas de toda a interferência do Estado. Assim, não apenas a educação foi tornada acessível a todos, mas também a própria

ciência liberta dos grilhões que os preconceitos de classe e a força governamental lhe tinham imposto.

Os funcionários judiciais haviam de ser despojados daquela falsa independência que só tinha servido para mascarar a sua abjeta subserviência a todos os governos sucessivos, aos quais, um após o outro, eles tinham prestado e quebrado juramentos de fidelidade. Tal como os restantes servidores públicos, magistrados e juízes haviam de ser eleitos, responsáveis e revogáveis. [402-3]

A supressão do Exército permanente e do funcionalismo de Estado pela Comuna – que implicava a "não existência da monarquia, que, pelo menos na Europa, é o lastro normal e o disfarce indispensável da dominação de classe" [406] – destruía "as duas maiores fontes de despesa" governamental; por tudo isso, a Comuna poderia oferecer um *governo barato* a uma república apoiada em bases *realmente democráticas*. Mas, esclarece Marx, nem *governo barato* nem *república verdadeira* eram o objetivo último da Comuna: "Eram-lhe meramente concomitantes" [406].

Marx, todavia, não se limita à descrição da organização político-administrativa da Comuna em curso de efetivação na Paris insurreta. Ele delineia a sua possível projeção nacional em passagem tão importante que justifica a longa transcrição:

> A Comuna de Paris haveria obviamente de servir de modelo a todos os grandes centros industriais da França. Uma vez estabelecido o regime comunal em Paris e nos centros secundários, o velho governo centralizado *teria de dar lugar, nas províncias também, ao autogoverno dos produtores*. Num esboço tosco de organização nacional que a Comuna não teve tempo de desenvolver, estabeleceu-se claramente que a Comuna deveria ser a forma política mesmo dos menores povoados do campo, e que nos distritos rurais o exército permanente haveria de ser substituído por uma milícia nacional com um tempo de serviço extremamente curto. As comunas rurais de todos os distritos administrariam os seus assuntos comuns por uma assembleia de delegados na capital de distrito e essas assembleias distritais, por sua vez, enviariam deputados à Delegação Nacional em Paris, sendo cada delegado revogável em qualquer momento e vinculado pelo *mandat impératif* [mandato imperativo] dos seus eleitores. *As poucas, mas importantes funções que ainda restariam a um governo central não seriam suprimidas, como foi intencionalmente dito de maneira deturpada, mas executadas por agentes comunais e, por conseguinte, estritamente responsáveis.* A unidade da nação não haveria de ser quebrada, mas, ao contrário, organizada pela Constituição comunal e tornada realidade pela destruição do *poder de Estado, o qual pretendia ser a encarnação dessa unidade, independente e superior à própria nação, de que não era senão uma excrescência parasitária.* Enquanto os órgãos repressivos do velho poder governamental haveriam de ser amputados, *as suas funções legítimas seriam*

arrancadas a uma autoridade que usurpava a preeminência da própria sociedade e restituídas aos agentes responsáveis da sociedade. Em vez de decidir, uma vez a cada três ou seis anos, que membro da classe governante representaria mal o povo no parlamento, o sufrágio universal haveria de servir ao povo, constituído em comunas, assim como o sufrágio individual serve a qualquer outro patrão em busca de operários e administradores para o seu negócio. [...] Por outro lado, *nada poderia ser mais estranho ao espírito da Comuna do que substituir o sufrágio universal pela investidura hierárquica.*

É em geral a sorte de criações históricas completamente novas serem tomadas erradamente como a réplica de formas mais antigas e mesmo defuntas da vida social, com as quais podem manter uma certa semelhança. Assim, *esta Comuna nova, que quebra o moderno poder de Estado*, foi tomada erradamente como uma reprodução das comunas medievais que precederam, primeiro, esse mesmo poder de Estado, e se tornaram depois o seu substrato. [...] O antagonismo da Comuna contra o poder de Estado foi tomado erradamente como uma forma exagerada da antiga luta contra a ultracentralização. [...] [Ora,] *a Constituição comunal haveria de restituir ao corpo social todas as forças até então absorvidas pelo Estado parasita, que se alimenta da sociedade e lhe estorva o livre movimento.* Por este único ato, ela teria iniciado a regeneração da França. [403-5 (todos os itálicos, salvo em *mandat impératif*, são meus – *JPN*)]

Essa longa (e necessária) citação extrapola largamente o conjunto de informações com o qual Marx se dispõe a responder à indagação com que abre a terceira seção de *A guerra civil na França*: "Que é a Comuna, essa esfinge que tanto atormenta o espírito burguês?" [398]. Como o leitor seguramente percebe, nessa passagem Marx oferece muito mais que preciosas informações sobre a organização político--administrativa que a Comuna implementou na sua breve existência – vale dizer, informações sobre o seu *processo*. Ele vai adiante e tematiza o *projeto* que se gesta na experiência da Comuna; com efeito, não se limita a considerar a *realidade* da Comuna, mas *prospecta os possíveis desenvolvimentos do seu devir.* Com essa prospecção, Marx desloca-se do relato informativo para o âmbito da *elaboração teórico--política*. E é mediante esse movimento[60] que *A guerra civil na França* mostrar-se-á não apenas um texto de combate conjuntural, dedicado e adequado à defesa da Comuna: revelar-se-á uma peça-chave para a compreensão marxiana da dinâmica do Estado moderno (burguês), ou, para ser mais preciso, tornar-se-á parte constitutiva da *teoria marxiana do Estado*, que é, antes de tudo e substantivamente, *uma crítica do Estado* (pouco tendo a ver, portanto, com os tratamentos que são os convencionais da teoria política e/ou da ciência política acadêmicas).

Na elaboração teórico-política que Marx desenvolve na terceira seção de *A guerra civil na França* são perceptíveis determinações críticas que ele alcançara em momentos precedentes da sua reflexão – algumas das quais já repontavam na produção do *jovem* Marx, visíveis em textos do segundo semestre de 1843, quando ele se ocupou seja da relação Estado/sociedade civil na sua primeira crítica da filosofia do direito de Hegel, seja da problemática da emancipação humana em *A questão judaica* (produção referida no primeiro capítulo desta biografia). No entanto (e pode parecer óbvio afirmá-lo), em *A guerra civil na França*, a elaboração a que estamos aludindo supera amplamente todos os ganhos teóricos acumulados até então por Marx, mormente aqueles registráveis na sua reflexão anterior à consolidação da sua crítica da economia política. Ademais, a elaboração que se encontra em *A guerra civil na França* tem por base uma "análise concreta de uma situação concreta" – precisamente aquela que ele realiza acerca das forças sociais, *forças de classes*, que o proletariado de Paris seria capaz de articular como a base social da Comuna. Dessa análise [409-12] ele inferiu que o protagonismo proletário haveria de garantir-se porque, em face do que representavam Thiers e seu governo, a Comuna tinha as condições objetivas para unificar e catalisar as demandas não só da classe operária, mas da imensa maioria da população francesa, a partir da "grande massa da classe média de Paris – lojistas, comerciantes, negociantes –, excetuados só os capitalistas ricos" [409], e dos camponeses [410][61]. A inferência de Marx tinha fundamento: nas circunstâncias da traição nacional do governo de Thiers e da sua vergonhosa vassalagem a Bismarck, a Comuna demonstrava ser "a primeira revolução em que a classe operária era abertamente reconhecida como a única classe capaz de iniciativa social" [408-9].

Retornemos à longa citação antes transcrita, tomando os seus próprios termos. A nosso juízo, a ideia essencial sobre a qual assenta o desenvolvimento da elaboração teórico-política marxiana é o *autogoverno dos produtores* (isto é, dos trabalhadores). Instaurá-lo é, de fato, o *objetivo* que exige/impõe a *destruição* (e não a conquista e o controle) dos organismos e mecanismos *do poder de Estado*, precisamente *do moderno poder de Estado*[62]. Esse poder, uma *excrescência parasitária*, deve ser restituído, nas suas *funções legítimas*, aos próprios trabalhadores, na condição de *agentes responsáveis da sociedade* – o que está longe de equivaler à supressão de qualquer forma de governo: equivale à supressão de suas formas repressivas e impositivas de medidas do interesse da minoria dos sujeitos coletivos dominantes, não à supressão das suas *funções públicas*; estas, *até então absorvidas pelo Estado parasita, que se alimenta da sociedade e lhe estorva o livre movimento*, a Comuna as recupera para o *corpo social*. A ideia axial do autogoverno dos produtores supõe, pois, não a supressão de funções governamentais, mas a supressão de uma forma política determinada de exercício do poder, tipificada pelo Estado (moderno, burguês) que se substitui à iniciativa da sociedade, que se autonomiza dela e, portanto, escapa especialmente ao controle dos trabalhadores (os produtores). A destruição da "maquinaria burocrática e militar" própria de tal Estado e inerente à sua existência é a condição para que o autogoverno dos trabalhadores se torne viável, possibilitando a supressão de modalidades heteronômicas de controle (de dominação/opressão) dos trabalhadores – ressoam aqui, ao que tudo indica, as sugestões saint-simonianas acerca da "conversão do governo político sobre pessoas em administração de coisas" (ver Engels, 2015, p. 292).

Em essência, na questão crucial do *autogoverno dos trabalhadores* inscreve-se o problema da *emancipação humana*, de que se ocupou o *jovem* Marx. Mas agora, em 1871, a elaboração marxiana, à vista da experiência, mesmo que tão breve, da Comuna, desenvolve-se num registro muito mais amplo e complexo, *diretamente ligado à centralidade da questão democrática*. O exame da longa passagem que estamos comentando não deixa dúvidas quanto à centralidade da democracia para os trabalhadores, tal como a Comuna a implementou e projetou: sem eliminar a representação política, o recurso ao *sufrágio universal* e aos *mandatos imperativos*, com a revocabilidade dos seus portadores, *articula elementos representativos com o exercício da democracia direta*; além do que, por outra parte, a responsabilização dos eleitos se torna mais abrangente, uma vez que a clássica divisão entre poderes representativos se supera quando a Comuna fusiona as funções legislativas e executivas num só corpo operante. Para identificar o "rosto" dessa efetiva universalização dos componentes constitutivos da democracia que transcende o plano da formalidade, tornando-se a *democracia real* que serve à emancipação humana, Engels, na já citada introdução de 1891, menciona a expressão que tanto a define quanto, segundo ele, aterroriza o "filisteu social-democrata": trata-se da *ditadura do proletariado* [355]. Voltaremos a ela ao abordar a *Crítica do Programa de Gotha*, na qual é o próprio Marx quem determina mais precisamente os seus conteúdo e sentido.

Se nos fosse possível, no âmbito desta biografia, um exame mais detido da terceira seção de *A guerra civil na França*, certamente várias outras das suas dimensões e implicações poderiam ser destacadas[63]. Interessa aqui apenas, ao tratá-la tão brevemente, assinalar com ênfase a importância nela conferida por Marx à Comuna: para ele, a "república social", anunciada em fevereiro de 1848 pelo proletariado de Paris, não era mais que "uma vaga aspiração por uma república que não apenas havia de pôr de lado a forma monárquica da dominação de classe, mas a própria dominação de classe", enquanto "*a Comuna foi a forma positiva dessa república*" [402 (itálicos meus – *JPN*)]. Nessa *forma* reside a peculiaridade histórica da Comuna – diz Marx:

> A multiplicidade de interpretações a que a Comuna esteve sujeita e a multiplicidade de interesses que a explicaram em seu favor mostram que ela era uma forma política inteiramente expansiva, ao passo que todas as formas anteriores de governo têm sido marcadamente repressivas. Este era o seu verdadeiro segredo:

ela era essencialmente um governo da classe operária, fruto da luta da classe produtora contra a apropriadora – *a forma política, finalmente descoberta, com a qual se realiza a emancipação econômica do trabalho.* [406 (itálicos meus – *JPN*)]

Já frisamos que a elaboração teórico-política abrigada na terceira seção de *A guerra civil na França* vai muito além do tratamento do evento histórico em que se constituiu a Comuna; o último parágrafo reproduzido aqui parece-nos aduzir, sintética e suficientemente, o argumento probatório para sustentar a ideia segundo a qual a forma política concretizada na Comuna transcende a sua singularidade e deixa entrevê-la teoricamente como *mediadora necessária* no processo de emancipação do trabalho.

Não é preciso pôr de manifesto que, na sua análise da Comuna, *Marx em nenhum momento atribuiu-lhe uma consciente intencionalidade socialista, menos ainda um expresso objetivo comunista*; também não nutriu quaisquer ilusões sobre uma eventual vitória dos *communards*, dado o conhecimento que tinha das efetivas condições em que lutavam (na melhor das hipóteses, avaliava que poderiam chegar a um acordo honroso com Versalhes, evitando o massacre final – aliás, num documento privado, redigido dez anos depois, ele dissipou quaisquer dúvidas a respeito disso[64]). A sua apaixonada defesa da Comuna fez-se em função da grandeza e da generosidade do seu heroísmo, até porque lhe era claro que não se combate somente quando há a alternativa de vencer; melhor que ninguém, Marx sabia que "a história mundial seria, na verdade, muito fácil de fazer-se se a luta fosse empreendida apenas em condições nas quais as possibilidades fossem infalivelmente favoráveis" (carta a Kugelmann, 17 de abril de 1871 – Marx, 1969, p. 293). Sua defesa se fez, ainda, porque ele vislumbrou, novamente melhor que ninguém, o *significado histórico* da Comuna: "A luta da classe operária contra a classe capitalista e seu domínio entrou em nova fase com a batalha de Paris. Sejam quais forem os resultados imediatos, um novo ponto de partida de importância mundial foi conquistado" (ibidem, p. 294).

Essa apreensão teórica do significado histórico da Comuna foi possível pela atenta "análise concreta de uma situação concreta" desenvolvida por Marx no calor da hora, e desenvolvida rigorosamente à luz da perspectiva de classe (proletária) por ele assumida desde a segunda metade dos anos 1840. Precisamente tal análise permitiu-lhe (mais: obrigou-o a) ultrapassar a visão inicial do que parecia ser uma *loucura desesperada* (segunda mensagem da Internacional, setembro de 1870) e descobrir, oito meses depois, no protagonismo dos trabalhadores parisienses, a emergência de um *novo estágio*, mais avançado, no curso das lutas sociais modernas.

A quarta seção do opúsculo concluído em maio de 1871, na semana mesma em que ocorria o massacre dos *communards*, resumindo as maquinações de Thiers e as operações criminosas levadas a cabo pelo seu governo de traição nacional, registra um componente relevante do novo estágio a que o combate entre as forças do trabalho e as do capital então se alçara. A relação estabelecida entre Thiers e Bismarck denota que, na repressão ao movimento emancipador dos trabalhadores, o poder dos Estados nacionais se unifica *logo que essa luta de classes converte-se em guerra civil*. E eis que Marx verifica que a dominação de classe "já não é capaz de se disfarçar sob um uniforme nacional; os governos nacionais, contra o proletariado, formam *um*" [431]. Mas ele sublinha que a derrota da Comuna, viabilizada que foi por essa unidade, não diminui a sua significação histórica. O último parágrafo de *A guerra civil na França é, quanto a is*so, limpidamente inequívoco:

> A Paris operária, com a sua Comuna, será sempre celebrada como o arauto glorioso de uma nova sociedade. Os seus mártires estão guardados como relíquia no grande coração da classe operária. E os seus exterminadores, já a história os amarrou àquele pelourinho eterno em que todas as orações dos seus padres os não conseguirão redimir. [433]

A Internacional e o confronto Marx-Bakunin

Já nos detivemos, no capítulo V, na fundação da Internacional (ver, supra, cap. V, nota 59[65]); agora se torna necessário dizer algo sobre o seu evolver, inclusive porque as intervenções de Marx referidas nas páginas precedentes se desenvolveram durante o período da sua atividade como dirigente da organização. Sobre essa atividade, que entre fins de 1864 e setembro de 1872 ocupou Marx à exaustão (ver, supra, cap. V, nota 65), não nos deteremos nesta seção – vamos, tão somente, sinalizar os eventos institucionais importantes da Internacional.

Ao longo da sua existência, a vida da Internacional foi balizada – conforme, aliás, as suas normas estatutárias – pelas resoluções aprovadas nos seus congressos e conferências[66]. Nos oito anos da sua atuação, a organização realizou duas *conferências* em Londres (25-29 de setembro de 1865 e 17-23 de setembro de 1871) e cinco *congressos* (I, Genebra, 3-8 de setembro de 1866; II, Lausanne, 2-8 de setembro de 1867; III, Bruxelas, 6-13 de setembro de 1868; IV, Basileia, 5-12 de setembro de 1869; V, Haia, 2-7 de setembro de 1872)[67]. Marx só participou presencialmente do último desses congressos, que teve lugar na Holanda; nos anteriores, sua ausência deveu-se sobretudo às exigências da continuidade do seu trabalho teórico (principalmente a interminável pesquisa relativa a *O capital*), a que se dedicava no pouco tempo que lhe restava após cumpridas as suas obrigações no Conselho Geral.

No exame da trajetória da Internacional, muitos analistas que já citamos (entre eles, Mehring, Braunthal, Freymond, org., Bravo, Léonard, Musto e outros) acabaram por estabelecer diferentes momentos ou fases de sua evolução; várias dessas contribuições são de fato pertinentes, discernindo os anos da fundação da Internacional, seu auge e sua crise e dissolução. Nos parágrafos seguintes, porém, trataremos apenas – sem maiores detalhes e recolhendo dados oferecidos em especial (mas não só) pelos seus estudiosos mais recentes – de mapear resumidamente esse processo nos seus eventos institucionais.

Da primeira conferência da Internacional (Londres, 25-29 de setembro de 1865) participaram trinta delegados (Inglaterra, França, Suíça e Bélgica), além de representantes da Alemanha, Polônia e Itália. Não foi um evento aberto ao público; tinha o limitado objetivo de preparar a realização do primeiro congresso da organização[68]. Já nessa conferência expressou-se a diversidade política e ideológica que marcaria a história da organização, com os delegados franceses evidenciando a forte influência que sobre eles exerciam as ideias de Proudhon; os vivos debates nela verificados (sobre as prioridades políticas e até sobre as finanças da Internacional[69]) não impediram a elaboração da agenda do seu primeiro congresso e a definição do local em que se daria: Genebra.

Com efeito, em Genebra, entre 3 e 8 de setembro de 1866, a Internacional realizou o seu primeiro congresso, reunindo sessenta delegados, representantes da Inglaterra, França, Alemanha e Suíça. Resume um historiador:

> Apesar de alguma oposição francesa à intervenção estatal, o congresso aprovou numerosas resoluções em consonância com os objetivos dos sindicalistas ingleses, mais notavelmente a demanda pela jornada das oito horas diárias e restrições ao trabalho juvenil. Uma demanda francesa, expressa por Tolain, de que só trabalhadores deveriam ser admitidos no congresso como delegados foi rejeitada pelo sindicalista inglês Randal Cremer, mas outra moção recomendando a proibição do trabalho feminino foi aprovada. (Jones, 2017, p. 487-8)

Nesse parágrafo de Jones registra-se a diversidade político-ideológica existente no interior da Internacional, já salientada por nós. Tolain, um fiel discípulo de Proudhon, rejeitava até a mínima intervenção do Estado na relação com os trabalhadores – inclusive na limitação legal da jornada de trabalho – e combatia o trabalho feminino; aqui, fica saliente a oposição entre os franceses "mutualistas" (proudhonianos) e os sindicalistas ingleses. No caso, a posição dos ingleses coincidia com a de Marx, que, em suas recomendações ao congresso, sustentou a relevância da intervenção estatal para a limitação da jornada de trabalho – posição que o congresso referendou[70].

No segundo congresso, que se desenrolou em Lausanne, entre 2 e 8 de setembro de 1867, a Internacional reuniu 64 delegados representando seis países (Inglaterra, França, Suíça, Alemanha, Bélgica e Itália)[71]. Boa parte dos estudiosos da organização reitera o juízo que sobre ele emitiu Mehring (2013, p. 379): foi "o congresso menos importante da Internacional". Sob forte influência da grande bancada de "mutualistas" franceses, discutiram-se questões caras aos proudhonianos (o movimento cooperativo, o uso alternativo do crédito), mas também o papel do Estado em relação às ferrovias e a questão da propriedade da terra. Ainda foi debatida a relação entre a Internacional e a Liga da Paz e da Liberdade, recém-fundada com o apoio de conhecidas personalidades[72]; pouco antes, em agosto, numa intervenção no Conselho Geral, Marx admitira a participação nela de membros da Internacional, mas a título apenas de vinculação individual e não como seus representantes.

À diferença do primeiro congresso, no entanto, o conclave de Lausanne repercutiu para além do campo dos trabalhadores. De acordo com Mehring (ibidem, p. 379),

> a imprensa inglesa em particular, e acima de tudo, *The Times* [...], mostrou um grande interesse pelo Congresso de Lausanne, apesar de ter ignorado completamente seu predecessor. Naturalmente, não faltava zombaria, mas ainda assim a burguesia tinha começado a levar a Internacional a sério.

O terceiro congresso realizou-se em Bruxelas, de 6 a 13 de setembro de 1868. Envolveu 99 delegados[73] e, no sumário de suas resoluções (tematizando tópicos relativos à propriedade fundiária, à gestão de canais, ferrovias e telégrafos, à guerra e à paz e tangenciando preocupações de natureza ecológica), a mais importante, sem qualquer dúvida, foi a aprovação da proposta que incluía expressamente a *socialização dos meios de produção* no programa da Internacional. Subscrevemos neste ponto o certeiro juízo de Musto (em Musto, org., 2014, p. 40):

> A resolução votada – entre aquelas que tiveram o maior relevo em toda a vida da Internacional – representou um decisivo passo adiante no percurso das definições das bases econômicas do socialismo, questão que agora era tratada não mais somente nos escritos dos intelectuais singulares, mas no programa de uma organização transnacional.

A aprovação da resolução (apresentada por César de Paepe[74]) marca o começo da superação do *proudhonismo* que até então dispunha do maior peso no interior da Internacional, superação que só será consolidada, realmente, no congresso seguinte da organização. Em Bruxelas, pois, inicia-se a ultrapassagem do "mutualismo" de Proudhon.

A conclusão dessa ultrapassagem é o dado mais importante e saliente do congresso seguinte da Internacional, o quarto, que decorreu, de 5 a 12 de setembro de 1869, em Basileia (noroeste da Suíça, às margens do Reno). O evento reuniu 78 delegados (da Inglaterra, França, Suíça, Bélgica, Alemanha, mas ainda da Espanha, Itália e Áustria, além de um representante do norte-americano Sindicato Nacional do Trabalho)[75]; na avaliação de um especialista, esse quarto congresso consumou o que se iniciara em Bruxelas, "erradicando o proudhonismo até mesmo da sua terra natal, a França" (Musto, em Musto, org., 2014, p. 41), avaliação compartilhada por vários outros analistas (por exemplo, Jones, 2017, p. 543). De fato, a análise das resoluções aprovadas em Basileia mostra inequivocamente a superação do legado de Proudhon no interior da Internacional e na sua programática[76].

Mas o fim das preocupações de Marx e dos dirigentes da Internacional a ele afetos com os proudhonianos não lhes trouxe um mínimo de conforto ideológico dentro da organização. Precisamente nesse quarto congresso fez a sua entrada, na cena da Internacional, o polêmico revolucionário russo Mikhail Bakunin (1814--1876), conhecido de Marx desde os anos 1840[77]. Logo se estabeleceu entre os dois um confronto que terá sérias consequências e desdobramentos: *a clivagem entre anarquismo e comunismo* – seja imediatamente, no que diz respeito à vida da Internacional, seja a prazo mais longo, no evolver dos movimentos anticapitalistas[78].

Ao cabo da Revolução Alemã de 1848-1849, de que participou valentemente, Bakunin – quatro anos mais velho que Marx – foi preso e, transferido para a Rússia, amargou o cárcere por quase uma década, em São Petersburgo, sendo enviado depois para um campo de trabalhos forçados na Sibéria, do qual evadiu--se em 1862. Passando pelo Japão e pelos Estados Unidos, aportou a Londres e, em 1864, mudou-se primeiro para a Itália e, enfim, para a Suíça, sempre procurando articular-se a organizações políticas (em 1867, uniu-se à Liga da Paz e da Liberdade, e data de finais dessa década a sua complicada relação política com o jovem conspirador russo Netchaiev[79]). Bakunin conjugava, na sua personalidade carismática, a autêntica paixão revolucionária a uma formação desordenada, que lhe oferecia um arcabouço intelectual eclético, com suas próprias ideias mesclando--se a extratos de Proudhon, Lassalle e Marx, sobre suportes filosóficos compósitos. Desenvolvendo uma concepção de caráter inequivocamente anarquista, Bakunin encarnava a vontade da revolução assentada no confusionismo teórico, de que derivava uma visão do processo revolucionário evidentemente equivocada[80].

Em Genebra, Bakunin, logo rompendo com a Liga da Paz e da Liberdade, criou a Aliança da Democracia Socialista, típica associação clandestina de caráter conspirativo, cujo surgimento foi noticiado em setembro de 1868 (ver Mehring, 2013, p. 392). Em dezembro, a Aliança solicitou o seu ingresso na Internacional, que foi recusado pelo Conselho Geral (conforme, aliás, o voto de Marx), sobretudo em razão dos seus objetivos programáticos[81]. Em seguida, a Aliança abriu mão do seu programa, declarou-se formalmente dissolvida e requereu novamente, em fevereiro de 1869, seu pedido de ingresso; na medida em que, agora, aderiria à Internacional não como um coletivo, posto que dissolvida, mas com a inscrição individual de suas seções, o pedido foi unanimemente aceito pelo Conselho Geral (ver Mehring, 2013, p. 401-2; Jones, 2017, p. 547). Daí a participação de Bakunin no congresso de setembro de 1869, na Basileia, no qual já ficaram claras as suas discrepâncias com Marx na questão do direito de herança[82]. Tais discrepâncias remetiam às profundas divergências entre os dois revolucionários – e foram sumariadas por Musto:

> Sobre [...] temas fundamentais, Marx e Bakunin tinham concepções radicalmente distintas. Enquanto para Marx o sujeito revolucionário por excelência era uma classe particular, o proletariado fabril, Bakunin voltava-se à massa em geral, à "grande ralé popular" (o *Lumpenproletariat*), que, sendo "quase impoluta pela civilização burguesa, carrega em seu interior e em suas aspirações, em todas as necessidades e misérias de sua vida coletiva, todas as sementes do socialismo do futuro". Se o comunista aprendera que a transformação social precisava ser acompanhada de determinadas condições históricas, de uma organização eficiente e de um longo processo para chegar à formação da consciência de classe entre as massas, o anarquista estava convencido de que a "grande ralé popular" era dotada de "um instinto, tão invencível quanto justo", por si só suficiente "para inaugurar e fazer triunfar a revolução social".

O dissenso entre Bakunin e Marx se manifestou também na identificação dos instrumentos mais adequados para a realização do socialismo. O primeiro passou uma parte significativa da sua vida militante criando (ou imaginando criar) sociedades secretas, ou organizações compostas por um grupo restrito de pessoas, sobretudo intelectuais: um "Estado-maior revolucionário, composto de indivíduos dedicados, enérgicos, inteligentes e, acima de tudo, amigos sinceros do povo", que prepararão a insurreição e farão a revolução. O segundo, ao contrário, defendeu a autoemancipação da classe operária, estando convencido de que as sociedades secretas "contrastam com o desenvolvimento do movimento operário", porquanto, "em vez de educar os operários, submetem-nos a leis autoritárias e místicas, que obstaculizam sua autonomia e conduzem sua consciência numa direção equivocada". O exilado russo opôs-se a toda ação política da classe operária que não visasse diretamente à revolução, inclusive a mobilização por reformas sociais e a participação em eleições, enquanto o cosmopolita com residência em Londres não desprezava a luta por reformas e objetivos parciais, embora com a absoluta convicção de que estes deveriam servir para reforçar a classe operária na luta para derrubar o modo de produção capitalista, e não para integrá-la no sistema.

A diferença não teria diminuído nem depois de realizada a revolução. Para Bakunin, "a abolição do Estado [era] a precondição ou o acompanhamento necessário da emancipação econômica do proletariado"; para Marx, o Estado não podia nem devia desaparecer de um dia para o outro. No artigo "A indiferença em matéria política", publicado em dezembro de 1873 no jornal italiano *Almanacco Repubblicano* para contrastar a hegemonia dos anarquistas no movimento operário daquele país, ele afirmara polemicamente: "Se a luta política da classe operária assume formas violentas, se os operários substituem sua ditadura revolucionária à ditadura da classe burguesa, então [de acordo com Bakunin] eles cometem o terrível delito de *lèse-principe* [leso-princípio]; pois, para satisfazer suas miseráveis necessidades cotidianas, para quebrar a resistência da classe burguesa, em vez de abaixar as armas e abolir o Estado, eles lhe dão uma forma revolucionária e transitória"[83].

É preciso reconhecer, no entanto, que Bakunin, apesar de sua recusa em distinguir entre o poder burguês e o proletário, soube prever os perigos da assim chamada "fase de transição" do capitalismo para o socialismo e a degeneração burocrática pós-revolucionária[84].

Em parte devido a seu escasso conhecimento de economia, a via federalista indicada por Bakunin não ofereceu nenhuma indicação rigorosamente útil sobre a realização do socialismo. À sua crítica, no entanto, deve-se reconhecer o mérito de ter previsto alguns dos dramas que caracterizariam o século XX. (Em Musto, org., 2014, p. 74-6; nesta citação, suprimimos as referências documentais do autor italiano)

Entretanto, apesar do acordo acertado no início de 1869 para o seu ingresso na Internacional (dissolução da Aliança, aceitação do programa da Internacional), na realidade Bakunin nunca abandonou a *dupla militância*: na condição de membro da Internacional, continuou operando com a sua Aliança. Seu projeto pessoal, confidenciado numa carta de 1872, tratava de construir

> uma sociedade secreta no coração da Internacional, para lhe dar uma organização revolucionária, para transformá-la, e a todas as massas existentes fora dela, num poder suficientemente organizado para destruir a reação político-clerical-burguesa e as instituições econômicas, jurídicas, religiosas e políticas do Estado. (Citado em Jones, 2017, p. 547)

Obviamente, essa disfarçada dupla militância de Bakunin e de seus seguidores aliancistas era de fato inaceitável para o núcleo dirigente (o Conselho Geral) da Internacional. E seus resultados logo se tornaram visíveis: já mesmo a partir de 1869, Bakunin – com a dedicação de seus seguidores, característica de todos os adeptos de seitas conspirativistas como a Aliança – passou a conquistar crescente influência em segmentos da Internacional na Suíça, na Espanha, na França e, depois da Comuna de Paris, na Itália (ver Musto, org., 2014, p. 42-3 e Jones, 2017, p. 548)[85]. A prosseguir essa atividade sem embaraços, Bakunin e os aliancistas poderiam reunir condições para controlar a Internacional (num primeiro passo necessário, tomando de assalto o seu Conselho Geral) a fim de convertê-la no instrumento operacional da política da Aliança da Democracia Socialista; vale dizer, o objetivo era o de *transformar a Internacional no braço executivo da política de uma organização sectária*. Punha-se em jogo a natureza e o caráter da organização criada em 1864, e o Conselho Geral tinha por dever assumir claramente a confrontação com o projeto bakuninista/aliancista – e a liderança para conduzi-la caberia a Marx.

As circunstâncias não garantiam as condições mínimas para a realização do quinto congresso da Internacional, em setembro de 1870, pois que a Guerra Franco-Prussiana e a proclamação da República na França impediam-no indubitavelmente. E, no ano seguinte, as dificuldades para a efetivação do congresso tornaram-se ainda maiores: com a emergência da Comuna, a repressão às atividades da Internacional viu-se potenciada. Porém, não era possível adiar mais – sob qualquer razão – o enfrentamento do processo interno que ameaçava erodir a organização que, mesmo sob todas essas circunstâncias adversas, registrava crescimento (ver, supra, neste capítulo, notas 5 e 85). A solução por que optou o Conselho Geral foi convocar uma conferência (a segunda) da Internacional, que se realizou em Londres, entre 17 e 23 de setembro de 1871. Compareceram 22 delegados (representantes da Inglaterra, Bélgica, Espanha, Suíça e, pela primeira vez, da Irlanda, além de exilados franceses), mas só 19 estiveram presentes em todas as sessões (Musto, org., 2014, p. 55)[86]. Se Mehring admitiu "o tamanho reduzido dessa conferência", Musto acabou por considerá-la, "de fato", "uma reunião ampliada do Conselho Geral".

Marx estava convencido, quando da convocação da conferência, da premente necessidade de enfrentar o que lhe parecia, "nas circunstâncias presentes", a questão mais importante para a Internacional: a da sua organização. Na sessão de abertura da conferência, destacou:

> O Conselho Geral convocou uma conferência para discutir com os delegados de vários países as medidas a serem tomadas contra os perigos que ameaçam a Associação em muitos países, *e para avançar em direção a uma nova organização, que corresponda às necessidades da situação*. Em segundo lugar, para elaborar uma resposta aos governos, que trabalham ininterruptamente para destruir a Associação com todos os meios de que dispõem. (Citado em ibidem, 2014, p. 56 [itálicos meus – *JPN*])

A alocução com que abriu a conferência mostra o objetivo de Marx: não somente responder às tensões internas existentes na Internacional, nem apenas à repressão agravada pelos recentes eventos parisienses – a sua preocupação maior consistia na (re)organização da Internacional para qualificá-la ao enfrentamento das "necessidades da situação", que seguramente comportariam novas exigências aos trabalhadores. Afinal, como já vimos páginas atrás, na carta a Kugelmann de

17 de abril de 1871, a Comuna, para Marx, inscrevia as lutas de classes numa *nova fase* e, por consequência, demandaria um redimensionamento orgânico da Internacional. Essa preocupação condensará a sua atividade como dirigente da Internacional, da conferência de setembro de 1871 ao congresso de 1872, e veremos que o seu denodado esforço não foi inteiramente exitoso.

Em 1870-1871, Marx de fato assumiu pública, explícita e frontalmente a liderança da Internacional e, com esse estatuto reconhecido e consolidado, conduziu o confronto então aberto e agudizado com Bakunin e os aliancistas. Sua atuação ao longo da conferência foi impressionante: interveio em *todas* as sessões de trabalho (tomando a palavra 102 vezes), debatendo, argumentando, persuadindo e articulando a unidade necessária à defesa do que considerava essencial para que a Internacional avançasse em termos políticos e organizacionais. Conseguiu que a conferência aprovasse resoluções que *conferiam mais poderes ao Conselho Geral* e derrotasse as posições político-abstencionistas, sublinhando *a indispensabilidade da ação política e apontando como alternativa a formação de partidos operários em âmbito nacional* – tal alternativa, posta assim como resolução imperativa proveniente do Conselho Geral e chancelada numa conferência e não num congresso, constituía, verdadeiramente, uma inflexão na trajetória da Internacional. Residia nela o ponto crucial das resoluções da conferência[87]: era, em verdade, uma determinação expedida de cima para baixo, para a ação política da classe operária. Um dos mais argutos estudiosos da história da Internacional dá conta da importância do empenho de Marx nessa direção:

> A decisão de maior relevo tomada durante a conferência, e pela qual ela seria depois lembrada, foi a aprovação da Resolução IX, proposta por Vaillant. O líder das remanescentes forças blanquistas, que haviam aderido à Internacional depois do fim da Comuna, propôs a transformação da Associação num partido internacional centralizado e disciplinado, sob a liderança do Conselho Geral. Apesar de algumas profundas divergências – a separar Marx e as forças blanquistas estava sobretudo a tese deste grupo segundo a qual, para fazer a revolução, bastava contar com um núcleo bem organizado de militantes –, Marx não hesitou em estabelecer uma aliança com o grupo de Vaillant. Com seu apoio, de fato, ele poderia não só confrontar com maior força o anarquismo político que se fortalecia no interior da organização, mas o que era ainda mais importante – construir um consenso mais amplo para as mudanças tidas como necessárias na nova fase da luta de classes. A resolução aprovada em Londres dizia:
> Em presença de uma reação desabrida, que esmaga violentamente todo esforço de emancipação da parte dos trabalhadores e pretende manter pela força bruta a distinção entre classes e a consequente dominação política das classes proprietárias; que essa constituição da classe trabalhadora num partido político é indispensável

para assegurar o triunfo da revolução social e seu fim último – a abolição das classes; que a combinação de forças que a classe trabalhadora já efetuou por meio de suas lutas econômicas deve ao mesmo tempo servir como alavanca para suas lutas contra o poder político dos senhores rurais e capitalistas.

A conclusão era clara: "na luta da classe trabalhadora, seu movimento econômico e sua ação política estão indissoluvelmente unidos".

Se o Congresso de Genebra de 1866 havia confirmado a importância do sindicato, a Conferência de Londres de 1871, definiu o outro instrumento fundamental de luta do movimento operário: o partido político. Sublinhe-se que, àquela época, a noção de partido político tinha um significado bem mais amplo do que aquele que se afirmaria no século XX e que a concepção de Marx era radicalmente distinta tanto da concepção blanquista, com a qual acabou por confrontar-se, quanto daquela leninista, que depois da Revolução de Outubro [de 1917] se consolidaria em inúmeras organizações comunistas. (Musto, em Musto, org., 2014, p. 57)[88]

Mas a posição de Marx (então compartilhada por Vaillant), que representava uma autêntica virada nos rumos da organização, triunfante na Conferência de Londres e formalmente chancelada no ano seguinte, no quinto congresso da Internacional (Haia, 2 a 7 de setembro de 1872 – ver infra), consignou uma vitória que, *no curto prazo*, mostrou-se problemática. Foi a vitória da ideia segundo a qual, na *nova fase* das lutas de classes aberta com a Comuna, a classe operária haveria de necessitar, para além do papel articulador da Internacional, de partidos políticos a serem construídos em *âmbito nacional*. A ideia já fora exposta por Engels em um documento de fevereiro de 1871, dirigido ao Conselho Federal Espanhol da Internacional[89]:

> Como dizeis, a atenção do povo tem sido atraída, em grande medida, pela retórica vazia dos velhos partidos, que, assim, travam grandemente a nossa propaganda. Isso ocorreu em todas as partes, durante os primeiros anos do movimento proletário. Na França, na Inglaterra e na Alemanha, os socialistas foram forçados, e continuam a sê-lo, a lutar contra a influência e a atividade dos velhos partidos políticos, aristocráticos ou burgueses, monarquistas ou republicanos. Em todas as partes, a experiência mostrou que o melhor modo para libertar os trabalhadores dessa dominação dos velhos partidos é constituir, em cada país, um partido proletário com política própria, claramente distinta da dos outros partidos, posto que deva expressar as condições necessárias para a emancipação da classe operária. Essa política pode variar nos detalhes, conforme as circunstâncias próprias de cada país; mas enquanto as relações fundamentais entre o trabalho e o capital forem as mesmas em toda parte, e a dominação política das classes possidentes sobre as classes exploradas for um elemento universalmente existente, os princípios e os objetivos da política proletária serão

idênticos – ao menos em todos os países ocidentais. *As classes possidentes – a aristocracia rural e a burguesia – mantêm a população trabalhadora na servidão não só através do poder da sua riqueza, pela simples exploração do trabalho pelo capital, mas também mediante o poder do Estado – pelo exército, pela burocracia, pelos tribunais. Deixar de combater nossos adversários no campo político significaria abandonar uma das armas mais poderosas, especialmente no campo da organização e da propaganda*. O sufrágio universal nos oferece um ótimo instrumento de luta. Na Alemanha, onde os trabalhadores possuem um partido político bem organizado, eles conseguiram eleger seis deputados à chamada Assembleia Nacional – e a oposição que nossos amigos Bebel e Liebknecht foram capazes de organizar no país contra uma guerra de conquista foi mais poderosa para o interesse da nossa propaganda internacional do que o teriam feito reuniões e anos de atividade na imprensa. Atualmente, também na França foram eleitos representantes dos trabalhadores, que proclamarão nossos princípios em alto e bom som. O mesmo ocorrerá na Inglaterra, quando das próximas eleições. (MECW, 2010, v. 22, p. 277-8 [itálicos meus – *JPN*])

Até então, partidos desse tipo só existiam realmente na Alemanha – o lassalleano e o de Liebknecht e de Bebel, que se uniriam, em 1875, no Congresso de Gotha (ver infra); e é certo que, depois desse congresso, que estabeleceu a base da social-democracia alemã, surgiram vários de tais partidos na Europa e não só[90]. Vale dizer: o desenvolvimento do movimento operário demonstrou que este, de fato, ingressara numa "nova fase"; Marx, entretanto, adiantou-se por uns poucos anos[91] – mas essa breve defasagem teve, como veremos, implicações negativas imediatas na vida da Internacional.

Realizada a Conferência de Londres, Marx saiu dela satisfeito[92], avaliando – com um otimismo efêmero – que a aprovação das suas posições configurava um efetivo passo adiante no necessário redimensionamento da Internacional e que as várias seções da organização as acolheriam. Mas logo ele constatou o equívoco da sua avaliação: *naquele momento*, as seções da Internacional não estavam prontas para incorporar as mudanças requeridas pela "nova fase" a que ascendiam as lutas de classes. Como justamente registrou o estudioso já citado,

> a deliberação aprovada em Londres, conclamando a criação de organizações políticas em cada país e a transferência de poderes mais amplos ao Conselho Geral, teve graves repercussões na vida da Associação, *que ainda não estava pronta para suportar tal aceleração e transitar de um modelo flexível a outro*, politicamente uniforme. (Musto, em Musto, org., 2014, p. 58 [itálicos meus – *JPN*])

Pensada por Marx (e Engels) como um meio para otimizar a dinâmica organizativa da Internacional numa quadra histórica da maior importância e complexidade, a Conferência de Londres acabou por acentuar e trazer à tona as tensões que já erodiam a organização. Nos meses seguintes, em vários países (Bélgica, Holanda, Suíça), a conferência foi vista como um golpe que levava à ingerência indevida do Conselho Geral nas suas seções, violando a sua autonomia, e praticamente em toda a Europa meridional ganhou força a oposição bakuninista/aliancista. Ainda no fim de 1871, a ressonância obtida pela "Circular a todas as federações da Associação Internacional dos Trabalhadores", redigida em novembro por James Guillaume (1844-1916)[93] – batendo forte no Conselho Geral, questionando a legitimidade da Conferência de Londres e a validade das suas resoluções –, demonstrou a iminência de rupturas na Internacional, risco que prosseguiu e se aprofundou nos meses seguintes[94].

A repercussão do documento preparado por Guillaume foi de tal ordem que o Conselho Geral delegou a Marx e a Engels a tarefa de replicar a ele em nome da direção da Internacional. Ambos prepararam, então, entre janeiro e março de 1872, o panfleto "As pretensas cisões na Internacional", divulgado naquele março como "circular privada [confidencial] do Conselho Geral" (MECW, 2010, v. 23, p. 79-123). O texto marx-engelsiano, procurando desqualificar Bakunin e seus seguidores, repassa as discussões travadas nos três anos anteriores (1869-1871) entre o Conselho Geral e eles, expõe as suas incongruências e manobras escusas etc. – e tem num dos seus pontos mais relevantes a crítica ao que Mehring designa como "sectarismo socialista", seguramente redigida por Marx[95]. Porém, a sua "grande fraqueza", como aponta corretamente Jones, consistia em não responder suficientemente à acusação de que, com a Conferência de Londres e suas resoluções, *o Conselho Geral tinha realmente exorbitado em suas funções*; conforme o biógrafo inglês concluiu, o texto de Marx e Engels, longe de apaziguar os ânimos, "aprofundou as divisões dentro da Associação Internacional" (Jones, 2017, p. 553). Com a divulgação do texto marx-engelsiano, tornou-se claro que as resoluções da Conferência de Londres, em especial a referida à "ação política da classe operária", potenciaram a erosão da Internacional e agravaram a resistência às orientações do Conselho Geral. Configurou-se o quadro traçado por Musto:

> A oposição ao Conselho Geral foi de diversos tipos e muitas vezes baseou-se em motivos pessoais. Formou-se, assim, uma estranha alquimia, que tornou a direção da organização ainda mais problemática. No entanto, além do fascínio exercido pelas teorias de Bakunin em alguns países e da capacidade política de Guillaume de congregar os vários opositores, o principal adversário da virada ocorrida com a resolução sobre a "ação política da classe operária" foi um ambiente ainda imaturo para receber o salto de qualidade proposto por Marx. [...] A virada iniciada em Londres foi percebida por muitos como forte imposição. O princípio de autonomia das várias realidades das quais se compunha a Inter-

nacional era considerado uma das pedras basilares da Associação, não só pelo grupo mais ligado a Bakunin, mas por grande parte das federações e seções locais. *Esse foi o erro de avaliação cometido por Marx, erro que acelerou a crise da Internacional.* (Musto, em Musto, org., 2014, p. 61 [itálicos meus – *JPN*. Ver, infra, neste capítulo, nota 104.])

Com efeito, vistas em termos imediatos, as resoluções da Conferência de Londres, expressando as ideias de Marx, não reverteram ou travaram as tensões existentes na Internacional; antes, as agudizaram, sinalizando que a crise da organização estava a avançar e provavelmente a eclodir no seu próximo congresso, o quinto, já com data e local fixados: 2-7 de setembro de 1872, em Haia. Semanas antes do conclave, Marx chamou a atenção dos seus camaradas para a importância decisiva do evento e, de fato, desde fins de 1871 já tratava de avaliar as forças com que contaria[96]. Ele se preparou para o embate que viria a se travar no congresso da Holanda e resolveu participar dele pessoalmente[97].

Aberto em Haia na data prevista, o congresso contou com a presença de 65 delegados, representantes de catorze países[98]. É fato que houve ausências deveras significativas, sobretudo a de Bakunin e a dos internacionalistas italianos, mas o confronto entre as posições de Marx e do Conselho Geral e as de seus opositores se explicitou ao longo dos debates. Contudo, as sessões de discussão se atrasaram, porque se perdeu largo tempo (três dias!) na verificação da legitimidade das credenciais dos delegados – procedimento só compreensível num conclave em que, dado o acúmulo das tensões precedentes, o resultado das votações deveria ser o mais límpido e inequívoco possível. Já ao cabo dessa minuciosa verificação (que invalidou somente *uma* credencial, segundo Mehring, 2013, p. 470), constatou-se que o Conselho Geral (e, logo, Marx) haveria muito provavelmente de contar com o apoio majoritário dos presentes: a minoria que contestava o Conselho Geral, bem como as resoluções da conferência de 1871, não teria chances de ganhar o congresso – somaria cerca de 25 delegados, provenientes da Bélgica, Espanha, Holanda, Suíça e uns poucos da Inglaterra, da França e dos Estados Unidos (Musto, org., 2014, p. 62; ver também Segrillo, 2018, p. 294-5).

Não é possível, nem necessário, detalhar aqui o desenvolvimento do congresso que, por alguma ironia da história, teve por palco o espaço do Concordia Hall – para uma síntese dele e da sua agenda, ver Mehring, 2013, p. 469-475. Importa-nos tão somente aludir a três dos seus momentos que julgamos os mais decisivos.

Entendemos que a deliberação mais relevante do Congresso de Haia constituiu a inserção, precedida por caloroso debate, nos *Estatutos provisórios* da Internacional, do artigo 7A, que mencionamos no capítulo V (ver, supra, cap. V, nota 69). Com essa resolução, a questão da *ação política da classe operária* – conectada ao reconhecimento da *indispensabilidade do partido político proletário* –, tal como Vaillant a apresentara na Conferência de Londres, de 1871, foi conclusivamente assumida pela Associação Internacional dos Trabalhadores e consagrada por indiscutível maioria de votos[99]; com isso, o objetivo da conquista do poder político inseriu-se programaticamente nos *Estatutos provisórios* da organização. Essa posição, pela qual Marx bateu-se, junto com Engels, nomeadamente a partir da Comuna parisiense, acabou por inscrever-se e afirmar-se, como o demonstrou a experiência histórica, de modo determinante e duradouro na política proletário--revolucionária. No que dizia respeito às formulações sobre a estrutura organizativa, também foram consagradas as modificações que, desde a Conferência de Londres, vinham sendo defendidas por Marx e combatidas pelos seus opositores, essencialmente as referidas à concessão de poderes mais amplos ao Conselho Geral. A derrota da minoria foi, igualmente nesse ponto, indiscutível: a maior centralização foi aprovada por 32 votos contra 6 da oposição e 12 abstenções[100]. Enfim, o congresso também aprovou – a partir da proposta de uma comissão de inquérito contra a Aliança da Democracia Socialista – a expulsão de Bakunin (25 votos a favor, 6 contra e 7 abstenções) e de Guillaume (25 votos a favor, 9 contra e 8 abstenções)[101]. Resumamos em duas linhas o desfecho do confronto entre Marx e Bakunin no marco da Internacional: *em Haia, o Conselho Geral, liderado por Marx, triunfou indubitavelmente sobre os aliancistas.*

Mas não foi com essa vitória indiscutível de Marx sobre seus opositores que se concluiu o quinto congresso da organização. Na sessão matutina do dia 6 de setembro de 1872, Engels – cujas posições, todos sabiam-no sobejamente, estavam sempre articuladas às de Marx – tomou a palavra e surpreendeu o plenário com uma intervenção inesperada: propôs a transferência da sede do Conselho Geral para Nova York em 1872-1873, com uma nova composição, da qual estariam excluídos Marx e outros conhecidos dirigentes mais experimentados (inclusive ele mesmo). Engels justificou a proposta argumentando que o nível atingido pelas divergências internas inviabilizava o funcionamento do órgão em Londres e, ainda, que Nova York oferecia ao órgão condições de trabalho mais seguras que as vigentes na Europa em tempos de repressão. Passado o momento em que as reações mais variadas – espanto, consternação, indignação – tomaram conta do plenário[102], pôs-se em votação a proposta, que foi aprovada, sintomaticamente, pela pequena diferença de três votos (Musto, org., 2014, p. 69).

Estava claro que a proposta equivalia, de fato, ao encerramento das atividades da Internacional – o que, formal e finalmente, dar-se-ia em 15 de julho de 1876, numa minúscula e anódina reunião em Filadélfia (ver Bernstein, 1962, p. 283). Nem mesmo o incansável Friedrich Sorge (1828-1906), que inicialmente assumiu a secretaria geral da Internacional transferida para os Estados Unidos, supunha que ela teria algum papel significativo no movimento operário ao literalmente interpor-se um oceano entre o Conselho Geral e as suas seções na Europa ocidental, onde então lutavam e se moviam os contingentes de trabalhadores que eram a sua própria razão de ser e a seiva que alimentava sua dinâmica.

Pensamos que a compreensão do sentido dessa resolução, aprovada em Haia, não pode ser encontrada simplesmente no confronto entre Marx e Bakunin e os seguidores de ambos, ainda que tal confronto tenha tensionado e erodido internamente a Internacional. Ela também não pode ser explicada seja pela exaustão de Marx, ao fim de oito anos de dedicação intensiva à Internacional[103], seja pelo seu temor de vê-la transformada em instrumento de uma política sectária – temor fundado até à realização do quinto congresso, mas objetivamente removido pela vitória das suas orientações em Haia. Na realidade, a hora final da Internacional não soou como resultado das divergências profundas entre seus membros, mesmo que estas tenham contribuído em qualquer medida para a sua dissolução. Em 1875, Marx anotou, na *Crítica do Programa de Gotha*:

> A ação internacional das classes trabalhadoras não depende, de modo algum, da existência da Associação Internacional dos Trabalhadores. Esta foi apenas uma primeira tentativa de criar um órgão central voltado para aquela atividade – tentativa que, pelo impulso que deu ao movimento, teve uma eficácia durável, mas que, *em sua primeira forma histórica,* tornou-se impraticável após a queda da Comuna de Paris. (MEW, 1962, v. 19, p. 24)

Eis por que subscrevemos o juízo do analista que tanto citamos neste passo da presente biografia:

> Na verdade, foram as mudanças ocorridas no mundo ao redor da Internacional que a tornaram obsoleta. O crescimento e a transformação das organizações do movimento operário, o fortalecimento dos Estados-nação, causado pela unificação nacional da Itália e da Alemanha, a expansão da Internacional em países como a Espanha e a Itália, com condições econômicas e sociais profundamente diferentes daquelas da Inglaterra e da França, onde a Associação havia nascido, a definitiva virada moderada do sindicalismo inglês e a repressão que se seguiu à queda da Comuna de Paris agiram, de modo concomitante, para tornar a configuração originária da Internacional inapropriada para as condições históricas modificadas. (Musto, em Musto, org., 2014, p. 69)

Marx anteviu tais mudanças e atuou em conformidade com elas, mesmo que o *timing* com que trabalhou não tenha sido o mais adequado[104]. Virada a página da Internacional com a deliberação congressual de 6 de setembro de 1872, Marx deixou clara a sua intenção de prosseguir na luta política e na sua colaboração com a AIT[105]. Dois dias depois, em pronunciamento público (registrado na imprensa da época), afirmou: "Não, eu não me retiro da Internacional e todo o resto da minha vida, como todos os meus esforços do passado, será dedicado ao triunfo das ideias sociais que conduzirão – estejam certos disto – ao reino mundial do proletariado" (MECW, 2010, v. 23, p. 256)[106].

Esse breve pronunciamento, em que Marx faz um rápido balanço das principais decisões tomadas em Haia, é importante porque põe em questão o processo de conquista da supremacia política do proletariado, condição da emancipação do trabalho. Disse ele:

> O operário deverá conquistar um dia a supremacia política para fundar a nova organização do trabalho; deverá liquidar a velha política das velhas instituições, sob pena, como ocorreu aos antigos cristãos – que desprezaram e recusaram a política –, de nunca ver o seu reino neste mundo.
> *Mas nós nunca sustentamos que, para alcançar este objetivo, seja preciso empregar os mesmos meios em todas as partes.*
> *Sabemos que há que levar em conta as instituições, os costumes e as tradições dos diferentes países; e não negamos que existam países – como a América [Estados Unidos], a Inglaterra (e eu acrescentaria a Holanda, se conhecesse melhor as suas instituições) – nos quais os trabalhadores possam alcançar seu objetivo através de meios pacíficos. Isto sendo verdade, devemos reconhecer também que, na maioria dos países do continente, será a força a alavanca das nossas revoluções; é à força que, por algum tempo, haverá que se recorrer a fim de instaurar o reino do trabalho.* (Ibidem, p. 255 [itálicos meus – *JPN*])

Vê-se: o pensamento político de Marx, caldeado do ciclo revolucionário de 1848-1849 à Comuna de Paris e nutrido pelo avanço das suas pesquisas teóricas e históricas, transformou-se nesses anos; não enfermou de qualquer rigidez dogmática ou sectária. Tal pensamento, à diferença das inspirações revolucionárias jacobinas, blanquistas e do emergente anarquismo da segunda metade do século XIX, mostrou-se capaz de recepcionar as mudanças político-institucionais em curso no seu tempo, considerando distintas particularidades culturais ("costumes", "tradições"), e de compreender o seu alcance. Uma tal sensibilidade política e uma tal abertura teórica em face da realidade permitiram a Marx ultrapassar a pressuposição (mais doutrinária que teórica) de *uma* via para a consecução da "supremacia política do proletariado" e afirmar a *possibilidade* teórico-política da *pluralidade* de vias para realizá-la, cuja determinação decerto se estabeleceria a partir da já referida (ver, supra, cap. IV, nota 90) "análise concreta de uma situação concreta"[107].

Quanto a Bakunin, no ano seguinte ao Congresso de Haia, redigiu o seu último livro, *Estatismo e anarquia* (Bakunin, 2003). Esse seu derradeiro trabalho, que Jones (2017, p. 555-7) considerou teoricamente muito fraco, foi objeto da atenção de Marx, que o examinou com cuidado entre abril de 1874 e janeiro de 1875, registrando suas anotações (extratos e comentários) num manuscrito de cerca de quarenta páginas. Eis o fragmento mais expressivo dessas páginas:

> Uma revolução social radical está ligada a certas condições históricas do desenvolvimento econômico; tal desenvolvimento é seu pressuposto. Ela só é possível, portanto, onde o proletariado industrial assume, junto com a produção capitalista, no mínimo, uma posição significativa na massa popular. [...] [Bakunin] não entende absolutamente nada de revolução social, a não ser alguma fraseologia política sobre ela; suas precondições econômicas não existem para ele. E como todas as formas econômicas até então existentes, desenvolvidas ou não desenvolvidas, incluem a servidão do trabalhador (seja ela na forma do trabalhador assalariado, do camponês etc.), então ele acredita que, em todas essas formas, uma *revolução radical* seja igualmente possível. [...] A *vontade*, não as condições econômicas, é a base da sua revolução social. ("Notes on Bakunin's Book *Statehood and Anarchy*" – MECW, 2010, v. 24, p. 518)

Cerca de meio ano depois que Marx começou a julgar tão duramente seu último trabalho, Bakunin anunciou a sua retirada da vida pública (outubro de 1874). E veio a falecer a 1º de julho de 1876, em Berna. Evocando a vida difícil do revolucionário russo, o sempre veraz Mehring reconheceu que Bakunin "merecia uma morte mais feliz e um obituário melhor do que o que recebeu [...], pois lutou bravamente e sofreu muito pela causa da classe trabalhadora" (Mehring, 2013, p. 481).

A crítica ao projeto do *Programa de Gotha*

O período de que nos ocupamos neste capítulo cobre a atividade de Marx em especial no quadro da Internacional, no interior do qual ele trabalhou intensivamente (ver, supra, cap. V, nota 65) até o Congresso de Haia. É preciso referir, todavia, que seus estudos teóricos – embora não priorizados entre 1868 e 1872 – não foram interrompidos.

Como já observamos repetidas vezes, as pesquisas relativas ao finalmente inconcluso *O capital* prosseguiram, apesar de tudo, também nesse período. Valendo-nos de informações de diferentes fontes[108], é possível verificar que Marx preparou, entre 1865 e 1870, quatro rascunhos para o Livro II; em 1867-1868, esboçou textos menores para os livros II e III; entre 1868 e 1870, redigiu páginas para o Livro II; em 1869, avançou no trato da renda da terra; em 1872, trabalhou no que seria a edição francesa do Livro I; em 1872-1873, fez revisões para uma segunda edição do Livro I; em 1874, com vistas ao Livro III, pesquisou e escreveu sobre a fisiologia das plantas, a química de fertilizantes e a propriedade da terra; em 1875, reelaborou materiais para os livros II e III e completou a exposição matemática da relação entre taxa de mais-valia e taxa de lucro. Com efeito, pesquisas pertinentes a *O capital* continuaram, em ritmo diverso, até 1881-1882; porém, no período aqui delimitado, as análises e reflexões marxianas não se relacionaram tão só e diretamente ao trabalho em *O capital* (como se constata detalhadamente nas fontes citadas e ainda em Rubel, 1991, Hosfeld, 2009 e Jones, 2017). Marx, por exemplo, progrediu no seu estudo da língua russa e, em fevereiro de 1870, iniciou a leitura (no original) do importante livro de N. Flerovski, de 1869, *A situação da classe trabalhadora na Rússia*; logo travou conhecimento com escritos de Nikolai Tchernyschiévski (1828-1889), do qual, em 1872, traduziu ao alemão excertos das *Cartas sem endereço*[109]; em 1875, suas notas de leitura incluíram textos de Parlyavsky e Alexandr Engelhardt (1832-1893), além da *História do comércio e da banca*, de Roth e Hülmann.

Com a vida financeira equilibrada a partir de 1869-1870 graças a Engels[110], os Marx enfim tiveram, na primeira metade dessa última década, uma vida que, sem excessos ou exageros, satisfazia as necessidades à época usuais nos lares ingleses acomodados. Assim viram-se, de fato, livres de carências materiais e culturais – situação que perdurou até o falecimento de Jenny e de Marx, nos anos 1880. A ampla casa que haviam alugado em 1864 (Maitland Road Park, n. 1) foi trocada, em março de 1875, por outra, também alugada na mesma zona (Maitland Road Park, n. 41) – menor, mas igualmente confortável, e nela Marx residiria até sua morte (ver, supra, cap. V, nota 2). Depois do Congresso de Haia e até fins de 1875, com Engels vivendo nas proximidades, a família experimentaria a cotidianidade sem sobressaltos e habitual aos lares acomodados, com a entrada das filhas na idade adulta e viagens em busca de descanso ou, principalmente, de tratamentos para a saúde[111].

E no último ano do período aqui tratado teve lugar um relevante episódio da história da social-democracia alemã em que Marx interveio de modo marcante. Foi quando, a propósito do processo de unificação dos partidos alemães, o lassalleano e o eisenachiano – processo que culminaria no Congresso de Gotha, realizado em 22-27 de maio de 1875 –, Marx formulou um texto enxuto, redigido entre abril e maio de 1875 e ulteriormente conhecido sob o título de *Crítica do Programa de Gotha*[112] (Marx, 2012 – é dessa edição que se extraem as citações textuais ou remissões feitas a seguir, com as respectivas páginas indicadas entre colchetes). Trata-se de uma ácida crítica de Marx aos seus camaradas social--democratas alemães – crítica que não foi a primeira nem a última, mas com certeza a mais importante e dura que lhes dirigiu[113].

Como vimos no início do presente capítulo, desde meados dos anos 1860 Marx passou a dedicar aos eventos alemães uma atenção especial – atenção ainda mais acurada na entrada da década de 1870, quando na Alemanha o movimento operário viu-se enfibrado por dois partidos, o de Lassalle e o de Liebknecht/

Bebel, este reclamando-se inspirado nas ideias marx-engelsianas. No processo de unificação da Alemanha, os dois partidos (e só o segundo vinculado formalmente à Associação Internacional dos Trabalhadores) tiveram posições colidentes no tocante à política interna de Bismarck: enquanto os lassalleanos a apoiavam, os eisenachianos combatiam-na ferreamente. A repressão que Bismarck, em resposta à Comuna, dirigiu a partir de 1872 contra essas duas expressões do movimento operário no país acabou por levá-las a negociações e acordos que visavam à sua unidade na atividade prático-política. Marx e Engels manifestaram-se favoravelmente nesse sentido, pois que a *unidade de ação* das forças proletárias *sempre* havia sido um valor muito caro a ambos; porém, unidade de/na ação não implicaria, necessariamente, a fusão orgânico-partidária dessas forças: para Marx e Engels, qualquer unificação partidária deveria assentar em princípios programáticos claramente explicitados.

Como um estudioso acadêmico constatou corretamente, na sequência do estabelecimento do Reich bismarckiano

> a escala da repressão contra os socialistas, fossem lassalleanos ou eisenachianos, aumentou muito [...]. Os atritos potenciais entre os dois grupos foram reduzidos mais ainda com a renúncia de Schweitzer [ver, supra, cap. III, nota 123], sucessor de Lassalle como presidente da Associação Geral dos Trabalhadores Alemães. Finalmente, com a depressão econômica que se instalou a partir de 1873, a pressão por mais ação coordenada em greves e mais agitação por moradia intensificou-se entre os filiados. (Jones, 2017, p. 587)

O mesmo biógrafo anotou, linhas antes desse registro, que "a questão da unificação dos dois partidos foi levantada pelos lassalleanos em 1872". Além da pressão advinda das bases partidárias, os dirigentes lassalleanos movimentaram-se especialmente porque os processos eleitorais estavam a debilitá-los: em janeiro de 1874, a primeira vitória eleitoral da social-democracia – que obteve 350 mil votos – conferiu a eles três mandatos, enquanto os eisenachianos alcançaram exatamente o dobro, com dois dos eleitos, Liebknecht e Bebel, ainda encarcerados (Rubel em Marx, 1965, *Oeuvres*, v. I, p. 1.409). No seu congresso em Coburg, em julho de 1874, liderado pelo recém-libertado Liebknecht, o partido de Eisenach resistiu às propostas de fusão, sustentando a fórmula "união, não unificação". Mas a resistência durou pouco: já em fevereiro de 1875, o próprio Liebknecht e outros dirigentes do partido de Eisenach (entre eles, Bernstein) firmaram um acordo para a unificação.

O projeto de programa [86-8] que selaria a unificação, preparado por membros dos dois partidos, foi divulgado na imprensa a 7 de março de 1875. Marx e Engels logo o reprovaram, julgando que representava até mesmo um retrocesso em face do programa que se formulou em 1869, quando da fundação, em Eisenach, do partido[114]. Marx fez um exame rigoroso do projeto e, convencido de que tinha diante dos olhos um material "absolutamente nefasto e desmoralizador para o partido" – como afirmou em carta a Wilhelm Bracke (1842-1880) [20] –, redigiu as suas "glosas marginais", criticando de modo áspero tanto a forma quanto o conteúdo do projeto de programa nele proposto[115]. Nessa carta, Marx advertiu a Bracke que ele e Engels haveriam de publicitar que "nos distanciamos totalmente desse programa de princípios e não temos nada a ver com ele" [19--20]; do projeto de programa disse que ele, em suma, "não vale nada" [21][116].

A irritação e a indignação de Marx percorrem as quatro partes do conciso documento que ele elaborou. O caráter do texto é claramente teórico *e* político: as "glosas" reúnem *determinações teóricas centrais*, relativas à crítica marxiana do Estado e à passagem de uma sociedade embasada no modo de produção capitalista a outra (superadora desse ordenamento econômico), conectadas a *proposições* político-programáticas oferecidas como agenda de implementação para um governo social-democrata. Resulta da crítica marxiana a inteira desqualificação do projeto de programa: eclético e indigente do ponto de vista teórico, é inepto e covarde do ponto de vista político – e Marx não deixa de assinalar o que considera a "criminosa leviandade" [39] com que ele foi preparado.

A inépcia e a covardia são postas a nu particularmente nas últimas páginas do texto marxiano. Analisando as reivindicações políticas consignadas no projeto de programa, Marx avalia que elas

> não contêm mais do que a velha cantilena democrática, conhecida de todos: sufrágio universal, legislação direta, direito do povo, milícia popular etc. [...] Não passam de reivindicações que, quando não são exageros fantasiosos da imaginação, já estão *realizadas*. [43]

Marx reconhece que as "condições [políticas vigentes na Alemanha] exigem cautela" – o que explica a falta de "coragem" para inclusive "reivindicar a república democrática" [44] –, mas não se escusa de afirmar que "até mesmo a democracia vulgar [...] está muito acima" do democratismo verificável no projeto de programa [44][117]. Para Marx, essas (e todas as outras) gritantes debilidades político-programáticas do projeto não se encontram nele por acidente: antes, são o *produto necessário* do ecletismo e da indigência teórica que sustentam a sua formulação.

O ecletismo deriva do óbvio empenho dos redatores do projeto em *conciliar o inconciliável*: eles se esforçam para compatibilizar/articular ideias fundamentais de Lassalle com teses de Marx (no qual os eisenachianos supostamente se inspiravam); fazem-no até mesmo enxertando ilegítima e inorganicamente passos lassalleanos em fórmulas extraídas do *Manifesto do Partido Comunista* e de documentos da Internacional [26, 33, 34], fórmulas que assim se tornam abastardadas. Entretanto, o flagrante ecletismo do projeto de programa não é a única dimensão que enerva a crítica de Marx: na mesma escala, a indigência teórica do projeto irrita-o profundamente. Ele se vê obrigado a lecionar sobre categorias e relações categoriais da crítica da economia política que imaginava serem do pleno domínio dos seus camaradas de Eisenach[118] – por exemplo, o trabalho como fonte de riqueza [23-4], a conexão trabalho/sociedade [24-5], a relação produção/distribuição [26-8][119] e a natureza do salário [37-9].

A maior parte dessa lecionação de Marx mira o lassalleanismo que satura e compromete o projeto; fustigado em *todas* as quatro partes do texto marxiano, esse lassalleanismo pode ser tomado como o alvo prioritário das "glosas", seja no plano estritamente teórico, seja no plano prático-político. No plano teórico, Marx centra o fogo na equivocada ideia, assumida por Lassalle, segundo a qual o "fruto integral do trabalho" pertence ao trabalhador [27-30] e na falsa concepção, igualmente lassalleana, da pretensa "lei de bronze do salário" [ver, novamente, 37-9]; Marx tampouco deixa de acutilar a concepção de Estado – a mesma de Lassalle – que atravessa o projeto de programa [42][120]. No plano prático-político, Marx debita ao lassalleanismo a insustentável tese de que, diante do proletariado, todas "as outras classes constituem uma 'massa reacionária'" [33-4], a visão mesquinha do internacionalismo que a classe operária alemã deve protagonizar [35-6] e a proposição de um cooperativismo sob tutela estatal [39-40][121].

Todavia, a crítica de Marx ao lastro lassalleano (e mesmo à sua retórica) do projeto de programa não se limita ao marco teórico-político apenas conjuntural do debate de um projeto de programa específico; para verificá-lo, basta a leitura dos parágrafos em que Marx desmonta o argumento viciado acerca do pertencimento do "fruto integral do trabalho" ao trabalhador [27-9]. Nesses parágrafos, Marx demonstra que o produto social total (exatamente o tal "fruto integral do trabalho") é *necessariamente* objeto de uma série de deduções que garantem a continuidade da vida social[122] – e é então que ele avança determinações teóricas que transcendem a análise da realidade social própria da ordem do capital. É nesse passo das "glosas" que, num andamento intelectual não encontrado como tal em seus textos anteriores, Marx esboça uma projeção da *transição da sociedade capitalista* à sociedade *comunista*, o que confere às "glosas" uma significação teórica específica no conjunto da sua obra. Tentaremos, pois, oferecer ao leitor uma síntese dessas reflexões marxianas socorrendo-nos de suas palavras – síntese decerto muito pobre; mais uma vez salientamos que nenhuma interpretação substitui a recorrência direta à textualidade marxiana.

Marx deixa claro que a sociedade comunista resulta de um largo processo histórico: ela tem uma "primeira fase", que surge, "depois de um longo trabalho de parto, da sociedade capitalista" [31]; e assevera que, "entre a sociedade capitalista e a comunista, situa-se o período da transformação revolucionária de uma na outra. A ele corresponde também um período político de transição, cujo Estado não pode ser senão a *ditadura revolucionária do proletariado*" [43][123].

Um tal Estado – a *ditadura revolucionária do proletariado* – não é senão *uma forma política transitória*, específica do *período político de transição* que configura a *transformação revolucionária* da sociedade capitalista. Nesse "processo revolucionário de transformação da sociedade" – que supõe *a supremacia política do proletariado* – são criadas as condições para que surja a "produção coletiva em escala social" [41], com "a organização socialista do trabalho total" [40] – condições próprias de uma "sociedade cooperativa, fundada na propriedade comum dos meios de produção" [29]. É com a conquista da supremacia política pelo proletariado[124] que se inicia a constituição da *primeira fase* da sociedade comunista: esta não se desenvolve "a partir de suas próprias bases", "mas, ao contrário, [desenvolve-se] como ela acaba de *sair* da sociedade capitalista, portanto trazendo de nascença as marcas econômicas, morais e espirituais herdadas da velha sociedade de cujo ventre ela saiu" [29].

A transição consiste justamente no complexo processo de superação daquelas *marcas* herdadas da velha sociedade, processo que, uma vez concluído, abre a *fase superior* da sociedade comunista. Consumada a transição, o Estado que ela exige e lhe corresponde não terá mais razão de ser – por isso, ele é uma forma política destinada à *extinção* (ver, supra, neste capítulo, nota 23)[125].

Ao considerar a *primeira fase* da sociedade futura, Marx a tematiza em relação ao "estreito horizonte jurídico burguês", relação absolutamente relevante para a determinação da diferencialidade entre a *primeira fase* e a *fase superior* da sociedade comunista. Uma citação mais longa, extraída das "glosas", é necessária para esclarecer cristalinamente o pensamento de Marx; segundo ele, nessa *primeira fase*,

> o produtor individual – feitas as devidas deduções [ver, supra, neste capítulo, nota 124] – recebe de volta da sociedade exatamente aquilo que lhe deu. O que ele lhe deu foi sua quantidade individual de trabalho. Por exemplo, a jornada social de trabalho consiste na soma das horas individuais de trabalho. O tempo individual de trabalho do produtor individual é a parte da jornada social de trabalho que ele fornece, é sua participação nessa jornada. Ele recebe da sociedade um certificado de que forneceu um tanto de trabalho (depois da dedução de seu trabalho para os fundos coletivos) e, com esse certificado, pode retirar dos estoques sociais de meios de consumo uma quantidade equivalente a seu trabalho. A mesma quantidade de trabalho que ele deu à sociedade em uma forma, agora ele a obtém de volta em outra forma.
>
> Aqui impera, é evidente, o mesmo princípio que regula a troca de mercadorias, na medida em que esta é troca de equivalentes. Conteúdo e forma são alterados, porque, sob as novas condições, ninguém pode dar nada além de seu trabalho e, por outro lado, nada pode ser apropriado pelos indivíduos fora dos meios

individuais de consumo. No entanto, no que diz respeito à distribuição desses meios entre os produtores individuais, vale o mesmo princípio que rege a troca entre mercadorias equivalentes, segundo o qual uma quantidade igual de trabalho em uma forma é trocada por uma quantidade igual de trabalho em outra forma. Por isso, aqui, o *igual direito* é ainda, de acordo com seu princípio, o *direito burguês*, embora princípio e prática deixem de se engalfinhar, enquanto na troca de mercadorias a troca de equivalentes existe apenas *em média*, não para o caso individual. Apesar desse progresso, esse *igual direito* continua marcado por uma limitação burguesa. O direito dos produtores é *proporcional* a seus fornecimentos de trabalho; a igualdade consiste, aqui, em medir de acordo com um *padrão igual de medida: o trabalho*. Mas um trabalhador supera o outro física ou mentalmente e fornece, portanto, mais trabalho no mesmo tempo ou pode trabalhar por mais tempo; e o trabalho, para servir de medida, ou tem de ser determinado de acordo com sua extensão ou sua intensidade, ou deixa de ser padrão de medida. Esse igual direito é direito desigual para trabalho desigual. Ele não reconhece nenhuma distinção de classe, pois cada indivíduo é apenas trabalhador tanto quanto o outro; mas reconhece tacitamente a desigualdade dos talentos individuais como privilégios naturais e, por conseguinte, a desigual capacidade dos trabalhadores. *Segundo seu conteúdo, portanto, ele é, como todo direito, um direito da desigualdade.* O direito, por sua natureza, só pode consistir na aplicação de um padrão igual de medida; mas os indivíduos desiguais (e eles não seriam indivíduos diferentes se não fossem desiguais) só podem ser medidos segundo um padrão igual de medida quando observados do mesmo ponto de vista, quando tomados apenas por um aspecto *determinado*, por exemplo, quando, no caso em questão, são considerados *apenas como trabalhadores* e neles não se vê nada além disso, todos os outros aspectos são desconsiderados.

Além disso: um trabalhador é casado, outro não; um tem mais filhos do que o outro etc. etc. Pelo mesmo trabalho e, assim, com a mesma participação no fundo social de consumo, um recebe, de fato, mais do que o outro, um é mais rico do que o outro etc. A fim de evitar todas essas distorções, o direito teria de ser não igual, mas antes desigual.

Mas essas distorções são inevitáveis na primeira fase da sociedade comunista, tal como ela surge, depois de um longo trabalho de parto, da sociedade capitalista. *O direito nunca pode ultrapassar a forma econômica e o desenvolvimento cultural, por ela condicionado, da sociedade.* [29-31 (o itálico da última frase é meu – *JPN*)]

A *fase superior* da futura sociedade – que, *depois de Marx*, será qualificada como a sociedade comunista[126] – apenas se constituirá

> quando tiver sido eliminada a subordinação escravizadora dos indivíduos à divisão do trabalho e, com ela, a oposição entre trabalho intelectual e manual;

quando o trabalho tiver deixado de ser mero meio de vida e tiver se tornado a primeira necessidade vital; quando, juntamente com o desenvolvimento multifacetado dos indivíduos, suas forças produtivas também tiverem crescido e todas as fontes da riqueza coletiva jorrarem em abundância, apenas então o estreito horizonte jurídico burguês poderá ser plenamente superado e a sociedade poderá escrever em sua bandeira: "De cada um segundo suas capacidades, a cada um segundo suas necessidades!". [31-2]

Esse esboço da projeção da transição da ordem do capital à futura sociedade atesta que Marx não partilhava seja de qualquer *igualitarismo* imediatista e vulgar, seja de uma visão da ditadura do proletariado como instaurando um Estado tão somente com a função de reprimir os exploradores a serem expropriados na *primeira fase* da nova sociedade. Quanto ao igualitarismo, para ele é claro que, nessa *primeira fase*, o acesso dos trabalhadores a bens não será idêntico – desigualdades persistirão, derivadas quer do ainda limitado desenvolvimento das forças produtivas, quer das diferenças existentes na contribuição deles ao produto social total. No que tange ao Estado próprio ao período de transição, ademais da sua função coercitiva frente aos exploradores, seu papel essencial consiste em fomentar a criação das condições que hão de permitir a passagem à *fase superior*: o *crescimento em ritmo acelerado das forças produtivas* e a *supressão das classes sociais*. Realizadas tais tarefas – e Marx, sempre avesso ao profetismo, não especula acerca do tempo que elas demandarão para serem cumpridas –, o Estado instaurado pela supremacia política do proletariado se extinguirá. Há uma formulação célebre de Engels que, sem a menor das dúvidas, Marx subscreveria inteiramente:

> Com o desaparecimento das classes, desaparecerá inevitavelmente o Estado. A sociedade, reorganizando de uma nova forma a produção, na base de uma associação livre de produtores iguais, mandará toda a máquina do Estado para o lugar que lhe há de corresponder: o museu das antiguidades, ao lado da roca de fiar e do machado de bronze. (Engels, 2010a, p. 218)

Também é relevante observar que, nas "glosas", tematizando a *fase superior* da sociedade comunista, Marx recusa qualquer antevisão (mais exatamente: qualquer concepção) do comunismo como uma ordem social fundada em restrições gerais das necessidades materiais e espirituais dos indivíduos, que fomente o elogio da *pobreza* e promova os valores do *ascetismo* ou, ainda, realize uma espécie de "estandardização" da vida das pessoas – não é por acaso que, como vimos, ele mencione o "desenvolvimento multifacetado dos indivíduos" e "as fontes da riqueza coletiva" jorrando "em abundância"[127].

É certo que as "glosas", no tocante à problemática da transição socialista – mesmo que esta tenha sido apenas esboçada por Marx –, dispõem de um valor e um significado que transcendem a conjuntura específica do debate sobre o projeto de programa de Gotha. Quanto a este, o peso da intervenção de Marx foi praticamente nulo: é suficiente, para constatá-lo, examinar o programa que foi efetivamente aprovado no congresso da unificação e que, ao contrário do prognóstico de Engels, permaneceu vigente por quase vinte anos[128].

Marx discutindo com Engels a escrita do *Anti-Dühring*, em pintura de Ding Yilin, 2018.

VIII
Os anos derradeiros (1876-1883)

É ainda hoje bastante difundida a imagem de um Marx que, após o Congresso de Haia e especialmente depois da *Crítica do Programa de Gotha*, teve a sua vida intelectual e política imersa num ocaso progressivo e vagaroso – e mesmo entre qualificados autores marxistas de diferentes gerações, de forma discreta e por variadas razões que não podemos considerar aqui, essa imagem chegou a encontrar guarida. Escrevendo o que mais tarde figuraria como uma nota de pé de página no prefácio à importantíssima *História do marxismo*, projetada e organizada por ele, Hobsbawm pontuou que "a partir dos inícios dos anos [18]70 a obra teórica e prática de Marx é escassa" (Hobsbawm, org., 1979, v. I, p. 19). Por seu turno, cerca de meio século antes, o primeiro grande biógrafo de Marx considerara ser muito exagerado dizer-se que a última década de vida de seu biografado foi "uma lenta agonia" – embora ele mesmo tenha intitulado "Crepúsculo" as páginas que dedicou à trajetória de Marx a partir de 1878 (Mehring, 2013, p. 483 e 506)[1].

O conhecimento do legado marxiano atualmente disponibilizado contraria essa imagem. No capítulo VI desta biografia já antecipamos ao leitor alguns elementos para indicar a prossecução da atividade intelectual de Marx nos anos posteriores à *Crítica do Programa de Gotha*: mencionamos, por exemplo, a retomada dos seus estudos matemáticos (especialmente de maio a agosto de 1875) e a sua atenção (de março a setembro de 1878) às pesquisas sobre geologia, mineralogia e química agrícola, ademais do seu contributo (1877-1878) ao livro de Engels contra Dühring, tornado público nos anos 1870. E, como veremos a seguir, essa atividade não se limitou a tratamentos/estudos *teóricos* (por exemplo, as suas incursões no campo antropológico e o seu cuidado com a problemática da comunidade camponesa russa), mas também incidiu no enfrentamento de questões *prático-políticas*, registrado na sua correspondência e em contatos pessoais com sujeitos políticos que a ele recorriam para esclarecer dilemas estratégicos e táticos que os embaraçavam – de fato, a partir da segunda metade dos anos 1870, Marx tornou-se uma espécie de consultor muito procurado por militantes socialistas e revolucionários de vários países[2]. Também de fins dos anos 1870 a inícios dos 1880 são claros os sinais da ironia e da irritação de Marx com as querelas entre seus seguidores sectários e/ou vulgares e oponentes do mesmo quilate – desses sinais, bem conhecido é o que lhe teria provocado a tirada famosa: "*Tout ce que je sais, c'est que je ne suis pas marxiste*" (Tudo o que sei é que não sou marxista)[3].

Em verdade, o ocaso da atividade intelectual e política de Marx começa mesmo com a morte de Jenny, aos 67 anos, ocorrida a 2 de dezembro de 1881, devida a um câncer hepático diagnosticado em princípios daquele ano. Quando do falecimento de Jenny, Marx foi terminantemente proibido por seu médico, dados os seus problemas respiratórios então agudizados, de comparecer ao enterro da sua companheira de vida[4] – coube a Engels pronunciar o discurso fúnebre no cemitério de Highgate (MEW, 1962, v. 19, p. 293-4). E foi Engels quem compreendeu imediatamente o impacto dessa perda sobre Marx, ao observar a Eleanor ("Tussy"), filha mais jovem do amigo: "O Mouro também morreu"[5].

Tratemos, pois, dos anos derradeiros do "Mouro", antes e depois do falecimento de Jenny, na casa da Maitland Park Road, n. 41.

Dores e alegrias na Maitland Park Road, n. 41

Como reiteramos na última seção do capítulo precedente, o suporte financeiro assegurado por Engels à família Marx propiciou a manutenção das suas cômodas condições de vida também na casa da Maitland Park Road, n. 41, para a qual a família se mudou em março de 1875. A residência, na mesma rua de casas geminadas daquela que os Marx tinham ocupado cerca de onze anos antes, "era alugada, como a anterior, porém menor e mais barata [...]. À época, o núcleo familiar compunha-se de Marx e sua mulher, Jenny, da filha mais nova, Eleanor, e de Helene Demuth" (Musto, 2018c, p. 25). Nessa casa, continuando a contar com suficiente conforto e com a proximidade de Engels, o "Velho Nick" pôde, sempre que a saúde lhe permitiu, trabalhar com tranquilidade[6].

A referência, mesmo que breve, às questões da saúde dos seus familiares é importante para acompanhar a vida de Marx nos seus anos derradeiros[7]. Vimos, na segunda seção do capítulo VI, que desde o princípio dos anos 1870 Marx teve de redobrar os cuidados respeitantes à sua saúde (com recomendações que, na maior parte, ele não seguiu) e assinalamos as várias viagens que foi obrigado a fazer até 1879 em busca de alívio aos seus tormentos físicos. Na mesma seção, mencionamos que a saúde de Jenny começou a declinar depois de 1877[8] e, mais visivelmente, nos dois anos seguintes – deterioração que avançou, rápida, em 1880-1881. Em busca de melhoras, Jenny, ao lado de Marx e da filha Laura, passou dias no litoral inglês (Eastbourne), de fins de junho a 20 de julho de 1881. No regresso, os médicos constataram um ligeiro restabelecimento da sua condição física.

O agravamento da enfermidade de Jenny, no curso de 1881, não resultou somente de processos orgânicos; outras variáveis, de natureza emocional, incidiam negativamente na sua saúde. Há indicações de que a principal foi o retorno de Longuet, possibilitado pela anistia conquistada pelos franceses em 1880, à sua pátria; com ele haveria de seguir a sua família – casado com Jennychen desde 1872 (ver, supra, cap. IV, nota 77 e cap. V, nota 15), viviam próximos de Marx e Jenny e seus filhos eram a alegria dos avós[9]. Longuet regressou a Paris em novembro e Jennychen, então grávida, foi com as crianças para a casa dos pais, para o júbilo de Marx e Jenny, e ali permaneceram até a viagem para a França, que empreenderam em meados de março de 1881, estabelecendo-se com Longuet nas proximidades de Paris (Argenteuil). O afastamento dos netos deixou Jenny profundamente acabrunhada e, de volta da estância em Eastbourne, decidiu-se, com o aval médico, que ela e Marx passariam dias com a filha – no fim de julho, os dois, acompanhados por Lenchen, cruzaram o canal da Mancha.

Em Argenteuil, ainda que sofrendo dores só amenizadas por um composto à base de ópio (receitado por um médico francês), Jenny viu melhorar seu estado anímico, o que lhe permitiu, a 7 de agosto, uma visita prazerosa a uma Paris muito diferente daquela que conhecera 32 anos antes[10]. Mas, a 17 de agosto, diante da notícia de que Eleanor estava muito doente em Londres, Marx partiu para cuidar da filha que ficara sozinha. Dias depois, Jenny e Lenchen também retornaram à Inglaterra.

Quando chegaram à casa, Jenny e Lenchen encontraram Marx às voltas com a recuperação de Eleanor – que, de fato, sofrera um colapso nervoso, evidenciado por anorexia e insônia (e sem poder contar com o apoio de Engels, que estava em viagem por Yorkshire). Em fins de setembro, com a filha já refeita, a dedicação integral de todos na casa foi dirigida a Jenny, a cada dia mais debilitada, que "mal saía da cama e quando se movia, era para uma cadeira ao lado" (Gabriel, 2013, p. 644). Quanto a Marx, igualmente a sua saúde estava afetada:

> Depois de meses de preocupação com a esposa, com as filhas, com os netos, as próprias doenças de Marx se intensificaram. Seus problemas nesse período foram quase todos respiratórios, primeiro bronquite, depois pleurisia. Seus pulmões estavam, sem dúvida, debilitados por conta de uma vida como fumante, especialmente nos primeiros anos, quando comprava péssimos charutos baratos por

não ter dinheiro para qualquer outro tipo. Mas todos concordavam que os problemas físicos de Marx pioravam com a ansiedade, e certamente era esse o caso naquele outono. A amiga de sua juventude, sua camarada, sua "inesquecível parceira amada" estava morrendo, e ele se via confinado a um pequeno cômodo contíguo ao dela, seguindo ordens médicas de não sair da cama para vê-la. (Ibidem, p. 644-5)[11]

Apenas em fins de outubro permitiu-se a Marx dirigir-se ao quarto em que Jenny (mal suportando as dores que a atormentavam graças às doses de morfina prescritas pelo dr. Bryan Donkin, prestigiado médico britânico que passou a assistir também a Marx) vivia seus últimos dias. O instante em que pela primeira vez ele tomou as mãos da mulher foi testemunhado por Eleanor:

> Jamais esquecerei a manhã em que ele se sentiu forte o suficiente para entrar no quarto da querida mamãe. Juntos, eles eram novamente jovens – ela uma moça amorosa e ele um rapaz apaixonado [...], não um velho destruído pela doença e uma idosa moribunda que se despedia da vida. (Citado em Liebknecht, 1975, p. 158)

Naquele outubro (dia 27), o partido social-democrata, nas eleições para o Parlamento alemão, chegou à marca histórica dos 312 mil votos – "um sucesso de proporções inéditas na Europa" (Musto, 2018c, p. 103). Marx mencionou o fato à mulher e, segundo Gabriel (2013, p. 646), "mesmo entorpecida pela morfina, Jenny compreendeu o significado disso e ao lado de Marx e Engels celebrou os resultados". Dois dias antes de falecer, Jenny, ainda lúcida, ouviu de Marx a leitura de páginas que lhe deram um último conforto; passemos novamente a palavra à biógrafa já tantas vezes aqui citada:

> No final de novembro [...] apareceram cartazes no West End londrino anunciando uma publicação mensal chamada *Líderes do pensamento moderno*, que incluía o primeiro artigo independente em inglês a elogiar a obra de Marx. No dia 30 de novembro, Marx sentou-se ao lado da cama de Jenny e leu para ela o artigo de um rapaz chamado Belfort Bax [...]. Jenny ficou exultante. Mesmo que os filisteus não o tivessem admitido, sempre soubera que o marido era um gênio. Marx descreveu os olhos dela nesse momento como "maiores, mais adoráveis e mais luminosos que nunca". (Idem)[12]

A morte da mulher foi dos golpes afetivos mais duros, se não o que mais o feriu, sofridos por Marx. Discreto no tocante a seus sentimentos pessoais, ele não conseguiria disfarçar, no pouco tempo de vida que ainda lhe restou, a irreprimível saudade de Jenny – como se vê em carta que a Engels, de Argel, escreveu no ano seguinte:

Sabes que poucos como eu suportam qualquer manifestação exagerada de sentimentos. Mas eu te mentiria se tentasse negar que meus pensamentos são quase todos absorvidos pela lembrança da minha mulher, personagem da melhor parte da minha vida. (Carta de 1º de maio de 1882 – MEW, 1967, v. 35, p. 46)

O abatimento de Marx, nos dias que correram imediatamente após o falecimento de Jenny, foi tão intenso que o dr. Donkin recomendou-lhe que viajasse: em casa, sua inaudita tristeza se agravaria ainda mais. Atendendo ao conselho médico, Marx, acompanhado por Eleanor, dirigiu-se, a 29 de dezembro, às praias de Ventnor, na ilha de Wight, sul da costa inglesa (onde passara dias agradáveis com Jenny, no verão de 1874). O acentuado mau tempo do inverno de 1881-1882 fez-se presente e o estado físico de Marx piorou, com uma irritante e ininterrupta tosse a perturbá-lo. Regressaram ao fim da primeira quinzena de janeiro do novo ano.

Não tem sentido, contudo, imaginar a existência dos Marx, na segunda metade da década de 1870, como carente de contentamentos e júbilos. De fato, até o início de setembro de 1881, quando a enfermidade de Jenny aproximou-se do limite extremo, a vida dos Marx fez-se também de alegrias e festejos compartilhados. Tirante uns poucos anos entre os finais da década de 1850 e o início da de 1860 (de que tratamos na primeira seção do capítulo V – ver, por exemplo, cap. V, nota 12, supra), a vida nas casas habitadas por Marx e Jenny foi sempre humanamente rica, entremeando tristezas e dramas familiares com alegrias divididas com amigos e camaradas. As alegrias, próprias de uma cotidianidade prenhe de surpresas, eram animadas pela presença constante de pessoas provenientes de muitos países; independentemente das condições financeiras do casal e da maior ou menor comodidade das moradias, as casas dos Marx eram um espaço em que a solidariedade, vincadamente internacionalista, mostrava-se não uma consigna teórico-política, mas como ação diária e prática corriqueira. Artesãos e operários muitas vezes desconhecidos, trabalhadores e trabalhadoras cujo nome a história não guardou, líderes e intelectuais importantes encontraram nas casas da família abrigo e estímulo (além de recolherem de Marx indicações estratégicas e táticas para a intervenção política). Esse comportamento fraterno e generoso, que as filhas do casal incorporaram desde a infância, era comum a Marx e a Jenny: ambos o exercitavam e a moça aristocrática de Trier não se mantinha à sombra do marido – Jenny portava-se como protagonista e, no trato com os visitantes, exibia seu brilho peculiar, pessoal[13]. Assim também foi na casa da Maitland Park Road, n. 41, por onde (tal como nas moradias anteriores) passaram figuras muito diferentes, algumas depois tornadas internacionalmente conhecidas[14].

Mas as alegrias de Marx e Jenny na segunda metade dos anos 1870 foram especiais, porque experimentadas por um Marx e uma Jenny calejados pelos vaivéns de uma jornada existencial já considerável e nada convencional: ambos para além da maturidade, marcados por duras provas pessoais e históricas, ele à beira dos sessenta anos e ela passada a mesma idade, libertos de quaisquer ilusões e suficientemente sábios para apreciar, posto que com plena consciência dos limites da vida, o júbilo de vivências miúdas do dia a dia e de datas significativas. Foi assim que os dois descobriram, sem dissimular os ônus da velhice[15], os pequenos prazeres proporcionados pela lucidez da memória e puseram-se a degustar com calma e ironia a revivescência de eventos pretéritos, o desenvolvimento das filhas adultas, os primeiros passos dos netos, as datas significativas do calendário, a fidelidade dos velhos amigos e o gratificante reconhecimento que lhes tributavam os mais jovens (ver a sua correspondência posterior a 1875 – MEW, 1966, v. 34 e 1967, v. 35). Com a sabedoria que parece mais ao alcance dos que têm o privilégio de desfrutar com serenidade o desfecho de uma existência plena de sentido, Marx e Jenny comemoraram dançando a passagem do ano 1875 a 1876 e até a entrada de 1881 divertiram-se com as reuniões do Dogberry Club[16].

E qualificada narradora da vida familiar dos Marx relatou que, nos seus "últimos anos",

> Marx comentaria sobre a importância do mundo microscópico em contraposição ao macroscópico – o microscópico sendo a família e o macroscópico todo o resto, mas principalmente a política. Depois do congresso de Haia, ele começou a se retirar para o pequeno mundo das pessoas a sua volta, mas não deixou de trabalhar. E embora houvesse formalmente se afastado da Internacional, sua casa ainda era um local de peregrinação para visitantes do mundo todo que o reverenciavam como seu fundador. As visitas [...] aos poucos se tornaram uma diversão social agradável; os intrusos já não o absorviam como antes. Até mesmo jornalistas desagradáveis, que costumavam perseguir Marx para entrevistá-lo quando lembravam que um "terrorista" morava em Londres, eram vistos agora como fonte de diversão e não mais como antagonistas ou provocadores. Marx se transformou num gato de patas enormes que brincava cuidadosamente com aqueles pequenos camundongos, sabendo que poderia esmagá-los, mas ao mesmo tempo se deliciando com a brincadeira. Ele diria a Kugelmann que "não dava a mínima para a opinião pública". Agora importavam muito mais as pessoas que tinha perto de si. (Gabriel, 2013, p. 597)

O relato é como uma feliz água-forte, porém, deve ser tomado com reservas: apesar da ressalva expressa na advertência de que o começo da "retirada" de Marx "para o pequeno mundo das pessoas a sua volta" não fez que abandonasse o trabalho, esse relato pode induzir à falsa ideia de um Marx pós-Haia voltado especialmente para o "microscópico". Já assinalamos – e, a seguir, voltaremos a fazê-lo – que, até 1881-1882, Marx continuou um trabalhador incansável;

sobretudo, "todo o resto", "principalmente a política", *não perdeu importância para ele*. Se é fato que, na segunda metade dos anos 1870, o "microscópico" mereceu de Marx uma atenção mais amorável, é igualmente factual que ele *não* secundarizou de modo nenhum o "macroscópico"[17].

Em sendo verdade que todas as narrações/versões/interpretações sobre Marx (da sua vida privada à sua obra) são passíveis de correções, revisões e achegas, o que permanece como inquestionável é que, depois do 2 de dezembro de 1881, mesmo as alegrias mais singelas viram-se exiladas da Maitland Road Park, n. 41.

Novas questões, mais pesquisas: de 1876 a 1881-1882

Nos anos que vão de 1876 a 1881-1882, foi muito expressiva a atividade intelectual de Marx – ele prosseguiu, mesmo com a capacidade de trabalho crescentemente reduzida a partir de meados de 1881, com as suas pesquisas e a sua elaboração teórica[18]. Já aludimos a quatro aspectos dessa atividade e aqui não cabe mais que recordá-los:

- a sua colaboração com Engels na polêmica contra Dühring (quando partes dessa polêmica deram origem ao opúsculo engelsiano *Do socialismo utópico ao socialismo científico* – ver, supra, cap. VI, nota 35 –, Marx redigiu, em maio de 1880, o prefácio para a sua primeira edição francesa – ver MEW, 1962, v. 19, p. 181-5);
- a retomada dos seus estudos matemáticos;
- o seu exame de materiais relativos à geologia, à mineralogia e à química agrícola;
- a continuidade do trabalho referente a *O capital*[19].

Nesses anos, igualmente, verificamos avanços do pensamento marxiano – com novas questões ampliando o horizonte das suas pesquisas. Parte significativa desses avanços foi sustentada pela permanente atenção de Marx aos documentos de natureza econômico-social e histórica que estavam sendo divulgados na Europa ocidental, na Rússia e nos Estados Unidos – desses dois países, recebia as publicações mais atualizadas por intermédio de amigos e correspondentes. Demonstrando que a sua inquietude científica e a sua capacidade de pesquisa continuavam invejáveis, ele perscrutou essa documentação com cuidado, registrou seus dados, comentou-os e esboçou vários manuscritos avulsos (Fedosseiev, org., 1983, p. 630-44; Rubel, 1991, p. 151-65). Quanto aos países euro-ocidentais, Marx valeu-se sobretudo de informações e indicadores contidos em fontes oficiais (especial, mas não exclusivamente, inglesas), seguindo os procedimentos que utilizava desde a segunda metade dos 1850. No tocante ao seu interesse pela Rússia, então acentuado e a que voltaremos adiante, ele alimentou-se pelo trato (quase sempre com o recurso a textos em russo) de autores e documentos com os quais constituiu uma bibliografia específica de mais de 120 títulos:

A lista de livros por ele [Marx] elaborada em 1881, sob a rubrica "O russo nas minhas prateleiras", contém mais de cento e vinte títulos. Mas não incluía todas as fontes que ele utilizou. Nikolai Danielson, Piotr Lavrov, Nikolai Sieber, Ilarion Kaufman, Nikolai Kablukov, Minna Gorbunova e Vera Zasulitch ajudaram-no ativamente a constituir a seção russa da sua biblioteca. Marx estudou diversas coletâneas de documentos e estatísticas, incluindo as estatísticas dos *zemstvos*, surgidas na Rússia após 1861. [...] Reservou um lugar à parte às obras científicas e publicísticas dos democratas revolucionários, em especial de Tchernichevski. (Fedosseiev, org., 1983, p. 631)[20]

No que diz respeito aos Estados Unidos, designados por Marx geralmente como América/América do Norte, nem sempre os biógrafos conferem a devida relevância às suas reflexões referentes a tal país (por isso mesmo, são muito úteis as contribuições de Korolkov, org., 1979 e Weiner, 1980, assim como o artigo de Antunes, 2019). Para o período de que agora nos ocupamos, vale a seguinte notação:

Marx reuniu um importante material sobre a economia e a estrutura social dos Estados Unidos da América. [...] Estudou coletâneas documentais e estatísticas publicadas por diversos departamentos [...] dos Estados Unidos, que lhe foram fornecidas por Sorge, Harney e outros amigos da América, artigos de periódicos americanos e ingleses [nos quais] obteve importantes informações sobre o tempestuoso desenvolvimento da indústria, sobre a colonização do Oeste, sobre a situação dos agricultores, as condições de trabalho, a imigração dos operários etc. Marx salienta nos extratos [que fez à época] a formação das grandes sociedades por ações, o aparecimento dos magnatas das finanças e da indústria como Vanderbilt, Gould, Rockfeller. Num esboço escrito em fins de 1878, a propósito do roubo de terras comunitárias pelas sociedades de ações, assinala que certos multimilionários tinham enriquecido graças à especulação com terras. (Fedosseiev, org., 1983, p. 631-2)

Ademais, a dinâmica capitalista, a despeito da vaga recessiva emergente em 1873 (ver, supra, cap. VII, nota 7), estava experimentando ponderáveis mudanças econômicas e tecnológicas, que Marx acompanhou com argúcia crítica. Em relação à organização econômica, ele constatou, a partir de elementos factuais, a articulação em curso entre grandes capitais industriais e grandes capitais bancários (logo configuradora do estágio imperialista – ver, supra, cap. VII, nota 8) e assinalou a urgência de analisá-la[21]. E, mesmo no fim do período de que aqui tratamos, preocuparam-no inovações tecnológicas, como as alternativas abertas com a transmissão de energia elétrica e o seu emprego na indústria e nos transportes[22].

Naquele mesmo período, Marx seguiu de perto o movimento das ideias no campo da economia política (para as suas principais leituras na área, de 1876 a 1881-1882, ver Sayer, em Shanin, org., 2017, p. 229-42). Dentre as inúmeras obras econômicas que então examinou, ele demorou-se sobre o primeiro volume do *Lehrbuch der Politischen Ökonomie* (Manual de economia política), de Adolph Wagner, acerca do qual redigiu, entre meados de 1879 e novembro de 1880, uma crítica circunstanciada[23]. As glosas marxianas salientam em Wagner as características próprias da "escola sociojurídica" – que advogava por um "socialismo de Estado", e do seu precursor, Rodbertus –, destacando o caráter apologético da sua posição em face do regime bismarckiano. Mas a crítica de Marx põe de manifesto sobretudo a inépcia teórico-analítica de Wagner, a sua concepção vulgar das principais categorias da economia política, em especial a de *valor*; a mim, parece-me que o conteúdo mais relevante das glosas reside na clarificação dos elementos da teoria marxiana do valor que, intencionalmente ou não, foram falsificados por Wagner.

Nos mesmos anos, também a atuação de caráter político de Marx teve continuidade. Marx e Engels, um e outro, acompanharam o processo de constituição dos partidos de corte socialista e social-democrata, na Europa e na América, que se desenrolou entre a derrota da Comuna de Paris e meados da década de 1890 (ver, supra, neste capítulo, nota 2) – e em não poucas oportunidades intervieram nesse processo[24].

Uma dessas intervenções muito relevantes, talvez mesmo a mais decisiva para o futuro da social-democracia alemã, foi a operada por Marx e Engels na sequência da adoção, no segundo semestre de 1878, da legislação antissocialista bismarckiana (ver, supra, cap. VII, nota 18)[25]. Entrando em vigência essa legislação, setores dirigentes do partido social-democrata viveram meses de perplexidade e confusão, exatamente quando a organização se via a braços com as urgentes necessidades de modificar os procedimentos das suas instâncias – e da sua imprensa – para garantir-se sob as novas e difíceis condições da sua atuação; essa situação emergencial, bem como os fenômenos político-ideológicos que nela afloraram, vem relatada em fontes muito diversas, que em geral reconhecem os riscos que apresentava para a condução coerente da política social-democrata[26]. Com efeito, entre finais de 1878 e meados de 1879 mostraram-se no partido tendências sectárias de esquerda (Johann Joseph Most, Wilhelm Hasselmann) e tendências oportunistas, divisionistas, à direita (Wilhelm Blos, Max Kayser) – desorientando a militância e a imprensa social-democrata e pressionando fortemente os líderes que lutavam pela manutenção consequente da unidade partidária. Diante desse quadro, Marx e Engels viram-se obrigados a intervir, valendo-se do seu prestígio político e da sua autoridade moral: empenharam-se desde fins de 1878, de forma discreta, mas firme (através de cartas pessoais, respostas a consultas, recomendações), em sugerir críticas e alternativas. No início do segundo semestre de 1879, ambos perceberam que lhes cabia jogar mais duro: decidiram escrever uma carta aos principais dirigentes do partido (Liebknecht, Bebel e Bracke, entre outros) propondo enfaticamente uma correção de rumo, condenando o esquerdismo aventureiro e também o oportunismo timorato. Em setembro, Engels, a pedido de Marx, esboçou o texto de uma comunicação que, revisada e assinada pelos dois a 17-18 daquele mês, imediatamente foi enviada à direção: nela, Marx e Engels deixaram claro que, se não se tomassem providências efetivas para superar o atual estado de coisas no partido, eles avançariam na formulação de uma *crítica pública*. A comunicação marx-engelsiana, assim como a ameaça de uma intervenção pública, conhecida como "carta circular" e cujo esboço só foi divulgado em junho de 1931 (MEW, 1966, v. 34, p. 394-408), caiu como uma bomba sobre os dirigentes social-democratas. Então, principalmente graças à atividade e à lucidez de Bebel, a direção do partido mobilizou-se e, de fato, prestou-se à correção de rumo reclamada por Marx e Engels: já no segundo semestre de 1880 a orientação política social-democrata e a dinâmica partidária viram-se positivamente retificadas – e as conversações que tiveram com Bebel, que os visitou em dezembro de 1880, garantiram-lhes que a direção do partido compreendera a necessidade urgente de providências corretivas e que a sua implementação prática estava assegurada. Suficientes indicações históricas comprovam que a intervenção de Marx e Engels foi grandemente responsável pelo êxito com que o partido social-democrata enfrentou os desafios que lhe foram postos nos dez anos seguintes, na vigência da legislação antissocialista de Bismarck.

Todavia, o que é mesmo de destacar, no período de 1876 a 1881-1882, é o alargamento temático da atividade intelectual de Marx, consistente no desenvolvimento de pesquisas sobre questões que até então não tinham recebido dele um trato intensivo e específico. Esse alargamento, registrado em textos marxianos cuja reunião e/ou divulgação mais ampla foi sobretudo póstuma e realizada especialmente na segunda metade do século XX, desde então fomentou uma expressiva produção crítico-analítica que, prosseguindo na entrada do presente século, tem provocado interpretações e polêmicas muito significativas[27].

Comecemos pelo esboço, redigido (em francês) por Marx provavelmente em finais de outubro ou em novembro de 1877 ou 1878, de uma carta que enviaria à redação da revista *Otétchestvennie Zapíski* (Notas Patrióticas), de São Petersburgo[28]. Desde inícios da década de 1870, Marx ganhava uma surpreendente audiência na Rússia – já mencionamos o êxito da tradução russa do Livro I de *O capital* (1872) – e o movimento revolucionário russo, animado principalmente pelos populistas, adquiria crescente ponderação, respaldado inclusive em contribuições crítico-históricas configuradoras do chamado *populismo clássico*[29]. E dos meados dessa década em diante, não só cresceu o interesse político de Marx pela Rússia, mas é fato que ele aprofundou o seu conhecimento do império dos tsares mediante continuados estudos (cf., supra, neste capítulo, notas 20 e 27), como voltaremos a ver. Ora, o sociólogo Nikolai Mikhailovski (1842-1904), à época um "eminente representante do populismo russo" (Musto, 2018c, p. 69), publicara naquela revista ensaios acerca das polêmicas relativas ao futuro da comunidade camponesa russa (*obschina*) no processo de transformação social. Segundo Mikhailovski, no que pretendia apresentar como um resgate do pensamento de Marx, *O capital* continha uma teoria histórico-filosófica universal que também dava conta do destino da propriedade comunal da terra na Rússia, teoria construída a partir da experiência histórica inglesa; ao mesmo tempo, o sociólogo russo questionava a aplicação de tal teoria em seu país.

Pois bem: essa argumentação de Mikhailovski, *expendida em 1877*, desconsiderava *o fato de que Marx já superara literal e expressamente, em 1875, o que poderia ser tomado como uma teoria histórico-universal capaz de dar conta do destino da propriedade comunal da terra em todas as latitudes*. É certo que, nas duas primeiras edições alemãs da obra (1867 e 1872 e, também, na edição russa de 1872), a formulação marxiana acerca da expropriação da terra do camponês, tal como ocorrera na história inglesa, era posta como *exemplo clássico e generalizável*; entretanto, na edição francesa de 1875, o *"caminho" inglês aparecia como próprio apenas aos países da Europa ocidental*[30]. Essa explicitação, que precisa e altera a concepção marxiana da história do *processo da acumulação primitiva*, opera-se entre 1867 e 1875 e é indiscutível – compare-se o que Marx escreve[31]:

Nas duas primeiras edições alemãs (1867-1872)	*Na edição francesa (1875)*
A expropriação da terra que antes pertencia ao produtor rural, ao camponês, constitui a base de todo o processo. Sua história assume tonalidades distintas nos diversos países e percorre as várias fases em sucessão diversa e em diferentes épocas históricas. Apenas na Inglaterra, e por isso tomamos esse país como exemplo, tal expropriação se apresenta em sua forma clássica.	Essa expropriação [da terra] só se realizou de maneira radical na Inglaterra: por isso, esse país desempenhará o papel principal em nosso esboço. Mas todos os outros países da Europa ocidental percorreram o mesmo caminho, ainda que, segundo o meio, ele mude de coloração local, ou se restrinja a um círculo mais estreito, ou apresente um caráter menos pronunciado, ou siga uma ordem de sucessão diferente.

É evidente que a formulação marxiana da edição francesa de 1875 – saliente-se: trata-se da última edição do Livro I que se publicou em vida de Marx, sob seus cuidados, e à qual ele conferiu um significado científico especial[32] – tem relevante implicação teórica na sua concepção do processo da acumulação primitiva. Com efeito, antes de constituir mero aperfeiçoamento formal do texto que acaba por revelar o seu "segredo", põe em causa o *âmbito de validez* da análise apresentada sobre a questão em *O capital*. Marx tem plena consciência disso, e a tem porque a sua permanente atitude investigativa logo inscreveu a pesquisa da história e da natureza da propriedade comunal antiga na sua agenda de estudos: de fato, como Jones (2017, p. 601) ressaltou com acerto, Marx "interessou-se pela obra de Georg von Maurer [estudioso da comunidade aldeã; 1790-1872] no ano seguinte à publicação do primeiro volume [leia-se: Livro I] de *O capital*"[33]. Assim, entre a edição do Livro I e o esboço da carta de 1877-1878, Marx pesquisou muito e muito estudou sobre o tema e a sua história, destacadamente trabalhos de Tchernyschiévski relacionados à propriedade comunal na Rússia, a *obschina*, documentos acerca dos impactos da reforma de 1861 (fim do regime servil russo) sobre ela, além de materiais de Pavel Sokolovsky (1842-1906); acumulou, enfim, largo conhecimento a respeito da propriedade camponesa e da sua problemática na vida russa. Decerto que a Rússia, desde os anos 1850, era objeto da atenção de Marx, que abominava o protagonismo do império dos tsares no jogo da reação europeia; todavia, é na década de 1870 que ele adquire uma visão clara e profunda da sua realidade agrária e do papel que a derrota do tsarismo poderia significar para o processo revolucionário na Europa (ver, supra, cap. VII, nota 20)[34]. A formulação de 1875, portanto, não é uma eventual descoberta repentina – é conquista da sua incessante pesquisa, produto de acurada reflexão.

Compreende-se, assim, que ao tomar conhecimento de um material como o de Mikhailovski, veiculado num periódico russo e destinado a repercutir entre um público cada vez mais interessado em saber o que ele pensava, Marx tenha tido a preocupação de esclarecer rigorosa e devidamente as suas ideias; daí a redação do esboço. Nele, há um *ponto essencial*[35]: Marx afirma limpidamente que, no Livro I de *O capital*, "*o capítulo sobre a acumulação primitiva visa exclusivamente traçar a rota pela qual, na Europa ocidental, a ordem econômica capitalista saiu das entranhas da ordem econômica feudal*"[36] – afirmação com a qual ele limita de forma nítida o seu âmbito de validez. Mas ele não se detém nessa afirmação: recusa frontalmente o procedimento do seu "prezado crítico" [65] (Mikhailovski, que ele não nomina): o crítico

> tem necessidade de *metamorfosear totalmente o meu esquema histórico da gênese do capitalismo na Europa ocidental em uma teoria histórico-filosófica do curso geral fatalmente imposto a todos os povos, independentemente das circunstâncias históricas nas quais eles se encontrem*, para acabar chegando à formação econômica que assegura, com o maior impulso possível das forças produtivas do trabalho social,

o desenvolvimento mais integral possível de cada produtor individual. Porém, peço-lhe desculpas. (Sinto-me tão honrado quanto ofendido com isso.) [68 (itálicos meus – JPN)].

Vê-se: Marx, em 1877-1878, não admite que o seu "esboço histórico da gênese do capitalismo na Europa ocidental" seja convertido em uma "teoria geral histórico-filosófica" – que, acrescenta com ironia, tem sua "maior virtude" "em ser supra-histórica" [69]. Marx voltará a esse ponto, que consideramos essencial, e vai reiterá-lo, municiado inclusive por novas leituras (por exemplo, a de Maksim Kovalévski, em 1879), como veremos adiante, na sua correspondência (1881) com Vera Zasulitch.

E recorde-se que, no período que estamos abordando aqui, e até o fim da sua vida, Marx desenvolveu uma grande simpatia pela corajosa disposição revolucionária dos populistas – ver a sua carta a Sorge de 5 de novembro de 1880 (MEW, 1966, v. 34, p. 477) e a missiva à sua filha Jenny de 11 de abril de 1881 (MEW, 1967, v. 35, p. 178-9). E não se esqueça, também, que desde 1877 ele nutriu a expectativa de que "a revolução começará no Leste" (ver novamente, cap. VII, nota 20).

Voltemos à consideração do que antes designamos como alargamento do campo temático da atividade intelectual de Marx. Deve-se sublinhar que nele não se registra somente a relevante modificação constatada na sua visão da história do processo da acumulação primitiva, cuja gênese remete a antecedentes da ordem capitalista. Nesse alargamento verifica-se também a continuidade da atenção de Marx a formas socioeconômicas pré-capitalistas. Como assinalou recentemente um analista, em textos anteriores aos anos 1870 Marx preocupou-se com tais formas:

> Em suas pesquisas precedentes, Marx já havia examinado as formas socioeconômicas do passado, às quais dedicara numerosos comentários, como na primeira parte do manuscrito *A ideologia alemã*, na longa seção dos *Grundrisse* intitulada "Formas que precederam a produção capitalista"[37], e também no primeiro volume [livro] de *O capital*. (Musto, 2018c, p. 31-2)

Igualmente, não se pode esquecer que a produção jornalística de Marx (a que nos referimos em detalhe no fim da última seção do capítulo IV) já o conduzira a enfrentar problemas relativos a países situados fora da Europa ocidental, às chamadas *sociedades orientais* – nomeadamente a Rússia, a Índia e a China (ver esp. Marx-Engels, 1962, 1974c e 1979; Marx, 2015a). Importante, pois, é salientar, em síntese, que o período aqui abordado põe-no sobretudo diante de outras e *novas questões*, conexas, mas não só, a problemas anteriormente tangenciados por ele, exigindo novas *pesquisas* – atestam-no, por exemplo, as suas *Notes on Indian History* (Notas sobre a história da Índia), nas quais trabalhou entre o outono de 1879 e o verão de 1880[38]. Essas novas pesquisas ganharão uma densidade inédita quando o autor recorrer a fontes históricas e antropológicas *stricto sensu*.

E Marx operou essa recorrência: entre fins de 1880 e meados de 1881 (com umas pouquíssimas incursões em 1882 – não foi ainda possível oferecer desse andamento intelectual uma datação precisa), ele mergulhou na leitura de textos antropológicos, numa reflexão intensiva que registrou em centenas e centenas de páginas manuscritas, boa parte das quais coligidas no que ficou conhecido como *Cadernos etnológicos*[39]. O sentido desse movimento marxiano foi argutamente apreendido por um dos mais finos analistas dos seus últimos trabalhos:

> Marx dedicou-se a esse estudo, muito custoso em termos de energia [...], e não o fez movido por mera curiosidade intelectual, mas com uma intenção rigorosamente teórico-política. Seu objetivo era reconstruir, com base na correta consciência histórica, a sequência provável com a qual, no curso do tempo, haviam-se sucedido os diferentes modos de produção. Essa sequência lhe servia também para fornecer fundamentos históricos mais sólidos à possível transformação comunista da sociedade [suprimi aqui uma nota de pé de página – *JPN*].
>
> Perseguindo esse objetivo, ao redigir os *Cadernos etnológicos*, Marx redigiu longos compêndios e interessantes anotações sobre a pré-história, o desenvolvimento dos vínculos familiares, as condições das mulheres, a origem das relações de propriedade, as práticas comunitárias existentes nas sociedades pré-capitalistas, a formação e a natureza do poder estatal, o papel do indivíduo, além de outras questões mais próximas de sua época, como, por exemplo, as conotações racistas de alguns antropólogos e os efeitos do colonialismo. (Musto, 2018c, p. 32)

Aspecto da maior importância da apreciação que faz Musto dos *Cadernos etnológicos* – ao longo de cujas páginas Marx percorre autores como John Phear (1825-1905), Henry Summer Maine (1822-1888) e John Lubbock (1834-1913) – é o de ressaltar que a análise marxiana denuncia e rechaça os preconceitos ideológicos que viciavam muito da antropologia da época. Diz ele que praticamente

> todos os autores lidos e resumidos por Marx nos *Cadernos etnológicos* haviam sido influenciados – com nuances distintas – pela teoria evolucionista que imperava à época, e alguns deles eram também defensores convictos da superioridade da civilização burguesa. *Um estudo dos* Cadernos etnológicos *mostra claramente que Marx não sofreu nenhuma influência dessas asserções ideológicas* [itálicos meus – *JPN*].
>
> As teorias do progresso, hegemônicas no século XIX, muito difundidas também entre antropólogos e etnólogos, postulavam que o curso dos acontecimentos seguia uma trajetória já dada e determinada por fatores externos à ação humana, que avançava em estágios sucessivos e rigidamente concatenados e que tinha o mundo capitalista como meta única e uniforme. (Ibidem, p. 39-40)[40]

Musto, na sequência imediata dessa apreciação, lembra oportunamente que o evolucionismo e a crença no avanço espontâneo da história, após a morte de Marx, logo contaminaram as fileiras do movimento operário no âmbito da Segunda Internacional; esses traços, nos meios dominantes da social-democracia, distinguiam-se da ótica conservadora e/ou burguesa tão somente pelo privilégio conferido ao determinismo econômico e pela ideia de que, do colapso do capitalismo, adviria o socialismo (ibidem, p. 40)[41]. E o ensaísta italiano pontua a diferente posição de Marx em relação a essas ideias; para ele, Marx

> rejeitou as rígidas representações que ligavam as mudanças sociais unicamente às transformações econômicas. Defendeu, em vez disso, a especificidade das condições históricas, as múltiplas possibilidades que o curso do tempo oferecia e a centralidade da intervenção humana para modificar a realidade e efetuar a mudança. *Foram essas as características salientes da elaboração teórica do último Marx.* (Ibidem, p. 40-1 [também aqui suprimi uma nota de pé de página e os itálicos são meus – *JPN*])

Dos autores do campo antropológico que examinou, Marx retirou – sem endossar suas inferências e ilações teórico-ideológicas – informações pertinentes às relações de propriedade e suas conexões com estruturas familiares e, ainda, às origens e funções do poder da instituição que se desenvolveria na forma de Estado. Um desses autores impressionou-o sobremaneira: Lewis H. Morgan, um antropólogo norte-americano do qual leu a obra *Ancient Society* (A sociedade antiga) (Morgan, 1980)[42], publicada em 1877 e que lhe chegou às mãos dois anos depois, por gentileza de Kovalévski, que então voltava de uma viagem aos Estados Unidos. Marx leu o trabalho de Morgan seguramente entre fins de 1880 e inícios de 1881, extratou-o largamente e lhe inseriu uma série de observações próprias num manuscrito com cerca de cem folhas (recolhido por Krader em Marx, 1974a). De acordo com Engels, o que deixou Marx profundamente impressionado foi que, "na América, Morgan descobriu de novo, e à sua maneira, a concepção materialista da história – formulada por Marx, quarenta anos antes – e, baseado nela, chegou, contrapondo barbárie e civilização, nos pontos principais, aos mesmos resultados de Marx" (Engels, 2010a, p. 17).

Engels afirma, ainda, que Marx estava se preparando para "expor os resultados das investigações de Morgan para esclarecer todo o seu alcance em relação com as conclusões da sua (até certo ponto posso dizer nossa) análise materialista da história" (idem). Como o amigo não pôde concretizar esse projeto, Engels – recorrendo ao manuscrito deixado por Marx, mas valendo-se também dos seus próprios conhecimentos – levou-o a cabo, redigindo, entre março e fins de maio de 1884, *A origem da família, da propriedade privada e do Estado* (Engels, 2010a, daqui em diante referido simplesmente como *A origem da família*). Engels esclarece a motivação do seu trabalho ao dizer que *A origem da família* é, "de certo modo, a execução de um testamento": realiza a intenção de Marx de publicar um livro divulgando as ideias de Morgan. Realizou-a, no entanto, indo muito além de uma exposição do pensamento do antropólogo norte-americano, pois que *A origem da família* apresenta, em vários passos decisivos, elaborações teórico-históricas especificamente engelsianas. De qualquer modo, Engels aduz, com a sua modéstia habitual:

> Meu trabalho só debilmente pode substituir aquele que o meu falecido amigo não chegou a escrever. Disponho, entretanto, não só dos excertos detalhados que Marx retirou à obra de Morgan, como também de suas anotações críticas, que reproduzo aqui sempre que cabíveis. (Ibidem, p. 17-8)[43]

É, de fato, algo surpreendente para quem vê o Marx pós-Congresso de Haia (ou pós-Congresso de Gotha) vivendo "uma lenta agonia": também no decurso de 1880 e ainda de 1881-1882, a atividade intelectual de Marx prosseguiu – a despeito dos problemas domésticos que experimentara com a doença e a morte de Jenny e da deterioração da própria saúde. E ele tinha planos, como esse projeto de, a partir dos seus manuscritos acerca da obra de Morgan, publicar um livro sobre ela.

Mas se o trauma emocional provocado pelo falecimento de Jenny atingiu Marx em cheio, abrindo, com a decadência da sua saúde, o que realmente seria a fase do seu ocaso intelectual, nem mesmo ele significou uma inteira travagem do seu labor de pesquisa. São dessa fase de ocaso os materiais constitutivos de uma larga investigação no âmbito de estudos históricos, consignados em uma detalhada cronologia desenvolvida possivelmente em dois momentos: do outono de 1881 a fevereiro de 1882 e de outubro de 1882 a fevereiro de 1883 (isto é, *até cerca de um mês antes da sua morte*[44]) – a interrupção seguramente deveu-se ao fato de que, entre meados de fevereiro e princípios de outubro de 1882, como logo veremos, Marx esteve em viagem, fora da Inglaterra e distanciado do seu gabinete de trabalho[45]. Nos materiais então elaborados vem registrado o andamento da última pesquisa de Marx.

Os materiais estão reunidos em quatro cadernos manuscritos, nos quais Marx destaca, anota e comenta (em alemão, francês e inglês) os processos e eventos políticos, sociais e econômicos significativos que lhe interessam, inserindo observações críticas e avaliações pessoais. Os cadernos foram descobertos por Engels após a morte de Marx e ele os classificou – etiquetados como *Extratos cronológicos* – considerando aproximadamente a sua sucessão temporal, que Musto (2018c, p. 106) apresenta com mais exatidão: cad. I, de 91 a.C. até 1370; cad. II, de 1308 a 1469; cad. III, de 1470 a 1580; cad. IV, de 1577 a 1648[46]. Uma sinopse do conteúdo desses quatro cadernos pode ser encontrada nos textos aqui citados de

Krätke (2018) e, muito abreviadamente, de Musto (2018c). Será útil reproduzir para o leitor a breve descrição, feita por este último autor, desses manuscritos em geral pouco referidos:

> No primeiro desses cadernos, ele [Marx] classificou, em ordem cronológica, num total de 143 páginas, alguns dos maiores acontecimentos desde 91 a.C. até 1370. Partindo da história da Roma antiga, avançou até a queda do império romano e depois estudou a importância histórica de Carlos Magno (742-814), o papel de Bizâncio, as repúblicas marítimas italianas, o desenvolvimento do feudalismo, as Cruzadas e fez uma descrição dos califados de Bagdá e Mossul. No segundo caderno, de 145 páginas, com anotações que vão de 1308 a 1469, os principais assuntos foram os progressos econômicos ocorridos na Itália e a situação política e econômica alemã entre os séculos XIV e XV; enquanto no terceiro, com 141 páginas relativas à época entre 1470 e 1580, Marx ocupou-se do conflito entre França e Espanha, da república florentina na época de Girolamo Savonarola (1452-1498) e da Reforma protestante de Martinho Lutero (1483-1546). Por fim, no quarto caderno, de 117 páginas, tratou da grande quantidade de conflitos religiosos que se sucederam na Europa de 1577 a 1648. (Musto, 2018c, p. 106 [suprimi, neste passo, duas notas de pé de página – *JPN*])[47]

Os *Extratos cronológicos* cobrem, vê-se, um enorme lapso temporal. Pertence ao domínio da pura especulação discutir o destino que Marx daria às informações que recolheu e especialmente às reflexões que elas lhe provocaram. Não é descabido, todavia, considerar que, nas suas leituras, havia o interesse de reconstituir o processo efetivo da história, munido de um conhecimento dele mais detalhado, para cotejá-lo com os parâmetros da sua própria concepção do desenvolvimento histórico – em especial a problemática, a ser contextualizada mais concretamente, da evolução/sucessão/articulação de diferentes modos de produção. E não é casual que essa pesquisa de Marx tenha se iniciado poucos meses depois de mais um confronto com a questão da comunidade camponesa russa (*obschina*) que punha em jogo um problema relacionado aos modos de produção.

Esse confronto ocorrido no inverno de 1880-1881 não era, em si mesmo, novo: tinha tudo a ver com o que motivara Marx a esboçar a carta, a propósito do artigo de Mikhailovski, que deveria ser remetida à redação da revista *Otétchestvennie Zapíski*. Agora, no entanto, a questão teórica vinha muito mais direta e imediatamente colada à conjuntura política: vinha na forma de uma carta de 16 de fevereiro de 1881 assinada por Vera Ivanovna Zasulitch (1849--1919), militante revolucionária refugiada na Suíça, ligada a uma fração populista organizada há pouco e que, dois anos depois, estaria entre os fundadores (liderados por Plekhánov) do "Emancipação do Trabalho", o primeiro grupo russo a assumir o que então começava a designar-se como marxismo (a correspondência

Zasulitch-Marx, bem como os esboços de resposta de Marx, foi publicada em *Lutas de classes na Rússia* – Marx-Engels, 2013, fonte da qual extrairemos as nossas citações, indicando, entre colchetes, as páginas respectivas)[48].

Dirigindo-se a Marx como "honorável cidadão" em nome de alguns "amigos" (muito provavelmente referindo-se a Sergei Kravtchinski, Lev Grigorievitch Deutsch, Jacob Vasilievitch Stefanovitch e Szimon Dickstein), Zasulitch começa por dizer a Marx da "grande popularidade" de que *O capital* desfruta entre os russos e afirma supor que ele ignora o papel da sua obra "nas discussões sobre a questão agrária na Rússia e sobre a nossa comuna rural" [78]. Diz mais: que "essa questão é urgente na Rússia", sendo mesmo "uma questão de vida ou morte [...] para o nosso partido socialista", e pontua: "Do posicionamento da vossa parte [sobre ela] depende até mesmo o nosso destino pessoal como socialistas revolucionários" [78-9]. E Zasulitch vai diretamente ao ponto: em face da comuna rural, para a ação dos revolucionários,

> apenas duas soluções são possíveis. A comuna rural, liberada das exigências desmesuradas do fisco, dos pagamentos aos donos das terras e da administração arbitrária, é capaz de se desenvolver pela via socialista, quer dizer, de organizar pouco a pouco sua produção e distribuição de produtos sobre bases coletivistas. Nesse caso, o socialista revolucionário deve envidar todos os seus esforços em prol da libertação da comuna e de seu desenvolvimento.
>
> Mas se, pelo contrário, a comuna está destinada a perecer, ao socialista como tal não resta outra coisa senão dedicar-se a cálculos mais ou menos mal fundamentados para descobrir em quantas dezenas de anos a terra do camponês russo passará de suas mãos para as da burguesia, em quantas centenas de anos, talvez, o capitalismo atingirá na Rússia um desenvolvimento comparável ao da Europa ocidental. Eles deverão, portanto, fazer a propaganda apenas entre os trabalhadores das cidades, que por sua vez serão continuamente inundadas pela massa de camponeses, a ser lançada em seus paralelepípedos em busca de salário, como consequência da dissolução da comuna. [79]

Aos 32 anos, a militante Zasulitch (já famosa – ver Siljak, 2008 – pelo destemor com que enfrentara a prisão e pela tentativa de assassinar o general Trepov, um abominável servidor do tsarismo) ainda estava mais preocupada com a ação política do que com a formulação teórica. Mas demandava de Marx um esclarecimento fundado teoricamente:

> Nos últimos tempos, ouvimos dizer com frequência que a comuna rural é uma forma arcaica, condenada à morte, como se fosse a coisa mais indiscutível, pela história, pelo socialismo científico. As pessoas que apregoam isso se dizem vossos discípulos por excelência: "marxistas". Seu argumento mais forte muitas vezes é:

"Foi Marx quem disse isso". Quando se objeta: "Mas como vós deduzis isso de seu *O capital*? Ele não trata da questão agrária e nunca fala da Rússia", eles replicam, de um modo talvez um tanto temerário: "Ele o teria dito se tivesse falado do vosso país". Vós compreendeis, portanto, Cidadão, até que ponto vossa opinião sobre essa questão nos interessa e como é grande o serviço que vós nos prestaríeis, expondo vossas ideias sobre o possível destino de nossa comuna rural e sobre a teoria da necessidade histórica de que todos os países do mundo passem por todas as fases da produção capitalista. [79-80][49]

E ela termina [80]:

Tomo a liberdade de vos pedir, Cidadão, em nome de meus amigos, que se disponha a prestar-nos esse serviço.
Se o tempo não permitir que exponhais vossas ideias sobre essas questões de uma maneira mais ou menos detalhada, tenhais ao menos o obséquio de fazê-lo na forma de uma carta que queirais permitir que eu traduza e publique na Rússia.
Recebei, Cidadão, minhas respeitosas saudações,
Vera Zasulitch.

Marx já recebera solicitações similares à de Zasulitch – em relação a uma delas, de dezembro de 1880, vinda de Nikolai Morozov (1854-1946), dirigente político populista, ele prometera escrever um texto sobre o possível destino da comuna rural russa (e nunca o fez). O fato é que ele redigiu quatro esboços de resposta (o terceiro, inconcluso [88-113] e o quarto, [133] muito sucinto, o mais próximo da carta de fato enviada), todos escritos em francês, idioma igualmente usado por Zasulitch na missiva que lhe dirigira e também empregado na resposta de Marx.

Os esboços obviamente não foram redigidos para publicação; eram, de fato, tão somente rascunhos preparatórios da carta a remeter para Zasulitch; há neles repetições, passagens reduplicadas quase literalmente e referências teóricas e históricas pontuais. Mas são, em especial os três primeiros, documentos importantes, que expressam e resumem os esforços de Marx para enfrentar a fundo a questão da comunidade agrária russa, incorporando as mais recentes pesquisas que fizera sobre o tema. A sua leitura revela a recorrência de Marx aos autores sobre os quais se debruçou nos últimos anos, a utilização de largos conhecimentos históricos e o trato histórico-comparativo que deu a formas antigas de propriedade comunal da terra. Certamente o leitor compreende que ultrapassa os limites desta biografia a análise desses esboços – temos que nos contentar apenas em aludir à sua riqueza, que sinaliza o quanto Marx avançou na apreensão da complexidade da problemática da comuna.

Para os nossos objetivos, *absolutamente importante* é ressaltar que, *em todos os três primeiros esboços*, ele *inicia* a sua argumentação reiterando praticamente *ipsis litteris* o que destacamos páginas atrás como o *ponto essencial* do esboço da carta (1877-1878) que pretendia enviar à redação da *Otétchestvennie Zapíski* – isto é, restringindo expressamente a "necessidade histórica" do processo da acumulação primitiva descrita em *O capital* aos países da Europa ocidental [88-9, 102-3 e 107]. Mais: logo no primeiro dos três esboços, ele enfatiza o alcance dessa restrição ao anotar:

> Se a produção capitalista estabelecer seu reinado na Rússia, a grande maioria dos camponeses, isto é, do povo russo, deverá ser convertida em assalariados e, em consequência, expropriados pela abolição prévia de sua propriedade comunista. Mas, em todos os casos, *o precedente ocidental não provaria absolutamente nada!* [104 (itálicos meus – *JPN*)]

Isto posto, Marx avança nos três esboços uma série de determinações que antes não formulara, de modo a caracterizar o que lhe parece ser a especificidade da comuna *russa*. Sobretudo, ele assinala que

> a situação da comuna russa é absolutamente diferente da situação das comunidades primitivas do Ocidente. A Rússia é o único país da Europa onde a propriedade comunal se manteve em larga escala, em escala nacional, mas simultaneamente a Rússia existe em um ambiente histórico moderno; ela é contemporânea de uma cultura superior e encontra-se ligada a um mercado mundial, no qual predomina a produção capitalista. Apropriando-se dos resultados positivos desse modo de produção, ela está, portanto, em condições de desenvolver e transformar a forma ainda arcaica de sua comuna rural em vez de destruí-la. (Observo de passagem que a forma da propriedade comunista da Rússia é a mais moderna do tipo arcaico, tendo ela própria passado por toda uma série de evoluções.) [105]

Desenvolvendo em seguida várias outras determinações, o que Marx assegura, em suma, é que o futuro da comuna aldeã russa não pode ser determinado unívoca e unilinearmente, mas contém possibilidades diversas: o "tipo arcaico" ao qual ela pertence "abriga um dualismo intrínseco que, dadas certas condições históricas, pode levar à ruína" [106], dualismo consistente na copresença de um sentido de exploração coletiva da terra e de um sentido de propriedade particular da terra. Para Marx, esse dualismo abriga a possibilidade de *soluções*, "admite uma alternativa: ou seu elemento de propriedade prevalece sobre seu elemento coletivo ou seu elemento coletivo prevalece sobre o de propriedade. *Tudo depende do ambiente histórico em que [o dualismo] estiver situado*" [111 (itálicos meus – *JPN*)][50].

No terceiro dos seus esboços, Marx como que resume uma *dimensão decisiva* da sua visão da comuna agrária russa, retomando uma reflexão que já expusera no primeiro esboço [100]:

Vamos abstrair por um momento as misérias que afligem a comuna russa e enfoquemos suas possibilidades de evolução. A comuna [russa] está numa situação única, sem precedente na história. Na Europa, somente ela ainda possui uma forma orgânica, predominante na vida rural de um império imenso. A propriedade comum do solo lhe oferece a base natural da apropriação coletiva, ao passo que seu ambiente histórico, a contemporaneidade com a produção capitalista, oferece-lhe já prontas todas as condições materiais do trabalho cooperativo, organizado em larga escala. Ela pode, portanto, incorporar as conquistas positivas realizadas pelo sistema capitalista sem passar por seus "forcados caudinos", substituindo gradualmente a agricultura parceleira pela agricultura combinada com o auxílio de máquinas, a que convida a configuração física do solo russo. Depois de ter sido posta previamente num estado normal em sua forma presente, ela poderá tornar-se o *ponto de partida direto* do sistema econômico para o qual tende a sociedade moderna e trocar de pele sem precisar antes cometer suicídio. [111-2]

A dimensão decisiva da visão de Marx é a prospecção segundo a qual a comuna russa *pode* tornar-se "o *ponto de partida direto* do sistema econômico para o qual tende a sociedade moderna". Essa possibilidade depende de ela ser "posta previamente num estado normal em sua forma presente", o que implica a sua defesa, uma vez "que hoje a [sua] própria existência [...] corre perigo advindo de uma conspiração de interesses poderosos":

> Esmagada pelas exações diretas do Estado, explorada fraudulentamente pelos intrusos "capitalistas", mercadores etc. e pelos "proprietários" de terras, ela, ainda por cima, enfrenta o mercado minado pelos usurários da cidade, pelos conflitos de interesses provocados em seu próprio seio pela situação em que ela foi colocada. [101-2]

E Marx considera só uma alternativa para garantir essa possibilidade: "Para salvar a comuna russa é preciso que haja uma revolução russa" [100]. O que se afigura para nós o decisivo na visão de Marx sobre a comuna russa é assim formulado no breve quarto esboço (formulação que será reiterada na resposta efetivamente enviada a Zasulitch, que reproduziremos em seguida):

> Os estudos especiais que fiz, para os quais pesquisei em fontes originais, convenceram-me que essa comuna é *a alavanca natural da regeneração social da Rússia.* Mas para que ela possa funcionar como tal seria necessário, *primeiramente,* eliminar as influências deletérias que a assaltam de todos os lados e, então, assegurar-lhe as condições de um desenvolvimento espontâneo. [113 (itálicos meus – *JPN*)]

Não há como questionar: de fato, Marx vislumbra a comuna agrária russa como podendo dispor, uma vez aberto um processo revolucionário na Rússia, de uma função dinamizadora positiva no seu desenvolvimento – ela pode contribuir para a "regeneração social da Rússia".

De qualquer modo, depois de todas as densas e fundadas reflexões registradas nos esboços, o teor da carta que Marx de fato remeteu a Zasulitch, com a data de 8 de março de 1881, foi mais conciso e mesmo cauteloso[51]:

> Cara cidadã:
> Uma doença nervosa que me acomete periodicamente há dez anos impossibilitou-me de responder mais cedo à vossa carta de 16 de fevereiro. Lamento não poder oferecer-vos uma explanação sucinta, destinada ao público, da indagação da qual me concedeis a honra de ser o destinatário. Há meses prometi um escrito sobre o mesmo assunto ao Comitê de São Petersburgo. Espero, no entanto, que algumas linhas sejam suficientes para livrar-nos de qualquer dúvida sobre o mal-entendido acerca de minha assim chamada teoria.
> Ao analisar a gênese da produção capitalista, afirmo:
>> Na base do sistema capitalista reside, portanto, a separação radical entre o produtor e seus meios de produção [...] a base de toda essa evolução é a expropriação dos agricultores [*cultivateurs*]. Ela só se realizou de um modo radical na Inglaterra [...]. Mas todos os outros países da Europa ocidental percorrem o mesmo processo [*mouvement*].
>
> Portanto, a "fatalidade histórica" desse processo está expressamente restrita aos países da Europa ocidental. A razão dessa restrição é indicada na seguinte passagem do capítulo 32[52]: "A propriedade privada fundada no trabalho pessoal [...] é suplantada pela propriedade privada capitalista, fundada na exploração do trabalho de outrem, sobre o trabalho assalariado".
> Nesse processo ocidental, o que ocorre é a transformação de uma forma de propriedade privada para outra forma de propriedade privada. Já no caso dos camponeses russos, ao contrário, seria preciso transformar sua propriedade comunal [*propriété commune*] em propriedade privada.
> Desse modo, a análise apresentada em *O capital* não oferece razões nem a favor nem contra a vitalidade da comunidade rural, mas o estudo especial que fiz dessa questão, para o qual busquei os materiais em suas fontes originais, convenceu-me de que essa comuna é a alavanca [*point d'appui*] da regeneração social da Rússia; mas, para que ela possa funcionar como tal, seria necessário, primeiramente, eliminar as influências deletérias que a assaltam de todos os lados e então assegurar-lhe as condições normais de um desenvolvimento espontâneo.
> Tenho a honra, cara cidadã, de ser vosso fiel devoto.
> Karl Marx.

Menos de um ano depois dessa carta a Zasulitch, exatamente a 21 de janeiro de 1882, no prefácio que redigiu com Engels para a segunda edição russa do *Manifesto do Partido Comunista*, Marx (e Engels) voltou (voltaram) ao tema. Nos dois parágrafos finais desse prefácio, o último texto significativo publicado em vida de Marx e em que a sua assinatura aparece, lê-se:

> O *Manifesto* tinha por tarefa proclamar a inevitável, a iminente dissolução da propriedade burguesa moderna. Mas na Rússia encontramos, ao lado da negociata capitalista em rápido florescimento e da propriedade burguesa da terra que agora começa a se desenvolver, mais da metade do solo na posse comunitária dos camponeses. A questão, agora, é: poderá a *obschina* russa, forma (embora já fortemente solapada) da primitiva propriedade comum do solo, passar diretamente para a forma superior da propriedade comunitária comunista? Ou, ao contrário, terá de passar primeiro pelo mesmo processo de dissolução que constituiu o desenvolvimento histórico do Ocidente?
>
> A única resposta hoje possível a tal questão é a seguinte: se a revolução russa se tornar o sinal de uma revolução proletária no Ocidente, de modo que ambas se complementem, a atual propriedade comum russa do solo pode servir de ponto de partida para um desenvolvimento comunista. (Marx-Engels, 1998, p. lxxxv)

Nessa derradeira manifestação, verifica-se, mesmo que em prudente formulação condicional (*"se a revolução russa..."*), que Marx mantém a posição elaborada ao longo dos esboços e da própria carta a Zasulitch: a comuna agrária russa não tem necessariamente de experimentar a mesma rota dissolvente que o curso do capitalismo no Ocidente, no processo da acumulação primitiva, impôs às comunidades aldeãs – *se ela se* entrelaçar a um processo revolucionário que, na Rússia, liquide o tsarismo e garanta à *obschina* o seu "estado normal em sua forma presente" (terceiro esboço [112]) e que sinalize "uma revolução proletária no Ocidente", então "pode servir de ponto de partida para um desenvolvimento comunista".

Um tratamento cuidadoso desse conjunto de materiais – esboço da carta à redação da *Otétchestvennie Zapíski*; esboços da carta a Zasulitch e a carta mesma; prefácio de 1882 à segunda edição do *Manifesto do Partido Comunista* – oferece, em nosso juízo, elementos substantivos para:

1. constatar que, em 1877-1878, explicitando o que desde 1875 (tradução francesa do Livro I de *O capital*) já assinalara, Marx revisou a sua análise do processo histórico da acumulação capitalista, restringindo a sua validez aos países euro-ocidentais;
2. sustentar que a mais relevante implicação teórica desses materiais é a interdição, operada por Marx na sua análise da comuna russa, de uma interpretação que

toma a sucessão dos modos de produção ("épocas progressivas da formação da sociedade" – ver, supra, cap. V, nota 108) como uma evolução abstrata universalmente válida – interpretação positivista que haveria de contaminar muito das concepções dominantes na Segunda e na Terceira Internacionais;
3. verificar que essa interdição permitiu-lhe determinar, aproximando-se ao exame histórico-concreto do caso russo, que a comunidade agrária como tal não estava condenada, nem lógica nem universalmente, à sua destruição/dissolução pelo desenvolvimento capitalista; sob certas e determinadas circunstâncias históricas, só apreensíveis através da análise histórico-concreta, ela poderia servir favoravelmente à emergência de novas e mais avançadas formas societárias.

Em suma, registrando essas determinações – a que chegou mediante a continuidade, a ampliação e o aprofundamento das suas pesquisas –, Marx afirma a *possibilidade* de a comuna russa, preservada, desempenhar uma *função progressista no marco de um processo revolucionário direcionado à supressão da ordem capitalista*. Sob tal angulação, a modificação teórica da visão marxiana da história do processo da acumulação primitiva *não* implicou, da parte de Marx, nenhuma revisão ou ruptura com os *fundamentos* da sua concepção teórica da dinâmica capitalista, da sua análise das "leis" do desenvolvimento capitalista (ver, supra, cap. II, nota 58), da sua avaliação da função histórica do capitalismo; também *não* implicou qualquer revisão ou ruptura com a sua projeção revolucionária e com a possibilidade histórica da emancipação humana a ser viabilizada na sociedade comunista[53]. De fato, saldou-se por melhor qualificar o próprio Marx para a recepção e o trato analítico de fenômenos e processos reais que, até então, não tinham recebido dele cuidados mais intensivos.

Os últimos meses e o 14 de março de 1883

Assinalamos há pouco que o prefácio à segunda edição russa do *Manifesto do Partido Comunista*, de janeiro de 1882, foi o último texto significativo (firmado por ele e Engels) tornado público em vida de Marx. Mas também já dissemos que sua atividade intelectual prosseguiu até poucas semanas antes do seu falecimento.

Com efeito, ele fez anotações e leituras e manteve viva (num ritmo menor) a sua correspondência ainda durante 1882. Ao longo desse ano, examinou mais textos de antropologia e acompanhou a conjuntura internacional (invectivando, por exemplo, contra a agressão inglesa ao Egito); no outono, estudou e extratou especialmente autores que tratavam da realidade agrária russa. *Contudo, se tornou evidente a redução da sua atividade intelectual produtiva* – um indicador: Marx não conseguiu trabalhar minimamente na preparação da terceira edição alemã do Livro I de *O capital*, apesar dos apelos de Meissner, que desde outubro de 1881 lhe indagava sobre eventuais modificações ou acréscimos para a nova edição. Chegara mesmo a hora do ocaso.

Logo que Marx retornou, em janeiro de 1882, de Ventnor, na ilha de Wight, onde estivera por dias em companhia de Eleanor, tornou-se óbvio que sua saúde continuava a se deteriorar. O dr. Donkin considerou que lhe era necessário passar algum tempo numa região de clima quente. Convencido pelo médico e por Lafargue, Marx (a contragosto) aceitou a sugestão de dirigir-se à Argélia.

A 9 de fevereiro, acompanhado por Eleanor, ele viajou para a França; passou dias em Argenteuil, na casa de Jenny, e dali foi sozinho para Marselha. Na tarde do dia 18, tomou o vapor *Said* e, depois de uma travessia que durou 34 horas em meio a tempestades, chegou a Argel. Ficaria na cidade por 72 dias, alojado primeiro no Grand Hôtel d'Orient e, a partir do dia 22, no Hôtel-Pension Victoria, num quarto donde se avistava o belo panorama do porto e do mar[54]. Como não lhe foram exigidos documentos migratórios, manteve-se anonimamente nessa passagem pela África. Apenas uma pessoa, Albert Fermé (um seguidor de Fourier que, na oposição a Napoleão III, fora para a África em 1870), a quem fora recomendado pelo seu genro Longuet, conhecia a sua verdadeira identidade.

Para frustração de Marx, Argel experimentava o seu inverno mais rigoroso em uma década, e ele teve de suportar dias frios e úmidos; chegou mesmo a aventar um deslocamento para mais ao sul, eventualmente para a aldeia de Biskra, às beiras do Saara, mas desistiu pelo agravamento das suas condições respiratórias. Fermé providenciou um médico, Charles Stéphann, que lhe recomendou arseniato de sódio e um xarope de codeína com ópio para dormir. No princípio de março, acessos de tosse provocaram-lhe hemorragias. O médico lhe impôs um tratamento vesicante e uma dolorosa drenagem pulmonar, obrigando-o a um repouso absoluto. Naqueles dias, invadiu-o uma "profunda melancolia", parecida à do "grande Dom Quixote", e as lembranças de Jenny, "personagem da melhor parte da minha vida", tomaram-no de assalto. Mesmo com esse estado de espírito, maravilhou-se com o espetáculo que lhe propiciava a visão do mar e das praias de Argel, emoldurada por colinas e por cumes de neve que ainda resplandeciam ao longe (carta a Engels, 1º de março de 1882 – MEW, 1967, v. 35, p. 44-7).

Finalmente, em abril, o tempo e a saúde de Marx melhoraram e ele pôde flanar um pouco pela cidade, percorrendo a área próxima do hotel e visitando o célebre Jardim Botânico de Argel, que o cativou pela sua riqueza floral. O seu olhar – de turista, mas mesmo assim penetrante – apreende, em flagrantes da vida cotidiana, traços que vão além da aparência imediata. Ele presta atenção à situação dos trabalhadores, como quando observa, numa obra de construção civil junto ao hotel: "Ainda que os operários encarregados dessa obra sejam homens sadios e naturais do lugar, após os primeiros dias de trabalho já estão vitimados pela febre. Uma parte dos seus salários é então destinada à dose diária de quinino, fornecida pelos empreiteiros" (carta a Lafargue, 20 de março de 1882 – ibidem, p. 292). Sensibiliza-se com o porte e a elegância dos árabes que vê: "Mesmo o mais pobre dos mouros supera o maior comediante europeu 'na arte de cobrir-se com o seu manto' e de manter postura natural, elegante e digna" (carta a Jenny, 6 de abril de 1882 – ibidem, p. 300). Impressiona-se com a ausência da ação do Estado: "Em nenhuma outra cidade-sede de governo existe tal *laisser faire, laisser passer* [deixai fazer, deixai ir]. A polícia está reduzida ao mínimo necessário [...]. De fato, os muçulmanos não conhecem a subordinação. Não são 'súditos' nem 'administrados'. [...] Nenhuma autoridade, salvo em questões políticas" (carta a Laura, 13 de abril de 1882 – ibidem, p. 305). Evidentemente, Marx anota, diante de qualquer rebeldia da população local, a reação dos colonialistas – assinala a sua "desavergonhada arrogância, a presunção e a obsessão por vingança" e exemplifica com a brutalidade das autoridades francesas (cartas a Engels, 8 de abril e 18 de abril de 1882 – ibidem, p. 54 e 58). No entanto, como bem ajuizou Badia (em Marx, 1997, p. 13), mesmo que as suas cartas de Argel demonstrem a sua "curiosidade multiforme", Marx não adquiriu conhecimento relevante sobre a realidade social e política da colônia.

Em fins de abril, quando Argel começa a ser tocada pelos ventos do sul, que levantam grande quantidade de poeira, médicos aconselham Marx a transferir-se para a Riviera Francesa. Antes de partir, ele tomou a decisão que logo comunicou a Engels: fazer a barba e cortar a cabeleira "proféticas" "no altar de um barbeiro argelino" (carta a Engels, 28 de abril de 1882 – MEW, 1967, v. 35, p. 60); antes, deixou-se fotografar pela última vez[55].

A 2 de maio, embarca para Marselha; mais uma vez, a travessia se faz sob tempestade. De Marselha, vai para Monte Carlo, onde chega, sob uma chuva extemporânea, a 5 de maio – e logo está nas mãos de outro médico, um alsaciano, o dr. Kunemann, especialista em doenças pulmonares, que francamente lhe anuncia que a sua bronquite se cronificara e que a pleurisia voltara: de 9 a 30 de maio, submete-se a novo tratamento vesicante. Kunemann sugere a ele que, recuperando-se minimamente, procure um clima de montanha. Enquanto aguarda pela melhora, Marx fica por cerca de três semanas naquele principado fantoche e depois relata a Engels: "Vegetei por um mês inteiro nesse covil de aventureiros elegantes e ociosos. A natureza é maravilhosa, mas o resto é um antro enfadonho. [...] Não há uma 'massa plebeia', à exceção dos garçons do hotel e dos cafés e dos serviçais domésticos, que pertencem ao lumpemproletariado" (carta de 5 de junho de 1882 – ibidem, p. 68). Numa carta a Eleanor, descreve o clima de jogatina que envolve tudo: a cidade e aqueles com os quais divide a mesa de refeições do Hôtel de Russie – para ele, todos os visitantes parecem "internos de um hospício" (carta de 28 de maio de 1882 – ibidem, p. 328 e 329). O Cassino de Mônaco, cuja sala de leitura, com uma boa oferta de jornais europeus, ele visitou várias vezes, era a base do principado: "Se o Cassino fechasse amanhã, seria o fim de Mônaco [...]. E, apesar disso, esta casa de jogo, em comparação com a Bolsa, parece um brinquedo infantil" (idem).

Enfim, com a recomendação de Kunemann de procurar um clima de montanha, Marx, a 7 de junho, pode retornar a Argenteuil, viajando por ferrovia. Mal chegado, recebe do médico da família Longuet, o dr. Gustave Dourlen (que já conhecia Marx) a receita de banhos sulfurosos em Enghien-les-Bains, uma estação termal próxima a Argenteuil. A partir de julho, inicia essa nova etapa de tratamento. Os incômodos da terapia são bem suportados por Marx, graças à convivência prazerosa com os netos – logo tem condições de, às tardes, caminhar com eles pelos arredores da casa. E, de fato, sua saúde apresenta alguma melhora. Tanto que, nos primeiros dias de agosto, ele, a instâncias de Lafargue, vai a Paris e encontra-se com José Mesa (1831-1904), Gabriel Deville e Jules Guesde, à época figuras do movimento socialista[56].

Na última semana de agosto, com a saúde menos afetada, Marx sai em busca do clima de montanha. Antes de viajar, tem, ainda em Argenteuil, um encontro com Joseph Roy (1830-1916), que traduziu o Livro I de *O capital* ao francês[57]. Acompanhado agora por Laura, dirige-se à Suíça, interrompe por pouco tempo a viagem em Lausanne (fica no Hôtel du Nord) e vai para Vevey, uma pequena cidade na margem norte do lago de Genebra (hospeda-se no Hôtel du Léman). Permanece em Vevey até à última semana de setembro. No retorno, passa por Genebra, onde revê com alegria seu velho amigo Hermann Heinrich Becker (1820-1885)[58]. Já em Argenteuil, o dr. Dourlen examina-o e autoriza o seu regresso a Londres, com a condição de, ocorrendo uma queda da temperatura na cidade, ele transferir-se para a ilha de Wight (carta a Engels, 30 de setembro de 1882 – MEW, 1967, v. 35, p. 99). Assim é que na primeira semana de outubro Marx já estava em Londres, reinstalado na Maitland Park Road – mas, com o frio chegando, a 30 de outubro ele se deslocou para Ventnor (ilha de Wight). Em novembro, com a recorrência da pleurite e suas sequelas, o médico James Williamson passa a assisti-lo, tratando-o com o uso de clorofórmio e uma beberagem à base de quinino e morfina.

Nas semanas passadas em Ventnor – onde, no inverno, a temperatura também caía, embora não tão acentuadamente como em Londres –, Marx fez seus derradeiros esforços para retomar o trabalho intelectual interrompido pelas viagens em busca de tratamento. Manteve-se informado dos eventos internacionais e dos pertinentes ao movimento operário e socialista pelas cartas que lhe enviava Engels e, na cada vez menos regular correspondência, de algum modo os comentava. Ainda leu e extratou algumas obras científicas (ver Musto, 2018c, p. 127-30). Entretanto, não se registrava nenhuma melhora nas suas condições de saúde; ao contrário, era evidente que o seu estado geral se agravava.

Para apressar o desenlace previsível, faltava apenas um golpe mais forte. Marx recebeu-o a 12 de janeiro de 1883: Eleanor veio de Londres para informá-lo de que, no dia anterior, com 39 anos incompletos, Jenny – a sua primogênita, a tão querida Jennychen – falecera, vítima de um câncer na bexiga. No dia seguinte, Marx regressou a Londres. Agora, era animicamente um homem acabado. Faltava-lhe a sua liquidação física.

Através da correspondência de Engels, das cartas deste aos amigos (ver esp. MEW, 1967, v. 35, p. 419-61), é possível acompanhar o curso (irregular, com altos e baixos) da progressiva e rapidíssima deterioração física de Marx, que haveria de culminar com um abscesso pulmonar diagnosticado em meados de fevereiro.

A partir daqueles meados de fevereiro, Engels – que, antes, frequentava a casa da Maitland Park Road preferencialmente à tarde, horário que mais agradava a Marx – passou a visitá-la diariamente pela manhã e à tarde. No dia 14 de março, pontualmente às 14:30, Engels chegou à casa e Lenchen deu-lhe conta de que Marx sofrera uma pequena hemorragia, seguida de uma perda geral de forças; ela foi ao piso superior, viu-o como dormindo, regressou e disse a Engels que poderia subir para observá-lo. Foi o que fez o amigo de sempre: aproximou-se do corpo imóvel, porém constatou que Marx, aos 65 anos incompletos, adormecera para não despertar mais – expirara, como Engels escreveu a Sorge, "em dois minutos, serenamente e sem dores"; a outro correspondente, informou a hora exata do falecimento de Marx: 14:45[59].

Como seria de esperar, a notícia – desta vez verdadeira: a morte de Marx já havia sido alardeada em várias ocasiões[60] – impactou imediata e fortemente seus amigos e seus familiares. A imprensa conservadora e/ou burguesa, pródiga em veicular mentiras e calúnias sobre Marx desde a época da Comuna, continuou (como sempre) mentindo, mas repercutiu relativamente pouco o 14 de março; muito diferente foi o comportamento dos órgãos de comunicação do movimento operário e socialista[61].

No dia 17, um sábado, Marx – numa cerimônia discreta e simples, tal como ele certamente gostaria – foi enterrado no cemitério de Highgate, na mesma campa em que repousava Jenny. Cerca de uma dezena de pessoas presenciaram o ato: parentes (Tussy, os Lafargue e Longuet), velhos camaradas do tempo da Liga dos Comunistas (Liebknecht, Lessner e Georg Lochner) e dois cientistas de grande prestígio (Ray Lankester e Carl Schorlemmer). Liebknecht fez um breve discurso, Longuet leu as muitas mensagens recebidas e coroas mortuárias foram depositadas no túmulo, enviadas pela redação do *Der Sozialdemokrat* (O Social-Democrata) e pela Associação Cultural dos Operários Alemães de Londres.

Coube a Engels encerrar o funeral do homem tão rico de ideias e ideais, que só viveu por eles – e que, ao morrer, não tinha de seu nenhum centavo e cujos bens materiais, na sua totalidade, foram estimados em menos de 250 libras. Numa alocução comovida, Engels evocou o significado das descobertas teóricas de Marx, a magnitude das suas pesquisas e a sua condição de combatente revolucionário. Concluiu com palavras sóbrias, verdadeiras e premonitórias:

> Marx [...] era o homem mais odiado e mais caluniado de seu tempo. Os governos, tanto os absolutistas como os republicanos, o expulsavam.
> Os burgueses, tanto os conservadores como os ultrademocratas, competiam em lançar difamações contra ele. Marx punha de lado tudo isso como se fossem teias de aranha, não fazia caso; só respondia quando isso era exigido por uma necessidade imperiosa. E morreu venerado, querido, pranteado por milhões de operários da causa revolucionária como ele, espalhados por toda a Europa e a América, desde as minas da Sibéria até a Califórnia. [...]
> Seu nome viverá através dos séculos e, com ele, a sua obra.[62]

O falecimento de Marx, em pintura de Ai Zhongxin, 1980.

Epílogo, prólogo

A morte física de Marx, a 14 de março de 1883, não teve por consequência (e, quanto a isso, seu caso não é o único) o apagamento, menos ainda a redução, da sua presença no mundo. Ao contrário de assinalar o epílogo de uma existência e o esgotamento de uma obra, a morte de Marx foi, antes, o prólogo de uma série de renascimentos teóricos e políticos.

Ao longo dos últimos 120 anos – durante os quais, aliás, várias vezes sua morte teórica e política foi reiteradamente anunciada –, cada grande crise do capitalismo e cada crise do movimento político que Marx inspirou sinalizaram a abertura de uma nova perspectivação valorizadora e validadora da sua obra. Até mesmo segmentos burgueses letrados, aqueles aos quais um já maduro Keynes declarou alinhar-se nas lutas de classes[1], admitem que o *old Nick* continua presente. Recordemos que, nem decorrida uma década depois do enésimo anúncio de mais uma das "mortes" de Marx (quando da queda do Muro de Berlim), à passagem do sesquicentenário do *Manifesto do Partido Comunista*, um órgão da comunicação social burguesa – por isso mesmo, insuspeito nesse domínio – era levado a constatar que "o patrimônio de Marx ressurge depois de 150 anos" (*The New York Times*, 27 jun. 1998). Lembremos também que, no olho do furacão da crise que irrompeu em 2008, outro órgão da mesma estirpe permitiu-se exclamar, referindo-se ao defunto de Highgate: "Ele voltou!" (*The Times*, 20 out. 2008).

De fato, Marx *não* teve a sua história encerrada numa urna funerária: o seu legado teórico e político, transformando o mundo do século XX e nele e com ele se transformando, manteve-se e mantém-se vivo. Inscreveu-se durável e irreversivelmente na história, na cultura e na contemporaneidade, e não há de ser uma quadra tão contrarrevolucionária como a que se abriu nas décadas finais do século passado, trazendo em seu ventre os episódios da pós-modernidade e da renovação de (velhas) teorias do "fim da história", que fará dele um objeto de museu. O legado de Marx resistiu e se revigorou ao longo de mais de cem anos de sistemática desqualificação pelas burguesias e seus representantes, e igualmente a pelo menos cinco décadas de deformação – durante as quais até crimes foram cometidos em seu nome – por ideólogos que o converteram em doutrina oficial da maioria das "sociedades pós-revolucionárias" (assim caracterizadas por Mészáros, 2002, p. 1.012 e seg.).

Na entrada do século XXI, o legado marxiano demonstra-se mais atual do que nunca. A crise geral sistêmica do capitalismo, cujas evidências se multiplicam e cuja perdurabilidade agrava as ameaças que pesam sobre os valores civilizacionais e sobre a própria vida sobre a Terra, só encontra uma análise teórico-crítica radical com o suporte de *O capital*. E para não se diluírem em romantismos anacrônicos, os novos sujeitos que animam inéditas atividades anticapitalistas e o renascimento dos movimentos socialistas não podem prescindir – e seguramente não vão prescindir; se o fizerem, acabarão domesticados – da teoria social de Marx, para, operando a crítica do presente, projetar alternativas futuras[2].

Marx e seu legado não jazem, cinzas pulverizadas, na tumba de Highgate. Estão vívidos seja nas lutas sociais em curso, seja no domínio da teoria social, tanto quanto na memória e na imaginação poéticas do século XX. O otimismo de Marx e a sua esperança quanto ao futuro da humanidade estão gravados nos poemas de Maiakóvski, de Nazim Hikmet e de Brecht, bem familiares aos velhos combatentes.

Mas o otimismo e a esperança marxianos – nada utópicos – não são exclusivos dos seus seguidores: expressam-se na livre criatividade de grandes artistas do século XX como uma alta conquista civilizatória. As novas gerações não devem minimizar esse otimismo e essa esperança, que o sábio e prudente Carlos Drummond de Andrade, tão antirromântico e nosso poeta maior, exprimiu limpidamente:

> [...] esse mundo
> que não verei, mas virá
> um dia, dentro em mil anos,
> talvez mais... não tenho pressa.
> Um mundo enfim ordenado,
> uma pátria sem fronteiras,
> sem leis e regulamentos,
> uma terra sem bandeiras,
> sem igrejas nem quartéis,
> sem dor, sem febre, sem ouro,
> um jeito só de viver,
> mas nesse jeito a variedade,
> a multiplicidade toda
> que há dentro de cada um.
> [...] Este país não é meu,

nem vosso ainda, poetas.
Mas ele será um dia
o país de todo homem.[3]

Cerca de trinta anos depois, outro poeta, John Lennon, que muito provavelmente não leu Marx – e, mais provavelmente ainda – nem Drummond, sugeria a outra geração de jovens:

Imagine que não há paraíso.
É fácil, se você tentar.
Nenhum inferno abaixo da gente.
Acima, só o céu.
Imagine todos
vivendo para o hoje.

Imagine que não há países.
Não é difícil de imaginar.
Nada por que matar ou morrer,
e também nenhuma religião.
Imagine todos vivendo
a vida em paz.

Você pode dizer que eu sou um sonhador,
mas não sou o único.
Espero que algum dia você se junte a nós,
e o mundo será um só.

Imagine que ninguém quer
possuir mais nada.
Nem sei se você consegue.
Nenhuma fome
ou necessidade de cobiça.
Uma irmandade de humanos.
Imagine todos compartilhando o mundo inteiro.

Você pode dizer que eu sou um sonhador,
mas não sou o único.
Espero que algum dia você se junte a nós,
e o mundo viverá sendo um só.[4]

Vê-se: Marx e o melhor da poesia do século XX compartilharam do mesmo otimismo e da mesma esperança. Não é insensato apostar que tanto Marx quanto grandes poetas do futuro menos imediato continuem lado a lado.

Excerto do manuscrito de *Crítica da filosofia do direito de Hegel*, de 1843.

Marx discursando no púlpito, em
gravura de Nikolai Júkov (1939-1940).

Kreuznach, cidade onde Karl Marx e Jenny von Westphalen se casaram, em 1843.

Notas

I. Adeus à *miséria alemã* (1818-1843)

1. Ao tratar da Confederação Germânica duas décadas depois da derrota de Napoleão e do Congresso de Viena, um dos mais competentes biógrafos de Marx e Engels verificou que "a Alemanha tinha a seguinte estrutura econômica, política e social: *a)* nos Estados puramente agrários do nordeste [...], nos quais a influência francesa fora muito débil, predominavam quase absolutamente o despotismo e o sistema feudal; *b)* na Prússia, as reformas de Stein e de Hardenburg favoreciam o desenvolvimento capitalista na indústria e na agricultura, robustecendo o poder da burguesia; *c)* nos Estados do centro e do sul, nas regiões de Baden, Wurtenberg, Hesse, Hanover, Baviera e Saxônia, onde a influência francesa penetrara mais amplamente, predominava um liberalismo moderado, sem uma base social mais profunda, visto que essas zonas eram essencialmente agrárias; *d)* na Renânia, e também na Vestfália, o liberalismo tinha uma base mais sólida, em função da prolongada ocupação francesa e do rápido desenvolvimento da indústria e da burguesia" (Cornu, 1975, v. I, p. 14-5). Para um quadro panorâmico (econômico-social e político) da Confederação Germânica, ver Hamerow, 1972.

2. Notável análise do processo histórico alemão moderno encontra-se no primeiro capítulo de Lukács, 1968, p. 29-74; ver também Kofler, 1997, p. 405-43.

3. Se é de salientar-se a importância do conhecimento da Revolução Industrial e da economia política inglesa (Adam Smith) para a elaboração hegeliana da *Fenomenologia do Espírito* (ver Lukács, 1963; obra fundamental que está traduzida ao português: *O jovem Hegel e os problemas da sociedade capitalista*, trad. Nélio Schneider, São Paulo, Boitempo, 2018), cabe também lembrar a simpatia de Hegel pela Revolução Francesa, e, à diferença de muitos estudiosos, que limitam essa simpatia aos anos 1789-1792, um cuidadoso analista da sua obra afirma que "Hegel nunca deixou de admirar e de amar a Revolução Francesa" (Hondt, 2011, p. 43).

4. Para uma vívida apreciação da *miséria alemã*, ver Marx, 2005, p. 145-56. Trata-se do ensaio de 1843-1844, "Crítica da Filosofia do direito de Hegel. Introdução". Entre 1848 e 1849, Marx sublinhou reiteradamente as limitações que a *miséria alemã* impôs à dinâmica política alemã. Ver, por exemplo, a apresentação de Livia Cotrim a Marx 2010a.

5. São esclarecedoras, para compreender essa decisão, peças da sua correspondência pessoal de 1842 e 1843 (MEW, 1965, v. 27, p. 395-423), notadamente as cartas a Arnold Ruge.

[6] As cronologias devidas a alguns aspectos/eventos relativos a Marx e sua família não são incontestes; por exemplo, o ano de nascimento de Heinrich Marx: enquanto Bruhat (1973, p. 10-1) aponta 1781, Jones (2017, p. 28) e Heinrich (2018, p. 62) indicam 1777. A data que consideramos aqui é a mais referida pelos biógrafos. Sobre os Marx, ver Schönck, 1993, e Gielkens, 1999; ver também, sobre Heinrich Marx e Henriette Pressburg, Heinrich (2018, p. 60-71).

[7] A segunda dessas casas está situada hoje no n. 8 da Simeonstrasse; aquela em que Marx nasceu – atualmente no n. 10 da Brückenstrasse, restaurada como casa-museu (Museum Karl-Marx--Haus) – foi tomada de assalto e vandalizada em 1933 pelos nazistas, que a utilizaram até 1945, quando a social-democracia alemã recuperou a sua posse.

[8] Os dados demográfico-populacionais da Alemanha e da França, até 1850, costumam ser pouco precisos, e as estimativas variam enormemente.

[9] Túnica que muitos cristãos acreditam ter sido usada por Jesus no percurso da Via-Sacra, dele arrancada por soldados romanos antes da crucificação.

[10] Mas Trier já experimentava o fenômeno que, na primeira metade do século XIX, configuraria a chamada "questão social": a pauperização de parte significativa da sua população; em 1830, 25% dos seus habitantes dependiam da filantropia para sobreviver. Acerca de Trier, há informações preciosas em Heinrich, 2018, p. 44-53.

[11] O tardio e débil – se comparado ao inglês e ao francês – pensamento liberal alemão diferenciava--se claramente entre a sua vertente surgida na Alemanha do norte (Königsberg), inspirada em princípios kantianos, e a que envolveu estados do sul, onde a referência à Revolução Francesa era nítida (ver Cornu, 1975, v. I, p. 233). Na Renânia, os influxos franceses eram evidentes.

[12] Sobre a condição dos judeus na Renânia, ver a útil síntese apresentada por Jones (2017, p. 33-8).

[13] Uma das irmãs da mãe de Marx – Sophia – casou-se com Lion Philips (falecido em 1866), que, após a morte de Heinrich Marx, cuidou dos interesses da cunhada que enviuvara. Esse tio, que enriceu no comércio de tabaco, manteve sempre boas relações com Karl; seus descendentes fundaram, em 1891, na Holanda (Eindhoven), a empresa Philips, hoje a conhecida transnacional do ramo eletroeletrônico.

[14] Comprova-o a correspondência entre pai e filho. Para as cartas de Heinrich Marx, ver MEW, Ergänzungsband, Erster Teil, 1977, p. 616-40; para a única carta conservada do filho, ver ibidem, p. 5-13. A íntegra dessa carta está acessível em português em Marx-Engels, 2010, p. 295-304; é a partir dessa edição que ela será citada aqui. Dois biógrafos de Marx mencionam o mesmo fato, que dá ideia do quanto a figura paterna permaneceu cara a Marx: Wheen (2001, p. 17) anota que, quando Karl "morreu, encontraram no bolso de seu paletó um daguerreótipo de seu pai. A fotografia foi posta no caixão de Marx e enterrada no cemitério de Highgate"; e Sperber (2014, p. 38) escreve: "anos após a morte do filósofo [Marx], sua filha Eleanor relatou que ele guardava profunda devoção à memória do pai, sobre quem nunca se cansava de falar. Ele levava consigo uma fotografia de Heinrich, tirada por meio de um daguerreótipo, fotografia esta que a família colocou em sua sepultura". Quer-me parecer que o primeiro biógrafo a referir o fato foi Franz Mehring (2013, p. 30).

[15] A conversão implicou a troca de seu nome judaico, Herschel, por Heinrich. Convertido, Heinrich batizou seus filhos – Karl foi batizado em 26 de agosto de 1824 (Cottret, 2010, p. 16).

[16] Ao falecer, vítima de tuberculose (como os filhos que perdeu), legou à família a casa em Trier, dois pequenos vinhedos junto à cidade e 540 táleres em títulos do governo da Rússia, que lhe propiciavam juros anuais de 5%; nos anos 1830, a sua renda era estimada em 1.500 táleres anuais (Sperber, 2014, p. 40-1). Recorde-se que o táler, moeda metálica, circulou por séculos e só foi substituído pelo marco em 1871.

[17] Prenomes completos, respectivamente: Johanna Bertha Julie Jenny (que entrará para a história simplesmente como Jenny, nascida em 12 de fevereiro), Laura Cecilia Charlotte Friderike e Edgar Gerhard Oscar Ludwig.
Sobre os dois casamentos de Ludwig von Westphalen e seus filhos, ver Heinrich, 2018, p. 102-4.

[18] Vale a pena transcrever o contraste assinalado por Gabriel (2013, p. 35): "A casa dos Westphalen cintilava num turbilhão de atividades sociais, com Dante, Shakespeare e Homero sempre presentes nas festividades graças a Ludwig (que recitava Homero de memória e o Bardo em inglês) [...]. Os convidados eram entretidos com esquetes dramáticos e poesia, enquanto a criadagem punha a mesa para jantares suntuosos que se estendiam noite adentro e acabavam ruidosamente pelas ruas quando os convidados partiam em suas carruagens e cocheiros de libré. Por contraste, a casa dos Marx [...] era silenciosa. O pai de Karl era um intelectual meticuloso e passava seu tempo antes lendo que recitando, enquanto a mãe falava mal alemão, com seu forte sotaque holandês. Ela não participava da sociedade de Trier e parecia não ter qualquer intenção de expandir seu mundo para além das necessidades imediatas de sua família. Eram amorosos, mas não exatamente alegres, moderadamente prósperos [...], mas sem fartura".

[19] Com Edgar, de quem viria a ser cunhado, Marx manteve por toda a vida as melhores relações.

[20] "O barão von Westphalen [...], homem de ideias liberais e progressistas, [...] dedicou muito tempo ao jovem Marx. Davam juntos passeios intelectuais e o barão leu-lhe Homero e Shakespeare [...]. Também foi o barão von Westphalen quem despertou o interesse de Marx pelo socialismo utópico defendido por autores franceses como Fourier e Saint-Simon" (McLellan, 1983, p. 11). E Gabriel (2013, p. 33) detalha: "Aos 62 anos, Ludwig e seu jovem amigo perambulavam pelas colinas sobre o largo e lânguido Mosela, através de florestas de enormes pinheiros, discutindo as atualidades do pensamento. Marx lembraria essa época como uma das mais felizes de sua vida. Ele foi tratado como um homem adulto e como um intelectual por um aristocrata experiente e distinto".

[21] A dissertação com a qual Marx recebeu o título de doutor em filosofia, em 1841, foi precisamente dedicada a Westphalen, seu "caro e paternal amigo", "como sinal de amor filial" – com o reconhecimento de que "sempre foi para mim um vívido *argumentum ad oculos* [argumento óbvio] de que o idealismo não é coisa da imaginação, mas a pura verdade" (MEW, Ergänzungsband, Erster Teil, 1977, p. 259-60 [ed. bras.: 2018, p. 19]).

[22] Não há registros da frequência de Marx a escolas primárias, e tudo indica que ele recebeu aulas particulares em casa: "As aulas de redação, pelo menos, foram ministradas a ele por um livreiro de Tréveris, Eduard Montigny" (Sperber, 2014, p. 41).

[23] O Gymnasium, como já se observou, preparava jovens para o ingresso no ensino superior; à época, a universidade alemã não admitia mulheres.

[24] Que Marx não tenha sido um aluno brilhante, lembra-o McLellan (1983, p. 11): "Intelectualmente, Marx estava acima da média, embora não se destacasse muito, ocupando o oitavo lugar numa turma de 32 alunos". Mas se todos os biógrafos reconhecem o seu *bom desempenho*,

discrepam eles na apreciação em detalhes: na obra organizada por Fedosseiev (org., 1983, p. 19), diz-se que Marx "demonstrou também sólidos conhecimentos de matemática", enquanto Sperber (2014, p. 43) afirma que ele "saiu-se mal em matemática".

[25] Comentando essa passagem, um ensaísta anota: "Ponto de vista já materialista, se se quiser: o homem não escolhe as condições da existência, mas é constrangido por elas" (Cottret, 2010, p. 19). O comentário parece forçado, se se leva em conta o conjunto da redação de Marx.

[26] Um trato sintético, mas adequado, desses materiais – os mais antigos textos autógrafos conservados de Marx (ver MEGA², v. I /1, p. 449 e seg.) – está em Cornu, 1975, v. I, cap. II.

[27] Os cursos seguidos por Marx, em ambos os semestres, assim como os docentes que os ministraram, foram listados por Cornu (1975, v. I, p. 103).

[28] Essa indicação de Sperber parece-me menos sustentável que a apresentada por Mary Gabriel, que localiza o surgimento da alcunha um pouco depois, no período berlinês, quando Marx frequentava o círculo dos *jovens hegelianos* (de que falaremos adiante). Diz Gabriel que, nesse ambiente intelectual, Marx tornou-se "conhecido por Mohr, o Mouro. Era uma alusão a seu cabelo muito negro e sua pele escura, mas também uma referência ao criminoso, porém carismático, herói robinhoodiano de Schiller, Karl von Moor, da peça *Os bandoleiros*, que liderava um bando que combatia a aristocracia corrupta. Pelo resto da vida, todas as pessoas mais íntimas de Marx se dirigiriam a ele com esse apelido" (Gabriel, 2013, p. 51).

[29] Esse autor menciona ainda uma acusação policial – referida, aliás, pelas autoridades acadêmicas – de que Marx portava armas proibidas; a acusação nunca foi provada.
Recorde-se que a prática do duelo era comum à época. Sperber (2014, p. 73) assinala que, em Berlim, mal passados dois anos do citado incidente em Bonn, Marx esteve a ponto de duelar novamente, desta vez num confronto com pistolas, no que foi impedido, entre outros, por Edgar von Westphalen.

[30] O mesmo Feuerbach que, dez anos antes de Marx, estudara na Universidade de Berlim, dizia que ali "estão fora de cogitação a bebida, os duelos e as prazerosas saídas em grupo", e que "em nenhuma outra universidade pode-se encontrar tamanha paixão pelo trabalho" (citado em Wheen, 2001, p. 24).

[31] Recordemos que, em maio de 1836, Karl completara dezoito anos – e, segundo Wheen (2001, p. 22), "logo depois" ele "foi dispensado do serviço militar". Essa dispensa, por razões de saúde, é rapidamente mencionada por Cornu (1975, v. I, p. 183), por Sperber (2014, p. 71), que a localiza em 1841, e ainda por Jones (2017, p. 56).

[32] "Jenny era alta, esguia e elegante. Com uma labareda de cabelos castanhos, um único cordão de pérolas enfatizando o longo pescoço, ela era tão naturalmente bela que pouco importava o que vestisse – sua figura não precisava de tecidos finos para ser admirada – e, ainda por cima, vivia na moda. A posição do pai de Jenny e o bom gosto da mãe garantiam que ela vestisse o melhor que as modistas de Trier tinham a oferecer" (Gabriel, 2013, p. 58-9). Outro biógrafo não tem dúvidas em afirmar que "Jenny era, sem sombra de dúvida, excepcionalmente bela" (Jones, 2017, p. 73).

[33] Cf. Wheen (2001, p. 24-5) e Giroud (1996, p. 27-8). Françoise Giroud, pseudônimo de Lea France Gourdji (1916-2003), foi prolífica escritora e jornalista francesa, com ativa e sinuosa participação política. Eivado de equívocos, esse seu livro pouco tem de uma biografia séria de Jenny Marx e é marcado por espantosa hostilidade para com Marx; sem a mesma hostilidade, mas também pródiga em equívocos e tolices, é a tentativa de biografia de Attali, 2007.

34 De fato, ao longo de sete anos de noivado, Marx e Jenny encontraram-se poucas vezes, especialmente em 1841 e 1842. Um desses encontros deu-se no início do verão de 1841, quando Jenny, na companhia do irmão, Edgar, fez uma viagem pelo Reno.
É próprio de biógrafos detalhistas perscrutar a vida privada dos seus biografados – como o fizeram Gabriel (2013, p. 60) e Sperber (2014, p. 89-91), que, do exame da correspondência de Jenny, inferiram que, naquele verão de 1841 (segundo Gabriel, em julho, em Bonn, onde Marx estava então), os noivos tiveram a sua primeira relação sexual. Sperber, prudente, é menos preciso (ibidem, p. 90): "Não há detalhes de tempo e lugar, e podemos suspeitar que foi um evento único ou, na melhor das hipóteses, repetido em raras ocasiões, já que os dois não tiveram muitos momentos a sós e Jenny não engravidou".

35 Foram três *cadernos*, contendo dois *livros*: *Livros dos cantos* e *Livro do amor* (I e II), que Jenny guardou cuidadosamente até o fim de seus dias (Lafargue, em Lafargue e Liebknecht, 2008, p. 17). Para a poesia de Marx, ver MECW, 1975, v. 1; amostra acessível dela, vertida por Francisco Jaymes e Marcos Fonz, com prólogo de Francisco Fernández Buey, encontra-se em Marx, 2000. Sobre a produção lírica do jovem Marx, é conhecido o juízo do seu primeiro grande biógrafo: "Em geral, esses poemas juvenis expressavam um espírito trivial de romantismo e muito raramente têm pensamentos dignos de nota. Além disso, a técnica dos seus versos é desajeitada" (Mehring, 2013, p. 27); Heinrich (2018, p. 210-21) questiona esse juízo, reiterado pela maioria dos biógrafos de Marx, e se detém ainda em outros textos literários que citamos a seguir.
Não se limitou a poemas dedicados a Jenny a breve incursão literária de Marx. Ainda nos tempos de Berlim, ele redigiu uma tragédia em versos, *Oulanem*, e uma peça satírica, *Skorpion und Felix* (Escorpião e Félix) [ed. bras.: Marx, 2018a], ademais dos *Wilde Lieder* (Cantos selvagens); apenas destes uma parte foi publicada, em 1841, na revista *Athenäum*.

36 Três lustros depois de casados, vivendo em extrema pobreza material e isolamento político, Marx prosseguia fascinado por Jenny. Escreveu-lhe então: "Eis que assomas diante de mim, grande como a vida, e eu te ergo nos braços e te beijo dos pés à cabeça e me ponho de joelhos diante de ti e exclamo: *Senhora, eu te amo!*" (carta a Jenny, 21 de junho de 1856 – MEW, 1963, v. 29, p. 532).
Três meses após a morte de Jenny (ocorrida em 2 de dezembro de 1881), Marx confessava a Engels: "Sabes que poucos como eu suportam qualquer manifestação exagerada de sentimentos. Mas eu te mentiria se tentasse negar que meus pensamentos são quase todos absorvidos pela lembrança da minha mulher" (carta a Engels, 1º de março de 1882 – MEW, 1967, v. 35, p. 46); e o amigo testemunhou que esse estado de espírito se prolongou até a morte do próprio Marx (14 de março de 1883).
Para uma aproximação biográfica a Jenny Marx (e sua relação com Karl), ver, entre outros, Peters, 1993; Teusch, 2011; Gabriel, 2013; Limmroth, 2014; Ambrosi, 2015. Elementos sobre a vida familiar de Jenny e Marx também estão disponíveis em obras que abordam a vida e a correspondência de suas filhas, como, por exemplo, Tsuzuki, 1967; Kapp, 1972-1976; Meier e Evans, orgs., 1984; Holmes, 2014.

37 Evocando a capital da Prússia na entrada dos anos 1840, rememorava Engels em 1884: "Conhecíamos, e bem, a Berlim daquele tempo, com sua burguesia recém-formada; com sua pequena burguesia de linguagem barulhenta, mas covarde nas atitudes; com seus trabalhadores ainda desprovidos de organização; com sua massa de burocratas e cortesãos" (Marx-Engels, 1972, v. II, p. 304). E anota Cornu (1975, v. I, p. 109): "Cidade alemã mais importante depois de

Viena, Berlim continuava sendo uma cidade pobre e não tinha, em razão do seu tardio desenvolvimento econômico, nem o perfil aristocrático de Viena ou Dresden, nem o sólido caráter burguês de cidades como Colônia e Leipzig ou, como as cidades industriais do Ruhr, um proletariado nascente. Fechada dentro de suas muralhas, conservava ainda, com suas ruelas estreitas e seus jardins, o aspecto semimedieval da maior parte das cidades no começo do século XIX. A indústria estava pouco desenvolvida, pois somente na década de 1840-1850 apareceram ali as primeiras fábricas modernas. A população se compunha, majoritariamente, de pequenos comerciantes e artesãos, dependentes da burocracia e da Corte. Essa pequena burguesia servil, de horizontes limitados, não manifestava, no sentimento da sua impotência, nenhum interesse pelos problemas políticos e só se apaixonava pelo teatro". Também Heinrich, 2018, p. 175-7, informa sobre a Berlim a que chegou o jovem Marx. Ver ainda Dreifus, 2001; Meyer, 2014.

[38] Não confundi-lo com o irmão mais jovem, o naturalista Alexander von Humboldt (1769--1859), que gozou de grande fama e auxiliou Frederico Guilherme IV (1795-1861, romântico e reacionário, imperador da Prússia de 1840 até sua morte) nas relações diplomáticas com a França.

[39] Ver Friedrich Engels, "Ludwig Feuerbach und der Ausgang der klassischen deutschen Philosophie", em Marx-Engels, (1972, v. II, p. 328-69), traduzido para o português como "Ludwig Feuerbach e o fim da filosofia clássica alemã", em Marx-Engels, 1963, v. 3, p. 169-207. O ensaio tratava-se, originalmente, de uma resenha crítica (publicada na revista teórica da social--democracia alemã *Neue Zeit*, n. 4-5, 1886) do livro *Ludwig Feuerbach*, do dinamarquês Carl Nicolai Starcke (1858-1926), editado em 1885 em Stuttgart.

[40] Sobre o período berlinês de Hegel, ver o belo trabalho de Hondt, 2011.

[41] A relação do pensamento de Marx com o de Hegel é um dos pontos polêmicos da tradição marxista: alguns autores sustentam que entre os dois há uma *ruptura* total, um "corte epistemológico", tal como se verifica no estruturalismo marxista francês (Althusser, 1979). Outros argumentam que aquela relação configura precisamente a *superação* tal como posta por Hegel – uma negação que não impediu (antes, implicou) a assimilação crítica de elementos significativos da elaboração hegeliana, posição bem fundamentada nas obras de Lukács (ver esp. Lukács, 1963 e 2012-2013). Tal visão subjaz à presente biografia. Contam-se em várias centenas os materiais expressivos que abordam a relação de Marx com Hegel, praticamente todos produzidos após a publicação tardia dos textos do "jovem" Marx nos inícios dos anos 1930. Destacam-se nessa década os trabalhos pioneiros de Marcuse ("Novas fontes para a fundamentação do materialismo histórico", ensaio de 1932 reeditado em Marcuse, 1972), e o monumental estudo de Lukács, 1963, redigido em 1938. Nos decênios que vão de 1950 a 1980, cabe referir, entre muitos: Hyppolite, 1955; Garaudy, 1966; Hillmann, 1966; Hondt, 1966; Colletti, 1975-1976; Pra, 1977; Mercier-Josa, 1980 e 1986. A discussão se prolonga no presente século, como se verifica, por exemplo, em várias contribuições: em Balibar e Raulet, orgs., 2001; em Touboul, 2010; em Levine, 2012.

[42] Numa conferência de 1949, em que resume as teses de sua obra já citada sobre *O jovem Hegel*, Lukács demarca os períodos da evolução do filósofo até chegar à elaboração da *Fenomenologia do Espírito* (1807): o de Berna (1793-1796), o de Frankfurt (1797-1800) e o de Jena (1801--1807). Ver Lukács, 2007, p. 89-119. Nessa periodização, Lukács assinala com rigor o trânsito do idealismo subjetivo ao objetivo; ver nota seguinte.

[43] Sobre a passagem do idealismo subjetivo ao idealismo objetivo, ver Lukács, 1963, esp. cap. III, e a síntese de Kofler, 2010, p. 13-35. O rompimento de Hegel com Schelling (este já

evoluindo numa perspectiva romântico-irracionalista) torna-se público em 1807; a partir de então, Schelling e seus discípulos convertem-se em adversários de Hegel.

Desconheço em português uma biografia exaustiva de Hegel, mas deve-se assinalar a existência de significativa produção internacional nessa seara, acumulada desde o pioneiro trabalho (de 1844) de Rozenkranz, traduzido na França como *Vie de Hegel* (trad. Pierre Osmo, Paris, Gallimard, 2004), até o longo ensaio de Pinkard, 2000.

Decerto o leitor compreende que, dados os objetivos e os limites deste livro, não é possível mais que sinalizar, e rapidamente, o rico e problemático pensamento de Hegel que está parcialmente acessível em português: ver Hegel, 1961, 1993, 1997-2005, 2008 e 2010; textos e excertos estão disponíveis em várias coletâneas – ver Hegel, 1969, 1974 e 2011. Também está disponível um rol de fontes (de autores brasileiros e estrangeiros, umas mais simples, outras bastante eruditas) que propiciam abordagens de Hegel e indicam tanto a complexidade da sua obra quanto a diversidade de interpretações que ela inspira; ver, entre vários títulos: Hondt, 1965; Garaudy, 1966; Adorno, 1974; Vv. Aa., 1976; Gomes, org., 1981; Marcuse, 1988; Konder, 1991; Châtelet, 1995; Inwood, 1997; Arantes, 2000; Kojève, 2002; Lebrun, 2006; Chagas et al., orgs., 2007; Santos, 2007; Barata-Moura, 2010; Taylor, 2014; Vaz, 2014.

[44] Quase quarenta anos depois, Lênin ratificou a análise engelsiana, ao concluir o seu estudo da *Lógica* de Hegel: "O materialismo está ao alcance da mão. Engels tinha razão: o sistema de Hegel é um materialismo posto de cabeça para baixo" (Lênin, 2011, p. 193-4).

[45] Essa autocriação do homem pelo trabalho será, como veremos, objeto de particular atenção de Marx em 1844 e foi cuidadosamente analisada por Lukács (1963, p. 335-60), que dela extrai implicações filosóficas amplas e decisivas.

É importante lembrar que, em 1873, no posfácio à segunda edição de *O capital*, Marx anotou que o idealismo hegeliano não impediu que o filósofo apreendesse a dinâmica própria da dialética: "A mistificação que a dialética sofre nas mãos de Hegel não impede em absoluto que ele tenha sido o primeiro a expor, de modo amplo e consciente, suas formas gerais de movimento. Nele, ela se encontra de cabeça para baixo. É preciso desvirá-la, a fim de descobrir o cerne racional dentro do invólucro místico" (Marx, 2013, p. 91).

[46] Hegel, na juventude, entusiasmou-se com a Revolução Francesa e nunca renunciou à simpatia para com ela, mas jamais se aproximou das suas tendências radicais (plebeias e jacobinas), frente às quais o império napoleônico pareceu-lhe a melhor alternativa (cf. Lukács, 1963). Na sua evolução política posterior – própria do seu período berlinense –, foi clara a deriva política para o conservadorismo.

[47] Marx cursou, com assiduidade e zelo, as disciplinas ministradas por ambos durante o semestre de inverno de 1837-1838.

[48] Lembre-se que nos primeiros parágrafos da "Crítica da filosofia do direito de Hegel. Introdução", ao fim do segundo semestre de 1843, Marx retoma a questão da ultrapassagem da crítica à religião na Alemanha. Diz ele, em passo extremamente importante: "A luta contra a religião é, indiretamente, a luta contra *aquele mundo* cujo *aroma* espiritual é a religião. A miséria *religiosa* constitui ao mesmo tempo a *expressão* da miséria real e o *protesto* contra a miséria real. A religião é o suspiro da criatura oprimida, o ânimo de um mundo sem coração e a alma de situações sem alma. A religião é o *ópio* do povo. A abolição da religião enquanto felicidade *ilusória* dos homens é a exigência da sua felicidade *real*. O apelo para que abandonem as ilusões a respeito da sua condição é o *apelo para abandonarem uma condição que necessita de ilusões*. A crítica da religião é, pois, o *germe* da *crítica do vale de lágrimas*, do qual a religião é a *auréola*. […] Consequentemente,

a *tarefa da história*, depois que o *outro mundo da verdade se desvaneceu*, é estabelecer a *verdade deste mundo*. A *tarefa* imediata da *filosofia*, que está a serviço da história, é desmascarar a auto-alienação humana nas suas *formas não sagradas*, agora que ela foi desmascarada na sua *forma sagrada*. A crítica do céu transforma-se deste modo em crítica da terra, *a crítica da religião em crítica do direito*, e a *crítica da teologia em crítica da política*" (Marx, 2005, p. 145-6).

[49] Para um trato introdutório, mas cuidadoso, da concepção hegeliana de religião, ver Aquino, 1989, e os pertinentes ensaios reunidos em Rosenfield, org., 2002.

[50] A designação *jovens hegelianos* foi cunhada pelos hegelianos ortodoxos por volta de 1837, mas logo aceita orgulhosamente pelos *jovens*, até mesmo pela alusão oblíqua à *jovem Alemanha*, movimento literário em que pontificou o grande Heinrich Heine (1797-1856), que, desde o início dos anos 1830, "opunha ao romantismo reacionário e ao conservadorismo do Estado prussiano e da Igreja os princípios da Revolução Francesa" (Cornu, 1975, v. I, p. 182) e viu-se censurado em meados da década pelo regime da Prússia. Com Heine obrigado ao exílio, todas as suas obras, "as que já tinham sido escritas e as futuras, foram proibidas" (Lápine, 1983, p. 43).

[51] A constituição da esquerda hegeliana é objeto de longa e indispensável análise de Cornu (1975, v. I, p. 182 e seg.); outro estudioso, fazendo uma síntese do processo de diferenciação dos hegelianos, menciona, ainda, entre a direita e a esquerda hegelianas, um "centro" (Lápine, 1983, p. 43-5). Ver também, entre muitos, Fedosseiev, org., 1983, p. 25-8; Mehring, 2013, p. 31-40; Sperber, 2014, p. 74-80; Heinrich, 2018, p. 315-42, e, ainda, a próxima nota.

[52] É enorme a bibliografia sobre os "jovens hegelianos"; ver, dentre tantos, Schuffenhauer, 1965; McLellan, 1971; Rihs, 1978; Rubel, 1982 (introdução a Marx, *Oeuvres*, v. III); Stepelevich, org., 1983; Bensussan, 1985; Breckman, 1999; Moggach, org., 2006. Ver também a contribuição de Bert Andréas, "Marx et Engels et la Gauche Hégélienne", em Vv. Aa., 1965.

[53] Os "jovens hegelianos" foram sem dúvida impactados pela publicação, em 1838, da obra *Prolegomena zur Historiosophie* (Prolegômenos à filosofia da história), de August Cieszkowski (1814-1894), que reivindicava, contra o caráter especulativo presente em Hegel, uma *filosofia da ação* – mais exatamente, uma filosofia da *práxis* (tudo indica que Cieszkowski foi o primeiro a recorrer a essa categoria). Sobre a intervenção de Cieszkowski, ver McLellan, 1971, p. 21-4; Cornu, 1975, v. I, p. 195-201.

[54] Em carta de 17 de novembro de 1837, respondendo àquela que citaremos a seguir e em que Marx dá um balanço do seu primeiro ano em Berlim, constatando o fracasso do seu empreendimento, o pai, habitualmente sereno ao estimular os estudos do filho, escreveu com reprovação: "Como você cumpriu suas tarefas? Lamentavelmente, você só nos deu provas de desordem, devaneios inúteis por todos os campos da ciência, sombrias meditações à melancólica luz de uma lâmpada [...]. O desorganizado está em *robe de chambre*, com os cabelos desalinhados e substituiu com isso as bebedeiras nas tabernas, fazendo ostentação de desprezo por todas as obrigações mundanas, todas as conveniências e todas as considerações que se devem a um pai. A frequência à boa sociedade foi trocada pela solidão num quartinho sórdido e, neste laboratório de ciência louca e estéril, você acredita levar à maturação os frutos que poderão fazê-lo feliz, a você e à sua noiva, e colher os resultados que lhe permitirão cumprir com as sagradas obrigações que contraiu com ela. Devo dizer-lhe que você nos causou muitas contrariedades e poucas ou nenhuma alegria. [...] O senhor nosso filho gastou em um ano – ao contrário do que havíamos combinado e ao que é de costume – quase 700 táleres, enquanto os mais ricos não chegam a gastar 500" (citado em Cornu, 1975, v. I, p. 154-5).

55 Ver, supra, neste capítulo, nota 14.

56 É então que Marx adquire o hábito que conservaria por toda a sua vida: examinando livros e documentos, extrata as partes que mais lhe interessam, resume-as, glosa-as, comenta-as criticamente e/ou elabora desenvolvimentos substanciais e criativos em *cadernos* que, em boa parte, constituem rascunhos ou esboços para a redação futura de textos que pretendia publicar. Em finais dos anos 1930, quando ainda estava em curso a edição da MEGA, um de seus responsáveis (Vladimir Viktorovich Adoratski) anotou que se contavam, conservados, cerca de 250 desses *cadernos*; ver também Musto, 2011. Um dos primeiros pesquisadores a listar esses materiais marxianos foi Maximilien Rubel, num pequeno – mas utilíssimo – texto intitulado "Les Cahiers d'Étude de Marx" (1974).

Os materiais contidos nesses *cadernos* apresentam níveis de elaboração muito diversos: vão desde anotações episódicas e pontuais até ricos excursos teórico-metodológicos. Dada a sua heterogeneidade, eles requerem, para uma correta avaliação do seu significado e importância bastante desiguais, um tratamento cuidadoso – sobretudo, é necessário investigar os motivos da sua incompletude e, no caso dos mais articulados e acabados, por que ficaram inéditos, esclarecendo por que Marx não pôde (ou não quis), por razões variadas, submetê-los ao conhecimento público. Decerto que são relevantes para acompanhar o andamento das pesquisas marxianas, revelando o que Dussel (2012, p. 13) chamou de "laboratório teórico" de Marx, mas o seu valor teórico-metodológico precisa ser aferido mediante critérios rigorosos.

57 Há que sublinhar que a última frase dessa passagem, enquadrada embora num marco idealista, antecipa genial e surpreendentemente o que se poderia resumir como o ideal epistemológico de Marx: *a máxima fidelidade do sujeito que pesquisa ao objeto pesquisado*.

58 Como vimos ao tratar da ida de Marx para a universidade berlinense (1836), a viagem de Trier a Berlim era feita em diligência e durava quatro dias – até os anos 1840, não havia conexão ferroviária entre as províncias ocidentais da Prússia e a capital.

59 Na sequência da morte de Heinrich Marx, o filho logo teve de haver-se com a mãe em difíceis negociações para receber a parte que lhe cabia do legado do pai, numa querela que se arrastou por anos (ver Lápine, 1983, p. 59, 76; Sperber, 2014, p. 71-2, 85-6, 191) e tensionou ao limite a complicada relação que desde a adolescência ele mantinha com ela. Note-se que, passados cinco anos da morte do pai, nenhum parente de Marx esteve presente em seu casamento (junho de 1843).

Somente a partir de 1861, por iniciativa do filho, as relações com a mãe tornaram-se menos inamistosas. Dois anos depois, com o falecimento de Henriette Pressburg, aos 76 anos, Marx recebeu da parte dela, sem maiores problemas, um pequeno legado (Sperber, 2014, p. 343).

60 Nesse mesmo período, Marx encontra tempo para participar de escaramuças ideológicas dos jovens hegelianos contra seus adversários; produz um texto de crítica a Georg Hermes (1775- -1831) e projeta escrever uma sátira contra Karl Philipp Fischer (1807-1885), autor de *Idee der Gottheit* (A ideia da divindade).

61 *Cadernos sobre a filosofia epicureia, estoica e cética* – só publicados postumamente (Fedosseiev, org., 1983, p. 29). Nesses apontamentos, a atenção de Marx incide sobre o ceticismo, o epicurismo e o estoicismo – ver o índice recolhido por Cornu (1975, v. I, p. 249-50), sem prejuízo do registro de leituras de Aristóteles, Sexto Empírico, Diógenes Laércio, Gassendi, Espinosa, Bayle, Leibniz, d'Holbach e Schelling.

62 Já nos referimos ao trato dado a Marx por Bauer, que, para alguns, o protegia. Mas a reverência de que o jovem Marx então se tornou objeto era compartilhada pelas outras personalidades do

Clube dos doutores – Köppen, Rutenberg e Ruge, todos mais velhos que ele. Exemplar dessa reverência foi a menção que a ele fez Moses Hess, em carta de 2 de setembro de 1841 endereçada a Berthold Auerbach (1812-1882) e reproduzida em várias obras sobre Marx (Cornu, Rubel, Cottret et al.): "Deves preparar-te para conhecer o maior, talvez o único filósofo autêntico da nossa era. [...] O doutor Marx, assim se chama o meu ídolo, é ainda um homem muito jovem (tem uns 24 anos), que dará o golpe de misericórdia na religião e na política medievais; alia a mais profunda seriedade filosófica ao humor mais fino; pensa em Rousseau, Voltaire, d'Holbach, Lessing, Heine e Hegel reunidos numa só pessoa – digo: *reunidos* e não misturados – e terás o doutor Marx" (Cottret, 2010, p. 42-3).
Sobre alguns dos amigos de Marx no *Clube dos doutores* (Rutenberg, Köppen e Bauer), e também de um outro círculo de escritores que ele frequentou entre 1840 e 1841, ver Heinrich, 2018, p. 278-86.

[63] Mas há elementos claros de dissonância entre o Marx da *dissertação* e os jovens hegelianos. Por exemplo, como aponta Bruhat (1973, p. 47), Marx já supera a tese dos "dois Hegel", cara à esquerda hegeliana (a ideia de um Hegel "crítico", *esotérico*, reservado a um pequeno grupo de iniciados, e outro, "conservador", *exotérico*, aberto ao grande público). Salvo erro, a distinção entre os "dois Hegel" foi apresentada em 1835 pelo poeta Heinrich Heine – muito respeitado pelos jovens hegelianos e em especial por Marx (ver Victor, 1951; Lefebvre, 1972) –, na sua *Contribuição à história da religião e da filosofia na Alemanha* (trad. Márcio Suzuki, São Paulo, Iluminuras, 1991).

[64] Para uma apreciação da dissertação, ver, entre muitos, Pischel, 1948; Gabaude, 1970; Cornu, 1975, v. I; Pra, 1977; Lápine, 1983; Foster, 2005; Leopold, 2007; Lukács, 2007; Cottret, 2010.

[65] Na entrada da década de 1840, o diferenciado espectro dos jovens hegelianos fará o trânsito da crítica filosófica à crítica política, e precisamente então suas diferenças e divergências vêm nitidamente à luz. Nesse sentido, a relação entre Bruno Bauer e Marx é expressiva: a colaboração entre ambos vai esgotar-se de fato no fim de 1841, na sequência da publicação, por Bauer, da sátira "A última trombeta do Juízo Final contra Hegel, ateu e anticristo" (ver, infra, neste capítulo, nota 69). Entretanto, ainda um ano depois (fins de 1842), Marx escrevia um artigo para defendê-lo dos ataques da direita (ver Lápine, 1983, p. 64).
A constituição, em junho de 1842, em Berlim, por alguns jovens hegelianos, do grupo Die Freien (os Livres), marcará o distanciamento entre Bauer e Marx, sinalizado por este no ensaio *Para a questão judaica* (redigido no segundo semestre de 1843 e publicado em 1844). O grupo, que reuniu Bauer e seu irmão Edgar (1820-1886) a Max Stirner (Johann Kaspar Schmidt, 1806-1856), em certo momento derivou para uma crítica política verbalmente radical e essencialmente abstrata da *miséria alemã*. O rompimento de Marx com Bauer será explicitado com as duras críticas de que os Livres serão objeto, sobretudo em *A sagrada família* (1845) e *A ideologia alemã* (1845-1846). Sobre os Livres, ver a eficiente síntese oferecida por Cornu (1976, v. II, p. 162 e seg.).

[66] A Universidade de Jena, uma das dez mais antigas da Alemanha (fora criada em 1558), era uma instituição respeitável; por ela passaram, entre outros, Leibniz e Fichte.
Sobre a escolha de Marx pela Universidade de Jena, o cuidadoso Cornu (1975, v. I, p. 285) informa: "Dado o espírito [anti-hegeliano] que reinava em Berlim, onde sua tese seria lida por Stahl [Julius Stahl, 1802-1861], teórico do absolutismo, Marx preferiu ser examinado noutra universidade. Tampouco se apresentou para defender a tese na Faculdade de Filosofia de Jena, que lhe conferiu o título de doutor em 15 de abril de 1841, baseando-se no parecer

particularmente elogioso do leitor". Por seu turno, uma divulgada biografia de Marx registra: "Nessa época, a defesa de uma tese na Universidade de Berlim era um processo muito complexo e oneroso. Por isso, Marx enviou a sua tese para a Universidade de Jena. A 15 de abril de 1841 recebeu o diploma de doutor em filosofia" (Fedosseiev, org., 1983, p. 31).
Mais esclarecedora é a nota de um biógrafo do século XXI: "Após o falecimento de Eduard Gans e a partida de Bruno Bauer [Gans morrera em 5 de maio de 1839 e Bauer, desde finais do mesmo ano, vivia isolado em Bonn], a Universidade de Berlim tornara-se mais hostil ao pensamento hegeliano, em especial à variante relativa ao livre pensar e ao ateísmo representada pelos Jovens Hegelianos. De qualquer modo, na ocasião em que concluiu a tese, Marx já não era um aluno em Berlim: seu período de estudos havia excedido o limite de quatro anos definido pelo estatuto, e ele não solicitara uma prorrogação; assim, fora excluído dos registros da universidade. Marx optou, então, por submeter a sua tese à Universidade de Jena, a única instituição alemã que não exigia um período de residência nem uma defesa formal, na qual o candidato ao grau de doutor se apresentava pessoalmente para a aceitação e a aprovação da tese. Por essas razões, a taxa a ser paga para obtenção do doutoramento era menor. Alguns analistas hostis classificaram o doutorado de Marx como um diploma obtido pelo correio, o que parece bastante injusto. Jena era uma universidade bem conceituada e não, como se diria em linguagem moderna, uma fábrica de diplomas; e a tese de doutorado que seu corpo docente aprovou foi um trabalho de considerável erudição e conhecimento, escrito por alguém que demonstrava séria aspiração a uma carreira acadêmica" (Sperber, 2014, p. 83). Igualmente esclarecedora, e mais detalhada, é a explicação oferecida por Heinrich (2018, p. 394-7), segundo a qual os motivos que levaram Marx a escolher Jena foram sobretudo de ordem prática.

[67] Sobre as transformações econômico-sociais emergentes no pós-1830, ver Cornu, 1976, v. II, p. 8 e seg.; Bruhat, 1973, p. 49. Surgia na Renânia mesmo um novo segmento burguês, com figuras sem raízes no passado, como Gustav von Mevissen (1815-1899) e Gottfried Ludolf Camphausen (1803-1890) – ver Sperber, 2014, p. 94.

[68] Na correta síntese de Cornu (1976, v. II, p. 336): "Esta alienação das qualidades essenciais da espécie humana em Deus, que transforma os atributos do homem, suas qualidades eminentes, em um sujeito independente dele, engendra uma inversão das relações entre o sujeito e o atributo, o homem e Deus. O sujeito verdadeiro, o homem, é transformado em atributo de Deus, enquanto este, sua criação, se converte em seu sujeito, em elemento criador. Essa dupla ilusão, nascida da alienação das qualidades humanas, desprendidas do homem e projetadas sobre um Ser transcendente, engendra um conflito que opõe o homem à natureza e à espécie".
Sobre Feuerbach, ver, entre muitos, Giannotti, 1966; Schmidt, 1975; Perone, 1992; Frederico, 2009; ver ainda "Ludwig Feuerbach redivivo", em Heller, 1984, p. 97-133.

[69] Entre agosto e setembro de 1841, Bauer dedicou-se, parece que com a assistência de Marx, a redigir um panfleto (publicado anonimamente em novembro, mas de autoria logo revelada) intitulado "A última trombeta do Juízo Final contra Hegel, ateu e anticristo", sátira pretensamente escrita por um cristão devoto e conservador, aparentemente destinada a denunciar os conteúdos subversivos do pensamento de Hegel. O panfleto fez sucesso, e uma continuação foi anunciada, aguardando-se textos de Marx sobre a arte cristã e a filosofia do direito de Hegel; Marx não preparou tais materiais e a continuação foi publicada sem a sua colaboração.

[70] Jones parece ignorar essa natureza do jornalismo da época, quando afirma, sobre os artigos de Marx para a *Gazeta Renana*, que "chamar esses escritos de *jornalismo* é um tanto equivocado. Quase todos os artigos eram longos, longuíssimos" (Jones, 2017, p. 130).

[71] A posição que Marx vai desenvolver em face da censura em 1842-1843 recebeu análise detalhada de Cornu (1976, v. II, cap. I) e foi exemplarmente sumariada por Lápine (1983, p. 65 e seg.). Ver também Eidt, 2001.

[72] Sobre a constituição da *Gazeta Renana*, as tensões que levaram às mudanças que redundaram no convite a Marx para compor a sua redação e o seu desenvolvimento, ver Mehring (2013, p. 56 e seg.), Cornu (1976, v. II, cap. I) e a síntese fornecida por Sperber (2014, p. 93 e seg). Observe-se que os fundadores/financiadores do jornal optaram por organizar uma sociedade por ações, em comandita, tendo por comanditários Georg Jung (1814-1886), advogado, Dagobert Oppenheim (1809-1889), banqueiro, e Joseph Engelbert Renard (1802-1863), comerciante de livros.

[73] "Como as outras dietas prussianas, a renana era uma pequena assembleia reacionária dominada pelos grandes proprietários fundiários. Compunha-se de representantes dos príncipes, da nobreza, da burguesia e dos camponeses [...]. Como a maioria era de dois terços e a nobreza dispunha de mais de um terço dos votos, de fato dominava a dieta. Verdadeira caricatura do regime parlamentar, as dietas não tinham poder real algum: reuniam-se a portas fechadas e só tinham voto consultivo sobre os projetos apresentados pelo governo. Na mesma medida das demais dietas, a renana não respondia às esperanças que os liberais depositaram nelas" (Cornu, 1976, v. II, p. 24). Com efeito, a dieta renana compunha-se de 79 membros: 4 representantes dos príncipes, 25 da nobreza, 25 da burguesia e 25 do campesinato.

[74] Não cabe aqui o exame dos textos marxianos publicados na *Gazeta Renana*, mas devemos destacar a especial relevância, dentre eles, ademais dos materiais sobre a liberdade de imprensa, de dois artigos: um sobre o manifesto da escola histórica do direito (agosto de 1842 – MEW, 1958, v. 1, p. 78-85) e outro sobre o furto de madeira pelos camponeses (outubro-novembro de 1842 –Marx, 2017a). No primeiro deles, sustenta um especialista, em alentada análise, que aí já se encontra "a tese ontológica basilar da unidade de materialismo e de dialética" (Barata-Moura, 1994, p. 305); no segundo, um filósofo da maior estatura viu "um exemplo metodologicamente muito importante" (Lukács, 2007, p. 139).

Para a análise dos materiais marxianos veiculados na *Gazeta Renana*, para além das obras de Cornu, Lápine e Sperber já citadas, há elementos significativos em Friedenthal, 1990; Hosfeld, 2013; Jones, 2017; sobre o conjunto da produção jornalística de Marx (e de Engels), ver Thao, 1978-1980.

[75] Quanto a este último ponto, Marx buscou impedir os *jovens hegelianos* de valer-se do jornal para tematizar ideias socialistas: não permitiu que elas, pertinentes em conjunturas como a francesa, fossem "contrabandeadas" para a *Gazeta Renana* sem um tratamento profundo. Logo que assumiu a direção do jornal, Marx escreveu: "Eu declarei [aos jovens hegelianos de Berlim] que encarava o contrabando dos dogmas comunistas e socialistas [...] como inadequado, até mesmo imoral; e exigi um debate completamente diferente, e mais profundo, a respeito do comunismo" (citado em Sperber, 2014, p. 109).

Mais de quinze anos depois, no prefácio de janeiro de 1859 à *Contribuição à crítica da economia política*, Marx evocava a sua posição no segundo semestre de 1842: "Nessa época, em que o afã de 'avançar' sobrepujava amiúde a verdadeira sabedoria, fez-se ouvir na *Gazeta Renana* um eco entibiado, por assim dizer filosófico, do socialismo e do comunismo francês. Pronunciei-me contra essa mixórdia, mas, ao mesmo tempo, confessei claramente, em uma controvérsia com a *Allgemeine Augsburger Zeitung* (Jornal Geral de Augsburgo), que os estudos que eu havia feito até então não me permitiam arriscar um juízo a respeito da natureza das tendências francesas" (Marx, 2008, p. 46). De fato, até meados de 1842, Marx pouco sabia dessas tendências, ainda que, na citada controvérsia, tenha mencionado os nomes de Pierre Leroux (1797-1871) e Victor

Prosper Considerant (1808-1893) e a "penetrante obra" de Proudhon; por isso mesmo, para obviar lacunas da sua formação, participou à época, em Colônia, de um grupo de intelectuais, com Moses Hess à frente, interessados em debater ideias socialistas (cf. Cornu, 1976, v. II, p. 113; Jones, 2017, p. 163-4).

[76] Não é de surpreender, pois, que, quando Marx foi obrigado a deixar Paris, em fevereiro de 1845 (como veremos adiante), amigos e admiradores de Colônia contribuíssem numa coleta de dinheiro, organizada por Engels, para ajudá-lo a estabelecer-se em Bruxelas (ver Cornu, 1976, v. IV, p. 170; Rubel, 1991, p. 28). Estima-se que foi possível enviar-lhe cerca de mil táleres (Sperber, 2014, p. 132).

[77] No episódio da proibição da *Gazeta Renana*, vários historiadores – de Cornu a Jones – referem-se a pressões exercidas pelo tsar Nicolau I. Veja-se o que assinala Gabriel (2013, p. 69): "O jornal de Marx havia irritado os governos da Renânia e de Berlim quase desde o início e a ideia de fechá-lo já circulava desde novembro. Mas há quem diga que a gota d'água caiu no dia 4 de janeiro de 1843, com um artigo atacando o czar Nicolau I. O alvoroço com esse ataque levou a um encontro pessoal entre o czar e o embaixador prussiano em Petersburgo, durante o qual o monarca russo exigiu o controle prussiano sobre a imprensa liberal. No dia 21 de janeiro, o próprio Frederico Guilherme IV reuniu um conselho de ministros que resolveu fechar o jornal. O governo deu a *Rheinische Zeitung* até o fim de março de 1843 para encerrar atividades". Recorde-se que Nicolau I não era apenas aliado de Frederico Guilherme IV: eram cunhados.

[78] Neste capítulo, referiremos assim a estância de Marx em Kreuznach (e sua partida para a França), porque não há consenso acerca da datação entre os pesquisadores. Apontam *outubro*: Vranicki (1973, v. I, p. 83); Cornu (1976, v. II, p. 371); Fedosseiev, org. (1983, p. 53); Fougeyrollas (1989, p. 14); Rubel (1991, p. 25); Barnett (2010, p. 42); Sperber (2014, p. 129). Apontam *novembro*: Garaudy (1967, p. 235), a cronologia aposta a Marx-Engels (1998, p. 199), bem como a competente apresentação de Jaramillo (org.) a Marx (2008a, p. 35). E é frequente a sua localização no "fim do outono" de 1843: ver Jackson (1963, p. 40).

[79] Agora desempregado e com planos de logo se casar, há indicações de que procurou o tio Lion Philips para tratar da sua parte na herança paterna (ver, supra, neste capítulo, nota 13). Anota Gabriel (2013, p. 70): "E embora não haja registros, parece que o tio Philips lhe deu algum adiantamento, pois em seguida Marx teria dinheiro pelo resto do ano, e é impossível imaginar que ele tenha conseguido poupar alguma coisa de seu emprego em Colônia".

[80] Vale observar que, em 9 de janeiro de 1848 – já comprometido com o movimento operário revolucionário e tendo feito estudos de economia política desde 1844 –, Marx pronunciou um discurso na Associação Democrática de Bruxelas em que sustentou, com argumentos bem diversos daqueles exarados na *Gazeta Renana*, sua posição em defesa do livre-câmbio (cf. Marx, 2017b, p. 168-80).

[81] Em carta a Ruge, com o qual estreitara relações a partir de 1842, escrita imediatamente após (25 de janeiro de 1843) a decisão governamental de proibir a *Gazeta Renana* e na qual revela que essa decisão não o surpreendeu, Marx relata a exaustão e o desgaste que lhe causaram a direção do jornal: "É doloroso realizar uma tarefa servil, mesmo a serviço da liberdade, e lutar a golpes de alfinete em lugar de combater a cacetadas. Cansei da hipocrisia, da estupidez, da autoridade brutal e também de minhas reverências obsequiosas, de andar com rodeios, das contorções e dos verbalismos"; diante disso, acrescenta que "o governo devolveu a minha liberdade" (MEW, 1965, v. 27, p. 414-5; nesse volume estão coligidas cartas de Marx a Ruge, escritas entre 1842 e janeiro de 1845).

Em várias ocasiões, Marx mencionou o desgaste que lhe causava a relação – inarredável e diuturna – com a censura. Pode-se avaliar o *modus operandi* desta se lembrarmos que, "durante a maior parte de 1842, o censor residente do jornal foi Laurenz Dolleschall, policial abestalhado que, certa feita, havia proibido um anúncio da *Divina comédia*, de Dante, sob a alegação de que 'o divino não é tema apropriado para a comédia'" (Wheen, 2001, p. 49).

[82] O encontro em Dresden (registrado por Cornu, 1976, v. II, p. 342, e Gabriel, 2013, p. 71) tinha por objetivo finalizar os passos para o projeto – que adiante referiremos – de Marx e Ruge de lançar um novo órgão de imprensa. No fim das negociações, que não se resumiram a esse encontro, Fröbel assumiu a responsabilidade pela produção e pela comercialização do periódico, sendo a editoria dividida entre Marx e Ruge. Prometeu-se a Marx "um respeitável, para não dizer milionário, salário de 550 táleres por ano, acrescido de honorários para cada artigo escrito" (Sperber, 2014, p. 120).

[83] Sobre a estadia de Marx em Kreuznach, ver a contribuição de Elsner em Barzen, org., 1990. Cabe informar que o governo prussiano, depois de liquidar com a *Gazeta Renana*, tentou por duas vezes cooptar Marx. Segundo um biógrafo, Marx, "pouco depois de seu casamento, em junho, recebeu, por intermédio de um amigo de seu pai, o conselheiro Esser, uma oferta do governo prussiano para entrar a serviço do Estado, oferta que foi rechaçada no ato" (Cornu, 1976, v. II, p. 284). E uma biógrafa detalha: por essa época, "Marx havia recebido, de fato, duas propostas [...]. Uma delas veio de um amigo da família chamado Esser, que era o principal conselheiro particular do Tribunal de Apelações do Reno em Berlim. Esser fora encarregado pelas autoridades prussianas de oferecer a Marx um cargo no governo [...]. Outra oportunidade no governo talvez tenha sido obra de Ferdinand [o meio-irmão reacionário de Jenny], que, após falhar na tentativa de rompimento do noivado, tentou ao menos manter a irmã por perto e ficar atento às extravagâncias políticas do cunhado. Os cargos do serviço público civil eram cobiçados por quem saía da universidade, pois traziam segurança e prestígio [...]. Karl [Marx] recusou as duas propostas" (Gabriel, 2013, p. 71).

[84] Cornu, o primeiro a avançar nessa formulação, observa que a transformação das concepções de Marx então operada (à diferença de processo similar vivido por Engels) teve "um caráter não tanto econômico e social como político e filosófico" (Cornu, 1976, v. II, p. 281).

[85] Wheen (2001, p. 56) chega a caracterizar esses meses como "um pequeno interlúdio idílico": "À tardinha, Karl e Jenny faziam caminhadas até o rio [Nahe, afluente do Reno], ouvindo os rouxinóis que cantavam na floresta da margem oposta. Durante o dia [Marx] recolhia-se a uma saleta de trabalho, lendo e escrevendo com furiosa intensidade". A parte final dessa citação não é exagerada: Lápine (1983, p. 171 e seg.), resumindo a atividade intelectual de Marx, afirma que, apenas entre julho e agosto, ele manuscreveu mais de 250 páginas (cinco cadernos), sumariando suas leituras.

Marx, como leitor, demonstrou-se de *furiosa intensidade* ao longo da vida nas suas passagens por bibliotecas, sobretudo na Alemanha e na Inglaterra – mas também no exame da sua biblioteca privada, como se verifica na introdução de Hans-Peter Harstick, Richard Sperl e Hanno Strauss a *Die Bibliotheken von Karl Marx und Friedrich Engels* (As bibliotecas de Karl Marx e Friedrich Engels), em MEGA², 1999, v. IV/32.

[86] Ligado aos jovens hegelianos, Ruge tinha experiência editorial e vinha de confrontos com a censura prussiana. A bibliografia já mencionada (ver, supra, neste capítulo, nota 52) oferece elementos acerca de Arnold Ruge, figura que, no fim do século XX, despertou novo interesse de pesquisadores (ver, por exemplo, Vaccaro, 1987; Lambrecht e Tietz, orgs., 2002).

87 Ludwig Feuerbach, em suas *Teses provisórias para a reforma da filosofia*, publicadas em 1842, escrevera que "o verdadeiro filósofo, um só *com a vida e com o homem*, deve ser o filósofo de sangue *galogermânico*" (Feuerbach, 2008, p. 12); com razão, pois, numa carta de 3 de outubro de 1843 a Feuerbach, Marx dizia: "O senhor foi um dos primeiros escritores a falar da necessidade de uma aliança científica franco-alemã" (MEW, 1965, v. 27, p. 419). A ideia não ecoa somente no título da revista: no último parágrafo do ensaio marxiano sobre a filosofia do direito de Hegel, nela divulgado, lê-se que "o *dia da ressurreição da Alemanha* será anunciado com o *cantar do galo gaulês*" (Marx, 2005, p. 156). Observe-se, marginalmente, que a referência ao *galo gaulês* aparece também no grande Heine: saudando a Revolução de Julho parisiense (1830), ele escreveu: "O galo gaulês cantou agora pela segunda vez e amanhece também na Alemanha" (citado em Rubel, introdução a Marx, 1982, *Oeuvres*, v. III, p. XLII).

88 Impressa, segundo Bruhat (1973, p. 61), em Paris, a revista contou apenas com a colaboração de alemães. Entre eles, apenas um autor já célebre, Heinrich Heine (que, no seu exílio parisiense, estabeleceu boas relações com Marx – sobre tais relações, ver Lefebvre, 1972); Feuerbach, convidado a escrever, disse apoiar a iniciativa, mas não enviou nenhum texto. Franceses à época já famosos, por razões as mais variadas, embora contatados, não contribuíram – entre outros, o poeta Alphonse de Lamartine (1790-1869), o católico Hugues-Félicité-Robert de Lamennais (1782-1854), os socialistas Louis Blanc (1811-1882) e Pierre Leroux, além de Proudhon. Não há informação segura sobre a tiragem da revista (mil exemplares, segundo Gabriel, 2013, p. 84; 3 mil, segundo Fedosseiev, org., 1983, p. 60). Na abertura das suas mais de 250 páginas, Ruge expõe as razões e os objetivos da revista e consta uma seleta de cartas trocadas entre alguns dos autores; segue-se a contribuição de Heine e figuram materiais de Ferdinand Cölestin Bernays (1815-1876), do poeta Georg Herwegh (1817-1875), de Moses Hess, um documento sobre Johann Jacoby (1805-1877), de Friedrich Engels (entre os seus escritos aí publicados, destaque-se o importante "Esboço de uma crítica da economia política", redigido ainda durante seu estágio na Inglaterra), e dois trabalhos de Marx ("Contribuição à crítica da filosofia do direito de Hegel. Introdução" e *Para a questão judaica*, sobre os quais diremos algo à frente). Praticamente a edição foi organizada apenas por Marx, uma vez que Ruge adoeceu quando dos últimos preparativos. A resposta do governo prussiano não tardou: em abril, proibiu a circulação da revista, apreendeu mais de trezentos exemplares – uns que estavam sendo levados por Bernays em um vapor pelo Reno e outros na fronteira com a França – e determinou a prisão de Marx, Ruge, Heine e Bernays num eventual retorno deles ao seu território.

Para a história dos *Anais Franco-Alemães*, ver as páginas pertinentes em Mehring, 2013; Cornu, 1976, v. II; McLellan, 1971 e ainda a introdução de Bravo (org.) a Marx-Ruge, 1970a; ver também as fecundas observações de Lápine, 1983, que aponta a diferença entre os projetos de Marx e Ruge para a revista.

89 Examinou, entre muitos outros títulos, com especial cuidado, a volumosa *História dos últimos cinquenta anos* (publicada em 1832-1834), de Carl Friedrich Ernst Ludwig (1773-1846); a também extensa *História da França na época revolucionária* (publicada em 1840-1844), de Wilhelm Wachsmuth (1784-1866); o livro *Os homens e os costumes dos Estados Unidos da América do Norte* (publicado em 1834), de Thomas Hamilton (1789-1842); e a *História alemã* (publicada em 1839-1840), de Leopold von Ranke (1795-1886). E percorreu com atenção as páginas de Maquiavel (1469-1527), as de *O espírito das leis* (publicado em 1748), de Montesquieu (1689-1755), e de *O contrato social* (publicado em 1762), de Rousseau (1712-1778).

[90] Esse texto é também designado como "Manuscrito de Kreuznach", "Crítica do direito de Estado de Hegel", "Crítica do Estado hegeliano", "Crítica da filosofia hegeliana do direito público" ou ainda "Para a crítica da filosofia do direito de Hegel".
Além dos biógrafos a que já recorremos (Cornu, Rubel, Sperber, Jones), ver, entre muitos: Rossi, 1963, v. II; Garaudy, 1967; Gemkow, 1975; Pra, 1977; Bakuradze, em Magalhães-Vilhena, org., 1981; Lápine, 1983; Netto, 1983; Bedeschi, 1989; Balibar e Raulet, orgs., 2001; Lacascade, 2002; Enderle, em Marx, 2005; Sampaio e Frederico, 2006; Frederico, 2009; Pogrebinschi, 2009; Touboul, 2010; Löwy, 2012; Hosfeld, 2013. Fonte de destaque aqui, seja para o texto de Marx em questão quanto para outros do mesmo período, são os trabalhos de Mercier-Josa, 1980, 1986 e 1999, e os coligidos em Fischbach, org., 2017; a mesma observação vale para o ensaio de Mészáros ("Marx, 'filósofo'"), em Hobsbawm, org., 1979, v. I, e os estudos de Cingoli, 2005, e Fineschi, 2006.
O "Manuscrito de Kreuznach", como tantos materiais marxianos, provocou polêmicas entre marxistas e marxólogos; por exemplo: se Rubel (introdução a Marx, 1968, *Oeuvres*, v. II, p. XXII) garante que no conceito de democracia nele proposto por Marx "percebemos o embrião da sua concepção de socialismo", Vranicki (1973, v. I, p. 75) critica tal conceito por seu caráter abstrato; Pierre Vilar ("Marx e a história", em Hobsbawm, org., 1979, v. I, p. 98) afirma que esse texto de 1843 é "um recuo em relação a 1842", enquanto Della Volpe (1978, p. 124) considera-o mais importante que os célebres *Manuscritos econômico-filosóficos de 1844* e vincula-o aos grandes manuscritos de 1857-1858; na mesma linha interpretativa, Cerroni (1972, p. 118) encontra nele "o parâmetro metodológico fundamental" da perspectiva teórica de Marx.

[91] No exame dos textos marxianos do segundo semestre de 1843, é preciso considerar também a influência de Rousseau; acerca do "Manuscrito de Kreuznach", aludem sumariamente a ela Sperber (2014, p. 125) e Jones (2017, p. 151, 154); quanto a *Para a questão judaica*, de que falaremos logo adiante, Della Volpe (1978, p. 30) refere-se ao seu "profundo igualitarismo", que "se inspira no melhor Rousseau"; e Mészáros, que não tem por objeto a relação Marx-Rousseau, oferece indispensáveis subsídios para compreender a originalidade do pensamento marxiano em face do trato da alienação por Rousseau (Mészáros, 2006, esp. cap. I e II).

[92] E, cerca de dois anos e meio depois, provavelmente já redigidas as *Teses sobre Feuerbach*, Marx e Engels escreviam em *A ideologia alemã*: "Na medida em que Feuerbach é materialista, nele não se encontra a história, e na medida em que toma em consideração a história ele não é materialista" (Marx-Engels, 2007, p. 32).

[93] Recorde-se, aqui, o que Marx escreveu na sua carta ao pai (10 de novembro de 1837), em trecho que já reproduzimos, sobre a necessidade de "escutar atentamente o próprio objeto em seu desenvolvimento", ou seja, apreendendo "a própria razão da coisa".

[94] Problemática que Marx não desenvolverá, mas que não será descurada por ele ao se voltar para análises histórico-concretas; veja-se, por exemplo, o tratamento que lhe confere quando, analisando o golpe de Luís Napoleão, destaca claramente as *vinculações de classe* da burocracia (ver Marx-Engels, 1961, v. 1, p. 234-5), bem como os parágrafos iniciais da seção III do "Manifesto do Conselho Geral da Associação Internacional dos Trabalhadores sobre a guerra civil na França em 1871" (ver Marx-Engels, 1961, v. 2, p. 80-5).

[95] Hegel (2010, p. 264) escreve que "o povo, tomado *sem* o seu monarca e sem a *articulação* do todo que se conecta [...] a ele [...], é a massa informe que não é mais nenhum Estado". Marx exclama: "Como se o povo não fosse o Estado real!" e argumenta: "O Estado é um *abstractum*. Somente o povo é o *concretum*". E prossegue: "A democracia é conteúdo e forma. A monarquia *deve ser*

apenas forma, mas ela falsifica o conteúdo. Na monarquia, o todo, o povo, é subsumido a um de seus modos de existência, a constituição política; na democracia, a *constituição mesma* aparece somente como *uma* determinação e, de fato, como autodeterminação do povo. Na monarquia, temos o povo da constituição; na democracia, a constituição do povo" (ibidem, p. 48, 49-50).

[96] Aqui rebatem os problemas de uma datação precisa dos materiais marxianos redigidos em Kreuznach, relacionados ao que vimos supra, neste capítulo, nota 78. No caso do texto de que agora nos ocuparemos, *Para a questão judaica*, Jones (2017, p. 172) afirma que a sua segunda parte foi acrescentada (e, portanto, escrita) já em Paris; antes dele, Buey (2004, p. 80) já indicara uma provável revisão do texto feita em Paris.

[97] Também há, sobre *Para a questão judaica*, farta bibliografia. Pequena amostra da sua diversidade pode ser aferida pelos subsídios contidos em: Díaz, 1975; Draper, 1977, v. 1; Carlebach, 1978; Lápine, 1983; Bourgeois, em Vv. Aa., 1986; Traverso, 1990; Vv. Aa, 1990; Barata-Moura, 1997; Clemesha, 1998; Balibar, 2001; Lacascade, 2002; Buey, 2004; Tomba, em Marx, 2004; Wolkmer, 2004; Aron, 2005; Leopold, 2007; Netto, em Marx, 2009; Bensaïd, em Marx, 2010; Trindade, 2011; Vernik, org., 2011; Sartelli, em Marx e Bauer, 2012a.

[98] Passada a irreversível ruptura teórica e ideológica de meados dos anos 1840, Marx continuou manifestando ao antigo companheiro a sua cordialidade pessoal: entre 1855 e 1856, encontrou-se frequentemente com ele, que então esteve em Londres por algum tempo (Rubel, 1991, p. 62). E Engels referiu-se respeitosamente a Bauer, quando de sua morte, como se constata no artigo que publicou em *Der Sozialdemokrat* (O Social-Democrata), de Zurique, de 4-11 de maio de 1882: "Em Berlim, a 13 de abril, morreu um homem [Bruno Bauer] que atuou como filósofo e teólogo, mas, durante anos, dificilmente se ouvia falar dele, só atraindo a atenção pública eventualmente como um 'literato excêntrico'. Teólogos oficiais, inclusive Renan, corresponderam-se com ele e, mesmo assim, mantiveram sobre ele um silêncio de morte. E valia mais que todos eles e fez mais que todos em uma questão que também interessa a nós, socialistas: a pergunta pela origem histórica do cristianismo" (MEW, 1962, v. 19, p. 297).

[99] Além da fonte referida supra, neste capítulo, nota 12, ver Sorkin, 1999; Volkov, 2000; Dreifus, 2001 e também alguns dos materiais recolhidos em Knopper e Mondot, 2008.

[100] Nos dois anos que se seguiram à publicação dos textos de Bauer, teólogos e rabinos debateram suas ideias; entre eles, cito os principais e suas contribuições: Gabriel Riesser (1806-1863), A questão judaica *contra Bruno Bauer*; Samuel Hirsch (1808-1888), *Cartas para esclarecer* A questão judaica *de Bruno Bauer*; Gustav Philipson (1816-1880), *Esclarecimentos sobre* A questão judaica *de Bruno Bauer*; e Abraham Geiger (1810-1880), *Bruno Bauer e os judeus*.
Tal ressonância daqueles textos não se deveu apenas à atualidade do tema; deveu-se também ao destaque intelectual de que Bauer desfrutava e que pode ser aferido nos vários estudos sobre os jovens hegelianos (ver, supra, neste capítulo, notas 51 e 52). Especificamente sobre Bauer, deve-se consultar Rosen, 1977; Gargano, 2003; Moggach, 2003.

[101] Moses Hess foi o primeiro jovem hegeliano a assumir ideias comunistas; e diga-se que foi sob sua influência que o jovem Engels se tornou comunista (aliás, *antes* de Marx). Nos estudos sobre os jovens hegelianos, já referenciados neste capítulo, há largas considerações sobre Hess; especificamente sobre ele, ver Berlin, 1959; Weiss, 1960; Silberner, 1966; Avineri, 1985; Bensussan,1985; acerca das suas relações com Marx, ver Rosen, 1989. Veja-se ainda o importante ensaio lukacsiano de 1926, "Moses Hess e os problemas da dialética idealista", cuja versão mais acessível encontra-se em Lukács, 2005.

[102] A luta ideológica que pensadores reacionários e publicistas da direita conduziram (e conduzem) *desonestamente* contra Marx e sua obra procurou (e procura) atribuir a ele uma postura "antissemita", valendo-se em especial do que alguém já chamou de "arte da tesoura": a citação de passagens isoladas e descontextualizadas, falsificando de forma grosseira o seu sentido integral. Insista-se em que uma leitura objetiva de *Para a questão judaica* desautoriza cabalmente essa operação arbitrária. Cumpre notar, todavia, que até mesmo autores respeitáveis (por exemplo, Maximilien Rubel, Raymond Aron e Norberto Bobbio) incorporaram, de um modo ou outro, alguns preconceitos dessa ordem. Em fontes citadas, supra, neste capítulo, nota 97, há suficientes elementos para desmontar essa insustentável mistificação.

II. Paris: a descoberta do *grande mundo* (1843-1844)

[1] Já assinalei (ver a "Nota do autor") que a pesquisa da vida e da obra de Marx perde muito sem o tratamento da sua relação com Engels, ou seja, ambas, vida e obra, não se compreendem ricamente sem esse tratamento. Dadas as limitações da presente biografia, porém, só resta indicar ao leitor que uma aproximação inicial ao necessário trato de Engels implica, pelo menos, o recurso a Ullrich, 1961-1966; Gemkow, 1970; Henderson, 1976; McLellan, 1977; Mayer, 1979; Vv. Aa., 1986a; Carver, 1989; Hunley, 1991; Coggiola, 1995; Arthur, org., 1996; Labica e Delbraccio, orgs., 1997; Timpanaro, 1997; Green, 2008; Hunt, 2010.

[2] As autoridades prussianas, que tinham Marx sob observação desde os tempos da *Gazeta Renana*, vigiavam constantemente os emigrados alemães em Paris. Após a publicação do número único dos *Anais Franco-Alemães* e, dada a colaboração de Marx com o jornal *Vorwärts!* (ver infra), iniciaram pressões para que o governo francês o expulsasse do país; tiveram, enfim, êxito: na última semana de janeiro de 1845, o ministro francês das Relações Exteriores (o historiador François Guizot) autorizou que se expedisse a ordem de expulsão. Na primeira semana de fevereiro, Marx é obrigado a deixar Paris e rumar para a Bélgica; viverá em Bruxelas até março de 1848.

[3] É nesse período parisiense que Marx conhece a Liga dos Justos, mas não se vincula a ela. Só depois, em Bruxelas, manterá – juntamente com Engels – os contatos de que resultarão as transformações na organização, tornada Liga dos Comunistas, na qual militarão e para a qual redigirão o *Manifesto do Partido Comunista*.

[4] É mesmo a partir do segundo semestre que a falta de dinheiro começa a atormentar os Marx, uma vez que os compromissos de Fröbel, após o encerramento dos *Anais Franco-Alemães*, deixam de ser cumpridos.

[5] Não são inteiramente confiáveis os dados censitários franceses antes de 1856. Segundo algumas fontes, em 1836, o país contava com 35 milhões de habitantes, e as cidades com mais de 50 mil eram apenas nove. Conforme outras, a população total, em 1848, era de 35,5 milhões de habitantes.

[6] Fedosseiev, org., 1983, p. 63; para mais dados, ver Cornu, 1976, v. IV, cap. I; Hobsbawm, 1988, cap. 9; e, especialmente, Landes, 1994, p. 131-200.

[7] "Quem dominou sob Luís Felipe não foi a burguesia francesa, mas uma fração dela – os banqueiros, os reis da bolsa, os reis das estradas de ferro, os proprietários de minas de carvão e de ferro e de explorações florestais e uma parte da propriedade territorial ainda aliada a ela – a chamada aristocracia financeira. [...] A monarquia de julho não passava de uma grande sociedade por ações para a exploração da riqueza nacional da França, cujos dividendos se repartiam entre os ministros, as câmaras, 240.000 eleitores e seu séquito" (Marx, "As lutas de classes na

França de 1848 a 1850", em Marx-Engels, 1961, v. 1, p. 111-3). Também Engels referiu-se ao "sistema mesquinho e pusilânime de Luís Felipe, em que um pequeno setor da grande burguesia detinha o poder exclusivo" (Engels, "Introdução" [1891], em Marx, *A guerra civil na França*, em Marx-Engels, 1961, v. 2, p. 46).

[8] À diferença da Inglaterra – onde a liberdade de associação operária (*trade-unions*) foi conquistada nos anos 1820 –, na França vigia a "Lei Le Chapelier", aprovada em 1791, proibindo greves e associações de trabalhadores. Essa lei só foi formalmente derrogada em 1864.

[9] É em função dessa nítida diferenciação que Marx e Engels decidiriam posteriormente o título do *Manifesto* de 1848, como Engels recordou quarenta anos depois; ver seu prefácio de janeiro de 1888 à edição inglesa do célebre texto em Marx-Engels, 1998, p. xci-xcii.

[10] Não há dados seguros sobre os imigrantes à época; números de 1851 mencionam 100 mil estrangeiros na capital e pouco mais de 1 milhão em todo o país; de fato, desde 1830, a França tornara-se um país de imigração. Mas não há dúvidas sobre a predominância de alemães entre os imigrados em Paris: apontam-se 25 mil em 1825 e 60 mil a 80 mil em meados dos anos 1840; no fim dessa década, o fluxo de alemães cresceu com a repressão ao movimento de 1848. Tal contingente explica a existência, na França, de uma enorme quantidade de periódicos alemães (quase três dezenas, a maior parte dos quais de vida efêmera) até a década de 1840 – com destaque, entre eles, para o *Vorwärts!*, de que se falará adiante. Sobre essas questões, ver Grandjonc, 1970 e 1983.

[11] Reformas que transformarão a urbanística de Paris a partir de inícios dos anos 1850 e depois serão replicadas em várias capitais e metrópoles – inclusive na perspectiva de impedir movimentações como as dos eventos revolucionários de 1848. Conforme Engels lembrou em 1895, "os bairros construídos a partir de 1848 nas grandes cidades têm ruas longas, retas e largas e parecem ser feitos sob encomenda para o uso dos novos canhões e fuzis", problematizando enormemente as possibilidades de êxito das lutas de barricadas (Engels, "Introdução" [1895], em Marx, *As lutas de classes na França de 1848 a 1850*, em Marx-Engels, 1961, v. 1, p. 106).

[12] A datação desse texto é aproximativa: Rubel (1991, p. 26) e Bruhat (1973, p. 62) apontam dezembro de 1843; François Châtelet, no seu prefácio a Marx (1971, p. 14), considera-o escrito no fim de dezembro de 1843; Lukács (2007, p. 157) toma-o como do "início de 1844"; e a informação de Cornu (1976, v. II, p. 410) é que Marx o "escreveu depois de sua chegada a Paris, em fins de 1843 e princípios de 1844"; também os editores da MEW (1958, v. 1, p. 391 – encontra-se aí o texto marxiano às p. 378-91) afirmam que foi redigido entre o fim de 1843 e janeiro de 1844.

Vale observar que, no título do ensaio publicado nos *Anais Franco-Alemães*, a explicitação do seu caráter de "Introdução" não é casual: Marx pretendia elaborar um estudo abrangente da filosofia hegeliana, a ser introduzido pelo texto em questão. Ele avançou nessa intenção meses depois, num dos cadernos constitutivos dos *Manuscritos de Paris*, quando se debruçou sobre a *Fenomenologia do Espírito*, mas o projeto de uma crítica inclusiva da filosofia de Hegel nunca foi realizado.

Também sobre o ensaio marxiano de que nos ocupamos agora dispõe-se de farto acervo histórico-analítico, desde historiadores já citados (Cornu, Vranicki, Hosfeld, Jones) até pesquisadores igualmente referidos até aqui. Praticamente todos os que se detiveram sobre o jovem Marx tematizaram a "Contribuição à crítica da filosofia do direito de Hegel. Introdução", e o leitor facilmente poderá localizar neles o tratamento dado a esse ensaio de Marx. Aduziremos agora apenas umas poucas fontes ainda não indicadas e nas quais há preciosas páginas dedicadas à "Contribuição": parte significativa de Vv. Aa., 1960; o contributo de Iring

Fetscher em Vv. Aa., 1965; Hillmann, 1966; a introdução de Joseph O'Malley a Marx, 1970; o prefácio de Châtelet a Marx, 1971; Kägi, 1974; Bernstein, 1979; Artous, 1999; Kouvelakis, 2003; Cingoli, 2005; Fineschi, 2006. Quanto à ideia marxiana de *crítica*, reiterada ao longo de toda a obra de Marx, ver Renault, 1995.

[13] Há vários estudos sobre o estilo literário de Marx, de que é belo exemplo o ensaio de Silva, 2012; estão disponíveis desde textos breves (Siegel, 1982) a materiais de maior pretensão (Wolff, 1988; Dussel, 1993). O que se ressalta em todos esses estudos é a alta qualificação de Marx como *escritor*.

[14] Para outras abordagens da concepção marxiana do fenômeno religioso, ver Post, 1969; McKown, 1975; Bertrand, 1979; McLellan, 1987.

[15] Nessa denúncia, a *escola histórica do direito* recebe o seu quinhão: "É uma escola que justifica a infâmia de hoje pela de ontem" [147].

[16] Duas notações são pertinentes aqui: *a)* essa relação entre a filosofia e a classe operária alemã, enunciada pelo *jovem* Marx (que a ela voltará na sua polêmica com Ruge, que veremos adiante), permeará a obra marx-engelsiana – coroada, aliás, pela conhecida passagem final de um texto de Engels, redigido três anos após a morte de Marx: "O movimento operário alemão é o herdeiro da filosofia clássica alemã" ("Ludwig Feuerbach e o fim da filosofia clássica alemã", em Marx-Engels, 1963, v. 3, p. 207); *b)* já indicamos que tradicionalmente se verteu ao português *Aufhebung* por *superação*, tal como o fez um de seus primeiros tradutores no Brasil, Djacir Menezes – ver Hegel, 1969; nos últimos anos, novos tradutores (entre eles, Paulo Meneses e Marcelo Backes) têm optado por *suprassunção*. Neste livro, o leitor encontrará o uso das duas formas.

[17] Um exame minucioso da *Crítica*, que desborda os limites que aqui nos impusemos, revelaria passos marxianos cuja exploração pelos estudiosos abre vias interpretativas estimulantes. Por exemplo: numa passagem do texto ("Não basta que o pensamento procure realizar-se; a realidade deve igualmente compelir ao pensamento" [152]), um dos seus mais finos analistas descobre já a recusa marxiana das utopias (Cornu, 1976, v. II, p. 430).

[18] Destaquem-se, entre os contatados, Proudhon e o emigrado Bakunin, então em Paris. Sobre esse ponto, ver Haubtmann, 1947; Cornu, 1976, v. III, cap. I; Carr, 1975.

[19] O autor dessas linhas, Émile Bottigelli, dá por suposto que o leitor saiba que se tratava de um espaço público demarcado por duas torres, construídas no fim do século XVIII, onde a guilhotina operou durante a Revolução de 1789. Ver também Grandjonc, 1974.

[20] Internacionalismo que Marx – assim como Engels, que já o assimilava em sua relação com o movimento operário inglês – incorporará como constitutivo do pensamento revolucionário vinculado ao proletariado e de que explicitamente ambos darão provas cabais (teóricas e políticas) até o fim da vida.

[21] Lê-se nos *Manuscritos econômico-filosóficos de 1844*, redigidos por essa época: "Quando os artesãos comunistas se unem vale para eles antes do mais como objetivo a doutrina, propaganda etc. Mas ao mesmo tempo eles apropriam-se por esse fato de uma nova necessidade, a necessidade de sociedade, e o que aparece como meio tornou-se fim. Pode intuir-se este movimento prático nos seus resultados mais brilhantes quando se vê *ouvriers* socialistas franceses reunidos. Fumar, beber, comer etc. já não existem como meios da ligação nem como meios que ligam. A sociedade, a associação, a conversa, que de novo tem a sociedade como fim, basta-lhes; a fraternidade dos homens não é para eles nenhuma frase, mas verdade, e a nobreza da humanidade ilumina-nos a partir dessas figuras endurecidas pelo trabalho" (Marx, 2015, p. 401-2). Lê-se também em

A sagrada família, publicada um ano depois (1845): "Apenas quem teve a oportunidade de conhecer o estudo, o afã de saber, a energia moral, o impulso incansável de desenvolvimento dos operários franceses e ingleses pôde formar para si uma ideia da nobreza *humana* desse movimento" (Marx-Engels, 2003, p. 102; o "movimento" aqui referido diz respeito ao da grande *massa*, que os "Críticos críticos", alvos de *A sagrada família*, desprezavam).

[22] Em 1859, Marx referiu-se ao "genial esboço de uma crítica das categorias econômicas" (Marx, 2008, p. 49) que encontrou no ensaio juvenil de Engels; no Livro I (1867) de *O capital*, transcreveu passagens do texto engelsiano no cap. I, a propósito da lei que regula a quantidade de valor pelo tempo de trabalho socialmente necessário à produção, e no cap. IV, acerca da fórmula geral do capital e suas contradições (ver Marx, 1968, Livro I, v. 1, p. 84, 171 e 184).

[23] Em 1859, Marx diz expressamente que "havia começado o estudo [da economia política] em Paris" (Marx, 2008, p. 47). E Engels, no seu prefácio ao Livro II (1885) de *O capital*, escreveu que o companheiro "começou seus estudos econômicos em Paris, em 1843" (1970, p. 7). Aliás, Engels, em carta de 28 de setembro de 1892 a Mehring, anotou que, ao iniciar tais estudos, Marx "não sabia absolutamente nada" de economia (MEW, 1968, v. 38, p. 481).

[24] O rompimento da relação de Marx com Ruge, em março de 1844, teve como pretexto a defesa que Marx fez de Georg Herwegh, poeta e um dos colaboradores dos *Anais Franco-Alemães*. À época, o vate, conhecido por sua vida dissoluta, mantinha uma relação extraconjugal com uma ex-amante do músico Franz Liszt. Para Ruge, o comportamento de Herwegh era inaceitável e não havia como tê-lo no círculo de intelectuais da revista; Marx sustentou que a vida privada do poeta não podia impedir a colaboração política com ele.
Essa questão menor foi apenas um pretexto: de fato, Ruge, um liberal que se opunha às ideias socialistas, sentiu-se chocado com o desenvolvimento ideopolítico de Marx em Paris. Para ele, a opção comunista de Marx inviabilizava tanto a colaboração política e editorial quanto as relações pessoais. Aliás, em poucos meses, como se há de ver, as diferenças políticas entre eles se explicitariam com força.

[25] "De 4 a 6 de junho de 1844, os tecelões silesianos de Peterswaldau atacaram uma fábrica local acusada de pagar baixos salários e oferecer aviltantes condições de trabalho. Arrebentaram casas e escritórios dos patrões e, no dia seguinte, voltaram a se reunir na aldeia vizinha de Langenbielau, onde soldados em pânico mataram onze tecelões antes de serem expulsos pela multidão enfurecida, que aproveitou para saquear a casa de outro proprietário" (Jones, 2017, p. 184). Também num passo sintético como esse de Jones, Gabriel (2013, p. 95) alude à insurreição com outros dados. Para implicações simbólicas do evento, ver Hodenberg, 1997.

[26] "Na formação de Marx, o processo de superação do hegelianismo e do próprio Feuerbach, com a consequente fundação da dialética materialista, coincidiu com a passagem das posições democrático-revolucionárias a um socialismo consciente. As duas tendências formam uma unidade necessária, mas o processo global se desenvolveu, certamente de modo não casual, no período da história alemã em que, depois da subida ao trono da Prússia de Frederico Guilherme IV e da virada em sentido reacionário-romântico da política interna prussiana, desenvolveu-se na Alemanha um fermento político e ideológico generalizado, ou seja, a preparação da revolução democrático-burguesa de 1848. E foi precisamente neste período [...] que eclodiu pela primeira vez a luta do movimento operário e revolucionário alemão. *Certamente não é casual a coincidência entre, de um lado, o processo de esclarecimento e consolidação da concepção socialista do mundo no jovem Marx e, de outro, a primeira ação revolucionária do proletariado*

alemão, ou seja, a revolta dos trabalhadores têxteis da Silésia em 1844" (Lukács, 2007, p. 122 [itálicos meus – *JPN*]).

[27] A análise que fez Cornu (1976, v. III, p. 109-24) desse artigo de Marx permanece antológica; ver também Rubel (1970, p. 84-8). No Brasil, o artigo de Marx foi objeto do interesse de Alves, 2003; Gadanha, 2004; e Ivo Tonet, em Marx, 2010c.

[28] Em dois pequenos artigos publicados no jornal cartista *The Northern Star*, de 29 de junho de 1844 (n. 346), Engels comenta a rebelião silesiana, expedindo juízos semelhantes aos que Marx formula na crítica a Ruge (MECW, 1975, v. 3, p. 530 e seg.).

[29] Marx – ao contrário de Ruge – tem os trabalhadores pobres da Silésia em alta conta: para ele, não protagonizam uma "revolta" de "espírito estreito"; aliás, nesse mesmo texto, Marx escreve que "deve-se admitir que o proletariado alemão é o teórico do proletariado europeu, assim como o proletariado inglês é o seu economista e o proletariado francês o seu político" (Marx, 2010c, p. 69).

[30] Permito-me agora remeter o leitor à extensa apresentação ("Marx em Paris") que redigi para Marx, 2015, na qual me ocupo expressa e intensivamente desses materiais, oferecendo ainda uma exaustiva bibliografia histórico-crítica relativa a eles. A argumentação que expendi naquela oportunidade está recuperada nas próximas páginas, mas a bibliografia então arrolada foi drasticamente reduzida aqui por razões de espaço.

Para os fins deste livro, observe-se que, com referência aos *Cadernos*, a documentação é parcimoniosa em comparação àquela relativa aos *Manuscritos*, e basta mencionar como indispensável o ensaio de Vázquez introdutório a Marx, 1974, e indicar como pertinente a leitura de páginas de Rosenberg, 1958, de Oakley, 1984, v. I e de alguns contributos a Barzen, org., 1990.

Já no tocante aos *Manuscritos*, a documentação é incomensurável, em especial no que diz respeito à problemática da *alienação*. A minha apresentação mencionada (Marx, 2015) traz um extenso rol de textos a que pode recorrer o leitor interessado, muitos listados também na bibliografia apensa ao fim deste livro, entre os quais: Vv. Aa., 1960; Giannotti, 1966; Marcuse, 1972; Lápine, 1983; Vandenberghe, 1997, v. I; Lacascade, 2002; Jaeggi, 2005; Fineschi, 2006; Mészáros, 2006; Leopold, 2007; Franck Fischbach, em apresentação a Marx, 2007 e também 2009; Frederico, 2009; Musto, 2012; Sarr, 2012; e Márkus, 2015.

[31] Em carta a Engels de 31 de julho de 1865, justificando a sua demora na redação de *O capital*, Marx escreveu: "Ainda que possam apresentar alguns defeitos, meus escritos […] constituem um todo artístico e só consigo alcançar este resultado com o meu procedimento de nunca os mandar imprimir enquanto não os tiver concluído" (MEW, 1965, v. 31, p. 132).

[32] Os dois conjuntos textuais foram publicados no terceiro volume (composto por 640 páginas) do primeiro intento de publicação das *Obras completas de Marx e Engels* (*Marx-Engels--Gesamtausgabe* – MEGA); as *Obras de Marx e Engels* (*Marx-Engels Werke* – MEW), nossa referência, não reproduzem integralmente os *Cadernos*, só os *Manuscritos* (ver, no primeiro volume suplementar à MEW, 1977, p. 443-588).

[33] Observe-se que essa edição brasileira (Marx, 2015) segue a distribuição dos comentários marxianos que se relacionam diretamente com os *Manuscritos*, tal como a organizada por Maximilien Rubel – sob o título de "notas de leitura" – na sua edição preparada para as *Oeuvres* (1968, v. II, p. 7-43): o material foi distribuído por 31 notas, com títulos dados pelo organizador. Observe-se ainda que, em algumas citações de Marx a que recorremos, a tradução foi ligeiramente modificada por nós, o que também vale para os *Manuscritos*.

[34] Importa alertar que, nos primeiros anos da década de 1840, tanto Engels quanto Marx, assim como muitos alemães, designavam a economia política por *Nationalökonomie* (economia nacional). Só posteriormente passaram a valer-se da designação *politischen Ökonomie* (economia política). É frequente, nas traduções em português, a oscilação entre as duas expressões.

[35] É somente no curso dos seus estudos que Marx distinguirá a economia política "clássica" da economia política "vulgar". Essa distinção já reponta em *Miséria da filosofia* (1847) e *Trabalho assalariado e capital* (publicado em 1849) e subjaz em várias passagens dos *Grundrisse* (1857-1858). Em *Contribuição à crítica da economia política* (Marx, 2008, p. 81), Marx situa historicamente a primeira e tematiza ambas no posfácio (1873) da 2. ed. de *O capital* (Marx, 1968, Livro I, v. 1, p. 8 e seg.). Numa nota ao primeiro capítulo dessa obra (ibidem, p. 90), Marx pontua: "E, para esclarecer de uma vez por todas, direi que, no meu entender, Economia Política clássica é toda a economia que, desde W. Petty, investiga os nexos causais das condições burguesas de produção, ao contrário da economia vulgar, que trata apenas das relações aparentes, rumina, continuamente, o material fornecido, há muito tempo, pela economia científica, a fim de oferecer uma explicação plausível para os fenômenos mais salientes, que sirva ao uso diário da burguesia, limitando-se, de resto, a sistematizar pedantemente e a proclamar como verdades eternas as ideias banais, presunçosas, dos capitalistas sobre seu próprio mundo, para eles o melhor dos mundos". Tal distinção marca muito dos desenvolvimentos das *Teorias da mais-valia*, textos de 1861-1863 (Marx, 1985, v. III).

[36] "Nas notas críticas que acompanham seu primeiro estudo sistemático da economia política, Marx rejeita explicitamente o valor-trabalho. Na *Miséria da filosofia*, Marx o aceita não menos explicitamente" (Mandel, 1968, p. 42).

[37] Diz ele: "O trabalhador torna-se tanto mais pobre quanto mais riqueza produz, quanto mais a sua produção cresce em poder e volume. O trabalhador torna-se uma mercadoria tanto mais barata quanto mais mercadoria cria. Com a *valorização* do mundo das coisas cresce a *desvalorização* do mundo dos homens em proporção direta" [304].

[38] Leia-se: "A Economia Nacional conhece o trabalhador apenas como animal de trabalho, como uma rês reduzida às mais estritas necessidades corporais" [255]. Para Ricardo, diz Marx, "as nações são apenas oficinas da produção, o homem é uma máquina de consumir e produzir; a vida humana um capital; as leis econômicas regem cegamente o mundo"; e, citando Eugène Buret: "Para Ricardo, os homens não são nada, o produto tudo" [279]. Leia-se mais: aquela economia estabeleceu "o princípio de que ele [o trabalhador], tal como qualquer cavalo, tem de ganhar o bastante para poder trabalhar. Ela não o considera como homem" [253]; para ela, "as necessidades do trabalhador são apenas a *necessidade de o manter durante o trabalho* e na perspectiva de que a *raça dos trabalhadores* não se *extinga*" [324].

[39] Na *Miséria da filosofia*, em que aceita a teoria do valor-trabalho, Marx volta ao cinismo de Ricardo: após sublinhar que "a doutrina ricardiana resume rigorosamente, impiedosamente, o ponto de vista de toda a burguesia inglesa, que é, em si mesma, a típica burguesia moderna" e que "a teoria dos valores de Ricardo é a interpretação científica da vida econômica atual", afirma (depois de citar a relação que aquele economista estabelece entre a redução dos custos de fabricação dos chapéus e a redução dos custos de manutenção dos homens) que "é evidente que a linguagem de Ricardo não poderia ser mais cínica. Colocar no mesmo plano os custos de fabricação dos chapéus e os custos de manutenção do homem é transformar o homem em chapéu. Mas não protestemos tanto contra o cinismo. O cinismo está nas coisas, não nas palavras

que as exprimem" (Marx, 2017b, p. 58-9, 63-4). O cinismo de Ricardo estava impregnado do que, ulteriormente (nas *Teorias da mais-valia*), Marx reconheceu ser a sua "probidade".

[40] Nas *Teorias da mais-valia*, Marx (1985, v. III), no capítulo "Desagregação da escola ricardiana", retorna a essa obra de Mill, no registro característico da sua crítica madura da economia política; e, no mesmo capítulo, trata das ideias expendidas por John Stuart Mill.
É de notar que na dissolução da "escola ricardiana" teve origem o chamado "socialismo ricardiano", de que foram representantes Sismondi, Thomas Hodgskin (1787-1869), William Thompson (1775-1833) e John Gray (1799-1883) (cf. Nunes, 2007, p. 486); ver também Teixeira, org., 2002, esp. p. 29-38. A produção essencial dos "ricardianos de esquerda" encontra-se coligida no volumoso tomo organizado por Kenyon (org., 1997). Obra de referência, aqui pertinente, é a de Hoff, 2005.

[41] Observe-se que, segundo Lápine (1983, p. 270), "do conjunto dos extratos de 1844, foram os de Mill os mais utilizados por Marx na sua obra de maturidade, particularmente no Livro IV de *O capital* ("Teorias da mais-valia")". Ao que sei, o primeiro estudioso que, no Brasil, apontou a importância das notas de Marx sobre James Mill foi Giannotti (1966).

[42] Tudo indica que nos desenvolvimentos que então Marx elabora acerca do dinheiro há influências de um ensaio de Moses Hess ("Über das Geldwesen" [Sobre a essência do dinheiro]), preparado entre fins de 1843 e princípios de 1844 para ser publicado nos *Anais Franco-Alemães* (encerrado o periódico, só mais tarde o ensaio veio à luz). Nos *Manuscritos*, Marx refere-se a trabalhos de Hess, mas entre eles não se encontra esse texto sobre o dinheiro.

[43] Leia-se: "O dinheiro rebaixa todos os deuses do homem – e transforma-os numa mercadoria. O dinheiro é o *valor* universal – constituído para si próprio – de todas as coisas. Roubou portanto ao mundo inteiro – ao mundo dos homens tal como à natureza – o seu valor peculiar. O dinheiro é a essência – alienada ao homem – do seu trabalho e da sua existência; e essa essência estranha domina-o, e ele adora-a" (Marx, 2009, p. 78).

[44] Nos *Manuscritos*, Marx ocupa-se da *inversão* que o dinheiro realiza, mas não recupera tanto a similitude com a religião; a referência dessa inversão ao "reflexo religioso do mundo" retorna, porém, em *O capital*, quando Marx se ocupa do "fetichismo da mercadoria" (notações sobre o fetichismo – da mercadoria, do dinheiro e do capital – encontram-se em Grespan, 2012). Já antes de *O capital*, nos *Grundrisse*, o papel mediador de Cristo entre Deus e os homens fora referido (Marx, 2011, p. 262).

[45] Não pode ser minimizado, no tratamento da questão da alienação, o amplo campo semântico de que Marx se vale, em boa parte herdado de Hegel e Feuerbach. "Em alemão, as palavras *Entäusserung, Entfremdung* e *Veräusserung* são usadas para significar 'alienação' ou 'estranhamento'. *Entäusserung* e *Entfremdung* são usadas com muito mais frequência por Marx do que *Veräusserung*, que é, como Marx a define, 'die Praxis der *Entäusserung*' (a prática da alienação) […] ou, em outro trecho, 'Tat der *Entäusserung*' (o ato da alienação) […]. Assim, *Veräusserung* é o ato de traduzir na prática (na forma da venda de alguma coisa) o princípio da *Entäusserung*. No uso que Marx faz do termo, *Veräusserung* pode ser intercambiado com *Entäusserung* quando um 'ato' ou uma 'prática' específica são referidos […]. Tanto *Entäusserung* como *Entfremdung* têm uma tríplice função conceitual: 1) referindo-se a um princípio geral; 2) expressando determinado estado de coisas; e 3) designando um processo que engendra esse estado. Quando a ênfase recai sobre a 'externalização' ou 'objetivação', Marx usa o termo *Entäusserung* (ou termos como *Vergegenständlichung*), ao passo que *Entfremdung* é usado quando a intenção do autor é

ressaltar o fato de que o homem está encontrando oposição por parte de um poder hostil, criado por ele mesmo, de modo que ele frustra seu próprio propósito" (Mészáros, 2006, p. 19-20). Ouça-se outro especialista: "Marx utiliza o termo mais geral de *Entfremdung* para designar os diversos aspectos, objetivos e subjetivos, da alienação. O termo *Entäusserung*, mais concreto, insiste mais no aspecto jurídico da alienação, no fato de que o objeto se tornou propriedade de outra pessoa jurídica, na sua 'perda' jurídica (o termo *Entäusserung* entrou na ciência através da jurisprudência). O fato de Marx utilizar por vezes, a seguir à palavra *Entfremdung*, colocando uma vírgula, não *Entäusserung*, mas um termo ainda mais concreto, *Verlust* ('perda'), parece confirmar esta escolha" (Lápine, 1983, p. 332-3). E diz ainda um competente estudioso (e tradutor) brasileiro, referindo-se às duas palavras, *Entfremdung* e *Entäusserung*: "Marx, com efeito, usa tanto uma como outra. No primeiro dos *Manuscritos*, Marx fala frequentemente de *entfremdete, entäusserte Arbeit*. O uso de uma ou outra das denominações por Marx advém do prisma que se pretende destacar: no caso de *Entäusserung*, a objetivação no e do processo de trabalho; no caso de *Entfremdung*, a perda do controle e da autonomia, a dominação do sujeito por um 'poder alheio', a alienação no curso desse processo de exteriorização, de produção objetiva" (Wolfgang Leo Maar, em Marcuse, 1998, p. 46-7).

[46] Ademais de ser motivo recorrente na obra de Fromm, recorde-se que um dos seus últimos trabalhos (1976) intitulava-se *To Have or to Be?* (vertido ao português: Fromm, 1999).

[47] É comentando essa nota de Marx sobre Mill que Mészáros (2006, p. 88) chama a atenção para a demarcação marxiana do trabalho como *alienação de vida* [*Lebensentäusserung*] e como *manifestação de vida* [*Lebensäusserung*], isto é, do trabalho como atividade imposta por uma necessidade *externa* e do trabalho motivado por uma necessidade *interna*.

[48] Como McCulloch, Boisguillebert, Malthus e Say, além de Prévost e Daire (estes dois últimos tradutores e antologistas de economistas que Marx leu em Paris). Nas *Teorias da mais-valia* – mas não só aí – vários deles serão objeto da análise marxiana.

[49] Nos anos 1960 ganhou relevância, especialmente nos meios marxistas, o debate da relação entre esses escritos juvenis de Marx e a sua elaboração teórica posterior. Nesses meios, alguns analistas – sob a influência do destacado filósofo Louis Althusser (1918-1990), segundo o qual *alienação* era "um conceito ideológico pré-marxista" (Althusser, 1979, p. 212) – sustentaram a tese da existência de "dois" Marx: o "jovem", filósofo humanista (o dos *Manuscritos*), e o "maduro", cientista (de *O capital*), argumentando que a concepção marxiana da alienação perdera qualquer ponderação nas obras da maturidade de Marx (próprias do período posterior à Revolução de 1848).
Essa tese não resiste quando se procede ao *exame textual* da produção marxiana conhecida, como o demonstraram cabalmente, entre outros, pesquisadores tão diversos como Nicolaus, 1972; Vázquez, 2003; Mészáros, 2006; e Márkus, 2015. Não por acaso, filósofos como György Lukács (1885-1971) e Lucien Sève (1926-2020) rechaçaram contundentemente essa tese: para o primeiro, ela não passa de uma "estupidez historiográfica" (Lukács, 1969, p. 56); para o segundo, trata-se de uma "aberração" (Sève, "Advertência", em Marx, 2011, p. 90).

[50] O título *Manuscritos econômico-filosóficos de 1844* (*Ökonomisch-philosophische Manuskripte aus dem Jahre 1844*) apareceu pela primeira vez na edição da MEGA de 1932. Nem todas as suas versões o conservam. Registram-se, por exemplo: *Manuscritos econômico-filosóficos de Paris*, *Manuscritos: economia e filosofia* e *Manuscritos de 1844, economia política e filosofia*. Na edição francesa já citada das *Oeuvres* de Karl Marx, da coleção Pléiade, organizada por Maximilien Rubel, os textos dos *Manuscritos* estão coligidos (1968, v. II, p. 44-141) sob o título "Ébauche

d'une critique de l'économie politique" (Esboço de uma crítica da economia política). A tradução lusitana dos *Manuscritos*, com a qual se trabalha aqui (Marx, 2015), não designa cada manuscrito como tal, e sim como "caderno". Embora utilizando essa edição, nós os referiremos como "manuscrito".

51 Auguste Cornu (junto com Wolfgang Mönke) foi dos poucos analistas a salientar a importância de Schulz para o Marx dos *Manuscritos*: o grande estudioso da obra marx-engelsiana assevera que, em sua análise "do desenvolvimento econômico e social, Schulz chegava a uma concepção materialista da história". Sintetizando as fontes de que se valeu Marx para os *Manuscritos* – sem deixar de destacar a importância de Hegel e Feuerbach –, Cornu escreve: "Marx tomou de Engels a sua concepção do caráter contraditório desse sistema [capitalista], que deveria provocar a sua supressão; os artigos de Hess reforçaram a sua concepção do trabalho como elemento essencial da vida humana e do caráter econômico e social da alienação; *tomou, enfim, de Schulz a ideia de que o desenvolvimento da produção e da divisão do trabalho determina a sucessão das formas de sociedade e de Estado, assim como as lutas de classes*" [itálicos meus – *JPN*]. Mas logo acrescenta, também referindo-se aos *Manuscritos*: "Seria completamente falso crer que Marx elaborou a sua teoria mediante uma espécie de compilação das ideias tomadas desses trabalhos. O elemento fundamental da sua teoria era a sua nova concepção do homem, que ele determinaria em sua crítica de Hegel, de Feuerbach e dos economistas. Graças a ela, renovaria as ideias de Engels, Hess e de Schulz, para fundi-las em um todo orgânico" (Cornu, 1976, v. III, p. 141-2).

52 Entre outros, mencionam o projeto desse livro: Rubel, "Introduction" a Marx, 1968, *Oeuvres*, v. II, p. lxiii; Cornu, 1976, v. IV, p. 183; Wenceslao Roces, "Prólogo", em Marx-Engels, OFME, 1982, v. 1, p. xxxiv; Fedosseiev, org., 1983, p. 107; Lápine, 1983, p. 232; Vázquez, 2003, p. 21. Mandel (1968, p. 46) aponta indícios de que tal livro estava em elaboração até inícios de 1845.

53 Veja-se: "O *salário* é determinado pela luta hostil entre capitalista e trabalhador"; "A renda fundiária é fixada pela *luta entre rendeiro e proprietário fundiário. Por toda a parte, encontramos reconhecidas na Economia Nacional a oposição hostil dos interesses, a luta, a guerra, como a base da organização social*" (Marx, 2015, p. 243, 286 [o itálico da última frase é meu – *JPN*]).

54 Nas suas primeiras aproximações à economia política, Marx não distingue *trabalho* de *força de trabalho*; só operará essa distinção bem mais tarde.

55 A ideia de uma contínua pauperização absoluta dos trabalhadores está presente na *Miséria da filosofia* (1847) e, igualmente, no *Manifesto do Partido Comunista* (1848). Ainda na segunda metade dos anos 1840, Marx admite "uma lei geral da *baixa dos salários a longo prazo*" (Mandel, 1968, p. 61). As investigações que se documentam nos *Grundrisse* (1857-1858) permitiram a Marx superar esse equívoco e formular uma correta teoria do salário, inteiramente elaborada em 1865 (Marx, 2006a) e presente especialmente nos caps. XIV a XXIII do Livro I (1867) de *O capital* (Marx, 1968, Livro I, v. 2, p. 583 e seg.).

56 Nos conflitos concorrenciais entre o grande capital e os menores, Marx já verifica o resultado: "Se [...] a este grande capital se enfrentam [...] capitais pequenos com pequenos ganhos – como acontece na situação pressuposta de concorrência forte – ele esmaga-os completamente. [...] A consequência necessária é, então, a deterioração das mercadorias, a falsificação, a contrafacção, o envenenamento universal, como é manifesto nas grandes cidades" [273].

57 Leia-se: "Veremos [...] primeiro como o capitalista exerce o seu poder de governo sobre o trabalho por intermédio do capital, mas, depois, o poder de governo do capital sobre o próprio capitalista" [264].

58 A problemática subjacente à afirmativa de Ricardo haveria de receber depois um tratamento muito diverso por parte de Marx. Em 1847, na *Miséria da filosofia*, depois de escrever que "os economistas exprimem as relações da produção burguesa [e] nos explicam como se produz nessas relações dadas, mas não nos explicam como se produzem essas relações", ele anota: "Essas relações sociais determinadas são também produzidas pelos homens [...]. Adquirindo novas forças produtivas, os homens transformam o seu modo de produção e, ao transformá-lo, alterando a maneira de ganhar a sua vida, eles transformam todas as suas relações sociais" (Marx, 2017a, p. 98, 101-2). E, cerca de cinco anos depois, no célebre *O 18 de brumário de Luís Bonaparte*, clarifica o âmbito em que se pode mover a ação dos homens: "Os homens fazem sua própria história, mas não a fazem como querem; não a fazem sob circunstâncias de sua escolha, e sim sob aquelas com que se defrontam diretamente, legadas e transmitidas pelo passado" (Marx, "O dezoito brumário de Luís Bonaparte", em Marx-Engels, 1961, v. 1, p. 203).

E, quanto às "leis econômicas": na teoria marxiana, as determinações econômicas objetivas (sistêmicas e regulares) que a dinâmica do modo de produção capitalista instaura na vida social são reconhecidas como *leis*, e as suas implicações são tomadas como *necessárias*; mas as leis que Marx identifica no modo de produção capitalista nada têm de supra-históricas ou a-históricas nem de *naturais* no sentido de se deverem à natureza: são *tendências sociais reais* que implicam *contratendências* igualmente objetivas e operantes e que *têm curso e validade em condições históricas muito determinadas*; quanto ao *caráter necessário* de suas implicações, ele diz respeito, *exclusivamente*, a que "a presença factual de determinadas condições implica necessariamente, ainda que apenas como tendência, determinadas consequências" (Lukács, 2012, v. I, p. 363). É conhecida a recusa marxiana, por exemplo, de uma "lei" (natural e invariante) do crescimento demográfico, como a de Malthus: "Todo modo histórico de produção tem suas leis próprias de população, *válidas dentro de limites históricos*. Uma lei abstrata da população só existe para plantas e animais, *e apenas na medida em que esteja excluída a ação humana*" (Marx, 1968, Livro I, v. 2, p. 733 [itálicos meus – JPN]); ver também Duménil, 1978 e Vadée, 1992. Com efeito, não há, na obra de Marx, *nenhuma* concessão a qualquer modalidade de naturalização de fenômenos/processos sociais (e certas expressões, como a registrável na citação que se faz abaixo nesta mesma nota: "processo histórico-natural" [*naturgeschichtlinen Prozess*], não devem levar o leitor a equívoco): *a sua ontologia é especificamente social*, como já salientou Gould, 1978 e demonstrou exaustivamente Lukács, 2012, v. I, esp. cap. IV (em registro muito diferente, questões que tangenciam a "naturalização" são sugestivamente tratadas por Sahlins, 2003, esp. cap. 3).

Por outra parte, o reconhecimento do caráter objetivo das leis tendenciais que operam na dinâmica da produção capitalista, bem como das suas características e implicações, fez que Marx não as debitasse a traços psicossociais dos capitalistas. Quanto a isso, a formulação mais clara aparece em 1867: "Não foi róseo o colorido que dei às figuras do capitalista e do proprietário de terras. Mas, aqui, as pessoas só interessam na medida em que representam categorias econômicas, em que simbolizam relações de classe e interesses de classe. *Minha concepção do desenvolvimento da formação econômico-social como um processo histórico-natural exclui, mais do que qualquer outra, a responsabilidade do indivíduo por relações das quais ele continua sendo, socialmente, criatura, por mais que, subjetivamente, se julgue acima delas*" (Marx, 1968, Livro I, v. 1, p. 6 [itálicos meus – JPN]).

59 Somente em textos posteriores à segunda metade dos anos 1850 Marx voltará a tematizar explicitamente a problemática da renda fundiária, em especial em textos reunidos no Livro III de *O capital* e nos três volumes das *Teorias da mais-valia*.

A referência crítica ao romantismo presente aqui será reiterada em posteriores obras marxianas: por exemplo, nos *Grundrisse*, mencionando a nostalgia do passado, oposta às condições sociais próprias das relações capitalistas, ele relaciona o "ponto de vista burguês" à "visão romântica" (ver Marx, 2011, p. 110). Mas é fato que a relação do Marx pensador e crítico da economia política com o Romantismo – tomado seja enquanto perspectiva histórico-filosófica, seja enquanto corrente estético-literária – tem sido objeto de polêmica. Marxólogos como Tucker, 1973 e ex-marxistas como Kołakowski, 2008 sustentam incidências românticas em Marx; mais recentemente, o marxista Michael Löwy vem defendendo a existência de dimensões românticas na obra marxiana (ver, por exemplo, Löwy, 1995, com a colaboração de Robert Sayre). Antípoda dessas interpretações (aliás, diversas entre si) é a posição longamente explicitada por Lukács (ver, entre muitos textos, Lukács, 2007); outro marxista resumiu – a nosso ver, adequadamente – o pensamento marxiano, ao ressaltar que, "historicamente perspectivado, o 'romantismo' aparece dominantemente aos olhos de Marx como uma forma primeira e estruturante de reação contra a Revolução Francesa e o ideário das Luzes, conduzida não a partir de uma revalorização crítica do seu patrimônio em termos de processo de emancipação da humanidade, mas como apelo nostálgico a medievalidades fantasiadas e a tendenciais inflexões restauracionistas" (Barata-Moura, 1994, p. 52).

[60] É incontestе que a problemática da alienação foi descortinada para Marx a partir de Hegel (fundamentalmente o Hegel da *Fenomenologia do Espírito*) e da crítica operada por Feuerbach (basicamente o Feuerbach de *A essência do cristianismo*); sobre o tratamento distinto dado a ela, ver Fischbach, 2008. Mas não se pode reduzir o débito de Marx somente a essas duas fontes. Ademais delas, mesmo com incidências de menor impacto na sua reflexão, há que mencionar ainda pelo menos Rousseau (o Rousseau de *O contrato social*, como salientou Mészáros, 2006) e Hess (como assinalou McLellan, 1971); e ainda, segundo Henri Chambre (em Engels, 1974), há também que levar em conta o contributo de Engels.

[61] Marx movimenta-se nessa direção, mas, nos *Manuscritos*, ainda está distante da abordagem histórico-social que se registra em *A ideologia alemã* (que, para Mandel, 1968, p. 38, constitui a "obra filosófica principal" de Marx e Engels, que "funda a teoria do materialismo histórico sobre uma superação sistemática da filosofia pós-hegeliana alemã"), tratamento teórico-metodológico que só se completará nos *Grundrisse*.

[62] O *deslizamento* da filosofia para a crítica da economia política, a que já fizemos referência, apenas nesse sentido pode ser posto como *superação* da filosofia, que não significa absolutamente o seu cancelamento, ou que só significa o cancelamento do filosofar especulativo, da mentação filosófico-contemplativa. Ver Mészáros, em Hobsbawm, org., 1979, e Barata-Moura, 2013. Para outra concepção da "superação da filosofia" por Marx, ver Korsch, 2008.

[63] Recordemos, sem temer a repetição, que *fato* é esse, constatado pela economia política: "O trabalhador torna-se tanto mais pobre quanto mais riqueza produz, quanto mais a sua produção cresce em riqueza e volume. O trabalhador torna-se uma mercadoria tanto mais barata quanto mais mercadoria cria" [304]. Poucos parágrafos adiante, Marx volta a indicar como se exprime, "segundo as leis nacional-econômicas", a alienação do trabalhador no seu objeto [307].

[64] Marx observa: "O trabalho produz obras maravilhosas para os ricos, mas produz privação para o trabalhador. Produz palácios, mas cavernas para o trabalhador. Produz beleza, mas mutilação para o trabalhador. Substitui o trabalho por máquinas, mas remete uma parte dos operários para um trabalho bárbaro e faz da outra parte máquinas. Produz espírito, mas produz idiotice, cretinismo para o trabalhador" [307-8].

[65] As experiências (intelectuais e políticas) de Marx que se condensam no primeiro semestre de 1844 permitem-lhe apreender os processos históricos com os quais está defrontado como medularmente vinculados às classes sociais, suas contradições e antagonismos e suas lutas. Mas ainda carece de conhecimentos e instrumentos aptos para desenvolver uma análise histórico--concreta da estrutura de classes da sociedade burguesa; somente a partir da segunda metade dos anos 1840 ele se mostrará qualificado (seja pelo desenvolvimento dos seus estudos – de que o *Manifesto do Partido Comunista* já é uma prova evidente –, seja pela prova prática da intervenção política, como na Revolução de 1848) para reproduzir concretamente a complexidade e a dinâmica das classes sociais na sociedade burguesa, operando análises extremamente elaboradas, já perceptíveis na *Mensagem do Comitê Central à Liga dos Comunistas* (março de 1850) e cujos primeiros exemplos estão em *As lutas de classes na França de 1848 a 1850* (1850) e *O 18 de brumário de Luís Bonaparte* (1852). Nas suas análises histórico--concretas, Marx não operou uma abordagem da estrutura social como constituída *somente* por duas classes, ainda que burguesia e proletariado sempre se lhe afigurassem como *classes fundamentais* no modo de produção capitalista. E registre-se que, em textos *teóricos* posteriores a 1857, há referências de Marx às *três grandes classes* da sociedade burguesa – por exemplo, na "Introdução de 1857" aos *Grundrisse* (Marx, 2011, p. 61) e no capítulo derradeiro de *O capital* (Marx, 2017, p. 947).

[66] A alienação como processo inclusivo na sociedade fundada na propriedade privada (burguesa) está presente no pensamento de Marx desde então; com uma distinção mais clara entre os sujeitos sociais envolvidos, Marx, logo depois de dedicar-se aos *Manuscritos*, escreve com Engels: "A classe possuinte e a classe do proletariado representam a mesma autoalienação humana. Mas a primeira das classes se sente bem e aprovada nessa autoalienação, sabe que a alienação é *seu próprio poder* e nela possui *aparência* de uma existência humana; a segunda, por sua vez, sente-se aniquilada nessa alienação, vislumbra nela sua impotência e a realidade de uma existência desumana. Ela é, para fazer uso de uma expressão de Hegel, no interior da abjeção, a *revolta* contra essa abjeção, uma revolta que se vê impulsionada necessariamente pela contradição entre sua *natureza* humana e sua situação de vida, que é a negação franca e aberta, resoluta e ampla dessa mesma natureza. Dentro dessa antítese o proprietário privado é, portanto, o partido *conservador*, e o proletário o partido *destruidor*. Daquele parte a ação que visa manter a antítese, desse a ação de seu aniquilamento" (Marx-Engels, 2003, p. 48. A menção a Hegel tem razão de ser – ver a relação senhor/escravo em Hegel, 2008, p. 142 e seg.).

[67] Fazemos reiteradas referências à *concepção filosófico-antropológica* para frisar que não há em Marx uma antropologia sem expressa fundação filosófica – mais exatamente, uma antropologia descolada de uma filosofia apoiada numa ontologia materialista. Sobre esse ponto fundamental, ver Mészáros, 2006, p. 45-8.

[68] "Se se compreende por 'antropologia filosófica' uma caracterização extra ou supra-histórica (ou mesmo simplesmente a-histórica) dos traços humanos, então Marx *não possui* uma antropologia e ele negaria a utilidade de tal antropologia para a compreensão da *essência* dos homens. Se, por outro lado, nós entendemos por antropologia uma resposta dada à pergunta sobre a 'essência humana', uma tentativa de resolução da questão 'o que é essencialmente o homem', então há uma 'antropologia' marxiana, só que não é uma abstração *de* história, mas sim *uma abstração da história em si*. Isto é, a concepção de Marx é diametralmente oposta a todas as tendências de pensamento que afastam e contrapõem a antropologia e a sociologia, que estabeleceram o estudo da 'essência' do homem em oposição ao estudo sócio-histórico do homem. Para Marx,

a 'essência humana' do homem reside precisamente na 'essência' ou no 'ser' do processo global e evolutivo da humanidade e na unidade interna deste processo" (Márkus, 2015, p. 98-9). Ver também, noutro registro e com expressivos desenvolvimentos, a sólida argumentação de Sève, 2008, caps. 2, 3 e 4.

[69] A partir de 1844, a consideração decisiva da atividade produtiva, do trabalho, como distintivo do ser do homem, estará presente no pensamento e no conjunto da obra marxiana. Em *A ideologia alemã*, quando os influxos hegelianos e feuerbachianos já estão superados no quadro da original concepção dialético-materialista marxiana, lê-se: "Pode-se distinguir os homens dos animais pela consciência, pela religião ou pelo que se queira. Mas eles mesmos começam a se distinguir dos animais tão logo começam a *produzir* seus meios de vida" (Marx-Engels, 2007, p. 87).

Os grandes textos dos anos 1850 e 1860 – os *Grundrisse* e *O capital* – documentam, sem rupturas, a continuidade e o avanço da concepção marxiana de trabalho que emerge nos *Manuscritos*. A continuidade é flagrante e se registra no Livro I de *O capital* (ver, por exemplo, Marx, 1968, Livro I, v. 1, p. 202); o avanço pode ser verificado no trato que Marx concede ao processo de trabalho, aos instrumentos de trabalho e, muito especialmente, à exploração da dimensão teleológica constitutiva do trabalho – avanço verificável não só em *O capital*, mas já nos *Grundrisse* e noutros manuscritos de publicação igualmente póstuma: textos da abertura dos anos 1850 – Marx, 1984 – e dos anos 1860 – Marx, 1982 e 2010b. Aproximações a essa temática encontram-se em Katz, 1996 e 1997 e em Romero, 2005. Todos esses materiais referentes à concepção marxiana de trabalho consolidam a infirmação da tese que argumenta no sentido da ruptura entre o "jovem" Marx e o Marx "da maturidade" – ver a notação crítica de Vázquez (2007, p. 228) sobre a contraposição que Althusser opera, nessa questão, entre os *Manuscritos* e *O capital*. No tocante à problemática da *alienação*, as linhas de continuidade entre o "jovem" Marx e o Marx dos *Grundrisse* são bem tematizadas por Díaz, 1975, p. 271-302.

[70] É claríssimo o rebatimento dessas determinações do *jovem* Marx na sua obra "madura" – na "Introdução de 1857" aos *Grundrisse*, depois de assinalar que na produção em geral a natureza é sempre o objeto da ação do sujeito (a humanidade), Marx afirma que "toda produção é apropriação da natureza pelo indivíduo, no interior e mediada por uma determinada forma de sociedade" (Marx, 2011, p. 41-3); em *O capital*, o "permanecer em constante processo para não morrer" rebate da seguinte forma: "O trabalho, como criador de valores-de-uso, como trabalho útil, é indispensável à existência do homem – quaisquer que sejam as formas de sociedade –, é necessidade natural e eterna de efetivar o intercâmbio material entre o homem e a natureza e, portanto, de manter a vida humana" (Marx, 1968, Livro I, v. 1, p. 50). Sobre a relação trabalho/natureza na criação de riquezas sociais, ver Burkett, 1999.

[71] É exatamente nesse passo que Marx sustentará a ideia de que "a própria história é uma parte *real* da *história da natureza*, do devir da natureza até ao homem. A ciência da natureza subsumirá em si mais tarde a ciência do homem, tal como a ciência do homem subsumirá a da natureza: haverá *uma* ciência" [355-6]. Não parece que tal ideia possa ser identificada *sumariamente* com a passagem de *A ideologia alemã* (quando a crítica a Feuerbach já comparece explícita) em que Marx e Engels afirmam – em frase, aliás, *suprimida* no original pelos autores – conhecer "uma única ciência, a ciência da história" (Marx-Engels, 2007, p. 86). Quanto ao "caráter antropológico das ciências naturais", ver Vázquez, 2007, p. 128 e seg. e, especialmente, Mészáros, 2006, p. 96 e seg.

[72] Leia-se: "O *homem* é imediatamente *ser da natureza*. Como ser da natureza, e como ser da natureza vivo, ele é, em parte, *um ser da natureza ativo* [itálicos meus – *JPN*] equipado com *forças naturais*, com *forças vitais*: estas forças existem nele como disposições e capacidades, como *impulsos*; em parte, como ser natural, corpóreo, sensível, objetivo, ele é um ser *que sofre*, condicionado e limitado, tal como o são o animal e a planta". E poucos parágrafos adiante: "O homem, porém, é não apenas ser da natureza, mas ser da natureza *humano*" [375, 377].

[73] Donde o elogio, no terceiro manuscrito, à hegeliana *Fenomenologia do Espírito*: "A grandeza da *Phänomenologie* de Hegel e do seu resultado final – da dialética, da negatividade como princípio motor e gerador – é [...] que Hegel apreende a autogeração do homem como um processo [...], apreende a essência do *trabalho* e concebe o homem objetivo, verdadeiro, porque homem real, como resultado do seu *próprio trabalho*" [369-70]. No imediato seguimento dessa frase, Marx refere-se ao "ser genérico [do homem] como um ser genérico real, i.e., como essência humana".
Mas, na sequência desse elogio, Marx faz a sua reserva básica à identificação hegeliana entre objetivação e alienação: em Hegel, "a *objetividade* como tal passa por uma relação *alienada* do homem, uma relação que não corresponde à *essência humana* [...]. Portanto, a *reapropriação* da essência objetiva do homem gerada enquanto estranha, sob a determinação da *alienação*, tem [...] o significado não apenas de suprimir a alienação, mas também a *objetividade*, i.e., portanto o homem passa por um ser *não-objetivo*" [371]. Voltaremos a esse ponto, mas, desde já, considerem-se as palavras de Pra: "Pode-se dizer [...] que o ponto de divergência entre o processo dialético hegeliano e o marxismo consiste em que o primeiro, fundado na autoconsciência, identifica alienação com objetivação e, portanto, faz coincidir a superação da alienação com a superação da objetivação, ao passo que o segundo, fundado no homem real sensível vinculado aos objetos, distingue a objetivação da alienação, que é um modo especial de manifestação daquela, e faz coincidir a superação da alienação com a superação do modo concreto e desumanizado em que se expressa a relação entre o homem e os objetos"; em páginas anteriores, o analista italiano já afirmara que "a alienação se apresenta como um caso particular de objetivação, já que não pode existir trabalho sem objetivação, mas pode existir objetivação sem alienação" (Pra, 1977, p. 156 e 118).

[74] Veja-se a notação de Lukács: "O ser humano pertence ao mesmo tempo [...] à natureza e à sociedade. Esse ser simultâneo foi mais claramente reconhecido por Marx como processo, na medida em que diz, repetidas vezes, que o processo do devir humano traz consigo um recuo das barreiras naturais. É importante enfatizar: fala-se de um recuo, não de um desaparecimento das barreiras naturais, jamais sua supressão total. De outro lado, porém, jamais se trata de uma constituição dualista do ser humano. O homem nunca é, de um lado, essência humana, social, e, de outro, pertencente à natureza; sua humanização, sua sociabilização, não significa uma clivagem de seu ser em espírito (alma) e corpo. [...] Vê-se que também aquelas funções do seu ser que permanecem sempre naturalmente fundadas, no curso do desenvolvimento da humanidade, se sociabilizam cada vez mais. Basta pensar na nutrição e na sexualidade, nas quais esse processo aparece de forma evidente" (Lukács, 2010a, p. 41-2). Em resumidas contas, *o processo do devir humano* "faz recuar, com força cada vez maior na atividade dos seres humanos, aqueles comportamentos surgidos do ser biológico, impondo-lhes um comportamento sempre mais decisivamente determinado pela sociedade" (ibidem, p. 316).

[75] Ao contrário de leituras unilaterais, superficiais e/ou equivocadas, o pensamento de Marx contém sólidos elementos de crítica a concepções meramente utilitárias da relação sociedade-

-natureza (e, também, a produtivismos cegos, evidentes em certo marxismo vulgar e em práticas conduzidas na experiência do "socialismo real"). Aliás, ao mencionar uma sociedade liberada da propriedade privada, Marx observa que, então, "a necessidade ou a fruição perder[á] [...] a sua natureza *egoísta* e a natureza perde[rá] a sua mera *utilidade* na medida em que a utilização se tornou uma utilização *humana*" [350].

Na verdade, e como o demonstrou, entre outros, Foster, 2005, Marx – ainda que, dada a sua contextualidade histórica, não tenha sido um "ecologista" no sentido que a palavra porta nos dias correntes – possuía "uma forte consciência ecológica". Isso se verifica não só nos *Manuscritos* (veja-se, por exemplo, a menção ao "envenenamento universal", que hoje chamaríamos poluição [393-4]), mas em vários outros passos da sua obra. Já é larga a bibliografia que, remetendo-se a Marx, tematiza e/ou desenvolve essa dimensão dos seus escritos; a título indicativo, ver Grundmann, 1991; Vv. Aa., 1992; Kovel, 2002; Vv. Aa, 2003; Empson, 2013.

[76] Recorde-se que Feuerbach escrevera que "consciência no sentido rigoroso existe somente quando, para um ser, é objeto o seu gênero [...]. De fato é o animal objeto para si mesmo como indivíduo [...], mas não como gênero – por isso falta-lhe a consciência [...]. Somente um ser para o qual o seu próprio gênero [...] torna-se objeto pode ter por objeto outras coisas ou seres de acordo com a natureza essencial deles" (Feuerbach, 1988, p. 43).

[77] Nos *Cadernos*, Marx escreveu que, supondo que "produzíssemos como seres humanos", "meu trabalho seria uma livre manifestação de vida, um gozo de vida"; em troca, "sob a propriedade privada, o trabalho é alienação de vida, porque trabalho para viver, para conseguir um meio de viver. Meu trabalho não é a minha vida" [222]; assim, ele distingue trabalho como *manifestação de vida* [*Lebensäusserung*] e trabalho como *alienação de vida* [*Lebenssentäusserung*] (ver MEW, *Ergänzungsband*, 1977, p. 463).

Parece-me não haver a menor dúvida de que é precisamente a propósito do "trabalho lucrativo", do trabalho típico do regime do salariato – em suma, a propósito do *trabalho alienado* –, que Marx, em *A ideologia alemã* (Marx-Engels, 2007, p. 42), afirma que "a revolução comunista [...] suprime o *trabalho*". Comentando as passagens em que Marx se refere à "abolição do trabalho", Marcuse chama a atenção para o fato de todas elas conterem "a palavra *Aufhebung*, do vocabulário hegeliano, de modo que a abolição do trabalho significa que um conteúdo é restaurado na sua forma verdadeira. [...] Ele usa o termo 'trabalho' para significar o que o capitalismo na verdade entende que o trabalho, em última análise, signifique, ou seja, aquela atividade que cria a mais-valia na produção de mercadorias, ou que 'produz capital'" (Marcuse, 1988, p. 266). Por outra parte, no seu ensaio sobre a alienação em Marx, Mészáros observa que, nos *Manuscritos*, "o trabalho é considerado tanto em sua acepção geral – como 'atividade produtiva': a determinação ontológica fundamental da 'humanidade' ('*menchliches* Dasein', isto é, o modo realmente *humano* de existência) – como em sua acepção particular, na forma da 'divisão do trabalho' capitalista. É nesta última forma – a atividade estruturada em moldes capitalistas – que o 'trabalho' é a base de toda a alienação" (Mészáros, 2006, p. 78).

[78] Marx, porém, não vê no indivíduo *isolado* o sujeito do ser social: na sequência imediata, escreve que "a *morte* aparece como uma dura vitória do gênero sobre o indivíduo *determinado* e parece contradizer a sua [entre o indivíduo e o gênero] unidade; mas o indivíduo determinado é apenas um *ser genérico determinado*, como tal mortal" [348]. Aliás, Márkus afirmou corretamente que "o portador, o sujeito do 'ser humano' não é, para Marx, o indivíduo isolado, mas a própria sociedade humana, considerada na continuidade do seu movimento histórico" (Márkus, 2015, p. 100). É fato que Marx nunca reduziu nem minimizou a consideração dos indivíduos, *desde*

que devidamente inscritos no marco societário; pouco tempo depois de redigidos os *Manuscritos*, ele anotou: "Os indivíduos partiram sempre de si mesmos, mas, naturalmente, de si mesmos no interior de condições e relações históricas dadas, e não do indivíduo 'puro', no sentido dos ideólogos" (Marx-Engels, 2007, p. 64).

[79] Se, em 28 de dezembro de 1846, em carta a Annenkov, Marx afirma que "a sociedade, qualquer que seja a sua forma", é "o produto da ação recíproca dos homens" (MEW, 1959, v. 4, p. 548), já no calor da hora revolucionária (início de abril de 1849) ele é muito mais preciso, valendo-se de conquistas teóricas alcançadas em *A ideologia alemã* (como a categoria de *forças produtivas*): "As relações sociais nas quais os indivíduos produzem, *as relações sociais de produção mudam, transformam-se com a transformação e desenvolvimento dos meios materiais de produção, das forças produtivas. As relações de produção em sua totalidade constituem o que chamamos de relações sociais, de sociedade,* e na verdade uma sociedade em um *determinado nível de desenvolvimento histórico,* uma sociedade com caráter peculiar, distintivo. A sociedade antiga, a sociedade feudal, a sociedade burguesa são tais totalidades de relações de produção, cada uma das quais designa igualmente um nível específico de desenvolvimento na história da humanidade" (Marx, 2010a, p. 542-3). Cerca de um decênio depois, Marx escreve que "a sociedade não consiste de indivíduos, mas expressa a soma de vínculos, relações em que se encontram esses indivíduos uns com os outros. [...] Ser escravo e ser cidadão são determinações, relações sociais dos seres humanos *A* e *B*. O ser humano *A* enquanto tal não é escravo. É escravo na e pela sociedade" (Marx, 2011, p. 205). E, na sua plena maturidade, no cap. XLVIII do Livro III de *O capital*, registra, a propósito do "processo capitalista de produção" como "forma historicamente determinada do processo social de produção em geral", que este "é tanto um processo de produção das condições materiais de existência da vida humana como um processo que, operando-se em específicas relações histórico-econômicas de produção, produz e reproduz estas mesmas relações de produção e, juntamente com isto, os portadores deste processo, suas condições materiais de existência e suas relações recíprocas, vale dizer, sua formação econômico-social determinada, *pois a totalidade destas relações com a natureza e entre si em que se encontram e em que produzem os portadores desta produção, esta totalidade é justamente a sociedade,* considerada segundo a sua estrutura econômica" (Marx, 1984, v. 8, p. 1.042 [itálicos meus – *JPN*]. Na edição brasileira de *O capital* que venho citando, ver Marx, 1974, Livro III, v. 6, p. 940).
No quadro da sociologia acadêmica (e não só dela), a relação indivíduo-sociedade (ou "grupo", "comunidade" etc.) se pôs como um problema consistente na prioridade, precedência ou ponderação de um dos termos sobre o outro – foi assim desde Tarde, 1999 e 2012 e Durkheim, 1972, com suas distintas "soluções", culminando com o "esquema relacional" de Parsons, 1959. Também pouco exitoso foi o esforço, intencionalmente crítico, de Gerth e Mills, 1973.

[80] Além do que já se viu, note-se: "na elaboração do mundo objetivo" pelo homem, "a natureza aparece como obra *sua* e realidade sua" [313]; mais adiante, no terceiro manuscrito, vê-se a que ponto, tornando-se e apreendendo-se como "*ser genérico*, como homem", "o comportamento natural do homem se tornou *humano*, ou até que ponto a essência *humana* se tornou essência *natural*, até que ponto a sua *natureza humana* se tornou para ele *natureza*" [343-4].

[81] Filósofos iugoslavos – Gajo Petrović, Mihailo Marković, Predrag Vranicki – foram os principais formuladores, nos anos 1960, da tese segundo a qual a obra marxiana constitui uma *filosofia da práxis*, concepção que rebateu na América Latina (Vázquez, 2007); na mesma época, significativos marxistas europeus contribuíram na renovação do debate em torno da práxis (por exemplo, Karel Kosík e Henri Lefebvre); opondo-se a tal interpretação da obra marxiana, em posições

muito diversas, encontravam-se Althusser e Sève. Quanto à peculiar e problemática posição de Gramsci, ver o verbete pertinente, de Roberto Dainotto, em Liguori e Voza, orgs., 2017.

[82] Conforme a correta análise de Márkus, em Marx *natureza humana* [*menschliche Natur*] não é sinônimo de *essência humana* [*menschliches Wesen*]. Enquanto esta diz respeito ao "ser do homem" – e a ela voltaremos adiante –, aquela designa "a totalidade das necessidades, as capacidades, as propriedades em geral, entendidas no sentido de suas possibilidades humanas, que têm os indivíduos típicos das várias épocas históricas"; ela é "historicamente mutável, mesmo que contenha certos elementos constantes" (Márkus, 2015, p. 90-1).

A mutabilidade histórica da *natureza humana* é expressamente afirmada por Marx em 1847: "Toda a história não é mais que uma transformação contínua da natureza humana" (Marx, 2017b, p. 128); tem razão, pois, Mészáros quando observa que Marx "não aceita algo como uma natureza humana *fixa*" e que, por isso mesmo, realiza a sua crítica da economia política "com uma abordagem [...] baseada numa concepção de natureza humana radicalmente oposta" à dos economistas políticos (Mészáros, 2006, p. 137). Já antes, tratando da "ambiguidade terminológica" verificável nos *Manuscritos*, Mészáros se referira à *essência humana*: Marx teria rejeitado "categoricamente a ideia de uma 'essência humana'. No entanto, ele manteve a expressão *transformando o seu significado original até torná-la irreconhecível*" (ibidem, p. 19 [itálicos meus – *JPN*]).

Tais categorias comparecem tanto nos *Cadernos* quanto nos *Manuscritos*, e Marx nunca as abandonou inteiramente: registra-se, por exemplo, a presença de "natureza humana" em *O capital* (Marx, 1968, Livro I, v. 2, p. 708; 1974, Livro III, v. 6, p. 943) e nas *Teorias da mais-valia* (1983, v. II, p. 549); quanto à "essência humana", a concepção que se formula nos *Manuscritos* conservar-se-á, concretizada e enriquecida, ao longo da obra marxiana – como afirmou Heller (1972, p. 4), trata-se de concepção "que se mantém no período da maturidade [de Marx]". Muita tinta correu no debate dessas categorias; assinalemos uns poucos materiais: Venable, 1966; Gouliane, 1968; Sève, 1974 e 2008, v. II; Heller, 1975; Plamenatz, 1975; Roguinski et al., 1978; Sayers, 1998; Quiniou, 2011; Tabak, 2012.

[83] Note-se que, por seu turno, Vázquez arrola como "traços ou determinações do homem: a) *a consciência* (o homem é um ser *consciente*); b) *o trabalho* (como atividade vital); c) *a socialidade* (o homem é sempre um ser social); d) *a universalidade* (o homem é um ser universal na medida em que faz de toda a natureza seu corpo); e) *a liberdade* (na medida em que pode enfrentar-se livremente com sua necessidade e seus produtos); f) *a totalidade* (o homem é um ser total na medida em que realiza a ideia de totalidade e na medida em que, como indivíduo, desenvolve todas as suas potencialidades)". E acrescenta que, a rigor, "estas determinações não se apresentam isoladas, mas sim em estreita unidade" (Vázquez, 2003, p. 243).

[84] Como se pode verificar, por exemplo, nos rascunhos e anotações (novembro de 1845 a abril de 1846) – ver Marx-Engels, 2007, p. 29-78. Observe-se como comparecem aí a *divisão do trabalho* e seu papel decisivo na fixação da "atividade social", fazendo com que "o poder social" apareça aos indivíduos "como uma potência estranha, situada fora deles" (ibidem, p. 38); como "o modo de produção desenvolvido", rompendo o "isolamento primitivo das nacionalidades singulares", constitui o *mercado mundial*, instaura uma história que é plenamente *história mundial* (idem). Noutro passo (de redação provavelmente posterior), Marx – com Engels – assinala as relações entre a divisão do trabalho e as formas de propriedade, procurando determinações históricas destas últimas (Marx-Engels, 2007, p. 89-92).

[85] É nos *Grundrisse* (1857-1858) que Marx apreendeu os fundamentos econômico-políticos e históricos da dialética da alienação: "No valor de troca, a conexão social entre as pessoas é transformada em um comportamento social das coisas; o poder [*Vermögen*] pessoal, em poder coisificado. Quanto menos força social possui o meio de troca, quanto mais está ainda ligado à natureza do produto imediato do trabalho e às necessidades imediatas dos trocadores, maior deve ser a força da comunidade que liga os indivíduos uns aos outros, relação patriarcal, comunidade antiga, feudalismo e sistema corporativo. [...] Cada indivíduo possui o poder social sob a forma de uma coisa. Retire da coisa esse poder social e terá de dar tal poder a pessoas sobre pessoas. *Relações de dependência pessoal* [...] *são as primeiras formas sociais nas quais a produtividade humana se desenvolve de maneira limitada e em pontos isolados* [itálicos meus – *JPN*]. Independência pessoal fundada sobre uma dependência *coisal* [daqui em diante, os itálicos são meus – *JPN*] é a segunda grande forma na qual se constitui pela primeira vez um sistema de metabolismo social universal, de relações universais, de necessidades múltiplas e de capacidades universais. *A livre individualidade fundada sobre o desenvolvimento universal dos indivíduos e a subordinação de sua propriedade coletiva, social, como seu poder social, é o terceiro estágio. O segundo estágio cria as condições do terceiro*" (Marx, 2011, p. 105-6). Para Marx, mais adiante e entre parênteses, a "conexão coisificada" entre os indivíduos (a "segunda forma") "é certamente preferível à sua desconexão, ou a uma conexão local baseada unicamente na estreiteza da consanguinidade natural ou nas [relações] de dominação e servidão. É igualmente certo que os indivíduos não podem subordinar suas próprias conexões sociais antes de tê-las criado. Porém, é absurdo conceber tal *conexão* puramente *coisificada* como a conexão natural e espontânea, inseparável da natureza da individualidade [...] e a ela imanente. A conexão é um produto dos indivíduos. É um produto histórico. Faz parte de uma determinada fase de seu desenvolvimento. A condição estranhada [*Fremdartigkeit*] e a autonomia com que ainda existe frente aos indivíduos demonstram somente que estes estão ainda no processo de criação das condições de sua vida social, em lugar de terem começado a vida social a partir dessas condições. É a conexão natural e espontânea de indivíduos em meio a relações de produção determinadas, estreitas. [Daqui em diante, os itálicos são meus, salvo em "essa", na segunda frase abaixo – *JPN*] *Os indivíduos universalmente desenvolvidos, cujas relações sociais, como relações próprias e comunitárias, estão igualmente submetidas ao seu próprio controle comunitário, não são um produto da natureza, mas da história. O grau e a universalidade do desenvolvimento das capacidades em que essa individualidade se torna possível pressupõem justamente a produção sobre a base dos valores de troca, que, com a universalidade do estranhamento do indivíduo de si e dos outros, primeiro produz a universalidade e multilateralidade de suas relações e habilidades.* Em estágios anteriores de desenvolvimento, o indivíduo singular aparece mais completo precisamente porque não elaborou ainda a plenitude de suas relações e não as pôs diante de si como poderes e relações sociais independentes dele. É tão ridículo ter nostalgia daquela plenitude original: da mesma forma, é ridícula a crença de que é preciso permanecer naquele completo esvaziamento. O ponto de vista burguês jamais foi além da oposição a tal visão romântica e, por isso, como legítima antítese, a visão romântica o acompanhará até seu bem-aventurado fim" (ibidem, p. 109-10; note-se a relação entre "o ponto de vista burguês" e a "visão romântica"). Passemos a palavra ao Marx dos anos 1860: "Com razão para seu tempo, Ricardo considera o modo capitalista de produção o mais vantajoso para a produção em geral, o mais vantajoso para a geração da riqueza. Quer a *produção pela produção*, e está certo. [...] A produção pela produção significa apenas desenvolvimento das forças produtivas humanas, ou seja, *desenvolvimento da riqueza da natureza humana como fim em si*. Opor a essa finalidade [como fazem

os românticos e os críticos sentimentais de Ricardo, como Sismondi] o bem do indivíduo é afirmar que o desenvolvimento da espécie tem de ser *detido* [...]. Deixa-se de compreender que esse desenvolvimento das aptidões da *espécie* humana, embora se faça de início às custas da maioria dos indivíduos e de classes inteiras, por fim rompe esse antagonismo e coincide com o desenvolvimento do indivíduo isolado; que assim o desenvolvimento mais alto da individualidade só se conquista por meio de um processo histórico em que os indivíduos são sacrificados" (Marx, 1983, v. II, p. 549).

86 Nesse mesmo passo e linhas antes dessa afirmação, Marx escreveu: "Uma *elevação* violenta do *salário* [...] nada seria, portanto, senão um melhor *assalariamento do escravo* e [daqui ao fim desta frase, os itálicos são meus – *JPN*] *não teria conquistado para o operário nem para o trabalho a sua determinação e dignidade humanas*. A própria *igualdade dos salários*, como Proudhon exige, apenas transforma a relação do operário de hoje com seu trabalho na relação de todos os homens com o trabalho" [318]. Vê-se: bem antes de sua demolidora crítica a Proudhon (*Miséria da filosofia*, 1847), Marx já apreende os limites do seu programa de reforma social. Lembre-se que, mais de vinte anos depois, na discussão ("Salário, preço e lucro", 1865) com o operário John Weston, Marx diria que a classe operária, "em vez deste lema *conservador*: '*Um salário justo para uma jornada de trabalho justa!*', deverá inscrever na sua bandeira esta divisa *revolucionária*: '*Abolição do sistema de trabalho assalariado!*'" (Marx, 2006a, p. 142).

87 Aliás, já na abertura do primeiro manuscrito, a mercantilização do trabalhador fora posta de manifesto: "*A demanda* [*Nachfrage*] *de homens regula necessariamente a produção de homens como de qualquer outra mercadoria. Se a oferta* [*Zufuhr*] *for muito maior do que a demanda, então uma parte dos trabalhadores cai na situação da miséria ou na morte pela fome. A existência do trabalhador é, portanto, reduzida à condição da existência de qualquer outra mercadoria. O trabalhador tornou-se uma mercadoria e é uma sorte para ele quando consegue encontrar quem o compre*" [244-5].

88 Com alguma razão, Fromm escreveu que o conceito marxiano de alienação baseou-se "na distinção entre existência e essência, no fato de a existência do homem ficar alheada de sua essência, de na realidade ele não ser o que é potencialmente, ou, por outras palavras, de *ele não ser o que deveria ser e de ele dever ser aquilo que poderia ser*" (Fromm, 1979, p. 53).

89 Nos *Cadernos*, Marx anotara: "Ora, é sob a forma do intercâmbio e do comércio que a Economia Política concebe a comunidade dos homens [...]. A sociedade, diz Adam Smith, é uma sociedade de atividades comerciais; cada um de seus membros é um comerciante. [...] Vê-se como a Economia Política fixa a forma alienada das relações sociais como o modo essencial e original do intercâmbio humano e o considera como adequado à vocação humana. [...] O homem é pressuposto como proprietário privado, ou seja, como possuidor exclusivo que afirma a sua personalidade, que se diferencia dos outros e se relaciona com eles através dessa posse exclusiva: a propriedade privada é o seu modo de existência pessoal, distintivo – logo, a sua vida essencial" [209].

90 Atingido o ponto a que aqui se refere Marx, "*a propriedade privada pode explicitar a sua dominação sobre o homem e tornar-se, em forma mais universal, um poder histórico-mundial*" [340] (itálicos meus – *JPN*)].

91 Segundo Marx, "*a Economia Nacional vela a alienação na essência do trabalho por não considerar a relação* imediata *entre o trabalhador, (o trabalho) e a produção*. [...] Mas a alienação mostra-se não só no resultado mas também no *ato da produção*, no interior da própria *atividade produtiva*" [307-8].

[92] Donde a *desumanização* do (homem) trabalhador: "Chega-se assim ao resultado de que o homem (o trabalhador) já só se sente livremente ativo nas suas funções animais – comer, beber e procriar, quando muito ainda habitação, adorno etc. – e já só animal nas suas funções humanas. O animal torna-se o humano e o humano o animal" [309].

[93] Resumindo a concepção marxiana da alienação, um estudioso considera-a um processo de tripla dimensão: a alienação do produto do trabalho, a alienação do ato do trabalho e a alienação da vida genérica (ver Garaudy, 1967, p. 62 e seg.).

[94] Depois de assinalar, numa antecipação do que viria a ser retomado ulteriormente nas *Teses sobre Feuerbach*, que "a solução dos enigmas teóricos é uma tarefa da prática", Marx diz da propriedade privada o que se pode estender à alienação: "Para superar o *pensamento* da propriedade privada, chega perfeitamente o comunismo *pensado*. Para superar a propriedade privada real, é preciso uma ação comunista *real*" [400-1].

[95] Há apenas uma diferente recorrência literária: aqui, as referências a Shakespeare, antes feitas a *O mercador de Veneza*, remetem ao *Tímon de Atenas* e somam-se ao Goethe do *Fausto*. Note-se que, em outras passagens dos *Manuscritos*, Marx menciona ainda o *Prometeu*, de Ésquilo, e o *Dom Quixote*, de Cervantes.

O apego de Marx a clássicos da literatura, sinalizado em textos fundamentais (por exemplo, *A ideologia alemã*, *O capital*), nunca foi meramente intelectual: eles faziam parte da *vida* de Marx. Escreve um biógrafo, recorrendo a evocações de um contemporâneo, que, mesmo nos difíceis primeiros anos do exílio londrino, voltando à casa de seus passeios dominicais com a família, Marx e a mulher "declamavam trechos de Shakespeare e do *Fausto*" para as crianças (Sperber, 2014, p. 294; ver Gabriel, 2013, p. 316-7).

[96] O leitor dos textos marxianos de 1844, no que toca à nomenclatura, deve levar em conta que, também no caso de *comunismo*, "não há rigor terminológico nos *Manuscritos de 1844* [...] para qualificar o conteúdo de um determinado aspecto da sociedade futura. Emprega as palavras 'comunismo', 'humanismo', 'naturalismo'" (Lápine, 1983, p. 283).

Para uma discussão erudita (que não se limita ao debate do *jovem* Marx) acerca da carga semântica de *comunismo*, ver Barata-Moura, 1997, cap. IV.

[97] A hipótese de Lápine é que o texto daria "a resposta a duas questões cruciais colocadas no fim do fragmento sobre o trabalho alienado: a origem do trabalho alienado e a relação entre a propriedade privada e a propriedade autenticamente humana, associada" (Lápine, 1983, p. 271).

[98] Linhas antes, na abertura do que nos chegou do segundo manuscrito, Marx escrevera: "O trabalhador produz o capital, o capital produ-lo a ele, portanto ele a si próprio, e o homem, como *trabalhador*, como *mercadoria*, é o produto de todo o movimento. Para o homem que não é senão *trabalhador*, e como trabalhador, todas as suas qualidades humanas só existem na medida em que existirem para o capital dele *alienado*. Mas, porque ambos são alienados, por isso estão numa relação indiferente, exterior e acidental, então essa característica alienada tem de aparecer também como *real*. Portanto, logo que ocorre ao capital [...] não ser mais para o trabalhador, também este não é mais para si próprio, ele não tem *nenhum* trabalho, por isso *nenhum* salário e, visto que ele não tem existência *como homem*, mas só *como trabalhador*, pode-se o deixar enterrar, morrer de fome etc. O trabalhador só existe como trabalhador logo que existe *para si* como capital, e só existe como capital logo que um *capital* existe *para ele*. A existência do capital é a *sua* existência, a sua *vida*, tal como determina o conteúdo da sua vida

de um modo indiferente a ele. Por isso, a Economia Nacional não conhece o trabalhador desocupado, o homem de trabalho, na medida em que ele se encontra fora da relação de trabalho. O bandido, gatuno, mendigo, o homem de trabalho desocupado, o esfomeado, miserável e criminoso, são *figuras* que não existem *para ela*, antes só para outros olhos, para os do médico, do juiz, do coveiro e do curador dos pobres etc., fantasmas fora do seu reino" [324].

[99] A suficiente fundamentação só viria na segunda metade dos anos 1850, nos *Grundrisse*. Mais adiante, faremos um resumo das considerações de Lápine.

[100] Note-se: "A propriedade móvel [...] aponta para o milagre da indústria e do movimento, ela é cria dos tempos modernos e sua unigênita e legítima filha; ela se compadece do seu adversário como um imbecil *não esclarecido* acerca da sua essência [...] que quer pôr, no lugar do capital moral e do trabalho livre, a bruta violência imoral e a servidão" [330].

[101] Veja-se a formulação marxiana: "A *propriedade fundiária*, na sua diferença relativamente ao capital, é a propriedade privada, o capital ainda eivado de preconceitos *locais* e políticos, ainda não regressado a si do seu enredamento com o mundo, o capital ainda *não-consumado*. Ele tem de chegar à sua expressão abstrata, i.e., *pura*, no curso da sua *formação mundial*" [332].

[102] Parece consensual, entre os historiadores, que Engels foi dos primeiros a considerar a emergência da industrialização como "revolução industrial" (a expressão comparece já no primeiro parágrafo da "Introdução", em Engels, 2010, p. 45).

[103] "Engels chamou por isso com razão a Adam Smith o *Lutero nacional-econômico* [no seu "Esboço de uma crítica da economia política", Engels qualifica Smith como "o *Lutero da economia*"]. Tal como Lutero reconheceu a *fé* como a essência do *mundo* exterior da *religião* [...], tal como ele suprimiu a religiosidade *exterior* ao fazer da religiosidade a essência *interior* do homem, [...] assim [com a descoberta da "*essência* subjetiva da riqueza"] é suprimida a riqueza que se encontra fora do homem e independente dele – [...] por isso o próprio homem é posto na determinação da propriedade privada, tal como em Lutero na da religião" [336].

[104] Na célebre "Introdução de 1857", Marx é enfático ao assinalar o "imenso progresso de Adam Smith" ao "descartar toda determinabilidade da atividade criadora de riqueza – trabalho simplesmente, nem trabalho manufatureiro, nem comercial, nem agrícola, mas tanto um como os outros. Com a universalidade abstrata da atividade criadora de riqueza, tem-se agora igualmente a universalidade do objeto determinado como riqueza, o produto em geral, ou ainda o trabalho em geral, mas como trabalho passado, objetivado. O fato de que o próprio Adam Smith ainda recai ocasionalmente no sistema fisiocrata mostra como foi difícil e extraordinária essa transição" (Marx, 2011, p. 57).

[105] E trata-se mesmo de forçar a mão, pois a palavra *capitalismo* inexiste para o Marx dos *Manuscritos*, de *A ideologia alemã* e da *Miséria da filosofia*. Usando depois a palavra como qualificativo ("modo de produção capitalista" etc.), nem sequer no *Manifesto do Partido Comunista* ou mesmo no Livro I de *O capital* ele a empregará como *substantivo*, só o fazendo, e poucas vezes, nos anos 1870. Deve-se levar em conta que nos anos 1850 *capitalismo* era palavra muito nova: lembra Meghnad Desai, no verbete "capitalismo" (em Bottomore, org., 1988, p. 51), que "o *Dicionário Oxford* registra o seu aparecimento em 1854, em um texto do romancista inglês William M. Thackeray".

[106] Mas Marx já deixou claro que "a indústria *abrange* [itálico meu – JPN] a propriedade fundiária superada, assim a sua essência *subjetiva* abrange simultaneamente a essência subjetiva *desta*" [340].

Parece-me importante assinalar, aqui, que Marx toma, genial e corretamente, essa *tendência real já operante* como um componente axial da dinâmica do que ulteriormente ele designará como modo de produção capitalista; mas está claro que, do ponto de vista imediato, factual, a tendência ainda tardaria a afirmar-se. É o que indica a pesquisa de Landes, 1994 e o que Hobsbawm reconhece na sua introdução ao *Manifesto do Partido Comunista*, ao advertir os leitores desse texto magnífico que, nele, "Marx e Engels descreveram não o mundo conforme já transformado pelo capitalismo em 1848, mas previram como o mundo estava logicamente fadado a ser transformado por ele" (Hobsbawm, 1998, p. 301).

[107] Lápine refere-se, nesse ponto, às anotações de Marx sobre Mill: "Neste estado [selvagem, bárbaro], o homem só produz aquilo de que tem necessidade imediata. *O limite da sua necessidade é o limite da sua produção*. A oferta e a demanda coincidem perfeitamente. A sua produção é proporcional às suas necessidades. Neste estado, não há intercâmbio" (Lápine, 1983, p. 217).

[108] Aqui, Lápine remete novamente às notas sobre Mill: "Na verdade, produzi visando a um outro objeto, o objeto da tua produção que eu quero trocar pelo meu excedente – troca que já realizo no meu espírito. O vínculo social em que me encontro em relação a ti – meu trabalho para satisfazer a tua necessidade – é, pois, uma aparência, e a nossa mútua integração é, também ela, aparência: sua base é a pilhagem recíproca" (ibidem, p. 218).

[109] A remissão, ainda aqui, é às notas sobre Mill: "O que, antes de tudo, caracteriza o dinheiro não é o fato de a propriedade alienar-se nele: a *atividade mediadora* é que se aliena nele, é o movimento mediador, o ato humano, social, através do qual os produtos do homem se complementam uns aos outros; este ato mediador torna-se a função de uma *coisa material*, externa ao homem – uma função do dinheiro. Através deste mediador externo, o homem, em lugar de ser ele mesmo o mediador para o homem, experimenta a sua vontade, a sua atividade, a sua relação com os outros como uma potência independente de si mesmo e dos outros. Chega aqui ao cúmulo da servidão" (ibidem, p. 200-1).

[110] O pesquisador esclarece que circunstâncias são essas: "A renda da terra aparece como uma qualidade específica de uma propriedade *agrária* específica, isto é, da propriedade revestida de um invólucro natural; o trabalho agrícola aparece também como trabalho específico que tem por objeto a própria *natureza* e que se confunde diretamente com a ação das forças naturais; por outro lado, este trabalho está rodeado de uma rede ramificada de relações de castas que lhe conferem a aparência de uma atividade genérica que tem um sentido social" (ibidem, p. 274).

[111] A qualificação é de Marx. Releia-se: trata-se da "produção do objeto da atividade humana como *capital*, em que toda a determinidade natural e social do objeto está *apagada*, em que a propriedade privada perdeu a sua qualidade natural e social (portanto perdeu todas as suas ilusões políticas e gregárias [*gesellgien*] e não se mistura com quaisquer relações *aparentemente* humanas), em que também o *mesmo* capital permanece o *mesmo* na mais diversificada existência natural e social, é completamente indiferente perante o conteúdo *real* desta" [326]. E, explicitamente, como já vimos: "A *propriedade fundiária*, na sua diferença relativamente ao capital, é a propriedade privada, o capital ainda eivado de preconceitos *locais* e políticos [...], o capital ainda *não-consumado*. Ele tem de chegar à sua expressão abstrata, i.e., *pura*, no curso da sua *formação mundial*" [332].

[112] Nessa obra, Mészáros considera que os *Manuscritos* constituem o sistema de Marx *in statu nascendi*, constituição que se torna possível quando a questão da "transcendência" é concretizada no texto sobre Hegel.

Esse importante fragmento do terceiro dos *Manuscritos* recebeu tratamento suficiente, entre outros, de Calvez, 1962, v. I, p. 3; Lukács, 1963, esp. cap. IV, e 2007, p. 186-95; Marcuse, 1972, p. 41-55; Cornu, 1976, v. III, p. 200-24; Pra, 1977, cap. III; Lápine, 1983, p. 290-303; e Vázquez, 2003, cap. VI. Ver também os estudos já citados de Rossi, 1963, v. 2 e Mercier-Josa, 1980 e 1986; há também elementos úteis em Magalhães-Vilhena, org., 1985. Aspecto importante da crítica a Hegel no escrito de Marx em tela diz respeito à *abstração*; por isso, vale recorrer à contribuição de Michel Vadée ("A crítica da abstração por Marx") a Hondt et al., 1987.

[113] Segundo o Marx de meados de 1844, três são os feitos de Feuerbach: 1. provou que a filosofia (de Hegel) é tão somente a religião trazida ao pensamento, portanto, é um outro modo de existência da alienação da essência humana; 2. fundou o *materialismo verdadeiro* e a *ciência real*; e 3. questionou a concepção hegeliana da negação da negação [363] – a este último questionamento voltaremos adiante.

Recorde-se o leitor do "entusiasmo" de Marx referido por Engels no ensaio que tanto citamos (ver, *supra*, cap. I, nota 39) e veja-se que, em 1845-1846, Marx é capaz de determinar (*Teses sobre Feuerbach*, *A ideologia alemã*) as limitações desse "*materialismo verdadeiro*".

[114] A linguagem de Marx diz do seu juízo de valor: utiliza a palavra *grandeza* [*Größe*] para qualificar a apreensão da essência do trabalho por Hegel; ver o original alemão: "Das Größe an der Hegelschen *Phänomenologie* und ihrem Endresultate..." (MEW, *Ergänzungsband*, 1977, p. 574).

[115] Para a exploração e o aprofundamento das questões aqui envolvidas, ver esp. Giannotti, 1966, p. 155 e seg. e Vázquez, 2003, cap. VI – mas também textos citados na nota 112, supra, neste capítulo.

[116] Marx [368] alude ao "positivismo acrítico" e ao "idealismo acrítico" de que Hegel continuará dando provas. Veja-se o comentário de Vázquez (2003, p. 196-7): "A *Fenomenologia* contém, em germe, potencialmente, o que se mostrará em toda a sua nudez no sistema hegeliano: uma justificação acrítica da realidade, dos fatos. Por isto, Marx emprega o termo *positivismo*, no sentido de um ater-se aos fatos, justificando-os acriticamente, não fundamentalmente, e, por isto, Marx o qualifica como *positivismo acrítico*. [...] Mas é também um *idealismo acrítico*, baseado no apriorismo não fundado da Ideia, que se traduz, por um lado, na negação da experiência presente e, por outro, na sua restauração, justificando-a conservadoramente". Para uma ponderação cuidadosa do *conservadorismo* de Hegel, ver Hondt, 1966 e 2011, e também Vv. Aa., 1971.

Marx, porém, mesmo nessas duras reservas à *Fenomenologia*, não minimiza a sua "grandeza": na *crítica mistificadora*, "na medida em que ela capta a *alienação* do homem – ainda que o homem apareça apenas na figura do espírito – residem [...] *todos* os elementos da crítica, ocultos e frequentemente *preparados* e *elaborados* de um modo que excede de longe o ponto de vista de Hegel" [369].

[117] Já então Marx afirmava que a solução de "oposições teóricas" (subjetivismo/objetivismo, espiritualismo/materialismo, atividade/sofrimento) "só é possível de um modo *prático*, só através da energia prática do homem, e por isso a sua solução não é de modo nenhum apenas uma tarefa do conhecimento, mas é uma tarefa vital *real*, a qual a filosofia não pôde resolver, precisamente porque a apreendia *apenas* como tarefa teórica" [353]. E também já tinha clareza de que, se "a solução dos enigmas teóricos é uma tarefa da prática e está mediada praticamente", "a verdadeira prática é a condição de uma teoria real e positiva" [400].

[118] Essa concepção é reiterada em *A ideologia alemã*: "O comunismo não é para nós um *estado de coisas* [*Zustand*] que deve ser instaurado, um *Ideal* para o qual a realidade deverá se direcionar.

Chamamos de comunismo o movimento *real* que supera o estado de coisas atual. As condições desse movimento [...] resultam dos pressupostos atualmente existentes" (Marx-Engels, 2007, p. 38, nota *a*). E sabe-se que ela é retomada no *Manifesto do Partido Comunista*: "As proposições teóricas dos comunistas não se baseiam, de modo nenhum, em ideias ou em princípios inventados ou descobertos por este ou aquele reformador do mundo. São apenas expressões gerais de relações efetivas de uma luta de classes que existe, de um movimento histórico que se processa diante de nossos olhos" (Marx- Engels, 1998, p. 21).

Nos *Manuscritos*, considerando a efetividade do *movimento histórico* em que consiste o comunismo e a sua *necessidade* para a resolução da contradição mencionada, Marx de fato *não problematiza a sua realização*; por outro lado, não se esqueça que essas páginas do terceiro manuscrito são a *primeira* elaboração teórico-filosófica marxiana em *defesa* do comunismo. Isso, porém, não significa que para Marx tal realização sejam favas contadas, ou seja, que o trânsito da humanidade ao comunismo está inscrito num determinismo histórico inexorável (ver as reflexões de Paula, 2014, p. 139-53). O otimismo revolucionário de que Marx sempre deu provas não tinha nada de ingênuo: precisamente no seu documento teórico-político mais célebre, o *Manifesto do Partido Comunista*, lê-se que as lutas de classes (como a luta entre o proletariado e a burguesia, constitutiva do *movimento histórico* que possibilita o comunismo) configuram "uma guerra que sempre terminou *ou* com uma transformação revolucionária de toda a sociedade *ou* com a destruição das classes em luta" (Marx- Engels, 1998, p. 5 [itálicos meus – *JPN*]). Historicamente, *sempre* se lida com *alternativas*: a que está em jogo aqui é a supressão da propriedade privada, da alienação e de seus corolários *ou...* o que depois conheceremos, a barbárie.

[119] Embora, nesse passo crítico, Marx não nomine os autores a que se refere, tudo indica que suas reservas dizem respeito especialmente a Buonarroti (1761-1837 – datas de nascimento e morte de outros citados nesta nota comparecem ao longo desta biografia) e outros discípulos de Babeuf ("comunismo tosco"), a Cabet ("comunismo democrático"), a Blanqui ("comunismo despótico") e a Dézamy ("comunismo com abolição do Estado").
Ao longo da sua vida, foram contínuos a polêmica e o confronto crítico (teórico e/ou político) de Marx com/contra vertentes socialistas e comunistas, reformistas e revolucionárias, mas também democrático-burguesas, que lhe eram contemporâneas. Dentre os que tiveram registro e/ou divulgação públicos à época (e alguns serão objeto das nossas considerações), assinalemos – ademais das polêmicas mantidas com os jovens hegelianos – apenas aqueles travados com: Weitling e Kriege, o ideólogo do "socialismo verdadeiro", em 1846; Proudhon e Heinzen, em 1847; Gottschalk e Born, no processo da Revolução Alemã de 1848; Willich e Schapper, em 1850; Weston, 1865; Bakunin, 1869-1872; Eccarius, 1872; com os protagonistas, lassalleanos ou não, da criação do Partido Social-Democrata alemão, 1875. Não faz parte dessas polêmicas o confronto com o provocador Karl Vogt, que atormentou Marx no fim dos anos 1850 (ver Marx, 1976).

[120] Marx mostra que o movimento, próprio desse "comunismo rude", de "contrapor à propriedade privada a propriedade privada universal exprime-se na forma animal em que o *casamento* (o qual decerto é uma *forma de propriedade privada exclusiva*) é contraposto à *comunidade de mulheres*, portanto onde a mulher se torna uma propriedade *comunitária* e *comum*. Pode-se dizer que esta ideia da *comunidade de mulheres* é o *segredo expresso* deste comunismo ainda totalmente rude e desprovido de pensamento" [342].

[121] Para poupar o leitor de transcrições literais, seguem apenas indicações pertinentes que só pontuam as passagens mais essenciais dos textos da década de 1840 (incluindo os primeiros meses de 1850). Na "Crítica da filosofia do direito de Hegel. Introdução", a tematização da revolução (ainda sem explicitar a sua relação com a propriedade privada) comparece pela primeira vez de forma patente (Marx, 2005, p. 152-6); nos *Manuscritos*, não é preciso dizer que encontramos a referência ao "movimento revolucionário" (Marx, 2015, p. 345), assim como nas *Glosas críticas marginais* (Marx, 2010c, p. 67-9, 76-8); o mesmo se verifica em *A sagrada família* (Marx-Engels, 2003, p. 46-9), *A ideologia alemã* (Marx-Engels, 2007, p. 41-2, 48-9 e 73-4) e na *Miséria da filosofia* (Marx, 2017b, p. 146-7). Desnecessária é a remissão ao *Manifesto do Partido Comunista* (Marx-Engels, 1998), depois do qual as referências à revolução abundam; por exemplo, em análises históricas (Marx, 2012a) e em resoluções políticas (ver a "Mensagem do Comitê Central à Liga [dos Comunistas] de março de 1850", em Marx-Engels, 1983, p. 220-30). Para debater esse ponto, ver Löwy, 2012, e o exaustivo trabalho de Draper, 1977-1990.

[122] Pelo trabalho, o homem transforma a natureza e transforma-se a si mesmo, com a alienação incidindo sobre essa dupla transformação; donde, comenta Lápine, "a própria humanização da natureza efetuou-se de maneira desumana, tanto em relação à natureza como em relação ao próprio homem". Por isso, é no comunismo que "a natureza torna-se um *laço* entre o homem e o homem, a existência natural torna-se para ele a sua existência *humana*; simultaneamente, as riquezas naturais já não são exploradas selvaticamente, mas racionalmente" (Lápine, 1983, p. 286). Ou, nas palavras de Marx: suprimida positivamente a propriedade privada, "a *sociedade* é a unidade da essência consumada do homem com a natureza, a verdadeira ressurreição da natureza, o naturalismo realizado do homem e o humanismo realizado da natureza" [347].

[123] Nos anos 1844-1846, Marx expressa com clareza que o comunismo exige e instaura uma nova forma de produção. Lê-se, por exemplo, em *A ideologia alemã*: "O comunismo distingue-se de todos os movimentos anteriores porque revoluciona os fundamentos de todas as relações de produção e de intercâmbio precedentes e porque pela primeira vez aborda conscientemente todos os pressupostos naturais como criação dos homens que existiram anteriormente, despojando-os de seu caráter natural e submetendo-os ao poder dos indivíduos associados. *Sua organização é, por isso, essencialmente econômica, a produção material das condições dessa associação; ele faz das condições existentes as condições da associação*" (Marx-Engels, 2007, p. 67 [itálicos meus – *JPN*]). A clareza referida, porém, não conduziu Marx à projeção de cenários futuros e, menos ainda, à elaboração de programas detalhados para o comunismo; ele sempre cuidou de não oferecer fórmulas que funcionassem como "receitas": conscientemente evitou os equívocos do profetismo e do utopismo e ateve-se, como cientista, à análise rigorosa da economia capitalista. Com base nessa análise, inferiu, por exemplo, distinções entre a produção *social* que é própria do reino da propriedade privada e a produção *comunitária* que advirá com a sua superação (uma pauta de leitura sobre essas distinções encontra-se em Dussel, 2012, p. 87 e seg.); também em passagens de *O capital* Marx fez algumas indicações sobre a produção na sociedade emancipada.

Mas é fato que o protagonismo de Marx como dirigente político levou-o a definir pontos programáticos para orientar a ação imediata dos revolucionários; quando o fez, retrospectivamente salientou a sua contextualidade histórica e a sua relatividade, discernindo sempre o que eram *princípios revolucionários gerais* e *exigências prático-políticas da hora presente*: no caso clássico do *Manifesto do Partido Comunista*, considerem-se as suas (e de Engels) observações no prefácio de 1872 à edição alemã do documento (Marx-Engels, 1998, p. lxxix-lxxii).

124 Concluiu Marx no fim dos anos 1850: "As relações de produção burguesas são a última forma antagônica do processo de produção social [...]; as forças produtivas que se desenvolvem no seio da sociedade burguesa criam [...] as condições materiais para resolver esse antagonismo. *Com essa formação social termina, pois, a pré-história da sociedade humana*" (Marx, 2008, p. 48 [itálicos meus – *JPN*]).

125 Como é verificável, por exemplo, no exame dos *Grundrisse* e de *O capital*. Aqui vamos tangenciar, rapidamente, apenas a atenção que Marx confere ao tema nos *Manuscritos*.
Em boa parte dos estudos sobre o jovem Marx que já citamos, a questão das necessidades é de alguma forma objeto de análise; tratamento nela centrado, que não se limita aos *Manuscritos*, é oferecido por Heller, 1978.

126 Segundo essa teoria, diz Marx, "há gente a *mais*. Até mesmo a existência do homem é um puro luxo e se o trabalhador for *'moral'* [...] será *poupado* na procriação. A produção do homem aparece como miséria pública" [398].

127 Nesse passo, as controvérsias entre os economistas (Lauderdale, Malthus, de um lado e, doutro, Say, Ricardo) sobre poupança e luxo, Marx comenta-as indicando a inépcia delas [396].

128 Diz Marx: "O sentido que a produção tem, no que respeita ao rico, mostra-se *manifestamente* no sentido que ela tem para o pobre; para [os de] cima, a exteriorização é sempre fina, oculta, ambígua, aparência; para [os de] baixo, grosseira, franca, sincera, essência. A necessidade *rude* do trabalhador é uma fonte do ganho muito maior que a *fina* do rico. As caves de habitação em Londres rendem mais ao seu senhorio do que os palácios, isto é, são, no que a ele respeita, uma *riqueza maior*, portanto, para falar nacional-economicamente, uma maior riqueza *social*" [398]. De qualquer modo, a alienação, também aqui, é *universal* – se *os de cima* podem fruir a riqueza e atender às suas necessidades, nem por isso a *alienação* na posse e na fruição deixa de operar: o seu "poder inumano" "vale também para os capitalistas" [403].
No que toca à pregação moral, para Marx, "a auto-renúncia, a renúncia à vida, a todas as necessidades humanas, é a sua [da economia política] tese principal. Quanto menos comeres, beberes, comprares livros, fores ao teatro, ao baile, ao restaurante, pensares, amares, teorizares, cantares, pintares, esgrimires etc., tanto [mais] *poupas*, tanto *maior* se tornará o teu tesouro [...]. Quanto menos tu *fores*, [...] tanto mais *tens*, [...] tanto mais armazenas da tua essência alienada" [395].

129 Entra em cena, aqui, o *dinheiro*. Na sequência imediata do que transcrevemos na nota anterior, diz Marx: "Tudo o que o economista nacional te toma de vida e de humanidade, tudo isso ele te restitui em *dinheiro* e *riqueza*. E tudo aquilo que tu não podes o teu dinheiro pode [...] ele é o verdadeiro *poder* [*Vermögen*]" [395].

130 Observe-se a referência à riqueza do ser humano e *natural*; no mesmo passo, Marx anotou que "não só os cinco sentidos, mas também os sentidos espirituais, [...] (vontade, amor etc.), numa palavra, o sentido *humano*, a humanidade dos sentidos, apenas advém pela existência do *seu* objeto, pela natureza *humanizada*" [352].
Nesse contexto, é ilustrativa a reflexão de Marx acerca de como a *indústria* constitui o livro *aberto* das *forças humanas essenciais* objetivadas de que o homem deve se apropriar – questão que, até então, a psicologia simplesmente abstraíra de suas considerações [353-4].

131 Nos anos 1860, num "livro de confissões" (de fato, um jogo de salão) organizado por uma das filhas de Marx, os dois amigos expressaram preferências sugestivas de suas personalidades e sensibilidades: à pergunta "Qual é a sua ideia de *felicidade*?", Marx respondeu "a luta", e Engels, um "Château Margaux 1848" – MECW, 1987, v. 42, p. 576, 674, e 1988, v. 43, p. 541. Ver, infra, cap. V, nota 28.

[132] Veja-se o que Marx escreveu a Engels, ao concluir, na madrugada de 16 de agosto de 1867, a revisão das provas tipográficas do Livro I de *O capital*: "Este tomo está agora terminado. Devo agradecer porque isso só foi possível graças a você. Sem os seus sacrifícios por mim eu nunca poderia t[ê-lo] feito [...]. Eu o abraço de todo o meu coração [...], meu mais querido e amado amigo" (MEW, 1965, v. 31, p. 323).
Quanto a Engels, veja-se a nota que ele apôs a *Ludwig Feuerbach e o fim da filosofia clássica alemã* (texto citado supra, cap. I, nota 39), com referência à sua participação na elaboração da teoria que se tornou conhecida como *marxismo*: "Que tive certa participação independente na fundamentação e sobretudo na elaboração d[ess]a teoria, antes e durante os quarenta anos de minha colaboração com Marx, é coisa que eu mesmo não posso negar. A parte mais considerável das ideias diretrizes principais, particularmente no terreno econômico e histórico, e especialmente sua formulação nítida e definitiva, cabem, porém, a Marx. A contribuição que eu trouxe – com exceção, quando muito, de alguns ramos especializados –, Marx também teria podido trazê-la, mesmo sem mim. Em compensação, eu jamais teria feito o que Marx conseguiu fazer. Marx tinha mais envergadura e via mais longe, mais ampla e rapidamente que todos nós outros. Marx era um gênio; nós outros, no máximo, homens de talento" (Marx-Engels, 1963, v. 3, p. 193).

[133] Fornecem as datas precisas: Gabriel, 2013, p. 101, e Jones, 2017, p. 183. Para mais informações, ver Gemkow, 1970; Mayer, 1979; Hunt, 2010.

[134] Engels não teve formação acadêmica: autodidata, com enorme facilidade para o conhecimento de idiomas, frequentara apenas, como ouvinte, cursos na Universidade de Berlim (inclusive o curso inaugural de Schelling), no período em que ali prestara voluntariamente o serviço militar, aproximando-se de Bauer e entusiasmando-se com o materialismo de Feuerbach e com o comunismo filosófico de Hess. Na Inglaterra, em Manchester, vinculou-se ao movimento cartista e a seus líderes. Ver, supra, neste capítulo, nota 1.

[135] Sobre *A sagrada família*, ver Bottigelli, 1971, p. 145-58; Vranicki, 1973, p. 107-10; o detalhado comentário de Cornu, 1976, v. III, p. 286-356; Pra, 1977, p. 201-34; a apresentação preparada por Rubel, em Marx, 1982, *Oeuvres*, v. III, p. 421-6; e as considerações de Mehring, 2013, p. 109-15.

[136] Em carta de 17 de março de 1845, Engels observou a Marx que *Allgemeine* "não merecia tanto, e a crítica à especulação e ao ser abstrato em geral seria incompreensível para um público mais amplo" (MEW, 1965, v. 27, p. 26). Todavia, 22 anos mais tarde, relendo o livro publicado em 1845, ele dizia ao amigo: "Fiquei agradavelmente surpreso ao constatar que não temos de nos envergonhar desse trabalho, embora o culto a Feuerbach se mostre hoje muito divertido" (carta a Marx, 24 de abril de 1867 – MEW, 1965, v. 31, p. 290).

[137] Uma ironia corrosiva perpassa o conjunto dos textos que compõem o livro: Marx, em alusão ao local onde residiam os Bauer, refere-se à *sagrada família de Charlottenburg* [166]. A ironia chegará, em *A ideologia alemã*, à nominação dos seus componentes como santos: Bruno Bauer é "são Bruno", Stirner é "são Max"...

[138] Nessa denúncia, Marx aponta "o grande progresso científico feito por Proudhon, um progresso que revolucionou a economia política e tornou possível uma verdadeira ciência da economia política. O escrito de Proudhon 'Qu'est-ce que la propriété?' tem o mesmo significado para a economia política moderna que o escrito de Sieyès 'Qu'est-ce que le tiers État?' tem para a política moderna" [43-4]. Veremos, no próximo capítulo, a avaliação crítica de Proudhon por Marx na *Miséria da filosofia* (1847).

[139] Além dessas duas que comentaremos a seguir, há outras que não envelheceram e permanecem instigantes: as que se expressam nas páginas em que Marx critica as formulações de Bauer sobre a Revolução Francesa [esp. p. 99 e 137-43]. Releva notar que ainda são interessantes as observações a propósito da posição mais recente de Bauer acerca da questão judaica [104-8, 125-37].

[140] Para detalhes, ver Cornu, 1976, v. III, p. 362-7; Fedosseiev, org., 1983, p. 88-9; Mehring, 2013, p. 97-9; Sperber, 2014, p. 158-9; Jones, 2017, p. 187. Nessas fontes, há pequenas diferenças sobre a cronologia da expulsão de Marx e as condições de sua viagem para a Bélgica e seu estabelecimento no país.

[141] Sobre os transtornos familiares decorrentes dessa viagem inesperada, ver Gabriel, 2013, p. 110-1.

III. Bruxelas: a relação orgânica com a classe operária (1845-1848)

[1] Acerca do período que Marx viveu em Bruxelas, ver Cornu, 1976, v. IV, p. 170 e seg., Wheen, 2001, p. 91 e seg., Buey, 2004, p. 123-7, Cottret, 2010, p. 100 e seg., Gabriel, 2013, p. 112-68; Mehring, 2013, p. 121-59, Sperber, 2014, p. 160-218; Jones, 2017, p. 191 e seg. Ver, ainda, Somerhausen, 1946; Andréas, 1978; Maesschalck, 2005.

[2] E Engels – de quem, no cap. II, recordamos a rememoração, em 1885, do encontro que teve com Marx em Paris, "no verão de 1844..." –, na sequência imediata dessa frase, já escrevera: "Quando, *na primavera de 1845,* voltamos a reunir-nos em Bruxelas, Marx [...] já havia elaborado, em linhas gerais, sua teoria materialista da história" (em Marx-Engels, 1963, v. 3, p. 157 [itálicos meus – *JPN*]).

[3] Intensidade documentada pelos registros de Marx nos seus *cadernos* do período. Ver Cornu, 1976, v. IV, p. 183-5, nota, e esp. Musto, 2011, p. 104-5.

[4] Não foi por acaso que, à sua chegada a Bruxelas, ao solicitar ao rei Leopoldo I (a 7 de fevereiro de 1845) autorização para residir na Bélgica, Marx se identificou como "doutor em filosofia" (MECW, 1975, v. 4, p. 675-7); dois anos depois, no prólogo à *Miséria da filosofia*, apresentou-se como "economista" (Marx, 2017b, p. 43).

[5] A irritação de Marx com a vigilância exercida sobre ele por agentes prussianos era tal que pensou em emigrar para a América, solicitando de autoridades belgas, em outubro de 1845, um documento que lhe permitisse dirigir-se aos Estados Unidos (Rubel, 1991, p. 29).

[6] Acerca de ambos os documentos – o requerimento de 7 de fevereiro e o compromisso firmado a 22 de março –, ver Cornu, 1976, v. IV, p. 171-2.

[7] Sobre a história da Bélgica, ver Lebrun et al., 1979; Dubois, 2005; Reynebeau, 2005 e o extenso trabalho de Witte et al., 2010.

[8] "A classe operária vive [...] numa miséria que se agrava sem parar. O tecelão, que ganhava em 1840 de 75 cêntimos a 1 franco por dia, em 1846 ganha apenas de 35 a 75 cêntimos; a fiandeira, que ganhava em 1840 de 30 a 50 cêntimos por dia, em 1846 só recebe de 15 a 20 cêntimos. [...] A miséria chega a tal ponto que operários cometem delitos para serem encarcerados e assim não morrerem de fome. Essa pauperização acompanha-se de um recrudescimento do alcoolismo, da prostituição e da criminalidade" (Cornu, 1976, v. IV, p. 16).

[9] "A excelente Biblioteca Real propiciava a Marx um recurso oportuno para seus estudos de filosofia e economia política" (Sperber, 2014, p. 161).

[10] Bruxelas "constituía um ponto de união entre a França, a Inglaterra e a Renânia" e "oferecia grandes possibilidades de propaganda e de ação pela sua localização a aproximadamente igual distância de Paris, Londres e Colônia": "no triângulo formado por essas três cidades se limitou inicialmente a atividade revolucionária de Marx e Engels" (Cornu, 1976, v. IV, p. 173-4).

[11] Estima-se o total de que Marx pôde se valer quando de sua instalação em Bruxelas como algo em torno de 2.500 francos (Ibidem, p. 173).
As dificuldades vividas pelos Marx a partir de fins de 1846 estiveram relacionadas à crise econômica e agrícola que envolveu a Europa ocidental entre 1845 e 1847, resumida em poucas palavras por Gabriel, que conclui assim o breve parágrafo em que sumaria a crise: "Um autor proclamaria que esse momento na história assinalava o fim da antiga ordem agrícola, quando as fortunas subiam e desciam conforme a safra e as estações. A nova ordem estaria atrelada [...] ao comércio e à produção. *Mas em 1847 a Europa e seu povo foram vítimas infelizes do pior dos dois mundos*" (Gabriel, 2013, p. 149 [itálicos meus – *JPN*]). Contudo, também contribuiu para tais dificuldades o fato de a comida e a bebida da casa dos Marx estarem sempre à disposição dos muitos que os frequentavam (ibidem, p. 150).

[12] "Não se sabe ao certo a posição política de Lenchen quando chegou a Bruxelas [...], mas ela foi rapidamente absorvida pelo círculo de socialistas e comunistas à volta de Marx e Jenny e participou ativamente da vida social deles. Desde a primavera de 1845, Lenchen seria parte da família Marx tanto quanto os que nela nasceram. [...] Um colega disse que, embora tivesse recebido diversas propostas de casamento ao longo dos anos, ela sempre preferiu os Marx a seus pretendentes" (ibidem, p. 216).
Nos anos seguintes à morte de Marx, Lenchen tornou-se governanta da casa de Engels, que registrou a sua morte num obituário publicado no semanário *The People's Press* (22 de novembro de 1890); ela foi sepultada no túmulo dos Marx, no cemitério de Highgate, em Londres. Num próximo capítulo, o IV, voltaremos a tratar de Lenchen.
Sobre Helene Demuth, ver Dammeyer, 1978; Gemko, 1987; Ambrosi, 2018.

[13] Ver, por exemplo, a sua carta de finais de 1847 a Annenkov (MEW, 1965, v. 27, p. 472-3).
Marx conheceu o rico Pavel Visalyevitch Annenkov, um intelectual russo, diletante refinado, em Paris e trocou com ele alguma correspondência na segunda metade dos anos 1840. Uma das cartas que Marx endereçou a ele (28 de dezembro de 1846), a propósito da *Filosofia da miséria*, de Proudhon, tornou-se documento de larga citação (disponível em Marx, 2017b, p. 187-96).

[14] Friedrich List, ideólogo da burguesia alemã, publicou, em 1841, volumosa obra em defesa do protecionismo econômico – *Sistema nacional da economia política* (List, 2006) –, que obteve ao tempo grande repercussão. No primeiro semestre de 1845, provavelmente em março, Marx esboçou uma crítica às ideias de List, da qual nos chegaram páginas inconclusas, que só viram a luz nos anos 1970 (Marx, 2009a). Salvo erro meu, em nenhuma das suas obras mais importantes Marx se ocupa de List de forma significativa.
O texto sobre o suicídio (Marx, 2006), muito provavelmente escrito depois da crítica a List, foi publicado originalmente em janeiro de 1846 no periódico de vida breve, animado por Hess e Engels, *Gesellschaftsspiegel* (Espelho da Sociedade), editado em Elberfeld. Trata-se de uma curiosa composição textual que Marx constrói a partir da leitura das memórias de Jacques Peuchet, um ex-arquivista policial, dadas à luz em 1838 – sobre o material composto por Marx, ver os esclarecimentos de Jinkings e Löwy, em Marx, 2006, p. 7-11 e 13-9.

[15] Ver, supra, neste capítulo, nota 2, sobre a elaboração da teoria materialista da história.

[16] Entregando as *Teses* ao público, Engels escreveu: "Encontrei num velho caderno de Marx as onze teses sobre Feuerbach [...]. Trata-se de anotações destinadas a serem desenvolvidas mais tarde, notas redigidas às pressas, que de forma alguma se destinavam à publicação, *mas cujo valor é inapreciável por constituírem o primeiro documento em que se fixou o germe genial da nova concepção de mundo*" (em Marx-Engels, 1963, v. 3, p. 170 [itálicos meus – *JPN*]). É de notar que, até deparar com o "velho caderno", Engels desconhecia a existência das *Teses*, das quais Marx nunca lhe falara.

Ao publicar as *Teses*, Engels introduziu pequenas modificações no texto original – as duas versões estão disponíveis em Marx-Engels, 2007, p. 533-9. Tais modificações deram azo a polêmicas entre os analistas, aludidas por Labica, 1990, p. 17-21; o mesmo Labica (ibidem, p. 21-9) apresenta ambos os textos no idioma original e, adiante (ibidem, p. 35-7), várias leituras deles, além do seu próprio roteiro de leitura (ibidem, p. 39-41).

A fortuna crítica das *Teses* envolve centenas de fontes expressivas e diferenciadas – pelas razões próprias de uma biografia como a aqui apresentada, não é possível mais que citar umas poucas: Calvez, 1962; Schuffenhauer, 1965; Goldmann, 1970; Kägi, 1974; Díaz, 1975; Schaff e Sève, 1975; Bortolotti, 1976; Granier, 1980; Mercier-Josa, 1980; Echeverría, 1986; Santamaria e Manville, 1987; Labica, 1990; Althusser, 2004; Bloch, 2005, v. 1; Vázquez, 2007; Macherey, 2008; Sève, 2008, v. II; Dias, 2011 e o eruditíssimo estudo de Barata-Moura, 2018. Ainda que não seja esta a oportunidade para tangenciar a recepção das *Teses* por importantes marxistas do século XX, cabe assinalar que um daqueles que melhor apreendeu o seu significado foi Antonio Gramsci, que, não acidentalmente, aplicou-se à sua versão ao italiano (Gramsci, 2007, p. 743-5).

[17] Nas citações seguintes das *Teses*, remeterei ao texto de Marx sem as modificações de Engels e indicarei apenas a tese respectiva.

[18] Considere-se a seguinte notação: "É preciso observar que Marx utiliza em alemão dois termos para designar *objeto*: a primeira vez diz *Gegenstand*; a segunda, *Objekt*. Com essa diversa designação, Marx quer distinguir o objeto como objetivação não só teórica como prática, e o objeto em si que é o que entra na relação cognoscitiva de acordo com o materialismo. *Objekt* é o objeto em si, exterior ao homem e à sua atividade; o objeto é aqui o que se opõe ao sujeito; algo dado, existente em si e por si, não um produto humano. A relação que corresponde diante desse objeto exterior e subsistente por si é uma atitude passiva por parte do sujeito, uma visão ou contemplação. O sujeito se limita a receber ou refletir uma realidade; o conhecimento não passa de um resultado da ação dos objetos do mundo exterior sobre os órgãos dos sentidos. O objeto é captado *objetivamente*, isto é, não como produto da atividade prática, não de um modo *subjetivo*. A subjetividade – entendida aqui como atividade humana sensível, como prática – é contraposta à objetividade, à existência do objeto como objeto em si, dado na contemplação. [...] O objeto do conhecimento é o produto da atividade humana e, como tal – não como mero objeto da contemplação –, é conhecido pelo homem" (Vázquez, 2007, p. 142-3).

[19] Recorra-se ao analista que acabamos de citar: "A superação do idealismo e do materialismo tradicional havia de consistir [...] na negação da atitude contemplativa do segundo, assim como na negação da atividade em sentido idealista, especulativo. A verdadeira atividade é revolucionária, crítico-prática, isto é, transformadora e portanto revolucionária, mas crítica e prática ao mesmo tempo, ou seja, teórico-prática: teórica, sem ser mera contemplação, já que é a teoria que guia a ação prática, e prática, ou ação guiada pela teoria. A crítica – a teoria, ou a verdade que contém – não existe à margem da práxis" (Vázquez, 2007, p. 144).

[20] Leia-se este passo de *A essência do cristianismo*: "A contemplação teorética é originariamente a estética, a estética é a *prima philosophia* [...]. *O estágio da teoria é o estágio da harmonia com o mundo.* [...] *Mas onde* [...] *o homem só se coloca no ponto de vista prático* [...], *transformando até mesmo o ponto de vista prático no teorético, aí ele está cindido com a natureza, aí ele transforma a natureza numa escrava submissa do seu próprio interesse, do seu egoísmo prático*" (Feuerbach, 1988, p. 153-4 [salvo em *prima philosophia*, os itálicos são meus – *JPN*]).

[21] É interessante lembrar que em 1923, no seu célebre *História e consciência de classe*, Lukács recolhe uma frase de Engels (*"Prova-se o pudim comendo-o"*, do prefácio de 1892 a "Do socialismo utópico ao socialismo científico" – ver Marx-Engels, 1961, v. 2, p. 291) como expressão popular e plástica dessa tese 2 (Lukács, 1923, p. 217).

É sabido que a ênfase de Marx e Engels na prática social foi objeto de vários críticos do pensamento de ambos, que procuraram vinculá-los a um qualquer viés pragmático. Dentre a significativa literatura que contribui para replicar a essa crítica impertinente, ver Antunes, 2016.

[22] De fato, como Marx logo mostraria, a imagem da natureza sensível em Feuerbach padece de equívocos grosseiros. Veja-se a seguinte passagem, escrita poucos meses depois das *Teses*: "Ele [Feuerbach] não vê como o mundo sensível que o rodeia não é uma coisa dada imediatamente por toda a eternidade e sempre igual a si mesma, mas o produto da indústria e do estado de coisas da sociedade [...]. Mesmo os objetos da mais simples 'certeza sensível' são dados a Feuerbach apenas por meio do desenvolvimento social, da indústria e do intercâmbio comercial. Como se sabe, a cerejeira, como quase todas as árvores frutíferas, foi transplantada para nossa região pelo comércio, há apenas alguns séculos e, portanto, foi dada à 'certeza sensível' de Feuerbach apenas *mediante* essa ação de uma sociedade determinada numa determinada época" (Marx-Engels, 2007, p. 30-1).

[23] É suficiente a notação de Cornu (1976, v. IV, p. 190): "Feuerbach só pode conceber a natureza na sua forma primitiva, como um objeto de contemplação e não de intervenção".

[24] As páginas que Labica (1990, p. 81-96) dedica a essa tese 3 são exemplares tanto do ponto de vista analítico quanto do histórico.

[25] Ver, em *A sagrada família*, os comentários sobre Helvétius (Marx-Engels, 2003, p. 151-2) e, em *A ideologia alemã*, o passo em que Marx-Engels escrevem que "as circunstâncias fazem os homens, assim como os homens fazem as circunstâncias" (Marx-Engels, 2007, p. 43) – ou, ainda, que "na atividade revolucionária, o transformar-se a si mesmo coincide com o transformar as circunstâncias" (ibidem, p. 209). Essas indicações fortalecem a ideia de Cornu (ver Cornu, 1976, v. IV, p. 187) sobre as *Teses* como "elo" entre os textos imediatamente anterior e posterior a elas, ideia subscrita em tempos recentes por outro analista: "As *Teses* constituem [...] um *momento* peculiar numa trajetória que, muito em breve, haveria de conduzir ao grosso manuscrito de *A ideologia alemã*" (Barata-Moura, 2018, p. 37).

[26] Cornu assinala com lucidez tal aspecto: em Feuerbach, a solução do problema religioso é "um problema da consciência. Para abolir a religião, e com ela a desumanização dos homens, que resulta da alienação das qualidades da espécie humana em Deus, basta, para ele, oferecer aos homens a consciência do caráter ilusório da religião e de Deus, o que é uma questão de educação e instrução". Evidentemente, Marx rechaça "essa concepção do problema religioso e da sua solução, sublinhando que a religião tem suas causas reais na natureza das relações sociais e só pode ser abolida por uma transformação radical dessas relações" (Cornu, 1976, v. IV, p. 194).

²⁷ Sobre polêmicas acerca da tese 6 e das suas traduções, ver Andrade-Mota, 2015. Sobre problemas mais amplos das traduções das *Teses*, ver Marques, 2012.

²⁸ Nos *Manuscritos econômico-filosóficos de 1844*, a hipoteca da antropologia de Feuerbach é evidente – ver, a título de exemplo, a última frase da citação marxiana feita à nota 122, supra, cap. II.

²⁹ Sobre as razões e condições que levaram Engels a abandonar a Alemanha, ver Mayer, 1979, p. 218-9.

³⁰ Musto (2011, p. 104) registra que, durante os dias de Manchester, Marx preencheu nove cadernos; por seu turno, Engels ocupou com anotações três cadernos (Vv. Aa., 1986a, p. 73). As fontes ali examinadas por Marx e Engels estão arroladas em Cornu, 1976, v. IV, p. 209-11, justificando a constatação do biógrafo de que ambos, em Manchester, "se entregaram a estudos intensivos de economia política e também de questões políticas e sociais" (ibidem, p. 209). Quase um quarto de século depois, Engels revisitou a biblioteca e escreveu a Marx (carta de 15 de maio de 1870), evocando com ternura a passagem deles pelo local: "Nos últimos dias, voltei a sentar-me muito diante da escrivaninha quadrada, em que nós, há 24 anos, nos sentávamos; gosto demais do lugar – por causa da janela colorida, ali sempre se tem o calor do sol. O velho Jones, o bibliotecário, ainda está lá, muito idoso, e já não faz nada" (MEW, 1965, v. 32, p. 510).

³¹ Mary Burns (filha de emigrantes irlandeses, nascida em 1823), operária que Engels conhecera em 1843, tornou-se desde então sua companheira – e, no regresso dele a Bruxelas, seguiu-o, permanecendo na Bélgica alguns meses; reencontraram-se em 1850, em Manchester, e a relação entre ambos durou até a morte dela (1863), após a qual Engels ligou-se à sua irmã, a também operária Lydia ("Lizzy") Burns (1827-1878).

Mary Burns, ao que sei, ainda não mereceu uma biografia – um estudo histórico substantivo – à altura do seu papel ao lado de Engels, embora praticamente todos os biógrafos deste reconheçam que ela foi de importância fundamental na sua vida política, ao introduzi-lo nos meios proletários (1843-1844) e ao interessá-lo, nos anos 1850, pela gravíssima questão nacional irlandesa. As indicações que dela se recolhem oferecem a imagem de uma mulher que, semiletrada e expressiva do ativismo das camadas populares, foi uma combativa militante operária.

É de referir que, no curso da longa amizade entre Marx e Engels, os dois únicos episódios conhecidos que a tensionaram tenham sido ligados à relação de Engels com Mary. O primeiro, aludido rapidamente por Gabriel (2013, p. 142-3) e por Sperber (2014, p. 182-3), deu-se em inícios de 1846: em Bruxelas, a convivência entre Jenny Marx e Mary Burns mostrou-se muito difícil e derivou em comentários desairosos dos Marx sobre a companheira de Engels. Este, sabedor do que se passava, interrompeu por algum tempo sua comunicação com Marx, mas as dificuldades foram logo superadas e a boa relação entre ambos foi restaurada.

Mais sério foi o que se passou, corrida mais de década e meia, quando da morte de Mary Burns, episódio documentado na correspondência entre Marx e Engels. Mary faleceu súbito a 7 de janeiro de 1863 e Engels imediatamente escreveu a Marx uma carta de oito linhas, informando--o do óbito e da sua desolação: "Não posso dizer-te como me sinto. A pobre garota me amou com todo o seu coração" (MEW, 1964, v. 30, p. 309). O "querido Mouro" respondeu no dia seguinte, com uma carta de 35 linhas, das quais só as duas primeiras, depois da saudação ao "querido Engels", diziam respeito ao infausto acontecimento: "A notícia da morte de Mary me surpreendeu tanto como me deixou consternado. Ela era muito bem-humorada, divertida e apegada a ti"; as outras linhas tratavam praticamente de seus próprios problemas financeiros (ibidem, p. 310-1). Quase uma semana depois, Engels manifestou-se com firmeza – antes de tocar nos problemas de Marx, escreveu: "Tu hás de considerar razoável que, desta vez, a minha própria infelicidade e a visão fria que demonstraste diante dela tornaram definitivamente impossível para mim responder antes. Todos os meus amigos, inclusive filisteus conhecidos, deram-me a mim, o que conscientemente me deveria afligir, provas de solidariedade e amizade muito maiores do que poderia esperar de ti" (carta de 13 de janeiro – ibidem, p. 312). Marx acusou o golpe: só a 24 de janeiro (ibidem, p. 314-6) desculpou-se pela carta do passado dia 8, pretextando tê-la escrito acuado por prementes dificuldades financeiras. Quanto a Engels, dois dias depois o perdoou e deu por superada a questão: disse-lhe estar contente "porque ao perder Mary, não perdi também meu velho e melhor amigo" – e comunicou-lhe o envio de cem libras… (carta de 26 de janeiro – ibidem, p. 317-8).

[32] O movimento cartista, que empolgou os trabalhadores da Inglaterra entre os anos 1830 e 1850 e envolveu o jovem Engels no período em que lá esteve, foi objeto de conhecidos estudos, como os de Dolléans (obra de 1912, reeditada em Dolléans, 2003) e Cole (1953, cap. XIII); para abordagens mais recentes, ver Epstein e Thompson, 1982 e Chase, 2013.

[33] Schapper ingressou na luta política "na época em que era estudante na Universidade de Giessen, no início da década de 1830. Entre 1833 e 1839, ele tomou parte em três diferentes conspirações e golpes revolucionários fracassados, na Alemanha, na Suíça e na França, o último dos quais motivou seu exílio em Londres" (Sperber, 2014, p. 163). Na entrada dos anos 1850, nos conflitos internos da Liga dos Comunistas, divergiu frontalmente de Marx.

O relojoeiro Moll, partícipe em Paris da insurreição (1839) dirigida pela "Sociedade das Estações" de Auguste Blanqui, foi ativo combatente na Revolução Alemã de 1848-1849. Do sapateiro Bauer sabe-se pouco depois de 1848-1849, apenas que ele emigrou para a Austrália em 1851.

Sobre muitos dos participantes da Revolução Alemã de 1848-1849, ver Bleiber et al., 1987, v. I.

[34] "Ao contrário da sociedade secreta, essa associação era um grupo aberto ao público, um florescente empreendimento que oferecia a seus associados – no auge, chegou a contar com setecentos – oportunidades de socialização, recreação, educação para adultos e um fundo mútuo de benefícios para ajudá-los quando acometidos por enfermidades ou vitimados pelo desemprego" (Sperber, 2014, p. 163). Fundada em 1840, existiu até 1917.

[35] Ver Lefebvre, 1966, p. 126; Cornu, 1976, v. IV, p. 245; Gabriel, 2013, p. 137. Um pesquisador discorda do mês em que começaram os trabalhos de Marx-Engels, apontando "outubro ou novembro de 1845", mas afirma, citando uma carta de Marx, que o "grosso do texto", "transcrito principalmente por Engels", já estava nas mãos de Joseph Weydemeyer "desde agosto de 1846", à procura de editor – procura que teria se encerrado em outubro de 1847 (Rubel, em Marx, 1982, *Oeuvres*, v. III, p. 1.044). Segundo Cornu (1976, v. IV, p. 245), foi a partir de abril de 1846 que se iniciaram os contatos em busca de um editor para o texto (ver também Fedosseiev, org., 1983, p. 120-1 e novamente Rubel, ibidem, p. 1.044-7). Sobre as tentativas e os percalços para editar o texto, ver Andréas e Mönke, 1968.

Há que recordar que era simultâneo ao início dos trabalhos conjuntos em Bruxelas um projeto, a ser tocado por Marx, Engels e Hess, de editar textos voltados para a constituição de uma cultura socialista através de uma "Biblioteca dos Eminentes Socialistas Estrangeiros". Tal projeto malogrou – cf. Fedosseiev, org., 1983, p. 97-8.

36 Inicialmente, "*A ideologia alemã* devia ser uma obra coletiva, redigida sob a direção de Marx. Este e Engels propuseram a Moses Hess que escrevesse vários capítulos. Mas a sua aliança com Hess [...] foi temporária. Hess escreveu dois capítulos para *A ideologia alemã*: um contra [...] A. Ruge e outro contra [...] G. Kuhlmann. Mas o primeiro foi excluído [...] e o segundo foi reescrito por Marx e Engels" (Fedosseiev, org., 1983, p. 108).

37 A primeira publicação integral do manuscrito fez-se em 1932 (MEGA, 1932, v. I/V); um pouco antes, em 1926, uma parte do texto (a crítica a Feuerbach) já fora dada à luz. Em vida dos autores, apenas um fragmento da crítica ao "socialismo verdadeiro", sob a forma de um artigo firmado por Marx, em 1847, foi publicado na revista mensal *Westphälische Dampfboot* (O Vapor de Vestfália). Sobre edições do manuscrito até os anos 1960, ver Andréas, 1983.
Um dos tradutores da mais autorizada edição brasileira de *A ideologia alemã* observou que nela "inexiste a expressão 'concepção materialista da história'" (Enderle, em Marx-Engels, 2007, p. 17); todavia, gerações de marxistas a partir de Engels pensaram-na na ótica de uma tal concepção. Veja-se, com uns poucos exemplos, a sua reiteração entre marxistas diversos: "Nesta obra, [*A ideologia alemã*, Marx e Engels] estabelecem, de forma mais sistemática e geral [...], os princípios do materialismo histórico e do socialismo científico como fundamentos teóricos da luta de classe do proletariado e os aplicam magistralmente à crítica da filosofia especulativa e do socialismo utópico", e mais adiante: *A ideologia alemã* permitiu-lhes "oferecer uma exposição completa do materialismo histórico" (Cornu, 1976, v. IV, p. 243, 426); "*A ideologia alemã* oferece a primeira exposição do *materialismo histórico*" (Lefebvre, 1966, p. 126); ela é "a obra principal que Marx e Engels terminam em Bruxelas em 1846", fundante da "teoria do materialismo histórico sobre uma superação sistemática da filosofia pós-hegeliana" (Mandel, 1968, p. 38); em *A ideologia alemã* estão postos "os elementos fundamentais da nova concepção da história e do homem, a dialética materialista e a concepção materialista da história" (Vranicki, 1973, p. 135); depois de *A ideologia alemã*, "Marx nunca voltou a expor, com tal extensão e detalhe, a sua concepção materialista da história" (McLellan, 1983, p. 21); o "novo materialismo" mencionado nas *Teses sobre Feuerbach* "foi desenvolvido de modo mais sistemático na grande obra de Marx e Engels *A ideologia alemã* (1846), na qual eles romperam com o materialismo, naturalismo e humanismo puramente contemplativo de Feuerbach, substituindo-o por um materialismo, naturalismo e humanismo prático, ou seja, a concepção materialista da história" (Foster, 2005, p. 164) – muitas outras citações similares poderiam ser coletadas.
Para aproximações a *A ideologia alemã*, entre incontáveis fontes, além dos autores que acabamos de citar, ver Mayer, 1979; Bottigelli, 1971; Kägi, 1974; Gemkow, 1975; Pra, 1977; Fernandes, org., 1983, *Marx-Engels. História*; McLellan, 1990; Barata-Moura, 1997; Fromm, 2005; Vázquez, 2007; Basso, 2008; Dias, 2011; Lindner, em Vv. Aa., 2011; Empson, 2013. Ver ainda as fontes citadas, infra, neste capítulo, nota 42.
No que toca à futura constituição do que se consagrou como *marxismo*, é relevante assinalar que importantes personalidades da sua história não tiveram acesso ao texto da *Ideologia* – foi o caso, entre outros, de Plekhánov, Luxemburgo, Lênin e Gramsci.

38 A lembrança está registrada em texto de Bernstein, publicado em 1896 em *Neue Zeit*, o importante órgão teórico da social-democracia alemã: "No verão de 1883, Engels perguntou-me, em uma carta, se eu julgava que chegara o momento de publicar [...] um insolente manuscrito de Marx e dele, de 1847, e no qual os 'socialistas verdadeiros' seriam bem atingidos; mas logo abandonou a ideia, porque essa publicação atingiria uma fração do partido contra a qual a crítica seria dirigida – dada a legislação contra os socialistas, isso não deveria ser feito, exceto se

fosse absolutamente necessário. [...] Quando, na primavera de 1884, fui passar uns dias com ele, numa noite leu-me o manuscrito [...], ao longo de horas que, para mim, são inesquecíveis" (citado em Cornu, 1976, v. IV, p. 247).
A carta a que Bernstein se refere lhe foi dirigida por Engels em 12/13 de junho de 1883 (MEW, 1967, v. 36, p. 35-9); nela, a passagem recordada aparece como um pós-escrito. Compreende-se o cuidado *político* de Engels: a social-democracia alemã estava fortemente constrangida pela legislação antissocialista de Bismarck, imposta em 1878 e que perdurou até 1890 – naquelas circunstâncias, a dura crítica ao "socialismo verdadeiro" contida em *A ideologia alemã* certamente dividiria o Partido Social-Democrata, no interior do qual existiam segmentos orientados pelo ideário "socialista verdadeiro".

[39] Dados os necessários limites desta biografia, sobre a nova orientação da MEGA² (empreendimento de que há breve indicação na bibliografia com que se encerra este livro) e algumas de suas implicações, basta-nos sugerir ao leitor o recurso a Bellofiore e Fineschi, orgs., 2009 e a Hubmann, 2012; comentário absolutamente relevante ao que oferece Hubmann deve-se a Martins, em Roio, org., 2014 (nesta fonte, veja-se também a contribuição de Fineschi); ademais, que se recorra ainda ao imprescindível ensaio de Marxhausen, 2014.
Sem avançar num debate para o qual este espaço não é o foro mais adequado, o autor da presente biografia deve explicitar sem deixar margem a dúvidas o seu juízo sobre a MEGA², em curso de publicação a partir da sua chamada "virada filológica" (Hubmann): reconheço a sua importância tanto no que concerne ao seu papel na (re)colocação de Marx-Engels no debate acadêmico quanto ao seu empenho em nos oferecer a textualidade marx-engelsiana na sua forma original; mas, *ao mesmo tempo*, perspectivo nela o risco real de nos oferecer, mais uma vez, um Marx (e agora recorro, com itálicos meus, a expressões de uma velha e preciosa resenha, assinada em 1957 por um jovem pensador alemão) tornado um "grande filósofo", objeto "preferido de teses doutorais" – em suma, o risco real de torná-lo "um *clássico*, com todas as consequências, *tão venerável como inofensivo*", no quadro de um marxismo que se desenvolva "nos centros de estudo superiores como [...] um problema a mais da *história do pensamento*" (Habermas, 1987, p. 361).

[40] Ver a breve, mas decisiva, notação de Enderle em Marx-Engels, 2008, p. 17-8. Sobre Riazanov, ver Lekey, 1995 e Varela, 2013.

[41] É insustentável a tese, difundida nos últimos anos em alguns círculos intelectuais, de que só com a MEGA² patenteou-se o caráter inconcluso e mesmo fragmentário de *A ideologia alemã*. Em muitos estudiosos marxistas essa verificação (atestada inclusive pelo próprio Engels) já fora expressa: por exemplo, Bottigelli diz expressamente que os manuscritos encontrados tinham "sem dúvida [...] uma forma que não era destinada à impressão", que ela "não foi redigida pela ordem em que atualmente é apresentada" e, mais, retoma a afirmação de Engels segundo a qual a parte sobre Feuerbach "é inacabada" (Bottigelli, 1971, p. 172-3); ou ainda Bruhat, que afirma: "no que respeita à *Ideologia alemã* estamos na presença de uma obra inacabada. Tal como nos chegou, este texto dá-nos a impressão de só ter tido uma primeira elaboração. O plano de conjunto é incerto. As divagações são frequentes, como também as repetições" (Bruhat, 1973, p. 85). No contraponto, um estudioso não vacila em afirmar que "o livro é ainda hoje uma obra-prima de coerência e de clareza de apresentação" (McLellan, 1983, p. 21). Também expressaram aquela verificação marxólogos competentes, entre os quais ressalta a figura de Rubel: na sua referência a *A ideologia alemã*, não resta nenhuma dúvida acerca do inacabamento do texto – e, diga-se de passagem, a análise que oferece sobre a obra, com o foco

exclusivo na parte concernente a Feuerbach, é instigante, mesmo que comprometida pela busca de uma "sociologia" no Marx de 1845-1846 (Rubel, 1970, p. 140-81).

42 No que toca especificamente a *A ideologia alemã*, já editada a sua pré-publicação conforme a MEGA², ver a sua história político-editorial na versão de Carver e Blank, 2014; para mais abordagens históricas e analíticas do texto, ver Musto, org., 2005; Fineschi, 2008; Musto, 2008; Vv. Aa., 2008; Mazzone, org., 2013.

43 Segundo Gabriel (2013, p. 137), "anos mais tarde, Lenchen lembraria Marx e Engels gargalhando muito alto e acordando todos na casa enquanto escreviam aquilo" ["aquilo" era a *Ideologia* – *JPN*].

44 Marx e Engels "pensavam dar à sua controvérsia um tom humorístico, como em *A sagrada família*" [...]; agora, em 1845, "propunham-se ridicularizar Bruno Bauer e Stirner no papel de Pais da Igreja, vaticinando num concílio. Daí o título original do livro, *O concílio de Leipzig*" (Cornu, 1976, v. IV, p. 248).

45 Lefebvre foi dos primeiros a chamar a atenção sobre ela: escreve que "a profundidade, a modernidade" da crítica a Stirner "só se descobre pouco a pouco", oferecendo "os elementos de uma crítica do individualismo contemporâneo" e, ao mesmo tempo, "uma penetrante análise da individualidade concreta"; mas adverte o leitor: para chegar a elas, é necessária uma leitura "paciente", "vagarosa" (Lefebvre, 1966, p. 126).

46 Cornu não deixa de observar (1976, v. IV, p. 326) que a extensão da crítica a Stirner é praticamente igual à extensão do livro deste, *O único e sua propriedade*, que, em sua edição original, tinha de fato 491 páginas. Considere-se que comparações como essa não levam em conta diferenças devidas à tipologia das diferentes edições e à integralidade do texto, nem a existência de notas e anexos – de qualquer forma, registre-se que há em português duas edições do livro de Stirner: uma com 330 páginas, outra com cerca de 480 (Stirner, 2004 e 2009).

47 Caso o leitor queira fazer esse percurso entediante, sugerimos que comece – como preparação para enfrentar a argumentação original de Marx-Engels – pelo fidedigno e substancial roteiro oferecido pelo incansável Cornu, 1976, v. IV, p. 326-71.

48 As formulações insustentáveis e risíveis de Stirner sobre o Estado, e várias das suas implicações, são objeto da crítica de Marx-Engels em muitos outros passos da *Ideologia* – ver, por exemplo, as p. 336 e 349-50.

49 "Os comunistas não pregam nenhuma *moral*, o que Stirner faz em doses extensíssimas" [241].

50 Em muitas outras partes da *Ideologia*, verifica-se como avançaram os estudos de Marx em relação a seus textos anteriores – ver, por exemplo, a notação sobre a relação Estado/propriedade privada estabelecida por Stirner, que "põe a relação histórica de cabeça para baixo" [349]. No que toca à propriedade, o mesmo é verificável, por exemplo, às p. 344-7 da *Ideologia*.

51 Desmistificando as tolices acerca da "missão" e da "vocação" constantes em *O único e sua propriedade*, linhas antes Marx-Engels apelam às "condições reais de vida" para afirmar: "O proletário, por exemplo, que, como qualquer outro ser humano, tem a vocação de satisfazer as suas necessidades e que não consegue satisfazer nem mesmo as necessidades que tem em comum com qualquer outro ser humano, que é subjugado pela obrigatoriedade da jornada de trabalho de catorze horas diárias no mesmo nível do animal de carga, rebaixado pela concorrência à condição de coisa, de mercadoria, que é desalojado de sua posição de mera força produtiva, a única que lhe deixaram, por outras forças produtivas mais poderosas – este proletário tem, já por isso, a missão real de revolucionar suas condições" [280].

[52] Sobre a leitura de Cornu, ver, supra, neste capítulo, nota 47. No que toca ao temário considerado por Rubel, ele é tão amplo que lhe permite escrever: "Pode-se afirmar que, em seu conjunto, os temas e problemas abordados em *A ideologia alemã* reaparecem, tratados de uma maneira mais ou menos metódica, nos trabalhos ulteriores de Marx, políticos, históricos ou econômicos. Temos assim a prova da continuidade entre as diversas fases do seu desenvolvimento intelectual, donde se infere que, sem um conhecimento da sua obra teórica anterior à fundação da Liga dos Comunistas, a sua carreira e a sua obra posteriores não se podem compreender de um modo efetivo. Um exame atento do conteúdo de *A ideologia alemã* nos permite adquirir familiaridade com os dados permanentes do seu pensamento científico e ético" (Rubel, 1970, *Karl Marx. Ensayo de biografía intelectual*, p. 141).

[53] Na sempre segura interpretação de Cornu (1976, v. IV, p. 372), o "socialismo verdadeiro" constituiu a "forma específica do socialismo utópico na Alemanha". Segundo autores soviéticos, o "socialismo verdadeiro", "variedade de socialismo pequeno-burguês, que desde 1844 se propagava na Alemanha, era uma mistura da filosofia alemã [...] com as doutrinas dos socialistas utópicos, principalmente franceses. [...] Os 'socialistas verdadeiros' substituíam a emancipação do proletariado através da luta de classes e da revolução social pela libertação do homem através de uma exortação sentimental ao amor. Exprimindo os interesses reacionários da pequena burguesia alemã, assustada com o desenvolvimento do capitalismo, intervinham abertamente contra o comunismo revolucionário, ao qual atribuíam uma orientação 'cruamente destrutiva'" (Fedosseiev, org., 1983, p. 111).
Para uma apreciação mais circunstanciada e precisa do "socialismo verdadeiro", formulada pouco tempo depois da redação da *Ideologia* por Marx e Engels, vejam-se as páginas a ele dedicadas no *Manifesto do Partido Comunista* (Marx-Engels, 1998, p. 36-9).

[54] Duas anotações cabem aqui. Uma diz respeito às vinculações de classe (burguesas/pequeno-burguesas) condicionantes do pensamento de Bauer e Stirner que Marx e Engels acabaram de criticar – os autores aludem repetidamente a elas na *Ideologia* [123, 180, 196, 201, 224, 238, 241, 268, 303, 343, 347...]. Outra se relaciona à prospecção, feita na última frase da citação, que se comprovou acertada: a partir do processo revolucionário de 1848-1849, o "socialismo verdadeiro" tornou-se mesmo residual.

[55] Veja-se o título: "Karl Grün: 'O movimento social na França e na Bélgica' (Darmstadt, 1845) ou A historiografia do socialismo verdadeiro". Mais adiante, quando nos referirmos à *Miséria da filosofia*, voltaremos a esse senhor Grün.

[56] E um deles é o profundo domínio que Marx e Engels já alcançaram, nesse momento da sua evolução intelectual, da literatura socialista-comunista; é sólido o conhecimento que demonstram dos chamados utópicos (em especial, Saint-Simon e Fourier) e dos primeiros comunistas (por exemplo, Cabet). Ver, por exemplo, na *Ideologia*, as p. 443-4, 480 e seg., 492 e seg., 500 e seg.

[57] A maioria dos "socialistas verdadeiros" tomou informações gerais sobre o socialismo (quando o fez) a partir de fontes secundárias, como a obra de Lorenz von Stein (1815-1890) *Der Sozialismus und Communismus des heutigen Frankreich* (O socialismo e o comunismo na França contemporânea), publicada em Leipzig, em 1842, que repercutiu entre os meios intelectuais alemães (cinco anos depois, foi reeditada).

[58] Nas páginas seguintes, veremos como o materialismo de Feuerbach comporta uma concepção abstrata do homem. E que o leitor não estranhe, aqui, a citação de Hess: ao longo da sua

sinuosa evolução, por vezes ele esteve junto de Marx e Engels, por vezes deles se afastou. Para referências explícitas a Feuerbach e Hess no trato do "socialismo verdadeiro" por Marx e Engels, ver *Ideologia*, p. 469 e 473.

[59] Mas é no mínimo curioso que, ainda no primeiro trimestre de 1845, Engels esperasse atrair Feuerbach para o campo do comunismo – como lembra Cornu, 1976, v. IV, p. 224-5.

[60] Toda a razão assiste a um estudioso que afirma: "Em *A ideologia alemã*, Marx e Engels desenvolveram a sua ideia central de que a chave do entendimento do homem e de sua história está no exame de sua atividade produtiva. A atividade fundamental do homem é a maneira pela qual ele obtém seus meios de subsistência pela interação com a natureza – em suma, seu trabalho. Esse trabalho é o fator fundamental da história" (McLellan, 1983, p. 21).

[61] Leia-se: "A linguagem é tão antiga quanto a consciência – a linguagem é a consciência real, prática, que existe para os outros homens e que, portanto, também existe para mim mesmo; e a linguagem nasce, tal como a consciência, do carecimento, da necessidade de intercâmbio com outros homens. Desde o início, portanto, a consciência já é um produto social e continuará sendo enquanto existirem homens" [34-5].

[62] A concepção de *ideologia* apresentada nos materiais da *Ideologia* será ampliada por Marx a partir de 1857-1858 (*Grundrisse*) e, posteriormente, também por Engels.
Sobre a problemática da ideologia em Marx-Engels, ver, entre outros, Seliger, 1977, Larraín, 1979 e 1983 e o segundo capítulo de Eagleton, 1997. Em fragmentos publicados postumamente, Magalhães-Vilhena (2015), sem se ater exclusivamente à *Ideologia*, faz lúcidas observações acerca da temática; e também são extremamente instigantes as reflexões que dedicou Kofler (1968) ao tema da ideologia, sob o pseudônimo de Stanislaw Warynski.

[63] Marx e Engels [95] referem-se também aos "empiristas abstratos". De fato, em 1845-1846, não restringem a condição de ideólogos apenas àqueles que, filosoficamente, são idealistas (ver o texto de Eagleton citado na nota anterior).

[64] Tenha-se presente que "ciência real, *positiva*" denota aqui *ciência fundada* nos já referidos *pressupostos reais*.
Observe-se que, na segunda metade dos anos 1860, Marx – em razão do interesse dos ingleses pela síntese enciclopédica de Comte – dedicou-se à leitura do autor francês. O seu juízo foi comunicado a Engels, em carta de 7 de julho de 1866: mesmo constatando que, em detalhes matemáticos, Comte tinha alguma qualificação profissional, escreve que, "comparado a Hegel", ele é "minúsculo"; e acrescenta: "E esse desprezível e inútil positivismo surgiu em 1832!" (MEW, 1965, v. 31, p. 234).
Para discussões acerca da relação de Marx e da tradição intelectual inaugurada por ele com o positivismo, ver, entre outros, os verbetes pertinentes de Bhaskar e Benton constantes em Bottomore, org., 1988, *Dicionário do pensamento marxista*. Materiais expressivos para a crítica do positivismo (nominado como tal ou não) encontram-se em Horkheimer, 1974 e Marcuse, 1988; veja-se ainda o registro de polêmicas, bem mais abrangentes e próprias do século XX, em Adorno et al., 1978.

[65] A tese, noutros termos, é a de que a *dinâmica* das formas societárias conhecidas deve-se à "contradição entre as forças produtivas e a forma de intercâmbio" [61]; resultantes dessa relação contraditória são examinadas a seguir em formas sociais determinadas e referidas à conexão entre indivíduos e sociedade [63 e seg.]. Marx e Engels escrevem: "A forma de intercâmbio, condicionada pelas forças de produção existentes em todos os estágios históricos precedentes e que, por

seu turno, as condiciona, é a *sociedade civil* [...]. Aqui já se mostra que essa sociedade civil é o verdadeiro foco e cenário de toda a história" [39] – observe-se que, para os autores da *Ideologia*, "a sociedade civil, como tal, desenvolve-se somente com a burguesia" [74].

Não se esqueça um dos pontos de partida de Marx-Engels no início de sua crítica a Feuerbach: eles assinalam que o filósofo não vê que o mundo que o rodeia é "o produto da indústria e do estado de coisas da sociedade, e isso precisamente no sentido de que é um produto histórico, o resultado da atividade de toda uma série de gerações, que, cada uma delas sobre os ombros da precedente, desenvolveram sua indústria e seu comércio e modificaram sua ordem social de acordo com as necessidades alteradas. [...] A indústria e o comércio, a produção e o intercâmbio das necessidades vitais condicionam, por seu lado, a distribuição, a estrutura das diferentes classes sociais e são, por sua vez, condicionadas por elas no modo de seu funcionamento" [30-1]). O que Feuerbach não considera é uma exigência elementar que Marx e Engels põem à consideração da história: que esta "deve ser estudada e elaborada sempre em conexão com a história da indústria e das trocas" [34].

[66] Originalmente vinculada à divisão sexual do trabalho, a divisão social "só se torna realmente divisão a partir do momento em que surge uma divisão entre trabalho material e [trabalho] espiritual. A partir desse momento, a consciência *pode* realmente imaginar ser outra coisa diferente da consciência da práxis existente, representar algo realmente sem representar algo real – a partir de então, a consciência está em condições de emancipar-se do mundo e lançar-se à construção da teoria, da teologia, da filosofia, da moral etc. 'puras'" [35-6]. Observe-se que, na *Ideologia*, aponta-se que "a maior divisão entre trabalho material e espiritual é a separação entre cidade e campo. A oposição entre cidade e campo começa com a passagem da barbárie à civilização, do tribalismo ao Estado, da localidade à nação, e mantém-se por toda a história da civilização até os dias atuais" [52].

Desenvolvendo-se a divisão social do trabalho, "está dada a propriedade, que já tem seu embrião, sua primeira forma, na família, onde a mulher e os filhos são escravos do homem. A escravidão na família, ainda latente e rústica, é a primeira propriedade [...]. Além do mais, divisão do trabalho e propriedade privada são expressões idênticas – numa é dito com relação à própria atividade aquilo que, noutra, é dito com relação ao produto da atividade" [36-7].

"Logo que o trabalho começa a ser distribuído, cada um passa a ter um campo de atividade exclusivo e determinado, que lhe é imposto e ao qual não pode escapar: o indivíduo é caçador, pescador, pastor ou crítico, e assim deve permanecer se não quiser perder seu meio de vida [...]. Esse fixar-se da atividade social, essa consolidação de nosso próprio produto num poder objetivo situado acima de nós, que foge ao nosso controle, que contraria nossas expectativas e aniquila nossas conjeturas, é um dos principais momentos no desenvolvimento histórico até aqui realizado. O poder social, isto é, a força de produção multiplicada que nasce da cooperação dos diversos indivíduos condicionada pela divisão do trabalho, aparece a esses indivíduos [...] não como seu poder unificado, mas sim como uma potência estranha, situada fora deles, sobre a qual não sabem de onde veio nem para onde vai, uma potência, portanto, que não podem mais controlar e que, pelo contrário, percorre agora uma sequência particular de fases e etapas de desenvolvimento, independente do querer e do agir dos homens e que até mesmo dirige esse querer e esse agir" [37-8]. Na continuidade imediata desta última frase, os originais registram uma anotação de Marx que remete àquele "poder social" como *alienação* (*Entfremdung*).

[67] Para detalhar esse nítido avanço, veja-se Mandel, 1968, p. 43-53.

Quanto ao primeiro ponto, sobre a teoria do valor, veja-se idem, e a seguinte passagem da *Ideologia*, justamente realçada pelo marxista belga: comentando a inépcia econômica de Stirner, diz-se que "ele não chegou a apreender" que, "no âmbito da concorrência, o *preço do pão é determinado pelos custos de produção* e não pelo arbítrio dos padeiros" [358; itálicos meus – JPN] – e mais: afirma-se que, "mesmo no que diz respeito à moeda metálica, *ela é puramente definida pelos custos de produção, quer dizer, pelo trabalho*" [386; itálicos meus – JPN].

Quanto ao segundo ponto, referente ao "moderno intercâmbio universal", ver, na *Ideologia*, esp. p. 57-61; com efeito, há várias alusões relativas ao fato de crescentemente "a história torna[r]--se história mundial" [40]. E encontra-se na mesma obra uma passagem extraordinária, que deve ser reproduzida em sua integralidade, pois que antecipa ideias que Marx desenvolverá intensivamente, com/sob novas determinações, em futuros escritos (*Manifesto do Partido Comunista, Grundrisse, O capital*): "A grande indústria [...] criou os meios de comunicação e o moderno mercado mundial, submeteu a si o comércio, transformou todo capital em capital industrial e gerou, com isso, a rápida circulação (o desenvolvimento do sistema monetário) e a centralização dos capitais. Criou pela primeira vez a história mundial, ao tornar toda nação civilizada e cada indivíduo dentro dela dependentes do mundo inteiro para a satisfação de suas necessidades, e suprimiu o anterior caráter exclusivista e natural das nações singulares. Subsumiu a ciência natural ao capital e tomou da divisão do trabalho a sua última aparência de naturalidade. Destruiu, em geral, a naturalidade, na medida em que isso é possível no interior do trabalho, e dissolveu todas as relações naturais em relações monetárias. No lugar das cidades criadas naturalmente, criou as grandes cidades industriais modernas, nascidas da noite para o dia. Destruiu, onde quer que tenha penetrado, o artesanato e, em geral, todos os estágios anteriores da indústria. Completou a vitória [da cida]de comercial sobre o campo. Seu [pressuposto] é o sistema automático. [Ela pro]duziu uma massa de forças produtivas para a qual a propriedade privada tornou-se um empecilho, tanto quanto o fora a corporação para a manufatura e o pequeno empreendimento rural para o artesanato que progredia. Essas forças produtivas, sob o regime da propriedade privada, obtêm apenas um desenvolvimento unilateral, convertem-se para a maioria em forças destrutivas e uma grande quantidade dessas forças não consegue alcançar a menor utilização na propriedade privada. A grande indústria, em geral, criou por toda parte as mesmas relações entre as classes da sociedade e suprimiu por meio disso a particularidade das diversas nacionalidades. E finalmente, enquanto a burguesia de cada nação conserva ainda interesses nacionais à parte, a grande indústria criou uma classe que tem em todas as nações o mesmo interesse e na qual toda nacionalidade já está destruída; uma classe que, de fato, está livre de todo o mundo antigo e, ao mesmo tempo, com ele se defronta. A grande indústria torna insuportável para o trabalhador não apenas a relação com o capitalista, mas sim o próprio trabalho" [60-1]. Evidentemente, a referência aqui é ao *trabalho* enquanto *trabalho subordinado ao capital* (ver, supra, cap. II, nota 77).

68 Ainda que em diversas passagens sejam indicados aspectos referentes ao desenvolvimento de teorias e ciências – ver, por exemplo, na edição da *Ideologia* que estamos citando, as p. 31, 60, 62, 77, 94, 142, 397-9...

69 Só posteriormente (na segunda metade dos anos 1850) Marx trataria de outras expressões, na sua ampliação do próprio conceito de ideologia.

70 Aliás, numa anotação de Marx à margem do manuscrito, lê-se, como uma das implicações da emersão da "grande indústria", que ela "destruiu, onde foi possível, a ideologia, a religião,

a moral etc. e, onde não pôde fazê-lo, *transformou-as em mentiras palpáveis*" [60 (itálicos meus – *JPN*)]).

Em janeiro de 1873, Marx observou, analisando a evolução do pensamento econômico burguês, no posfácio à segunda edição de *O capital*, que, com a burguesia dominando politicamente em países como a França e a Inglaterra e com as lutas de classes mais definidas e para ela mais ameaçadoras desde 1848, "soou o dobre de finados da ciência econômica burguesa. Não interessava mais saber se este ou aquele teorema era verdadeiro ou não; mas importava saber o que, para o capital, era útil ou prejudicial, conveniente ou inconveniente [...]. Os pesquisadores desinteressados foram substituídos por espadachins mercenários, a investigação científica imparcial cedeu seu lugar à consciência deformada e às intenções perversas da apologética" (Marx, 1968, v. I, p. 11). Com tal "dobre de finados", a transformação de produtos espiritual-ideológicos em "mentiras palpáveis" viu-se exponenciada, num processo que prosseguiu e se acentuou com o desenvolvimento capitalista até os dias correntes, fazendo que os limites entre ideologia e mentira fiquem cada vez menos discerníveis – processo que foi e vai muito além do pensamento econômico, perpassando praticamente todos os âmbitos da produção espiritual, configurando o que se designou como "decadência ideológica da burguesia" (Lukács, 2016). Para uma apreciação rigorosa dessa problemática, historicamente centrada no século XX, ver Mészáros, 1993 e 2004.

71 Para Marx e Engels, não há na história real nenhuma volição dela mesma, nenhuma teleologia que derive senão do sentido que os homens efetivam na sua ação individual e coletiva. Marx e Engels nunca substantivaram qualquer "ação da história". Eles já têm conhecimento, antes da *Ideologia* (em *A sagrada família*), de que "a *História* não faz *nada*, 'não possui *nenhuma* riqueza imensa', 'não luta *nenhum* tipo de luta'! Quem faz tudo isso, quem possui e luta é [...] o *homem*, o homem real, que vive; não é, por certo, a 'História' que utiliza o homem como meio para alcançar *seus* fins [...], pois a História *não é senão* a atividade do homem que persegue seus objetivos" (Marx-Engels, 2003, p. 111).

Na segunda metade dos anos 1880, Engels – num passo em que exprime a sua posição pessoal, mas, a meu ver, também a de Marx – retoma, com a competência de sempre, a questão da *ausência de qualquer teleologia da história*, ainda que ressalte o caráter teleológico da ação humana. Diz ele que, diversamente da história da natureza, "na história da sociedade, os agentes são todos homens dotados de consciência, que atuam sob o impulso da reflexão ou da paixão, buscando determinados fins; aqui nada se produz sem intenção consciente, sem um fim desejado. [...] Os objetivos visados pelos atos [dos homens] são produto da vontade, mas não o são os resultados que, na realidade, decorrem deles e, mesmo quando momentaneamente parecem ajustar-se aos objetivos visados, encerram finalmente consequências muito diversas das que eram desejadas" (Marx-Engels, 1963, v. 3, p. 198). Ver também a carta de Engels a Joseph Bloch de 21-22 de setembro de 1890 (MEW, 1967, v. 37, esp. p. 463).

72 Ver novamente, supra, cap. II, nota 77.

73 Há, pertinente a esse ponto, uma anotação de Marx à margem do manuscrito que, lida hoje, revela também premonições impressionantes. Nela se afirma que um dos pressupostos práticos para a revolução comunista é que se tenha produzido a "massa da humanidade como absolutamente 'sem propriedade' e, ao mesmo tempo, em contradição com um mundo de riqueza e de cultura existente, condições que pressupõem um grande aumento da força produtiva, um alto grau de seu desenvolvimento [...] – pressuposto prático, absolutamente necessário, pois sem ele apenas se generaliza a escassez e, portanto, com a *carestia*, as lutas pelos gêneros necessários recomeçariam e toda a velha imundice acabaria por se restabelecer; além disso,

apenas com esse desenvolvimento universal das forças produtivas é posto um intercâmbio *universal* dos homens e, com isso, é produzido simultaneamente em todos os povos o fenômeno da massa 'sem propriedade' [...], tornando cada um deles dependente das revoluções do outro; e, finalmente, indivíduos empiricamente universais, *histórico-mundiais*, são postos no lugar dos indivíduos locais. Sem isso, 1) o comunismo poderia existir apenas como fenômeno local; 2) as próprias *forças* do intercâmbio não teriam podido se desenvolver como forças *universais* e, portanto, como forças insuportáveis; elas teriam permanecido como 'circunstâncias' doméstico-supersticiosas; e 3) toda ampliação do intercâmbio superaria o comunismo local. O comunismo, empiricamente, é apenas possível como ação 'repentina' e simultânea dos povos dominantes, o que pressupõe o desenvolvimento universal da força produtiva e o intercâmbio mundial associado a esse desenvolvimento" [38-9, notas de rodapé].

[74] Cravada no *humanismo* marx-engelsiano, essa ideia do desenvolvimento *omnilateral* das faculdades dos indivíduos na sociedade comunista é o que podemos chamar de *ideia-força* de Marx e Engels e recebe formulação conclusiva no *Manifesto do Partido Comunista*; nele, lê-se que, superada a sociedade burguesa, "surge uma associação em que o livre desenvolvimento de cada um é a condição para o livre desenvolvimento de todos" (Marx-Engels, 1998, p. 31). Ver a nota seguinte.

[75] Um desses traços comparece na *Ideologia* – veja-se a seguinte passagem: "Logo que o trabalho passa a ser distribuído, cada um passa a ter um campo de atividade exclusivo e determinado, que lhe é imposto e ao qual não pode escapar; o indivíduo é caçador, pescador, pastor ou Crítico crítico, e assim deve permanecer se não quiser perder seu meio de vida – ao passo que, na sociedade comunista, onde cada um não tem um campo de atividade exclusivo, mas pode aperfeiçoar-se em todos os ramos que lhe agradam, a sociedade regula a produção geral e me confere, assim, a possibilidade de hoje fazer isto, amanhã aquilo, de caçar pela manhã, pescar à tarde, à noite dedicar-me à criação de gado, criticar após o jantar, exatamente de acordo com a minha vontade, sem que eu jamais me torne caçador, pescador, pastor ou crítico" [37-8]. Contemporaneamente, essa consequência da superação da divisão social do trabalho – em que alguns viram laivos de utopismo –, posto o desenvolvimento *atual* (abertura do século XXI) das forças produtivas e o que ele permite vislumbrar, mostra-se uma *possibilidade concreta*, obviamente numa organização social em que o capital perdeu o comando do trabalho.

[76] Em 1860, referindo-se à Liga dos Justos, depois Liga dos Comunistas, Marx escreveu em *Sr. Vogt*: "Durante a minha primeira estadia em Paris [outubro-novembro de 1843 a fevereiro de 1845], travei ali pessoalmente relações com os cabecilhas da 'Liga', bem como com a maioria das sociedades secretas operárias francesas, *mas não entrei em nenhuma dessas sociedades*" (Marx, 1976, v. II, p. 85 [itálicos meus – *JPN*]). Quanto a Engels, na sua "Contribuição à história da Liga dos Comunistas" (1885), ele diz: "Conhecíamos, é claro, a existência dessa Liga; em 1843, Schapper propusera-me que ingressasse nela, coisa a que, é claro, me recusei naquela época" (Engels, em Marx-Engels, 1963, v. 3, p. 158).

[77] Nas páginas subsequentes, haveremos de nos deter sobre esses textos, à exceção daquele que é da exclusiva autoria de Engels (disponível em português em Engels, 1981, p. 82-99). Não faremos, quando tratarmos do *Manifesto do Partido Comunista*, comparações entre ele e o texto de Engels. Se o leitor se dispuser a cotejar os dois materiais, entretanto, verá o quanto do trabalho deste último se refrata no documento de 1848.
Observemos desde já que *Trabalho assalariado e capital* foi publicado em 1849 (nas edições n. 264, 266, 267 e 269 de abril de 1849 da *Nova Gazeta Renana*, jornal de que cuidaremos no

próximo capítulo), mas, de fato, reproduz o essencial de conferências pronunciadas em 1847 para a Sociedade dos Operários Alemães de Bruxelas. Releva notar que, na edição n. 269 da *Nova Gazeta Renana*, o material se concluiu com a indicação "Continua", o que não ocorreu – mas há um manuscrito de Marx, encontrado num caderno intitulado "Bruxelas 1847", que se supõe fazer parte dos estudos preparatórios do autor para aquelas conferências ou mesmo o rascunho de alguma delas ("Arbeitslohn" – MEW, 1959, p. 535-56; sob o título "O salário", esse manuscrito está também disponível em OFME, 1987, v. 11, p. 31-49).

[78] Sobre a propaganda e a agitação levadas a cabo por Engels em colaboração com Hess, em Barmen e em Elberfeld, após o regresso daquele da Inglaterra, ver Mayer, 1979, 209 e seg.

[79] A Constituição belga de 1831 garantia a liberdade de expressão e de impressão (imprensa livre de censura). Bornstedt – suspeito personagem já mencionado quando se tratou, no cap. II deste livro, do *Vorwärts!* –, então exilado em Bruxelas, lançou ali o *Deutsche Brüsseler Zeitung* (Jornal Alemão de Bruxelas), com dois números experimentais em fins de 1846 e circulação periódica entre janeiro de 1847 e fevereiro de 1848. A partir de meados de 1847, Marx e Engels passaram a dirigir politicamente o jornal e a nele publicar; para as contribuições deles ao periódico, entre abril de 1847 e fevereiro de 1848, ver MECW, 1976, v. 6.

[80] O confronto ocorreu na reunião do Comitê de Correspondência Comunista de 30 de março de 1846 e a irada reação de Marx foi registrada por Annenkov (Vv. Aa., 1958, p. 288); também Jones (2017, p. 237-8) anota o incidente.

Weitling, um alfaiate de Magdeburgo, era um criativo autodidata, cuja obra mais conhecida, *Garantias da harmonia e da liberdade* (1842), fora bem apreciada por Marx em 1844. Nos fins dos anos 1830, era já conhecido nos meios revolucionários pelo seu incansável ativismo em defesa dos trabalhadores e, nos meados dos anos 1840, influía nos círculos proletários com uma concepção grosseiramente igualitarista do comunismo. Sobre a polêmica com Weitling, ver Mehring, 2013, p. 129-30; sobre o próprio Weitling, ver o exaustivo trabalho de Seidel-Höppner, 2014.

[81] Sobre Kriege (1820-1850), ver o cuidadoso, mesmo que problemático, estudo de Wesselmann, 2002; a polêmica com Kriege é registrada por Mehring, 2013, p. 130-1. Quanto a Heinzen (1809-1880), ainda permanece referência o livro de Wittke, 1945.

[82] Em outubro, Engels publicou "Die Kommunisten und Karl Heinzen" (Os comunistas e Karl Heinzen) e Marx, em outubro-novembro, "Die moralisierende Kritik und die kritisierende Moral" (A crítica moralizante e a moral criticante) (ver MEW, 1959, v. 4, p. 309-24 e 331-59). O subtítulo do texto de Marx é "Contribuição para a história cultural alemã. Contra Karl Heinzen", e não é apenas irônico: Marx ridiculariza o *estilo* de Heinzen remetendo-se a formas literárias pretéritas, anacronizadas e vulgarizadas pelo autor.

[83] A clareza das formulações de Engels, nesse texto tipicamente publicístico, é notável e mostra a perfeita sincronia intelectual estabelecida entre ele e Marx: "O comunismo não é uma doutrina, é um movimento; não parte de princípios, mas de fatos. Os comunistas não têm como pressuposto esta ou aquela filosofia, mas toda a história passada e especialmente os seus resultados efetivos atuais nos países civilizados. O comunismo nasceu da grande indústria e das suas consequências, da criação do mercado mundial, do livre curso assegurado à concorrência que dele resulta, das crises comerciais cada vez mais violentas e gerais que hoje em dia se tornaram crises do mercado mundial, da criação do proletariado e da concentração do capital, da luta de classes daí resultante entre o proletariado e a burguesia. Na medida em que é teórico, o

comunismo é a expressão teórica da posição do proletariado nessa luta e a síntese teórica das suas condições de emancipação" (MEW, 1959, v. 4, p. 321-2).
A sincronia intelectual antes referida é aludida por Bottigelli (1971, p. 215-6), quando reproduz uma passagem da intervenção de Marx contra o mesmo Heinzen, esclarecendo a concepção do comunismo como "produto de um movimento histórico determinado" (a passagem encontra-se em MEW, 1959, v. 4, p. 357).

[84] É óbvio que, nesse parágrafo, escapa-nos inteiramente a riqueza temática do texto de Marx. Mas não devemos passar por alto um ponto importante: a questão do *federalismo*, que Heinzen punha na mesa, ao mencionar, como observaram pesquisadores soviéticos, como um dos seus "ideais políticos", a "república federativa com instituições sociais", "cujo protótipo seriam os Estados Unidos da América, apresentado como uma espécie de Estado-modelo" – ideia que Marx recusa. Sobre esse ponto, aqueles pesquisadores assim se expressaram: "Denunciando o caráter explorador do Estado norte-americano e da sua sociedade, Marx desferiu um golpe no mito espalhado na Europa que fazia dessa república de além-Atlântico o país da harmonia social. Marx considerava o princípio do federalismo, aplicado na estrutura estatal dos Estados Unidos ou da Suíça, inadequado a uma Alemanha feudal fragmentada, que nessa altura tinha uma extrema necessidade de centralização. O federalismo também não era conveniente do ponto de vista das tarefas do proletariado, cuja unificação seria mais fácil num país centralizado, nem do ponto de vista da luta consequente pelas transformações democráticas burguesas. A federalização da Alemanha, na conjuntura histórica da época, teria mantido em parte o seu particularismo medieval. Por isso, em relação à Alemanha, Marx propunha, em oposição às ideias dos democratas pequeno-burgueses, a exigência de uma 'república *una* e indivisível'" (Fedosseiev, org., 1983, p. 158-9).

[85] Proudhon nos deixou uma obra quantitativamente notável – no último terço do século XX, o editor Ivan Slatkine (Genebra) reeditou boa parte do legado de Proudhon: a *Correspondence*, em sete volumes, e as *Oeuvres complètes*, em dezenove volumes. Tanto para uma bibliografia introdutória ao conhecimento de Proudhon, quanto para apreciações da *Miséria da filosofia*, remeto o leitor à minha "Apresentação à edição brasileira" de Marx, 2017b, cujo texto, no essencial, é resumido nas páginas seguintes.

[86] Não conhecemos nenhum relato de Proudhon das suas conversações com Marx em Paris; a crer-se em Marx, elas diziam respeito a Hegel (e, é lícito supor, à sua dialética), que Proudhon desconhecia por não dominar o idioma alemão; recorda Marx, com sua habitual ironia: "Em longas discussões, contagiei-o, [...] para grande desgraça sua, com um hegelianismo [...]. Após a minha expulsão de Paris, o sr. Karl Grün terminou o que comecei. E esse professor de filosofia alemã ainda tinha sobre mim a vantagem de não entender uma palavra do que ensinava" (carta de Marx a Johann Baptist von Schweitzer, 24 de janeiro de 1865 – reproduzida na edição da *Miséria* que estamos utilizando às p. 197-203).

[87] De acordo com Mehring, Grün, à época, "tinha uma influência desastrosa sobre Proudhon" (Mehring, 2013, p. 125).

[88] O conjunto dessa correspondência, com o texto completo das cartas, está acessível no terceiro volume das obras de Marx coligidas e anotadas por Rubel (Marx, 1982, *Oeuvres*, v. III, p. 1.480-6).

[89] Interpretações que comparecem tanto em pesquisas sérias (por exemplo, Lacascade, 2002) quanto em meras vigarices intelectuais (por exemplo, Attali, 2007).

90 Controle cuja substância vem da Lei Le Chapelier (1791); quanto à legislação maior, lembre-se que o Código Napoleônico (1804) tem um caráter de classe inequívoco: dedica ao trabalho menos de dez artigos e dezenas à propriedade.

91 Na *Miséria*, Marx escreve (2017b, p. 146): "As condições econômicas primeiro transformaram a massa do país em trabalhadores. A dominação do capital criou para essa massa uma situação comum, interesses comuns. Assim, essa massa já é uma classe em relação ao capital, mas não o é ainda para si mesma. Na luta [...] essa massa se reúne, se constitui em classe para si mesma. Os interesses que defende se tornam interesses de classe. Mas a luta entre classes é uma luta política".

92 Sobre a conexão aqui aludida, entre a formulação do *Manifesto do Partido Comunista* e a explosão de 1848, permito-me remeter o leitor ao meu ensaio "Para ler o *Manifesto do Partido Comunista*", em Netto, 2004. Num pequeno texto escrito na passagem do centenário de falecimento de Marx (1983), tematizei a relação da teoria social de Marx com o proletariado, salientando que tal relação "é um nexo imanente que ultrapassa de longe o enlace político" (Netto, 1990, p. 66).

93 Expresso na tentativa, formulada sistematicamente na *Filosofia da miséria*, de operar "uma síntese entre o capitalismo e o socialismo, defendendo, com os economistas burgueses, o princípio da propriedade privada contra os socialistas e criticando, com estes, as taras do capitalismo" (Cornu, 1976, v. 3, p. 81).

94 Ao tempo em que se confronta com Proudhon, "Marx já dominava uma enorme documentação sobre a história do capitalismo, sobre a passagem do capitalismo comercial e manufatureiro [...] ao capitalismo industrial, sobre a concentração de capitais. Ele controlava também uma enorme documentação sobre a história do proletariado" (Lefebvre, 1966, p. 159).
Esse indiscutível conhecimento autoriza Marx, já no "prólogo" da *Miséria*, a apresentar-se – e é a *primeira vez* que ele assim o faz – ao leitor como "economista" (Marx, 2017b, p. 43). Dois anos antes desse "prólogo", ele se identificava como "doutor em filosofia" (ver, supra, neste capítulo, nota 4).

95 De fato, o Proudhon de 1846 sustenta que a emergência de uma nova sociedade ocorrerá "não como novidade imprevista, inesperada, repentino feito das paixões do povo ou da habilidade de alguns homens, *mas pelo retorno espontâneo da sociedade a uma prática imemorial, momentaneamente abandonada*" (em Peter, org., 1964, p. 306 [itálicos meus – *JPN*]).

96 Em Marx, 2017b, p. 185. A "férula" da crítica marxiana, a *Miséria da filosofia*, saiu à luz cerca de um ano depois e, como já indicamos, Proudhon nunca se manifestou publicamente sobre ela.

97 Parece-me indiscutível que, na *Miséria*, a crítica marxiana estabeleceu solidamente a infirmação das concepções teóricas e históricas expendidas na obra proudhoniana de 1846 – mas outra questão é a colocada pela efetiva influência das ideias ali expressadas por Proudhon sobre o movimento operário. Em sua clássica biografia de Marx, cuja redação concluiu em março de 1918, Mehring observou que, apesar da dura crítica da *Miséria*, "a influência de Proudhon sobre a classe trabalhadora francesa e sobre o proletariado nos países latinos em geral cresceu em vez de cair" (Mehring, 2013, p. 133). Esse comentário põe em questão a avaliação de Engels, no seu prefácio à edição alemã do *Manifesto do Partido Comunista*, de 1890, segundo a qual o proudhonismo, nos países latinos, estava em extinção (MEW, 1959, v. 4, p. 585); um ano depois, na sua introdução a *A guerra civil na França*, Engels chegaria mesmo a dizer que a Comuna de Paris foi "o túmulo da escola socialista proudhoniana. Esta escola, hoje, desapareceu dos círculos operários franceses" (em Marx, 2011a, p. 195). Ora, chama a atenção o fato de, na

segunda metade do século XX, os comunistas franceses sentirem a necessidade de, reeditando mais uma vez o livro de Marx de 1847, precedê-lo com uma nótula de Henri Mougin avaliando negativamente a influência proudhoniana no interior do movimento operário – ver o texto de Mougin em Marx, *Misère de la philosophie*, 1972.

[98] Ver, em Marx, 2017b, p. 187-96, o anexo "Carta de Marx a P. V. Annenkov". A correspondência Marx-Annenkov parece ter sido episódica: nos volumes da MEW que arrolam a correspondência de Marx e Engels, só há registro de duas cartas de Marx a Annenkov: esta, de 28 de dezembro de 1846, e uma outra, de 9 de dezembro de 1847 (MEW, 1965, v. 27, p. 451-63 e 472-3).
Pavel Visalyevitch Annenkov (1812-1887) foi um publicista liberal russo que, por vários anos, viveu no Ocidente e esteve ligado a importantes literatos russos – entre outros, Ivan Turguêniev (1818-1883) e Nikolai Gógol (1809-1852). Sobre Annenkov, ver Offord, 1985.

[99] A *Miséria da filosofia*, primeiro livro de Marx como *autor solo* e o único que escreveu em francês, viu a luz em princípios de julho de 1847, numa tiragem de oitocentos exemplares custeados pelo próprio autor. No colofão da obra, lê-se: *Misère de la philosophie. Réponse à la 'Philosophie de la misère' de M. Proudhon*. Paris/Bruxelas, A. Franck/C. G. Vogler, 1847.

[100] Repita-se aqui a já citada consideração de Mandel segundo a qual "entre o fim de 1846 e o começo do ano de 1848 – isto é, essencialmente, no curso do ano de 1847 – Marx e Engels redigiram quatro obras que contêm uma *análise crítica de conjunto do modo de produção capitalista*. [...] Em *Miséria da filosofia* (de Marx), nos *Grunsätze des Kommunismus* [Princípios do comunismo] (de Engels), no *Trabalho assalariado e capital* (de Marx) e no *Manifesto Comunista* (de Marx e Engels)" tem-se "uma visão grandiosa, que examina as leis que fizeram nascer o capitalismo, que analisa os seus méritos históricos (principalmente aquele de ter tornado possível a supressão de todas as classes, graças a um impulso prodigioso das forças produtivas) e que assenta o movimento operário e o movimento comunista sobre a base de uma análise que se quer rigorosamente científica, à base do materialismo histórico" (Mandel, 1968, p. 54 [itálicos meus – *JPN*]).

[101] O leitor deve ser advertido desde já que a teoria do valor assumida por Marx em 1847 e desenvolvida por ele ao longo de suas pesquisas posteriores é um dos *pontos quentes* da polêmica em torno do legado marxiano. Quando tratarmos de *O capital*, ofereceremos subsídios bibliográficos sobre essa polêmica.

[102] Já estamos nos antecipando sobre o cap. 2 da *Miséria da filosofia*: é nele que Marx assinala mais reiteradamente o *desconhecimento histórico-factual* de Proudhon. Depois de escrever, a propósito do trato que Proudhon dá às relações entre condições econômicas e legislação, que, para fazer o que ele faz, "é preciso ser desprovido de todo conhecimento histórico" [82], Marx observa que o autor, "com ares de quem fala da propriedade em geral, trata apenas da *propriedade fundiária*, da *renda fundiária*" e "se reconhece incapaz de compreender a origem econômica da renda e da propriedade. [...] O sr. Proudhon afirma que a origem da propriedade possui algo de *místico e misterioso*" [133].

[103] E Marx, socorrendo-se do domínio bibliográfico que já possui, arrola com perversa erudição, e não só nesse primeiro capítulo, um largo elenco de autores que Proudhon não leu ou leu precariamente; entre eles, de grandes pensadores a outros menores, destaquemos: Ricardo, Smith, Sismondi, Lauderdale, Anderson, Storch, Boisguillebert, Atkinson, Hodgskin, Thompson, Cooper, Bray, Sadler, Lemontey, Ferguson, Babbage, Ure, Rossi, Steuart, Mill e Petty.

[104] No cap. 1 da *Miséria*, Marx refere essa patente incapacidade, por exemplo, no trato da oferta e da demanda [51-3] e da moeda [82-6]; no cap. 2, ele a mostra, por exemplo, na consideração da divisão do trabalho e da maquinaria [111 e seg.] e da relação monopólio/concorrência [126 e seg.].

[105] A ironia marxiana nem isso deixa passar em branco: já o título do capítulo é "Uma descoberta científica"...

[106] Não se confunda John Bray (1809-1895), que é objeto de citação aqui, com John Gray (1799--1883), a que se refere um dos anexos da edição da *Miséria* que utilizamos (Marx, 2017b, p. 165-7). A obra do primeiro, a que Marx remete nesse passo, é de 1839; do segundo, o texto referido é de 1831.

[107] "O sr. Bray não vê que essa relação igualitária, esse *ideal corretivo* que ele gostaria de aplicar no mundo, é apenas o reflexo do mundo atual e, consequentemente, é totalmente impossível reconstruir a sociedade sobre uma base que não passa de uma sombra embelezada de si mesma. À medida que a sombra se torna corpo, percebe-se que esse corpo, longe de ser a transfiguração sonhada, é o corpo atual da sociedade" [78-9].

[108] Com razão, já se escreveu que a *Miséria da filosofia* é "a primeira obra econômica que Marx sempre considerou como parte integrante da sua obra científica da maturidade" (Naville, 1957, p. 291).

[109] Numa "Introdução" que mais tarde (1891) escreveu para uma edição do marxiano *Trabalho assalariado e capital* (ver infra), Engels anotou: "Na década de 1840, Marx ainda não avançara até o limite da sua crítica da economia política. Somente em finais dos anos 1850 essa crítica chegou a seu término. Eis o que explica por que suas obras publicadas antes da *Contribuição à crítica da economia política* (1859) diferem em alguns pontos das posteriores a esta e contêm expressões e frases inteiras que, vistas à luz dos trabalhos subsequentes, se revelam inexatas e, inclusive, manifestamente falsas" (OFME, 1987, v. 11, p. 1).

[110] São muitos os estudos que abordam a relação da concepção marxiana do valor com as formulações de Ricardo; uma síntese dessa relação, levando em conta especialmente o Marx posterior a 1847, é oferecida por Nunes, 2008, p. 293-359.

[111] Diz Mandel (1968, p. 147 e 148), referindo-se exatamente aos textos que contêm a já referida "primeira análise crítica do conjunto do modo de produção capitalista" que, da *Miséria da filosofia* ao *Manifesto do Partido Comunista*, "Marx e Engels permanecem ligados à ideia de que a tendência geral dos salários, no regime capitalista, é a de baixar no sentido absoluto do termo e de cair para o mínimo fisiológico de subsistência"; só uma década depois, Marx adquire, nos *Grundrisse*, "uma visão mais dialética, mais completa e mais amadurecida do problema dos salários [...] que, praticamente, não será mais modificada até à redação de *O capital*".
Sobre as ideias de Marx acerca da pauperização dos trabalhadores, são elucidativas as páginas de Rosdolsky, 2001, p. 251 e seg. (quanto à importância de Rosdolsky não só na análise textual de Marx, ver Albuquerque, 2012).

[112] A consequência necessária dessa liquidação é a liquidação da própria história – dela resulta que "já não há história" [107 e 110]. A ausência de uma historicidade real na *Filosofia da miséria* é algo que Marx enfaticamente põe em evidência em vários passos da sua crítica; em alguns deles, suas notações são de extrema relevância: por exemplo, a determinação, ignorada por Proudhon, de "que toda a história não é mais que uma transformação contínua da natureza humana" [128].

¹¹³ E uma década depois, com a explicitação teórico-metodológica contida nos *Grundrisse*, ver-se-á mais claramente a centralidade da categoria de *totalidade* no pensamento de Marx.

¹¹⁴ É como "doutrinário" que Marx o caracteriza na carta a Annenkov [194].

¹¹⁵ Ver Marx, 2011b, p. 69. Note-se, porém, que: *a)* no prefácio (23 de junho de 1869) escrito para a segunda edição desse estudo, Marx menciona o livro de Proudhon (*La révolution sociale demontrée par le coup d'État du 2 decembre*, de 1852) sobre o mesmo objeto, sublinhando a diferença entre suas interpretações históricas (ibidem, p. 18); e *b)* na carta a Schweitzer (1865), que logo citaremos, qualifica *La révolution sociale* como "uma verdadeira vilania" e diz de um outro trabalho de Proudhon (que tocava na situação da Polônia) que "demonstra o cinismo próprio de um cretino" (ver Marx, 2017b, p. 203).

Há indicações de que, antes da publicação de *O 18 de brumário*, Marx escreveu um longo artigo sobre o livro de Proudhon lançado em 1851 (*Idée générale de la révolution au XIXe siècle*), mas o manuscrito teria se perdido, segundo Rosdolsky (2001, p. 24).

¹¹⁶ Para mais referências a Proudhon nos *Grundrisse*, ver Rosdolsky, cit. Em outros materiais que, como os *Grundrisse*, não foram preparados para publicação, referências duramente críticas a Proudhon se repetem: por exemplo, em Marx, 2010b (nessa fonte, além de reiterar nas p. 171-2 críticas contidas nos *Grundrisse*, outras são formuladas nas p. 402-3).

¹¹⁷ "Nada é mais falso do que o modo pelo qual a *sociedade* é considerada tanto por economistas como por socialistas em relação às condições econômicas. Proudhon, por exemplo, afirma contra Bastiat [...]: 'Para a sociedade, a diferença entre capital e produto não existe. Essa diferença é inteiramente *subjetiva* aos indivíduos'. Portanto, chama justamente o social de subjetivo; e chama a sociedade de abstração subjetiva. A diferença entre produto e capital é precisamente a de que, como capital, o produto exprime uma relação particular, pertencente a uma forma histórica de sociedade. A assim chamada consideração sob o ponto de vista da sociedade nada mais significa do que perder de vista as *diferenças*, justamente as diferenças que expressam a *relação social* (relação da sociedade burguesa). A sociedade não consiste de indivíduos, mas expressa a soma de vínculos, relações em que se encontram esses indivíduos uns com os outros. É como se alguém quisesse dizer: do ponto de vista da sociedade, não existem escravos e cidadãos: ambos são seres humanos. Pelo contrário, são seres humanos fora da sociedade. Ser escravo e ser cidadão são determinações, relações sociais dos seres humanos *A* e *B*. O ser humano *A* enquanto tal não é escravo. É escravo na e pela sociedade. O que o senhor Proudhon diz aqui do capital e do produto equivale a dizer que, para ele, do ponto de vista da sociedade, não existe nenhuma diferença entre capitalistas e trabalhadores, uma diferença que só existe precisamente do ponto de vista da sociedade" (Marx, 2011, p. 205 [todo este parágrafo, no original, vem entre parênteses – *JPN*]).

¹¹⁸ Daqui em diante, todas as citações de *O capital* são extraídas da edição da Boitempo, salvo quando expressamente indicada outra fonte.

¹¹⁹ MEW, 1974, v. 26.1 e v. 26.2 e 1976, v. 23.6; as citações seguintes remetem à edição brasileira do Livro IV em três volumes: Marx, 1980, v. I; 1983, v. II; e 1985, v. III.

¹²⁰ Proudhon, todavia, é citado por outros membros da Internacional – ver Musto, org., 2014.

¹²¹ Ver Marx-Engels, OFME, 1988, v. 17, p. 219-52.

¹²² Ver a "advertência" de Rubel em Marx, 1965, *Oeuvres*, v. I, p. liii.

[123] Ver a "Carta de Marx a J. B. Schweitzer" (Marx, 2017b, p. 197-203). *Der Socialdemokrat* era o órgão oficial da Associação Geral dos Operários Alemães, fundada em 1863 por Lassalle; Schweitzer dirigiu-o entre 1864 e 1867.

[124] Sobre as Ligas, ver Obermann, 1955; Mijailov, 1968; Andréas, 1972; Bravo, 1977; Hundt, 1993; Lattek, 2006; Seidel-Höppner, 2014. A recolha mais exaustiva de documentos da Liga dos Comunistas encontra-se nos três volumes preparados por Förder et al., 1982-1983-1984.

[125] Decidiu-se também substituir a antiga consigna ("Todos os homens são irmãos") por aquela que seria incorporada no *Manifesto do Partido Comunista*: "Proletários de todos os países, uni-vos!". A substituição, ao que parece, deveu-se à sugestão de Engels, que representou, em Londres, o núcleo de Paris.

[126] O estatuto da Liga, que seria aprovado no II Congresso, foi depurado, sob a influência de Marx e de Engels, "de todos os elementos próprios das sociedades secretas: ritual semimístico de admissão de membros, juramento de fidelidade, regulamentação minuciosa dos deveres, concentração excessiva do poder nas mãos dos dirigentes" (Fedosseiev, org., 1983, p. 144). Quanto ao periódico oficial (*Die Kommunistische Zeitschrift* [Revista Comunista]), ele só teve um número editado, em setembro de 1847.

[127] E, de fato, a situação financeira da família Marx se deteriorou muito no decorrer de 1847, tanto em função da crise europeia quanto de despesas inesperadas do próprio Marx (entre elas, o custeio pessoal da edição da *Miséria da filosofia*). Em setembro daquele ano, aliás, ele viajou à Holanda para negociar com familiares fundos relacionados à herança a que tinha direito, mas regressou a Bruxelas de mãos vazias. Só semanas depois, seguramente em função da sua viagem à Holanda e das conversas que teve com parentes, a mãe liberou uma parcela do que lhe cabia (cerca de 6 mil francos), o que lhe permitiu saldar suas dívidas. Veremos, mais adiante, que o provável destino de parte dessa soma nas mãos de Marx forneceria às autoridades belgas elementos para agir contra ele.
No I Congresso, quem representou em Londres o núcleo de Bruxelas foi Wilhelm Wolff, apelidado "Lupus" – a ele, seu "inesquecível amigo", "impávido, fiel e nobre paladino do proletariado", Marx dedicou a única parte que em vida publicou de *O capital* (o Livro I).

[128] "Entre os dias 16 e 18 de setembro de 1847, realizou-se em Bruxelas um congresso internacional de economistas, no qual líderes da liga inglesa contra a lei dos cereais, que acabavam de sair vitoriosos de uma batalha pela isenção de tarifas sobre a importação de grãos, juntaram-se a seus congêneres de todo o continente para exigir o livre comércio global. A opinião desses líderes prevaleceu sobre a dos poucos adeptos do protecionismo presentes no congresso" (Sperber, 2014, p. 204).
Sperber refere-se à *Anti-Corn Law League* (Liga contra as Leis dos Cereais), criada em 1838 pelos industriais Richard Cobden e John Bright, de Manchester. No texto a que aludiremos em seguida ("Discurso sobre o problema do livre-câmbio"), a atividade dessa liga burguesa é comentada por Marx.

[129] Um jornal belga – *Atelier Démocratique* (Oficina Democrática) – divulgou-o em sua edição de 29 de setembro de 1847, e a correspondência de Engels saiu na edição de 9 de outubro de 1847 do jornal inglês. O texto de Marx, "Die Schutzzöllner, die Freihandelsmänner und die arbeitende Klasse" (Os protecionistas, os homens do livre comércio e a classe trabalhadora) encontra-se em MEW, 1959, v. 4, p. 296-8; o de Engels, "Der Freihandelskongress in Brüssel" (O Congresso do Livre Comércio em Bruxelas), na mesma fonte, p. 299-308.

[130] Naqueles dias, Marx e Engels, além das atividades estritamente congressuais, participaram de eventos promovidos pelos Democratas Fraternais e se dedicaram a preparar o que seria um "congresso democrático internacional", que pretendiam realizar em Bruxelas, em agosto de 1848 (para coincidir com as comemorações do 18º aniversário da revolução belga de 1830); a revolução que fez tremer a Europa em 1848 obviamente impediu a implementação do projeto. Num ato público (29 de novembro) organizado pelos Democratas Fraternais para celebrar a Insurreição Polonesa de 1830 (movimento pela independência afogado em sangue pelas tropas do tsar Nicolau I), Marx pronunciou um discurso em que apelava à solidariedade dos trabalhadores para com as lutas dos poloneses e outros povos oprimidos. A situação contemporânea da Polônia era uma das preocupações de Marx: pouco tempo depois do Congresso de Londres, ocupou-se dela em uma conferência pública (Bruxelas, 22 de fevereiro de 1848) a propósito da insurreição de 1846 na Cracóvia.

Ainda naqueles dias em Londres, Marx e Engels intervieram junto à Associação Cultural dos Trabalhadores Alemães: "a 30 de novembro", nela Marx proferiu "uma conferência sobre as questões do movimento proletário e da propaganda comunista" e Engels, "a 30 de novembro e a 7 de dezembro", fez pronunciamentos "tratando sobretudo de problemas de economia" (Fedosseiev, org., 1983, p. 165).

[131] O "Estatuto da Liga dos Comunistas", aprovado a 8 de dezembro de 1847, compunha-se de cinquenta artigos, distribuídos por dez seções. A sua íntegra encontra-se em MEW, 1959, p. 596-601; a citação feita aqui reproduz o artigo 1 (ibidem, p. 596).

[132] Por isso são pertinentes as palavras de Magalhães-Vilhena, nas suas "notas complementares" à edição lusitana do *Manifesto do Partido Comunista* (em Marx-Engels, 1975, p. 113): "O *Manifesto Comunista* não se contenta com ser uma obra de autores [...]. Ao contrário, vê-se agora mais claramente que o *Manifesto*, através de Marx e de Engels e por obra deles, reflete o clima de discussões e polêmicas e de reflexão teórica coletiva e dá expressão excepcional a uma corrente de opinião existente entre outras correntes que, com razões diversas, então se afirmavam comunistas".

[133] Poucos meses depois da morte de Marx, num prefácio ao *Manifesto* datado de 28 de junho de 1883, Engels – com as suas peculiares modéstia e generosidade – escrevia que o "pensamento basilar que percorre todo o *Manifesto* [...] pertence única e exclusivamente a Marx" (Marx-Engels, 1998, p. lxxxvi-lxxxvii).

Analistas rigorosos, sem minimizar a contribuição de Engels, assinalam que, do ponto de vista formal (ou, se se quiser, literário), o *Manifesto* é obra quase exclusiva de Marx: um deles, por exemplo, diz que "o documento evidentemente reflete as visões de ambos, mas é quase certo que o texto final foi redigido por Marx" (Hobsbawm, 1998, p. 293; observe-se que, em janeiro de 1848, Marx deu forma ao *Manifesto* sem a direta participação de Engels, que em fins de dezembro de 1847 deslocou-se para Paris – ver Vv. Aa., 1986a, p. 124).

[134] O panfleto, posto que manifesto de um coletivo político, na sua primeira edição não tem mencionada a autoria – somente na apresentação de Harney à primeira tradução inglesa do texto, vertida por Helen MacFarlane (1818-1860) e veiculada em novembro de 1850 pelo periódico cartista *Red Republican* (Republicano Vermelho), comparecem os nomes de Marx e Engels. Lembre-se também que o título original foi reduzido a *Manifesto Comunista* em 1872. Para a história editorial do documento, permanece referência a pesquisa de Andréas, 1963; informações mais recentes encontram-se em Hobsbawm, 1998, p. 293-8. Não há números precisos acerca da tiragem da primeira edição, que foi reimpressa mais duas vezes até abril-maio

de 1848 (Fedosseiev, org., 1983, p. 169; Hobsbawm, 1998, p. 294), mas estima-se que, no total, a tiragem atingiu cerca de 3 mil exemplares.

A fortuna crítica do *Manifesto*, como se pode inferir, por exemplo, de Eubanks, 2015, é quase imensurável; impossível resumi-la aqui, mesmo em sumaríssimo rol de fontes. Baste-nos assinalar, por um lado, que parte significativa dos títulos elencados na bibliografia apresentada ao fim deste volume tematiza, de uma forma ou de outra, o documento de 1848; e, por outro, que a passagem do seu sesquicentenário de publicação (1998) motivou, em todo o mundo e também no Brasil, ampla divulgação de estudos diretamente conectados a ele, vários referenciados na bibliografia.

[135] De fato, no *Manifesto*, essa determinação aparece alargada: "A história de toda a sociedade até hoje moveu-se entre antagonismos de classes, que em diferentes épocas tiveram formas diferentes" [29].

[136] Ademais, a programática do *Manifesto* não se apresenta como um receituário de aplicação indiferenciada: seus autores têm clara e plena consciência da desigualdade do desenvolvimento do modo de produção que embasa a sociedade burguesa nos diversos países e que as medidas que propõem, com vistas aos "países mais avançados", "é claro [que] serão diferentes conforme os diferentes países" [30].

[137] Recordemos a passagem, já assinalada, dos *Manuscritos econômico-filosóficos de Paris* (1844), em que se afirma que "o comunismo [...] é o momento *real*, necessário para o próximo desenvolvimento histórico, da emancipação e recuperação humanas" (Marx, 2015, p. 359); ou aquela anotação ao manuscrito de *A ideologia alemã*, em que se lê que "o comunismo não é para nós um *estado de coisas* [*Zustand*] que deve ser instaurado, um *Ideal* para o qual a realidade deverá se direcionar. Chamamos de comunismo o movimento *real* que supera o estado de coisas atual. As condições desse movimento [...] resultam dos pressupostos atualmente existentes" (Marx--Engels, 2007, p. 38n).

[138] Nesse passo do *Manifesto*, Marx e Engels recuperam os avanços que alcançaram na *Ideologia* – como se viu, ali a atenção que conferem à *propriedade privada burguesa* é determinante. No *Manifesto*, tal determinação expressa-se inclusive no plano da ação política: ao mencionar o apoio que, em toda parte, os comunistas devem dar a "todos os movimentos revolucionários contra as condições políticas e sociais existentes", afirmam que devem colocar "em destaque, como a questão fundamental, a questão da propriedade, seja qual for a forma [...] que ela possa ter assumido" [46].

[139] Concepção que assenta em determinações mais explicitadas nos precedentes "Princípios do comunismo". Indicando que, pela existência do mercado mundial, o desenvolvimento social nos países mais avançados (designados ali como "países civilizados") tornou a burguesia e o proletariado "as duas classes decisivas da sociedade" e converteu a sua luta "no principal combate dos nossos dias", Engels escreveu que, "consequentemente, a revolução comunista não será uma revolução puramente nacional: produzir-se-á simultaneamente em todos os países civilizados", "mais ou menos rapidamente" conforme suas particularidades; mas "exercerá um considerável impacto nos outros países do mundo, alterando radicalmente o curso do desenvolvimento que têm seguido até agora. Trata-se de uma revolução universal e, por isso, terá um âmbito também universal" (Engels, 1981, p. 94).

[140] Ver as cartas de Engels a Friedrich Adolph Sorge (29 de novembro de 1886), a Joseph Bloch (21-22 de setembro de 1890), a Conrad Schmidt (27 de outubro de 1890) e a Walther Borgius (25 de janeiro de 1894), recolhidas respectivamente em MEW, 1967, v. 36 e 1968, v. 38 e 39.

[141] G. Haupt et al., orgs., 1974; Pinsky, org., 1980; Galissot, em Hobsbawm, org., 1984, v. IV; Löwy, 2000; Hobsbawm, 2008; Paula, 2008; Arcary, 2009.

[142] Todos esses processos têm sido verificados contemporaneamente por vários estudos, elaborados por pesquisadores dos mais diferenciados quadrantes teóricos. Apenas à guisa de sumaríssima indicação bibliográfica, ver Chesnais, 1996; Dreifuss, 1996; Chossudovsky, 1999; Amin, 2003; Calabrese e Sparks, orgs., 2004; Costa, 2008; Brunhoff et al., 2010; Foster et al., 2011; Nunes, 2012; Piketty, 2014; Montoro, 2016. Há também úteis materiais publicitados em informes de organizações não governamentais; vide os da Oxfam (Oxford, Reino Unido) e os do Centre Tricontinental (Louvain-la-Neuve, Bélgica); recorra-se ainda aos dados oferecidos pelo WID.world (World Inequality Database).

[143] Quanto aos progressos do pensamento econômico de Marx, o exame do manuscrito "O salário" – mencionado na nota 77, supra, neste capítulo, arrolando os autores a que ele recorreu para a preparação das conferências (Atkinson, Carlyle, McCulloch, Wade, Babbage, Ure, Rossi, Cherbuliez – ver OFME, 1987, v. 11, p. 31-5) – demonstra tanto a continuidade/extensão dos seus estudos no período como a preocupação em oferecer à sua audiência uma informação fundada em múltiplas fontes. Do ponto de vista do conteúdo, "O salário" não excede substantivamente a exposição de *Trabalho assalariado e capital* e, por isso, não nos deteremos sobre ele.

[144] Em 1891, para uma reedição desse material em grande tiragem, Engels aduziu em notas várias achegas esclarecedoras ao texto: em especial, onde Marx referiu-se a "trabalho" como mercadoria, Engels registrou "força de trabalho" (ver a sua "Introdução" em OFME, 1987, v. 11, p. 1-7).

[145] Resumo aqui as informações de Gabriel, 2013, p. 176-81; para mais esclarecimentos sobre a situação de Marx em Bruxelas, em fevereiro-março de 1848, ver Somerhausen, 1946, p. 183 e seg.

IV. Colônia e Londres: revolução e exílio (1848/1849-1856)

1 Como é possível verificar na bibliografia deste livro, há farta documentação sobre o processo revolucionário de 1848. Destacamos, dentre os títulos nela arrolados, os de Fejtö, org., 1948; Noyes, 1966; Duveau, 1967; Robertson, 1971; Hamerow, 1972; Agulhon, 1975; Siemann, 1985; Sigmann, 1985; Price, 1988; Jones, 1995; Dipper e Speck, orgs., 1998; Jansen e Mergel, orgs., 1998; Dowe et al., orgs., 2001; Evans e Von Strandmann, orgs., 2002; Hachtmann, 2002; Sperber, 2005; Rapport, 2008; Riot-Sarcey e Gribaudi, 2008.

2 Quase todos os biógrafos mencionados na bibliografia do presente livro detêm-se na participação de Marx e Engels no processo revolucionário de 1848-1849. Mas particularmente sobre esse ponto permanecem indispensáveis os trabalhos de Becker, 1963; Hammen, 1969; Schmidt e Schröder, orgs., 1972-1973; e o ensaio de Claudín, 1975. Centrados especialmente em Marx, destaquem-se o texto de Cornu, 1948, e a pesquisa de Steiner, 1978.

3 De fato, nos círculos revolucionários, muitos previram a iminência de disrupções sociopolíticas no curto prazo: por exemplo, numa circular da Liga dos Justos, ainda de fevereiro de 1847, anunciava-se a proximidade de "uma revolução grandiosa, que provavelmente decidirá por um século os destinos da humanidade" (citado em Claudín, 1975, p. 2). Mas também conservadores pressentiam convulsões; um pensador que então era deputado advertia a seus pares, em discurso de janeiro de 1848: "Diz-se que não há perigo [...]; diz-se que, como não há desordem material na superfície da sociedade, as revoluções estão longe de nós. Senhores, permiti-me dizer-vos que creio que vos enganais. [...] Olhai o que se passa no seio dessas classes operárias [...]. Tal é,

senhores, minha convicção profunda: no momento em que estamos, creio que dormimos sobre um vulcão; disso estou profundamente convencido" (Tocqueville, 1991, p. 42-3).
Engels, por seu turno, em artigos sobre a conjuntura europeia ao longo de 1847 e inícios de 1848, publicados no *The Nortern Star* (jornal do cartismo inglês), em *La Réforme* (da esquerda francesa) e no belga *Deutsche Brüsseler Zeitung*, também considerou a aproximação da tormenta revolucionária (alguns desses textos estão coligidos em MEW, 1959, v. 4 e em OFME, 1981, v. 2). E nos seus já referidos *Princípios do comunismo*, redigidos em novembro de 1847, Engels anotou que "a revolução proletária [...] se aproxima" (Engels, 1981, p. 92).

4 Na sequência imediata da queda da monarquia francesa, Ferdinand Flocon, membro do governo provisório, enviara a Marx uma carta em nome do povo francês, datada de 1º de março, comunicando-lhe que a França revolucionária anulava a sua expulsão (decretada em janeiro de 1845): "A tirania baniu-vos, a França livre abre-vos as suas portas" (ver Fedosseiev, org., 1983, p. 179).

5 Acerca do processo revolucionário em Colônia e seu contexto, ver Seyppel, 1991, Herres, 1998 e as contribuições coligidas em Lennartz e Mölich, orgs., 1998; ver ainda Heitmann, 2009. Engels também terá em Colônia, ao lado de Marx, o centro da sua atuação – contudo, por ter se envolvido diretamente em operações militares, circulou por várias regiões alemãs; ver Mayer, 1979, p. 289-346 e Vv. Aa., 1986a, p. 133-74.

6 A repressão aos movimentos de 1848-1849, durante seu processamento e imediatamente após a sua derrota, foi brutal em todas as partes. Não cabe detalhar aqui a violência desencadeada pelas forças reacionárias: basta-nos dizer somente que foi emblemática, até mesmo por expressar, em toda a sua crueza e no máximo grau, o ódio de classe dos privilegiados em face dos despossuídos em luta. A chacina comandada por Cavaignac, o general da contrarrevolução, lançou 300 mil homens contra 40 mil trabalhadores parisienses em junho de 1848 (Claudín, 1975, p. 168); segundo um balanço conservador, contaram-se cerca de 5 mil mortos, 11 mil presos e 4.300 deportados (Ferro, 2011, p. 301). Hobsbawm detalha e precisa tais números: "Cerca de 1.500 caíram na luta das ruas [...]. É característica da ferocidade do ódio que os ricos nutrem pelos pobres o fato de que uns 3 mil foram trucidados depois da derrota, enquanto outros 12 mil foram aprisionados, a maioria deportada para campos de trabalho na Argélia" – o grande historiador lembra, dimensionando a barbárie da repressão de junho, que "a revolução de fevereiro em Paris custara apenas 370 vidas" (Hobsbawm, 1982, p. 37).
Insista-se em que a documentação disponível sobre 1848 registrou *em todas as partes* uma brutal repressão – também a explosão revolucionária em Berlim foi respondida pela soldadesca com uma fuzilaria que consumiu 100 mil cartuchos: "A luta pela liberdade em Berlim foi muito mais mortífera do que em qualquer outro lugar da Europa naquela ocasião" [meados de março] (Gabriel, 2013, p. 188-9).

7 Acerca do longo exílio inglês de Marx em Londres, que adiante tematizaremos, vários dos biógrafos já citados oferecem elementos úteis (Mehring, Fedosseiev, Gabriel, Sperber, Jones, entre outros).

8 Nas páginas imediatamente seguintes às dessa citação, Hobsbawm dedica-se a explorar as diferenças existentes entre os territórios convulsionados pela revolução.

9 É indiscutível, como assinalou Claudín nessa passagem, o caráter europeu de 1848. Mas são inegáveis alguns influxos transatlânticos: ver, por exemplo, Reynolds, 1988, Thomson, org., 2002 e Roberts, 2009; Hobsbawm (1982, p. 30) registra-os na Colômbia e no Brasil; aqui,

ideólogos da Revolução Praieira (Pernambuco, fins de 1848 a começos de 1850) acompanharam com simpatia os eventos parisienses de 1848 (Chacon, 1965, p. 23 e seg.).

10 Hobsbawm (1982, p. 30) cita "França, Alemanha Ocidental, Alemanha Oriental, Áustria, Itália, Hungria, parte da Polônia e Romênia" e acrescenta: "Os efeitos políticos da revolução também podem ser vistos como sérios na Bélgica, Suíça e Dinamarca".

11 Mas não foram de pouca monta os ganhos revolucionários propiciados pela revolução em Paris: o governo provisório saído das jornadas de fevereiro, até abril (quando se realizaram eleições gerais), editou diplomas referentes à abolição da escravatura nas colônias, ao sufrágio universal masculino e às liberdades de reunião e de expressão (em um mês, só em Paris viram a luz 171 jornais), criou as "oficinas nacionais" para assegurar emprego, reduziu a jornada de trabalho e aboliu a pena de morte para crimes políticos (ver Gabriel, 2013, p. 184, 197). Boa parte dessas conquistas não sobreviveu ao bonapartismo instaurado pelo golpe de 2 de dezembro de 1851.

12 Noutro passo do mesmo romance, Flaubert dá conta da atmosfera da capital: "A inquietação e a curiosidade levavam toda a gente para fora de casa. O descuido do vestuário atenuava a diferença das categorias sociais, o ódio escondia-se, as esperanças exibiam-se, a multidão estava cheia de doçura. O orgulho de um direito conquistado brilhava em todos os rostos. Havia uma alegria de carnaval, ostentavam-se uns ares de bivaque; nada foi mais divertido do que o aspecto de Paris, nos primeiros dias" (Flaubert, 2015, p. 309).
Sabe-se que a versão definitiva de *A educação sentimental* é de 1869 e que evocações da Revolução de 1848 refiguradas na obra tiveram por base observações pessoais de Flaubert na Paris dos dias inaugurais da República; ver Cento, 1967 e Winock, 2013.

13 Lembre-se que a primavera boreal, a primavera do hemisfério Norte, estende-se de 21 de março a 20 de junho.

14 A afirmação de Claudín, aliás, recupera a notação de Engels, de 1895, no prefácio a Marx, 2012a, p. 13: "No mês de junho [de 1848], foi travada em Paris a primeira grande batalha pela supremacia entre proletariado e burguesia"; e acrescenta que então teve "início o grande embate decisivo".

15 É já no exílio inglês que Marx desenvolverá, como no trecho que acabamos de citar, a sua análise mais detida da experiência revolucionária de 1848-1849 e que assinalaremos na devida altura. O trato marxiano da derrota do proletariado parisiense em junho de 1848 (seguida de intensa repressão) não foi, porém, algo apenas posterior ao refluxo do processo revolucionário de 1848. Sinalizando que não lhe chegavam notícias de Paris desde o dia 24 de junho, o diário de que Marx era redator-chefe em Colônia, a *Nova Gazeta Renana* (a que adiante nos referiremos), publicou um artigo seu a 29 daquele mês. Num texto estilisticamente brilhante, Marx solidariza-se com os trabalhadores parisienses: afirma que eles "foram *esmagados* pela superioridade numérica, não foram *abatidos* por ela. Foram *batidos*, mas seus opositores foram *vencidos*. O triunfo momentâneo da força bruta foi comprado com o aniquilamento de todas as mistificações e ilusões da revolução de fevereiro, com a decomposição de todo o velho partido republicano, com a cisão da nação francesa em duas nações, a nação dos proprietários e a nação dos trabalhadores. A república tricolor traz somente *uma cor*, a cor dos caídos, a *cor do sangue*. Ela se tornou *república vermelha*. [...]
A *revolução de fevereiro* foi a *bela* revolução, a revolução da simpatia geral, porque os antagonismos que eclodiram nela contra a realeza, *não desenvolvidos*, dormitavam em comum acordo um ao lado do outro, porque a luta social que constituía seu fundamento alcançara apenas uma existência etérea, a existência de uma frase, da palavra. A *revolução de junho* é a revolução *odiosa*,

a revolução repulsiva, porque o fato ocupou o lugar da frase, porque a república desnudou a própria cabeça do monstro, ao derrubar-lhe a coroa protetora e dissimuladora. [...]
Nenhuma das revoluções da burguesia francesa desde 1789 foi um atentado à *ordem*, pois deixaram subsistir a dominação de classe, a escravidão do trabalhador, a *ordem burguesa*, por mais que a forma política dessa dominação e dessa escravidão mudasse. Junho atentou contra esta *ordem*. Ai de junho!" (Marx, 2010a, p. 126, 128).

[16] Marx refere-se aqui à monarquia de julho, instaurada pela Revolução de Julho de 1830, na qual a burguesia, à frente de forças populares, pôs a correr Carlos X e levou ao poder Luís Filipe, derrubado pela Revolução de Fevereiro de 1848. Marx caracteriza a monarquia de julho deste modo: "Quem reinou sob Luís Filipe não foi a burguesia francesa, mas *uma facção* dela: os banqueiros, os reis da bolsa, os reis das ferrovias, os donos das minas de carvão e de ferro e os donos de florestas em conluio com uma parte da aristocracia proprietária de terras, a assim chamada *aristocracia financeira*. Ela ocupou o trono, ditou as leis nas câmaras, distribuiu os cargos públicos desde o ministério até a agência do tabaco.
A *burguesia industrial* propriamente dita compunha uma parte da oposição oficial, isto é, ela só estava minoritariamente representada na Câmara. Sua oposição despontava de modo tanto mais resoluto quanto mais claramente se desenvolvia a tirania da aristocracia financeira e quanto mais ela própria imaginava assegurado seu domínio sobre a classe operária após as revoltas de 1832 [insurreição republicana em Paris], 1834 [levante operário em abril, em Lyon] e 1839 [rebelião operária em Paris], que foram afogadas em sangue" (Marx, 2012a, p. 37).

[17] O texto de que extraímos esses parágrafos foi publicado no n. 156 (30 de novembro de 1848) da *Nova Gazeta Renana* (a que logo voltaremos). Nele Marx ainda apontava com otimismo vitórias populares recentemente alcançadas na Itália (Livorno e Roma); ver Marx, 2010a, p. 308-11. Quanto às datas referidas, note-se:
• 10 de abril – grande manifestação cartista em Londres, interrompida por forças policiais e militares;
• 15 de maio – a Guarda Nacional burguesa reprimiu uma ação revolucionária dos trabalhadores de Paris;
• 25 de junho – a insurreição do proletariado de Paris foi sufocada em sangue;
• 6 de agosto – Milão foi ocupada pelas tropas austríacas, que derrotaram o movimento de libertação nacional no Norte da Itália;
• 1º de novembro de 1848 – as tropas do marechal de campo Windischgrätz invadiram Viena.

[18] Uma excelente síntese desse evolver do pensamento burguês, posta a sua ruptura com a herança progressista e claramente inspirada em Lukács, está disponível em Coutinho, 2010, p. 21-59.

[19] Essa indicação seminal de Marx foi por ele desdobrada em vários passos do Livro IV de *O capital* – os três volumes sobre as teorias da mais-valia (Marx, 1980-1983-1985).

[20] Além do ensaio citado, supra, cap. III, nota 70, as mais substanciais e decisivas elaborações lukacsianas no tocante à problemática da decadência ideológica encontram-se em Lukács, 1968 e 2005.

[21] Lembre-se que, na última página do *Manifesto do Partido Comunista*, lê-se que "é sobretudo para a Alemanha que os comunistas dirigem a sua atenção, porque a Alemanha está às vésperas de uma revolução burguesa [...] e porque a revolução burguesa alemã só poderá ser [...] o prelúdio imediato de uma revolução proletária" (Marx-Engels, 1998, p. 46).

[22] A convicção de Marx de que o processo revolucionário logo se estenderia à Confederação Germânica fundava-se no seu conhecimento da conjuntura alemã; de Bruxelas, ele (e Engels) acompanhara(m) a situação dos Estados componentes da Confederação.

A crise econômica também chegara aos Estados germânicos: desde 1844, o preço dos gêneros alimentícios aumentara em mais de 50%; na Prússia, a maior unidade da Confederação, com seus 16 milhões de habitantes, havia dezenas de milhares de famintos e em Berlim cerca da metade dos habitantes recorria à assistência aos pobres para sobreviver; em 1847, milhares de pessoas morreram por inanição na Prússia Oriental e na Alta Silésia. O interior do país, de economia dominantemente agrícola, era palco de levantes intermitentes (em abril de 1847, a *Dieta* – o Parlamento, composto por maioria de aristocratas prussianos – registrou 150 revoltas por falta de alimentos).

[23] Escritora hostil a Marx relata que, no encontro, "Flocon oferece-lhe dinheiro para fundar um jornal. Ele recusa a fim de conservar sua independência [em relação ao] ministério francês" (Giroud, 1996, p. 93).

[24] Em carta de 12 de março a Engels, que ainda estava em Bruxelas, Marx comunica a formação da nova direção (Autoridade Central) da Liga dos Comunistas: Marx, presidente; Schapper, secretário; Wallau, Wolff, Moll, Heinrich Bauer e o próprio Engels – ver MEW, 1965, v. 27, p. 118.

[25] Afirmam historiadores soviéticos: "O governo provisório, interessado em que os operários revolucionários estrangeiros deixassem a França, declarou-se pronto a apoiar materialmente a legião alemã. O ministro de Negócios Estrangeiros, Lamartine, que hipocritamente se pronunciava a favor da ideia da criação das legiões estrangeiras, na realidade comunicou secretamente esse plano aos representantes diplomáticos dos Estados alemães e só pensava em livrar-se por qualquer meio dos operários revolucionários exilados, que já eram aguardados na fronteira da França por forças armadas dos governos monárquicos" (Vv. Aa., 1986a, p. 137).
Ao mencionar-se "Estados alemães", evoquemos, mais uma vez, a ausência de um Estado nacional alemão unificado: "Desde 1815, constituía a Alemanha uma Confederação Germânica com 39 estados: o Império Austríaco, o reino da Prússia, os reinos de Hanover, Saxônia, Baviera e Württemberg, mais 29 grandes ducados e principados e 4 cidades livres. O único órgão comum, a *Dieta* confederal, tinha sede em Frankfurt, sob a presidência da Áustria. Não era uma assembleia eleita: era uma assembleia de plenipotenciários que representavam os soberanos" (Claudín, 1975, p. 349). Não por acaso, o primeiro ponto do programa político de Marx-Engels para a Revolução Alemã (ver, infra, neste capítulo, nota 29) proclamava que "toda a Alemanha será declarada uma república una e indivisível".

[26] Dois documentos que explicitam a posição de Marx-Engels (e outros membros da Liga dos Comunistas) em face da Sociedade Democrática de Herwegh-Bornstedt encontram-se em Marx, 2010a, p. 77-8.

[27] O esforço de Marx no combate ao aventureirismo de Herwegh-Bornstedt não impediu que estes organizassem a sua legião armada. Ela partiu para a Alemanha a 1º de abril com mil homens e foi destroçada no seu primeiro combate, na última semana do mesmo mês.

[28] Assim, Engels seguiria para Wuppertal, Wilhelm Wolff para Breslau, Schapper para Wiesbaden e Marx para Colônia; um militante destacado, Karl Wallau, dirigente da Liga em Paris, foi o primeiro a retornar, ainda em março, à sua cidade natal (Mainz); Born foi enviado para Berlim. Conforme Claudín, segundo tal orientação, "os membros da Liga que se dirigem à Alemanha têm como tarefa imediata e principal fortalecer suas organizações e criá-las onde não existam. As organizações da Liga devem fundar (ou fomentar, onde as haja) associações operárias legais que desempenhem, como no exílio, a múltipla função de cobertura e instrumento legal de propaganda, estrutura vinculadora dos membros da Liga com os operários, centro de formação cultural etc." (Claudín, 1975, p. 85).

[29] Redigido por Marx e Engels entre 21 e 29 de março de 1848, foi publicado imediatamente em Paris e, nos primeiros dias de abril, em vários jornais alemães, como um texto de responsabilidade da direção da Liga dos Comunistas (firmado por Marx, Engels, Schapper, Heinrich Bauer, Moll e Wilhelm Wolff). As "Reivindicações" encontram-se em MEW, 1959, v. 5, p. 3-5 e estão disponíveis em português em Marx-Engels, 2010, p. 53-5; ver, nesta última fonte, o instrutivo "prefácio" de Michael Löwy, esp. p. 14-7. Ver, ainda, Claudín, 1975, p. 81-4; Fedosseiev, org., 1983, p. 181-4; Vv. Aa., 1986a, p. 138-40.

[30] Na viagem de Paris a Colônia, aonde chegou a 11 de abril, Marx deteve-se por alguns dias em Mainz, reunindo-se com Wallau, que ali já se encontrava organizando trabalhadores numa sociedade de operários – tarefa que recebera da Liga dos Comunistas ainda em Paris.

[31] Engels, como Marx, seguiu os rumos da Revolução Alemã através das suas numerosas intervenções na *Nova Gazeta Renana*; assim como o camarada de lutas, porém, dedicou-lhe análise cuidadosa nos primeiros anos do exílio inglês. O trecho que acabamos de citar é extraído do primeiro capítulo dos dezenove que constituem a série *Revolução e contrarrevolução na Alemanha*, redigida entre agosto de 1851 e setembro de 1852 e publicada no *The New York Daily Tribune*, subscrita por Marx, então colaborador regular do jornal (adiante diremos algo sobre essa colaboração). Apenas em 1913 foi possível estabelecer que toda a série havia sido elaborada por Engels e revisada por Marx – revisão que nos autoriza a considerar que o seu conteúdo expressa fielmente o pensamento marxiano à época.

[32] Os itálicos finais da citação não são originais. Observe-se que, apoiado em dados oferecidos por Droz, 1957, escreve Claudín (1975, p. 349): "Na Prússia, havia, em 1846: 551 mil operários fabris, distribuídos em 78 mil empresas; 457 mil mestres artesãos e 385 mil oficiais artesãos. Na Saxônia, 258 mil operários fabris e, na Baviera, 177 mil. Eram poucas as fábricas com mais de cem operários. A Krupp, em Essen, empregava 140 operários. A Borsing, em Berlim, com 1.200 operários, constituía uma exceção".

[33] Nenhum desses agrupamentos e associações formava *partidos políticos* no sentido orgânico e moderno da palavra; apenas mais tarde eles se constituiriam (ver Cerroni, 1982). Ver também, infra, neste capítulo, nota 118.

[34] A 13 de março, quando se reunia a *Dieta* da Áustria, uma manifestação de estudantes e trabalhadores foi dispersada à bala. O governo entrou em crise, Metternich fugiu disfarçado para o exterior, a insurreição ganhou corpo e dois dias depois Viena estava nas mãos de estudantes e trabalhadores rebeldes. Revoltas contra o domínio austríaco imediatamente seguiram-se em Budapeste, Praga, Veneza e Milão.

[35] Ver, supra, neste capítulo, os títulos citados nas notas 2 e 5.

[36] Sobre Colônia em 1848, além dos títulos citados na nota 5, neste capítulo, supra, ver também Becker, 1963.
Não estranhe o leitor a diferença das estimativas da população de Colônia presentes neste livro: no capítulo I, mencionamos 70 mil habitantes; agora, Jones menciona, mal passados cinco anos da vivência de Marx na cidade, 90 mil – já assinalamos (cap. I, nota 8, supra) que variam muito, até 1850, os dados estatísticos alemães e franceses.

[37] "A recusa das autoridades [...] de concederem a Marx o direito de cidadania provocou o protesto dos operários e dos democratas de Colônia"; "no entanto, [...] o ministro do Interior" confirmou aquela recusa e "a ameaça de expulsão da Prússia estava suspensa sobre a cabeça de Marx como a espada de Dâmocles" (Fedosseiev, org., 1983, p. 205). Informa a mesma fonte

(ibidem, p. 239-40) que, em 16 de maio de 1849, com a contrarrevolução a pleno vapor, "foi entregue a Marx [...] uma decisão governamental ordenando a sua expulsão da Prússia dentro de 24 horas, *a pretexto de ser um estrangeiro privado do direito de hospitalidade* [itálicos meus – JPN] por ele 'tão vergonhosamente violado'". Ver também Rubel, 1991, p. 40.

38 A *Nova Gazeta Renana* seria instalada no prédio n. 17 da Unter Hutmacher, bem no centro de Colônia: as oficinas ocupavam o andar térreo, e a redação, um andar superior.
Escreve Gabriel (2013, p. 195-6) sobre o apartamento e a sede da *Nova Gazeta Renana*: "A localização [do apartamento] era conveniente; a poucas quadras do Reno, ficava no centro do bairro comercial de Colônia. Era ao mesmo tempo adorável, com uma praça perto – Heumarkt – cercada dos pseudopalacetes da classe mercantil. Não era, no entanto, inteiramente aconchegante ou segura: tanto o apartamento quanto a redação do jornal ficavam à sombra de uma guarnição prussiana de 8 mil soldados. Carroças de equipamentos militares ruidosamente abasteciam a guarnição de madrugada até o anoitecer. [...] Estava claro que a guarnição se preparava para uma guerra; a questão era: contra quem? O governo alegou que o reforço era para o caso de um ataque externo, mas Engels estava convencido de que os soldados se preparavam para combater a nova ordem internamente. Numa tentativa um tanto patética de conter a ameaça, a equipe da redação guardava oito rifles com baionetas e 250 cartuchos à mão. Engels descreveu o escritório como uma fortaleza. [...] Marx passou a andar armado" (parte dessas informações, extraiu-as Gabriel do texto engelsiano "Marx e a *Nova Gazeta Renana*. 1848/1849" – ver Marx-Engels, 1963, v. 3, p. 144-51).
Páginas adiante, a mesma Gabriel lembra que "não se tem notícia de ele [Marx] jamais haver disparado uma arma contra outra pessoa. [...] Embora defendesse a revolução, Marx achava a violência individual essencialmente contraproducente" (ibidem, p. 223).

39 Claudín, em vários passos do seu notável ensaio de 1975, põe fundamentalmente em questão essa hipótese marxiana.

40 Engels, no seu prefácio (1895) a *As lutas de classes na França de 1848 a 1850* (mencionado neste capítulo, nota 14, supra), observou que, "quando irrompeu a Revolução de Fevereiro, todos nós nos encontrávamos, no que se refere às nossas concepções das condições e do curso dos movimentos revolucionários, sob a influência da experiência histórica, principalmente da ocorrida na França. Com efeito, justamente ela dominara toda a história europeia desde 1789 e dela havia partido agora também o sinal para a revolução geral. Assim, foi óbvio e inevitável que as nossas concepções a respeito da natureza e do curso da revolução 'social' proclamada em Paris, em fevereiro de 1848, ou seja, da revolução do proletariado, estivessem fortemente matizadas pelas memórias dos modelos de 1789-1830" (Engels, em Marx, 2012a, p. 13).
Comentando essa passagem de Engels, Claudín (1975, p. 265) anotou: "Do mesmo modo que, cinquenta anos antes, a burguesia revolucionária triunfante na França levara a revolução à Europa feudal, a nova classe revolucionária, o proletariado, levaria à Europa burguesa ou semiburguesa a sua própria revolução, a revolução proletária". Noutro passo de seu ensaio (ibidem, p. 312), Claudín assinala, embora a propósito de tema diverso, que "é evidente a influência do 'modelo' 1793 na teoria política de Marx" no período que vai até a entrada dos anos 1850.
Outro analista vai pelo mesmo caminho, apontando em Marx, então, uma "maneira de pensar [...] inspirada por uma analogia com a primeira Revolução Francesa: a Alemanha de 1848 era uma réplica da França em 1789. Mas o que fascinava particularmente Karl [...] não era bem 1789, mas 1792-3, quando a guerra europeia radicalizou a Revolução. A guerra revolucionária tinha produzido a proclamação da República, a assembleia da Convenção, a execução do rei,

a formação do Comitê de Salvação Nacional e a prática do Terror. [...] O uso dessa analogia era perigosamente equivocado. [...] Desconsiderava o fato de que, em 1789, o Estado francês estava falido, [...] indissoluvelmente ligado a uma Igreja em descrédito, que não podia contar com o Exército para controlar as forças populares, e que, em 1792, o monarca havia caído em desgraça [...]. Nada disso se aplicava ao rei prussiano, cujo controle do Exército e da burocracia permaneceu incontestável durante toda a crise de 1848" (Jones, 2017, p. 304). Numa passagem anterior dessa mesma obra, o conhecido professor da Universidade de Londres sustenta que a concepção de Marx sobre a Revolução Alemã pensava que "a Alemanha em 1848 seguiria o caminho da França em 1789. Haveria uma fase inicial 'burguesa' ou 'liberal'", concentrada "na derrubada das relações sociais 'feudais'. A isso se seguiria, então, uma 'segunda' e radical revolução, encabeçada pelo 'proletariado alemão, a pequena burguesia e os camponeses'. Como em 1792-3, essa fase radical da revolução seria provocada pela guerra" (ibidem, p. 284).

41 Na sua análise da direção política conduzida por Marx no processo revolucionário alemão, Claudín (1975, p. 299-305) exemplifica e destaca a flexibilidade tática de que ele deu provas inequívocas.

42 Mais tarde, entre outubro de 1848 e fevereiro de 1849, Marx, num momento em que a Associação era objeto de perseguição, aceitou presidi-la (Fedosseiev, org., 1983, p. 213-4).

43 Decerto que, mesmo rompido com Gottschalk, quando este foi preso, em julho de 1848, Marx, na *Nova Gazeta Renana*, denunciou a arbitrariedade cometida contra ele (ver Marx, 2010a, p. 132-5).

44 Jones (2017, p. 286) chega a afirmar que, no começo de junho de 1848, Marx dissolveu a Liga dos Comunistas. Outros historiadores não subscrevem essa afirmação, ainda que informem sobre as dissensões no seio mesmo da Autoridade Central da Liga (ver, por exemplo, Fedosseiev, org., 1983, p. 189 e Vv. Aa., 1986a, p. 146; ver também Claudín, 1975, p. 88-91).

45 Décadas depois, Engels comentou, num texto intitulado "Contribuição à história da Liga dos Comunistas" (1885), a transferência das funções diretivas da Liga para a *Nova Gazeta Renana*: "A Liga revelou-se uma alavanca demasiadamente débil face ao movimento desencadeado pelas massas [alemãs em 1848]. Três quartas partes de seus membros, antes residentes no estrangeiro, mudavam de residência com a volta ao país e, assim, dissolviam-se em grande parte suas antigas sociedades e eles perdiam inteiramente seus contatos com a Liga. Uma parte deles, constituída pelos mais ambiciosos, nem se preocupou com o reatamento desses contatos, pondo-se cada um a organizar, por sua conta e risco, um pequeno movimento separado em sua localidade. Finalmente, eram tão diversas as condições existentes em cada pequeno Estado, em cada província, em cada cidade, que a Liga teria apenas podido dar a seus filiados instruções muito gerais, *e estas poderiam ser muito mais bem transmitidas através da imprensa*" (Marx-Engels, 1963, v. 3, p. 163 [itálicos meus – *JPN*]).

46 Tal juízo sobre a *NGR* comparece em Lênin, 1974, v. 21, p. 81.
Lembre-se que, sob a direção de Marx, a redação da *NGR* era composta por membros da Liga dos Comunistas: além de Engels, Ernst Dronke (1822-1891), Georg Weerth (1822-1856), Ferdinand Wolff e Wilhelm Wolff; a equipe contava ainda com Heinrich Bürgers (1820-1878), cuja relação com a Liga não está suficientemente esclarecida – se Fedosseiev (org., 1983, p. 192) o apresenta como membro da organização, Jones (2017, p. 286) questiona essa condição.

47 "Levantar fundos para financiar o jornal mostrara-se inesperadamente difícil. As assinaturas não bastavam, por isso foi preciso vender ações. Mas a campanha para levantar os fundos necessários não foi bem-sucedida. Apesar de uma reunião pública de acionistas, até o fim de

maio apenas 13 mil táleres em ações, dos esperados 30 mil, tinham sido subscritos, e só 10% dessas ações tinham sido pagas" (Jones, 2017, p. 286).

48 Destacam-se, entre tais viagens, a que levou Marx, de fins de agosto a inícios de setembro de 1848, a Berlim e a Viena, e a que ele fez, de meados de abril a inícios de maio de 1849, ao nordeste da Alemanha e à Vestfália. Tais viagens, todavia, não se destinaram apenas à busca de apoios para a *NGR*: em Viena, por exemplo, Marx tematizou junto a organizações de trabalhadores a dinâmica do processo revolucionário (ver Steiner, 1978).

49 O dado é extraído de Sperber (2014, p. 233); a mesma fonte (ibidem, p. 237) informa que "a última e mais notável edição, datada de 19 de maio de 1849, foi impressa na cor vermelha da revolução. Alcançando enorme popularidade, precisou ser reimpressa inúmeras vezes, atingindo, no final, o expressivo número de 20 mil cópias". Sperber não é o único a mencionar essa cifra elevadíssima: fá-lo também Gabriel (2013, p. 227), segundo a qual a última edição da *NGR* "se tornou um clássico instantâneo", com exemplares sendo "vendidos por até dez vezes o seu preço de capa".

50 Na "nota aos trabalhadores de Colônia", divulgada na derradeira edição da *NGR* (n. 301, 19 de maio de 1849), lê-se: "Na despedida, os redatores da *Nova Gazeta Renana* lhes agradecem pela simpatia que lhes foi demonstrada. Sua última palavra será sempre e em todos os lugares: *Emancipação da classe trabalhadora!*" (Marx, 2010a, p. 581).

51 Observe-se que essa intencional atenção às questões políticas prático-imediatas, inteiramente adequada aos objetivos da *NGR*, fez que o diário não pusesse na sua agenda debates de natureza fundamental e expressamente teórica; a única exceção foi a publicação de *Trabalho assalariado e capital* (ver, supra, cap. III, nota 77).

52 Veja-se, por exemplo, a carta de fins de maio de 1848 que Marx escreveu ao redator de *L'Auba*, diário democrático italiano publicado em Florença (1847-1849) e dirigido por Giuseppe La Farina (1815-1863), anunciando o próximo lançamento da *NGR* e propondo um intercâmbio de jornais: "Não pode [...] haver nenhuma dúvida quanto à posição que assumiremos a respeito da questão italiano-austríaca atualmente em curso. Defenderemos a causa da independência italiana e combateremos até a morte o despotismo austríaco na Itália, tanto quanto na Alemanha e na Polônia. Estendemos fraternalmente a mão ao povo italiano e pretendemos mostrar-lhe que a nação alemã repudia sob todas as formas a política de opressão que entre vocês foi conduzida pelas mesmas pessoas que também entre nós sempre combateram a liberdade" (Marx, 2010a, p. 79).

53 Na *NGR*, boa parte das matérias de informação e solidariedade com as lutas travadas pelos povos da Europa central foi elaborada por Engels. Quando a insurreição de Praga (junho de 1848) foi derrotada e a influência aristocrático-burguesa se adensou sobre os movimentos dos eslavos do sul e fez deles a base de várias expedições contrarrevolucionárias, Engels desenvolveu uma equívoca e polêmica ideia acerca das "nações democráticas" e das "nações reacionárias" (Mayer, 1979, p. 322-6) – a crítica marxista dessa ideia, que não pode ser discutida aqui, coube a Rosdolsky, 1980.

54 A extensa lista de intervenções marx-engelsianas publicadas na *NGR*, mais de 450 textos, está coligida em MEW, 1959, v. 5 e 6; edições cuidadas e acessíveis são a francesa – Marx-Engels, 1964-1971, 3 vols. – e a castelhana – OME, 1978-1979, v. 9 e 10. No Brasil, estão vertidos apenas os textos de Marx – ver Marx, 2010a.
Para seguir em detalhes a produção mais substantiva de Marx-Engels veiculada pela *NGR*, ver esp. Claudín, 1975 e Thao, 1980, v. 3. No Brasil, Lívia Cotrim, tradutora/organizadora de Marx, 2010a, acompanhou com competência a contribuição marxiana na *NGR* – ver Cotrim, 2013.

⁵⁵ Em 7 de fevereiro de 1849, quando compareceu a um tribunal para ser julgado (e absolvido) num processo aberto no ano anterior contra a *NGR* (ver, infra, neste capítulo, nota 57), Marx declarou: "Contra o que se despedaçou a *Revolução de Março? Ela reformou somente o mais alto cimo político, deixou intocadas todas as bases desse cimo, a velha burocracia, o velho Exército,* [...] *os velhos juízes nascidos, educados e envelhecidos a serviço do absolutismo*" (Marx, 2010a, p. 439 [os itálicos da última frase são meus – *JPN*]).

Essa questão já fora posta por Marx em dezembro de 1848, avaliando que o governo de Camphausen "deixou em vigor a velha legislação prussiana sobre crimes políticos e os antigos tribunais"; sob Camphausen, "a antiga burocracia e o antigo Exército tiveram tempo para se recuperar do susto [de março de 1848] e se recompor plenamente. Sem qualquer restrição, todos os chefes do antigo regime permaneceram em seus postos" (Marx, 2010a, p. 319).

⁵⁶ Uma vez decretado o estado de sítio, Engels, sob a ameaça de prisão, foi obrigado a abandonar Colônia, numa fuga rocambolesca que só terminou na Suíça (parcialmente narrada por ele no inconcluso *De Paris a Berna*, texto redigido entre outubro e novembro de 1848 – MEW, 1959, v. 5, p. 463-80). Apenas em meados de janeiro de 1849 ele pôde regressar a Colônia e voltar a seu posto na *NGR* (ver Mayer, 1979, p. 312-8 e Vv. Aa., 1986a, p. 158-62).

⁵⁷ Com efeito, já a partir de julho de 1848 Marx torna-se objeto de ações judiciais e vigilância policial, não apenas em função de matérias veiculadas na *NGR* (cuja redação, por vezes, foi "visitada" por beleguins), mas ainda em razão de seu papel dirigente em associações democráticas e de organizador de manifestações populares (a que aludiremos na próxima nota). Assim, ele foi interrogado por um juiz de instrução na primeira e na terceira semanas de julho; em 1º de outubro, providências judiciais são abertas contra ele; em 14 de novembro, ele é obrigado a comparecer diante de outro juiz de instrução; em 20 de novembro, é judicialmente acusado de "incitação pública à rebelião" e, no dia seguinte, é interrogado; em 2 de dezembro, é mais uma vez inquirido por um juiz de instrução; em 20 e 21 de dezembro, é de novo citado por um juiz de instrução. Em 7 e 8 de fevereiro de 1849, é julgado e absolvido em processos referentes ao ano anterior; em 2-3 de março, suboficiais da guarnição de Colônia vão ao seu domicílio exigindo-lhe que revele a identidade do autor de um texto publicado na *NGR* – Marx nega-se a qualquer declaração e protesta contra a ação junto ao comandante militar de Colônia; enfim, a 11 de maio, o governo prussiano ordena a expulsão de Marx da província renana e, a 16, ele é notificado da decisão.

⁵⁸ Durante o processo revolucionário, Marx foi eleito ou designado para a direção de várias organizações democráticas e populares ou passou a influir pessoalmente em outras (Sociedade Democrática, Associação Operária – na sequência da prisão de Gottschalk, em julho de 1848 –, Comitê Regional dos Democratas da Renânia e da Vestfália) e tornou-se membro de organismos como o Comitê de Segurança (fruto da massiva mobilização popular de 13 de setembro de 1848) e o Comitê Popular (constituído a 13 de novembro de 1848), contando com ampla base social.

⁵⁹ Popularidade que seria evidenciada pelo êxito alcançado entre as massas, em novembro de 1848 – quando a contrarrevolução já avançava no sentido de um verdadeiro golpe de Estado – da palavra de ordem da *NGR* defendendo o não pagamento dos impostos (ver Marx, 2010a, p. 268-9, 272-3, 281-2). Na interpretação de alguns historiadores, a aplicação da palavra de ordem "enfraqueceria, por um lado, a contrarrevolução, minando a sua base financeira, e favoreceria, por outro lado, a participação na luta das mais amplas massas populares" (Fedosseiev, org., 1983, p. 217).

60 Em Viena, com o rei em fuga e a cidade tomada por trabalhadores e estudantes, a burguesia jogou uma cartada decisiva: convocou as forças militares que atuavam na Hungria para retomar a cidade "para o rei e a classe proprietária. Cerca de 50 mil trabalhadores, estudantes e membros da Guarda Nacional dentro da cidade se aprontavam para o conflito, distribuindo armas e construindo barricadas. Estima-se que 70 mil soldados austríacos fizeram bivaques do lado de fora da cidade, esperando a ordem de entrar. A ordem chegou no dia 28 de outubro. O Exército lançou sua pesada artilharia em Viena e a batalha terminou em quatro dias. A fúria popular não se mostrou à altura dos canhões. Três mil vienenses e 1.300 soldados morreram no conflito. Houve 24 mil prisões e 25 execuções. A batalha encerrou a revolta na Áustria e a notícia da derrota ressoou por toda a abalada Europa" (Gabriel, 2013, p. 216-7).
Em artigo publicado poucos dias depois da vitória da contrarrevolução em Viena (*NGR*, n. 136, 7 de novembro de 1848), considerando o custo das lutas sociais no decurso do ano, Marx escreveu, diante do horror que lhe causara o canhoneio contra os trabalhadores: "As carnificinas inúteis desde as jornadas de junho e outubro, o enfadonho ritual de sacrifício desde fevereiro e março, o canibalismo da própria contrarrevolução convencerão o povo de que só há um meio para *encurtar*, simplificar, concentrar as terríveis dores da agonia da velha sociedade e as sangrentas dores do parto da nova sociedade, apenas um meio – o *terrorismo revolucionário*" (Marx, 2010a, p. 261). Depois de transcrever tais frases, biógrafa já citada anota, corretamente: "Mesmo que Marx tenha usado essas palavras provocativas, estava ficando claro para ele que a violência não era a resposta" (Gabriel, 2013, p. 217).

61 Exclamações extraídas do ato II, cena 7 da comédia shakespeariana *Como gostais* (Shakespeare, 1969 [1599], p. 527).

62 Nessa mesma série de artigos, Marx, demonstrando as razões pelas quais a burguesia prussiana carecia de condições e de vontade política para realizar as tarefas clássicas da revolução democrática burguesa, chama também a atenção para o fato de ela se revelar inepta – à diferença da burguesia francesa – para ganhar o apoio dos camponeses: "A burguesia francesa começou pela libertação dos camponeses. Com os camponeses conquistou a Europa. A burguesia prussiana estava tão enredada em seus interesses *mais estreitos* e imediatos que ela desperdiçou esse aliado e fez dele um instrumento nas mãos da contrarrevolução feudal" (Marx, 2010a, p. 339).
Num artigo anterior da *NGR* (n. 60, 30 de julho de 1848), discutindo um projeto de lei sobre a abolição dos encargos feudais, Marx fora mais contundente: "A burguesia francesa de 1789 não abandonou um só instante seus aliados, os camponeses. Ela sabia que a base da sua dominação era a destruição do feudalismo no campo, a criação de uma classe de camponeses livres e proprietários. A burguesia alemã de 1848 traiu sem qualquer decoro os camponeses, *seus aliados mais naturais*, a carne de sua carne, e sem os quais ela é impotente ante a nobreza" (Marx, 2010a, p. 181). A questão dos encargos feudais foi também tratada por Engels na *NGR* (n. 67, de 6 de agosto de 1848, em OME, 1979, v. 10, p. 188-93); ver também, sobre a questão camponesa, a série de artigos de Wilhelm Wolff publicados na *NGR* entre 22 de março e 25 de abril de 1849, posteriormente coligidos em Wolff, 1954.

63 Pelo menos desde março, Berlim pretendia que se proclamasse novamente o estado de sítio em Colônia e exigia que se fechasse a *NGR*, com a expulsão de Marx da Prússia. O comandante militar repassou a exigência de Berlim à polícia local, subordinada ao governador da província (Franz August Eichmann, 1793-1879); este informou Otto von Manteuffel (1805-1882), ministro do Interior, das atividades de Marx. O primeiro grande biógrafo de Marx sintetiza o andamento das tratativas: segundo o relato policial, o diário "estava se tornando mais e mais

perigoso tendo em vista o fato de que o temperamento e a insolência com que era escrito estavam ganhando cada vez mais leitores. A polícia, prosseguia o relato, tinha receio de cumprir a requisição do comandante da guarnição de expulsar Marx [...] porque poderia provocar manifestações de protesto.
Depois de receber esse relatório, Manteuffel procurou Eichmann para saber sua opinião. Em 29 de março, Eichmann declarou que a expulsão de Marx seria justificável, mas entendia as dificuldades, a menos que Marx fosse culpado de ofensas futuras. Em 7 de abril, Manteuffel informou ao governo provincial que ele não tinha objeções à expulsão, mas que deixava o dia e as circunstâncias para que o governo provincial [as definisse]. [...] No final, a ordem de expulsão foi feita apenas por conta da 'tendência perigosa' do jornal e não por conta de alguma ofensa em particular. Isto aconteceu em 11 de maio, quando aparentemente o governo se sentiu fortalecido para o golpe pelas costas que não tinha tido coragem de dar em 29 de março ou 7 de abril" (Mehring, 2013, p. 192-3).

[64] Como se documenta com a leitura do último editorial redigido por Marx (2010a, p. 579-80) e na recomendação aos trabalhadores para que não aceitassem provocações (ibidem, p. 581).

[65] Gabriel (2013, p. 226) lembra que a ordem de expulsão de Marx (11 de maio de 1849) foi expedida exatamente dois dias depois de ele ter se referido, na *NGR* (Marx, 2010a, p. 560), a Frederico Guilherme IV como *Herr von Hohenzollern*, publicamente estampando o título que o rei dissera lhe haver concedido Deus.

[66] "Mais uma vez ele [Marx] e Jenny precisavam arrumar a família [...] antes que fossem acompanhados à força através da fronteira. Jenny juntou todos os pertences da família e o pouco de valor que ainda restava [...]. Ela deixou trezentos livros pertencentes a Karl para Roland Daniels [...] e vendeu partes da mobília para financiar a fuga. Enquanto isso, Marx encerrou as atividades do jornal. Todo o equipamento era dele e ele vendeu tudo para pagar aos acionistas, tipógrafos e empregados. O restante dos materiais e equipamentos foi doado a outro jornal democrata da cidade, o *Neue Kölnische Zeitung* [Novo Jornal de Colônia], que saiu com uma borda preta em homenagem ao jornal irmão que fora fechado" (Gabriel, 2013, p. 227).

[67] Para detalhes das peripécias de Engels no Exército de Willich, ver Mayer, 1979, p. 337-45; ver ainda Vv. Aa., 1986a, p. 172-4 e Gabriel 2013, p. 249.

[68] Em razão das despesas referentes ao encerramento da *Nova Gazeta Renana*, Marx chegou a Paris absolutamente sem dinheiro. Da capital francesa, escreveu a amigos alemães sobre as suas condições – e vários deles, entre os quais Lassalle e Freiligrath, mobilizaram-se para ajudá-lo. E não foram poucas as dificuldades que Jenny enfrentou para encontrá-lo em Paris (de que dão informações seus biógrafos, como Dornemann, 1971, Gabriel, 2013 e Ambrosi, 2015), assim como as que lhe sobrevieram com a mudança para Londres, para onde ela embarcou (em Calais) a 15 de setembro.

[69] É controversa a data precisa da chegada de Marx a Londres. Sperber (2014, p. 243), por exemplo, afirma que ele chegou à cidade, "via Bolonha, em 27 ou 28 de agosto de 1849".

[70] Acerca da Inglaterra ao tempo do exílio de Marx, ver, além de Engels, 2010, várias outras fontes: Hobsbawm, 1982; Landes, 1994; Daunton, 1995; Floud, 1997; Briggs, 1998; Price, 1999; Burton, org., 2001; Tames, 2005.
Sobre a Londres em que Marx viveu todo o seu exílio, ver: Charlot e Marx, orgs., 1993; Porter, 1994; Ball e Sunderland, 2002; Briggs e Callow, 2008; White, 2013. Também encontram-se informações relevantes em Ashton, 1986 e Lattek, 2006.

Talvez interesse anotar que, ao cabo de mais de vinte anos de exílio em Londres, Marx, em 1874, requereu a cidadania britânica – sem êxito (Jones, 2017, p. 578); ver, infra, cap. VI, nota 25.

[71] A Biblioteca do Museu Britânico, fundado em 1753, teve a sua sala de leitura reformada e ampliada entre 1854 e 1857; tanto a biblioteca (já à época com extraordinário acervo: "meio milhão de livros e [a] melhor coleção de estudos econômicos do mundo" – McLellan, 1983, p. 27) quanto a sua hemeroteca reuniam materiais ingleses e estrangeiros. Biógrafos, destacando a importância da Biblioteca do Museu Britânico para os trabalhos teóricos de Marx, observam que ele fez dela "a sua própria casa" (Buey, 2004, p. 174), e um deles detalha: "Marx obteve sua carteira de frequentador em junho de 1850 e começou a ler avidamente números atrasados do [...] *Economist*. Chegava regularmente às nove horas da manhã e só saía às sete da noite, ocupando a cadeira G-7, a quinta à direita da entrada" (McLellan, 1983, p. 27).
Instituições cuja atividade tinha forte influência na economia mundial estavam sediadas em Londres: o Banco da Inglaterra, cuja história remontava a 1694, e a Bolsa de Valores, que operava desde 1801. A imprensa londrina sinalizava claramente a significação internacional da economia inglesa, seja através de jornais dirigidos ao público a ela vinculado (*The Times*, fundado em 1785; *The Economist*, criado em 1843), seja mediante periódicos voltados para leitores com outros interesses (como o *Daily Telegraph*, que começou a circular em 1855). A importância de Londres como centro financeiro era inconteste – aliás, um historiador anota que, nos anos 1850, "todos os principais jornais do mundo precisavam contar com um representante em Londres" (Sperber, 2014, p. 245).
O mesmo autor (ibidem, p. 244) enfatiza que a cidade não se notabilizava apenas por essa relevância financeira: recorda ainda que "Londres era a capital da ciência"; "novos desenvolvimentos no campo da medicina, da química e da biologia [...] eram assuntos tratados em publicações, palestras públicas e discussões privadas". Tais "assuntos" seriam de máximo interesse para Marx, como demonstrou, entre outros, Foster (2005, esp. caps. 5 e 6).

[72] Dificuldades tão exasperantes que, no verão de 1850, Marx chegou a pensar em emigrar para os Estados Unidos – onde, imaginava ele, poderia influir politicamente entre os alemães em Nova York. Lembre-se que Nova York "era, então, a terceira maior cidade de população alemã, atrás apenas de Berlim e Viena. A maioria da comunidade de imigrantes alemães, tanto lá como em outras cidades da América, era formada por refugiados políticos radicais e trabalhadores ativistas [...]. O principal aliado de Marx na América era um jovem desenhista e arquiteto chamado Adolf Cluss, que fora membro da Liga Comunista na cidade renana de Mainz" (Sperber, 2014, p. 257-8).
Cluss (1825-1905), exilando-se nos Estados Unidos na sequência da Revolução de 1848-1849, fez uma brilhante carreira profissional em Washington, tornando-se um dos mais importantes arquitetos da capital norte- americana no fim do século XIX – ver Lessof e Mauch, orgs., 2005.

[73] Note-se que, à época, o custo de vida em Londres era "esmagadoramente elevado" (Sperber, 2014, p. 244). Quando residiam no Soho, bairro em que viveria a família até 1856, Jenny escreveu que "vivemos em um quarto, com um pequeno estúdio anexo, e pagamos, por semana, mais do que pela maior das casas na Alemanha em um mês" (citado em ibidem, p. 254).
As condições, por vezes de completa penúria, sob as quais viveu a família Marx são referidas por praticamente todos os biógrafos sérios (como Gemkow, 1975; McLellan, 2006; Musto, 2011; Thomas, 2012; Hosfeld, 2013; Nippel, 2018) e detalhadas por Buey, 2004, p. 174-5; Cottret, 2010, p. 166-8; Gabriel, 2013, p. 254-5, 279-80, 302, 310; Jones, 2017, p. 337-52.

[74] A solidariedade de Engels para com Marx concretizou-se, sempre, para muito além da ajuda financeira. Mas esta foi mínima até novembro de 1850, quando Engels transferiu (sem prejuízo de viagens frequentes a Londres) seu domicílio para Manchester, onde voltou a trabalhar na empresa familiar em que estagiara entre 1842 e 1844 e à qual permaneceria ligado até 1870 (Marx caracterizou esse período da vida de Engels como um "cativeiro egípcio" – ver carta de 3 de julho de 1869 em MEW, 1965, v. 32, p. 331). Nos anos seguintes da década de 1850, continuou auxiliando Marx financeiramente, mas de forma modesta, dadas as difíceis circunstâncias em que também ele se encontrava; apenas a partir do decênio de 1860, quando a sua própria situação econômica melhorou e se estabilizou, Engels pôde oferecer aos Marx, regular e generosamente, um apoio financeiro substantivo.

É desnecessário observar que Marx avaliava claramente a grandeza da solidariedade de Engels e lhe era profundamente grato. Quando estava revisando as provas tipográficas do Livro I de *O capital*, escreveu ao amigo: "Sem a tua ajuda, nunca eu poderia concluir a minha obra e crê que sempre me pesou na consciência [...] o sentimento de que, precisamente por ajudar-me, tu te tenhas obrigado a desperdiçar teus magníficos dotes em questões comerciais [...] e que, por acréscimo, tenhas compartilhado minhas pequenas misérias" (carta de 7 de maio de 1867 – MEW, 1965, v. 31, p. 296-7); poucos meses depois, a 16 de agosto, ao concluir a revisão das provas tipográficas, ele reitera a sua gratidão: "Terminei o volume. Se isto foi possível, só a ti o devo. Sem a tua dedicação para comigo, eu não teria conseguido realizar o enorme trabalho" (ibidem, p. 323).

[75] Os Marx careciam de dinheiro para adquirir um caixão para enterrar a menina; só com a ajuda de um exilado francês Jenny conseguiu as duas libras para comprá-lo (ver Gabriel, 2013, p. 302).

[76] Marx sofreu com a perda de todas as suas crianças, mas a dor que lhe causou o falecimento de Edgar foi enorme: segundo um biógrafo, "o falecimento do filho foi a maior tragédia na vida de Marx", deixando-o "deprimido e desalentado durante os dois anos e meio seguintes" (Sperber, 2014, p. 290-1). Com o ânimo e a saúde abalados pela morte do filho, na primavera de 1855 Marx e Jenny passaram dias se recuperando na casa de Engels, em Manchester.

Não só as duras condições de existência da família, mas também o clima de Londres afetaram a saúde de Jenny, que "ao longo de sua vida [...] sucumbiria à doença sempre que o peso de seus problemas pessoais ficava grande demais" (Gabriel, 2013, p. 235). E também a de Marx: na primavera de 1853, ele contraiu uma enfermidade similar a uma hepatite, que o atormentou até o fim da vida – a que se somou, por anos, uma baixa imunidade de que decorria uma enervante sucessão de carbúnculos. Às vésperas da publicação do Livro I de *O capital*, Marx observa com ironia, diante do imenso esforço que a obra lhe custara: "Em todo caso, eu espero que a burguesia se lembre dos meus carbúnculos até o dia da sua morte" (carta a Engels, 22 de junho de 1867 – MEW, 1965, v. 31, p. 305).

[77] A família Marx compôs-se, assim, a partir de 1855, de Karl, Jenny e as três moças: Jenny (1844--1883), Laura (1845-1911) e Eleanor (1855-1898) – ademais de Lenchen. Laura casou-se, em 1868, com o socialista Paul Lafargue (1842-1911) e Jenny, em 1872, com o socialista Charles Longuet (1839-1903). Eleanor ligou-se, por alguns anos, a Prosper-Olivier Lissagaray (1838--1901) e depois a Edward Aveling (1849-1898). Laura e Eleanor se suicidaram. Sobre as filhas de Marx, ver Kapp, 1972-1976; Stokes, org. 2000; Macé, 2001; Holmes, 2014; ver também Meier e Evans, orgs., 1984. Ver, ainda, infra, cap. V, nota 15.

Depois do nascimento de Eleanor, Jenny engravidou mais uma vez e, a 6 de julho de 1857, deu à luz um menino, que veio a morrer pouco depois do parto.

[78] Um deles afirma: "Pessoas que privavam da convivência com a família, assim como os próprios filhos, teciam comentários a respeito do amor e da afeição demonstrados por ele, observando que Marx costumava brincar com suas crianças, além de ler e contar histórias para elas. O desconsolo que sobreveio ao falecimento dos filhos evidencia um amor paternal bastante presente. Marx deleitava-se intensamente com a companhia de crianças – não apenas seus filhos, mas todas as crianças" (Sperber, 2014, p. 451). Já outro complementa: "Quaisquer que fossem as tensões em casa, relatos existentes sugerem também uma vida familiar sólida e feliz" – e recorre à informação de um espião da polícia prussiana passada em documento aos seus chefes, em 1852, e que escrevia após infiltrar-se na casa do espionado: "Como marido e como pai, Marx, apesar do caráter bravio e temerário, é o mais delicado e meigo dos homens" (Jones, 2017, p. 350).
Veja-se, ainda, a narrativa de uma biógrafa que cuidou da vida familiar dos Marx: "O melhor companheiro de brincadeira das crianças […] era o pai. […] As crianças deixavam o pai trabalhar durante a semana, mas no domingo exigiam atenção total e […] ele voluntariamente lhes concedia o domingo […]. Se o tempo estava bom, a família e algum colega de Marx […] caminhavam uma hora e meia do Soho [bairro onde moravam os Marx] até Hampstead Heath para um piquenique. Lenchen levava um cesto que havia trazido da Alemanha e o enchia de guloseimas para um almoço; a cerveja, compravam por lá mesmo. Depois do almoço, os adultos cochilavam ou liam jornal e Marx brincava com as crianças. […] Na longa caminhada de volta ao Soho, sempre alguém cantava ou Marx recitava passagens da *Divina comédia* ou falas de Mefisto do *Fausto* de Goethe […]. E havia ainda as histórias do próprio Marx. Ele inventava uma história a cada milha do trajeto e, se ousava parar, as crianças gritavam: 'Mais uma milha!'. Marx começara a instilar o amor pela literatura e pelas línguas nas crianças desde cedo e […] ele fez de Shakespeare um hóspede idolatrado na casa deles. […] Marx lia para as crianças Dante, Cervantes, Walter Scott, James Fenimore Cooper e Balzac – sempre que possível no original. […] O lar dos Marx era rico em termos intelectuais, o que provavelmente tornava suportável a falta de conforto material" (Gabriel, 2013, p. 317-8).

[79] Observe-se que, depois da morte de Marx e Jenny, suas filhas destruíram algo de sua correspondência; também Engels teria feito o mesmo com parte de sua documentação pessoal.

[80] As viagens referidas são a de Jenny à Holanda, no verão de 1850, para pedir (dessa vez sem sucesso) a ajuda financeira de Lion Philips, e a de Marx a Manchester, em fins de abril do mesmo ano, para uma conversa pessoal com Engels.

[81] Se autores soviéticos dos anos 1970-1980 (ver Fedosseiev, org., 1983 e Vv. Aa., 1986a) silenciam sobre a questão, muitos são os biógrafos e estudiosos ocidentais que apontam (ou, no mínimo, sugerem) Marx como o pai de Freddy (ver, dentre os referidos na bibliografia que encerra este volume, McLellan, Hunt, Holmes, Kapp, Buey, Cottret, Wheen, Sperber, Rubel, Jones e Gabriel – nesta última fonte, ver esp. p. 266 e 284-92).
Não me parece que a posição expressa pelos autores ocidentais citados seja mais que uma *hipótese* – por ser bastante plausível, *inclino-me* a favor dela. Mas não tomo a questão (a que, aliás, não atribuo grande significado) como encerrada; para isso, levo em conta a argumentação expendida por Carver, 1989 e 2005.

[82] No seu livro aqui citado, Gabriel, depois de supor um acerto secreto entre Marx e Engels para que este se responsabilizasse pela gravidez de Lenchen, indaga se Jenny teria acreditado na versão daí decorrente. E responde: "É impossível dizer. Porém, na intimidade com que compartilhavam a vida ao lado de Lenchen, seria possível que ela não soubesse realmente a verdade? O casamento

já tinha uma duração considerável. Em cômodos pequenos e abarrotados, Jenny e Karl viviam mais do que intimamente. Ofensas cometidas na ausência de uma das partes podiam ser momentaneamente disfarçadas, mas um olhar furtivo de relance, subitamente cabisbaixo – [em] coisas que equivaleriam a uma confissão [...] Jenny teria visto a verdade nos movimentos em falso do marido. Naquelas circunstâncias uma mulher saberia se o marido estava mentindo, por mais que quisesse acreditar no contrário" (Gabriel, 2013, p. 289).

[83] Praticamente todo o material da *NGR-R* está disponível em MEW, 1960, v. 7.

O texto mais substantivo de Marx na *NGR-R* está recolhido em Marx, 2012a; de Engels, o principal trabalho dado a público pela revista foi "As guerras camponesas na Alemanha", disponível em português em Marx-Engels, 2008, v. I.

As recensões, publicadas nos números 2 e 4 da *NGR-R*, diziam respeito a textos referentes aos/ provocados pelos eventos de 1848. Assim é que foram criticados materiais, entre outros, de Guizot, de Thomas Carlyle (1795-1881), do teólogo G. Daumier (1800-1875) e dos agentes policiais A. Chenu (1817-?) e Lucien Delahodde (1808-1865). Na recensão dos trabalhos de Guizot ("Por que triunfou a revolução da Inglaterra?", 1850) e de Carlyle ("Panfletos mais recentes", também de 1850) – ver MEW, 1960, v. 7, p. 207-12 e 255-65 –, Marx-Engels assinalam como pensadores qualificados, em face da Revolução de 1848, tiveram rebaixado o nível da sua elaboração intelectual, configurando já o fenômeno que depois seria designado por *decadência ideológica*. A propósito de Guizot, o importante historiador da Restauração, eles observam que, "realmente [...], as capacidades da burguesia desaparecem" (ibidem, p. 212); no caso de Carlyle, ensaísta brilhante, afirmam que, na concepção da história assentada no "culto dos heróis" e na oposição entre as personalidades ilustradas e as massas, vê-se "o gênio arrogante em sua ira que dissolve o mundo fantasticamente, justificando e exagerando as infâmias da burguesia" (ibidem, p. 264-5). Nos números 2, 4 e 5-6 da *NGR-R*, Marx e Engels publicaram três breves panorâmicas internacionais tematizando aspectos político-econômicos. Argutas observações sobre algumas das recensões marx-engelsianas na *NGR-R* encontram-se em Mandel, 1968, p. 72-6.

[84] A quarta parte acrescida por Engels é um extrato, referido à França, de um material publicado no último número (5-6) da *NGR-R*, redigido por Marx e intitulado "Maio a outubro [1850]" (MEW, 1960, v. 7, p. 95-107; o texto completo de que Engels extraiu essa quarta parte encontra--se na mesma fonte, às p. 421-63).

A leitura proveitosa desse escrito marxiano – assim como de *O 18 de brumário de Luís Bonaparte*, que adiante referiremos – supõe um conhecimento mínimo da história francesa dos meados do século XIX. Notações pertinentes a ela encontram-se em Hobsbawm, 1982, p. 118-28 e 1988, p. 187-274 e 321-32, em Ferro, 2011, p. 297-309 e em Pelz, 2016, p. 127-38; e há maiores desenvolvimentos em Barjot et al., 1995, Tulard, 2014 e, sob o prisma "dos de baixo", em Zancarini-Fournel, 2016 e Noiriel, 2018.

Um juízo muito crítico sobre o texto marxiano é o de Jones, 2017, p. 329-34. Para uma síntese da contextualidade dos textos do "último Engels", a que pertence o/a referido/a "prefácio"/"introdução" (redigido/a entre meados de fevereiro e 6 de março de 1895), são úteis a consulta ao ensaio de Oskar Negt incluído em Hobsbawm, org., 1982, v. II e às notações para a apreciação de obras "históricas" de Marx (como *As lutas de classes na França*) no ensaio de Pierre Vilar ("Marx e a história") coligido em Hobsbawm, org., 1979, v. I, p. 116-24.

Não é cabível, aqui, tematizar o "prefácio" (ou "introdução") de Engels, que muitos consideram o "testamento político" do amigo e camarada de Marx. Vários de seus biógrafos detêm-se sobre o texto (por exemplo, Henderson, 1976; Mayer, 1979; Vv. Aa., 1986a) e há infindáveis discussões em torno dele – ver, entre muitos, Longinotti, 1974; Draper, 1990, v. 5; Saves, em Labica e Delbraccio, orgs., 1997; Boron, 2000; Texier, 2005; Oviña, em Rey, org., 2007. Em autores brasileiros também se encontram elementos dessas discussões: repontam, especial mas não exclusivamente, em Arcary, 2004 e 2016.

[85] Marx considera que "o proletariado parisiense foi *forçado* à Insurreição de Junho pela burguesia. Já esse fato continha a sua condenação. Ele não foi impelido por sua necessidade imediata e manifesta a querer promover à força a derrubada da burguesia, nem estava em condições de consumar essa tarefa. [...] Só a derrota o convenceu da verdade de que uma melhoria de sua situação, por menor que fosse, permaneceria uma *utopia dentro* da república burguesa, uma utopia que se converteria em crime assim que fizesse menção de se tornar realidade. As exigências [...] que o proletariado parisiense quis espremer da república de fevereiro deram lugar à ousada palavra de ordem revolucionária: *Derrubar a burguesia! Ditadura da classe operária!*" [63-4].

[86] Prossegue Marx: "Esse socialismo é a *declaração de permanência da revolução*, a ditadura classista do proletariado como ponto de transição necessário para a *abolição de todas as diferenças de classe*, para a abolição da totalidade das relações de produção em que estão baseadas, para a abolição da totalidade das relações sociais que correspondem a essas relações de produção, para a convulsão da totalidade das ideias que se originam dessas relações sociais" [138-9]. Adiante, voltaremos a esse ponto.

[87] Escreve Marx [141-2]: "O dia 10 de março de 1850 constitui o início de uma nova fase da república constitucional, *a fase de sua dissolução*. As diversas facções da maioria estão novamente unidas entre si e com Bonaparte; elas são, uma vez mais, as redentoras da ordem; e ele, novamente, seu *homem neutro*". Mais adiante, Luís Napoleão é qualificado como "caricatura aplastada de Napoleão" [134] e, à frente, é visto como "o aventureiro ordinário", um "reles personagem" [154, 158]. O desprezo que Marx devotava a Luís Napoleão será registrado reiteradamente na obra que examinaremos a seguir, *O 18 de brumário de Luís Bonaparte* (Marx, 2011b); o sobrinho de Napoleão é ali qualificado como "trapaceiro" (p. 29), "herói Crapulinski" (p. 37), "flibusteiro" (p. 57), "figura deplorável" (p. 73), "lumpemproletário principesco" (p. 102) e sua vida é vista como "uma longa vida de vagabundagem aventureira" (p. 89).

[88] Para Marx, "ao rejeitar o sufrágio universal", a burguesia "desperta todas as paixões nacionais contra si. Com seu ataque ao sufrágio universal ela dá à nova revolução um *pretexto geral*, e a revolução necessita um pretexto dessa natureza. Todo pretexto *específico* levaria as facções da liga revolucionária a se separar e evidenciaria suas diferenças. O pretexto *geral* atordoa as classes semirrevolucionárias; ele lhes permite iludir a si mesmas quanto ao *caráter definido* da revolução vindoura, quanto às consequências do seu próprio ato. Toda revolução necessita de um assunto para ser discutido durante o banquete. O direito universal de votar é o assunto dos banquetes da nova revolução" [144].

[89] Desnecessário observar que essa atenção à textualidade de Marx – como se viu nos capítulos anteriores e ver-se-á neste e nos próximos – só toma em conta alguns de seus aspectos essenciais, sacrificando sempre, em maior ou menor medida, a riqueza que o leitor só apreenderá no exame direto dos originais.

[90] Observemos que, num artigo publicado em junho de 1920, Lênin, criticando Béla Kun (1886-1938), numa fórmula que se tornou célebre, afirmava que "a alma viva do marxismo [é] a análise concreta de uma situação concreta" (Lênin, 1965, p. 165).

[91] Sobre tal obra, ver LaCapra, 1983, cap. 8, Tomba, 2013, os materiais pertinentes contidos em Cowling e Martin, orgs., 2002, Vv. Aa., 2003a e os comentários de Hauke Brunkhost em Marx, 2007a. Na primeira das páginas em que comenta *O 18 de brumário*, Jones (2017, p. 359) indica que o título do trabalho foi sugerido a Marx por Engels.

Além de Marx, Victor Hugo (*Napoléon, Le petit*) e Proudhon (*La Révolution sociale démontrée par le coup d'État du 2 décembre*) trataram em 1852 do golpe de Estado de Luís Napoleão. No prefácio que escreveu (1869) para a segunda edição de *O 18 de brumário*, Marx comenta as duas obras: "Victor Hugo se limita a invectivas amargas e espirituosas contra o responsável pela deflagração do golpe de Estado. O acontecimento propriamente dito parece ser, para ele, como um raio vindo do céu sem nuvens. Ele vê no golpe apenas um ato de poder de um indivíduo isolado. Não se dá conta de que engrandece esse indivíduo, em vez de diminuí-lo, atribuindo-lhe uma capacidade de iniciativa pessoal que seria ímpar na história mundial. Proudhon, por sua vez, procura apresentar o golpe de Estado como resultado de uma evolução histórica precedente. Sorrateiramente, no entanto, a sua construção histórica do golpe de Estado se transforma numa apologia do herói do golpe de Estado. Desse modo, ele incorre no erro dos nossos assim chamados historiadores *objetivos*" – e, em seguida, refere-se ao seu *O 18 de brumário*: "Em contrapartida, eu demonstro como a *luta de classes* na França criou circunstâncias e condições que permitiram a um personagem medíocre e grotesco desempenhar o papel do herói" [18].

Não é de minimizar, no citado prefácio de 1869, a observação em que Marx diz esperar que a reedição de *O 18 de brumário* "contribua para eliminar esse chavão do suposto *cesarismo*, que se tornou corrente em especial na Alemanha" [19] – *cesarismo* que, décadas depois, compareceria até mesmo em Weber (1999, v. 2). É útil, a propósito, conferir os verbetes *bonapartismo* e *cesarismo*, de Peter Baehr, em Outhwaite et al., orgs., 1996.

É óbvio que não cabe, nesta biografia, sinalizar o destino da noção marxiana de *bonapartismo* – e a análise das condições do bonapartismo é considerada por Lefebvre (1966, p. 206-9) a substância de *O 18 de brumário*. Vale notar, todavia, que um dos seus mais competentes especialistas indagou se o "conceito histórico" de bonapartismo, convertido em "conceito abstrato", teria "validade geral" (Fernandes, em Marx-Engels, 1983, p. 67-8); a questão levantada, nos termos em que Fernandes a coloca, sem dúvida merece atenção, mas há desenvolvimentos analíticos e contemporâneos do conceito que se revelaram fecundos e valiosos: por exemplo, os trabalhos de Losurdo, 2004 e, no Brasil, de Demier, 2013.

[92] "No começo de janeiro, Marx caiu doente, sendo-lhe muito difícil trabalhar: 'Por anos nada me empurrou para baixo tanto quanto este problema de hemorroidas, nem mesmo o pior fracasso francês'. E, acima de tudo, continuava com o problema da 'maldição do dinheiro', ou melhor, da falta dele, que não o deixava em paz. Em 27 de fevereiro, escreveu: 'Minha situação agora atingiu o agradável ponto em que não posso sair de casa porque meus casacos estão penhorados e não posso mais comer carne por falta de crédito'" (Mehring, 2013, p. 219).

[93] O estilo do ensaio motivou a seguinte apreciação de Wilhelm Liebknecht (Vv. Aa., 1965a, p. 67-8): "As palavras em *O 18 de brumário* são flechas, são dardos. [...] Se o ódio, o desprezo, o amor ardente pela liberdade foram alguma vez expressos com palavras escaldantes, aniquiladoras, exaltantes, isso aconteceu em *O 18 de brumário*, onde a seriedade indignada de um Tácito se une ao espírito mortal de um Juvenal, à cólera sagrada de um Dante". Por seu turno, Marcuse, num texto de 1965, diz do estilo de *O 18 de brumário* que ele consiste em obra de "alta literatura" (em Marx, 2011b, p. 13). E o primeiro grande biógrafo de Marx, anotando que a forma de *O 18 de brumário* "é tão brilhante quanto seu conteúdo", lembra que "o livro

de Marx apareceu como uma sombra cinzenta ao lado de seus homólogos mais afortunados, mas enquanto estes há muito tempo viraram pó e cinzas, sua obra ainda irradia a luz do perene" (Mehring, 2013, p. 218).
A admiração que a obra despertou em pensadores tão diferentes como Raymond Aron (1905--1983) e Claude Lévi-Strauss (1908-2009) parece corroborar esse juízo de Mehring: o primeiro verifica que *As lutas de classes na França* e *O 18 de brumário* são "obras brilhantes", com Marx "inspirado pela sua clarividência de historiador", analisando "os acontecimentos como observador genial" (Aron, 1990, p. 266); já o segundo afirmou que "raramente eu abordo um novo problema [...] sem, em primeiro lugar, estimular meus pensamentos por meio da leitura de algumas páginas de *O 18 de brumário*" (citado em Sperber, 2014, p. 287 – essa emblemática afirmação de Lévi-Strauss é referenciada por autores os mais diversos, de Steiner, 2013 e Wilcken, 2011 a Cardoso, 2016).

94 Para a contextualização histórica do golpe de Estado de Luís Napoleão, ver o segundo parágrafo da nota 84, neste capítulo, supra.

95 Pela sua correta apreensão da realidade das classes sociais, a análise que Marx opera da estrutura social francesa nas duas obras desses anos, em que se dedica a reconstruir a Revolução de 1848 na França, foi absolutamente central para o reconhecido êxito da sua interpretação do processo revolucionário. A determinação precisa das classes e suas diferentes frações, bem como a distinção entre seus interesses *materiais* e interesses *políticos* – que são relacionados de modo cuidadosamente mediatizado –, constitui um extraordinário avanço teórico-político na abordagem marxiana da complexa conexão entre economia e dinâmica política institucional.

96 Em *O 18 de brumário*, Marx [142] anota que a vitória eleitoral de Luís Napoleão na "eleição de 10 de dezembro de 1848" viu-se mesmo só "consumada com o *coup d'État* de 2 de dezembro de 1851".
O trato mais clarificador possibilitado pela análise do golpe aparece se compararmos a sucessão de eventos apresentada na terceira parte de *As lutas de classes na França* (Marx, 2012a, p. 105-44) com a que se desdobra em *O 18 de brumário* (Marx, 2011b, p. 32 e seg., 134-5).

97 Data da primeira eleição presidencial francesa, ganha por Luís Napoleão com mais de 50% dos votos.

98 Também distinguem as revoluções o seu viés ascendente (a de 1789) ou descendente (a de 1848): "Na primeira Revolução Francesa, seguiu-se ao governo dos *constitucionalistas* o governo dos *girondinos* e ao governo dos *girondinos* o governo dos *jacobinos*. Cada um desses partidos se apoiou no mais avançado. Assim que um deles conduziu a Revolução até o ponto de não mais poder segui-la e menos ainda puxar-lhe a frente, o aliado mais ousado que estava logo atrás dele o pôs de lado e o mandou para a guilhotina. Assim, a Revolução se moveu numa linha ascendente. Aconteceu o contrário na Revolução de 1848. O partido proletário figurou como apêndice do partido democrático pequeno-burguês, sendo traído por este e abandonado à própria sorte em 16 de abril, 15 de maio e nas jornadas de junho. O partido democrático, por sua vez, apoiou-se nos ombros do partido republicano-burguês. Os republicano-burgueses mal sentiram o chão firme debaixo dos pés e já se desvencilharam do incômodo camarada, apoiando-se, eles próprios, nos ombros do Partido da Ordem. O Partido da Ordem encolheu os ombros, deixou os republicano-burgueses caírem e se jogou nos ombros das Forças Armadas. Ele ainda acreditava estar sentado sobre os ombros destas quando, numa bela manhã, deu-se conta de que os ombros haviam se transformado em baionetas. Cada um desses partidos bateu

por trás naquele que avançava e se curvou para trás para apoiar-se naquele que retrocedia. [...] Desse modo, a revolução se moveu numa linha descendente" [55-6].

[99] Veja-se o que escreve Marx [60] ao tratar diferenças e oposições entre estratos dominantes – depois de verificar que "o que mantinha essas facções separadas não foram os seus assim chamados princípios, mas as suas condições materiais de existência, [...] tipos diferentes de propriedade", ele indaga: "Quem negaria que, simultaneamente, velhas lembranças, inimizades pessoais, temores e esperanças, preconceitos e ilusões, simpatias e antipatias, convicções, artigos de fé e princípios" [separavam aqueles estratos]?

[100] Saliente-se que nessas linhas está claramente antecipada a formulação que comparece sintetizada antologicamente no prefácio de janeiro de 1859 da *Contribuição à crítica da economia política* (Marx, 2008, p. 47-8): "Na produção social da própria existência, os homens entram em relações determinadas, necessárias, independentes de sua vontade; essas relações de produção correspondem a um grau determinado de desenvolvimento de suas forças produtivas materiais. A totalidade dessas relações de produção constitui a estrutura econômica da sociedade, a base real sobre a qual se eleva uma superestrutura jurídica e política e à qual correspondem formas sociais determinadas de consciência. O modo de produção da vida material condiciona o processo de vida social, política e intelectual. Não é a consciência dos homens que determina o seu ser; ao contrário, é o seu ser que determina sua consciência. [...] Do mesmo modo que não se julga o indivíduo pela ideia que de si mesmo faz, tampouco se pode julgar uma tal época de transformações pela consciência que ela tem de si mesma. É preciso, ao contrário, explicar essa consciência pelas contradições da vida material".

[101] "Essa sociedade data do ano de 1849. Sob o pretexto da instituição de uma sociedade beneficente, o lumpemproletariado parisiense foi organizado em seções secretas, sendo cada uma delas liderada por um agente bonapartista e tendo no topo um general bonapartista. *Roués* [rufiões] decadentes com meios de subsistência duvidosos e de origem duvidosa, rebentos arruinados e aventurescos da burguesia eram ladeados por vagabundos, soldados exonerados, ex-presidiários, escravos fugidos das galeras, gatunos, trapaceiros, *lazzaroni* [lazarones], batedores de carteira, prestidigitadores, jogadores, *maquereaux* [cafetões], donos de bordel, carregadores, literatos, tocadores de realejo, trapeiros, amoladores de tesouras, funileiros, mendigos, em suma, toda essa massa indefinida, desestruturada e jogada de um lado para outro, que os franceses denominam *la bohème* [a boemia]; com esses elementos, que lhe eram afins, Bonaparte formou a base da Sociedade 10 de Dezembro. Era 'sociedade beneficente' na medida em que todos os seus membros, a exemplo de Bonaparte, sentiam a necessidade de beneficiar-se à custa da nação trabalhadora. Esse Bonaparte se constitui como *chefe do lumpemproletariado*, porque é nele que identifica maciçamente os interesses que persegue pessoalmente, reconhecendo, nessa escória, nesse dejeto, nesse refúgio de todas as classes, a única classe na qual pode se apoiar incondicionalmente; esse é o verdadeiro Bonaparte, o Bonaparte *sans phrase* [sem retoques]. Como velho e esperto *roué*, ele concebe a existência histórica dos povos e as suas grandes ações oficiais como comédia no sentido mais ordinário possível, como uma mascarada em que os belos figurinos, as palavras e os gestos grandiloquentes apenas servem para encobrir a mais reles safadeza" [91-2].
A Sociedade 10 de Dezembro foi "a força armada partidária típica dele [Bonaparte]. Nas suas viagens, destacamentos dessa força, em vagões ferroviários abarrotados, tinham de improvisar--lhe público, exibir o entusiasmo público, berrar *vive l'Empereur* [viva o Imperador], insultar e espancar os republicanos, contando obviamente com a proteção da polícia. Nas suas viagens de retorno a Paris, ela devia compor a vanguarda, antecipar-se a demonstrações contrárias ou

dispersá-las. A Sociedade 10 de Dezembro lhe pertencia [a ele, Bonaparte], era obra *sua*, era ideia exclusivamente sua. [...] A sociedade da desordem, da prostituição e da roubalheira: isto é Bonaparte em pessoa como autor original e a história da Sociedade 10 de Dezembro é a sua própria história. [...] A Sociedade 10 de Dezembro permaneceria como exército privado de Bonaparte até ter logrado transformar o exército público numa Sociedade 10 de Dezembro" [92, 93 e 94].
Quando Marx se refere ao "esperto *roué*", à "mais reles safadeza" etc., não abusa de retórica: ele aponta precisamente, ao longo de *O 18 de brumário*, vários episódios assombrosos da corrupção de Luís Napoleão [esp. 89, 101, 133 e 137].

[102] As notas editoriais da MEW são reproduzidas na edição de *O 18 de brumário* que estamos utilizando; sobre Cévennes e Vendée, ver Marx, 2011b, p. 144.

[103] Numa carta a Ludwig Kugelmann, de 12 de abril de 1871, Marx dizia: "Se você examinar o último capítulo do meu *18 de brumário* verificará que digo que a próxima tentativa da Revolução Francesa não será mais, como antes, de transferir a maquinaria burocrática e militar de umas mãos para outras, mas de *destruí-la*, e *isso é essencial para qualquer revolução popular no continente* [à exceção de "*destruí-la*", os itálicos são meus – JPN]. E isso é o que nossos heroicos camaradas de partido estão tentando em Paris" (MEW, 1966, v. 33, p. 205). Compreende-se a referência aos camaradas de Paris – era a hora dramática da Comuna. Aliás, poucas semanas depois da carta a Kugelmann aqui referida, na seção III do "Manifesto do Conselho Geral da Associação Internacional dos Trabalhadores sobre a Guerra Civil na França em 1871", Marx afirma que "a classe operária não pode limitar-se simplesmente a se apossar da máquina do Estado tal como se apresenta e servir-se dela para seus próprios fins" e, em seguida, indica os passos já avançados pelos *communards*: a dissolução do Exército permanente, a transformação da polícia, a determinação de que funcionários públicos, magistrados e juízes fossem servidores eletivos e demissíveis (Marx-Engels, 1961, v. 2, p. 80, 82-3).

[104] Ver as seguintes passagens de *As lutas de classes na França*: "A *maioria* [do governo provisório] era composta de representantes da burguesia. [...] Ao meio-dia de 25 de fevereiro, a república ainda não havia sido proclamada; em contrapartida, todos os ministérios já haviam sido distribuídos entre os elementos burgueses do governo provisório e entre os generais, banqueiros e advogados do *National* [jornal republicano-burguês]"; "A primeira medida que a república de fevereiro teve de tomar foi *consumar o domínio da burguesia*, permitindo que *todas as classes proprietárias* ingressassem ao lado da aristocracia financeira na esfera do poder político"; "O governo provisório [...] fez de tudo para se tornar aceitável à burguesia e às províncias [... e] o Exército, os tribunais e a administração permaneceram, com poucas exceções, nas mãos de seus antigos dignitários e nenhum dos grandes culpados da monarquia de julho foi responsabilizado"; "Na briga iminente entre a burguesia e o proletariado, todas as vantagens, todos os postos decisivos e os estratos médios da sociedade já se encontravam nas mãos da burguesia"; "Imediatamente [a dezembro de 1848, com Luís Napoleão proclamado presidente] o partido do *National* foi desalojado de todos os postos mais elevados em que se havia aninhado. O comando da polícia, a direção dos correios, a procuradoria geral, a *mairie* [prefeitura] de Paris, tudo foi ocupado pelas velhas criaturas da monarquia" (Marx, 2012a, p. 43, 44-5, 49-50, 57 e 83).

[105] "Não se deve entender aqui por aristocracia financeira somente as grandes instituições de crédito e os grandes especuladores de títulos públicos, em relação aos quais se compreende imediatamente que o seu interesse coincide com o interesse do poder estatal. Todo o moderno

negócio com dinheiro e toda a economia bancária estão intimamente entretecidos com o crédito público. Uma parte do capital ativo necessariamente é investido em títulos públicos facilmente resgatáveis e emprestado a juros. Os seus depósitos, o capital disponibilizado entre eles e distribuído por eles entre comerciantes e industriais, flui em parte dos dividendos dos detentores de fundos públicos" [121-2].

[106] "Outra '*idée napoléonienne*' é a dominação exercida pelos *padrecos* como expediente de governo" [148]. Especialmente na última seção de *O 18 de brumário*, Marx aponta que Luís Napoleão leva à prática concepções que apresentara no livro *Les Idées napoléoniennes* (As ideias napoleônicas), de 1839. Dentre as *idées* citadas por Marx estão ainda o *governo forte e irrestrito*, com a preponderância do *Exército*, e o cultivo da enorme *burocracia*.

[107] Como lembrou um ilustre sociólogo brasileiro, fazendo digressões em torno de *O 18 de brumário*, "a partir de certo momento, o aparelho estatal está de tal forma constituído em sua composição, estrutura e concepção, que o chefe do governo pode ser um aventureiro, preposto ou membro de outra classe. A forma pela qual o poder estatal burguês se constitui o torna intrínseca e necessariamente um órgão da burguesia. Tanto assim que, nas ocasiões de crise de hegemonia, quando a própria burguesia ou alguma das suas facções não está em condições de exercer o poder, mesmo nessas ocasiões o Estado não deixa de exprimir-se em conformidade com as determinações básicas do regime. A crise de hegemonia está na base do golpe de Estado de 1852, por meio do qual se instaura o bonapartismo, como governo que aparentemente paira sobre todas as classes sociais. [...] Note-se que não se trata apenas de crise de hegemonia, mas também do receio de que o poder burguês viesse a ser destroçado pelos trabalhadores" (Ianni, em Marx, 1979, p. 34-5). E esclarece o mesmo cientista social que há "momentos em que o poder estatal parece estar suspenso no ar, apresentando-se como se fora independente das classes sociais. Essas situações ocorrem quando nenhuma das classes sociais se revela capaz de conquistar e preservar o poder, em conformidade com os seus desígnios. São as ocasiões de crise de hegemonia. Conforme o demonstrou [Marx] em *O 18 de brumário de Luís Bonaparte* [...], não havia, na época, nenhuma classe suficientemente forte, organizada e audaz para impor-se às outras por meio do controle do aparelho estatal. Mas essa situação não impede que o Estado continue organizado e orientado no sentido determinado pelas relações capitalistas de produção" (ibidem, p. 39).

[108] Nos dias imediatamente seguintes ao golpe, as poucas barricadas erguidas em Paris foram neutralizadas pelo contingente militar (30 mil soldados) mobilizado por Luís Napoleão. Dura repressão seguiu-se ao golpe: em toda a França, cerca de 24 mil pessoas foram presas (em Paris, cerca de 4 mil); já consolidado, mediante episódios plebiscitários, o poder pessoal de Luís Napoleão, até 1859 (quando se outorgou uma anistia política parcial) o regime do *pequeno Napoleão* fez cerca de 6 mil presos políticos, muitos dos quais cumpriram sentenças em colônias penais do exterior. Até os primeiros anos da década de 1860, ao abrigo de uma Constituição elaborada pela *entourage* de Luís Napoleão, direitos políticos e sociais alcançados durante a revolução foram letra morta na sociedade francesa. É somente a partir de 1862-1863 que, a pouco e pouco, o regime imperial incorpora mecanismos democrático-formais e, sob escândalos financeiros, promove a modernização econômica do país.

Informações outras sobre o contexto do golpe encontram-se em Agulhon, 1984; para aproximações sintéticas, mas abrangentes, à figura de Napoleão III, elaboradas a uma distância secular, ver Hobsbawm, 1982, p. 118-21 e Ferro, 2011, p. 301-9.

[109] Ver, supra, cap. I, nota 9.

110 A edição de *O 18 de brumário* que estamos utilizando apõe aqui a seguinte nota: "A coluna de Vendôme encimada por uma estátua de Napoleão I foi erigida na Praça de Vendôme, em Paris, como tributo às vitórias militares do ano de 1805. No ano de 1863, Napoleão III mandou tirar o monumento a Napoleão I com o chapéu napoleônico e a capa militar e substituí-la por uma estátua dotada de toda a pompa imperial. Em maio de 1871, por ordem da Comuna de Paris, a coluna foi destruída como símbolo do militarismo e do chauvinismo" (em Marx, 2011b, p. 154). Acrescente-se que, em 1875, a coluna, restaurada, voltou a seu lugar.

111 Desses contatos, principalmente com dirigentes da esquerda cartista e blanquistas franceses (George Julian Harney, Jules Vidil, E. Adam), resultou a criação da Sociedade Mundial dos Comunistas Revolucionários (ver MEW, 1960, v. 7, p. 553-4), associação a que Marx e Engels estiveram ligados por poucos meses (da primavera ao outono de 1850).

112 Ver *Ansprache der Zentralbehörde an den Bund vom März 1850* (Mensagem do Comitê Central à Liga de março de 1850), em MEW, 1960, v. 7, p. 244-54, e *Ansprache der Zentralbehörde an den Bund vom Juni 1850* (Mensagem do Comitê Central à Liga de junho de 1850), ibidem, p. 306-12. A primeira mensagem é importante no que toca à expressão do pensamento político de Marx naquele momento; a segunda remete basicamente à situação com que se defronta a Liga em diferentes países (Bélgica, Alemanha, Suíça, França, Inglaterra). Nos últimos anos, alguns pesquisadores – como Lattek, 2006 – têm questionado a autoria da segunda mensagem, tradicionalmente atribuída a Marx.

113 Tal decisão, tomada em reunião dos membros da Liga da região de Londres a 17 de novembro de 1852, considerava "que a existência da Liga no continente já não tinha razão de ser. Essa resolução significava o fim da atividade da Liga dos Comunistas como tal, embora certas comunidades e grupos continuassem a existir durante algum tempo aqui e ali, na Europa e nos Estados Unidos" (Fedosseiev, org., 1983, p. 289).

114 A propósito, um deles afirma que o pensamento político de Marx "se mostrou ziguezagueante entre 1850 e 1852" (Buey, 2004, p. 174); outro verifica que esse passo, entre outros efeitos, produziu "uma contínua impressão de zigue-zague, que desnorteava tanto amigos como inimigos" (Jones, 2017, p. 321).

115 Há abundantes provas textuais dessa convicção – anotemos umas poucas delas: em 1º de janeiro de 1849, em artigo na *NGR*, apontava na agenda do "sumário" do ano que se iniciava: "sublevação revolucionária da classe operária francesa" (Marx, 2010a, p. 368); em carta a Engels de 7 de junho de 1849, ele anotava que "nunca a erupção do vulcão revolucionário esteve mais iminente do que hoje em Paris" (MECW, 1982, v. 38, p. 199); semanas depois, noutra carta ao amigo, de 17 de agosto, previa que a demissão de Barrot do gabinete francês desataria "uma insurreição revolucionária" (ibidem, p. 211); em 19 de dezembro de 1849, anunciando para breve o seu projeto da *NGR-R*, escrevia a Weydemeyer que "não tenho a menor dúvida de que, depois da edição de três números mensais ou talvez dois, o incêndio universal sobrevirá" (MEW, 1965, v. 27, p. 515); na primeira *Mensagem do Comitê Central* aos membros da Liga dos Comunistas, de março de 1850, negando o evolver político pacífico sob o domínio burguês que derivou de 1848, afirmava que "a revolução que acelerará esse desenvolvimento está próxima" (MEW, 1960, v. 7, p. 245); na segunda *Mensagem*, de junho do mesmo ano, garantia que "a eclosão de uma nova revolução não tardará muito" (ibidem, p. 312); na introdução a *As lutas de classes na França de 1848 a 1850*, redigido entre janeiro e março de 1850, assegurava que, nas derrotas de 1848 e 1849, "o que sucumbiu [...] não foi a revolução", ao contrário, "foi a geração de uma contrarrevolução coesa e poderosa" que levou ao amadurecimento o "partido da revolta", tornando-o "um partido

realmente revolucionário" (Marx, 2012a, p. 35); e, ainda em *O 18 de brumário*, se respiga a ideia numa passagem na qual ele julgava "que a queda da república parlamentar contivesse o germe do triunfo da revolução proletária" (Marx, 2011b, p. 139).

[116] A vigilância e a espionagem de que os emigrados alemães em Londres foram objeto nos primeiros anos da década de 1850 atendiam a ordens diretas de Frederico Guilherme IV – a quem, na condição de ministro do Interior, Ferdinand von Westphalen, cunhado de Marx, servia desde dezembro de 1850. Responsável pela segurança interna da Prússia, Westphalen providenciou o controle policial das reuniões políticas e o monitoramento estatal da indústria editorial (Gabriel, 2013, p. 286). Veja-se a operosidade reacionária do meio-irmão de Jenny: "Entre as metas de Westphalen, constava manter materiais revolucionários fora da Prússia. Guardas foram montadas nas estações de trem, a vigilância foi intensificada e armadilhas foram forjadas para prender os homens que tentassem entrar no reino com escritos proibidos. Ele não se contentou em limitar sua campanha à Prússia ou ao território alemão. Ferdinand estava convencido de que o coração da revolução batia em Londres, de modo que na primavera de 1851 enviou espiões e agentes à Inglaterra para identificar os conspiradores, um dos quais ele desconfiava conhecer muito bem. [...] A essa altura, um espião prussiano chamado Wilhelm Stieber [1818-1882] passou a prestar mais atenção ao círculo de Marx. Ele empregava um sujeito chamado Charles Fleury [1824-?], que fingia ser um editor de jornal chamado Schmidt, o qual estaria em Londres para cobrir a exposição [mundial, a *Great Exhibition of the Works of Industry of all Nations*, aberta entre maio e outubro de 1851]. O verdadeiro emprego de Fleury era fazer relatórios sobre os radicais alemães na capital britânica e, em particular, no lar dos Marx. O destinatário final de suas informações seria o irmão de Jenny" (ibidem, p. 286-7).

[117] Essa obra – *Die grossen Männer des Exils* (MEW, 1960, v. 8, p. 233-335) –, menor e de ocasião, é ela mesma ilustrativa do clima do exílio. Nas suas páginas carregadas de humor corrosivo, traçando perfis caricaturais de figuras destacadas da emigração, Marx e Engels "levantaram a cortina da vida quotidiana dos dirigentes pequeno-burgueses na emigração e mostraram que, sob a máscara de discussões de princípio, se dissimulava 'a guerra dos ratos e das rãs', pequeninas brigas e rixas entre as diversas camarilhas de emigrados" (Fedosseiev, org., 1983, p. 282). O texto surgiu da sugestão de um exilado húngaro, Janos Bangya (1817-1868), que se dispôs a editá-lo na Alemanha; Marx entregou-lhe o manuscrito e até recebeu dele parte dos direitos autorais – direitos autorais que nunca lhe chegaram integralmente porque Bangya, como se constatou depois, era um espião a serviço de várias potências europeias e vendera os manuscritos à polícia prussiana. Marx conservou um rascunho do texto e tentou em vão publicá-lo; somente em 1930 o material viu a luz, pela primeira vez, na União Soviética.

[118] Já chamamos a atenção do leitor (ver, supra, neste capítulo, nota 33) para o fato de a palavra *partido* não ser utilizada por Marx, pelo menos antes dos anos 1870, no sentido que adquiriu a partir da formação de partidos operários de massa (cujo primeiro grande exemplo é o da social-democracia, criado em 1875).

A meu ver, foi Claudín (1975, p. 49-51 e 318-25) quem melhor se deteve sobre a concepção de partido em Marx. Na sua exegese de textos marx-engelsianos da segunda metade dos anos 1840 e dos primeiros anos 1850, o analista espanhol leva em conta que "o problema do partido está, em Marx, indissoluvelmente ligado ao da classe" e assevera que, nesses textos, tem-se que "a classe operária [...], como um grupo social estruturado, em luta contra as outras classes, com consciência de classe nascida e forjada nessa luta, funciona como 'partido político' diante das outras classes, que, por sua vez, atuam como 'partidos' frente a ela. Vemos, assim, nos textos de Marx e de Engels desses anos, as expressões 'partido da burguesia' ou 'partido burguês' sem referir-se a nenhum dos grupos políticos burgueses específicos, mas à atuação da burguesia como classe" (ibidem, p. 49). Desdobradas essas considerações, Claudín pode distinguir entre uma concepção de *partido-classe* ("uma das noções operatórias fundamentais de Marx em suas grandes análises da revolução de 1848" – ibidem, p. 323) e uma concepção de *partido no grande sentido histórico do termo*, para a qual ele recorre a uma passagem da correspondência de Marx (uma longa carta a Freiligrath de 29 de fevereiro de 1860) que reproduzimos parcialmente aqui: "A Liga, como a Sociedade das Estações em Paris, como uma centena de outras sociedades, era apenas um episódio da história do partido, que cresce naturalmente do solo da sociedade moderna. [...] Eu também me esforcei para eliminar o mal-entendido que compreendia a Liga, que acabou há oito anos, ou a redação do jornal [a *Nova Gazeta Renana*], que já não existe há doze, como partido. *Por partido eu compreendia o partido no grande sentido histórico do termo*" (MEW, 1964, v. 30, p. 490, 495 [itálicos meus – *JPN*]). Segundo Claudín, o partido "no grande sentido histórico do termo", que "cresce naturalmente do solo da sociedade moderna", não é outra coisa senão – como é dito no *Manifesto do Partido Comunista* – a "organização dos proletários em classe e, portanto, em partido político" (Marx-Engels, 1998, p. 16). Quanto à concepção marxiana de *partido comunista*, Claudín sustenta que, nela, "a função dos comunistas não é substituir-se às formas políticas e organizacionais que historicamente [...] vai tomando 'a organização dos proletários em classe' [...], não é substituir a iniciativa do proletariado, sua criatividade e inventiva, nascidas das exigências diretas da luta de classes, por formas de ação e organização ditadas por 'princípios particulares'. Significa que a função dos comunistas é colocar a 'vantagem teórica' de que dispõem a serviço do movimento proletário, atuando nele para ajudá-lo a tomar consciência dos seus interesses históricos, consciência crítica da sua própria ação, e a compreender o processo da luta de classes, o que exige uma relação mutuamente crítica, aberta e sincera entre comunistas (proletários ou não) e 'os proletários em geral', entre comunistas e 'partidos operários'. Significa, em suma, que os comunistas não constituem um partido que 'dirige' o proletariado, mas um partido que o ajuda a *autodirigir-se*" (Claudín, 1975, p. 327). Evidentemente, Claudín anota a "diferença de fundo" entre tal concepção e aquela própria do que será o partido leninista (idem), sobre a qual ele se debruçará em obra posterior (Claudín, 2013, p. 716-23).

[119] Biógrafos soviéticos sustentam, nos anos 1970 e 1980, que "a essência da teoria de Marx sobre a revolução em permanência consiste em que o processo revolucionário deve atravessar uma série de fases e que entre a etapa democrática e a etapa proletária da revolução não tem que existir necessariamente um longo período de desenvolvimento não revolucionário, tranquilo. Ao contrário, Marx e Engels admitiam a possibilidade de uma passagem relativamente rápida da primeira para a segunda etapa, passagem que podia efetuar-se numa atmosfera de ascenso constante da energia revolucionária das massas, de afastamento do poder dos elementos burgueses e pequeno-burgueses até à instauração da ditadura do proletariado" (Fedosseiev, org., 1983, p. 258-9). A mesma interpretação se encontra na biografia de Engels preparada por outro coletivo de autores e publicada em seguida (Vv. Aa., 1986a).

A concepção de *revolução permanente*, que depois da *Mensagem* não comparecerá explicitamente na obra marxiana, foi resgatada por Trótski na abertura do século XX e é objeto de copiosa bibliografia – aqui, sumariamente, basta-nos mencionar, além do próprio Trótski, 1969 e 1979, Brossat, 1974, Procacci, org., 1976 e Löwy, 1981; ver também expressivas observações em Deutscher, 1968.

[120] "Dever-se-á imediatamente armar todo o proletariado com fuzis, espingardas, canhões e munições; é necessário opor-se ao ressurgimento do velho exército burguês, dirigido contra os trabalhadores. Onde isso não for possível, os trabalhadores devem procurar organizar-se independentemente, como guarda proletária, com chefes e estado-maior eleitos por eles mesmos e colocar-se às ordens não do governo, mas dos conselhos comunais revolucionários criados por eles mesmos. [...] As armas e munições não podem, sob nenhum pretexto, ser entregues; toda tentativa de desarmamento deverá ser rejeitada, se preciso for, com violência" (MEW, 1960, v. 7, p. 250).

[121] Para uma panorâmica do pensamento "revisionista" de Bernstein, ainda se mostra inarredável o trabalho de Gustafsson, 1974.

[122] Para rastrear a gênese dessa ideia, permanece referência obrigatória o ensaio de Soboul, 1951.

[123] Até no *Manifesto* Bernstein vê blanquismo: passando por cima da expressa afirmação segundo a qual "todos os movimentos históricos anteriores foram movimentos de minorias ou no interesse de minorias. O movimento proletário é o *movimento autônomo da imensa maioria no interesse da imensa maioria*" (Marx-Engels, 1998, p. 18 [itálicos meus – *JPN*]), o arauto do revisionismo escreve que "o programa de ação revolucionária do *Manifesto* é *blanquista do princípio ao fim*" (Bernstein, 1982, p. 134 [itálicos meus – *JPN*]).
É sabido que os bolcheviques foram acoimados de blanquistas, e é conhecida a resposta de Lênin (2017, p. 180 [itálicos meus – *JPN*]): "Não somos blanquistas, *não somos partidários da tomada do poder por uma minoria*".

[124] No imediato seguimento dessa assertiva, Claudín (1975, p. 303-4) mostra concretamente como a prática política de Marx em 1848-1849 nada deve a concepções blanquistas.

[125] Neste ponto – como já ocorreu e vai ocorrer em muitos outros passos desta biografia –, qualquer elenco bibliográfico a ser sugerido ao leitor enfermaria de graves limitações, uma vez que a documentação pertinente é praticamente inumerável. Arrolam-se apenas umas poucas e diferenciadas fontes: além do "clássico" confronto entre Lênin e Kautsky, 1976, ver Panajot, em Buhr, org., 1973; Radjavi, 1975; Balibar, 1976; Althusser, 1978 e 2003; Hunt, 1984; Draper, 1985; Ehrenberg, 1992; Tabak, 2000; Texier, 2005.

[126] Não é esta a oportunidade para esboçar, ainda que nos seus mais largos traços, o complicado processo pelo qual a *ditadura do proletariado* converteu-se, de fato, em *ditadura sobre o proletariado* – mas não se pode deixar de assinalar, com a máxima ênfase, que essa conversão (na qual se entrecruzaram fortes condicionantes históricos e equívocos e oportunismos políticos) Marx e Engels foram completamente alheios: *nenhum deles pode objetivamente ser responsabilizado pela identificação da ditadura do proletariado tal como a conceberam com regimes assentados em sistemas restritivos das liberdades políticas para a massa da população trabalhadora, caracterizados por controles policiais e burocráticos de pensamento e formas societárias articuladas mediante a fusão de um aparato monopartidário com um Estado onipotente*. Substantiva documentação sobre tal processo já está disponível há muitas décadas e em larga medida bem acessível a cidadãos letrados.

[127] Se, nos "Princípios do comunismo", Engels afirmava que a revolução proletária "estabelecerá, antes de mais nada, um *regime democrático* e, portanto, direta ou indiretamente, a dominação política do proletariado" (Engels, 1981, p. 92) e, um pouco antes, precisara que "a democracia passou a ser um princípio proletário, um princípio de massas", concluindo que a "democracia do nosso tempo é o comunismo" (OFME, 1981, v. 2, p. 592), compreende-se que no *Manifesto do Partido Comunista* se leia que "o primeiro passo da revolução operária é a passagem do

proletariado a classe dominante, a conquista da democracia pela luta" – e o Estado daí emergente se ponha como o "Estado [...] do proletariado organizado como classe dominante" (Marx-Engels, 1998, p. 29-30).

[128] A determinação histórica do caráter *transitório* da ditadura do proletariado será explicitada por Marx na *Crítica do Programa de Gotha*; nesse texto de 1875, lê-se que "entre a sociedade capitalista e a sociedade comunista medeia o período da transformação revolucionária da primeira na segunda. A este período corresponde também um período político de transição, cujo Estado não pode ser outro senão *a ditadura revolucionária do proletariado*" (Marx-Engels, 1961, v. 2, p. 233); adiante voltaremos a esse texto.

[129] Depois de referir a expansão da Liga nos seus "centros", Claudín (1975, p. 229) relativiza os resultados apresentados na *Mensagem* de junho: "A julgar por dados anteriores e posteriores, pode-se supor que se trata de 'centros' com poucos membros, raramente mais que uma dezena". Mas, na mesma passagem, acrescenta que, entre tais membros, "havia quadros destacados de algumas associações operárias".

[130] Nesse texto, Marx e Engels apontam a emergência de uma nova crise somente para dois anos depois: "Se o novo ciclo de desenvolvimento industrial iniciado em 1848 seguisse o mesmo caminho de 1843-47, a crise viria em 1852" (MEW, 1960, v. 7, p. 432-3). A previsão revelou-se precipitada: a crise só sobreveio em 1857-1858.

[131] O nível de tensão pode ser avaliado pelo comentário de Mehring (2013, p. 210): "Ocorreram discussões violentas e Schramm até desafiou Willich a um duelo, apesar de Marx desaprovar sua ação. O duelo de fato aconteceu perto de Antuérpia e Schramm foi levemente ferido".

[132] Sobre a maioria dessas figuras e outras mais, ver Bach, org., 1981; Ashton, 1986; Bleiber et al., orgs., 1987-1988; Sperber, 1992.

[133] Observe-se aqui a reiteração da ideia que comparece na primeira *Mensagem* e que salientamos páginas atrás, quando Marx advertiu que os trabalhadores não poderiam "alcançar o poder ou ver realizados seus interesses de classe *sem terem experimentado integralmente um desenvolvimento revolucionário mais prolongado*".

[134] Para detalhar o processo que estamos sumariando, ver esp. Mehring, 2013, p. 207-10; Claudín, 1975, p. 229-37; Fedosseiev, org., 1983, p. 257-64 e 268-72; Vv. Aa., 1986a, p. 194-6 e 206-9; Cottret, 2010, p. 173-81; Sperber, 2014, p. 247-8 e 262-6; Jones, 2017, p. 320-5.

[135] "Na quarta-feira passada, por proposta minha, a Liga daqui se dissolveu e decidiu que também não tinha mais sentido prolongar a sua existência no continente" (Marx, em carta a Engels, 19 de novembro de 1852 – MEW, 1963, v. 28, p. 195).

[136] Também para detalhar esse passo, ver os títulos citados, supra, neste capítulo, nota 134, e ainda Herrnstadt, 1958; Hamerow, 1972; Förder et al., orgs., 1984, v. III; Herres, 2003.

[137] As prisões começaram com a detenção do alfaiate Peter Nothjung (1821-1880) em Leipzig, a 10 de maio de 1851; com os documentos da Liga que estavam em seu poder, a polícia de Berlim – chefiada por Karl Hinckeldey (1805-1856) – chegou aos mais ativos dirigentes, entre os quais Heinrich Bürgers, Roland Daniels, Hermann Heinrich Becker, Peter Röser e Friedrich Lessner (suas datas de nascimento e morte encontram-se no texto desta biografia).
Tudo indica que foi essa vaga repressiva que tornou malograda a publicação de uma obra de Marx, *Gesammelte Aufsätze von Karl Marx* (Ensaios reunidos de Karl Marx). Rubel dá o volume como editado por Becker em Colônia, em 1851, coligindo textos anteriores a 1849

(ver a sua introdução a Marx, 1965, *Oeuvres*, v. I, p. lxxxiii). Com a prisão de Becker, seguida da sua condenação a cinco anos de cadeia, supõe-se que o volume não chegou ao público, tendo sido apreendido/destruído pela polícia.

[138] No outono de 1851, instaurou-se na capital francesa um processo para apurar tal "conjuração", que serviu de pretexto, em fevereiro de 1852 (depois, portanto, do golpe de Luís Napoleão), para levar "à condenação de inúmeros trabalhadores alemães pela corte de Paris, que os sentenciou a penas variadas de prisão" (Mehring, 2013, p. 221).

Nessa "conjuração", forjada pelas duas polícias, teve papel importante Wilhelm Stieber, designado pessoalmente por Frederico Guilherme IV para preparar o processo na Prússia.

[139] Jenny, numa carta a Adolf Cluss, relata em que se transformou o apartamento da Dean Street no outono de 1852: "Um escritório completo foi agora criado na nossa casa. Duas ou três pessoas estão escrevendo, outras cumprindo tarefas, outras juntando centavos para que os que escrevem possam continuar a existir e provar que o velho mundo oficial é o culpado do escândalo mais ultrajante. Enquanto isso, as minhas três alegres crianças cantam e assobiam, até que o velho pai mande bruscamente calarem a boca. Que azáfama!" (carta de 30 de outubro de 1852, reproduzida como anexo em MECW, 1983, v. 39, p. 578).

[140] Condenados a seis anos de detenção foram Bürgers, Nothjung e Röser; a cinco anos, Reiff, Otto e Becker; e Lessner a três anos. Foram absolvidos Daniels, Klein, Jacob e Erhard.

[141] A íntegra do texto (no original, *Enthüllungen über den Kommunisten-Prozess zu Köln*) encontra-se em MEW, 1960, v. 8, p. 409-70, com a passagem citada na p. 470.

A brochura foi publicada na Basileia, em janeiro de 1853, em tiragem de 2 mil exemplares – mas, em março, quase todos foram apreendidos pela polícia prussiana na fronteira com o estado de Baden; o texto só se tornou conhecido na Alemanha quando da sua reedição em 1875. Nos Estados Unidos, ele saiu, primeiro em partes, num jornal democrata alemão de Boston (*Neu-England Zeitung* [Gazeta da Nova Inglaterra]) e depois, em abril de 1853, num volumito como separata do mesmo periódico, voltado aos trabalhadores alemães emigrados na América. É importante assinalar que Willich, que converteu a sua ruptura com Marx numa questão pessoal, criticou as *Revelações* num artigo de outubro-novembro de 1853; Marx não deixou passar em branco o ataque: numa contracrítica publicada em Nova York, em janeiro de 1854, replicou com o pequeno panfleto intitulado "Der Ritter vom edelmütigen Bewusstsein" (O cavaleiro da nobre consciência) – MEW, 1960, v. 9, p. 493-518. Para que a ruptura política se tornasse, por parte de Willich, algo pessoal, também contribuiu a sua associação com um controvertido literato democrata, Gottfried Kinkel (1815-1882), que fora objeto da crítica de Marx no n. 4 da *NGR-R*; sobre Kinkel, ver Rösch, 2006; sobre sua relação com os exilados e Marx, ver Gabriel, 2013, p. 306 e 368; Sperber, 2014, p. 266-70.

[142] Na carta a Freiligrath de 29 de fevereiro de 1860, parcialmente reproduzida supra, neste capítulo, nota 118, Marx informa "que desde novembro de 1852, quando a Liga foi dissolvida, *por proposta minha*, nunca mais pertenci – nem pertenço – a nenhuma associação, *secreta ou aberta*, e que, por conseguinte, há oito anos que [o partido], nesse sentido totalmente efêmero da palavra, deixou de existir para mim" (MEW, 1964, v. 30, p. 489).

E numa carta de 29 de novembro de 1864 a Weydemeyer, pouco depois da fundação da Associação Internacional dos Trabalhadores, ele afirma: "Durante anos, recusei-me a participar de 'organizações', mas aceitei desta vez porque se trata de algo em que se pode atuar com eficácia" (MEW, 1965, v. 31, p. 428).

[143] Sobre as transformações econômicas, tecnológicas e culturais incidentes na área editorial-jornalística, ver, entre outros, Boyce et al., orgs., 1978; Palmer, 1983; Chalaby, 1998; Charle, 2004; Briggs e Burke, 2006.

[144] Parte desses artigos, depois publicados em separata, "serão o maior sucesso de livraria de Marx", que, "aparentemente, não receberá [pela separata] qualquer compensação em dinheiro" (Rubel, 1991, p. 53).

[145] Jones (2017, p. 369) é quem constata essa produtividade impressionante, ao contabilizar os "220 artigos ou mais para o *Neue Oder-Zeitung*" escritos por Marx em 1855.

[146] A demanda de artigos de Marx caiu bastante na segunda metade dos anos 1850, porque a crise econômica que então se fez sentir afetou também o *Trib* – mesmo antes, a remuneração de Marx apenas amenizara as dificuldades financeiras da sua família. Na entrada da década de 1860, Marx afastou-se do *Trib* porque o jornal estava girando na direção do conservadorismo.

[147] O dado é de Gabriel, 2013, p. 293. Para informações sobre a imprensa norte-americana, ver Schudson, 1981 e Baldasty, 1992.

[148] Exatamente pelo seu fascínio diante da erudição de Marx, Dana, na primavera de 1857, convidou-o para participar da elaboração da *New American Ciclopaedia* (Nova Enciclopédia Americana), projeto interrompido em 1861. Engels contribuiu maiormente com os trabalhos de Marx para a enciclopédia: dos 67 verbetes publicados em nome deste, 51 eram da sua autoria (Jones, 2017, p. 354). Os verbetes referidos estão reunidos em MEW, 1961, v. 14, p. 5-380. Dadas as condições de trabalho de Marx à época, nem todos os verbetes enviados a Dana tinham os mesmos rigor e precisão históricos. Foi o caso, especificamente, daquele dedicado a Bolívar e concluído em janeiro de 1858 (MEW, 1961, v. 14, p. 217-31), que é objeto de justa polêmica, sobretudo entre nós, latino-americanos – ver, por exemplo, Aricó, 1980 e Quintero e Acosta, 2010.

[149] Os textos produzidos para o *Trib* estão coligidos, junto a outros, nos volumes 9 a 13 das MEW. Observe-se que os primeiros estudos mais cuidadosos sobre a produção jornalística de Marx, embora datem ainda dos anos 1950 (Bittel, 1953), desenvolvem-se mesmo é a partir da década de 1970, como se verifica no esforço de Thao (1978-1980). A partir de então, o interesse por ela tem crescido e várias são as novas contribuições, algumas muito elaboradas (Hecker et al., orgs., 2005), que aprofundam a pesquisa sobre o tema. E, nos últimos anos, a faceta jornalística de Marx vem ganhando tratamento cada vez mais significativo em biografias a ele dedicadas (Hosfeld, 2009 e 2013; Sperber, 2014; Jones, 2017) e em instigantes antologias (Blackburn, org., 2011; Pino, org., 2013; Husain, org., 2017).

Se a consideração das relações políticas internacionais haveria de atrair a atenção e a análise de Marx em decorrência das pesquisas econômico-sociais que ele desenvolveria sobretudo a partir da segunda metade dos anos 1850, é bem verdade que o seu trabalho jornalístico estimulou-a vivamente – e é fato que, desde então, tais relações ocuparam-no até o fim de sua vida. Para subsidiar as suas concepções e análises nesse domínio, ver a contribuição de Molnár, 1975 e o ensaio "Karl Marx y la política internacional", de Kostas Papaioannou (em Papaioannou, 1980); veja-se ainda o conjunto de textos reunidos no dossiê "Marxismo e relações internacionais", organizado por Bugiato e Garcia, 2018.

[150] Para que se tenha uma ideia do cuidado com que Marx conduzia seu trabalho, em 1854, para melhor compreender a questão da Espanha, ele se pôs a estudar a língua de Cervantes – lendo, entre outros, o próprio criador do Quixote (nos anos 1870, terá um comportamento semelhante: dedica-se ao estudo do russo para ler nos originais a documentação relativa à *comuna rural*).

Os textos marxianos sobre a Revolução Espanhola, redigidos entre 1854 e 1856, encontram-se em MEW, 1961, v. 10, p. 431 e seg. e 1961, v. 12, p. 37 e seg.; ver ainda, em português, Marx-Engels, 1966.

[151] Um exemplo da incidência do trabalho de pesquisador de Marx em sua prática político-jornalística é fornecido pela investigação, que realizou no Museu Britânico, de documentos pouco conhecidos da diplomacia britânica a partir do século XVIII.

Na sequência da repercussão dos textos de Marx sobre Palmerston, David Urquhart (1805-1877), um parlamentar e dirigente conservador que combatia duramente a política externa do governo inglês, fez contatos com o autor, propondo-se a publicar, na imprensa que seguia a sua orientação, documentos daquela espécie. Na primavera de 1856, ocorreu a Marx a ideia de fazê-lo, comentando-os de modo a contribuir para a crítica à política externa inglesa, sempre condescendente com o regime tsarista.

Assim, Marx – que, reconhecendo o caráter conservador da atuação de Urquhart, reconhecia igualmente a importância da sua crítica à política exterior do governo britânico – publicou, entre agosto de 1856 e abril de 1857, na *Free Press* urquhartista de Londres, a série *Revelations of the Diplomatic History of the 18th Century* (Revelações sobre a história diplomática do século XVIII), preparada entre junho de 1856 e março de 1857.

Postumamente, em 1899, o panfleto, em edição organizada por Eleanor Marx, publicou-se sob o título *Secret Diplomatic History of the Eighteenth Century* (História diplomática secreta do século XVIII) – hoje disponível em MECW, 1986, v. 15, p. 25 e seg. Sobre esse panfleto e Urquhart, ver Fedosseiev, org., 1983, p. 344-8; Wheen, 2001, p. 195-200 Jones, 2017, p. 371-2.

[152] Em 1851, preencheu catorze cadernos, relacionando bibliografias, leituras e reflexões sobre economia política e problemas relativos à moeda, relações industriais, agricultura e renda fundiária, química agrícola, colonialismo, população, história antiga e medieval, tecnologia, estatística e questões bancárias (Rubel, 1991, p. 45, arrola os autores estudados). É de notar que em 1851, para subsidiar o que seria a sua crítica à agricultura capitalista, Marx estuda a obra do agrônomo James Anderson (1739-1808) e acompanha os trabalhos de Justus von Liebig (1803-1873) e James Johnston (1796-1855) (Foster, 2005, p. 202 e seg.).

Para o período que aqui nos interessa, Musto (2011, p. 105) relaciona primeiro os 24 "cadernos de Londres" (1850-1853: estudos de economia política – teoria da crise, dinheiro, tecnologia, condições da classe operária). Depois, em 1851, 2 cadernos de extratos e, em 1855, 1 caderno de extratos sobre dinheiro, crédito e crise. Também Rosdolsky (2001, p. 22-5) assinala que, entre 1851 e 1856, há registros de que Marx retomou os seus planos de avançar na crítica da economia política.

Em julho de 1851, leu o recém-lançado livro de Proudhon *Idée générale de la révolution au XIXème siècle* (Ideia geral da revolução no século XIX), que lhe pareceu muito ruim; projetou escrever dele uma crítica e recebeu de Engels, em outubro, uma série de anotações, mas não conseguiu levar a cabo o projeto. Em 1852, leu muito: das obras do grande Giordano Bruno (1548-1600) a textos de Herbert Spencer (1820-1903), seu contemporâneo positivista e medíocre. Em 1853, seus cadernos registram o estudo de sir Stamford Raffles (1781-1826), Wilks, Alexander Campbell (1788-1866), William Weston Patton (1821-1889), Urquhart, Jakob Fallmerayer (1790-1861), Stanilas Famin (1799-1853), entre outros. Em 1853-1854, fez estudos relativos à Revolução de 1848 na Itália e aos povos da Península Balcânica.

V. Londres: o apogeu intelectual (1857-1867)

1. Uma irmã mais jovem de Helene Demuth, Marianne, que cuidava da mãe de Jenny, com a morte desta viria a Londres para viver com os Marx. Marianne ficou com a família Marx até 1862, quando faleceu vítima de uma febre reumática.

2. Gabriel (2013, p. 348), recorrendo à correspondência de Jenny, informa que "a nova casa [Grafton Terrace] era 'arejada, ensolarada, sem umidade e construída sobre um terreno de cascalho. Cercada por campinas verdes e frescas em que vacas, cavalos, ovelhas e cabras e galinhas pastam juntos em aconchegante harmonia. À nossa frente, a imensa cidade de Londres se estende em silhuetas enevoadas, mas quando o céu está claro conseguimos distinguir com precisão a cúpula da catedral de St. Paul'. Os quartos dos fundos, dizia ela, davam para Hampstead Heath e Highgate. Na verdade, a área comum em torno de Grafton Terrace era muito menos exuberante. Jenny escreveria a outra pessoa: 'Era preciso conseguir abrir caminho entre pilhas de lixo e, quando chovia, aquele barro vermelho grudava nas botas de modo que só com muito esforço e peso nos pés se conseguia chegar em casa'. E embora a casa fosse espaçosa, seria descrita na época como uma casa bem modesta de classe média. As áreas de serviço – cozinha e lavanderia – ficavam no subsolo. O térreo tinha duas salas, um quarto e um pequeno lavabo; no primeiro andar havia mais três cômodos; e havia um sótão onde Lenchen e Marianne dormiam. A casa tinha dois banheiros e, para satisfação de Jenny, bastante espaço no jardim para galinhas".
Quanto à casa de Maitland Park Road, n. 1, também na região de Hampstead Heath, anota a mesma Gabriel (ibidem, p. 413) que – "ensolarada, ampla e, curiosamente, próxima a uma capela –, era mais grandiosa em vários aspectos. A casa de três andares tinha uma lareira em cada cômodo, jardim nos fundos, parque na frente e uma estufa do lado de fora. Cada filha teria um quarto todo seu e havia bastante espaço para os animais que Tussy colecionava, que nessa época incluíam dois cães, três gatos e dois pássaros. Marx montou um escritório no primeiro andar com vista para o parque, e as mulheres dominavam todo o resto da casa. Ali, Jenny sentiu, eles poderiam começar uma vida nova. Era uma casa que as filhas poderiam exibir com orgulho e onde a mãe presidiria tal como havia sido criada para fazer – com respeitabilidade convincente".

3. No segundo semestre de 1862, as dificuldades financeiras da família se agravaram a tal ponto que Marx chegou a procurar um emprego burocrático numa ferrovia – emprego que ele não obteve "porque sua caligrafia era muito ruim" (ibidem, p. 404). Também Bruhat (1973, p. 139) e Wheen (2001, p. 237) mencionam o fato.

4. Com efeito, a contribuição do amigo viu-se diretamente afetada pela crise e pela guerra: "Em 1862, a tecelagem de Engels não recebeu nenhum pedido e precisou cortar pela metade suas horas de produção. Engels estimou que se a guerra [civil] na América não terminasse logo, sua renda anual seria de meras cem libras, menos do que costumava mandar para a família Marx. Naquela primavera, Engels disse a Marx que não poderia lhe enviar nada até julho" (Gabriel, 2013, p. 399).
Quanto ao jornal nova-iorquino, já a partir de 1857 a demanda por artigos de Marx caiu pela metade (Rubel, 1991, p. 67) e, em seguida, a apenas um terço (Gabriel, 2013, p. 398-9).

5. Nas duas semanas que, em fins de fevereiro, passou junto ao tio, Marx travou contato com a prima Antoinette ("Nanette"), provocando – conforme alguns biógrafos (por exemplo, Gabriel, 2013, p. 391-2) – na bela jovem, que tinha então 24 anos, um verdadeiro encantamento. É fato que, nos meses seguintes, mantiveram uma breve e calorosa correspondência.

[6] Na sequência da morte da mãe, enfim ficou acertada a questão da herança de Marx: feitas todas as contas e excluídos os adiantamentos que já recebera, ele ficou com cerca de mil libras.

[7] "Como executores do testamento, Marx e Engels ficaram surpresos ao descobrir que o modesto velho Lupus havia acumulado uma pequena fortuna, com trabalho árduo e parcimônia. Mesmo depois de deduzidas as despesas do funeral, os impostos [...], um legado de 100 libras para Engels e outro de 100 libras para o médico de Wolff [...], restaram 820 libras para o herdeiro principal [Marx]" (Wheen, 2001, p. 248).
Marx e Engels participaram do funeral de Lupus. Marx comoveu-se profundamente com a morte do camarada, amigo fiel desde os tempos de Bruxelas, a quem dedicaria o Livro I de *O capital*. Engels, entre lágrimas, pronunciou o principal discurso fúnebre.
Deve-se anotar que a relação fraternal e solidária de Marx com trabalhadores simples como Lupus era, de fato, e bem ao contrário do que sustentam Payne, 1968, e Avineri, 1968, uma constante na sua vida – ver, a propósito, as considerações feitas por um biógrafo no apagar das luzes do século XX, tomando como exemplo os seus cuidados com o pobre alfaiate Eccarius (Wheen, 2001, p. 257-9).

[8] Sperber (2014, p. 452-3) relata que "a criação e a vida social das filhas de Marx reproduziam o padrão típico das famílias de classe média instruída do século XIX, tanto na Alemanha quanto na Inglaterra. Algumas particularidades da vida delas, no entanto, foram um tanto incomuns. A formação educacional na escola secundária foi excepcionalmente esmerada [...]. As filhas de Marx faziam aulas de ginástica e se exercitavam trajando as escandalosas calças de esporte propagandeadas pelas feministas do século XIX. Ao contrário da prática vigente naquele século, de educar as filhas para serem beatas [...], Karl e Jenny criaram as suas dentro do mesmo ateísmo sem disfarces praticado por eles. *Karl não escondia sua satisfação em conversar com elas sobre política*" [itálicos meus – *JPN*]. Por seu turno, Wheen (2001, p. 174) aduz que, adolescentes, as filhas de Marx tiveram "aulas particulares de francês, italiano, desenho e música". E informa a biógrafa que estamos citando reiteradamente: "Elas [as filhas de Marx] falavam inglês, alemão e francês; liam e escreviam em inglês, alemão, francês e italiano; e sabiam um pouco de espanhol [...]. Tocavam piano, cantavam em dueto, pintavam retratos. Tiveram uma educação como qualquer menina da classe média podia esperar naquele período na Inglaterra. *Mas, além disso e graças ao pai, elas tiveram uma intensa formação política*" (Gabriel, 2013, p. 373 [itálicos meus – *JPN*]).

[9] Ainda em 31 de julho de 1865 Marx escrevia a Engels: "Há dois meses vivo exclusivamente da loja de penhores, o que significa que uma fila de credores não para de crescer à minha porta, tornando-se cada dia mais insuportável. Este fato não será nenhuma surpresa para você se levar em conta que, 1º), tenho sido incapaz de ganhar um tostão esse tempo todo e que, 2º), simplesmente saldar as dívidas e mobiliar a casa me custou umas quinhentas libras. [...] Eu mesmo acho incrível que o dinheiro tenha acabado" (MEW, 1965, v. 31, p. 131). Mais: em abril de 1867, às vésperas de levar ao editor, em Hamburgo, manuscritos de *O capital*, conta Gabriel (2013, p. 454) que ele escrevia a Engels sobre a sua dificuldade em viajar "porque suas roupas e seu relógio estavam penhorados".

[10] A correspondência trocada entre Engels e Marx em 29-30 de novembro de 1868 (MEW, 1965, v. 32, p. 215-8) é esclaredora sobre o acordo a que chegaram. Na sua missiva, Engels informava dos planos de vender a sua parte da empresa têxtil ao sócio Gottfried Ermen (1811--1899) e aposentar-se em condições de ajudar substantivamente a família Marx, saldando as suas dívidas e garantindo-lhe uma renda anual de 350 libras; Marx avaliou seus débitos em

210 libras (mais um excedente de despesas médicas) e considerou a quantia mencionada por Engels "absolutamente suficiente". E prometeu: "Com todas as dívidas pagas, eu seria capaz de me impor uma administração rigorosa" (MEW, 1965, v. 32, p. 217).
A partir de indicações de Cole e Postgate, 1961 e Olsen, 1979, Gabriel (2013, p. 491) anota que, "em 1867, uma renda anual de 350 libras era considerada baixa para uma família de classe média inglesa".
Sobre as relações financeiras entre Engels e Marx, ver Segrillo, 2018, p. 169-70; o biógrafo brasileiro recorre a Körner, 2008, para levantar o apoio de Engels no período anterior ao acordo feito com Marx no fim de 1868.

[11] As informações que seguem são extraídas de Gabriel (2013, p. 384, 387-8): "Na Inglaterra da época em que Jenny foi diagnosticada, milhares de pessoas ainda morriam todos os anos de varíola"; "Marx parou todo o [seu] trabalho e se concentrou na dedicação à esposa"; "Jenny aos poucos se recuperou, mas saiu desfigurada da doença, seu rosto adorável coberto por uma máscara roxo-avermelhada em carne viva"; "Seu [de Jenny] estado debilitado, somado à preocupação de estar com um aspecto repulsivo, deixaram-na impaciente e emocionalmente suscetível".
A mesma biógrafa (ibidem, p. 421) relata que, no verão de 1864, corridos quase cinco anos desde a doença, "Jenny fez uma fotografia sua em Brighton. Seu rosto já não tinha as marcas da varíola. Ela estava à vontade, adorável, elegante".

[12] Frequentadores assíduos da Dean Street, por razões distintas, deixaram de estar com os Marx: Freiligrath se ocupava trabalhando num banco; as dificuldades da vida de Wilhelm Pieper (1826-1898) impediam as suas visitas; "Lupus" (Wilhelm Wolff) fora para Manchester; Weerth morrera numa viagem a Cuba... Em poucas páginas, Mehring (2013, p. 249-51) resume as perdas dos contatos pessoais nesse período.
Mas, de fato, a localização da nova casa – como indica Gabriel (2013, p. 353) ao observar que "o trajeto de Marx de Grafton Terrace até a biblioteca [do Museu Britânico] era pelo menos duas vezes mais longo comparado a quando vinha do Soho, mas ele caminhava para lá quase diariamente, sempre que a saúde permitia" – também contribuiu para a solidão dos Marx entre a segunda metade dos anos 1850 e inícios da década de 1860, registrada por biógrafos e na correspondência de Jenny e Marx. Depois de uns meses na casa de Grafton Terrace, que tanto agradara a ela, Jenny anota: "Levei muito tempo para me acostumar com a solidão completa" (citado em ibidem, p. 350); e no verão de 1862, quando decorria a segunda Grande Exposição de Londres, Marx escreve a Engels: "Ninguém me visita" (MEW, 1964, v. 30, p. 249).

[13] Durante esse período, a intensa correspondência Marx-Engels, ademais das "suas conversas quando dos seus encontros em Londres ou em Manchester", demonstra que "a sua colaboração [atingiu] um grau de intimidade excepcional" (Bruhat, 1973, p. 146). Para o leitor interessado especificamente na interlocução Marx-Engels entre janeiro de 1857 e setembro de 1867 acerca de *O capital*, sugiro o exame das cartas editadas por Gilbert Badia, que se encontram em Marx--Engels, 1964, p. 70-181.

[14] Kugelmann, que participou da AIT (ver infra) e, depois, do partido da social-democracia alemã, era um admirador de Marx e prestou a ele inúmeros favores. Cartas de Marx a Kugelmann estão acessíveis em português em Marx, 1969, p. 163-313; sobre Kugelmann, ver Hundt, 1974.

[15] Já vimos que Lafargue se casaria (em 1868) com Laura, e Longuet com Jenny (em 1872). Sobre os genros de Marx, ver Langlois, 2007 e Dittmar, 2018.

[16] "A [crise] de 1857, que começou com um colapso bancário em Nova York, era provavelmente a primeira crise mundial do tipo moderno. [...] Dos Estados Unidos a crise passou para a Inglaterra, então para a Alemanha do Norte, depois para a Escandinávia, de volta para Hamburgo, deixando uma trilha de bancarrotas e desemprego" (Hobsbawm, 1982, p. 85). Sobre a crise de 1857, ver Hughes, 1956 e Calomiris e Schweikart, 1991, além das indicações contidas em Clarke, 1994. Os artigos marxianos mais importantes sobre a crise encontram-se em MEW, 1961, v. 12; ver ainda, infra, neste capítulo, nota 22. Para além de materiais sobre a crise, a continuidade da produção jornalística de Marx para o *Trib*, de 1859 a 1862, contemplou, entre outros temas: a abolição da servidão na Rússia; a unidade italiana; a legislação fabril inglesa; as posições de Luís Napoleão; a expansão do comércio britânico; o aumento da criminalidade e do pauperismo na Inglaterra; as relações anglo-francesas e franco-prussianas etc.

Exemplares da capacidade que o trabalho jornalístico de Marx tinha de relacionar um incidente localizado com questões internacionais são os relatos que, em novembro-dezembro de 1861, ele envia ao *Die Presse* (ver a próxima nota) e ao *Trib* sobre o "caso Trent", um conflito envolvendo um barco norte-americano com esse nome (os relatos encontram-se em MEW, 1961, v. 15, p. 406-18 e, em português, parcialmente, em Marx, 2001, p. 164-99).

[17] Comprova-o a sua posição em face de *Das Volk* (O Povo), criado em Londres em inícios de maio de 1859 e vinculado à Associação Cultural dos Trabalhadores Alemães. Os editores do periódico procuraram Marx em busca de apoio, e só quando ele se certificou do caráter progressista do empreendimento, em junho, decidiu-se a colaborar; já em julho "tornou-se de fato chefe da redação e administrador do jornal" (Fedosseiev, org., 1983, p. 377). O *Das Volk* durou poucos meses; as dificuldades financeiras que o perseguiram desde a fundação logo determinaram o seu encerramento – o último número, o 16º , publicou-se em 20 de agosto.

O interesse de Marx pelo jornalismo, todavia, seguiu vivo: em março-abril de 1861, quando esteve em Berlim (ver infra), discutiu com Lassalle planos (que não foram adiante) para editar um novo jornal. Por outra parte, entre outubro de 1861 e dezembro de 1862, ele escreveu com alguma regularidade para o *Die Presse* (A Imprensa), periódico da oposição liberal vienense que tirava cerca de 30 mil exemplares e era lido tanto na Áustria quanto na Alemanha.

[18] Observo ao leitor que Marx, em três artigos de junho-julho de 1856 para o *Trib*, tratou especificamente do *Crédit Mobilier* – ver MEW, 1961, v. 12, p. 20-36.

[19] "Na primeira metade do século XIX, nos Estados do norte dos Estados Unidos, cresceu rapidamente a indústria fabril, especialmente a de tecelagem. Se, em 1805, havia nessas fábricas 4.500 fusos, em 1815 já eram 130.000 e, em 1860, 5.200.000. [...] No ano de 1860, na indústria norte-americana já trabalhavam 1.300.000 operários assalariados. Em 1850, os Estados Unidos ocupavam o primeiro lugar no mundo quanto à extensão da rede ferroviária. [...] Na vanguarda de todos, sob o aspecto do desenvolvimento industrial, marchavam os velhos Estados do Nordeste, onde não existia a escravidão" (Efímov, 1986, p. 189). Sobre a Revolução Industrial nos Estados Unidos, ver esp. as contribuições pertinentes reunidas por Engerman e Gallman, orgs., 2000 e também Zinn, 2010.

[20] E Hobsbawm (1982, p. 51-2) pontua mais precisamente: "Na Inglaterra, o cartismo passou à história, e o fato de que sua morte tenha sido mais prolongada do que historiadores normalmente supõem não a fez menos definitiva. Mesmo Ernest Jones, seu líder mais persistente, desistiu de reviver um movimento independente das classes trabalhadoras no final da década de 1850. [...] Mesmo os radicais de classe média, Cobden e Bright, eram agora uma minoria isolada na política.

Para as monarquias restauradas do continente e para o filho indesejado da Revolução Francesa, o Segundo Império de Napoleão III, o espaço para respirar era ainda mais vital. Para Napoleão este espaço proporcionou maiorias eleitorais legítimas e comoventes que deram colorido à sua aspiração de ser um imperador 'democrático'. Para as velhas monarquias e principados, deu tempo para a recuperação política e a legitimação da estabilidade e prosperidade [...]. Mesmo o Império dos Habsburgos, que já havia sido restaurado em 1849 graças à intervenção do exército russo, era agora capaz de, pela primeira e única vez na história, administrar todos os seus territórios – incluindo os húngaros recalcitrantes – num único regime absolutista centralizado e burocrático".

[21] Sobre a crise de 1857, ver os títulos citados na nota 16, supra.

[22] Obra importante acerca de Marx e a crise de 1857 é a de Rosenberg, 1974. Para os textos jornalísticos de Marx sobre a crise, ver os dois microensaios de Michael Krätke publicados em Musto, org., 2008, p. 162-75 (no segundo deles, Krätke; refere-se aos três "cadernos" nos quais Marx registrou em 1857-1858 apontamentos sobre a crise, citados por Musto, 2011, p. 105). Ver, ainda sobre aqueles textos, o importante ensaio de Bologna, em Bologna et al., 1974 e também o de Barsotti, 2009, que abre o "Dossiê: Artigos do jornalista Karl Marx sobre a crise de 1857-1858".
Saliente-se que na correspondência Marx-Engels, sobretudo entre outubro de 1857 e o mesmo mês de 1858, a crise de 1857 é amplamente tematizada (ver MEW, 1963, v. 29, p. 194-365).

[23] A expectativa marxiana de um novo afluxo do movimento revolucionário dizia respeito em especial à Europa ocidental (em agosto de 1856, num artigo para o *Trib* a propósito da Revolução Espanhola, ele refere-se à "*próxima revolução europeia*" – Marx-Engels, 1966, p. 153 [itálicos meus – *JPN*]) e era particularmente enfatizada em relação à Inglaterra, como se documenta em citações como as que se seguem:
em março de 1855, em artigo para a *NOZ*, prospectando os efeitos da crise iminente na Inglaterra, Marx escrevia: "*O movimento político que esteve mais ou menos adormecido entre os trabalhadores nos últimos seis anos, deixando atrás de si somente os quadros para uma nova agitação, emergirá de novo. O conflito entre o proletariado industrial e a burguesia se reacenderá*, ao mesmo tempo que o conflito entre a burguesia e a aristocracia atingirá o seu clímax. Assim, cairá a máscara que até agora ocultou dos estrangeiros a realidade da fisionomia política da Grã-Bretanha" (MEW, 1961, v. 11, p. 95 [itálicos meus – *JPN*]);
no verão do mesmo ano, reportando também para a *NOZ* uma grande manifestação popular de oposição a um projeto de lei (patrocinado por evangélicos) que exigia o fechamento de lojas e cabarés aos domingos, manifestação de que participou, Marx relatava: "Nós assistimos [à manifestação] do começo ao fim, e não acreditamos exagerar se assegurarmos que *a Revolução Inglesa começou no Hyde Park ontem*" (MEW, 1961, v. 11, p. 323);
em abril de 1856, na passagem do aniversário do *The People's Paper*, aludindo ao tribunal secreto que, durante a Idade Média, se dizia marcar com uma cruz vermelha as casas dos exploradores, Marx sentenciou: "Todas as casas da Europa estão marcadas agora com a misteriosa cruz vermelha. A história é o juiz – e seu carrasco, o proletariado" (MEW, 1961, v. 12, p. 4).

[24] Ver, dentre muitos, Fedosseiev, org., 1983, p. 375; Gabriel, 2013, p. 365-6; Mehring, 2013, p. 265-70; Sperber, 2014, p. 323 e seg.

[25] Noutro passo, o mesmo Jones (2017, p. 460-1) discorre, sublinhando mudanças que respaldariam a "nova política": "Depois dos fracassos de 1848 e do triunfo da reação em toda a Europa durante os anos 1850, a década seguinte assistiu não apenas ao renascimento das

esperanças democráticas, mas também a alguns ganhos democráticos reais. Em 1862-3, desenvolveu-se na Alemanha um movimento operário independente, e na França viu-se o início de uma velada oposição de trabalhadores a Bonaparte. Na Inglaterra, houve três acontecimentos de particular importância. Sem eles, a Associação Internacional dos Trabalhadores (AIT) nunca teria existido, menos ainda com o impacto que teve. O primeiro foi a resposta popular ao transnacionalismo republicano na forma de identificação com as emocionantes e heroicas lutas nacionais na Itália, na Polônia e em outros países contra as autocracias dos Habsburgo, dos Bourbon e dos russos. O segundo, igualmente importante, foi o crescimento do apoio popular à abolição da escravatura e à causa do Norte na Guerra Civil Americana. O fato de os trabalhadores da indústria do algodão de Lancashire estarem preparados para aguentar o desemprego da resultante 'fome do algodão' sem abandonar a causa abolicionista ajudou a convencer muita gente das classes fundiárias de que os trabalhadores tinham direito à plena cidadania e contribuiu para o sucesso da agitação em favor de reformas políticas em 1867. Mas nenhuma dessas campanhas teria causado grande impacto sem o terceiro e fundamental acontecimento: a transformação na capacidade e na presença política dos sindicatos trabalhistas".

As "reformas políticas" inglesas de 1867, que ampliaram parcialmente o direito ao voto, resultaram de amplas manifestações populares; para estas contribuiu muito a Liga pela Reforma, fundada em fevereiro de 1865, que tinha em sua direção vários membros da Internacional (como Marx informa em carta a Kugelmann de 15 de janeiro de 1866 – MEW, 1965, v. 31, p. 495) – sobre as reformas, ver Dardé, 1991 e Foot, 2005.

A correta e indispensável referência de Jones às lutas nacionais na Itália e na Polônia, que até aqui sequer tangenciamos, requer dois comentários. O primeiro é de historiadores soviéticos (Fedosseiev, org., 1983, p. 380-2): "Em abril de 1860, eclodiu na Sicília uma insurreição popular contra o jugo social e político da monarquia dos Bourbons. O eminente revolucionário italiano Giuseppe Garibaldi apressou-se a ir em socorro dos insurretos e, em maio de 1860, desembarcou na Sicília à cabeça de um destacamento de voluntários. Da Sicília, o exército garibaldino vitorioso marchou sobre Nápoles, onde entrou no começo de setembro, depois de ter libertado todo o sul da Itália dos Bourbons napolitanos. [...] Na opinião de Marx, os êxitos de Garibaldi não só abriam à Itália perspectivas de unificação revolucionária como também abalavam os alicerces da política europeia de Napoleão III e de todo o regime bonapartista. [...] Um plebiscito organizado em fins de outubro de 1860 no sul da Itália confirmou a reunião ao reino do Piemonte. Os frutos da vitória obtida pelo povo italiano sob a direção de Garibaldi aproveitaram à dinastia de Saboia e ao bloco da nobreza liberal e da grande burguesia que a apoiava".

O segundo é de Bruhat (1973, p. 164-5): "Para Marx e Engels, é na luta pela sua independência que um povo afirma as suas exigências e, portanto, o seu direito à existência nacional. Assim sucedia com os polacos. Pode-se encontrar na correspondência Marx-Engels dos anos de 1850 apreciações injustas para com os polacos. Mas tudo se modifica depois da insurreição de 1863. O nome de polaco é então aos olhos de Marx, como para os democratas ocidentais, 'sinônimo de revolucionário'. Os álbuns da família estavam cheios de retratos de revolucionários polacos. Numa fotografia, Jenny, a filha mais velha de Marx, traz ao peito a cruz dos insurretos de 1863. Neste mesmo ano Marx começa a redigir, em nome da Associação Cultural dos Operários Alemães, uma brochura a favor da Polônia".

Por fim, Jones menciona a Guerra Civil Norte-Americana. Devemos observar que Marx, diante do conflito cujo desenvolvimento seguiu atentamente, tomou-o como um evento de alcance histórico-mundial e escreveu mais de quarenta artigos sobre ele – alguns acessíveis em MEW, 1961, v. 15 –, publicados principalmente em *Die Presse* (ver, supra, neste capítulo, nota 17). Também Engels acompanhou com cuidado a Guerra Civil Norte-Americana, sublinhando em especial as dimensões das operações militares. Para Marx, na questão da escravatura residia a essência da guerra. Acrescentemos que ele tinha profundo respeito por Abraham Lincoln (1809-1865) (Blackburn, org., 2011), que caracterizava como um "obstinado filho da classe trabalhadora"; quando da sua reeleição (1864), Marx redigiu e lhe enviou, em nome da Associação Internacional dos Trabalhadores, uma mensagem congratulatória (texto disponível em Musto, org., 2014, p. 281-2).

26 Em sua primeira viagem à Alemanha depois de mais de uma década de ausência, em março-abril de 1861 (ver infra), Marx tentou recuperar a cidadania prussiana, que lhe foi negada pelas autoridades em junho. Vê-se que a liberalização guilhermina tinha limites...

27 Ver Rubel, 1991; Dussel, 1988, 1990 e 2012; Musto, org., 2008; Musto, 2011; Mazzone, org., 2013. Ver também Heinrich, 2018a, com a listagem dos manuscritos econômicos de Marx de 1844 a 1881.

28 Sabe-se que Marx tinha como exemplar a máxima de Terêncio: *"Homo sum, nihil humani a me alienum puto"* (Sou homem, nada do que é humano me é estranho). Ele a cita em carta a Freiligrath de 23 de fevereiro de 1860 (MEW, 1964, v. 30, p. 461) e afirma às filhas, em meados dos anos 1860, num jogo de salão comum à era vitoriana, que aquela era a sua "máxima predileta" (Wheen, 2001, p. 358).

29 Especialmente entre 1857 e 1859, Marx interessou-se pela estética pós-hegeliana – foi quando extratou, num de seus muitos *cadernos*, textos de Friedrich Vischer (1807-1887); o material foi examinado por Lukács, com a sua conhecida argúcia, num longo ensaio de 1934, "Karl Marx e Friedrich Theodor Vischer" (Lukács, 1966, p. 261-343). Observe-se que esse interesse de Marx é contemporâneo à sua discussão com Lassalle sobre o *Franz von Sickingen* (ver infra) e às decisivas, porém fragmentárias, linhas dedicadas à estética na "Introdução de 1857" aos *Grundrisse* (ver infra).

30 Lankester (que compareceu ao funeral de Marx), consagrado naturalista que pertencia à *The Royal Society of London for Improving Natural Knowledge* (Real Sociedade de Londres para o Desenvolvimento do Conhecimento Natural), fundada em 1660, teve uma brilhante e reconhecida carreira científica. Sobre ele, ver Lester, 1995, além das breves páginas que lhe dedicou Foster, 2005, p. 305-8.

31 O título original da obra de Darwin é mais longo: *The Origin of Species by Means of Natural Selection or The Preservation of Favoured Races in the Struggle for Life* (A origem das espécies por meio de seleção natural ou A preservação das raças favorecidas na luta pela vida). O livro tem edição em português – ver Darwin, 2018.
Acerca de Darwin, ver Tort, org., 1996 e Tort, 2004; sobre a leitura de Darwin feita por Marx, ver Foster, 2005, esp. cap. 6. Ver ainda, infra, neste capítulo, nota 34.

32 E pouco depois, em carta a Lassalle de 16 de janeiro de 1861, repete praticamente o mesmo juízo: "A obra de Darwin é da maior importância e convém ao meu objetivo [...]. É preciso, naturalmente, suportar o tosco estilo argumentativo inglês. Apesar de todas as falhas, é aqui que, pela primeira vez, a 'teleologia' na ciência natural não só é ferida por um golpe mortal, mas tem o seu significado racional empiricamente explicado" (MEW, 1964, v. 30, p. 578). Ver ainda Martins, 2015.

[33] Não se tem registro de contatos pessoais entre Marx e Darwin; sabe-se apenas que, com uma dedicatória datada de 16 de junho de 1873, Marx enviou-lhe um exemplar da segunda edição do Livro I de *O capital*, cujo recebimento foi acusado pelo naturalista em carta de outubro do mesmo ano (ver Wheen, 2001, p. 336-7 e Foster, 2005, p. 287).
Aproveitemos a oportunidade para reiterar – como já o fizeram os recém-citados Wheen (2001, p. 337-41) e Foster (2005, p. 394, nota) e também, entre outros, Jones, 2017, p. 599 e 718 – a falsidade da informação, veiculada em várias fontes, de que Marx pretendia dedicar *O capital* a Darwin e que este teria declinado da homenagem. Está claro, hoje, que tal lenda resultou do equívoco de se considerar uma carta de Darwin como endereçada a Marx quando, de fato, o destinatário era Aveling – resume Sperber (2014, p. 385): "Foi Edward Aveling, o amante de Eleanor, filha mais jovem de Marx, quem escreveu uma versão mais popular das teorias de Darwin e pediu a ele autorização para lhe dedicar esse trabalho. A resposta negativa do cientista acabou embaralhada entre os papéis de Marx quando Eleanor os organizou após a morte do pai".

[34] Para as relações críticas de Marx com a obra de Darwin, ver Uranovski, em Bukharin et al., 1935; Naccache, 1980; Christen, 1981; Völcsey, 2017. Para a relação entre tradição marxista e darwinismo, ver Pannekoek, 2012 e Tort, 2011.

[35] Sobre Lassalle, ver esp. Footman, 1969 e Dayan-Herzbrun, 1990; vale ainda a leitura de um velho ensaio (1893) sobre o reformismo social de Lassalle, recentemente reeditado (Bernstein, 2010). Para traços da personalidade dele e suas relações com Marx, ver, entre outros: Mayer, 1979, p. 444-6; Wheen, 2001, p. 232-6; Gabriel, 2013, p. 392-4, 401-3; Mehring, 2013, p. 270-7, 289-90, 295-7, 302-6; Sperber, 2014, p. 332-6.

[36] Naturalmente o leitor compreende que não é possível, aqui, discorrer sobre *a* correspondência Marx-Lassalle – tomaremos em conta apenas os episódios em que são mais salientes as divergências estético-literárias e políticas entre ambos. Para o caso das críticas de Marx (e de Engels) ao trabalho literário de Lassalle, o leitor interessado deve recorrer ao impecável e imprescindível ensaio lukácsiano (de 1931) "O debate sobre *Sickingen* entre Marx-Engels e Lassalle", disponível em Lukács, 2016, p. 17-61 (no mesmo volume, em apêndice, apresentam-se cartas desse debate); ver também o belo ensaio de Cotrim, 2017. Sobre as divergências políticas, ver, infra, neste capítulo, nota 45.

[37] As citações que faremos dessa carta remetem, entre colchetes, às páginas da fonte há pouco referida – MEW, 1963, v. 29.

[38] No apêndice a Lukács, 2016, citado, encontra-se a longa réplica de Lassalle, na carta que dirigiu a Marx e a Engels em 27 de maio de 1859 (p. 220-49); a reação de Marx a ela, em carta a Engels de 10 de junho de 1859, foi encerrar o debate: Marx qualificou o material de Lassalle como simplesmente "grotesco", "uma floresta inteira de páginas em linhas bem apertadas. É incompreensível como um homem, nesta estação do ano [primavera] e a esta altura dos acontecimentos da história universal, não só encontre tempo para escrever uma coisa dessas, mas tenha ainda o desplante de achar que dispomos de tempo para lê-la" (ver o apêndice a Lukács, 2016, p. 249-50; para o original, MEW, 1963, v. 29, p. 450-1).

[39] Faz-se necessária aqui uma longa transcrição de Lukács (2016, p. 20-2) para clarificar o conflito que Lassalle pretendeu plasmar artisticamente: "*Sickingen*, de Lassalle, deveria – conforme as intenções de seu autor – tornar-se *a* tragédia *da* revolução. O conflito trágico que, segundo Lassalle, está na base de toda revolução consiste na contradição entre o 'entusiasmo', ou seja, a

'confiança imediata da ideia em sua própria força e infinitude', e a necessidade de uma '*Realpolitik*'. [...] Lassalle formula essa questão da maneira mais abstrata possível. [...] O problema da '*Realpolitik*, de contar com os meios finitos disponíveis', adquire o seguinte significado: 'Manter ocultos dos outros os fins verdadeiros e últimos do movimento e, *por meio desse ato intencional de lograr as classes dominantes* [itálicos nossos – G.L.] e inclusive tirando proveito dele, conquistar a possibilidade de organização das novas forças [nas citações que faz de Lassalle, Lukács indica as fontes, que suprimimos nesta transcrição – *JPN*]. De modo correspondente, a imagem oposta, a do entusiasmo revolucionário, precisa receber uma formulação igualmente abstrata e peculiar ao ser contraposta à prudência [*Klugheit*]. A maioria das revoluções teria fracassado na questão da 'prudência', e o 'segredo da força dos partidos extremistas' consiste justamente em 'pôr de lado a razão'. *Portanto, é 'como se houvesse uma contradição insolúvel entre a ideia especulativa que faz a força e o entusiasmo de uma revolução, de um lado, e a razão finita e sua prudência, de outro*' [itálicos meus – *JPN*].

Essa eterna contradição dialética objetiva também estava – de acordo com Lassalle – na base da Revolução de 1848; é a ela que o autor deseja dar forma em seu drama. Daí, *a tragédia da revolução*. O 'conflito trágico' é 'um conflito formal' – assim Lassalle formula a questão, em polêmica com Marx e Engels [...]: 'Não um conflito específico e peculiar de uma determinada revolução, mas um conflito sempre recorrente em todas ou quase todas as revoluções passadas e futuras (ora superado, ora não superado), sendo, em suma, o conflito trágico da própria situação revolucionária, presente tanto nos anos de 1848 e 1849 quanto em 1792 etc.'

Decorre daí a contradição entre fins e meios que, nesse tipo de revolucionário descrito por Lassalle, necessariamente leva à tragédia: 'assume-se o princípio do adversário e, teoricamente, já se declara a derrota'. [...] Na revolução, a prudência e o cálculo diplomático necessariamente fracassarão. [...] Dessa concepção de revolução resulta toda a compreensão que Lassalle tem do trágico, da forma dramática e do estilo".

Sobre a concepção do trágico em Lassalle, especificamente no *Franz von Sickingen*, ver ainda Vázquez, 2011, p. 118-21 e 123-4.

[40] A referência é a outro personagem histórico, Thomas Münzer, contemporâneo de Sickingen, que também protagonizou levantes revolucionários – sobre Münzer, ver Bloch, 1973.

Não é casual que, na sua réplica a Marx e a Engels, Lassalle observe que as objeções de ambos "se reduzem ao fato de eu ter escrito um *Franz von Sickingen* e não um *Thomas Münzer*" (Lukács, 2016, p. 239).

[41] Na sua crítica ao *Franz von Sickingen*, Engels, independentemente de Marx e mais detidamente que ele, situa a questão do *shakespearizar*, destacando "a importância de Shakespeare para a história do desenvolvimento do drama" (ver ibidem, p. 213-9 ou MEW, 1963, v. 29, p. 600-5). Ver também Vázquez, 2011, p. 125-8.

[42] Como se constata nas análises aqui referidas – de Lukács e de Vázquez –, mas também em especialistas tão diversos quanto (entre outros) Prawer, 2011, Williams, 1979 e 1979a e Eagleton, 2011.

[43] A admiração de Marx e de Engels pela *obra* de Balzac (que, enquanto cidadão, era um *católico legitimista*) é conhecida e não nos cabe mais que assinalá-la rapidamente. Para tanto, recordemos apenas, e aleatoriamente, que Marx recomenda a Engels textos balzaquianos tidos por ele como "pequenas obras-primas, cheias de deliciosa ironia" (carta de 25 de fevereiro de 1867 – MEW, 1965, v. 31, p. 278) e que, em *O capital*, louva em Balzac a abordagem, presente em *Os camponeses*, da relação pequeno camponês/usurário, abordagem "admirável pela penetrante

percepção das condições reais" (Marx, 1974, Livro III, v. 4, p. 42). Quanto a Engels, ele considera Balzac "um mestre do realismo maior que todos os Zola do passado, do presente e do futuro", que "desenvolve em sua *Comédia humana* a mais extraordinária história realista da sociedade francesa" e que a sua "grandiosa obra" contém "a sátira mais aguda" e "a ironia mais amarga" (carta a Margaret Harkness, inícios de abril de 1888 – MEW, 1967, v. 37, p. 43-4).

[44] Nesses anos, Lassalle enviou a Marx outros dois expressivos trabalhos para sua avaliação: em janeiro de 1858, Marx teve que ler o recém-publicado *A filosofia de Heráclito de Éfeso, o Obscuro* (*Die Philosophie Herakleitos des Dunklen von Ephesus*) e, entre maio e julho de 1861, *O sistema de direitos adquiridos* (*Das System der erworbenen Rechte*), divulgado pouco antes. Nenhum dos dois o impressionou favoravelmente e suas observações em cartas a Lassalle foram anódinas.

[45] Sobre a guerra, ver Valsecchi, 1965 e Blumberg, 1990; uma síntese didática é oferecida por Efímov, 1986, p. 205-10. Para o contexto da Guerra Italiana e as divergências Marx-Lassalle, ver Mehring, 2013, p. 265-77 e Sperber, 2014, p. 322-3 e 333-4.

[46] A partir de então, na correspondência dirigida a Engels, Marx não poupou comentários desairosos sobre Lassalle, alguns deles muito biliosos.

[47] Biógrafos coincidem na descrição daqueles dias junto a Lassalle. Um registra: "Lassalle e a condessa [Sophie von Hatzfeldt] entretiveram Marx regiamente durante sua visita de um mês em Berlim. [...] Numa noite, levaram-no para assistir a uma nova comédia, repleta de autoglorificação prussiana, que o deixou enojado. Na noite seguinte, lá estava ele na ópera, obrigado a suportar três horas de balé [...] sentado num camarote particular a poucos metros do rei Guilherme em pessoa" (Wheen, 2001, p. 229). E outra corrobora: "Lassalle e a condessa exibiram Marx como um dignitário em visita. Levaram-no a grandes jantares em sua homenagem, com a presença de convidados da alta sociedade, conduziram-no ao teatro e ao balé, onde sentaram ao lado do camarote do rei" (Gabriel, 2013, p. 392). Observe-se que, naquela viagem, Marx (que prudentemente portava documentos falsos – segundo Wheen, cit., e Gabriel, cit., p. 391) não foi importunado por nenhuma autoridade prussiana, o que já indicava o fim dos *anos de reação*.

Marx confessou ao poeta Carl Siebel, em carta de 2 de abril de 1861, o seu estado de espírito naqueles dias junto a Lassalle e à condessa (que, pessoalmente, causou-lhe boa impressão): "Sou tratado como uma espécie de leão, forçado a estar com figuras 'espirituosas' de ambos os sexos. É horrível" (MEW, 1964, v. 30, p. 593).

[48] Veja-se o que dizem os biógrafos citados na nota anterior: "Tudo o que não estava pregado ou atarraxado [na residência dos Marx] foi levado para a casa de penhores e, nas três semanas seguintes, Lassalle fez o papel do convidado do diabo – comendo e bebendo como um glutão faminto, enquanto fazia preleções sobre seus talentos e ambições ilimitadas. Embora soubesse que a renda que Marx retirava do *New York Daily Tribune* havia secado, Lassalle parecia espantosamente insensível aos apertos da família: gabou-se de haver perdido 100 libras numa especulação precipitada no mercado de ações, como se isso não significasse nada, e gastava mais de uma libra por dia em táxis e charutos, sem oferecer um centavo a seus anfitriões" (Wheen, 2001, p. 232). "A família [Marx] ficou horrorizada com a pompa daquele advogado de 37 anos, que se considerava o centro dos acontecimentos históricos. Com gestos melodramáticos, falava em falsete, alto, e fazia proclamações como se fosse uma espécie de oráculo, criando tamanho alarido [...] que até os vizinhos ficaram preocupados. [...] Como se não bastassem os delírios de grandeza de Lassalle, ele também se considerava um Don Juan. As mulheres da

família Marx ficaram atônitas. Elas o viam como um glutão parasita, um Príapo mascarado de idealista" (Gabriel, 2013, p. 401).

Nos últimos dias da estadia de Lassalle em sua casa, Marx escreveu a Engels: "Desde o ano passado, quando o vi pela última vez, ele enlouqueceu completamente" (carta de 30 de julho de 1862 – MEW, 1964, v. 30, p. 258).

[49] Essa longa carta (MEW, 1965, v. 31, p. 451-5), em que Marx faz a crítica da *Realpolitik* e de Lassalle, e de que só extraímos essas poucas linhas, é também esclarecedora da posição de Marx em face do periódico *Der Sozialdemokrat* (O Social-Democrata – ver, infra, neste capítulo, nota 51), jornal lassalleano ao qual deu pequena colaboração. A íntegra da carta está disponível em português em Marx, 1969, p. 168-73.

No prefácio à primeira edição de *O capital*, datado de 25 de julho de 1867, Marx diz algo sobre a questão do plagiato a que se referiu na carta mencionada: "Propósitos de propaganda [...] levaram F. Lassalle, sem indicar a fonte, a retirar de minhas obras, quase literalmente, utilizando inclusive a terminologia que criei, todas as teses teóricas gerais de seus trabalhos econômicos [...]. Não me refiro, naturalmente, ao que fez com essas teses, desdobrando-as ou procurando aplicá-las na prática, coisas com as quais nada tenho que ver" (Marx, 1968, Livro I, v. 1, p. 4).

[50] Observe-se que, nos primeiros anos da década de 1860, "Marx e Engels ignoravam [...] que Lassalle se correspondia secretamente com Bismarck, que o recebera diversas vezes e concluíra com ele um acordo direto. Lassalle prometera a Bismarck a colaboração da organização operária na luta contra os progressistas e o apoio aos seus planos de unificação [da Alemanha] em troca da garantia de que o sufrágio universal seria instituído e lhe seria concedido auxílio para organizar as cooperativas de produção" (Fedosseiev, org., 1983, p. 419).

Passemos a palavra a Wheen (2001, p. 234-5): na entrada dos anos 1860, Lassalle "vinha defendendo uma cooperação entre a velha classe dominante dos *junkers* (representada por Bismarck) e o novo proletariado industrial (representado, naturalmente, por ele mesmo), para frustrar as aspirações políticas da burguesia industrial em ascensão. Em junho de 1863, duas semanas depois de fundar a Associação Geral dos Trabalhadores Alemães [que mencionaremos logo adiante], Lassalle escreveu ao Chanceler de Ferro [Bismarck], gabando-se do poder absoluto que exercia sobre seus membros, um poder 'pelo qual o senhor talvez me deva invejar! Mas esse quadro em miniatura há de convencê-lo plenamente da veracidade de que a classe trabalhadora sente uma inclinação instintiva pela ditadura, desde que possa ser apropriadamente convencida de que esta será exercida em seu benefício, e de como se inclinaria, portanto, como eu lhe disse recentemente, a despeito de todos os sentimentos republicanos – ou, quem sabe, justamente por causa deles –, a ver na Coroa a portadora natural da ditadura social, em contraste com o egoísmo da sociedade burguesa'".

[51] Avanço que poderia advir do próprio processo de crescimento da Associação Geral dos Trabalhadores Alemães, que, em dezembro de 1864, lançou em Berlim o jornal *Der Sozialdemokrat*, dirigido por Johann Baptist von Schweitzer, que logo solicitou a colaboração de Marx. Ele e Engels enviaram poucos materiais a Schweitzer – quando souberam dos acordos de Lassalle com Bismarck, em princípios de 1865, os dois amigos suspenderam sua contribuição ao jornal.

[52] Ver Lefebvre, 1976, cap. VIII, e o verbete correspondente, escrito por Victor Fay, em Labica e Bensussan, orgs., 1985, p. 647-9.

[53] Sobre o "caso Vogt" e seu detalhamento, a obra de Mehring ainda se constitui como uma referência indispensável (Mehring, 2013, p. 279-94). Mas são de referir textos mais recentes:

Wheen, 2001, p. 222-7; Musto, 2008a e 2018b; Sperber, 2014, p. 325-31; Jones, 2017, p. 393-7. Recorra-se também à contribuição de Terrell Carver, em Musto, org., 2012.

[54] Compreenda-se o jogo de palavras: quando membro da Assembleia Nacional (Frankfurt), na primavera de 1849, Vogt foi indicado para ser um "regente do reino" (Sperber, 2014, p. 326).

[55] No seu livro, "Vogt empenhava-se sobretudo em denegrir a atividade de Marx e dos seus companheiros de luta na Liga dos Comunistas. Apresentava-os como conspiradores secretamente ligados à polícia, acusava-os de fabricar dinheiro falso para provocar artificialmente revoluções" (Fedosseiev, org., 1983, p. 389).

[56] Essa reveladora informação é, de fato, inconteste e corroborada por outros biógrafos, entre eles Bruhat, 1973, p. 145; Fedosseiev, org., 1983, p. 391; Rubel, 1991, p. 134; Wheen, 2001, p. 223; Musto, 2011, p. 171; Gabriel, 2013, p. 386; Sperber, 2014, p. 330; Jones, 2017, p. 690.

[57] Contra a opinião de Engels, que insistia em que o livro deveria ser editado na Alemanha, Marx decidiu entregá-lo a uma pequena firma de um compatriota em Londres (estabelecida na Fenchurch Street, n. 78), a quem "adiantou 25 pounds para os custos de impressão, 12 pounds dos quais vieram de Borkheim [um antigo militante que se exilara na Inglaterra e que Marx reencontrou em 1859, enriquecido como comerciante em Londres] e 8 pounds de Lassalle, mas a nova firma era tão débil que foi incapaz de organizar a distribuição do livro na Alemanha e logo depois deixou de existir de vez. Marx não recuperou um centavo sequer do adiantamento e teve que pagar quase a mesma coisa de novo como resultado de procedimentos legais que o parceiro do editor abriu contra ele para recuperar todos os custos da impressão, já que Marx se omitiu de ter um contrato por escrito" (Mehring, 2013, p. 293).

[58] A relevância da retomada desse diálogo é clara, por exemplo, no novo relacionamento de Marx com a Associação Cultural dos Trabalhadores Alemães, da qual ele esteve afastado por vários anos até os contatos realizados para a sua colaboração com o *Das Volk* (ver, supra, neste capítulo, nota 17); e, no curso do "caso Vogt", a associação garantiu a Marx um decidido apoio (Mehring, 2013, p. 294).

É nessa associação que, no segundo semestre de 1859, Marx fará palestras para operários sobre economia política (Rubel, 1991, p. 80), organizará em 1861 um grande ato operário de protesto pela condenação de Blanqui (Fedosseiev, org., 1983, p. 395-6) e, em 1863, em solidariedade ao movimento de libertação nacional da Polônia (ibidem, p. 414-5).

[59] Sobre a AIT, ver, dentre uma ampla bibliografia, Burgelin et al., orgs., 1962 (que disponibiliza uma notável base documental); Freymond, org., 1962; Molnár, 1963; Rubel, 1964; Morgan, 1965; Braunthal, 1966; CNRS, org., 1968; Stekloff, 1968; Kriegel, em Droz, org., 1972, v. I; Labrande, 1976; Bravo, 1978 e 1979; Bach, org., 1981; Cordillot, 2010; Léonard, 2011; Comninel et al., orgs., 2014; Musto, org., 2014; Eckhardt, 2016; Bensimon et al., orgs., 2018; Musto, 2018.

Por agora, apenas trataremos da fundação da AIT; as fontes citadas acima serão as mesmas utilizadas ao referenciar, no cap. VII, o desenvolvimento da organização.

[60] O surgimento desses novos ativistas relaciona-se ao crescimento e à diversificação da indústria e do comércio nos anos subsequentes às revoluções de 1848, bem como aos seus impactos no mercado de trabalho. Depois de lembrar que, "entre 1850 e 1890, a produção industrial mundial cresceu quatro vezes e o comércio mundial seis vezes", um acadêmico inglês anota: "Os aspectos mais visíveis desse aumento estavam no crescimento das ferrovias, da navegação a vapor, das minas de carvão e das cidades fabris. Mas mudanças notáveis também ocorreram

nas capitais, cujo rápido florescimento foi assinalado pela expansão imobiliária das décadas de 1850 e 1860". E ele observa que esse crescimento acelerado "foi acompanhado por mudanças ainda mais extraordinárias na produção de bens de consumo. Em roupas, calçados e mobílias, bem como na construção civil, houve uma revolução tecnológica nos anos 1850. A invenção da máquina de costura em 1846 e da serra de fita em 1858, juntamente com a adoção do corte e costura em massa a partir de 1850, formou a base para a decolagem de uma indústria de confecções em larga escala. A aplicação da máquina de costura para coser sapatos em 1857 desfez o gargalo de produção imposto pela costura de sapatos à mão. Ao mesmo tempo, o uso da energia a vapor em serrarias, assistido pela introdução de máquinas de trabalhar a madeira ao fim dos anos 1840, acelerou enormemente a produção de móveis. No setor de construção civil, a fabricação mecanizada de tijolos, a serralharia automática e outras inovações agilizaram igualmente o ritmo de produção" (Jones, 2017, p. 483-4).

[61] Aludimos neste livro, muito rapidamente, ao cartismo em algumas notas e tanto aos Democratas Fraternais quanto à Sociedade Mundial dos Comunistas Revolucionários – no cap. III, quando mencionamos a primeira viagem de Marx à Inglaterra e, depois, no cap. IV, nota 111, supra. Sobre o cartismo, ver Dolléans, 2003 e Chase, 2013; para uma apreciação mais ampla do percurso do movimento dos trabalhadores ingleses, ver, entre outros, Weisser, 1975, caps. 3 e 4; Henderson, 1989; Pelling, 1992; Fraser, 1999; Sewell, 2003.

[62] Facilitadas pelos contatos que mantiveram com a presença de uma delegação francesa que compareceu à Exposição Internacional de Londres (1862).

[63] Esclarece Musto: "Na assembleia de fundação da Internacional instituiu-se um Comitê Diretor Provisório com a tarefa de organizar a associação. Em 1865, ele foi substituído pelo Conselho Central, que posteriormente assumiria o nome de Conselho Geral" (em Musto, org., 2014, p. 23).
Anos depois, Engels passou a integrar o Conselho Geral. Escrevem seus biógrafos: "Em 20 de setembro de 1870, depois de ter arrumado definitivamente todos os assuntos [seu desligamento da empresa têxtil em que trabalhara por quase vinte anos] em Manchester, Engels mudou-se para Londres. Instalou-se na Regent's Park Road, 122, a dez minutos de caminho da casa de Marx. Engels teve finalmente a possibilidade, há muito esperada, de se encontrar diariamente com Marx.[...] Em 4 de outubro de 1870, por proposta de Marx, Engels foi eleito por unanimidade membro do Conselho Geral da Associação Internacional dos Trabalhadores" (Vv. Aa., 1986a, p. 289-90).
Com a mudança de Engels para Londres, obviamente reduziu-se o fluxo de cartas entre ele e Marx, a partir de então substituído por encontros quase cotidianos.

[64] Em carta a Engels de 4 de novembro de 1864, Marx informa que decidiu "renunciar ao [seu] princípio habitual de declinar todos os convites desse gênero" porque, no caso preciso da Internacional, "participavam verdadeiras forças, tanto do lado londrino como do lado francês"; na sua resposta, aprovadoramente, Engels diz que o essencial, no fim das contas, é que ambos "nos relacionemos novamente com pessoas que representam a sua classe" (MEW, 1965, v. 31, p. 13 e 17).

[65] A referência aos *esforços* de Marx faz justiça à sua intervenção na Internacional. Nela, a sua atividade, da fundação ao fim da vida da organização, foi intensa e exaustiva – veja-se a descrição, extraída de uma carta sua a Engels em março de 1865, de uma semana de trabalho em Wheen, 2001, p. 265; na mesma fonte, ver também a p. 261. Sem embargo, o excesso de trabalho de Marx não o impediu de prestar pequenas gentilezas a seu melhor amigo – em abril de 1869,

por exemplo, enviou a Engels um exemplar de *O sobrinho de Rameau*, garantindo-lhe: "Esta obra-prima única te dará [...] novo prazer" (carta de 15 de abril de 1869 – MEW, 1965, v. 32, p. 303-4; recordemos que Marx considerava Diderot o seu "prosador favorito", como expressou no "livro de confissões" mencionado no cap. II, nota 131, supra. *O sobrinho de Rameau* está vertido ao português – Diderot, 2006; sobre esse autor, ver, entre muitos, Romano, 1989).

Observe-se que, ademais da frequência sistemática a reuniões regulares do Conselho Geral (entre 1864 e 1872, foram 385) e das tarefas de articulação política, Marx, de 1864 a 1872, preparou informes e relatórios para congressos da organização, pronunciamentos e circulares do Conselho Geral, manifestos e resoluções, que compreendem centenas e centenas de páginas – boa parte dessa produção está coligida esp. em MEW, 1962, v. 32.

Cumpre notar que as aprovações de documentos e teses na Internacional não eram apenas procedimentos formais e/ou burocráticos: ao longo de toda a existência da organização, os debates internos foram vivos e calorosos e nem sempre as proposições de Marx, sem prejuízo do respeito que inspirava a seus colegas de direção, passaram sem grandes discussões. Numa carta a Friedrich Bolte de 23 de novembro de 1871, Marx refere-se à luta travada contra o sectarismo (ver, infra, neste capítulo, nota 68), mas a sua observação vale para praticamente todos os debates ocorrentes na Internacional; diz ele que tais debates "se travaram nos congressos, mas sobretudo nas discussões privadas do Conselho Geral com as diferentes seções [nacionais]" (OFME, 1988, v. 17, p. 614).

[66] Os dois textos aqui referidos encontram-se em MEW, 1962, v. 16, p. 5-13 e 14-6 e ambos há muito estão acessíveis em português: ver Marx-Engels, 1961, v. I, p. 313-21 e 322-5. Posteriormente, o primeiro congresso da Internacional, em Genebra, em setembro de 1866, ratificou os *Estatutos provisórios*, tornados então *Estatutos gerais*. Estes foram reelaborados por Marx e Engels, preservando o espírito original da criação da Internacional, mas tomando em conta as mudanças experimentadas por ela, em setembro-outubro de 1871; foram aprovados no Congresso de Haia, em 1872.

[67] Lembra um biógrafo que, "em 1866, [Marx] não aceitou assumir a presidência do Conselho Geral que lhe havia sido oferecida [...]. Pouco tempo depois, ele propôs, com sucesso, a extinção total da função de presidente do Conselho Geral" (Sperber, 2014, p. 353). Do ponto de vista formal e institucional, o posto de Marx na estrutura da Internacional foi o de "secretário correspondente para a Alemanha".

[68] São notáveis os cuidados de Marx com a linguagem que utilizava nos documentos oficiais (e, nalguns casos, até mesmo as concessões verbais que fazia): ele considerava e respeitava a composição da organização, a heterogeneidade do público a que se dirigia e a diversidade do seu nível político e ideológico. Em carta a Engels de 4 de novembro de 1864, informando-o da redação do *Manifesto inaugural* e dos *Estatutos provisórios*, ele assinala a dificuldade de expor suas ideias "de forma aceitável para o ponto de vista atual do movimento operário" e arremata: "Haverá que passar algum tempo para que o movimento renascido permita a audácia da linguagem de outrora. Há que proceder *fortiter in re, suaviter in modo*" (forte na coisa, suave no modo) (MEW, 1965, v. 31, p. 16).

Ademais, à atividade de Marx na Internacional foi estranho o sectarismo – eis o que escreveu na carta a Bolte que há pouco referimos (ver, supra, neste capítulo, nota 65): "A Internacional foi fundada para substituir as seitas socialistas ou semissocialistas pela organização real da classe operária para a luta. [...] O desenvolvimento do regime das seitas socialistas e o do movimento operário real se acham em razão inversa. Ali onde as seitas são historicamente legítimas é porque a classe operária não está ainda madura para um desenvolvimento histórico independente. Logo que alcança a sua maturidade, as seitas tornam-se reacionárias. [...] A história da Internacional foi uma *luta constante* do Conselho Geral contra as seitas e as tentativas diletantistas que procuravam afirmar-se, no seu interior, contra o movimento real da classe operária" (OFME, 1988, v. 17, p. 614).

69 Foi somente no segundo semestre de 1871, na reelaboração dos *Estatutos provisórios* – após a derrota da Comuna e no quadro do acirramento dos confrontos internos na Internacional (que referiremos no cap. VII) – que Marx-Engels colocaram abertamente a questão do partido no "grande sentido histórico do termo". No texto reelaborado (ver Musto, org., 2014, p. 291-4) e aprovado no congresso da organização realizado em Haia (1872), formulou-se assim o artigo 7A: "Em sua luta contra o poder reunido das classes possuidoras, o proletariado só pode se apresentar como classe quando constitui a si mesmo num partido político particular, o qual se confronta com todos os partidos precedentes formados pelas classes possuidoras.
Essa unificação do proletariado em partido político é indispensável para assegurar o triunfo da revolução social e de seu fim último – a abolição das classes.
A união das forças dos trabalhadores, que já é obtida mediante a luta econômica, precisa se tornar, nas mãos dessa classe, uma alavanca em sua luta contra o poder político de seus exploradores. Porque os senhores da terra e do capital se servem dos seus privilégios políticos para proteger e perpetuar seus monopólios econômicos, assim como para escravizar o trabalho. A conquista do poder político converte-se assim numa grande obrigação do proletariado" (em Musto, org., 2014, p. 293-4).

70 Lê-se no artigo 6 dos *Estatutos provisórios* que "o Conselho Geral atuará como órgão internacional de ligação entre os diferentes grupos nacionais e locais da associação, a fim de que os operários de cada país possam estar constantemente informados sobre o movimento de sua classe nos demais países; *de que um inquérito sobre a condição social dos diferentes países da Europa seja procedido simultaneamente e sob uma orientação comum; de que as questões de interesse geral debatidas em uma sociedade sejam discutidas por todas as outras*" (Marx-Engels, 1961, v. I, p. 323 [itálicos meus – *JPN*]).

71 Acabamos de registrar (supra, neste capítulo, nota 69) a referência ao partido; a pertinência clara ao partido "no grande sentido histórico do termo" é indiscutível, posto o respeito de Marx pela própria heterogeneidade político-ideológica da organização.

72 Note-se que, numa carta a Florence Kelley-Wischnewetsky de 27 de janeiro de 1887, Engels referiu-se aos documentos fundantes (mas isso não vale só para eles) da Internacional como redigidos por Marx "de tal modo que a ela pudessem aderir *todos* os socialistas operários desse período – proudhonianos, seguidores de Pierre Leroux e mesmo a ala mais avançada das *trade--unions* inglesas" (MEW, 1967, v. 36, p. 598).

73 Insista-se pela enésima vez: para que a Internacional pudesse operar como "instrumento de ação política", a preocupação constante e consciente de Marx foi sempre a defesa da sua unidade política e da classe operária. Eis um exemplo dentre muitos: em carta a Kugelmann de 9 de outubro de 1866, Marx revela que "temia muito pelo primeiro Congresso [da Internacional] de Genebra" [3 de setembro de 1866, a que não compareceu], especialmente pela conduta dos franceses, proudhonianos, que "desprezam toda ação *revolucionária*, isto é, a que decorre das próprias lutas de classes [...] e portanto toda aquela que pode ser levada a cabo por *meios políticos*, como a limitação *legal* da jornada de trabalho". Por isso mesmo, ele afirma que, redigindo o programa apresentado pela delegação de Londres, "*deliberadamente restringi-o àqueles*

pontos que permitem o acordo imediato e a ação comum dos trabalhadores e diretamente estimulam e dão força às exigências das lutas de classes e à organização dos trabalhadores em classe" (MEW, 1965, v. 31, p. 529 [os itálicos, de "deliberadamente" até o fim da citação, são meus – *JPN*]).

[74] Jornal britânico editado entre 1861 e 1878 e que, nos seus primeiros anos de circulação, apoiou as causas dos trabalhadores e do seu movimento sindical. Nos anos 1870, quando a sua existência foi ameaçada por dificuldades financeiras, sua posição sofreu várias inflexões; a despeito disso, conservou-se como órgão da imprensa popular.

[75] Existem boas edições em inglês, algumas sob o título *Value, Price and Profit* (Valor, preço e lucro) – entre as quais Marx, 1969a. O texto em alemão (*Lohn, Preis und Profit*) encontra-se em MEW, 1962, v. 16, p. 101-52. Há várias traduções ao português; aqui recorre-se a Marx, 1982.
Para um tratamento amplo da teoria salarial de Marx, ver Mandel, 1968, p. 159-64 e também 1969, v. I, p. 165-96; para outros desenvolvimentos, ver Lapides, 1998.

[76] Precedida de umas "observações preliminares", a intervenção de Marx desenvolve-se nos seguintes itens: produção e salários; produção, salários e lucro; salário e dinheiro; oferta e procura; salários e preços; valor e trabalho; força de trabalho; a produção de mais-valia; o valor do trabalho (ver a nota seguinte); o lucro obtém-se vendendo uma mercadoria pelo seu valor; as diversas partes em que se divide a mais-valia; a relação geral entre lucros, salários e preços; casos principais de luta pelo aumento de salários ou contra a sua redução; a luta entre o capital e o trabalho e seus resultados.

[77] Num passo da sua intervenção, Marx adverte que "sempre que eu empregue [...] a expressão *valor do trabalho*, empregá-la-ei como termo popular, sinônimo de *valor da força de trabalho*" (Marx, 1982, p. 166).

[78] Tais atas estão acessíveis nas p. 106-8 de *Documents of the First International. The General Council of the First International. 1864-1866. The London Conference 1865. Minutes* (Moscou, Foreign Languages Publishing House, 1963).

[79] Marx, por exemplo, acompanhou atentamente não só a crise de 1857, mas também processos da exploração das colônias pelas metrópoles ocidentais naquela década, bem como, ainda, o complexo impacto da descoberta/exploração de ouro na Califórnia (e na Austrália): todos esses temas foram objeto de inúmeros textos, em especial jornalísticos, que então produziu.

[80] Desde a década de 1960, acumulam-se incontáveis materiais sobre os manuscritos de 1857--1858, 1861-1863 e 1863-1865, muitos citados na bibliografia que encerra o presente livro. Especialmente entre os que se referem aos textos de 1857-1858, ver Mandel, 1968; McLellan, 1971a; Vygodski, 1974a; Zeleny, 1974; Pra, 1977; Müller, 1978; Nicolaus et al., 1978; Projektgruppe..., 1978; Negri, 1979; Uchida, 1988; Postone, 1993; Rosdolsky, 2001; Hall, 2003; Musto, org., 2008; Henry, 2009; Cottret, 2010; Paula, org., 2010; Dussel, 2012; Lukács, 2012, v. I; Bellofiore et al., orgs., 2013; Reichelt, 2013; Choat, 2016; Della Volpe, 2016. Entre essas fontes, algumas também oferecem materiais que podem subsidiar a abordagem dos outros dois conjuntos de manuscritos, os de 1861-1863 e 1863-1965 – para o trato sobretudo destes últimos, ver nomeadamente Nietzold et al., orgs., 1978; Badaloni, 1980; Jahn e Müller, orgs., 1983; Oakley, 1985, v. II; as várias contribuições reunidas em Vv. Aa., 1986b; Dussel, 1988 e 1990; Romero, 2005; Bellofiore e Fineschi, orgs., 2009; De Deus, apresentação a Marx, 2010b; Sgro', org., 2016; Moseley, introdução a Marx, 2016.

[81] Os que se referem a tais redações sucessivas geralmente assinalam que *O capital* teve uma primeira redação nos manuscritos de 1857-1858, uma segunda redação na *Contribuição à crítica*

da economia política (1859) e nos manuscritos de 1861-1863 e uma terceira nos manuscritos de 1863-1865. O Livro I de *O capital* seria o resultado de uma quarta redação (1866-1867) – ver, entre muitos que se detiveram sobre essa questão, Mandel, 1998, p. 24. Depois de 1867, Marx prosseguiu em suas pesquisas, preparando novos materiais e organizando os já registrados nos manuscritos de 1861-1863 e 1863-1865 especialmente para os dois livros subsequentes de *O capital*, cuja edição coube a Engels.

[82] Foi o *senso do dever para com o proletariado* que animou o esforço pessoal de Marx – em fins de 1858, explicando a Lassalle que o atraso na entrega dos originais da *Contribuição à crítica da economia política*, preparados a partir dos *Grundrisse* (ver infra), devia-se ao sofrimento que lhe advinha dos seus males hepáticos, ele pontuou: "Tenho duas boas razões para não permitir que o meu trabalho fique comprometido por causas médicas: 1. ele é o resultado de quinze anos de estudo [...], do melhor período da minha vida; 2. apresento pela primeira vez, de maneira científica, toda uma visão das relações sociais. Portanto, *é meu dever para com o partido que a coisa não seja desfigurada por uma escritura maçante e desajeitada, característica de um fígado doente*" (carta a Lassalle, 12 de novembro de 1858 – MEW, 1963, v. 29, p. 566 [itálicos meus – *JPN*]).

[83] Invocar a reconhecida *genialidade* de Marx para esclarecer as suas grandes descobertas é, em definitivo, insuficiente para compreendê-las. Há muito já se assinalou que a diferença entre Marx e os marxistas e seus oponentes/adversários "não é, evidentemente, uma questão de inteligência, *mas sim de método e interpretação*" (Sweezy, 1962, p. 49 [itálicos meus – *JPN*]). Quanto ao método, a reflexão de Lukács permanece válida: "A essência metodológica do materialismo histórico não pode [...] separar-se da 'atividade crítico-prática do proletariado' [...]. O método marxista, a dialética materialista como conhecimento da realidade, só é possível do ponto de vista de classe, do ponto de vista da luta do proletariado. [...] A possibilidade do método marxista é [...] produto da luta de classes, tal como qualquer outro resultado de natureza política ou econômica" (Lukács, 1923, p. 35-6). Marx não foi capaz de, por exemplo, distinguir entre capital constante e capital variável, para além da distinção operada pela economia política clássica entre capital fixo e capital circulante, porque era "mais inteligente" (ou "mais dotado") que os clássicos – responde por essa *determinação teórica de implicações revolucionárias* precisamente o seu método, só possível "do ponto de vista de classe".

[84] Um rigoroso conhecedor de Marx assinala que "as contribuições essenciais para a elaboração da teoria econômica marxista [...] se encontram nos *Grundrisse*: o aperfeiçoamento da teoria do valor, da teoria da mais-valia e da teoria da moeda. [...] É assim que aparecem pela primeira vez nos *Grundrisse*: a distinção exata do capital constante [...] e do capital variável [...]; a representação do valor de uma mercadoria como a soma de três elementos: capital constante, capital variável e mais-valia [...]; o aumento da massa anual de mais-valia pela diminuição do ciclo de circulação do capital [...]; a divisão da mais-valia em mais-valia absoluta e mais-valia relativa e mesmo sob a forma de supertrabalho absoluto e supertrabalho relativo [...]; toda a teoria da distribuição equitativa da taxa de lucro etc.". (Mandel, 1968, p. 106).
Veja-se ainda outro juízo, de qualificado exegeta: "Os *Grundrisse*, para nós, não são apenas escritos preparatórios para *O capital*. Se *O capital* não tivesse sido escrito, os *Grundrisse* já teriam colocado as questões essenciais. [Os *Grundrisse*] expressam o momento criador fundamental da *produção teórica* de Marx, o momento em que ele adquire clareza acerca do que, definitivamente, constitui a descoberta teórica radical de toda a sua vida [...], a descoberta *essencial* da sua vida" (Dussel, 2012, p. 15). Ainda para Dussel (idem), a "descoberta *essencial*" marxiana é a da *mais-valia*.

Observe-se que na edição brasileira dos *Grundrisse*, lançada pela Boitempo/UFRJ, que utilizaremos aqui, o alemão *Mehrwert* foi vertido não pelo tradicional *mais-valia*, e sim por *mais-valor*. A justificação do neologismo comparece à p. 23 dessa edição (Marx, 2011), cuidadosamente supervisionada pelo prof. Mario Duayer, cuja tradução coube ao mesmo professor e a Nélio Schneider; o procedimento já fora utilizado (e também justificado) pelo prof. Leonardo de Deus, na sua excelente tradução de parte do manuscrito de 1861-1863 (Marx, 2010b), e acabou por ser seguido na edição de *O capital* publicada pela Boitempo, vertida por Rubens Enderle (Marx, 2013-2017). Note-se que a edição lusitana de *O capital* (Marx, 1990-2017), dirigida por José Barata-Moura e Francisco Melo, com o Livro I traduzido por um coletivo – José Barata-Moura, João Maria de Freitas-Branco, Manuel Loureiro e Ana Portela – e os demais pelo filósofo Barata-Moura, manteve a versão de *Mehrwert* por *mais-valia*.

[85] Antes de 1939-1941, dos materiais coligidos nos *Grundrisse*, a "Introdução" e o fragmento "Bastiat e Carey" foram publicados por Karl Kautsky em *Die Neue Zeit* (Novos Tempos), periódico do Partido Social-Democrata alemão editado em Stuttgart entre 1883 e 1923 (saíram, respectivamente, no n. 1, v. XXI, 1903 e no n. 2, v. XXII, 1904); entre 1932 e 1939, outras passagens saíram à luz em publicações do então Instituto Marx-Engels-Lenin (Imel), erguido por Riazanov (ver, supra, os títulos citados no cap. III, nota 40 e também o contributo de Hugo da Gama Cerqueira a Paula, org., 2010). Para a história editorial dos *Grundrisse*, ver Musto, em Musto, org., 2008.

[86] Até porque, mesmo nos rascunhos, encontram-se inúmeras soluções formais admiráveis, típicas do estilo literário de Marx – embora aqui não nos seja possível explorar esse aspecto, em si mesmo relevante, do Marx *escritor*. Apenas a título de exemplo, observe-se, na "Introdução" aos *Grundrisse*, a elegante limpidez da seguinte passagem: "Em todas as formas de sociedade, é uma determinada produção e suas correspondentes relações que estabelecem a posição e a influência das demais produções e suas respectivas relações. É uma iluminação universal em que todas as demais cores estão imersas e que as modifica em sua particularidade. É um éter particular que determina o peso específico de toda existência que nele se manifesta" [59 (itálicos meus– *JPN*)].

[87] Anos depois de redigir os *Grundrisse*, Marx escreveu, no posfácio à segunda edição do Livro I de *O capital* (datado de 24 de janeiro de 1873): "Sem dúvida, deve-se distinguir o modo de exposição, segundo sua forma, do modo de investigação. A investigação tem de se apropriar da matéria [*Stoff*] em seus detalhes, analisar suas diferentes formas de desenvolvimento e rastrear seu nexo interno. Somente depois de consumado tal trabalho é que se pode expor adequadamente o movimento real. Se isso é realizado com sucesso, e se a vida da matéria é agora refletida idealmente, o observador pode ter a impressão de se encontrar diante de uma construção *a priori*" (Marx, 2013, p. 90). No espírito dessa formulação, o *laboratório* aparece como o lugar privilegiado da investigação.

[88] Essa relação, aliás polêmica, entre os *Grundrisse* e a *Lógica* hegeliana foi objeto de análises expressivas – veja-se, por exemplo, além do já citado Uchida, 1988, Mandel, 1968, p. 106-7 e Pra, 1977, p. 283 e seg.; há ainda subsídios em Burns e Fraser, orgs., 2000, Moseley e Smith, orgs., 2004 e Fineschi, 2006; ver também Tombazos, 2014.
Em uma carta a Engels de 16 de janeiro de 1858, estando a meio da redação dos *Grundrisse*, Marx relata que, "quanto ao método de elaboração, o fato de que, por acaso, eu tenha de novo percorrido a *Lógica* de Hegel [...] me prestou um grande serviço" (MEW, 1963, v. 29, p. 260; sobre a data dessa carta, ver a nota editorial n. 245, p. 690 do volume citado da MEW). Em inúmeros passos posteriores à redação dos *Grundrisse*, Marx referiu-se ao seu método em relação

ao de Hegel. Vejamos apenas dois deles, um em privado e outro destinado à luz pública, que me parecem representativos:
"[Dühring] bem sabe que meu método [...] *não* é o hegeliano, pois sou materialista, e Hegel, idealista. A dialética de Hegel é a forma fundamental de toda dialética, mas somente *depois* de despida de sua forma mística, e é exatamente isso que distingue o *meu* método" (carta a Kugelmann, 6 de março de 1868 – MEW, 1965, v. 32, p. 538);
"Meu método dialético, em seus fundamentos, não é apenas diferente do método hegeliano, mas exatamente o seu oposto. Para Hegel, o processo de pensamento, que ele, sob o nome de Ideia, chega mesmo a transformar num sujeito autônomo, é o demiurgo do processo efetivo, o qual constitui apenas a manifestação externa do primeiro. Para mim, ao contrário, o ideal não é mais do que o material, transposto e traduzido na cabeça do homem.
Critiquei o lado mistificador da dialética hegeliana há quase trinta anos [na "Crítica da filosofia do direito de Hegel"], quando ela ainda estava na moda. Mas quando eu elaborava o primeiro volume [Livro I] de *O capital*, os enfadonhos, presunçosos e medíocres epígonos que hoje pontificam na Alemanha culta acharam-se no direito de tratar Hegel [...] como um 'cachorro morto'. Por essa razão, declarei-me publicamente como discípulo daquele grande pensador e, no capítulo sobre a teoria do valor, cheguei até a coquetear aqui e ali com seus modos peculiares de expressão. A mistificação que a dialética sofre nas mãos de Hegel não impede em absoluto que ele tenha sido o primeiro a expor, de modo amplo e consciente, suas formas gerais de movimento. Nele, ela se encontra de cabeça para baixo. É preciso desvirá-la, a fim de descobrir o cerne racional dentro do invólucro místico.
Em sua forma mistificada, a dialética esteve em moda na Alemanha porque parecia glorificar o existente. Em sua configuração racional, ela constitui um escândalo e um horror para a burguesia e seus porta-vozes doutrinários, uma vez que, na intelecção positiva do existente, inclui, ao mesmo tempo, a intelecção de sua negação, de seu necessário perecimento. Além disso, apreende toda forma desenvolvida no fluxo do movimento, portanto, incluindo o seu lado transitório; porque não se deixa intimidar por nada e é, por essência, crítica e revolucionária" (posfácio à segunda edição de *O capital*, 24 de janeiro de 1873 – Marx, 2013, p. 90-1).

[89] Para o esclarecimento do esquema geral de 1857-1858 e das mudanças que ele sofreu, ver esp. Rosdolsky, 2001, cap. 2 e o detalhado ensaio de Heinrich, 2018a – nesta fonte se encontra um cuidadoso acompanhamento do longo processo de gestação de *O capital*. Ver também Dussel, 2012, p. 60-3, 152-4 e 1990, p. 9-27 e ainda De Deus, 2015.
Uma questão de fundo que rebateu nas mudanças aludidas concerne à noção de "capital em geral", que não podemos discutir aqui, mas que foi tematizada por Rosdolsky, 2001, p. 49 e seg. e longamente por Heinrich, 2018a, p. 142 e seg.; conforme este último pesquisador, só em 1863-1865 Marx abandona o princípio analítico-estrutural do "capital em geral" em proveito da relação "capital individual/capital social total" (ibidem, p. 151 e 165).

[90] Essas pontuações cronológicas de Heinrich, podemos referi-las à textualidade de Marx: *a)* a primeira recolhe as indicações de Marx no último parágrafo do item 3 dos *Grundrisse* [61], reiteradas expressamente no primeiro parágrafo do prefácio, de janeiro de 1859, que Marx escreveu para a *Contribuição à crítica da economia política* – ver Marx, 2008, p. 45; *b)* a segunda, nós a encontramos explicitada em duas cartas, uma a Engels (31 de julho de 1865) e a outra a Kugelmann (13 de outubro de 1866) – ver MEW, 1965, v. 31, p. 132 e p. 534.
Quanto ao trabalho editorial de Engels, a que se refere na última frase da citação que acabamos de fazer, Heinrich avalia que, comparando os manuscritos de Marx com a edição de Engels,

que deu à luz o segundo (1885) e o terceiro (1894) livros de *O capital*, "Engels interveio nos manuscritos de uma forma significativa. Muitas intervenções melhoraram, de fato, a legibilidade do texto, sem ter havido, necessariamente, uma modificação do seu conteúdo. Apesar disso, algumas das alterações introduzidas por Engels basearam-se em erros, na decifração de materiais ou numa incorreta classificação de textos. Efetivamente, Engels procedeu a uma série de alterações com base nas suas interpretações do que Marx pretendia dizer. Apesar de o texto ter clarificado uma série de pontos importantes, os leitores não foram prevenidos de que, nestas passagens específicas, faltava clareza ao texto original de Marx" (Heinrich, 2018a, p. 180-1). Anteriormente, numa nota de rodapé, Heinrich advertira que "não é minha intenção menorizar o trabalho realizado por Engels. Na sequência da morte de Marx, Engels pôs de parte o seu próprio trabalho e dedicou-se quase em exclusivo à publicação de *O capital*. Com uma grande energia, *Engels fez o que uma pessoa sozinha podia fazer e criou uma versão legível do segundo e do terceiro volumes* [livros]. Porém, se não quisermos, com efeito, considerar Engels um semideus, se quisermos, ao contrário, levá-lo a sério – também precisamos, então, de discutir as insuficiências, *praticamente inevitáveis*, da sua edição de *O capital*" (ibidem, p. 134 [itálicos meus – *JPN*]). Voltaremos a essa questão – ver, infra, cap. VI, nota 53.

Já desde os anos 1960, o trabalho de Engels como editor de Marx era questionado por Rubel (ver a sua introdução a Marx, 1968, *Oeuvres*, v. II, p. cxxi-xxvi); aliás, a posição desse historiador – no mínimo, discutível – acerca da inserção de Engels no quadro da tradição marxista é por ele resumida num escrito de 1972 ("A lenda de Marx ou Engels fundador"), coligido em Rubel, 1974.

Para uma amostra rigorosa do complicado e exaustivo trabalho editorial de Engels, com suas dificuldades e soluções, examine-se a detalhada "Introdução da edição alemã" ao Livro II de *O capital*, de autoria de um coletivo de especialistas, que está disponível na edição desse tomo publicada pela Boitempo (Marx, 2014, p. 23-75). Nesse mesmo volume de *O capital* (ibidem, p. 79-100), um prefácio de Engels, datado de 5 de maio de 1885, indica os seus procedimentos no trato dos manuscritos marxianos.

[91] Entre as escassas aproximações relacionadas à questão do método, tanto as marxianas (pense-se, por exemplo, nas críticas a Hegel de 1843 e 1844, no § 1 do capítulo segundo da *Miséria da filosofia*, de 1847, ou no posfácio da segunda edição de *O capital*, de 1873) quanto as marx-engelsianas (pense-se nas passagens pertinentes de *A ideologia alemã*, de 1845-1846), a "Introdução de 1857" é indiscutivelmente aquela mais rica e instigante; ela constitui, de fato, "uma das fontes mais importantes da dialética materialista" (Kofler, 2010, p. 73). E, no entanto, quando publicou em 1859 o primeiro fruto dos *Grundrisse*, a *Contribuição à crítica da economia política* (ver infra), Marx não se socorreu dela: preferiu abrir a obra com um prefácio no qual informava que suprimiu "uma introdução geral" – obviamente, a "Introdução" – "porque, depois de refletir bem a respeito, me pareceu que antecipar resultados que estão por ser demonstrados poderia ser desconcertante" (Marx, 2008, p. 45-6). Decerto que a "Introdução" antecipa resultados para os quais, *em agosto-setembro de 1857*, Marx ainda não reunira suficientes elementos probatórios; o seu rigor intelectual, pois, justifica tê-la deixado inédita. Para o leitor de hoje, que tem acesso à maior parte do que Marx produziu depois de 1859, o seu cuidado já não faz sentido.

Cumpre indicar aqui a ausência, no espólio literário de Marx, de um trato mais desenvolvido, específico e particular, das questões de método, tal como, diferencialmente, se registra na obra de um Durkheim, 1972 ou de um Weber, 1999, v. 1. É fato que, em pelo menos duas ocasiões,

Marx mencionou o seu desejo de, em dispondo de tempo, escrever sobre o método de Hegel, algo como uma "Dialética" – ver a carta a Engels de 16 de janeiro de 1858 (MEW, 1963, v. 29, p. 260) e a correspondência a Joseph Dietzgen de 9 de maio de 1868 (MEW, 1965, v. 32, p. 547). Biógrafos soviéticos que aludem a esse fato anotam que "a falta de tempo não lhe permitiu realizar um trabalho especial sobre o método, sobre a lógica dialética como ciência particular" (Fedosseiev, org., 1983, p. 467-8). Não julgo convincente recorrer à "falta de tempo", mesmo que o próprio Marx a tenha pretextado, para explicar aquela ausência; antes, *parece-me que a orientação radicalmente ontológica do pensamento de Marx* (ver a argumentação de Lukács, 2012, v. I, cap. IV) *subordinava e travava toda tendência, tentação ou deriva epistemologista* – penso que ele jamais escreveria o "trabalho especial" referido pelos soviéticos, a exemplo do que fizeram vários de seus seguidores no século XX.

Nesta oportunidade, não é cabível discutir a problemática envolvida em tal questão: contento-me em evocar, para evitar mal-entendidos, a formulação leniniana: "Se Marx não nos deixou a *Lógica* (com L maiúsculo), deixou-nos a lógica de *O capital* – e seria conveniente utilizar a fundo essa observação para o problema aqui discutido. Em *O capital*, são aplicadas a uma ciência a lógica, a dialética e a teoria do conhecimento (não são necessárias três palavras: é a mesma coisa) de um materialismo que recolheu tudo o que há de precioso em Hegel e que o fez avançar" (Lênin, 2011, p. 201). Recordemos, *en passant*, que Lênin – como outros marxistas influentes, a exemplo de Plekhánov, Luxemburgo e mesmo Gramsci – não conheceu a integralidade dos *Grundrisse*.

[92] A propósito, Musto (2011, p. 110, nota) assinala que essa concepção marxiana, de matriz aristotélica, sustentada também no Livro I de *O capital*, foi revisada por Marx nos seus últimos anos de vida. O pesquisador italiano recorre a Engels, que, na terceira edição (1883) do Livro I de *O capital* (cap. XII, item 4), após a seguinte nota: "Cuidadosos estudos posteriores realizados pelo autor [Marx] sobre as condições primitivas do homem levaram-no a concluir que não foi a família que se desenvolveu para formar a tribo, mas, ao contrário, a tribo foi a forma primitiva natural de associação humana baseada nas relações de sangue, de modo que só mais tarde se desenvolveram as múltiplas e diferentes formas de família, derivadas da desagregação inicial dos laços tribais" (Marx, 1968, Livro I, v. 1, p. 403).

[93] As categorias de universalidade, particularidade e singularidade – tão fundamentais quanto complexas – foram objeto de cuidadoso tratamento teórico-filosófico, rigorosamente fiel ao pensamento marxiano, por Lukács, 1970, caps. II-V e 2012, v. I, p. 339 e seg.; para aproximações a outras categorias lógicas, ver Lefebvre, 1991; para a mesma aproximação, mas ao estilo do marxismo-leninismo tradicional, ver Kopnin, 1978.

[94] O leitor interessado em avançar no trato marxiano dessas relações deve recorrer às páginas que a ele dedica Lukács, 2012, v. I, p. 330-9.

[95] Voltaremos à categoria de totalidade pela sua *importância decisiva* na obra teórica de Marx. O primeiro pensador a lhe conferir a relevância de que de fato desfruta foi Lukács; já no seu célebre *História e consciência de classe*, registrou ele: "O que distingue decisivamente o marxismo da ciência burguesa não é a tese de um predomínio dos motivos econômicos na explicação da história, mas o ponto de vista da totalidade. A categoria de totalidade, o domínio omnilateral e determinante do todo sobre as partes, é a essência do método que Marx tomou de Hegel e transformou de maneira original para fazer dele o fundamento de uma nova ciência. [...] O elemento basicamente revolucionário da ciência proletária não consiste apenas em contrapor à sociedade burguesa conteúdos revolucionários, mas também e antes de tudo na essência

revolucionária do próprio método. *O domínio da categoria de totalidade é o portador do princípio revolucionário na ciência*" (Lukács, 1923, p. 39). Ver também, infra, neste capítulo, nota 100.

[96] A centralidade da *produção* das condições materiais necessárias à vida social é mais um indicador da *unidade* constitutiva da obra marxiana: já em 1845-1846, Marx (e Engels) escrevia(m): "O primeiro ato histórico é, pois, a *produção* dos meios para a satisfação dessas necessidades [dos homens], *a produção da própria vida material*, e este é, sem dúvida, um ato histórico, uma condição fundamental de toda a história, que ainda hoje, assim como há milênios, tem de ser cumprida diariamente [...]. *A primeira coisa a fazer em qualquer concepção histórica é, portanto, observar esse fato fundamental em toda a sua significação e em todo o seu alcance*" (Marx-Engels, 2007, p. 33 [itálicos meus – *JPN*]).

[97] Lukács esclarece que "a produção, enquanto momento predominante, é aqui [na "Introdução de 1857"] entendida no sentido mais amplo possível – no sentido ontológico –, como produção e reprodução da vida humana, que até mesmo em seus estágios extremamente primitivos [...] vai muito além da mera conservação biológica, não podendo portanto deixar de ter um acentuado caráter econômico-social. É essa forma geral da produção que determina a distribuição no sentido marxiano. [...] Essa constatação remete à teoria geral de Marx, segundo a qual o desenvolvimento essencial do ser humano é determinado pela maneira como ele produz. Até mesmo o modo de produção mais bárbaro ou mais estranhado plasma os homens de determinado modo, um modo que desempenha papel decisivo, em última instância, nas inter-relações entre grupos humanos – por mais 'extraeconômicas' que estas possam parecer de imediato" (Lukács, 2012, v. I, p. 336).

[98] Comprometimento que se registra, por exemplo, na obra de autores clássicos das ciências sociais, como, dentre os que foram citados há pouco, Durkheim e Weber. Nas suas obras encontram-se análises e proposições que oferecem indicações à explicação/compreensão da vida social; dadas, porém, as suas concepções teóricas e metodológicas, conducentes a pensar as relações sociais no marco de uma ciência particular e autônoma, a sociologia (dela excluída precisamente a problemática da produção material, tornada objeto de outra disciplina acadêmica, igualmente particular e autônoma, a economia), eles – mesmo Weber, que, sabe-se, interessava-se especialmente por economia – não foram capazes de elaborar uma teoria social apta a dar conta da *articulação entre relações sociais e vida econômica*. Para uma crítica de princípio à sociologia como ciência particular e autônoma, ver Lukács, 1968, cap. VI; são úteis, ainda, as reflexões de Goldmann, 1986.

Essa profunda limitação da sociologia, já flagrante nas mãos competentes dos seus clássicos, acentuou-se nas de seus epígonos, de que é exemplo Parsons, 1959 – como o perceberam inclusive críticos não marxistas, como Mills, 1969 e, mais circunstanciadamente, Gouldner, 1970.

[99] Nesses textos, em geral verifica-se a redução da *problemática metodológica* a questões *técnicas de pesquisa*, em si mesmas relevantes. Por outra parte, é supérfluo acrescentar que, também em geral, os manuais de marxismo – sem menosprezar a sua eventual importância como materiais de divulgação – estão longe de oferecer uma alternativa fecunda às "introduções à metodologia científica". Sobre esses manuais, ver Silva, 2009.

[100] Por exemplo, indicando, sobre as referidas remissões categoriais de Marx, textos introdutórios de qualidade, como os já citados de Lefebvre, 1991 e de Kofler, 2010. Acerca da *totalidade*, categoria tão fundamental quanto complexa, a sugestão é a leitura de autores diversos como Kosík, 1969 e Barata-Moura, 2012, além de trechos de Goldmann, 1979, p. 3-25 e Mészáros, 2013, p. 57-70.

Entre os marxistas do século XX, foi Lukács aquele que mais profundamente tematizou a categoria de totalidade, primeiro no seu polêmico *História e consciência de classe* (Lukács, 1923 – ver, supra, neste capítulo, nota 95) e depois em inúmeras formulações, como a seguinte, de 1947: após denunciar o abastardamento da totalidade nas mistificações fascistas, ele sustenta que "a verdadeira totalidade, a totalidade do materialismo dialético, [...] é uma unidade concreta de forças opostas em uma luta recíproca; isto significa que, sem causalidade, nenhuma totalidade viva é possível e que, ademais, cada totalidade é relativa; significa que, quer em face de um nível mais alto, quer em face de um nível mais baixo, ela resulta de totalidades subordinadas e, por seu turno, é função de uma totalidade e de uma ordem superiores; segue-se, pois, que esta função é igualmente relativa. Enfim, cada totalidade é relativa e mutável, mesmo historicamente: ela pode esgotar-se e destruir-se – seu caráter de totalidade subsiste apenas no marco de circunstâncias históricas determinadas e concretas" (Lukács, 2007, p. 59). As formulações mais desenvolvidas de Lukács, todavia, comparecem na sua derradeira grande obra, na qual a totalidade constitutiva do ser social é compreendida ontologicamente como uma totalidade de máxima complexidade constituída por totalidades de complexidades diferenciadas; vale dizer: a sociedade, totalidade concreta e dinâmica, constitui-se como um "complexo de complexos" (ver Lukács, 2010a e 2012-2013).

Não é pertinente, aqui, rastrear os tratamentos da categoria de totalidade ao longo do século XX – tarefa já inaugurada por Jay, 1984. Mas é impossível deixar de sublinhar que, nos últimos quarenta anos, arautos da pós-modernidade – de que são exemplos figuras de nível filosófico diferente, como Lyotard, 1986 e Maffesoli, 1987 – têm se esmerado na operação mistificadora consistente de identificar a categoria *teórica* da totalidade com o chamado *totalitarismo* (político).

[101] O próprio Marx sabia do quão árduo seria, para o leitor habituado à "prosa convencional", lidar com *O capital*. Logo que publicado o Livro I, que ele tinha consciência de ser um "um trabalho tão amplo e, de certo modo, tão difícil [e que] exige tempo para ler e digerir" (carta a Kugelmann, 11 de outubro de 1867 – MEW, 1965, v. 31, p. 562), observava ao correspondente, cuja esposa tinha o volume em mãos: "Diga à sua mulher que as partes mais imediatamente legíveis são aquelas sobre a jornada de trabalho, a cooperação, a divisão do trabalho e a manufatura, a maquinaria e a grande indústria e, finalmente, a acumulação primitiva. Será preciso explicar a ela a terminologia [filosófica] incompreensível" (carta de 30 de novembro de 1867 – ibidem, p. 575-6).
Essa consciência do esforço exigido para a leitura de *O capital* sempre foi explicitada por Marx: no seu prefácio à tradução francesa (1872) do Livro I, por exemplo, ele fez notar que "o método de análise que empreguei, e que ainda não havia sido aplicado aos assuntos econômicos, torna bastante árdua a leitura dos primeiros capítulos, e é bem possível que o público francês, [...] ávido por conhecer a relação dos princípios gerais com as questões imediatas que despertaram suas paixões, venha a se desanimar pelo fato de não poder avançar imediatamente. [... Contra isso,] nada posso fazer, a não ser prevenir e premunir os leitores ávidos pela verdade. Não existe uma estrada real para a ciência, e somente aqueles que não temem a fadiga de galgar suas trilhas escarpadas têm chance de atingir seus cumes luminosos" (Marx, 2013, p. 93). Ao dizer das "questões imediatas que despertaram as suas [do público francês] paixões", Marx alude aos eventos revolucionários de 1871; não é por acaso que o prefácio é de 18 de março de 1872: um ano antes, exatamente no mesmo dia, iniciara-se a breve, luminosa e trágica história da Comuna de Paris (para a crônica daquele 18 de março, ver Lissagaray, 1995, p. 81-7).

[102] Na consideração da autonomia objetiva do *pressuposto efetivo* fica patenteada a ruptura de Marx com a tese hegeliana da *identidade* entre sujeito e objeto no processo cognitivo, que, em Hegel, conecta-se à equalização da realidade com o Espírito absoluto – ver Bloch, 1983; sobre as relações entre sujeito/objeto no processo de conhecimento, ver ainda Kofler, 1968 e 2010; Haug, 1984; Löwy, 1987; Schaff, 1995.
Note-se que, para Marx, "o conhecer através da 'representação' é um ato cognitivo inicial, ingênuo [...], mas confuso, caótico. A partir da 'representação' originária, a abstração inicia seu procedimento [...] como movimento analítico da razão"; "a mera representação [é] um momento do pensamento cotidiano, pré-científico, pré-dialético" (Dussel, 2012, p. 50, 52). Quanto à intuição, tal como a compreendem os marxistas, ela remete a todo conhecimento "imediato", "que não é obtido através de um processo, de um caminho que passa [...] por etapas 'intermédias'" (Lefebvre, 1991, p. 105). Diante da "intuição", os marxistas seguem Hegel, para quem, contra Schelling, nela residiria "a noite em que todos os gatos são pardos" [literalmente: "todas as vacas são pretas" – *alle Kühe schwarz sind*] (Hegel, 2008, p. 34).

[103] Para Marx, como para todos os pensadores dialéticos, a distinção entre aparência e essência é primordial; com efeito, "toda a ciência seria supérflua se a forma de manifestação [a aparência] e a essência das coisas coincidissem imediatamente" (Marx, 2017, p. 880); aliás, "as verdades científicas serão sempre paradoxais se julgadas pela experiência de todos os dias, a qual somente capta a aparência enganadora das coisas" (Marx, 1982, p. 158). Marx é reiterativo ao insistir nessa temática, em especial no trato das relações econômicas, sobre as quais diz que "as figuras acabadas das relações econômicas, tal como se mostram na superfície, em sua existência real e, por conseguinte, também nas representações por meio das quais os portadores e os agentes dessas relações procuram obter uma consciência clara dessas mesmas relações, são muito distintas e, de fato, invertidas, antitéticas à sua figura medular interior – essencial, porém encoberta, e ao conceito que lhe corresponde" (Marx, 2017, p. 245). Realmente, é de uma obviedade solar que, para Marx, não cabe ao cientista "olhar", "mirar" o seu objeto – o "olhar" é muito próprio da superficialidade banal dos pós-modernos, cuja epistemologia "suspeita da distinção entre aparência e essência" (Santos, 1995, p. 331; concepções epistemológicas do celebrado sociólogo português aparecem mais desenvolvidas em Santos, 2000).
Neste passo, caberia problematizar a conversão da teoria como a *reprodução ideal do movimento real do objeto* (ideia, a nosso ver, correta) na teoria enquanto um derivado *reflexo* da realidade objetiva – tese simplista e mecanicista, tornada canônica no marxismo vulgar a partir de uma leitura parcial de Lênin (do Lênin de *Materialismo e empiriocriticismo*, de 1908 – Lênin, 1982 –, ignorando a sua reflexão posterior, especialmente a de 1914-1915 – Lênin, 1986). Tal problematização escapa aos limites desta biografia; ver, todavia, os subsídios muito diversos, até colidentes, oferecidos em Fetscher, 1970; Vranicki, 1973; Bellone et al., 1974; Lukács, 1977; Colletti, 1983; Timpanaro, 1997; Kołakowski, 2008.

[104] É supérfluo sublinhar que sujeitos com tais atributos não nascem prontos nem brotam do nada: eles são o produto de condições e experiências sociais, culturais e políticas muito determinadas. Não é esta a ocasião para sequer tangenciar a problemática da formação teórica e científica de pesquisadores sociais; é preciso indicar, sumariamente, que a discussão do tema deve tanto desmistificar ideias aristocratizantes (que legitimam a constituição de elites) quanto aquelas segundo as quais "fazer pesquisa" que "produz conhecimento" é algo *imediatamente* acessível a todos. Há um longo processo para a formação/qualificação de pesquisadores. E é preciso deixar claro que não há "produção de conhecimento" – conhecimento *teórico* – feita por investigadores incultos, ignorantes da herança cultural.

[105] Uma década depois, no prefácio à primeira edição do Livro I de *O capital*, Marx escreverá: "Na análise das formas econômicas, não se pode utilizar nem microscópio nem reagentes químicos. A capacidade de abstração substitui esses meios" (Marx, 1968, Livro I, v. 1, p. 4).

[106] E observa Dussel (2012, p. 59-60): "As categorias mais simples (determinações abstratas ou conceitos construídos) podem [...] *constituir* categorias mais complexas (assim, a categoria trabalho pode constituir um suposto da categoria dinheiro e esta, por seu turno, constitui um suposto do capital)". Em estudo posterior, o mesmo autor volta a tematizar a problemática das categorias em Marx (ver Dussel, 1988, p. 21-4).

[107] É precisamente essa *riqueza categorial* que não comparece nas exposições que geralmente pretendem divulgar "o método de Marx" – seu conhecimento *exige a leitura da obra do próprio Marx*, em especial de *O capital*. A exigência dessa leitura decorre do fato de, em Marx, método e investigação estarem numa conexão indissociável. Como justamente percebeu Goldmann, no caso de Marx é ilegítima "*uma separação rigorosa entre o método e a investigação concreta*, que são as duas faces da mesma moeda. De fato, parece certo que *o método só se encontra na própria investigação* e que esta só pode ser válida e frutífera na medida em que toma consciência, progressivamente, da natureza do seu próprio avanço e das condições que lhe permitem avançar" (Goldmann, 1985, p. 7 [itálicos meus – *JPN*]).

[108] Não é acidental, pois, que no item 4 dessa mesma "Introdução" Marx afirme – seguramente tendo por alvo a noção positivista e evolucionista de progresso – que "não [se deve] conceber de modo algum o conceito de progresso na abstração habitual" [62].

Marx trabalha com uma concepção de progresso nunca inteiramente explicitada – por exemplo, na *Contribuição à crítica da economia política*, redigida na sequência imediata da elaboração dos manuscritos de que nos ocupamos agora, ele se refere expressamente aos "modos de produção asiático, antigo, feudal e burguês moderno como outras tantas épocas progressivas da formação da sociedade" (Marx, 2008, p. 48 [itálicos meus – *JPN*]) –, mas decerto original, analisada em Mäder, 2010 e Zwickl-Bernhard, 2016; ver também Tarcus, 2008 e Costa Neto, 2018. Tal concepção foi tangenciada em vários passos de textos marxistas desde os anos 1930 (ver, por exemplo, Lukács, 2016, p. 104-10) e explorada em fins do século XX (por exemplo, em muitas passagens da obra de Mészáros e de marxistas mais jovens, como Foster).

Uma "crítica marxista do progresso" (a expressão é de Vega-Cantor, numa contribuição aos dois volumes editados por ele em 1998-1999), embora tenha raízes na obra de Benjamin (1987, 2007), ganhou força mais recentemente entre os marxistas ligados ao ecossocialismo – com destaque para Michael Löwy, cujo contributo é sumariado em Vega-Cantor, 2018. Tal crítica, naturalmente, não se confunde com o "ecologismo acrítico" estudado por Medeiros e Barreto, 2013.

[109] É no curso da elaboração dos *Grundrisse* (no manuscrito do "Capítulo do dinheiro" [67-181]) que Marx faz a sua primeira aproximação às funções do dinheiro, publicitada inicialmente no segundo capítulo da *Contribuição à crítica da economia política*, mencionando, para além da sua função de meio de troca, seus papéis no entesouramento e como meio de pagamento e dinheiro universal (Marx, 2008, p. 158-233). No Livro I de *O capital*, Marx (2013, p. 169-251) retomará analiticamente o conjunto das funções do dinheiro.

[110] É no quinto parágrafo seguinte a essas linhas que Marx registrará o "plano inicial" de *O capital* [61].

[111] Aberto, aliás, com uma "*nota bene*" referida "aos pontos a mencionar aqui e que não podem ser esquecidos" [61]. Compreende-se, pois, que – salvo os poucos parágrafos que tematizam o

desenvolvimento artístico – o texto do item 4 seja apenas uma pontuação de tópicos para um posterior tratamento.

Observe-se também, como anotaram os editores dos *Grundrisse* [61], que a titulação desse item é diversa da que consta no sumário que Marx apôs no "caderno M" [37]; no manuscrito, a titulação é "Produção. Meios de produção e relações de produção. Relações de produção e relações de intercâmbio. Formas de Estado e de consciência em relação às relações de produção e intercâmbio. Relações jurídicas. Relações familiares" [61].

[112] Marx e Engels acompanharam atentamente os eventos bélicos europeus e orientais, e também na América do Norte, a partir dos anos 1850, sobretudo na sua atividade jornalística e publicística (Marx-Engels, 1970b). Mas sem dúvida coube a Engels o cuidado particular com as questões militares, nas quais tornou-se um especialista (ver Chaloner e Henderson, 1959 e Berger, 1977) – não por acaso, seus biógrafos registram que os amigos o apelidaram de "General". Somente no século XX surgiram estudos marxistas aprofundando a relação entre as guerras e corporações armadas e a dinâmica econômico-política do capitalismo.
Para uma primeira aproximação ao tema, ver o enxuto (mas bem informado) ensaio de Martins Filho, 2006.

[113] Embora nem Marx nem Engels tenham sistematizado formalmente as suas ideias sobre a arte, no conjunto da obra de ambos há incontáveis passagens em que comparece a tematização estética. A partir dos anos 1930, organizaram-se coletâneas de textos marx-engelsianos pertinentes aos problemas da arte e da literatura – a primeira das quais, provavelmente, deveu-se a Jean Fréville (lançada em 1937, uma de suas versões em português encontra-se em Marx-Engels, 1971). Das inúmeras que se produziram desde então, e com diferentes dimensões, citem-se aleatoriamente as preparadas por Mikhail Lifschitz (Marx-Engels, 1948, parcialmente reproduzida na edição portenha de Marx-Engels, 1967); Carlo Salinari (Marx-Engels, 1971a); Lee Baxandall e Stefan Moravski (Marx-Engels, 1974c); B. Krylov (Marx-Engels, 1984); Miguel Vedda (Marx-Engels, 2003) e a editada mais recentemente no Brasil (Marx-Engels, 2010) – sublinhando-se que uma das mais abrangentes dentre essas coletâneas é a que se credita a Manfred Kliem (Marx-Engels, 1967-1968).

[114] Ao longo do século XX, as ideias estéticas de Marx (e de Engels) foram objeto de resgates, distorções, polêmicas e desenvolvimentos que derivaram em formulações teóricas e práticas de crítica extremamente diferenciadas: uma sinopse muito didática desse panorama encontra-se em Konder, 2013; vale também a leitura de um conciso e eficiente ensaio de Frederico, 2016, p. 15-41. Para uma aproximação ao diversificado acervo constituído nessa área, são úteis as várias antologias que reúnem textos originais de protagonistas que nela se destacaram – dentre elas ver, por exemplo, as organizadas/editadas por Vázquez, 1970; Lang e Williams, 1972; Solomon, 1979; Hemingway, 2006. Ver também Adorno et al., 2007.

[115] Não é por acaso que os marxistas que primeiro sustentaram a possibilidade de uma *estética marxista* – penso em Lifschitz, 1973 e, principalmente, na teoria e na crítica literária de Lukács pós-1930 (ver, por exemplo, Lukács, 1964, 2011 e 2011a) – valeram-se tanto das ideias contidas no item 4 da "Introdução", em especial dessa tese acerca da "relação desigual do desenvolvimento da produção material com [...] desenvolvimento artístico". No segundo pós-guerra, a tese influiu sobremaneira em diferentes teóricos e críticos marxistas (Cases, 1963; Fischer, 1967; Kofler, 1972; Prévost, 1973; Vázquez, 2011), ressoando também no Brasil (Coutinho, 1967 e 2005) e, mais recentemente, na Argentina (Vedda, 2006 e 2015).

[116] Em Dussel (2012, p. 67 e seg.) encontra-se um exame textual do "Capítulo do dinheiro". Um economista brasileiro, num artigo tão enxuto como preciso, oferece, junto a uma resenha do livro de Darimon, uma sinopse da crítica de Marx a ele (Albuquerque, 2009); num artigo posterior, desenvolve mais amplamente a sua argumentação (Albuquerque, 2010).

[117] É a essa experiência que se refere Engels em uma nota à edição alemã da *Miséria da filosofia* (ver Marx, 2017b, p. 79).

[118] Dessa ideia, cara a socialistas da primeira metade do século XIX, especialmente os proudhonianos, diz Marx que ela "é apenas uma forma hipócrita, filisteia e amedrontada para 'a propriedade é o roubo'" [75].

[119] Note-se que Marx não identifica o dinheiro à moeda; diz expressamente: "O dinheiro *posto* na forma de meio de circulação é *moeda*" [169].

[120] A teoria *marxiana* do valor (que, como vimos no cap. III, deita suas raízes na recepção da teoria ricardiana) ganhará, nos manuscritos de que agora tratamos, a densidade e a configuração com que se apresentará em *O capital* – neste, logo no primeiro capítulo do Livro I, lemos: "O trabalho que constitui a substância dos valores é trabalho humano igual, dispêndio da mesma força de trabalho humana. A força de trabalho conjunta da sociedade, que se apresenta nos valores do mundo das mercadorias, vale aqui como uma única força de trabalho humana, embora consista em inúmeras forças de trabalho individuais. Cada uma dessas forças de trabalho individuais é a mesma força de trabalho humana que a outra, na medida em que possui o caráter de uma força de trabalho social média e atua como tal; portanto, na medida em que, para a produção de uma mercadoria, ela só precisa do tempo de trabalho em média necessário ou tempo de trabalho socialmente necessário. Tempo de trabalho socialmente necessário é aquele requerido para produzir um valor de uso qualquer sob as condições normais para uma dada sociedade e com o grau social médio de destreza e de intensidade do trabalho. [...] Portanto, é unicamente a quantidade de trabalho socialmente necessário ou o tempo de trabalho socialmente necessário para a produção de um valor de uso que determina a grandeza de seu valor" (Marx, 2013, p. 117).

[121] Temos aqui a retomada da crítica do dinheiro, que Marx desenvolve desde os anos 1840 – já a vimos quando tratamos de *Para a questão judaica*, dos *Cadernos de Paris* e dos *Manuscritos econômico-filosóficos de 1844* –, a partir de um embasamento muito mais articulado. Mas o tom apaixonado da crítica permanece: a "troca universal de atividades e produtos", ou melhor, "a permutabilidade de todos os produtos, atividades e relações por um terceiro, por algo que pode ser, por sua vez, trocado *indistintamente* por tudo" – em suma, o universal "desenvolvimento dos valores de troca (e das relações monetárias)" – "é idêntico à venalidade e à corrupção universais. A prostituição generalizada aparece como uma fase necessária do caráter social dos talentos, das capacidades, das habilidades e das atividades pessoais. Expresso de forma mais polida: a relação universal de utilidade e de usabilidade" [110].

[122] Essas reflexões do "Capítulo do dinheiro", que aqui mal tangenciamos, são *absolutamente importantes*, não só porque repõem a problemática da alienação e propõem a da reificação, mas também porque insistem na necessidade de "condições materiais de produção" etc. para a passagem ao comunismo.
Em desdobramentos subsequentes, Marx avança mais: ao mencionar a conexão social "coisificada", própria à moderna sociedade burguesa, ele afirma que ela "é certamente preferível à sua desconexão, ou a uma conexão local baseada unicamente na estreiteza da consanguinidade natural ou nas [relações] de dominação e servidão. É igualmente certo que os indivíduos não

podem subordinar suas próprias conexões sociais antes de tê-las criado. Porém, é absurdo conceber tal *conexão* puramente *coisificada* como a conexão natural e espontânea, inseparável da natureza da individualidade [...] e a ela imanente. A conexão é um produto dos indivíduos. É um produto histórico. Faz parte de uma determinada fase do seu desenvolvimento. A condição estranhada [*Fremdartigkeit*] e a autonomia com que ainda existe frente aos indivíduos demonstram somente que estes ainda estão no processo de criação das condições da sua vida social, em lugar de terem começado a vida social a partir dessas condições. É a conexão natural e espontânea de indivíduos em meio a relações de produção determinadas, estreitas. Os indivíduos universalmente desenvolvidos, cujas relações sociais, como relações próprias e comunitárias, estão igualmente submetidas ao seu próprio controle comunitário, não são um produto da natureza, mas da história" [109-10].

[123] Já lemos no *Manifesto do Partido Comunista*: à superação da ordem burguesa seguir-se-á "uma associação em que *o livre desenvolvimento de cada um é a condição para o livre desenvolvimento de todos*" (Marx-Engels, 1998, p. 31 [itálicos meus – *JPN*]).

[124] Incontáveis passagens desse "Capítulo do dinheiro" que merecem trato específico sequer foram lembradas aqui. Apenas como mera indicação, mencionemos uma que nos parece sugestiva da riqueza do texto marxiano: quando toma o dinheiro como "representante material e forma universal da riqueza", Marx, que o pensa enquanto "contradição que se resolve a si mesma", tece, em poucas páginas [165-77], considerações que, por exemplo, precedem em quase meio século o celebrado ensaio weberiano sobre a ética protestante e o espírito do capitalismo (Weber, 1967); veja-se: "O culto ao dinheiro tem seu ascetismo, sua renúncia, seu autossacrifício – a parcimônia e frugalidade, o desprezo dos prazeres mundanos, temporais e efêmeros; a busca do tesouro *eterno*. Daí a conexão entre o puritanismo inglês ou também do protestantismo holandês com o ganhar dinheiro" [175].

[125] Esse procedimento dos economistas conecta-se nitidamente ao complexo teórico-político do pensamento liberal posterior à Revolução Francesa – sobre este, ver Bellamy, 1994; Manent e Seigel, orgs., 1996; Bedeschi, 2005; Nemo e Petitot, orgs., 2006; a sua contraface foi notavelmente explorada por Losurdo, 2006.
O pensamento liberal experimentou significativas mudanças no século XX (Ryan, 2012; Merquior, 2014; Béreau, 2016; Masala, 2017), especialmente após a Segunda Guerra Mundial, mediante as influências irradiadas pela Société du Mont Pèlerin, criada em 1947 por Friedrich Hayek (Mirowski e Plehwe, orgs., 2015; Burgin, 2015). A construção ideológica liberal reciclada por Hayek a partir de sua obra de 1944 (Hayek, 2010) ganhou ressonância com a vulgarização, por autores menores (como Milton Friedman, 1985 e Milton e Rose Friedman, 2012), da tese sobre a "indivisibilidade da liberdade". Tal tese, em suma, sustenta ser o "mercado livre" (isto é, um mercado em que as relações econômicas estão liberadas do constrangimento de instrumentos reguladores) o suporte das liberdades civil e política e decreta: *sem* "mercado livre", *nenhuma* forma de liberdade. Até a transição dos anos 1960 aos 1970, o debate das ideias econômicas e políticas desenvolvidas pelos adeptos de Hayek não foi além dos muros acadêmicos – sobretudo era tema de professores universitários (aliás, continuou sendo, como se viu na esteira das discussões provocadas por Rawls, 2002 e 2002a, sobre as quais há elementos críticos em Anderson, 2002 e aproximações em Danner, 2011).
Mas esse quadro mudou substancialmente quando, com as crises do *Welfare State* e do *socialismo real*, criaram-se as condições sociopolíticas para a maré montante do *neoliberalismo* (Netto, 1993), que não apenas ganhou hegemonia entre os economistas da academia como passou a guiar a

direção prático-política de instituições nacionais e agências financeiras ditas multilaterais em escala praticamente mundial – sobre esse ponto, ver, entre inúmeras fontes, George e Sabelli, 1994; Pereira, 2010; Guimarães e Eidelwein, orgs., 2010 e a contribuição de Sarah Babb e Alexander Kentikelenis a Cahill et al., orgs., 2018. Quanto àquela orientação, foram exemplares as diretrizes propostas pelo Consenso de Washington (1989) (ver Rangel e Garmendia, 2012), que posteriormente receberam críticas até mesmo de economistas conhecidos por não terem vínculos com forças políticas à esquerda (ver, por exemplo, Serra e Stiglitz, orgs., 2008).

Não há dúvidas de que as raízes do chamado *neoliberalismo* encontram-se na reciclagem operada por Hayek, depois acrescida em especial pelo contributo da Escola de Chicago (Emmett, org., 2010; Van Horn et al., orgs., 2011). As concepções pretensamente científicas e de fato político-ideológicas do neoliberalismo foram criticadas sobretudo no decorrer do último quartel do século XX (ver, entre tantas e diferentes fontes, Villarreal, s.d.; Hinkelammert, 1984; Nunes, 1991; Laurell, org., 1995; Teixeira e Oliveira, orgs., 1996; Malaguti et al., orgs., 1997; Petras, 1997 e 1999; Husson, 1999; Fiori, 2002), mas as críticas se encontram ampliadas e diversificadas em trabalhos mais recentes (Saad Filho e Johnston, orgs., 2005; Peck, 2010; Audier, 2012; Dardot e Laval, 2016; Cahill e Konnings, 2017). Quanto às resultantes político-práticas do ideário neoliberal, deletérias para consideráveis contingentes humanos, avolumaram-se críticas a elas no fim do século passado (Martin e Schumann, 1998; Chossudovsky, 1999), que prosseguem neste início de milênio (Jomo e Baudot, orgs., 2007; Lopes, 2011; os vários *World Inequality Report* [Relatório sobre a Desigualdade Global] da presente década), refratando-se até em *best-sellers* (como a terceira parte de Piketty, 2014). No que toca ao chamado *social-liberalismo*, a sua crítica de fundo já foi iniciada no Brasil (Castelo, 2013).

[126] Assinalando a "relação estrutural entre os *Grundrisse* e *O capital*", Rosdolsky (2001, p. 56-7) adverte sabiamente: "Não devemos exagerar o parentesco das duas obras. Não podemos ignorar a circunstância de que a reestruturação posterior do primeiro 'Livro sobre o capital' [o 'Capítulo do capital'] desse livro também produziu – e devia produzir – uma certa modificação dos conceitos fundamentais desse livro. Nem sempre o significado dos conceitos em *O capital* coincide – ou não o faz de forma completa – com os que conhecemos a partir dos *Grundrisse*". Mas o mesmo autor, em seguida, acrescenta: "A posição metodológica fundamental de *O capital* não se diferencia da que aparece nos *Grundrisse*" (ibidem, p. 57). Por outra parte, há que considerar que, nos *Grundrisse*, tem-se "uma série de notas da maior importância concernentes à propriedade fundiária, ao trabalho assalariado, ao comércio exterior, ao mercado mundial, que não se encontra em nenhum dos quatro volumes [livros] de *O capital*. São germes que não puderam eclodir, cuja riqueza não deixa de constituir uma fonte de estimulação constante do pensamento dos marxistas contemporâneos e futuros" (Mandel, 1968, p. 105).

[127] É nos *Grundrisse* que Marx inicia a *sua* distinção fundamental entre *valor de uso* e *valor de troca*, cuja primeira formulação pública comparece na *Contribuição à crítica da economia política* (ver infra).

Antecipemo-nos: logo no cap. I dessa obra, dirá Marx que, "qualquer que seja a forma social da riqueza, os valores de uso constituem sempre seu conteúdo"; "os valores de uso são, de modo imediato, meios de existência [...], são produtos da vida social, resultado da força vital gasta pelo homem, de trabalho objetivado". O valor de uso interessa à economia política "somente quando é determinado de forma econômica" – quando diretamente se torna "a base material com que se manifesta uma relação determinada: o valor de troca", que surge "como uma relação quantitativa na qual os valores de uso são permutáveis"; tal interesse se impõe a Marx porque, "à primeira vista, a riqueza da sociedade burguesa aparece como uma imensa acumulação de mercadorias, sendo a mercadoria isolada a forma elementar dessa riqueza. Mas cada mercadoria se apresenta sob o duplo aspecto de valor de uso e de valor de troca" (Marx, 2008, p. 51-3). Na abertura do Livro I de *O capital* (1867), Marx resumirá, aprimorando-a, a argumentação que desenvolveu na *Contribuição à crítica da economia política*; na reedição desse livro de *O capital*, Marx alterou a distribuição da matéria, mas manteve o seu conteúdo (ver Marx, 2013, p. 113-25).

[128] No detalhamento dessas passagens que somos obrigados a omitir, como tantas outras, salientam-se observações de grande relevância. Veja-se um exemplo: contestando "o modo pelo qual a *sociedade* é considerada tanto por economistas [Bastiat] como por socialistas [Proudhon] em relação às condições econômicas", Marx diz que esse modo de consideração "nada mais significa do que perder de vista as *diferenças*, justamente as diferenças que expresssam a *relação social* (relação da sociedade burguesa)", o que leva à conclusão de que "não existem escravos e cidadãos: ambos são seres humanos". Ora, "a sociedade não consiste de indivíduos, mas expressa a soma de vínculos, relações em que se encontram esses indivíduos uns com os outros. [...] Ser escravo e ser cidadão são determinações, relações sociais dos seres humanos *A* e *B*. O ser humano *A* enquanto tal não é escravo. É escravo na e pela sociedade" [205].

Dois outros expressivos exemplos encontram-se no argumento segundo o qual "o enriquecimento é [...] uma finalidade em si. A atividade determinante do capital só pode ser o enriquecimento, *i. e.*, a expansão, o aumento de si mesmo" [209-10] e no passo em que Marx tangencia a questão do trabalho produtivo [211-3].

[129] Veja-se a lição de Dussel (2012, p. 119): "*Subsunção* [...] é subordinar ou incluir algo sob aquilo que o compreende e eleva. É o ato ontológico por excelência pelo qual o *ente* é fundado num novo nível do *ser*". Em nota, o exegeta – pensador latino-americano muito marcado por Heidegger – acrescenta que *Subsumption*, proveniente de Kant e Hegel, é *transformado* por Marx em "um conceito-*chave* da sua ontologia". Observe-se que Dussel (ibidem, p. 121) considera os *Grundrisse* a *primeira ontologia do capital* na história da filosofia e da economia mundial. Para a distinção entre subsunção formal e subsunção real e o seu emprego nos manuscritos de 1861-1863, ver Romero, 2005.

[130] Um exemplo emblemático desse exame é o que o leitor encontra às páginas 215-9 da edição dos *Grundrisse* (Marx, 2011) que estamos utilizando. Ali, Marx mostra como o capital "é o *criador* da moderna propriedade fundiária, da renda da terra", com a sua ação aparecendo "igualmente como dissolução da forma antiga de propriedade fundiária"; criando a "agricultura moderna", o capital também opera "a construção interna da sociedade moderna". Diz Marx: "Observamos sempre que ali onde a propriedade fundiária, pela ação retroativa do capital sobre as formas mais antigas da propriedade fundiária, se transforma em renda monetária [...] e, por isso, a agricultura, como agricultura explorada pelo capital, se transforma simultaneamente em agronomia industrial, ali os *cottiers*, servos da gleba, camponeses sujeitos à prestação de serviços, enfiteutas, colonos etc. necessariamente devêm diaristas, trabalhadores assalariados; por conseguinte, o *trabalho assalariado* em sua totalidade é inicialmente criado pela ação do capital sobre a propriedade fundiária e, posteriormente, tão logo esta está desenvolvida como forma, pela ação do próprio proprietário fundiário". A passagem que estamos referindo é emblemática pela sua riqueza de inferências (desenvolvimento das aplicações da ciência e da força produtiva, relação da indústria moderna com a agricultura moderna).

[131] É impossível, dados os necessários limites desta biografia, mostrar os incontáveis elementos de expressa continuidade entre os manuscritos que são objeto deste capítulo e as formulações de *O capital* – por isso, só o faremos nuns poucos casos. Este é um deles: compare-se essa aproximação ao processo de trabalho àquela do cap. 5 do Livro I de *O capital*, segundo a qual "o processo de trabalho, como expusemos em seus momentos simples e abstratos, é [...] condição universal do metabolismo entre homem e natureza, perpétua condição natural da vida humana e, por conseguinte, *independente de qualquer forma particular dessa vida, ou melhor, comum a todas as suas formas sociais*" (Marx, 2013, p. 261 [itálicos meus – *JPN*]).

[132] Nesse ponto, Marx, *en passant* [238-9], tangencia a problemática do trabalho produtivo/trabalho improdutivo – e do trabalho útil – em termos que, menos rigorosamente, antecipam o trato que lhe oferece no chamado "cap. VI/inédito" (Marx, 1978, esp. p. 76). Ao longo dos *Grundrisse*, entretanto, a problemática será muito mais que tangenciada: será objeto de intensiva reflexão; também no Livro IV de *O capital* ela será tematizada.

[133] Mas deve-se observar a nomenclatura: nos *Grundrisse*, a mercadoria que o operário vende ao capitalista é o "trabalho" (*Arbeit*) (tal como se lê no original [*travail*] da *Miséria da filosofia*) e não a "força de trabalho" (*Arbeitskraft*), como se lerá em *O capital*; todavia, já há muitas passagens nos *Grundrisse* em que Marx distingue *trabalho* de *capacidade de trabalho* (*Arbteisvermögen*), que designa o mesmo que "força de trabalho".

[134] Ver, supra, cap. II, notas 69, 70 e 85. A linha de continuidade não se restringe aos *Manuscritos*: ela inclui também, como Mandel (1968, p. 114) recorda, elementos expressos em *A ideologia alemã*.

[135] Um pouco mais adiante, no primeiro e longo parágrafo da página 254, Marx deter-se-á novamente na determinação do valor da força de trabalho (aqui designada, como assinalamos, por capacidade de trabalho).
Recorde-se ao leitor que a reflexão de Marx sobre a problemática que aqui se põe em tela avançará na primeira metade da década de 1860, com suas formulações concretizando-se em *O capital*; já indicamos elementos desse avanço quando nos detivemos na polêmica de Marx com Weston.

[136] Tais determinações são desenvolvidas no cap. 6 do Livro I de *O capital* (Marx, 2013, p. 277-88). Marx diz: "A parte do capital que se converte em meios de produção, isto é, em matérias-primas, matérias auxiliares e meios de trabalho, não altera sua grandeza de valor no processo de produção. Por essa razão, denomino-a parte constante do capital, ou, mais sucintamente: capital constante. Por outro lado, a parte do capital constituída de força de trabalho modifica seu valor no processo de produção. Ela não só reproduz o equivalente de seu próprio valor, como produz um excedente, um mais-valor, que pode variar [...]. Essa parte do capital transforma-se continuamente de uma grandeza constante numa grandeza variável. Denomino-a, por isso, parte variável do capital ou, mais sucintamente: capital variável" (ibidem, p. 286). Já sinalizamos que a distinção categorial entre capital constante/capital variável é revolucionária (ver, supra, neste capítulo, nota 83) e a concepção teórica da mais-valia é impensável sem ela. Na exposição rigorosa e sistemática de *O capital*, o referido cap. 6 é precedido pelo que trata do processo de trabalho e o processo de valorização e sucedido pelo que discute a taxa do mais-valor – neste, Marx, conceptualizando ainda trabalho necessário/trabalho excedente, demonstra que mediante a análise da relação capital constante/capital variável pode-se mensurar a "taxa de mais-valor" [a taxa de mais-valia], que é "a expressão exata do grau de exploração da força de trabalho pelo capital ou do trabalhador pelo capitalista" (ibidem, p. 294).

[137] Não é por acaso que, desde o fim do século XIX, um dos *empenhos fundamentais* (senão mesmo *o* fundamental) do pensamento econômico que, direta e/ou indiretamente, contribui para a apologia da ordem burguesa consiste na desqualificação da *teoria do valor* marxiana, que suporta a teoria da mais-valia – sem esta, não há como determinar teoricamente a *exploração* constitutiva das relações econômico-políticas da sociedade burguesa moderna.

[138] Ao fim do item 3 da "Introdução" que abre os *Grundrisse*, ele arrola "as categorias que constituem a articulação interna da sociedade burguesa e sobre as quais se baseiam as classes fundamentais. Capital, trabalho assalariado, propriedade fundiária. As suas relações recíprocas. [...] As três grandes classes sociais. A troca entre elas" [61]. Ver, ainda, nos *Grundrisse*, as p. 204-5.

[139] Aliás, em *nenhum* de seus escritos Marx oferece uma "definição" de *classe social*; não por acaso, o tema é objeto de reiterada polêmica, ou de lamentação, entre muitos leitores – e entre seus críticos, que sempre observam que, no Livro III de *O capital*, à questão "O que vem a ser uma classe?" Marx dá uma resposta inconclusiva de meia página (Marx, 2017, p. 947-8). Indiscutível é que, desde 1844, existem essenciais determinações marxianas sobre classe social que atravessam os manuscritos de 1857-1858 a 1865 e *O capital* (ver, por exemplo, Giovanni, 1976; uma limitada, mas interessante, aproximação à questão se encontra em Harvey, 2013, p. 71-84; ver também a rápida notação de Heinrich, em Bastien e Fagundes, orgs., 2018, p. 157-8).
É certo que, depois de Marx, muitos marxistas procuraram estabelecer a "definição" inexistente em Marx, chegando a distintas soluções. A documentação sobre essa questão é enorme – citemos, aleatoriamente, dentre marxistas e não marxistas, umas pouquíssimas fontes: Ossowski, 1964; Gurvitch, 1973; Cueva, 1979; Roemer, 1989; Lehner, 2010; Das, 2017; Modonesi et al., orgs., 2017. Lembremos ainda que há subsídios diversos e relevantes no ensaio de Göran Therborn contido em Hobsbawm, org., 1989, v. XI; no contributo de Ralph Miliband a Giddens et al., 1990; no artigo de Milios, 2000; em Iasi, 2007 – sem contar os verbetes pertinentes dos vários dicionários arrolados na bibliografia do presente livro.

[140] Somente a articulação da perspectiva de classe do proletariado com a pesquisa teórica, como Marx foi capaz de fazê-lo, pode propiciar a compreensão da *exploração* capitalista; a *experiência direta* do/no espaço econômico produtivo não a viabiliza. É compreensível: "A experiência cotidiana dos trabalhadores não lhes permite apreender a distinção entre trabalho necessário e trabalho excedente: na jornada de trabalho não há nenhuma divisória perceptível entre ambos – sob esse aspecto, o trabalho assalariado ('trabalho livre') é mais ocultador da exploração que o trabalho servil e o escravo. Com efeito, para o escravo, a identificação da exploração pode ser quase imediata: nada do que produz lhe pertence; quanto ao servo, o fato de produzir em lugares diferentes (nas terras do senhor e na gleba, donde retirava a parte que lhe cabia da produção) facilitava a percepção de que o senhor lhe extraía partes do produto do seu trabalho. Ademais, tanto no caso do escravo como no do servo, a apropriação do excedente que produziam era assegurada pelo uso da violência extraeconômica.
No caso do trabalhador assalariado, o excedente lhe é extraído sem o recurso à violência extra-econômica; o contrato de trabalho implica que o produto do trabalho do trabalhador pertença ao capitalista. E a falsa noção de que o salário remunera todo o seu trabalho é reforçada (para além da ideologia patrocinada pelo capitalista, segundo a qual 'o salário é o pagamento do trabalho') pelo fato de a jornada de trabalho ser contínua e de ele trabalhar com meios de produção que não lhe pertencem e num espaço físico que também é de propriedade do capitalista. Por isso, a maioria dos operários *sente* a exploração – tratando-a como uma *injustiça* –,

mas não alcança, na sua experiência cotidiana, a adequada compreensão dela. É somente a análise teórica da produção capitalista, conduzida numa perspectiva de defesa dos interesses dos trabalhadores, que pode esclarecer o verdadeiro caráter da exploração capitalista. Quando as vanguardas trabalhadoras conhecem esse tipo de teoria, as suas lutas e objetivos adquirem um sentido e uma dinâmica novos – e, por isso mesmo, os capitalistas têm o máximo interesse em *impedir* o acesso do proletariado a esse conhecimento teórico" (Netto e Braz, 2007, p. 107-8).

[141] Sinalizamos rapidamente que a sociabilidade posta pela regência do capital vale-se de *meios bárbaros* para superar a *barbárie* que o precede (ver supra, no cap. IV, a abertura do item sobre os primeiros anos do exílio londrino de Marx). Aqui, nos defrontamos com o curso histórico do reino do capital: meios bárbaros (a exploração operada com a apropriação do valor produzido pelo trabalho excedente) criando as condições materiais para a superação da barbárie *capitalista*.

[142] A equivocada tese do "fim do trabalho", presente, por exemplo, em Gorz, 1982 e em Méda, 1995, num amplo marco de reinterpretações teóricas (ver Granter, 2009), já foi suficientemente criticada (ver Collin, 1997 e os artigos de Bouquin, 1997 e Sayers, 2007). Aporte crítico significativo foi oferecido no Brasil por Antunes, 1995 e 1999, contando-se ainda, entre outros, o contributo de Lessa, 2007 e Teixeira e Frederico, 2008.

[143] Sobre a primeira questão, ver Vv. Aa, 1969; Godelier, 1969; Krader, 1975; Sawer, 1977; Sofri, 1977; Brook, org., 1989; Cardoso et al., 1990; o ensaio introdutório de Diego Fusaro a Marx, 2009; e Graca e Zingarelli, 2015; asseguro ao leitor que, escritas há mais de meio século, as páginas de Mandel (1968, p. 121-42) acerca da concepção marxiana do "modo de produção asiático" permanecem lapidares. No que toca à concepção marxiana de "modo de produção" (e de "formação social"), ver a nota pertinente – com boa sugestão bibliográfica – de Harvey, 2013, p. 72-3.

Quanto à questão do *general intellect*, levantada especialmente pelos egressos do *operaismo* italiano (sobre este, ver Wright, 2002; Altamira, 2008; Gentili, 2012), ver as suas teses e a crítica a elas em Negri, 1991; Lazzarato, 1992; na intervenção de Paolo Virno em Makdisi et al., 1996; em Negri e Lazzarato, 2001; Sayers, 2007; Bolaño, 2008; Amorim, 2009; Gurgel e Mendes, 2010; na contribuição de Tony Smith a Bellofiore et al., orgs., 2013; no texto de Burdeau, 2015; no apêndice 2 de Fuchs, 2016.

[144] No quadro das idas e vindas características dos esboços que são os *Grundisse*, frequentemente a expressão do pensamento dialético de Marx está longe da clareza alcançada em *O capital*. Permita-me o leitor exemplificar, recorrendo novamente a uma longa citação – num passo em que trata da troca entre trabalho e capital, lê-se: "*A separação da propriedade do trabalho* aparece como lei necessária dessa troca entre capital e trabalho. O trabalho, posto como o não *capital* enquanto tal, é: 1) *trabalho não objetivado, concebido negativamente* (no entanto objetivo; o próprio não objetivo em forma objetiva). Enquanto tal, o trabalho é não matéria-prima, não instrumento de trabalho, não produto bruto: trabalho separado de todos os meios e objetos de trabalho, separado de toda sua objetividade. O trabalho vivo existindo como *abstração* desses momentos de sua real efetividade (igualmente não valor): esse completo desnudamento do trabalho, existência puramente subjetiva, desprovida de toda objetividade. O trabalho como a *pobreza absoluta*: a pobreza não como falta, mas como completa exclusão da riqueza objetiva. Ou ainda, como *o não valor* existente e, por conseguinte, valor de uso puramente objetivo, existindo sem mediação, tal objetividade só pode ser uma objetividade não separada da pessoa: apenas uma objetividade coincidente com sua imediata corporalidade. Como é puramente imediata, a objetividade é, de maneira igualmente imediata, não objetividade.

Em outras palavras: não é uma objetividade situada fora da existência imediata do próprio indivíduo. 2) *Trabalho não objetivado*, não *valor*, concebido *positivamente*, ou negatividade referida a si mesma, ele é a existência não *objetivada*, logo, não objetiva, *i.e.*, a existência subjetiva do próprio trabalho. O trabalho não como objeto, mas como atividade; não como *valor* ele mesmo, mas como a *fonte viva* do valor. A riqueza universal, perante o capital, no qual ela existe de forma objetiva como realidade, como *possibilidade universal* do capital, possibilidade que se afirma enquanto tal na ação. Portanto, de nenhuma maneira se contradiz a proposição de que o trabalho é, por um lado, a *pobreza absoluta como objeto* e, por outro, a *possibilidade universal* da riqueza como sujeito e como atividade, ou, melhor dizendo, essas proposições inteiramente contraditórias condicionam-se mutuamente e resultam da essência do trabalho, pois é *pressuposto* pelo capital como antítese, como existência antitética do capital e, de outro lado, por sua vez, pressupõe o capital" [230-1]. Para um comentário breve, mas esclarecedor, dessa passagem complexa e difícil, ver Dussel, 2012, p. 137-40.

[145] Veja-se, por exemplo, a passagem, já citada, do método da *economia política* [58]: "A sociedade burguesa é a mais desenvolvida e diversificada organização histórica da produção. [...] A própria sociedade burguesa é só uma forma antagônica do desenvolvimento".

[146] Dunker dispôs-se a publicá-lo a instâncias de Lassalle, a quem Marx havia pedido intervenção junto ao editor berlinês – e a quem, posteriormente, agradeceu (ver as cartas de Marx a Lassalle de 22 de fevereiro de 1858 e 6 de novembro de 1859 – MEW, 1963, v. 29, p. 550 e 618). Observe-se que, sob título um pouco diverso (*Para a crítica da economia política*), há outra edição brasileira: Marx, 1982.
Se o leitor tiver em mente as difíceis circunstâncias em que Marx trabalhou também naqueles meses finais de 1858 e no início de 1859 (ver, neste mesmo capítulo, o item sobre as condições de vida da família Marx), logo compreenderá que ele não exagerou ao duvidar que alguém jamais tivesse "escrito sobre o dinheiro tendo falta dele a esse ponto": o "infeliz manuscrito" estava pronto, mas ele não dispunha de um centavo sequer para pagar o porte e o registro do correio a fim de enviá-lo ao editor (carta a Engels, 21 de janeiro de 1859 – MEW, 1963, v. 29, p. 385) – como sempre, Engels socorreu o amigo.

[147] Embora Lassalle e especialmente Engels tenham se esforçado para divulgar o livro – o segundo publicou sobre ele, na primeira quinzena de agosto de 1859, duas elogiosas recensões (hoje anexadas em Marx, 2008, p. 273-85) –, sua ressonância foi mínima; na Alemanha, praticamente nenhuma. Na realidade, até o outono de 1859, Marx apostou no êxito da *Contribuição*, mas em princípios de novembro mostrava a sua decepção: "Eu esperava ataques ou críticas, mas não ser totalmente ignorado" (carta a Lassalle, 6 de novembro de 1859 – MEW, 1963, v. 29, p. 618). Em dezembro de 1859, Jenny escreveu a Engels: "Todas as esperanças secretas que [...] alimentamos em relação ao livro de Karl foram reduzidas a nada pela conspiração de silêncio dos alemães, apenas quebrada por um par de míseros artigos literários de folhetim, que se restringiram ao prefácio e desconheceram o conteúdo da obra" (carta de Jenny a Engels, 23 ou 24 de dezembro de 1859 – ibidem, p. 653).
E há indicações de que mesmo figuras próximas a Marx, como Liebknecht e Biskamp, editor do *Das Volk* (ver, supra, neste capítulo, nota 17), ficaram desapontadas ao ler a *Contribuição* (ver Wheen, 2001, p. 222; Gabriel, 2013, p. 369; Jones, 2017, p. 434).

[148] O que não significa que, entre a *Contribuição* e o lançamento do Livro I de *O capital*, Marx tenha suspendido a sua intervenção textual pública, que não se esgota no *Senhor Vogt* e nos

materiais a serviço da Internacional, a que já aludimos: há a considerar também textos para o *Trib*, *Das Volk* e outros jornais, além de verbetes para a enciclopédia de Charles Dana.

[149] "Examino o sistema da economia burguesa na seguinte ordem: capital, propriedade, trabalho assalariado; Estado, comércio exterior, mercado mundial. Sob os três primeiros títulos, estudo as condições econômicas de existência das três grandes classes nas quais se divide a sociedade burguesa moderna; a relação dos três outros títulos é evidente. A primeira seção do primeiro livro, que trata do capital, se compõe dos seguintes capítulos: 1. a mercadoria; 2. o dinheiro ou a circulação simples; 3. o capital em geral. *Os dois primeiros capítulos formam o conteúdo do presente volume*" [45 (itálicos meus – *JPN*)].

[150] Também em Engels se registra a referida ampliação – ver, por exemplo, a seguinte passagem do *Anti-Dühring* (1878), na qual se constata a amplitude do universo da superestrutura: com novos estudos sobre a história, libertos do idealismo filosófico, "ficou evidente que toda a história [...] fora a história das lutas de classes, que essas classes da sociedade que combatem umas às outras são, em cada caso, produtos das relações de produção e de intercâmbio, em suma, das relações econômicas de sua época, e que, portanto, cada estrutura econômica da sociedade constitui a base real, a partir da qual deve ser explicada, em última instância, *toda a superestrutura das instituições jurídicas e políticas, bem como o modo de representação religiosa, filosófica e de qualquer natureza de cada período histórico*" (Engels, 2015, p. 55 [itálicos meus – *JPN*]). Ver ainda, infra, neste capítulo, nota 154.

[151] Note-se aqui a referência a forças produtivas *sociais* – sobre estas e as forças produtivas *materiais*, ver a discussão de Lojkine, 1995, p. 54-73.

[152] Um arguto pensador venezuelano fez notar que a metáfora base/estrutura foi empregada por Marx pouquíssimas vezes, não mais que três ou quatro, mas deu azo a todos os "falseamentos manualescos" possíveis (ver Silva, 2009, p. 99 e seg.).

[153] Segue aqui um exemplo de como, em Marx, ao fim do Livro III de *O capital*, a relação base/superestrutura é referida: "É na relação direta entre os proprietários das condições de produção e os produtores diretos – relação cuja forma eventual sempre corresponde naturalmente a determinada fase do desenvolvimento dos métodos de trabalho e, assim, a sua força produtiva social – que encontramos o segredo mais profundo, a base oculta de todo o arcabouço social e, consequentemente, também da forma política das relações de soberania e de dependência, isto é, da forma específica do Estado existente em cada caso. *Isso não impossibilita que a mesma base econômica – a mesma no que diz respeito às condições principais –, graças a inúmeras circunstâncias empíricas de diversos tipos, condições naturais, raciais, influências históricas externas etc., manifeste-se em infinitas variações e matizes, que só se podem compreender por meio de uma análise dessas condições empíricas*" (Marx, 2017, p. 852 [itálicos meus – *JPN*]).

[154] Em carta a Joseph Bloch de 21-22 de setembro de 1890, *e pouco depois de sua morte tornada pública em um periódico de estudantes socialistas* (*Der sozialistische Akademiker* [O Acadêmico Socialista], Berlim, a. I, n. 19, 1º out. 1895), Engels escreveu: "Segundo a concepção materialista da história, o momento *em última instância* determinante [*in letzter Instanz bestimmende*], na história, é a produção e reprodução da vida real. Nem Marx nem eu alguma vez afirmamos mais. Se agora alguém torce isso [afirmando] que o momento econômico é o único determinante, transforma aquela proposição numa frase que não diz nada, abstrata, absurda. A situação [*Lage*] econômica é a base [*Basis*], mas os diversos momentos da superestrutura [*Uberbau*] – formas políticas da luta de classes e seus resultados: constituições estabelecidas pela classe vitoriosa

uma vez ganha a batalha etc., formas jurídicas e mesmo os reflexos [*Reflexe*] de todas estas lutas reais nos cérebros dos participantes, teorias políticas, jurídicas, filosóficas, visões [*Anschauungen*] religiosas e o seu ulterior desenvolvimento em sistemas de dogmas – exercem também a sua influência [*Einwirkung*] sobre o curso das lutas históricas e determinam em muitos casos preponderantemente [*vorwiegend*] a *forma* delas. Há uma ação recíproca [*Wechselwirkung*] de todos estes momentos em que, finalmente, através de todo o conjunto infinito de casualidades (isto é, de coisas e eventos cuja conexão interna é entre eles tão remota ou é tão indemonstrável que nós a podemos considerar como não existente, a podemos negligenciar), o movimento econômico vem ao de cima como necessário. Senão, a aplicação da teoria a um qualquer período da história seria mais fácil do que a resolução de uma simples equação do primeiro grau" (MEW, 1967, v. 37, p. 463).

Vale ainda considerar uma das últimas cartas de Engels, dirigida a Walter Borgius em 25 de janeiro de 1894 e publicada no mesmo *Der sozialistische Akademiker* (n. 20, 10 de outubro de 1895): "O desenvolvimento político, jurídico, filosófico, religioso, literário, artístico etc. repousa sobre o [desenvolvimento] econômico. Mas todos eles reagem também uns sobre os outros e sobre a base econômica. Não é que a situação econômica seja a *causa, unicamente ativa*, e tudo o mais apenas efeito passivo. Mas há ação recíproca na base da necessidade [*Notwendigkeit*] econômica que *em última instância* sempre vem ao de cima. [...] Não há, portanto, como aqui e além por comodidade se quer imaginar, um efeito [*Wirkung*] automático da situação econômica [...]. Os homens fazem eles próprios a sua história, porém num meio dado que a condiciona, sobre a base de condições efetivas que [já] encontram, entre as quais as econômicas – por mais influenciadas que possam ser pelas [condições] políticas e ideológicas – são, contudo, em última instância, as decisivas e constituem o fio condutor que as percorre e que, só ele, leva ao entendimento" (Marx-Engels, 1975, p. 725-6).

[155] Já dissemos que Marx abre *O capital* sintetizando no Livro I formulações da *Contribuição*; veja-se o primeiro parágrafo do primeiro capítulo do Livro I de *O capital*: "A riqueza das sociedades onde reina o modo de produção capitalista aparece como uma 'enorme coleção de mercadorias' [ele remete expressamente à *Contribuição*], e a mercadoria singular como sua forma elementar" (Marx, 2013, p. 113).

Observe-se que, da *Contribuição*, Marx resgatará, para o livro de 1867, bem mais do primeiro que do segundo capítulo. Subscrevemos o que constatou uma equipe de pesquisadores ao tratar da *Contribuição*: "O segundo capítulo, 'O dinheiro ou a circulação simples', é mais amplo e no essencial mais elaborado do que o capítulo 'A mercadoria'. Se no primeiro capítulo certos pontos, desenvolvidos posteriormente em *O capital*, são apenas aflorados, o segundo, pelo contrário, contém teses circunstanciadamente desenvolvidas, que Marx reproduziu apenas abreviadamente quando resumiu todo o fascículo no primeiro volume [livro] de *O capital*. O material do primeiro capítulo foi aumentado sensivelmente para o dobro e profundamente reelaborado para o primeiro volume [livro] de *O capital*; pelo contrário, o material do segundo capítulo foi reduzido sensivelmente para metade e não foi substancialmente revisto" (Fedosseiev, org., 1983, p. 369-70).

[156] Dele, dirá Marx: "Atividade útil que busca a apropriação dos produtos da natureza sob uma ou outra forma, o trabalho é a condição natural da existência humana, a condição, independentemente de todas as formas sociais, do intercâmbio da matéria entre o homem e a natureza" [62-3]. Essa concepção de trabalho é a que se encontra nos *Grundrisse* e que se reafirmará em *O capital* (ver, supra, neste capítulo, nota 131 e, no corpo do texto, a passagem a que ela se refere).

[157] Sublinhe-se que se trata de uma *distinção teórico-analítica*: na produção determinada de uma mercadoria *não* concorrem *dois* trabalhos diferentes, um concreto e outro abstrato. Está em causa uma distinção entre *dimensões* que operam como determinantes de um processo *unitário*, o da produção de mercadorias.

Quanto à teoria marxiana do *valor*, esboçada nos *Grundrisse* e avançada aqui, no primeiro capítulo da *Contribuição*, ganhará formulação definitiva nas páginas iniciais do Livro I de *O capital* (Marx, 2013, p. 124-46), ainda que receba novas tematizações ao longo dos livros II e III. Boa parte dos estudiosos da obra marxiana reconhece que a sua exposição sempre constitui, dada a sua complexidade, uma enorme dificuldade quando da primeira leitura de que é objeto – com razão, historiadores soviéticos verificaram que "o capítulo 'A mercadoria' é o mais difícil de expor e de compreender" (Fedosseiev, org., 1983, p. 368). O próprio Marx reconheceu isso, no prefácio à primeira edição do seu livro maior: "Todo começo é difícil. [...] Por isso, a compreensão do primeiro capítulo, em especial a parte que contém a análise da mercadoria [que recupera muito do capítulo "A mercadoria" da *Contribuição*], apresentará a dificuldade maior. No que se refere mais concretamente à análise da substância e da grandeza do valor, procurei popularizá-las o máximo possível. [...] Desse modo, com exceção da seção relativa à forma de valor, não se poderá acusar esta obra [o Livro I de *O capital*] de ser de difícil compreensão. Pressuponho, naturalmente, leitores desejosos de aprender algo de novo e, portanto, de pensar por conta própria" (Marx, 2013, p. 77-8).

[158] Num passo um pouco posterior, Marx esclarecerá: "Enquanto o trabalho que cria o valor de troca se realiza na igualdade das mercadorias como equivalentes gerais, o trabalho, que é a atividade produtora tornada própria para um fim, realiza-se na infinita variedade de seus valores de uso. Enquanto o trabalho, criador do valor de troca, é trabalho geral-abstrato e igual, o trabalho criador do valor de uso é trabalho concreto e especial que [...] se decompõe em modos de trabalho infinitamente vários" [62].

[159] "A mercadoria é valor de uso [...] ao mesmo tempo, como mercadoria, não é valor de uso. Se fosse valor de uso para seu possuidor, isto é, um meio imediato de satisfação de suas próprias necessidades, não seria mercadoria. Para seu possuidor é, ao contrário, não-valor de uso, ou seja, simples suporte material do valor de troca, ou simples meio de troca; e sendo o suporte ativo do valor de troca, o valor de uso chega a ser meio de troca. Para seu possuidor não é valor de uso, porque é valor de troca. Como valor de uso, é preciso que chegue a sê-lo, em primeiro lugar para os demais. Não sendo valor de uso para seu próprio possuidor, o é para os possuidores das demais mercadorias" [69].

[160] Em Marx, "um equivalente é, na verdade, o valor de troca de uma mercadoria expresso no valor de uso de outra mercadoria" [65]. Segundo Marx, "o valor de troca [de uma mercadoria isolada] não se expressa [...] de um modo esgotador senão nas inumeráveis equações nas quais os valores de uso de todas as demais mercadorias constituem seu equivalente" [65] – e ele exemplifica, na sequência imediata dessa passagem, com algumas das equações possíveis.

[161] "Se o *quantum* de trabalho exigido para a produção de mercadorias permanecesse constante, seu valor de troca seria invariável. Todavia, a facilidade e a dificuldade da produção variam sem cessar. Se sua força produtiva aumenta, o trabalho produz o mesmo valor de uso em menos tempo. Se diminui a força produtiva do trabalho, é preciso mais tempo para produzir o mesmo valor de uso. A magnitude de tempo de trabalho contida em uma mercadoria, ou seja, o seu valor de troca, é portanto variável; aumenta ou diminui na razão inversa do aumento ou diminuição da força produtiva de trabalho" [64]. É interessante notar que, nessa

passagem sobre a variação referida, Marx menciona expressamente a ponderação de "culturas diferentes" [64].

[162] Comprova Marx, no primeiro capítulo do Livro I de *O capital*: na produção mercantil *capitalista*, "a igualdade dos trabalhos humanos assume a forma material da igual objetividade de valor dos produtos do trabalho; a medida do dispêndio de força humana de trabalho por meio de sua duração assume a forma da grandeza de valor dos produtos do trabalho; finalmente, as relações entre os produtores, nas quais se efetivam aquelas determinações sociais de seu trabalho, assumem a forma de uma relação social entre os produtos do trabalho. O caráter misterioso da forma-mercadoria consiste, portanto, simplesmente no fato de que ela reflete aos homens os caracteres sociais de seu próprio trabalho como caracteres objetivos dos próprios produtos do trabalho, como propriedades sociais que são naturais a essas coisas e, por isso, reflete também a relação social dos produtores com o trabalho total como uma relação entre os objetos, existente à margem dos produtores. [...] É apenas uma relação social determinada entre os próprios homens que aqui assume, para eles, a forma fantasmagórica de uma relação entre coisas. [...] A isso eu chamo de fetichismo." (Marx, 2013, p. 147-8).

Todavia, ainda na *Contribuição*, dirá Marx que "o que caracteriza todas as formas sociais do trabalho criador do valor de troca é a inversão, a mistificação prosaica e real e não imaginária que supõe o fato de que uma relação de produção social apareça como algo separado dos indivíduos e de que as relações determinadas, nas quais esses indivíduos entram no processo de produção de sua vida social, apareçam como propriedades específicas de um objeto. *Mais do que na mercadoria, é principalmente no dinheiro que esse fato chama a atenção*" [77-8 (itálicos meus – *JPN*)].

[163] Não é de esquecer o perfil – entre preciso e irônico – do grande pensador liberal esboçado por Marx: um defensor da "nova burguesia sob todas as suas formas, os industriais contra as classes operárias e indigentes, os usurários comerciantes contra os usurários ao estilo antigo, os aristocratas das finanças contra os devedores do Estado e que, em uma obra especial, demonstrou que a inteligência burguesa é a inteligência humana normal" [108-9].

[164] Lembre-se o leitor que, anunciando o conteúdo do "primeiro fascículo" da sua crítica da economia política – vale dizer, o conteúdo da *Contribuição* (ver, supra, neste capítulo, nota 149) –, Marx anotava que o item "3. O capital em geral" seria publicado posteriormente. Aliás, na última página da *Contribuição*, apôs-se uma observação anunciando que o trato da transformação do dinheiro em capital viria a seguir [233]; de fato, Marx avançaria mais na análise da questão nos manuscritos de 1861-1863 (ver infra).

Assim, na *Contribuição*, o processo histórico-evolutivo do dinheiro, em que Marx volta a distingui-lo da moeda, é considerado tão somente no marco da *produção mercantil simples*, quando as mercadorias se trocam numa circulação que configura o circuito mercadoria/dinheiro/mercadoria (M-D-M), marco próprio da economia mercantil. A produção/circulação mercantil simples precede historicamente o modo de produção capitalista, é uma das condições para a sua constituição e até subsiste no seu quadro; mas a produção *capitalista* (e a circulação que lhe é conexa: D-M-D), sendo uma modalidade da produção de mercadorias, é *estruturalmente* diferente da produção mercantil simples. É sobre fundamentos específicos que se constitui a produção capitalista: ela supõe produtores diretos que não dispõem de meios (objetos/matérias e instrumentos) de produção, apoia-se na mercantilização da força de trabalho (portanto, no *trabalho assalariado*) etc.

[165] Para tais investigadores, nesse capítulo Marx demonstrou "que o dinheiro não é posto em circulação para comodidade da circulação, mas é gerado pela própria circulação. O papel do

dinheiro começou por ser desempenhado por uma mercadoria determinada, cujas particularidades naturais – facilidade de transporte, de divisão etc. – lhe permitiram servir de forma adequada do valor, intervir no processo de troca entre os produtores privados de mercadorias na qualidade de materialização do trabalho social. O dinheiro tem valor não porque cumpre uma determinada função social, mas porque é produto do trabalho; por consequência, possui não um valor imaginário ou convencional, mas um valor perfeitamente real, como todas as outras mercadorias. O dinheiro representa a expressão acabada, superior, do valor emanado do desenvolvimento da contradição, inerente à mercadoria, entre o trabalho concreto e o trabalho abstrato, entre o valor de uso e o valor. É a forma pela qual um trabalho particular surge como trabalho social.

Depois de estudar todas as funções do dinheiro que surgiram na história – dinheiro como medida de valor, como meio de circulação, como meio de entesouramento, como meio de pagamento e como dinheiro universal –, Marx formulou a lei da quantidade de dinheiro necessária para a circulação, assim como outras leis da circulação monetária" (Fedosseiev, org., 1983, p. 370).

[166] Ver ainda várias das contribuições mais recentes reunidas em Moseley, org., 2005; Bellofiore e Fineschi, orgs., 2009; Bastien e Fagundes, orgs., 2018; além do ensaio de Nelson, 2014.

[167] Como se vê em biografia redigida em 2016, na qual um respeitado acadêmico afirma doutoralmente que "a única lembrança que resta" de tal livro "é o prefácio" (Jones, 2017, p. 435).

[168] A biblioteca do Museu Britânico voltou a ser a segunda casa de Marx, que "estudou uma grande quantidade de materiais novos. Releu, entre outros, *A situação da classe trabalhadora na Inglaterra*, de Engels, e estudou atentamente os relatórios relativos a 1855-1859 dos inspetores de fábricas da Inglaterra" (Fedosseiev, org., 1983, p. 423-4).

[169] Noutra situação, quando se formalizou a edição francesa do Livro I de *O capital*, Marx aprovou a ideia da sua publicação em fascículos, realizada entre 1872 e 1875. Veja-se o seu prefácio a essa edição, datado de 18 de março de 1872, sob a forma de uma carta a Maurice La Châtre (1814-1900), o editor: "Aplaudo vossa ideia de publicar a tradução de *O capital* em fascículos. Sob essa forma, o livro será mais acessível à classe trabalhadora e, para mim, essa consideração é mais importante do que qualquer outra" (Marx, 2013, p. 93). À mesma época, Marx autorizou o editor alemão a tirar uma segunda edição de 3 mil exemplares do Livro I, dividido em doze pequenos volumes (1872-1873).
Cabe dizer que La Châtre não era um editor qualquer: sua vida aventurosa, sua militância socialista e seu trabalho profissional deram-lhe merecido destaque cultural e político – ver Gaudin, 2014.

[170] Quando saiu a primeira edição do Livro I, a folha de rosto consignava: *Das Kapital. Kritik der politischen Oekonomie* (O capital. Crítica da economia política).

[171] A constante interlocução com Engels por meio de cartas é também relevante para o acompanhamento dessas pesquisas econômico-políticas de Marx. Relativamente a elas, uma coletânea bastante útil – que recolhe missivas a outros correspondentes – que não se refere apenas ao período aqui estudado foi organizada por Gilbert Badia (citada na nota 13, supra, neste capítulo, e reproduzida com ampliações em Marx-Engels, 1968).

[172] Valho-me aqui especialmente da contribuição de W. Focke a Jahn e Müller, orgs., 1983, de uma passagem do substantivo ensaio de Dussel, 1988, p. 21 e da "apresentação" de Leonardo de Deus a Marx, 2010b.

[173] No seu pequeno, mas utilíssimo, trabalho sobre os manuscritos de 1861-1863, Romero distingue neste último momento dois passos: "De novembro de 1862 a janeiro de 1863, [Marx]

escreve os cadernos XVI-XVIII, que tratam de várias questões próprias dos livros II e III de *O capital*; [...] por fim, escreve, de janeiro de 1863 a julho do mesmo ano, os 5 últimos cadernos. Neles, retoma discussões presentes no caderno V, trata da subsunção, de trabalho produtivo/improdutivo e acumulação primitiva, além de temas referentes ao Livro II (reprodução) e Livro III (lucro, preço de produção etc.)" (Romero, 2005, p. 66). Vale uma notação para ilustrar o rigor de Marx em suas pesquisas: agora, fins de 1862-meados de 1863, voltando a seus cuidados teóricos com a questão da maquinaria, Marx não só recorreu aos seus estudos anteriores sobre tecnologia (a que aludimos rapidamente no cap. IV, nota 152, supra) – tratou de atualizar-se, seguindo um curso prático de mecânica ministrado pelo especialista Robert Willis (1800-1875) no Instituto de Geologia de Londres, como relata a Engels em carta de 28 de janeiro de 1863 (ver MEW, 1964, v. 30, p. 320).

[174] A edição de *O capital*, com a publicação dos livros II e III por Engels (1885-1894), consagrou-se como composta por estes *três* livros: I. O processo de produção do capital; II. O processo de circulação do capital; III. O processo global da produção capitalista (Marx, 2013, 2014 e 2017). Entretanto, basicamente dos manuscritos de 1861-1863 restaram materiais – referidos a concepções da teoria da mais-valia expressas na economia política ao longo da sua história – que não tinham sido coligidos naqueles livros. Engels manifestou a sua intenção de publicá-los como um "Livro IV" (ver o seu prefácio, já citado, à primeira edição do Livro II, em Marx, 2014, p. 80; voltaremos a esse ponto no próximo capítulo, ao tratar especificamente do Livro IV de *O capital*), mas faleceu sem fazê-lo. Coube a Kautsky recolhê-los pela primeira vez e publicá-los, em três volumes, entre 1905 e 1910 (pela Dietz, de Stuttgart), numa edição que foi objeto de inúmeras críticas, sob o título *Theorien über den Mehrwert: Aus dem nachgelassenen Manuskript "Zur Kritik der politischen Ökonomie"* (Teorias sobre a mais-valia. Do manuscrito póstumo "Para a crítica da economia política"). Sob o título de *Theorien über den Mehrwert. (Vierter Buch des "Kapitals")* (Teorias da mais-valia. Livro IV do "Capital"), uma edição credível foi publicada em três volumes, em Berlim (Dietz, 1956-1962), posteriormente incluídos na coleção a que temos recorrido nesta biografia (MEW, 1974, v. 26.1; 1974, v. 26.2; 1976, v. 26.3). A edição brasileira, também em três volumes, saiu sob o título *Teorias da mais-valia. História crítica do pensamento econômico. Livro 4 de* O capital (Marx, 1980-1985).

Ao longo do período de 1857-1865, pesquisadores dos manuscritos marxianos identificaram diferentes planos e versões, como já indicamos ao longo destas páginas, de Marx para *O capital*. Porém, no que se refere a um possível Livro IV, segundo Heinrich (em Bastien e Fagundes, orgs., 2018, p. 155), depois de 1861-1863, "Marx não escreveu quaisquer esboços para o quarto livro nem em 1863-65, nem nos anos seguintes".

[175] Já mencionado anteriormente – trata-se do "cap. VI/inédito" de *O capital*, cujo título original é "Resultados do processo imediato de produção". Muitos dos títulos citados na bibliografia apensa ao fim deste livro tomam-no como objeto de análise; e há várias apreciações específicas desse texto, do acreditado trabalho de Napoleoni, 1972, ao polêmico ensaio, sem indicação expressa de autoria, intitulado "La reception du sixième chapitre inédit em France", disponível em <https://dusansamuel.wordpress.com/2018/01/08/75/>. Ver também Mandel, 1998, p. 85-90.

Cumpre chamar a atenção para muitas leituras que, autonomizando esse "cap. VI/inédito" da textualidade integral do Livro I de *O capital*, acabam por conduzir a verdadeiros abusos interpretativos. Em poucas mas rigorosas páginas, um competente estudioso brasileiro fez observações muito pertinentes sobre os riscos dessas leituras (Lessa, 2007, p. 25-8).

Observe-se ainda que a não inclusão por Marx do "cap. VI/inédito" no Livro I de *O capital* permanece até hoje como tema de debate entre os estudiosos.

[176] Foster (2005, p. 202-26) situa corretamente as razões do interesse de Marx pelos trabalhos dos estudiosos do que depois seria designado como a "segunda revolução agrícola" e sustenta que o conceito de "metabolismo" – que, em Marx, assume "tanto um significado ecológico específico quanto um significado social mais amplo" (ibidem, p. 223) – deve muito à sua recorrência àqueles trabalhos.

VI. Londres: *O capital* (1867-1881/1882)

[1] Em junho de 2016, a imprensa internacional, repercutindo um despacho da agência EFE, informava que um exemplar dessa primeira edição, com uma dedicatória autógrafa a Eccarius, foi leiloado em Londres pela casa Bonhams por um pouco mais de 218 mil libras. Já antes, em maio de 1989, o exemplar que pertencera ao socialista inglês William Morris fora leiloado por 50 mil dólares.

[2] Meses depois, Jenny Marx escreveria a Kugelmann que "muito raramente um livro terá sido redigido em condições tão difíceis – eu poderia perfeitamente relatar a sua história secreta, que revelaria muitas, infinitas angústias, sofrimentos e cuidados ocultos. Se ao menos os operários pudessem imaginar os sacrifícios que foram precisos para completar essa obra, que foi escrita somente para eles e no seu interesse!". Nessa mesma carta (de 24 de dezembro de 1867 – MEW, 1965, v. 31, p. 595-6), Jenny agradeceu a Kugelmann o bizarro presente que ele mandara para Marx: um enorme busto de Zeus.

[3] Mehring (2013, p. 374-5) destaca a recepção que o Livro I teve entre outras duas personalidades que foram próximas de Marx: Freiligrath e Ruge. O primeiro, na última carta que dirigiu a Marx, saudou calorosamente o livro, mas seus juízos atestam que ele não o avaliou seriamente. Quanto a Ruge, com o qual Marx rompera em Paris, nos anos 1840 (ver o cap. II desta biografia), a sua avaliação – surpreendente, sobretudo pelo fato de Ruge "odiar o comunismo como veneno e não ter qualquer conhecimento de economia" – foi a seguinte: "É um trabalho que vai fazer história e lança uma luz brilhante, algumas vezes intrigante, no desenvolvimento, declínio, dor de parto e terríveis e dolorosas doenças do atual período social. As passagens sobre a produção de mais-valia pelo trabalho não pago, a expropriação dos trabalhadores que antes trabalhavam para si e a expropriação a ser feita dos expropriadores são clássicas. O conhecimento de Marx é amplo e erudito e ele possui um esplêndido talento dialético. O livro [...] certamente abrirá caminho, apesar da sua grandeza, ou talvez exerça uma influência poderosa justamente por isso" (ibidem, p. 375).

[4] Sobre a história editorial da obra marxiana, ver Hobsbawm, em Hobsbawm, org., 1979, v. I, p. 423-43; no que toca expressamente à fortuna editorial de *O capital*, ver ainda o belo ensaio de Secco, 2002, que trata da questão relacionando essa fortuna no Brasil. Sobre este último ponto, ver também o estudo de Azevedo, 2010 e a intervenção de Netto, em Bastien e Fagundes, orgs., 2018. Cabe lembrar que um texto indispensável para o conhecimento da história editorial de Marx e da tradição marxista no Brasil é o levantamento bibliográfico de Carone, 1986.
As duas primeiras traduções do Livro I *de O capital* foram a russa (1872) e a francesa (1872-1875); quanto à russa, elogiada aliás pelo próprio Marx, cabe dizer que ela teve a sua publicação autorizada pelo comitê censório tsarista, que a liberou com o seguinte parecer: "Embora as convicções políticas do autor sejam completamente socialistas e apesar de o livro ter um caráter socialista bem definido, o modo como é apresentado certamente não o torna um livro para todos

e, além disso, está escrito em um modo estritamente científico – assim, o comitê declara este livro como imune a perseguição judicial" (citado em Mehring, 2013, p. 376). Significativa é a constatação de que, "até 1899, *O capital* [Livro I] tinha sido editado 26 vezes em 18 línguas. Mas o livro II só tinha sido editado 4 vezes e o livro III uma vez" (Secco, 2002, p. 3).

Quanto aos "resumos" de *O capital*, o primeiro a ser divulgado foi o de Johann Most, editado em Chemnitz, em 1873; depois, em 1878, saiu o do italiano Carlo Cafiero (cuja recepção Marx acusou em carta de 29 de julho de 1879 – MEW, 1966, v. 34, p. 384): seguiu-se-lhe, em francês, o de Gabriel Deville (1854-1940), de 1884 (no Brasil, estes dois últimos resumos foram repetidamente publicados a partir dos anos 1930). Em 1893, Lafargue, sob a supervisão de Engels, organizou um volume de extratos de *O capital* (Lafargue, 2005). Secco (2002) lembra que, entre os anos 1870 e 1898, resumos de *O capital* foram editados na Holanda, França, Inglaterra, Itália, Polônia, Sérvia, Rússia, nos Estados Unidos e na Argentina; em 1907, um deles foi publicado no Japão.

Um apanhado dos três livros da obra foi produzido em 1919 por Julian Borchardt, igualmente divulgado entre nós (Borchardt, org., 2018); também abrange os três livros o material preparado por Browne, 1968; vale ainda consultar o "resumo literal" de Bicalho, 1986.

[5] No Brasil, entre 1930 e 1945, foram editoras de esquerda, independentes, que publicitaram o pensamento marxiano e marxista; especialmente entre 1945 e 1964, papel de destaque nessa divulgação coube à Editorial Vitória (Rio de Janeiro), ligada ao Partido Comunista Brasileiro (PCB) (ver Carone, 1986). Durante parte do período ditatorial aberto com o golpe de 1964, esse acervo literário foi enriquecido sobretudo pelas editoras Civilização Brasileira (dirigida no Rio de Janeiro pelo comunista Ênio Silveira) e Zahar (também do Rio de Janeiro); com a crise da ditadura, a essas editoras somaram-se outras, de menor porte (com destaque para a Global, de São Paulo, então sob a influência do comunista Antonio Roberto Bertelli, e em especial a também paulistana Ciências Humanas, criada por outro comunista, Raúl Mateos Castell). De inícios dos anos 1980 em diante, a literatura marxiana e marxista passou a ser divulgada por um amplo leque de editoras; a partir dos anos 1990, entre elas ganharam relevância a Boitempo, a Expressão Popular e a Sundermann (todas de São Paulo) – ver Maués, 2014. Para uma aproximação a essa temática, ver esp. Maués, 2013 e Deaecto e Mollier, orgs., 2013. Ver também Sader et al., 2017. Cumpre sublinhar que o reconhecimento da relevância da atividade de Ênio Silveira – aliás, um intelectual altamente qualificado – vai muito além do seu papel na divulgação do pensamento marxista, obviamente salientado quando se recorda que coube a ele, mesmo sob a vigência da ditadura e do Ato Institucional n. 5 (AI-5), a primeira publicação integral de *O capital* em língua portuguesa. Para uma aproximação à sua obra editorial e ao seu perfil cívico-cultural, ver Félix, org., 1998 e Ferreira, 2003.

[6] Rubel (1991, p. 162) afirma que "durante todo o ano [de 1880] Marx trabalhará irregularmente nos livros II e III de *O capital*"; outros pesquisadores (Fedosseiev, org., 1983, p. 440) precisam que, naquele mesmo ano, Marx ocupou-se dos problemas relativos à seção "A lei da queda tendencial da taxa de lucro", do Livro III de *O capital*; e Heinrich (2018a, p. 165, quadro) registra que, entre 1876 e 1881, Marx extratou textos referentes à "história da propriedade fundiária, sobre tecnologia, ciência e questões ambientais", fez modificações no Livro I e redigiu as suas notas sobre um livro de Adolph Wagner. Estas últimas (traduzidas ao português sob o título "Glosas marginais ao *Manual de economia política* de Adolph Wagner" – Marx, 2017c) foram redigidas entre o segundo semestre de 1879 e novembro de 1880 e encontraram-se apensadas a um caderno de manuscritos que reunia excertos de 1879 a 1881; a elas voltaremos no último capítulo desta biografia.

[7] Recorde-se que o livro foi dedicado à memória de Wilhelm Wolff; quanto aos futuros livros II e III, conforme o prefácio de Engels ao Livro II (em Marx, 2014, p. 100), *era desejo expresso de Marx que ambos fossem dedicados à sua esposa.*
O leitor que me acompanhou até aqui seguramente já deve antever que o presente capítulo haverá de limitar-se a uma espécie de *vol d'oiseau* sobre *O capital*: não oferecerá uma introdução à obra e, menos ainda, um "resumo" dela. Limitar-me-ei, na sequência da simples e sumária descrição do conteúdo dos seus livros, a indicações gerais das suas estruturas expositivas. *Nesta sumária descrição, não me deterei em categorias teóricas que já foram objeto de notas anteriores.* Também evitarei – sem prejuízo para a compreensão do pensamento marxiano – a referência às fórmulas, equações e expressões matemáticas de que Marx se socorreu.
De "resumos", sempre problemáticos, há indicações neste capítulo, nota 4, supra; quanto a introduções, há várias, aliás, bem diferenciadas: umas sintéticas (por exemplo, Fine e Saad Filho, 2018), outras mais detalhadas (por exemplo, Harvey, 2010 e Heinrich, 2015).
Também não se dará conta, neste capítulo, das incontáveis fontes que podem subsidiar uma leitura informada/qualificada da fundamental obra marxiana. Mesmo a limitada amostra contida na bibliografia deste livro sugere que, da documentação sobre *O capital*, que tem dimensões amazônicas, é possível indicar dezenas e dezenas de títulos adequados a apetrechar o estudioso para extrair dos textos marxianos um maior proveito (*sempre com a advertência de que a leitura de nenhum intérprete substitui o exame da textualidade do próprio Marx*). Listemos uns poucos deles, preferentemente publicados nos últimos quarenta anos:
a. para uma panorâmica dos três livros de *O capital*, ver Mandel, 1998 e Heinrich, 2012;
b. para estudos mais particularizados sobre cada um dos três livros, ver Arthur e Reuten, orgs., 1998; Campbell e Reuten, orgs., 2002; Bellofiore e Taylor, orgs., 2004; Jameson, 2011 e Harvey, 2013a e 2014; sobre o Livro IV, ver Mahieu et al., 1977;
c. no que toca a outras aproximações abrangentes à obra, ver Nietzold et al., orgs., 1978; Fine e Harris, 1979; Wolff, 1985; Fine, 1989; Teixeira, 1995; Bidet, 2000; Harvey, 2013; Callinicos, 2014; Musto, 2018d;
d. sobre pressupostos que vão além da estrita crítica da economia política (mas que a incluem), ver Bidet, 2000; Moseley e Smith, orgs., 2004; Barata-Moura, 2013;
e. para destacar questões de lógica e método, ver Zeleny, 1974; Jánoska et al., 1994; Moseley e Campbell, orgs., 1997; Ollman, 2003; Lebowitz, 2009; Reichelt, 2013; Tombazos, 2014.
Advirta-se ao leitor que essa agrupação (alíneas *a*, *b*, *c*, *d* e *e*) é meramente indicativa: títulos de uma alínea podem perfeitamente incluir, e de fato incluem, desenvolvimentos de outras.

[8] Na sua clássica biografia de Marx, Mehring anota (2013, p. 350) que o autor considerava as semanas passadas com os Kugelmann "um dos mais felizes e agradáveis oásis no deserto da vida". Décadas depois, biógrafos soviéticos escreveram (Fedosseiev, org., 1983, p. 428) que "os donos da casa e o seu hóspede encontraram sem dificuldade uma linguagem comum e nasceu entre eles uma profunda simpatia. A mulher de Kugelmann, Gertrud, esperava ver um 'revolucionário sombrio'. Qual não foi a sua surpresa ao ver chegar 'um cavalheiro jovial, elegante, cujo agradável dialeto renano lhe recordou particularmente a sua terra natal. Sob espessos cabelos grisalhos brilhavam olhos negros juvenis. […] Marx mostrava-se amável e obsequioso'".
Ainda na casa dos Kugelmann, Marx travou conhecimento com outra hóspede: a senhora Tenge, uma amiga da família. Era uma bela mulher de 33 anos, casada com um rico latifundiário alemão, e o impressionou de modo particular (de acordo com Gabriel, 2013, p. 457-8).

[9] Nessa viagem de Marx, há um episódio que o relaciona a Bismarck e outro que o liga a um membro da família deste.

O primeiro deles foi mencionado ainda por Mehring (2013, p. 351) e assinalado por Wheen (2001, p. 276) e Gabriel (2013, p. 459): durante a sua estada em Hanover, Marx foi abordado por um emissário de Bismarck com uma proposta para colaborar com seu governo. Gabriel (idem), ao mencionar essa "proposta absurda", observa que Marx revelou-a somente a Engels; com efeito, numa carta ao amigo, enviada de Hanover e datada de 24 de abril de 1867, Marx escreveu: "Bismarck enviou um dos seus sátrapas, o advogado Warnebold, para me ver ontem (mantenha isso sob segredo). Ele deseja 'fazer uso de mim e dos meus grandes talentos, no interesse do povo alemão'" (MECW, 2010, v. 42, p. 361). Também Sperber (2014, p. 358-9) refere-se ao fato, anotando ainda que, no outono de 1865, Marx fora procurado por um agente de Bismarck que lhe ofereceu emprego numa gazeta oficial prussiana. Essas novas tentativas prussianas de cooptação de Marx – similares àquela que ele rechaçara cerca de vinte anos antes (ver, supra, cap. I, nota 83) – viram-se, obviamente, frustradas.

O outro episódio, ocorrido quando do regresso de Marx, é assim narrado pela biógrafa já citada: "No vapor de Hamburgo a Londres, [Marx] conheceu uma jovem alemã cuja altivez militar chamara sua atenção. Era a primeira vez que ela passava pela capital britânica, de onde seguiria de trem para visitar amigos no campo. Galante, Marx se ofereceu para acompanhá-la até a estação. Chegaram a Londres às duas da tarde, mas o trem da jovem só sairia às oito da noite, de modo que em vez de ir diretamente para casa, onde sua família o esperava, Marx passou seis horas com uma desconhecida caminhando pelo Hyde Park, com direito à pausa para um sorvete, vendo o tempo passar, entre outros divertimentos. Ele a descreveria a Kugelmann como alegre e educada, mas aristocrática e prussiana até a medula. Mais tarde seria revelado que essa mulher, Elisabeth von Puttkamer, era sobrinha de Bismarck, e Marx diria que ela não se mostrou nem um pouco preocupada ao descobrir que caíra em 'mãos vermelhas'. [...] Marx e a sobrinha de Bismarck despediram-se na estação como amigos" (Gabriel, 2013, p. 458-9). O episódio foi relatado, em palavras um pouco diversas das de Gabriel, por Marx a Kugelmann em carta de 10 de junho de 1867 (ver Marx, 1969, p. 189-90).

[10] No posfácio a essa segunda edição, datado de 24 de janeiro de 1873, Marx detalha as modificações a que submeteu o texto (ver Marx, 2013, p. 83-4).

[11] No quadro da correta súmula sobre as modificações operadas sobre o Livro I de *O capital* apresentada por Lessa (2007, p. 22-6), após considerar o complicado processo de elaboração da obra, o autor formula uma notação essencial: "Neste emaranhado de textos e articulações, como o Livro I foi o único publicado por Marx, *ele deve ser o referencial principal da leitura e interpretação de todos os outros textos. Das versões disponíveis do Livro I, a prioridade exegética deve ser dada à quarta edição alemã*, pois incorpora as modificações que Marx deixou anotadas no exemplar da terceira" (ibidem, p. 25 [itálicos meus – *JPN*]).

Observe-se que a edição da Boitempo do Livro I de *O capital*, que estamos utilizando na maioria das referências feitas nesta biografia, "tem como base a quarta edição alemã, editada por Engels e publicada em Hamburgo, em 1890" ("Nota editorial", em Marx, 2013, p. 12).

[12] É absolutamente decisivo compreender que "o processo capitalista de produção, considerado em seu conjunto ou como processo de reprodução, produz não apenas mercadorias, não apenas mais-valor [mais-valia], mas *produz e reproduz a própria relação capitalista*: de um lado, o capitalista, do outro, o trabalhador assalariado" (ibidem, p. 653 [itálicos meus – *JPN*]). Em suma, o processo capitalista de produção é processo de produção/reprodução de *relações sociais*. Desde um ponto de vista histórico-sociológico, um marxista que explorou bem a problemática da reprodução social foi Lefebvre (ver esp. Lefebvre, 1973, 2016); sob sua influência, no Brasil,

há muito Iamamoto desenvolveu um competente ensaio sobre o tema (no primeiro capítulo de Iamamoto e Carvalho, 1986); desde uma mais ampla angulação ontológica, a reprodução é tema magistral de Lukács (2013, v. II, cap. II) e foi bem trabalhada entre nós por Lessa em vários textos (ver esp. Lessa, 2007a).

[13] A "lei geral da acumulação capitalista" – que possui, como *todas* as leis sociais descobertas por Marx, um *caráter tendencial* (ver, supra, cap. II, nota 58) – constitui uma das determinações teóricas mais fundamentais de Marx; a ela se vinculam processos essenciais da dinâmica capitalista, como a *centralização* e a *concentração* do capital (Marx, 2013, p. 700-3). Formulada por Marx no cap. 23 do Livro I (ibidem, p. 689-784), a "lei geral da acumulação capitalista" desvela, entre outras, a falácia de quaisquer "leis naturais" abstratas e ahistóricas do crescimento demográfico, como a de Malthus (para as críticas marx-engelsianas a Malthus, ver a antologia Marx-Engels, 1978a).
A formulação dessa lei não resultou somente do trato teórico rigoroso a que o processo da acumulação foi submetido por Marx; fundou-se também na *análise histórica* que ele teve o cuidado de realizar e que tomou a Inglaterra do seu tempo como inequívoca ilustração (Marx, 2013, p. 723 e seg.). Como se escreveu em outra oportunidade: "Desde a constituição da base urbano--industrial da sociedade capitalista, o que tem resultado da acumulação é, *simultaneamente*, um enorme crescimento da riqueza social e um igualmente enorme crescimento da pobreza. Da dinâmica do modo de produção capitalista – ou, se se quiser, da sua lógica – resulta que o avanço da acumulação polarize, de um lado, uma gigantesca massa de valores e, de outro, uma imensa concentração de pobreza. Independentemente das características particulares das economias nacionais, em todos os espaços em que se desenvolveu e desenvolve a acumulação capitalista, o resultado é essa polarização riqueza/pobreza; evidentemente, a consideração de ambas (riqueza e pobreza sociais) deve ser contextualizada historicamente – entretanto, mesmo com essa contextualização, o que resulta da acumulação capitalista é a polarização mencionada" (Netto e Braz, 2007, p. 137-8).
Eis como se pode sumariar a "lei geral da acumulação" nas palavras de Marx: "Todos os métodos de produção do mais-valor [mais-valia] são, ao mesmo tempo, métodos de acumulação, e toda expansão da acumulação se torna, em contrapartida, um meio para o desenvolvimento desses métodos. Segue-se, portanto, que à medida que o capital é acumulado, a situação do trabalhador, seja sua remuneração alta ou baixa, tem de piorar. [...] A acumulação da riqueza num polo é, ao mesmo tempo, a acumulação de miséria, o suplício do trabalho, a escravidão, a ignorância, a brutalização e a degradação moral no polo oposto, isto é, do lado da classe que produz seu próprio produto como capital" (Marx, 2013, p. 720-1).

[14] Impossível aqui senão apenas tangenciar sumariamente a documentação referente à teoria do valor. Para um panorama geral da teoria, ver Elson, org., 1979; Steedman, org., 1981; Dostaler e Lagueux, orgs., 1985; Mohun, org., 1995; Freeman, Kliman e Wells, orgs., 2004; Dooley, 2005; Dostaler, 2013; Harribey, 2013. Para o quadro em que se deram as principais polêmicas marxistas, ver Howard e King, 1989-1992; entre pensadores marxistas ou próximos à tradição marxista, há contributos expressivos e diferenciados, além de textos já citados de alguns autores (Sweezy, Rosdolsky e Mandel e dos reunidos em Böhm-Bawerk et al., 1974), em Dobb, 1973 e 2012; Nemcinov, 1977; Garegnani et al., 1979; Rubin, 1980; Faccarello, 1983; Freeman e Mandel, orgs., 1984; Postone, 1993; Mandel, 1998; Jappe, 2006; Saad Filho, 2011; Carcanholo, 2012; Amin, 2013 e 2018; Fine e Saad Filho, 2018. Em boa parte dos títulos referidos a Marx e consignados na bibliografia com que fechamos este volume há passagens significativas sobre a teoria do valor marxiana.

[15] Exatamente na seção V (cap. 14) comparece, em alusão ao trabalho produtivo, a importante categoria *trabalhador coletivo*; para a sua discussão, ver Jacot, org., 1984; Lebowitz, 2003 (cap. 11); Lessa, 2007, p. 184-95; Harvey 2010, p. 237-8. A respeito de trabalho produtivo/improdutivo, que Marx tematiza em registros diferentes nos livros que compõem *O capital*, o debate é aceso: ver, entre incontáveis títulos, Freyssenet, 1971; Gough, 1972; Berthoud, 1974; Nagels, 1975; Fine e Harris, 1979 (cap. 3); Mandel, 1998, Meiksins, 1981; Tarbuk, 1983; Leadbeater, 1985; Mohun, 1996.

[16] Sabe-se que, com a crise do *Welfare State*, reanimou-se um velho debate – entre economistas, sociólogos e profissionais das chamadas "ciências sociais aplicadas" – acerca da *questão social*, com autores de grande audiência sustentando a existência de uma "nova questão social" (Fitoussi e Rosanvallon, 1997; Rosanvallon, 1998). Para uma apreciação dessa tese inepta, permito-me sugerir ao leitor, entre muitas, uma breve intervenção minha (Netto, 2001), fundada na "lei geral" formulada por Marx.

Por outra parte, a análise marxiana acerca do "exército industrial de reserva", componente da "lei geral" e absolutamente ignorada/desprezada em especial pelos economistas vinculados de forma direta e/ou indireta à apologia da ordem burguesa, continua demonstrando vigorosamente a sua validez também para o capitalismo das duas décadas do século XXI: independentemente das históricas variações das taxas de desemprego e da mutabilidade das suas formas, não há qualquer dúvida de que ainda não foi inventado um capitalismo sem uma massa maior ou menor de população excedentária em face do capital (ver Bihr, 2009; Foster et al., 2011a; Fortes, 2018).

[17] Por isso, parece-me frequentemente forçado e pouco fecundo o empenho de vários estudiosos para localizar, nos livros de *O capital*, elementos substantivos que digam respeito aos problemas/soluções da possível sociedade do futuro ou que dela apresentem prospecções. Penso que nos três livros (e também no Livro IV) não são muitas as passagens que podem ser trazidas à colação para equacionar produtivamente tais problemas/soluções e fundar tais prospecções – o que não significa que devam ser minimizadas.

Estudando o Livro I, biógrafos soviéticos (Fedosseiev, org., 1983, p. 464) destacam, nesse sentido, uma passagem sem dúvida importante do texto, quando Marx imagina "uma associação de homens livres, que trabalhem com meios de produção coletivos e que conscientemente despendam suas forças de trabalho individuais como uma única força social de trabalho. [...] O produto total da associação é um produto social, e parte desse produto serve, por sua vez, como meio de produção. Ela permanece social, mas outra parte é consumida como meios de subsistência pelos membros da associação, o que faz com que tenha de ser distribuída entre eles. O modo dessa distribuição será diferente de acordo com o tipo peculiar do próprio organismo social de produção e o correspondente grau histórico de desenvolvimento dos produtores. Apenas para traçar um paralelo com a produção de mercadoria, suponhamos que a cota de cada produtor nos meios de subsistência seja determinada por seu tempo de trabalho, o qual desempenharia, portanto, um duplo papel. Sua distribuição socialmente planejada regula a correta proporção das diversas funções de trabalho de acordo com as diferentes necessidades. Por outro lado, o tempo de trabalho serve simultaneamente de medida da cota individual dos produtores no trabalho comum e, desse modo, também na parte a ser individualmente consumida do produto coletivo. As relações sociais dos homens com seus trabalhos e seus produtos de trabalho permanecem aqui transparentemente simples, tanto na produção quanto na distribuição" (Marx, 2013, p. 153). A passagem evidencia quer a necessidade, na sociedade futura, de a produção possuir um caráter racionalmente organizado e planejado, quer a possibilidade concreta de superar as formas alienadas/fetichizadas na vida social.

A meu juízo, no Livro II encontra-se outra passagem relevante em função da sociedade futura. Discutindo a rotação do capital variável, Marx coloca-se a questão das pressões ocorrentes sobre o capital monetário variável e contrasta o que ocorre na sociedade capitalista com o que ocorreria numa sociedade comunista – nesta, "em primeiro lugar desaparece completamente o capital monetário e, assim, também os disfarces das transações que se realizam por meio desse capital. A questão se reduz simplesmente ao fato de que essa sociedade deve calcular antecipadamente a quantidade de trabalho, os meios de produção e os meios de subsistência que ela pode empregar sem quaisquer prejuízos em ramos da indústria que, [...] por um período prolongado [...], não fornecem nem meios de produção, nem meios de subsistência, nem qualquer efeito útil, mas retiram trabalho, meios de produção e meios de subsistência da produção total anual. Na sociedade capitalista, ao contrário, na qual o entendimento social se afirma apenas e invariavelmente *post festum*, grandes perturbações podem e têm de ocorrer constantemente" (Marx, 2014, p. 410). Também aqui, a sociedade futura pressupõe a gestão da economia regulada segundo uma racionalidade que substitui a ação espontânea e anárquica que reina na sociedade burguesa.

Igualmente a meu juízo, é no Livro III que surge uma das mais expressivas prospecções de Marx. Nela, ele discorre sobre a possibilidade de – "numa forma superior da sociedade", que tenha abolido "a coerção e a monopolização do desenvolvimento social [...] por uma parte da sociedade à custa da outra" (vale dizer: numa sociedade liberada do comando do capital) – redimensionar a relação entre tempo de trabalho necessário e tempo de mais-trabalho (trabalho excedente). Escreve Marx que, nessa forma superior, "a riqueza efetiva da sociedade e a possibilidade de ampliar constantemente seu processo de produção não dependem [...] da duração do mais-trabalho, mas de sua produtividade e das condições mais ou menos abundantes de produção em que ela tem lugar. Com efeito, o reino da liberdade só começa onde cessa o trabalho determinado pela necessidade e pela adequação a finalidades externas; pela própria natureza das coisas, portanto, é algo que transcende a esfera da produção material propriamente dita. Do mesmo modo como o selvagem precisa lutar com a natureza para satisfazer suas necessidades, para conservar e reproduzir sua vida, também tem de fazê-lo o civilizado – *e tem de fazê-lo em todas as formas de sociedade e sob todos os modos possíveis de produção*. À medida de seu desenvolvimento, amplia-se esse reino da necessidade natural, porquanto se multiplicam as necessidades; ao mesmo tempo, aumentam as forças produtivas que as satisfazem. *Aqui, a liberdade não pode ser mais do que o fato de que o homem socializado, os produtores associados, regulem racionalmente esse seu metabolismo com a natureza, submetendo-o a seu controle coletivo, em vez de serem dominados por ele como um poder cego; que o façam com o mínimo emprego de forças possível e sob as condições mais dignas e em conformidade com sua natureza humana. Mas este continua a ser sempre um reino da necessidade. Além dele é que tem início o desenvolvimento das forças humanas, considerado como um fim em si mesmo, o verdadeiro reino da liberdade, que, no entanto, só pode florescer tendo como base aquele reino da necessidade. A redução da jornada de trabalho é a condição básica*" (Marx, 2017, p. 882-3 [itálicos meus – *JPN*]).

Também na leitura do Livro IV é possível localizar – mormente nos segundo e terceiro volumes (Marx, 1983 e 1985) – várias notações pontuais contrastando as condições da produção e da acumulação tais como se processam na sociedade capitalista e aquelas que as substituirão na sociedade futura.

[18] Reporta a biógrafa já tantas vezes citada: "'Escrevo-lhe nu com compressas de álcool pelo corpo. Saí de casa pela primeira vez *antes de ontem*, para ir ao Museu Britânico, é claro, porque ainda não

consigo escrever. Então ontem houve uma nova erupção embaixo do peito, do lado esquerdo'. Assim escreveu Marx a Engels numa das primeiras cartas do ano de 1868. Ele ficara doente por quatro meses, praticamente desde que havia recebido um exemplar da edição impressa do *Capital*. Relatava que havia furúnculos brotando em sua virilha, 'brotos fenecidos' debaixo do braço e um 'monstro' no ombro esquerdo: 'Parece que essa merda não vai terminar nunca'. A tais erupções, Marx agregaria duas novas queixas – uma dor de cabeça latejante e uma 'coceira terrível no corpo, isto é, no sangue'. A conclusão dele era de que para ser saudável era preciso ter dinheiro, 'ao invés de ser um pobre-diabo como eu, acossado pela pobreza feito um camundongo de igreja'" (Gabriel, 2013, p. 477). Aqui, as citações textuais de Marx por Gabriel foram extraídas, como a autora indica em notas, de cartas que o primeiro endereçou a Engels em 8 de janeiro, 11 de janeiro e 4 de fevereiro de 1868 (MECW, 2010, v. 42; na MEW, 1965, p. 32).

[19] A simultaneidade com que Marx trabalhou nos manuscritos de *O capital* não autoriza que se considerem os materiais como redigidos em ordem/sucessão cronológica, já que alguns que acabaram por figurar no Livro III foram escritos antes de outros que compuseram o Livro II. Não é possível, aqui, discriminá-los segundo a sua datação – tarefa já avançada pelos editores da MEGA².

[20] Um exemplo dos anos imediatamente subsequentes à publicação do Livro I: em 1869-1870, Marx e Engels e seus familiares prestaram apoio aos irlandeses perseguidos na luta pela independência nacional – ver Vv. Aa., 1986a, p. 278-80; Mehring, 2013, p. 419-20; Jones, 2017, p. 508-13.

[21] Para detalhar as atividades de Marx posteriores à publicação do Livro I de *O capital* e até à sua morte, além das fontes biográficas que temos citado até aqui, o leitor pode recorrer ao cuidadoso ensaio de Derek Sayer – "Marx depois de *O capital:* uma nota biográfica (1867- -1883)" – acessível em Shanin, org., 2017.

[22] Além dos carbúnculos (que tratava com arsênico), os problemas de saúde de Marx começaram a manifestar-se já desde 1849; de meados dos anos 1850 em diante foram em crescendo, sobretudo derivados da propensão de Marx a doenças respiratórias (e ele era um tabagista inveterado) e de disfunções hepáticas.

[23] Engels não gostou de soluções – que Marx aprovou – adotadas para a tradução francesa do Livro I de *O capital*. Veja-se este comentário: "Ontem li em francês o capítulo sobre a legislação das fábricas. Apesar de todo o respeito que sinto pela arte com que se transformou este capítulo em um francês elegante, meu coração lamenta por este belo capítulo. Seu vigor, sua seiva e sua vida foram para o diabo. [...] Dar vida a ideias em francês moderno, esta camisa de força, é cada vez mais impossível. Ademais da inversão das frases, que quase continuamente se impõe por causa dessa lógica formal pedante, rouba-se da exposição tudo o que ela tem de impressionante e de vivo. Considerarei um erro grosseiro tomar como base para a tradução inglesa a roupagem francesa. Em inglês não haverá necessidade de debilitar a vigorosa expressão do texto original" (carta a Marx de 29 de novembro de 1873 – MEW, 1966, v. 33, p. 93 [agradeço a Leila Escorsim pela referência a essa carta – *JPN*]). Lembremos que Engels editou a tradução inglesa, de Samuel Moore e Edward Aveling, do Livro I de *O capital* (Londres, Swan Sonnenschein, Lowrey & Co., 1887), com um prefácio datado de 5 de novembro de 1886.

[24] Dentre as recomendações de Gumpert constavam ainda a mudança na dieta e a prática de atividades físicas, mas Marx simplesmente as desconsiderou. A necessidade da primeira era óbvia, uma vez que seus "hábitos alimentares [...] eram perniciosos. [...] Ele gostava de pratos muito temperados, peixe defumado, caviar e pepino em conserva, junto com vinho do Mosela,

cerveja e licores" (Jones, 2017, p. 345). Também a outra recomendação era pertinente, já que "Marx não era adepto de nenhuma forma de exercício, exceto fazer longas caminhadas. Seu único passatempo importante era o reconhecidamente intelectual xadrez – um jogo ao qual ele dedicava longas horas de estudo e algumas vezes se entregava com obsessão. É sabido que ele tinha um estilo muito agressivo e combativo de jogar" (Sperber, 2014, p. 471).

[25] Em agosto de 1874, vivendo há um quarto de século em Londres, Marx requereu a nacionalidade inglesa (ver a carta a Engels de 4 de agosto de 1874 e a carta à filha Jenny de 14 de agosto de 1874); compreensivelmente, a requisição foi negada pelo Ministério do Interior a partir de um conciso e, como não poderia deixar de ser, policialesco parecer da Scotland Yard. As cartas encontram-se em MEW, 1966, v. 33, p. 108 e 639; o parecer está reproduzido em MECW, 2010, v. 24, p. 564 – ei-lo:
ESCRITÓRIO DE POLÍCIA METROPOLITANA
Scotland Yard
17 de agosto de 1874
Carl Marx – Naturalização
Com referência ao tema em epígrafe, informo que ele é o notório agitador alemão, chefe da Associação Internacional e defensor dos princípios da sociedade comunista.
Este homem não tem sido leal aos seus próprios rei e país.
Os depoentes Seton, Mathesen, Manning e Adcock são cidadãos britânicos e respeitáveis chefes de família. As declarações feitas por eles com referência ao tempo em que conheceram o requerente são corretas.
W. Reimers – Sargento.
J. Williams – Superintendente.

As preocupações de Marx com a questão da sua cidadania (e, logo, com a documentação para deslocar-se sob a proteção de um Estado em face de qualquer provocação) não eram gratuitas: na sequência dos eventos de Paris, no verão de 1871, familiares seus tiveram problemas ao cruzar a fronteira da França com a Espanha (Gabriel, 2013, p. 550 e seg.). Depois, em uma de suas estadas em Karlsbad, que em seguida relataremos, ele foi vigiado pela polícia, discreta mas constantemente (Bruhat, 1973, p. 207; Wheen, 2001, p. 330).
Já antes de 1870, Engels tinha indícios de que as cartas que Marx lhe enviava para Manchester eram violadas pela polícia (Sperber, 2014, p. 472). Com a repressão que se seguiu à Comuna parisiense, Marx passou a tomar alguns cuidados com a correspondência; eis um trecho de sua carta a Danielson de 28 de maio de 1872, em que comentava o ritmo do seu trabalho teórico e explicava o que pretendia fazer para retomá-lo em melhores condições: "A sobrecarga de trabalho a que estou submetido interfere tanto em meus estudos teóricos que devo me *afastar*, depois de setembro, da *empresa comercial* que, atualmente, se apoia muito em meus ombros e que, como se sabe, tem ramificações em todo o mundo" (MEW, 1966, v. 33, p. 477); "empresa comercial" sinaliza, aqui, o Conselho Geral da Internacional. Tais cuidados não eram exagerados: sabe-se que a polícia francesa violou, em 1875-1876, a correspondência de Marx enviada a revolucionários em Paris (Fedosseiev, org., 1983, p. 657).

[26] A primeira viagem de Marx a Karlsbad foi organizada por Kugelmann, que anualmente passava férias no balneário com a família. Praticamente todos os biógrafos de Marx anotam que ele interrompeu suas relações com o médico ao fim dessa viagem – Wheen (2011, p. 331) e Gabriel (2013, p. 602-3) detalham as razões do afastamento de Marx.

[27] Lembremos alguns da "velha guarda", assinalando a data de seu falecimento: Moll, 1849; Daniels, 1855; Weerth, 1856; Schramm, 1858; Lassalle, 1864; Schapper, 1870; Feuerbach, 1872; Hess, 1875; Herwegh, 1875.

[28] "Em 1877, a saúde de Jenny começou a deteriorar-se. Ela foi a Manchester [...] e consultou o dr. Gumpert, que diagnosticou um carcinoma. No inverno de 1878-1879, a saúde piorou" (Jones, 2017, p. 574).

[29] A paixão, juvenil e ardente, de Eleanor por Lissagaray foi inicialmente oculta – quando explicitada, teve a oposição de Marx e da irmã Laura. E se o afastamento de Lissagaray causou enorme sofrimento a Eleanor, é fato que ela recompôs a sua relação com o pai.
Parece que a posterior (e malfadada) vinculação de Eleanor a Edward Aveling, um tipo humano muito diferente de Lissagaray, só foi bem vista, dentre o círculo de amigos mais próximos, por Engels e Helene Demuth, que ficaram "muito felizes com o fato de Tussy estar apaixonada" (Gabriel, 2013, p. 685). Kautsky, que conheceu Aveling em 1883, na festa de aniversário de Engels, julgou-o uma figura "repulsiva"; anos depois, Liebknecht comentaria: "Quanto pior a reputação, maior o mérito, e não exagero ao dizer que a péssima reputação do doutor Aveling ajudou-o a conquistar o mérito da simpatia de Eleanor" (citado em ibidem, p. 686). Por seu turno, credível biógrafa de Marx diz que "a única coisa que realmente se sabe ao certo sobre Edward Aveling é que se tratava de um mentiroso contumaz" (ibidem, p. 673).
Além dos títulos citados no cap. IV, nota 77, supra, ver, especificamente sobre Lissagaray, o livro de Bidouze, 1991.

[30] As novas e diferenciadas relações pessoais – mesmo quando não se revelaram duradouras – contribuíram para amenizar a perda de companheiros da "velha guarda". Entre elas, destaquem-se os contatos estabelecidos com Elisabeth Dmitrieff (1851-1910), Eduard Bernstein (1850-1932) e August Bebel (1840-1913). Também se ampliou e renovou, em termos geracionais e nacionais, o rol de pessoas com as quais Marx passou a se corresponder.
As grandes alegrias familiares de Marx, como enfatizam vários biógrafos, lhe eram especialmente proporcionadas pelos seus netos, filhos de Jenny e Longuet – ver Fedosseiev, org., 1983, p. 605, Wheen, 2001, p. 332-3 e Sperber, 2014, p. 482 (este refere-se a Marx como um "avô apaixonado"); mesmo escrevinhadores do nível de uma Giroud reconhecem que ele foi um "avô coruja" (Giroud, 1996, p. 209).
Um relato de Gabriel (2013, p. 631-2), referente ao fim dos anos 1870, é ilustrativo do comportamento do "avô apaixonado" que foi Marx: "Liebknecht, aproveitando outra temporada fora da prisão, foi a Londres fazer uma rápida visita, e Jennychen [apelido familiar de Jenny] levou os meninos a Maitland Park para vê-lo. Johnny – o favorito de Marx – pulou no colo do avô e exigiu um passeio em seus ombros. Rapidamente os papéis foram distribuídos: Marx seria o ônibus, e Liebknecht e Engels seriam os cavalos a puxar o veículo. Os três velhos radicais, que haviam feito governos tremerem, corriam em animação pelo jardim enquanto o menino brincava de cavalinho nos ombros de Marx e gritava: 'Vamos, mais depressa! *Plus vite!*'. Liebknecht se lembraria de Marx pingando de suor. Ele e Engels queriam reduzir a marcha, mas Johnny estalava um chicote imaginário e berrava 'Cavalinho malvado!' e lá se iam eles outra vez, até que Marx, ao mesmo tempo exausto e exultante, já não conseguiu mais cumprir seu papel".

[31] Dada essa carência, não posso mais que referir os pioneiros do estudo desses materiais, Sofya Aleksandrovna Janovskaya e Ernst Kolman, e uns poucos outros que os sucederam nesse trato. A edição inglesa dos "manuscritos matemáticos" (Marx, 1983) apresenta como anexo os importantes textos de Janovskaya, Kolman e Cyril Smith; a edição indiana, também em

inglês (Marx, 1994), dispõe de um substantivo anexo (incluindo o texto de Pradip Baksi); devo citar também o trabalho de Kennedy, 1977 e o coligido em Ponzio, 1978; é posterior o contributo de Alain Alcouffe, de fato a introdução a Marx, 1985. Para notações mais recentes sobre os mesmos "manuscritos matemáticos", ver Gerdes, 2008; Serman, 2013; Ricci, 2018; Musto, 2018c.

[32] Ver, na edição MEGA², v. IV/26, *Exzerpte und Notizen zur Geologie, Mineralogie und Agrikulturchemie. März bis September 1878* (Excertos e notas sobre geologia, mineralogia e química agrícola. Março-setembro de 1878) (Berlim, Akademie, 2011).

[33] Nesse sentido, vale recorrer a Damsma, 2009. E entre outras muitas indicações, mais duas são fornecidas por biógrafos factualmente cuidadosos. Observam eles que, "de maio a agosto de 1875, Marx efetuou muitos cálculos a fim de ilustrar a diferença entre a taxa de mais-valia e a taxa de lucro. Esses cálculos constituíram a base do capítulo III do futuro terceiro volume [Livro] de *O capital*" (Fedosseiev, org., 1983, p. 440 – ver, na edição brasileira que estamos utilizando do Livro III [Marx, 2017], que a questão é abordada na p. 75 e seg.). Os mesmos autores (idem) asseveram que, "para estar inteiramente armado de fatos, [Marx] continuou a estudar simultaneamente a literatura mundial sobre agronomia, agroquímica, fisiologia das plantas. As mais recentes descobertas das ciências agrícolas deveriam servir-lhe para uma crítica mais profunda e convincente da anticientífica 'lei da fertilidade decrescente do solo'" – na edição do Livro III utilizada aqui, a infirmação de tal lei é evidenciada às p. 723 e 840-1.

[34] O *Vorwärts* foi o diário de Leipzig que, em outubro de 1876, como órgão oficial do Partido Social-Democrata (SPD), substituiu o anterior *Der Volksstaat* (O Estado Popular).

[35] Ver Engels, 2015. Essa edição, com um bom aparato de notas, conta com uma apresentação que contextualiza o trabalho de Engels e assinala a sua significação na literatura marxista. Em vida de Engels, o *Anti-Dühring* tirou três edições – e dele o próprio autor, na primavera de 1880, tomou três capítulos para, a pedido de Paul Lafargue, compor um pequeno volume que, em francês, saiu com o título *Socialisme utopique et socialisme scientifique* (Do socialismo utópico ao socialismo científico); publicada a brochura em maio de 1880, foi logo traduzida em várias línguas, tornando-se, "após o *Manifesto* [*do Partido Comunista*], a mais popular introdução ao marxismo" (Jones, em Hobsbawm, org., 1979, v. I, p. 381). Observe-se que Marx prefaciou o pequeno volume editado em francês (ver Engels, 1976a).

[36] Marx ocupou-se de Quesnay no Livro IV de *O capital*, ao tratar dos fisiocratas e, em particular, do *Quadro econômico* (ver Marx, 1980, v. I, p. 19-22, 28-9, 293-328).
Sobre o *Quadro econômico* (Quesnay, 1985), ver a coletânea organizada por Kuntz, org., 1984 e o substantivo material reunido por Blaug, org., 1991; ver também a atenção que lhe confere Nunes, 2007. Adiante, ao tratarmos do Livro II de *O capital*, voltaremos a aludir ao *Quadro econômico*.

[37] Em outro prefácio, datado de 25 de outubro de 1884 – contemporâneo, portanto, ao seu trabalho no Livro II de *O capital* –, à primeira edição alemã da *Miséria da filosofia* (em Marx, 2017b, p. 151-63), Engels já se ocupara de similares acusações de Rodbertus. Acerca das considerações de Engels, ver Hecker, 2008; sobre Rodbertus, ver Rudolph, 1984.

[38] Ver Heinrich (em Marx, 2014, p. 20) e a pesquisa que mencionamos na próxima nota (nesta fonte, ver p. 73-5).

[39] Essa pesquisa, realizada por uma competente equipe de colaboradores da MEGA², está reproduzida – sob o título "Introdução da edição alemã" – na edição da Boitempo do Livro II

(Marx, 2014, p. 23-75). Sua leitura fornece indispensáveis elementos para o conhecimento minucioso do segundo livro, que, nessa edição brasileira, tem versão que pode ser considerada como definitiva.

[40] Mandel, em nota a essa passagem, remete a duas cartas de Engels em que este assinala que a mudança de foco (da fábrica para o mercado), sem explicitar implicações diretas nas lutas de classes burguesia/proletariado, afetaria a recepção do Livro II por parte de militantes ávidos por agitação. Em uma delas, anunciando o Livro II, Engels advertiu a um correspondente que ele "provocará uma grande decepção porque é puramente científico" (carta a Piotr Lavrov, 5 de fevereiro de 1884 – MEW, 1967, v. 36, p. 99). Noutra, dirigida a Sorge, de 5 de junho de 1885, ele dirá expressamente que "o livro II provocará uma grande decepção, porque é puramente científico e não contém muitos textos de agitação" (em Marx-Engels, 1968, p. 262).

[41] Historiadores já citados (Fedosseiev, org., 1983, p. 448) sublinham: "Tomados separadamente, nem os meios de produção nem a força de trabalho dos operários assalariados são capital – só se tornam capital quando combinados uns com os outros, só em virtude de os primeiros serem propriedade dos capitalistas e de os operários e empregados serem forçados a vender-lhes a sua força de trabalho para viverem".

[42] Abrindo o cap. 21 do Livro II, em que trata da acumulação e da reprodução ampliada, Marx escreve: "No Livro I, expusemos como transcorre a acumulação no caso do capitalista individual. Com a realização do capital-mercadoria, também é realizado o mais-produto, no qual se representa o mais-valor [mais-valia]. Este, assim convertido em dinheiro, é reconvertido pelo capitalista em elementos naturais adicionais de seu capital produtivo. No ciclo seguinte da produção, o capital aumentado fornece um produto aumentado. Mas o que se evidencia no caso do capital individual tem de se evidenciar também na reprodução total anual, do mesmo modo como, ao examinarmos a reprodução simples, vimos que, no caso do capital individual, a precipitação sucessiva – em dinheiro que é entesourado – de seus componentes fixos já consumidos se expressa também na reprodução social anual" (Marx, 2014, p. 595).

[43] Para uma breve e esclarecedora comparação entre os esquemas de reprodução de Quesnay e Marx, ver o texto "Sobre os esquemas de reprodução", de Shigeto Tsuru, apensado a Sweezy, 1962. Sobre os mesmos esquemas, ver Harris, 1972; Arthur e Reuten, orgs., 1998; Trigg, 2006 e Marco Veronese Passarella, em Gabellini et al., orgs., 2019.

Também aqui não é possível indicar como, tanto nesse ponto específico quanto no conjunto do Livro II, Marx recorre criticamente ao acervo do pensamento econômico que já encontrou constituído. Anote-se apenas que, nesse Livro II, além de Quesnay, as referências de Marx são inúmeras – citemos umas poucas: Bailey, Hodgskin, John Stuart Mill, Smith, Ricardo, Storch, Tooke.

[44] Muitos analistas consideram que essas determinações teóricas constituem o núcleo fundamental do Livro II – e justamente sobre esse núcleo se instaurou, no interior mesmo da tradição marxista, o primeiro grande e significativo debate econômico.

Trata-se do intenso debate teórico (ao qual aqui nos cabe fazer apenas uma breve alusão) travado nas três primeiras décadas do século XX, mas que ainda hoje ressoa (ver, por exemplo, vários passos de Harvey, 2014), referido precisamente aos esquemas de reprodução e incidentes tanto sobre a sua congruência teórica quanto nas suas implicações políticas. Duas obras, diversas na sua estrutura, são expressivas da densidade teórica (e das incidências políticas) dos embates então registrados: a de Rosa Luxemburgo, 1985 e a de Henryk Grossmann, 1977. A polêmica,

[45] entretanto, envolveu vários outros teóricos marxistas e dirigentes políticos – para o que vale recorrer a Howard e King, orgs., 1989, v. I; Rosdolsky, 2001; Kołakowski, 2008; Tutin, 2018.

[45] É pertinente transcrever aqui o comentário de Mandel (1998, p. 105): "Uma das funções básicas dos esquemas de reprodução é demonstrar que o crescimento (isto é, a própria existência do capitalismo) é ao menos *possível* no modo de produção capitalista. Dada a natureza extremamente anárquica da organização da produção […] e dada a natureza mesma da concorrência, isso não é de nenhuma maneira tão óbvio como parece. Os esquemas de reprodução localizam a combinação das estruturas do valor e do valor de uso do conjunto global de mercadorias dentro das quais *pode* ocorrer o crescimento. Porém, Marx nunca tentou provar que essas proporções estão garantidas automática e constantemente pela 'mão invisível' do mercado. Ao contrário, insistiu uma e outra vez que essas proporções são *difíceis* de realizar e impossíveis de manter permanentemente e que são alteradas de modo automático pelas mesmas forças que as fazem existir ocasionalmente. *Em outras palavras, os esquemas de reprodução mostram que o equilíbrio, para não falar do crescimento equilibrado, é a exceção e não a regra no capitalismo; que as desproporções são muito mais frequentes que a proporcionalidade e que o crescimento, por ser essencialmente desigual, produz inevitavelmente uma regressão [breakdown] do crescimento – reprodução contraída ou crise*" [os itálicos da última frase são meus – JPN].

[46] Escreve Harvey (2014, p. 16): "Na verdade, Marx exclui de forma sistemática o crédito de sua análise ao longo de todo o Livro II […]. Mas o que vemos no Livro II é que, sem o sistema de crédito, os capitalistas seriam forçados a entesourar mais e mais capital, a fim de cobrir problemas de circulação do capital fixo, diferenças nos tempos de rotação, trabalho e curso, e coisas do gênero. Quando o capital é entesourado, ele se torna inativo e morto. Se cada vez mais capital é posto nessa condição, isso tem um sério impacto sobre a dinâmica da acumulação, a ponto de provavelmente a circulação do capital desmoronar e, por fim, paralisar. Portanto, o sistema de crédito é vital para a liberação de todo esse capital monetário entesourado e inativo. Ele ajuda a recolocá-lo em uso ativo. Mas o faz a certo custo. A caixa de Pandora da atividade especulativa de crédito tem de ser aberta, e dela sai todo tipo de coisa indesejada. *Marx não explicita tudo isso, mas essa é uma implicação clara que deriva da análise de uma economia desprovida de crédito, tal como foi realizada no Livro II*" [itálicos meus – JPN].

[47] Não levaremos em conta, nessa exposição, os treze apêndices – alguns significativos – anexados à edição da Boitempo (Marx, 2014, p. 645-756).

[48] Como se viu neste capítulo, nota 40, supra, Engels creditava a "decepção" a ser causada pelo Livro II à carência de páginas de "agitação" – talvez essa seja mesmo uma motivação operante no relativo descaso que se verificou em relação ao segundo livro de *O capital*. Por seu turno, Harvey (2014, p. 418) afirmou que "é interessante que os conceitos de socialismo e comunismo apareçam mais explicitamente no Livro II do que nos outros livros de *O capital*" – mas ele, evidentemente, não pensa conceitos como "agitação"; historiadores soviéticos ocuparam-se de prospecções sobre o comunismo em *O capital* (Fedosseiev, org., 1983, p. 463-7). Ver, supra, neste capítulo, nota 17.

[49] Nesse prefácio, Engels esclarece os procedimentos que adotou no trato dos pertinentes manuscritos marxianos e, em seguida, polemiza com diferentes críticos do Livro II: Wilhelm Lexis (1837-1914), Julius Wolf (1862-1937), George Stiebeling (1831-1895) e o "ilustre" Achille Loria (1857-1943), que desde abril de 1883 já deformava as ideias de Marx. Entre os autores então mencionados por Engels, são referidos ainda Conrad Schmidt (1863-1932) e Peter Fireman (1863-?).

50 Após a morte de Marx, todas as energias de Engels voltaram-se para a edição dos livros II e III de *O capital* – e estavam nos seus planos a preparação do Livro IV e, também, uma biografia do amigo. Mas o seu intensíssimo trabalho nos livros II e III não foi exclusivo: Engels dedicou-se também a reeditar textos marxianos com prefácios/introduções expressivos (*Miséria da filosofia, As lutas de classes na França de 1848 a 1850*), a supervisionar a tradução do Livro I ao inglês (publicada em 1887) e a concretizar projetos de Marx (como a redação de *A origem da família, da propriedade privada e do Estado*, a que nos referiremos no capítulo VIII); encontrou ainda força intelectual e tempo para dar continuidade à sua própria obra, seja através de importantes intervenções na imprensa (*Ludwig Feuerbach e o fim da filosofia clássica alemã, A questão camponesa na França e na Alemanha*), seja através de pesquisas regulares no domínio das ciências da natureza (registradas em inconclusos manuscritos que, postumamente, editores reuniram sob o título *Dialética da natureza*). E Engels levou a cabo toda essa imensa atividade ao mesmo tempo que substituía Marx nas tarefas que este executara, desde os anos 1870, no acompanhamento (mediante copiosa correspondência e contatos realizados em Londres) de grupamentos socialistas/comunistas de inúmeros países.

Para uma síntese do trabalho teórico e político de Engels depois do falecimento de Marx, ver Bruhat, 1973, p. 213-5 e Vv. Aa., 1986a, p. 434-6 e 490-547; para um acompanhamento detalhado dos seus esforços, ver Mayer, 1979, p. 710 e seg.

51 Heinrich (2016, p. 30) registrou que, no tocante à elaboração de *O capital*, "Marx [...] não trocava manuscritos com Engels. Este foi apresentado ao Livro 1 [I] de *O capital* apenas quando Marx enviou a ele as cópias tipográficas em 1867. Do Livro 2 [II] e do Livro 3 [III] de *O capital*, Engels só conhecia o plano geral que Marx lhe comunicara na carta de 30 de abril de 1868".

Com efeito, "ninguém jamais soube, enquanto Marx estava vivo, até que ponto ele realmente avançara em seus escritos" (Gabriel, 2013, p. 671). Em março-abril de 1883, Engels recebeu de Helene Demuth os manuscritos que seriam referentes aos livros II (fins de março) e III (meados de abril) – a primeira reação de Engels ao tê-los em mãos está registrada em carta a Laura de 25 de março de 1883: "Hoje, Nin [Helene] encontrou um grande pacote entre os manuscritos do Mouro [Marx], contendo a maior parte, senão a totalidade, do segundo livro do *Capital* – mais de quinhentas páginas *in folio*. *Como ainda não sabemos em que estado de preparação para a impressão o manuscrito se acha, nem o que poderemos encontrar noutro lugar*, será melhor não confiar agora essa boa notícia à imprensa" (MEW, 1967, v. 35, p. 465 [itálicos meus – *JPN*]).

Em carta de poucos meses depois a Bebel (30 de agosto de 1883), Engels escrevia:"Você deve se perguntar porque eu, logo eu, ignorava como estava a coisa [o estado dos manuscritos de *O capital*]. A resposta é simples: se eu soubesse, não o teria deixado em paz um só dia e uma só noite até que tudo estivesse terminado e impresso. E Marx sabia disso melhor que ninguém" (MEW, 1967, v. 36, p. 56).

52 Concluída a preparação do Livro III para enviá-lo à impressão, viu-se que não mais teria condições de prosseguir em seu papel de editor – dificuldades de visão já o impediam de ler os papéis autógrafos de Marx para ditá-los a um secretário. Como escreveu a Laura, em carta de 17 de dezembro de 1894 (MEW, 1968, v. 39, p. 347), Engels pretendia repassar a tarefa aos então jovens Kautsky e Bernstein, aos quais ensinaria como lidar com a caligrafia de Marx. Ele insistia em começar o trabalho no Livro IV com a ajuda de Eleanor, porém, um câncer no esôfago, avançando a partir de março de 1895, não lhe permitiu iniciá-lo. Ele faleceu cerca de cinco meses depois, na noite de 5 de agosto.

[53] Já assinalamos que, nos anos 1960, Rubel (ver, supra, cap. V, nota 90) questionara a edição de Engels. Não cabe aqui uma resenha das polêmicas mais recentes – mas é dever do biógrafo assinalar ao leitor, ainda que brevemente, a sua existência e indicar alguns dos seus debatedores. Em um texto relevante publicado na segunda metade dos anos 1990 – quando já estavam disponíveis os manuscritos marxianos de que Engels se valeu para editar o Livro III –, Heinrich (1996-1997 e 2016), comparando os manuscritos e a reelaboração deles por parte de Engels no Livro III, sustentou que "grande parte das alterações [efetuadas por Engels] permanece obscura para os leitores. As próprias intervenções não são apenas de natureza formal ou estilística; *elas enganam os leitores sobre a extensão real da reelaboração*, oferecem soluções para problemas que o manuscrito deixou em aberto (sem esclarecimentos de que essas são soluções de Engels!) e, em algumas passagens que podem obstruir a interpretação de Engels, *elas ainda alteram a argumentação do texto original*. Portanto, *a edição de Engels já não pode ser considerada como o Livro 3* [III] *de O capital de Marx*; não é o texto de Marx 'na completa genuinidade de sua própria exposição', tal como Engels escreveu [...], mas uma forte edição dessa exposição, *uma espécie de manual com uma interpretação prévia do manuscrito de Marx*. O fato de Engels não empreender uma editoração que cumprisse as exigências modernas é bastante compreensível do ponto de vista daqueles tempos. O trabalho editorial não precisava cumprir tais exigências elevadas referentes à fidelidade textual, como hoje é necessário. A um editor era dada uma liberdade muito maior do que hoje em dia, ainda mais se ele fosse intelectualmente próximo ao autor editado. Além disso, *era mais importante para Engels publicar um livro que pudesse servir de arma intelectual para a classe trabalhadora na luta de classes; que fosse, portanto, compreensível e atual*. E, com toda a crítica que pode ser feita, não devemos esquecer que foi um feito incrível publicar esse manuscrito, sobre o qual Marx uma vez disse, em carta a Engels, que ninguém no mundo poderia publicá-lo de uma forma legível, exceto ele mesmo (carta de 13 de fevereiro de 1866). *Mesmo assim, toda a compreensão dos motivos e dos procedimentos de Engels não pode alterar, em absoluto, a avaliação de que o texto que foi apresentado não é, de nenhuma maneira, o terceiro livro de O capital*" (Heinrich, 2016, p. 41 [itálicos meus – *JPN*]).

Outra é a posição de Krätke: a propósito do trabalho de Engels, mesmo indicando algumas das suas insuficiências, ele argumenta de forma fundamentada e persuasiva que "*simplesmente não se sustenta a censura de que Engels teria falseado o caráter de esboço do manuscrito, ao introduzir ali uma articulação e uma ordenação que não se encontravam no manuscrito marxiano* [...]. Engels estruturou, completou, suavizou, introduziu emendas e notas de rodapé, procurou explicitar a linha da argumentação ou torná-la reconhecível onde necessário no manuscrito de Marx. Com isso, *ele seguiu o modelo de Marx*, cujo trabalho no livro primeiro conheceu bem e acompanhou de perto. Portanto, não é em absoluto contra Engels que se dirigem as censuras de ocasionalmente utilizar esboços dos cadernos de excertos marxianos dos anos 1870, quer dizer, de fazer inserções no texto do Manuscrito de 1864-5 [...]. *Precisamente assim procedera Marx, precisamente assim Marx teria procedido no lugar de Engels*" (Krätke, 2015, p. 202 [itálicos meus – *JPN*]). Provocadoramente, o texto de Krätke traz em seu título a tese nele apresentada e fundamentada: "Por que Engels *não falseou* O capital marxiano".

Uma outra especialista, Regina Roth – aliás, uma das coautoras da "Introdução da edição alemã" (citada neste capítulo, nota 39, supra) do Livro II de *O capital* –, intervindo na polêmica, afirmou, com segurança e equilíbrio, que "o editor Engels era ansioso por publicar um texto o mais próximo possível daquele deixado pelo autor Marx. O caráter fragmentário desse legado tornou modificações possíveis e, tendo em vista a inteligibilidade e a legibilidade, também necessárias. *Engels não alterou o texto de Marx nem arbitrariamente nem com pinceladas, antes, trabalhou cautelosamente. Até aqui, ainda não foram observadas diferenças fundamentais a este respeito entre o autor Marx e seu editor Engels"* (Roth, 2015, p. 214 [itálicos meus – *JPN*]).

[54] A pioneira tradução de Reginaldo Sant'Anna dos quatro livros de *O capital*, editados pela Civilização Brasileira e pela Difel, nem sempre encontrou formas adequadas para trazer ao vernáculo o texto alemão: uma solução infeliz foi a encontrada para *zinstragende Kapital* (MEW, 1973, v. 25, p. 350), que Sant'Anna verteu como *capital produtor de juros* (Marx, 1974, v. V, p. 391 e 1985, v. III, p. 1.493). A solução correta, *capital portador de juro(s)*, foi utilizada nas edições da Abril (São Paulo), Boitempo (São Paulo) e da Avante! (Lisboa).

[55] Não é possível, nesta oportunidade, senão sinalizar a mera existência dessas críticas – para o seu mapeamento, ver Howard e King, orgs., 1992, v. II; Mandel, 1998; Rosdolsky, 2001; Trigg, 2006; Kliman, 2007. Para detalhar o problema da transformação dos valores em preços de produção, ver Hunt e Schwartz, orgs., 1972; Schwartz, org., 1977; Duménil, 1980; Dostaler e Lagueux, orgs., 1985; Jean-Marie Harribey, em Bidard et al., 1998; Dostaler, 2013. Para a questão da reprodução/acumulação e das crises, ver Sweezy, 1962; Mattick, 1976; Grossmann, 1977; Böhm-Bawerk et al., 1974; Hilferding, 1985; Luxemburgo, 1985; Foley, 1986; Clarke, 1994; Vv. Aa., 1997; Campbell e Reuten, orgs., 2002; Béniès, 2010; Grespan, 2012; Roberts e Carchedi, orgs., 2018 – tal como advertimos neste capítulo, nota 7, supra, os títulos aqui citados podem se sobrepor. Como a seguir tangenciaremos o problema das crises, já agora remetemos o leitor a duas coletâneas que reúnem importantes textos marx-engelsianos que o têm como objeto: Marx-Engels, 1978b e Marx, 2009.

Nos últimos anos, também a bibliografia brasileira tem registrado um ponderável crescimento de textos referidos à questão das crises em Marx, seja em produções acadêmicas (dissertações e teses) de acesso relativamente restrito, seja em ensaios divulgados em revistas universitárias e/ou especializadas – como boas amostras desse diferenciado ensaísmo, ver, entre várias, Coggiola, 2009 e Cipolla, 2012 e 2018.

[56] Sem oferecer ao leitor um levantamento exaustivo, sugerimos compulsar as passagens (descontadas aquelas focadas em crises histórico-conjunturais determinadas) relativas à *crise econômica* em sentido estrito nos três livros de *O capital*, tendo por referência a edição da Boitempo. No Livro I (Marx, 2013), ver as p. 187, 284, 616, 708-9 e 713; no Livro II (Marx, 2014), ver p. 269-70, 410-2, 513-4 e 601-2; no Livro III (Marx, 2017), ver as p. 281-2, 288-9, 296-8, 347-8, 407, 518-20, 540-1, 545-50, 573-4.

Mais à frente, nos referiremos ao Livro IV de *O capital*, editado em português em três volumes (o primeiro, em 1980, pela Civilização Brasileira; os outros dois pela Difel, em 1983 e 1985). Adiantando-nos aqui aos nossos breves comentários sobre o Livro IV, anotemos que nele encontramos tematizações pontuais relativas à crise no primeiro e no terceiro volumes – porém, no segundo (cap. XVII, p. 928-58), Marx explicita mais o seu pensamento sobre a possibilidade e a realidade da crise; nessas trinta páginas estão condensadas muitas das suas ideias acerca da questão.

[57] Ver Mandel, 1998, p. 195 e seg.; em Cipolla, 2018, p. 82 há um quadro sinótico mais atualizado dessas interpretações. Aqui, centramos nossa atenção na crise *econômica*; para esboços de uma tipologia da crise em Marx e em marxistas, ver o respectivo verbete (e suas derivações marxistas) em dicionários do léxico marxiano, vários consignados na bibliografia registrada ao fim deste livro.

[58] Ver, entre muitos, Varga, 1963; Boccara, 1973 e 2013-2015; Baran e Sweezy, 1974; Mandel, 1982, 1990 e 1998; Chesnais et al., 2001; Harvey, 2004, 2011 e 2013.

[59] Conforme escrevem historiadores soviéticos, glosando as colocações marxianas formuladas no segundo volume do Livro IV de *O capital*: "A possibilidade abstrata das crises decorre já da simples forma mercantil da troca dos produtos e da função do dinheiro como meio de pagamento. Mas para que esta possibilidade se realize são necessárias as contradições da forma de produção capitalista desenvolvida. A riqueza burguesa não é a soma dos valores de uso e o valor de uso não predomina no modo de produção burguês. Pelo contrário, a riqueza burguesa representa a soma dos valores de troca e é o valor de troca que domina no modo de produção burguês. Marx sublinha que a produção burguesa 'não é produção da riqueza para os *produtores*', isto é, para os operários, que 'a produção da riqueza burguesa é algo de totalmente diferente da produção de *abundância*, de *bens necessários e de luxo* para os homens que a produzem'. Com o desenvolvimento das forças produtivas progridem, ganham uma dimensão cada vez maior as contradições entre o valor de uso e o valor, entre a mercadoria produzida para o mercado e o dinheiro, entre as compras e as vendas, entre a produção e o consumo, entre o capital e o trabalho assalariado. A produção burguesa pressupõe uma limitação específica da distribuição. Por outro lado, a produção capitalista tem tendência para seguir um desenvolvimento que não conheceria limitação interna. Esta contradição contém em si 'o fundamento mais profundo e mais secreto das crises', que dela são uma forma de solução violenta e temporária" (Fedosseiev, org., 1983, p. 461 – suprimimos nessa transcrição as notas em que os autores remetem as suas citações ao texto marxiano).

[60] Para uma – dentre várias – aproximação ao ciclo crítico percorrido pela produção capitalista, ver Marx, 2017, p. 292-9.
Recorde-se o registro de Sweezy (1962, p. 193): "Parece que [...] Marx considerava o ciclo econômico como a forma específica do desenvolvimento capitalista e a crise como uma fase do ciclo. O fator básico que se reflete nesse curso peculiar de evolução é a taxa de acumulação que, por sua vez, está enraizada nas características fundamentais técnicas e orgânicas do sistema capitalista. A cadeia causativa passa da taxa de acumulação ao volume de emprego, deste ao nível dos salários e do nível dos salários à taxa de lucro. Uma queda na taxa de lucro abaixo do normal impede a acumulação e precipita uma crise, a crise se transforma em depressão e, finalmente, a depressão recria condições favoráveis a uma aceleração na taxa de acumulação". Antes, o mesmo Sweezy anotara (ibidem, p. 192-3) que "a depressão é [...] o método específico de remediar os males (do ponto de vista capitalista) da prosperidade. Uma taxa de acumulação acelerada provoca uma reação na forma de crise; esta se transforma em depressão; a depressão, aumentando as fileiras do exército de reserva e depreciando os valores de capital, restaura o lucro da produção e prepara o terreno para o reinício da acumulação. A repetição de todo o processo é agora apenas uma questão de tempo".
Há larga documentação sobre ciclos econômicos, que não se identificam sumariamente – ainda que os incluam – com os ciclos de crise tal como Marx os formula. Ver, entre muitos títulos, os diferenciados textos de Schumpeter e Fels, 1989, Kondratiev, 1992 e Freeman e Louçã, 2001.

[61] Noutro passo do Livro III, e em direta conexão com o que acabamos de transcrever, lê-se: "A enorme força produtiva, em relação à população, que se desenvolve no interior do modo de produção capitalista e, ainda que não na mesma proporção, o crescimento dos valores de capital (não só de seu substrato material) num ritmo muito mais acelerado que o crescimento da população contradizem a base cada vez mais reduzida – em relação à riqueza crescente – para a qual opera essa enorme força produtiva e as condições de valorização desse capital em expansão. *Daí resultam as crises*" (Marx, 2017, p. 306 [itálicos meus – *JPN*]).

[62] Essas linhas foram escritas por Engels, que registra (em nota a ibidem, p. 302) que, embora redigidas "a partir de uma anotação do manuscrito original, transcende[m] em alguns trechos o material que nos foi legado".

[63] Veja-se, no cap. IV desta biografia, a relação estabelecida entre crises econômicas e processos revolucionários em *As lutas de classes na França de 1848 a 1850* – ali reproduzimos a seguinte frase: "Uma nova revolução só será possível na esteira de uma nova crise" (Marx, 2012a, p. 148-9).

[64] Para a crítica do *catastrofismo*, ver, por exemplo, Sweezy, 1962, p. 231-56 e Mandel, 1998, p. 231-42. Ver também Colletti e Napoleoni, orgs., 1970 e Shaikh, 1983.

A permanente oposição, a partir de 1845-1846, de Marx ao absenteísmo político dos trabalhadores é conhecida e atestada pela sua prática política. Leia-se, para os anos 1870, o seu texto contra a indiferença em matéria política – "Der politische Indifferentismus", MEW, 1962, v. 18, p. 299-304, publicado no *Almanaque Republicano/1874*, dirigido em Lodi (Itália) por Enrico Bignami (o artigo foi redigido em dezembro de 1872-janeiro de 1873; nas OFME, é o texto citado como "O apoliticismo").

Os cuidados de Marx para com a organização política dos trabalhadores prosseguiram pelo menos até 1880. Em maio daquele ano, Lafargue e Jules Guesde (1845-1922) reuniram-se em sua casa para a elaboração do programa do Partido Operário francês, a que Marx deu expressiva contribuição – já antes, em abril, ele preparara para a *Revue Socialiste* (Revista Socialista) um questionário para pesquisar a situação da classe operária francesa (MEW, 1962, v. 19, p. 230-7; há tradução para o português em Thiollent, 1987). Por outra parte, na sequência da crítica de Marx à unificação das correntes socialistas alemãs, que veremos no próximo capítulo, ele prosseguiu envolvido com os trabalhos organizacionais do partido alemão (ainda em dezembro de 1880, Bebel e Bernstein foram a Londres para discutir com ele questões relacionadas à imprensa partidária).

[65] As palavras de Rosa Luxemburgo – contidas nas páginas iniciais do seu notável ensaio "A crise da social-democracia", redigido na prisão em 1915, publicado no ano seguinte e conhecido como "panfleto de Junius" (Luxemburgo, 1974) – referem-se ao contexto da guerra imperialista aberta em 1914. Rosa remete explicitamente a uma passagem de Engels no *Anti-Dühring* (que Marx bem conhecia e, também por isso, não hesitamos em afirmar que ele subscreveria a formulação de Rosa). A alusão a Engels – que expressara a mesma ideia em outros termos – levou a maioria dos estudiosos da obra luxemburguiana a reiterar essa remissão. Em 2014, o ecossocialista canadense Ian Angus ofereceu, persuasivamente, outra sugestão, apontando como fonte original da fórmula um texto de Kautsky, em que se lê: "Devemos avançar para o socialismo ou cair na barbárie" – ver a argumentação de Angus em "The origin of Rosa Luxemburgo's slogan *socialism or barbarism*" (A origem do slogan "socialismo ou barbárie", de Rosa Luxemburgo, em www.climateandcapitalism.com/2014/10/22).

Uma tematização recente da barbárie capitalista contemporânea encontra-se em Netto, 2011.

[66] Para a questão do crédito, ver – além de Mandel, 1998, p. 206-9 e Harvey, 2014, caps. 5 a 7 – Higonnet, 1959; James Crotty, em Resnick e Wolff, orgs., 1985; Shuklian, 1991; Germer, 1994; Itoh e Lapavitsas, 1999; mais alguns contributos a Moseley, org., 2005; Albuquerque, 2010; Miyata, 2015-2016.

No que toca à renda fundiária, além de consultar o excelente comentário de Mandel, 1998, p. 216-22, ver, entre muitos, Murray, 1977-1978; Fine, 1979; Ball, 1980; Silva, 1981; Guigou, 1982; Carcanholo, 1984 e 2013; Fisette, 1984; Topalov, 1984; Cario e Buzanelo, 1986; contribuições a Campbell e Reuten, orgs., 2002; Fratini, 2009; Ramirez, 2009; Harvey, 2013; Caligaris e Trento, 2017.

[67] Sobre essa categoria, ver, entre muitos títulos, Perelman, 1987; Germer, 1994; Chesnais, org., 2005; Carcanholo e Sabadini, 2008; Marques e Nakatani, 2009; Mollo, 2011; Carcanholo, 2013; Harvey, 2013, Sabadini, 2013; Durand, 2014; Carson, 2017; ver também Iamamoto, 2007.
Na medida em que a categoria tem conexões com a de *capital financeiro* – desenvolvida posteriormente por autores marxistas que se ocuparam do *imperialismo* (como Brewer, 1980) –, ver, sobre esta última, Lênin, 1977, v. 1; Bukharin, 1984; Hilferding, 1985. Ver ainda Pinto, 1997; Harvey, 2013; Rocha Júnior, 2014; Sabadini, 2015; Chesnais, 2016.

[68] "Os juros [...] são originalmente, e, na realidade, continuam a ser, apenas uma parte do lucro, isto é, do mais-valor [mais-valia] que o capitalista ativo, industrial ou comerciante, que não investe capital próprio, mas capital emprestado, precisa pagar ao proprietário e prestamista desse capital. [...] É a separação dos capitalistas em capitalistas monetários e capitalistas industriais que, na realidade, converte uma parte do lucro em juros e cria, em geral, a categoria dos juros; e a taxa de juros nasce exclusivamente da concorrência entre esses dois tipos de capitalistas" (Marx, 2017, p. 419); na sequência da sua argumentação (ibidem, p. 421 e seg.), Marx esclarece a divisão do lucro em lucro líquido e juros.

[69] "Os juros, como os define Ramsay, são o lucro líquido que a propriedade do capital como tal gera, seja para o simples prestamista que permanece à margem do processo de reprodução, seja para o proprietário que investe produtivamente seu próprio capital. Também neste último caso o lucro líquido é gerado para o proprietário não como capitalista ativo, mas como capitalista monetário, como prestamista de seu próprio capital, como capital portador de juros, a si mesmo como capitalista ativo. Assim como a conversão do dinheiro – e do valor em geral – em capital é o resultado constante do processo de produção capitalista, também sua existência como capital é a condição permanente desse processo. Por meio de sua capacidade de converter-se em meios de produção, ele dispõe constantemente de trabalho não pago e, por isso, converte o processo de produção e circulação das mercadorias em produção de mais-valor [mais-valia] para seu possuidor. Os juros são, pois, a expressão do fato de que o valor – o trabalho objetivado em sua forma social geral –, isto é, o valor que no processo efetivo de produção assume a forma de meios de produção, confronta-se como uma potência autônoma com a força viva de trabalho e constitui o meio para se apropriar de trabalho não pago; e de que ele é esse poder na medida em que se confronta com o trabalhador como propriedade alheia. Por outro lado, na forma dos juros apaga-se essa antítese em relação ao trabalho assalariado, pois o capital portador de juros não tem como termo antagônico o trabalhado assalariado, mas o capital ativo; o capitalista prestamista confronta-se como tal diretamente com o capitalista que atua de fato no processo de reprodução, mas não com o trabalhador assalariado, que se encontra expropriado dos meios de produção justamente com base na produção capitalista. O capital portador de juros é o capital *como propriedade* diante do capital *como função*. Enquanto o capital não funciona, ele não explora os trabalhadores nem assume uma posição antitética em relação ao trabalho" (ibidem, p. 428).

[70] Sumariando o processo que Marx apresenta no Livro I, escrevem dois analistas: "O capital, inicialmente, tem a forma de *dinheiro* (capital monetário), com o qual o capitalista adquire meios de produção e força de trabalho para produzir mercadorias; é quando o capital se transforma de capital monetário em capital produtivo, momento que pode ser esquematizado da seguinte forma: dinheiro/**D**, mercadoria/**M**, meios de produção/**Mp** e força de trabalho/**F**. [...] Nesse momento, o capital sai da esfera da circulação e ingressa na esfera da produção (**P**), onde se

processa o segundo momento do seu movimento: trabalhadores assalariados operam meios de produção e produzem novas mercadorias (**M'**), criando valores excedentes (mais-valia). [...] Porém, as novas mercadorias (**M'**) só têm sentido para o capitalista quando se *realizam*, ou seja, quando, na esfera da circulação, são vendidas, trocadas por dinheiro. Realizadas, elas tomam novamente a forma de capital monetário, evidentemente maior (**D'**) que aquele com que o capitalista implementou o processo produtivo (**D**); trata-se do momento em que o capital retorna à esfera da circulação [...]. Todo esse ciclo pode ser configurado assim:

$$D \longrightarrow M \begin{matrix} \nearrow Mp \\ \cdots\cdots P \longrightarrow M' \longrightarrow D' \\ \searrow F \end{matrix}$$

Esses três momentos (dois na circulação, um na produção) do movimento do capital, tomados como processos periódicos, constituem a *rotação do capital*. A continuidade da produção capitalista, a sua reprodução, depende, naturalmente, da porção de **D'** que estará na base do novo processo produtivo: quanto maior essa porção [...], mais ampliada será a reprodução, mais alargada será a acumulação. Mas é igualmente claro que a continuidade da produção (e, portanto, a reprodução ampliada e a acumulação) depende(m) do fluxo permanente daqueles três momentos: qualquer interrupção perturba profundamente a dinâmica do capital, qualquer suspensão temporária do movimento do capital abre a via às crises" (Netto e Braz, 2007, p. 118-9).

[71] Para que se tenha uma ideia do lúcido caráter antecipatório da análise marxiana, conduzida quando as modernas sociedades por ações em grande escala estavam emergindo, leiam-se as seguintes linhas: nessas sociedades, "o capitalista realmente ativo se converte em simples gerente, administrador de capital alheio, e os proprietários de capital em meros proprietários, simples capitalistas monetários". A remuneração do gerente aparece aí "como simples remuneração à propriedade do capital, que [...] passa a ser inteiramente separada da função que desempenha no processo real de reprodução, do mesmo modo que essa função, na pessoa do dirigente, se encontra separada da propriedade do capital". "*Nas sociedades por ações, a função [gerencial] aparece separada da propriedade de capital*" (Marx, 2017, p. 494-5 [itálicos meus – *JPN*]).

Considerando tendências do desenvolvimento dessas modernas sociedades, Marx inferiu, também antecipatoriamente, que elas "produz[em] uma nova aristocracia financeira, uma nova classe de parasitas sob a forma de projetistas, fundadores e diretores meramente nominais; todo um sistema de especulação e de fraude no que diz respeito à fundação de sociedades por ações e ao lançamento e comércio de ações" (ibidem, p. 496).

Se há pouco indicamos ao leitor a obra de Louçã e Ash (2017), na qual há úteis informações sobre o "mundo da finança" – no interior do qual se aninha boa parcela da "nova classe de parasitas" referida por Marx –, lembremos também dois outros livros, que exemplificam tanto os "crimes de colarinho branco" cometidos por essa gente quanto as engrenagens da "nova aristocracia": Sutherland, 2015 e Dreifuss, 1996 (já citado supra, cap. III, nota 142). O livro de Sutherland só relata crimes da primeira metade do século XX; se o leitor quiser se ilustrar acerca da continuidade da delinquência empresarial ("corporativa") das duas primeiras décadas do presente século, procure informações, por exemplo, sobre as fraudes contábeis da Toshiba (no Japão) e da Satyam (na Índia), sobre as falsificações/violações de normas técnicas da alemã Volkswagen (em vários países), ou as cometidas nos Estados Unidos nos mais variados setores da economia (Enron, Tyco, WorldCom, Fannie Mae – The Federal National Mortgage Association –, Lehman Brothers, Arthur Andersen, AIG, Qwest Communications...); quanto à corretagem/comércio de ações, casos clássicos são os norte-americanos protagonizados pela MF Global e por Bernie Madoff.

72　Ver, infra, neste capítulo, nota 74.

73　Noutro passo, Marx dirá que o sistema de crédito "é, por um lado, uma forma imanente do modo de produção capitalista e, por outro, uma força motriz de seu desenvolvimento para sua forma mais elevada e última possível" (Marx, 2017, p. 666).

74　E Marx acrescenta na imediata continuidade dessa frase: "O crédito, ao permitir uma separação mais prolongada dos atos de compra e venda, serve de base para a especulação" (ibidem, p. 494). A relação sistema de crédito/especulação é claramente sublinhada na seção V, inclusive em passagens tomadas de outras fontes (ibidem, p. 457-60).

75　Em frases que suprimi nessa passagem, Marx faz alusões aos discípulos de Saint-Simon e, de forma muito crítica, a Proudhon.

76　Há aqui duas notações pertinentes. A primeira é observar ao leitor que, nos anos 1850 e já antes dos *Grundrisse*, Marx deu mostras de interesse na questão fundiária e no arrendamento, mas sem se aprofundar na sua problemática – ver, por exemplo, o seu artigo "Die indische Frage – Das irische Pachtrecht" (A questão indiana – O contrato irlandês relativo ao arrendamento), de 28 de junho de 1853, publicado no *New York Daily Tribune*, n. 3.816, 11 jul. 1853 (MEW, 1960, v. 9, p. 157-63).
A segunda diz respeito ao tratamento da renda fundiária no Livro IV, tematizada em especial nos caps. II, III, VIII e XI/XIII – particularmente nestes últimos se dá o confronto crítico com Ricardo. Harvey (2013, p. 427) assinala que, no tocante à renda fundiária, as formulações marxianas das *Teorias da mais-valia* "diferem substancialmente das poucas passagens aprimoradas em *O capital*", do que resultou "uma boa quantidade de confusão e uma controvérsia imensa e continuada entre aquelas poucas almas audazes que tentaram abrir caminho pelo campo minado de seus [de Marx] escritos sobre o assunto". E, no mesmo parágrafo, observa que os textos marxianos sobre a matéria "parecem contraditórios" porque "são em sua maioria pensamentos incipientes escritos no processo da descoberta". Discordamos do qualificativo "incipientes", mas julgamos razoável a alusão ao "processo da descoberta" – sabe-se, como vimos no último item do cap. V, que o material constitutivo do Livro IV (*Teorias da mais-valia*) provém do enorme *manuscrito de 1861-1863*, ao passo que a base textual do Livro III foi extraída, como também vimos na abertura do presente item, por Engels de partes do *manuscrito de 1863-1865 e de notas/esboços redigidos posteriormente*. A reflexão marxiana subsequente a 1865, portanto, seguramente enriqueceu/modificou os termos em que ela se encontrava no manuscrito que deu origem às *Teorias da mais-valia*. Por isso, informando ao leitor da tematização da renda fundiária também no Livro IV, ressalvamos que o comentário seguinte prende-se apenas a formulações do Livro III.
A restrição que fizemos à leitura de Harvey no trato marxiano da renda fundiária não desconhece nem desqualifica o esforço, presente em várias de suas obras, para estender a inspiração marxiana a problemáticas mais amplas envolvendo a *dimensão espacial* – num movimento que encontra (como o próprio Harvey reconhece) em Lefebvre uma pioneira e seminal referência.

77　No mesmo passo, Marx esclarece o seu pressuposto, "o pressuposto de que o modo de produção capitalista se apoderou da agricultura", o que "implica que ele exerce um domínio sobre todas as esferas da produção e da sociedade civil, isto é, que também suas condições, como a livre concorrência dos capitais, a possibilidade de que eles se transfiram de um ramo da produção a outro, um nível igual do lucro médio etc., apresentam-se em sua plenitude". E mais: "Assim como o modo de produção capitalista em geral baseia-se na expropriação dos trabalhadores das condições de trabalho, na agricultura ele se baseia na expropriação dos trabalhadores rurais da terra e sua subordinação a um capitalista, que explora a agricultura visando o lucro" (Marx, 2017, p. 675).

[78] A propósito, veja-se o que, no prefácio à sua obra magna, escreveu Ricardo (1982, p. 39): "O produto da terra – tudo que se obtém de sua superfície pela aplicação combinada de trabalho, maquinaria e capital – se divide entre três classes da sociedade, a saber: o proprietário da terra, o dono do capital necessário para seu cultivo e os trabalhadores cujos esforços são empregados no seu cultivo".

[79] Chamemos a atenção do leitor apenas para dois passos das reflexões marxianas.
No cotejo da composição do capital na agricultura e na indústria de transformação, assinalando o fato, segundo Marx já bem conhecido, de que "os progressos da própria agricultura [capitalista] se expressam sempre no crescimento relativo da parte constante do capital em comparação com a variável", ele enfatiza – para além das "circunstâncias econômicas, em parte decisivas" – que, para sua explicação, é necessário levar em conta o "desenvolvimento anterior e mais acelerado das ciências mecânicas, especialmente de sua aplicação, em comparação com o desenvolvimento posterior e, em parte, bastante recente, da química, da geologia e da fisiologia e, uma vez mais, com a aplicação delas na agricultura" (Marx, 2017, p. 820; ver, supra, cap. V, nota 176 e a fonte – Foster – que ali é citada).
O outro passo a ser lembrado tem alcance mais amplo, diz respeito à propriedade privada da terra e rebate também na consciência ecológica de Marx – aludindo à sociedade do futuro, afirma: "Do ponto de vista de uma formação econômica superior da sociedade, a propriedade privada do globo terrestre nas mãos de indivíduos isolados parecerá tão absurda quanto a propriedade privada de um ser humano sobre outro ser humano. Mesmo uma sociedade inteira, uma nação, ou, mais ainda, todas as sociedades contemporâneas reunidas não são proprietárias da Terra. São apenas possuidoras, usufrutuárias dela, e, como *boni patres famílias* [bons pais de família], devem legá-la melhorada às gerações seguintes" (ibidem, p. 836).

[80] Para uma aproximação à concepção ricardiana da *renda diferencial*, além da textualidade do próprio autor, resumida em Ricardo, 1982, esp. p. 65, mas ainda p. 75-6, ver os textos citados supra, neste capítulo, nota 66. Ver também, dentre vários estudos brasileiros, o de Lenz, 1992 e o belo ensaio de Paulani, 2016.

[81] A passagem aqui parcialmente transcrita provém da seção VII ("Os rendimentos e suas fontes") do Livro III e o seu teor integral é: "A propriedade fundiária não guarda nenhuma relação com o processo efetivo de produção. Seu papel se limita a fazer com que parte do mais-valor produzido passe do bolso do capital para o seu próprio. Mas o proprietário fundiário desempenha uma função no processo de produção capitalista, não só pela pressão que faz sobre o capital, tampouco somente pelo fato de a grande propriedade fundiária ser um pressuposto e uma condição da produção capitalista – por consistir na expropriação das condições de trabalho do trabalhador –, mas fundamentalmente pelo fato de aparecer como personificação de uma das condições mais essenciais da produção" (Marx, 2017, p. 884).

[82] Observe-se: "A mera propriedade jurídica do solo não cria renda para o proprietário, mas lhe dá o poder de subtrair suas terras à exploração até que as condições econômicas permitam uma valorização que lhe dê um excedente, tanto se o solo é empregado para a agricultura propriamente dita quanto para outras finalidades de produção, como construções etc." (ibidem,

p. 818). Mas a propriedade jurídica do solo pode se constituir num "poder alheio" ao capital, confrontando-se com ele (e, pois, levando a que "o proprietário fundiário se confront[e] com o capitalista'), e então "a propriedade da terra é a barreira que não permite nenhum novo investimento de capital num solo até então não cultivado ou não arrendado sem receber uma recompensa, isto é, sem exigir uma renda, por mais que o novo solo incorporado ao cultivo pertença a um tipo que não gera renda diferencial nenhuma e que, *se não fosse a propriedade fundiária*, já poderia ter sido cultivado" (ibidem, p. 822 [itálicos meus – JPN]).

O *peso ideológico* da instituição da propriedade privada – mesmo quando, no caso da propriedade fundiária, é uma "barreira" à aplicação do capital à terra – não pode ser subestimado. Assiste razão a Harvey (2013, p. 463) quando assevera que "a preservação, e até a melhoria, *da propriedade privada na terra desempenha uma função ideológica e legitimadora para todas as formas de propriedade privada [...]. Podemos encarar a renda como um pagamento suplementar permitido aos proprietários de terra para preservar a santidade e a inviolabilidade da propriedade privada em geral.* Esse aspecto ideológico e jurídico da propriedade da terra tem importantes implicações, mas não é em si suficiente para explicar a forma capitalista da renda ou as contradições às quais a forma capitalista da propriedade da terra dá origem" [itálicos meus – JPN]).

[83] Se o leitor quiser ter uma prova da notável *importância teórico-analítica* da análise marxiana da renda fundiária, examine os caps. 40 a 43 da seção VI, nos quais Marx detalha a renda diferencial II.

[84] Ver, supra, cap. V, nota 139. Ver também, na apresentação ao Livro III, as justas palavras de Marcelo Dias Carcanholo (Marx, 2017, p. 14).

[85] Vale citar umas poucas linhas dessa passagem: "A análise científica do modo de produção capitalista demonstra ser ele um modo de produção peculiar, com uma determinação histórica específica; que, como qualquer outro modo de produção determinado, ele pressupõe, como sua condição histórica, certo nível das forças sociais produtivas e de suas formas de desenvolvimento, uma condição que, por sua vez, é ela mesma resultado e produto histórico de um processo anterior e do qual o novo modo de produção parte como de sua base dada; que as relações de produção que correspondem a esse modo de produção específico e historicamente determinado – relações que os homens contraem no processo de sua vida social e na criação desta última – possuem um caráter específico, histórico e transitório; e que, por fim, as relações de distribuição são essencialmente idênticas a essas relações de produção, expressando-as de modo reverso, de tal forma que ambas compartilham do mesmo caráter historicamente transitório. [...] Se o modo de produção capitalista pressupõe essa configuração social determinada das condições de produção, ele a reproduz constantemente. Não só produz os produtos materiais, mas reproduz constantemente as relações de produção em que aqueles são produzidos e, com isso, também as relações de distribuição correspondentes" (ibidem, p. 940-1).

[86] Ver cap. V, nota 174, supra. Uma síntese das críticas dirigidas à edição de Kautsky é oferecida por Gilbert Badia, no seu prefácio a Marx, 1974, v. I, p. 16-7; uma relativização dessas críticas foi recentemente sugerida por Paula e Cerqueira, 2013, p. 13-4.

[87] Observe-se que, embora o texto nunca tenha sido preparado por Marx para publicação, conservando sempre um óbvio caráter de rascunho, um índice detalhado de seu conteúdo foi deixado por Marx e pode ser consultado em MEW, 1974, v. 26.1, p. 3-5. Os responsáveis da edição alemã levaram-no em conta, mesmo tendo feito alterações na exposição – por exemplo, na divisão entre capítulos, inexistente nos originais.

[88] De fato, o que os economistas políticos estudaram (em especial, os fisiocratas e os que os sucederam) e o que sobretudo interessa a Marx nas *Teorias* é a *riqueza*, vinculando-a ao *excedente*; ver o ensaio de António Avelás Nunes, em Bastien e Fagundes, orgs., 2018. O excedente recebeu vários tratamentos teóricos – entre muitos, ver Sweezy, 1962, Baran e Sweezy, 1974 e Nunes, 2007.

[89] Ao leitor pouco versado na história do pensamento econômico sugere-se, para apreender a riqueza das *Teorias* e bem situar os autores/tendências tratados por Marx, consultar Nunes, 2007, parte II; para mais detalhamentos, ver Schumpeter, 1964 e Blaug, 1989-1990.

[90] Como passagens das temáticas recorrentes nas *Teorias* (trabalho produtivo/improdutivo, crises, renda fundiária e economia vulgar) já foram referenciadas nesta biografia em formulações posteriores a 1861-1863, não reproduziremos aqui as notações registradas nas *Teorias* – para localizá-las facilmente, o leitor deve recorrer ao útil índice analítico disponível nos três volumes da edição brasileira.

[91] Vale reproduzir aqui um trecho da equilibrada apresentação de Badia à edição francesa das *Teorias*, que contém uma boa síntese do Livro IV. Nas *Teorias*, segundo o saudoso historiador e biógrafo francês, "Marx traça a história da economia política burguesa. Mostra as suas origens, descreve sua ascensão e seu apogeu, o seu declínio em meados do século XIX. [...] Extrai formas historicamente decisivas dos primeiros enunciados de leis da economia política e seus desdobramentos, enfatizando de passagem os méritos de Smith e de Ricardo, a quem frequentemente defende contra seus adversários, sem ocultar seus erros e suas inconsistências, dos quais ele procura descobrir as causas sociológicas e metodológicas. [...] Neste manuscrito, a análise crítica de soluções anteriores está intimamente ligada à elaboração da sua própria teoria; assim, as *Teorias* nos fornecem informações sobre a gênese do pensamento econômico de Marx, não encontradas em nenhum outro lugar. Além disso, certo número de questões são tratadas aqui com mais detalhes e, às vezes, mais profundamente do que no próprio *O capital*, e muitas delas não perderam nenhum interesse ou atualidade. Isso é particularmente verdadeiro quanto à análise do trabalho produtivo e improdutivo, do estudo das crises capitalistas, da renda fundiária absoluta, da longa passagem dedicada à nacionalização do solo ou da análise da relação entre valor, mercadoria e preço de mercado. Não há dúvida de que algumas dessas análises têm um interesse que vai muito além da economia política em sentido restrito. Filósofos, sociólogos e mais geralmente todos aqueles que lidam com as ciências humanas encontrarão neste texto uma ampla fonte de reflexões. [...] Numa análise que ultrapassa os objetivos desta apresentação, pode-se anotar que o conjunto de teorias sobre a mais-valia vai particularmente chamar a atenção dos leitores economistas por causa da riqueza das observações que Marx fez de dois problemas: a distinção entre trabalho produtivo e não produtivo [...] e a representação matemática dos padrões de reprodução – nenhum economista 'clássico' deu tanta importância quanto Marx às reflexões de Quesnay [...] sobre a representação dos vários estágios da reprodução [...]. Aqui, novamente, a atualidade das reflexões de Marx é óbvia: os capítulos que ele dedicou a essas questões são igualmente observações introdutórias à teoria dos modelos em economia" (Badia, em Marx, 1974, v. I, p. 13-4).

[92] Conforme Lukács, "o método filosófico de Hegel, que foi sempre, ao mesmo tempo, [...] história da filosofia e filosofia da história, nunca foi abandonado, neste ponto essencial, por Marx" (Lukács, 1923, p. 46).

[93] Ele o diz no prefácio à primeira edição do Livro I de *O capital*: "O que pretendo nesta obra investigar é o modo de produção capitalista e suas correspondentes relações de produção e de

circulação. [...] Na verdade, não se trata do grau maior ou menor de desenvolvimento dos antagonismos sociais decorrentes das leis naturais da produção capitalista. Trata-se dessas próprias leis, dessas tendências que atuam e se impõem com férrea necessidade" (Marx, 2013, p. 78). Que o leitor não se engane com a menção a "leis naturais" ou à "férrea necessidade" – ver, supra, cap. II, nota 58.

94 "A filosofia chega sempre tarde demais. Enquanto *pensamento* do mundo, ela somente aparece no tempo depois que a efetividade completou seu processo de formação e se concluiu. [...] Quando a filosofia pinta seu cinza sobre cinza, então uma figura da vida se tornou velha e, com cinza sobre cinza, ela não se deixa rejuvenescer, porém apenas conhecer; *a coruja de Minerva somente começa seu voo com a irrupção do crepúsculo*" (Hegel, 2010, p. 44 [os itálicos da última frase são meus – *JPN*]).

95 Para referências aos avanços a que nos referimos e sua emergência em meio a polêmicas às vezes ácidas, ver Howard e King, 1989-1992. Ver também indicações da nota seguinte.

Não é este, obviamente, o espaço adequado para dar mínima conta das contribuições que, depois de Marx, alargaram o acervo do conhecimento econômico-político cujo marco primeiro é *O capital*. Todavia, muitos autores – sob vários aspectos, bem diversos e diferenciados – sobressaíram, no século XX, no erguimento dessa massa crítica. Cabe lembrar uns poucos deles: Rosa Luxemburgo; Rudolf Hilferding; Vladímir Ilitch Lênin; Nikolai Bukharin; Henryk Grossman; Nikolai Kondratiev; Eugéne Varga; Paul Marlor Sweezy; Paul A. Baran; Oskar Lange; Paul Boccara; Maurice Dobb; Kozo Uno; Ernest Mandel; Samir Amin; Michel Aglietta; Christian Palloix; István Mészáros...

96 Ultrapassa os limites desta biografia até mesmo a simples referência àqueles pensadores (vários deles com títulos relacionados na nossa bibliografia) cujo contributo foi significativo para o acúmulo aqui mencionado. Um primeiro recurso, mesmo que insuficiente, para mapear a riqueza do que já se tem disponível para o desenvolvimento e a sistematização da teoria social de Marx é o exame de dicionários referidos a Marx e ao marxismo (muitos citados na bibliografia) e das várias histórias do pensamento marxista. Indiquemos umas poucas delas, ressalvando que sua abrangência e seu nível qualitativo são bem diversos: Vranicki, 1973; Vv. Aa., 1974; Hobsbawm, org., 1979-1989; Kołakowski, 2008; Petrucciani, org., 2015. Também têm grande serventia histórias e antologias nacionais/regionais do marxismo – como, por exemplo, Goldenberg, 1971; Vv. Aa., 1972; Liss, 1984; Vv. Aa., 1988; Favilli, 1996; Löwy, org., 1999; Ducange e Burlaud, orgs., 2018; Fiorito, org., 2019. Vale igualmente socorrer-se de ensaios centrados sobre alguns aspectos/momentos/temas da fortuna teórica de Marx, como, por exemplo e entre muitos, os encontrados em Jay, 1984; Anderson, 2004; Calvez, 2006; Boron et al., orgs., 2007; Ellul, 2007; Tosel, 2009; Cingoli e Morfino, orgs., 2011; Losurdo, 2019.

VII. Londres: o *doutor terrorista vermelho* e a crítica à social-democracia (1865-1875)

1 No decorrer da vida da Comuna – 18 de março a 28 de maio de 1871: 72 dias – contaram-se, até a terceira semana de maio, uns poucos e esparsos episódios de violência plebeia; a violência brutal e generalizada instaurou-se com a entrada das forças versalhesas de Thiers em Paris para restaurar a "ordem": foi a "semana sangrenta" (21 a 28 de maio) e os dias de terror que se lhe seguiram; conforme Musto (em Musto, org., 2014, p. 52), tratou-se do "massacre mais violento

da história da França". Um historiador comprometido com a herança da Comuna aponta que "a repressão foi feroz, à medida do medo e do ódio das classes dirigentes" e contabiliza: 25 mil a 30 mil massacrados (dentre os quais mulheres e crianças), 36 mil prisioneiros, 4.586 deportados para Nova Caledônia" (Claude Willard, em Orso et al., orgs., 2002, p. 21). Um outro respeitado historiador assinala a "repressão atroz que causou 20.000 mortos por fuzilamento, cuja memória está conservada no cemitério Père Lachaise, na parede dos Federados. [...] De 21 a 28 de maio, é a semana sangrenta, que provoca entre 17.000 e 35.000 vítimas. Após a batalha, até 1875, são instituídos os conselhos de guerra; 35.310 pessoas são julgadas, 13.000 são condenadas e 3.043 são deportadas. *No total, 100.000 desaparecidos... E uma quantidade desconhecida de exilados...*" (Ferro, 2011, p. 314-6 [itálicos meus – *JPN*]).

A anistia ampla e geral aos *communards*, conquistada por pressão popular em julho de 1880, não apagou as marcas – profundas e irreversíveis – da violência dos versalheses.

2 Incontável foi a literatura reacionária, amplamente divulgada no último quartel do século XIX e que plasmou a memória da direita europeia, direcionada intencionalmente à satanização da Comuna. Em exemplo ímpar dos mistificadores pôs-se Maxime Du Camp (1822-1894), que, em 1878, enriqueceu a latrina ideológica com os quatro volumes de suas *Les convulsions de Paris* (As convulsões de Paris) – essa letrada figura elegeu-se em 1880 à Academia Francesa. Na segunda edição da sua *História da Comuna de 1871*, Lissagaray (1995, p. 346) extrata passagens desse falsificador reacionário, conforme o qual a Comuna não passou de "acesso de epilepsia moral; uma bacanal sangrenta; uma orgia de petróleo [empregado pelos combatentes em incêndios na resistência aos versalheses] e aguardente; um deboche; uma enchente de violência e bebedeira que fazia da capital da França um pântano dos mais abjetos...".

Artistas e literatos militaram com paixão em favor da Comuna – como o pintor Courbet (ver Clark, 1999; Ragon, 2004; Arnoux et al., orgs., 2010) –, outros auxiliaram-na discretamente – como Verlaine (ver Troyat, 1993) – ou mantiveram para com ela uma relação bem amistosa (caso do jovem Rimbaud: ver Gascar, 1971; Lefrère, 2001; Murphy, 2010; Ross, 2013). Mas, de fato, a maior parte da intelectualidade francesa posicionou-se contra o processo revolucionário (ver Winock, 2006, esp. p. 631-67 e Lidsky, 2010).

3 A defesa da Comuna, elaborada por Marx em "A guerra civil na França. Mensagem do Conselho Geral da Associação Internacional dos Trabalhadores" – mais conhecida como *A guerra civil na França*, de que trataremos adiante –, endereçada "a todos os membros da Associação na Europa e nos Estados Unidos", foi submetida ao Conselho Geral da Internacional. Aprovada sem discussão a 30 de maio de 1871, divulgou-se imediatamente como documento oficial da organização (MEW, 1962, v. 17, p. 313-62); pouco depois (26 de junho), Marx assumiu publicamente a sua autoria (ver Rubel, 1991, p. 135) e, como observou Gabriel (2013, p. 547), "o panfleto de Marx granjeou-lhe ameaças de morte por carta e denúncias em jornais até em Chicago". As versões em português do texto (Marx-Engels, 2008, v. II e Marx, 2011a), seguindo a edição engelsiana de 1891, apresentam as duas anteriores mensagens da Associação – também redigidas por Marx –, ambas (julho e setembro de 1870) sobre a Guerra Franco-Prussiana e sua implicação sobre o império bonapartista. No caso das citações das duas mensagens, como também no de *A guerra civil na França*, fiz umas poucas alterações adjetivas nas citações extraídas de Marx-Engels, 2008.

Acerca das calúnias então assacadas contra Marx pela imprensa a serviço das classes dominantes, ver, entre os biógrafos mais recentes, Wheen (2001, p. 302), Gabriel (2013, p. 547-8), Sperber (2014, p. 371) e Jones (2017, p. 538).

4   A demonização e as calúnias rebateram inclusive no Brasil: ver Clóvis Melo, em Luquet et al., 1968, e Mattos, 2002.
    Note-se que não há nenhuma novidade ou exagero em utilizar palavras como "satanização" e/ou "demonização" para qualificar a posição de monárquicos, reacionários e direitistas em geral em face da Comuna. Ilustra-a a alta hierarquia católica: numa alocução de 1871, já o "santo padre" Pio IX referiu-se aos "miseráveis da Comuna" como "verdadeiros demônios saídos do Inferno". Pio IX, que reinou como papa entre 1846 e 1878, foi bem aquinhoado pelo Estado francês com o consórcio que manteve, desde o golpe de Estado, com Napoleão, o pequeno: "O orçamento do clero católico passa de 39 milhões de francos, em 1848, a 64 milhões em 1859. Os cardeais são senadores por direito; os honorários dos bispos, vigários gerais e cônegos são substancialmente elevados; umas 12 novas dioceses são criadas; um decreto-lei de 1852 beneficia as congregações masculinas e femininas" (Winock, 2006, p. 489). A associação de Pio IX com Luís Napoleão, afora algumas divergências – que não passaram de arrufos entre parceiros – durante as lutas pela unificação italiana, foi duradoura. Lembremos que esse papa deu à luz, em 1864 (casualmente, meses depois da fundação da Internacional), em anexo à sua encíclica Quanta Cura, ao *Silabus*, um dos documentos mais assombrosamente obscurantistas de todo o século XIX (ver Pio IX, 1956).

5   "Não obstante os dramáticos eventos de Paris e o furor da repressão brutal posta em ação por todos os governos europeus, a força da Internacional aumentou após os acontecimentos da Comuna de Paris. Apesar de frequentemente cercada pelas mentiras escritas contra ela por seus adversários, a expressão 'A Internacional' tornou-se, nesse período, conhecida de todos. Para os capitalistas e a classe burguesa, foi sinônimo de ameaça da ordem constituída, mas para os operários significou a esperança num mundo sem exploração e injustiças. A confiança de que isso fosse realizável aumentou depois da Comuna. A insurreição parisiense deu força ao movimento operário, impulsionando-o a assumir posições mais radicais e a intensificar a militância. [...] Essa enorme vitalidade se manifestou por toda parte. O número dos participantes das reuniões do Conselho Geral foi duplicado e os jornais ligados à Internacional aumentaram tanto em número como em exemplares vendidos. [...] Por fim, e isso foi o mais importante, a Internacional prosseguiu com sua expansão em nível local. Continuou a aumentar na Bélgica e na Espanha [...] e teve sua fundação propriamente dita também na Itália. Muitos ex-mazzinianos, desiludidos com as tomadas de posição daquele que até pouco antes fora seu incontestado líder, decidiram unir-se à organização e se converteram rapidamente em seus principais dirigentes locais. Ainda mais importante foi o apoio recebido de Giuseppe Garibaldi [...] sua carta de adesão – que contém uma frase tornada célebre: 'A Internacional é o sol do futuro' – foi estampada em dezenas de folhas operárias, um divisor de águas para convencer muitos indecisos a unir-se às fileiras da organização. Além disso, a Internacional abriu novas seções em Portugal [...] e na Dinamarca [...]. Muito significativo foi também o surgimento de seções de trabalhadores irlandeses na Inglaterra [...]. Por fim, chegaram também inesperados pedidos de adesão de várias partes do mundo, incluindo de alguns operários ingleses de Calcutá, de grupos de trabalhadores de Victoria, na Austrália, de Cristchurch, na Nova Zelândia, e de alguns artesãos de Buenos Aires" (Musto, em Musto, org., 2014, p. 54-5 [suprimimos nessa transcrição a separação entre parágrafos e as notas do autor – *JPN*]).
    Para estimativas do efetivo de membros da Internacional nos diversos países em que a organização teve seções, ver materiais contidos em Burgelin et al., orgs., 1962 e o quadro sinótico oferecido em Musto, org., 2014, p. 88.

⁶ Poucas semanas depois da derrota da Comuna, Marx, até então ignorado pela grande imprensa da época, foi procurado por ela – e concedeu, em julho de 1871, uma entrevista ao correspondente em Londres do *New York World*, R. Landor (o texto saiu na edição do jornal de 18 do mesmo mês – ver Foner, ed., 1973). Esse interesse jornalístico manteve-se durante toda a década: outro jornal norte-americano, o *Chicago Tribune*, ouviu Marx em dezembro de 1878, publicando a matéria na edição de 5 de janeiro de 1879 – entrevista que se tornou bem conhecida após a sua divulgação na Europa por Bert Andréas, em 1965 (ambas estão disponíveis em português: a de 1871 em apêndice a Marx, 2011a; a de 1878 no número especial de *Nova Escrita Ensaio*, a. V, n. 11-12, 1983, p. 53-62). Ainda em 1880, jornais norte-americanos publicavam entrevistas com Marx (ver, por exemplo, a concedida a John Swinton, do *The Sun* – MECW, 2010, v. 24, p. 583-5).

Prova cabal de que Marx fora mesmo transformado em "personalidade" deu-a a princesa (depois imperatriz da Alemanha) Victoria Adelaide Mary Louise, filha da rainha Vitória, que, movida por grande curiosidade, encarregou o político liberal inglês Mountstuart E. Grant Duff de colher informações sobre Marx. Grant Duff convidou-o para um almoço, que teve lugar no Devonshire Club, no dia 31 de janeiro de 1879; do encontro (que, aliás, foi amistoso e durou cerca de três horas), o enviado da princesa, que discordava inteiramente das ideias de Marx, saiu com as melhores impressões do "doutor terrorista vermelho" – impressões que transmitiu fielmente à interessada em carta de 1º de fevereiro de 1879 (reproduzida em MECW, 2010, v. 24, p. 580-2).

⁷ Não tematizaremos aqui a gravíssima crise que irrompeu em 1873 – remetemos a Breton et al., orgs., 1997; Coggiola, 2009; Roberts, 2016 (esp. cap. 2) e ao sempre citado ensaio de Musson, 1959. Ver também Arrighi, 1996, p. 167 e seg.

⁸ Para as tranformações na agricultura, ver esp. Hobsbawm, 1982, p. 189 e seg.; para a renovação industrial e a relevância da incorporação de novas tecnologias, ver esp. Landes, 1994, p. 201 e seg.; quanto à concentração/centralização de capital e à articulação orgânica entre grandes capitais industriais e grandes capitais bancários então emergentes, elas conduzirão ao que Lênin, em 1916-1917, vai caracterizar como *imperialismo* (ver a análise em Lênin, 1977, v. 1).

⁹ Sobre as redes ferroviárias e a navegação transatlântica, ver os quadros estatísticos apresentados em Hobsbawm, 1982, p. 319 e Cury, 2006, p. 20; a especial relevância da ferrovia na constituição do capitalismo norte-americano é salientada na contribuição de Aloisio Teixeira a Fiori, org., 1999. Para o comércio internacional à época, ver os quadros/gráficos oferecidos por Montoro, 2016, p. 677, 680 e 681.

Ao tratar da mobilidade individual no último quartel do século XIX, Hobsbawm não deixou de assinalar um de seus meios mais importantes e, pela sua simplicidade, quase nunca mencionado: "Tampouco devemos esquecer a mais benéfica de todas as máquinas do período, cuja contribuição para a emancipação humana foi imediatamente reconhecida: a modesta bicicleta"; noutra passagem, diz que ela constituiu uma "grande máquina de liberdade" (Hobsbawm, 1988a, p. 81 e 289).

¹⁰ No que toca à imprensa e ao jornalismo europeus, particularmente nos países que aqui nos interessam, ver Koszyk, 1966; Bellanger et al., orgs., 1970; Curran et al., orgs., 1977; Palmer, 1983; Schattock, org., 2017. Sobre o jornalismo norte-americano, ver as indicações contidas no cap. IV, nota 147, supra; acerca do Japão, ver Séguy, 1993 e Huffman, 1997.

¹¹ Entre meados dos anos 1870 e 1880, conforme Hobsbawm (1982, p. 317-8), a população do Reino Unido foi estimada em 33 milhões de habitantes; a da França, em 37 milhões; a do conjunto dos Estados alemães, em 43 milhões; a dos Estados da Península Itálica, em

28 milhões; a da Península Ibérica, em 20 milhões; a da Áustria-Hungria, em 37 milhões; a da Rússia, em 86 milhões; a da Holanda, em 4 milhões; a da Bélgica, em 5,3 milhões; a da Suíça, em 2,8 milhões; e a da Grécia, em 2 milhões.

Registre-se que o crescimento demográfico verificado desde fins dos anos 1840 teve o contrapeso da emigração: se, nas quatro primeiras décadas do século XIX, estima-se que emigraram cerca de 1,5 milhão de euro-ocidentais, entre 1846 e 1875 muito mais de 9 milhões deixaram a Europa, a maioria buscando os Estados Unidos, configurando mesmo um fluxo crescente de 1879 aos primeiros anos do século XX (ver Hatton e Williamson, 1998).

No que toca à urbanização, seu panorama geral é sumariado por Hobsbawm, 1982, p. 222-5; para abordagens amplas e documentadas, ver Paix, 1971 e Bairoch e Goertz, 1986.

Na Inglaterra, o percentual da população urbana aumentou de 54% em 1851 e 58,7% em 1861 para 65,2% em 1871, chegando a 70% em 1881; Londres passou de 2,5 milhões de habitantes em 1851 para 3,9 milhões em 1881 (Williamson, 1990). Igualmente ponderável foi o crescimento das principais cidades alemãs entre 1850 e 1890: nesses quarenta anos, a população urbana de Berlim saltou de 378.200 habitantes para 1.578.000; a de Hamburgo, de 205.000 para 711.900; a de Leipzig, de 62.400 para 357.100; e a de Munique, de 109.500 para 350.600 (Cury, 2006, p. 79). Para dados sobre a urbanização da França – país no qual, desde 1850, a população rural só registrou redução –, ver Agulhon, org., 1983 e Guérin-Pace e Pumain, 1990.

As questões diretamente ligadas à classe operária no período que aqui nos interessa (contingente, localização, diferenciação, organização, lutas etc.) são objeto de farta bibliografia, inclusive de títulos já citados – só mencionaremos agora umas poucas das nossas fontes: *a)* para um quadro geral, ver Parias, org., 1960, Abendroth, 1977, Katznelson e Zolberg, orgs., 1986 e Mikkelsen, 1996; *b)* para a França, ver Noiriel, 1986, Dewerpe, 1989 e Willard, org., 1993; *c)* para a Alemanha, ver Evans, 1990, Kuhn, 2004 e Hoffrogge, 2011; *d)* para a Inglaterra, ver Benson, 1989 e August, 2007.

[12] Naqueles anos, a questão da Irlanda ganhou destaque na Inglaterra, em especial na sequência da tentativa insurreicional (fevereiro-março de 1867) dos *fenianos* – sobre a qual ver Comerford, 1985 e Jackson, 1999. A solidariedade de Marx e Engels (bem como de seus familiares) à causa nacional da Irlanda foi sinalizada no cap. VI, nota 20, supra. Não podendo nos ocupar aqui com a atenção de Marx e Engels à questão irlandesa, remetemos o leitor a Marx-Engels, 1974b; Hazelkorn, 1980 e 1983; Lane e Drisceoil, orgs., 2005; Anderson, 2010.

Sobre os cuidados de Marx com tal questão, ainda valem as referências pertinentes de Mehring, 2013, p. 379-82. Quanto a Engels, recorde-se que, movido inclusive por razões muito pessoais (suas companheiras, as irmãs Mary e Lydia – ver, supra, cap. III, nota 31 –, eram de origem irlandesa), desde os anos 1840 interessou-se vivamente pela Irlanda: visitou-a várias vezes, chegou a projetar um trabalho sobre a sua história social (Mayer, 1979, p. 542; Vv. Aa., 1986a, p. 280-2) e, no outono de 1869, levou Tussy numa viagem pelo país, aproximando ainda mais a caçula de Marx à causa nacional irlandesa (ver Gabriel, 2013, p. 503). Tussy não foi, contudo, a única filha de Marx a militar apaixonadamente pela Irlanda livre: no ano seguinte, a sua irmã mais velha, Jenny ("Jennychen"), escrevendo sob o pseudônimo de "J. Williams", assumiu a defesa dos presos políticos irlandeses em artigos (fevereiro-abril de 1870) de grande repercussão para o jornal republicano *La Marseillaise* (A Marselhesa) – ver os textos de Jenny em apêndice a MECW, 2010, v. 21, p. 414-41.

[13] Acerca da Sociedade Fabiana, que, na primeira metade do século XX, haveria de mostrar-se muito influente na vida inglesa (pense-se nos desdobramentos da criação, em 1895, da London

School of Economics and Political Science – a conhecida e respeitada LSE – e da constituição do *Labour Party*, em 1906), ver Cole, 1961, Gustafsson, 1974, Dahrendorf, 1995 e Cliff e Gluckstein, 1996. Sobre Sidney e Beatrice Webb, ver a mesma Cole, org., 1949.

[14] Permito-me chamar a atenção do leitor para uma conferência de Hobsbawm, proferida em 1968 – pequena e rica reflexão sobre "Karl Marx e o movimento operário inglês" (coligida em Hobsbawm, 1982a, p. 101-13) –, que embasa a consideração formulada nesse passo.

[15] Hobsbawm (1982a, p. 106-7 [itálicos meus – *JPN*]) assevera que, "originariamente, como Marx admitiu, ele esperava que a Irlanda fosse libertada mediante a vitória do proletariado inglês [aqui, Hobsbawm cita uma passagem de Marx que se encontra em carta a Engels de 10 de dezembro de 1869 – MEW, 1965, v. 32, p. 414-5]. *A partir do final dos anos 1860, ele assumiu o ponto de vista contrário*". Como mencionei na nota precedente, baseio-me no breve ensaio de Hobsbawm ali referido para expender o presente argumento; noutro texto, o historiador comprova a assunção marxiana do *ponto de vista contrário* ao assinalar que, então, para Marx, "o objetivo principal da Internacional precisava ser o de acelerar a revolução inglesa e *a única forma de fazê-lo era conseguir a independência irlandesa*" (Hobsbawm, 1982, p. 175 [itálicos meus – *JPN*]).

[16] "A construção da rede ferroviária nacional é o grande negócio do reino", tocado por banqueiros e capitalistas. "O outro programa da época são as obras [públicas], com a reconstrução de Paris, de que o prefeito Haussmann é o grande arquiteto [...]. Tanto na província como em Paris, nunca os negócios correram tão bem: o seu volume duplicou durante o Segundo Império. Mas não há dúvida de que foi o traçado do plano de Paris e a *haussmanização* – as belas perspectivas, as praças radiantes – que marcou esta renovação, que enriqueceu os proprietários dos terrenos fortemente indenizados e afastou os locatários. Isto porque a nova Paris é feita para quem tem dinheiro e vai reforçar a segregação social, pois os operários expulsos são obrigados a procurar alojamentos na periferia. Com a destruição de muitos bairros velhos, este urbanismo *cirúrgico* fez certamente vítimas [...]. Mas o seu exemplo não deixará de ser seguido [...]. Empreendedor de grandes projetos, Napoleão III apoia igualmente Ferdinand de Lesseps – é a imperatriz Eugênia quem inaugura o canal de Suez; encoraja também o jovem engenheiro Gustave Eiffel, criador de uma elipse com arcos metálicos que fez sensação na Exposição Universal de Paris em 1867" (Ferro, 2011, p. 308).

[17] Militando nos meios operários de Leipzig, Liebknecht e Bebel, membros da Internacional, destacaram-se em 1866 entre os animadores do Partido Popular da Saxônia, uma organização radical-democrática pela qual se elegeram (1867) para o Reichstag da Alemanha do norte; dois anos depois, fundaram o partido social-democrata referido no texto; e Liebknecht foi dos principais articuladores da fusão, em 1875, no Congresso de Gotha (de que trataremos adiante), do partido com a lassalleana Associação Geral dos Trabalhadores Alemães.
Acerca de Wilhelm Liebknecht, revolucionário de 1848 ligado a Marx desde o seu exílio na Inglaterra (1850) – e também pai de Karl Liebknecht, camarada de Rosa Luxemburgo na Liga Espártaco, de que nasceu o Partido Comunista da Alemanha (consultar Frölich, 2019, p. 287-90) –, ver Dominick III, 1982 e Pelz, 1994. Sobre August Bebel, ver o livro pioneiro de Klühs, 2013 (1ª ed., 1923), Hermann e Emmrich, orgs., 1989, Schmidt, 2013 e também o próprio Bebel, 2013.
Vale lembrar que Bebel, trabalhador muito inteligente e notável orador, destacou-se, entre os social-democratas alemães, por suas posições avançadas em relação às lutas feministas e aos direitos dos homossexuais – seu livro de 1879, *Die Frau und der Sozialismus* (A mulher e o socialismo),

em 1914 já alcançara cinquenta edições em alemão e quinze em outros idiomas (Pelz, 2016, p. 397); em 1898, no Parlamento, promoveu uma petição para legalizar as relações homossexuais entre adultos responsáveis maiores de dezesseis anos (ver John Lauritsen no *Gays News*, n. 136, 1978 – esse corajoso quinzenário londrino circulou entre 1972 e 1983 e foi dos primeiros órgãos ingleses a dar voz à comunidade gay – e Pelz, 2016, p. 166). Aliás, em 1895, a imprensa oficial dos social-democratas (*Die Neue Zeit*) denunciou o processo movido na Inglaterra contra Oscar Wilde e "os conceitos morais arbitrários" que justificaram a sua condenação (ver Pelz, 2016, p. 166 e Lamb, no *Historical Dictionary of Socialism*, 2016, p. 207).

[18] Atentados contra Guilherme I, no verão de 1878, forneceram a Bismarck o pretexto para compelir o Parlamento a votar uma legislação dirigida contra o partido social-democrata (que, aliás, não fora o responsável por tais atentados); em outubro entraram em vigor leis que praticamente ilegalizavam o partido, só lhe permitindo a apresentação de candidaturas isoladas. "Sob a legislação antissocialista, os social-democratas viram-se em dificuldades, quando não diante da impossibilidade, para realizar as atividades normais de qualquer partido político. As reuniões estavam proibidas, os jornais foram suprimidos, as associações socialistas locais foram dissolvidas e 'aquelas pessoas capazes de oferecer algum perigo para a ordem pública' – isto é, os políticos socialistas – poderiam ser expulsas de seu domicílio habitual. [Essa legislação] manteve-se em vigência até 1890, ano em que Bismarck perdeu o poder sem ter persuadido o Reichstag a decretar a sua renovação. O efeito principal dessas medidas – como as que anos antes foram utilizadas contra a Igreja católica [a *Kulturkampf* de Bismarck, 1871-1878] – foi o fortalecimento da determinação e da organização daqueles contra os quais eram dirigidas [...]. Definitivamente, nem a legislação antissocialista nem o programa de seguridade social implementado por Bismarck conseguiram travar o progresso do Partido Social-Democrata. Seus membros continuaram presentes no Reichstag em número considerável e suas prédicas entre as massas não deixaram de crescer. Em 1890, o partido contava com 35 parlamentares e quase 1 milhão e meio de votos, vale dizer, um quinto dos votos computados" (Joll, 1976, p. 14-5). Observe-se a menção de Joll ao "programa de seguridade social" de Bismarck – com efeito, em face do crescimento do partido social-democrata e das lutas dos trabalhadores, Bismarck patrocinou, entre 1883 e 1889, um conjunto de medidas de proteção social que são consideradas protoformas do sistema de seguridade social do século XX (ver Behring e Boschetti, 2006, esp. p. 64-5). Quanto ao crescimento eleitoral dos social-democratas, também o assinala Przeworski (1989, p. 33): em 1871, receberam 125 mil votos, em 1881, 312 mil e, em 1890, 1.427.000; números para o período 1871-1912 são fornecidos por Carone, 1993, p. 19; para o crescimento orgânico do partido, uma vez derrogadas as leis antissocialistas, ver ibidem, p. 21-2 (note-se que há pequenas diferenças acerca dos ganhos eleitorais social-democratas em outros estudos). Diante de um cenário tão animador, Engels escreveu, com óbvio otimismo, em março de 1895, poucos meses antes de falecer: "A social-democracia alemã tem uma posição específica e, pelo menos num primeiro momento, também uma tarefa específica. Os 2 milhões de eleitores que ela manda para as urnas, junto com os jovens homens e as jovens mulheres que os acompanham como não eleitores, formam a massa mais numerosa e mais compacta, a 'tropa de choque' decisiva do exército proletário internacional. Essa massa já compõe mais de um quarto dos votos depostos nas urnas; e, como provam as eleições individuais para o Parlamento, as eleições para os parlamentos de cada estado federado, as eleições para os conselhos comunais e para as cortes profissionais, ela aumenta sem parar. O seu crescimento é tão espontâneo, tão constante, tão incessante e, ao mesmo tempo, tão silencioso quanto um processo natural. Todas as intervenções

do governo se revelaram impotentes contra ele. Hoje já podemos contar com 2,25 milhões de eleitores. Se continuar assim, até o final do século conquistaremos a maior parte dos estratos médios da sociedade, tanto pequeno-burgueses como pequenos agricultores, e chegaremos à estatura de força decisiva no país, à qual todas as demais forças precisarão se curvar, querendo ou não. A nossa principal tarefa é manter esse crescimento ininterruptamente em marcha até que ele por si só sobrepuje o sistema de governo atual, sem desgastar em lutas vanguardistas esse ajuntamento de poder que se reforça a cada dia que passa, mas preservando-o intacto até o dia da decisão. E só existe um meio pelo qual esse crescimento constante dos combatentes socialistas na Alemanha poderia ser detido momentaneamente e até ser levado a recuar por algum tempo: um confronto em grande escala com os militares, uma sangria como a de 1871 em Paris. Com o tempo também isso seria superado. Todas as espingardas de repetição da Europa e da América não seriam suficientes para eliminar do mundo a tiros um partido que conta com milhões de pessoas. Isso, porém, inibiria o desenvolvimento natural, a luta decisiva seria retardada, adiada, e exigiria maiores sacrifícios" (em Marx, 2012a, p. 28-9).

A "posição específica" do partido social-democrata alemão a que Engels se refere é consensual entre os historiadores do período – e praticamente todos reconhecem quer a sua importância na criação (1889) e no evolver da Internacional Socialista, conhecida como a Segunda Internacional, quer o seu caráter modelar para os partidos socialistas que se constituíram até a Primeira Guerra Mundial. Sobre a Internacional Socialista, ver Haupt, 1973; Joll, 1976; Carone, 1993; Rocha, 2006. Acerca do SPD, ver Miller e Potthoff, 1991, Gougeon, 1996 e Walter, 2002; sobre a sua incidência para além da Alemanha, ver a contribuição de Franco Andreucci a Hobsbawm, org., 1982, v. II; ver ainda, neste capítulo, nota 21, infra. E para uma sinopse histórica da social-democracia até a segunda metade do século XX, ver, em Labica e Bensussan, orgs., 1985, p. 1.052-6, o verbete de Hugues Portelli.

[19] Ainda a 9 de abril de 1870, Marx escrevia a Sigfrid Meyer e A. Vogt: "A Inglaterra, como metrópole do capital mundial e como o país que até agora dominou o mercado mundial é, por enquanto, o país mais importante para a revolução proletária; mais ainda: é o único país em que as *condições materiais* para esta revolução se desenvolveram até um certo grau de maturidade. Portanto, a tarefa mais importante da Internacional é a de acelerar a revolução social na Inglaterra" (MEW, 1965, v. 32, p. 669 [itálicos meus – *JPN*]).

[20] Precipuamente, mas não exclusivamente para a Alemanha: de fato, sobretudo a partir de 1870, Marx dará crescente atenção à Rússia – sobre os contatos de Marx com russos, ver Eaton, 1980. Causou-lhe profunda impressão, naquele ano, a leitura de *A situação da classe trabalhadora na Rússia*, obra (1869) de N. Flerovski; desse livro, que leu no original, e das informações que lhe passavam qualificados correspondentes e interlocutores russos (por exemplo, Danielson e Lopatine), ele extraiu a ideia de que "a situação na Rússia é insustentável": "A emancipação dos servos [1861] só acelerou o processo de dissolução e [...] uma terrível revolução social é iminente" (carta a Engels, 12 de fevereiro de 1870 – MEW, 1965, v. 32, p. 443-5). Tal expectativa é logo comunicada a Laura e Paul Lafargue (carta de 5 de março de 1870 – MEW, 1965, v. 32, p. 659) e será reiterada sete anos depois: "A Rússia se encontra há muito no limiar de uma revolução. Todos os elementos estão prontos [...]. A revolução desta vez começará no Leste, que até agora foi a fortaleza e o exército de reserva da contrarrevolução" (carta a Sorge, 27 de setembro de 1877 – MEW, 1966, v. 34, p. 296). Para acompanhar o desenvolvimento da visão de Marx acerca da revolução na Rússia, ver o competente estudo de Segrillo, 2017a e o instigante ensaio de Haruki Wada em Shanin, org., 2017.

21 Sobre a Segunda Internacional, além dos títulos citados neste capítulo, nota 18, ver Cole, 1956 e Steenson, 1991; para informações sobre a organização e a questão feminina, ver Thönnessen, 1973, Evans, 1987 e Frencia e Gaido, 2016.
No que toca ao movimento operário, observe-se que nesse período foi notável o crescimento das organizações sindicais na Europa ocidental. Na Inglaterra, "existiam 674.000 sindicalizados em 1887. Decorridos apenas cinco anos, em 1892, a filiação sindical elevara-se a mais de um milhão e meio de membros e, em 1905, havia já 1.997.000 pessoas com cartão do sindicato. [...] Em França [...] havia 139.000 sindicalizados em 1890. Este número mais do que duplicou em três anos e, em 1893, os sindicatos contavam com 402.000 membros. Em 1902, menos de uma década depois, o total ascendera a 614.000". No Império Alemão unificado, o crescimento "resultaria ainda mais espetacular: do número relativamente baixo de 95.000 trabalhadores filiados em sindicatos em 1887, a sindicalização alemã disparara para 294.000 em 1890. A rápida expansão prosseguiu pelo século XX, com 887.000 trabalhadores associados a sindicatos em 1903" (Pelz, 2016, p. 160).

22 É fato notório que o aparato educacional e editorial do partido alemão foi essencial para propiciar esse encontro entre o pensamento de Marx e grandes contingentes trabalhadores – nos anos 1890, o partido dispunha de escolas de formação política e sindical, editoras, uma influente revista teórica (*Die Neue Zeit*), 75 jornais (metade dos quais diários), bibliotecas, associações profissionais e clubes.

23 Invocando essa passagem de Engels, Lênin, mal chegado à Rússia, em abril de 1917, reclamou a "mudança de denominação do [seu] partido", até então designado Partido Operário Social-Democrata da Rússia (POSDR); sustentando que o termo *social-democracia* era "cientificamente inexato", reivindicou o qualificativo *comunista* (Lênin, 1978, v. 2, p. 15 e 43). A demanda de Lênin foi atendida no VII Congresso do partido (março de 1918): o POSDR passou a designar-se Partido Comunista (bolchevique) Russo, PC(b)R; mais de trinta anos depois, no XIX Congresso (outubro de 1952), renomeou-se Partido Comunista da União Soviética (PCUS). Outrossim, lembremos que a Internacional Comunista (a Terceira Internacional, criada em Moscou em 1919 e dissolvida em 1943), no seu II Congresso (julho-agosto de 1920), estabeleceu 21 condições para admitir um partido em suas fileiras: uma delas (a 17ª) exigia que em sua denominação constasse expressamente a qualificação *comunista*. Sobre a Terceira Internacional, ver Claudín, 2013, a exaustiva obra de Agosti, 1974-1979 e Broué, 2007.
Porém, em face da passagem de Engels aqui reproduzida, no referente à "*superação* de todo Estado, *portanto também da democracia*", é fundamental esclarecer que ele nem de longe visualiza uma futura ordem social não democrática. Muito ao contrário: a possibilidade da "superação de todo Estado", posta precisamente pela transformação revolucionária da sociedade capitalista (e logo veremos esse ponto na crítica de Marx ao projeto de programa de Gotha), é a possibilidade histórica de *realizar* a mais radical e profunda democratização da vida social, só concretizável *para além* dos quadros da sociedade burguesa. O pensamento de Engels – também aqui, a nosso ver, expressando no essencial o de Marx – está desenvolvido em dois de seus trabalhos redigidos *antes* da passagem citada (que, como vimos, é de 1894): em sua crítica – que já comentamos no cap. VI – a Dühring, de 1876-1878 (Engels, 2015) e em *A origem da família, da propriedade privada e do Estado*, de 1884 (Engels, 2010a). Nesses textos, o autor expõe o processo de *extinção do Estado* e suas implicações – entre as quais está a "superação da democracia", que se constitui, à primeira vista paradoxalmente, na sua realização plena, conforme Lênin argumentou, em 1917, em *O Estado e a revolução* (Lênin, 2010).

É preciso registrar que essa possibilidade da extinção do Estado tem sido sistematicamente infirmada por críticos da tradição marxista; vale reproduzir aqui a síntese do pensamento de um desses críticos, o respeitado Norberto Bobbio: "A mais popular das teorias que sustentam a factibilidade ou mesmo o advento necessário de uma sociedade sem Estado é a marxiana (ou melhor, engelsiana), à base de um raciocínio que, reduzido aos mínimos termos, pode ser assim exposto: o Estado nasceu da divisão da sociedade em classes contrapostas por efeito da divisão do trabalho, com o objetivo de consentir o domínio da classe que está em cima sobre a classe que está embaixo; quando, em seguida à conquista do poder por parte da classe universal (a ditadura do proletariado), desaparecer a sociedade dividida em classes, desaparecerá também a necessidade do Estado. O Estado se extinguirá, morrerá de morte natural, pois não será mais necessário. Esta teoria é talvez a mais engenhosa das que defendem o ideal da sociedade sem Estado, mas nem por isso é menos discutível: tanto a premissa maior do silogismo (o Estado é um instrumento de domínio de classe) quanto a premissa menor (a classe universal está destinada a destruir a sociedade de classes) não têm resistido àquele formidável argumento fornecido, como diria Hegel, pelas 'duras réplicas da história'" (Bobbio, 1987, p. 131-2).

Na história da tradição marxista, o debate sobre a problemática da extinção do Estado (a crítica do Estado, a relação capitalismo/democracia, a transição à nova sociedade etc.) é dos mais acesos e não encontrou qualquer solução conclusiva – como o atesta a larga bibliografia acumulada ao longo do século XX, da qual alguns poucos títulos escolhidos aleatoriamente dentre os divulgados nos últimos cinquenta/sessenta anos podem ser expressivos: Miliband, 1965 e 1972; Abendroth, 1973; Radjavi, 1975; Cerroni, 1976; Poulantzas, 1985; Carnoy, 1986; Netto, 1990; Abensour, 1997; Artous, 1999; Wood, 2003; Losurdo, 2004; Texier, 2005; Hirsch, 2010; Salzborn, org., 2012. Ver também, em Labica e Bensussan, orgs., 1985, as entradas de "*démocratie*" (p. 283-99) e de "étatisme" (p. 406-11) e o verbete de Étienne Balibar, "*dépérissement de l'État*".

[24] Evidentemente, não é possível discutir aqui o marxismo da Segunda Internacional e, menos ainda, detalhar como alguns de seus traços decisivos permearam, no século XX, o desenvolvimento da tradição marxista – basta anotar que nem mesmo a ruptura *política* expressa com a fundação da Internacional Comunista implicou um radical rompimento *teórico* com ele.

Façamos, todavia, dois apontamentos. O primeiro remete à necessária distinção, clara e rigorosa, entre *marxismo da Segunda Internacional* e *marxismo ortodoxo,* algo já conclusivamente determinado por Lukács há quase um século em *História e consciência de classe*; ademais, ao longo de sua vida, o teórico húngaro compreendeu o que designava como *marxismo vulgar* também como um atavismo proveniente de elementos da cultura política específica da Segunda Internacional. O segundo refere-se ao caráter equívoco da expressão: a simples designação, sem discriminações, *marxismo da Segunda Internacional* pode induzir à *falsa ideia* de uma homogeneidade ideoteórica da Segunda Internacional – quando, de fato, a expressão designa tão somente *uma* tendência político-ideológica, embora a que se mostrou enfim mais resiliente, dentre as várias que estiveram presentes, em tensão e em conflito no partido alemão e na Internacional (pense-se no que representaram Kautsky, Plekhánov, Luxemburgo, Bernstein, Lênin, Georg Vollmar, Heinrich Cunow, Parvus, os austromarxistas...).

Elementos para o tratamento do que veio a ser caracterizado como marxismo da Segunda Internacional encontram-se em Vranicki, 1973, v. I (parte II), Vv. Aa., 1974, Hobsbawm, org., 1982, v. II e Petrucciani, org., 2015, v. I; ver ainda a parte "The Golden Age" de Kołakowski, 2008. Sugestões críticas muito relevantes localizam-se em Korsch, 2008 e em Lukács, 1923 (e também noutros passos da obra deste – por exemplo, em seu ensaio de 1933 sobre Mehring, em Lukács, 1966). E materiais pertinentes constam dos trabalhos de Kofler, 1968 (ed. orig. sob o pseudônimo de Stanislaw Warynski, 1944); Ragionieri, 1968; Abendroth, 1973, parte I; Renton, 2002; Paggi, 2002 (ed. orig., 1974). Quanto ao surgimento do *marxismo*, vale conhecer a discutível posição de Rubel, resumida numa polêmica intervenção do início dos anos 1970 (ver Rubel, 1974 [2000, p. 45-55]).

[25] Para aprofundar a discussão sobre a unificação alemã, ver Pflanze, org., 1968; Hamerow, 1969 e 1972; Droz, 1970 e 1999; Pflanze, 1971; Anderson, 1989; Breuilly, 2002. Sobre a Guerra Franco-Prussiana, ver Jaurès, 1971; Howard, 1979; Wawro, 2003; Milza, 2009; Gouttman, 2015.

[26] Para uma interessante análise conceitual e histórica da *Realpolitik* e sua prática, de Bismarck ao século XX, ver Bew, 2015.

[27] O ensaio engelsiano – "Die preussische Militärfrage und die deutsche Arbeiterpartei" (A questão militar prussiana e o Partido Operário Alemão) (MEW, 1962, v. 16, p. 41-78) – foi publicado logo em seguida, em formato de panfleto, por Otto Meissner (Hamburgo). Importa notar que Engels, nesse texto, não se limitou a questões estritamente militares, mas fez arguta análise do regime de Bismarck, que qualificou (ibidem, p. 71) como "variedade prussiana" do bonapartismo dissecado por Marx em *O 18 de brumário de Luís Bonaparte*.

[28] Em 18 de janeiro de 1871 – com a França derrotada e de joelhos –, na Galeria dos Espelhos do Palácio de Versalhes, proclamou-se Guilherme I como imperador da Alemanha unificada e, em seguida, designou-se Bismarck como chanceler do Segundo Império (*Zweites Reich*). Com a proclamação do Segundo Império, a Confederação da Alemanha do Norte foi dissolvida.

[29] Ocorre-me aqui evocar uma observação – certamente polêmica – de Perry Anderson sobre a relação/colaboração intelectual Marx-Engels. Sublinhando que "a supremacia da contribuição global de Marx à *teoria geral* do materialismo histórico não precisa ser reiterada", Anderson considera que "os juízos *históricos* de Engels são quase sempre superiores aos de Marx. Ele possuía um conhecimento mais profundo da história europeia e uma compreensão mais segura de suas estruturas sucessivas e relevantes. Não há em toda a obra de Engels [algo] que se compare às ilusões e preconceitos de que Marx era, às vezes, capaz neste campo, como a fantasmagórica *História diplomática secreta do século XVIII*" (Anderson, 1989, p. 23, nota [sobre o texto aqui mencionado, ver, supra, cap. IV, nota 151 – *JPN*]). Ver, infra, neste capítulo, nota 128.

[30] Eis um sumário da segunda metade dos anos 1860: "Os cinco anos turbulentos, entre 1866 e 1871, foram uma época de cataclismos, o auge do período da história europeia iniciado com a guerra do norte da Itália, em 1859. […] No relativamente pacato Reino Unido, enormes manifestações na Inglaterra, em prol da ampliação de liberdades democráticas, conduziram à promulgação da segunda Lei da Reforma [eleitoral], enquanto, na Irlanda, adquiriam vulto as agitações nacionalistas contra os ingleses. No continente, a situação era ainda mais turbulenta: na França, uma maré de assembleias e passeatas pró-República e contrárias a Napoleão; na Romênia, um golpe levou ao poder novo governo nacionalista; na Espanha, a revolução; sublevações no sul da Itália; e assembleias nacionalistas do povo em todo o Império Austríaco. Na esteira dessa baderna [*sic*] política, uma onda de greves varreu o continente, criando a atmosfera perfeita para a Internacional promover sua causa. O período foi também marcado por duas guerras que espalharam a destruição: em 1866, entre Prússia e Áustria, e quatro anos mais tarde, entre Prússia e França. Tais guerras desencadearam a fúria nacionalista, além do que revolucionaram, em moldes inerentemente bismarckianos, os Estados alemães; subverteram o

equilíbrio de poderes e inspiraram a proclamação da República na França e um efêmero regime revolucionário em Paris" (Sperber, 2014, p. 357).

[31] Em carta a Eccarius e Lessner, que participaram do congresso, Marx recomendava que aprovassem uma resolução denunciando em nome da classe operária os provocadores de guerras, prevenindo "que uma guerra entre a França e a Alemanha" seria "ruinosa para os dois países e ruinosa principalmente para a Europa" (carta de 10 de setembro de 1868 – MEW, 1965, v. 32, p. 558).

[32] Veja-se, por exemplo, a mensagem (de 12 de maio de 1869) do Conselho Geral da Internacional à União Nacional dos Trabalhadores dos Estados Unidos (criada em Baltimore, em 1866), redigida por Marx quando tensões entre a Inglaterra e os Estados Unidos tornaram-se agudas a ponto de prenunciar conflitos entre os dois países. A mensagem se conclui com este parágrafo: "Tendes a gloriosa missão de demonstrar ao mundo que, em nosso tempo, a classe operária já não entra no palco da história como um grupo subalterno, mas como uma força autônoma, consciente da sua própria responsabilidade e capaz de impor a paz ali onde os que se acreditam seus senhores levantam gritos de guerra" (Marx-Engels, OFME, 1988, v. 17, p. 47).

[33] O resultado desse plebiscito foi largamente favorável a Luís Napoleão, graças aos votos dos distritos rurais. Observe-se, porém, tanto a formulação das questões postas aos eleitores quanto as condições em que o processo plebiscitário ("pretensamente para que as massas populares manifestassem a sua posição em relação ao Império") foi conduzido: "As questões colocadas à votação estavam formuladas de tal modo que não era possível desaprovar a política do Segundo Império sem exprimir uma opinião contrária a todas as reformas democráticas. As seções da Primeira Internacional [Associação Internacional dos Trabalhadores] na França desmascararam essa manobra demagógica e propuseram aos seus membros que se abstivessem da votação. Na véspera do plebiscito, os membros da Federação de Paris foram presos sob a acusação de conspirarem para matar Napoleão III; a acusação foi utilizada pelo governo para organizar uma vasta campanha de perseguições contra os membros da Internacional em diferentes cidades da França. No julgamento dos membros [...] de Paris, que ocorreu de 22 de junho a 5 de julho de 1870, foi completamente demonstrada a falsidade da acusação de conspiração; no entanto, vários membros da Internacional foram condenados a penas de prisão apenas por pertencerem à Associação Internacional dos Trabalhadores" (nota editorial à "Première Adresse du Conseil Général de l'Association Internationale des Travailleurs sur la Guerre Franco-Allemande" [Primeira Mensagem do Conselho Geral da Associação Internacional dos Trabalhadores sobre a Guerra Franco-Prussiana], em Marx-Engels, 1975, p. 748).

Não apenas na França de Luís Napoleão quem se opôs frontalmente à guerra, fiel à orientação da Internacional, foi objeto de repressão: Bismarck não fez nada de diferente na Prússia. Ali, os dirigentes das organizações operárias dividiram-se em face do confronto bélico: os lassalleanos, em sua maioria, apoiaram acriticamente a política de guerra de Bismarck; os líderes da corrente de Eisenach a ela se opuseram. Na votação dos créditos de guerra, no Parlamento da Confederação da Alemanha do Norte, Liebknecht e Bebel abstiveram-se, porém criticando o belicismo de Bismarck – por conta disso, logo se tornaram vítimas da repressão (em dezembro de 1870, ambos foram acusados de "traição" à "causa nacional" e condenados a dois anos de prisão). Entretanto, mesmo entre os eisenachianos houve diferentes compreensões de como conduzir a oposição à guerra (ver Mehring, 2013, p. 425-8).

[34] Na correspondência de Marx daqueles anos, são incontáveis as passagens que documentam a sua previsão da iminência da guerra, bem como das causalidades do conflito (MEW, 1965,

v. 31 e 32). E a troca de ideias com Engels foi além do que se registra nessa correspondência: pelo menos uma vez (agosto de 1870) Marx deslocou-se a Manchester especialmente para tratar de questões pertinentes à guerra (Vv. Aa., 1986a, p. 286).

Deflagrada a guerra, Engels acompanhou todo o seu desenrolar, elaborando sobre ela uma circunstanciada análise do ponto de vista político-militar, publicada entre julho de 1870 e fevereiro de 1871 pelo prestigiado (e conservador) diário londrino *The Pall Mall Gazette*. Mal iniciada a publicação, Marx, em tom brincalhão, observou ao amigo: "Se a guerra durar algum tempo, logo você será reconhecido como a *primeira autoridade militar de Londres*" – é desde então que, no círculo privado de Marx e Engels, passam a chamar o segundo, irônica e carinhosamente, de "General"; a análise engelsiana está disponível em MEW, 1962, v. 17, p. 11-264 e a observação marxiana encontra-se em carta de 3 de agosto de 1870, coligida em MEW, 1966, v. 33, p. 27. Quanto a Marx – o "Mouro" (ver, supra, cap. I, nota 28) –, é na segunda metade dos anos 1860 que, em tom galhofeiro, ele assume, junto a seus íntimos, o cognome de "Old Nick" [Velho diabo]. A propósito, lembre-se que um clérigo romeno, Richard Wurmbrand, enriqueceu a vala comum do anticomunismo no tempo da Guerra Fria com um panfleto acerca do *satanismo* do autor de *O capital* (Wurmbrand, 1976).

Não podemos, nesta biografia, perder tempo e espaço com o tipo de "literatura" do gênero Wurmbrand – mas é preciso advertir que, sob roupagens laicas e "modernizadas", ela continua operando a todo vapor, como o demonstra a "obra" (que se apresenta como uma "biografia iconoclasta") relativamente recente de Fabian, 2011.

[35] Ver as duas *mensagens* em MEW, 1962, v. 17, p. 3-11 e 271-9. Nas citações colhidas em Marx- -Engels, 2008, v. II (e também nas reproduzidas em *A guerra civil na França*) fizemos umas poucas modificações, adjetivas, na versão dos textos marxianos.
Ambas as mensagens – "Primeira Mensagem do Conselho Geral da Associação Internacional dos Trabalhadores sobre a Guerra Franco-Prussiana" e "Segunda Mensagem do Conselho Geral da Associação Internacional dos Trabalhadores sobre a Guerra Franco-Prussiana" – são endereçadas "aos membros da Associação Internacional dos Trabalhadores na Europa e nos Estados Unidos" e firmadas pelos membros do Conselho Geral.

[36] Marx lembra [365-6] que Guilherme I, no discurso do trono ao Parlamento da Confederação da Alemanha do Norte, comprometera-se solenemente "a fazer a guerra contra o imperador dos franceses e não contra o povo francês" e que, no manifesto dirigido aos franceses em 11 de agosto, afirmara: "O imperador Napoleão atacou, por água e por terra, a nação alemã, que desejou e continua a desejar viver em paz com o povo francês; tomei o comando do exército alemão para repelir a sua agressão e fui levado pelos acontecimentos militares a atravessar as fronteiras da França". No trato dessas juras imperiais, Marx comenta ironicamente a demagógica hipocrisia do "piedoso rei".

[37] Verifique-se a identidade de pontos de vista entre Marx e Engels na análise dessa conjuntura; a 12 de setembro, quando ultimava seus preparativos para mudar-se para Londres, Engels escreve a Marx: "Se se pudesse fazer alguma coisa em Paris, dever-se-ia impedir uma ação dos operários antes da paz [...]. Serão derrotados inutilmente pelos exércitos alemães e obrigados a retroceder vinte anos" (MEW, 1966, v. 33, p. 61).

[38] "Por intermédio dos membros ingleses do Conselho Geral e também de Eccarius, então estreitamente ligado às *trade unions*, Marx conseguiu lançar, em setembro de 1870, uma vasta campanha de solidariedade para com a República Francesa. Em pouco tempo realizaram-se mais de vinte reuniões e comícios em Londres. Os operários de Manchester, Birmingham

e Newcastle foram atraídos para o movimento. [...] A oportuna presença de um grupo de membros da Internacional, entre os quais Marx, na reunião operária de Lincoln's Inn, em 13 de setembro, permitiu fazer aprovar uma resolução que exigia o reconhecimento da República e uma paz honrosa sem anexações. O momento culminante da campanha pelo reconhecimento da República Francesa foi a entrevista, no dia 27 de setembro, entre o primeiro-ministro, Gladstone, e uma importante delegação que representava mais de 100 associações operárias" (Fedosseiev, org., 1983, p. 549).

[39] Sobre a Comuna de Paris, além das biografias de Marx citadas neste livro, ver, dentre um incontável rol de títulos, Lefebvre, 1965; Soria, 1970-1971; Bruhat et al., orgs., 1971; Elleinstein, 1971; Noël, 1978; Lissagaray, 1995; Tombs, 1999; Boito Jr., org., 2001; Coggiola, org., 2003; Orso et al., orgs., 2002; Dittmar, 2003; Rougerie, 2004 e 2018; Wilson, 2007; Milza, 2009a; Cordillot, 2010; Lênin, 2010; Lidsky, 2010; Gluckstein, 2011; Samis, 2011; Ross, 2013; Merriman, 2014.

Iconografias da Comuna encontram-se em Lhospice, 1965 e Noël, org., 1998; ver também Löwy, org., 2009. Sobre o cancioneiro da Comuna, ver Coulonges, 1970 e ainda Dutheil-Pessin, 2004.

[40] Marx começou a trabalhar nesse texto em meados de abril de 1871 – dois esboços dele se conservaram – e o apresentou à reunião do Conselho Geral da Internacional de 30 de maio: aprovado por unanimidade, imediatamente providenciou-se a sua publicação. Note-se que tanto o texto finalizado quanto seus esboços conservados foram redigidos por Marx originalmente em inglês. Nas páginas seguintes, nossa atenção incidirá sobre a redação final de *A guerra civil na França*; devemos, porém, observar ao leitor a importância dos esboços referidos (acessíveis em Marx, 2011a), cuja melhor análise, a nosso juízo, encontra-se na concisa contribuição de Isabel Monal coligida em Orso et al., orgs., 2002, p. 140 e seg.

Sobre *A guerra civil na França*, diz Wheen (2001, p. 307) que "as duas primeiras tiragens [em inglês] de três mil exemplares foram vendidas em menos de duas semanas; logo em seguida vieram as edições em alemão e francês". Segundo Musto (em Musto, org., 2014, p. 51 [itálicos meus – *JPN*]), "o texto produziu grande impacto, *maior que qualquer outro documento do movimento operário no século XIX*. Três edições inglesas em rápida sucessão foram aclamadas entre os trabalhadores e causaram escândalo nos ambientes burgueses. Em breve tempo, foi traduzido, integral ou parcialmente, para uma dezena de línguas e apareceu em jornais, revistas e opúsculos de diversos países da Europa e nos Estados Unidos. *Até então, jamais um texto de uma organização operária conhecera semelhante difusão*". E Gabriel (2013, p. 547) resume: "*A guerra civil na França* vendeu milhares de exemplares, teve três edições em dois meses e foi traduzida para todas as línguas europeias. É o livro de maior sucesso de Marx", o opúsculo que então fez dele "o mais caluniado e o mais ameaçado homem de Londres".

Ressalte-se que Marx, "em regra geral, nunca tinha permitido que se publicassem materiais com a indicação de ser ele o autor deste ou daquele documento do Conselho Geral". Porém, no caso de *A guerra civil na França*, onde faz graves acusações à honorabilidade de próceres do governo de Versalhes, "ele julgou necessário assumir pessoalmente toda a responsabilidade" pelo texto, cuja primeira edição em inglês saiu a 13 de junho; assim, "numa carta ao chefe de redação do *Daily News*, datada de 26 de junho, reconheceu publicamente ser o autor de *A guerra civil na França* e declarou-se pronto a provar perante os tribunais a autenticidade dos fatos por ele citados respeitantes a Thiers, Favre e aos seus cúmplices" (Fedosseiev, org., 1983, p. 565; ver também Rubel, 1991, p. 135, que todavia diz ser tal reconhecimento motivado por divergências no Conselho Geral).

Acerca de *A guerra civil na França*, ver Johnstone, 1971; Boito Jr., org., 2001; o volume já referido organizado por Orso et al., orgs., 2002; e ainda Boron, 2010-2011; Aguirre Rojas, 2010-2011; Maciel, 2011; Antonio Rago Filho, em apresentação a Marx, 2011a; Corrêa, 2013; Bost, 2018; Vuillerod, 2018; Loris Caruso, em Marx, 2019.

[41] Em *A guerra civil na França*, a verificação da heroica e revolucionária participação das mulheres é sublinhada; noutro passo, Marx observará que "as mulheres de Paris dão jubilosamente as suas vidas nas barricadas e diante dos pelotões de fuzilamento" [426]. Mas observemos que a intervenção das mulheres nos eventos revolucionários sempre foi reconhecida e valorizada por Marx – já antes da Comuna, ele anotava: "Quem quer que conheça qualquer coisa da história sabe que as grandes mudanças sociais são impossíveis sem o fermento feminino" (Marx, 1969, p. 240).
A participação das mulheres na Comuna – de que o exemplo de Louise Michel (1830-1905) é emblemático (ver Lejeune, 2003 e, ainda, a própria Michel, 2002) – ganhou expressão orgânica com a criação, em abril de 1871, da *Union des Femmes pour la Défense de Paris et les Soins aux Blessés* (União das Mulheres pela Defesa de Paris e o Cuidado dos Feridos); entre suas fundadoras, contam-se militantes da Internacional (Elisabeth Dmitrieff [Tomanovskaya], Nathalie Lemel, Aline Jacquier, Marcelle Tinayre e Otavine Tardiff; a jovem Dmitrieff, além de vinculada à Internacional, era amiga da família Marx – sobre ela, ver Braibant, 1993). Essa participação vem sendo suficientemente salientada – ver Thomas, 2007 (1ª ed., 1963), Pelz, 2016, p. 153-5 e Valle, 2017; ver também, com uma abordagem polêmica, Jones e Vergès, 1991.

[42] Notas editoriais da fonte que estamos utilizando esclarecem:
Porte-Saint-Martin, local que, desde 1831, abrigou um teatro/ópera frequentado pelos parisienses ricos;
Koblenz (em francês, Coblence), cidade alemã que, durante a Revolução Francesa, foi o centro da emigração da nobreza monárquica que preparava a intervenção contra a França revolucionária, sob as ordens de Calonne, ultrarreacionário ex-ministro de Luís XVI.

[43] É escusado repetir ao leitor que, nesses parágrafos, estamos nos limitando a brevíssimas linhas acerca do ocorrido na capital francesa entre setembro de 1870 e a proclamação da Comuna e sua derrota. Não mencionamos as mudanças de sede do governo provisório, as eleições para a Assembleia Nacional, em fevereiro de 1871, as tentativas de instaurar comunas a exemplo de Paris em outras cidades (Lyon, Toulouse, Marselha), a malfadada sorte do Exército republicano organizado por Léon Gambetta em Tours, as extemporâneas tentativas dos parisienses para atacar Versalhes (numa delas, o extraordinário Gustave Flourens, um amigo da família Marx, foi barbaramente massacrado), entre tantos outros eventos. Em títulos arrolados neste capítulo, nota 39, supra, está disponível a detalhada história da Comuna.

[44] Os dados oferecidos por Musto nos parecem os mais confiáveis, mas outras fontes registram números um pouco diferentes – ver o simplista manual escolar de Jvostov e Zubok (1986, p. 19) e, infinitamente melhores, Gabriel (2013, p. 548) e Jones (2017, p. 528).

[45] Não cabe aqui reproduzir o programa da Comuna – bem apresentado por C. Nascimento em Orso et al., orgs., 2002, p. 25-40. Destaquemos apenas seus pontos mais substantivos: fim do serviço militar obrigatório e do Exército permanente; fixação da jornada máxima de trabalho (dez horas); separação Estado/Igreja: supressão das subvenções estatais a instituições religiosas e conversão das propriedades dessas instituições em patrimônio nacional; ensino público, gratuito, laico, obrigatório e profissionalizante; democratização do acesso a museus e bibliotecas; transferência para as associações operárias das fábricas abandonadas pelos patrões;

salário dos servidores públicos equivalente ao salário médio dos trabalhadores; supressão das casas de penhor; supressão das agências de emprego que, no Segundo Império, exploravam os trabalhadores; abolição das diferenças jurídicas entre filhos legítimos e filhos naturais e entre mulheres casadas e concubinas; permissão para estrangeiros ocuparem cargos eletivos; mandatos imperativos e revocáveis para ocupantes de cargos eletivos.

[46] Observe-se que a referência, que se tornou lapidar, não surge em *A guerra civil na França* – registra-se numa carta de Marx a Kugelmann de 12 de abril de 1871: "O atual levante de Paris – mesmo se for esmagado pelos lobos, porcos e cães sujos da velha sociedade – é o feito mais glorioso de nosso partido desde a Insurreição de Junho em Paris. Compare esses parisienses, que vão em assalto ao céu, com os escravos do céu do Sagrado Império Romano Germano--Prussiano" (MEW, 1966, v. 33, p. 206). Aludimos à Insurreição de Junho no cap. IV deste livro; sobre a menção a *nosso partido*, é claro que Marx tem em mente, aqui, o partido "no grande sentido histórico do termo" (ver, cap. IV, nota 118, supra).

[47] Mas a perseguição aos combatentes prosseguiu, implacável e revanchista, até finais de 1871, com processos avançando até 1872-1873 – e, nalguns casos, até 1875 (ver Lissagaray, 1995, esp. caps. XXXIV e XXXV).

[48] Entretanto, a violência versalhesa contra a população trabalhadora de Paris foi tão assombrosa que correspondentes de grandes jornais viram-se obrigados a relatar algo sobre ela; citando periódicos londrinos (por exemplo, o *Evening Standard*), Gabriel (2013, p. 544-5) registra que "no fim das contas, até mesmo jornais que haviam se mostrado abertamente contra os *communards* passaram a expressar repulsa pelos excessos" do governo de Thiers. Tais relatos, porém, eram grãos de areia no Saara das inverdades que circulavam impressas.

Acerca da *população trabalhadora* tão referida aqui, a panorâmica sobre ela oferecida no texto anterior citado de Nascimento (neste capítulo, nota 45, supra) é ilustrativa. E que a massa dos *communards* compunha-se de trabalhadores é fato incontente – informa Pelz (2016, p. 151-2 [itálicos meus – *JPN*]): "Um estudo pormenorizado de mais de 36 mil participantes da Comuna, posteriormente detidos, determinou que apenas 8 por cento eram aquilo a que chamaríamos 'empregados de escritório' e uns meros 4 por cento eram trabalhadores de pequenos negócios, com mais 4 por cento provenientes dos estratos profissionais de médicos e advogados. *Os restantes 84 por cento integravam sobretudo as profissões manuais e, em quase todos os casos, eram assalariados*". Daí que Pelz caracterize os combatentes de Paris como "gente comum" – com o que, apoiado em dados estatísticos, corrobora o relato de Lissagaray, que, no último capítulo da sua insubstituível *História da Comuna de 1871*, diante da indagação acerca de onde estavam os *grandes homens* de 1871, responde sumariamente que *não os havia*: "A força desta revolução é precisamente o fato de ter sido feita pelos homens comuns e não por alguns cérebros privilegiados" (Lissagaray, 1995, p. 353).

[49] Braunthal, 1966, p. 160-1, recorda que, ainda em novembro de 1872, representantes da Alemanha e do Império Austro-Húngaro, reunidos em Berlim, emitiram uma declaração conjunta na qual afirmaram: 1) "que os objetivos da Internacional [...] devem ser [...] vigorosamente repelidos", 2) "que a Internacional constitui um perigoso abuso da liberdade de reunião e que, seguindo sua própria prática e princípio, a ação estatal contra ela deve ter um raio de ação internacional e, assim, basear-se na solidariedade de todos os governos" e, enfim, 3) "que mesmo que alguns governos não pretendam aprovar alguma lei especial [contra a Internacional], como o fez a França, é preciso precaver-se contra a Associação Internacional dos Trabalhadores e suas atividades danosas".

50 Divergências compreensíveis pela heterogeneidade político-ideológica que caracterizou a organização, como salientamos no cap. V deste livro, ao tratar da sua fundação. Dois importantes dirigentes sindicais ingleses, Benjamin Lucraft (1809-1897) e George Odger (1820-1877), divergindo da orientação que acabou por triunfar no Conselho Geral e que Marx sustentou em *A guerra civil na França*, desligaram-se da Internacional.

51 Diz um historiador, sobre esse empenho, que Marx e Engels "dispararam uma carta atrás de outra para a imprensa, na maioria jornais ingleses e franceses, mas também para os austríacos, os italianos e os americanos, denunciando a cobertura realizada por esses veículos" (Sperber, 2014, p. 371). E lembra Sperber a reação de Marx após o londrino *The Pall Mall Gazette* tratar atos violentos dos *communards* como feitos do comunismo, da Internacional e de Marx, apresentado como o "líder de uma ampla conspiração" – Marx imediatamente tratou de "desafiar o editor do *Pall Mall Gazette* para um duelo, caso não se retratasse das acusações" (idem). As informações de que Marx se socorreu para resgatar a verdade sobre a Comuna por trás do *muro de mentiras* (expressão do próprio Marx, num dos seus esboços de *A guerra civil na França*) erguido por Thiers provinham do contato direto com alguns combatentes que o procuraram em Londres (ver Rubel, 1991, p. 135) e da correspondência que, por canais clandestinos, manteve por umas poucas semanas subsequentes a março de 1871 com dois membros da Internacional que estavam em Paris (Auguste Serrailier e Elisabeth Dmitrieff). Ademais, ele dispunha de uma fonte próxima a Bismarck: um antigo membro da Liga dos Comunistas – ver a carta de Marx a Edward Spencer Beesly de 12 de junho de 1871 (MEW, 1966, v. 33, p. 229); sobre as relações entre Marx e Beesly, um destacado intelectual positivista membro da Internacional, ver Harrison, 1959. E lhe foram essenciais os confiáveis depoimentos que colheu dos emigrados que acorriam à sua casa – ali, todos os familiares "trabalharam intensamente durante o verão de 1871, arrecadando fundos e arranjando acomodações, escolas e empregos para os refugiados da Comuna" (Gabriel, 2013, p. 561); sobre a solidariedade de Marx e de Engels a esses emigrados, ver Fedosseiev, org., 1983, p. 558 e Mayer, 1979, p. 593.

52 É fato consensualmente reconhecido pelos historiadores que não houve, nem se constituiu, em todo o processo da Comuna, uma *direção política* qualquer com o caráter de partido político enquanto *partido classe* (ver novamente cap. IV, nota 118, supra). Tendências ideopolíticas muito diferenciadas convergiram no movimento social que se condensou na proclamação e na curta vida da Comuna – um amálgama peculiar em que confluíram influxos jacobinos e blanquistas, incidências anarquistas e forte influência de Proudhon. Realmente, o espectro ideopolítico da Comuna expressava a compósita *cultura política* fundante da Internacional na sua criação – uma diversidade que assinalamos na devida altura e que Marx sempre levou em conta, a partir do próprio *Manifesto inaugural*. É nesse sentido que Engels, poucos anos depois, afirmou que a Comuna fora uma *filha intelectual da Internacional*, logo acrescentando que esta *não movera um único dedo para provocá-la* (carta a Sorge, 12-17 de setembro de 1874 – MEW, 1966, v. 33, p. 642).

53 Sobre Thiers, o repertório biográfico ainda hoje é mais rico em textos laudatórios, cevados na lixeira ideológica anti-Comuna dos anos 1870, que em produções de caráter crítico, como, por exemplo, a de Bury e Tombs, 1986. E em se tratando de Thiers, há sempre que lembrar a sua prolífica produção como historiador, hoje inteiramente esquecida, mas que teve milhares de leitores no século XIX (e rendeu-lhe um bom dinheiro); quanto a seus escritos nesse domínio, Marx disse que, "antes de se tornar homem de Estado, ele já havia dado provas, como historiador, da sua capacidade de mentir" [380]; um juízo equilibrado do Thiers historiador deve-se a Tombs, 1995.

A execração moral e política a que Marx o submete em *A guerra civil na França* pode parecer demasiada. Mas, de fato, a responsabilidade histórica de Thiers no massacre da Comuna provoca desprezo e asco em pessoas comprometidas com valores civilizatórios básicos – desprezo e asco moral e político tanto mais acentuados quando expressos num texto de combate como *A guerra civil na França*. Por isso mesmo, há que se deixar bem claro que as desqualificadoras referências de Marx a Thiers ("gnomo monstruoso", "homenzinho" com "braços de anão" [380, 382 e 383]) relacionam-se à sua *estatura moral e política* e não à sua aparência física (o francês media 1,55 metro).

Vale lembrar que, para os padrões do seu tempo, Thiers teve uma vida longa (viveu oitenta anos, de 1797 a 1887). Ele se iniciou na política em 1830, quando fundou *Le National* (O Nacional), diário parisiense que circulou até 1851; do oportunismo político e da falta de escrúpulos de Thiers no curso de toda a sua existência, Marx dá resumida conta na seção I de *A guerra civil na França*.

Entre os estudiosos do inexcedível realista que foi Balzac, "Thiers [é] conhecido por ter servido como a principal inspiração para a criação de Rastignac" (Kan, 2010, p. 306) – Rastignac é personagem de *O pai Goriot* e doutros romances de *A comédia humana* (como *As ilusões perdidas* e *Esplendores e misérias das cortesãs*). Talvez seja ilustrativo, pois, relatar ao leitor como, em texto dos anos 1830, Balzac retratou Thiers: "O sr. Thiers sempre quis a mesma coisa, nunca teve senão um único pensamento, um único sistema, um único objetivo [...]: o sr. Thiers" (*Chronique de Paris* [Crônica de Paris], 12 mai. 1836 – sobre o *Chronique*, periódico a que Balzac esteve associado, ver Robb, 1995, p. 271-3 e Baudouin, 2006).

[54] A 6 de abril de 1871, em carta a Liebknecht, afirmou: "O Comitê Central [da Guarda Nacional] e, mais tarde, a Comuna deram a esse maldito aborto [que é] Thiers tempo para a concentração de forças inimigas: 1) por não terem querido, por estupidez, começar a *guerra civil*, como se Thiers não a tivesse começado com a sua tentativa de desarmar Paris à força [...]; 2) para não serem acusados de aparentar um poder usurpador, [...] perderam momentos preciosos com a eleição da Comuna, cuja organização etc., de novo tomou tempo" (MEW, 1966, v. 33, p. 200). Menos de uma semana depois (12 de abril de 1871), argumentava a Kugelmann quase nos mesmos termos: os parisienses "deviam ter marchado imediatamente sobre Versalhes [...]. O momento preciso foi perdido por causa de escrúpulos de consciência. Eles não queriam *começar a guerra civil*, como se esse nocivo aborto Thiers já não a houvesse iniciado com sua tentativa de desarmar Paris. Segundo erro: o Comitê Central [da Guarda Nacional] entregou seu poder muito cedo, para dar caminho à Comuna. Outra vez por escrúpulos" (Marx, 1969, p. 291-2).

[55] Em inglês, "*class-corruption*" (MECW, 2010, v. 22, p. 314); em alemão, "*Klassenverderbtheit*" (MEW, 1962, v. 17, p. 322); em francês, "*corruption de classe*" (Marx-Engels, 1975, *Oeuvres choisies*, p. 282); em castelhano, "*corrupción como clase*" (OFME, 1988, v. 17, p. 172); em italiano, a primeira edição da tradução de Palmiro Togliatti (*La guerra civile in Francia*, Roma, Rinascita, 1947), tantas vezes republicada, consigna "*corruzione di classe*".

[56] A vida parisiense sob a Comuna – e, não se esqueça, sob o cerco e o fogo do inimigo – transcorreu liberada da violência urbana e da delinquência. A Paris "operária", em contraste com a Paris "toda ela mentira" de Thiers – para retomarmos o parágrafo já citado de Marx –, experimentou uma vida nova e diferente. Escreve Marx: "Prodigiosa, na verdade, foi a mudança que a Comuna operou em Paris! Não mais qualquer traço da Paris meretrícia do Segundo Império. Paris já não era o ponto de encontro dos senhores da terra britânicos, dos absenteístas irlandeses, dos ex-escravocratas e ricos americanos feitos à pressa, dos ex-proprietários de servos russos

e dos boiardos valáquios. Não mais cadáveres no necrotério, nem arrombamentos noturnos, quase nenhum roubo; de fato, pela primeira vez desde os dias de fevereiro de 1848, as ruas de Paris eram seguras, e isto sem polícia de qualquer espécie. 'Já não ouvimos falar – dizia um membro da Comuna – de assassínios, de roubos nem de agressões; dir-se-ia que a polícia levou mesmo com ela para Versalhes toda a sua clientela conservadora'" [415-6].

[57] No parágrafo seguinte, Marx traça um rápido perfil de Thomas (1809-1871), ex-sargento de cavalaria e pretenso "general", repressor dos revolucionários em junho de 1848, servidor de Thiers desde então no *Le National* (ver, supra, neste capítulo, nota 53).

[58] Marx cita esse decreto – pelo qual a Comuna declarava ser seu dever "proteger Paris contra as façanhas canibalescas dos bandidos de Versalhes e responder olho por olho, dente por dente" – como datado do dia 7 de abril [397].

Evidentemente, a partir de abril, com a guerra civil em andamento, a Comuna valeu-se de medidas repressivas para preservar o seu governo e defender-se de espiões infiltrados a serviço de Thiers e/ou de figuras cujas atitudes favoreciam os versalheses – ou, ainda, em casos específicos, como uma resposta direta à recusa dos versalheses a qualquer negociação, o que ocorreu quando, em maio, dado o rechaço de Thiers à proposta de trocar o velho revolucionário Auguste Blanqui pelo arcebispo Georges Darboy (1813-1871), este foi fuzilado (Marx comenta essa execução à p. 429). De fato, a violência dos *communards* exerceu-se mesmo apenas durante a *semana sangrenta*: tratou-se da *violência defensiva* a que os parisienses foram compelidos na sua luta desesperada diante das barbaridades cometidas pelas forças de Thiers – este, quando reuniu condições para tomar Paris, avisou claramente aos seus defensores, como Marx recorda: "Serei impiedoso! A expiação será completa e a justiça inflexível!" [428]. Os defensores de Paris seguramente sabiam do significado de *justiça* na boca de Thiers...

Na defesa final de Paris, com os versalheses avançando destrutivamente pela cidade, os *communards* foram acusados de "incendiários". Antecipemo-nos aqui para transcrever o que, em face dessa acusação, Marx escreveu na última seção, a quarta, de *A guerra civil na França*: "Quando os prussianos, não por razões militares, mas por mero rancor de desforra, queimaram com a ajuda de petróleo cidades como Châteaudun e inúmeras aldeias, era isso incendiarismo? Quando Thiers, durante seis semanas, bombardeou Paris a pretexto de que queria pôr fogo apenas às casas em que havia gente, era isso incendiarismo? Na guerra, o fogo é uma arma tão legítima como qualquer outra. Edifícios ocupados pelo inimigo são bombardeados para se lhes pôr fogo. Se os seus defensores têm de se retirar, eles mesmos ateiam as chamas para impedir que o ataque faça uso dos edifícios. Serem queimados tem sido sempre a sorte inevitável de todos os edifícios situados na frente de batalha de todos os exércitos regulares do mundo. Mas na guerra dos escravizados contra os seus escravizadores, a única guerra justificável na história, isso de modo algum seria válido! A Comuna usou o fogo estritamente como um meio de defesa. Usou-o para barrar às tropas de Versalhes essas longas e retas avenidas que Haussmann expressamente abrira para o fogo de artilharia; usou-o para cobrir a sua retirada, da mesma maneira que os versalheses, no seu avanço, usaram as suas bombas, que destruíram pelo menos tantos edifícios quanto o fogo da Comuna. É matéria de discussão, mesmo hoje, a que edifícios foi posto fogo pela defesa e pelo ataque. E a defesa só recorreu ao fogo quando as tropas versalhesas já tinham começado o assassínio de prisioneiros em grande escala. Além disso, a Comuna tinha dado muito antes pleno conhecimento público de que, se conduzida a extremos, ela enterraria a si mesma sob as ruínas de Paris [...]. A Comuna sabia que os seus adversários em nada se preocupavam com as vidas do povo de Paris, mas muito com os seus próprios edifícios em Paris"

[428-9]. Marx lembra, ainda, que o petróleo utilizado pelos *communards* fora anteriormente estocado por Trochu para utilizá-lo como o fez a Comuna [428] – Trochu, logo que se formou o governo provisório, foi designado por Thiers para "defender" Paris (tarefa que lhe coube de setembro de 1870 a janeiro de 1871).

[59] Também na sua correspondência privada, tanto Marx quanto Engels insistiram no papel desempenhado pela imprensa na criação de mitos e difusão de mentiras contra a Comuna. Dois exemplos:

em carta a Kugelmann (de 27 de julho de 1871), Marx observa a rápida disseminação das notícias falsas: "Acreditou-se até agora que o crescimento dos mitos cristãos durante o Império Romano foi possível apenas porque a imprensa ainda não fora inventada. É precisamente o contrário. A imprensa diária e o telégrafo, que em um instante difundem invenções por todo o mundo, fabricam mais mitos (e o rebanho burguês acredita neles e aumenta com base neles) em um dia do que antes se fazia em um século" (Marx, 1969, p. 298);

em carta à mãe (de 21 de outubro de 1871), que se assombrara com o seu apoio à Comuna, Engels diz da imprensa de que a velha senhora era leitora: "Faz-se um grande barulho por causa de alguns reféns fuzilados segundo o modelo prussiano, por causa de alguns palácios que foram queimados segundo o processo prussiano (porque todo o resto são mentiras), mas ninguém fala dos 40 mil homens, mulheres e crianças que, *após* o desarmamento, foram intencionalmente massacrados [...]. Aliás, a senhora não pode saber de tudo isso, porque tem que se informar pelo *Kölner* e pelo *Elberfelder Zeitung*, que a empanturram literalmente com mentiras" (MEW, 1966, v. 33, p. 299).

[60] Quer-me parecer que, no seu cuidado ao tratar de *A guerra civil na França*, Jones subestima o movimento prospectivo de Marx, ao caracterizá-lo parcialmente como "uma projeção imaginária das mudanças que poderiam acompanhar a transição para o governo de produtores associados" (Jones, 2017, p. 532).

[61] Por isso mesmo, o temor dos grandes proprietários fundiários era o "contágio" do campo por Paris. Escreve Marx: "Os rurais – era essa, de fato, a sua principal apreensão – sabiam que três meses de comunicação livre da Paris da Comuna com as províncias levariam a um levante geral dos camponeses; daí a sua ânsia em estabelecer um bloqueio de polícia à volta de Paris, como para fazer parar a propagação da peste bovina" [411-2].

[62] Na parte final de *O 18 de brumário de Luís Bonaparte*, como ele mesmo lembra a Kugelmann (ver cap. IV, nota 103, supra), Marx já antecipara "que a próxima tentativa da Revolução Francesa não será mais, como antes, de transferir a maquinaria burocrática e militar de umas mãos para outras, mas de *destruí-la*, e isso é essencial para qualquer revolução popular no continente" (MEW, 1966, v. 33, p. 205).

[63] Uns poucos e aleatórios exemplos: a relação entre a *intenção* da Comuna de abolir a "propriedade de classe", a "produção cooperativa" sob um "plano comum" e o comunismo "possível" [407-8]; a consciência da classe operária acerca das dificuldades que se colocam no caminho da sua emancipação [408]; a conexão simultânea entre "o verdadeiro governo nacional" da Comuna e o seu caráter "expressivamente internacional" [412] – e até mesmo o fenômeno da reiterada emergência, inevitável, de aproveitadores e oportunistas no curso de processos revolucionários [415]. Também caberia tematizar a questão do "federalismo", tão cara às lideranças proudhonianas da Comuna e que, segundo Jones (2017, p. 537), Marx "fez um grande esforço para acolher" em *A guerra civil na França*; note-se que tal questão terá peso nas ideias de Bakunin, com quem Marx se confrontará na entrada dos anos 1870 (vide infra).

⁶⁴ Trata-se da conhecida carta de 22 de fevereiro de 1881 ao socialista holandês Ferdinand Domela Nieuwenhuis (1846-1919), em que Marx reconhece que a maioria da Comuna "não era, nem poderia ser, socialista". Nessa carta, ele julga que, com algum bom senso e realismo, a Comuna poderia ter alcançado um compromisso honroso com Versalhes para evitar o terror – mas que, para enfrentar a prepotência versalhesa, teria sido necessário expropriar o Banco da França, medida que a Comuna não tomou (MEW, 1967, v. 35, p. 160).

⁶⁵ Ao rol bibliográfico citado naquela nota, acrescente-se ainda Drachkovitch, org., 1966 e Haupt, 1978.

⁶⁶ Mas não se menospreze o papel desempenhado pelo Conselho Geral, reunido com regularidade e responsável pela elaboração dos documentos oficiais da organização – como um estudioso bem observou, ele sempre foi "um lugar de direção política", "efetuando a síntese entre as várias tendências políticas" e formulando "as linhas diretivas da organização" (Musto, em Musto, org., 2014, p. 28-9).

⁶⁷ Ver Musto, org., 2014, p. 87; não tratamos aqui dos congressos das Internacionais "centralista" e "autonomista" (ou "federalista"), que, após 1872, intencionaram dar continuidade à organização criada em 1864; sobre elas, ver a fonte que acabamos de citar, que arrola documentação pertinente (p. 77-83). Ver também Segrillo, 2018, p. 301-2.

⁶⁸ "Marx considerava que [...] a situação política ainda não tinha amadurecido o suficiente para justificar a realização de um congresso público [...]. Com grande dificuldade e principalmente contra a oposição enérgica dos franceses, conseguiu um acordo para a realização de uma conferência fechada em Londres [...], que contaria com a presença apenas dos representantes dos comitês de liderança e que não seria mais que uma preliminar do futuro congresso. [...] O Conselho Geral estava representado por seu presidente, Odger, seu secretário-geral, Cremer, alguns membros ingleses, Marx e seus dois principais auxiliares nos assuntos da Internacional, Eccarius e Jung [...]. A França estava bem representada por Tolain, Fribourg [1834-1903] e Limousin [...]. Também estava presente o velho amigo de 1848 de Marx, Schily e Varlin [...]. A Suíça enviou dois delegados, o encadernador Dupleix [...] e Johann Philipp Becker [...]. A Bélgica estava representada por Caesar de Paepe" (Mehring, 2013, p. 331).

⁶⁹ Acerca da questão financeira, ver Musto, org., 2014, p. 28 e Jones, segundo o qual "a Associação era, e continuou sendo, uma instituição frágil. Ao contrário dos rumores que circularam na época, ela praticamente não tinha recursos e a certa altura foi expulsa de suas instalações por atraso no pagamento do aluguel" (Jones, 2017, p. 487).

⁷⁰ Marx, sem comparecer pessoalmente ao evento de Genebra em setembro, preparou em agosto um documento com instruções para a atuação dos membros do Conselho Geral no congresso – com base nele, a posição dos proudhonianos (rechaçando qualquer intervenção do Estado) foi derrotada. Lê-se no documento orientador de Marx (acessível em português na versão apresentada por Musto, org., 2014, p. 103-8): "Uma condição preliminar sem a qual todas as demais tentativas de melhorias e de emancipação estão fadadas ao fracasso é *a limitação da jornada de trabalho*. [...] Propomos *oito horas de trabalho* como o *limite legal* da jornada de trabalho. Sendo essa limitação uma reivindicação geral dos trabalhadores dos Estados Unidos da América, o voto deste Congresso a elevará a uma plataforma comum dos trabalhadores no mundo inteiro". Conforme Marx, com esta e outras leis, demandadas ao Estado mediante a pressão dos trabalhadores, "a classe trabalhadora não fortalece o poder governamental. Ao contrário, ela transforma esse poder, que hoje é usado contra ela, em seu próprio benefício. Realiza por um ato geral aquilo que uma multidão de indivíduos isolados não conseguiria realizar" (ibidem, p. 103-5).

O referido documento é um texto muito importante, dados os tópicos sobre os quais Marx se manifesta (trabalho infantil e juvenil, movimento cooperativo, sindicatos, questões tributárias) com o objetivo de estabelecer um programa minimamente legitimado e consensual capaz de unificar na prática a ação política das distintas correntes do movimento operário.

[71] Tais números não são incontroversos: se Musto (em Musto, org., 2014, p. 37) relaciona esses 64 delegados, numa biografia anterior de Marx são mencionados 71 (Mehring, 2013, p. 378).

[72] Entre seus apoiantes estavam John Stuart Mill, Victor Hugo, Giuseppe Garibaldi, Louis Blanc, Alexander Herzen e Mikhail Bakunin. Sobre o contexto de surgimento dessa organização, ver Bariéty e Fleury, orgs., 1987 e Cooper, 1991.

[73] Esse é o número consignado por Musto (em Musto, org., 2014, p. 39); Jones (2017, p. 489) menciona 91 delegados. Segundo Mehring (2013, p. 391), o Congresso de Bruxelas foi, dentre todos os congressos da Internacional, o mais concorrido, com "um caráter fortemente local, pois mais da metade dos presentes eram da Bélgica".

É digno de nota o fato de o congresso ter contado com a presença, na condição de observador, de um revolucionário histórico: Auguste Blanqui.

[74] Acerca desse importante socialista belga, nem sempre devidamente referido, ver Dandois, 1974 e Peiren, 1990.

[75] Anote-se que, entre os alemães, Wilhelm Liebknecht compareceu em representação do recém-fundado Partido Operário Social-Democrata da Alemanha.

O leque dos países representados nesse congresso põe de manifesto o crescimento da Internacional desde 1867, característico – no dizer de Musto – "de uma expansão difusa e constante". Para estimativas do contingente de trabalhadores vinculados à Internacional, ver os dados compilados em Centre National de la Recherche Scientifique/CNRS, org., 1968 e a tabela resumida por Musto, bem como as suas observações referentes a ela (Musto, org., 2014, p. 86-7 e 88).

A expansão da Internacional também deve muito à imprensa simpática à organização ou a ela vinculada – para uma amostragem desses periódicos, ver Musto, org., 2014, p. 31. O mesmo estudioso, tratando dos anos da Guerra Franco-Prussiana e da Comuna de Paris, volta a anotar (ibidem, p. 54) o crescimento e a influência da imprensa afeta à Internacional.

[76] Quero crer que uma coisa é constatar a superação do proudhonismo *no interior da Internacional* – no que Musto está certo; outra é estendê-la ao *movimento operário,* mormente na França e em outros países latinos (ver, supra, cap. III, nota 97).

Não se deve considerar a derrota do proudhonismo na Internacional como uma simples vitória pessoal de Marx, que se contrapôs a ele desde os primeiros dias da vida da organização. Um dos vários méritos da análise de Musto foi mostrar que a superação das ideias equivocadas de Proudhon – por exemplo, a separação entre luta econômico-social e batalha política – emergiu dos embates concretos vividos pelos trabalhadores. Escreveu o pesquisador italiano: "Em grau ainda maior que Marx, porém, os que permaneceram distantes da doutrina proudhoniana na Internacional foram os próprios operários. A proliferação das greves convenceu especialmente os mutualistas de quão equivocadas eram suas concepções, e as lutas proletárias lhes indicaram que a greve era a resposta imediata e necessária não só para melhorar as condições existentes, mas também para reforçar a consciência de classe indispensável para construir a sociedade do futuro. Foram mulheres e homens de carne e osso que interromperam a produção capitalista para reivindicar seus direitos e justiça social, alterando assim o equilíbrio de forças na Internacional e, mais importante ainda, na sociedade como um todo. [...] *Coube, em suma, ao movimento operário demonstrar, desmentindo Proudhon, que era impossível separar a questão econômico-social da questão política*" (Musto, em Musto, org., 2014, p. 39 [itálicos meus – *JPN*]).

[77] Para a biografia de Bakunin, ver Arvon, 1966; Carr, 1975; Grawitz, 2000; Leier, 2006 – e há páginas pertinentes na panorâmica do pensamento anarquista apresentada por Woodcock, 2002 (no v. 1, p. 165-211, a figura de Bakunin é destacada); outra panorâmica, anterior e interessante, é a de Horowitz, 1964. Ver também Nettlau, 1996 e Guérin, 2005, com expressiva antologia. Estudo importante sobre a linhagem ideopolítica em que Bakunin se inscreve é o de Lehning, 1970; sobre os fundamentos filosóficos do seu pensamento, ver McLaughlin, 2002. Para acessar as formulações originais do próprio Bakunin, recorra-se a Bakunin, 2000.

As relações entre Marx e Bakunin, iniciadas em meados dos anos 1840, interromperam-se na sequência do fracasso da Revolução Alemã de 1848-1849, com Marx obrigado ao exílio e Bakunin preso e transferido para a Rússia. Retomaram-se amistosamente dezesseis anos depois, quando, em Londres, em 1864, Bakunin visitou Marx (ver Gabriel, 2013, p. 427). Marx noticiou o reencontro a Engels: "Confesso que gostei muito dele, mais do que antes" (carta de 4 de novembro de 1864 – MECW, 2010, v. 42, p. 18). E em carta de 15 de dezembro de 1868, Bakunin dirigia-se a Marx tratando-o como "meu caro amigo" e dizendo-se "seu discípulo" (citado em Mehring, 2013, p. 393). A rápida deterioração dessas relações a partir de 1869, que culminou com o rompimento entre os dois, teve claros motivos políticos, mas foi agravada pela rede de intrigas tecida em torno de ambos (Mehring, ibidem, esp. p. 395-417) – a que não daremos relevo nas próximas páginas. Lembre-se que precisamente em 1869 publicou-se, em Genebra, a primeira edição russa do *Manifesto do Partido Comunista*, que Marx e Engels, em 1882, acreditaram traduzida por Bakunin (MEW, 1959, v. 4, p. 575).

[78] Sobre o confronto Marx-Bakunin durante a vida da Internacional, ver a contribuição de Georges Haupt em Catteau, org., 1977, Angaut, 2007 e o cuidadoso ensaio de Eckhardt, 2016 (não me foi possível examinar o livro – que, apesar disso, relaciono na bibliografia, dada a relevância que lhe é atribuída por muitos estudiosos – de Kenafick, 1948).

Deve-se registrar que o trato desse confronto, nos anos da Internacional, por parte de intelectuais marxistas tem sido bastante diverso: a análise oferecida por um Mehring (2013, p. 391 e seg.) é muito mais veraz e adequada que a imensa maioria daquelas alinhadas ao *marxismo-leninismo* tornado oficial depois de 1929, cujo exemplo mais flagrante encontra-se em Duclos, 1974. Dentre as biografias mais recentes de Marx, uma aproximação compreensiva é a de Jones (2017, p. 543-59), bem diferente da que oferece Wheen (2001, p. 314 e seg.).

Elementos para a determinação da clivagem entre anarquismo e comunismo – às vésperas do processo revolucionário dirigido pelos bolcheviques em 1917 e no decurso dele – comparecem na antologia de Lênin, 1976 e no ensaio de Preobrazhenski, 2013.

[79] Sobre a relação de Bakunin com Netchaiev, ver Avrich, 1988 e 2016; ver também Mehring, 2013, p. 448-51.

Netchaiev, autor do *Catecismo do revolucionário* (1869), parece ter inspirado um personagem de *Os demônios*, de Dostoiévski (1872); em 1988, Jorge Semprún publicou o romance *O regresso de Netchaiev*, que, para um contexto histórico muito diverso, vale-se de traços do conspirativismo daquela figura.

[80] Musto (em Musto, org., 2014, p. 75) exemplifica como "déficit do senso de realidade de Bakunin" a sua afirmação segundo a qual, "para a organização internacional em toda a Europa,

bastam cem revolucionários séria e fortemente aliados. Duas, três centenas de revolucionários serão suficientes para a organização do maior país" – retirada do documento 38 que ele coligiu parcialmente (ibidem, p. 204-8) no seu trabalho aqui citado. O texto completo do documento referido por Musto – *L'Alliance de la Democratie Socialiste et l'Association Internationale des Travailleurs* (A Aliança da Democracia Socialista e a Associação Internacional dos Trabalhadores) –, redigido por Marx, Engels e Lafargue em abril-julho de 1873 e publicado em agosto do mesmo ano, encontra-se em MECW, 2010, v. 23, p. 454 e seg.; tanto a elaboração quanto a publicação do material foram decididas no Congresso de Haia (1872).

Esse documento foi objeto de uma rápida (mas nem por isso superficial) menção de Mehring (2013, p. 478-80). A sóbria objetividade do primeiro grande biógrafo de Marx mostra-se inteira nas poucas linhas que dedica ao texto, por ele avaliado muito negativamente: Mehring considera-o como algo "abaixo de qualquer outra coisa jamais publicada por Marx e Engels", um material que "não é um documento histórico, mas uma acusação cujo caráter tendencioso é aparente em cada página".

[81] A Aliança defendia expressamente a "igualdade política, econômica e social para todas as classes", o que, no entender do Conselho Geral, podia literalmente significar a "harmonia entre capital e trabalho, tal como defendida pelos socialistas burgueses. O verdadeiro segredo do movimento proletário e o grande objetivo da Internacional eram a destruição de todas as classes" (Mehring, 2013, p. 401 – nesse passo, o biógrafo de Marx reproduz, de fato, uma formulação do próprio Marx – ver Rubel, 1991, p. 123).

[82] Para os termos das posições quanto ao direito de herança defendidas por Bakunin e Marx (esta apresentada no congresso por Eccarius), ver os documentos 30 e 31 reproduzidos por Musto, org., 2014, p. 183-7. A proposta de Bakunin, embora vitoriosa, não foi aprovada, uma vez que não obteve a maioria dos votos.

[83] Sobre o texto aqui citado por Musto, ver, supra, cap. VI, nota 64.

[84] Suprimimos um parágrafo do texto de Musto (em Musto, org., 2014, p. 76) em que ele transcreve uma passagem do incompleto *O Império knut-germânico e a revolução social* (1870-1871), no qual Bakunin, criticando a concepção marxiana do Estado pós-revolucionário, aponta o risco nele contido: o de constituir, "em sua essência, uma mera máquina a governar as massas de cima, mediante uma minoria inteligente e, portanto, privilegiada, supostamente conhecedora dos interesses genuínos do povo mais do que o próprio povo". É imediatamente depois desse parágrafo que Musto conclui a sua argumentação, tal como encerramos a citação que dela fazemos.

[85] "No começo de 1870, 2 mil membros tinham ingressado na Internacional em Madri; em junho, 150 seções de 36 regiões formaram uma federação regional e adotaram um programa bakuninista na Espanha. Seu [de Bakunin] apelo não se confinava ao que Engels chamava de regiões camponesas 'atrasadas' e era forte também na França e na Bélgica industrializada. A Guerra Franco-Prussiana e seu rescaldo [...] levaram a um grande aumento do apoio a Bakunin na Espanha [...]. Seu impacto também se fez sentir na Itália, onde a condenação da Comuna por Mazzini foi vigorosamente combatida por Bakunin e Garibaldi. [...] O apelo do federalismo e do coletivismo de Bakunin na Europa meridional não causava surpresa em regiões onde a liberdade de expressão e de associação era ausente, onde não havia organizações trabalhistas e onde, portanto, a propaganda aberta não era tolerada. Nessas áreas, como talvez fosse de esperar, os carbonários, os maçons e outras sociedades secretas eram tidos como mais eficientes. Mas o apelo de Bakunin não se limitava ao sul não industrializado e supostamente

atrasado. A causa do federalismo era expressão da arraigada hostilidade em toda a Europa aos Estados militarizados e não democráticos que tinham aparecido depois que as revoluções de 1848 foram sufocadas" (Jones, 2017, p. 548; nessa citação, suprimimos as notas do autor).

[86] No cômputo de Mehring (2013, p. 457), "apenas 23 delegados estavam presentes, incluindo 6 da Bélgica, 2 da Suíça e 1 da Espanha. 13 membros do Conselho Geral também estavam presentes, mas 6 deles tinham apenas voto consultivo".

[87] Já Mehring, na primeira grande biografia de Marx, reconhecera que, na Conferência de Londres, "a decisão mais importante" dizia respeito "à atividade política da Internacional" – e salientou a relevância da resolução segundo a qual a "constituição da classe trabalhadora como um partido político especial era indispensável para a vitória da revolução social e seu objetivo final, a abolição de todas as classes" (idem). Na sequência imediata dessa passagem, o notável biógrafo sumaria as principais medidas organizativas que a conferência adotou – e outro estudioso arrola, entre tais medidas, a "proibição de sociedades secretas e grupos sectários ou conspiratórios dentro da AIT; propaganda para atrair o campesinato à AIT; promoção das relações internacionais entre as diversas associações de trabalhadores, incluindo os sindicatos; os conselhos centrais da AIT em cada país (que coordenavam as seções da AIT em cada continente) passariam a se chamar *Conselhos Federais* ou *Comitês Federais* e foi aprovada a formação de um Conselho Federal para reunir as seções da Inglaterra" (Segrillo, 2018, p. 290).

[88] Suprimimos nessa citação as referências do autor, mas é importante notar que, numa delas, Musto (em Musto, org., 2014, p. 57, nota) observa não só o "uso muito confuso do termo" *partido* como o fato de que "a disputa ocorrida no interior da Internacional entre 1871 e 1872 não se concentrou na construção do partido político (expressão pronunciada apenas duas vezes na Conferência de Londres e cinco vezes no Congresso de Haia)".
Sobre a importante figura de Vaillant, mencionada por Musto no texto que citamos, ver Favière, 2015-2017 e Pennetier e Robert, orgs., 2016.
Já tangenciamos a questão do partido na Internacional (ver, supra, cap. V, nota 69) e a ela voltaremos logo adiante, ao tratarmos do Congresso de Haia.

[89] Lembre-se que Engels era formalmente, no Conselho Geral, o secretário correspondente para a Espanha. A íntegra do documento encontra-se em MECW, 2010, v. 22, p. 277-80.

[90] Entre outros, o Partido Socialista Português (1875); o Partido Socialista Operário da Espanha (1879); o Partido Operário Francês (1880); a Federação Social-Democrata da Inglaterra (1884); o Partido Operário Social-Democrata da Suécia (1889); o Partido Socialista Italiano (1892); o Partido Social-Democrata dos Países Baixos (1894); o Partido Social-Democrata da América (Estados Unidos) (1898); o Partido Operário Social-Democrata Russo (1898).
Para a história dos partidos social-democratas e socialistas, ver, além de autores já citados anteriormente, Droz, 1977; Linden e Rojahn, orgs., 1990; Becker e Candar, orgs., 2005; Jones e Claeys, orgs., 2011; Delwit, 2016.

[91] De fato, apenas seis anos depois da Conferência de Londres, num congresso de caráter massivo – o Congresso Socialista Universal – realizado em setembro de 1877, em Gent (Bélgica), o seu documento conclusivo incorporava *expressamente* a proposição marx-engelsiana; lê-se no "Manifesto às organizações operárias e sociedades de todos os países", redigido por César de Paepe e Louis Bertrand (1856-1943): "Que a classe despossuída em cada nação se constitua

num grande partido distinto de todos os partidos burgueses e que esse partido social marche de mãos dadas com aqueles dos outros países!" (ver Musto, em Musto, org., 2014, p. 83-4). Sobre o Congresso de Gent, ver Mehring, 2013, p. 495 e seg. e Musto, org., 2014, p. 83-5.

[92] "A conferência está chegando, hoje, ao fim. Foi um trabalho duro. Sessões matutinas e vespertinas [...], escuta de intervenções, elaboração de relatórios e assim por diante. *Mas se fez mais que em todos os congressos anteriores*, porque não havia uma plateia para justificar a encenação de comédias retóricas" (carta de Marx a Jenny de 23 de setembro de 1871 – MECW, 2010, v. 44, p. 220 [itálicos meus – *JPN*]).

Amostra sintética e expressiva do "trabalho duro" – intervenções de Marx (e de Engels), propostas de resoluções etc. – levado a cabo na conferência encontra-se em MECW, 2010, v. 22, p. 406-31.

[93] Guillaume foi um ativo militante da Internacional, vinculado a Bakunin e autor de obra relevante sobre a organização, publicada na primeira década do século XX e hoje acessível em Guillaume, 1980-1985; acerca dele, ver, no v. 1 dessa fonte, o ensaio de Marc Vuilleumier, "James Guillaume, sa vie, son oeuvre".

Uma avaliação breve da circular redigida por Guillaume encontra-se em Mehring, 2013, p. 459-61, mas parece que o biógrafo de Marx subestimou o impacto causado pelo documento de Guillaume.

[94] Também nos Estados Unidos, onde atuava Sorge, próximo a Marx, a Internacional, entre fins de 1871 e maio de 1872, experimentou grave cisão, porém motivada por diferentes concepções sobre as alianças políticas a construir no país – ver Bernstein, 1962.

[95] A análise que Mehring (2013, p. 461-5) fez da "circular confidencial" (tanto assinalando os seus pontos fortes quanto as suas muitas debilidades) resistiu ao tempo: a honestidade e a objetividade do biógrafo justificam recomendá-la ainda hoje como leitura utilíssima.

[96] Em carta a Kugelmann de 29 de julho de 1872, asseverou a ele que o congresso decidiria "da vida ou da morte" da Internacional e que lutaria para protegê-la de "elementos desagregadores" (MECW, 2010, v. 44, p. 413); e em missiva a César de Paepe, de novembro do ano anterior, já estimava as forças de que poderia dispor para fazê-lo (carta de 24 de novembro de 1871 – ibidem, p. 263-4).

[97] Nesse único congresso da Internacional a que compareceu, Marx foi acompanhado de Jenny e suas três filhas, mais Lafargue, Longuet e Lissagaray (ver Segrillo, 2018, p. 294).

[98] Mehring (2013, p. 469-70) conta 61 delegados e indica as dificuldades para precisar o número exato de participantes do congresso.

É curioso notar que Musto, observando que o congresso "foi certamente a reunião mais representativa da história da Internacional", poucas linhas depois escreve que os seus "debates foram muito mais pobres do que aqueles dos dois congressos precedentes" e reconhece que "a representatividade dos delegados foi absolutamente parcial. Ela não espelhava as verdadeiras relações de força no interior da organização" (em Musto, org., 2014, p. 62).

[99] "Vaillant trouxe uma resolução no espírito da Conferência de Londres, dizendo que a classe trabalhadora deve constituir-se em partido político independente [...]. Vaillant e depois dele Longuet apelaram às lições da Comuna de Paris [...]. A discussão durou até o dia seguinte, o sexto e último do congresso [...]. A proposta de Vaillant foi adotada com 35 votos contra 6, sendo que 8 se retiraram. Uma parte dos delegados já tinha ido embora, mas a maioria deles tinha deixado declarações escritas a favor da resolução" (Mehring, 2013, p. 472-3).

[100] Números de Musto, org., 2014, p. 66, um pouco diferentes dos oferecidos por Mehring, 2013, p. 472: 36 votos contra 6 e 15 abstenções.
De qualquer modo, segundo essa resolução, "o Conselho tinha a tarefa de garantir em cada país a 'rígida observação dos princípios, estatutos e regras gerais da Internacional', e a ele se atribuía 'o direito de suspender ramos, seções, conselhos ou comitês federais e federações da Internacional até o próximo congresso'" (Musto, em Musto, org., 2014, p. 66).

[101] Outras propostas de expulsão, seja de membros individuais, seja de organizações, foram apresentadas e aprovadas ou rejeitadas.

[102] Ver Gabriel, 2013, p. 586; Mehring, 2013, p. 572; Musto, org., 2014, p. 68; Jones, 2017, p. 554-5; Segrillo, 2018, p. 295-6.

[103] Na preparação do Congresso de Haia, Marx exprimiu o seu desejo de afastar-se do Conselho Geral, mencionando especialmente o excesso de trabalho que o exauria e limitava o tempo disponível para a continuidade das suas pesquisas teóricas. Veja-se, por exemplo, a sua carta a De Paepe, escrita poucos meses antes do Congresso de Haia: "Mal posso aguardar o próximo congresso. Ele marcará o fim da minha escravidão: voltarei a ser um homem livre – não aceitarei mais qualquer função administrativa, quer no Conselho Geral, quer no Conselho Federal Britânico" (carta de 28 de maio de 1872 – MECW, 2010, v. 44, p. 387). Ver também a carta a Danielson, do mesmo dia, que citamos no cap. VI, nota 25, supra, bem como a dirigida a Lafargue em 21 de março de 1872 (MECW, 2010, 44, p. 347).

[104] Acompanhando os imediatos desdobramentos do congresso de 1872, Musto (em Musto, org., 2014, p. 80-1 [itálicos meus – *JPN*]) concluiu que "a causa primária da ruptura consumada em Haia não estava na antinomia entre um componente inclinado a avançar gradualmente [...] e uma outra posição intransigente e mais revolucionária, tampouco entre defensores e opositores da ação política. *O fator determinante de uma oposição tão ampla e radical ao Conselho Geral foi, em vez disso, a reviravolta demasiadamente brusca ocorrida durante a Conferência de Londres de 1871*".

[105] Como anotou Segrillo (2018, p. 299), depois de Haia Marx "ainda manteria contato com a AIT por um tempo (em especial aconselhando, por cartas, Friedrich Adolph Sorge, o novo secretário-geral do Conselho Geral em Nova Iorque), mas, pouco a pouco, passaria a se dedicar mais aos seus trabalhos teóricos [...] que aos trabalhos políticos da AIT".

[106] A 8 de setembro, à guisa do encerramento do Congresso de Haia, a Internacional promoveu em Amsterdã um grande ato público no qual Marx pronunciou o importante discurso de que se extraiu essa citação; a sua íntegra encontra-se em MECW, 2010, v. 23, p. 254-6.

[107] Hobsbawm, na conferência que já citamos, diz, a propósito da posição de Marx diante da evolução do movimento operário inglês, que Marx nunca se tornou um "fabiano" ou um "revisionista bernsteiniano": nos "meados da era vitoriana", a evidência de alteração das "suas perspectivas estratégicas e táticas" nada modificou na sua condição de "socialista revolucionário", convencido de que "a emancipação da espécie humana era possível" e fundada "no movimento proletário". Quanto à menção à "via pacífica" para o socialismo, aventada por Marx nesse pronunciamento logo após o Congresso de Haia, ele sustenta que "não era uma alternativa à revolução", nem remetia "a qualquer escolha ideal entre a violência e a não violência ou gradualismo e revolução"; relacionava-se, antes, "ao uso realista de [...] possibilidades que se apresentavam ao movimento operário ante cada situação concreta. Destas, numa democracia burguesa, o parlamento constitui, claramente, uma possibilidade fundamental" (ver Hobsbawm, 1982a, p. 104, 105-6).

Parece-me que têm o mesmo sentido as referências ao *sufrágio universal* no texto engelsiano há pouco transcrito, de fevereiro de 1871 (citado neste capítulo, nota 89, supra), dirigido ao Conselho Federal Espanhol da Internacional e também o rascunho de uma intervenção sua (em setembro de 1871) na Conferência de Londres: "As liberdades políticas, o direito de reunião e de associação e a liberdade de imprensa – estas armas são nossas. [...] Diz-se que uma ação política da nossa parte implica que aceitamos o estado de coisas existente. Pelo contrário: enquanto esse estado de coisas nos oferece os meios de protestar contra ele, nosso uso desses meios não significa que reconhecemos a ordem prevalecente" (MECW, 2010, v. 22, p. 417-8).

[108] Ver Sayer, em Shanin, org., 2017, p. 212-29; Heinrich, em Bastien e Fagundes, orgs., 2018, p. 165; o quadro reproduzido por Segrillo, 2018, p. 312-3. Na abertura da sua importante obra sobre o "último Marx", Dussel (1990, p. 26-7) apresenta dois quadros sinóticos com a cronologia da elaboração dos manuscritos marxianos para os livros II e III de *O capital*; ali vemos que neles Marx trabalhou, intermitentemente, de 1863 a 1882.

[109] No posfácio à segunda edição de *O capital*, lê-se que Tchernyschiévski era um "grande erudito e crítico russo" (Marx, 2013, p. 86). Sobre o autor do celebrado *O que fazer?* (1863), ver Randall, 1967, Woeherlin, 1971 e Pereira, 1975; acerca do seu pensamento estético, ver Lukács, 1966, p. 167-229. Do revolucionário russo há tradução ao português de *O que fazer?* (Tchernyschiévski, 2015) e de uns poucos excertos das *Cartas sem endereço* (em Shanin, org., 2017, p. 270-86).

[110] Ver, supra, cap. V, nota 10. Observemos que a generosidade do amigo de sempre não se limitou a garantir a Marx, até o fim de seus dias, os recursos para uma sobrevivência minimamente confortável: ele também ajudou os genros de Marx, Lafargue e, pontualmente, Longuet – ver Jones, 2017, p. 575-6 e Vv. Aa., 1986a, p. 335. E ao falecer, em 1895, legou às filhas de Marx uma quantia considerável (sobre o testamento de Engels, ver Mayer, 1979, p. 884-5; Vv. Aa., 1986a, p. 581-2; Gabriel, 2013, p. 758-9).

[111] Viagens de Marx foram registradas no capítulo precedente desta biografia; sobre o trato das suas condições de saúde, ver Nelson, 1999. Para detalhar a vida dos Marx naqueles anos, ver esp. Gabriel, 2013, p. 561-616, mas também Mehring, 2013, p. 483-8 e Jones, 2017, p. 566-78.

[112] O texto, em sua versão original – "Randglossen zum Programm der deutschen Arbeiterpartei" (Glosas marginais ao programa do Partido Operário Alemão) –, era destinado aos dirigentes eisenachianos (August Geib, Ignaz Auer, Bebel e Liebknecht) e foi-lhes enviado através de carta a Bracke, datada de 5 de maio de 1875, quando ainda não se sabia o nome do partido a sair do Congresso de Gotha.

O texto só foi publicado – sob o título "Kritik des Gothaer Programmans" (Crítica do Programa de Gotha) – em 1891, por iniciativa de Engels. Razões da tardia e póstuma divulgação pública desse escrito marxiano podem ser esclarecidas recorrendo-se a Mehring, 2013, p. 491 e a Vv. Aa, 1986a, p. 500-1 (além da consulta aos títulos citados no último parágrafo desta nota e na próxima). Sobre as circunstâncias da divulgação da *Crítica*, é importante considerar as cartas de Engels a Kautsky (23 de fevereiro de 1891) e a Bebel (1-2 de maio de 1891) reproduzidas em Marx, 2012 (ambas coligidas integralmente em MEW, 1968, v. 38, p. 39-41 e 89-97) – note-se que essas cartas precedem a discussão sobre o programa de Erfurt, criticado por Engels (sobre a posição de Engels quanto ao programa aprovado no Congresso de Erfurt, realizado entre 14 e 21 de outubro de 1891, ver Mayer, 1979, p. 840 e seg. e Engels, "Para a crítica do projeto de programa social-democrata de 1891", em Marx-Engels, 1979, v. III, p. 478-89).

Da *Crítica do Programa de Gotha* (MEW, 1962, v. 19, p. 15-32) existem diversas versões em português; valho-me aqui da segura e documentada edição da Boitempo (Marx, 2012), preparada/traduzida por Rubens Enderle e prefaciada por Michael Löwy.
Para diferentes abordagens do texto marxiano, ver – além de vários dos biógrafos relacionados na bibliografia – a conhecida introdução para ele redigida por Karl Korsch em 1922 (Korsch, 1970, p. 129-50). Ver também esp. Nielsen, 1986; a segunda parte de Thomas, 1994; Garo, 2009; o cap. 2 de Lebowitz, 2015; e os estudos de Peter Hudis, em Vidal et al., orgs., 2019, e de Andrew Pendakis, em Diamanti et al., orgs., 2019.

[113] As relações críticas de Marx com a social-democracia alemã (sintetizadas por Neffe, 2017, cap. 30) podem ser contextualizadas historicamente com a consulta, entre outros, a Mehring, 2013a, Pelz, 1994, Gougeon, 1996 e Deffarges, 2013 – o que também vale para as de Engels com seus camaradas alemães, sobre as quais há indicações em Henderson, 1976 e Hunt, 2010, mas especialmente em Mayer, 1979 (este indispensável biógrafo sumaria na obra indicada, às p. 625-41, elementos que também contribuem para a leitura da *Crítica do Programa de Gotha*). Aproximações diversas às discrepâncias entre Marx e Engels e seus camaradas alemães encontram-se em Vv. Aa., 1965a; Dominick III, 1982; Friedenthal, 1990; Liedman, 2018. É notável a diferença do tratamento dessas discrepâncias por um biógrafo exemplar como Mehring, 2013, p. 488-95 e autores soviéticos como Fedosseiev, org., 1983, p. 615 e seg. e Vv. Aa., 1986a, p. 347 e seg.

[114] Aqui trataremos somente da posição expressa por Marx, mas a de Engels coincide inteiramente com a do amigo – ver as cartas de Engels a Bracke (outubro de 1875) e Bebel (março e outubro de 1875), todas as três coligidas em Marx, 2012.

[115] Não nos ocuparemos aqui com as questões formais/estilísticas; observemos apenas que, de um parágrafo inteiro, Marx diz ser "defeituoso quanto ao estilo e ao conteúdo" [26]; fala de outra passagem em que se utiliza a "fraseologia de escrevinhador de jornal" [40] e assinala, noutra, a "redação desleixada" [48].

[116] De fato, Marx não publicitou o texto – coube a Engels fazê-lo, anos depois (ver, supra, neste capítulo, nota 112). Segundo o juízo de Mehring (2013, p. 491), isso se deu porque, "na prática, a unificação" de lassalleanos e eisenachianos "acabou bem e, portanto, nem Marx nem Engels tinham nada para dizer contra isso".

[117] Observe-se que, para Marx, é na "república democrática", "última forma de Estado da sociedade burguesa", "que a luta de classes será definitivamente travada" [44].

[118] Marx – vê-se nas "glosas" – sentiu-se tão perplexo quanto indignado diante do pauperismo teórico do projeto de programa, abismado com o baixo nível de conhecimento de que os eisenachianos estavam dando provas. Não é improvável que Mehring tivesse alguma razão ao escrever que, "nas questões teóricas, ambas as facções [lassalleanos e eisenachianos] estavam mais ou menos no mesmo nível e, se havia alguma diferença, era favorável aos lassallistas. [...] *A verdade é que ambas as facções estavam ainda bem longe de um socialismo científico como o fundado por Marx e Engels*. Eles [os membros das duas facções] mal vislumbravam o método histórico materialista e o modo capitalista de produção era ainda um mistério para eles" (Mehring, 2013, p. 491 [itálicos meus – *JPN*]). Porém, é surpreendente o que esse biógrafo escreve na mesma página: "O esboço do programa de unidade não teve objeções da facção de Eisenach, *enquanto um congresso de trabalhadores que aconteceu na Alemanha ocidental e composto quase que exclusivamente de lassallistas o submeteu a uma crítica que era em muitos aspectos similar àquela feita por Marx algumas semanas depois*" [itálicos meus – *JPN*].

[119] A relação produção/distribuição está presente no projeto de programa e é nele falsamente equacionada, porque a distribuição é convertida em "algo essencial", recebendo o "acento principal" [32]. Veja-se a sintética e límpida argumentação de Marx, exemplar da sua importância teórico-metodológica e política: "A distribuição dos meios de consumo é, em cada época, apenas a consequência da distribuição das próprias condições de produção [...]. O modo de produção capitalista [...] baseia-se no fato de que as condições materiais de produção estão dadas aos não trabalhadores sob a forma de propriedade do capital e de propriedade fundiária, enquanto a massa é proprietária somente da condição pessoal de produção, da força de trabalho. Estando assim distribuídos os elementos da produção, daí decorre por si mesma a atual distribuição dos meios de consumo. Se as condições materiais de produção fossem propriedade coletiva dos próprios trabalhadores, então o resultado seria uma distribuição dos meios de consumo diferente da atual. O socialismo vulgar (e a partir dele, por sua vez, uma parte da democracia) herdou da economia burguesa o procedimento de considerar e tratar a distribuição como algo independente do modo de produção e, por conseguinte, de expor o socialismo como uma doutrina que gira principalmente em torno da distribuição" [32-3].

[120] Marx observa que a adoção do programa, tal como formulado no projeto, haveria de mostrar "que as ideias socialistas não penetraram nem sequer a camada mais superficial de sua pele, quando considera o Estado um ser autônomo, dotado de seus próprios '*fundamentos espirituais, morais, livres*', em vez de afirmar a sociedade existente (e isso vale para qualquer sociedade futura) como *base* do *Estado* existente (ou futuro, para uma sociedade futura)" [42] – e não perde a oportunidade para sublinhar que, "apesar de toda sua estridência democrática, o programa está totalmente infestado da credulidade servil no Estado que caracteriza a seita lassalleana" [46]. Aliás, no seu prefácio à edição da *Crítica do Programa de Gotha* a que estamos recorrendo, Löwy enfatiza justamente o *antiestatismo* de que Marx dá provas nas suas "glosas" – ver, em Marx, 2012, as p. 11-2.
A propósito do *antiestatismo* de Marx, cabe lembrar que ele não se confunde com aquele que é próprio da tradição anarquista. Lênin (2010, p. 133) esclareceu didaticamente: "A distinção entre os marxistas e os anarquistas consiste nisto: 1º) os marxistas, embora propondo-se à destruição completa do Estado, não a julgam realizável senão depois da destruição das classes pela revolução socialista, como resultado do advento do socialismo, terminando na extinção do Estado; os anarquistas querem a supressão completa do Estado, de um dia para o outro, sem compreender as condições que a tornam possível; 2º) os marxistas proclamam a necessidade de o proletariado se apoderar do poder político, destruir totalmente a velha máquina do Estado e substituí-la por uma nova, consistindo na organização dos operários armados, segundo o tipo da Comuna; os anarquistas, reclamando a destruição da máquina do Estado, não sabem claramente pelo que o proletariado a substituirá nem que uso fará do poder revolucionário, pois repudiam qualquer uso do poder político pelo proletariado e negam a ditadura revolucionária do proletariado; 3º) os marxistas querem preparar o proletariado para a revolução; utilizando-se do Estado moderno; os anarquistas repelem essa maneira de agir". Numa passagem anterior dessa mesma obra (trata-se de *O Estado e a revolução*), ele já tematizara a questão (Lênin, 2010, p. 80-4).

[121] Nesse ponto, Marx é puramente assertivo: "No que diz respeito às atuais sociedades cooperativas, elas *só* têm valor na medida em que são criações dos trabalhadores e independentes, não sendo protegidas nem pelos governos nem pelos burgueses" [41; enfatize-se que o itálico figura no original].

[122] Marx esclarece que, do *produto social total*, há que deduzir:

1. os recursos para substituir os meios de produção consumidos;
2. a parte adicional para expandir a produção;
3. um fundo de reserva (para cobrir acidentes, prejuízos causados por fenômenos naturais etc.).

Tais deduções "são uma necessidade econômica e sua grandeza deve ser determinada de acordo com os meios e as forças disponíveis, em parte por cálculo de probabilidades, porém elas não podem de modo algum ser calculadas com base na justiça" [28]. Do que restar para o consumo, ainda há que deduzir:

1. os custos gerais da administração (que não entram diretamente na produção) – estes se reduzirão à medida que se avance na construção da sociedade futura (comunista);
2. os custos do que serve à satisfação das necessidades coletivas (escolas, serviços de saúde etc.) – estes crescerão significativamente na sociedade futura;
3. os fundos que cobrem os serviços aos incapacitados para o trabalho (o que hoje forma a chamada assistência pública à população).

Só então o saldo poderá ser repartido entre os produtores tomados individualmente [28-9].

[123] Vimos, na última seção do cap. IV deste livro – no corpo do texto e nas notas respectivas –, elementos que permitem clarificar a concepção que Marx tem de *ditadura* e de *ditadura do proletariado*. Para verificar mais detalhadamente a relação, em Marx, entre *ditadura do proletariado* e *democracia*, ver a substantiva contribuição oferecida por Draper, 1977-1990 (esp. 1986, v. 3).

[124] Nas "glosas", Marx não se detém nos meios pelos quais o proletariado pode conquistar a supremacia política – a posição por ele explicitada no seu discurso em Amsterdã, referido há pouco (ver, supra, neste capítulo, nota 106), seguramente deve ser tomada como a expressão definitiva do seu pensamento a respeito dessa questão.

[125] Talvez seja óbvio observar que a extinção do Estado, na perspectiva de Marx (e de Engels), não significa a inexistência, na sociedade comunista, de instrumentos de controle da gestão da vida social e de parâmetros de conduta para os indivíduos. Significa que, como meio de dominação política (de classe), a ação estatal será superada por uma administração acessível a todos os membros da sociedade e as normas para a conduta individual perderão seu caráter repressivo (quanto a este último aspecto, ver os comentários que a leniniana *teoria do hábito* mereceu de Lukács, 1987, p. 66-71).

[126] No século XX, a distinção marxiana entre a "primeira fase" e a "fase superior" do comunismo passou a denotar, na tradição marxista, a distinção entre *socialismo* e *comunismo* – tal como comparece em Lênin, 2010.

[127] No seu prefácio já citado à ed. bras. da *Crítica do Programa de Gotha*, Löwy – marxista do mais alto nível e referência do ecossocialismo (ver, supra, cap. V, nota 108) –, comentando esse passo do texto marxiano, anota: "Se o conceito de 'abundância' parece problemático do ponto de vista dos limites naturais do planeta, o de 'necessidade' é mais apto a uma definição sociocultural que foge das ciladas da infinitude" (em Marx, 2012, p. 11). A notação de Löwy é representativa de uma modalidade de crítica ao *prometeísmo* atribuído a Marx por muitos autores; há, porém, várias posições marxistas contrastantes com essa linha de crítica: por exemplo, a formulada por Foster, 2005, p. 190 e seg. (ver também Foster e Burkett, 2016).

[128] Já vimos a observação de Anderson sobre os juízos históricos de Engels (ver, supra, neste capítulo, nota 29); no caso do projeto de programa de Gotha, porém, Engels se equivocou redondamente ao julgar a possibilidade da sua vigência – após examiná-lo, eis o que escreveu

em carta a Bebel de 18-28 de março de 1875 (em Marx, 2012, p. 58 [itálicos meus – *JPN*]): "Estou convencido de que uma unificação sobre essa base *não durará sequer um ano*".

VIII. Os anos derradeiros (1876-1883)

1   Quanto a outros estudiosos que retomaram tal imagem, ver Musto, 2018c, nota 39.
    Sobre a vida de Marx e algo da sua atividade intelectual entre meados dos anos 1870 e a data de seu falecimento, ver esp. Rubel, 1991, p. 151 e seg.; Cottret, 2010, cap. 22; Gabriel, 2013, p. 597-667; Sperber, 2014, p. 517 e seg.; Jones, 2017, p. 601 e seg; Neffe, 2017, cap. 32.

2   Não é possível, nos limites desta biografia, examinar esse papel (que a sua autoridade teórica e política acabou por lhe conferir), desempenhado por Marx especialmente a partir da segunda metade dos anos 1870 e que se verifica na sua correspondência (MEW, 1966, v. 33 e v. 34; MEW, 1967, v. 35), nos seus contatos com militantes socialistas e nos testemunhos e na memorialística de vários deles.
    Sobre esse papel, assumido posteriormente por Engels, um biógrafo brasileiro destaca que, "apesar de em sua última década de vida Marx não ter mais atuação política formal direta, continuava influenciando a política socialista pelo mundo por meio de sua correspondência (dando conselhos, trocando ideias) com líderes políticos, ativistas e revolucionários socialistas"; em seguida, depois de arrolar várias dessas figuras, o biógrafo conclui corretamente que, depois do fim da Internacional, "Marx influenciou a recriação do movimento operário e, principalmente, a construção dos partidos social-democratas pela Europa" (Segrillo, p. 2018, p. 323). Sobre isso, ver também Fedosseiev, org., 1983, p. 645 e seg.; Rubel, 1991, p. 151 e seg.; Sayer, em Shanin, org., 2017, p. 203 e seg.
    Observe-se que, ademais do partido alemão constituído em Gotha, ainda em vida de Marx surgiram (sob diferentes influxos socialistas) organizações de corte social-democrata, processo que ele acompanhou com olhos atentos e críticos: foi o caso de Portugal (1875), Dinamarca (1876), Estados Unidos (1877), Suíça (1877), México (1878), Hungria (1878), Bélgica (1879), Espanha (1879), Suécia (1881), Inglaterra (1881), Holanda (1882) e França (1882). De fato, esse processo ganhou mais densidade após o falecimento de Marx – como foi registrado, "os doze anos decorridos entre a morte de Marx [1883] e a de seu amigo [Engels, 1895] testemunharam o desenvolvimento, pela primeira vez na história europeia, de um movimento trabalhista de massa. Dezenove partidos socialistas e trabalhistas foram fundados na Europa entre os anos de 1880 e 1896, somados a federações de sindicatos em âmbito nacional. Tais grupos contavam, literalmente, com milhões de seguidores" (Sperber, 2014, p. 527).

3   Sabe-se dessa *boutade* de Marx não por ele mesmo, mas pela correspondência de Engels, tanto privada (cartas a Bernstein, 2-3 de novembro de 1882, e a Schmidt, 5 de agosto de 1890 – ver MEW, 1967, v. 35, p. 388 e MECW, 2010, v. 49, p. 7) quanto pública (carta à redação do *Der Sozialdemokrat*, 7 de setembro de 1890 – ver MECW, 2010, v. 27, p. 70). Para contextualizar a tirada irônica, que nada contém de autocrítica, ver Rubel, 1974 [2000, p. 50-1] e também Segrillo, 2018, p. 326-7.
    Outro episódio desses mesmos anos diz respeito a Longuet e a Lafargue, seus genros; na sequência da fundação do Partido Operário Francês (setembro de 1882), Marx perdeu a paciência com eles e desabafou, em carta a Engels de 11 de novembro de 1882: "Longuet é o último proudhoniano e Lafargue é o último bakuninista – que o diabo os carregue!" (MEW, 1967, v. 35, p. 110).

4   A proibição médica (que Marx relata à filha Jenny em carta de 7 de dezembro de 1881 – MEW, 1967, v. 35, p. 240) era procedente: "O outono e o inverno daquele ano foram especialmente cruéis. A bronquite de Karl [Marx] agravou-se de tal maneira que ele não conseguia levantar-se da cama" (Jones, 2017, p. 620). Somente nos últimos dias que precederam a morte da companheira ele pôde estar ao pé do seu leito.

5   A observação, que Eleanor compartilhou com Liebknecht, foi registrada por este nas suas memórias (publicadas originalmente em 1896 – Liebknecht, 1975, p. 159) e é evocada por Gabriel, 2013, p. 647, Sperber, 2014, p. 519 e Jones, 2017, p. 620.
Relatos concernentes à morte de Jenny comparecem em Teusch, 2011, Limmroth, 2014 e Ambrosi, 2015. Gabriel (2013, p. 644-7) dela oferece uma notícia breve, informando que a cerimônia fúnebre foi discreta e simples – e a tumba, modesta e situada numa área para não cristãos, coberta apenas por uma laje.
Em 1956, por iniciativa do então Partido Comunista da Grã-Bretanha, o túmulo – em que também jaziam, além de Jenny e Marx, mais membros da família (inclusive Helene Demuth) – foi transferido para outra aleia do cemitério e ergueu-se o conhecido monumento que exibe uma enorme cabeça de Marx, em bronze e apoiada em granito, que continua atraindo a presença de intelectuais, estudantes e trabalhadores e trabalhadoras de todas as partes do mundo. O monumento – repetidamente vandalizado por fascistas e militantes do *National Front* inglês – é obra do escultor comunista Laurence Bradshaw (1899-1978). Registre-se uma ironia (ou uma lição) da história: entre os milhares de visitantes anuais do túmulo de Marx, poucos raramente notam que em frente a ele repousa, em seguro e merecido esquecimento, Herbert Spencer.

6   Também foram para a nova casa "três cães muito amados por Marx – Toddy, Whisky e um terceiro, cujo nome não nos chegou" (Musto, 2018c, p. 25).
Engels, da sua transferência para Londres (1870) a 1894, residiu na Regent's Park Road, n. 122; dada a proximidade com as casas habitadas pela família Marx na Maitland Park Road, podia visitar o amigo praticamente todos os dias, caminhando apenas cerca de um quilômetro. Em outubro de 1894, ele mudou-se para uma área nova (Primrose Hill), ao norte do Regent's Park, onde faleceu a 5 de agosto de 1895.
Na Maitland Park Road, n. 41, o gabinete de trabalho de Marx – conforme a descrição de Lafargue – situava-se "no primeiro pavimento […]. A larga janela, por onde penetrava abundante luz, dava para o jardim. De um e outro lado da lareira, de frente para a janela, estavam as estantes repletas de livros, pacotes de jornais e manuscritos. […] De um dos lados da janela, viam-se duas mesas com papéis, livros e jornais. No centro do gabinete, na parte mais iluminada, havia uma escrivaninha singela, de um metro de comprimento por setenta centímetros de largura e uma poltrona de madeira. Entre estas e as estantes, via-se um divã de couro, que Marx utilizava para descansar de quando em quando. Sobre a lareira, havia também livros […], retratos de suas filhas, de sua companheira, de Wilhelm Wolff e de Engels" (Lafargue, 2018, p. 348; tradução modificada segundo a versão contida em Vv. Aa., 1958 [*JPN*]).
Sobre a biblioteca pessoal de Marx, ver MEGA², 1999, v. IV/32, com introdução de Hans-Peter Harstick et al.

7   Nesta biografia, nossa atenção focou principalmente Marx; para anotações detalhadas sobre as condições da saúde das mulheres da família, além dos textos citados no segundo parágrafo da nota 5, neste capítulo, supra, ver esp. Kapp, 1972-1976, Meier e Evans, orgs., 1984 e Holmes, 2014.

[8] Também a partir de 1877, a segunda companheira de Engels, Lydia ("Lizzy") Burns (com quem Jenny Marx mantinha relações muito amistosas), viu comprometida a sua saúde, que se agravou muito depois de julho de 1878, levando-a a óbito a 12 de setembro. Recordando anos depois aquela com quem viveu maritalmente por cerca de três lustros, Engels escreveu a Julie Bebel (1843-1910), esposa de August Bebel, que ela tinha "autêntico sangue proletário irlandês [e um] sentimento apaixonado pela sua classe" e que, "em todos os momentos críticos, apoiou-me muito mais do que poderiam fazê-lo a finura de espírito e a esperteza das filhas de burgueses 'sempre educadas' e 'sempre sensíveis'" (carta de 8 de março de 1892 – MEW, 1968, v. 38, p. 298).
Registre-se que, à diferença do que se passara quando da morte de Mary Burns (ver, supra, cap. III, nota 31), Marx mostrou-se imediatamente solidário para com Engels, interrompendo uma estadia fora de Londres para acompanhá-lo no funeral de Lizzy.

[9] Ver, supra, cap. VI, nota 30 e a carta de Marx a Danielson de 19 de fevereiro de 1881 (MEW, 1967, v. 35, p. 154). Jennychen e Longuet tiveram seis filhos (cinco meninos, um dos quais morreu muito cedo, e uma menina). Os três filhos de Laura e Paul Lafargue, que haviam se casado em 1868, faleceram na infância. Eleanor não deixou filhos. Sobre a descendência de Marx-Jenny, ver o quadro oferecido por Bruhat, 1973, p. 10-1; "Freddy", o filho de Helene Demuth, não é referido nele.
A relação de Marx (e de Jenny) com os netos foi sempre amorosa e intensa, conforme testemunharam frequentadores da sua casa (vejam-se as lembranças de Liebknecht, de Bebel e do próprio Lafargue); a privação do convívio com eles, seja por morte ou afastamento geográfico, abatia profundamente o ânimo do "Velho Nick". Esse traço do comportamento afetivo de Marx com os netos não pôde ser escamoteado nem mesmo por autores desinteressados em oferecer dele um retrato verdadeiro – por exemplo, Giroud, 1996, p. 198, 212. Aliás, esta senhora reconhece a "estranha relação" que Marx "sempre teve com as crianças, *todas as crianças*. [Ele] sabe falar com elas, brincar. Ele as adora e elas sabem disso" (ibidem, p. 178 [itálicos meus – *JPN*]); nisso, ela apenas corrobora o depoimento de Liebknecht, resumido por Gabriel, 2013, p. 625, sobre a atitude de Marx ainda nos tempos dos primeiros anos do exílio londrino: "Liebknecht lembraria que nos anos passados no Soho, quando a própria família não tinha nada, Marx muitas vezes saía no meio de uma conversa quando via uma criança abandonada na rua. Embora vivesse sem dinheiro, se tivesse um centavo, ou meio centavo que fosse, ele punha na mão da criança. Se seu bolso estava vazio, oferecia consolo falando delicadamente com a criança e fazendo carinhos na cabeça dela".

[10] Vale transcrever a passagem em que Gabriel (2013, p. 641) se refere a essa visita: "Marx e Jennychen levaram-na para passear pela grande metrópole onde outrora ela [Jenny] havia sido muito feliz. Passearam em carruagem aberta pelos bulevares que não existiam em 1849, pelo que Marx chamou de uma eterna quermesse com toda sua glória multicolorida. Perto do cinza londrino, Paris *era* um carnaval de cores. Jenny flutuou através da cidade, em ondas opiáceas, e ficou tão contente de voltar ali que quis beber um café – e assim fizeram os três, sentando-se do lado de fora a uma mesa pequena, participando outra vez da vida das ruas parisienses. Por um momento, Marx e Jenny talvez tenham se imaginado jovens outra vez, ele um filósofo de cabelos negros convertido em revolucionário, ela uma beldade de Trier, ambos ávidos por desafiar o mundo. Agora eram apenas dois velhos, indiscerníveis de milhares de outros, ele parrudo e grisalho, ela encurvada e frágil. O que não havia mudado era a paixão daqueles dois jovens do passado. Anos antes, eles haviam se cumprimentado pela primeira vez e nunca mais conseguiram

desviar o olhar um do outro. Em breve, ambos sabiam, teriam de se despedir em definitivo. Mas naquele momento, por um instante apenas, foi como se fossem durar para sempre".

[11] Para que se avalie o sofrimento físico de Marx no período crítico da enfermidade de Jenny, considere-se o que ele escreveu, menos de uma semana depois da morte da mulher, à filha que estava em Argenteuil: "Tenho ainda que passar iodo no peito e nas costas, o que, feito seguidamente, produz uma inflamação bem dolorosa na pele. Mas essa operação [...] me ajuda muito neste momento" (carta a Jenny Longuet, 7 de dezembro de 1881 – MEW, 1967, v. 35, p. 240).

[12] Tanto Gabriel quanto Wheen, que já referira o mesmo fato (Wheen 2001, p. 344-5), mencionam a carta de Marx a Sorge, de 15 de dezembro de 1881, em que ele anota que "o mais importante para mim foi que recebi esse número [da publicação] em 30 de novembro, para que minha querida esposa fosse animada nos últimos dias de sua vida" (MEW, 1967, v. 35, p. 249).
Acerca de duas dentre as primeiras ressonâncias de *O capital* na Inglaterra (contando o texto de Bax), ver Musto, 2018c, p. 95-6; sobre Belfort Bax (1854-1926) e sua evolução como o publicista relevante que veio a ser, ver Cowley, 1992.

[13] Liebknecht, que conheceu a vida nas casas dos Marx desde o início dos anos 1850, oferece a esse respeito testemunhos preciosos e verazes (Liebknecht, 1975). Foram igualmente justas, quanto ao protagonismo próprio de Jenny, as palavras que Engels pronunciou no seu funeral: "A contribuição desta mulher, de inteligência crítica tão aguda e de tamanha sensibilidade política, de personalidade enérgica e apaixonada, tão dedicada aos camaradas na luta – a sua contribuição para o movimento por quase quarenta anos não é de domínio público, não aparece nos anais da imprensa contemporânea. É algo de que tomamos conhecimento pessoalmente. Mas estou certo de que, assim como as esposas dos refugiados da Comuna dela sempre se lembrarão, também todos nós sentiremos a falta dos seus conselhos animadores e prudentes, discretos porém corajosos" (MEW, 1962, v. 19, p. 292).

[14] Entre os muitos visitantes desta última casa, recordem-se, aleatoriamente, o economista ucraniano Nikolai Ziber (1844-1888), os russos Nikolai Kablukov (1849-1919), Maksim Kovalévski e Leo Hartmann (1850-1908), o francês Paul Brousse (1844-1912), o inglês Henry Hyndman (1842-1921) e os alemães Carl Hirsch (1841-1900), Karl Kautsky, August Bebel e Eduard Bernstein. Todos eram recebidos com cortesia, mas o desenvolvimento posterior de simpatias naturalmente variava – por exemplo, de Kautsky, mais tarde um corifeu da social-democracia (ver Steenson, 1978; Salvadori, 1979; Waldenberg, 1980), Marx não guardou boas impressões, e com Hyndman, que depois influenciou o movimento operário e socialista da Inglaterra, a relação durou pouco, rompida que foi em meados de 1881 (sobre essa ruptura, ver Bottigelli, 1961, Wheen, 2001, p. 342-4 e Musto, 2018c, p. 91-4; acerca de Hyndman, ver Tsuzuki, 1961 e Hobsbawm, 1961).

[15] Em meados de 1876, Jenny confidenciava a Johann Philipp Becker que, para os velhos, "tudo fica mais rápido, o tempo passa voando [...]. É triste deixar de ser jovem" (carta redigida entre 16 e 20 de agosto de 1876 – MEW, 1966, v. 34, p. 520). Quanto a Marx, pensando no que prospectava ser uma nova fase ascendente do movimento operário, ele lamentava, uns poucos meses antes de a mulher falecer, que "é muito ruim estar velho o bastante para só prever, ao invés de ver" (carta a Jenny Longuet, 29 de abril de 1881 – MEW, 1967, v. 35, p. 186).

[16] Sobre a passagem de ano de 1875 a 1876, ver Gabriel, 2013, p. 613.

O Dogberry Club – o nome remete a um personagem da comédia (provavelmente de 1559) de Shakespeare *Muito barulho por coisa nenhuma* (Shakespeare, 1969, p. 255-314) – não merece grande atenção dos biógrafos de Marx, à diferença das biógrafas de Eleanor (como as já citadas Kapp e Holmes). O Dogberry Club surgiu na segunda metade dos anos 1870, quando Eleanor, revelando o seu vivo interesse pelo teatro, filiou-se à *New Shakespeare Society* (Nova Sociedade Shakespeareana), fundada em 1873 (Marshall, org., 2015), e através dela aproximou-se de figuras como George Bernard Shaw (1856-1950), ao qual se vincularia por firmes laços de amizade (Stokes, org., 2000). O "clube" era um grupo informal de estudo e leitura de Shakespeare, constituído por companheiros(as) de Eleanor, que se reunia com frequência na Maitland Park Road, n. 41, com a principal presença de Marx, mas também de Jenny e de Engels e, eventualmente, de outros amigos; Marx o menciona rapidamente em carta a Jenny Longuet de 11 de abril de 1881 (MEW, 1967, v. 35, p. 178).

A admiração de Eleanor por Shakespeare vinha da infância (sabemos que Marx – ver, supra, cap. II, nota 95 e cap. IV, nota 78 – educou as filhas cultivando o amor pela sua obra, dentre outros clássicos) e tornou-se uma paixão na vida adulta: em agosto de 1887, ela fez questão de viver semanas na cidade natal do bardo (Stratford-upon-Avon).

Observemos, *en passant*, que o profundo apreço por Shakespeare não era a única afinidade expressiva a unir Marx e Eleanor, pois eles compartilhavam inúmeros *traços de caráter*: Marx afirmava que, se Jennychen era a filha mais *parecida* com ele, Eleanor *era* ele; e Tussy reconheceu, em 1887, que, "quanto a meu pai, nossa natureza era absolutamente igual" (ver Gabriel, 2013, p. 504 e 693; já antes, Wheen, 2001, p. 328 registrara a frase de Marx e o reconhecimento de Tussy).

[17] São inúmeras as provas da continuidade da *atividade política* de Marx (mesmo que informal, no sentido de representação orgânico-partidária) *após* o Congresso de Haia – algumas já aludidas em páginas anteriores desta biografia (ver, por exemplo, supra, o terceiro parágrafo da nota 64, cap. VI e os dois primeiros da nota 2, neste capítulo, além da sua intervenção na questão do Programa de Gotha) e outras a serem mencionadas adiante (como a sua interferência no partido social-democrata alemão quando da crise subsequente à adoção da legislação antissocialista de Bismarck).

Há também provas inequívocas de que Marx não se restringiu aos limites do "microscópico". Carece-se aqui de espaço para detalhar as *atividades públicas* em que ele se envolveu; lembremos, todavia, algumas (apenas as mais expressivas) delas: a 7 de fevereiro de 1876, discursa em evento político na Associação Cultural dos Trabalhadores Alemães (ver, supra, cap. III, nota 34); durante a Guerra Russo-Turca (1877-1878), faz campanha pela imprensa contra a política pró-russa de Gladstone, publica cartas em jornais norte-americanos e autoriza Liebknecht a incluir fragmentos seus no panfleto *A questão oriental ou A Europa se tornará cossaca?* (fevereiro de 1878); em 1878, denuncia, em cartas à imprensa, a legislação antissocialista de Bismarck; em novembro de 1880, através de carta pública, associa-se às celebrações (Genebra) pela passagem do cinquentenário da Revolução Polonesa; em março de 1881, juntamente com Engels, envia uma comunicação escrita ao ato público (Londres) em comemoração ao décimo aniversário da Comuna de Paris.

[18] Na primeira consulta de Marx ao dr. Gumpert, em Manchester, em meados de 1872 (ver, no cap. VI, a segunda seção), o médico – que já então lhe sugerira uma estadia em Karlsbad, que, como relatamos, ele visitou somente a partir de 1874 – recomendou-lhe não só a mudança dos hábitos alimentares e a prática de atividades físicas, mas ainda a limitação/redução das horas que dedicava ao trabalho, exigindo também que não avançasse nele noites adentro. Marx

praticamente ignorou tais recomendações – e esse comportamento obviamente teve efeitos prejudiciais, imediatos e futuros, sobre a sua saúde.

[19] Insistamos: o trabalho de Marx na elaboração de *O capital* prosseguiu, intermitente, até 1881--1882 – ver não só as indicações referidas no cap. VII, nota 108, supra, mas ainda os comentários (constantes no cap. VI, supra) sobre a cronologia dos materiais contidos nos livros II e III.

[20] Segundo outro estudioso, o total de textos listados sobre a Rússia chegava "perto de 200 títulos" (Sayer, em Shanin, org., 2017, p. 241).
Os *zemstvos* eram formas de autoadministração local sob a égide da nobreza nas províncias centrais da Rússia tsarista, criadas após 1861; sua competência limitava-se às questões puramente locais e eram subordinadas ao Ministério do Interior. Como se sabe, as estatísticas dos *zemstvos* constituíram uma importante fonte a que Lênin recorreu amplamente para a redação da sua primeira grande obra, sobre o desenvolvimento do capitalismo na Rússia (Lênin, 1982a).

[21] Na primavera de 1877, ele anotou, como consequência da crise de 1873, que "a produção industrial e o grande comércio estão cada vez mais na dependência dos bancos, dos grandes capitalistas" (citado em Fedosseiev, org., 1983, p. 632) e, em 1880, sugeriu a Lafargue, então ocupado com o sistema bancário francês, que levasse em conta o problema da *exportação de capitais* (idem).

[22] Em setembro de 1881, em simultâneo com uma Exposição Internacional de Eletricidade, em Paris, realizou-se um Congresso Internacional da Eletricidade. Através de um trabalho do engenheiro francês Édouard Hospitalier (1852-1907), Marx tomou conhecimento das experiências de Marcel Deprez (1843-1818) relativas a linhas de transporte de energia elétrica a longa distância, replicadas, no ano seguinte, na Exposição Eletrotécnica de Munique. Marx logo se interessou pelas possibilidades abertas pela experimentação de Deprez (ver a sua carta a Engels, 8 de novembro de 1882 – MEW, 1967, v. 35, p. 104). Sobre a importância de Deprez na história da eletricidade industrial, ver Cardot e Caron, orgs., 1991 e o verbete de R. Girolamo em INRP, 1994.

[23] "Randglossen zu Adolph Wagners *Lehrbuch der politischen Ökonomie*" – MEW, 1962, v. 19, p. 355-83; em português: "Glosas marginais ao *Manual de economia política* de Adolph Wagner" (Marx, 2017c).
Wagner, economista adepto de Rodbertus (objeto de crítica de Engels – ver Hecker, 2008), foi um dos mais representativos acadêmicos alemães dentre os "socialistas de cátedra", ao lado de Gustav von Schmoller e Lujo Brentano. Politicamente ativo (membro do Partido Social--Cristão), Wagner contribuiu na legitimação das políticas de Bismarck; sobre ele, há elementos em Alcouffe e Diebolt, orgs., 2009 e em Faccarello e Kurz, orgs., 2016.
Marx, que em 1870 já incluía Wagner entre os "medalhões professorais alemães" (carta a Kugelmann, 27 de junho de 1870 – Marx, 1969, p. 276), em 1873 qualifica-o como "reacionário" (carta a Danielson, 22 de março de 1873 – MEW, 1966, v. 33, p. 577). Não há dúvidas de que o pensamento de Wagner abriga tendências antissemitas e xenófobas; não por acaso, uma historiadora norte-americana (Clark, 1940) chegou a relacionar, num estudo muito discutido, as ideias dele às do fascismo alemão.
Sobre as glosas de Marx a Wagner, ver Athar Hussain em Elson, org., 1979, Ehrbar, 2010 e, no Brasil, Alves, 2009 e 2012.

[24] No cap. VI, nota 64, supra, tangenciamos o contributo marxiano aos socialistas franceses; para informes sobre tais intervenções ver, no tocante a Marx, Fedosseiev, org., 1983, p. 657-73 e, quanto a Engels, Vv. Aa., 1986a, p. 455-79 e 496-527.

Note-se que ambos, nos anos 1880 – de modo compreensivelmente diverso, dada a expansão do "mundo socialista" naqueles mesmos anos (ver Joll, 1976, cap. 1) –, manifestaram-se sobre a possibilidade de construção de uma nova Internacional. Marx, no início da década de 1880, deixou clara a sua posição na carta já citada a Nieuwenhuis, em fevereiro de 1881 (ver cap. VII, nota 64, supra): "Estou convencido de que ainda não existe a conjuntura crítica para [a criação de] uma nova Associação Internacional dos Trabalhadores" (MEW, 1967, v. 35, p. 161). No fim da mesma década, Engels considerou propícia a conjuntura para a realização do congresso que, em Paris, em julho de 1889, abriu o caminho para a constituição da Internacional Socialista (a chamada Segunda Internacional) – ver Vv. Aa., 1986a, p. 486-89.

Registre-se também, no período de que agora nos ocupamos, a preocupação de Marx com os relatos distorcidos que, sobre a história da AIT, vinham sendo publicitados por alguns de seus antigos membros. Se em carta a Matilda Betham-Edwards, de 14 de julho de 1875, já advertia sobre a versão apresentada pelo proudhoniano E. Fribourg (MEW, 1966, v. 34, p. 147), três anos depois ele mesmo rebateu a narrativa de George Howell, contestando-a no artigo "A história da Associação Internacional dos Trabalhadores, do sr. George Howell", publicado em 4 de agosto de 1878 (*The Secular Chronicle* [A Crônica Secular] – reproduzido em MEW, 1962, v. 19, p. 142-7).

[25] Marx analisará a natureza e o significado da legislação patrocinada por Bismarck na entrevista que concedeu, em dezembro de 1878, ao jornal norte-americano *The Chicago Tribune* (A Tribuna de Chicago), publicada na sua edição de 5 de janeiro de 1879 (reproduzida em MEW, 1966, v. 34, p. 508-16). Entrementes, já com as atas parlamentares do seu debate em mãos (setembro de 1878), ele imediatamente compreendeu o seu sentido: tratava-se de uma "lei de exceção" destinada a "privar o movimento social-democrata de qualquer aparência de legalidade", como logo escreveu a Engels, que estava fora de Londres (carta de 17 de setembro de 1878 – ibidem, p. 77). Na última semana de setembro de 1878, Marx esboçou o que deveria ser um artigo de jornal – que não concluiu. Durante o debate parlamentar, o ministro do Interior (o príncipe Felipe de Eulenburg) referiu-se à "tendência de Marx", aproximou-a do anarquismo e aludiu ao emprego da violência pela social-democracia em busca do seu objetivo. No seu esboço, Marx afirma: "O nosso objetivo é a emancipação da classe operária e a transformação social que ela implica. Um desenvolvimento histórico não pode prosseguir 'pacificamente' se encontra obstáculos violentos por parte dos detentores do poder da sociedade. Se, por exemplo, na Inglaterra e nos Estados Unidos, a classe operária detivesse um dia a maioria no Parlamento ou no Congresso, poderia suprimir por via legal as leis e as instituições [...]. No entanto, o movimento 'pacífico' poderia se transformar em 'violência' se os interessados no antigo estado de coisas se rebelassem"; já linhas antes Marx anotara que a legislação defendida pelo ministro expressava a "reação violenta por parte dos detentores do poder contra um desenvolvimento que se encontra numa 'etapa pacífica'" ("Konspekt der Reichstagsdebatte über das Sozialistengesetz" [Conspecto do debate do Reichstag sobre as leis antissocialistas], ibidem, p. 498-9).

[26] É o que se verifica nas referências pertinentes contidas em biógrafos de Marx – por exemplo, Fedosseiev, org., 1983, Mehring, 2013, Sperber, 2014 e Liedman, 2018 – e de Engels – por exemplo, Henderson, 1976, v. II e Vv. Aa., 1986a –, mas também em trabalhos de escopo mais amplo – por exemplo, Williamson, 1986 e Deffarges, 2013 – ou de abordagens mais específicas – por exemplo, Engelberg, 1959.

[27] Mas, desde já, em relação aos estudos/pesquisas relevantes de Marx nesse período, além dos principais biógrafos citados até aqui, arrole-se uma curta e muito diferenciada nominata de autores

que se ocuparam dessa produção marxiana: Lawrence Krader, na sua introdução a Marx, 1974a; Aricó, 1980; Dussel, 1990; Kohan, 2007; Anderson, 2010; Michael Löwy, na sua apresentação a Marx-Engels, 2013; Shanin, org., 2017; Tible, 2018; Musto, 2018c; Lindner, org., 2019. Observe-se – sem desenvolver esse ponto, dados os limites desta biografia – que vários dos textos mencionados têm sido objeto de crítica: por exemplo, o de Aricó foi questionado por Miranda, 2016; o de Anderson, por Araujo, 2018; a recente reedição do de Shanin, por Elia, 2019.

28 A datação do esboço é objeto de discussão – segundo Wada, é mais provável que ele tenha sido preparado no fim de 1878. A hipótese de Wada encontra-se no ensaio já citado no cap. VII, nota 20, supra (disponível em Shanin, org., 2017, p. 75-117), em que ele perquire tanto o esboço aqui em questão quanto os rascunhos da carta de Marx a Vera Zasulitch a que nos referiremos mais adiante.
A carta de que o esboço seria o rascunho nunca foi encaminhada à revista russa que a deveria publicar. Encontrado o esboço (ver Marx-Engels, 1953a, p. 365-8) no espólio marxiano, Engels providenciou cópias para que revolucionários russos o conhecessem e divulgassem, o que foi feito na imprensa clandestina entre 1885-1886, com a primeira tradução russa (de Danielson) só circulando legalmente em outubro de 1888. Vertido ao alemão, o esboço saiu em órgão da imprensa alemã nos Estados Unidos em maio de 1887 e, em seguida, em junho do mesmo ano, em Zurique (no periódico *Der Sozialdemokrat*). Em maio de 1902, o parisiense *Mouvement Socialiste* (Movimento Socialista) publicou a versão original.
No Brasil, o esboço teve pelo menos duas traduções: ver Marx-Engels, 2013, p. 64-9, precedida de uma esclarecedora nota editorial (ibidem, p. 57-63), e Shanin, org., 2017, p. 191-5.

29 Sobre a incidência do pensamento de Marx na Rússia, ver os ensaios de Andrzej Walicki e Vittorio Strada em Hobsbawm, org., 1984, v. III; sobre o populismo russo, ver Tvardovskaia, 1978 e Venturi, 1981; materiais sobre as controvérsias entre Marx e Engels e os populistas encontram-se em Fernandes, org., 1982.
É de notar que o interesse *específico* de Marx sobre a Rússia coincide com o surgimento do *populismo clássico* – afirmou um estudioso: "Proponho o ano de 1869 como data convencional para marcar [...] o começo do populismo clássico. Neste ano, foram publicados três documentos clássicos da ideologia populista: as *Cartas históricas*, de Lavrov, o trabalho de Mikhailovski, *O que é o progresso?*, e a obra de Flerovski, *A situação da classe trabalhadora na Rússia*" (Andrzej Walicki, "Rússia", em Ionescu e Gellner, orgs., 1970, p. 95; nesse texto há uma síntese [p. 102-8] da relação entre as ideias de Mikhailovski e de Marx). Como vimos no segundo parágrafo da última seção do cap. VII, Marx começou exercitando o russo com a leitura do mencionado livro de Flerovski.

30 A importante modificação, mesmo que assinalada em nota de pé de página, vem consignada, com mínimas diferenças textuais, em duas edições em português do Livro I de *O capital*: a edição da Avante!, 1997, p. 810 e a da Boitempo, 2013, p. 787-8. Não a registrei na edição da Civilização Brasileira (1968) nem na da Abril Cultural (1984).

31 Comparação que está presente, entre outros, em Dussel, 1990, p. 256 e em Wada (em Shanin, org., 2017, p. 87).

32 Recordemos uma frase da curta "advertência ao leitor", datada de 28 de abril de 1875, com que Marx fez questão de abrir a edição francesa de 1875: "Sejam quais forem as imperfeições literárias desta edição francesa, *ela possui um valor científico independente do original e deve ser*

consultada mesmo pelos leitores familiarizados com a língua alemã" (Marx, 1965, *Oeuvres*, v. I, p. 546 [itálicos meus – *JPN*]).

[33] Consigne-se que Marx, que conhecia a obra de Maurer desde fins dos anos 1860, reexaminou--a entre 1876 e 1881. As páginas que Jones (2017, p. 601-19) dedica à atenção de Marx à "comunidade aldeã" são importantes na medida em que resgatam, com erudição, o clima intelectual que, na Alemanha, cercou a emergência do debate sobre o tema; já as ilações sobre o seu desenvolvimento nas mãos de Marx são menos significativas.

[34] É ampla a bibliografia acerca das posições de Marx em face da Rússia e da evolução das suas ideias sobre ela. Citemos umas poucas fontes pertinentes, além de outras já mencionadas, esp. neste capítulo, nota 29, supra: Rubel, 1955; Dangeville, 1967; Buey, 1984; Naarden, 1990 e 1992; Riazanov, 2003; Roio, 2003; Tarcus, 2008; Sartori, 2017a; White, 2019.

Aproveitemos essa sumária referência à evolução do pensamento de Marx em relação à Rússia para sinalizar o risco de apreciações que se atenham a uns ou outros momentos particulares do seu itinerário intelectual, tomados isolada e unilateralmente, desconhecendo as resultantes do seu inteiro processo evolutivo. Esse procedimento analítico – ignorando a totalidade das formulações marxianas sobre objetos da sua pesquisa – quase sempre conduz a elaborações que deformam e falseiam as efetivas posições de Marx e é verificável, por exemplo, nos empenhos por "provar" que *o* pensamento de Marx enferma de um medular eurocentrismo. Neste caso, é emblemático o tratamento que certos autores, esquartejando os estudos marxianos e suas resultantes a respeito de formações sociais extraeuropeias (que tangenciaremos adiante) e operando seletivamente, conferem à visão de Marx sobre o Oriente; pense-se no que lhe atribui o tão aplaudido Said (2007), do qual juízos profundamente equivocados já foram apontados por Ahmad, 1992 e Irfan Habib, em Husain, org., 2017; ver também Achcar, 2013 e Siracusa, 2019; para ampliar e enriquecer essa discussão, são úteis as contribuições reunidas em Bartolovich e Lazarus, orgs., 2002 e o ensaio de Eagleton, 2005. Para outras abordagens da relação de Marx com o Oriente, há contribuições relevantes em Roio, org., 2008.

[35] Para conhecer o inteiro conteúdo do esboço, ver o seu texto completo (nas duas fontes citadas ao fim da nota 28, neste capítulo, supra), bem como os diferenciados comentários de Aricó, 1980, p. 70-3; de Wada, em Shanin, org., 2017, p. 97-102; e de Musto, 2018c, p. 68-71.

[36] Utilizo aqui o texto do esboço conforme a tradução apresentada em Marx-Engels, 2013, p. 64-9 – para essa citação, ver a p. 66 [itálicos meus – *JPN*]; as outras que se farão a seguir terão indicadas entre colchetes as páginas de que foram extraídas.

[37] Musto refere-se aqui aos excertos dos *Grundrisse*, introduzidos por um ensaio de Hobsbawm, reunidos em Marx, 1977.

[38] Ver Marx, 2001. Nessas notas, que cobrem de 664 a 1858, Marx debruça-se especialmente sobre o período do domínio colonial inglês e apoia-se na obra de Robert Sewell (1870), *Analytical History of India* (História analítica da Índia) – ver Sayer, em Shanin, org., 2017, p. 236 e Musto, 2018c, p. 105. Para os textos jornalísticos de Marx sobre a Índia, nos anos 1850-1860, ver Husain, org., 2017.

O interessante ensaio de Thorner, 1969, apesar do seu título ("Marx et l'Inde: le mode de production asiatique" [Marx e a Índia: o modo de produção asiático]), não se limita apenas ao trato que Marx dedica à Índia: é bem mais abrangente.

[39] Tais *Cadernos* foram editados por Lawrence Krader, que os precedeu com uma importante introdução – ver Marx, 1974a. Dentre as muitas aproximações a esse material marxiano, ver

Tichelman e Habib, 1983, a contribuição de Christine Ward Gailey a Solway, org., 2006, os comentários de Dardot e Laval, 2012, Brown, 2013, Patterson, 2014 e Tible, 2014. Há alguns contributos pertinentes na primeira parte de Kahn e Llobera, orgs., 1981 e em Boito Jr. e Toledo, orgs., 2003.
É de destacar, dentre os estudos relacionados aos textos antropológicos de Marx, o trabalho de Anderson, 2010: ele conferiu o devido peso ao trato que, nesses textos, é oferecido à India e ao Sul da Ásia. Vale também a leitura do provocativo e abrangente texto de Barbe, 2014.

[40] Obviamente que Marx – como a argumentação de Musto deixa claro – *não* compartilhava dessas "teorias do progresso, hegemônicas no século XIX" (ver, supra, cap. V, nota 108).

[41] Ver as nossas breves considerações nos últimos parágrafos da seção "O movimento operário, as projeções de Marx e a social-democracia", no cap. VII deste livro, e no cap. VII, nota 24, supra.

[42] Para dados biobibliográficos de Morgan, ver Resek, 1960 e Moses, 2009. Outros textos concernentes ao antropólogo norte-americano são os de Chattopadhyaya, 1982, Tooker, 1992 e Raulin, 2008; acrescente-se que a grande pesquisa de Morgan entre os iroqueses, a que Engels se refere no prefácio à quarta edição (1891) de *A origem da família, da propriedade privada e do Estado* (Engels, 2010a, p. 30), foi objeto do estudo de Tooker, 1994.
A edição aqui citada da obra de Engels, a que em seguida aludiremos, vem acrescida com um texto, à moda de posfácio, de Eleanor Leacock (1922-1987), antropóloga norte-americana de filiação marxista de quem se publicou no Brasil apenas um livro (Leacock, 2019). Vítima do *macartismo* (ver Price, 2004), Leacock vem sendo muito valorizada também nos últimos anos (ver Sutton e Lee, 1990, a entrada que lhe corresponde em Ware e Braukman, orgs., 2004 e McCoid, 2008).

[43] Sobre o que Marx recolheu de Morgan, ver Musto, 2018c, p. 32-3 e 34-7. No Brasil, a leitura de Morgan por Marx, tratada por Tible, 2017, foi objeto de crítica de Álvares, 2017.
Como Engels refere, nos manuscritos de Marx relativos a Morgan havia, também e naturalmente, "anotações críticas". Eis por que, reconhecendo a admiração que Marx demonstra pelo trabalho do norte-americano, uma equipe de biógrafos soviéticos ressalva que "nem tudo o satisfazia na obra do materialista espontâneo Morgan", e que, em muitos passos, Marx retifica pontos de vista daquele autor, partindo de "suas próprias [de Marx] pesquisas sobre as formações pré-capitalistas". Exemplificam tais biógrafos: "[Marx] reordenou o próprio material [reunido por Morgan], eliminando o que havia de incoerente no quadro da evolução das instituições sociais: em Morgan as origens da propriedade privada eram analisadas após o nascimento do Estado e Marx fez o contrário. Diversas observações de Marx corrigem Morgan. Considera exagerada, por exemplo, a afirmação segundo a qual o homem teria atingido, já na época primitiva, um 'controle absoluto sobre a produção de alimentos'" (Fedosseiev, org., 1983, p. 639-40).

[44] Não se espante o leitor: *no fim de novembro de 1882* – cerca de três meses, portanto, antes de morrer –, Marx ainda esquadrinhou *O destino do capitalismo na Rússia*, de Vasili Voronkov (1847-1918), um cartapácio de mais trezentas páginas editado naquele ano em São Petersburgo.

[45] A datação dos materiais agora referidos não é precisa – ver Rubel, 1991, p. 170; Sayer, em Shanin, org., 2017, p. 241; Musto, 2018c, p. 105-6. A que apresentamos no texto, que nos parece a mais plausível, baseia-se nesta última fonte.

[46] Foram inúmeras as fontes consultadas por Marx, mas parece que, dentre todas, ele recorreu prioritariamente aos três volumes de Carlo Botta, *Histoire des peuples de Italie* (História dos

povos da Itália), de 1825, e aos dezoito volumes de Friedrich Schlosser, *Weltgeschichte für das Deutsche Volk* (História mundial para o povo alemão), de 1844-1857.

Musto (2018c, p. 106) refere-se ainda a um outro caderno, em que, "com base em *Storia della Repubblica di Firenze* [História da República de Florença] (1875), de Gino Capponi (1792-1876), ele [Marx] estendeu as anotações de 1135 a 1433 e acrescentou nove notas relativas aos anos 449-1485, valendo-se de *A Short History of the English People* [Pequena história do povo inglês] (1877), de John Green (1837-1883)".

Esses materiais estão atualmente disponíveis para consulta no *International Institute of Social History*/IISH: https://search.iisg.amsterdam/Record/ARCH00860/ArchiveContentList#tabnav, de B157 a B160. O melhor documento sobre eles a que tive acesso é o ensaio de Krätke, 2018.

[47] Finalizando o seu comentário ao "outro caderno" a que se referiu (ver a nota anterior), diz Musto (2018c, p. 106) que "a instabilidade de sua [de Marx] saúde não lhe permitiu ir adiante; suas anotações se interromperam na crônica da Paz de Vestfália de 1648, ou seja, dos tratados que puseram fim à Guerra dos Trinta Anos".

[48] A correspondência Zasulitch-Marx foi publicada postumamente por Riazanov (ver os seus esclarecimentos em Marx-Engels, 2013, p. 71-8). Acerca dessa correspondência, ver Dussel, 1990, p. 257 e seg., Shanin, org., 2017, p. 107 e seg. e Musto, 2018c, p. 71 e seg.; ver ainda o material coligido na antologia organizada por Fernandes, citada neste capítulo, nota 29, supra. Sobre as cisões no movimento populista, ver Venturi, 1981, 2, caps. 20 e 21; sobre Zasulitch, ver Bergman, 1983 e Gaidó e Alessio, 2015; sobre Plekhánov, ver Baron, 1963 e 1995.

[49] Vê-se, pelo que escreve Zasulitch, que já então se usava Marx, em certos círculos "marxistas", para evitar discussões com o apelo ao clássico *Magister dixit*... [O Mestre disse]. No segundo esboço da sua resposta, o próprio declarou: "Os 'marxistas' russos de que falais me são desconhecidos. Os russos com os quais tenho relações pessoais, ao que eu saiba, têm pontos de vista totalmente opostos" [104].

[50] Desnecessário dizer da importância atribuída por Marx à cultura no quadro desse "ambiente histórico" – veja-se como ele considera o costume do *artel* (forma antiga de associação para o trabalho coletivo) entre os camponeses russos: "A familiaridade do camponês russo com o *artel* lhe facilitará especialmente a transição do trabalho parceleiro para o trabalho cooperativo" [112].

[51] A concisão da resposta marxiana foi objeto da consideração de especialistas. Para Riazanov, Marx planejara uma resposta extensa, impedida pela "sua própria capacidade de trabalho já solapada" (em Marx-Engels, 2013, p. 74). Rubel tem uma explicação similar: também considera que Marx pretendia escrever uma resposta "exaustiva", pretensão inviabilizada, "sem dúvida", pela piora das suas condições de saúde (em Marx, 1968, *Oeuvres*, v. II, p. 1.552). Musto, 2018c, p. 80, citando Poggio, 1978, considera "mais convincente" a tese de que Marx hesitou em "tomar posição firme sobre um tema explosivo, por suas implicações tanto políticas quando teóricas".

[52] Essa referência remete à edição francesa do Livro I (1875); para a sua localização na ed. bras. da Boitempo (2013), ver o cap. 24, p. 831.

[53] Não é preciso dizer que a avaliação externada nesse parágrafo é objeto de larga controvérsia. São vários os teóricos (muitos deles marxistas de indiscutível qualificação e competência) que, a partir de interpretações diversas do material aqui considerado, sugerem que há, no último Marx – ou no *Marx tardio* –, mudanças substantivas afetando a sua teoria social. Entre textos representativos dessa linha interpretativa, refiram-se especialmente Dussel, 1990 e Shanin, org., 2017.

[54] Acerca dessa que foi a única viagem de Marx para além dos limites da Europa, o melhor estudo que conheço é o de Vesper, 1995, mas há material relevante em Rodinson, 1955; na introdução de Gilbert Badia a Marx, 1997; em Benhassine, 2002; em Musto, 2018c; em Wittstock, 2018. Vale ainda a consulta a Gallissot, org., 1976 e a Krysmanski, 2014 (em texto com elementos também ficcionais).
Para as impressões pessoais de Marx sobre a estadia em Argel, ver as suas cartas a Engels (MEW, 1967, v. 35, p. 43-65) e as reunidas em Marx, 1997.

[55] Sobre as fotos que se conservaram de Marx, ver o interessante artigo de Pinheiro, 2018.

[56] José Mesa, socialista espanhol, mantinha relações amistosas com Engels desde inícios dos anos 1870 (ver Castillo, org., 1998). Gabriel Deville preparara, em 1884, um resumo do Livro I de *O capital* (ver, supra, cap. VI, nota 4). Sobre Guesde, ver Ducange, 2017 e também, supra, cap. VI, nota 64.

[57] Desse encontro, Marx dá conta a Engels em carta (de Lausanne) de 24 de agosto de 1882 – MEW, 1967, v. 35, p. 85.

[58] Becker, no processo dos comunistas de Colônia, fora condenado a cinco anos de prisão – ver, supra, cap. IV, notas 137 e 140.

[59] O comovente relato de Engels está em sua carta a Sorge, escrita no dia seguinte ao falecimento de Marx – MEW, 1967, v. 35, p. 459-61; a referência aos "dois minutos" está à p. 460. É na mesma data, em carta a Johann Philipp Becker, que Engels precisa a hora da morte de Marx (ibidem, p. 458).

[60] Em carta a Kugelmann de 19 de janeiro de 1874 Marx já dissera das falsas notícias que apregoavam a sua morte: "Não se preocupe com a tagarelice dos jornais; menos ainda responda a ela. Eu próprio permito que os jornais ingleses anunciem minha morte de vez em quando, sem dar sinal de vida" (Marx, 1969, p. 306).
A "tagarelice" acompanhou o seu falecimento: "A agência Reuters divulgou a notícia da morte de Marx, mas o primeiro boletim [...] estava incorreto, dizendo que morrera em Argenteuil. Mesmo quando se soube que Marx havia morrido em Londres, a imprensa britânica sustentou a informação de um correspondente do *Times*, que lera a notícia num jornal socialista em Paris" (Gabriel, 2013, p. 667 [citamos suprimindo as notas da autora – *JPN*]).

[61] Uma brevíssima síntese da repercussão da morte de Marx na imprensa operária e sindical (e, em suma, no movimento socialista) é oferecida em Fedosseiev, org., 1983, p. 695-6. Uma boa fonte para avaliar as mais diversas reações da época à notícia do falecimento de Marx é o trabalho de Foner, ed., 1973.

[62] A íntegra do discurso de Engels encontra-se em Marx-Engels, 1963, v. 2, p. 353-4.

Epílogo, prólogo

[1] Veja-se o seu conhecido ensaio, de 1925, intitulado "Am I a Liberal?" (Sou um liberal?), republicado não faz muito em Keynes, 2010, p. 295-306.

[2] É importante, para esses novos sujeitos, a mais clara consciência de que não partem do zero: a experiência do movimento político constituído a partir da obra de Marx deve ser um objeto de estudo e reflexão crítica. Sem incorporar a memória do movimento comunista precedente,

com toda a sua dramaticidade – seus feitos heroicos, seus erros e equívocos –, com certeza desperdiçarão um riquíssimo manancial de conhecimentos e de experiências.

3 Fragmento de "Cidade prevista", poema que é parte de *A rosa do povo* (1945) – ver Andrade, 2002, p. 200.
4 Letra de "Imagine" (1971), em tradução de Marina Colasanti (Lennon, 2017).

Moeda do Jubileu apelando à união dos
proletários de todo o mundo.

Bibliografia

Na presente biografia, os textos de Marx (e de Marx-Engels) que citamos foram extraídos preferencialmente de traduções em português, no caso de estas existirem e de a elas termos acesso; noutros casos, nossas referências remetem a edições abaixo arroladas no item 1 (especialmente de 1.1 a 1.6 e, eventualmente, 1.7). Ademais das citações de Marx e de Engels, as outras referem-se a autores citados no item 2.

1. Marx e Marx-Engels

1.1 Karl Marx-Friedrich Engels

Devemos observar ao leitor que, até hoje, não dispomos de uma edição verdadeiramente completa das obras de Marx e Engels.

Um primeiro projeto de uma edição integral foi a MEGA (acrônimo de *Marx-Engels-Gesamtausgabe* [Obras completas de Marx e Engels]), concebida por David Riazanov no início dos anos 1920, que compreenderia 42 volumes; ela começou a ser publicada em 1927 e foram lançados 11 volumes (alguns com mais de um tomo) até os anos 1930. É de salientar que a primeira publicação dos *Grundrisse*, editada em Moscou (1939-1941), não fez parte da MEGA.

Uma segunda MEGA (conhecida por MEGA²) foi projetada pelos Institutos de Marxismo-Leninismo da União Soviética (URSS) e da República Democrática Alemã (RDA) e começou a ser publicada em 1972. Com a anexação da RDA pela República Federal da Alemanha (RFA) e, em seguida, a implosão da URSS, articulou-se um consórcio internacional para dar seguimento ao projeto, mas conforme uma concepção – formulada por acadêmicos e apoiada pela Fundação Internacional Marx-Engels (Internationale Marx-Engels-Stiftung – IMES), criada em 1990 e sediada em Amsterdã – que se pretende isenta de condicionalismos partidários e ideológicos. Até agora, dos projetados 114 volumes da MEGA², mais da metade foram publicados: os volumes da MEGA² que vieram à luz antes de 1991 foram editados pela Dietz Verlag (Berlim); os que saíram posteriormente têm a chancela da Akademie Verlag/Walter de Gruyter (também de Berlim).

Entre uma e outra MEGA, a Dietz publicou, entre 1956 e 1968, em 39 volumes (mais dois suplementares), a MEW (acrônimo de *Marx-Engels Werke* [Obras de Marx e Engels]). Por outro lado, entre 1975 e 2005, foram editados em inglês (pela Lawrence & Wishart, de Londres, e pela International Publishers, de Nova York) os 50 volumes da MECW (*Marx-Engels Collected Works* [Obras coligidas de Marx e Engels]); em 1972, iniciou-se (pela Riuniti, de Roma) a publicação, nos mesmos moldes, de uma edição italiana (*Opere* [Obras]), que, interrompida em 1990, após o lançamento de 32 volumes, vem sendo retomada pela editora Città del Sole (Nápoles). Na Espanha, sob a direção de Manuel Sacristán, o grupo Grijalbo/Crítica (Barcelona) empreendeu, nos anos 1970, a publicação das *Obras de Marx y Engels* (OME); em 1982, sob a direção de Wenceslao Roces, a casa mexicana Fondo de Cultura Económica lançou a coleção *Obras fundamentales de Marx y Engels* (OFME), projetada para um conjunto de 22 volumes – ambas as coleções restaram inconclusas. Na França, as Éditions Sociales, ligadas ao *Parti Communiste Français* (Partido Comunista Francês – PCF), se tornaram, em 1945, as principais difusoras da obra marx-engelsiana; refundadas em 1997 sem vínculos partidários, vêm promovendo, com a assessoria de acadêmicos, a GEME (*Grande édition des oeuvres de Marx et Engels* [Grande edição das obras de Marx e Engels]).

Quanto à fortuna editorial de Marx-Engels no Brasil, o levantamento que devemos a Edgard Carone (ver, abaixo, a devida referência bibliográfica) mostra que, entre as décadas de 1930 e 1964, vários dos textos dos autores alemães foram publicados aqui, mas em seleção nitidamente aleatória. E, até fins dos anos 1990, não tivemos um projeto editorial que contemplasse uma edição mais ordenada do conjunto da textualidade marx-engelsiana. Ao que sei, a exitosa iniciativa da Boitempo, a Coleção Marx-Engels, que já conta com mais de uma vintena de títulos publicados, explicitamente não se fixou o objetivo de dar à luz as *obras completas*. Se soprarem os (bons) ventos necessários a tal empreendimento, talvez a coleção possa colocar-se essa meta.

Não coube discutir neste livro a questão do destino editorial da obra de Marx. O leitor interessado pode rastreá-lo, numa primeira aproximação, no ensaio de Eric Hobsbawm, "A fortuna das edições de Marx e Engels" (em Hobsbawm, org., 1979, v. I e em Labica, org., 1985). Acerca das edições MEGA e MEGA², ver IMES, 1993; Fineschi, 2008; os ensaios de Hugo E. A. da Gama Cerqueira e de Leonardo de Deus recolhidos em Paula, org., 2010; Hubmann, 2012; Mazzone, org., 2013; Cerqueira, 2015.

1953. *Über Deutschland und die Deutsche Arbeiterbewegund*. Berlim, Dietz.

1953a. *Ausgewählte Briefe*. Berlim, Dietz.

1956-1968. *Marx-Engels Werke* (MEW). Berlim, Dietz (39 v. + 2 tomos suplementares [1967--1977]).

1964-1971. *La Nouvelle Gazette Rhénane*. Paris, Éditions Sociales, 3 v.

1970. *Ausgewählte Werke in sechs Bänden*. Frankfurt, Marxistische Blätter (6 v. + índices).

1972. *Ausgewählte Schriften*. Berlim, Dietz, 2 v.

1972-1990. *Opere* (OME). Roma, Riuniti (32 v. publicados). [A Città del Sole, editora de Nápoles, desde 2010 propõe-se a completar a edição iniciada pela Riuniti.]

1973-… *Obras de Marx y Engels* (OME). Barcelona, Grijalbo/Crítica.

1975-… *Marx-Engels-Gesamtausgabe* (MEGA^2). Berlim, Dietz/Akademie/De Gruyter.

1975-2005. *Marx-Engels Collected Works* (MECW). Moscou/Londres/Nova York, Progress/Lawrence & Wishart/International Publishers (50 v.) [Há edição eletrônica, 2010.]

1976-1981. *Ökonomische Manuskripte 1857/58*. Berlim, Dietz.

1976-1982. *Zur Kritik der politischen Ökonomie* (Manuskript 1861-1863). Berlim, Dietz.

1982-… *Obras fundamentales de Marx y Engels* (OFME). Cidade do México, Fondo de Cultura Económica.

1988-1992. *Ökonomische Manuskripte 1863-1867*. Berlim, Dietz.

1998. *Manifeste du Parti Communiste*. Paris, Flammarion.

1.2 Karl Marx

1965-1968-1982-1994. *Oeuvres*. Org. Maximilien Rubel. Paris, Gallimard/La Pléiade, 4 v.

1969. *Manuscrits de 1844*. Paris, Éditions Sociales.

1969a. *Value, Price and Profit*. Nova York, International Publishers.

1970. *Critique of Hegel's Philosophy of Right*. Cambridge, Cambridge University Press.

1971. *Critique de la philosophie du droit de Hegel*. Paris, Aubier Montaigne.

1971-1976. *Elementos fundamentales para la crítica de la Economia Política*. (Borrador) 1857-1858. Buenos Aires, Siglo XXI, 3 v.

1972. *Misère de la philosophie*. Paris, Éditions Sociales.

1974. *Cuadernos de Paris*. Notas de lectura de 1844. Cidade do México, Era.

1974a. *The Ethnological Notebooks of Karl Marx*. Assen, Van Gorcum.

1974-1976. *Théories sur la plus-value* (Livre IV du Capital). Paris, Éditions Sociales, 3 v.

1975-1984. *El capital*. Crítica de la economía política. Buenos Aires/Cidade do México, Siglo XXI, 8 v.

1976-1981. *Capital*. A Critique of Political Economy. Harmondsworth/Londres, Penguin Books/New Left, 3 v.

1977. *Urtext (Grundrisse)*: Frammento del testo originario di "Per la critica dell'Economia Politica" (1858). Savona, International.

1979. *The Essential Marx:* The Non-Economic Writings. Org. Saul Kussiel Padover. Nova York, New American Library.

1980. *Manoscriti del 1861-1863*. Roma, Riuniti.

1980a. *Manuscrits de 1861-1863*. Paris, Éditions Sociales.
1981. *Manoscritti sulla questione polaca* (1863-1864). Florença, La Nuova Italia.
1982. *Progreso técnico y desarrollo capitalista* (Manuscritos 1861-1863). Cidade do México, Siglo XXI/Ediciones Pasado y Presente. Coleção Cuadernos de Pasado y Presente.
1983. *Mathematical Manuscripts* (1881). Londres, New Park.
1984. *Cuaderno tecnológico-histórico* (Extractos de lectura. Londres, 1851). Puebla, Universidad Autónoma de Puebla.
1985. *Les Manuscrits mathématiques de Marx*. Org. Alain Alcouffe. Paris, Economica.
1994. *Mathematical Manuscripts*. Calcutá, Viswakos Parisad.
1997. *Lettres d'Alger et de la Côte d'Azur*. Paris, Le Temps des Cerises.
2000. *Poemas*. Barcelona, El Viejo Topo.
2001. *Notes on Indian History* (1879-1880). Honolulu, University Press of the Pacific.
2004. *La questione ebraica* [com os respectivos textos de Bruno Bauer e Marx]. Roma, Manifestolibre.
2007. *Manuscrits économiques-philosophiques de Paris de 1844*. Paris, Vrin.
2007a. *Der achtzehnte Brumaire des Louis Bonaparte*. Frankfurt, Suhrkamp.
2008. *Critique du programme de Gotha*. Paris, Éditions Sociales/GEME.
2009. *Forme di produzione precapitalistiche*. Milão, Bompiani.
2016. *Economic Manuscript of 1864-1865*. Leiden/Boston, Brill.

Desde 1998, a Boitempo vem publicando os volumes constitutivos da sua Coleção Marx-Engels. Os principais títulos já lançados são referenciados abaixo.

1.3 Marx-Engels em português

1961-1963. *Obras escolhidas em três volumes.* Trad. Apolônio de Carvalho. Rio de Janeiro, Vitória, 3 v.
1966. *A revolução espanhola* (1856). Rio de Janeiro, Leitura.
1975. *Manifesto do Partido Comunista* (1848). Trad. Álvaro Pina. Lisboa, Avante!
1977-1979. *Obras escolhidas em três tomos*. Lisboa/Moscou, Avante!/Progress, 3 v.
1998. *Manifesto do Partido Comunista* (1848). São Paulo, Cortez.
2003. *A sagrada família ou A crítica da Crítica crítica. Contra Bruno Bauer e consortes* (1845). Trad. Marcelo Backes. São Paulo, Boitempo.
2007. *A ideologia alemã* (1845-1846). Trad. Luciano Cavini Martorano, Nélio Schneider e Rubens Enderle. São Paulo, Boitempo.
2010. *Lutas de classes na Alemanha*. Trad. Nélio Schneider. São Paulo, Boitempo.
2013. *Lutas de classes na Rússia* (1875-1894). Org. Michael Löwy. Trad. Nélio Schneider. São Paulo, Boitempo.

1.4 Karl Marx em português

1964. *A origem do capital*. A acumulação primitiva. Trad. Walter Maia. São Paulo, Fulgor.
1968-1974. *O capital*. Crítica da economia política. Rio de Janeiro, Civilização Brasileira, 6 v.
1969. *O 18 brumário e Cartas a Kugelmann*. Rio de Janeiro, Paz e Terra.

1974a. *Manuscritos econômico-filosóficos* [*e outros textos escolhidos*]. São Paulo, Abril Cultural.

1976. *Sr. Vogt* (1860). Lisboa, Iniciativas Editoriais, 2 v.

1977. *Formações econômicas pré-capitalistas*. Rio de Janeiro, Paz e Terra.

1978. *O capital*. Livro I. Capítulo VI (inédito). São Paulo, Ciências Humanas.

1980-1985. *Teorias da mais-valia*. História crítica do pensamento econômico. Livro 4 de *O capital*. Rio de Janeiro, Civilização Brasileira (v. I, 1980)/São Paulo, Difel (v. II e III, 1983, 1985).

1982. *Para a crítica da economia política*. Salário, preço e lucro. O rendimento e suas fontes. Trad. Edgard Malagodi et al. São Paulo, Abril Cultural.

1983-1985. *O capital. Crítica da economia política*. São Paulo, Abril Cultural, 5 v.

1990-2017. *O capital. Crítica da economia política*. Lisboa/Moscou, Avante!/Progress (Livro 1, t. I); Lisboa, Avante! (demais livros e tomos), 8 v.

1997. *Para a questão judaica* (1843). Trad. José Barata-Moura. Lisboa, Avante!.

2001. *Liberdade de imprensa*. Trad. Cláudia Schilling e José Fonseca. Porto Alegre, L&PM.

2005. *Crítica da filosofia do direito de Hegel* (1843). Trad. Rubens Enderle e Leonardo de Deus. São Paulo, Boitempo.

2006. *Sobre o suicídio* (1846). Trad. Francisco Fontanella e Rubens Enderle. São Paulo, Boitempo.

2006a. *Trabalho assalariado e capital & Salário, preço e lucro* (1849). São Paulo, Expressão Popular.

2008. *Contribuição à crítica da economia política* (1859). 2. ed. Trad. e intr. Florestan Fernandes. São Paulo, Expressão Popular.

2009. *Para a questão judaica* (1843). Trad. José Barata-Moura. São Paulo, Expressão Popular.

2009a. *Crítica do nacionalismo econômico*. Trad. José Miranda Justo. Lisboa, Antígona.

2010. *Sobre a questão judaica* (1843). Trad. Nélio Schneider e Wanda Nogueira Caldeira Brant. São Paulo, Boitempo.

2010a. *Nova Gazeta Renana*. Trad. Lívia Cotrim. São Paulo, Educ.

2010b. *Para a crítica da economia política*. Manuscrito de 1861-1863. Cadernos I a IV. Terceiro capítulo – O capital em geral. Trad. Leonardo de Deus. Belo Horizonte, Autêntica.

2010c. *Glosas críticas marginais ao artigo "O rei da Prússia e a reforma social" de um prussiano* (1879-1880). São Paulo, Expressão Popular. [Há outra edição em português: Glosas críticas ao artigo "O rei da Prússia e a reforma social" de um prussiano. In: MARX, Karl; ENGELS, Friedrich. *Lutas de classes na Alemanha*. Trad. Nélio Schneider. São Paulo, Boitempo, 2010.]

2011. *Grundrisse*. Manuscritos econômicos de 1857-1858: esboços da crítica da economia política. Trad. Mario Duayer e Nélio Schneider. São Paulo/Rio de Janeiro, Boitempo/Editora UFRJ.

2011a. *A guerra civil na França* (1871). Trad. Rubens Enderle. São Paulo, Boitempo.

2011b. *O 18 de brumário de Luís Bonaparte* (1852). Trad. Nélio Schneider. São Paulo, Boitempo.

2012. *Crítica do Programa de Gotha* (1875/1891). Trad. Rubens Enderle. São Paulo, Boitempo.

2012a. *As lutas de classes na França de 1848 a 1850* (1850). Trad. Nélio Schneider. São Paulo, Boitempo.

2013. *O capital*: crítica da economia política. Livro I: *O processo de produção do capital* (1867). Trad. Rubens Enderle. São Paulo, Boitempo.

2014. *O capital*: crítica da economia política. Livro II: *O processo de circulação do capital* (1885). Trad. Rubens Enderle. São Paulo, Boitempo.

2015. *Cadernos de Paris & Manuscritos econômico-filosóficos de 1844*. São Paulo, Expressão Popular.

2017. *O capital*: crítica da economia política. Livro III: *O processo global da produção capitalista* (1894). Trad. Rubens Enderle. São Paulo, Boitempo.

2017a. *Os despossuídos*. Debates sobre a lei referente ao furto de madeira (1842). Trad. Mariana Echalar e Nélio Schneider. São Paulo, Boitempo.

2017b. *Miséria da filosofia* (1847). Trad. José Paulo Netto. São Paulo, Boitempo.

2017c. Glosas marginais ao *Manual de economia política* de Adolph Wagner. *Verinotio*. Revista on-line de filosofia e ciências humanas. Belo Horizonte, ano 12, v. 23, n. 2, nov. 2017, p. 252-79.

2018. *Diferença entre a filosofia da natureza de Demócrito e a de Epicuro* (1841). Trad. Nélio Schneider. São Paulo, Boitempo.

2018a. *Escritos ficcionais*. Escorpião e Félix/Oulanem (1837). Trad. Claudio Cardinali, Flavio Aguiar e Tercio Redondo. São Paulo, Boitempo.

1.5 Friedrich Engels

1974. *Esquisse d'une critique de l'Économie Politique*. Paris, Aubier Montaigne.

1976. *Temas militares*. Lisboa, Estampa.

1976a. *Socialisme utopique et socialisme scientifique* [Le développement du socialisme de l'utopie à la science]. Paris, Éditions Sociales.

1981. *Engels*. Política. Org. José Paulo Netto. São Paulo, Ática.

2010. *A situação da classe trabalhadora na Inglaterra* (1845). 2. ed. Trad. B. A. Schumann. São Paulo, Boitempo.

2010a. *A origem da família, da propriedade privada e do Estado* (1884). 2. ed. Trad. Leandro Konder. São Paulo, Expressão Popular. [Há edição mais recente, publicada em 2019: *A origem da família, da propriedade privada e do Estado*. Trad. Nélio Schneider. São Paulo, Boitempo.]

2015. *Anti-Dühring* (1878). Trad. Nélio Schneider. São Paulo, Boitempo.

1.6 Antologias de Marx e Marx-Engels organizadas no Brasil

1979. *Marx*. Sociologia. Org. Octavio Ianni. São Paulo, Ática.

1982. *Marx*. Economia. Org. Paul Singer. São Paulo, Ática.

1983. *Marx-Engels*. História. Org. Florestan Fernandes. São Paulo, Ática.

2004. *A dialética do trabalho*. Escritos de Marx e Engels. Org. Ricardo Antunes. São Paulo, Expressão Popular.

2008. *A revolução antes da revolução*. Org. Mauro Iasi. São Paulo, Expressão Popular, 2 v. [v. I: apenas textos de Engels; v. II: apenas textos de Marx].

2010. *Cultura, arte e literatura*. Textos escolhidos. Org. José Paulo Netto e Miguel M. C. Yoshida. São Paulo, Expressão Popular [textos de Marx e Engels].

2012. *O leitor de Marx*. Org. José Paulo Netto. Rio de Janeiro, Civilização Brasileira.

1.7 Outras antologias e recolhas de textos de Marx e Marx-Engels

1948. MARX, Karl; ENGELS, Friedrich. *Über Kunst und Literatur*. Eine Sammlung aus ihren Schriften. Org. Mikhail Lifischitz. Berlim, Henschel.

1962. MARX, Karl; ENGELS, Friedrich. *On Colonialism*. Moscou, Foreign Languages.

1963-1966. MARX, Karl. *Morceaux choisis*. Org. Henri Lefebvre e Norbert Guterman. Paris, Gallimard, 2 v.

1964. MARX, Karl; ENGELS, Friedrich. *Lettres sur Le Capital*. Org. Gilbert Badia. Paris, Éditions Sociales.

1967. MARX, Karl; ENGELS, Friedrich. *Sobre el arte*. Buenos Aires, Estudio.

1967-1968. MARX, Karl; ENGELS, Friedrich. *Über Kunst und Literatur*. Org. Manfred Kliem. Berlim, Dietz, 2 v.

1968. MARX, Karl; ENGELS, Friedrich. *Cartas sobre El capital*. Marx y Engels. Barcelona, Edima.

1970. *Pages de Karl Marx*. Org. Maximilen Rubel. Paris, Payot, 2 v.

1970a. MARX, Karl; RUGE, Arnold. *Los Anales Franco-Alemanes*. Org. e intr. Gian Mario Bravo. Barcelona, Martinez Roca.

1970b. MARX, Karl; ENGELS, Friedrich. *Écrits militaires*. Org. Roger Dangeville. Paris, L'Herne.

1971. MARX, Karl; ENGELS, Friedrich. *Sobre a literatura e a arte*. Lisboa, Estampa.

1971a. MARX, Karl; ENGELS, Friedrich. *Scritti sull'arte*. Org. Carlo Salinari. Bari, Laterza.

1972. *Il pensiero di Marx*. Org. Umberto Cerroni. Roma, Riuniti.

1974. MARX, Karl; ENGELS, Friedrich. *Lettres sur les sciences de la nature*. Trad. e intr. Jean-Pierre Lefebvre. Paris, Éditions Sociales.

1974a. MARX, Karl; ENGELS, Friedrich. *On Literature and Art:* A Selection of Writings. Org. Lee Baxandall e Stefan Moravski. Nova York, International General.

1974b. MARX, Karl; ENGELS, Friedrich. *Ireland and the Irish Question*. Moscou, Progress.

1974c. MARX, Karl; ENGELS, Friedrich. *La Russie*. Org. Roger Dangeville. Paris, UGE.

1975. MARX, Karl; ENGELS, Friedrich. *Oeuvres choisies*. Moscou, Progress.

1975a. MARX, Karl; ENGELS, Friedrich. *Cartas sobre las ciencias de la naturaleza y las matemáticas*. Barcelona, Anagrama.

1978. *The Marx-Engels Reader*. Org. Robert C. Tucker. Nova York, W. W. Norton.

1978a. MARX, Karl; ENGELS, Friedrich. *Critique de Malthus*. Org. Roger Dangeville. Paris, Maspero.

1978b. MARX, Karl; ENGELS, Friedrich. *La Crise*. Org. Roger Dangeville. Paris, UGE.

1979. MARX, Karl; ENGELS, Friedrich. *Materiales para la historia de América Latina*. Córdoba, Ediciones Pasado y Presente. Coleção Cuadernos de Pasado y Presente.

1979a. MARX, Karl; ENGELS, Friedrich. *Imperio y colonia*. Escritos sobre Irlanda. Cidade do México, Siglo XXI/ Ediciones Pasado y Presente. Coleção Cuadernos de Pasado y Presente.

1984. MARX, Karl; ENGELS, Friedrich. *On Literature and Art*. Org. B. Krylov. Moscou, Progress.

1994. MARX, Karl. *La cuestión judía y otros escritos*. Org. e intr. José Manuel Bermudo. Barcelona, Planeta-De Agostini.

1997. *The Marx Reader*. Org. Christopher Pierson. Cambridge, Polity Press.

2002. *Marx:* antologia degli scritti politici. Org. Sandro Mezzadra e Maurizio Ricciardi. Roma, Carocci.

2003. MARX, Karl; ENGELS, Friedrich. *Escritos sobre literatura*. Org. e intr. Miguel Vedda. Buenos Aires, Colihue.

2008. MARX, Karl. *Das grosse Lesebuch*. Org. Iring Fischer. Frankfurt, Fischer.

2008a. MARX, Karl. *Escritos de juventud sobre el derecho*. Textos 1837-1847. Org. Rubén Jaramillo. Barcelona, Anthropos.

2009. MARX, Karl. *Il capitalismo e la crisi.* Org. Vladimiro Giacché. Roma, DeriveApprodi.

2011. MARX, Karl. *Écrits philosophiques.* Org. Lucien Sève. Paris, Flammarion.

2012. MARX, Karl. *Textos selectos.* Org. e intr. Jacobo Muñoz. Madri, Gredos.

2012a. MARX, Karl; BAUER, Bruno. *Sobre la liberación humana.* Intr. Eduardo Sartelli. Buenos Aires, RyR.

2013. MARX, Karl; MARX, Jenny. *Lettres d'amour et de combat.* Paris, Payot/Rivages. [Contém o fragmento autobiográfico de Jenny, de 1865-1866, *Brève esquisse d'une vie mouvementée.*]

2015. MARX, Karl. *Antología.* Org. e intr. Horacio Tarcus. Buenos Aires, Siglo XXI.

2015a. MARX, Karl. *Escritos sobre la comunidad ancestral.* La Paz, Fondo Editorial y Archivo Histórico de la Asamblea Legislativa Plurinacional/Vicepresidencia del Estado Plurinacional.

2019. MARX, Karl. *La Comune di Parigi:* Marx e il presente. Org. Loris Caruso. Milão, Feltrinelli.

1.8 Alguns dicionários pertinentes a Marx-Engels

1975. *Kleines Wörterbuch der Marxistisch-Leninistischen Philosophie.* Org. Manfred Buhr e Alfred Kosing. Berlim, Dietz.

1977. *Dizionario dei Termini Marxisti.* Org. Ernesto Mascitelli. Milão, Vangelista.

1983. *Vocabulario básico del marxismo:* Terminología de las obras completas de Karl Marx y Friedrich Engels. Org. Gérard Bekerman. Barcelona, Crítica.

1984. *Marx-Engels Begriffslexikon.* Org. Konrad Lotter, Reinhard Meiners e Elmar Trepow. Munique, C. H. Beck.

1985. *Dictionnaire critique du marxisme.* Org. Georges Labica e Gérard Bensussan. Paris, Quadrige/PUF.

1987. *A Marx Dictionary.* Org. Terrell Carver. Lanham, Rowman & Littlefield.

1988. *Dicionário do pensamento marxista.* Org. Tom Bottomore. Rio de Janeiro, Zahar.

1994-... *Historisch-Kritisches Wörterbuch des Marxismus.* Org. Wolfgang Fritz Haug. Hamburgo, Argument.

2001. *Dictionnaire Marx contemporain.* Org. Jacques Bidet e Eustache Kouvélakis. Paris, PUF.

2006. *Marxglossar.* Org. Eike Bohlken e Christoph Henning. Berlim, Freitag.

2007. *Historical Dictionary of Marxism.* Org. David Walker e Daniel Gray. Lanham, The Scarecrow Press.

2008. *Lessico marxiano.* Org. Alisa Del Re et al. Roma, Manifestolibre.

2009. *Les 100 mots du marxisme.* Org. Gérard Duménil et al. Paris, PUF.

2010. *Vocabulário de Karl Marx.* Org. Emmanuel Renault. São Paulo, Martins Fontes.

2011. *The Marx Dictionary.* Org. Ian Fraser e Lawrence Wilde. Londres/Nova York, Continuum.

1.9 Outros dicionários

2006. *Dictionnaire biographique.* Mouvement ouvrier, mouvement social. Org. Paul Boulland e Claude Pennetier. Paris, L'Atelier, 2 v.

2016. *Historical Dictionary of Socialism.* Org. Peter Lamb. Lanham, Rowman & Littlefield.

2. Outros autores

ABENDROTH, Wolfgang (1973). *Sociedad antagónica y democracia política*. Barcelona/Cidade do México, Grijalbo.

_____ (1977). *A história social do movimento trabalhista europeu*. Rio de Janeiro, Paz e Terra.

ABENSOUR, Miguel (1997). *La Démocratie contre l'État*. Marx et le moment machiavélien. Paris, PUF.

ACHA, Omar et al. (2019). *La soledad de Marx*. Estudios filosóficos sobre los Grundrisse. Buenos Aires, Ragif.

ACHCAR, Gilbert (2013). *Marxism, Orientalism, Cosmopolitanism*. Chicago, Haymarket Books.

ADORATSKII, Vladimir Viktorovich (1936). *History of the Communist Manifesto of Marx and Engels*. Nova York, International Publishers.

ADORNO, Theodor W. (1974). *Tres estudios sobre Hegel*. Madri, Taurus.

_____ (2007). *Aesthetics and Politics*. Londres, Verso.

_____ et al. (1978). *Der Positivismusstreit in der deutschen Soziologie*. Darmstad/Neuwied, Luchterhand.

AGOSTI, Aldo (1974-1979). *La Terza Internazionale*. Storia documentaria. Roma, Riuniti, 6 v.

AGUIRRE ROJAS, Carlos Antonio (2010-2011). Releyendo *La Guerra Civil en Francia* desde la América Latina del siglo XXI. *Revista Encrucijada Americana*. Santiago, Universidad Alberto Hurtado, ano 4, n. 2, p. 27-61.

AGULHON, Maurice (1975). *Les Quarante-Huitards*. Paris, Gallimard-Julliard.

_____ (1984). *1848 ou l'apprentissage de la République (1848-1852)*. Paris, Seuil.

_____ (org.) (1983). *Histoire de la France urbaine*. 4. La ville de l'âge industriel. Le cycle haussmannien. Paris, Seuil.

AHMAD, Aijaz (1992). *Theory:* Classes, Nations, Literatures. Londres, Verso.

ALBERT, André (org.) (2019). *Marx pelos marxistas*. São Paulo, Boitempo.

ALBUQUERQUE, Eduardo da Motta e (2009). Darimon, bancos e crédito: notas sobre os Grundrisse e a transição para o socialismo. *Texto para Discussão*. Belo Horizonte, Editora UFMG/Cedeplar, n. 353, maio 2009, 22 p.

_____ (2010). Causa e efeito: contribuições de Marx para investigações sobre finanças e inovação. *Revista de Economia Política*. São Paulo, Editora 34, v. 30, n. 3, jul./set. 2010.

_____ (2012). *Agenda Rosdolsky*. Belo Horizonte, Editora UFMG.

ALCOUFFE, Alain; DIEBOLT, Claude (orgs.) (2009). *La Pensée économique allemande*. Paris, Economica.

ALEXANDRIAN, Sarane (1979). *Le Socialisme romantique*. Paris, Seuil.

ALTAMIRA, César (2008). *Os marxismos do novo século*. Rio de Janeiro, Civilização Brasileira.

ALTHUSSER, Louis (1978). *Ce que ne peut plus durer dans le parti communiste*. Paris, Maspero.

_____ (1979). *A favor de Marx*. Rio de Janeiro, Zahar.

_____ (1989). *A transformação da filosofia*. São Paulo, Mandacaru.

_____ (2003). *Marx dentro de sus limites*. Madri, Akal.

_____ (2004). *Sul materialismo aleatorio*. Milão, Unicopli.

_____ et al. (1979-1980). *Ler O capital*. Rio de Janeiro, Zahar, 2 v.

ÁLVARES, Lucas Parreira (2017). Críticas ao artigo "Marx na floresta", de Jean Tible. *Blog da Boitempo*, 4 dez. 2017. Disponível em: <https://blogdaboitempo.com.br/2017/12/04/criticas-ao-artigo-marx-na-floresta-de-jean-tible-debate-margem-esquerda/>. Acesso em: 20 out. 2020.

ALVES, Antônio José Lopes (2009). A crítica marxiana à "economia de conceitos" de Adolph Wagner. *Verinotio*. Revista on-line de filosofia e ciências humanas. Belo Horizonte, ano 5, n. 10, out. 2009, p. 71-86.

_____ (2012). A crítica marxiana da especulação filosófica nas Randglossen zu Adolph Wagner's Lehrbuch der politischen Ökonomie. *Intuitio*. Porto Alegre, PPG/Filosofia/PUCFRS, v. 5, n. 1, jul. 2012, p. 42-60.

ALVES, Giovanni (2003). *Limites do sindicalismo*. Marx, Engels e a crítica da Economia Política. Bauru, Praxis.

AMBROSI, Marlene (2015). *Jenny Marx*. Ihr Leben mit Karl Marx. Trier, Weyand.

_____ (2018). *Helena Demuth*. Die Treue Seele im Hause Marx & Engels. Trier, Weyand.

AMIN, Samir (2003). *Más allá del capitalismo senil*. Buenos Aires, Paidós.

_____ (2013). *Three Essays on Marx's Value Theory*. Nova York, Monthly Review Press.

_____ (2018). *Modern Imperialism, Monopoly Finance Capital, and Marx's Law of Value*. Nova York, Monthly Review Press.

AMINI, Babak (2016). A Brief History of the Dissemination and Reception of Karl Marx's Capital in the United States and Britain. *World Review of Political Economy*. Londres, Pluto, v. 7, n. 3, p. 334-49.

AMORIM, Henrique (2009). *Trabalho imaterial:* Marx e o debate contemporâneo. São Paulo, Annablume/Fapesp.

ANDERSON, Kevin B. (2010). *Marx at the Margins:* On Nationalism, Ethnicity and Non-Western Societies. Chicago, Chicago University Press. [Ed. bras.: *Marx nas margens:* nacionalismo, etnias e sociedades não ocidentais. Trad. Allan M. Hillani e Pedro Davoglio. São Paulo, Boitempo, 2019.]

ANDERSON, Perry (1989). *Linhagens do Estado absolutista*. São Paulo, Brasiliense.

_____ (2002). *Afinidades seletivas*. Trad. Paulo Castanheira. São Paulo, Boitempo.

_____ (2004). *Considerações sobre o marxismo ocidental/Nas trilhas do materialismo histórico*. 1. ed. Trad. Isa Tavares. São Paulo, Boitempo.

ANDRADE, Carlos Drummond de (2002). *Poesia completa*. Rio de Janeiro, Nova Aguilar.

ANDRADE-MOTA, Pedro (2015). O que diz a VI Tese sobre Feuerbach de Karl Marx? (Apenas um problema de tradução?). *Sapere Aude*. Belo Horizonte, Editora PUC Minas, v. 6, n. 11, 2. sem. 2015, p. 69-86.

ANDRÉAS, Bert (1963). *Le Manifeste Communiste de Marx et Engels*. Histoire et bibliographie (1848-1948). Milão, Feltrinelli.

_____ (1972). *La Ligue des Communistes (1847)*. Documents constitutifs. Paris, Aubier-Montaigne.

_____ (1978). *Marx' Verhaftung und Ausweisung Brüssel Februar/Marz 1848*. Trier, Schriften aus dem Karl-Marx-Haus.

_____ (1983). *Karl Marx-Friedrich Engels:* Das Ende der klassischen deutschen Philosophie. Bibliographie. Trier, Karl-Marx-Haus.

_____; MÖNKE, Wolfgang (1968). Neuen Daten zur Deutschen Ideologie. *Archiv für Sozialgeschichte*. Bonn, Friedrich-Ebert-Stiftung, v. VIII.

ANDRIOLI, Antônio Inácio (2008). A atualidade de Marx para o debate sobre tecnologia e meio ambiente. *Crítica Marxista*. Campinas, IFCH/Editora da Unicamp, n. 27, p. 11-25.
ANGAUT, Jean-Christophe (2007). Le Conflit Marx-Bakounine dans l'Internationale: une confrontation des pratiques politiques. *Actuel Marx*. Paris, PUF, n. 41, p. 112-29.
ANTUNES, Paulo Fernando Rocha (2016). Engels, Marx e o pragmatismo: a *Odisseia* de William English Walling. *Griot*. Revista de filosofia. Amargosa, Universidade Federal do Recôncavo da Bahia, v. 14, n. 2, dez. 2016, p. 48-76.
_____ (2019). Marx, Engels e o movimento dos trabalhadores nos EUA: um contributo para a compreensão da concepção materialista da história. *Griot*. Revista de filosofia. Amargosa, Universidade Federal do Recôncavo da Bahia, v. 19, n. 2, jun. 2019, p. 51-70.
ANTUNES, Ricardo (1995). *Adeus ao trabalho?* São Paulo, Cortez/Editora da Unicamp.
_____ (1999). *Os sentidos do trabalho*. São Paulo, Boitempo.
AQUINO, Marcelo Fernandes de (1989). *O conceito de religião em Hegel*. São Paulo, Loyola.
ARANTES, Paulo Eduardo (2000). *Hegel:* a ordem do tempo. São Paulo, Hucitec/Pólis.
ARAUJO, Christopher (2018). On the Misappropriation of Marx's Late Writings on Russia: A Critique of Marx at the Margins. *Science & Society*. Brooklyn, Guilford Press, v. 82, n. 1, p. 67-93.
ARCARY, Valério (2004). *As esquinas perigosas da história*. São Paulo, Xamã.
_____ (2009). Internacionalismo e nacionalismo: dilemas da aposta estratégica. *Serviço Social & Sociedade*. São Paulo, Cortez, n. 98, abr./jun. 2009, p. 225-44.
_____ (2016). *O martelo da história*. São Paulo, Sundermann.
ARICÓ, José (1980). *Marx y América Latina*. Lima, Centro de Estudios para el Desarrollo y la Participación. [Ed. bras.: *Marx e a América Latina*. Rio de Janeiro, Paz e Terra, 1982.]
ARNDT, Andreas (2012). *Karl Marx:* Versuch über Zusammenhang seiner Theorie. Berlim, Akademie.
ARNOUX, Mathilde et al. (orgs.) (2010). *Courbet à neuf.* Paris, Maison des Sciences de l'homme.
ARON, Jacques (2005). *Karl Marx, antisémite et criminel?* Bruxelas, Didier Devillez.
ARON, Raymond (1990). *As etapas do pensamento sociológico*. São Paulo/Brasília, Martins Fontes/UnB.
_____ (2004). *O marxismo de Marx*. São Paulo, ARX.
ARRIGHI, Giovanni (1996). *O longo século XX*. Rio de Janeiro/São Paulo, Contraponto/Editora Unesp.
ARTOUS, Antoine (1999). *Marx, l'État et la politique*. Paris, Syllepse.
ARTHUR, Christopher J. (2004). *The New Dialectic and Marx's Capital*. Leiden, Brill.
_____. (org.) (1996). *Engels Today:* A Centenary Appreciation. Basingstoke, Macmillan.
_____; REUTEN, Geert (orgs.) (1998). *The Circulation of Capital*. Essays on Volume Two of Capital. Londres, Macmillan.
ARVON, Henri (1966). *Michel Bakounine ou la vie contre la science*. Paris, Seghers.
ASHTON, Rosemary (1986). *Little German:* Exile and Asylum in Victorian England. Oxford, Oxford University Press.
ATTALI, Jacques (2007). *Marx ou o espírito do mundo*. Rio de Janeiro/São Paulo, Record.
AUDIER, Serge (2012). *Néo-liberalisme(s)*. Une archéologie intellectuelle. Paris, Grasset.
AUGUST, Andrew (2007). *The British Working Class*. 1832-1940. Londres, Routledge.

AVINERI, Shlomo (1968). *The Social and Political Thought of Karl Marx*. Cambridge, Cambridge University Press.

_____ (1985). *Moses Hess:* Prophet of Communism and Zionism. Nova York, New York University Press.

AVRICH, Paul (1988). *Anarchist Portraits*. Princeton, Princeton University Press.

_____ (2016). *Bakunin & Netchayev*. Goiânia, Escultura.

AXELOS, Kostas (1963). *Marx, penseur de la technique*. Paris, Minuit.

AZEVEDO, Denilton Novais (2010). A história da publicação das obras de Marx e Engels no Brasil de 1930 a 1934. *História*. Curitiba, Universidade Tuiuti do Paraná.

BACH, I. A. (org.) (1981). *Die Erste Internationale*. Moscou/Berlim, Progress-Dietz, 2 v.

BADALONI, Nicola (1980). *Dialettica del capitale*. Roma, Riuniti.

BAIROCH, Paul; GOERTZ, Gary (1986). Factors of Urbanisation in the Nineteenth Century Developed Countries. *Urban Studies*. Glasgow, Urban Studies Foundation, v. 23, n. 4, p. 285-305.

BAKUNIN, Mikhail (2000). *CD-ROM Bakounine:* Ouvres completes. Amsterdã, IIHS.

_____ (2003). *Estatismo e anarquia*. São Paulo, Imaginário.

BALDASTY, Gerald J. (1992). *The Commercialization of News in the Nineteenth Century*. Madison, University Wisconsin Press.

BALIBAR, Étienne (1976). *Sur la dictature du proletariat*. Paris, Maspero.

_____ (2001). *La Philosophie de Marx*. Paris, La Découverte.

_____; RAULET, Gérard (orgs.) (2001). *Marx démocrate*. Le manuscript de 1843. Paris, PUF.

BALL, Michael (1980). On Marx's Theory of Agricultural Rent: A Reply to Ben Fine. *Economy and Society*. Londres, Taylor & Francis, v. 9, n. 3, p. 304-26.

_____; SUNDERLAND, David (2002). *An Economic History of London*. 1800/1914. Londres, Routledge.

BARAN, Paul A. (1986). *A economia política do desenvolvimento*. São Paulo, Nova Cultural.

_____; SWEEZY, Paul M. (1974). *Capitalismo monopolista*. Rio de Janeiro, Zahar.

BARATA-MOURA, José (1994). *Marx e a crítica da "Escola Histórica do Direito"*. Lisboa, Caminho.

_____ (1997). *Materialismo e subjectividade*. Estudos em torno de Marx. Lisboa, Avante!

_____ (2010). *Estudos sobre a ontologia de Hegel*. Lisboa, Avante!

_____ (2012). *Totalidade e contradição*. Acerca da dialética. Lisboa, Avante!

_____ (2013). *Filosofia em O capital*. Uma aproximação. Lisboa, Avante!

_____ (2015). *Marx, Engels e a crítica do utopismo*. Lisboa, Avante!

_____ (2016). *Ontologia e política*. Lisboa, Avante!

_____ (2018). *As teses das "Teses"*. Para um exercício de leitura. Lisboa, Avante!

BARBE, Noël (2014). De quelques formes de présence du marxisme en anthropologie. *Le Portique*. Révue de philosophie et de sciences humaines. Metz, Université de Lorraine, n. 32. Disponível em: <https://journals.openedition.org/leportique/2720>. Acesso em: 20 out. 2020.

BARBIER, Maurice (1992). *La Pensée politique de K. Marx*. Paris, L'Harmattan.

BARIÉTY, Jacques; FLEURY, Antoine (orgs.) (1987). *Mouvements et initiatives de paix dans la politique internationale*. 1867-1928. Berna, Peter Lang.

BARJOT, Dominique et al. (1995). *La France au XIXe siècle*. Paris, PUF.

BARNETT, Vincent (2010). *Marx*. Buenos Aires, Javier Vergara.
BARON, Samuel H. (1963). *Plekhanov:* The Father of Russian Marxism. Stanford, Stanford University Press.
_____ (1995). *Plekhanov in Russian History and Soviet Historiography*. Pittsburgh, University of Pittsburgh Press.
BARSOTTI, Paulo (2009). Marx e Engels: crise econômica e revolução social. 1844-1857. *Lutas sociais*. São Paulo, Neils/PUC-SP, n. 23, 2. sem. 2009, p. 114-28.
BARTOLOVICH, Crystal; LAZARUS, Neil (orgs.) (2002). *Marxism, Modernity and Postcolonial Studies*. Cambridge, Cambridge University Press.
BARZEN, Marion (org.) (1990). *Studien zu Marx erstem Paris-Aufenthalt und Entstehung der Deutschen Ideologie* [Schriften aus dem Karl Marx]. Trier, Karl-Marx-Haus.
BASINGER, Rachel (2017). *The Story of Karl Marx 200 Years after His Birth*. Ocala, Atlantic.
BASSO, Luca (2008). *Socialità e isolamento:* La singolarità in Marx. Roma, Carocci.
_____ (2015). *Marx and the Common. From Capital to the Late Writings*. Leiden, Brill.
_____ et al. (orgs.) (2018). *Marx:* La produzione del soggetto. Roma, DeriveApprodi.
BASTIEN, Carlos; FAGUNDES, João Vasco (orgs.) (2018). *O capital de Karl Marx 150 anos depois*. Coimbra, Almedina.
BAUDOUIN, Patricia (2006). Balzac, directeur de la Chronique de Paris. *L'Année Balzacienne*. Paris, PUF, n. 7.
BEBEL, August (2013). *Aus Meinem Leben*. Hamburgo, Severus, 3 v.
BECKER, Gerhard (1963). *Karl Marx und Friedrich Engels in Köln*. 1848-1849. Berlin, Rütten & Löenung.
BECKER, Jean-Jacques; CANDAR, Gilles (orgs.) (2005). *Histoire des gauches en France*. 1. L'héritage du XIXe siècle. Paris, La Découverte.
BEDESCHI, Giuseppe (1989). *Marx*. Lisboa, Edições 70.
_____ (2005). *Storia del pensiero liberale*. Bari, Laterza.
BEHRING, Elaine; BOSCHETTI, Ivanete (2006). *Política social:* fundamentos e história. São Paulo, Cortez.
BEINSTEIN, Jorge (2013). *Capitalismo senil*. A grande crise da economia global. Rio de Janeiro, Record.
BELLAMY, Richard (1994). *Liberalismo e sociedade moderna*. São Paulo, Editora Unesp.
BELLANGER, Claude et al. (orgs.) (1970). *Histoire générale de la presse française*. Paris, PUF, 2 v.
BELLOFIORE, Riccardo (1985). Marx after Schumpeter. *Capital & Class*. Londres, Sage, v. 8, n. 3, jan. 1985, p. 60-74.
_____; TAYLOR, Nicola (orgs.) (2004). *The Constitution of Capital:* Essays on Volume I of Marx's Capital. Basingstoke, Palgrave Macmillan.
_____; FINESCHI, Roberto (orgs.) (2009). *Re-reading Marx*: New Perspectives after the Critical Edition. Basingstoke, Palgrave Macmillan.
_____ et al. (orgs.) (2013). *In Marx's Laboratory*. Critical Interpretations of the Grundrisse. Leiden, Brill.
BELLONE, Enrico et al. (1974). *Attualità del materialismo dialettico*. Roma, Riuniti.
BELLUZZO, Luiz Gonzaga (2012). *O capital e suas metamorfoses*. São Paulo, Editora Unesp.

BENHASSINE, Mohamed-Lakhdar (2002). Le Séjour de Karl Marx a Argel. Disponível em: <https://www.fichier-pdf.fr/2016/02/09/le-sejour-de-karl-marx-a-alger/>. Acesso em: 20 out. 2020.

BENJAMIN, Walter (1987). *Obras escolhidas*. 1. Magia e técnica, arte e política. Ensaios sobre literatura e história da cultura. São Paulo, Brasiliense.

_____ (2007). Paris, capital do século XIX. In: _____. *Passagens*. Belo Horizonte/ São Paulo, Editora UFMG/Imesp.

BÉNIÈS, Nicolas (2010). *Marx, le capitalisme et les crises*. Montreuil, La ville brûle.

BENSAÏD, Daniel (1999). *Marx, o intempestivo*. Rio de Janeiro, Civilização Brasileira.

_____ (2013). *Marx, manual de instruções*. Trad. Nair Fonseca. São Paulo, Boitempo.

_____; LÖWY, Michael (2000). *Marxismo, modernidade e utopia*. São Paulo, Xamã.

BENSIMON, Fabrice (2000). *Les Britanniques face à la Révolution Française de 1848*. Paris, L'Harmattan.

_____ et al. (orgs.) (2018). *"Arise Ye Wretched of the Earth"*: The First International in a Global Perspective. Leiden/Boston, Brill.

BENSON, John (1989). *The Working Class in Britain*. 1850-1939. Londres, Longman.

BENSUSSAN, Gérard (1985). *Moses Hess, la philosophie, le socialisme (1836-1845)*. Paris, PUF.

BÉREAU, Samuel (2016). *Histoire du libéralisme*. Paris, Ellipses.

BERGER, Martin (1977). *Engels, Armies and Revolution:* The Revolutionary Tactics of Classical Marxism. Hamden, Archon.

BERGMAN, Jay (1983). *Vera Zasulick:* A Biography. Stanford, Stanford University Press.

BERLIN, Isaiah (1959). *The Life and Opinions of Moses Hess*. Cambridge, Jewish Historical Society of England.

_____ (2014). *Karl Marx*. Lisboa, Edições 70.

BERNAL, John D. (1989). *Historia social de la ciencia*. Barcelona, Península, 2 v.

BERNSTEIN, Eduard (1982). *Las premisas del socialismo y las tareas de la social-democracia*. Cidade do México, Siglo XXI.

_____ (2010). *Ferdinand Lassalle as a Social Reformer*. Charleston, Nabu Press.

BERNSTEIN, Richard J. (1979). *Praxis y acción*. Madri, Alianza.

BERNSTEIN, Samuel (1962). *The First International in America*. Nova York, A. M. Kelley.

_____ (1971). *Auguste Blanqui and the Art of Insurrection*. Londres, Lawrence & Wishart.

BERTHOUD, Arnaud (1974). *Travail productif et productivité du travail*. Paris, Maspero.

BERTRAND, Michèle (1979). *Le Statut de la réligion chez Marx et Engels*. Paris, Éditions Sociales.

BEW, John (2015). *Realpolitik*: A History. Oxford, Oxford University Press.

BICALHO, Luiz de Carvalho (1986). *O capital*. Resumo literal. Condensação dos livros 1, 2 e 3. São Paulo, Novos Rumos.

BIDARD, Christian et al. (1998). *Keynes et Sraffa*: recherche de passerelles. Paris, Cujas.

BIDET, Jacques (2000). *Que faire du Capital?* Philosophie, économie et politique dans Le Capital de Marx. Paris, PUF.

_____ (2010). *Explicação e reconstrução do Capital*. Campinas, Editora da Unicamp.

BIDOUZE, René (1991). *Lissagaray, la plume et l'épée*. Paris, Ouvrières.

BIHR, Alain (2009). La surpopulation relative chez Marx. *Revue Interrogations*, jun. 2009. Disponível em: <https://www.revue-interrogations.org/La-surpopulation-relative-chez>. Acesso em: 20 out. 2020.

_____ (2010). *La Logique méconnue du Capital*. Lausanne, Page Deux.

BILLINGTON, James H. (1980). *Fire in the Minds of Men*. Origins of the Revolutionary Faith. Nova York, Basic Books.

BITTEL, Karl (1953). *Karl Marx als Journalist*. Berlim, Aufbau.

BLACKBURN, Robin (org.) (1992). *Depois da queda*. O fracasso do comunismo e o futuro do socialismo. Rio de Janeiro, Paz e Terra.

_____ (org.) (2011). *An Unfinished Revolution*. Karl Marx and Abraham Lincoln. Londres, Verso.

BLAUG, Mark (1980). *A Methodological Appraisal of Marxian Economics*. Amsterdã, North Holland.

_____ (1989-1990). *História do pensamento econômico*. Lisboa, Dom Quixote, 2 v.

_____ (org.) (1991). *François Quesnay (1694-1774)*. Aldershot, Edward Elgar, 2 v.

BLEIBER, Helmut et al. (orgs.) (1987-1988). *Männer der Revolution von 1848*. Berlim, Akademie, 2 v.

BLOCH, Ernst (1972). *Karl Marx*. Bolonha, Il Mulino.

_____ (1973). *Thomas Münzer, teólogo da revolução*. Rio de Janeiro, Tempo Brasileiro.

_____ (1983). *Sujeto-objeto en el pensamiento de Hegel*. Cidade do México, Fondo de Cultura Económica.

_____ (2005-2006). *O princípio esperança*. Rio de Janeiro, Editora UERJ/Contraponto, 3 v.

BLOCH, Maurice (1983). *Marxism and Anthropology*. The History of a Relationship. Oxford, Oxford University Press.

BLUM, Mark E.; SMALDONE, William T. (orgs.) (2015). *Austro-Marxism:* The Ideology of Unity. Leiden, Brill.

BLUMBERG, Arnold (1990). *A Carefully Planned Accident*. The Italian War of 1859. Cranbury, Susquehanna University Press and Associated University Press.

BLUMENBERG, Werner (2000). *Karl Marx:* An Illustrated History. Londres, Verso.

BOBBIO, Norberto (1987). *Estado, governo, sociedade*. Para uma teoria geral da política. Rio de Janeiro, Paz e Terra.

_____ (2006). *Nem com Marx, nem contra Marx*. São Paulo, Editora Unesp.

BOCCARA, Paul (1973). *Études sur le capitalisme monopoliste d'État, sa crise et son issue*. Paris, Éditions Sociales.

_____ (2013-2015). *Théories sur les crises, la suracumulation et la dévalorisation du capital*. Paris, Delga, 2 v.

BOGDAN, Henry (2003). *Histoire de l'Allemagne*. Paris, Perrin.

BOGO, Ademar (2018). *Marx e a superação do Estado*. São Paulo, Expressão Popular.

BÖHM-BAWERK, Eugen von et al. (1974). *Economía burguesa y economía socialista*. Córdoba, Ediciones Pasado y Presente. Coleção Cuadernos de Pasado y Presente.

_____; HILFERDING, Rudolf (2007). *Karl Marx and the Close of His System & Böhm-Bawerk's Criticism of Marx*. Auburn, Ludwig von Mises Institute.

BOITO JR., Armando (org.) (2001). *A Comuna de Paris na história*. São Paulo, Xamã.

_____ et al. (orgs.) (2000). *A obra teórica de Marx* – atualidade, problemas e interpretações. São Paulo, Xamã.

_____; TOLEDO, Caio Navarro de (orgs.) (2003). *Marxismo e ciências humanas*. São Paulo, Xamã.

BOLAÑO, César Ricardo Siqueira (2008). Sobre intelecto geral, capital, comunicação e conhecimento: uma leitura dos Grundrisse. *Revista de Economia*. Curitiba, UFPR, v. 34, n. 4, p. 35-49.

BOLOGNA, Sergio et al. (1974). *Crisi e organizzazione operaia*. Milão, Feltrinelli.

BONEFELD, Werner; HEINRICH, Michael (orgs.) (2011). *Kapital & Kritik*. Nach der neuen Marx-Lektüre. Hamburgo, VSA.

BORCHARDT, Julian (org.) (2018). *O capital*. Edição resumida. São Paulo, GEN.

BORON, Atilio A. (2000). *Tras el búho de Minerva*. Mercado contra democracia en el capitalismo de fin de siglo. Buenos Aires, Fondo de Cultura Económica.

_____ (2003). *Filosofia política marxista*. São Paulo/Buenos Aires, Cortez/Clacso.

_____ (2010-2011). Os duradouros ensinamentos da Comuna de Paris. *Lutas sociais*. São Paulo, Neils-PUC/SP, n. 25-26, 2. sem. 2010/1. sem. 2011, p. 241-7.

_____ et al. (orgs.) (2007). *A teoria marxista hoje*. Problemas e perspectivas. Buenos Aires/São Paulo, Clacso/Expressão Popular.

BORTOLOTTI, Arrigo (1976). *Marx e il materialismo:* dalla Sacra Famiglia alle Tesi su Feuerbach. Palermo, Palumbo.

BOST, Matthew W. (2018). A Revolutionary Epideictic: Debt and Community in Karl Marx's The Civil War in France. *Rhetoric Society Quarterly*. Boulder, Rhetoric Society of America/Routledge, v. 48, n. 4, p. 411-31.

BOTTIGELLI, Émile (1961). La rupture Marx-Hyndman. *Analli dell'Istituto Giangiacomo Feltrinelli*. Milão, Feltrinelli, 1961, p. 621-9.

_____ (1971). *A gênese do socialismo científico*. Lisboa, Estampa.

BOTTOMORE, Tom (org.) (1981). *Karl Marx*. Rio de Janeiro, Zahar.

BOUNDS, Philip; BERRY, David (orgs.) (2016). *British Marxism and Cultural Studies*. Londres/Nova York, Routledge.

BOUQUIN, Stephen (1997). Fin du travail ou crise du salariat? *Banlieu-Ville et Lien social*. Paris, Université Paris VIII, n. 13-14.

BOUVIER, Beatrix; AUTS, Rainer (orgs.) (2018). *Karl Marx 1818-1883*. Leben. Werk. Zeit. Darmstad, Theiss.

BOYCE, George et al. (1978). *Newspaper History from Seventeenth Century to the Present Day*. Londres, Constable.

BRAIBANT, Sylvie. (1993). *Élisabeth Dmitrieff, aristocrate et pétroleuse*. Paris, Belfond.

BRAUNTHAL, Julius (1966). *History of the International*. 1. 1864-1914. Nova York, Praeger.

BRAVO, Gian Mario (1977). *Da Weitling a Marx: la Lega dei communisti*. Milão, La Pietra.

_____ (1978). *La Prima Internazionale. Storia documentaria*. Roma, Riuniti.

_____ (1979). *Marx e la Prima Internazionale*. Roma/Bari, Laterza.

_____ (1992). *Marx ed Engels in Italia*. Roma, Riuniti.

BRECKMAN, Warren (1999). *Marx, the Young Hegelians and the Origins of Radical Social Theory*. Cambridge, Cambridge University Press.

BRETON, Yves et al. (orgs.) (1997). *La longue stagnation en France.* L'autre grande dépression. 1873-1897. Paris, Economica.
BREUILLY, John (2002). *Austria, Prussia and Germany, 1806-1871.* Londres, Longman.
BREWER, Anthony (1980). *Marxist Theories of Imperialism.* Londres, Routledge & Kegan Paul.
BRIGGS, Asa (1998). *A Social History of England.* Londres, Penguin.
_____; BURKE, Peter (2006). *A Social History of the Media.* Cambridge, Polity.
_____; CALLOW, John (2008). *Marx in London*: An Illustrated Guide. Londres, Lawrence & Wishart.
BRIVE, Marie-France (org.) (1989). *Les Femmes et la révolution française.* Toulouse, Presses Universitaires du Mirail, 3 v.
BROOK, Timothy (org.) (1989). *The Asiatic Mode of Production in China.* Nova York, M. E. Sharpe.
BROSSAT, Alain (1974). *Aux origins de la révolution permanente.* Paris, Maspero.
BROUÉ, Pierre (2007). *História da Internacional Comunista.* 1919-1943. São Paulo, Sundermann, 2 v.
BROWN, Andrew et al. (orgs.) (2002). *Critical Realism and Marxism.* Londres, Routledge.
BROWN, Heather (2013). *Marx on Gender and the Family.* A Critical Study. Chicago, Haymarket.
BROWNE, Alfredo Lisboa (1968). *Leitura básica de O capital.* Resumo e crítica da obra de Marx. Rio de Janeiro, Civilização Brasileira.
BRUHAT, Jean (1973). *Marx-Engels.* Lisboa, Seara Nova.
_____ et al. (orgs.) (1971). *La Commune de 1871.* Paris, Éditions Sociales.
BRUNHOFF, Suzanne de (1973). *La Politique monétaire*: un essai d'interprétation marxiste. Paris, PUF.
_____ et al. (2010). *A finança capitalista.* São Paulo, Alameda.
BUEY, Francisco Fernández (1984). Evolución de las opiniones de Karl Marx sobre Rusia. *Mientras Tanto.* Icaria, Barcelona, n. 19, jul. 1984, p. 101-35.
_____ (2004). *Marx (sem ismos).* Rio de Janeiro, Editora UFRJ.
BUGIATO, Caio; GARCIA, Ana Saggioro (2018). Marxismo e relações internacionais. *Crítica Marxista.* Campinas, IFCH/Editora da Unicamp, n. 46, p. 127-9.
BUHR, Manfred (org.) (1973). *Zur Kritik der bürgerlichen Ideologie.* Berlim, Akademie.
BUKHARIN, Nikolai (1984). *A economia mundial e o imperialismo.* São Paulo, Abril Cultural.
_____ et al. (1935). *Marxism and Modern Thought.* Londres, G. Routledge & Sons.
BUONICORE, Augusto (2013). Marx e Engels e a tradição democrática. *Portal Vermelho*, 7 jun. 2013. Disponível em: <https://vermelho.org.br/2013/06/07/augusto-buonicore-marx-e-engels-e-a-tradicao-democratica/>. Acesso em: 20 out. 2020.
BURDEAU, Ishmael (2015). The Lost Great Enclosure: The Crisis of the General Intellect. *WorkingUSA.* The Journal of Labor & Society. Nova York, Wiley Periodicals, v. 18, n. 4, dez. 2015.
BURGELIN, Henri et al. (orgs.) (1962). *La Première Internationale.* Genebra, Droz, 2 v.
BURGIN, Angus (2015). *The Great Persuasion.* Reinventing Free Markets since Depression. Cambridge, Harvard University Press.
BURKETT, Paul (1999). *Marx and Nature:* A Red and Green Perspective. Nova York, St. Martin's Press.
BURNS, Tony; FRASER, Ian (orgs.) (2000). *The Marx-Hegel Connection.* Nova York, St. Martin's Press.

BURTON, Antoinette (org.) (2001). *Politics and Empire in Victorian Britain*. Londres, Palgrave Macmillan.

BURY, John Patrick T.; TOMBS, Robert (1986). *Thiers*. 1797-1877: A Political Life. Londres, Allen & Unvin.

CAHEN, Jacqueline (1994). La Réception de l'oeuvre de Karl Marx par les économistes français (1871-1883). *Mil neuf cent*. Revue d'histoire intellectuelle. Paris, Société d'Études Soréliennes, n. 12, p. 19-50.

CAHILL, Damien; KONINGS, Martijn (2017). *Neoliberalism*. Cambridge, Polity Press.

CAHILL, Damien et al. (orgs.) (2018). *The Sage Handbook of Neoliberalism*. Thousand Oaks, Sage.

CALABRESE, Andrew; SPARKS, Colin (orgs.) (2004). *Toward a Political Economy of Culture*. Capitalism and Communication in the Twenty-First Century. Lanham, Rowman and Littlefield.

CALIGARIS, Gastón; TRENTO, Nicolás Pérez (2017). Capital y renta diferencial de tipo II: una revisión crítica de la historia de las interpretaciones marxistas. *Economía*: teoría y práctica. Cidade do México, Universidad Autónoma Metropolitana, n. 47, jul./dez. 2017, p. 217-48.

CALLINICOS, Alex (1987). *The Revolutionary Ideas of Karl Marx*. Londres, Bookmarks.

_____ (2014). *Deciphering Capital*. Marx's Capital and its Destiny. Londres, Bookmarks.

CALOMIRIS, Charles W.; SCHWEIKART, Larry (1991). The Panic of 1857: Origins, Transmission and Containment. *The Journal of Economic History*. Cambridge, Cambridge University Press/Economic History Association, v. 51, n. 4, dez. 1991, p. 807-34.

CALVEZ, Jean-Yves (1962). *O pensamento de Karl Marx*. Porto, Tavares Martins.

_____ (2006). *Marx et le marxisme:* une pensée, une histoire. Paris, Eyroles.

CAMATTE, Jacques (1976). *Il capitale totale*. Il "capitolo VI" inedito de "Il capitale" e la critica dell'economia politica. Bari, Dedalo.

CAMPBELL, Martha; REUTEN, Geert (orgs.) (2002). *The Culmination of Capital*. Essays on Volume III of Marx's Capital. Basingstoke, Palgrave.

CAMPOS, Pedro Henrique Pedreira (2014). *Estranhas catedrais*. As empreiteiras brasileiras e a ditadura civil-militar, 1964-1988. Niterói, Editora da UFF.

CARCANHOLO, Reinaldo A. (1984). Renda da terra: uma concreção teórica necessária. *Revista de Economia Política*. São Paulo, Centro de Economia Política/Brasiliense, v. 4, n. 4, out./dez. 1984, p. 108-23.

_____ (2012). *Marx, Ricardo e Smith*. Sobre a teoria do valor trabalho. Vitória, Edufes.

_____ (2013). *Capital:* essência e aparência. São Paulo, Expressão Popular, v. 2.

_____; SABADINI, Mauricio (2008). Capital ficticio y ganancias ficticias. *Revista Herramienta*. Buenos Aires, Herramienta, v. 37, mar. 2008, p. 59-79.

CARCANHOLO, Reinaldo A. (org.) (2011). *Capital:* essência e aparência. São Paulo, Expressão Popular, v. 1.

CARCHEDI, Guglielmo (2011). *Behind the Crisis*. Marx's Dialectics of Value and Knowledge. Leiden/Boston, Brill.

CARDOSO, Ciro Flamarion et al. (1990). *Modo de produção asiático:* nova visita a um velho conceito. Rio de Janeiro, Campus.

CARDOSO, Fernando Henrique (2016). *Diários da Presidência*. 1997-1998. São Paulo, Companhia das Letras.

CARDOT, Fabienne; CARON, François (orgs.) (1991). *Histoire de l'électricité en France*. Paris, Fayard, v. 1.

CARIO, Silvio Antonio Ferraz; BUZANELO, Edemar J. (1986). Notas sobre a teoria marxista da renda da terra. *Revista de Ciências Humanas.* Florianópolis, UFSC, v. 5, n. 8, p. 32-47.
CARLEBACH, Julius (1978). *Karl Marx and the Radical Critique of Judaism.* Londres, Routledge & Kegan Paul.
CARNOY, Martin (1986). *Estado e teoria política.* Campinas, Papirus.
CARONE, Edgard (1986). *O marxismo no Brasil* (das origens a 1964). Rio de Janeiro, Dois Pontos.
_____ (1993). *A II Internacional pelos seus congressos* (1889-1914). São Paulo, Edusp/Anita.
CARR, E. H. (1975). *Michael Bakunin.* Nova York, Octagon.
CARSON, Rebecca (2017). Fictitious Capital and the Re-emergence of Personal Forms of Domination. *Continental Thought & Theory.* A Journal of Intellectual Freedom. Christchurch, University of Canterbury, v. 1, n. 4, set./out. 2017, p. 566-86.
CARVALHO, Horacio Martins de (org.) (2014). *Chayanov e o campesinato.* São Paulo, Expressão Popular.
CARVER, Terrell (1989). *Friedrich Engels.* His Life and Thought. Londres, Macmillan.
_____ (2004). *The Postmodern Marx.* Manchester, Manchester University Press.
_____ (2005). Marx's "Illegitimate Son"... or Gresham's Law in the World of Scholarship. *Marx Myths & Legends,* fev. 2005. Disponível em: <https://www.marxists.org/subject/marxmyths/terrell-carver/article.htm>. Acesso em: 20 out. 2020.
_____ (2018). *Marx.* Cambridge, Polity.
_____; BLANK, Daniel (2014). *A Political History of the Editions of Marx and Engels's "German Ideology Manuscripts".* Londres, Palgrave Macmillan.
CASALINO, Vinícius Gomes (2018). A dialética de Karl Marx e a crítica marxista do direito. *Revista Direito & Práxis.* Rio de Janeiro, v. 9, n. 4, p. 2.267-92.
CASAS, Aldo (2017). *Karl Marx.* Nuestro compañero. Una invitación a conocer su vida y sus combates. Buenos Aires, Herramienta.
CASES, Cesare (1963). *Saggi e note di letteratura tedesca.* Turim, Einaudi.
CASTELO, Rodrigo (2013). *O social-liberalismo:* auge e crise da supremacia burguesa na era neoliberal. São Paulo, Expressão Popular.
_____ (org.) (2010). *Encruzilhadas da América Latina no século XXI.* Rio de Janeiro, Pão e Rosas.
CASTILLO, Santiago (org.) (1998). *Construyendo el futuro.* Correspondencia política (1870-1895). Friedrich Engels, José Mesa, Pablo Iglesias, Paul Lafargue y otros. Madri, Trotta/Fundación de Investigaciones Marxistas.
CASTLETON, Edward; TOUBOUL, Hervé (orgs.) (2015). *Regards sur 1848.* Besançon, Presses Universitaires de Franche-Comté.
CATTEAU, Jacques (org.) (1977). *Bakounine* – combats et débats. Paris, Institut d'Études Slaves.
CENTO, Alberto (1967). *Il realismo documentario nell'Éducation sentimentale.* Napoli, Liguori.
CENTRE NATIONAL DE LA RECHERCHE SCIENTIFIQUE/CNRS (org.) (1968). *La Première Internationale.* L'institution, l'implantation, le rayonnement. Paris, CNRS.
CERQUEIRA, Hugo E. A. da Gama (2015). Breve história da edição crítica das obras de Karl Marx. *Revista de Economia Política.* São Paulo, Editora 34, v. 35, n. 4, out./dez. 2015, p. 825-44.
CERRATO, Francesco; IMBRIANO, Gennaro (orgs.) (2018). *Marx 200.* Modena, Mucchi.
CERRONI, Umberto (1972). *Marx e il diritto moderno.* Roma, Riuniti.

_____ (1976). *Teoria política e socialismo*. Lisboa, Europa América.

_____ (1982). *Teoria do partido político*. São Paulo, Ciências Humanas.

CHACON, Vamireh (1965). *História das ideias socialistas no Brasil*. Rio de Janeiro, Civilização Brasileira.

CHAGAS, Eduardo Ferreira et al. (orgs.) (2007). *Comemoração aos 200 anos da Fenomenologia do Espírito de Hegel*. Fortaleza, Editora da UFC.

CHAKRABORTY, Achin et al. (orgs.) (2019). *Capital in the East*. Reflections on Marx. Cingapura, Springer.

CHALABY, Jean (1998). *The Invention of Journalism*. Londres, Palgrave Macmillan.

CHALONER, W. H.; HENDERSON, William Otto (1959). *Engels as Military Critic*. Manchester, Manchester University Press.

CHARBIT, Yves (2009). *Economic, Social and Demographic Thought in the XIXth Century*. The Population Debate from Malthus to Marx. Milton Keynes, Springer.

CHARLE, Christophe (2004). *Le Siècle de la presse (1830-1939)*. Paris, Minuit.

CHARLOT, Monica; MARX, Roland (orgs.) (1993). *Londres, 1851-1901:* a Era Vitoriana ou o triunfo das desigualdades. Rio de Janeiro, Jorge Zahar.

CHASE, Malcolm (2013). *Le Chartisme*. Aux origines du mouvement ouvrier britannique. 1838--1858. Paris, Publications de la Sorbonne.

CHASIN, José (2009). *Marx:* estatuto ontológico e resolução metodológica. São Paulo, Boitempo.

CHÂTELET, François (1972). *Logos e práxis*. Rio de Janeiro, Paz e Terra.

_____ (1995). *Hegel*. Rio de Janeiro, Jorge Zahar.

CHATTOPADHYAYA, Debiprasad (1982). Dialectics of Social Evolution: Morgan, Marx and Engels. *Social Scientist*. Nova Délhi, Indian Scholl of Social Sciences/Tulika Books, v. 10, n. 9, set. 1982, p. 3-20.

CHATTOPADHYAY, Paresh (2018). *Socialism and Commodity Production:* Essay in Marx Revival. Leiden, Brill.

CHESNAIS, François (1996). *A mundialização do capital*. São Paulo, Xamã.

_____ (2016). *Finance Capital Today*. Corporations and Banks in the Lasting Global Slump. Leiden, Brill.

_____ et al. (2001). *Une nouvelle phase du capitalisme*. Paris, Syllepse.

CHESNAIS, François (org.) (2005). *A finança mundializada:* raízes sociais e políticas, configuração, consequências. Trad. Paulo Nakatani e Rosa Marques. São Paulo, Boitempo.

CHITAS, Eduardo (org.) (2000). *150 anos do Manifesto do Partido Comunista*. O Manifesto e seu tempo. Lisboa, Colibri.

CHITTY, Andrew; McIVOR, Martin (orgs.) (2009). *Marx and Contemporary Philosophy*. Basingstoke, Palgrave.

CHOAT, Simon (2016). *Marx's Grundrisse*. A Reader's Guide. Londres, Bloomsbury.

CHOISEL, Francis (2015). *La Deuxième République et le Second Empire au jour le jour*. Paris, CNRS.

CHOSSUDOVSKY, Michel (1999). *A globalização da pobreza*. São Paulo, Moderna.

CHRISTEN, Yves (1981). *Marx et Darwin*. Le grand affrontement. Paris, Albin Michel.

CIESZKOWSKI, August (1979). *Selected Writings of August Cieszkowski*. Cambridge, Cambridge University Press.

CINGOLI, Mario (2005). *Il giovane Marx*. 1842-1843. Milão, Unicopli, v. 1.

_____; MORFINO, Vittorio (orgs.) (2011). *Aspetti del pensiero di Marx e delle interpretazioni sucessive*. Milão, Unicopli.

CIPOLLA, Francisco Paulo (2012). Diferentes teorias marxistas de crise e diferentes interpretações da crise atual. *Economia e Sociedade*. Campinas, Instituto de Economia/Editora da Unicamp, v. 21, n. 1, abr. 2012, p. 39-59.

_____ (2018). Genealogia das teorias marxistas de crise. *Nova Economia*. Belo Horizonte, Departamento de Ciências Econômicas/Editora UFMG, v. 28, n. 1, p. 71-101.

CLAEYS, Gregory (2018). *Marx and Marxism*. Londres, Pelican.

CLARK, Evalyn (1940). Adolph Wagner: From National Economist to National Socialist. *Political Science Quarterly*. Nova York, Academic of Political Science, v. 55, n. 3, p. 378-411.

CLARK, Timothy J. (1973). *The Absolute Bourgeois:* Artists and Politics in France, 1848-1851. Berkeley, University of California Press.

_____ (1999). *Image of the People* – Gustave Courbet and the 1848 Revolution. Berkeley/Los Angeles, University of California Press.

CLARKE, Simon (1994). *Marx's Theory of Crisis*. Londres, Palgrave Macmillan.

CLAUDÍN, Fernando (1975). *Marx, Engels y la revolución de 1848*. Madri, Siglo XXI.

_____ (2013). *A crise do movimento comunista*. São Paulo, Expressão Popular.

CLEAVER, Harry (1979). *Reading Capital Politically*. Austin, University Texas Press.

_____ (2017). *Rupturing the Dialectic:* The Struggle against Work, Money and Financialization. Chico (CA), AK Press.

CLEMESHA, Arlene (1998). *Marxismo e judaísmo*. História de uma relação difícil. São Paulo, Boitempo/Xamã.

CLIFF, Tony; GLUCKSTEIN, Donny (1996). *The Labour Party:* A Marxist History. Londres, Bookmarks.

COGGIOLA, Osvaldo (1995). *Engels*. O segundo violino. São Paulo, Xamã.

_____ (2009). *As grandes depressões (1873-1896 e 1929-1939):* fundamentos econômicos, consequências geopolíticas e lições para o presente. São Paulo, Alameda.

_____ (2009a). As crises econômicas e a teoria marxista. *Revista de Economia Mackenzie*. São Paulo, Universidade Presbiteriana Mackenzie, v. 7, n. 3, p. 96-180.

_____ (org.) (1998). *Manifesto Comunista*. São Paulo, Boitempo.

_____ (org.) (2003). *Escritos sobre a Comuna de Paris*. São Paulo, Xamã.

COHEN, G. A. (1978). *Karl Marx's Theory of History:* A Defense. Princeton, Princeton University Press.

COHEN, Jon S. (1978). The Achievements of Economic History. The Marxist School. *The Journal of Economic History*. Cambridge, Cambridge University Press/Economic History Association, v. 38, n. 1, mar. 1978, p. 29-57.

COLE, G. D. H. (1953). *A History of Socialist Thought*. The Forerunners. 1789-1850. Londres, Macmillan.

_____ (1956). *A History of Socialist Thought*. The Second International (1889-1914). Londres, Macmillan.

_____; POSTGATE, Raymond (1961). *The British Common People*. 1746-1946. Londres, Methuen.

COLE, Margaret (1961). *The Story of Fabian Socialism*. Palo Alto, Stanford University Press.

_____ (org.) (1949). *The Webbs and their Work*. Londres, Muller.
COLLETTI, Lucio (1975-1976). *Il marxismo e Hegel*. Bari, Laterza, 2 v.
_____ (1983). *Ultrapassando o marxismo e as ideologias*. Rio de Janeiro, Forense Universitária.
_____; NAPOLEONI, Claudio (orgs.) (1970). *Il futuro del capitalismo:* crollo o sviluppo? Bari, Laterza.
COLLIN, Denis (1997). *La Fin du travail et la mondialisation*. Idéologie et réalité sociale. Paris, L'Harmattan.
_____ (2010). *Compreender Marx*. Petrópolis, Vozes.
COMBEMALE, Pascal (2010). *Introduction à Marx*. Paris, La Découverte.
COMBLIN, José (1999). *Neoliberalismo:* ideologia dominante na virada do século. Petrópolis, Vozes.
COMERFORD, R. V. (1985). *The Fenians in Context:* Irish Politics and Society, 1848-82. Dublin, Wolfhound Press.
COMNINEL, George C. et al. (orgs.) (2014). I International after 150 Years. *Socialism and Democracy*. Somervile, Research Group on Socialism and Democracy, v. 28, n. 2, jul. 2014, p. 215-20.
CONCHEIRO, María Elvira; GANDARILLA, José Guadalupe (orgs.) (2016). *Marx revisitado.* Posiciones encontradas. Cidade do México, Centro de Investigaciones Interdisciplinarias en Ciencias y Humanidades de la Unam.
COOPER, Sandi E. (1991). *Patriotic Pacifism:* Waging War in Europe. 1815-1914. Nova York, Oxford University Press.
CORDILLOT, Michel (2010). *Aux origins du socialisme moderne:* la Première Internationale, la Commune de Paris, l'Éxil. Paris, L'Atelier.
CORNU, Auguste (1947). *Karl Marx et la révolution de 1848*. Paris, PUF.
_____ (1975-1976). *Carlos Marx. Federico Engels*. Havana, Editorial de Ciencias Sociales, 4 v.
CORRÊA, Felipe (2013). A Guerra civil na França: Marx antiestatista? *Revista Gestão e Políticas Públicas*. São Paulo, EACH/USP, v. 3, n. 2, p. 211-27.
COSTA, Edmilson (2008). *A globalização e o capitalismo contemporâneo*. São Paulo, Expressão Popular.
COSTA NETO, Pedro Leão da (2018). Notas preliminares sobre o conceito de progresso em Karl Marx e Friedrich Engels. *Germinal*. Marxismo e educação em debate. Salvador, UFBA, v. 10, n. 1, maio 2018.
COTRIM, Ana (2017). O debate epistolar sobre Franz von Sickingen entre Marx, Engels e Lassalle: a tragédia moderna. In: MORAES, Andréa Pereira et al. (orgs.). *Estética e crítica literária:* reflexões acerca do pensamento estético em Lukács e Marx. São Paulo, Instituto Lukács.
COTRIM, Lívia (2013). A revolução alemã de 1848 nos artigos da Nova Gazeta Renana. *Projeto História*. São Paulo, Educ, n. 47, ago. 2013, p. 323-64.
COTRIM, Vera (2012). *Trabalho produtivo em Marx*. Velhas e novas questões. São Paulo, Alameda.
COTTIER, Georges (1969). *L'Athéisme du jeune Marx*. Ses origines hégéliennes. Paris, Vrin.
COTTRET, Bernard (2010). *Karl Marx*. Une vie entre romantisme et révolution. Paris, Perrin.
COULONGES, Georges (1970). *La Commune en chantant*. Paris, Éditeurs Français Réunis.
COUTINHO, Carlos Nelson (1967). *Literatura e humanismo*. Rio de Janeiro, Paz e Terra.
_____ (2005). *Lukács, Proust e Kafka*. Literatura e sociedade no século XX. Rio de Janeiro, Civilização Brasileira.

_____ (2010). *O estruturalismo e a miséria da razão*. São Paulo, Expressão Popular.

COWLEY, John (1992). *The Victorian Encounter with Marx:* A Study of Ernest Belfort Bax. Londres, British Academic Press.

COWLING, Mark; MARTIN, James (orgs.) (2002). *Marx's Eighteenth Brumaire*. Londres, Pluto Press.

CUEVA, Augustín (1979). La concepción marxista de las clases sociales. *Debate y Crítica*. São Paulo, Hucitec, n. 3, jul. 1979.

CURRAN, James et al. (orgs.) (1977). *Mass Communication and Society*. Londres, Edward Arnold.

CURY, Vania Maria (2006). *História da industrialização no século XIX*. Rio de Janeiro, Editora UFRJ.

DAHRENDORF, Ralf (1995). *LSE:* A History of the London School of Economics and Political Science, 1895-1995. Oxford, Oxford University Press.

DAMMEYER, Manfred (1978). *Guter Geist bei Marx und Engels:* Helena Demuth. Colônia, Europäische.

DAMSMA, Dirk (2009). *Marx's Systematic Dialectics and Mathematics and their Articulation in his Schemes of Reproduction*. Amsterdã, Universiteit van Amsterdam.

DANDOIS, Bernard (1974). *Entre Marx et Bakounine:* César de Paepe. Paris, Maspero.

DANGEVILLE, Roger (1967). Marx et la Russie. *L'Homme et la Société*. Paris, Anthropos, n. 5, p. 149-64.

DANNER, Leno Francisco (2011). A reformulação do liberalismo clássico por John Rawls. *Fundamento*. Revista de pesquisa em filosofia. Ouro Preto, Departamento de Filosofia/UFOP, v. 1, n. 3, maio/ago. 2011.

DARDÉ, Carlos (1991). La democracia en Gran Bretaña: la reforma electoral de 1867-1868. *Ayer*. Valência, Asociación de Historia Contemporánea, n. 3, p. 63-82.

DARDOT, Pierre; LAVAL, Christian (2012). *Marx*. Prénom: Karl. Paris, Gallimard.

_____ ; _____ (2016). *A nova razão do mundo*. Ensaio sobre a sociedade neoliberal. Trad. Mariana Echalar. São Paulo, Boitempo.

DARWIN, Charles (2018). *A origem das espécies*. São Paulo, Edipro.

DAS, Raju J. (2017). *Marxist Class Theory for a Skeptical World*. Leiden, Brill.

DAUNTON, Martin J. (1995). *Progress and Poverty*. An Economic and Social History of Britain. 1700-1850. Oxford, Oxford University Press.

DAVID, Thomaz Delgado de; SILVA, Maria Beatriz Oliveira da (orgs.) (2019). *Marxismo, direito e relações internacionais*. Rio de Janeiro, Lumen Juris.

DAVIES, William (2014). *The Limits of Neoliberalism*. Londres, Sage.

DAY, Richard B.; GAIDO, Daniel (orgs.) (2017). *Responses to Marx's Capital*. From Rudolf Hilferding to Isaak Illich Rubin. Leiden/Boston, Brill.

DAYAN-HERZBRUN, Sonia (1990). *Mythes et mémoire du mouvement ouvrier:* le cas Ferdinand Lassalle. Paris, L'Harmattan.

_____ (1990a). *L'Invention du parti ouvrier*. Aux origines de la social-démocratie (1848--1864). Paris, L'Harmattan.

_____ (org.) (1977). *Correspondance K. Marx-F. Lassalle, 1848-1864*. Paris, PUF.

DEAECTO, Marisa M.; MOLLIER, Jean-Yves (orgs.) (2013). *Edição e revolução:* leituras comunistas no Brasil e na França. Belo Horizonte/São Paulo, Editora UFMG/Ateliê.

DEFFARGES, Anne (2013). *La Social-Démocratie sous Bismarck*. Paris, L'Harmattan.

DELLA VOLPE, Galvano (1978). *Rousseau y Marx*. Barcelona, Martinez Roca.

_____ (2016). *Rousseau e Marx e altri saggi di critica materialistica*. Roma, Riuniti.

DELHEIM, Judith; WOLF, Frieder Otto (orgs.) (2018). *The Unfinished System of Karl Marx*. Londres, Palgrave-Macmillan.

DELWIT, Pascal (2016). *Les Gauches radicales em Europe*. XIXe-XXe siècles. Bruxelas, Éditions de l'Université de Bruxelles.

DEMETZ, Peter (1967). *Marx, Engels and the Poets:* Origins of Marxist Literary Criticism. Chicago, Chicago University Press.

DEMIER, Felipe (2013). *O longo bonapartismo brasileiro (1930-1964)*. Rio de Janeiro, Mauad.

DERFLER, Leslie (1991). *Paul Lafargue and the Founding of French Marxism*. Cambridge/Londres, Harvard University Press.

DERRIDA, Jacques (1994). *Espectros de Marx*. Rio de Janeiro, Relume-Dumará.

DEUS, Leonardo de (2015). Marx em tempos de MEGA. *Estudos Econômicos*. São Paulo, USP/FEA, v. 45, n. 4, out./dez. 2015, p. 927-54.

DEUTSCHER, Isaac (1968). *Trotski*. O profeta desarmado. Rio de Janeiro, Civilização Brasileira.

DEWERPE, Alain (1989). *Le Monde du travail en France, 1800-1950*. Paris, A. Colin.

DI MARCO, Roberto et al. (2003). *Scrivere il domani*. Logica del capitale, intelletto scientifico e riproduzione di società. Bolonha, Pendragon.

DIAMANTI, Jeff et al. (orgs.) (2019). *The Bloomsbury Companion to Marx*. Londres, Bloomsbury.

DIAS, Edmundo Fernandes (2011). *Revolução e história*. Das Teses ao Manifesto. São Paulo, Sundermann.

DÍAZ, Gabriel Guijarro (1975). *La concepción del hombre en Marx*. Salamanca, Sígueme.

DIDEROT, Denis (2006). *O sobrinho de Rameau*. São Paulo, Perspectiva.

DILLENBURG, Fernando Frota (2018). A dialética da crise econômica nas seções II e III do livro III d'O capital de Marx. *Revista Opinião Filosófica*. Porto Alegre, v. 8, n. 2, jan. 2018, p. 225-50.

DIPPER, Christof; SPECK, Ulrich (orgs.) (1998). *1848:* Revolution in Deutschland. Frankfurt/Leipzig, Insel.

DITTMAR, Gérald (2003). *Histoire des femmes dans la Commune de Paris*. Ouistreham, Dittmar.

_____ (2018). *Charles Longuet (1839-1903)*. Ouistreham, Dittmar.

DOBB, Maurice (1973). *Theories of Value and Distribution since Adam Smith*. Ideology and Economic Theory. Cambridge, Cambridge University Press.

_____ (2012). *Political Economic and Capitalism*. Londres, Routledge.

DOLLÉANS, Édouard (2003). *Le Chartisme*. 1830-1848. Paris, Les Nuits Rouges.

DOMINICK III, Raymond H. (1982). *Wilhelm Liebknecht and the Founding of the German Social Democratic Party*. Chapel Hill, University of North Carolina Press.

DOMMANGET, Maurice (1957). *Les Idées politiques et sociales de August Blanqui*. Paris, M. Rivière.

_____ (1969). *L'Introduction du marxisme en France*. Lausanne, Rencontre.

DOOLEY, Peter C. (2005). *The Labour Theory of Value*. Londres, Routledge.

DORNEMANN, Luise (1971). *Jenny Marx:* Der Lebensweg einer Sozialistin. Berlim, Dietz.

DOSTALER, Gilles (2013). *Valeur et prix*. Histoire d'un debate. Paris, L'Harmattan.

_____; LAGUEUX, Maurice (orgs.) (1985). *Un echiquier centenaire:* théorie de la valeur et formation des prix. Paris/Québec, La Découverte/Presses de l'Université du Québec.

DOWE, Dieter et al. (orgs.) (2001). *Europe in 1848:* Revolution and Reform. Nova York/Oxford, Berghahn Books.
DRACHKOVITCH, Milorad (org.) (1966). *The Revolutionary Internationals.* 1864-1943. Stanford, Stanford University Press.
DRAPER, Hal (1977-1990). *Karl Marx's Theory of Revolution.* Nova York, Monthly Review Press, 5 v.
_____ (1985). *"Dictatorship of Proletariat" from Marx to Lenin.* Nova York, Monthly Review Press.
DREIFUS, François-Georges (2001). *Réligions, société et culture en Allemagne du XIXe siècle.* Paris, Sedes.
DREIFUSS, René (1986). *A Internacional Capitalista.* Estratégias e táticas do empresariado transnacional. 1918-1986. Rio de Janeiro, Espaço e Tempo.
_____ (1996). *A época das perplexidades.* Petrópolis, Vozes, 1996.
DROZ, Jacques (1957). *Les Révolutions allemands de 1848.* Paris, PUF.
_____ (1970). *L'Allemagne.* I. La formation de l'unité allemande. 1789-1871. Paris, Hatier.
_____ (1977). *Historia del socialismo.* El socialismo democrático. Barcelona, Laia.
_____ (1993). *Europa, restauración y revolución.* 1815-1848. Madri, Siglo XXI.
_____ (1999). *História da Alemanha.* Lisboa, Europa-América.
_____ (org.) (1972). *Histoire générale du socialisme.* Paris, PUF, 2 v.
DUARTE, Rodrigo Antonio de Paiva (1986). *Marx e a natureza em O capital.* São Paulo, Loyola.
DUBOIS, Raoul (1991). *À l'assaut du ciel:* la Commune racontée. Paris, L'Atelier.
DUBOIS, Sébastien (2005). *L'Invention de la Belgique.* Genèse d'un État-Nation. 1648-1830. Bruxelas, Racine.
DUCANGE, Jean-Numa (2017). *Jules Guesde.* Paris, A. Colin.
_____ (2019). *Marx à la plage.* Le Capital dans un transat. Paris, Dunod.
_____; GARO, Isabelle (orgs.) (2015). *Marx politique.* Paris, La Dispute.
_____; BURLAUD, Antony (orgs.) (2018). *Marx, une passion française.* Paris, La Découverte.
DUCLOS, Jacques (1974). *Bakounine et Marx, ombre et lumière.* Paris, Plon.
DUICHIN, Marco (1982). *Il primo Marx.* Roma, Cadmo.
DUMÉNIL, Gérard (1978). *Le Concept de loi économique dans Le Capital.* Paris, Maspero.
_____ (1980). *De la valeur aux prix de prduction.* Paris, Economica.
DUNAYEVSKAYA, Raya (1985). *Rosa Luxemburgo, la liberación femenina y la filosofía marxista de la revolución.* Cidade do México, Fondo de Cultura Económica.
DURAND, Cédric (2014). *Le Capital fictif.* Comment la finance s'appropie de notre avenir. Paris, Les Prairies Ordinaires.
DURAND, Pierre (1970). *La Vie amoureuse de Karl Marx.* Essay monographique. Paris, Julliard.
DURKHEIM, Émile (1972). *As regras do método sociológico.* São Paulo, Companhia Editora Nacional.
DUSSEL, Enrique. (1988). *Hacia un Marx desconocido.* Un comentario de los Manuscritos del 61-63. Cidade do México, Siglo XXI/Iztapalapa.
_____ (1990). *El último Marx (1863-1882) y la liberación latinoamericana.* Cidade do México, Siglo XXI/Iztapalapa.

_____ (1993). *Las metáforas teológicas de Marx*. Navarra, Verbo Divino.

_____ (1999). *Un Marx sconosciuto*. Roma, Manifestolibri.

_____ (2012). *A produção teórica de Marx*. Um comentário aos Grundrisse. São Paulo, Expressão Popular.

DUTHEIL-PESSIN, Catherine (2004). Chanson sociale et chanson realiste. *Cités*. Paris, PUF, n. 19, p. 27-42.

DUTT, Rajani Palme (1964). *The Internationale*. Londres, Lawrence & Wishart.

DUVEAU, Georges (1967). *1848:* The Making of a Revolution. Nova York, Pantheon Books.

EAGLETON, Terry (1997). *Ideologia*. Uma introdução. São Paulo, Editora Unesp/Boitempo. [Há edição mais recente, publicada em 2019: *Ideologia*. Uma introdução. Trad. Luis Carlos Borges e Silvana Vieira. São Paulo, Boitempo.]

_____ (1999). *Marx*. São Paulo, Editora Unesp.

_____ (2005). *Depois da teoria*. Um olhar sobre os estudos culturais e o pós-modernismo. Rio de Janeiro, Civilização Brasileira.

_____ (2011). *Marxismo e crítica literária*. São Paulo, Editora Unesp.

_____ (2012). *Marx estava certo*. Rio de Janeiro, Nova Fronteira.

EATON, Henry (1980). Marx and the Russians. *Journal of the History of Ideas*. Filadélfia, University of Pennsylvania Press, v. 41, n. 1, jan./mar. 1980, p. 89-112.

EATWELL, John et al. (orgs.) (1990). *Marxian Economics*. Londres/Basingstoke, Macmillan.

EBERLEIN, Hermann-Peter (2009). *Vom Marx-Freund zum Antisemiten*. Berlim, Dietz.

ECHEVERRÍA, Bolívar (1986). *El discurso crítico de Marx*. Cidade do México, Era.

ECKHARDT, Wolfgang (2016). *The First Socialist Schism*. Bakunin vs. Marx in the International Working Men's Association. Oakland, PM Press.

EFÍMOV, N. (1986). *História moderna*. Da Santa Aliança (1815) até às vésperas da revolução de 1870. São Paulo, Novos Rumos.

EHRBAR, Hans G. (2010). Annotations to Karl Marx's Notes on Adolph Wagner's Lehrbuch der politischen Ökonomie. 26 ago. 2010. Disponível em: <https://content.csbs.utah.edu/~ehrbar/wagner.pdf>. Acesso em: 20 out. 2020.

EHRENBERG, John (1992). *The Dictatorship of the Proletariat:* Marxism's Theory of Socialist Democracy. Nova York, Routledge.

EIDT, Celso (2001). A razão como tribunal da crítica: Marx e a Gazeta Renata. *Ensaios Ad Hominem*. São Paulo, Ad Hominem, n. 1, t. 4, p. 79-100.

ELIA, Nicola d' (2019). Notes on the Reprint of a Late Marx and the Russian Road. *International Critical Thought*. Londres, Routledge/Chinese Academy of Social Sciences, v. 9, n. 4, p. 599-609.

ELLEINSTEIN, Jean (1971). *Réflexions sur la Commune de 1871*. Paris, Julliard.

_____ (1981). *Marx*. Paris, Fayard.

ELLUL, Jacques (2007). *Les successeurs de Marx*. Paris, La Table Ronde.

ELSON, Diane (org.) (1979). *Value*. The Representation of Labour in Capitalism. Londres, CSE Books.

ELSTER, Jon (1986). *An Introduction to Karl Marx*. Cambridge, Cambridge University Press.

EMMETT, Ross B. (org.) (2010). *The Elgar Companion to the Chicago School of Economics*. Cheltenham, Edward Elgar.

EMPSON, Martin (2013). *Marxism, Ecology and Human History*. Londres, Bookmarks.

ENDERLE, Rubens (2005). O jovem Marx e o "Manifesto filosófico da escola histórica do direito". *Crítica Marxista*. Campinas, IFCH/Editora da Unicamp, n. 20, p. 111-22.

ENGEHAUSEN, Frank (2007). *Die Revolution von 1848/49*. Stuttgart, UTB.

ENGELBERG, Ernst (1959). *Revolutionäre Politik und Rote Feldpost*. 1878-1890. Berlim, Akademie.

ENGELS, Friedrich; KAUTSKY, Karl (2012). *O socialismo jurídico*. Trad. Márcio Bilharinho Naves. São Paulo, Boitempo.

ENGERMAN, Stanley L.; GALLMAN, Robert E. (orgs.) (2000). *The Cambridge Economic History of the United States*. II. The Long Nineteenth Century. Cambridge, Cambridge University Press.

ENZENSBERGER, Hans Magnus (1974). *Conversaciones con Marx y Engels*. Barcelona, Anagrama.

EPSTEIN, James; THOMPSON, Dorothy (1982). *The Chartist Experience*. Studies in Working--Class Radicalism and Culture. Basingstoke, Macmillan.

EUBANKS, Cecil L. (2015). *Karl Marx and Friedrich Engels*. An Analytical Bibliography. Londres, Routledge.

EVANS, Michael (2004). *Karl Marx*. Londres, Routledge.

EVANS, Richard J. (1987). *Comrades and Sisters:* Feminism, Socialism and Pacifism in Europe, 1870-1945. Nova York, St. Martin's.

_____ (1990). *Proletarians and Politics*. Nova York, St. Martin's.

_____; STRANDMANN, Hartmut Pogge von (orgs.) (2002). *The Revolutions in Europe, 1848-1849:* From Reform to Reaction. Oxford, Oxford University Press.

FABIAN, George (2011). *Karl Marx*. Prince of Darkness. Bloomington, Xlibris.

FACCARELLO, Gilbert (1983). *Travail, valeur et prix:* une critique de la théorie de la valeur. Paris, Anthropos.

_____; KURZ, Heinz D. (orgs.) (2016). *Handbook on the History of Economics Analysys*. Cheltenham, Edgar Elgar, v. I.

FALLOT, Jean (1971). *Marx e la questione delle macchine*. Florença, La Nuova Italia.

FARESE, Giuseppe (1974). *Poesia e rivoluzione in Germania*. 1830-1850. Bari, Laterza.

FAURÉ, Christine (org.) (1997). *Encyclopédie politique et historique des femmes*. Paris, PUF.

FAUSTO, Ruy (1983-1987-2002). *Marx*. Lógica & política. Investigações para uma reconstituição do sentido da dialética. São Paulo, Brasiliense (v. I e II)/Editora 34 (v. III).

FAVIÈRE, Jean-Marie (2015-2017). *Je te parle au sujet d'Édouard Vaillant*. Lormont, JPS Éditions, 2 v.

FAVILLI, Paolo (1996). *Storia del marxismo italiano:* dalle origini si grande guerra. Milão, F. Angeli.

FEDOSSEIEV, P. N. (org.) (1983). *Karl Marx*. Biografia. Lisboa/Moscou, Avante!/Progress.

FEITOSA, Enoque (2015). *Direito e humanismo no jovem Marx*. João Pessoa, Editora UFPB.

FEJTO, François (org.) (1948). *1848 dans le monde*. Le printemps des peuples. Paris, Minuit, 2 v.

FÉLIX, Moacyr (org.) (1998). *Ênio Silveira*. Arquiteto de liberdades. Rio de Janeiro, Bertrand Brasil.

FERNANDES, Rubem César (org.) (1982). *Dilemas do socialismo*. A controvérsia entre Marx, Engels e os populistas russos. Rio de Janeiro, Paz e Terra.

FERREIRA, Andrey Cordeiro (2010). Trabalho e ação: o debate entre Bakunin e Marx e sua contribuição para uma sociologia crítica contemporânea. *Em Debate*. Florianópolis, Laboratório de Sociologia do Trabalho (Lastro)-UFSC, n. 4, 2. sem. 2010, p. 1-23.

FERREIRA, Jerusa Pires (2003). *Editando o editor*. 3. Ênio Silveira. São Paulo, Edusp.
FERRO, Marc (2011). *História de França*. Lisboa, Edições 70.
FETSCHER, Iring (1970). *Karl Marx e os marxismos*. Rio de Janeiro, Paz e Terra.
FEUERBACH, Ludwig (1988). *A essência do cristianismo*. São Paulo, Papirus.
_____ (2008). *Teses provisórias para a reforma da filosofia (1842)*. Covilhã, Universidade da Beira Interior.
FINE, Ben (1979). On Marx's Theory of Agricultural Rent. *Economy and Society*. Londres, Taylor & Francis, v. 8, n. 3, p. 241-78.
_____ (1989). *Marx's Capital*. Basingstoke, Macmillan.
_____; HARRIS, Laurence (1979). *Re-Reading Capital*. Londres, Macmillan.
_____; SAAD FILHO, Alfredo (2018). *O capital de Marx*. Lisboa, Presença.
FINELLI, Roberto (2004). *Un parricidio mancato*. Hegel e il giovane Marx. Turim, Bollati Boringhieri.
_____ (2018). *Karl Marx*. Uno e bino. Milão, Jaca Book.
FINESCHI, Roberto (2006). *Marx e Hegel*. Contributi a una rilettura. Roma, Carocci.
_____ (2008). *Un nuovo Marx*. Filologia e interpretazione dopo la nuova edizione storico-critica (MEGA). Roma, Carocci.
FIORI, José Luís (2002). *60 lições dos 90:* uma década de neoliberalismo. Rio de Janeiro, Record.
_____ (org.) (1999). *Estados e moedas no desenvolvimento das nações*. Petrópolis, Vozes.
FIORITO, Pablo Lopez (org.) (2019). *Marxismos argentinos*. Polémicas, debates y desencuentros de la historiografía de izquierda. Buenos Aires, Publicaciones del Sur.
FISCHBACH, Franck (2008). Transformations du concept d'aliénation. Hegel, Feuerbach, Marx. *Revue Germanique Internationale*. Paris, CNRS, n. 8, p. 93-112.
_____ (2009). *Sans objet*. Capitalisme, subjetivité, aliénation. Paris, Vrin.
_____ (org.) (2017). *Marx jeune-hégélien*. Cahiers philosophiques de Strasbourg. Estrasburgo, Presses Universitaires de Strasbourg, n. 41.
FISCHER, Ernst (1967). *A necessidade da arte*. Rio de Janeiro, Zahar.
_____; MAREK, Franz (1970). *O que Marx realmente disse*. Rio de Janeiro, Civilização Brasileira.
FISETTE, Jacques (1984). Mythodologie de l'obstacle foncier. *Cahiers de Géographie du Québec*. Quebéc, Université Laval, v. 28, n. 75, dez. 1984, p. 457-77.
FITOUSSI, Jean-Paul; ROSANVALLON, Pierre (1997). *La nueva era de las desigualdades*. Buenos Aires, Manantial.
FLAUBERT, Gustave (2015). *A educação sentimental*. São Paulo, Nova Alexandria.
FLOUD, Roderick (1997). *The People and the British Economy*. 1830-1914. Oxford, Oxford University Press.
FOLADORI, Guillermo (1997). A questão ambiental em Marx. *Crítica Marxista*. São Paulo, Xamã, v.1, n. 4, p. 140-61.
FOLEY, Duncan (1986). *Understanding Capital:* Marx's Economic Theory. Cambridge, Harvard University Press.
FONER, Philip S. (ed.) (1973). *When Karl Marx Died:* Comments in 1883. Nova York, International Publishers.

FONTANA, Josep (2004). *A história dos homens*. Bauru, Edusc.
FONTES, Virgínia (2010). *O Brasil e o capital-imperialismo*. Rio de Janeiro, Ministério da Saúde/Fundação Oswaldo Cruz/Editora UFRJ.
FOOT, Paul (2005). *The Vote:* How It Was Won and How It Was Undermined. Londres, Penguin.
FOOTMAN, David (1969). *Ferdinand Lassalle, Romantic Revolutionary*. Westport, Greenwood Press.
FÖRDER, Herwig (1960). *Marx und Engels am Vorabend der Revolution*. Berlim, Akademie.
_____ et al. (orgs.) (1982-1983-1984). *Der Bund der Kommunisten*. Dokumente und Materialien. Berlim, Dietz, 3 v.
FORTES, Ronaldo Vielmi (2018). Sobre o conceito de exército industrial de reserva: aspectos históricos e atualidade. *Temporalis*. Revista da Associação Brasileira de Ensino e Pesquisa em Serviço Social. Brasília, ABEPSS, ano 18, n. 36, jul./dez. 2018, p. 256-73.
FOSTER, John Bellamy (2005). *A ecologia de Marx*. Materialismo e natureza. Rio de Janeiro, Civilização Brasileira.
_____ et al. (2011). The Internationalization of Monopoly Capital. *Monthly Review*. Nova York, Monthly Review Press, v. 63, n. 2, jun. 2011. Disponível em: <https://monthlyreview.org/2011/06/01/the-internationalization-of-monopoly-capital/>. Acesso em: 20 out. 2020.
_____ et al. (2011a). The Global Reserve Army of Labor and the New Imperialism. *Monthly Review*. Nova York, Monthly Review Press, v. 63, n. 6, nov. 2011. Disponível em: <https://monthlyreview.org/2011/11/01/the-global-reserve-army-of-labor-and-the-new-imperialism/>. Acesso em: 20 out. 2020.
_____; BURKETT, Paul (2016). *Marx and the Earth:* An Anti-Critique. Boston/Leiden, Brill.
FOUGEYROLLAS, Pierre (1989). *Marx*. São Paulo, Ática.
FRADERA, Josep María; MILLÁN, Jesús (orgs.) (2000). *Las burguesías europeas del siglo XIX*. Madri/València, Biblioteca Nueva/Universitat de València.
FRASER, W. Hamish (1999). *A History of British Trade Unionism 1700-1998*. Basingstoke, Macmillan.
FRATINI, Saverio M. (2009). *La rendita assoluta di Marx e le equazioni di prezzo di Sraffa*. Roma, Dipartimento di Economia/Università degli Studi Roma Tre.
FREDERICO, Celso (2009). *O jovem Marx*. 1843-1844: as origens da ontologia do ser social. São Paulo, Expressão Popular.
_____ (2016). *Ensaios sobre marxismo e cultura*. Rio de Janeiro, Mórula.
FREEMAN, Alan; MANDEL, Ernest (orgs.) (1984). *Ricardo, Marx, Sraffa*. Londres, Verso.
FREEMAN, Alan; KLIMAN, Andrew; WELLS, Julian (orgs.) (2004). *The New Value Controversy and the Foundations of Economics*. Cheltenham, Edgard Elgar.
FREEMAN, Chris; LOUÇÃ, Francisco (2001). *As Time Goes By.* From the Industrial Revolutions to the Information Revolution. Oxford, Oxford University Press.
FRENCIA, Cintia; GAIDO, Daniel (2016). *El marxismo y la liberación de las mujeres:* de la Internacional de las Mujeres Socialistas a la Revolución Rusa. Santiago de Chile, Ariadna.
FREYMOND, Jacques (org.) (1962). *La Première Internationale*. Genebra, Droz, 2 v.
FREYSSENET, Michel (1971). *Les Rapports de production:* travail productif et travail improductif. Paris, CSU.

FRIEDENTHAL, Richard (1990). *Karl Marx.* Sein Leben und seine Zeit. Munique/Zurique, Piper.

FRIEDMAN, Milton (1985). *Capitalismo e liberdade.* São Paulo, Nova Cultural.

_____; FRIEDMAN, Rose (2012). *Liberdade para escolher.* Lisboa, Lua de Papel.

FRÖLICH, Paul (2019). *Rosa Luxemburgo:* pensamento e ação. Trad. Nélio Schneider e Érica Ziegler. São Paulo, Boitempo/Iskra.

FROMM, Erich (1979). *Conceito marxista do homem.* Rio de Janeiro, Zahar.

_____ (1999). *Ter ou ser?* Lisboa, Presença.

FROMM, Georg H. (2005). Empiricism, Science and Philosophy in The German Ideology. *Rethinking Marxism.* Londres, Routledge/Taylor & Francis, v. 27, n. 1, p. 9-32.

FUCHS, Christian (2014). *Digital Labour and Karl Marx.* Nova York/Londres, Routledge.

_____ (2016). *Reading Marx in the Information Age:* A Media and Communication Studies Perspective on Capital Volume I. Nova York/Londres, Routledge.

_____; MOSCO, Vincent (orgs.) (2016). *Marx in the Age of Digital Capitalism.* Leiden/Boston, Brill.

FURR, Grover (2011). *Khrushchev Lied.* Kettering, Erythros Press & Media LLC.

_____ (2019). *Stalin Waiting for... the Truth!.* Nova York, Red Star Publishers.

FUSARO, Diego (2009). *Bentornato Marx!* Rinascita di un pensiero rivoluzionario. Milão, Bompiani.

GABAUDE, Jean-Marc (1970). *Le Jeune Marx et le matérialisme antique.* Toulouse, Privat.

GABELLINI, Tommaso et al. (orgs.) (2019). *Economic Crisis and Economic Thought:* Alternative Theoretical Perspectives on the Economic Crisis. Londres, Routledge.

GABRIEL, Mary (2013). *Amor e capital.* A saga familiar de Karl Marx e a história de uma revolução. Rio de Janeiro, Zahar.

GADANHA, Alberto Dias (2004). O não-senso de uma revolução social com alma política. Marx – em 31 de julho de 1844. Uma leitura além de modernidades. *Kalagatos.* Revista de filosofia do mestrado acadêmico em filosofia da Uece. Fortaleza, Uece, v. 1, n. 1, p. 11-36.

GAIDÓ, Daniel; ALESSIO, Constanza B. (2015). Vera Zasulich's Critique of Neo-Populism. Party Organisation and Individual Terrorism in the Russian Revolutionary Movement. *Historical Materialism.* Leiden, Brill, v. 23, n. 4, p. 93-125.

GALBRAITH, John Kenneth (s.d.). *A crise económica de 1929.* Lisboa, Dom Quixote.

GALLAHER, John D. (1980). *The Students of Paris and the Revolution of 1848.* Carbondale, Souther Illinois University Press.

GALLISSOT, René (1984). Nação e nacionalidade nos debates do movimento operário. In: HOBSBAWM, Eric J. (org.). *História do marxismo.* Rio de Janeiro, Paz e Terra, 1984, v. IV.

_____ (org.) (1976). *Marxisme et Algérie.* Paris, UGE.

GARAUDY, Roger (1966). *La Pensée de Hegel.* Paris, Bordas.

_____ (1966a). *Dieu est mort.* Paris, PUF.

_____ (1967). *Karl Marx.* Rio de Janeiro, Zahar.

GAREGNANI, Pierangelo et al. (1979). *Debate sobre la teoría marxista del valor.* Cidade do México, Siglo XXI/Ediciones Pasado y Presente. Coleção Cuadernos de Pasado y Presente.

GARGANO, Antonio (2003). *Bruno Bauer.* Nápoles, Città del Sole.

GARO, Isabelle (2000). *Marx, une critique de la philosophie.* Paris, Seuil.

_____ (2009). Le Socialisme introuvable de Marx: une lecture de la Critique du Programme de Gotha. *Contretemps*. Paris, Syllepse, n. 3, jun. 2009. Disponível em: <https://www.contretemps.eu/socialisme-marx-critique-programme-gotha/>. Acesso em: 20 out. 2020.

_____ (2013). *L'Or des images*. Art-monnaie, capital. Montreuil, La Ville qui Brule.

GASCAR, Pierre (1971). *Rimbaud et la Commune*. Paris, Gallimard.

GAUDIN, François (2014). *Maurice Lachâtre, éditeur socialiste (1814-1900)*. Limoges, Lambert-Lucas.

GEBHARDT, Manfred (1991). *Sophie von Hatzfeldt*. Ein Leben mit Lassalle. Berlim, Neues Leben.

GEMKOW, Heinrich (1970). *Friedrich Engels*. Eine Biographie. Berlim, Dietz.

_____ (1975). *Karl Marx*. Eine Biography. Berlim, Dietz.

_____ (1987). Helena Demuth – eine treue Genossin? *Marx-Engels-Jahrbuch*. Berlim, Akademie, v. 11, 1987, p. 324-48.

GENTILI, Dario (2012). *Italian Theory*. Dall'operaismo alla biopolitica. Bolonha, Il Mulino.

GEORGE, Susan; SABELLI, Fabrizio (1994). *Crédit sans frontières*. Paris, La Découverte.

GERAS, Norman (2018). A controvérsia sobre Marx e o conceito de justiça. *Direito e Práxis*. Rio de Janeiro, PPGDir/Uerj, v. 9, n. 1, p. 504-62.

GERBER, Jan (2018). *Karl Marx in Paris*. Die Entdeckung des Kommunismus. Munique, Piper.

GERDES, Paulus (2008). *Os manuscritos filosófico-matemáticos de Karl Marx sobre o cálculo diferencial*. Uma introdução. Maputo, Universidade Eduardo Mondlane.

GERMER, Claus M. (1994). O sistema de crédito e o capital fictício em Marx. *Ensaios FEE*. Porto Alegre, Secretaria de Planejamento, Governança e Gestão, v. 15, n. 1, p. 179-201.

GERRATANA, Valentino (1975). *Investigaciones sobre la historia del marxismo*. Barcelona, Grijalbo, 2 v.

GERTH, Hans; MILLS, Charles Wright (1973). *Caráter e estrutura social*. Rio de Janeiro, Civilização Brasileira.

GERWARTH, Robert (2005). *The Bismarck Myth:* Weimar Germany and the Legacy of the Iron Chancellor. Oxford, Oxford University Press.

GIANNOTTI, José Arthur (1966). *Origens da dialética do trabalho*. São Paulo, Difel.

_____ (2000). *Certa herança marxista*. São Paulo, Companhia das Letras.

_____ (2009). *Marx:* além do marxismo. Porto Alegre, L&PM.

GIDDENS, Anthony (1996). *Novas regras do método sociológico*. Lisboa, Gradiva.

_____ et al. (1990). *La social, hoy*. Madri, Alianza.

GIELKENS, Jan (1999). *Karl Marx und seine niederländischen Verwandten*. Eike kommentierte Quellenediton. [Schriften aus dem Karl Marx]. Trier, Karl-Marx-Haus.

GIMENEZ, Martha E. (2018). *Marx, Women and Capitalist Social Reproduction:* Marxist Feminist Essays. Boston, Brill.

GIOVANNI, Biagio De (1976). *La teoria politica delle classi nel Capitale*. Bari, De Donato.

GIROUD, Françoise (1996). *Jenny Marx ou a mulher do diabo*. Rio de Janeiro, Record.

GLUCKSTEIN, Donny (2011). *The Paris Commune:* A Revolution in Democracy. Chicago, Haymarket Books.

GODELIER, Maurice (s.d.). *Racionalidade e irracionalidade na economia*. Rio de Janeiro, Tempo Brasileiro.

_____ (1969). *Sobre el modo de producción asiatico*. Barcelona, Martínez Roca.

GOLDENBERG, Boris (1971). *Kommunismus in Lateinamerika*. Stuttgart, Kohlhammer.

GOLDMANN, Lucien (1967). *Sociologia do romance*. Rio de Janeiro, Paz e Terra.

_____ (1970). *Marxisme et sciences humaines*. Paris, Gallimard.

_____ (1979). *Dialética e cultura*. Rio de Janeiro, Paz e Terra.

_____ (1985). *El hombre y lo absoluto*. El dios oculto. Barcelona, Península.

GOLMAN, L. I.; KUNINA, V. E. (orgs.) (1971). *Karl Marx and Friedrich Engels*. Ireland and the Irish Question. Moscou, Progress.

GOMES, Nelson Gonçalves (org.) (1981). *Hegel:* um seminário na Universidade de Brasília. Brasília, UnB.

GONZÁLEZ JIMÉNEZ, Alejandro Fernando (2017). Sobre el inicio de los Grundrisse de Marx: el "Bastiat y Carey" o la necesidad de pensar la produción en general en Enrique Dussel. *De Raíz Diversa*. Cidade do México, Unam, v. 4, n. 8, jul./dez. 2017, p. 153-76.

GORZ, André (1982). *Adeus ao trabalho*. Rio de Janeiro, Forense Universitária.

_____ (1986). *Ciências humanas e filosofia*. São Paulo, Difel.

_____ (2005). *O imaterial:* conhecimento, valor e capital. São Paulo, Annablume.

GOUGEON, Jacques-Pierre (1996). *La Social-Démocratie allemande 1830-1996:* De la révolution au réformisme. Paris, Aubier.

GOUGH, Ian (1972). Marx's Theory of Productive and Unproductive Labor. *New Left Review*. Londres, NLR, I/76, nov./dez. 1972, p. 47-72.

GOULD, Carol C. (1978). *Marx's Social Ontology*. Cambridge, The MIT Press.

GOULDNER, Alvin W. (1970). *The Coming Crisis of Western Sociology*. Nova York, Basic Books.

_____ (1983). *Los dos marxismos*. Madri, Alianza.

GOULIANE, C. I. (1968). *Le Marxisme devant l'homme*. Essai d'anthropologie philosophique. Paris, Payot.

GOUTTMAN, Alain (2015). *La Grande Défaite:* 1870-1871. Paris, Perrin.

GRAB, Walter (org.) (1998). *Die Revolution von 1848/49:* Eine Dokumentation. Stuttgart, Reclam.

GRACA, Laura; ZINGARELLI, Andrea (2015). *Studies on Pre-Capitalist Modes of Production*. Leiden, Brill.

GRAMSCI, Antonio (2007). *Quaderni del carcere*. Quaderni di traduzioni. 1929-1937. Roma, Istituto della Enciclopedia Italiana, 2 v. [Ed. bras.: *Cadernos do cárcere*. Org. Carlos Nelson Coutinho, Marco Aurélio Nogueira e Luiz Sérgio Henriques. Rio de Janeiro, Civilização Brasileira, 1999-2002, 6 v.]

GRANDJONC, Jacques (1970). La Presse de l'immigration allemande en France (1795-1848) et en Europe (1830-1848). *Archiv für Sozialgeschichte*. Hanover, Verlag für Literatur und Zeitgeschehen, v. 10, 1970, p. 95-152.

_____ (1974). *Marx et les communistes allemands à Paris*. Paris, Maspero.

_____ (1983). *Emigrés français en Allemagne, emigrés allemands en France*. Paris, Institut Goethe.

GRANIER, Jean (1980). *Penser la praxis*. Paris, Aubier.

GRANTER, Edward (2009). *Critical Social Theory and the End of Work*. Farnham, Ashgate/Routledge.

GRAWITZ, Madeleine (2000). *Bakounine*. Paris, Calmann-Lévy.

GREBING, Helga (2007). *Geschichte der deutschen Arbeiterbewegung*. Von der Revolution 1848 bis ins 21. Jahrhundert. Berlim, Vorwärts Buch.

GREEN, John (2008). *Engels:* A Revolutionary Life. Londres, Artery.

GRESPAN, Jorge (2011). As formas da mais-valia: concorrência e distribuição no Livro III de O capital. *Crítica Marxista*. Campinas, IFCH/Editora da Unicamp, n. 33, p. 9-30.

_____ (2012). *O negativo do capital*. São Paulo, Expressão Popular/Ideias Baratas.

_____ (2019). *Marx e a crítica do modo de representação capitalista*. São Paulo, Boitempo.

GROSSMANN, Henryk (1975). *Marx, l'économie politique classique et le problème de la dynamique*. Paris, Champ Libre.

_____ (1977). *Las leyes de la acumulación y el derrumbe del sistema capitalista*. Cidade do México, Siglo XXI.

GRUNDMANN, Reiner (1991). *Marxism and Ecology*. Oxford, Oxford University Press.

GUÉRIN, Daniel (2005). *No Gods, no Masters*. An Anthology of Anarchism. Edimburgo, AK Press.

GUÉRIN-PACE, France; PUMAIN, Denise (1990). 150 ans de croissance urbaine. *Économie et statistique*. Paris, Insee, n. 230, mar. 1990, p. 5-16.

GUERRAGGIO, Angelo; VIDONI, Ferdinando (1982). *Nel laboratorio di Marx:* Scienze naturali e matematica. Milão, Franco Angeli.

GUIGOU, Jean-Louis (1982). *La Rente foncière*. Les théories et leur évolution depuis 1650. Paris, Economica.

GUILLAUME, James (1980-1985). *L'Internationale*. Documents et souvenirs. 1864-1878. Paris, G. Lebovici/Ivrea, 2 v. [O primeiro volume dessa obra está disponível em português: *A Internacional*. Documentos e recordações. São Paulo, Imaginário/Faísca, v. 1.]

GUIMARÃES, Gleny Terezinha Duro; EIDELWEIN, Keren (orgs.) (2010). *As políticas sociais brasileiras e as organizações financeiras internacionais*. Porto Alegre, Edipucrs.

GURGEL, Clarisse; MENDES, Alexandre Pinto (2010). Negri leitor de Marx: trabalho imaterial e multidão. *Liinc em revista*. Rio de Janeiro, v. 6, n. 1, mar. 2010. Disponível em: <http://revista.ibict.br/liinc/article/view/3223>. Acesso em: 20 out. 2020.

GURVITCH, Georges (s.d.). *Proudhon e Marx*. Lisboa, Presença, 2 v.

_____ (1973). *El concepto de clases sociales de Marx a nuestros días*. Buenos Aires, Nueva Visión.

_____ (1983). *Proudhon*. Lisboa, Edições 70.

GUSTAFSSON, Bo. (1974). *Marxismo y revisionismo*. Barcelona, Grijalbo.

HABERMAS, Jürgen (1987). *Teoría y praxis*. Estudios de filosofía social. Madri, Tecnos.

HACHTMANN, Rüdiger (2002). *Einführung Revolution 1848/49*. Tübingen, Diskord.

HAHN, Hans-Werner (2005). *Die Industrielle Revolution in Deutschland*. Munique, Oldenbourg.

HAHS, Hans-Joachim (2001). *The 1848 Revolutions in German-Speaking Europe*. Nova York, Longman.

HALL, Stuart (2003). Marx's Notes on Method: A "Reading" of the 1857 Introduction. *Cultural Studies*. Londres, Taylor & Francis/Routledge, v. 17, n. 2, p. 113-49.

HAMEROW, Theodore S. (1969). *The Social Foundations of German Unification*. 1858-1871. Princeton, Princeton University Press.

_____ (1972). *Restoration, Revolution, Reaction*. Economics and Politics in Germany. 1815--1871. Nova York, Princeton Academic Press.

HAMMEN, Oscar J. (1969). *The Red'48ers:* K. Marx & F. Engels. Nova York, Scribners.

HAROOTUNIAN, Harry (2015). *Marx After Marx.* History and Time in the Expansion of Capitalism. Nova York, Columbia University Press.

HARRIBEY, Jean-Marie (2013). *La Richesse, la valeur et l'inestimable.* Paris, Les Liens qui Libèrent.

HARRIS, Donald J. (1972). On Marx's Scheme of Reproduction and Accumulation. *Journal of Political Economy.* Chicago, Chicago University Press, v. 80, n. 3, maio/jun. 1972, p. 505-22.

HARRISSON, Royden (1959). E. S. Beesly and Karl Marx. *International Review of Social History.* Amsterdã, Internationaal Instituut voor Sociale Geschiedenis, v. 4, n. 2, ago. 1959, p. 208-38.

HARVEY, David. (2004). *O novo imperialismo.* São Paulo, Loyola.

_____ (2008). *O neoliberalismo.* História e implicações. São Paulo, Loyola.

_____ (2010). *A Companion to Marx's Capital.* Londres, Verso.

_____ (2011). *O enigma do capital e as crises do capitalismo.* Trad. João Alexandre Peschanski. São Paulo, Boitempo.

_____ (2013). *Os limites do capital.* Trad. Magda Lopes. São Paulo, Boitempo.

_____ (2013a). *Para entender O capital:* livro I. Trad. Rubens Enderle. São Paulo, Boitempo.

_____ (2014). *Para entender O capital:* livros II e III. Trad. Rubens Enderle. São Paulo, Boitempo.

_____ (2018). *A loucura da razão econômica.* Marx e O capital no século XXI. Trad. Artur Renzo. São Paulo, Boitempo.

HATTON, Timothy J.; WILLIAMSON, Jeffrey G. (1998). *The Age of Mass Migration.* Nova York/Oxford, Oxford University Press.

HAUBTMANN, Pierre (1947). *Marx et Proudhon:* leurs rapports personnels. Lyon, Économie et Humanisme.

_____ (1981). *Proudhon, Marx et la pensée allemande.* Grenoble, Presses Universitaires de Grenoble.

HAUG, Wolfgang Fritz (1984). Die Camera Obscura of Consciousness. A Critique of the Subject-Object-Articulation in Marxism. *Research Report for the United Nations University.* Tóquio, UNU.

HAUPT, Georges (1973). *La II Internazionale.* Florença, La Nuova Italia.

_____ (1978). *L'Internazionale Socialista dalla Comune a Lenin.* Turim, Einaudi.

_____ (1980). *L'Historien et le mouvement social.* Paris, Maspero.

_____ (1982-1987). *P.-J. Proudhon:* sa vie et sa pensée. Paris, Desclée de Brouwer, 3 v.

_____ et al. (orgs.) (1974). *Les Marxistes et la question nationale.* 1848-1914. Paris, Maspero.

HAUSER, Arnold (1969). *Historia social de la literatura y el arte.* Madri, Guadarrama, 3 v.

_____ (1969a). *Literatura y manierismo.* Madri, Guadarrama.

_____ (1969b). *Introducción a la historia del arte.* Madri, Guadarrama.

HAYEK, Friedrich A. (2010). *O caminho da servidão.* São Paulo, Instituto Ludwig von Mises Brasil.

HAZELKORN, Ellen (1980). *Capital and the Irish Question. Science and Society.* Brooklyn, Guilford Press, v. 44, n. 3, p. 326-56.

_____ (1983). Reconsidering Marx and Engels on Ireland. *Saothar.* Dublin, Irish Labour History Society, v. 9, p. 79-88.

HECKER, Rolf (2008). Engels Kritik am Rodbertus-Mythos im Vorwort zum zweiten Band des Kapital. *Beiträge zur Marx-Engels-Forschung.* Neue Folge 2008. Hamburgo, Argument.

_____ (2011). *Marx como pensador*. São Paulo, Anita Garibaldi/Fundação M. Grabois.

_____ et al. (2005). *MEF Neue Folge 2005*. Die Journalisten Marx und Engels. Hamburgo, Argument.

HEGEL, G. W. F. (1961). *Introdução à história da filosofia*. Coimbra, Arménio Amado.

_____ (1968). *Ciencia de la lógica*. Buenos Aires, Solar/Hachette.

_____ (1969). *Textos dialéticos*. Rio de Janeiro, Zahar.

_____ (1974). *A fenomenologia do Espírito* [excertos dessa obra e da *Estética*]. São Paulo, Abril Cultural.

_____ (1993). *Estética*. Lisboa, Guimarães.

_____ (1997-2005). *Enciclopédia das ciências filosóficas em compêndio*. São Paulo, Loyola, 3 v.

_____ (2008). *Fenomenologia do Espírito*. Petrópolis/Bragança Paulista, Vozes/Editora da Universidade São Francisco.

_____ (2010). *Linhas fundamentais da filosofia do direito*. São Leopoldo, Unisinos.

_____ (2011). *Ciência da lógica*. Excertos. São Paulo, Barcarolla.

HEINRICH, Michael (1996-1997). Engels' Edition of the Third Volume of Capital and Marx's Original Manuscript. *Science & Society*. Brooklyn, Guilford Press, v. 60, n. 4, p. 452-66.

_____ (2012). *An Introduction to the Three Volumes of Marx's Capital*. Nova York, Monthly Review Press.

_____ (2015). *Comment lire Le Capital de Marx?* Toulouse, Smolny.

_____ (2016). A edição de Engels do livro 3 de O capital e o manuscrito original de Marx. *Crítica Marxista*. Campinas, IFCH/Editora da Unicamp, n. 43, p. 29-44.

_____ (2018). *Karl Marx e o nascimento da sociedade moderna*. Biografia e desenvolvimento de sua obra. 1818-1841. Trad. Claudio Cardinali. São Paulo, Boitempo, v. I.

_____ (2018a). O capital depois da MEGA: descontinuidades, interrupções e novos começos. In: BASTIEN, Carlos; FAGUNDES, João Vasco (orgs.). *O capital de Karl Marx 150 anos depois*. Coimbra, Almedina, 2018.

HEITMANN, Alexis (2009). *Arbeiter an Rhein und Elbe*. Vergleich zweier Zentren der frühen deutschen Arbeiterwegung. Hamburg und Köhl 1845-50. Munique, Akademische Verlagsgemeinschft.

HELLER, Agnes (1972). *O cotidiano e a história*. Rio de Janeiro, Paz e Terra.

_____ (1975). *Sociologia della vita quotidiana*. Roma, Riuniti.

_____ (1978). *La Théorie des besoins chez Marx*. Paris, UGE.

_____ (1984). *Crítica de la ilustración*. Barcelona, Península.

HEMINGWAY, Andrew (org.) (2006). *Marxism and the History of Art*. Londres, Pluto.

HENDERSON, William Otto (1976). *The Life of Friedrich Engels*. Londres, Routledge, 2 v.

_____ (1989). *Marx and Engels and the English Workers*. And other Essays. Londres, Routledge.

HENRY, Michel (2009). *Marx*. Paris, Gallimard.

HERMAND, Jost (org.) (1976). *Der deutsche Vormärz*. Stuttgart, Reclam.

HERRES, Jürgen (1998). *1848/49*. Revolution in Köln. Colônia, Janus.

_____ (2003). Der Kölner Kommunistenprozess von 1852. *Geschichte in Köln*. Zeitschiften fürn Stadt und Regionalgeschichte. Köhl, Bohlau, p. 133-55.

_____ (2018). *Marx und Engels:* Porträt einer intellektuellen Freuundschaft. Stuttgart, Reclam.

HERRMANN, Ursula, EMMRICH, Volker (orgs.) (1989). *August Bebel.* Eine Biographie. Berlim, Dietz.

HERRNSTADT, Rudolf (1958). *Die erste Verschwörung gegen das internationale Proletariat.* Zur Geschichte des Kölner Kommunistenprozesses 1852. Berlim, Rütten & Loening.

HIGONNET, René (1959). Marx et la spéculation bancaire. *Études de marxologie.* Paris, Isea, n. 2, out. 1959, p. 25-49.

HILFERDING, Rudolf (1985). *O capital financeiro.* São Paulo, Nova Cultural.

HILLMANN, Günther (1966). *Marx und Hegel.* Von der Spekulation zur Dialektik. Frankfurt, Europaïsche.

HINKELAMMERT, Franz (1984). *Crítica de la razón utópica.* San José, DEI.

HIRSCH, Joachim (2010). *Teoria materialista do Estado.* Rio de Janeiro, Revan.

HOBSBAWM, Eric J. (1961). Hyndman and the SDF. *New Left Review.* Londres, NLR, n. 10, jul./ago. 1961, p. 69-72.

_____ (1982). *A era do capital.* 1848-1875. Rio de Janeiro, Paz e Terra.

_____ (1982a). *Revolucionários.* Rio de Janeiro, Paz e Terra.

_____ (1988). *A era das revoluções.* 1789-1848. Rio de Janeiro, Paz e Terra.

_____ (1988a). *A era dos impérios.* 1875-1914. Rio de Janeiro, Paz e Terra.

_____ (1998). *Sobre história.* São Paulo, Companhia das Letras.

_____ (2008). *Nações e nacionalismo desde 1780:* programa, mito e realidade. São Paulo, Paz e Terra.

_____ (2011). *Como mudar o mundo.* Marx e o marxismo. São Paulo, Companhia das Letras.

_____ (org.) (1979-1989). *História do marxismo.* Rio de Janeiro, Paz e Terra, 12 v.

HODENBERG, Christina von (1997). *Aufstand der Weber.* Die Revolte von 1844 und ihr Aufstieg zum Mythos. Bonn, Dietz.

HOFF, Jan (2005). *Karl Marx und die ricardianischen Sozialisten.* Colônia, Papyrossa.

_____ (2009). *Marx Global.* Zur Entwicklung des internationalen Marx-Diskurses seite 1965. Berlim, Akademie.

HOFFROGGE, Ralf (2011). *Sozialismus und Arbeiterbewegung in Deutschland und Österreich.* Stuttgart, Schmetterling.

HOLLANDER, Samuel (2008). *The Economics of Karl Marx:* Analysis and Application. Cambridge, Cambridge University Press.

HOLMES, Rachel (2014). *Eleanor Marx.* A Life. Londres, Bloomsbury.

HONDT, Jacques d' (1965). *Hegel.* Lisboa, Edições 70.

_____ (1966). *Hegel, philosophe de l'histoire vivante.* Paris, PUF.

_____ (2011). *Hegel en son temps.* Paris, Delga.

_____ et al. (1987). *A lógica em Marx.* Lisboa, Iniciativas Editoriais.

HONNETH, Axel (2007). *La Réification.* Paris, Gallimard.

HORKHEIMER, Max (1974). *Teoría crítica.* Buenos Aires, Amorrortu.

HÖRMANN, Raphael (2011). *Writing the Revolution:* German and English Radical Literature, 1819-1848/49. Münster, LTI.

HOROWITZ, David (org.) (1989). *Marx and Modern Economics*. Nova York, Monthly Review Press.

HOROWITZ, Irving L. (1964). *The Anarchists*. Nova York, Dell.

HOSFELD, Rolf (2009). *Die Geister, die er rief.* Eine neue Karl-Marx-Biografie. Munique, Piper.

_____ (2013). *Karl Marx:* An Intellectual Biography. Nova York, Berghahn Books.

HOWARD, Michael (1979). *The Franco-Prussian War.* The German Invasion of France. 1870--1871. Londres, Macmillan.

_____; KING, John E. (orgs.) (1989-1992). *A History of Marxian Economics*. Princeton, Princeton University Press, 2 v.

HUARD, Raymond (1988). Marx et Engels devant la marginalité: la découverte du lumpenprolétariat. *Romantisme*. Révue du Dix-Neuvième Siècle. Paris, Sedes, n. 59, p. 5-17.

HUBMANN, Gerald (2012). Da política à filologia: a Marx-Engels Gesamtausgabe. *Crítica Marxista*. Campinas, IFCH/Editora da Unicamp, n. 34, p. 33-49.

HUDIS, Peter (2013). *Marx's Concept of the Alternative to Capitalism*. Chicago, Haymarket.

HUFFMAN, James L. (1997). *Creating a Public*. People and Press in Meiji Japan. Honolulu, University of Hawaii Press.

HUGO, Victor (1996). *Napoleão* – o pequeno. São Paulo, Ensaio.

HUGHES, J. R. T. (1956). The Commercial Crisis of 1857. *Oxford Economic Papers*. Oxford, Oxford University Press, v. 8, n. 2, jun. 1956, p. 194-222.

HUNDT, Martin (1974). *L. Kugelmann*. Eine Biographie des Arztes und Freundes von Karl Marx und Friedrich Engels. Berlim, Dietz.

_____ (1993). *Bund der Kommunisten*. 1836-1852. Frankfurt, Akademie.

HUNLEY, J. D. (1991). *The Life and Thought of Friedrich Engels*. A Reinterpretation. New Haven, Yale University Press.

HUNT, E. K.; SCHWARTZ, Jesse (orgs.) (1972). *A Critique of Economic Theory:* Selected Readings. Londres, Penguin.

HUNT, Richard Norman (1984). *The Political Ideas of Marx and Engels*. 2: Classical Marxism, 1850-1895. Pittsburgh, University of Pittsburgh Press.

HUNT, Tristram (2010). *Comunista de casaca:* a vida revolucionária de Friedrich Engels. Rio de Janeiro, Record.

HUSAIN, Iqbal (org.) (2017). *Karl Marx on India*. Nova Délhi, Tulika.

HUSSON, Michel (1999). *Miséria do capital.* Uma crítica do neoliberalismo. Lisboa, Terramar.

HYMAN, Stanley Edgar (1966). *The Tangled Bank*. Darwin, Marx, Frazer and Freud as Imaginative Writers. Nova York, Grosset & Dunlap.

HYPPOLITE, Jean (1955). *Études sur Marx et Hegel*. Paris, M. Rivière.

IAMAMOTO, Marilda Villela (2007). *Serviço social em tempo de capital fetiche*. Capital financeiro, trabalho e questão social. São Paulo, Cortez.

_____; CARVALHO, Raul de (1986). *Relações sociais e serviço social no Brasil*.São Paulo/Lima, Cortez/Celats.

IASI, Mauro (2007). *Ensaios sobre consciência e emancipação*. São Paulo, Expressão Popular.

_____ (2017). *Política, Estado e ideologia na trama conjuntural*. São Paulo, ICP.

IMES – Internationale Marx-Engels-Stiftung (1993). *Editionsrichtliniender Marx-Engels-Gesamtausgabe/MEGA*. Berlim, Dietz.

INWOOD, Michael (1997). *Dicionário Hegel.* Rio de Janeiro, Jorge Zahar.

INRP – Institut National de Recherche Pédagogique (1994). *Les professeurs du CNAM.* Dictionnaire biographique. I. Paris, Institut National de Recherche Pédagogique.

IONESCU, Ghita; GELLNER, Ernest (orgs.) (1970). *Populismo.* Sus significados y características nacionales. Buenos Aires, Amorrortu.

ITOH, Makoto; LAPAVITSAS, Costas (1999). *Political Economy of Money.* Basingstoke, Palgrave Macmillan.

JACKSON, Alvin (1999). *Ireland 1798-1998.* Oxford, Blackwell.

JACKSON, J. Hampden (1963). *Marx, Proudhon e o socialismo europeu.* Rio de Janeiro, Zahar.

JACOT, Jacques-Henri (org.) (1984). *Travailleur collectif et relations science-production.* Paris, CNRS.

JAEGGI, Rahel (2005). *Entfremdung. Zur Aktualität eines sozialphilosophischen Problem.* Berlim, Campus.

JAFFE, Hosea (1997). *Marx e il colonialismo.* Milão, Jaca Book.

JAHN, Wolfgang; MÜLLER, Manfred (orgs.) (1983). *Der zweite Entwurf des Kapitals.* Analysen, Aspekte, Argumente. Berlim, Dietz.

JAMESON, Fredric (2011). *Representing Capital.* A Reading of Volume One. Verso, Londres.

JÁNOSKA, Judith et al. (1994). *Das "Methodenkapitel" von Karl Marx:* ein historischer und systematischer Kommentar. Basileia, Schwabe.

JANSEN, Christian; MERGEL, Thomas (orgs.) (1998). *Die Revolutionen von 1848/49.* Erfahrung. Verarbeitung. Deutung. Göttingen, Vandenhoeck & Ruprecht.

JAPPE, Anselm (2006). *As aventuras da mercadoria.* Para uma nova crítica do valor. Lisboa, Antígona.

JAURÈS, Jean (1971). *La Guerre franco-allemande:* 1870-1871. Paris, Flammarion.

JAY, Martin (1984). *Marxism & Totality.* The Adventures of a Concept from Lukács to Habermas. Berkeley/Los Angeles, University of California Press.

JESSOP, Bob; MALCOLM-BROWN, Charlie (orgs.) (1990). *Karl Marx's Social and Political Thought.* Londres/Nova York, Routledge, 4 v.

JOHNSTONE, Monty (1971). The Paris Commune and Marx's Conception of the Dictatorship of the Proletariat. *The Massachusetts Review.* Amherst, Amherst College/University of Massachusetts, v. 12, n. 3, p. 447-62.

JOLL, James (1976). *La II Internacional.* Movimiento obrero 1889-1914. Barcelona, Icaria.

JOMO, K. S.; BAUDOT, Jacques (orgs.) (2007). *Flat World, Big Gaps:* Economic Liberalization, Globalization, Poverty and Inequality. Londres, Zed Books.

JONES, Gareth Stedman (2017). *Karl Marx.* Grandeza e ilusão. São Paulo, Companhia das Letras.

_____ (2018). Karl Marx's Changing Picture of the End of Capitalism. *Journal of the British Academy.* Oxford, Oxford University Pres, v. 6, jul. 2018, p. 187-206.

_____; CLAEYS, Gregory (orgs.) (2011). *Cambridge History of Nineteenth Century Political Thought.* Cambridge, Cambridge University Press.

JONES, Kathleen; VERGÈS, Françoise (1991). "Aux citoyennes!": Women, Politics and the Paris Commune of 1871. *History of European Ideas.* Abindong, Routledge, v. 13, n. 6, p. 711-32.

JONES, Peter (1995). *The 1848 Revolutions.* Londres, Longman.

JORDÃO MACHADO, Carlos Eduardo et al. (orgs.) (2017). *Walter Benjamin:* experiência histórica e imagens dialéticas. São Paulo, Editora Unesp Digital.

JOSHUA, Isaac (2012). *La Révolution selon Karl Marx.* Lausanne, Page Deux.

JVOSTOV, V. M.; ZUBOK, L. I. (1986). *História contemporânea.* Da guerra franco-prussiana à grande revolução socialista de Outubro de 1917. São Paulo, Novos Rumos.

KÄGI, Paul (1974). *La génesis del materialismo histórico.* Barcelona, Península.

KAHN, Joel S.; LLOBERA, Josep R. (orgs.) (1981). *The Anthropology of Pre-Capitalist Societies.* Londres/Basingstone, Macmillan.

KAMENKA, Eugene; SMITH, F. B. (orgs.) (1979). *Intellectuals and Revolution:* Socialism and Experience of 1848. Londres, Arnold.

KAN, Chia-Ping (2010). Les Pactes entre la noblesse et les bas-fonds dans quelques romans de Balzac. *Révue d'Histoire Littéraire de la France.* Paris, PUF, v. 110, n. 2, p. 295-312.

KANDIYALI, Jan (org.) (2018). *Reassessing Marx's Social and Political Philosophy:* Freedom, Recognition and Human Flourishing. Londres, Routledge.

KAPP, Yvonne (1972-1976). *Eleanor Marx.* Nova York, Pantheon.

KARATANI, Kojin (2005). *Transcritique:* On Kant and Marx. Cambridge, MIT Press.

KATZ, Claudio (1996). La concepción marxista del cambio tecnológico. *Revista Buenos Aires.* Pensamiento económico. Buenos Aires, Asociación Buenos Aires, n. 1, p. 155-80.

_____ (1997). Discusiones marxistas sobre tecnología. *Razón y revolución.* Buenos Aires, RyR, n. 3, mar. 1997. Disponível em: <https://razonyrevolucion.org/discusiones-marxistas-sobre-tecnologia/>. Acesso em: 20 out. 2020.

_____; COGGIOLA, Osvaldo (1996). *Neoliberalismo ou crise do capital?* São Paulo, Xamã.

KATZNELSON, Ira; ZOLBERG, Aristide R. (1986). *Working-Class Formation:* Nineteenth Century Patterns in Western Europe and the United States. Princeton, Princeton University Press.

KEMPLE, Thomas M. (1996). Les Illusions spéculaires du capitalisme: Balzac et Marx sur les fictions critiques de l'économie politique. *Cahiers de Recherche Sociologique.* Montreal, UQAM, n. 26, p. 39-59.

KENAFICK, Kenneth Joseph (1948). *Michael Bakunin and Karl Marx.* Melbourne, A. Maller.

KENNEDY, Hubert C. (1977). Karl Marx and the Foundations of Differential Calculus. *Historia Mathematica.* Amsterdã, Elsevier, n. 4, p. 303-18.

KENYON, T. A. (org.) (1997). *The Ricardian Socialists.* History of British Economic Thought. Londres, Routledge.

KEYNES, John Maynard (2010). *Essays in Persuasion.* Londres, Palgrave Macmillan.

KLIEM, Manfred (1988). *Karl Marx und die Berliner universität 1836 bis 1841.* Berlin, Humboldt Universität.

_____ (org.) (1970). *Karl Marx.* Dokumente seines Lebens. Leipzig, Reclam.

KLIMAN, Andrew (2007). *Reclaiming Marx's Capital:* A Refutation of the Myth of Inconsistency. Lanham, Lexington.

KLÜHS, Franz (2013). *August Bebel.* Eine Biographie. Hamburgo, Severus.

KNOPPER, Françoise; MONDOT, Jean (orgs.) (2008). *L'Allemagne face au modèle français de 1789 à 1815.* Toulouse, Presses Universitaires du Mirail.

KOFLER, Leo (1972). *Arte abstracto y literatura del absurdo.* Barcelona, Barral.

_____ (1997). *Contribución a la historia de la sociedad burguesa.* Buenos Aires, Amorrortu.

_____ (2010). *História e dialética.* Estudos sobre a metodologia da dialética materialista. Rio de Janeiro, Editora UFRJ.

_____ (ed.) (1968). *La ciencia de la sociedad.* Madri, Revista de Occidente.

KOHAN, Néstor (2007). *Marx en su (Tercer) Mundo*. Hacia un socialismo no colonizado. Bogotá, Pensamiento Crítico.

_____ (2008). *Aproximaciones al marxismo*. Una introducción posible. Havana, Ocean Sur.

KOJÈVE, Alexandre (2002). *Introdução à leitura de Hegel*. Rio de Janeiro, Editora UERJ/Contraponto.

KOŁAKOWSKI, Leszek (2008). *Main Currents of Marxism*. Londres, W. W. Norton.

KONDER, Leandro (1991). *Hegel*. A razão quase enlouquecida. Rio de Janeiro, Campus.

_____ (1999). *Marx*. Vida e obra. São Paulo, Paz e Terra.

_____ (2010). *Em torno de Marx*. São Paulo, Boitempo.

_____ (2013). *Os marxistas e a arte*. São Paulo, Expressão Popular.

KONDRATIEV, Nikolai (1992). *Los ciclos largos de la coyuntura económica*. Cidade do México, Unam.

KOPNIN, P. V. (1978). *A dialética como lógica e teoria do conhecimento*. Rio de Janeiro, Civilização Brasileira.

KÖRNER, Klaus (2008). *Karl Marx*. Munique, DTV.

KOROLKOV, Victor (org.) (1979). *Marx and Engels on the United States*. Moscou, Progress.

KORSCH, Karl (1970). *Marxism and Philosophy*. Londres, NLB.

_____ (1974). *Karl Marx*. Roma/Bari, Laterza.

_____ (2008). *Marxismo e filosofia*. Rio de Janeiro, Editora UFRJ.

_____ (2018). *Karl Marx*. Lisboa, Antígona.

KOSÍK, Karel (1969). *Dialética do concreto*. Rio de Janeiro, Paz e Terra.

KOSZYK, Kurt (1966). *Die Presse der deutschen Sozialdemokratie*. Eine Bibliographie. Hanover, Verlag für Literatur und Zeitgeschehen.

KOTT, Sandrine (2003). *Bismarck*. Paris, Presses de Sciences Po.

KOVEL, Joel (2002). *The Enemy of Nature*. The End of Capitalism or the End of the World? Nova York, Zed Books.

KOUVELAKIS, Stathis (2003). *Philosophy and Revolution*. From Kant to Marx. Londres/Nova York, Verso.

KRADER, Lawrence (1975). *The Asiatic Mode of Production*. Sources, Development and Critique in the Writings of Karl Marx. Assen, Van Gorcum.

KRÄTKE, Michael (2005). Le Dernier Marx et Le Capital. *Actuel Marx*. Paris, PUF, n. 37, p. 145-60.

_____ (2011). Marx, notre contemporain. *Actuel Marx*. Paris, PUF, n. 50, p. 15-28.

_____ (2015). O problema Marx-Engels: por que Engels não falseou O capital marxiano. *Verinotio*. Revista on-line de filosofia e ciências humanas. Belo Horizonte, ano 10, n. 20, out./dez. 2015, p. 191-206.

_____ (2018). Marx and World History. *International Review of Social History*. Amsterdã/Cambridge, Internationaal Instituut voor Sociale Geschiedenis/Cambridge University Press, v. 63, n. 1, abr. 2018, p. 91-125.

KRYSMANSKI, Hans Jürgen (2014). *Die letzte Reise des Karl Marx*. Frankfurt, Westend.

KUHN, Axel (2004). *Die Deutsche Arbeiterbewegung*. Stuttgart, Reclam.

KUNTZ, Rolf (org.) (1984). *Quesnay*. São Paulo, Ática.

KURZ, Robert (org.) (2006). *Marx lesen*. Die wichtigsten Texte von Karl Marx für das 21. Jahrhundert. Frankfurt, Eichborn.

LABICA, Georges (1990). *As Teses sobre Feuerbach de Karl Marx*. Rio de Janeiro, Jorge Zahar.
_____; DELBRACCIO, Mireille (orgs.) (1997). *Friedrich Engels, savant et révolutionnaire*. Paris, PUF.
LABICA, Georges (org.) (1985). *L'Oeuvre de Marx, un siècle après*. Paris, PUF.
LABRANDE, Christian (1976). *La Première Internationale*. Paris, UGE.
LACAPRA, Dominick (1983). *Rethinking Intellectual History:* Texts, Contexts, Language. Ithaca/Nova York, Cornell University Press.
LACASCADE, Jean-Louis (2002). Bévue de Proudhon et/ou traquenard de Marx. Lecture symptomale de leur unique correspondence. *Genèses*. Paris, Belin, v. I, n. 46, p. 138-58.
_____ (2002a). *Les Métamorphoses du jeune Marx*. Paris, PUF.
LAFARGUE, Paul (2005). *O capital*. Extratos. São Paulo, Conrad.
_____ (2018). Recordações da vida íntima de Carlos Marx. *Germinal*. Marxismo e educação em debate. Salvador, UFBA, v. 10, n. 1, maio 2018, p. 147-61.
_____; LIEBKNECHT, Wilhelm (2008). *Souvenirs sur Marx*. Paris, Sandre.
LALLIER, Adalbert G. (1989). *The Economics of Marx's Grundrisse*. An Annotated Summary. Londres, Palgrave Macmillan.
LAMBRECHT, Lars; TIETZ, Karl-Ewald (orgs.) (2002). *Arnold Ruge (1802-1880)*. Beiträge zum 200. Geburstag. Frankfurt/Nova York, P. Lang.
LAMY, Jérôme; SAINT-MARTIN, Arnaud (2015). Marx, un spectre qui ne hante plus les *Science studies? Cahiers d'histoire. Revue d'histoire critique*. Paris, Association Paul Langevin, n. 126, p. 173-87.
LANDES, David S. (1994). *Prometeu desacorrentado*. Transformação tecnológica e desenvolvimento industrial na Europa ocidental, desde 1750 até a nossa época. Rio de Janeiro, Nova Fronteira.
LANE, Fintan; DRISCEOIL, Donal (orgs.) (2005). *Politics and Irish Working Class*. 1830-1945. Basingstoke, Palgrave Macmillan.
LANG, Berel; WILLIAMS, Forrest (1972). *Marx and Art:* Writings in Aesthetics and Criticism. Nova York, McKay.
LANGLOIS, Françoys Larue (2007). *Paul Lafargue*. Paris, Punctum.
LAPIDES, Kenneth (1998). *Marx's Wage Theory in Historical Perspective:* Its Origins, Development and Interpretation. Westport/Londres, Praeger.
_____ (org.) (1987). *Marx and Engels on the Trade Unions*. Nova York, International Publishers.
LÁPINE, Nikolai (1983). *O jovem Marx*. Lisboa, Caminho.
LARRAÍN, Jorge (1979). *The Concept of Ideology*. Londres, Hutchinson & Co.
_____ (1983). *Marxism and Ideology*. Londres, Macmillan.
LATTEK, Christine (2006). *Revolutionary Refugees: German Socialism in Britain, 1840-1860*. Londres/Nova York, Routledge.
LAURELL, Asa Cristina C. (org.) (1995). *Estado e políticas sociais no neoliberalismo*. São Paulo, Cortez/Cedec.
LAZZARATO, Maurizio (1992). Le Concept de travail immatériel: la grande entreprise. *Future Antérieur*. Paris, L'Harmattan, n. 10, p. 54-61.
LEACOCK, Eleanor (1971). Introduction. In: ENGELS, Friedrich. *Origin of the Family, Private Property and the State*. Nova York, International Publisher [tradução portuguesa em Engels, 2010a].

_____ (2019). *Mitos da dominação masculina*. São Paulo, Instituto Lukács.

LEADBEATER, David (1985). The Consistency of Marx's Categories of Productive and Unproductive Labour. *History of Political Economy*. Durham, Duke University Press, v. 17, n. 4, p. 591-618.

LEBOWITZ, Michael A. (2003). *Beyond Capital*. Marx Political Economy of the Working Class. Londres, Palgrave Macmillan.

_____ (2009). *Following Marx:* Method, Critique and Crisis. Leiden, Brill.

_____ (2010). *Karl Marx*. Londres, Palgrave Macmillan.

_____ (2015). *The Socialist Imperative*. From Gotha to Now. Nova York, Monthly Review Press.

LEBRUN, Gérard (2006). *A paciência do conceito*. Ensaio sobre o discurso hegeliano. São Paulo, Editora Unesp.

LEBRUN, Pierre et al. (1979). *Essai sur la révolution industrielle en Belgique*. 1770-1874. Bruxelas, Académie Royale de Belgique.

LEDBETTER, James (org.) (2007). *Dispatches for the New York Tribune*. Selected journalism of Karl Marx. Londres, Penguin.

LEFEBVRE, Georges (2003). *1789:* o surgimento da revolução francesa. Rio de Janeiro, Paz e Terra.

LEFEBVRE, Henri (1965). *La Proclamation de la Commune*. Paris, Gallimard.

_____ (1966). *Pour connaitre la pensée de Karl Marx*. Paris, Bordas.

_____ (1973). *La Survie du capitalisme*. La reproduction des rapports de production. Paris, Anthropos.

_____ (1976). *De l'État*. 2. Théorie marxiste de l'État de Hegel à Mao. Paris, UGE.

_____ (1986). *Le Retour de la dialectique:* 12 mots-clefs pour le monde moderne. Paris, Messidor/Éditions Sociales.

_____ (1991). *Lógica formal, lógica dialética*. Rio de Janeiro, Civilização Brasileira.

_____ (2016). *A reprodução das relações sociais*. Goiânia, Redelp.

LEFEBVRE, Jean-Pierre (1972). *Marx und Heine*. Trier, Karl-Marx-Haus.

LEFRÈRE, Jean-Jacques (2001). *Arthur Rimbaud*. Paris, Fayard.

LEHNER, Markus (2010). Thesen zum Marxistischen Klassenbegriff. *Revolutionärer Marxismus*. Berlim, Liga für Fünfte Internationale, n. 42, out. 2010.

LEIER, Mark (2006). *M. Bakunin:* The Creative Passion. A Biography. Nova York, Thomas Duke Books.

LEJEUNE, Paule (2003). *Louise Michel, l'indomptable*. Paris, L'Harmattan.

LEKEY, Colum (1995). David Riazanov and Russian Marxism. *Russian History/Histoire Russe*. Boston, Brill, v. 22, n. 2, p. 127-53.

LEHNING, Arthur (1970). *From Buonarroti to Bakunin*. Studies in International Socialism. Leiden, Brill.

LÊNIN, Vladímir Ilitch Uliánov (1965). *Collected Works*. Moscou, Progress, v. 31.

_____ (1974). *Collected Works*. Moscou, Progress, v. 21.

_____ (1976). *Socialismo e anarquismo*. Moscou, Progress.

_____ (1977-1978). *Obras escolhidas em três tomos*. Lisboa/Moscou, Avante!/Progress.

_____ (1980). *O programa agrário da social-democracia na primeira Revolução Russa de 1905-1907*. São Paulo, Ciências Humanas.

_____ (1982). *Materialismo e empiriocriticismo*. Lisboa/Moscou, Avante!/Progress.
_____ (1982a). *O desenvolvimento do capitalismo na Rússia*. São Paulo, Abril Cultural.
_____ (1986). *Cuadernos filosóficos*. Obras completas. Moscou, Progress, t. 29.
_____ (2007). *La revolución proletaria y el renegado Kautsky*. Madri, Fundación Federico Engels.
_____ (2010). *O Estado e a revolução*. São Paulo, Expressão Popular. [Há edição mais recente, publicada em 2017: *O Estado e a revolução*. Trad. Edições Avante!. São Paulo, Boitempo.]
_____ (2011). *Cadernos sobre a dialética de Hegel*. Rio de Janeiro, Editora UFRJ.
_____ (2017). *Lênin e a revolução de outubro*. Textos no calor da hora (1917-1923). São Paulo, Expressão Popular.
LENNARTZ, Stephan; MÖLICH, Georg (orgs.) (1998). *Revolutionen im Rheinland*. Veränderungen das politischen Kultur. 1848/49. Bielfeld, Verlag für Regionalgeschichte.
LENNON, John (2017). *Imagine*. Trad. Marina Colasanti. São Paulo, Vergara & Riba.
LENZ, Maria Heloísa (1992). A categoria econômica renda da terra. *Ensaios FEE*. Porto Alegre, Secretaria de Planejamento, Governança e Gestão, n. 1, out. 1992.
LEÓN, Ángelo Narváez (2013). Análisis histórico de la recepción de El capital em España y Latinoamérica. *Rebelión* (Periódico electrónico de información alternativa), 3 mar. 2013. Disponível em: <https://rebelion.org/analisis-historico-de-la-recepcion-de-el-capital-en-espana-y-latinoamerica/>. Acesso em: 20 out. 2020.
LÉONARD, Mathieu (2011). *L'Émancipation des travailleurs*. Une histoire de la Première Internationale. Paris, La Fabrique.
LEOPOLD, David (2007). *The Young Karl Marx*. Cambridge, Cambridge University Press.
LESSA, Sérgio (2007). *Trabalho e proletariado no capitalismo contemporâneo*. São Paulo, Cortez.
_____ (2007a). *Para compreender a ontologia de Lukács*. Ijuí, Unijuí.
LESSOFF, Alan; MAUCH, Christof (orgs.) (2005). *Adolf Cluss*. Architect. From Germany to America. Nova York, Berghahan Books.
LESTER, Joseph (1995). *E. Ray Lankester and the Making of Modern British Biology*. Oxford, British Society for the History of Science.
LEVINE, Norman (2012). *Marx's Discourse with Hegel*. Basingstoke/Nova York, Palgrave Macmillan.
LEWIS, John (1965). *The Life and Teaching of Karl Marx*. Londres, Lawrence & Wishart.
LHOSPICE, Michel (1965). *La Guerre de 70 et la Commune en 1000 images*. Paris, Pont-Royal.
LICHTENSZTEJN, Samuel; BAER, Monica (1987). *Fundo Monetário Internacional e Banco Mundial*. Estratégias e políticas do poder financeiro. São Paulo, Brasiliense.
LIDSKY, Paul (2010). *Les Écrivains contre la Commune*. Paris, La Découverte.
LIEBKNECHT, Wilhelm (1975). *Karl Marx*. Biographical Memoirs. Londres, Journeyman Press.
LIEDMAN, Sven-Eric (2018). *A World to Win*: The Life and Works of Karl Marx. Londres, Verso.
LIFSCHITZ, Mikhail (1973). *The Philosophy of Art of Karl Marx*. Londres, Pluto.
LIGUORI, Guido; VOZA, Pasquale (orgs.) (2017). *Dicionário gramsciano (1926-1937)*. Trad. Ana Maria Chiarini, Diego S. C. Ferreira, Leandro de Oliveira Galastri e Silvia de Bernardinis. São Paulo, Boitempo.
LIMMROTH, Angelika (2014). *Jenny Marx*. Die Biographie. Berlim, Karl Dietz.
LINDEN, Marcel van der; ROJAHN, Jurgen (orgs.) (1990). *The Formation of Labour Movements*. 1870-1914. An International Perspective. Leiden/Nova York, Brill.

LINDEN, Marcel; HUBMANN, Gerald (orgs.) (2018). *Marx's Capital:* An Unfinishable Project? Leiden-Boston, Brill.

LINDNER, Kolja (org.) (2019). *Le Dernier Marx.* Toulouse, Éditions de l'Asymétrie.

LIPP, Carola (org.) (1986). *Schimpfende Weiber und patriotische Jungfrauen.* Frauen im Vormärz und in der Revolution 1848/49. Moos, Elster.

LISS, Sheldon B. (1984). *Marxism Thought in Latin America.* Berkeley, University of California Press.

LISSAGARAY, Prosper-Olivier (1995). *História da Comuna de 1871.* São Paulo, Ensaio.

LIST, Friedrich (2006). *Sistema nacional de economia política.* Lisboa, Fundação Calouste Gulbenkian.

LITTLE, Daniel (1986). *The Scientific Marx.* Minneapolis, University of Minnesota Press.

LOJKINE, Jean (1995). *A revolução informacional.* São Paulo, Cortez.

LONGINOTTI, Liana (1974). Friedrich Engels e la "rivoluzione di maggioranza". *Studi Storici.* Roma, Fondazione Istituto Gramsci, ano 15, n. 4, p. 769-827.

LONGUET, Robert-Jean (1977). *Karl Marx:* Mon Arrière-Grand-Père. Paris, Stock.

LOPES, Carlos (2011). Crescimento econômico e desigualdade: as novidades pós-Consenso de Washington. *Revista Crítica de Ciências Sociais.* Coimbra, CES/Universidade de Coimbra, n. 94, 1 out. 2012. Disponível em: <https://journals.openedition.org/rccs/1475>. Acesso em: 20 out. 2020.

LORDON, Frédéric (2010). *Capitalisme, désir et servitude.* Marx et Spinoza. Paris, La Fabrique.

LOSURDO, Domenico (1983). *Tra Hegel e Bismarck.* La rivoluzione del 1848 e la crisi della cultura tedesca. Roma, Riuniti.

_____ (2004). *Democracia ou bonapartismo.* Triunfo e decadência do sufrágio universal. Rio de Janeiro/São Paulo, Editora UFRJ/Editora Unesp.

_____ (2006). *Contra-história do liberalismo.* São Paulo, Ideias & Letras.

_____ (2019). *El marxismo occidental.* Madri, Trotta.

LOUÇÃ, Francisco; ASH, Michael (2017). *Sombras.* A desordem financeira na era da globalização. Lisboa, Bertrand.

LÖWY, Michael (1978). *La teoría de la revolución en el joven Marx.* Cidade do México, Siglo XXI.

_____ (1981). *The Politics of Uneven and Combined Development:* The Theory of Permanent Revolution. Londres, New Left Books.

_____ (1987). *As aventuras de Karl Marx contra o Barão de Münchhausen.* São Paulo, Busca Vida.

_____ (1991). *Marxismo e Teologia da Libertação.* São Paulo, Cortez.

_____ (2000). *Nacionalismos e internacionalismos.* São Paulo, Xamã.

_____ (2012). *A teoria da revolução no jovem Marx.* Trad. Anderson Gonçalves. São Paulo, Boitempo.

_____ (2015). *Ecossocialism: A Radical Alternative to Capitalist Catastrophe.* Chicago, Haymarket Books.

_____; SAYRE, Robert (1995). *Revolta e melancolia.* O romantismo na contramão da modernidade. Petrópolis, Vozes.

_____ et al. (1997). *Marx après le marxisme.* Paris, L'Harmattan, 2 v.

_____ et al. (2018). *Le Dernier Marx, communisme en devenir.* Paris, Eterotopia France.

LÖWY, Michael (org.) (1999). *O marxismo na América Latina*. Uma antologia de 1909 aos dias atuais. São Paulo, Fundação Perseu Abramo.

_____ (org.) (2009). *Revoluções*. São Paulo, Boitempo.

LUDWIG, Johanna et al. (orgs.) (1998). *Frauen in der bürgerlichen Revolution von 1848/49*. Berlim, Bundesministerium für Familie, Senioren, Frauen und Jugend.

LUKÁCS, György (1923). *Geschichte und Klassenbewusstsein*. Berlim, Malik. [Ed. bras.: *História e consciência de classe*. São Paulo, Martins Fontes, 2003.]

_____ (1963). *El joven Hegel y los problemas de la sociedad capitalista*. Cidade do México, Grijalbo. [Ed. bras.: *O jovem Hegel e os problemas da sociedade capitalista*. Trad. Nélio Schneider. São Paulo, Boitempo, 2018.]

_____ (1964). *Deutsche Literatur in zwei Jahrhunderten*. Neuwied/Berlim, Luchterhand.

_____ (1966). *Aportaciones a la historia de la estética*. Cidade do México, Grijalbo.

_____ (1968). *El asalto a la razón*. La trayectoria del irracionalismo desde Schelling hasta Hitler. Barcelona/Cidade do México, Grijalbo.

_____ (1969). *Conversando com Lukács* (entrevistas a H. H. Holz et al.). Rio de Janeiro, Paz e Terra.

_____ (1970). *Introdução a uma estética marxista*. Rio de Janeiro, Civilização Brasileira.

_____ (1976). *Breve storia della letteratura tedesca*. Dal Settecento ad oggi. Turim, Einaudi.

_____ (1977). *Arte e società*. Roma, Riuniti, v. I.

_____ (1987). *L'uomo e la democrazia*. Roma, Luccarini.

_____ (2005). *Táctica y ética*: escritos tempranos (1919-1929). Buenos Aires, El Cielo por Asalto.

_____ (2007). O jovem Marx. Sua evolução filosófica de 1840 a 1844. In: _____. *O jovem Marx e outros escritos de filosofia*. Rio de Janeiro, Editora UFRJ.

_____ (2010). Introdução aos escritos estéticos de Marx e Engels. In: MARX, Karl; ENGELS, Friedrich. *Cultura, arte e literatura* (Textos escolhidos). São Paulo, Expressão Popular.

_____ (2010a). *Prolegômenos para uma ontologia do ser social*. Trad. Lya Luft e Rodnei Nascimento. São Paulo, Boitempo.

_____ (2011). *Escritos de Moscú*. Estudios sobre política y literatura. Buenos Aires, Gorla.

_____ (2011a). *O romance histórico*. Trad. Rubens Enderle. São Paulo, Boitempo.

_____ (2012-2013). *Para uma ontologia do ser social*. Trad. Carlos Nelson Coutinho, Mario Duayer e Nélio Schneider. São Paulo, Boitempo, 2 v.

_____ (2016). Marx e o problema da decadência ideológica. In: _____. *Marx e Engels como historiadores da literatura*. Trad. Nélio Schneider. São Paulo, Boitempo.

LUQUET, P. et al. (1968). *A Comuna de Paris*. Rio de Janeiro, Laemmert.

LUXEMBURGO, Rosa (1974). *A crise da social-democracia*. Lisboa, Presença.

_____ (1985). *A acumulação do capital:* contribuição ao estudo econômico do imperialismo. São Paulo, Nova Cultural.

LYOTARD, Jean-François (1986). *A condição pós-moderna*. Rio de Janeiro, José Olympio.

MACÉ, Jacques (2001). *Paul et Laura Lafargue*. Du droit à la paresse au droit de choisir sa mort. Paris, L'Harmattan.

MACHEREY, Pierre (2008). *Marx 1845*. Les "thèses" sur Feuerbach. Paris, Éditions Amsterdam.

MACIEL, David (2011). Marx e a Comuna de Paris. *História Revista*. Goiânia, PPGH/Universidade Federal de Goiás, v. 16, n. 2, jul./dez. 2011, p. 151-76.

MACPHERSON, C. B. (1979). *A teoria política do individualismo possessivo*. De Hobbes a Locke. Rio de Janeiro, Paz e Terra.

MÄDER, Denis (2010). *Fortschritt bei Marx*. Berlim, Akademie.

MAFFESOLI, Michel (1987). *O conhecimento do quotidiano*. Lisboa, Vega.

MAFFETTONE, Sebastiano (2018). *Karl Marx nel XXI secolo*. Roma, LUISS University Press.

MAESSCHALCK, Edward de (2005). *Marx in Brussel (1845-1848)*. Leuven, Davidsfond.

MAGALHÃES-VILHENA, Vasco de (2015). *Fragmentos sobre ideologia*. Lisboa, Grupo de Estudos Marxistas (GEM).

_____ (org.) (1981). *Raízes teóricas da formação doutrinal de Marx e Engels*. Lisboa, Horizonte.

_____ (org.) (1985). *Marx e Hegel:* Marx e o "caso" Hegel. Lisboa, Horizonte.

MAHIEU, François-Régis et al. (1977). *Marx et l'économie politique*. Essais sur les Théories sur la plus-valie. Grenoble/Paris, Presses Universitaires de Grenoble/Maspero.

MAKDISI, Saree et al. (orgs.) (1996). *Marxism beyond Marxism*. Londres/Nova York, Routledge.

MALAGUTI, Manoel Luiz et al. (orgs.) (1997). *A quem pertence o amanhã?* Ensaios sobre o neoliberalismo. São Paulo, Loyola.

MANACORDA, Mario (1991). *Marx e a pedagogia moderna*. São Paulo, Cortez.

MANDEL, Ernest (1968). *A formação do pensamento econômico de Karl Marx*. De 1843 até a redação de O capital. Rio de Janeiro, Zahar.

_____ (1969). *Traité d'économie marxiste*. Paris, UGE, 4 v.

_____ (1982). *O capitalismo tardio*. São Paulo, Abril Cultural.

_____ (1990). *A crise do capital*. Os fatos e sua interpretação marxista. São Paulo, Editora da Unicamp/Ensaio.

_____ (1998). *El capital*. Cien años de controversias en torno a la obra de Karl Marx. Cidade do México, Siglo XXI.

MANENT, Pierre; SEIGEL, Jerrold (orgs.) (1996). *An Intellectual History of Liberalism*. Princeton, Princeton University Press.

MARCHIONATTI, Roberto (org.) (1998). *Karl Marx:* Critical Responses. Londres/Nova York, Routledge, 4 v.

MARCUSE, Herbert (1972). *Ideias sobre uma teoria crítica da sociedade*. Rio de Janeiro, Zahar.

_____ (1988). *Razão e revolução*. Hegel e o advento da teoria social. Rio de Janeiro, Paz e Terra.

_____ (1998). *Cultura e sociedade*. Rio de Janeiro, Paz e Terra, v. II.

MARIK, Soma (2018). *Revolutionary Democracy:* Emancipation in Classical Marxism. Chicago, Haymarket Books.

MARINI, Ruy Mauro (1998). Duas notas sobre o socialismo. *Lutas sociais*. São Paulo, Neils-PUC--SP, n. 5, jul./dez. 1998, p. 107-23.

MÁRKUS, György (1974). *A teoria do conhecimento no jovem Marx*. Rio de Janeiro, Paz e Terra.

_____ (2015). *Marxismo e antropologia*. O conceito de "essência humana" na filosofia de Marx. São Paulo, Expressão Popular.

MARQUES, Rosa Maria; NAKATANI, Paulo (2009). *O que é capital fictício e sua crise*. São Paulo, Brasiliense.
MARQUES, Sílvio César Moral (2012). Questões filosóficas decorrentes das traduções das Teses sobre Feuerbach. *Crítica Marxista*. Campinas, IFCH/Editora da Unicamp, n. 35, p. 131-51.
MARRAMAO, Giacomo (1990). *O político e as transformações*. Belo Horizonte, Oficina de Livros.
MARSHALL, Gail (org.) (2015). *Shakespeare in the Nineteenth Century*. Cambridge, Cambridge University Press.
MARTENS, Ludo (1991). *L'URSS et la contre-révolution de velours*. Antuérpia, EPO.
_____ (1994). *Stalin:* um novo olhar. Rio de Janeiro, Revan.
MARTIN, Hans-Peter; SCHUMANN, Harald (1998). *A armadilha da globalização*. Lisboa, Terramar.
MARTÍNEZ, Gustavo Vargas (1983). *Bolívar y Marx*. Otro debate sobre la ideología del Libertador. Cidade do México, Domés.
MARTINS, Maurício Vieira (2015). História e teleologia em Darwin e Marx. In: MIRANDA, Flávio Ferreira; MONFARDINI, Rodrigo Delpupo (orgs.). *Marx. Ontologia e estética*. Rio de Janeiro, Consequência. Coleção Niep, v. II.
_____ (2017). *Marx, Espinosa e Darwin:* pensadores da imanência. Rio de Janeiro, Consequência. Coleção Niep, v. III.
MARTINS FILHO, João Roberto (2006). Engels e Marx: guerra e revolução. *Crítica Marxista*, Campinas, IFCH/ Editora da Unicamp, n. 22, p. 154-60.
MARXHAUSEN, Thomas (2014). História crítica das Obras completas de Marx e Engels (MEGA). *Crítica Marxista*. Campinas, IFCH/Editora da Unicamp, n. 39, p. 95-124.
MASALA, Antonio (2017). *Stato, società e libertà*. Dal liberalismo al neoliberalismo. Soveria Mannelli, Rubettino.
MASCARO, Alysson Leandro (2013). *Estado e forma política*. São Paulo, Boitempo.
MATTICK, Paul (1976). *Crises et théories des crises*. Paris, Champ Libre.
_____ (2010). *Marx & Keynes*. Os limites da economia mista. Lisboa, Antígona.
_____ (2018). *Theory as Critique*. Essays on Capital. Boston, Brill.
MATTOS, Marcelo Badaró (2002). A Comuna de Paris no Brasil. *Revista Outubro*. Rio de Janeiro, n. 6, 2. sem. 2002, p. 105-14.
MAUÉS, Flamarion (2013). *Livros contra a ditadura:* editoras de oposição no Brasil. São Paulo, Publisher.
_____ (2014). *Editoras de esquerda no Brasil hoje*. Comunicação ao XXXVII Congresso Brasileiro de Ciências da Comunicação/Foz do Iguaçu (maio de 2014). Disponível em: <http://www.intercom.org.br/papers/nacionais/2014/resumos/R9-2178-1.pdf>. Acesso em: 20 out. 2020.
MAYAUD, Jean-Luc et al. (2002). *1848*. Actes du colloque international du cent cinquantenaire, tenu à l'Assemblée Nationale à Paris, les 23-25 février 1998. Paris, Créaphis.
MAYER, Gustav (1979). *Friedrich Engels*. Biografía. Cidade do México, Fondo de Cultura Económica.
MAZZONE, Alessandro (org.) (2013). *MEGA²:* Marx ritrovato. Roma, Media Print.
MAZZUCCHELLI, Frederico (2017). *As ideias e os fatos:* ensaios em teoria e história. São Paulo, Editora Unesp.
McCARTHY, George E. (2018). *Marx and Social Justice*. Ethics and Natural Law in the Critique of Political Economy. Leiden, Brill.

McCOID, Catherine Hodge (2008). Eleanor Burke Leacock and Intersectionality: Materialism, Dialectics and Transformation. *Race, Gender & Class*. New Orleans, Southern University of New Orleans, v. 15, n. 1/2, p. 24-41.

McKOWN, Delos (1975). *The Classical Marxist Critique of Religion*. Haia, M. Nijhoff.

McLAUGHLIN, Paul (2002). *Mikhail Bakunin*: The Philosophical Basis of his Anarchism. Nova York, Algora.

McLELLAN, David (1971). *Marx y los jovenes hegelianos*. Barcelona, Martinez Roca.

_____ (1971a). *Marx's Grundrisse*. Londres, Macmillan.

_____ (1977). *Engels*. Londres, Collins.

_____ (1983). *Marx: um século de pensamento político (1883-1983)*. Rio de Janeiro, Zahar.

_____ (1987). *Marxism and Religion*. Nova York, Harper & Row.

_____ (1990). *Karl Marx:* vida e pensamento. Petrópolis, Vozes.

_____ (2006). *Karl Marx*. A Biography. Londres, Palgrave Macmillan.

_____ (2007). *Marxism after Marx*. Basingstoke, Palgrave Macmillan.

_____ (org.) (1981). *Karl Marx*. Interviews and Recollections. Londres, Macmillan.

MÉDA, Dominique (1995). *Le Travail:* une valeur em voie de disparition. Paris, Aubier.

MEDEIROS, João Leonardo; BARRETO, Eduardo Sá (2013). Lukács e Marx contra o "ecologismo acrítico": por uma ética ambiental materialista. *Economia e Sociedade*. Campinas, Instituto de Economia/Editora da Unicamp, v. 22, n. 8, ago. 2013, p. 317-33.

MEDEIROS, João Leonardo; LEITE, Leonardo de Magalhães (2018). Em busca do elo perdido: sobre a gênese dialética da categoria capital. *Revista Outubro*. Rio de Janeiro, n. 31, 2. sem. 2018, p. 45-73.

MEHRING, Franz (1975). *Werkauswahl II* – Die Deutsch Literatur und die Revolution von 1848. Darmstadt, Luchterhand.

_____ (2013). *Karl Marx*. A história de sua vida. São Paulo, Sundermann.

_____ (2013a). *L'Histoire de la social-démocratie allemande de 1863 à 1891*. Paris, Les Bons Caractères.

MEIER, Olga; EVANS, Faith (orgs.) (1984). *The Daughters of Karl Marx*. Family Correspondance. 1866-1898. Londres, Penguin.

MEIKSINS, Peter (1981). Productive and Unproductive Labor and Marx's Theory of Class. *Review of Radical Political Economics*. Newbury Park, Sage, v. 13, n. 3, out. 1981, p. 32-42.

MELLO, Alex Fiuza de (1999). *Marx e a globalização*. São Paulo, Boitempo.

MELOTTI, Umberto (1974). *Marx y el Tercer Mundo*. Buenos Aires, Amorrortu.

MENUELLE, Thierry (1993). *Marx, lecteur de Proudhon*. Paris, EHESC.

MERCIER-JOSA, Solange (1980). *Pour lire Hegel et Marx*. Paris, Éditions Sociales.

_____ (1986). *Retour sur le jeune Marx*. Paris, Méridiens-Klincksiec.

_____ (1999). *Entre Hegel et Marx*. Points cruciaux de la philosophie hégélienne du droit. Paris, L'Harmattan.

MERKER, Nicolao (2010). *Karl Marx*. Vita e opere. Bari, Laterza.

MERQUIOR, José Guilherme (2014). *O liberalismo*. Antigo e moderno. São Paulo, É Realizações.

MERRIMAN, John (2014). *Massacre:* The Life and Death of the Paris Commune. Nova York, Basic Books.

MÉSZÁROS, István (1993). *Filosofia, ideologia e ciência social.* Ensaios de negação e afirmação. São Paulo, Ensaio.

_____ (2002). *Para além do capital.* Trad. Paulo Castanheira e Sérgio Lessa. São Paulo/Campinas, Boitempo/Editora da Unicamp.

_____ (2003). *O século XXI.* Socialismo ou barbárie? Trad. Paulo Castanheira. São Paulo, Boitempo.

_____ (2004). *O poder da ideologia.* Trad. Paulo Castanheira. São Paulo, Boitempo.

_____ (2006). *A teoria da alienação em Marx.* Trad. Isa Tavares. São Paulo, Boitempo.

_____ (2013). *O conceito de dialética em Lukács.* Trad. Rogério Bettoni. São Paulo, Boitempo.

MEYER, Philippe (2014). *Une histoire de Berlin.* Paris, Perrin.

MICHEL, Louise (2002). *Mémoires.* Paris, La Découverte.

MIECK, Ilja et al. (orgs.) (1995). *Paris und Berlin in der Revolution 1848.* Sigmaringen, Thorbecke.

MIJAILOV, M. I. (1968). *Historia de la Liga de los Comunistas.* Moscou, Nauka.

MIKKELSEN, Flemming (1996). *Working-Class Formation in Europe:* In Search of a Synthesis. Amsterdã, International Institute of Social History.

MILIBAND, Ralph (1965). Marx and the State. *The Socialist Register.* Londres, Merlin, v. 2, p. 278-96.

_____ (1972). *O Estado na sociedade capitalista.* Rio de Janeiro, Zahar.

MILIOS, John (2000). Social Classes in Classical and Marxist Political Economy. *American Journal of Economics and Sociology.* Malden, Wiley, v. 59, n. 2, abr. 2000, p. 283-302.

_____ et al. (2002). *Karl Marx and the Classics.* An Essay on Value, Crises and the Capitalist Mode of Production. Farnham, Ashgate.

MILLÁN, Jesús; FRADERA, Josep María (orgs.) (2000). *Las burguesías europeas del siglo XIX:* sociedad civil, política y cultura. València, Universitat de València.

MILLER, Richard W. (1984). *Analyzing Marx.* Princeton, Princeton University Press.

MILLER, Susanne; POTTHOFF, Heinrich (1991). *Kleine Geschichte der SPD:* Darstellung und Dokumentation. Bonn, Neue Gesellschaft.

MILLOT, Hélène; SAMINADAYAR, Corinne (orgs.) (2001). *1848, une révolution du discours.* Saint-Étienne, Cahiers Intempestifs.

MILLS, C. Wright (1969). *A imaginação sociológica.* Rio de Janeiro, Zahar.

MILZA, Pierre (2009). *L'Année terrible.* La guerre franco-prussienne. Septembre 1870/Mars 1871. Paris, Perrin.

_____ (2009a). *L'Année terrible.* La Commune. Mars/Juin 1871. Paris, Perrin.

MIRANDA, Flávio (2016). Marx e a América Latina? Uma crítica à tese de José Aricó. *Revista Outubro.* Rio de Janeiro, n. 27, nov. 2016, p. 133-58.

MIROWSKI, Philip; PLEHWE, Dieter (orgs.) (2015). *The Road from Mont Pèlerin:* The Making of the Neoliberal Thought. Cambridge, Harvard University Press.

MISIK, Robert (2006). *Marx para apressados.* Brasília, Alva.

MIYATA, Korefumi (2015-2016). The Main Theme and Significance of Marx's Credit Theory. *Political Economy Quarterly.* Tóquio, Japan Society of Political Economy, v. 52, n. 3, out. 2015, p. 52-63.

MODONESI, Massimo et al. (orgs.) (2017). *Concepto de clase social en la teoría marxista contemporánea.* Puebla, Benemerita Universidad de Puebla.

MOGGACH, Douglas (2003). *The Philosophy and Politics of Bruno Bauer*. Cambridge, Cambridge University Press.

_____; BROWNE, Leduc (orgs.) (2000). *The Social Question in Democratic Revolution*. Marx and the Legacy of 1848. Ottawa, University Ottawa Press.

MOGGACH, Douglas (org.) (2006). *The New Hegelians*. Politics and Philosophy in the Hegelian School. Cambridge, Cambridge University Press.

MOHUN, Simon (1996). Productive and Unproductive Labor in the Labor Theory of Value. *Review of Radical Political Economics*. Newbury Park (CA), Sage, v. 28, n. 4, dez. 1996, p. 30-54.

_____ (org.) (1995). *Debates in Value Theory*. Londres, Macmillan.

MOLNÁR, Miklos (1963). *Le Déclin de la Première Internationale*. Genebra, Droz.

_____ (1975). *Marx, Engels et la politique international*. Paris, Gallimard.

MOLLO, Maria de Lourdes Rollenberg (2011). Capital fictício, autonomia produção-circulação e crises: precedentes teóricos para o entendimento da crise atual. *Revista Economia*. Brasília, Anpec, v. 12, n. 3, set./dez. 2011, p. 475-96.

MOLON, Alessandro Lucciola (2002). *Graco Babeuf*. O pioneiro do socialismo moderno. Rio de Janeiro, Eduerj.

MONTERO, O. (2019). "Cual si tuviera dentro del cuerpo el amor": Marx y la subsunción metafórica del Fausto de Goethe. *Praxis*. Revista de filosofía. Heredia, Escuela Nacional de Filosofía/Universidad Nacional, n. 80, jul.-dez./2019, p. 1-17.

MONTORO, Xabier Arrizabalo (2016). *Capitalismo y economía mundial*. Madri, Instituto Marxista de Economía.

MONZ, Heinz (1964). *Karl Marx und Trier*. Verhältnisse. Beziehumgen. Einflüsse. Trier, NEU.

_____ (1973). *Entwicklung zu Leben Karl Marx*. Grundlagen der und Werk. Trier, NCO.

MOORE, Stanley (1964). *Três táticas marxistas*. Rio de Janeiro, Zahar.

MOORE JR., Barrington (1966). *Social Origins of Dictatorship and Democracy*. Boston, The Beacon Press.

MORF, Otto (1970). *Das Verhältnis von Wirtschaftstheorie und Wirtschaftsgeschichte Bei Karl Marx*. Frankfurt, Europäische Verlagsanstalt.

MORFINO, Vittorio; THOMAS, Peter D. (orgs.) (2018). *The Government of Time*. Theories of Plural Temporality in the Marxist Tradition. Leiden, Brill.

MORGAN, Lewis Henry (1980). *A sociedade primitiva*. Lisboa, Presença, 2 v.

MORGAN, Roger (1965). *The German Social Democrats and the First International (1864-1872)*. Cambridge, Cambridge University Press.

MORISHIMA, Michio (1973). *Marx's Economics*. A Dual Theory of Value and Growth. Cambridge, Cambridge University Press.

_____ (1974). Marx in the Light of Modern Economic Theory. *Econometrica*. Hoboken, Wiley-Blackwell/The Econometric Society, v. 42, n. 4, jul. 1974, p. 611-32.

MOSELEY, Fred (2016). *Money and Totality*. A Macro-Monetary Interpretation of Marx's Logic in Capital and the End of the "Transformation Problem". Leiden, Brill.

_____; CAMPBELL, Martha (orgs.) (1997). *New Investigations of Marx's Method*. Atlantic Highlands, Humanities Press International.

_____; SMITH, Tony (orgs.) (2004). *Marx's Capital and Hegel's Logic*. A Reexamination. Chicago, Haymarket.

MOSELEY, Fred (org.) (1993). *Marx's Method in Capital*. Atlantic Highlands, Humanities Press International.

_____ (org.) (2005). *Marx's Theory of Money*. Modern Appraisals. Basingstoke, Palgrave Macmillan.

MOSES, Daniel Noah (2009). *The Promise of Progress*. The Life and Work of Lewis Henry Morgan. Columbia, University of Missouri Press.

MÜLLER, Manfred (1978). *Auf dem Wege zum Kapital:* zur Entwicklung des Kapitalbegriffs von Marx in den Jahren (1857-1863). Berlim, Akademie.

MURPHY, Steve (2010). *Rimbaud et la Commune*. Microlectures et perspectives. Paris, Classiques Garnier.

MURRAY, Patrick (1990). *Marx's Theory of Scientific Knowledge*. Atlantic Highlands, Humanities Press International.

MURRAY, Robin (1977-1978). Value Theory and Rent. Part One and Two. *Capital and Class*. Londres, Sage, n. 3-4.

MUSSON, A. E. (1959). The Great Depression in Britain, 1873-1896: A Reappraisal. *The Journal of Economic History*. Cambridge, Cambridge University Press/Economic History Association, v. 19, n. 2, p. 199-228.

MUSTO, Marcello (2008). Vicisitudes y nuevos estúdios de La ideologia alemana. *Revista Herramienta*. Buenos Aires, Herramienta, n. 38, jun. 2008, p. 53-60.

_____ (2008a). Marx in the Years of Herr Vogt. Notes toward an Intellectual Biography. *Science & Society*. Brooklyn, Guilford Press, v. 72, n. 4, p. 389-402.

_____ (2011). *Ripensare Marx e i marxismi*. Studi e saggi. Roma, Carocci.

_____ (2012). Revisiter le concept d'aliénation chez Marx. *La Pensée*. Paris, Fond. Gabriel Péri, n. 369, jan./mar. 2012, p. 1-19.

_____ (2018). *Another Marx*. Early Manuscripts to the International. Londres, Bloomsbury Academic.

_____ (2018a). A escrita de O capital: gênese e estrutura da crítica de Marx à economia política. *Verinotio*. Revista on-line de filosofia e ciências humanas. Belo Horizonte, v. 24, n. 1, abr. 2018, p. 23-57.

_____ (2018b). *Karl Marx*. Biografia intellettuale e politica. 1857-1883. Turim, Einaudi.

_____ (2018c). *O velho Marx*. Uma biografia de seus últimos anos (1881-1883). Trad. Rubens Enderle. São Paulo, Boitempo.

_____ (2018d). *The Formation of Marx's Capital*. Londres, Pluto.

MUSTO, Marcello (org.) (2005). *Sulle tracce di un fantasma*. L'opera di Karl Marx tra filologia e filosofia. Roma, Manifestolibri.

_____ (org.) (2008). *Karl Marx's Grundrisse*. Foundations of the Critique of Political Economy 150 Years Later. Londres/Nova York, Routledge.

_____ (org.) (2012). *Marx for Today*. Londres/Nova York, Routledge.

_____ (org.) (2014). *Trabalhadores, uni-vos!* Antologia política da I Internacional. Trad. Rubens Enderle. São Paulo, Perseu Abramo/Boitempo.

NAARDEN, Bruno (1990). Marx and Russia. *History of European Ideas*. Oxford, Pergamon Press, v. 12, n. 6, p. 783-97.

_____ (1992). *Socialist Europe and Revolutionary Russia:* Perception and Prejudice. 1848--1923. Cambridge, Cambridge University Press.

NACCACHE, Bernard (1980). *Marx critique de Darwin.* Paris, Vrin.

NAGELS, Jacques (1970). *Gènese, contenu et prolongements de la notion de reproduction du capital selon Karl Marx, Boisguillebert, Quesnay, Leontiev.* Bruxelas, Éditions Université Libre de Bruxelles.

_____ (1975). *Trabalho coletivo e trabalho produtivo na evolução do pensamento marxista.* Lisboa, Prelo.

NAMIER, Lewis B. (1971). *1848:* The Revolution of the Intellectuals. Londres, Oxford University Press.

NAPOLEONI, Claudio (1972). *Lezioni sul capitolo sesto inédito di Marx.* Turim, Boringhieri.

_____ (1978). *Smith, Ricardo e Marx.* Rio de Janeiro, Graal.

_____ (1979). *O pensamento econômico do século XX.* Rio de Janeiro, Paz e Terra.

NAVES, Marcio Bilharinho (2008). *Marx* – ciência e revolução. São Paulo, Quartier Latin.

NAVILLE, Pierre (1957). *De l'aliénation à la jouissance.* Paris, Marcel Rivière.

NEFFE, Jürgen. (2017). *Marx.* Der Unvollendete. Munique, C. Bertelsmann.

NEGRI, Antonio (1979). *Marx oltre Marx.* Milão, Feltrinelli.

_____ (1991). *Marx beyond Marx:* Lessons on the Grundrisse. Londres, Pluto.

_____ (2016). *Marx além de Marx:* ciência da crise e da subversão. Trad. Bruno Cava. São Paulo, Autonomia Literária.

_____; LAZZARATO, Maurizio (2001). *Trabalho imaterial:* formas de vida e produção de subjetividade. Rio de Janeiro, DP&A.

NELSON, Anitra (1999). Marx and Medicine. *Journal of Medical Biography.* Londres, Sage, v. 7, parte I: fev. 1999; parte II: maio 1999.

_____ (2014). *Marx's Concept of Money.* Londres, Routledge.

NEMCINOV, Vasilij S. (1977). *Valore sociale e prezzo pianificato.* Roma, Riuniti.

NEMO, Philippe; PETITOT, Jean (orgs.) (2006). *Histoire du libéralisme en Europe.* Paris, PUF.

NETTLAU, Max (1996). *A Short History of Anarchism.* Londres, Freedom Press.

NETTO, José Paulo (1983). A propósito da Crítica de 1843. *Nova Escrita Ensaio.* São Paulo, Escrita, ano V, n.. 11/12.

_____ (1990). *Democracia e transição socialista.* Ensaios de teoria e política. Belo Horizonte, Oficina de Livros.

_____ (1993). *Crise do socialismo e ofensiva neoliberal.* São Paulo, Cortez.

_____ (2001). Cinco notas a propósito da questão social. *Temporalis.* Revista da ABEPSS. Brasília, ABEPSS, ano 2, n. 3, jan./jun. 2001, p. 41-50.

_____ (2004). *Marxismo impenitente.* Contribuição à história das ideias marxistas. São Paulo, Cortez.

_____ (2011). Uma face contemporânea da barbárie. *Vértice.* Coimbra, Vértice, n. 157, mar./abr. 2011.

_____; BRAZ, Marcelo (2007). *Economia Política:* uma introdução crítica. São Paulo, Cortez.

NETTO, José Paulo (org.) (2012). *O leitor de Marx.* Rio de Janeiro, Civilização Brasileira.

NICHOLLS, Julia (2019). *Revolutionary Thought After The Paris Commune.* Cambridge, Cambridge University Press.

NICOLAIEVSKI, Boris; MAENCHEN-HELFEN, Otto (1976). *Karl Marx:* Man and Fighter. Londres, Pelican.

NICOLAUS, Martin (1972). *El Marx desconocido*. Barcelona, Anagrama.

_____ et al. (1978). *Dialettica e proletariato*. Dibattito sui Grundrisse di Marx. Florença, La Nuova Italia.

NIELSEN, Kai (1986). Marx, Engels and Lenin on Justice: The Critique of the Gotha Programme. *Studies of Soviet Thought*. Nova York, Springer, v. 32, n. 1, jul. 1986, p. 23-64.

NIETZOLD, Roland et al. (orgs.) (1978). *Studien zur Entstehungs und Wirkungsgeschichte des Kapitals von Karl Marx*. Berlim, Die Wirtschaft.

NIPPEL, Wilfried (2018). *Karl Marx*. Munique, C. H. Beck.

NOËL, Bernard (1978). *Dictionnaire de la Commune*. Paris, Flammarion, 2 v.

_____ (org.) (1998). *La Commune*. Paris, Nathan.

NOGUEIRA, Maria Alice (1990). *Educação, saber e produção em Marx e Engels*. São Paulo, Cortez.

NOIRIEL, Gérard (1986). *Les Ouvriers dans la société française, XIXe-XXe siècle*. Paris, Seuil.

_____ (2018). *Une histoire populaire de la France*. Marselha, Agone.

NÓVOA, Jorge (org.) (2007). *Incontornável Marx*. Salvador/São Paulo, Edufba/Editora Unesp.

NOYES, P. H. (1966). *Organization and Revolution*. Working Class Associations in the German Revolutions of 1848-1849. Princeton, Princeton University Press.

NUNES, António José Avelãs (1991). O keynesianismo e a contra-revolução monetarista. Separata do *Boletim de Ciências Económicas/1991*. Coimbra, Universidade de Coimbra.

_____ (2007). *Uma introdução à Economia Política*. São Paulo, Quartier Latin do Brasil.

_____ (2008). *Uma volta ao mundo das ideias económicas*. Coimbra, Almedina.

_____ (2012). *A crise atual do capitalismo*. São Paulo, Revista dos Tribunais.

OAKLEY, Allen (1984-1985). *Marx's Critique of Political Economy*. Intellectual Sources and Evolution. Londres, Routledge & Kegan Paul, 2 v.

OBERMANN, Karl (1947). *Joseph Weydemeyer*. Pioneer of American Socialism. Nova York, International Publishers.

_____ (1955). *Geschichte des Bund der Kommunisten*. 1849-1852. Berlim, Dietz.

OEHLER, Dolf (2017). *Juin 1948, le spleen contre l'oubli*. Paris, La Fabrique.

OFFORD, Derek (1985). *Portraits of Early Russian Liberals*. A Study of the Thought of T. N. Granovsky, V. P. Botkin, P. V. Annenkov, A. V. Druzhinin and K. D. Kavelin. Cambridge, Cambridge University Press.

OISHI, Takahisa (2001). *The Unknown Marx*. Londres, Pluto.

OLIVEIRA, Manfredo Araujo (2004). *Dialética hoje*. Lógica, metafísica e historicidade. São Paulo, Loyola.

OLIVEIRA, Vinicius (2013). *Trabalho imaterial e teoria do valor em Marx*. São Paulo, Expressão Popular.

OLLMANN, Bertell (1976). *Alienation:* Marx's Conception of Man in Capitalist Society. Londres, Cambridge University Press.

_____ (2003). *Dance of the Dialectic:* Steps in Marx's Method. Champagne, University of Illinois Press.

_____ ; SÉVE, Lucien (orgs.) (2006). *Dialectiques, aujourd'hui*. Paris, Syllepse.

_____ ; ANDERSON, Kevin B. (orgs.) (2012). *Karl Marx*. Farnham, Ashgate.

OLSEN, Donald J. (1979). *The Growth of Victorian London*. Londres, Peregrine Books.

ORSO, Paulino José et al. (orgs.) (2002). *A Comuna de Paris de 1871:* história e atualidade. São Paulo, Ícone.

OSSOWSKI, Stanislaw (1964). *Estrutura de classes na consciência social.* Rio de Janeiro, Zahar.

OUTHWAITE, William et al. (orgs.) (1996). *Dicionário do pensamento social do século XX.* Rio de Janeiro, Jorge Zahar.

PACHUKANIS, Evguiéni B. (2017). *Teoria geral do direito e marxismo.* Trad. Paula Vaz de Almeida. São Paulo, Boitempo.

PADOVER, Saul K. (1980). *Karl Marx, an Intimate Biography.* Nova York, New American Library.

PAGGI, Leonardo (ed.) (2002). Intelectuais, teoria e partido no marxismo da Segunda Internacional. Aspectos e problemas. Parte I. *Revista Novos Rumos.* Marília, Editora Unesp/Instituto Astrogildo Pereira, ano 17, n. 37, p. 42-74.

PAIX, Catherine (1971). L'Urbanisation, statistiques et réalités. *Revue Tiers Monde.* Paris, PUF, t. 12, n. 46, abr./jun. 1971, p. 393-411.

PALMER, Michael B. (1983). *Des petits journaux aux grandes agences.* Paris, Aubier.

PANAJOT, Gindev. (1973). *Die Diktatur des Proletariats und ihre Kritiker.* Berlim, Akademie.

PANNEKOEK, Anton (2012). *Marxism and Darwinism.* Los Angeles, Hardpress.

PAPAIOANNOU, Kostas (1980). *De Marx y del marxismo.* Cidade do México, Fondo de Cultura Económica.

PARIAS, Louis-Henri (org.) (1960). *Histoire génerale tu travail.* III. L'ère des révolutions. 1765--1914. Paris, Nouvelle Librairie de France.

PARKER, Ian (2007). *Revolution in psychology, alienation to emancipation.* Londres, Pluto Press.

PARSONS, Talcott (1959). *The Social System.* Nova York, The Free Press.

PATTERSON, Thomas C. (2014). *Karl Marx, antropólogo.* Barcelona, Bellaterra.

PAULA, João Antônio de (2008). A ideia de nação no século XIX e o marxismo. *Estudos Avançados.* São Paulo, USP-IEA, v. 22, n. 62, jan./abr. 2008, p. 219-35.

_____ (2013). Rousseau, Marx e a economia política. *Revista da Sociedade Brasileira de Economia Política.* Rio de Janeiro, SEP, n. 36, out. 2013, p. 5-30.

_____ (2014). *Crítica e emancipação humana.* Ensaios marxistas. Belo Horizonte, Autêntica.

_____ ; CERQUEIRA, Hugo E. A. da Gama (2013). *Issac I. Rubin e sua história do pensamento econômico.* Belo Horizonte, Cedeplar/Face/Editora UFMG.

PAULA, João Antônio de (org.) (2010). *O ensaio geral:* Marx e a crítica da economia política. (1857-1858). Belo Horizonte, Autêntica.

PAULANI, Leda Maria (2016). Acumulação e rentismo: resgatando a teoria da renda de Marx para pensar o capitalismo contemporâneo. *Revista de Economia Política.* São Paulo, Editora 34, v. 36, n. 3, jul./set. 2016, p. 514-35.

PAYNE, Robert (1968). *Marx.* Nova York, Simon & Schuster.

PECK, Jamie (2010). *Constructions of Neoliberal Reason.* Oxford/Nova York, Oxford University Press.

PEIREN, Luc (1990). *César de Paepe:* de l'utopie à la réalité. Gand, Institut pour l'Histoire et la Société.

PELLING, Henry (1992). *A History of British Trade Unionism.* Londres, Palgrave Macmillan.

PELZ, William A. (1994). *Wilhelm Liebknecht and German Social Democracy.* A Documentary History. Westport, Greenwood Press.

_____ (2012). *Karl Marx:* A World to Win. Nova York/Londres, Pearson Longman.
_____ (2016). *História do povo da Europa moderna.* Lisboa, Objectiva.
PEÑA-RUIZ, Henri (2012). *Marx quand même.* Paris, Plon.
_____ (2018). *Karl Marx, penseur de l'*écologie. Paris, Seuil.
PENNETIER, Claude; ROBERT, Jean-Louis (orgs.) (2016). *Édouard Vaillant, 1840-1915.* De la Commune à l'Internationale. Paris, L'Harmattan.
PEREIRA, João Márcio Mendes (2010). *O Banco Mundial como ator político, intelectual e financeiro (1944-2008).* Rio de Janeiro, Civilização Brasileira.
PEREIRA, Norman G. O. (1975). *The Thought and Teachings of N. G. Černyševskij.* Haia, Mouton.
PERELMAN, Michael (1987). *Marx's Crises Theory.* New York, Praeger.
PERONE, Ugo (1992). *Invito al pensiero di Feuerbach.* Milão, Mursia.
PERROTA, Cosimo (2018). *Unproductive Labour in Political Economy.* The History of an Idea. Londres/New York, Routledge.
PETER, J. P. (org.) (1964). *Proudhon-Marx.* Philosophie de la misère (extraits). Misère de la philosophie (texte intégral). Paris, UGE-10/18.
PETERS, H. F. (1993). *Jenny.* Uma vida com Karl Marx. Mem Martins (Lisboa), Inquérito.
PETRAS, James F. (1997). *Neoliberalismo en América Latina.* La izquierda devuelve el golpe. Rosario, Homo Sapiens.
_____ (1999). *Neoliberalismo:* América Latina, Estados Unidos e Europa. Blumenau, Furb.
PETRUCCIANI, Stefano (2009). *Marx.* Roma, Carocci.
_____ (org.) (2015). *Storia del marxismo.* Roma, Carocci, 3 v.
_____ (org.) (2018). *Il pensiero di Karl Marx.* Filosofia, política, economia. Roma, Carocci.
PFLANZE, Otto (1971). *Bismarck and the Development of Germany.* I. The Period of Unification. 1815-1871. Princeton, Princeton University Press.
_____ (org.) (1968). *The Unification of Germany, 1848-1871.* Nova York, Holt, Rinehart and Winston.
PIKETTY, Thomas (2014). *O capital no século XXI.* Rio de Janeiro, Intrínseca.
PINCHARD, Bruno (2014). *Marx à rebours.* Paris, Kimé.
PINHEIRO, Milton et al. (orgs.) (2009). *Marx:* intérprete da contemporaneidade. Salvador, Quarteto.
PINHEIRO, Nuno. (2018). *Fotografias de Marx.* Esquerda.net, 4 maio 2018. Disponível em: <esquerda.net/dossier/fotografias-de-marx/54829>. Acesso em: 20 out. 2020.
PINKARD, Terry (2000). *Hegel. A Biography.* Cambridge, Cambridge University Press.
PINO, Mario Espinoza (org.) (2013). *Karl Marx.* Artículos periodísticos. Barcelona, Alba.
PINSKY, Jaime (org.) (1980). *Questão nacional e marxismo.* São Paulo, Brasiliense.
PINTO, Nelson Prado Alves (1997). O capitalismo financeiro. *Crítica Marxista.* São Paulo, Xamã, v. 1, n. 5, p. 9-26.
PIO IX (1956). *Silabus (1864).* Petrópolis, Vozes.
PISCHEL, Giuliano (1948). *Marx giovane*: 1818-1849. Milão, Garzanti.
PLAMENATZ, John (1975). *Karl Marx's Philosophy of Man.* Oxford, Clarendon Press.
POGGIO, Pierpaolo (1978). *Comune contadina e rivoluzione in Russia.* Milão, Jaca Book.
POGREBINSCHI, Thamy (2009). *O enigma do político.* Marx contra a política moderna. Rio de Janeiro, Civilização Brasileira.

PONZIO, Augusto (1978). *Marxismo, scienza e problema dell'uomo.* Verona, Bertani.

_____ (1981). *Segni e contradizioni.* Fra Marx e Bachtin. Verona, Bertani.

PONT, Jean-Claude et al. (orgs.) (1998). *Carl Vogt:* science, philosophie et politique. Genebra, Georg.

POPPER, Karl (2008). *Conjecturas e refutações.* Brasília, UnB.

PORTER, Roy (1994). *London:* A Social History. Londres, Penguin.

POST, Werner (1969). *Kritik der Religion bei Karl Marx.* Munique, Kösel.

POSTAN, Michael et al. (orgs.) (1965). *The Cambridge Economic History of Europe.* Vol. VI: The Industrial Revolutions and After: Incomes, Population and Technological Change. Cambridge, Cambridge University Press.

POSTONE, Moishe (1993). *Time, Labor and Social Domination.* Cambridge, Cambridge University Press.

POUCH, Thierry (2014). Les Tumultueuses relations des économistes français avec le marxisme: une mise en perspective historique. *Le Portique.* Révue de philosophie et de sciences humaines. Metz, Université de Lorraine, n. 32. Disponível em: <https://journals.openedition.org/leportique/2718>. Acesso em: 20 out. 2020.

POULANTZAS, Nicos (1985). *O Estado, o poder, o socialismo.* Rio de Janeiro, Graal.

PRA, Mario Dal (1977). *La dialettica in Marx.* Bari, Laterza.

PRADELLA, Lucia (2015). *Globalization and the Critique of Political Economy.* New Insights from Marx's Writings. Abingdon, Routledge.

_____ (2017). Marx and Global South: Connecting History and Value Theory. *Sociology.* Londres, Sage/British Sociological Association, v. 51, fev. 2017, p. 146-61.

PRAWER, S. S. (2011). *Karl Marx and World Literature.* Londres, Verso.

PREOBRAZHENSKI, Evgeni (2013). *Anarquismo e comunismo.* São Paulo, Sundermann.

PREVE, Constanzo (2011). *Histoire critique du marxisme.* Paris, A. Colin.

PRÉVOST, Claude (1973). *Littérature politique et idéologie.* Paris, Éditions Sociales.

PRICE, David H. (2004). *Threatening Anthropology:* McCarthysm and the FBI's Surveillance of Activist Anthropologists. Durham, Duke University Press.

PRICE, Roger (1988). *The Revolutions of 1848.* Basingstoke, Palgrave.

_____ (1999). *British Society.* 1680-1880. Cambridge, Cambridge University Press.

PROCACCI, Giuliano (org.) (1976). *El gran debate (1924-1926).* 1: La Revolución Permanente. Madri, Siglo XXI.

PROJEKTGRUPPE Entwicklung des Marxschen Systems (1978). *Grundrisse der Kritik der politischen Ökonomie (Rohentwurf).* Kommentar. Hamburgo, VSA.

PROUDHON, Pierre-Joseph (1997). *O que é a propriedade?* Lisboa, Estampa.

_____ (2003-2007). *Sistema das contradições econômicas ou Filosofia da miséria.* São Paulo, Ícone (v. I)/Escala (v. II).

PRZEWORSKI, Adam (1989). *Capitalismo e social-democracia.* São Paulo, Companhia das Letras.

QUAINI, Massimo (1979). *Marxismo e geografia.* Rio de Janeiro, Paz e Terra.

QUESNAY, François (1985). *Quadro económico:* análise das variações do rendimento de uma nação. Lisboa, Fundação Calouste Gulbenkian.

QUINIOU, Yvon (2009). *Karl Marx.* Paris, Le Cavalier Bleu.

_____ (2011). *L'Homme selon Marx*. Paris, Kimé.
QUINTERO, Inés; ACOSTA, Vladimir (2010). *El Bolívar de Marx*. Caracas, Alfa.
RADDATZ, Fritz Joachim (1978). *Karl Marx*. Une biographie politique. Paris, Fayard.
RADJAVI, Kazem (1975). *La Dictadure du prolétariat et le déperissement de l'État de Marx à Lenine*. Paris, Anthropos.
RAGIONIERI, Ernesto (1968). *Il marxismo e l'Internazionale*. Studi di storia del marxismo. Roma, Riuniti.
RAGON, Michel (2004). *Gustave Courbet, peintre de la liberté*. Paris, Fayard.
RAMIREZ, Miguel D. (2009). Marx's Theory of Ground Rent: A Critical Assessment. *Contributions to Political Economy*. Oxford, Oxford University Press, v. 28, n. 1, jun. 2009, p. 71-91.
RAMOSCELLI, Roberto (2018). *Introduzione al pensiero di Karl Marx*. Milão, Unicopli.
RANDALL, Francis B. (1967). *N. G. Chernyshevskii*. Nova York, Twayne Publishers.
RANGEL, Rubí Martinez; GARMENDIA, Ernesto Soto Reyes (2012). El Consenso de Washington: la instauración de las políticas neoliberales en América Latina. *Política y cultura*. Cidade do México, Universidad Autónoma Metropolitana, n. 37, p. 35-64.
RAPPORT, Mike (2008). *1848*. Year of Revolution. Nova York, Basic Books.
RAULIN, Anne (2008). Translations culturelles: Lewis H. Morgan et son double. *Cahiers Internationaux de Sociologie*. Paris, PUF, v. 124, jan/jun. 2008, p. 61-81.
RAWLS, John (2002). *Uma teoria da justiça*. São Paulo, Martins Fontes.
_____ (2002a). *O liberalismo político*. Brasília/São Paulo, Instituto Teotônio Vilela/Ática.
REICHELT, Helmut (2013). *Sobre a estrutura lógica do conceito de capital em Karl Marx*. Campinas, Editora da Unicamp.
RENAULT, Emmanuel (1995). *Marx et l'idée de critique*. Paris, PUF.
_____ et al. (2011). *Ler Marx*. São Paulo, Editora Unesp.
RENTON, David (2002). *Classical Marxism*: Socialist Theory and the Second International. Cheltenham, New Clarion.
RESEK, Carl (1960). *Lewis Henry Morgan:* American Scholar. Chicago, University of Chicago Press.
RESNICK, Stephen A.; WOLFF, Richard D. (orgs.) (1985). *Marxian Political Economy*. Nova York, Autonomedia.
_____ ; _____ (orgs.) (2006). *New Departures in Marxian Theory*. Londres/Nova York, Routledge.
REY, Mabel Thwaites (org.) (2007). *Estado y marxismo:* un siglo y medio de debates. Buenos Aires, Prometeo.
REYNEBEAU, Marc (2005). *Histoire belge*. 1830-2005. Bruxelas, Racine.
REYNOLDS, Larry J. (1988). *European Revolutions and the American Literary Renaissance*. New Haven, Yale University Press.
RIAZANOV, David (1968). Communication sur l'héritage littéraire de Marx et Engels. *L'Homme et la société*. Paris, Anthropos, n. 7, p. 255-68.
_____ (1984). *Marx-Engels e a história do movimento operário*. São Paulo, Global.
_____ (2003). *Marx and Anglo-Russian Relations and Other Writings*. Londres, Francis Boutle.
RICARDO, David (1982). *Princípios de economia política e tributação*. São Paulo, Abril Cultural.

RICCI, Andrea (2018). La matematica di Marx. *Lettera Matematica Pristem*. Milão, Springer, v. 106, out. 2018, p. 20-5.

RICCIUTI, Stefano (2012). *Marx oltre il marxismo*. Tentativo di ricostruzione critica de un pensiero. Milão, Franco Angeli.

RIHS, Charles (1978). *L'École des jeunes hegeliens et les penseurs socialistes français*. Paris, Anthropos.

RIOT-SARCEY, Michèle; GRIBAUDI, Maurizio (2008). *1848. La révolution oubliée*. Paris, La Découverte.

ROBB, Graham (1995). *Balzac. Uma biografia*. São Paulo, Companhia das Letras.

ROBERTS, Michael (2016). *The Long Depression*. Marxism and the Global Crisis of Capitalism. Chicago, Haymarket.

_____ (2018). *Marx 200* – A Review of Marx's Economics 200 Years after his Birth. Morrisville, Lulu Press.

_____; CARCHEDI, Guglielmo (orgs.) (2018). *World in Crisis:* A Global Analysis of Marx's Law of Profitability. Chicago, Haymarket.

ROBERTS, Timothy Mason (2009). *Distant Revolutions:* 1848 and the Challenge to American Exceptionalism. Charlottesville, University of Virginia Press.

ROBERTS, William Clare (2016). *Marx's Inferno:* The Political Theory of Capital. Princeton, Princeton University Press.

ROBERTSON, Priscilla (1971). *Revolutions of 1848*. A Social History. Princeton, Princeton University Press.

ROCHA, Ronald (2006). *O movimento socialista no limiar dos impérios financeiros*. Crônica da Segunda Internacional. Belo Horizonte, O Lutador.

ROCHA JÚNIOR, Fernando Leitão (2014). A crise atual: apontamentos sobre o fetichismo do capital e a financeirização da riqueza. Disponível em: <https://www.marilia.unesp.br/Home/Eventos/2014/viseminariointernacionalteoriapoliticadosocialismo/a_crise_fernando.pdf>. Acesso em: 20 out. 2020.

RODINSON, Maxime (1955). *Marx à Alger*. La Nouvelle Critique. Éditions NC/PCF, Paris, n. 68.

RODRIGO, Pierre (2014). *Sur l'ontologie de Marx:* auto-production, travail aliene et capital. Paris, Vrin.

ROEMER, John E. (1989). *Valor, explotación y clase*. Cidade do México, Fondo de Cultura Económica.

ROGUINSKI, Iakov et al. (1978). *La concepción marxista del hombre*. Madri, Akal.

ROHBECK, Johannes (2006). *Marx*. Leipzig, Reclam.

ROIO, Marcos Del (2003). A questão russa para Marx e Engels. *Estudos de Sociologia*. Araraquara, Faculdade de Ciências e Letras/Campus de Araraquara/Editora Unesp, n. 15, p. 121-9.

_____ (org.) (2008). *Marxismo e Oriente:* quando as periferias tornam-se centros. São Paulo, Ícone.

_____ (org.) (2014). *Marx e a dialética da sociedade civil*. Marília/São Paulo, Oficina Universitária/Cultura Acadêmica.

ROMANO, Roberto (1989). Diderot, Penélope da Revolução. *Revista USP*. São Paulo, USP, mar./maio 1989, p. 19-36.

ROMERO, Daniel (2005). *Marx e a técnica*. Um estudo dos manuscritos de 1861-1863. São Paulo, Expressão Popular.

ROSANVALLON, Pierre (1998). *A nova questão social:* repensando o Estado-providência. Brasília, Instituto Teotônio Vilela.
RÖSCH, Hermann (2006). *Gottfried Kinkel, Dichter und Demokrat.* Königswinter, Lempertz.
ROSDOLSKY, Roman (1980). *Friedrich Engels y el problema de los pueblos "sin historia".* Cidade do México, Siglo XXI/Ediciones Pasado y Presente. Coleção Cuadernos de Pasado y Presente.
_____ (2001). *Gênese e estrutura de O capital de Karl Marx.* Rio de Janeiro, Eduerj/Contraponto.
ROSE, Margaret (1984). *Marx's Lost Aesthetic:* Karl Marx and the Visual Arts. Cambridge, Cambridge University Press.
ROSEBERRY, William (1997). Marx and Anthropology. *Annual Review of Anthropology.* Palo Alto, Annual Reviews, v. 26, out. 1997, p. 25-46.
ROSEN, Zvi (1977). *Bruno Bauer and Karl Marx.* The Influence of Bruno Bauer in Marx's Thought. Haia, M. Nijhoff.
_____ (1989). *Moses Hess und Karl Marx.* Hamburgo, Christians.
ROSENBERG, David J. (1958). *Die Entwicklung der Ökonomischen Lehre von Marx und Engels in den Vierziger Jahren des 19.* Jahrhunderts. Berlim, Dietz.
ROSENBERG, Hans (1974). *Marx und die Wirtschaftskrise von 1857.* Göttingen, Vandenhoeck & Ruprecht.
ROSENFIELD, Denis Lerrer (org.) (2002). *Hegel, a moralidade e a religião.* Rio de Janeiro, Jorge Zahar.
ROSS, Kristin (2013). *Rimbaud, la Commune de Paris et l'invention de l'histoire spatiale.* Paris, Les Prairies Ordinaires.
_____ (2015). *L'Imaginaire de la Commune. Paris,* La Fabrique.
ROSSI, Mario (1960-1963). *Marx e la dialettica hegeliana.* Roma, Riuniti, 2 v.
ROTH, Regina (2015). A publicação dos livros II e III d'O capital por Engels. *Verinotio.* Revista on-line de filosofia e ciências humanas. Belo Horizonte, ano 10, n. 20, out. 2015, p. 207-15.
ROZENKRANZ, Karl (2004). *Vie de Hegel* (suivi d'*Apologie de Hegel contre le docteur Haym*). Paris, Gallimard.
ROUGERIE, Jacques (2004). *Paris libre, 1871.* Paris, Seuil.
_____ (2018). *La Commune et les communards.* Paris, Gallimard/Folio.
RUBEL, Maximilien (1955). Les Écrits de Karl Marx sur la Russie tzariste. *Révue d'Histoire Économique et Sociale.* Paris, A. Colin, v. 33, n. 1, p. 113-21.
_____ (1956). *Bibliographie des oeuvres de Karl Marx.* Paris, Marcel Rivière.
_____ (1960). *Supplément à la bibliographie des oeuvres de Karl Marx.* Paris, Marcel Rivière.
_____ (1964). Bibliographie de la Première Internationale. *Cahiers de l'Isea.* Paris, Isea, n. 8, ago. 1964, p. 249-75.
_____ (1970). *Karl Marx.* Ensayo de biografía intelectual. Buenos Aires, Paidós.
_____ (1974). *Marx critique du marxisme.* Paris, Payot.
_____ (1991). *Crônica de Marx.* São Paulo, Ensaio.
_____ (2000). *Karl Marx devant le bonapartisme.* Cabris, Sulliver.
_____; MANALE, Margaret (1975). *Marx Without Myth.* Oxford, Blackwell.
RUBEL, Maximilien (org.) (1972). *Karl Marx-Friedrich Engels.* Die russische Kommune. Kritik eines Mythos. Munique, Carl Hanser.

RUBIN, Isaak Illich (1980). *A teoria marxista do valor*. São Paulo, Brasiliense.

_____ (2014). *História do pensamento econômico*. Rio de Janeiro, Editora UFRJ.

RUDE, Fernand (2007). *La Révolte des Canuts (1831-1834)*. Paris, La Découverte.

RUDOLPH, Günther (1984). *Karl Rodbertus (1805-1875) und die Grundrententheorie*. Politische Ökonomie aus dem deutschen Vormärz. Berlim, Akademie.

RÜEGG, Walter (org.) (2004). *A History of the University in Europe*. III. Universities in the Nineteenth and Early Twentieth Centuries. 1800-1945. Nova York, Cambridge University Press.

RÜHLE, Otto (2005). *Karl Marx:* His Life and Work. Whitefish, Kessinger.

RYAN, Alan (2012). *The Making of Modern Liberalism*. Princeton, Princeton University Press.

SAAD FILHO, Alfredo (2011). *O valor de Marx*. Campinas, Editora da Unicamp.

_____; JOHNSTON, Deborah (orgs.) (2005). *Neoliberalism:* A Critical Reader. Londres, Pluto Press.

SABADINI, Mauricio de Souza (2013). Especulação financeira e capitalismo contemporâneo: uma proposição teórica a partir de Marx. *Economia e Sociedade*. Campinas, Instituto de Economia/Editora da Unicamp, v. 22, n. 3, dez. 2013, p. 583-608.

_____ (2015). Sobre o conceito de capital financeiro. *Temporalis*. Revista da Associação Brasileira de Ensino e Pesquisa em Serviço Social. Brasília, ABEPSS, v. 15, n. 30, jul./dez. 2015, p. 71-92.

SACRISTÁN, Manuel (2004). *Escritos sobre El capital*. Barcelona, El Viejo Topo.

SADER, Emir et al. (2017). *Nós que amávamos tanto O capital:* leituras de Marx no Brasil. São Paulo, Boitempo.

SAHLINS, Marshall (2003). *Cultura e razão prática*. Rio de Janeiro, Jorge Zahar.

SAID, Edward (2007). *Orientalismo:* o Oriente como invenção do Ocidente. São Paulo, Companhia das Letras.

SAITO, Kohei (2017). *Karl Marx's Ecosocialism:* Capital, Nature and the Unfinished Critique of Political Economy. Nova York, Monthly Review Press.

SALVADORI, Massimo (1979). *Karl Kautsky and the Socialist Revolution, 1880-1938*. Londres, New Left Books.

SALZBORN, Samuel (org.) (2012). *"... ins Museum der Altertümer"*. Staatstheorie und Staatskritik bei Friedrich Engels. Baden-Baden, Nomos.

SAMIS, Alexandre (2011). *Negras tormentas*. O federalismo e o internacionalismo na Comuna de Paris. São Paulo, Hedra.

SAMPAIO, Benedicto A.; FREDERICO, Celso (2006). *Dialética e materialismo*. Marx entre Hegel e Feuerbach. Rio de Janeiro, Editora UFRJ.

SANJUÁN, César Ruiz (2018). La concepción del método en Marx y su relación con la filosofía de Kant. *Con-Textos Kantianos*, n. 8, dez. 2018, p. 28-44. Disponível em: <https://www.con-textoskantianos.net/index.php/revista/article/view/358/545>. Acesso em: 20 out. 2020.

SANTAMARIA, Ulysses; MANVILLE, Alain (1987). Marx et le matérialisme: sens et valeur de la première thèse sur Feuerbach. *Philosophiques*. Quebéc, Societé de Philosophie du Québec, v. 14, n. 2, p. 381-408.

SANTOS, Boaventura de Sousa (1995). *Pela mão de Alice*. O social e o político na pós-modernidade. São Paulo, Cortez.

_____ (2000). *A crítica da razão indolente*. Contra o desperdício da experiência. São Paulo, Cortez.

SANTOS, José Henrique (2007). *O trabalho do negativo*. Ensaios sobre a Fenomenologia do Espírito. São Paulo, Loyola.

SARANE, Alexandrian (1979). *Le Socialisme romantique*. Paris, Seuil.

SARR, Ousmane (2012). *Le Problème de l'aliénation*. Critique des expériences dépossessives de Marx à Lukács. Paris, L'Harmattan.

SARTORI, Vitor Bartoletti (2017). Apontamentos sobre justiça em Marx. *Nomos*. Florianópolis, PPG/Direito/EFC, v. 37.1, jan./jun. 2017, p. 321-53.

_____ (2017a). Marx diante da revolução social na Rússia do século XIX. *Verinotio*. Revista on-line de filosofia e ciências humanas. Belo Horizonte, ano XII, v. 1, n. 23, p. 126-53.

SARTRE, Jean-Paul (1960). *Critique de la raison dialectique*. Paris, Gallimard.

SAWER, Marian (1977). *Marxism and the Question of the Asiatic Mode of Production*. Haia, M. Nijhoff.

SAYER, Derek (1979). *Marx's Method:* Ideology, Science and Critique in Capital. Sussex, Harvester.

SAYERS, Janet et al. (orgs.) (1987). *Engels Revisited*. Feminist Essays. Londres/Nova York, Tavistock.

SAYERS, Sean (1998). *Marxism and Human Nature*. Londres, Routledge.

_____ (2007). The Concept of Labour: Marx and His Critics. *Science & Society*. Brooklyn, Guilford Press, v. 71, n. 4, out. 2007, p. 431-54.

SCHAFF, Adam (1967). *O marxismo e o indivíduo*. Rio de Janeiro, Civilização Brasileira.

_____ (1995). *História e verdade*. São Paulo, Martins Fontes.

_____; SÈVE, Lucien (1975). *Marxismo e umanesimo*. Per un'analisi semantica delle Tesi su Feuerbach di Marx. Bari, Dedalo.

SCHATTOCK, Joanne (org.) (2017). *Journalism and the Periodical Press in Nineteenth-Century Britain*. Cambridge, Cambridge University Press.

SCHMIDT, Alfred (1975). *Feuerbach o la sensualidad emancipada*. Madri, Taurus.

_____ (1977). *El concepto de naturaleza en Marx*. Madri, Siglo XXI.

SCHMIDT, Ingo; FANELLI, Carlo (orgs.) (2017). *Reading Capital Today*. Londres, Pluto.

SCHMIDT, Jürgen (2013). *August Bebel*. Kaiser der Arbeiter. Zurique, Rotpunktverlag.

SCHMIDT, Walter; SCHRÖDER, Wolfgang (orgs.) (1972-1973). *Die bürgerlich-demokratische Revolution von 1848/49 in Deutschland*. Studien zu ihrer Geschichte und Wirkung. Berlim, Akademie, 2 v.

SCHÖNCKE, Manfred (org.) (1993). *Karl und Heinrich Marx und ihre Geschwister*. Bonn, Pahl-Rugenstein.

SCHUDSON, Michael (1981). *Discovering the News:* A Social History of American Newspapers. Nova York, Basic Books.

SCHUFFENHAUER, Werner (1965). *Feuerbach und der junge Marx*. Berlim, Deutscher Verlag der Wissenschaften.

SCHUMPETER, Joseph A. (1961). *Capitalismo, socialismo e democracia*. Rio de Janeiro, Fundo de Cultura.

_____ (1964). *História da análise econômica*. Rio de Janeiro, Fundo de Cultura, 3 v.

_____; FELS, Rendigs (1989). *Business Cycles:* A Theoretical, Historical, and Statistical Analysis of the Capitalist Process. Filadélfia, Porcupine Press.

SCHWARTZ, Jesse G. (org.) (1977). *The Subtle Anatomy of Capitalism*. Santa Monica, Goodyear.

SECCO, Lincoln (2002). Notas para a história editorial de O capital. *Revista Novos Rumos*. Marília, Editora Unesp/Instituto Astrogildo Pereira, ano 17, n. 37, p. 43-62.

SEDDON, David (org.) (1978). *Relations of Production:* Marxist Approaches to Economic Anthropology. Londres, Frank Cass.

SEGRILLO, Angelo (2017). Marx: um balanço biográfico. *Estudos Ibero-Americanos*. Porto Alegre, PPH/PUC-RS, v. 43, n. 3, set./dez. 2017, p. 601-11.

_____ (2017a). Karl Marx e a Revolução Russa. *Estudos históricos*. Rio de Janeiro, FGV, v. 30, n. 61, maio/ago. 2017, p. 479-96.

_____ (2018). *Karl Marx*. Uma biografia dialética. Curitiba, Prismas.

SÉGUY, Christiane (1993). *Histoire de la presse japonaise*. Le développement de la presse à l'époque Meiji et son rôle dans la modernisation du Japon. Paris, Publications Orientalistes de France.

SEIDEL-HÖPPNER, Waltraud (2014). *Wilhelm Weitling (1808-1871)*. Eine politische Biographie. Frankfurt, Peter Lang, 2 v.

SEIGEL, Jerrold (1978). *Marx's Fate:* The Shape of a Life. Princeton, Princeton University Press.

SEKINE, Thomas (1997). *An Outline of the Dialectic of Capital*. Londres, Macmillan, 2 v.

SELIGER, Martin (1977). *The Marxist Concept of Ideology*. A Critical Essay. Londres/Nova York, Cambridge University Press.

SERMAN, Pascal (2013). Karl Marx et le calcul infinitesimal. *Reperes-Irem*. Nancy, Topiques, n. 91, abr. 2013, p. 93-103.

SERRA, Narcis; STIGLITZ, Joseph (orgs.) (2008). *The Washington Consensus Reconsidered*. Nova York, Oxford University Press.

SÈVE, Lucien (1974). *Marxisme et théorie de la personnalité*. Paris, Éditions Sociales.

_____ (2004-2008). *Penser avec Marx aujourd'hui*. Paris, La Dispute, 2 v.

SEWELL, Rob (2003). *In the Cause of Labour*. Londres, Well Red.

SEYPPEL, Marcel (1991). *Die demokratische Gesellschaft in Köln 1848/49*. Städtische Gesellschaft und Parteintstehung wärende der bürgerlichen Revolution. Colônia, Janus.

SGRO', Giovanni (org.) (2016). *Pagine inattuali*. Crisi e critica in Karl Marx. Dialettica, Economia Politica e Storia. Salerno, Arcoiris.

SHAIKH, Anwar (1983). Uma introdução à história das teorias de crise. *Ensaios FEE*. Porto Alegre, Secretaria de Planejamento, Governança e Gestão, v. 4, p. 5-45.

SHAKESPEARE, William (1969). *Obra completa*. Rio de Janeiro, José Aguilar, v. II.

SHANIN, Teodor (org.) (2017). *Marx tardio e a via russa*. Marx e as periferias do capitalismo. São Paulo, Expressão Popular.

SHEEHAN, James J. (1994). *German History*. 1770-1866. Oxford/Nova York, Oxford University Press.

SHUKLIAN, Steve (1991). Marx on Credit, Interest and Financial Instability. *Review of Social Economy*. Abington, Taylor & Francis, v. 49, n. 2, p. 196-217.

SIEFERLE, Rolf P. (2007). *Karl Marx zur Einfürung*. Hamburgo, Junius.

SIEGEL, Paul N. (1982). The Style of the Communist Manifesto. *Science & Society*. Brooklyn, Guilford Press, v. 46, n. 2, p. 222-9.

SIEMANN, Wolfram (1985). *Die deutsch Revolution von 1848-1849*. Frankfurt, Suhrkamp.

SIGMANN, Jean (1985). *1848:* las revoluciones románticas y democráticas de Europa. Madri, Siglo XXI.

SILBERNER, Edmund (1966). *Moses Hess.* Geschichte seines Lebens. Leiden, Brill.
SILJAK, Ana (2008). *Angel of Vengeance:* The "Girl Assassin", the Governor of St. Petersburg and Russia's Revolutionary World. Nova York, St. Martin's Press.
SILVA, Ludovico (2009). *Anti-manual para uso de marxistas, marxólogos y marxianos.* Caracas, Monte Ávila.
_____ (2012). *O estilo literário de Marx.* São Paulo, Expressão Popular.
SILVA, Sergio S. (1981). *Valor e renda da terra:* o movimento do capital no campo. São Paulo, Polis.
SILVER, Marc (org.) (2019). *Confronting Capitalism in the 21st Century.* Basingstoke, Palgrave Macmillan.
SIRACUSA, Gabriel (2019). Seria Marx orientalista? *Brazilian Journal of International Relations.* Marília, Editora Unesp, v. 8, n. 2, maio/ago. 2019, p. 331-52.
SITTON, John F. (org.) (2010). *Marx Today.* Selected Works and Recent Debates. Basingstoke, Palgrave Macmillan.
SKAMBRAKS, Hannes (1982). *Einführung in Marx's Schrift "Zur Kritik der Politischen Ökonomie".* Berlim, Dietz.
SMITH, Adam (1999). *Inquérito sobre a natureza e as causas da riqueza das nações.* Lisboa, Fundação Calouste Gulbenkian, 2 v.
SISI, Carlo (org.) (2007). *L'ottocento in Italia.* Il realismo. 1849-1870. Milão, Electa.
SOARES, Laura Tavares (2000). *Os custos sociais do ajuste neoliberal na América Latina.* São Paulo, Cortez.
SOBEL, Richard (2012). *Capitalisme, travail et émancipation chez Marx.* Villeneuve d'Ascq, Presses Universitaires du Septentrion.
SOBOUL, Albert (1951). Karl Marx et l'expérience révolutionnaire française. Les origines de la théorie de la dictadure du proletariat. *La Pensée.* Paris, n. 36, p. 61-9.
_____ (1974). *História da Revolução Francesa.* Rio de Janeiro, Zahar.
SOFRI, Gianni (1977). *O modo de produção asiático:* história de uma controvérsia marxista. Rio de Janeiro, Paz e Terra.
SOLDANI, Franco (2001). Marx e la scienza. *Actuel Marx en Ligne,* n. 3, 31 jan. 2001.
SOLOMON, Maynard (1979). *Marxism and Art.* Detroit, Wayne State University Press.
SOLWAY, Jacqueline (org.) (2006). *The Politics of Egalitarianism.* Nova York/Oxford, Berghahn Books.
SOMERHAUSEN, Luc (1946). *L'Humanisme agissant de Karl Marx.* Paris, Richard-Masse.
SORIA, Georges (1970-1971). *Grande histoire de la Commune.* Paris, R. Laffont, 5 v.
SORKIN, David J. (1999). *The Transformation of German Jewry.* 1780-1840. Detroit, Wayne State University Press.
SPARGO, John (2018). *Karl Marx.* His Life and Work. Londres, Forgotten Books.
SPECK, Ulrich (1998). *1848.* Chronik einer deutschen Revolution. Frankfurt/Leipzig, Insel.
SPERBER, Jonathan (1992). *Rhinelands Radicals.* The Democratic Movement and the Revolution of 1848-1849. Princeton, Princeton University Press.
_____ (2005). *The European Revolutions.* 1848/1851. Cambridge, Cambridge University Press.
_____ (2014). *Karl Marx.* Uma vida do século XIX. Barueri, Amarilys.
_____ (org.) (2004). *Germany, 1800-1870.* Oxford, Oxford University Press.

STALLYBRASS, Peter (2016). *O casaco de Marx:* roupa, memória, dor. Belo Horizonte, Autêntica.
STAROSTA, Guido (2015). *Marx's Capital.* Method and Revolutionary Subjectivity. Leiden, Brill.
STEARNS, Peter N. (1971). *The Revolutionary Tide in Europe.* Nova York, Norton.
STEEDMAN, Ian (org.) (1981). *The Value Controversy.* Londres, Verso.
STEENSON, Gary P. (1978). *Karl Kautsky, 1854-1938:* Marxism in the Classical Years. Pittsburgh, University of Pittsburgh Press.

_____ (1991). *After Marx, Before Lenin.* Marxism and Socialist Working-Class Parties in Europe. 1884-1914. Pittsburgh, University of Pittsburgh Press.

STEINER, George (2013). *Lenguaje y silencio.* Ensayo sobre la literatura, el lenguaje y lo inhumano. Barcelona, Gedisa.

STEINER, Herbert (1978). *Karl Marx in Wien.* Die Arbeiterbewegung zwischen Revolution und Restauration 1848. Viena, Europa.

STEKLOFF, G. M. (1968). *History of the First International.* Nova York, Russell & Russell.
STEPELEVICH, Lawrence S. (org.) (1983). *The Young Hegelians.* An Anthology. Cambridge, Cambridge University Press.

STIRNER, Max (2004). *O único e sua propriedade.* Lisboa, Refractários.

_____ (2009). *O único e sua propriedade.* São Paulo, Martins Fontes.

STOKES, John (org.) (2000). *Eleanor Marx (1855-1898).* Life, Work, Contacts. Aldershot, Ashgate.

STRUIK, Dirk Jan (1948). Marx and Mathematics. *Science & Society.* Brooklyn, Guilford Press, v. 12, n. 1, p. 118-96.

STUTCHKA, Piotr (2009). *Direito de classe e revolução socialista.* São Paulo, Sundermann.

SUTHERLAND, Edwin (2015). *Crime de colarinho branco.* Versão sem cortes. Rio de Janeiro, Instituto Carioca de Criminologia/Revan, 2015.

SUTTON, Connie R.; LEE, Richard (1990). Obituary: Eleanor Burke Leacock. *American Anthropologist.* Hoboken, Wiley-Blackwell/American Anthropological Association, v. 92, n. 1.

SWEDBERG, Richard (1991). *Joseph A. Schumpeter.* His Life and Work. Cambridge, Polity Press.
SWEEZY, Paul M. (1962). *Teoria do desenvolvimento capitalista.* Rio de Janeiro, Zahar.
TABAK, Mehmet (2000). Marx's Theory of Proletarian Dictatorship Revisited. *Science and Society.* Brooklyn, Guilford Press, v. 64, n. 3, p. 333-56.

_____ (2012). *Dialectics of Human Nature in Marx's Philosophy.* Nova York, Palgrave Macmillan.

TAMES, Richard (2005). *Economy and Society in 19th Century Britain.* London, Routledge.
TARBUCK, Ken J. (1983). Marx: Productive and Unproductive Labour. *Studies in Political Economy.* A Socialist Review. Londres, Routledge/Taylor & Francis, v. 12, n. 1, p. 81-102.

TARCUS, Horacio (2008). ¿Es el marxismo una filosofía de la historia? Marx, la teoría del progreso y la "cuestión rusa". *Andamios.* Revista de investigación social. Cidade do México, Universidad Autónoma de la Ciudad de México, v. 4, n. 8, jun. 2008, p. 7-32.

_____ (2017). La suerte de El capital en el mundo hispanoamericano. *Memoria.* Revista de crítica militante. Cidade do México, Cemos, n. 263, 11 out. 2017. Disponível em: <https://revistamemoria.mx/?p=1668>. Acesso em: 20 out. 2020.

TARDE, Gabriel de (1999). *La logique sociale.* Le Plessis-Robinson, Institut Synthélabo.

_____ (2012). *As leis sociais.* Niterói, Editora UFF.

TAYLOR, A. J. P. (1971). *The Struggle for Mastery of Europe. 1848-1918*. Londres/Oxford, Oxford University Press.
TAYLOR, Charles (2014). *Hegel:* sistema, método e estrutura. São Paulo, É Realizações.
TCHERNYSCHIÉVSKI, Nikolai (2015). *O que fazer?* Curitiba, Prismas.
TEIXEIRA, Aloisio (2000). Marx e a economia política: a crítica como conceito. *Econômica*. Niterói, UFF, v. 2, n. 4, dez. 2000, p. 85-109.
_____ (org.) (2002). *Utópicos, heréticos e malditos*. Os precursores do pensamento social da nossa época. Rio de Janeiro, Record.
TEIXEIRA, Francisco José Soares (1995). *Pensando com Marx:* uma leitura crítico-comentada de O capital. São Paulo, Ensaio.
_____; OLIVEIRA, Manfredo Araújo de (orgs.) (1996). *Neoliberalismo e reestruturação produtiva*. São Paulo/Fortaleza, Cortez/UECE.
_____; FREDERICO, Celso (2008). *Marx no século XXI*. São Paulo, Cortez.
TEUSCH, Ulrich (2011). *Jenny Marx* – die rote Baronesse. Zurique, Rotpunktverlag.
TEXIER, Jacques (2005). *Revolução e democracia em Marx e Engels*. Rio de Janeiro, Editora UFRJ.
THAO, Trinh van (1978-1980). *Marx, Engels et le journalisme révolutionnaire*. Paris, Anthropos, 3 v.
THÉVENIN, Nicole-Édith (1973). *Révisionnisme et philosophie de l'aliénation*. Paris, Bourgeois.
THIOLLENT, Michel (1987). *Crítica metodológica, investigação social e enquete operária*. São Paulo, Polis.
THOMAS, Edith (2007). *The Women Incendiaries*. Chicago, Haymarket Books.
THOMAS, Paul (2012). *Karl Marx*. Londres, Reaktion Books.
THOMAS, Thérèse (1994). *Partager le travail, c'est changer le travail*. Paris, Albatroz.
THOMPSON, E. P. (1981). *A miséria da teoria ou um planetário de erros*. Rio de Janeiro, Zahar.
_____ (1987). *A formação da classe operária inglesa*. III. A força dos trabalhadores. Rio de Janeiro, Paz e Terra.
THOMSON, Ernie (2004). *Discovery of the Materialist Conception of History in the Writings of the Young Karl Marx*. Nova York, Edwin Mellen Press.
THOMSON, Guy P. (org.) (2002). *The European Revolutions and the Americas*. Londres, Institute of Latin American Studies.
THÖNNESSEN, Werner (1973). *The Rise and Decline of the Women's Movement in German-Social Democracy 1863-1933*. Londres, Pluto Press.
THORNER, Daniel (1969). Marx et l'Inde: le mode de production asiatique. *Annales. Économies, societies, civilizations*. Paris, A. Colin, ano 24, n. 2, p. 337-69.
TIBLE, Jean (2014). Marx e os outros. *Lua Nova*. Revista de cultura e política. São Paulo, Cedec, n. 91, p. 199-228.
_____ (2017). Marx na floresta. *Margem Esquerda*. São Paulo, Boitempo, n. 29, 2. sem. 2017.
_____ (2018). *Marx selvagem*. São Paulo, Autonomia Literária.
TICHELMAN, Fritjof; HABIB, Irfan (1983). *Marx on Indonesia and India*. Trier, Karl Marx Haus.
TIMPANARO, Sebastiano (1997). *Sul materialismo*. Milão, Unicopli.
TOCQUEVILLE, Alexis de (1991). *Lembranças de 1848:* as jornadas revolucionárias em Paris. São Paulo, Companhia das Letras.
TOLEDO, Caio N. de et al. (orgs.) (2003). *Marxismo e ciências humanas*. São Paulo, Xamã.

TOMBA, Massimiliano (2013). Marx as the Historical Materialism: Re-reading The Eighteenth Brumaire. *Historical Materialism*. Leiden, Brill, v. 21, n. 2, jan. 2013, p. 21-46.

TOMBAZOS, Stavros (2014). *Time in Marx*. The Categories of Time in Marx's Capital. Leiden/Boston, Brill.

TOMBS, Robert (1995). Thiers historien. *Cahiers de l'Association Internationale des Études Françaises*. Paris, AIEF/Centre National du Livre, n. 47, p. 265-81.

_____ (1999). *The Paris Commune, 1871*. Londres/Nova York, Longman.

TOOKER, Elisabeth (1992). Lewis H. Morgan and His Contemporaries. *American Anthropologist*. Hoboken, Wiley-Blackwell/American Anthropological Association, v. 94, n. 2, jun. 1992, p. 357-75.

_____ (1994). *Lewis H. Morgan on Iroquois Material Culture*. Tucson, University of Arizona Press.

TOPALOV, Christian (1984). *Le profit, la rente et la ville*. Eléments de théorie. Paris, Economica.

TORT, Patrick (2004). *Darwin et la philosophie*. Paris, Kimé.

_____ (2011). *Darwinisme et marxisme*. Paris, Arkhê.

_____ (org.) (1996). *Dictionnaire du darwinisme et de l'évolution*. Paris, PUF, 3 v.

TOSEL, André (2009). *Le Marxisme du 20ᵉ siècle*. Paris, Syllepse.

TOUATI, Mohamed Fayçal; DUCANGE, Jean-Numa (2010). *Marx, l'histoire, les révolutions*. Montreuil, La Ville qui Brule.

TOUBOUL, Hervé (2010). *Marx avec Hegel*. Toulouse, Presses Universitaires du Mirail.

TRAN, Hai Hac (2003). *Relire Le Capital*. Marx, critique de l'économie politique et objet de la critique de l'économie politique. Lausanne, Page 2, 2 v.

TRAVERSO, Enzo (1990). *Les Marxistes et la question juive*. Histoire d'un débat (1843-1943). Montreuil, La Brèche-PEC.

_____ (2011). Marx, l'histoire et les historiens. Une rélation à reinventer. *Actuel Marx*. Paris, PUF, n. 50, jan. 2011, p. 153-65.

TRIGG, Andrew B. (2006). *Marxian Reproduction Schema*. Londres, Routledge.

TRINDADE, José Damião de Lima (2011). *Os direitos humanos na perspectiva de Marx e Engels*. São Paulo, Alfa-Ômega.

TRÓTSKI, Leon (1969). *Bilan et Perspectives*. Paris, Minuit.

_____ (1979). *A revolução permanente*. São Paulo, LECH.

TROYAT, Henri (1993). *Verlaine. Paris,* Flammarion.

TSUZUKI, Chushichi (1961). *H. M. Hyndman and British Socialism*. Londres/Oxford, Oxford University Press.

_____ (1967). *The Life of Eleanor Marx, 1855-1898*. A Socialist Tragedy. Oxford, Clarendon Press.

TUCHSCHEERER, Walter (1980). *Prima del Capitale*. La formazione del pensiero economico di Marx (1843-1858). Florença, La Nuova Italia.

TUCKER, Robert C. (1973). *Karl Marx:* filosofia e mito. Rio de Janeiro, Zahar.

TULARD, Jean (2014). *La France de la Révolution et de l'Empire*. Paris, PUF.

TUTIN, Christian (2018). L'Effrondrement du capitalisme comme conjecture théorique. Débats marxistes du premier vingtième siècle. *Revue d'histoire de la pensée économique*. Paris, Classiques Garnier, n. 5, p. 179-216.

TVARDOVSKAIA, Valentina Alexandrovna (1978). *El populismo ruso*. Cidade do México, Siglo XXI.
UCHIDA, Hiroshi (1988). *Marx's Grundrisse and Hegel's Logic*. Londres, Routledge.
_____ (org.) (2004). *Marx for the 21st Century*. Londres, Routledge.
ULLRICH, Horst (1961-1966). *Der junge Engels*. Berlim, Deutscher Verlag der Wissenschaften, 2 v.
UREÑA, Enrique M. (1981). *Karl Marx, economista*: o que Marx realmente quis dizer. São Paulo, Loyola.
VACCARO, Giovan B. (1987). *Il concetto di democrazia in Arnold Ruge*. Milão, F. Angeli.
VADÉE, Michel (1992). *Marx, penseur du posible*. Paris, Klincksieck.
VALLE, Camila (2017). *As mulheres e a Comuna de Paris de 1871*. Seminário Internacional Fazendo Gênero 11 & 13th Women's Worlds Congress (Anais elerônicos). Florianópolis, 2017.
VALSECCHI, Franco (1965). *Italia ed Europa nel 1859*. Florença, Le Monnier.
VANDENBERGHE, Frédéric (1997). *Une histoire critique de la sociologie allemande*. Aliénation et réification. Paris, La Découverte, v. I.
VAN HORN, Robert et al. (orgs.) (2011). *Building Chicago Economics*. Cambridge, Cambridge University Press.
VARELA, Nicolas González (2013). Riazanov, editor de Marx, dissidente vermelho. *Revista Novos Rumos*. Marília, Editora Unesp/Instituto Astrogildo Pereira, v. 50, n. 1.
VARGA, E. (1963). *O capitalismo do século XX*. Rio de Janeiro, BUP/Civilização Brasileira.
VAZ, Henrique L. (2014). *A formação do pensamento de Hegel*. São Paulo, Loyola.
VÁZQUEZ, Adolfo Sánchez (2003). *El joven Marx:* los manuscritos de 1844. Cidade do México, Unam/La Jornada/Itaca.
_____ (2007). *Filosofia da práxis*. Buenos Aires/São Paulo, Clacso/Expressão Popular.
_____ (2011). *As ideias estéticas de Marx*. São Paulo, Expressão Popular.
_____ (org.) (1970). *Estética y marxismo*. Cidade do México, Era, 2 v.
VEAUVY, Christiane; PISANO, Laura (1997). *Paroles oubliées:* les femmes et la construction de l'État-Nation en France et en Italie. 1789-1860. Paris, A. Colin.
VECA, Salvatore (1977). *Saggio sul programma scientifico di Marx*. Milão, Il Saggiatore.
VEDDA, Miguel (2006). *La sugestión de lo concreto*. Buenos Aires, Gorla.
_____ (2015). *Leer a Goethe*. Buenos Aires, Quadratta.
VEGA-CANTOR, Renán (2018). Romanticismo, crítica del progreso y ecossocialismo. *Caderno CRH*. Salvador, UFBA, v. 31, n. 83, maio/ago. 2018, p. 303-20.
_____ (org.) (1998-1999). *Marx y el siglo XXI*. Hacia un marxismo ecológico y crítico del progreso. Bogotá, Pensamiento Crítico, 2 v.
VENABLE, Vernon (1966). *Human Nature:* The Marxian View. Cleveland, Meridien Books.
VENTURI, Franco (1981). *El populismo ruso*. Madri, Alianza, 2 v.
VERNIK, Esteban (org.) (2011). *Volver a La cuestión judia*. Barcelona, Gedisa.
VESPER, Marlene (1995). *Marx in Algier*. Bonn, Pahl-Rugesntein.
VICTOR, Walter (1951). *Marx und Heine*. Berlim, Henschel.
VIDAL, Matt et al. (orgs.) (2019). *The Oxford Handbook of Karl Marx*. Oxford, Oxford University Press.
VILLARREAL, René (s.d.). *A contra-revolução monetarista*. Teoria, política econômica e ideologia do neoliberalismo. Rio de Janeiro, Record.

VIOULAC, Jean (2018). *Marx. Une démystification de la philosophie*. Paris, Ellipses.
VOGEL, Lise (2014). *Marxism and the Oppression of Women:* Toward a Unitary Theory. Leiden, Brill.
VÖLCSEY, Louis de Thanhoffer de (2017). *Charles Darwin, Karl Marx & Co.* – Des sciences bourgeoise et prolétarienne aux derives idéologiques de Lénine et Staline. Bruxelas, Samsa.
VOLKOV, Shulamit (2000) *Die Juden in Deutschland*. 1780-1918. Munique, Oldenburg.
VRANICKI, Predrag (1973). *Storia del marxismo*. Roma, Riuniti, 2 v.
VUILLEROD, Jean-Baptiste (2018). Une pensée du droit chez Marx? Des Principes de la philosophie du droit de Hegel à La guèrre civile en France. *Droit & Philosophie*. Paris, Institut Michel Villey, n. 10, p. 113-26.
VYGODSKI, Vitali Solomonovitch (1974). *The Story of a Great Discovery:* How Karl Marx Wrote Capital. Tunbridge Wells, Abacus.
_____ (1974a). *Introduzione ai Grundrisse*. Florença, La Nuova Italia.
Vv. Aa. (1958). *Souvenirs sur Marx et Engels*. Moscou, Langues Étrangères.
_____ (1960). *Recherches internationales à la lumière du marxisme*. Paris, Nouvelle Critique, 1960, v. 19 ("Sur le jeune Marx").
_____ (1965). *Il giovane Marx e il nostro tempo*. Milão, Feltrinelli.
_____ (1965a). *Mohr und General*. Erinnerung an Marx und Engels. Berlim, Dietz.
_____ (1969). *Sur le mode de production asiatique*. Paris, Cerm/Éditions Sociales.
_____ (1971). *Hegel et Marx:* la politique et le réel. Poitiers, Centre de Recherche et de Documentation sur Hegel et sur Marx/Université de Poitiers.
_____ (1972). *Il marxismo italiano degli anni sessanta e la formazione teorico-politica delle nuove generazioni*. Roma, Riuniti.
_____ (1972a). *Marx and Engels:* Through the Eyes of Their Contemporaries. Moscou, Progress.
_____ (1974). *Storia del marxismo contemporaneo*. Milão, Feltrinelli.
_____ (1976). *Ideia e matéria*. Comunicações ao Congresso Hegel. Lisboa, Horizonte.
_____ (1976a). *El concepto de formación económico-social*. Cidade do México, Siglo XXI/ Ediciones Pasado y Presente. Coleção Cuadernos de Pasado y Presente, n. 39.
_____ (1979). *Les Filles de Karl Marx*. Lettres inédites. Paris, A. Michel.
_____ (1986). *Droit et liberté selon Marx*. Paris, PUF.
_____ (1986a). *Friedrich Engels*. Biografia. Lisboa/Moscou, Avante!/Progress.
_____ (1986b). *AMEF/Arbeitsblätter zur Marx-Engels Forschung*. Halle-Wittenberg, Martin Luther Universität, n. 20.
_____ (1988). *Los marxistas ingleses de los años 30*. Madri, Fundación de Investigaciones Marxistas.
_____ (1990). *Liberté*. Egalité. Différences. Paris, PUF.
_____ (1992). *L'Écologie, ce materialism historique*. Paris, PUF.
_____ (1997). Karl Marx, le capital et sa crise. *Innovations*. Cahiers d'économie de l'innovation. Paris, L'Harmattan, n. 6.
_____ (1998). *O Manifesto Comunista 150 anos depois*. Rio de Janeiro, Contraponto.
_____ (1998a). *Le Manifeste Communiste aujourd'hui*. Paris, Éditions de l'Atelier/ Éditions Ouvrières.

_____ (2003). *Capital contre nature*. Paris, PUF.

_____ (2003a). *Beiträge zur Marx-Engels-Forschung*. Neue Folge 2002. Klassen - Revolution - Demokratie. Zum 150. Jahrestag der Erstveröffentlichung von Marx' Der 18 Brumaire des Louis Bonaparte. Hamburgo, Argument.

_____ (2008). Nel cantieri delle opera di Marx ed Engels. *Marxismo oggi*. Milão, Teti, 2008/1.

_____ (2011). *Travail et domination*. Paris, PUF.

_____ (2014). Dossier: Marx politique. *Cités*. Paris, PUF, n. 59, p. 11-8.

_____ (2018). Karl Marx. *Révue de Métaphysique et de Morale*. Paris, PUF, n. 4.

WAHNICH, Sophie (2012). *In Defense of the Terror:* Liberty or Death in the French Revolution. Londres, Verso.

WALDENBERG, Marek (1980). *Il papa rosso:* Karl Kautsky. Roma, Riuniti, 2 v.

WALICKI, Andrzej (1973). *Marxisti e populisti:* il dibattito sul capitalismo. Milão, Jaca Book.

WALTER, Franz (2002). *Die SPD*. Vom Proletariat zur Neuen Mitte. Berlim, Alexander Fest.

WARE, Susan; BRAUKMAN, Stacy L. (orgs.) (2004). *Notable American Women:* A Biographical Dictionary Completing the Twentieth Century. Cambridge, Belknap Press.

WAWRO, Geoffrey (2003). *The Franco-Prussian War*. Cambridge, Cambridge University Press.

WAYNE, Mike (2003). *Marxism and Media Studies*. Key Concepts and Contemporary Trends. Londres, Pluto.

WEBER, Max (1967). *A ética protestante e o espírito do capitalismo*. São Paulo, Pioneira.

_____ (1999). *Economia e sociedade*. Fundamentos da sociologia compreensiva. Brasília, UnB, 2 v.

WEINER, Robert (1980). Karl Marx's Vision of America: A Biographical and Bibliographical Sketch. *The Review of Politics*. Cambridge, Cambridge University Press, v. 42, n. 4, out. 1980, p. 465-503.

WEISS, John (1960). *Moses Hess*. Utopian Socialist. Detroit, Wayne State University Studies.

WEISSER, Henry (1975). *British Working-class Movements and Europe*. 1815-1848. Oxford, Manchester University Press.

WENDLING, Amy E. (2009). *Karl Marx on Technology and Alienation*. Basingstoke, Palgrave.

WESSELMANN, Alfred (2002). *Burschenschafter Revolutionär, Demokrat:* Hermann Kriege und die Freiheitsbewegung. 1840-1850. Osnabrück, Der Andere.

WESSMAN, James (1981). *Anthropology and Marxism*. Cambridge, Schenkman Publishing.

WHEEN, Francis (2001). *Karl Marx*. Rio de Janeiro, Record.

_____ (2007). *O capital de Marx*. Uma biografia. Rio de Janeiro, Jorge Zahar.

WHITE, James D. (1996). *Karl Marx and the Intellectual Origins of Dialectical Materialism*. Londres, Palgrave Macmillan.

_____ (2019). *Marx and Russia*. The Fate of a Doctrine. Londres, Bloomsbury Academic.

WHITE, Jerry (2013). *London in the Eighteenth Century*. Londres, Vintage.

WILCKEN, Patrick (2011). *Claude Lévi-Strauss*. O poeta no laboratório. Rio de Janeiro, Objetiva.

WILLARD, Claude (org.) (1993). *La France ouvrière*. Histoire de la classe ouvrière et du mouvement ouvrier français. 1. Des origines à 1920. Paris, Éditions Sociales.

WILLIAMS, Raymond (1979). *Modern Tragedy*. Londres, Verso.

_____ (1979a). *Marxismo e literatura*. Rio de Janeiro, Zahar.

_____ (1980). *Problems in Materialism and Culture*. Londres, Verso.

WILLIAMSON, David G. (1986). *Bismarck and Germany. 1862-1890*. Londres, Arrow Books.

WILLIAMSON, Jeffrey G. (1990). *Coping with City Growth During the British Industrial Revolution*. Cambridge, Cambridge University Press.

WILSON, Colette E. (2007). *Paris and the Commune. 1871-1878*. Manchester, Manchester University Press.

WILSON, Edmund (1987). *Rumo à Estação Finlândia*. São Paulo, Companhia das Letras.

WINOCK, Michel (2006). *As vozes da liberdade*. Os escritores engajados do século XIX. Rio de Janeiro, Bertrand Brasil.

_____ (2013). *Flaubert*. Paris, Gallimard.

WITTE, Els et al. (2010). *Political History of Belgium from 1830 onwards*. Bruxelas, ASP.

WITTKE, Carl (1945). *Against the Current*. The Life of Karl Heinzen. Chicago, Chicago University Press.

WITTSTOCK, Uwe (2018). *Karl Marx dal barbiere*. La vita e l'último viaggio di un rivoluzionario. Turim, EDT.

WOEHERLIN, William F. (1971). *N. G. Chernyshevskii:* The Man and the Journalist. Cambridge, Harvard University Press.

WOLFF, Robert P. (1985). *Understanding Marx*. A Reconstruction and Critique of Capital. Princeton, Princeton University Press.

_____ (1988). *Moneybags Must Be so Lucky*. On the Literary Structure on Capital. Amherst, The University of Massachusetts Press.

WOLFF, Wilhelm (1954). *Die schlesische Milliard*. Berlim, Dietz. WOOD, Allen W. (2004). *Karl Marx*. Londres, Routledge.

WOOD, Ellen Meiksins (2003). *Democracia contra capitalismo*. A renovação do materialismo histórico. Trad. Paulo Castanheira. São Paulo, Boitempo.

_____ (2014). *O império do capital*. Trad. Paulo Castanheira. São Paulo, Boitempo.

WOODCOCK, George (2002). *História das ideias e movimentos anarquistas*. Porto Alegre, L&PM, 2 v.

WOODALL, Ann M. (2005). *What Price the Poor?* William Booth, Karl Marx and the London Residuum. Farnham, Ashgate.

WOLKMER, Antonio Carlos (2004). Marx, a questão judaica e os direitos humanos. *Sequência*. Estudos jurídicos e políticos. Florianópolis, UFSC, v. 25, n. 48, jul. 2004, p. 11-28.

WRIGHT, Erik Olin (1985). *Classes*. Londres, Verso.

_____ et al. (1993). *Reconstruindo o marxismo*. Ensaios sobre a explicação e teoria da história. Petrópolis, Vozes.

WRIGHT, Steve (2002). *Storming Heaven*. Class Composition and Struggle in Italian Autonomist Marxism. Londres, Pluto.

WURM, Franz F. (1969). *Wirtschaft und Gesellschaft in Deutschland 1848/1948*. Düsseldorf, C. W. Leske.

WURMBRAND, Richard (1976). *Was Karl Marx a Satanist?* Glendale, Diane Books.

ZANCARINI-FOURNEL, Michelle (2016). *Les Luttes et les rêves*. Une histoire populaire de la France. Paris, La Découverte.

ZELENY, Jindrich (1974). *La estructura lógica de El capital de Marx*. Cidade do México, Grijalbo.

ZINN, Howard (2010). *A People's History of the United States*. 1492-Present. Nova York, HarperCollins.

ZWICKL-BERNHARD, Christian (2016). *Fortschritt*. Der Fetisch der modern Industriegesellschaft. Der Begriff Fortschritt bei Marx, Lukács, Bloch und Marcuse. Munique, Grin.

Selos, de diversos países, comemorativos da vida e obra de Karl Marx.

ÍNDICE ONOMÁSTICO*

A
Adorno, Theodor (1903-1969) 67, 583
Alighieri, Dante (1265-1321) 41, 280, 531, 542
Altenstein, Karl vom Stein zum (1770-1840) 50, 58
Anderson, James (1739-1808) 393-4, 591, 626
Anderson, Perry (1938-) 409, 691, 701, 721
Annenkov, Pavel Visalyevitch (1812-1887) 182, 185, 561, 574, 588, 591, 593
Antunes, Paulo Fernando Rocha 468
Aristóteles (384-322 a.C.) 55, 365, 537
Ash, Michael 382, 686
August, Andrew 404

B
Babeuf, Gracchus (1760-1797) 86, 197, 569
Bachmann, Carl Friedrich (1785-1855) 57
Badia, Gilbert (1916-2004) 486, 665, 689-90, 733
Bailey, Samuel (1791-1870) 395, 678
Bakunin, Mikhail (1814-1876) 87, 191, 402, 440-2, 444, 447-52, 548, 569, 710, 712-4, 716
Balzac, Honoré de (1799-1850) 284, 635-6, 708
Baran, Paul A. (1909-1964) 403, 691
Barata-Moura, José (1948-) 145, 540, 556, 565, 575-6, 644, 648, 669
Barbès, Armand (1809-1870) 79, 233
Barrot, Odilon (1791-1873) 253, 619
Barton, John (1789-1852) 394

Bastiat, Frédéric (1801-1850) 189, 305-7, 593, 656
Bauer, Bruno (1809-1882) 51, 55-8, 60, 62, 66, 70-4, 133-6, 155-6, 158-60, 537-9, 545, 572-3, 578, 581-2
Bauer, Edgar (1820-1886) 57, 135, 538
Bauer, Heinrich (1813?-?) 152, 233, 267-8, 601-2
Bayle, Pierre (1647-1706) 136, 537
Bebel, August (1840-1913) 406, 412, 418, 424, 446, 454, 470, 676, 680, 684, 696, 702, 718-9, 722, 724-5
Becker, Hermann Heinrich (1820-1885) 487, 623-4, 733
Becker, Johann Philipp (1809-1886) 371, 711, 725
Benjamin, Walter (1892-1940) 80, 651
Benson, John (1945-) 404
Berkeley, George (1685-1753) 393
Bernal, John D. (1901-1971) 277
Bernays, Karl Ludwig (1815-1879) 87
Bernstein, Eduard (1850-1932) 154, 266, 454, 579-80, 622, 634, 676, 680, 684, 700, 725
Biskamp, Elard (1820-1882) 288, 660
Bismarck, Otto von (1815-1898) 38, 279, 287, 406, 409-10, 412-6, 418, 421-4, 426-8, 434, 437, 454, 470, 637, 669-70, 697, 701-2, 707, 726-8
Blanc, Louis (1811-1882) 79, 85, 543, 712
Blanqui, Adolphe (1798-1854) 392

---

* Citam-se aqui somente nomes que comparecem no corpo do texto, não sendo arrolados aqueles que constam apenas em notas. Apesar dos esforços empenhados na localização da data de nascimento e de morte, nem sempre tivemos êxito. (N. E.)

Blanqui, Auguste (1805-1881) 79, 197, 233, 254, 266, 569, 578, 638, 709, 712
Blind, Karl (1829-1907) 288
Bloch, Ernst (1885-1977) 83, 120, 125
Blos, Wilhelm (1849-1927) 469
Boécio, Severino (480?-524) 280
Boisguillebert, Pierre (1646-1714) 86, 347, 553, 591
Bonaparte, Napoleão (1769-1821) 40, 225, 257, 260, 262-3, 529, 613, 619
Bornstedt, Adalbert von (1807-1851) 86, 233-4, 242, 588, 601
Börnstein, Heinrich (1805-1892) 86
Born, Stephen (1824-1898) 241-2, 569, 601
Bottigelli, Émile (1910-1975) 38, 85, 134, 548, 572, 580, 589
Bracke, Wilhelm (1842-1880) 455, 470, 718-9
Braga, José Carlos de Souza 403
Brandenburg, (Friedrich Wilhelm) conde de (1792-1850) 245-6
Braunthal, Julius (1891-1972) 437, 706
Bravo, Gian Mario (1934-2020) 437
Bray, John (1809-1895) 184, 191, 395, 591-2
Buat-Nançay, Louis Gabriel, conde de (1731-1787) 393
Buchez, Philippe (1796-1865) 86
Buey, Francisco Fernández (1943-2012) 272, 545, 609, 611, 619, 730
Burckhardt, Jacob (1818-1897) 44
Buret, Eugène (1810-1842) 86, 102, 551
Bürgers, Heinrich (1820-1878) 139, 604, 623-4
Burghard, J. E. 195
Burns, Mary (1823-1863) 151, 577-8, 695, 724

C

Cabet, Étienne (1788-1856) 79, 85, 569, 582
Calvez, Jean-Yves (1927-2010) 128, 568, 691
Camphausen, Gottfried Ludolf (1803-1890) 239, 539, 606
Carey, Henry Charles (1793-1879) 305-7, 309, 394
Carlos X (rei da França) (1757-1836) 79
Cavaignac, Louis-Eugène (1802-1857) 231, 253, 598
Cerroni, Umberto (1926-2007) 202, 544
Chalmers, Thomas (1780-1847) 393
Cherbuliez, Antoine-Élisée (1797-1869) 395, 597
Claudín, Fernando (1915-1990) 228-9, 234, 241, 266, 597-9, 601-5, 620-3
Considerant, Victor Prosper (1808-1893) 79, 541

Cornu, Auguste (1888-1981) 32, 42, 49, 51, 62, 64, 79, 84, 87, 134, 141, 145, 148, 157-8, 175, 529, 532-3, 536-43, 547-8, 550, 554, 568, 572--9, 581-3, 590, 597
Cottret, Bernard (1951-2020) 281, 532, 538, 609, 611, 722
Cury, Vania Maria 403

D

Dana, Charles (1819-1897) 271, 625, 661
Danielson, Nikolai (1844-1918) 361, 468, 675, 698, 724, 727, 729
Daniels, Roland (1819-1855) 240, 608, 623-4, 676
Darimon, Alfred (1819-1902) 324-5, 653
Darwin, Charles (1809-1882) 281, 393, 633-4
Dayan-Herzbrun, Sonia (1940-) 406
Deffarges, Anne 406, 719
Demócrito (460-370 a.C.?) 56
Demuth, Helene (1820-1890) 144, 240, 248-51, 462-3, 488, 574, 581, 610-1, 676, 680, 723-4
Demuth, Henry Frederick ("Freddy") (1851-1929) 250-1, 611, 724
Descartes, René (1596-1650) 135
Destutt de Tracy, Antoine (1754-1836) 95, 370, 393
Deus, Leonardo de 350, 644, 665
Deutsch, Lev Grigorievitch (1855-1941) 478
Deville, Gabriel (1854-1940) 487, 668, 733
Dézamy, Théodore (1808-1850) 79, 569
d'Holbach, (Paul-Henri Dietrich) barão de (1723--1789) 148, 537
Dickstein, Szimon (1859-1884) 478
Donkin, Bryan (1842-1927) 464-5, 485
Dourlen, Gustave, doutor 487
Dronke, Ernst (1822-1891) 247, 604
Dühring, Eugen (1833-1921) 353, 364-6, 461, 467, 645, 699
Dussel, Enrique (1934-) 305, 316, 336, 338, 341, 349, 537, 548, 570, 643, 650-1, 653, 656, 665, 718, 729, 732

E

Eccarius, Johann Georg (1818-1889) 252, 268, 293, 569, 628, 667, 702-3, 711, 714
Eichhorn, Johann (1779-1856) 58
Eisengarten, Oscar (1857-1906) 366
Engelhardt, Alexandr (1832-1893) 453
Enzensberger, Hans Magnus (1929-) 250
Epicuro (341-270 a.C.?) 56

F

Favre, Jules (1809-1880) 422, 424, 427-8, 704
Fedosseiev, Petr Nikolaevitch (1908-1990) 59, 66, 173-4, 177, 193, 207, 234, 240, 246, 251, 255, 268, 272, 277-8, 281, 286, 291, 304, 348, 350, 355, 364, 404, 411-3, 418, 467-8, 532, 536-7, 541, 543, 546, 554, 573, 579, 582, 589, 594-6, 598, 602, 604, 606, 611, 619-21, 630, 632, 637-8, 647, 662-3, 665, 668-9, 672, 676-9, 683, 704, 707, 719, 727-8, 731, 733
Fermé, Albert (1840-1903) 485
Fernandes, Florestan (1920-1995) 252, 614
Ferro, Marc (1924-) 413, 692, 696
Ferry, Jules François Camille (1832-1893) 427
Feuerbach, Ludwig (1804-1872) 44, 47, 52, 58-9, 68, 80-1, 85-6, 94-6, 104, 108-9, 117, 123-4, 136, 138, 145-50, 153, 155-6, 160-2, 171, 353, 532, 543-4, 549, 552, 554, 556, 558, 560, 568, 572, 575-7, 579-84, 676
Fichte, Johann Gottlieb (1762-1814) 38, 47, 52-3, 538
Flaubert, Gustave (1821-1880) 229, 599
Flerovski, N. 453, 698
Flocon, Ferdinand (1800-1866) 233, 598, 601
Forcade, Eugène (1820-1869) 191
Forster, Nathaniel (1726-1790) 394
Fourier, Charles (1772-1837) 85, 196, 271, 531, 582
Frankel, Leo (1844-1896) 268, 427
Frederico, Celso 85, 550, 652, 659
Frederico Guilherme IV (1795-1861) 51, 57-8, 60, 62-3, 65-6, 75, 87, 142, 225, 238-9, 243-7, 279, 534, 541, 549, 608, 620, 624
Frederico II, o Grande (1712-1786) 46
Freiligrath, Ferdinand (1810-1876) 143, 270, 288-9, 608, 621, 624, 629, 633, 667
Freymond, Jacques (1911-1998) 437
Fröbel, Julius (1805-1893) 65-7, 542, 546
Fromm, Erich (1900-1980) 97, 553, 564

G

Gabriel, Mary (1955-) 32, 44, 61, 66, 142, 152, 239, 251, 289, 401-2, 463-4, 466, 531-3, 541--3, 549, 565, 572, 574, 577, 581, 597-8, 603, 605, 607-12, 620, 625, 627-9, 637-8, 669-70, 674-6, 680, 692, 704-7, 718, 722-6, 733
Galbraith, John Kenneth (1908-2006) 34
Ganilh, Charles (1758-1836) 392
Gans, Eduard (1798?-1839) 50, 51, 539
Garaudy, Roger (1913-2012) 124, 541, 565
Garibaldi, Giuseppe (1807-1882) 292, 632, 712, 714

Garnier, Germain (1754-1821) 89, 392
Giddens, Anthony (1938-) 314
Gigot, Philippe (1820-1860) 143, 172
Godelier, Maurice (1934-) 68
Goethe, Johann Wolfgang von (1749-1832) 39, 41-2, 280, 565
Goldmann, Lucien (1913-1970) 321, 648, 651
González Jiménez, Alejandro 306-7
Gorbunova, Minna (1840-1931) 468
Gottschalk, Andreas (1815-1849) 241-2, 569, 604, 606
Gray, John (1799-1883) 393, 552, 592
Grebing, Helga (1930-2017) 406
Grün, Karl (1817-1887) 159, 160, 177-8, 582, 589
Guesde, Jules (1845-1922) 487, 684, 733
Guigou, Jean-Louis (1939-) 384
Guilherme I (1797-1888) 279, 284, 406, 415, 697, 701, 703
Guillaume, James (1844-1916) 447, 449, 716
Guizot, François Pierre Guillaume (1787-1874) 86, 139, 142, 546, 612
Gumpert, Eduard (1834-1893) 362, 674, 676, 726

H

Harney, George Julian (1817-1899) 152, 195, 468, 619
Harvey, David (1935-) 370-1, 386-7, 658-9, 669, 679, 687, 689
Hasselmann, Wilhelm (1844-?) 469
Hatzfeldt, Sophie von (1805-1881) 282, 285, 636
Haubtmann, Pierre (1912-1971) 175
Hauser, Arnold (1892-1978) 321
Haussmann, Georges-Eugène (1809-1891) 80, 405, 696, 709
Hegel, G. W. F. (1770-1831) 38, 47-54, 56, 58-9, 64, 67-9, 80, 82, 95, 100, 104, 108-9, 117, 123-5, 134, 137, 145, 156, 167, 186, 280, 305, 313-4, 529, 534-6, 538-9, 543-4, 547, 552, 554, 556-7, 559, 567-8, 583, 589, 644-7, 650, 656, 691, 700
Heine, Heinrich (1797-1856) 87, 536, 538, 543
Heinrich, Michael (1957-) 32, 39, 41-2, 306, 533-4, 536, 538-9, 645-6, 666, 668-9, 680-1
Heinrichs, H. F. W. (1794-1861) 51
Heinzen, Karl (1809-1880) 143, 173-4, 569, 588-9
Heller, Agnes (1929-2019) 112, 562, 571
Helvétius, Claude-Adrien (1715-1771) 148, 576
Hengstenberg, Ernst Wilhelm (1802-1869) 51

Herwegh, Georg (1817-1875) 87, 233-4, 242, 543, 549, 601, 676
Hess, Moses (1812-1875) 73, 133, 155, 160, 193, 538, 541, 543, 545, 552, 554, 556, 572, 574, 578-9, 582-3, 588, 676
Heuben, Caroline (1779-1856) 41
Hobbes, Thomas (1588-1679) 393
Hobsbawm, Eric (1917-2012) 201, 226-8, 231, 277, 279, 290, 403-5, 461, 567, 595, 598-9, 612, 630, 667, 691, 694-6, 700, 717, 730
Hodgskin, Thomas (1787-1869) 394-5, 552, 591, 678
Holstein, Georg Kuhlmann von (1812-1876) 159-60
Hopkins, Thomas 393-4
Hosfeld, Rolf (1948-) 453, 540, 547, 609, 625
Hume, David (1711-1776) 347, 393-4
Huxley, Thomas (1825-1895) 281

J
Joltrand, L. (1804-1877) 143
Jones, Ernest (1819-1869) 152, 195
Jones, Gareth Stedman (1942-) 32, 61, 89, 239, 242, 246, 250, 271, 279, 289, 402, 404, 424, 438, 440-2, 447, 451, 453-4, 472, 530, 532, 539-41, 544-5, 547, 549, 572-3, 588, 598, 602, 604, 609, 611-2, 614, 619, 625, 631-2, 634, 638-9, 665, 675-7, 692, 705, 710-3, 715, 718, 722-3, 730
Jones, Richard (1790-1855) 395

K
Kablukov, Nikolai (1849-1919) 468, 725
Kant, Immanuel (1724-1804) 38, 47, 52-3, 656
Kats, Jacob (1804-1886) 143
Kaufman, Ilarion (1848-1916) 468
Kautsky, Karl (1854-1938) 390, 408, 622, 644, 666, 676, 680, 689, 700, 718, 725
Kayser, Max (1853-1888) 469
Kennedy, Hubert (1931-) 364, 677
Kierkegaard, Søren (1813-1855) 44
Köhler, J. E. M. 252
Köppen, Karl Friedrich (1808-1863) 51, 538
Korolkov, Victor 468
Kovalévski, Maksim (1851-1916) 473, 475, 725
Kravtchinski, Sergei (1851-1895) 478
Kriege, Hermann (1820-1850) 143, 173-4, 569, 588
Kugelmann, Ludwig (1828-1902) 276, 286, 349, 351, 354, 401, 436, 443, 466, 617, 629, 632,
641, 645, 649, 667, 669-70, 675, 706, 708, 710, 716, 727, 733
Kunemann, doutor (1828-?) 486-7

L
Labica, Georges (1930-2009) 145-6, 148-9, 546, 575-6
Lafargue, Laura (1845-1911) 144, 463, 486-7, 610, 629, 676, 680, 698, 724
Lafargue, Paul (1842-1911) 276, 297, 485-8, 610, 629, 668, 677, 684, 698, 714, 716, 718, 722-4, 727
Lamartine, Alphonse de (1790-1869) 252, 543, 601
Landes, David (1924-2013) 277, 403, 567, 694
Lankester, Edwin Ray (1847-1929) 281, 633
Lankester, Ray (1847-1929) 488
Lápine, Nikolai (1931-) 60, 119, 121-2, 127, 536-8, 540, 542-4, 550, 552-4, 565-8, 570
Lassalle, Ferdinand (1825-1864) 192, 271, 275-6, 281-7, 294, 341, 406, 410, 440, 453-6, 594, 608, 630, 633-8, 643, 660, 676
Lauderdale, James Maitland, conde de (1759-1839) 393, 571, 591
Lavrov, Piotr Lávrovitch (1823-1900) 468, 729
Law, John (1671-1729) 86
Lecomte, Claude Martin (1817-1871) 429
Ledru-Rollin, Alexandre-Auguste (1807-1874) 233
Lefebvre, Henri (1901-1991) 134, 391, 561, 579, 581, 590, 614, 648, 650, 670, 687
Lehmann, Albert 268
Lênin, Vladímir Ilitch Uliánov (1870-1924) 38, 132, 242, 371, 396, 409, 535, 579, 604, 613, 622, 647, 650, 691, 694, 699, 713, 720-1, 727
Lennon, John 493, 734
Léonard, Mathieu 437
Leopoldo I (rei da Bélgica) (1790-1865) 142, 573
Leroux, Pierre (1797-1871) 85, 540, 543
Leske, Karl Friedrich Julius (1821-1886) 101, 123, 303
Lessner, Friedrich (1825-1910) 195, 488, 623-4, 702
Levasseur de la Sarthe, René (1747-1834) 86
Liebig, Justus von (1803-1873) 351, 626
Liebknecht, Wilhelm (1826-1900) 275, 287, 406, 412, 418, 424, 446, 453-4, 470, 488, 614, 660, 676, 696, 702, 708, 712, 718, 723-6
Linguet, Simon-Nicolas-Henri (1736-1794) 393
Lissagaray, Prosper-Olivier (1838-1901) 363, 610, 649, 676, 692, 716

ÍNDICE ONOMÁSTICO*   811

List, Friedrich (1789-1846) 144, 574
Lochner, Georg (c. 1824-?) 488
Locke, John (1632-1704) 135, 347, 393
London, C. (1808?) 86
Longuet, Charles (1839-1903) 276, 463, 485, 488, 610, 629, 676, 716, 718, 722, 724
Longuet, Jenny (1844-1883) 78, 463, 473, 485-6, 488, 610, 629, 632, 675-6, 695, 723-6
Louçã, Francisco (1956-) 382, 686
Löwy, Michael (1938-) 81, 556, 570, 602, 651, 691, 719-21, 729
Lubbock, John (1834-1913) 474
Lubez, Victor Le (1824-1896) 293
Luís Filipe (rei da França) (1773-1850) 79, 253, 600
Luís Napoleão (Napoleão III, 1808-1873) 80
Lukács, György (1885-1971) 33, 39, 61, 89, 111, 125, 232, 282-4, 321, 395-6, 534-5, 540, 545, 547, 550, 553, 555-6, 559, 568, 576, 586, 600, 633-5, 643, 647-52, 671, 690, 700, 718, 721
Luxemburgo, Rosa (1871-1919) 379, 396, 579, 647, 678, 684, 691, 696, 700

M
Mac-Mahon, Marie Esme Patrice Maurice (conde de, duque de Magenta) (1808-1893) 424
Macpherson, Crawford Brough (1911-1987) 308
Maine, Henry Summer (1822-1888) 474
Malthus, Thomas (1766-1834) 393-5, 553, 555, 571, 671
Mandel, Ernest (1923-1995) 77, 151, 172, 175, 298, 332-4, 337-8, 348, 367, 373-4, 376, 379, 385, 397, 551, 554, 556, 579, 584, 591-2, 612, 642-3, 655, 657, 659, 669, 678-9, 691
Marcuse, Herbert (1898-1979) 103, 534, 550, 560, 568, 583, 614
Mariátegui, José Carlos (1894-1930) 31
Márkus, György (1934-2016) 112, 550, 553, 558, 560, 562
Marx, Edgar (1847-1855) 144, 250, 610
Marx, Eleanor (1855-1898) 250, 298, 355, 362-3, 462-5, 485-6, 488, 610, 626, 634, 676, 680, 695, 723-4, 726
Marx, Emilie (1822-1888) 39
Marx, Franziska (filha) (1851-1852) 250
Marx, Heinrich (1782-1838) 39-41, 43-5, 52, 55, 530, 537
Marx, Heinrich Guido (filho) (1849-1850) 250
Marx, Louise (1821-1865) 39
Marx, Sophia (1816-1883) 39, 41, 530
Matthäi, Rudolph (1798-1872) 159

Maurer, Georg von (1790-1872) 472, 730
Maurer, German (1811-1883) 78
Mayer, Gustav (1871-1948) 150, 546, 605, 613, 680, 718-9
Maynz, Karl (1812-1882) 143
McCulloch, John Ramsay (1789-1864) 395, 553, 597
McLellan, David (1940-) 250, 531, 543, 546, 548, 556, 579-80, 583, 609, 611
Mehring, Franz (1846-1919) 32, 132, 183, 247, 279, 287-9, 348, 404-6, 437-9, 441, 443, 447-8, 452, 461, 530, 533, 536, 540, 543, 549, 572-3, 589-90, 598, 608, 614-5, 623-4, 629, 636-8, 667, 669-70, 695, 702, 711-9, 728
Meissner, Otto (1819-1902) 353-4, 484, 701
Mesa, José (1831-1904) 487, 733
Mészáros, István (1930-2017) 122-3, 125, 127, 379, 544, 550, 553, 556-8, 560, 562, 567, 648, 651, 691
Metternich, Klemens von (1773-1859) 178, 602
Meyer, Sigfrid 353, 391, 395
Mignet, François (1796-1884) 86
Mikhailovski, Nikolai (1842-1904) 471-2, 477, 729
Mill, James (1773-1836) 86, 93, 97, 99, 104, 118, 121, 395, 552-3, 567, 591
Mill, John Stuart (1806-1873) 93, 298, 309, 395, 552, 678, 712
Misik, Robert (1966-) 31
Moll, Joseph (1813-1849) 152, 193, 233, 578, 601-2, 676
Moore Jr., Barrington (1913-2005) 403
Morgan, Lewis H. (1818-1881) 475-6, 731
Morozov, Nikolai (1854-1946) 479
Most, Johann Joseph (1846-1906) 469, 668
Musto, Marcello (1976-) 32, 292, 293, 412, 423-4, 437, 439-43, 445-7, 450, 462, 464, 471, 473-7, 487, 550, 577, 609, 626, 631, 633, 638--9, 641, 644, 647, 669, 677, 691, 693, 704-5, 711-7, 722-3, 725, 729-33

N
Napoleão, Luís (Napoleão III) (1808-1873) 189, 225, 248-9, 253, 256, 258-63, 285, 288-9, 399, 405, 412-7, 421-2, 424, 485, 544, 613-9, 624, 630, 632-3, 696, 702
Necker, Jacques (1732-1804) 393
Netchaiev, Serguei (1847-1882) 440, 713
Netto, José Paulo (1947-) 202, 590, 659, 667, 671-2, 684, 686

O

Owen, Robert (1771-1858) 191, 298

P

Paepe, César de (1841-1890) 363, 439, 711, 715-7
Palmerston, lorde (Henry John Temple) (1784--1865) 271, 626
Palmier, Jean-Michel (1944-1998) 281, 284
Paoletti, Ferdinando (1717-1801) 392
Parisot, Jacques-Théodore (1783-1840) 93
Paula, João Antônio de 303, 569, 689
Pécqueur, Constantin (1808-1887) 86
Pellering, Jan (1817-1877) 143
Pelz, William A. (1951-) 401, 699, 706, 719
Petty, William (1623-1687) 393, 591
Pfänder, Karl (1818-1876) 268
Phear, John (1825-1905) 474
Philips, Lion (1794?-1866) 275, 530, 541, 611
Picard, Louis Joseph Ernest (1821-1877) 427-8
Pio IX, papa da Igreja católica (Giovanni Maria Mastai-Ferretti) (1792-1878) 424, 693
Plekhánov, Georgi (1856-1918) 408, 477, 579, 647, 700
Postan, Michael (1899-1981) 403
Pouyer-Quertier, Augustin Thomas (1820-1891) 428
Pressburg, Henriette (1787-1863) 39-40, 275, 537
Prittwitz, Karl Ludwig von (1790-1871) 239
Proudhon, Pierre-Joseph (1809-1865) 64, 79, 135, 138, 141, 175-92, 293, 319, 324, 347, 399, 438-40, 541, 543, 548, 564, 569, 572, 574, 589-93, 614, 626, 656, 687, 707, 712-3
Pyat, Félix (1810-1889) 85

Q

Quesnay, François (1694-1774) 120, 366, 369, 392-3, 677-8, 690
Quincey, Thomas De (1785-1859) 395

R

Ramsay, George, sir (1800-1871) 370, 392, 394, 685
Ravenstone, Piercy (?-1830) 395
Riazanov, David (1870-1938) 154, 644, 730, 732
Ricardo, David (1772-1823) 86, 90-3, 103, 121, 182-4, 306-7, 325, 347, 370, 385-6, 392-5, 551-2, 555, 563-4, 571, 591-2, 678, 687-8, 690
Rivière, Mercier de la (1720-1793) 392
Robespierre, Maximilien (1758-1794) 86

Rodbertus-Jagetzow, Johann Karl (1805-1875) 366, 393-4, 469, 677, 727
Rogers, James (1823-1890) 352
Roscher, Wilhelm (1817-1894) 393
Rosdolsky, Roman (1898-1967) 305, 338, 592-3, 605, 626, 645, 655, 679
Rossi, Pellegrino (1787-1848) 393, 591, 597
Rousseau, Jean-Jacques (1712-1778) 41, 543-4, 556
Roux-Lavergne, Pierre-Célestin (1802-1874) 86
Roy, Joseph (1830-1916) 487
Rubel, Maximilien (1905-1996) 63, 144, 158, 173, 453-4, 467, 536-8, 541, 544, 546-7, 550, 553-4, 572-3, 580-2, 589, 611, 623, 625-7, 638, 646, 668, 681, 701, 714, 722, 730-2
Ruge, Arnold (1802-1880) 51, 60, 65-6, 68, 70, 78, 86-8, 147, 161, 175, 529, 538, 541-3, 548--50, 579, 667
Rutenberg, Adolf (1808-1869) 51, 538

S

Saint-Just, Louis de (1767-1794) 86
Saint-Simon, Henri de (1760-1825) 41, 531, 582, 687
Savigny, Friedrich Carl von (1779-1861) 50-1
Say, Jean-Baptiste (1767-1832) 86, 89, 91-2, 103, 392-3, 553, 571
Schaible, Karl (1824-1899) 288
Schapper, Karl (1812-1870) 152, 195, 233-4, 264, 268-9, 569, 578, 587, 601-2, 676
Schelling, Friedrich von (1775-1854) 43, 48, 58, 534, 537, 572
Schiller, Friedrich (1759-1805) 39, 41, 283, 532
Schlegel, August Wilhelm (1767-1845) 43
Schmalz, Theodor (1760-1831) 392
Schneider, Karl, II (1813-1885) 270
Schönbein, Christian Schönbein (1799-1868) 351
Schorlemmer, Carl (1834-1892) 488
Schramm, Konrad (1822-1858) 268, 623, 676
Schubert, G. 252
Schulz, Wilhelm (1797-1860) 100, 102, 554
Schwann, Theodor (1810-1882) 281
Schweitzer, Johann Baptist von (1833-1875) 353, 589, 593-4, 637
Seiler, Sebastian (1810-1890) 143, 172
Semmig, Hermann (1820-1897) 159-60
Senior, Nassau (1790-1864) 393
Sève, Lucien (1926-2020) 146, 337, 553, 558, 562
Shakespeare, William (1564-1616) 41, 280, 319--20, 531, 565, 607, 635, 726

ÍNDICE ONOMÁSTICO 813

Sieber, Nikolai (1844-1888) 468
Silva, Ludovico (1937-1988) 101, 548, 661
Simon, Jules (1814-1896) 428
Sismondi, Jean de (1773-1842) 91-2, 306, 395, 552, 564, 591
Smith, Adam (1723-1790) 86, 89-90, 95-6, 100, 102-3, 114, 120-1, 307, 347, 365, 370, 392-5, 529, 564, 566, 591, 678, 690
Sokolovsky, Pavel (1842-1906) 472
Sorge, Friedrich (1828-1906) 363, 449, 468, 473, 488, 596, 678, 698, 707, 716-7, 725, 733
Sperber, Jonathan (1952-) 32, 40, 44, 62, 67, 143, 151-2, 154, 160, 249, 251-2, 289-90, 530-3, 536, 539-42, 544, 565, 573, 577-8, 594, 598, 605, 608-11, 625, 628, 634, 636, 638, 640, 670, 675-6, 692, 702, 707, 722-3
Stefanovitch, Jacob Vasilievitch (1854-1915) 478
Steuart, James (1712-1780) 347, 392, 591
Stirling, Patrick James (1809-1891) 395
Stirner, Max (Johann Kaspar Schmidt, 1806-1856) 133-4, 155-60, 177, 538, 572, 581-2, 585
Storch, Heinrich (1766-1835) 370, 392-3, 591, 678
Strauss, David Friedrich (1808-1874) 51, 58
Struik, Dirk Jan (1894-2000) 364
Sue, Eugène (1804-1857) 135

T
Tchernyschiévski, Nikolai Gavrilovitch (1828--1889) 453, 472, 718
Thierry, Augustin (1795-1856) 86
Thiers, Adolphe (1797-1877) 189, 414, 418, 421--4, 426-30, 434, 436-7, 691, 704, 706-10
Thomas, Clément (1809-1871) 429, 709
Tible, Jean 272, 729, 731
Tolain, Henri-Louis (1828-1897) 438, 711
Tooke, Thomas (1774-1858) 347, 678
Torrens, Robert (1780-1864) 395
Trochu, Louis Jules (1815-1896) 427, 710
Turgot, Anne Robert Jacques (1727-1781) 392
Tyndall, John (1820-1893) 280

V
Vaillant, Edouard-Marie (1840-1915) 444-5, 449, 716
Varlin, Louis Eugène (1839-1871) 427, 711
Vázquez, Adolfo Sánchez (1915-2011) 90, 92, 100, 117, 550, 553-4, 558, 561-2, 568, 575
Veltheim, Elizabeth (1778-1807) 41
Verri, Pietro (1728-1797) 392

Vico, Giambattista (1668-1744) 280
Vogt, Karl (1817-1895) 280-1, 287-90, 341, 348, 569, 638
Voltaire (1694-1778) 41
von Humboldt, Wilhelm (1767-1835) 46
von Pannewitz, Karl (1803-1856) 45
von Westphalen, Edgar (1819-1890) 275

W
Wagner, Adolph (1835-1917) 469, 668, 727
Wakefield, Edward Gibbon (1796-1862) 395
Watt, James (1736-1819) 352
Weber, Max (1864-1920) 74, 288, 614, 646, 648, 654
Weerth, Georg (1822-1856) 87, 247, 604, 629, 676
Weiner, Robert 468
Weitling, Wilhelm (1808-1871) 143, 172-3, 569, 588
Weston, John 298-302, 564, 569, 657
Westphalen, Edgar von (1819-1890) 41-2, 144, 172, 531-3
Westphalen, Ferdinand Otto Wilhelm von (1799--1876) 41, 45, 279, 542, 620
Westphalen, Jenny von (1814-1881) 41, 45-7, 52, 60, 65-6, 77, 132, 139, 150, 172, 207, 240, 249-51, 274-5, 279, 362-3, 453, 462-6, 476, 485, 488, 531-3, 542, 574, 577, 608-12, 624, 627-9, 660, 667, 676, 716, 723-6
Westphalen, Johann Ludwig von (1770-1842) 41--3, 45, 55, 60, 144, 531
Westphalen, Laura von (1817-1821) 41, 531
Weydemeyer, Joseph (1818-1886) 172, 256, 266, 578, 619, 624
Wheen, Francis (1957-) 44-5, 54, 274, 286, 293--4, 530, 532, 542, 611, 627-8, 633-4, 636-9, 670, 675-6, 692, 704, 713, 725-6
Wigand, Otto (1795-1870) 155, 353
Williamson, James, doutor 487, 728
Willich, August (1810-1878) 248, 264, 268-70, 569, 608, 623-4
Wilson, Harold (1916-1995) 34
Wolff, Ferdinand (1812-1895) 172, 604
Wolff, Wilhelm (1809-1864) 172, 207, 233, 252, 270, 275, 594, 601-2, 604, 607, 628-9, 669, 723
Wurm, Franz F. 406
Wyttenbach, Johann Hugo (1767-1848) 42

Z
Zasulitch, Vera (1849-1919) 468, 473, 477-9, 481-3, 729, 732

Sobre o autor

José Paulo Netto nasceu em 1947, em Minas Gerais. Fez seus estudos fundamentais no Instituto Granbery e, em 1966, ingressou na Universidade Federal de Juiz de Fora; graduado em serviço social (1969), cursou depois (1970-1973), na mesma universidade, disciplinas do curso de letras neolatinas. Concluiu sua formação institucional doutorando-se em serviço social pela Pontifícia Universidade Católica de São Paulo.

Exerceu a docência em instituições universitárias brasileiras e estrangeiras. É professor emérito da Universidade Federal do Rio de Janeiro e recebeu o título de doutor *honoris causa* da Universidad Nacional del Centro de la Provincia de Buenos Aires e da Universidade Lusíada de Lisboa. Tem participação em agências de formação vinculadas aos movimentos de trabalhadores (nomeadamente a Escola Nacional Florestan Fernandes, do Movimento dos Trabalhadores Rurais Sem Terra).

Ensaísta e tradutor, desde os anos 1970 publica textos no país e no exterior. Marxista, autor de vários livros, colabora em especial com editoras comprometidas com as lutas sociais, particularmente a Boitempo e a Expressão Popular.

Publicado em 2020, no bicentenário do nascimento de Friedrich Engels, o grande amigo e parceiro intelectual de Karl Marx – cujo apoio foi decisivo para a existência e a divulgação de sua obra –, este livro foi composto em Adobe Garamond Pro, corpo 11/13,5, e reimpresso em papel Avena 70 g/m² na gráfica Rettec, para a Boitempo, em abril de 2021, com tiragem de 2 mil exemplares.